Chatô, o rei do Brasil

A vida de Assis Chateaubriand,
um dos brasileiros mais poderosos do século XX

Fernando Morais

CHATÔ
O REI DO BRASIL

COMPANHIA DAS LETRAS

Copyright © 1994 e 2011 by FERNANDO MORAIS

Grafia atualizada segundo o Acordo Ortográfico da Língua Portuguesa de 1990, que entrou em vigor no Brasil em 2009.

Capa
KIKO FARKAS
Imagem: Chatô de cartola com Iolanda Penteado (detalhe), Biblioteca e Centro de Documentação do Museu de Arte de São Paulo Assis Chateaubriand

Preparação
MARCOS LUIZ FERNANDES

Índice remissivo
GABRIELA MORANDINI

Revisão
JULIANE KAORI
RENATO POTENZA RODRIGUES

Atualização ortográfica
VERBA EDITORIAL

Dados Internacionais de Catalogação na Publicação (CIP)
(Câmara Brasileira do Livro, SP, Brasil)

Morais, Fernando
    Chatô : o rei do Brasil / Fernando Morais. — 4ª ed. — São Paulo : Companhia das Letras, 2011.

    ISBN 978-85-359-1977-6

    1. Chateaubriand, Assis, 1892-1968 2. Jornalistas — Brasil — Biografia I. Título.

11-10503	CDD-070.92

Índice para catálogo sistemático:
1. Jornalista : Biografia e obra 070.92

7ª reimpressão

2025

Todos os direitos desta edição reservados à
EDITORA SCHWARCZ S.A.
Rua Bandeira Paulista, 702, cj. 32
04532-002 — São Paulo — SP
Telefone: (11) 3707-3500
www.companhiadasletras.com.br
www.blogdacompanhia.com.br
facebook.com/companhiadasletras
instagram.com/companhiadasletras
twitter.com/cialetras

Para Marina

André Malraux alimentava a ilusão de escrever a biografia do Chiquinho Matarazzo, mas eu consegui demovê-lo dessa rematada besteira. Acho que, como vingança, tentou escrever um livro sobre a minha vida, mas acabou desistindo. Depois foi a vez do padre Dutra, que cercava parentes meus pelas esquinas, em busca de informações para compor um romance sobre a minha vida. Quem também andou bisbilhotando as minhas misérias, com planos de imortalizar-me em papel, foi a princesa Bibescu, da Romênia, editora e escritora. Os três fracassaram, mas a todos eu havia feito uma modesta exigência: a obra teria que começar descrevendo a cena em que eu e minha filha Teresa aparecíamos nus, sentados na foz do rio Coruripe, comendo bispos portugueses, tal como fizeram meus ancestrais caetés, quatro séculos atrás. O deslumbrante piquenique, que já povoou alguns delírios meus, seria a forma ideal de divulgar a origem do meu sangue ameríndio na Europa.

ASSIS CHATEAUBRIAND

1

Inteiramente nus e com os corpos cuidadosamente pintados de vermelho e azul, Assis Chateaubriand e sua filha Teresa estavam sentados no chão, mastigando pedaços de carne humana. Um enorme cocar de penas azuis de arara cobria os cabelos grisalhos dele e caía sobre suas costas, como uma trança. O excesso de gordura em volta dos mamilos e a barriga flácida, escondendo o sexo, davam ao jornalista, à distância, a aparência de uma velha índia gorda. Pai e filha comiam com voracidade os restos do bispo Pero Fernandes Sardinha, cujo barco adernara ali perto, na foz do rio Coruripe, quando o religioso se preparava para retornar à pátria portuguesa. Quem apurasse o ouvido poderia jurar que ouvia, vindos não se sabe de onde, acordes do *Parsifal*, de Wagner. No chão, em meio aos despojos de outros náufragos, Chateaubriand viu um exemplar do *Diário da Noite*, em cujo cabeçalho era possível ler a data do festim canibal: 15 de junho de 1556. De repente o dia escureceu completamente e ele sentiu algo úmido e frio encostado em seu pescoço.

O delírio fora interrompido pelo gesto do enfermeiro que esfregava um chumaço de algodão embebido em iodo na garganta do paciente. Ao lado, o cirurgião duvidara que aquele homem — o interno número 4695 — tivesse 67 anos, como informava a ficha do hospital. A pele alva era lisa, quase feminina, sem rugas nem estrias, contrastando com o pescoço pequeno e grosso, típico de nordestino. Através da janela de dez por dez centímetros cortada no centro do lençol cirúrgico que cobria o corpo da cabeça aos pés, só era possível ver, além do pescoço, as pontas salientes das clavículas. O rosto estava inteiramente oculto pelo lençol, sob o qual se desenhava o formato da máscara de baquelita que envolvia o nariz e a boca do paciente, dando ao perfil a aparência de um focinho. O tecido branco cobria parte de um tubo de borracha sanfonada que estava ligado a um tambor de aço, de cujo interior o único pulmão vivo do doente tentava desesperadamente sugar oxigênio para manter o organismo funcionando. A respiração estava ficando crítica, e se a cânula da traqueostomia não fosse introduzida logo, as chances de sobrevivência do paciente seriam nulas. O indicador e o polegar esquerdos do médico esticaram a pele abaixo do pomo de adão, escolhendo o anel da traqueia que seria secionado pela incisão. Estendida para o lado, num gesto mecânico, a mão direita recebeu o bisturi, cuja lâmina em forma de meia-lua brilhava à luz forte do refletor preso no teto. Quando o cirurgião encostou o aguçado fio de navalha na garganta do doente, acabou a luz do hospital e a sala foi tomada por completa escuridão.

— Puta que pariu! — o médico levantou a mão direita num solavanco, como se tivesse levado um choque. — Mais um segundo e eu degolava o homem!

Indiferente ao palavrão, uma enfermeira saiu pela sala cirúrgica tateando o ar em busca da maçaneta da porta:

— Vou mandar ligar o gerador de emergência, doutor.

Antes que ela conseguisse sair, a luz voltou junto com o ruído de um gerador que começava a funcionar no porão da clínica. Mal-humorado, o médico dava ordens:

— Esterilizem os instrumentos de novo. Enfermeiro, me dê mais iodo, vamos começar tudo outra vez.

Não houve tempo para começar nada. O gerador engasgou uma, duas vezes, a luz piscou e apagou de novo. O médico desabafou, a voz filtrada pela máscara de linho que cobria metade do seu rosto:

— Não é possível! Alguém rogou praga neste sujeito. Se ele escapar desta, não morre nunca mais.

Inerte sobre a mesa de operação, imerso em coma profundo, jazia o jornalista Francisco de Assis Chateaubriand Bandeira de Melo, um dos homens mais poderosos do Brasil. Ele fora transportado para a elegante clínica Doutor Eiras, no bairro de Botafogo, Zona Sul do Rio de Janeiro, na manhã do dia anterior, 26 de fevereiro de 1960, sob a falsa suspeita de estar sofrendo um infarto. O diagnóstico errado levou-o diretamente ao pronto-socorro cardiológico. Ao tentar reanimá-lo, um jovem médico de plantão comprimiu-lhe com tal força o tórax que uma das costelas trincou. Chateaubriand não reagiu à agressão, nem deu qualquer sinal de que fosse recobrar os sentidos. Assustado com a responsabilidade de ter nas mãos a vida de alguém tão importante, o estagiário pediu que chamassem com urgência o próprio dono do hospital. Meia hora depois chegaria um homem alto, magro, de nariz comprido, aparência melancólica e ombros curvados — o médico Abrahão Ackerman, um dos sócios da clínica e o mais famoso e festejado neurocirurgião brasileiro.

Ackerman cruzou cabisbaixo a pequena multidão de repórteres, políticos e mulheres elegantes que se amontoavam nos jardins em busca de notícias do ilustre moribundo. Atravessou sozinho a recepção, sumiu em uma porta e minutos depois reapareceu vestido de guarda-pó branco, levando na mão direita uma maleta de couro negro. Caminhou até o setor de cardiologia e já encontrou Chateaubriand cercado por uma dúzia de médicos e enfermeiros. Sem cumprimentar ninguém, ordenou:

— Tirem a roupa dele.

Enquanto os enfermeiros se esforçavam para mover aquele corpo inerte e despi-lo do terno de linho branco, Ackerman tirou da malinha um pequeno instrumento de metal brilhante, como uma colher de café de cabo desproporcionalmente longo. Deu dois passos até a cama e iniciou um exame clínico sumário. Ao abrir as pálpebras do doente, deparou com duas pupilas baças que pareciam anunciar que aqueles olhos jamais veriam de novo o que quer que fosse. Mexeu a própria cabeça alguns centímetros para o lado, para permitir a incidência da luz do refletor sobre os olhos opacos, arregalados por seus dedos. Os cantos da boca de Ackerman caíram, dando à atenta e silenciosa plateia o primeiro indício de que a coisa ali não ia bem. Deu um passo, parou diante dos joelhos de Chateaubriand e martelou de leve sob cada uma das rótulas com o instrumento de metal, testando os reflexos: nada. Nenhum músculo se movia, nada respondia ao estímulo. Tirou um estetoscópio da maleta, fechou os olhos como se aquilo o ajudasse a ouvir melhor e auscultou o peito pálido do jornalista em vários lugares. Voltou à mesa lateral e olhou radiografias e papéis com resultados de exames. Com o ar cada vez mais preocupado, agachou diante da sola dos pés do doente e passou a dar batidas suaves na junção dos dedos com a planta dos pés, horizontalmente, na expectativa de que, como acontece com os macacos e os bebês recém-nascidos, os dedos agarrassem instintivamente o estilete roliço. Tentou em vão uma, duas, várias vezes, ora num pé, ora no outro. Derrotado pela inércia do corpo, Ackerman pôs-se de pé e, grave, anunciou o diagnóstico:

— Infelizmente não foi um infarto. Ele apresenta sinal de Babinski nos dois pés. Isso significa que o doutor Assis Chateaubriand sofreu uma lesão neurológica grave, provavelmente uma trombose dupla, que afetou seu cérebro bilateralmente. Tudo indica que ele esteja tetraplégico. O edema parece ter provocado também um distúrbio respiratório profundo: um dos pulmões já não funciona. Ele não vai sobreviver.

Os raros amigos íntimos e os auxiliares mais próximos de Chateaubriand já suspeitavam, nos últimos meses de 1959, que sua saúde não ia bem. Exímio remador e nadador, avesso à bebida e aos cigarros — que detestava —, gabava-se às gargalhadas de ter uma "saúde muar". Em setembro daquele ano, no entanto, ele surpreendera a todos com um gesto que pareceu um presságio do que lhe aconteceria cinco meses depois: para espanto generalizado, assinou uma escritura pública doando a 22 empregados 49% do controle acionário do maior império de comunicações jamais visto na América Latina, os Diários e Emissoras Associados. A imprensa internacional noticiou que um "milionário excêntrico" havia dado um conglomerado de noventa empresas de presente a trabalhadores: dezenas de jornais, as principais estações de televisão, 28 estações de rádio, as duas mais importantes revistas para adultos do país, doze revistas infantis, agências de notícias, agências de propaganda, um castelo na Normandia, nove fazendas produtivas espalhadas por quatro estados brasileiros, indústrias químicas e laboratórios farmacêuticos, estes encabeçados pelo poderoso Schering. Dias antes do anúncio da partilha ele, que nove anos antes tinha sido o pioneiro na instalação da televisão na América Latina, inaugurara a TV Piratini, em Porto Alegre, a sexta de sua cadeia e a primeira do Cone Sul. A colossal rede de comunicações se estendia do alto do rio Madeira, nos confins da selva amazônica, até Santa Maria da Boca do Monte, nas vizinhanças do Uruguai. Para alguns, a doação de um patrimônio tão valioso a empregados era "mais uma loucura do Chatô", como era conhecido. Outros imaginavam que, vendo a morte se aproximar, Chateaubriand decidira se antecipar ao destino e resolver em vida o problema da sucessão nas suas empresas.

Embora ele jamais admitisse ter qualquer problema de saúde, os amigos comentavam discretamente, entre si, que os sintomas de distúrbios se tornavam cada vez mais frequentes. No começo de fevereiro o jornalista Carlos Castello Branco, colunista de sua revista *O Cruzeiro*, cruzou com o patrão na antessala da diretoria do Banco Nacional de Minas Gerais e ouviu o comentário do dono do banco, o mineiro José de Magalhães Pinto:

— Está acontecendo alguma coisa com o Chateaubriand. Ele engordou muito ultimamente e está com um ar meio aparvalhado. Na idade dele, isso pode ser um mau sinal.

A amiga paulista Maria da Penha Müller Carioba chamou a atenção do jornalista mais de uma vez para o inchaço no rosto, os esquecimentos imperdoáveis em alguém de memória tão atilada e a repetição desconcertante de um antigo cacoete: os cochilos em público. Ao longo da vida, espetáculos teatrais e discursos solenes sempre funcionaram como sonífero infalível para Chateaubriand, que costumava deixar de sobreaviso Irany, o fiel secretário particular que ele arrastava para onde fosse, a fim de evitar vexame maior:

— Enquanto for apenas um cochilo, deixe-me dormir em paz que eu acordo logo. Quando eu começar a roncar muito alto, chute minha canela sob a mesa.

Agora, entretanto, ele ressonava ao despachar com auxiliares, cochilava durante a assinatura de contratos importantes, já dormira até no meio de uma audiência com o presidente da República. Interrompia grosseiras descomposturas nos subalternos com o queixo enfiado no peito, olhos fechados, roncando — à sua frente, surpreso, o funcionário não sabia se ia embora ou se esperava de pé até que o patrão acordasse para encerrar o sermão. Depois vieram as vertigens. Em ambientes abertos ele andava normalmente, mas os espaços fechados, estreitos, faziam-no caminhar como um bêbado. Para vencer os quinze metros que iam do seu caótico gabinete ao elevador do prédio de *O Jornal*, na rua Sacadura Cabral, no centro do Rio de Janeiro, perdia o prumo e carambolava, quase trombando nas paredes. Os que suspeitavam de problemas circulatórios ou vasculares e se atreveram a aconselhar uma visita ao médico tiveram o desprazer de ver um bicho raivoso. Nesses momentos ele se transtornava. Rangia os dentes com tal violência que o ruído chegava a incomodar o interlocutor; sapateava os pequenos pés no chão e berrava palavras metralhadas com um sotaque nordestino tão carregado que poucos entendiam o que dizia. Aí também era possível conhecer outro sestro peculiar — quando queria agradar, adoçar, o tratamento era "vosmecê". Para ofender, "senhor" ou "senhora", sempre:

— O senhor se meta com a sua vida. Não preciso de médicos e muito menos de conselhos.

Reconhecia a grosseria e recuava às gargalhadas:

— Estou muito bem, imagine. Quem pode atestar minha boa saúde são as mulheres. As mulheres! Não se preocupe, eu vou morrer no ar, vou explodir dentro de um avião, em pleno ar!

Indiferente às advertências, seguia como se nada o ameaçasse. Dividia o tempo entre a embaixada do Brasil em Londres — cargo para o qual havia sido nomeado pelo presidente Juscelino Kubitschek no final de 1957 — e o comando de seus negócios no Rio e em São Paulo. Para desconforto do ministro das Relações Exteriores, seu velho amigo Horácio Lafer, o tempo que passava no Brasil era infinitamente maior que o dedicado à embaixada. Altos funcionários de carreira do Itamaraty, inconformados com a entrega de um dos mais importantes postos da Chancelaria a um estranho à corporação, eram os primeiros a ironizar seu desempenho:

— Quem somar os dias que Chateaubriand passou em Londres nesses três anos descobrirá que na verdade ele é embaixador do Brasil na Inglaterra há apenas três meses — debochavam —, mas o Foreign Office prefere assim. Estando no Brasil ele causa menos constrangimentos à Chancelaria britânica.

Sua impaciência em permanecer na Inglaterra o tempo exigido pelo cargo fez com que, sendo ele o embaixador de direito, o posto fosse exercido de fato pelo ministro-conselheiro Antônio Borges Leal Castello Branco, irregularidade frequentemente denunciada pelos jornais que lhe faziam oposição. Chateaubriand dedicava a estas e outras críticas o mais olímpico desprezo. No máximo, repetia o clichê:

— Isso é coisa de comunistas, de índios botocudos. Gentinha atrasada, esses jornalistas brasileiros. Pensam como africanos...

Por mais tentadores que fossem os encantos da "Corte de Saint James", como ele se referia à Inglaterra, era a sedução exercida pela política brasileira que o atraía permanentemente para o eixo Rio-São Paulo. Sobretudo naquele final de 1959: no ano seguinte haveria eleições presidenciais e em poucos meses seria inaugurada a chamada "obra do século" — Brasília, a nova capital brasileira, uma cidade nascida do nada, construída no meio do mato em três anos por Kubitschek. Mesmo sendo devedor ao presidente por sua nomeação para um dos mais cobiçados empregos do Brasil, Chateaubriand tornou-se um adversário público da mudança da capital. Ainda que permitisse a seus jornais cobertura jornalística simpática ao empreendimento, ele pessoalmente, em artigos assinados, era implacável nas críticas ao presidente, a quem chamava de "o faraó Kubitschek". Alheio à ingratidão, Juscelino mantinha-o em Londres. Era um jogo que interessava a ambos: ter como embaixador na Inglaterra um ácido crítico de sua obra mais importante somava pontos à imagem que Kubitschek cultivava com carinho especial — o presidente queria passar à história como um democrata, um estadista generoso, que não guardava ressentimentos pessoais. Chateaubriand, por seu lado, alimentava o mito de que seus jornais podiam defender posições opostas às do dono — muito embora essa aparente liberalidade editorial escondesse uma velha tática que ele adotava com habilidade havia meio século: acender uma vela para cada santo e, assim, garantir ao seu império sempre uma porta aberta em cada lado.

Mesmo tendo jurado, de maneira teatral, jamais pôr os pés na futura capital do Brasil, à medida que se aproximava a data da inauguração ele foi mudando de posição, argumentando que o mal maior — a construção — já estava feito e agora não restava outra alternativa senão ocupar a cidade. No fim do ano já era um defensor de Brasília. Na noite de Natal, enquanto vestia o smoking para ir a um jantar da alta sociedade carioca, brigou com seu amigo e principal repórter, David Nasser, exatamente porque o jornalista atacara a nova capital em artigos publicados na revista *O Cruzeiro*:

— Todo mundo já reconhece a grandeza de Brasília, de Furnas, de Três Marias. Só você insiste em ser contra, turco maldito. Só você, com esse seu eterno pessimismo. Por quê? Por que não muda de ideia, como eu mudei?

— Porque tenho a minha opinião.

— Opinião? Se você quer ter opinião, compre uma revista.

— Se o senhor está precisando de um jornalista sem opinião, compre um de salário mínimo. Eu me demito.

Chateaubriand largou sobre a cama a camisa nova, da qual catava alfinetes, e bateu carinhosamente no ombro do empregado:

— Não faça uma coisa dessas. Um louco como o Juscelino não merece o fim da nossa amizade. Estou lhe pedindo, por favor.

Nasser sabia que aquela conversa era uma espécie de jogo não combinado entre os dois. Ele se gabava de ter sido anti-Dutra quando o patrão era dutrista, anti-Vargas quando Chateaubriand defendia a permanência de Vargas, e agora atacava Kubitschek em pleno idílio do chefe com Juscelino. David Nasser ficou. Semanas depois Chateaubriand sairia a público para defender o presidente da "campanha pertinaz" que lhe movia *O Estado de S. Paulo*, que ele passara a chamar ironicamente de "o porta-voz do esquerdismo udenista":

— O *Estado* agora deu de negar tudo o que a administração Kubitschek tem promovido pelo progresso do Brasil. Se alguém nesta terra tomasse a sério os vaticínios desse jornal, o abismo já haveria tragado este país. A sorte é que os leitores olham os articulistas do *Estado* como uma fauna delirante, recrutada entre o que o paroxismo partidário tem de mais doentio.

Se Assis Chateaubriand estava mal, como suspeitavam seus amigos, isso não transparecia em seus escritos e muito menos em sua febril atividade política. Quando foi nomeado embaixador em Londres, tentou em vão manter a cadeira de senador pelo estado do Maranhão, embora a Constituição fosse clara quanto à ilegalidade de alguém ocupar simultaneamente os dois cargos. Assumiu em Londres sem ter renunciado ao mandato parlamentar, que acabou sendo extinto pela Mesa do Senado. Mas continuou fazendo política como se ainda fosse senador. O mesmo Kubitschek que ele defendera semanas antes era insultado nos primeiros dias de 1960 nas páginas de seus jornais. "Em vez de perturbar a vida da Brazilian Traction, que tanto tem feito por este país", escreveu, "o presidente deveria se dedicar a arranjar titica de galinha para adubar nossos cafezais. Trabalhe duro, forte e feio em titica de galinha, presidente, que é o melhor que pode haver em matéria de esterco para a recuperação dos nossos cafezais." Às vésperas da trombose, chamava Kubitschek de "pateta alvar" porque o presidente prometera pôr fim à condição do Brasil de fornecedor de matérias-primas para os países industrializados:

— Nesse ponto, minhas divergências com o presidente Kubitschek sempre foram as maiores e mais profundas. Por toda parte, na Inglaterra, me apresento com orgulho como produtor de algodão, café, milho, arroz e mamona. Se depender de mim, o Brasil continuará por mais trinta anos como produtor preferencial de matérias-primas.

Exageradamente elegante, Kubitschek responderia ao artigo malcriado com um convite para o jornalista ir a Brasília, ainda não inaugurada, participar da recepção que o governo ofereceria no Palácio da Alvorada ao presidente dos Estados Unidos, Dwight Eisenhower, que ali iniciaria uma viagem oficial de quatro dias pelo Brasil. A deferência era completa: na manhã de terça-feira, 23 de fevereiro, Chateaubriand embarcou no avião presidencial em companhia da primeira-dama, Sarah Kubitschek, com destino à futura capital. No avião ia também um velho amigo seu, o banqueiro Walther Moreira Salles, então embaixador do Brasil em Washington. Dias antes, ao chegar ao Brasil para preparar a viagem de Eisenhower, Moreira Salles lera uma notinha em *O Jornal*, certamente escrita por Chateaubriand, em que era citado como "dono da segunda fortuna do Brasil". Mineiro discreto, avesso a coisas desse tipo, ele aproveitou a viagem para cobrar do amigo a referência provocadora:

— Chateaubriand, por que você escreveu aquela bobagem? Você sabe que nem é verdade e sabe também que eu não gosto dessas coisas...

Ele admitiu o crime e, sem risos, revelou que a causa era a informação que chegara a seus ouvidos de que o Moreira Salles, o sólido banco do embaixador, andara arranjando dinheiro para o jornal *Última Hora*, de seu arqui-inimigo Samuel Wainer:

— Foi só uma advertência, Walther. Você sabe que neste país há dois homens de quem eu tenho ciúmes como se fossem mulheres: você e o Eugênio Gudin. E você anda me corneando com o Samuel Wainer.

Ao chegarem a Brasília, um aguaceiro desabava sobre a cidade — e foi com a barra das calças salpicada de lama que Chateaubriand almoçou com o presidente e o general Juraci Magalhães, governador da Bahia. Às duas da tarde, Kubitschek convidou os dois para o acompanharem na saudação que faria pelo rádio do helicóptero presidencial a Eisenhower, cujo avião já se aproximava da cidade. O presidente estava extremamente cordial:

— Chatô, apesar da chuva o voo vai permitir que você veja o lago em toda a sua extensão, e lhe dará uma boa perspectiva da cidade. Venha conosco.

No pátio externo do palácio o coronel-aviador Múcio Scorzelli, piloto do helicóptero, informou que um dos dois convidados teria de ficar em terra, pois o aparelho não comportava quatro passageiros. Kubitschek discordou:

— Se só dois podem embarcar, coronel, leve o Juraci e o Chatô. Eu sigo de carro para a base aérea e aguardo o presidente Eisenhower lá.

E dirigindo-se a Chateaubriand:

— Você será o primeiro brasileiro a cumprimentar o presidente dos Estados Unidos. Saúde-o em meu nome.

Chateaubriand cumpriu emocionado — num inglês com forte acento paraibano — a missão que lhe fora atribuída pelo presidente e, de quebra, foi colocado na primeira fila das autoridades que receberam Eisenhower na base aérea. Passou o resto da tarde na casa de Israel Pinheiro, diretor da Novacap, a estatal encarregada da construção da cidade, deliciando-se com um de seus passatempos prediletos, uma criação de beija-flores em cativeiro. Saiu de lá e visitou os dois prédios que suas empresas construíam em Brasília para a instalação do *Correio Braziliense* e da TV Brasília. À noitinha foi ao hotel, tomou banho e vestiu-se com o apuro que a recepção exigia: apesar do calor infernal que fazia no Planalto Central, vestiu um terno preto de lã inglesa, enfiou na cabeça um chapéu *gelot* e tocou para o Palácio da Alvorada. Tendo recusado o carro oficial que Kubitschek pusera à sua disposição, passou o dia montado em um estropiado jipe da reportagem dos Associados, o mesmo que agora o levava para jantar com o presidente dos Estados Unidos.

Um inusitado contingente de policiais brasileiros e americanos havia sido mobilizado para garantir a segurança de Eisenhower no Brasil. No Rio de Janeiro temiam-se hostilidades por parte da União Nacional dos Estudantes, a UNE, em apoio à revolução cubana. O governo paulista, por sua vez, anunciara que 7 mil policiais civis e militares estariam de prontidão nas ruas da cidade no dia 25 para manter a ordem durante as seis horas em que o presidente Eisenhower permanecesse em São Paulo, onde só o governador e mais ninguém — jornalistas inclusive — poderia chegar a menos de quinze metros do visitante. Nem a futura capital federal — na realidade apenas um gigantesco canteiro de obras — ficou a salvo do rigor imposto pela segurança norte-americana. A caminho do palácio Chateaubriand pôde ver soldados e policiais à paisana espalhados por prédios em obras, escondidos sob viadutos inacabados, falando em radiocomunicadores portáteis atrás de moitas de capim. No portão onde terminava a alta grade de arame que cercava o palácio havia soldados do Exército armados de metralhadoras, fuzileiros navais norte-americanos, policiais espalhados por todos os cantos. O jipe não pôde passar. Um policial brasileiro aproximou-se e ordenou que Chateaubriand descesse e exibisse sua credencial. Sem capa ou guarda-chuva que o protegesse, ele já saiu do veículo indignado:

— Eu nunca carreguei um documento em toda minha vida! Sou o Assis

Chateaubriand, embaixador do Brasil na Inglaterra e diretor dos Diários Associados!

Um agente americano que ouvia a conversa se intrometeu:

— Imprensa? Não entra. Este é um jantar privativo. Retire-se.

Colérico, o que piorava ainda mais seu inglês, Chateaubriand berrava:

— Não se atreva, seu moleque, não se atreva! Sou convidado do presidente da República. Fui o primeiro brasileiro a saudar o presidente Eisenhower hoje. Me dê licença que vou entrar. Tenho pressa.

Podia ser quem fosse, mas sem identificação não entrava. Chateaubriand perdeu a paciência. Gritou palavrões ininteligíveis em português e inglês e decidiu ir embora dali. Quando subia no jipe alguém veio do palácio em seu socorro. Era o seu velho amigo coronel Vernon Walters, membro do *staff* militar de Eisenhower, acompanhado do chefe da Casa Civil da Presidência da República, José Sette Câmara. A notícia do tumulto na portaria chegara aos ouvidos de Juscelino e os dois estavam ali para desfazer o equívoco. Contrafeito, Chateaubriand aceitou entrar apenas para cumprimentar os dois presidentes. Inventou uma desculpa para recusar o jantar, deixou rapidamente o salão palaciano, subiu no jipe e tocou para o aeroporto. Embirrado com a desfeita, nem sequer passou no hotel para pegar a mala e decidiu não retornar ao Rio no Viscount presidencial. No improvisado balcão da Panair retirou um dos dois bilhetes que estavam sempre reservados em seu nome em todos os voos da empresa — domésticos e internacionais — e embarcou de volta para o Rio. Minutos após a decolagem do Constellation, perguntou à aeromoça em que ponto da viagem já se encontravam. Ao ouvir a resposta, pediu folhas de papel, baixou a mesa do encosto do banco dianteiro, enfiou os dedos no bolsinho superior do paletó, tirou um toco de lápis, lambeu a ponta do grafite e iniciou, pela última vez, um ritual diário que já durava meio século — escrever à mão o artigo do dia seguinte, datando-o do local onde se encontrasse: "Bordo do Bandeirante PP-PCB da Panair do Brasil (entre Brasília e Dores do Indaiá, Minas Gerais) — 23 de fevereiro".

A luz voltou definitivamente ao hospital logo depois dos dois blecautes e a cirurgia pôde ser concluída com êxito — quer dizer, a cânula foi introduzida sem maiores problemas na traqueia, embora o paciente permanecesse em coma. Desde o dia anterior os médicos ocultavam da opinião pública a gravidade do quadro divulgando boletins oficiais que falavam apenas em "crise hipertensiva", mas já se sabia que Chateaubriand estava condenado. Para manter as aparências, sua rede de jornais havia publicado, depois do texto escrito no avião, dois artigos velhos, localizados em gavetas da redação: "A juriti de Mayfair", escrito em setembro do ano anterior, e "A revolução da água no México e na Índia", feito dez dias antes em sua fazenda Rio Corrente, no interior de São Paulo. Apesar do sigilo, notícias de seu estado real circulavam por todo canto. A clínica Doutor Eiras, um vasto conjunto de casarões de dois pavimentos cercados por palmeiras e árvores frondosas, tornara-se pequena para receber tanta gente. A informação bateu em Londres, e a primeira visita ilustre a aparecer na clínica foi o embaixador britânico no Brasil, Geoffrey Wallinger, trazendo duas mensagens. A primeira era do secretário de Estado para Assuntos Estrangeiros, Selwyn Lloyd. Embora a diplomacia britânica visse com alívio a perspectiva de que Chateaubriand deixasse a embaixada em Londres, Wallinger simulou emoção ao chegar ao hospital e, britanicamente, transmitiu "sinceros votos de que sua saúde possa ser recuperada brevemente". A outra mensagem, disse o embaixador aos repórteres, vinha "de minha graciosa soberana, a rainha Elizabeth II". Preocupada com as notícias que recebera em Buckingham, sua majestade enviava ao embaixador brasileiro, "em meu nome e no do povo da Comunidade Britânica, votos do mais pronto restabelecimento". Para produzir tão escassas palavras, o gabinete real pedira à embaixada britânica no Rio que enviasse um informe ao Foreign Office com um resumo da situação em que Chateaubriand se encontrava. No extenso documento que Londres recebeu, redigido e assinado pessoalmente por Wallinger, o embaixador britânico ressaltava a importância política do doente, que era tratado, com surpreendente intimidade, por "Chateau":

> Sua enfermidade tem sido estampada nas manchetes de todos os jornais e veiculada em todas as emissoras de rádio do país, e o interesse geral que o seu estado de saúde desperta dá uma medida da influência colossal que ele exerce no Brasil. Conversei com muitas pessoas a respeito de Chateau — com seus amigos e com seus implacáveis inimigos —, e o denominador comum entre os seus comentários foi que, se ele fosse afastado do panorama brasileiro, esse panorama inevitavelmente sofreria enormes transformações. Um industrial muito influente fez os seguintes comentários, os quais correspondem a uma espécie de avaliação racional do homem: — Chateau é respeitado, mas com o tipo de respeito engendrado pelo medo e não pela afeição.
>
> No decorrer dos últimos anos, parte de sua antiga impetuosidade em questões políticas foi atenuada, e sua influência na política local tem sido, de modo geral, salutar. Nem o presidente nem a oposição podem ignorá-lo, e se hoje temos pessoas como Horácio Lafer e Sebastião Paes de Almeida no governo, e um homem como Walther Moreira Salles como embaixador em Washington, a responsabilidade cabe a Chateau. Esses não são os homens que Juscelino e Augusto Frederico Schmidt gostariam de haver colocado nesses postos; porém, fazer de Chateau um inimigo teria sido por demais perigoso, até mesmo para o governo de fato no poder. A desaparição deste personagem deve, por conseguinte, causar um enorme impacto no país.

O presidente Juscelino Kubitschek aparecera em pessoa no fim da tarde, após determinar que sua mulher, Sarah, e o vice-presidente da República, João Goulart, fizessem visitas diárias em seu nome. Dois funcionários dos Diários Associados foram encarregados de receber e transformar em notícia os 5 mil telegramas que haviam chegado até então de todas as partes do mundo com votos de pesar pela tragédia que se abatera sobre o jornalista. Um grupo de elegantes senhores com aparência de estrangeiros apareceu à tarde e foi imediatamente cercado pelos repórteres que imaginavam tratar-se de médicos vindos do exterior para assistir o doente, ou membros da comitiva de Eisenhower. Houve certa decepção quando se identificaram: era a diretoria do Centro Europa Livre, uma associação anticomunista de antigos dirigentes políticos do Leste europeu apeados do poder pelos socialistas depois da guerra: Jan Reisser, ex-ministro tcheco; Alexandre Nicolaef, ex-ministro da Bulgária; Peter Olins, ex-ministro da Letônia; Frikas Meiras, ex-ministro da Lituânia; e Tadeus Skowronski, ex-ministro da Polônia. A pouca familiaridade com a língua portuguesa — ou apenas um ato falho — levou Reisser, o presidente do Centro, a cometer uma gafe com os jornalistas: na saída do hospital, disse que estava ali "para apresentar os pêsames à família desse gigante da luta anticomunista". Os europeus eram espiados a distância por um grupo de desafetos: a direção da Associação dos Carregadores de Malas do Aeroporto de Congonhas, de São Paulo, ligada aos comunistas, que fora ao Rio visitar o passageiro que durante longos anos lhes garantira as mais generosas gorjetas. O governador de Nova York, Nelson Rockefeller, telefonara duas vezes aos médicos pedindo notícias do amigo doente. Telegramas vindos de câmaras municipais de todo o país anunciavam sessões solenes em homenagem ao enfermo e a aprovação de leis dando o nome dele a ruas e praças. Antecipando-se à morte, algumas cidades comunicavam ter dado a Assis Chateaubriand "o título póstumo de cidadão honorário". A inspiração para tais iniciativas pode ter partido de seus próprios empregados. Em Belo Horizonte, por exemplo, o diretor geral dos Associados, Pedro Aguinaldo Fulgêncio, já havia recebido e cumprido a ordem vinda do Rio de mandar as duas emissoras locais, as rádios Guarani e Mineira, tocar apenas música clássica durante todo o dia. Em pleno sábado de Carnaval.

As listas de registro de visitantes espalhadas pelos jardins e salas de espera da clínica exibiam, no fim do dia, centenas de nomes de ex-presidentes da República, deputados, intelectuais, banqueiros, industriais, militares, diplomatas, jornalistas e, em número muito superior ao de homens, mulheres, muitas mulheres. Mulheres de todas as idades e origens sociais, mulheres belíssimas e mulheres decrépitas queriam saber se ele ia sobreviver. Cobertas de joias, elegantes mulheres do *society* vindas de várias capitais brasileiras e até do exterior não disfarçavam o ciúme com que olhavam para atrizes, coristas, ex-misses, cantoras, bailarinas e prostitutas de luxo do Rio e de São Paulo que circulavam desenvoltas pelos jardins do hospital. Mais que os homens, as mulheres pareciam sinceramente abaladas com o desastre que ameaçava o homenzinho que agonizava num quarto atrás daquelas paredes amarelas. Mesmo sabendo que nenhum ruído perturba alguém em estado de coma, após a traqueostomia os médicos, por força do hábito, transferiram Chateaubriand para um anexo da clínica mais afastado e tranquilo, chamado "Chalé Olinda". Ali, onde imaginavam que ele estaria a salvo do burburinho provocado por visitantes e repórteres, instalaram uma tenda de oxigênio e equipamentos de emergência no quarto amplo, com vista para um bosque de jequitibás. Todos passaram a aguardar o desfecho final.

Já era noite fechada quando os cinco médicos contratados pelos Diários Associados se reuniram mais uma vez em volta do leito do moribundo. Ao cabo de um exame demorado e minucioso, Ackerman, que funcionava como chefe da equipe, pediu que chamassem ao quarto a alta direção dos Associados. Na realidade, a "alta direção" do império sempre fora uma única pessoa, o próprio doente. Na ausência dele, e por uma espécie de direito adquirido, pois nada formalizava esse status, três homens de sua confiança respondiam pela cadeia: seu primo Leão Gondim de Oliveira, diretor da revista *O Cruzeiro* e dos Laboratórios Schering, João Calmon, responsável pela praça do Rio de Janeiro e por um feudo que ia dessa cidade até a fronteira norte do país, pulava o Centro-Sul e englobava o Rio Grande do Sul, e Edmundo Monteiro, que dirigia São Paulo, Paraná e Santa Catarina, embora detivesse o título de "diretor-geral" dos Associados. A chamada dos médicos revelou que a luta pelo poder começara com o rei ainda vivo. A rigor, apenas os três deveriam subir, mas a sala foi tomada por diretores de outras áreas, repórteres sem cargos de direção mas amigos do chefe, colegas de Chateaubriand na Academia Brasileira de Letras. Além deles, a maioria dos 22 beneficiados com a doação das ações feita cinco meses antes também se sentiam donos — e surgiram de todos os pontos do país para garantir que fosse cumprida a última vontade do imperador. Quem não conseguiu chegar a tempo mandou avisar que estava a caminho. Um silêncio excitado e ansioso tomou a sala quando um dos médicos, instruído por Ackerman, pôs-se a ler a "observação médica" oficial que, por um lapso, acrescentara um ano à idade real do paciente:

— Paciente: Francisco de Assis Chateaubriand Bandeira de Melo, branco, 68 anos, desquitado. O exame neurológico comprovou a ocorrência de acidente vascular encefálico, que provocou coma, tetraplegia, miose intensa, paralisia do véu e das cordas vocais. Foi identificado sinal de Babinski bilateral. A angiografia revelou lesão do tronco cerebral e comprometimento da porção inicial da basilar e do ramo espinhal anterior. Radiografias indicam a existência de um enfisema pulmonar, bronquiectasias e secreção mucopurulenta abundante. Exames para localização do bacilo de Koch revelaram resultados negativos.

Ninguém ali precisava saber o que significava bronquiectasia ou Babinski bilateral para entender o que tinha acontecido: o Velho Capitão, como os bajuladores gostavam de tratá-lo, estava indo embora. Delicado, Ackerman traduziu para um português mais inteligível o que fora lido por seu assistente:

— O doutor Assis sofreu uma trombose cerebral dupla. Os recursos mais modernos da medicina foram utilizados para apurar a extensão do quadro. Ele está completamente paralítico do pescoço para baixo, perdeu o paladar e a voz. Um pulmão ficou inteiramente inutilizado. Lamento informar aos senhores que o estado dele é crítico. Vou retirar-me para redigir um boletim médico tornando pública a traqueostomia de urgência a que ele foi submetido hoje.

Na saída Ackerman pegou Edmundo Monteiro pelo braço. O médico sabia que oficialmente Chateaubriand tivera três mulheres, de quem tinha se separado e com as quais não se dava mais. Os filhos brigavam entre si e estavam, em graus diferentes, rompidos com o pai. Na dúvida sobre com quem tratar da questão mais delicada, decidiu recorrer à formalidade — e formalmente Edmundo Monteiro era o diretor-geral. Ackerman levou-o para outra sala e, com o ar ainda mais melancólico, anunciou:

— Doutor Edmundo, os médicos que assistem o doutor Assis são unânimes: ele está sobrevivendo vegetativamente. É um milagre que tenha resistido até agora. Quero informar-lhe que ele tem poucas horas de vida. Como dirigente das empresas, o senhor pode providenciar os funerais.

Monteiro achou natural que coubesse a si a honra de enterrar o chefe. Tirando Austregésilo de Athayde — que afinal não tinha cargo de direção no império —, o amigo mais antigo de Chateaubriand era ele. Quantos, como ele — aí incluídos o presidente da República, as amantes, os filhos, os Rockefeller, a rainha Elizabeth —, quantos puderam tratar o doutor Assis de "Chatô" sem ouvir um palavrão como resposta? Aquele era um privilégio que tinha custado caro. Só ele sabia o que vivera desde a longínqua véspera da Revolução de 1930, quando, menino de treze anos, fora à redação dos Diários, em São Paulo, pedir um emprego de contínuo. Nada mais natural, portanto, que o dr. Ackerman o chamasse para enterrar Assis Chateaubriand. Cabelos lisos e glostorados grudados na cabeça, bigodinho fino sobre os lábios, o pequenino Edmundo Monteiro — que conseguia ser ainda menor que o chefe que morria — parecia um gigante ao entrar no quarto onde estava Chateaubriand. O tom com que pediu para que a maioria dos presentes se retirasse dava ideia de quem é que estava mandando. Juntos, ele, João Calmon, Leão Gondim e Austregésilo de Athayde começaram a acertar os detalhes do enterro. Edmundo defendia que o corpo fosse velado no plenário do Senado Federal, de onde o funeral sairia para o Cemitério São João Batista. Athayde foi contra:

— Ele era um imortal, tem que ser velado na Academia Brasileira de Letras, isso é uma tradição. O Salão dos Poetas Românticos já está preparado para receber o corpo. Além disso, ele já não era mais senador, deixou o Senado há três anos para assumir a embaixada em Londres.

Alguém telefonou ao vice-presidente da República, João Goulart, que era também o presidente do Senado, e descobriu-se que o regimento interno da casa previa situações como aquela: o privilégio de ser velado no plenário da Câmara Alta era extensivo aos ex-senadores. Àquela altura o grupo já tinha de novo se ampliado, a cama do doente estava outra vez cercada por uma dúzia de pessoas. A referência à embaixada em Londres fez surgir outra alternativa, proposta não se sabe por quem:

— Se ele morreu como embaixador do Brasil, o enterro não tem que sair nem do Senado nem da Academia, mas do Itamaraty.

Um repórter político tomou a iniciativa de procurar o prefeito do ainda

Distrito Federal, Sá Freire Alvim, e pedir um caminhão do Corpo de Bombeiros para transportar o ataúde. O prefeito respondeu que não, que um homem como Chateaubriand precisava ser levado "à sua última morada" num blindado militar, que ele próprio se encarregaria de conseguir com o marechal Odílio Denys, que tinha assumido o Ministério da Guerra duas semanas antes. A questão do local do velório, no entanto, ainda não estava resolvida. Optou-se, afinal, por uma solução salomônica: o corpo seria velado no Senado, mas para que a Academia e o Ministério das Relações Exteriores não fossem esquecidos, ele seria sepultado com o fardão de imortal e o féretro passaria pela porta do Itamaraty antes de seguir para o cemitério. Todos estavam de acordo até que alguém lembrou que, tendo ingressado na imortalidade cinco anos antes, Chateaubriand havia engordado bastante:

— Vamos precisar tomar emprestado o fardão de outro acadêmico. O dele não entra mais no corpo.

Agora ele já não era mais Chateaubriand, dr. Assis ou embaixador, mas "o corpo", embora clinicamente ainda estivesse vivo. E todas as providências para que o corpo chegasse gloriosamente ao Cemitério São João Batista tiveram de ser revistas quando Edmundo Monteiro chamou a atenção dos demais para o óbvio: era sábado de Carnaval e o enterro ia ser realizado no Rio de Janeiro. Como é que um cortejo aberto por um blindado militar levando um morto ilustre poderia atravessar a cidade sem trombar com escolas de samba, blocos de sujos, bêbados sambando pelas ruas? Não haveria o risco de acontecer uma provocação? E se os foliões decidissem acompanhar o enterro como se seguissem um bloco carnavalesco? Foi preciso refazer todo o roteiro para evitar que o caráter solene do funeral fosse comprometido pela orgia.

Foi aí que Chateaubriand voltou a ouvir. Não se tratava de um milagre, mas sem que ninguém percebesse ele viveu por alguns minutos um fenômeno médico conhecido como "superficialização do nível de consciência", que costuma ocorrer em pacientes submetidos a anestesia geral e em vítimas de acidentes violentos. Sem que a pessoa saia totalmente do coma, um de seus sentidos — em geral a audição — volta a funcionar por instantes. Mesmo embriagado pelo efeito dos remédios e pelo choque da trombose, Chateaubriand começou a escutar tudo o que se dizia à sua volta. Podia identificar perfeitamente a voz de Athayde anunciando que ia para casa preparar o discurso fúnebre. "No dia em que nos conhecemos", dizia ele, "Chateaubriand e eu combinamos que o primeiro que morresse seria saudado pelo outro na beira da cova." Ao perceber que o sepultamento de que falavam era o seu, realidade, delírio e fantasia se misturaram, deixando-o aterrorizado. Funeral, que funeral? Será que aqueles imbecis não percebiam que ele estava vivo? Já ia mandá-los de volta aos estábulos, como fizera milhares de vezes ao longo da vida, quando percebeu que não tinha voz. Quis mexer os braços, mas nada se movia. Os olhos! Bastaria um olhar severo e eles perceberiam na hora a besteira que estavam fazendo. Nada, o negrume tomava conta de tudo. Nem mesmo os pensamentos ele conseguia organizar direito.

Longe de trazer luz, cada tentativa de abrir os olhos custava um esforço brutal e só aumentava a terrível sensação de vertigem, em que ele parecia rolar no vácuo de uma espiral negra, sem fim. Nem a memória se agarrava ao que quer que fosse. A cena da antropofagia, em que ele e a filha comiam o bispo Sardinha, se confundia com outra, onde aparecia um menino pálido e magro como uma lagartixa, sentado sozinho sobre uma pedra grande, no meio da caatinga. O menino tentava falar, mas a voz não saía, cortada por uma gagueira atroz. Em seguida voltavam a vertigem, os pedaços do bispo, a espiral, o negrume. Desistiu de tentar entender onde estava e o que lhe acontecera.

À sua volta as pessoas continuavam falando. Reconheceu a voz de seu querido amigo Antônio Sanchez Galdeano contando alguma coisa sobre asfixia e pulmão de aço. Alguém comentava a maior tragédia aérea no Brasil até então, ocorrida dois dias antes na baía da Guanabara: um DC-6 da Marinha dos EUA, que transportava a banda dos fuzileiros navais americanos (que tocaria durante a visita de Eisenhower), chocou-se no ar com um DC-3 da Real Aerovias, matando 67 pessoas, entre elas todos os músicos da banda. A voz de Galdeano e a referência a fuzileiros americanos reavivaram alguma coisa perdida no fundo da memória de Chateaubriand. Resolveu tentar de novo recapitular o que lhe acontecera antes da escuridão, mas era constantemente interrompido por mais escuridão, pela fantasia do bispo português e pela imagem do menino gago, sozinho e tentando falar. Fuzileiros! Ele tinha batido boca com fuzileiros navais na porta do Palácio da Alvorada! Mas quando tinha sido aquilo? Usou o que lhe restava de energia para livrar-se da escuridão e do menino gago e conseguiu reconstruir fragmentos da cena recuperada pela lembrança. Depois da humilhação na porta do palácio, atravessara o gramado com Vernon Walters e Sette Câmara. Ouvira pedidos de desculpas do chefe do Cerimonial e caminhara emburrado, a passos rápidos, até a mesa principal, onde se encontravam Kubitschek e Eisenhower. A memória guiava-o em direção à cara sardenta e sorridente do presidente americano quando, no meio do salão, alguém o tomara pelo braço, tentando saudá-lo. Era o general pernambucano Dantas Barreto, que o metera no xadrez em 1911, em Recife. Nesse instante uma nuvem de horror tomou conta dos pensamentos de Chateaubriand. Dantas Barreto? Mas Dantas morrera em 1931! Um defunto de trinta anos, fardado e bebendo vinho com Juscelino e Eisenhower? Mas então, meu Deus, aquela gente que conversava à sua volta tinha razão: ele tinha morrido mesmo. Ali devia estar apenas sua alma, ou que nome tivesse o que restara de seu espírito ainda não desencarnado. O choque provocado pela certeza da própria morte levava-o de volta ao coma total. A audição começou a desaparecer outra vez, o negrume estava tomando conta de tudo. Ele ainda conseguiu identificar outra voz que chegara — era o médico Antônio da Silva Mello, seu colega de Academia, o irônico amigo de infância que entrava na sala da clínica. Calvo, enormes suíças sob as orelhas, pincenê pendurado na ponta do nariz, Silva Mello olhou o corpo por alguns minutos e dirigiu um solene pedido aos presentes:

— Antes de enterrá-lo, não se esqueçam de mandar cortar os colhões e doá-los à Academia Nacional de Medicina para pesquisas. Talvez a ciência consiga explicar o que é que as mulheres viam de tão especial nesse sujeito.

Segundos antes de mergulhar de novo na escuridão eterna, Chateaubriand viu pela última vez o menino branquelo lutando contra a gagueira. Só então percebeu que o garoto era ele mesmo, aos sete anos. Sentiu uma profunda piedade de si próprio e entendeu a imagem como sua derradeira despedida do mundo dos vivos. Sua hora finalmente tinha chegado.

2

A gagueira não tinha sido a única mazela a infernizar a infância do menino que assombrou os resquícios de memória de Chateaubriand. Além de gago ele era feio, raquítico, amarelo e opilado. A cor da pele — a "palidez goianense" — denunciava os três séculos da malária ancestral que desfigurava a população de Goiana, pequena cidade da Zona da Mata pernambucana de onde viera todo o seu ramo materno. Ele próprio tinha nascido alguns quilômetros acima, na margem paraibana do açude que separava os dois estados nordestinos. No lado sul da represa estava Bom Jardim, em Pernambuco, e na parte de cima, já na Paraíba do Norte, ficava a cidade de Umbuzeiro, nome do modesto conjunto de casas onde ele nascera. Com o correr do tempo, Umbuzeiro carregaria duas glórias e um insólito orgulho: era a terra natal de Chateaubriand e de Epitácio Pessoa e produzira um povo que se gabava de primeiro matar, depois discutir. Os mais pacatos diziam com candura que não era bem assim. Ali ninguém matava ninguém pura e simplesmente. Quando entendia necessário, Deus Nosso Senhor é quem decidia eliminar alguns galhos decrépitos da espécie humana. Como procuravam viver em comunhão com o céu, os umbuzeirenses se encarregavam de cumprir a vontade divina e abatiam esses galhos. Mas quase sempre era sem dor e com misericórdia.

Os pais de Chateaubriand, Francisco José e Maria Carmem, tinham se casado muito jovens, pouco antes da proclamação da República. No dia em que ele nasceu, 4 de outubro de 1892 — Dia dos Animais e de são Francisco de Assis —, o casal já havia tido o primogênito, Jorge. A devoção da mãe ao padroeiro do dia facilitou a escolha do nome do bebê, um nome comum como as centenas de nomes de santos dados a meninos do Nordeste. O sobrenome — Chateaubriand Bandeira de Melo —, no entanto, além de lhe emprestar uma opulência familiar que a seca e as vicissitudes haviam devastado décadas antes, ocultava a raiz do tronco materno, Guedes Gondim, e exibia extravagância europeia pouco comum naqueles confins no final do século XIX. Esquisito e impronunciável para a maioria das pessoas do lugar, o Chateaubriand de seu nome nascera singelamente de um gosto do avô paterno. Admirador do poeta e pensador francês, o fazendeiro e plantador de algodão José Bandeira de Melo comprara em meados do século uma escola na região de São João do Cariri, na Paraíba, e batizara o estabelecimento com o sonoro nome de Colégio François René Chateaubriand. Custou pouco para que ele ficasse conhecido como "o seu José do Chateaubriand". E menos ainda para a corruptela popular se encarregar de comer a contração e ele virar apenas José Chateaubriand. Apesar de difícil, o nome se incorporou ao dono com tal força que ao nascer-lhe o primeiro filho, Francisco José, ele não hesitou em registrá-lo com o sobrenome francês. Com o segundo foi mais simples: ele batizou-o nada menos que com o nome de Chateaubriand Bandeira de Melo.

A natureza das coisas indicava que Francisco de Assis nasceria em casa abastada. Pelo lado do pai ele teria a contabilizar nomes como o de João Capistrano Bandeira de Melo, conselheiro do Império, governador do Ceará e de Minas Gerais. Herculano Bandeira de Melo, primo de seu pai que se apresentava como "o único cavalheiro saído dos canaviais do mato pernambucano", tinha larga folha de serviços prestados à Coroa. Depois de ter sido senador imperial, foi ele quem iniciou, como governador de Pernambuco — ou "presidente de estado", como eram denominados os governadores estaduais até 1930 —, a dragagem e modernização do porto de Recife e a construção dos serviços de esgoto da cidade. O sangue materno vinha dos Marinho Falcão, dos Correia de Oliveira e dos Guedes Gondim, poderosos sobrenomes de senhores de engenho cuja pronúncia revelava a propriedade de incalculáveis populações de escravos e de latifúndios que atravessavam estados. Mas a vida quis que fosse diferente. Ao arrasar os algodoais do Cariri, a seca de 1877 decretou a falência dos Bandeira de Melo. Neto e bisneto de donos de muita terra e muito dinheiro, o advogado Francisco José Chateaubriand Bandeira de Melo era um modesto juiz municipal em Umbuzeiro em outubro de 1892, quando nasceu Francisco de Assis, seu segundo filho.

Um rígido orgulho o impedia de aceitar ajuda do sogro Urbano Gondim, capitão da Guarda Nacional e próspero fazendeiro em Timbaúba, do lado de lá da divisa pernambucana. O máximo a que consentiu foi receber um favor do conselheiro João Alfredo no início de sua carreira. Festejado nacionalmente como líder da abolição da escravatura, o pernambucano João Alfredo ocupava pela segunda vez a presidência do Conselho do Império, em 1888, ano em que o pai de Chateaubriand se formou em direito. Maria Carmem Gondim havia sido criada por uma irmã do conselheiro. Ao conhecer o jovem Francisco José, ainda estudante, João Alfredo entendeu que era a hora de juntar de novo os Bandeira de Melo com os Guedes Gondim-Correia de Oliveira, raízes que já haviam se cruzado gerações antes. Ao promover o casamento dos dois, João Alfredo cedeu ao nepotismo e ofereceu ao rapaz um dos mais cobiçados presentes com que poderia sonhar um recém-formado bacharel nordestino: o cargo de promotor público em Goiana, terra da noiva e do próprio conselheiro. Mas o emprego duraria pouco — o temperamento difícil e a vocação nômade de Francisco José logo o tirariam de lá. Aprovado em concurso, deixou Goiana e ingressou na magistratura. A carência de comarcas na Paraíba fazia dele uma espécie de juiz itinerante, que exercia a profissão assinando sentenças em lombos de burros e balcões de farmácias pelo interior do estado. Assim, o filho mal chegaria a conhecer Umbuzeiro. Chateaubriand nem havia feito o primeiro aniversário, em meados de 1893, quando o pai foi destacado para assumir o juizado municipal de Ingá do Bacamarte, meia dúzia de léguas ao norte de sua cidade natal. Ali ele viveu até 1896.

O menino custou a começar a falar, e a dificuldade que tinha para pronunciar uma frase inteira provocava risos nos adultos e em Jorge, o irmão mais velho. Demorou para a família descobrir que aquilo não era um encanto comum às crianças de sua idade: ele já estava beirando os três anos quando os pais entenderam que o menino era gago. Se a feiura e a magreza não o faziam diferente dos amigos — ali quase todos eram feios e magros —, a gagueira da infância o transformaria num tímido incurável, arredio e envergonhado. Foi nessa época que o pai, cansado das dificuldades e da vida de cigano que o cargo lhe impunha, decidiu mudar-se com a família para Recife. Tentando demovê-lo da ideia, o Partido Republicano ofereceu-lhe uma cadeira de deputado federal pela Paraíba. O surpreendente Francisco José rejeitou o presente alegando que preferia criar vacas leiteiras numa pequena chácara que alugara nas redondezas da capital. Cedeu o mandato parlamentar para o irmão mais moço, Chateaubriand, argumentando que, embora o caçula fosse médico e não tivesse qualquer vocação para a política, "era o melhor orador da família". Juntou a mulher e os dois filhos e tocou para a cidade grande.

Foi no sobrado de azulejos da rua da Aurora, em Recife, onde moravam, que nasceram seus dois outros filhos, Oswaldo e Urbano Ganot. A família vivia com dificuldades, mas ninguém se lembra de algum dia ter faltado comida em casa ou escola para as crianças. Mesmo transformado em criador e vendedor de leite, o pai preservava o refinamento intelectual dos antepassados. Os quatro filhos cresceram ouvindo à noite, em casa, saraus de música e de poesia. Um barulho metálico acordava Assis Chateaubriand toda madrugada. Ele já sabia de onde vinha o ruído, mas sempre repetia o gesto de chegar os olhos à beira da janela do quarto para ver o pai, que ainda não completara trinta anos, descarregar da carroça os enormes latões — chamados garibáldis — cheios de leite. Antes de o sol nascer o ex-juiz e quase deputado ia até o sítio e trazia para a porta da casa na cidade, puxando pelo cabresto uma parelha de mulas, a enorme carroça, repleta de latões. Ali os distribuidores os recolhiam para entregar o produto aos consumidores, de porta em porta. Na hora do almoço o pai devolvia a carroça ao sítio e retornava com a capanga de couro repleta de cédulas miúdas que desamassava esticando uma a uma sobre a mesa. Separado por valores, o maço de dinheiro era entregue religiosamente a d. Maria Carmem, a tesoureira da casa.

A agressividade de Recife, os meninos estranhos e o movimento de tanta gente desconhecida só fizeram aumentar ainda mais a timidez de Chateaubriand. Se os irmãos Jorge, Oswaldo e Ganot podiam ser vistos no meio de bandos de moleques, brigando nas ruas, tomando banho de mar e empinando papagaios, o raquítico Francisco de Assis passava os dias agarrado à saia da mãe. Já se tinha tentado de tudo para fazê-lo engordar um pouco: regimes especiais, canjas, suco retirado de músculo de boi. Durante meses ele foi obrigado a tomar vidros e mais vidros do enjoativo leite maltado Horlick, "A Nutricious Food-Drink for all Ages", que um marinheiro trazia em caixas no vapor que vinha do Sul, mas nada deu resultado. Os médicos tranquilizavam a família: não havia por que se preocupar com a magreza dele, aquilo não era doença. Mas quanto à gagueira podiam desistir, que a medicina ainda não tinha descoberto a cura para tal moléstia. Ele teria de conviver para sempre com a sofreguidão de tentar completar cada frase, cada palavra. Aconselhados por amigos e parentes, os pais experimentavam mezinhas e tratamentos domésticos para superar o problema. Punham-no diante de um espelho para que se visse tentando falar corretamente; apagavam as luzes, à noite, para ver se na escuridão a voz se animava a sair como a dos irmãos; obrigavam-no a conversar com outros gagos, na esperança de que o diálogo pudesse curar um deles. Mas nada dava certo. Ao contrário, ele ficava mais irritado, emburrava e chegava a passar dias sem abrir a boca a fim de não pronunciar nem uma sílaba. No dia que tentaram obrigá-lo a falar com pequenas pedras sob a língua — um método infalível, diziam, que já havia curado milhares de gagos pelo mundo —, ele começou a tossir, engasgou e por pouco não morreu asfixiado.

    O único e efêmero progresso havia sido obtido tempos antes pela paciência e pelo desvelo do pai. Foi quando se anunciou que o afamado compositor paulista Carlos Gomes estava para chegar a Recife. O autor de *O guarani* chegaria a bordo de um vapor em trânsito para Belém do Pará, onde seria empossado como diretor do Conservatório Musical do Estado — e cidade em que, meses depois, acabaria falecendo. No caminho o navio faria uma escala em Recife, e o maestro seria homenageado com um almoço em Olinda na casa de Eugênio Samico, grande amigo de Francisco José e, como ele, um apaixonado da música. Encarregado de dar as boas-vindas ao visitante, o pai de Chateaubriand encheu de elogios meia folha de papel e decidiu que quem faria a saudação ao maior músico brasileiro seria o filho gago. Sem gaguejar. Passou as tardes seguintes lendo o texto para o menino. Lia uma palavra e pedia que ele a repetisse. Lia mais uma e esperava até que o garoto pudesse repetir as duas. Trancados num cômodo nos fundos da casa, os dois passaram as tardes naquele maluco exercício de cura e amor. Depois de dez dias de esforço de ambos — houve um dia em que o nervosismo do pequeno foi tanto que ele urinou nas calças —, a saudação tinha sido inteiramente decorada. No dia do almoço, diante da basta cabeleira branca de Carlos Gomes, Chateaubriand não se aterrorizou com a possibilidade de esquecer alguma palavra ou de voltar a gaguejar. Seu único medo era urinar na roupa de marinheiro que a mãe costurara especialmente para a ocasião. Única criança no meio de tantos adultos, ele levantou-se a um sinal do pai, caminhou até a mesa do maestro e repetiu a mensagem inteira. Sem esquecer, sem gaguejar e sem molhar as calças. O pai beijou-o emocionado e cochichou no seu ouvido:

— Quem quase mijou nas calças fui eu, meu filho.

Sem saber que tinha acabado de assistir a um milagre, Carlos Gomes levantou-se, beijou a fronte do menino e ofereceu-lhe de presente a única coisa que havia ao alcance da mão: uma laranja-cravo retirada do meio de uma fruteira posta sobre a mesa. Guardando absoluto silêncio depois de tanto sucesso, Chateaubriand ficou com o pai até o fim da tarde na casa de Samico. Juntos acompanharam o cortejo que levou o compositor de volta ao porto e depois tomaram o rumo de casa. A notícia da cura já havia chegado à rua da Aurora. D. Maria Carmem garantia que a graça alcançada era fruto das novenas que ela e as amigas da Ordem Terceira de São Francisco haviam feito. O santo tinha ouvido suas preces. Quando os dois entraram na casa, a mãe atirou-se em prantos aos pés do menino. De mãos postas ao céu, agradeceu a são Francisco de Assis pela bênção. Mas a emoção generalizada durou pouco. Maria Carmem pediu que o filho contasse com suas próprias palavras como tinha sido a façanha do almoço. Chateaubriand tentou falar uma, duas, três vezes, e desistiu. Continuava tão gago quanto antes.

A família deixou passar alguns meses depois do episódio para voltar a insistir na técnica da memorização de textos curtos como maneira de curar a gagueira, mas nunca mais teve sucesso. Com o correr do tempo, chegou a hora de enviar o filho à escola. No começo de 1898, como já tivesse quase seis anos, os pais o matricularam em uma escola pública do bairro. Cuidadosamente recomendado para a professora como uma criança nervosa e problemática, Chateaubriand nem chegou a completar a primeira semana de aula. Poucos dias após o início do curso, um bedel do grupo escolar veio trazê-lo de volta à mãe. Vítima de deboches e brincadeiras dos colegas, ele simplesmente desistiu de falar o que quer que fosse dentro da classe. De gago ele estava se transformando em mudo. Traumatizados com o sofrimento do filho, Francisco José e Maria Carmem procuraram outras escolas, contrataram sucessivas professoras particulares que tentavam alfabetizar o garoto em casa, mas nada deu certo. Ele se tomava de pânico na presença de estranhos e, além de não pronunciar uma só palavra, punha-se a chorar. Os pais se renderam. Muito mais grave do que ter um filho analfabeto era ter um filho infeliz.

Quando faltava um ano para virar o século, Chateaubriand ganhou uma irmã adotiva, Judite, que os pais decidiram criar. Ela se incorporou à família quando o pai, aborrecido com a vida de produtor e vendedor de leite, decidiu prestar um concurso federal para o cargo de conferente de alfândega. Mais afeito à música e às letras do que às matemáticas, Francisco José acabou obtendo classificação tão medíocre que só lhe restaram duas alternativas igualmente incômodas: assumir a chefia da seção alfandegária em Porto Alegre, no Sul do país, ou em Belém, no extremo norte. O problema é que qualquer uma delas implicaria separar-se temporariamente da família, já que seria um desatino mudar-se para tão longe com a mulher, os quatro filhos e a filha adotiva. Acabou optando por Belém do Pará. Mas antes de partir tomou uma decisão que mudaria a vida do filho complicado: durante o período em que o pai ficasse fora, o menino seria criado pelo avô materno, Urbano Gondim, em Timbaúba. Esta, na verdade, era uma antiga prescrição do médico da família, segundo o qual "a vida selvagem" talvez fosse o melhor remédio tanto para a gagueira quanto para o raquitismo do garoto.

Depois de passar um dia inteiro com a cara colada no vidro da janela do trem em que embarcara em Recife, Chateaubriand foi apanhado na estação de Camutanga por Genoíno, capanga do avô, e levado de carroça para Timbaúba. As propriedades do capitão Urbano compreendiam um engenho de açúcar em Sapé e outro em Lagoa Cercada, a fazenda Manoel de Matos, de algodão e raras cabeças de gado, no vilarejo de Rosa e Silva, e a fazenda principal, Mocós Velho, toda plantada de cana-de-açúcar e que ficava em Timbaúba, onde ele passaria a viver a partir daquele dia. A rigor, o município de Timbaúba é que tinha sido edificado dentro das terras do capitão. Tudo margeando um e outro lado do rio Capibaribe Mirim.

As primeiras semanas no mato mostraram que o médico talvez tivesse razão. Para alguém que sofrera tanto com a disciplina, os modos e a gente empertigada de Recife, viver feito bicho era como entrar no paraíso. Para substituir os almofadinhas que tanto o insultavam na capital, ele adotara como companheiros na fazenda a gente mais simples do mundo: os filhos de colonos, meeiros e modestos empregados do avô. No lugar dos emproados Cavalcanti, Bezerra e Menezes, dos novos amigos ele não sabia sequer o primeiro nome. Eles agora eram o Sirigoia, o Dedo Mole, o Toinho Venta de Bode, o Juca do Padre e o Canela Preta. Todos, como ele, analfabetos. Antes de o dia clarear Chateaubriand saía da casa-grande carregado de bolas de gude e pipas — que lá se chamavam bisarronas — e só voltava à noite. Frequentemente chegava em casa com a cara e as pernas escalavradas por brigas ferozes com quem insistisse em rir da gagueira que nem ali o abandonara.

Um dia o capitão Urbano chamou-o a um canto e, com o ar severo de quem ia anunciar algo muito importante, sentenciou:

— Gagueira é vergonha. Quanto mais vergonha de falar você tiver, mais gago você vai ficando. O único jeito de curar isso é falar sozinho. Falar até cansar, até secar a saliva, mas sozinho. De hoje em diante você vai passar algumas horas do dia sentado na pedra Preta, na beira do rio, falando consigo mesmo. Se isso não o curar, pode desistir que é porque Deus quis que você ficasse desse jeito para o resto da vida.

No princípio ele de fato sentia muita vergonha, mas era de ficar ali conversando com ninguém. Falava baixo, com receio de que o vissem e espalhassem que o neto do capitão tinha ficado doido. Mas acabou se acostumando. Passou a inventar interlocutores imaginários, com quem tentava falar sem engasgar. Conversava com o pai, com os amigos ausentes, com a mãe, com a avó Jesuína, com os irmãos, com as filhas do capitão, suas tias. Mas esses exercícios vocais diários não o importunavam tanto. Afinal, aquilo era a única disciplina a que tinha sido obrigado, e que acabaria resultando eficaz. No mais era perambular com aqueles que o avô chamava de "a canalha do engenho", os seus novos amigos. Apanhavam canários-da-terra e os treinavam para as selvagens rinhas, jogavam bola de gude, nadavam, pescavam. E provocavam os adultos. Na porta da venda de Pedro Salvador, o bando declamava em coro, para depois fugir às carreiras:

Tengo, terengo, tengo
Maravia
Pedro pelou a mãe
Na água fria

Contra os desafetos os versos beiravam a obscenidade. Benedito Sinfrônio era o dono do mais cobiçado mangueiral de Timbaúba, que ele guardava empunhando uma rudimentar espingarda de sal. Cada investida dos moleques contra as árvores carregadas de frutos era respondida com tiros certeiros que costumavam deixar as costas e as pernas em carne viva por semanas. Para ele havia uma cantiga especial:

Calango, tango
Do calango da lacraia
A mulher do Benedito
Foi peidar, cagou na saia

Autoritário e rabugento, o avô se preocupava cada vez mais com a metamorfose do neto. Quando o menino chegou a Timbaúba ele tinha a certeza de estar diante de um santo. Mas em muito pouco tempo as más companhias e a absoluta falta de freios o haviam transfigurado. Puxando os pelos da própria barba, o capitão Urbano rosnava pela casa, o dedo acusador apontado em sua direção:

— Isto nunca será um homem de verdade! Deus Nosso Senhor se apiede de minha filha, que botou no mundo um canalhinha destes, para vergonha e maldição da família! Onde já se viu um Guedes Gondim desmoralizar a casa-grande, envergonhar sua gente?

Os domingos começavam com o avô o obrigando, a poder de cascudos, a acompanhá-lo à igreja:

— Anda, capeta. Hoje você vai pedir perdão a Deus por viver tão próximo de Satanás.

À noite, ao levar as três últimas filhas solteiras ao baile dominical, era o velho quem ditava que ritmos poderiam ser executados pelos músicos. Para irritação das filhas — e das demais frequentadoras dos bailes, que nada tinham a ver com o moralismo do capitão —, ele já chegava avisando:

— Baile frequentado por uma Guedes Gondim só pode ter quadrilha e lanceiro. Figurado, nem pensar.

O problema é que o chamado "figurado" — os *schottisch*, as polcas e os *pas-*

-de-quatre — era exatamente o ritmo que permitia aos pares dançar de mãos dadas e, num descuido dos pais, arriscar um beijo. Mesmo sabendo que ninguém, nem os músicos nem qualquer convidado, se atreveria a desobedecer suas ordens, os bailes deixavam o capitão Urbano inquieto. Vigilante com as filhas, quando perdia o neto de vista já sabia onde encontrá-lo. Dava a volta nos fundos da casa onde sempre se realizavam aquelas festas para flagrá-lo trepado no telhado de um curral de cabras, espiando pelo alto da janela as moças de cócoras no banheiro, fazendo xixi. Toda vez que isso acontecia, ele era levado para casa arrastado pela orelha. A avó Jesuína era a única a se compadecer da sorte do neto:

— Urbano, um dia você ainda vai matar o Francisquinho. Ele é muito fraquinho, não come direito, não pode suportar castigos tão violentos.

O avô, no entanto, estava convencido de que chegara a hora de se livrar do estorvo:

— Nós somos os únicos responsáveis por isto. Minha filha nos entregou um menino civilizado e vai receber de volta um tarado, um pequeno bandido.

A avó discordava. Francisquinho chegara a Mocós Velho doente do corpo e da cabeça, e graças aos exercícios de falar sozinho agora era um menino normal:

— Hoje ele é uma criança como qualquer outra. Se aos nove anos ele não sabe ler nem escrever, isso não é problema nosso, ele não veio aqui para ser alfabetizado. O que vale é que ele chegou aqui gago e será devolvido falando como qualquer mortal. O menino está pronto para ser amansado, mas isso quem tem obrigação de fazer é a mãe dele.

Curado ou doente, santo ou demônio, isso pouco importava para o avô. A verdade é que não queria mais a responsabilidade de ter o neto crescendo como um bicho sob seus olhos. Genoíno foi o encarregado de concretizar a expulsão do paraíso, levando-o de volta a Recife. Só ao chegar à capital é que soube que a família trocara a velha casa da rua da Aurora, à beira do Capibaribe, por outra no bairro de Dois Irmãos, nas imediações do açude do mesmo nome e de outro, menor, chamado açude do Prata. Casualmente o pai se encontrava em Recife com a família, licenciado por uma semana de seu trabalho em Belém. Foi ele quem mais se surpreendeu com a cura da gagueira do menino. Impaciente, querendo sair logo para conhecer as redondezas do lugar onde iria viver, Chateaubriand mal teve tempo de ouvir o pai contar que, além dos afazeres na alfândega, ele trabalhava na capital paraense como redator do jornal *O Notícias*, de Alcides Bahia, e que tinha se tornado pessoa de excelentes relações no Pará:

— Sou amigo íntimo do governador do estado, Augusto Montenegro — gabava-se — e frequentador assíduo do palácio.

Revelou também que, apesar de levar uma vida boa, estava tentando usar a influência política dos amigos para transferir-se de volta para a alfândega de Recife. O filho recém-chegado estava pouco interessado naquela aborrecida conversa de adultos, queria mesmo era ganhar logo a rua. Ao tentar escapulir, foi impedido pela mãe. Insistiu, bateu o pé, fez birra e só foi impedido quando ela decidiu aplicar-lhe a primeira surra da vida. A liberdade a que ele se habituara em Timbaúba tinha chegado ao fim. Apanhou no primeiro dia, no segundo, no terceiro. Disposto a não se curvar à disciplina materna, apanhava uma vez por dia. Mas não se entregou. A mãe concluiu que a única maneira de conseguir manter o filho em casa era trancá-lo a chave em um cômodo sem janelas. Chateaubriand só pensava e só desejava a volta a Timbaúba. Lá, apesar da severidade do avô, ele era livre, fazia o que bem entendesse. Em Recife sentia-se um escravo da mãe, dos irmãos, da ama Rosalina. Aquilo não era uma casa, mas um pátio de prisão. Nenhum rigor, entretanto, era suficiente para mantê-lo longe da rua. Ele logo se incorporou aos bandos de pequenos desocupados que passavam os dias enfurnados nas matas em redor do açude Dois Irmãos. Nadava, roubava frutas, seviciava pequenos animais domésticos, empinava bisarronas.

Quando estava de passagem pela cidade, o pai insistia na velha catequese cultural, imaginando que as artes poderiam ter o condão de afastá-lo daquela vida delinquente. Nesses saraus — que não chegavam a ser exatamente um castigo para ele —, o filho era levado a ouvir intermináveis declamações de poesia nas casas dos amigos, sessões de solfejo e até maçantes leituras de originais de trechos de livros que jamais seriam publicados. Nos fins de semana em que Francisco José se encontrava em Recife, o filho era lavado, escovado e vestido a caráter para acompanhar o pai à casa do engenheiro Ernesto Brotherhood, no bairro de Apipucos. Ali juntavam-se, nos sábados à noite, comerciantes, industriais, usineiros de cana e simples boêmios que tinham no amor pela música uma característica comum. Chateaubriand era a única criança a ter o privilégio de ouvir e ver funcionando uma modernidade sem similar no Nordeste, que o dono da casa exagerava ao garantir ser a única do Brasil: uma victorola — nome tirado do fabricante, a Casa Victor inglesa —, inexplicavelmente chamada pelos pernambucanos de "zonofone" e que alguns garantiam chamar-se, na verdade, gramofone. Recém-chegados de navio, discos de óperas italianas e francesas, de marchas e de sinfonias, magnetizavam o grupo até o nascer do sol.

Mas bastava o pai tomar o navio rumo a Belém para o menino se juntar de novo à sua quadrilha. Transformado em típico moleque de rua, ele era o oposto do garoto amedrontado, gago e encolhido que deixara Recife poucos anos atrás. Num único ponto ele permanecia o mesmo. Aos dez anos de idade, continuava tão analfabeto como antes. Assim, Chateaubriand já era quase um rapazinho quando manifestou pela primeira vez algum interesse pela leitura. Os rudimentos das primeiras letras lhe foram transmitidos por dois paraibanos — Manoel Távora Cavalcanti e Álvaro Rodrigues Campos — e pelo tio Antônio Feliciano Guedes Gondim, que visitavam com frequência a casa da família em Dois Irmãos. Exemplares velhos do *Diário de Pernambuco* e do *Jornal de Recife*, abandonados no porão da casa, foram sua primeira cartilha. Ele passava ao largo dos artigos e notícias para se fartar com os anúncios — ou "manteigas", como eram chamados. Carregava no bolso, recortado, o primeiro "manteiga" que conseguiu ler inteiro — um pequeno classificado da agência funerária Casa Agra, situada no largo do Carmo, de propriedade de Joca Arara, que além de papa-defunto também era literato e cronista do jornal, e que teria seu estabelecimento imortalizado em poema de Augusto dos Anjos. O "manteiga" era composto de uma única frase, que dizia: "Ali vai Joca Arara: os caixões de defuntos na frente e os seus bichos roendo". Quando descobriu, com a ajuda do tio, que os "bichos" do anúncio se referiam à fauna cadavérica, Chateaubriand passou a exibir o pequeno recorte aos amigos, como um troféu ao humor negro.

A alfabetização improvisada se processou com surpreendente rapidez para quem até então parecia alimentar profunda indiferença por qualquer coisa impressa em letra de fôrma. Em pouco tempo já era capaz de ler o jornal inteiro, e daí para aprender a escrever e fazer contas foi um pulo. Forçados pela alta dos aluguéis, os pais decidiram, tempos depois, mudar-se de novo para o outro lado da cidade: desta vez o destino era Olinda. Foi ali que a mãe resolveu contratar os serviços de um vizinho belga, *monsieur* Alphonse Debrot, que ia todas as manhãs à casa da rua do Carmo dar aulas de conversação em francês para a família. Quando o pai estava em Recife, também se incorporava à classe. O curso doméstico produziu uma situação insólita: oficialmente analfabeto, já que nunca tinha posto os pés regularmente em qualquer escola, Chateaubriand passou a arranhar um francês inusitado para um garoto naquelas circunstâncias.

Mas tanto o curso do professor Alphonse como a passagem por Olinda teriam curta duração. A umidade do litoral e o excesso de trabalho com os filhos acabariam abatendo d. Maria Carmem. Os primeiros sintomas de que algo não ia bem com a saúde da mãe foram as dores no peito. Logo ela começou a perder peso, a tossir seco. O pai, preocupado, veio mais uma vez de Belém em socorro da família. Uma consulta superficial ao médico revelou o temido diagnóstico: manchas escuras tomavam-lhe os dois pulmões, sinal de que uma tísica brutal se avizinhava. Se ela não fosse retirada logo do litoral, seu tempo de vida seria muito curto. Mais eficiente do que qualquer remédio, prescreveu o médico, o ideal seria levá-la imediatamente para uma região alta e de clima seco. Francisco José lembrou-se de um lugar belíssimo que ele vira algumas vezes nas viagens de trem de Recife para a Paraíba. Com a construção da estrada de ferro, em 1888, aquele lugarejo, batizado com o nome de Chã de Carpina, ainda no estado de Pernambuco, tinha sido transformado em entroncamento de duas linhas. Um ramal saía à esquerda, em direção a Nazaré da Mata e depois Itabaiana. O outro dava em Limoeiro. O que havia no lugar, além da modesta estação ferroviária, era apenas um pequeno comércio em volta de um campo desmatado a golpes de foice. A grande capoeira que cercava o local, situado a duzentos metros de altitude, garantia clima ameno, de baixas temperaturas, exatamente o que o médico receitara para a cura da esposa. O único inconveniente do lugar não seria obstáculo para o aventureiro Francisco José: lá não havia sequer uma casa em condições de receber uma família de bem. Mas isso era um detalhe sem importância: com a ajuda de amigos, ele próprio construiria a casa em pouco tempo.

E assim foi. A mulher, os quatro filhos e a filha adotiva foram instalados provisoriamente na casa de parentes, em Nazaré da Mata, até que a construção ficasse pronta. O modelo da casa, que ele chamava de "estilo normando", tinha sido copiado de uma fotografia tirada de uma revista estrangeira. Em volta, Francisco José plantou com suas próprias mãos um pequeno bosque que impedisse o progresso de violentar o saudável clima local, típico da região da Mata Seca. Já com a mulher e os filhos morando lá, ele conseguiu mais uma licença na alfândega de Belém para realizar um capricho. Tomou um vapor para o Rio de Janeiro e, com a ajuda do conselheiro João Alfredo, conseguiu nos viveiros do Jardim Botânico mudas de árvores frondosas para o bosque em torno da casa nova. Ao retornar poucos dias depois a Pernambuco, levou no porão de carga do navio sua preciosa bagagem: centenas de pequenos cestos de vime contendo mudas de sucupira e de martinézia mexicana, que plantou nas imediações da casa, duas a duas, como uma coluna militar. Ao cavoucar o chão para enfiar as mudas vindas do Rio, Francisco José traçava, sem o saber, uma alameda que ainda estaria viva na virada do milênio, cem anos depois.

Nem o governador nem os amigos importantes tiveram força suficiente para arranjar a transferência de Belém para Recife. Cada vez mais envolvido com o aglomerado que ia nascendo em volta da casa, em Chã de Carpina, ele se tornou ainda mais ausente do trabalho na alfândega. Quando as árvores cresceram e começaram a encher-se de folhas, ele passou a dizer que morava na "floresta dos leões" — uma homenagem a João Souto Maior, líder rebelde da Revolução de 1817, apelidado "Leão do Tejucopapo", e a seus seguidores, os "leões", que se haviam refugiado naquele lugar depois de uma escaramuça com as tropas da Metrópole. Como acontecera antes com o seu próprio sobrenome, aos poucos Floresta dos Leões deixou de ser a toponímia apenas da casa de Francisco José para se tornar o nome do lugar, como um todo. Ninguém mais se referia a Chã de Carpina, mas apenas a Floresta dos Leões. Para reforçar, encheu a vila de leões esculpidos em madeira, bronze, cimento, gesso. Leões de todos os estilos e tamanhos podiam ser vistos por quem chegasse ali: da estação de trens até a entrada do pequeno cemitério, nenhum lugar foi esquecido. Apesar dos protestos generalizados contra denominação tão esdrúxula, ele insistia em só chamar o vilarejo pelo nome que lhe dera, e brigava com quem se atrevesse a dizer que vivia — ou estava — em Chã de Carpina. Nas páginas do *Reacção*, jornalzinho que ele criou e dirigia, era enorme a confusão dos pequenos anunciantes que dependiam do reembolso postal para suas vendas: alguns se diziam estabelecidos em Carpina, mas a maioria já imprimia em seus anúncios o novo apelido do lugar, mesmo sabendo que Floresta dos Leões era um endereço inexistente, que não constava dos guias do Correio. Em 15 de dezembro de 1901 o persistente Francisco José Chateaubriand Bandeira de Melo conseguiu sua grande vitória: naquele dia a prefeitura de Pau d'Alho, município ao qual o lugar estava ligado, baixou a lei nº 12, transformando Chã de Carpina em distrito e mudando-lhe o nome para Floresta dos Leões. E foi com este nome que o distrito transformou-se em vila, em 1909, e em município, em 1928.

Maior que a paixão de Francisco José por Floresta dos Leões, entretanto, era seu feroz jacobinismo paraibano. Afastado havia muitos anos da Paraíba, radicado em Pernambuco, casado com uma pernambucana e pai de dois filhos nascidos em Recife, ele tratava a Paraíba com um bairrismo passional, que chegava ao paroxismo. Frequentemente reclamava com a mulher do risco que significava criar os filhos longe daquilo que chamava "o centro de gravidade paraibano":

— Mais um pouco e estas crianças vão perder todo o contato com a terra de seus antepassados.

Como era impossível despachar a mulher, os quatro rapazes e Judite para a Paraíba, dois anos depois de a família ter chegado a Floresta elegeu-se Chateaubriand para a repatriação. Não foi uma escolha casual: os pais haviam conseguido que ele, que não tinha feito o curso primário, ingressasse no primeiro ano de ginásio, com a condição de que fosse aprovado em um exame de admissão. Para Francisco José, nada mais adequado para os preparatórios do que uma boa estada na Paraíba. Foi assim que no final de 1903 Assis Chateaubriand mudou de endereço mais uma vez. Graças a uma gentileza de sir Christopher Raw, engenheiro inglês, embarcou de graça num trole da Great Western até depois de Itabaiana, onde terminavam os trilhos da ferrovia. No ponto final das obras da Western já o esperavam o tio e padrinho Chateaubriand Bandeira de Melo, médico em Campina Grande, um menino com um jumento para carregar as malas e Galante, o cavalo que ia levá-lo.

Os meses em Campina Grande foram quase todos passados no casarão do tio Chateaubriand. O médico decidiu encurtar o cabresto do sobrinho, certo de que aquela era a última chance que este teria de se civilizar: se não entrasse no ginásio, estava fadado a morrer chucro. Em poucos meses o menino precisou assimilar tudo o que deixara de aprender em quatro anos de curso primário abandonado. Ele passava as manhãs e as tardes, com a ajuda de uma professora, lendo cartilhas e livros de português, aritmética e geografia e cosmografia do Brasil. Ao saber que do exame constaria uma prova de língua estrangeira opcional — poderia ser francês ou inglês —, ele sentiu-se à vontade para escolher o francês, valendo-se dos rudimentos adquiridos nas aulas de *monsieur* Alphonse. À noite sempre havia algum parente para vir tomar-lhe a lição. Quando não era o tio Chateaubriand, vinha sua mulher Iaiá Bandeira de Melo. A familiaridade com as letras trazia consigo alguns benefícios: antes de dormir, ele já conseguia ler escondido, à luz de um candeeiro de azeite, exemplares ensebados dos versos fesceninos de Bocage e as *Palavras cínicas* de Albino Forjaz Sampaio.

O pouco tempo que sobrava da vida de estudante — ou de cascabulho, como se dizia então — ele aproveitava em novas atividades: inspirado pelo velho Escobar Gallieni, um amigo da família, apaixonou-se por colecionar selos. Sempre que podia, ia à casa do amigo idoso para ver as novidades vindas de Madagascar, da Europa, da Índia. De lá fazia uma visita ao fórum para assistir aos julgamentos presididos por seu primo, o juiz Barnabé Gondim, um homem de olhos azuis e enorme carapinha vermelha — um assa, como diziam no Nordeste — que atribuía suas características físicas a remoto parentesco com invasores holandeses. Pelo fórum desfilava diariamente aos olhos do garoto uma fauna sem igual: desde homens acusados de pequenos furtos até grandes latifundiários defendendo o direito de multiplicação, *manu militari*, de suas propriedades. E muitos doidos. Toda vez que surgia um acusado cujo comportamento fugia dos pachorrentos valores locais, era mais simples classificar o infeliz como louco e condená-lo ao hospício. Muitos anos depois um deles, inconformado com a sentença, acabaria assassinando o juiz Barnabé num acesso de fúria. Mas a grande estrela do tribunal era o promotor Ascendino Carneiro da Cunha, grande orador, homem de princípios rígidos e campeão de batalhas judiciárias. Numa região em que se matava por quase nada, ele era implacável com qualquer trabuqueiro que tivesse a má sorte de se sentar num banco dos réus à sua frente. O promotor era a figura predileta de Chateaubriand. Apesar do calor escaldante do lugar, ele se vestia como um dândi britânico: fraque, calças listradas, cravo na lapela, luvas e polainas. E se dirigia aos meninos chamando-os de *boy*. Campina Grande se deliciava com os modos do doutor Ascendino, assim como não entendia os hábitos e os horários de outro tio de Chateaubriand, o fazendeiro Antônio Guedes Gondim. Para os metódicos camponeses e agricultores que viviam na cidade, era incompreensível que o velho Gondim — que se apresentava como descendente de normandos — acordasse todos os dias às nove da manhã, tomasse o café às dez, almoçasse às três da tarde e só fosse jantar às dez da noite. Na enorme mesa de refeições de sua casa-grande, em Paraguaçu, nunca havia menos de 25 convivas. Para facilitar o entendimento das coisas, os campinenses inventaram uma explicação para aquela vida exótica. "São costumes espanhóis", diziam.

Os meses passados em Campina Grande correram rápido. No começo de novembro ele retornou a Recife e no fim do mês enfrentou a banca de seleção do ginásio da Escola Naval. Chateaubriand teve um desempenho pífio em português e aritmética, recebendo como classificação um medíocre "Simplesmente". Com o "Plenamente" obtido em francês, geografia e cosmografia do Brasil, conseguiu média suficiente para ser admitido. No dia 22 de novembro de 1904, aos doze anos, ele deixava oficialmente de ser analfabeto.

3

A qualidade da educação que o filho receberia não era exatamente a principal preocupação de Francisco José. Ele não ocultava de ninguém que seu grande temor era "a contaminação do menino pela fraqueza dos bárbaros da fronteira meridional" — os pernambucanos. Com a ajuda de parentes e amigos da família, Chateaubriand foi encarregado de conseguir uma casa para viver em Recife. Tinha de ser lugar limpo, asseado, frequentado por famílias e nas proximidades de alguma escola. Naturalmente, não podia ser nada caro. Poucos dias depois de iniciar a procura avisou ao pai que tinha escolhido uma boa pensão — para ser mais convincente, usou o termo "irreprochável", ao descrever o lugar —, de propriedade de Raimundo de Oliveira, chefe aposentado da estação de trens de Cinco Pontas. Rigoroso e moralista, Oliveira seria o guarda exemplar das virtudes de um estudante adolescente. Mas o pai nem o deixou acabar de falar:

— De forma alguma. Não posso deixá-lo nas mãos de alguém que nunca viu Cabaceiras nem conhece Catolé do Rocha. Você terá que ficar sob a curatela de um paraibano.

O pai decidiu resolver pessoalmente o problema e viajou para Recife. Juntos, foram dar num sobrado senhorial da rua do Imperador, em cujo térreo funcionava a empresa João Rufino & Cia., um grande armazém de armarinho por atacado. Deu a volta por trás do balcão, abraçou um dos donos e apresentou-o ao filho:

— Este é o José Pessoa de Queiroz, um paraibano de verdade, com sangue na guelra. Além de paraibano, teve a ventura de nascer em Umbuzeiro, como você. É com ele que você vai morar.

Pessoa de Queiroz era sócio de João Rufino da Fonseca na loja e morava com a família no quarto e último andar do prédio. A sem-cerimônia de Francisco José foi recebida com naturalidade pelo amigo:

— Terezinha e eu receberemos o Francisquinho com muito prazer. O terceiro andar está vazio e nós podemos instalá-lo hoje mesmo.

Eram aposentos régios para um menino. Com grandes janelões dando para a rua, o amplo salão do terceiro andar foi transformado em quarto de dormir e sala de estudo, com uma mesinha, uma cadeira e um candeeiro. Sabendo que o hóspede era um matuto, armou ao lado da cama uma rede branca, trazida do Maranhão. Luxo raro naquela época, o quarto dispunha também de um banheiro próprio. Para deixar o filho mais à vontade, Francisco José tomou uma assinatura de refeição para que ele almoçasse e jantasse todos os dias no Rio Hotel, perto da casa de Pessoa. E todas as manhãs d. Terezinha aparecia no quarto com uma bandeja com café, leite, beiju, tapioca e angu de milho fresquinhos. Ao se recolher, à noite, o garoto notava que as rosas do jarro ao lado da cama tinham sido trocadas.

Desinteressado do ginásio, Chateaubriand levava uma vida escolar pífia, como se aquilo fosse uma obrigação da qual devesse se livrar o mais depressa possível. Latim, história universal, química e geometria não despertavam nenhum apetite nele. Passou a devorar jornais e a frequentar grupos de poetas e literatos mais velhos do que ele. Pela mão de Pessoa de Queiroz, aproximou-se dos frades do Convento de São Francisco, com os quais começou a aprender as primeiras noções da língua alemã. Uma noite surpreendeu os amigos declamando, em um alemão incompreensível, o que supunha ser o passeio de *Fausto*, de Goethe. Cada vez mais percebia, entretanto, que seria impossível fazer cursos e frequentar rodas sem dinheiro. Como a escola só lhe tomava parte do dia, achou que era hora de arranjar trabalho. Confidenciou o plano a um dos poucos amigos que fizera na escola, Severino Pereira da Silva, um ano mais novo que ele e recém-chegado de Taquaritinga do Norte, no sertão pernambucano. Como o outro também estivesse à procura de emprego, decidiram batalhar juntos. Um funcionário da João Rufino & Cia. contou-lhes que um armazém de tecidos próximo dali estava precisando de vendedores. Na manhã seguinte os dois já se encontravam a postos atrás do balcão da Othon Mendes & Cia., de metro e tesoura na mão, cortando pano. Quando Chateaubriand lhes deu a notícia, em uma de suas visitas à Floresta dos Leões, os pais tentaram demovê-lo daquela loucura — afinal, ele tinha apenas doze anos —, mas nada conseguiram. Convencida de que o filho não deixaria o trabalho, a mãe, ainda doente, aconselhou-o a aplicar direito o salário e não dissipá-lo em bobagens:

— Faça um curso de música, que a educação musical é imprescindível. Aprenda a tocar bombardino. Estou organizando uma bandinha familiar e você poderá se incorporar a ela em pouco tempo. O Jorge e o Oswaldo estão aprendendo flauta, o Ganot já sabe tocar tuba, seu pai aprende violino e eu toco piano. Quando você vier a Floresta, poderemos fazer saraus para os amigos.

Com seu primeiro salário comprou o tal bombardino e contratou uma professora para três aulas semanais de uma hora. Não tinha muita queda para a música, mas não queria fazer uma desfeita à mãe e resolveu tentar. O que lhe interessava de verdade eram as leituras. Jornais, romances, revistas, ensaios, ele lia o que lhe caísse nas mãos. Além do curso de alemão, que progredia com rapidez, retomou as aulas de francês com o mesmo professor Alphonse que frequentara sua casa na rua do Carmo, em Olinda. E foi da boca dos franciscanos que soube da existência, em Recife, de um verdadeiro tesouro abandonado: em um casarão da Magdalena, perto do Prado, jazia uma preciosa biblioteca de livros alemães, que tinha sido deixada por seu dono, um desconhecido de quem só se sabia ter morrido em circunstâncias misteriosas. Uma noite, jantando com amigos do pai no restaurante do hotel, ouviu um dos participantes da mesa contar que tanto a casa como os livros haviam pertencido a um seu concunhado, Cirilino Magalhães, genro do visconde de Rio Formoso. Acometido de uma crise de melancolia depressiva durante uma viagem de navio para o Rio de Janeiro, Cirilino pediu ao barbeiro do vapor uma navalha emprestada para cortar um fio de cabelo que o incomodava. Caminhou até o portaló e de um só golpe abriu a própria garganta de um lado ao outro. Chateaubriand tentou simular pesar diante da tragédia, mas não conseguiu ocultar a alegria de ter chegado tão perto da solução do mistério. Ao pedir permissão para consultar os livros da biblioteca, recebeu a surpreendente resposta do homem:

— Meu filho, pode carregar tudo. É um presente e uma homenagem à memória do doutor Cirilino. Aqueles livros não têm utilidade para nós. Quantas pessoas falam alemão em Pernambuco? Pode passar lá amanhã com uma carroça e levar tudo.

Os frades não haviam exagerado. Eram centenas de volumes primorosamente encadernados em couro, contendo coleções de dicionários, obras-primas da poesia e da filosofia e o que havia de melhor na literatura germânica. Ao alcance da mão estava tudo de Goethe, tudo de Schiller, tudo de Heine, tudo de Nietzsche. Ao folhear, ao acaso, um volume de baladas de Goethe, encontrou uma pequena anotação a lápis no canto da página: "A assiduidade com que Goethe faz menção à araucária brasileira". Seguiu as marcações nas margens e viu que o falecido dono da biblioteca havia anotado mais de trinta passagens em que o poeta revelava seu interesse pela árvore nacional. Tomou outro volume, correu as páginas com os dedos e viu mais e mais rabiscos a lápis. Além de preciosa, a biblioteca já vinha anotada! O tempo disponível das semanas seguintes foi todo consumido com o presente, devidamente limpo, organizado e transportado para o seu quarto na casa dos Pessoa de Queiroz. O usufruto da raridade foi dividido com os franciscanos, que o ajudavam a traduzir os trechos mais difíceis.

A familiaridade com as coisas do espírito transformava a escola e o emprego em atividades cada vez mais aborrecidas. Do ginásio ele não tinha mesmo como se livrar, mas o trabalho no atacadista de tecidos tornara-se um suplício insuportável. Chamou o amigo Severino, que entrara junto com ele na Othon Mendes & Cia., e propôs que deixassem juntos o emprego. Severino discordou, argumentando que lá eles poderiam continuar estudando e, além disso, ganhavam relativamente bem. Ambos eram pobres e tinham obrigação de ser prudentes. Mas Chateaubriand já sabia o que queria:

— Severino, ser prudente é antes de tudo ser medíocre. Vamos passar o resto da vida com os cotovelos plantados nesse balcão, cortando pano. Se você quer dedicar sua vida a ser o homem da tesourinha, eu não tenho vocação para isso. Vou-me embora amanhã mesmo.

Na verdade, ele tinha resolvido deixar o armazém várias semanas antes. O que o prendera lá nos últimos tempos era o vizinho que ocupava o prédio em frente à loja: a redação e as oficinas do *Jornal Pequeno*, um diário fundado no último ano do século XIX. Quando o gerente descuidava, Chateaubriand atravessava a rua e invadia a redação. Lá ele se deixava hipnotizar pelo trabalho dos repórteres, redatores e, sobretudo, pela mágica dos gráficos catando os tipos de metal para compor, letra por letra, o jornal que ia ser lido por milhares de pessoas. Sua realização não estava entre as peças de chita e caroá empilhadas no atacadista, mas do outro lado da rua. Certa noite entreouviu uma conversa de José Pessoa de Queiroz com um amigo, em que seu hospedeiro dizia: "Quem manda na imprensa pernambucana são os Lundgren, os maiores anunciantes do Nordeste". Conversando com outras pessoas, ele descobriu que aquilo era a pura verdade. Industriais têxteis, senhores de engenhos, criadores de cavalos de raça, os Lundgren mandavam na imprensa e em quem mais quisessem no Nordeste. Pois então, decidiu, os Lundgren é que lhe dariam o emprego.

Confiante, Chateaubriand inverteu a lógica e pediu suas contas na Othon Mendes sem saber sequer se seria recebido pelos milionários de origem escandinava de quem até então mal tinha ouvido falar. Saiu do antigo emprego, passou em casa, vestiu o único terno que tinha no guarda-roupa, pegou o chapéu e caminhou até a porta do casarão cercado de muros da rua Padre Roma. Sentou-se num banco de pedra existente na porta da casa e lá permaneceu horas ao sol, esperando que alguém da família entrasse ou saísse. No final da tarde encostou na porta um Decauville — o único automóvel existente no Nordeste, dizia-se — guiado por um motorista que levava a seu lado, empinada, d. Ana Louise Lundgren. A matriarca do clã dirigia pessoalmente duas indústrias da família, a Companhia de Tecidos Paulista e a Pernambuco Powder Factory, das quais nasceria, anos depois, um império de comércio varejista espalhado por todo o país com o nome de Casas Pernambucanas. Quando ele chegou perto do veículo, a mulher perguntou:

— Quem é você?

— Sou o Chateaubriand Bandeira de Melo, de Floresta dos Leões. A senhora pode me atender um minuto?

A mulher mandou que ele entrasse. Lá dentro, morto de constrangimento, com o chapéu posto sobre os joelhos, disse o que pretendia:

— Estou aqui para lhe pedir um emprego, uma colocação.

— Mas como é que vou lhe dar um emprego se nem o conheço? O que você sabe fazer? De onde mesmo você disse que vem? Como é seu nome?

Embaraçado com o interrogatório, ele balbuciou sobrenomes de pessoas conhecidas que poderiam dar informações a seu respeito, falou de parentes importantes, mas acabou não conseguindo dizer o que tinha repetido tantas vezes na longa espera. Louco para se ver livre daquela situação e sem se atrever a confessar que estava ali para pedir um emprego de jornalista, acabou dizendo a única frase que lhe veio à cabeça:

— Aceito fazer qualquer tipo de serviço...

Expedita, Ana Louise liquidou a conversa na hora:

— Está bem. Você vai trabalhar como copeiro aqui em casa.

Agora não tinha mais conserto. Desempregado, só lhe restava aceitar o que a mulher oferecera. Profundamente arrependido da imprudência que cometera ao pedir demissão da loja, concluiu que tinha deixado de ser balconista com a ilusão de virar jornalista e acabara como mordomo de milionários. No primeiro dia de trabalho a patroa mandou que tirassem suas medidas para fazer um uniforme e foi logo ensinando a ele que tipo de talheres se usava ao servir peixe, que vinho deveria acompanhar tais e quais pratos, como se servia à francesa, em que posição os copos deveriam ser postos à mesa. Chateaubriand aprendeu que se podia beber champanhe a qualquer hora do dia ou da noite sem receio de parecer provinciano. A única exigência da elegância era abrir a bebida sem estrondo, e para isso bastava pressionar o polegar esquerdo no vão do fundo da garrafa e soltar a rolha suavemente, com o polegar e o indicador direitos. À noitinha, todos os dias, ele tinha de registrar em um caderno grosso os gastos diários com a casa. Depois de uma semana de trabalho a patroa chamou-o ao escritório:

— Meu filho, tenho observado seu jeito de trabalhar, suas conversas com os outros empregados, sua letra no caderno de contabilidade. Você é muito desenvolto, muito bem preparado para estar trabalhando como copeiro. Isto é um desperdício. Você não prefere trabalhar lá na administração da indústria?

Ele sentiu-se encorajado a desfazer o mal-entendido do primeiro dia:

— Na verdade eu vim aqui para lhe pedir um emprego num dos jornais da cidade. Eu falo um pouco de alemão, um pouco de francês, estou estudando filosofia com os padres. Mas este foi o emprego que a senhora me ofereceu, e como eu já tinha me demitido do armazém de tecidos fiquei com vergonha e decidi aceitar. Se a senhora quer saber a verdade, eu não quero continuar sendo mordomo. Não tenho vergonha de fazer o serviço, mas não é essa a carreira que escolhi.

Ele nem chegou a experimentar o dólmã de brim branco e botões dourados que usaria no trabalho doméstico. Na manhã seguinte já estava na rua do Rosário, diante da mesa de José de Godói e Vasconcelos, diretor da recém-fundada *Gazeta do Norte*, vespertino criado nos últimos dias de 1906 por um grupo de jornalistas, empresários e intelectuais pernambucanos. Vasconcelos, que Chateaubriand descobriu ser um velho amigo de seu pai, relutou muito antes de aceitá-lo como funcionário do jornal. Espantado com a magreza e a baixa estatura do rapazinho, imaginava estar diante de uma criança. Ele mostrou a caderneta escolar para provar que já tinha quase quinze anos e disparou, sem gaguejar, suas qualidades: um pouco de francês, um pouco de alemão, filosofia com os padres, Goethe, Schiller. Para impressionar o jornalista, tinha deixado deliberadamente sobre a mesa, bem visíveis, um exemplar da *Revue des Deux Mondes* e um de *Les Annales*, que tomara emprestados com o professor Alphonse para ler em casa. E arrematou:

— Tenho recortados e guardados em casa mais de quatrocentos artigos escritos por Carlos de Laet. E li todos, meu senhor.

Deu resultado. Nem tanto por se tratar de um colecionador de artigos do polemista carioca, naturalmente, mas Vasconcelos se rendeu e o contratou. Nas primeiras semanas Chateaubriand atuou mais como publicitário do que como jornalista: era ele quem dava forma aos anúncios classificados — os "manteigas" — que eram entregues por clientes no balcão à entrada do prédio. Só depois é que passou a escrever notinhas curtas sobre fatos desimportantes ocorridos na cidade. A ele cabia também revisar, três vezes por semana, as provas dos melosos poemas de autoria de um certo Charles Khoury, que o jornal publicava inexplicavelmente em francês, tal como eram entregues à redação. A *Gazeta do Norte* era um jornal curioso. No primeiro número os donos anunciaram que seu projeto era combater "as tripudiantes oligarquias mascaradas que vicejam em todos os estados na ostentação criminosa de seu predomínio nefasto". Mas no mesmo editorial prometiam "volver também nossas vistas para o lado dos fatos que envolvem os grandes e respeitáveis interesses das classes conservadoras". A indefinição editorial podia ser medida pela edição do terceiro aniversário do governo do desembargador Segismundo Antônio Gonçalves, ocorrido em abril de 1907, pouco depois da admissão de Chateaubriand na redação. Ao lado de rasgados elogios ao caráter e à administração do governador, o jornal lamentava que, ao mesmo tempo, "o comércio definha, a indústria fecha suas fábricas, a lavoura sucumbe e o povo emigra, sem trabalho e sem esperança".

Foi nessa época que seu pai conseguiu afinal ser transferido de Belém para a alfândega de Recife, mas passou a viver em Floresta dos Leões, junto com a família. Diariamente ele deixava Floresta no trem da manhã, chegava a Recife pouco antes do almoço, passava um par de horas no porto e às três da tarde já estava na estação ferroviária, embarcando de volta para casa. De vez em quando passava no jornal para ver o filho, e, nas raras ocasiões em que dormia em Recife, podia ser visto à noite nas palestras organizadas na redação do *Jornal Pequeno* por seu proprietário, Tomé Gibson. Acabava aparecendo na alfândega apenas uma ou duas vezes por semana.

Chateaubriand via o comportamento do pai com apreensão e pressentia que ele acabaria tendo problemas com seus superiores. Nas rodas da cidade já se comentava que havia qualquer coisa contra ele, algo como um processo, ou uma denúncia, circulando pela burocracia federal em Recife. Mesmo estando com o espírito preparado, levou um choque quando alguém lhe entregou, na rua, uma plaquete de quarenta páginas impressa nas oficinas do *Diário de Pernambuco*, encimada pelo título assustador: "Proezas do chefe de seção Chateaubriand de Melo nas alfândegas do Pará e de Pernambuco". Tratava-se de um longo e minucioso dossiê contra o pai, assinado pelo coronel Manuel Pinto da Fonseca, inspetor do Ministério da Fazenda. Os dois haviam se tornado inimigos no Pará, quando o pai acusara o coronel de ter recebido como propina, de um fornecedor de material para as obras da alfândega, um luxuoso serviço de cristal e prata importado da Europa, avaliado em dez contos de réis. A partir de então Pinto da Fonseca dedicaria seus dias a vigiar pessoalmente os deslizes do desafeto — tarefa que não demandou grande esforço. O filho tinha ouvido falar da briga dos dois, mas não podia imaginar que uma futrica de barnabés terminasse em escândalo público. Sentado num canto da redação, correu ansiosamente os olhos pelo livrete. Era um relatório sobre as atividades do pai no serviço público, seguido da transcrição de dezenas de telegramas enviados pelo inspetor ao ministro da Fazenda, Davi Campista, contendo críticas funcionais a Francisco José. O folheto começava acusando-o de incompetência e absenteísmo e relacionava várias suspensões que recebera como punição por não comparecer ao trabalho. Só então Chateaubriand entendeu por que o pai dispunha de tanto tempo para cuidar de Floresta dos Leões ou, quando trabalhava em Belém, para estar tantas vezes com a família em Recife. "Esse desequilibrado que se autointitula um 'Leão da Floresta' fez mais", dizia a denúncia, "liderando movimentos de agitação e anarquia na alfândega contra a inspetoria." Entre os delitos de que o coronel Pinto da Fonseca acusava o pai, na passagem deste pela alfândega do Pará, havia desde "esbanjamento de dinheiro público na compra de limpa-penas" até a reintegração de um funcionário, anteriormente demitido pelo inspetor, "que havia sido condenado pelo crime de pederastia".

O relatório terminava falando da grande paixão de Francisco José por Floresta dos Leões: "Haja o que houver, esteja onde estiver, sejam quais forem as suas obrigações na alfândega de Recife, às três horas da tarde há de forçosamente abandonar tudo para tomar o trem que deve conduzi-lo a Floresta dos Leões, que constitui o objeto principal de sua monomania. Ali residiu e continua a residir, e diz abertamente que só aceita o emprego no Ministério da Fazenda com a condição de poder morar lá. Passa quase todos os dias à porta da repartição ou percorrendo o comércio à cata de donativos para o monumento que pretende erigir aos heróis pernambucanos em Floresta dos Leões — dos quais ele se intitula o rei. Funcionário desequilibrado, como todos o reconhecem, alardeia não temer nem recear coisa alguma enquanto dispuser do apoio do senador Herculano Bandeira de Melo — e não foi debalde que promoveu recepção festiva ao senhor presidente da República em Floresta dos Leões. Pela sua reconhecida inépcia e inaptidão, é inteiramente inútil em qualquer cargo, muito principalmente no de chefe de seção. A bem da decência e da disciplina, venho rogar a Vossa Excelência, senhor ministro, que se digne de retirar desta alfândega referido chefe de seção".

Chateaubriand respirou aliviado ao terminar a leitura. Apesar da dureza com que o pai era tratado, não havia no documento nada que atingisse sua honra. As maiores acusações eram quase ingênuas e referiam-se a traços de personalidade que ele via como virtudes — a excentricidade e a paixão por Floresta dos Leões.

Ao encontrar-se com o velho dias depois, na casa de Pessoa de Queiroz, perguntou se ele já tinha visto o livrete e recebeu como resposta um sorriso:

— Esse coronel é um maníaco, meu filho. Não dê importância ao que ele diz.

Aparentemente o ministro da Fazenda pensava da mesma forma, pois, apesar da veemência da denúncia, Francisco José permaneceu no posto, e sem mudar seu comportamento. Como se nada tivesse acontecido, deixava a alfândega todos os dias às três da tarde para tomar o trem para Floresta dos Leões. A vida do pai continuava a mesma, mas a de Chateaubriand estava na iminência de mudar mais uma vez. O pagamento do salário no jornal começou a atrasar, os anúncios de empresas que dependiam do governo estadual tornavam-se raros. Os artigos de Godói e Vasconcelos mostravam que o fim do matutino estava próximo. "Contra nossa riqueza produtiva que diminui, inventam-se novos impostos; contra a nossa liberdade política, assestam-se as baterias constitucionais", escrevia ele. "É visível a soma de sacrifícios que tenho feito para manter a *Gazeta do Norte*, que, enquanto estiver sob a minha direção, há de mostrar ao público as escandalosas negociatas, os indecentes arranjos dessa administração sem escrúpulos que arrasou o poder econômico do estado." Em 27 de julho de 1907 Vasconcelos reuniu os funcionários para informar que naquele dia o jornal circularia pela última vez.

Chateaubriand iria amargar um longo período de desemprego. A pouca experiência acumulada no jornal era insuficiente para pleitear um lugar nos grandes diários da cidade, e os pequenos não tinham condições de pagar salário decente a ninguém. Ao saber que a *Gazeta* tinha fechado as portas e o filho estava com dificuldade de conseguir emprego, o pai se sentiu à vontade para chamá-lo para uma conversa séria. Num jantar no Rio Hotel, aconselhou-o a aproveitar a oportunidade e dedicar-se com afinco aos preparatórios para ingressar na Faculdade de Direito. Dali a alguns meses ele terminaria o ginásio e o melhor que faria era guardar aquele tempo para entrar com brilho na universidade. Francisco José assegurou que voltaria a pagar todas as suas despesas em Recife, compromisso que abandonara a pedido do filho quando este começou a trabalhar no jornal. A contragosto Chateaubriand aceitou a proposta — mesmo porque não tinha alternativa —, deixando claro ao pai, no entanto, que bastaria garantir o pagamento das refeições no hotel. Para suas despesas pessoais, ele faria bicos na cidade e arranjaria algum dinheiro.

Com prazer ele se entregou inteiramente aos livros durante mais de um ano. Quando se cansava das aulas de filosofia e dos compêndios de direito em alemão e francês, mergulhava na leitura dos grandes articulistas da época, cujos trabalhos recortava e guardava para ler em pacotes nos intervalos dos estudos. Nesse período, leu tudo o que escreveram os mais importantes nomes da imprensa de Pernambuco e do Sul, como Alcindo Guanabara, Eduardo Salamonde, Carlos de Laet — de cujos artigos já era colecionador — e mesmo Rui Barbosa, que não militava então na imprensa diária. Aos poucos foi adquirindo, com aqueles autores, a convicção de que, mesmo em um ensaio publicado num jornal diário, o raciocínio transformado em argumento era muito mais sólido que o mais contundente adjetivo. Ao ser apresentado pelo amigo Pedro Paranhos à obra de Eduardo Prado, leu com avidez a *Ilusão americana*, os *Fastos da ditadura*, os estudos sobre Anchieta e a colonização jesuíta. Formado em Paris e sobrinho-neto do barão do Rio Branco, Paranhos não apenas indicava leituras para Chateaubriand, mas também familiarizava o amigo com os bons modos europeus. Referindo-se a ele como "o fidalgo da caatinga", Chateaubriand o anunciava como sendo o responsável por sua evolução da barbárie para a civilização. "Pedroca Paranhos foi quem me ensinou maneiras e *savoir-faire*. Até conhecê-lo eu era cru, e a partir daí comecei a perder minha natureza antissocial", dizia. "Antes disso, eu não passava de um barbatão da caatinga, um garrote que nunca levou ferro. Foi Pedroca quem me ferrou e marcou meu couro para a vida civilizada." Leu tudo o que caiu em suas mãos e ainda conseguiu tempo para dar aulas particulares, escrever pequenos artigos para jornais e, com isso, levantar algum dinheiro.

Com os olhos voltados apenas para os jornais, terminou o ginásio com um desempenho abaixo do medíocre. Quando recebeu o histórico escolar que acompanhava o diploma, leu sem surpresa que das dez matérias constantes do currículo ele tinha recebido "Plenamente" apenas em francês e inglês. Em letras vermelhas o boletim trazia, adiante das oito disciplinas restantes, a palavra "Simplesmente". Seu objetivo, entretanto, era outro. O esforço que fizera ao longo de tanto tempo seria recompensado no dia 2 de novembro de 1908, quando recebeu o resultado do exame de habilitação ao curso jurídico e social da Faculdade de Direito. Ele tinha sido aprovado com grau nove em filosofia do direito e seis em direito romano. As notas obtidas resultavam de uma tática deliberada: ele aprofundou-se em filosofia do direito, aproveitando a facilidade de ler alemão fluentemente, para garantir assim a admissão, ainda que recebesse nota baixa na segunda matéria. Agora ele poderia dedicar-se ao estudo de direito romano sem a ansiedade que o exame provocava.

A notícia de que Chateaubriand, encerrados os preparatórios, já estava de novo disponível para o trabalho — e procurando emprego — chegou aos ouvidos do jornalista Pedro Avelino, amigo de seu pai. Avelino localizou-o no sobradão dos Pessoa de Queiroz para segredar-lhe que um grupo de intelectuais da cidade, liderados pelo professor Henrique Augusto Millet, estava preparando o lançamento de um novo jornal para os próximos dias. *O Pernambuco* — assim se chamaria o diário — já tinha três andares alugados nas imediações do rio Capibaribe e em poucas semanas o jornal estaria nas ruas. Se quisesse trabalhar como aprendiz, Avelino arranjaria o emprego. O salário não seria lá essas coisas, mas revelando talento para a profissão logo ele seria promovido. No íntimo Chateaubriand sentia-se ofendido por receber um convite para ser "aprendiz" e ganhar meio salário, mas não podia jogar fora a oportunidade de voltar a uma redação. No último dia do mês de novembro ele estreava como aprendiz de repórter de *O Pernambuco*. Quando circulou o primeiro número do jornal, ficou constrangido diante dos amigos e dos frades do convento, a quem falara com entusiasmo sobre o novo emprego, ao ver que fora esquecido pelos patrões. Na primeira página, sob o título "Os nossos", o diário publicou os nomes dos componentes da redação "para facilitar-lhes a entrada nos lugares até onde seja lícito penetrar um representante da imprensa e para evitar que pessoas inteiramente estranhas à nossa tenda de trabalho ilaqueiem a boa-fé do público, dizendo-se enviadas do *Pernambuco* sem de fato o serem". Passou os olhos na lista e não encontrou o seu nome.

Arrependeu-se de ter aceito o emprego de aprendiz. A discriminação deixou-o irritado, mas não havia mais remédio, ele ia continuar no jornal. A vida nova de universitário o arrebatava. Ele já não se apresentava mais às pessoas envergonhado de ser apenas um colegial — agora era um acadêmico de direito. Nem sempre era necessário declinar a condição. Na época estava em voga entre os universitários andar de fraque, cartola, polainas e até de luvas — igualzinho ao promotor de Campina Grande que ele silenciosamente ridicularizara. Chateaubriand não resistiu à moda. Juntou o dinheiro que tinha guardado, conseguiu mais algum com o pai e providenciou uma farpela como exigia a etiqueta acadêmica. Não dispensou sequer o plastrom, peitilho duro de fustão engomado. Ele planejava dedicar todas as suas energias ao curso. Invejando a fama dos grandes juristas do Rio, imaginava terminar a faculdade com brilho, embarcar para o Sul e montar uma poderosa banca na capital da República. Com o passar do tempo, porém, a vida no jornal ia aumentando a sedução sobre ele. Não que isso o fizesse relegar a faculdade a segundo plano. Ao terminar o primeiro período letivo, estava entre os alunos com o melhor aproveitamento da classe — nas provas finais, sua nota mais baixa tinha sido oito, em direito constitucional. Nas outras disciplinas — direito internacional público, direito civil, direito internacional privado e diplomacia — recebera grau nove. Mas a tentação continuava no jornalismo. Sem deixar o trabalho no *Pernambuco*, conseguiu publicar colaborações regulares sobre agricultura e pecuária no jornal *A Cidade*, de Nazaré da Mata, nas imediações de Floresta dos Leões.

Foi nessa época que Chateaubriand viveu sua primeira e platônica paixão. A moça se chamava Amélia Jansen de Almeida Castro, sobre quem ele pôs os olhos pela primeira vez na casa de Lily Bandeira de Melo, prima de seu pai. Ele já tinha ouvido o pai falar da avó dela, Ana Jansen, de cuja família se aproximara em Belém do Pará. Lily, a prima — que era ferrenha adepta do espiritismo —, soube que Chateaubriand andava "com indagações filosóficas sobre a existência de Deus" e resolveu convidá-lo para uma das sessões espíritas que organizava em sua casa, num segundo andar da rua Filipe Camarão, em Recife. Ele já havia lido tudo o que havia nas livrarias da cidade sobre Allan Kardec, Gabriel Delannee e Katie King, mas reagira com esnobismo àquele mundo povoado de fantasmas:

— À exceção da metafísica germânica, as forças anímicas secretas me deixam frio, indiferente.

Lily insistiu dizendo que identificara em Chateaubriand vocações mediúnicas, e que tais virtudes não podiam ser desperdiçadas. "Não adianta vocês tentarem reeducar almas penadas por meu intermédio", ele respondia, "pois no meu subterrâneo só vão encontrar feras primitivas e monstros subversivos." Acabou cedendo aos apelos e frequentando o centro por algumas semanas. Para frustração de Lily, a única alma a interessá-lo ali não era a dos mortos, mas a de Amélia. A insuperável timidez, todavia, o impedia de aproximar-se da moça. Quando ela deixou de ir ao centro espírita ele também desapareceu de lá. Durante alguns meses alimentou a esperança de um dia criar coragem e abordá-la. Leu poetas românticos para memorizar versos e ter alguma coisa original a dizer-lhe, mas a vergonha era maior que a paixão. O encanto morreu sem que a jovem tivesse ouvido dele uma só palavra de amor. Amélia acabaria casando-se com um amigo de Chateaubriand. E dela ele só voltaria a ter notícias muitas décadas depois, quando se tornaria amigo dos netos de sua irmã, Hortênsia, que se casara sucessivamente com os empresários Alberto Monteiro de Carvalho e Olavo Egídio de Souza Aranha.

Chateaubriand associava a timidez à sua fragilidade e à total inaptidão para qualquer esforço físico. Ele não se animava a fazer nenhuma ginástica. Passava a vida estudando e trabalhando, mas invejava nos amigos — que eram muito poucos — o gosto e a disposição para os esportes. Ia da Faculdade de Direito para o jornal e de lá para casa, passando ao largo dos bailes e farras frequentados pelos colegas. Não fumava e muito raramente aceitava uma taça de vinho ou champanhe. Durante os cinco anos em que viveu na casa dos Pessoa de Queiroz, jamais aceitou um convite para subir um lance de escadas e almoçar com o casal e as filhas, tal era seu embaraço, mesmo diante de pessoas amigas. Trazendo no rosto um ar de tristeza eterna, vestia-se sempre como um velho, de terno e chapéu pretos. Ao ser apresentado a Gilberto Amado, seu contemporâneo de faculdade e redator do *Diário de Pernambuco*, apenas apertou-lhe a mão e pronunciou duas ou três palavras gentis. Ao afastar-se, ouviu o jovem polemista perguntar:

— Quem é esse magrelo elétrico que parece um calango assustado?

Não se ressentia por não ser um boêmio festeiro, mas lamentava que a timidez o impedisse de praticar esportes. Não conseguia nem nadar em público, coisa que o atraía desde os tempos do Capibaribe Mirim, em Timbaúba. Ir à praia significava exibir sob a camiseta o peito fino como um caniço e revelar aos passantes sua saúde precária. A timidez o estava transformando, confessava aos amigos, "num nevrosado puro, dominado por uma sarabanda de fantasmas". Ao completar dezessete anos imaginou que o remédio para seus males poderia estar no Exército. Sem consultar ninguém, alistou-se como soldado do 34º Batalhão de Infantaria do quartel de Peixinhos, em Recife. Mas de novo a saúde seria um obstáculo. Dois carimbos azuis da junta médica do quartel selaram a exclusão: "saúde insuficiente" e "estatura física inferior aos padrões exigidos pelas Forças Armadas". Humilhado, decidiu que iria servir o Exército de qualquer maneira. Ao contrário dos rapazes de sua idade, que recorriam aos amigos influentes para escapar do recrutamento, ele foi bater às portas de Pedro Paranhos para conseguir a anulação do laudo que o impedira de prestar o serviço militar. Semanas depois apresentava-se fardado ao capitão Irênio Silva, comandante do batalhão de infantaria.

Se não mudou em nada sua aparência, à primeira vista a exaustiva rotina militar ajudou muito a romper com a timidez — ou pelo menos com a vergonha de praticar esportes. Mas no primeiro exercício de marcha feito pela tropa achou que ia morrer. Era um trajeto de vinte quilômetros pelo mato. Antes de chegar à metade começou a sentir vertigens, a visão ficou turva, o ar não chegava aos pulmões. Ao perceber que ele arquejava de cansaço, o capitão Irênio aproximou-se e aconselhou:

— Menino, saia de forma e tome o trem de volta para o quartel.

Apesar de ofegante, Chateaubriand recebeu a ordem como um insulto, uma chicotada. Disciplinadamente, rejeitou a sugestão do chefe:

— Capitão, em nome do meu dever de soldado, não posso aceitar a ajuda que o senhor me oferece. Vou continuar a caminhada.

Foi a pé até o fim da marcha, mas seus superiores perceberam que seria desumano tratá-lo como um jovem normal. O comandante do quartel, coronel Alberto Gavião Pereira Pinto, chamou-o para uma conversa e ofereceu-lhe funções administrativas, mais compatíveis com sua saúde. Ele rejeitou:

— Eu me alistei voluntariamente no Exército para aprender a obedecer e a mandar. Não sou doente e não quero ser tratado assim. Não posso abrir mão de praticar todos os exercícios que são impostos à tropa.

O coronel decidiu por uma solução intermediária. Ele passaria a dirigir o jornalzinho do quartel, chamado *O Fundão*, e faria palestras para a tropa sobre grandes batalhas militares. Para não perder o contato com os soldados, continuaria participando dos exercícios mais leves e poderia escolher algum esporte para praticar regularmente. Um ano depois, ao cruzar pela última vez os portões do 34º Batalhão de Infantaria, se não era um campeão, Chateaubriand pelo menos já podia se considerar um exímio praticante de esgrima. A timidez não tinha sido de todo vencida, mas deixara de ser, como no passado, uma doença. E, se um ano de dura disciplina não fora suficiente para ensiná-lo a obedecer, sem dúvida nenhuma ele aprendera a mandar.

A moda na imprensa brasileira na virada do século não era a notícia, mas a polêmica. Jornalista que decidisse fazer carreira como grande editor ou como repórter de talento estava condenado a desaparecer sob a poeira da obscuridade. Quem tivesse planos de brilhar, que preparasse a pena e arranjasse alguém para combater. A polêmica era o palco ideal para o exercício da elegância, da erudição e, quase sempre, da ferocidade no ataque. Verdadeiro teste de resistência, sua importância podia ser medida pelo tempo que durasse, com os dois contendores de pé. Uma polêmica que só resistisse um mês não era digna do nome. Mais do que o conteúdo, foi o tempo de duração que imortalizou, por exemplo, a guerra de palavras entre o jurista Ernesto Carneiro Ribeiro e Rui Barbosa em torno do projeto de Código Civil do presidente Campos Sales, no segundo ano do século XX. A rigor, o assunto não deveria ultrapassar as paredes dos tribunais e da Câmara dos Deputados, mas foi nas páginas dos jornais que os dois duelaram. A arenga durou até 1905. Foi assim que o Brasil alfabetizado se emocionou, como nas lutas de boxe, com disputas memoráveis como "Carlos de Laet contra Camilo Castelo Branco", "Júlio Ribeiro contra o padre Sena Freitas" ou "Hemetério José dos Santos contra Machado de Assis". Iniciada a peleja, os litigantes estavam qualificados a se apresentar em público não apenas como jornalistas ou advogados, mas como "polemistas". E quanto mais notável fosse a vítima da polêmica, tanto maior seria o prestígio do polemista.

No auge da chamada Campanha Civilista, em 1910, quando Rui Barbosa disputava a Presidência da República com o marechal Hermes da Fonseca, Chateaubriand já havia deixado o *Pernambuco* e trabalhava no *Jornal do Recife*, diário de propriedade de Luís de Faria. Embora não houvesse diferenças essenciais nas propostas dos dois candidatos a presidente, Rui Barbosa ainda desfrutava as glórias de seu desempenho na conferência internacional da Holanda, de onde voltara como o "Águia de Haia". O pequenino baiano anunciava que o Brasil vivia uma guerra entre a pena (ele) e a espada (o marechal). Em defesa do voto secreto, percorreu o Brasil realizando conferências públicas e inaugurando prática inédita por aqui — uma campanha eleitoral. A disputa dividiu o país. No Rio de Janeiro, partidários do hermismo usavam as colunas do *Jornal do Commercio* e de *A Imprensa* para combater Manuel de Oliveira Lima, escritor e diplomata pernambucano ligado a Rui Barbosa. Membro da Missão de Propaganda e de Expansão Econômica do Brasil na Europa, Oliveira Lima era acusado de usar o posto oficial, em conferências internacionais, para empurrar o Brasil para posições antiamericanas.

Tratava-se de uma típica polêmica federal, que jamais passaria pela província. Mas, quando os ecos dela aportaram em Recife, Chateaubriand decidiu apresentar-se como voluntário naquela guerra, sem ter sido convocado por ninguém. Ele sabia que na verdade o que importava não era a vítima dos ataques, mas a eleição presidencial e os dois candidatos. Além de concordar com as posições de Oliveira Lima, havia outro dado a justificar sua intromissão naquela peleja de gigantes: o ofendido era um pernambucano, que precisava ser defendido por um nordestino. Mesmo conhecendo-o superficialmente, Chateaubriand alimentava à distância grande admiração pelo gordíssimo e ferino diplomata, um maníaco pela atividade epistolar que chegava a escrever 1600 cartas por ano aos amigos. Sua intenção não era esgrimir com o *Jornal do Commercio* ou com Alcindo Guanabara, seu antigo ídolo e diretor de *A Imprensa*. Nem sequer a defesa de Oliveira Lima o seduzia tanto. O que ele queria era bater-se com o hermismo.

Quando saiu publicado no *Jornal do Recife*, seu primeiro artigo, intitulado "Em defesa do sr. Oliveira Lima", foi recebido com olímpica indiferença pelo público. Os leitores nem mesmo sabiam quem era o "A. Bandeira de Melo" que o assinava. Três dias depois, no entanto, outro artigo aparecia no jornal com a mesma assinatura e sob o mesmo título. Só então se percebeu que alguém — o tal A. Bandeira de Melo — decidira meter Pernambuco naquela briga nacional com dureza nunca vista, nem nas melhores polêmicas do Rio de Janeiro. Advertido por amigos, o "coronel" Faria, dono do jornal, logo decidiu: não haveria um terceiro artigo nem o autor continuaria trabalhando no jornal. Indignado, acabou pessoalmente com o atrevimento. Chamou Chateaubriand à sua sala e passou-lhe uma descompostura:

— Sua linguagem rude não cabe em nosso jornal, seu Bandeira de Melo. Seus artigos ferem a linha de conduta e a orientação política do *Jornal do Recife*.

— O senhor não tem que se amedrontar com minha linguagem, coronel. Meu objetivo não são os homens de bem, mas apenas certos judas da vida nacional.

— Quem o senhor imagina que é para usar o meu jornal em insultos ao ex-ministro da Guerra? O senhor não sabe que eu sou hermista, que este é um jornal hermista? Só mesmo em Pernambuco um frangote de dezessete anos se dá a petulância de enfiar-se numa questão como essa e de se imiscuir nos problemas internacionais do Brasil.

Chateaubriand ainda tentou argumentar, mas o velhote já tinha decretado o fim de tudo aquilo:

— Gostaria que o senhor se considerasse posto para fora deste jornal a pontapés.

Inconformado, tentou arranjar outro veículo para publicar a série abruptamente interrompida, mas ninguém quis mexer naquele vespeiro. Temeroso de que sua estreia na polêmica pudesse abortar por falta de palco, bateu em todos os jornais da cidade. Mas, assim como os três partidos políticos locais, também a imprensa pernambucana estava toda comprometida com o hermismo. Chateaubriand não entregou os pontos: juntou suas economias, pediu dinheiro emprestado aos amigos e mandou imprimir por conta própria um folheto de quarenta páginas, contendo os dois artigos que causaram sua demissão e mais os sete seguintes, que tinham sido censurados. O título do trabalho era o mesmo dos artigos: "Em defesa do sr. Oliveira Lima". Admirador de Camilo Castelo Branco, mandou imprimir na capa palavras do panfletário português: "Este país é uma calamidade, acorrentado a um pelourinho de opróbrio". Aproveitou o prefácio para "zurzir o sr. Luís de Faria" e tornar públicas as razões que o levaram a pagar do bolso a publicação de artigos que a imprensa local rejeitara.

Ele acusava os dois jornais cariocas de funcionar "à custa das achegas dos cofres públicos" e defendia Oliveira Lima com fervor: "Não é possível deixar ser assim vilipendiado um brasileiro de caráter, simplesmente, só e só porque ele se recusou, altiva e dignamente, a receber no balcão da Europa os trinta dinheiros com que deveria acovardar-se ante a grimpa do militarismo recidivo". Quanto à questão central do debate — o antiamericanismo de Oliveira Lima —, Chateaubriand sustentava que "o perigo americano reside na desmedida ascendência moral, política e econômica dos Estados Unidos sobre todo o continente". Esbanjando surpreendente erudição para um adolescente, citava Renan, Nietzsche, Cantú e Bluntschli para argumentar que o Brasil, fruto da mistura de negros, índios e portugueses, deveria ver com cautela a aproximação com os Estados Unidos:

"Sabe-se do ódio que os norte-americanos têm ao negro. O linchamento e a fogueira são processos sumários para matar-se os filhos da raça maldita. Um preto criminoso ali raramente vai ao tribunal. Uma multidão ululante, com alguns paus de lenha e uma lata de querosene — esse é o júri que aguarda o infrator da lei. Isso não é justiça, dizemos nós. Mas é *yankee*, forçoso é obtemperar".

Segundo Chateaubriand, a polêmica ocultava o ódio hermista ao civilista Oliveira Lima, que por razões de princípio se recusara a receber na estação de Bruxelas o futuro presidente da República. E, se a questão era o militarismo, então que se discutisse o militarismo sem rodeios. Para isso, era preciso ir às raízes do problema no Brasil, coisa que ele fazia, ao encerrar o folheto, com indagações provocadoras: "Que foi a proclamação da República, senão uma revolução de quartéis, uma rebelião da tropa? Quem melhor do que o marechal Floriano Peixoto encarnou o militarismo, o privilégio da classe, o ódio ao civil?".

A repercussão foi imediata. Pernambuco silenciara diante dos ataques a um filho ilustre que, afinal, fora defendido por um moleque nascido na Paraíba. Até os mais fiéis defensores do marechal Hermes da Fonseca viram-se obrigados a reconhecer a coragem e o atrevimento do garoto. Semanas depois que o folheto circulou em Recife, Ulisses Costa, antigo redator-chefe de *A Cidade*, de Nazaré da Mata, abriu-lhe as portas mais difíceis da imprensa pernambucana, conseguindo para ele um emprego de redator do *Diário de Pernambuco*. O salário de cem mil-réis — nenhuma fortuna, mas muito dinheiro para alguém de dezessete anos — permitiu que ele abandonasse as aulas de lógica e psicologia que dava diariamente na Associação Cristã de Moços. Ainda saboreando a glória do panfleto, recebeu um convite para ganhar trezentos mil-réis mensais como articulista do *Jornal Pequeno*. Os dois diários eram hermistas declarados, mas ninguém queria perder a oportunidade de ter em suas páginas, devidamente policiado, o pequeno demônio paraibano. Mesmo consagrado em Pernambuco como polemista, Chateaubriand não se deu por satisfeito. Ao visitar seu amigo Pedro Paranhos, comentou que tudo aquilo não passava de provincianismo:

— Uma boa polêmica tem que ser travada no Sul, ou não terá repercussão nacional. E isso é só uma questão de tempo. Vou temperar o aço do meu florete e ficar em guarda, porque não tarda muito e o inimigo aparece.

4

O inimigo que iria receber a estocada de seu florete apareceu antes do fim do ano. E, se Chateaubriand estava em busca de uma polêmica que o projetasse nacionalmente, a escolha não poderia ter sido mais apropriada. O sergipano Sílvio Romero, então com sessenta anos, era uma das raras unanimidades entre os intelectuais brasileiros, que o reconheciam como o maior crítico literário do país. O maior e o mais virulento, o mais passional, o mais destemperado. Chateaubriand iria provocar a serpente que tentara demolir ninguém menos que Machado de Assis. Sem desconhecer a estatura de Romero — que acumulava em seu vasto currículo os títulos de crítico, professor, filósofo, historiador, linguista, etnólogo, jornalista e jurista —, ele sabia também que enfrentaria um dos homens mais vaidosos de sua época. O temido Sílvio Romero era capaz de descer do trono de onde reinava, soberano, sobre a vida intelectual brasileira, para responder com as mais vulgares grosserias a qualquer crítica que não fosse indiscutivelmente elogiosa a seus escritos.

A guerra em que Chateaubriand decidiu se meter — de novo sem ser convidado — já se arrastava por três anos e nascera de uma frase perdida no meio de um artigo. O autor da heresia era o paraense José Veríssimo, outra estrela da constelação que, do Rio de Janeiro, iluminava a inteligência do Brasil do começo do século XX. Embora socialmente mantivessem as aparências, Veríssimo e Romero disputavam o olimpo da crítica literária brasileira e não escondiam as concepções diferentes que tinham sobre a cultura nacional. O primeiro era amigo e defensor público de Machado de Assis. Machado era atacado por Romero, por sua vez ligado a Tobias Barreto, com quem participara na chamada Escola do Recife. A competição surda entre os dois explodiu quando saiu publicado na *Revista Brazileira* um artigo de Veríssimo sobre o livro *Doutrina contra doutrina*, de autoria de Romero. Era uma crítica amistosa e favorável, mas a certa altura Veríssimo cometeu a imprudência de referir-se a Romero sem elogios, ao descrevê-lo como "o mais completo tipo representativo do brasileiro: nele se reúnem, num acordo harmonioso, todas as nossas qualidades e defeitos. Os senões, como os méritos da sua obra, são a manifestação sincera e ingênua da sua personalidade".

Até então os dois haviam coexistido pacificamente na redação da revista, dirigida por Veríssimo e que tinha como colaboradores, entre outros, Machado de Assis, Joaquim Nabuco, Graça Aranha e o próprio Sílvio Romero. As três dezenas de palavras, porém, foram suficientes para pôr fim ao armistício. Indignado, Romero passou a fustigar Veríssimo em artigos publicados em jornais. Quando não havia o que criticar na obra do outro, decaía para ofensas pessoais, chegando a debochar da cor parda da pele de Veríssimo. Os ataques eram eventualmente respondidos por este, mas a polêmica só tomaria vulto muito tempo depois, quando Veríssimo publicou pela editora Garnier o livro *Que é literatura?*. Ao final de ensaios sobre Sainte-Beuve, Ruskin e Nietzsche, Veríssimo destina as últimas sessenta páginas do livro a responder à campanha que Romero lhe movia. Tratando-o de "matuto", "paxá da crítica indígena" e "manipanço provinciano", acusa Romero de ter passado trinta anos refazendo sempre a mesma obra, a própria obra: "Em país algum, em literatura alguma, talvez nenhum autor se tenha tanto citado a si mesmo como o senhor Sílvio Romero. Dificilmente se lhe encontrará uma página em que Sílvio Romero não cite Sílvio Romero. Jamais se viu tão extraordinário caso de masturbação intelectual".

Leitor e simpatizante do autor, Chateaubriand acompanhava à distância a guerrilha de farpas, e exultou quando finalmente chegou à Livraria Francesa de Recife o exemplar do livro de Veríssimo que havia encomendado. Conhecendo bem o ofendido, entretanto, comentou com os amigos pernambucanos que o agressor podia se preparar para o pior:

— Para escrever a resposta, Romero vai molhar sua pena em ácido sulfúrico. Estamos diante de um embate de paquidermes, meus senhores!

Só muitos meses depois, já em 1910, entretanto, é que apareceriam nas livrarias recifenses os primeiros exemplares da réplica de Sílvio Romero. Ela veio sob a forma do livro *Zéverissimações ineptas da crítica (repulsas e desabafos)*, publicado pela lusitana Editora do Porto. Ansioso, Chateaubriand começou a leitura encostado ao balcão da Francesa. Sem prefácio, prólogo ou introdução, o autor ia direto à garganta do inimigo, nas primeiras linhas: "Não costumo ler o sr. José Veríssimo, principalmente depois do seu último concurso de história geral e do Brasil, em que se revelou duma ignorância abaixo de qualquer classificação. Já dantes raramente o lia, por causa da chateza de suas ideias, a confusão de seu espírito, o tom rebarbativo de seu estilo, a irritante pretensiosidade de seu dogmatismo, disfarçado entre conjunções e advérbios contraditórios". Meia dúzia de páginas adiante e ele era ainda mais duro: "Anda, Zezé, pede auxílio ao Capistrano, o famigerado, e vem; quero esmagar-te de vez, patureba".

Ele fechou o volume e comentou com o livreiro Manuel Nogueira:
— Pelo jeito, é puro curare. É letal.

Correu à redação do *Jornal Pequeno* e em um par de horas já tinha lido todas as 180 páginas. Era material corrosivo, como jamais se publicara em qualquer polêmica anterior. Veríssimo era chamado de "tucano da literatura brasileira", "Zebríssimo" e tratado como um ignorante: "Ele não compreende a etnografia, nada sabe de mitologia, de crítica religiosa, de economia política, de direito, de moral, de ciência social — o que importa dizer, é um incompetente para julgar a vida intrínseca de um povo. Zé Veríssimo, no seu atraso, nunca entendeu a moderna crítica sociológica, por mim introduzida no Brasil. Aprende, Zé, abre os olhos, estuda, lê coisas sérias". A cada capítulo a fuzilaria se intensificava. Ironizando a análise da obra de Nietzsche feita por Veríssimo, Romero dizia que "em 1868, quando no Recife eu e meus amigos líamos Comte, Littré, Buckle, Scherer, Taine, Max Müller, Renan, Vacherot, ele não passava de um caborezinho de onze anos. José Veríssimo andava ainda pescando tartarugas no Amazonas ou tomando açaí em Belém quando eu e Tobias já tínhamos saído do positivismo". Como golpe de misericórdia, apelava ao racismo: "E quem se atreverá a duvidar, no Brasil, que um mulato escuro como o sr. José Veríssimo, o nosso pardo Zezé, por exemplo, não é um latino e que os latinos do século V não eram mais arianos?".

Atordoado com o que acabara de ler, Chateaubriand correu à sala de Tomé Gibson, diretor do jornal, para anunciar que tinha decidido se intrometer entre as duas locomotivas que se chocavam. Com o livro na mão, ameaçou:

— Seu Gibson, vim comunicar-lhe que escolhi o seu jornal para responder a este filho da puta.

Saiu de lá diretamente para as tiras — as compridas aparas de papel em que escreviam os redatores. No dia seguinte o *Jornal Pequeno* começava a publicar seus cinco artigos, todos intitulados "A morte da polidez" e assinados pelo nome que o consagrara na polêmica anterior — A. Bandeira de Melo. Ele chamava o "livreco" de Sílvio Romero de "Romerizações ineptas da crítica" e se referia ao autor como "um exibicionista, um bufão, um espalhafatoso que elegeu a grosseria e o desaforo como armas de combate entre homens de letras". Provocador, dizia que "o sr. Romero supõe-se o maior e melhor crítico nacional — estólido fora convencê-lo da inanidade de tão estulta pretensão". Ao longo dos artigos, disseca a *História da literatura brasileira*, de Romero, para provar que o crítico nada sabia da língua alemã, ao contrário do que alardeava nos ataques a Veríssimo. Conta 21 citações em alemão e acusa Romero de tê-las subtraído de obras traduzidas para o francês: "Ele escamoteou corajosamente em livros franceses citações em alemão para no-las dar, já de segunda mão, como flores novas e frescas, colhidas no luxuriante vergel de Goethe, de Wundt e confrades". Mais grave que tudo isso, assegurava, era o fato de o crítico ter se transformado em um "assassino" com a publicação do livro contra José Veríssimo. Segundo Chateaubriand, Romero já havia trucidado as oligarquias em seus livros e encerrava a lista de homicídios decretando o fim da amabilidade no Brasil: "Sílvio Romero estrangulou a metafísica, supliciou o romantismo, matou a polidez".

Publicado o último artigo no *Jornal Pequeno*, mãos anônimas se encarregaram de fazer chegar ao Rio, pelo primeiro vapor, a série completa. O próprio Chateaubriand jamais ficaria sabendo quem patrocinou o gesto, mas a verdade é que semanas depois já se encontrava em todas as livrarias da capital o livro *A morte da polidez*, de A. Bandeira de Melo. Na capa, em lugar do nome da editora, estava escrito "Edição de alguns amigos", que os aliados de Sílvio Romero diziam ser apenas um disfarce, já que a edição teria sido paga por José Veríssimo. Quando soube que seus artigos tinham sido transformados em um livro que estava sendo devorado pelos luminares do Rio, Chateaubriand se preparou, aguardando o tão esperado ataque do crítico. Os ecos do sucesso que o livro fazia no Sul não o entusiasmavam. O que ele desejava ardentemente era bater-se com Sílvio Romero. Como aquecimento para a luta maior, desancou o jornalista e poeta Osório Duque Estrada, autor da enigmática letra do Hino Nacional brasileiro, que saíra em defesa de Romero nas páginas do *Correio da Manhã*. As semanas se passavam e nenhuma notícia da resposta de Sílvio Romero chegava a Recife. Nem chegaria jamais. Antes de reagir, o crítico teve a cautela de informar-se com amigos de Recife sobre a identidade do misterioso A. Bandeira de Melo. Ao saber que o autor da petulância era um pirralho, um terceiranista de direito de Recife, dedicou-lhe apenas um humilhante *post-scriptum* nas suas "Provocações e debates" publicadas no *Jornal do Commercio*: "Condeno-o ao perpétuo desprezo, que é o que merece a audácia de um aspirante da literatura. Jamais me ocuparei da sua pessoa ou de seus fracassados pendores críticos e literários". Para Chateaubriand aquilo era o fim. O sonho de tornar-se um polemista nacional morrera provisoriamente nas cem páginas do seu livrinho.

O baque provocado pelo desfecho da frustrada polêmica só seria amenizado pelo retorno da família a Recife. Com a mãe curada da tuberculose, o pai decidira vender a casa de Floresta dos Leões e voltar com os filhos para a capital. Embora o tio-avô Herculano Bandeira de Melo tivesse sido eleito governador do estado três anos antes, em 1908, seu pai se recusava a aceitar qualquer facilidade vinda da política oficial, permanecendo como fiscal da alfândega. Para manter a família em Recife, a solução foi empregar todos os filhos. Jorge, o mais velho, obteve uma vaga de conferente no Ministério da Fazenda. Oswaldo foi trabalhar com o irmão jornalista como revisor do *Diário de Pernambuco*, e Ganot, o caçula, virou entregador de cartas do Correio. A segurança da vida familiar só tinha um inconveniente: a mãe exigia que todos os filhos — ele inclusive — lhe entregassem seus salários no fim do mês, e era ela quem administrava o destino do fundo comum da família. Primeiro vinham as despesas da casa, o aluguel, a escola dos pequenos. Só o que eventualmente sobrasse é que era redistribuído entre os quatro rapazes. Já frequentador das rodas da intelectualidade pernambucana, Chateaubriand se sentia constrangido por ter de pedir dinheiro à mãe para as despesas mais simples.

Embora tratado em casa como uma criança, sua vida profissional era cada vez mais a de um adulto. Ao contrário do que decretara Sílvio Romero, o desprezo a que fora condenado não seria tão perpétuo. Seu nome cresceu em Pernambuco, intelectuais importantes aproximavam-se dele, e até a coluna de questões filológicas, que ele assinava uma vez por mês no *Diário* com o pseudônimo de "Orosco", passou a ser citada regularmente pelo grande linguista Said Ali no *Jornal do Commercio*, no Rio. À noite escrevia artigos de fundo para o *Diário de Pernambuco* e para o *Jornal Pequeno* e durante o dia fazia reportagens para o último. Seu prestígio, somado ao fato de que falava francês e alemão, dera-lhe o privilégio de ser o entrevistador permanente de toda personalidade importante que passasse pela cidade, escala obrigatória na rota dos transatlânticos entre o Brasil e a Europa. Pelo menos uma vez por semana ele embarcava numa pequena alvarenga que o levava a bordo dos navios atracados na baía. Quando a permanência dos transatlânticos em Recife era mais demorada, ele fazia as vezes de cicerone para o entrevistado ilustre que quisesse conhecer a cidade. Foi assim que se tornou amigo de personagens como o historiador Capistrano de Abreu, o político Maurício Nabuco e o industrial Delmiro Gouveia, ou de estrangeiros que acabariam tendo papel importante na sua vida, no futuro, como o milionário canadense Alexander Mackenzie, da poderosa empresa Brazilian Traction. Em geral as entrevistas eram feitas no próprio barquinho, para onde o entrevistado era descido dentro de uma cesta amarrada por cordas ao convés dos navios. Em uma dessas ocasiões, ao mostrar a cidade ao escritor Graça Aranha, Chateaubriand apresentou Heloísa, filha do autor de *Canaã*, a seu patrão Francisco Rosa e Silva, dono do *Diário de Pernambuco*. Embora o grande chefe da política pernambucana fosse 38 anos mais velho que Heloísa, então uma menina de dezesseis anos, pouco tempo depois os dois acabariam se casando.

A vida transcorreu sem grandes tropeços até o dia 3 de abril de 1911, quando ele sofreu o seu primeiro grande golpe. Ao chegar em casa à noite, depois do fechamento do jornal, deu com o cadáver do pai estirado sobre uma cama. Um infarto o matara minutos antes. A mãe e Jorge tentavam consolar os irmãos menores, vizinhos entravam e saíam. Alguma defesa interior contra a dor o impedia de pensar na morte e na ausência do velho — ele só conseguia se preocupar com as providências que precisaria tomar para garantir-lhe um enterro digno. Nos últimos anos Chateaubriand chegara a ficar cismado com o surpreendente e rápido envelhecimento de Francisco José — não tendo ainda chegado aos cinquenta anos, o pai adquirira em pouco tempo a aparência de um ancião, com a cabeça e os vastos bigodes inteiramente brancos. Mas nada disso o levara sequer a imaginar que algum problema de saúde o estivesse afetando. Agora, ali, diante do pai morto, ele se esforçava para não se punir pelos momentos que deixaram de estar juntos, pelo tempo que dedicara aos livros e ao trabalho em prejuízo de um convívio maior com o pai que ele conhecera tão pouco. A única maneira de não se martirizar com aqueles pensamentos era assumir o lugar que lhe cabia a partir daquele momento, o de chefe da família.

Consultou a mãe e soube que as economias acumuladas nos últimos meses somavam quinhentos mil-réis, a quarta parte do dinheiro necessário para pagar um enterro decente. Correu à casa de Manoel Medeiros, gerente do Banco de Crédito Real de Pernambuco, e tomou com ele um empréstimo de um conto e quinhentos mil-réis, amortizáveis em oito meses. Quando chegou à Casa Agra para ajustar o enterro com Joca Arara, o dono da funerária o tranquilizou:

— Já está tudo pago e providenciado, inclusive o aluguel das charretes para os acompanhantes. O prefeito Arquimedes de Oliveira e o doutor José Pessoa de Queiroz passaram aqui antes do senhor e deixaram tudo acertado comigo.

Francisco José teve um funeral de luxo, a que compareceram as figuras mais ilustres da política e da inteligência de Recife. À saída do cemitério, Chiquinho Rosa e Silva, filho de Francisco Rosa e Silva, chamou Chateaubriand a um canto:

— Meu amigo, o melhor remédio para superar uma perda como esta é o trabalho. Vem agitação política por aí e vamos precisar de gente de confiança. Venha conversar comigo hoje à noite, em casa.

Depois de jantar com a mãe e os irmãos, caminhou até o casarão da rua Benfica. Chiquinho, seu companheiro de redação no jornal, foi direto ao assunto: temia-se que a oposição estivesse preparando em segredo a candidatura do general Dantas Barreto ao governo do estado, nas eleições do final do ano. De Paris, onde se encontrava, o conselheiro Rosa e Silva escrevera ao filho determinando que ninguém tomasse nenhuma atitude antes de sua volta, mas que já fossem se preparando para a possibilidade de enfrentar nas urnas o ministro da Guerra do presidente Hermes da Fonseca. Quando quis saber o que deveria fazer, Chateaubriand ouviu uma resposta irônica:

— Por enquanto, nada. Apenas continuar tratando a oposição a sal e sol no *Diário* e, se possível, no *Jornal Pequeno* também. Vamos esperar as ordens do Conselheiro.

Francisco de Assis Rosa e Silva, o "Conselheiro", era o mais acabado modelo de oligarca nordestino. Milionário, ele se distinguia dos tradicionais coronéis do interior do Brasil apenas pelos bons modos e pelo verniz de cultura adquiridos nas frequentes viagens à Europa. Na virada do século chegara a exercer interina e precocemente a Presidência da República em substituição ao paulista Campos Sales, de quem era vice-presidente constitucional. Antes disso, com 38 anos, fora presidente da Câmara dos Deputados e, logo depois, ao ser eleito vice-presidente da República, assumira a presidência do Senado. Dono do *Diário de Pernambuco*, Rosa e Silva passou a controlar com mão de ferro a política pernambucana a partir de sua primeira eleição para a Câmara Federal em 1894. Mesmo à distância — que tanto podia ser o Rio de Janeiro ou Paris —, desde 1896 vinha fazendo sucessivamente, sem exceção, todos os governadores do estado: Joaquim Correia de Araújo, Antônio Gonçalves Ferreira, Segismundo Antônio Gonçalves e, agora, o tio-avô de Chateaubriand, Herculano Bandeira de Melo, todos eleitos pelo Partido Republicano de Pernambuco para cumprir as ordens do cacique. Entre a robusta maioria que fizera na Câmara Estadual estava seu filho Chiquinho, que os adversários preferiam chamar maliciosamente de "Rosinha". Dos trinta deputados que compunham a Câmara, apenas três não lhe deviam obediência. Mas era no Senado Estadual — órgão instituído pela Constituição de 1891 — que os números exibiam com maior eloquência seu poder: lá todos os quinze membros eram rosistas, eleitos sob sua tutela. Seu poder era tamanho que os candidatos à Presidência da República costumavam dizer que "quem tem Rosa tem o Norte do Brasil — sem Rosa ninguém se elege, contra Rosa ninguém governa". Ao descrevê-lo, Gilberto Amado dizia tratar-se de "um dândi de olhos de um azul intenso, riscados por um piscar contínuo, que fuzilavam secos. De seu rosto, rodeado de barba crespa castanho-claro, bem tratada, emanava dignidade".

Para arrostar a política do "Napoleão do Norte", o Partido Republicano Conservador foi buscar um herói de guerra que pouca gente sabia que tinha nascido em Pernambuco. O general Emídio Dantas Barreto deixara seu estado natal ainda adolescente, ao migrar para o Sul. No Rio, alistou-se como voluntário para combater na Guerra do Paraguai, de onde retornou com a patente de oficial, concedida por bravura em combate. Em 1891 passou poucos meses em Recife como major do Exército, ocupando a chefia do II Distrito Militar. Seu nome só iria aparecer nos jornais no final de 1910, já general de divisão, quando o presidente Hermes da Fonseca anunciou que ele seria o seu ministro da Guerra.

A candidatura de Dantas acabou sendo lançada um mês depois da morte do pai de Chateaubriand, num grande comício na cidade de Jaboatão. De sua ampla casa nos arredores de Paris, Rosa e Silva simulou indiferença, mandando dizer que talvez até pudesse vir a apoiá-lo. "Afinal, não há divergências maiores a nos separar", dissera ele, "já que somos ambos hermistas, caranguejos do mesmo balaio." Ninguém acreditou na mensagem vinda da França — até as pedras das ruas sabiam que o lançamento da candidatura do general era uma afronta a Rosa e Silva, e que sua eventual eleição seria o fim do rosismo. Na verdade, nem o próprio Rosa acreditava que alguém se atrevesse a sair candidato ao governo de Pernambuco sem antes pedir sua bênção. Três meses depois, no entanto, o Partido Republicano Conservador lançou oficialmente o nome de Dantas Barreto, não deixando dúvidas de que se tratava de uma candidatura de oposição. Surpreso e incrédulo, Rosa e Silva embarcou de volta ao Brasil.

Trazendo a bordo o ilustre passageiro, o *Amazon* chegou a Recife no dia 31 de agosto, mas para surpresa geral não atracou no porto, permanecendo parado na barra. Para aumentar o clima de mistério, Rosa e Silva não desembarcou, ordenando que fossem levados a bordo seus homens de confiança: o governador Herculano Bandeira de Melo, o deputado Estácio Coimbra, presidente da Câmara Estadual, e seu filho Chiquinho. Este conseguiu infiltrar Chateaubriand na pequena delegação, argumentando com o pai que o jovem se tornara um aliado fiel do rosismo e "um dos jornalistas pernambucanos mais temidos no Rio de Janeiro". O *Diário de Pernambuco* anunciou a volta de seu dono ao país em noticiário que ocupava inteiramente a primeira e a segunda páginas, clichês com a foto de Rosa e Silva e até versos encomendados às pressas a um poeta local para saudar seu retorno a Pernambuco. A excitação da cidade, que já fervilhava com o acontecimento, aumentou ainda mais quando à noitinha um pequeno escaler do transatlântico encostou no cais e um marujo do navio saiu para recolher pijamas nas casas dos novos passageiros, um sinal evidente de que os quatro iam dormir a bordo. Durante três dias a vida de Recife girou em torno do dinossauro de metal que boiava na barra e da interminável reunião que, dentro dele, se desenrolava secretamente nos três camarotes de Rosa e Silva. No dia 2 de setembro o porto se encheu de curiosos para esperar o barquinho que trazia todos para a cidade, enquanto o *Amazon* ligava os motores e zarpava novamente. Para espanto geral, na pequena embarcação estavam apenas Chiquinho, o governador Herculano de Melo, Estácio Coimbra e Chateaubriand: Rosa e Silva seguira no navio para desembarcar apenas na escala seguinte, em Maceió, e retornar por terra a Recife.

Só três dias depois, em 5 de setembro, ardendo de curiosidade, é que os pernambucanos tomaram conhecimento do primeiro fruto da conspiração no *Amazon*: o governador Herculano Bandeira de Melo renunciou ao cargo alegando razões de saúde. Mas isso era apenas o começo. Seu sucessor constitucional, o presidente do Senado Estadual, Antônio Pernambuco, repetiu o gesto, renunciando por idênticas "razões de saúde". Declarado vago, o cargo passou a ser ocupado pelo deputado Estácio Coimbra, presidente da Câmara Estadual. Estava posta em prática a tática concebida por Rosa e Silva para tentar derrotar Dantas Barreto. Assustado com as notícias da enorme repercussão da candidatura do general entre a população, o conselheiro temia que nos três meses que os separavam das eleições (marcadas para o dia 7 de dezembro) o nome do general pudesse crescer muito e que ele acabasse se elegendo. Para encurtar o prazo, ordenou as duas renúncias. Com a vacância do cargo de governador, as eleições tinham de ser convocadas para dali a sessenta dias. Toda a operação fora montada para roubar a Dantas Barreto trinta dias de uma campanha que já começava a arrebatar o estado. As renúncias e a convocação das eleições para 5 de novembro, porém, não causaram tanto impacto quanto a decisão mais explosiva tomada no navio: para disputar com Dantas Barreto, Rosa e Silva decidira dispensar intermediários e sair ele próprio candidato a governador de Pernambuco.

A campanha se desenrolou sob enorme emoção. Carregando a bandeira da luta contra a oligarquia rosista, o Partido Republicano Conservador conseguiu, apesar do nome, transformar o general num símbolo das reivindicações dos pobres, em oposição à elite chique que Rosa e Silva encarnava. No dia 5 de novembro de 1911 as eleições transcorreram com os partidários de Dantas acusando os rosistas de corrupção, fraude e violência em todo o estado. Dois dias depois, Chateaubriand preparava uma edição especial de doze páginas do *Diário de Pernambuco* para festejar o 86º aniversário do jornal — o mais antigo da América Latina — e proclamar a vitória de seu proprietário: Rosa e Silva fora eleito governador com 21 613 votos, contra 19 385 dados a Dantas Barreto. Na noite anterior, quando circulou pela cidade a notícia de que o jornal iria anunciar a vitória de Rosa e Silva, uma pequena multidão se postou diante do prédio, ameaçadora. Quando finalmente a edição foi às ruas, na manhã do dia 7, o número de pessoas tinha aumentado muito. Os populares ameaçavam incendiar o prédio, com os jornalistas lá dentro, se o jornal continuasse a ser distribuído. Convocada por Rosa e Silva, a milícia estadual postou trinta soldados armados de carabinas nas janelas do edifício, conseguindo intimidar os manifestantes. Grupos armados de paus, pedras e revólveres, no entanto, seguiam os entregadores, sequestravam os pacotes de jornais e organizavam fogueiras por toda a cidade. A conflagração começava.

Dantas Barreto recusava-se a aceitar os resultados da eleição, alegando que o governo fraudara o pleito em todo o estado. Como exemplo, os dantistas denunciavam que na cidade de Triunfo o descaramento tinha sido tanto que a oposição só conseguira obter um solitário voto. O *Diário de Pernambuco* se transformara em símbolo do rosismo e era para lá que a malta se dirigia, vinda de todos os cantos. Aterrorizada, a direção suspendeu a distribuição do jornal, que ficou mais dois dias sem circular. No terceiro dia Chateaubriand decidiu que o jornal tinha de voltar às ruas. Mesmo sendo, de longe, o mais jovem de toda aquela gente — ele mal acabara de completar dezenove anos —, parecia ser o mais corajoso de todos. Rugia pela redação semiabandonada pelos funcionários assustados:

— Fechem o partido, retirem a candidatura, resistam, façam o que quiserem, mas um jornal não pode ficar sem circular. Isto é uma covardia. Nós vamos nos cobrir eternamente de vergonha se os leitores ficarem mais um dia sem ler o *Diário*.

Conseguiu convencer o dono, seu filho Chiquinho e os demais dirigentes políticos e acabou rodando uma edição magra, de apenas quatro páginas. Segundo ele, o tamanho não importava. Algum jornal tinha de sair daquelas oficinas e ser distribuído. Quando os carregadores, na manhã do dia 10, começaram a sair às ruas, os primeiros tiros foram disparados do meio da multidão contra as paredes do edifício. Os praças postados nas janelas responderam ao fogo atirando para o alto, mas o povo não recuava. A poucos metros tropas do Exército assistiam a tudo impassíveis, dando o primeiro sinal de que o presidente da República talvez estivesse com Dantas. Quando a tensão diminuiu, a tropa federal ocupou o prédio, retirando de lá os praças da Polícia Militar que o guardavam. Da rua, o povo aplaudiu quando os oficiais obrigaram a deixar o edifício, em fila indiana e de mãos postas à cabeça, 29 cangaceiros armados, metidos em gibões de couro e com talabartes de cartuchos cruzados no peito, que tinham sido trazidos do interior por partidários de Rosa e Silva. A ação dos soldados do Exército animou ainda mais os opositores de Rosa e Silva: para eles, o gesto era um sinal claro de que o marechal Hermes da Fonseca tinha tomado partido a favor de seu ex-ministro da Guerra.

O *Diário* ficou mais duas semanas sem circular. Com medo de serem linchados pelo povo, os três diretores — Chiquinho Rosa e Silva, Artur Albuquerque e Ulisses Costa — decidiram não sair mais de casa e entregaram a direção do jornal a Chateaubriand. Convencido do perigo que significava deixar o prédio altas horas da noite, ele buscou no porão a velha cama de um vigia e colocou-a na redação, onde passou a dormir. Comandando o pequeno grupo que decidiu resistir, andava permanentemente com uma pistola Mauser calibre 38 presa à cintura. No dia 24, imaginando que o clima de terror pudesse estar chegando ao fim, Chateaubriand tirou mais uma edição do *Diário*. Na verdade era apenas uma reprodução do jornal que o povo impedira de circular no dia 10, trazendo como única novidade um editorial que ele escrevera, intitulado "Vitória digna". Insistindo na tese de que as urnas já haviam decidido o pleito e que agora restava apenas cumprir a liturgia exigida pela lei e fazer o Congresso Estadual referendar a vitória de Rosa e Silva, o artigo estimulava os rosistas a resistir: "O general Dantas Barreto declara que, se o Congresso não respeitar a vontade do povo, o povo fará o seu reconhecimento. O veredicto do Congresso terá que ser respeitado, e se contra ele insurgir-se o caudilhismo anarquizador, seremos nós que aconselharemos as vítimas desse grande crime a correrem às armas pela defesa da liberdade e da autonomia de Pernambuco". O editorial nem chegou a ser lido: antes de chegar às mãos dos leitores, toda a edição foi queimada nas ruas por populares. Inconformado, ele mandou rodar o mesmo clichê no dia seguinte, e de novo pilhas de jornais foram transformadas em fogueiras por toda a cidade.

Com o agravamento cada vez maior da situação, ficava claro que as tropas do Exército, comandadas pelo general Carlos Pinto, amigo de Dantas, estavam estimulando o povo a derrubar o governo estadual e dar posse ao candidato derrotado nas urnas. O chefe da guarnição federal já não escondia de ninguém que estava decidido a impedir que o Congresso referendasse o nome de Rosa e Silva. Quem deveria ser empossado imediatamente era seu camarada de armas. De mera escaramuça entre facções políticas, a situação adquiriu contornos de uma guerra, com o número de mortos em Recife e no interior aumentando a cada dia. De vassoura em punho — os partidários de Dantas eram conhecidos como "vassouristas" —, hordas de populares rolavam pelas cidades, ameaçadoras, exigindo que o Congresso reconhecesse o general como governador eleito. Uma manhã Chateaubriand foi chamado ao palácio por Estácio Coimbra. Quando entrava no gabinete do governador, o prédio foi sacudido por pesado bombardeio — eram as tropas do general Pinto, forçando Coimbra a abandonar o governo. Mesmo em inferioridade numérica, a modesta guarda palaciana reagia. Com a cabeleira negra assanhada, o governador empunhou um fuzil, entregou outro a Chateaubriand e ordenou com firmeza que ele abrisse fogo contra o local de onde vinha o ataque. Cacos dos cristais das janelas, despedaçados pelos tiros, se espalhavam pelos tapetes do gabinete. A balaceira durou dez minutos, mas Chateaubriand diria mais tarde que tinha a impressão de que estava ali havia horas. Coimbra parecia tranquilo:

— Não se preocupe, Bandeira, que isto é só intimidação. Eu não sairei daqui.

Quando o fogo terminou, o governador explicou que tinha uma importante missão política para o jovem: procurar Chiquinho Rosa e Silva em seu nome e convencê-lo a não embarcar para a Europa naquela noite, como se comentava pela cidade. Para o governador, a situação não era tão sombria que justificasse a deserção do filho do candidato eleito:

— Já temos gente no Rio diminuindo a pressão do governo federal sobre Pernambuco, e o presidente Hermes acabará aceitando Rosa e Silva como o eleito. Precisamos que o Congresso Estadual referende logo nosso candidato, e a presença de Chiquinho é essencial. Não apenas pela falta que seu voto pode fazer, já que muitos deputados e senadores fugiram, com medo da multidão. É também uma questão moral, ele é o filho de Rosa e Silva, não pode fugir. Se ele for embora, não fica mais ninguém aqui.

Chateaubriand saiu do palácio e tomou um bonde em direção à casa dos Rosa e Silva. Por onde passava, via multidões dando vivas a Dantas Barreto. Tomado de pânico em meio ao fanatismo generalizado — se fosse reconhecido como um rosista, o linchamento seria inevitável —, enterrou o chapéu na cabeça, baixou os olhos e meteu-se entre a turba. Atravessar uma cidade tomada pelos inimigos, no entanto, revelou-se um risco desnecessário. Chiquinho Rosa e Silva não só estava decidido a partir como pediu a Chateaubriand que transmitisse a Coimbra um conselho — o governador também deveria abandonar o poder e a cidade imediatamente:

— A situação é irremediável, as tropas federais vão empossar Dantas de qualquer maneira. Não temos como ou com quem resistir. Não temos polícia, não temos povo e acho que já não temos nem deputados nem senadores. Diga a Coimbra que embarco hoje à noite. Está tudo perdido.

Na volta a situação tornara-se ainda mais tensa. Havia focos de incêndios em vários pontos da cidade e multidões mais numerosas nas ruas. Quando chegou perto do Palácio do Campo das Princesas, a segunda ofensiva das tropas federais estava rebentando. Preocupado com a sorte de Estácio Coimbra, Chateaubriand aproximou-se de um popular armado de carabina que ajudava os soldados na fuzilaria contra o palácio. Fingindo ser partidário de Dantas, perguntou ao livre--atirador se "o filho da puta" continuava lá dentro. O homem disse que não, que Coimbra havia fugido para a Chefatura Estadual de Polícia, de onde tentava resistir. O fogo agora era para forçar a guarda palaciana a se render. Chateaubriand conseguiu se esgueirar pelos muros da cidade até o local onde Coimbra se escondera e, ao transmitir-lhe o resultado da visita a Chiquinho, percebeu no rosto do governador os sinais da derrota. Sem os Rosa e Silva, a resistência perdia o sentido.

Naquela mesma noite Estácio Coimbra tomava o veleiro *Aquidabã* em direção a Maceió. E, antes mesmo que Chiquinho chegasse a Paris, sua profecia se concretizava: dos 45 membros do Congresso Estadual, trinta fugiram. Os quinze restantes não hesitaram em referendar o nome de Dantas Barreto como governador eleito. Empossado no dia 19 de dezembro, o general decidiu acertar contas com o que restava do rosismo em Pernambuco. A violência contra a imprensa era grande, mas, mesmo sabendo que dirigia um jornal identificado como uma das últimas marcas de Rosa e Silva no estado, Chateaubriand não entregou os pontos. No dia 18 de janeiro de 1912 ele pôs de novo o *Diário* nas ruas, agora denunciando o regime de terror que a polícia estadual impusera aos aliados de Rosa e Silva. O jornal era permanentemente guardado por policiais à paisana que revistavam quem entrava e saía. Anunciantes e até cobradores que aparecessem por lá eram ameaçados pela polícia na porta do prédio.

No começo de fevereiro Chiquinho Rosa e Silva retornou da Europa e reassumiu a direção do *Diário*. Duas semanas depois de sua chegada, um jornalista foi espancado quando entrava no jornal, e no dia 23 de fevereiro uma tropa armada invadiu a redação para levar presos Chiquinho e Chateaubriand. Os dois passaram três dias metidos dentro de uma caixa-d'água subterrânea cheia de baratas, com os pés atolados no lodo até o joelho. Sem luz, sem alimentação e sem poder sequer sentar, acabaram sendo libertados da mesma maneira como tinham sido presos: sem nenhuma explicação. Os dois saíram da cadeia direto para a redação, onde escreveram longa reportagem contando em detalhes a violência de que tinham sido vítimas. Quando a edição estava pronta para ser impressa, o jornal foi invadido por um grupo de paisanos armados de barras de ferro, destruindo tudo o que encontravam pela frente. Móveis, máquinas, impressoras, linotipos, nada restou intacto. O *Diário* submergiu naquela noite para só reaparecer um ano depois, vendido a novos donos. O inacreditável inquérito policial instaurado para apurar o empastelamento conseguiu o prodígio de provar que o atentado tinha sido praticado pela própria direção do jornal. Na conclusão final, o delegado declarou que o *Diário* havia recorrido "à suprema coragem dos vencidos: o suicídio". Apontou como mandante da "autodestruição" seu proprietário, Francisco de Assis Rosa e Silva, e como um dos autores o repórter Francisco de Assis Chateaubriand Bandeira de Melo, auxiliado por seu irmão Urbano Ganot Chateaubriand.

Sem o emprego no *Diário* e respondendo a dois processos criminais movidos por Dantas Barreto, Chateaubriand levou pouco tempo para voltar à rotina de antes. O salário que recebia no *Jornal Pequeno* era insuficiente para mantê-lo e ajudar a criar os irmãos, e ele conseguiu um emprego de cinquenta mil-réis mensais como correspondente em Recife de um certo *O Jornal*, de São Luís do Maranhão, e mais alguns trocados enviando noticiário irregularmente para o jornal *A Noite*, do Rio. Contrafeito, teve de voltar a dar suas aulas de lógica e psicologia na Associação Cristã de Moços. Para ele, nada era tão aborrecido e irritante como responder às perguntas dos ignorantes alunos da ACM. As horas vagas entre o trabalho e a Faculdade de Direito eram consumidas na esgrima e em sua nova emoção, as brigas de galo. Seu trabalho como jornalista o aproximara de Arthur, marido de Ana Louise Lundgren, que era um dos maiores galistas do Brasil, além de criador de cavalos puros-sangues. Meses antes Lundgren havia importado da Inglaterra por 10 mil libras esterlinas o reprodutor Péricles, vencedor do Derby britânico. Chateaubriand recebeu de presente do industrial dois galos machos de excelente *pedigree* — um bretão e um espanhol — e uma fêmea índia, para tirar crias. Aos sábados, se não estivesse nadando ou empunhando um florete no quartel de Cinco Pontas, podia ser visto nas rodas de apostas das rinhas de Recife tentando melhorar o orçamento familiar à custa do sangue das aves. Com o retorno da tranquilidade à vida política do estado, Estácio Coimbra voltara a viver em Recife e sonhava abrir um novo jornal "para reacender a chama civilista", mas eram apenas planos.

Durante quase dois anos a atividade principal de Chateaubriand residiu apenas no *Jornal Pequeno*. Sabendo que ele passava dificuldades, o diretor Tomé Gibson ofereceu-lhe setenta mil-réis extras pela cobertura da temporada lírica de 1913. O jornalista achou graça nas palavras do chefe, por saber que era exagero chamar de "temporada lírica" uma atividade bissexta, que acontecia em Recife muito irregularmente. Parada obrigatória dos grandes transatlânticos internacionais, se um navio transportando uma companhia estrangeira se visse na emergência de fazer uma escala mais demorada em Recife, a temporada lírica estava inaugurada. Naquele ano, entretanto, havia de fato um calendário prévio, e grupos vinham de fora especialmente para se apresentar na cidade. A familiaridade com os sons do gramofone nos saraus a que o pai o levava mais as aulas de música a que a mãe o obrigara a assistir eram toda a formação de que dispunha para se meter a ser crítico lírico. Mas sua estreia ocorreu sem problemas. De fraque, ocupou o camarote alugado pelo jornal no Teatro Santa Isabel para ouvir Clara della Guardia, solista de uma companhia italiana de comédias, interpretar a *Gioconda* de D'Annunzio. Quem leu a coluna de Chateaubriand no jornal, no dia seguinte, imaginou estar diante de um velho frequentador das temporadas europeias: "Della Guardia não é uma intérprete à altura de Tina de Lorenzo ou de Maria Melato", escreveu, "mas há nela tanta distinção, tão fina compreensão de seus papéis, ao par de um timbre tão perfeito de voz, que ao sair do teatro o espectador leva a certeza de haver sentido palpitar uma das sensibilidades femininas mais discretas e gentis". Na apresentação seguinte, *Madame Butterfly*, foi tamanho o encanto do jornalista pela intérprete do papel-título, "*la signorina* Levy", que a crítica acabou resvalando o ridículo: "Não se trata aqui de homenagear a beleza singular da senhorita Levy, mas apenas de reconhecer-lhe o talento invulgar e irrecusável para o canto lírico. A fina sensibilidade pernambucana exige sua permanência em nossas terras por mais tempo. Só temos a lamentar que Puccini não esteja vivo e de passagem pelo Recife para encorajá-la a só representá-lo, só Puccini, sempre Puccini". Só depois de encerrada a temporada, já com os setenta mil-réis no bolso, é que ele soube que os galanteios à "*signorina* Levy" poderiam ter-lhe custado caro. Quem patrocinara a viagem da companhia italiana a Pernambuco tinha sido o industrial Delmiro Gouveia — menos pelo amor à ópera do que por um antigo romance que mantinha desde a Europa com a cantora.

Foi também como repórter do *Jornal Pequeno* que Chateaubriand pôde realizar um sonho quase impossível a qualquer outro mortal na época, e que o conquistaria para sempre: voar. Um ano antes ele já tivera a oportunidade de entrar numa barquinha de vime e sobrevoar Recife num balão pilotado pelo português Ferramenta, um maluco que percorria o mundo desafiando a lei da gravidade. Agora chegava à cidade o francês Lucien Deneau com um avião de verdade, engenho que o povo só tinha tido a oportunidade de ver de longe, meses antes, quando passou sobre a capital pernambucana o italiano Gino Sanfelice dirigindo uma máquina inidentificável à distância. Sem autonomia para grandes aventuras, o avião do francês, um Blériot, não chegou à cidade voando, mas prosaicamente amarrado ao convés do paquete *Mucury*. A maior distância percorrida até então por algum aparelho voador tinha sido o trajeto entre Paris e Roma. Chateaubriand foi a bordo ver a aeronave e, mais do que por suas características técnicas, interessou-se pelo fato de que a máquina tinha assento duplo, capaz de levar um passageiro além do condutor. À noite, durante a recepção que o Jockey Club ofereceu ao visitante, frustrou-se ao saber que tinha chegado tarde no pedido de carona: Gonçalves Maia, também do *Jornal Pequeno*, havia cercado Deneau no hotel e acertara com ele um voo-reportagem no Blériot. Ao medir com os olhos a estatura e o peso do piloto francês, Chateaubriand resolveu jogar sujo e perguntou:

— Qual é a capacidade de carga do seu monoplano?

— No máximo 150 quilos — respondeu o francês.

— Desculpe se sou indiscreto, mas quantos quilos o senhor pesa, *monsieur* Deneau?

— Cem quilos. Por que tantas perguntas?

— Se o senhor pesa cem quilos, estaremos na iminência de uma tragédia quando seu avião decolar com Gonçalves Maia a bordo. Ele pesa setenta quilos. O voluntário para o voo encontra-se à sua frente, e pesa apenas 48 quilos. Sou eu: muito prazer.

Não podia haver argumento mais definitivo. A ciumeira que isso gerou no jornal foi tão grande que se conseguiu uma balança do matadouro municipal para que todos os repórteres se pesassem, teste que só fez consolidar sua posição — ele era mesmo o mais raquítico de toda a redação. Nas três semanas que antecederam o voo ele dedicou-se apenas ao Blériot e a seu piloto. A cada quatro, cinco dias, saía uma reportagem sobre outro aspecto da novidade, já devidamente desembarcada e estacionada na raia do hipódromo, de onde decolaria. Chateaubriand descreveu as pesquisas que tinham levado o brasileiro Alberto Santos Dumont, seis anos antes, a se transformar no primeiro ser humano a levantar do chão um aparelho mais pesado do que o ar, relatou aos leitores os *raids* organizados na Europa nos últimos anos, os acidentes. Na última reportagem da série, explicou em detalhes o que era o Blériot — um motor de cinquenta cavalos e sete cilindros que levantava uma armação de cedro e alumínio coberta por um encerado de linho betuminoso, pesando ao todo quatrocentos quilos. Com dois passageiros a bordo — pesando ambos, no máximo, 150 quilos, ele sublinhara —, o Blériot podia desenvolver uma velocidade de até cem quilômetros por hora.

Todas as noites ele ia para o hall do hotel desfrutar, junto com Deneau, a glória de ser o primeiro pernambucano — não seria o segundo brasileiro?, alguém indagou — que experimentaria, como dissera num dos artigos, "a empolgância de uma perspectiva toda nova, absolutamente desconhecida". Até que afinal chegou o dia 10 de junho. Para o povo de Recife, ele era a pessoa mais importante, não o francês que dali a alguns dias embarcaria sua geringonça num navio e nunca mais apareceria por lá. Apanhado em casa de manhã por Deneau, assustou-se com a chuva que caía sobre a cidade, mas o francês o tranquilizou: o avião decolaria assim mesmo. No meio das milhares de pessoas que se aglomeravam no Jockey, deu-se ao luxo de passar direto pelo governador Dantas Barreto, ignorando a mão amistosa que o general lhe estendia. A reação das pessoas variava à medida que ele caminhava com Deneau em direção ao aparelho. Um soldado agarrou-o pelo braço e o exibiu para os circunstantes, gritando:

— Aqui está! É este o menino que vai subir!

Uma mulher arrastando uma penca de filhos decepcionou-se:

— Mas é esse moleque chocho, mirrado, franzino que vai voar? Pensei que fosse um homem...

Uma linda moça, alta, de pele clara, aproximou-se dele, segurou-lhe o pulso esquerdo com uma das mãos e com a outra amarrou nele uma medalhinha de ouro, com a imagem de uma santa. Com um sorriso, desejou-lhe boa viagem:

— Não tenha medo, ela vai protegê-lo.

O voo foi curto, mas emocionante. Saíram do prado e tomaram a direção do bairro de Afogados, depois voltaram e acompanharam o leito do rio Capibaribe até o Brum. Ao passar sobre o centro da cidade, o piloto meteu a mão dentro de um alforje que trazia sob o banco e atirou para cima centenas de cartões-postais contendo sua foto e trazendo no verso a inscrição: *"Souvenir de mon passage à Pernambuco. M. Deneau"*. Retornaram para Santo Amaro e tomaram o rumo da Estrada de Ferro de Olinda, onde deveriam pousar. Como havia gente demais na esplanada destinada ao pouso, o francês, preocupado, gritou para Chateaubriand que se descessem ali na certa matariam muita gente. O avião fez um voo rasante, mas o povo não arredava pé do lugar. Quando faltava pouco para tocar o chão, subiu de novo. De Olinda o Blériot tocou rumo a Recife. A intenção de Deneau era pousar no pátio da Faculdade de Direito, mas lá outra multidão impedia a aterrissagem. Depois de algumas voltas sobre a cidade, acabaram pousando ali mesmo — com grande risco para o piloto e seu passageiro e para os curiosos. Para evitar que alguém fosse atropelado, Deneau fez o avião ziguezaguear sobre a pista, o que acabou jogando-o contra um barranco, onde por fim parou com uma das asas arrebentadas.

No dia seguinte o *Jornal Pequeno* publicaria duas reportagens. Uma, menor, era assinada por Gonçalves Maia, o que perdera o lugar no avião, que começava se lamentando "por pesar 68 quilos, em vez dos 48 do sr. Chateaubriand, desta folha". Em seu artigo de meia página, intitulado "A minha impressão de um voo de aeroplano", Chateaubriand parecia ter retornado de outro planeta. Feita na primeira pessoa, a reportagem revelava a emoção de ver Recife do alto: "Até a preparação para a aterrissagem, eu não sentira nada. A contemplação do panorama da cidade me absorvera por tal forma a atenção que eu não cogitara se tinha nervos para me tocar de outras emoções que não esta, de uma esplêndida beleza. A atitude é de um embevecimento religioso, não da cidade com suas pontes, mas diante do oceano rumoroso quebrando-se nos arrecifes, em espumas lúcidas, e sobretudo dos arrabaldes, enchendo de reminiscências antigas e de uma poesia bíblica nossos olhos admirados". O único momento em que o pânico ameaçou a viagem foi quando o avião caiu cerca de duzentos metros, "como num precipício", para preparar o pouso. As mãos de Chateaubriand se crisparam instintivamente, o aparelho e os dois passageiros pareciam precipitar-se irremediavelmente para o chão. Ele gritou, mas percebeu que o ruído do motor e o vento forte produzido pela hélice impediam que Deneau ouvisse qualquer som vindo do banco traseiro. O medo só passou quando o avião estabilizou de novo para aterrissar. O susto contribuiu para que ele terminasse seu artigo com emoção indescritível: "Eu não saberia exprimir a sensação que infelizmente não posso pormenorizar aqui, tanto ela é forte, empolgante e violenta. Espero experimentar tal emoção ainda outra vez na vida" — um fecho premonitório para alguém que, décadas depois, viria a ser o civil brasileiro com o maior número de horas voadas em toda a história da aviação. No banquete de despedida oferecido a Deneau, ele seria ainda mais enfático. Transformado no centro das atenções dos convidados, gesticulava e anunciava em voz alta: "Sou outro homem depois desse voo! Uma modesta máquina me fez transcender mais que anos e anos de estudo de filosofia e da alma humana. O dia 10 de junho de 1913 marca a grande mudança na minha vida!".

5

A primeira grande mudança na sua vida só começaria a acontecer, na verdade, dois anos depois — e nada teria a ver com aviões. Caminhando pelos corredores da Faculdade de Direito — que ele havia deixado vários meses antes, ao terminar o curso —, Chateaubriand viu um pequeno edital que tinha sido pregado no quadro de avisos no dia anterior: "Termo de abertura. Ao 1º de maio de 1915, nesta secretaria da Faculdade de Direito de Recife, foram abertas as inscrições para o concurso de professor de filosofia do direito e direito romano, de acordo com o disposto no artigo número 43 do decreto nº 11 530. O diretor". Para ele, o anúncio do concurso coincidia com um período de absoluta descrença e enorme falta de apetite pelo jornalismo. Depois da escaramuça com Dantas Barreto, a única experiência gratificante que vivera na profissão tinha sido a breve passagem pelo *Estado de Pernambuco*. O jornal fora criado por Rosa e Silva e Estácio Coimbra em 1913 para reorganizar a oposição a Dantas e juntar os cacos do Partido Republicano de Pernambuco, escorraçado da política pernambucana pelo novo governo. Para fazê-lo foram chamados os mais ilustres perseguidos de 1911. A valentia com que Chateaubriand se portara na batalha que se seguiu à derrota de Rosa e Silva seria premiada com um convite para acumular os dois postos mais importantes do *Estado*, e ele foi nomeado redator-chefe e secretário de redação.

Em sua curta passagem pelo jornal ele revelou talento e firmeza, mesmo quando isso significava ter de discutir diariamente com os patrões para convencê-los a publicar ou cortar determinados temas. Foi assim que Chateaubriand transformou o *Estado* em instrumento de propaganda da luta armada que, no Ceará, o padre Cícero Romão Batista liderava contra o governo militarista local. Padre Cícero — ou "Padim Ciço", como o tratavam os milhares de beatos armados que o seguiam — acabaria depondo o coronel que governava o Ceará, assumindo provisoriamente o poder estadual. A oposição intransigente que fazia nas páginas do jornal ao popularíssimo governo de Dantas Barreto custou a Chateaubriand mais um "processo de responsabilidade por crime de imprensa", movido contra ele pelo general, do qual seria absolvido no Superior Tribunal de Justiça.

Foi como diretor do *Estado* que ele conheceu o *quaker* norte-americano Percival Farquhar, dono da Rio de Janeiro Light & Power, da Companhia Telefônica Brasileira, da Estrada de Ferro São Paulo-Rio Grande, das ferrovias Mogiana e Paulista, em São Paulo, da Port of Pará — proprietária do porto de Belém do Pará — e da Amazon Development Land Colonization Co. Assim como acontecia com suas ferrovias construídas na Rússia czarista, suas minas de carvão na Europa Central e seus engenhos de açúcar em Cuba, Farquhar dirigia as empresas brasileiras de Paris, Nova York ou da Pensilvânia, onde mantinha a sede de seu império internacional. Do governo brasileiro ele recebera como doação 60 mil quilômetros quadrados de terras para colonização, área que décadas depois viria a constituir o estado do Amapá. Chateaubriand foi encarregado de entrevistar o magnata a bordo do *Amazon*, no porto de Recife, quando o milionário tinha acabado de realizar sua mais ousada epopeia tropical: a construção, no meio da selva amazônica, da ferrovia Madeira-Mamoré. No ano anterior, os portuários de Belém haviam organizado uma paralisação para protestar contra o surto de febre amarela que eclodiu na cidade, e Farquhar contratou o melhor: mandou chamar o cientista Osvaldo Cruz, que em 1906 erradicara a mesma peste no Rio de Janeiro, para sanear Belém e combater os focos de malária surgidos entre os trabalhadores da Madeira-Mamoré. Defensor da internacionalização da economia brasileira — o que logo transformaria Chateaubriand em seu aliado incondicional —, Farquhar acreditava que nenhum país poderia se desenvolver sem bons hotéis e cozinheiros refinados. Como o Brasil do começo do século XX não dispunha de nenhuma das duas qualidades, ele próprio tomou a iniciativa de equipá-lo. Construiu em São Paulo a elegante Rotisserie Sportsman e o Hotel Guarujá, no litoral paulista, e importou da cozinha do Elysée Palace Hotel, de Paris, o *chef* Henri Gallon. Quando os dois se conheceram, o americano tinha acabado de comprar o terreno do antigo Convento da Ajuda, no Rio de Janeiro, onde pretendia construir um hotel "capaz de deixar o Waldorf Astoria parecido com uma tapera amazônica". Além de se transformar, poucos anos depois, no principal advogado dos interesses brasileiros da *holding* Brazil Railway, Chateaubriand acabaria roubando de Farquhar o *chef* Gallon, que seria seu mordomo até o fim da vida.

A passagem pelo *Estado de Pernambuco*, porém, não lhe traria apenas bons amigos. Quando Rui Barbosa, chefe inconteste do civilismo, começou a aproximar-se do general Dantas Barreto, Chateaubriand defendeu junto a Rosa e Silva e Estácio Coimbra o rompimento público do jornal com o "Águia de Haia". As humilhações impostas por Dantas ao *Diário de Pernambuco* e a cada um deles, individualmente, ainda estavam muito frescas para serem esquecidas apenas porque Rui Barbosa decidira fazer uma aliança política. As discussões dentro do jornal eram intermináveis, pois com exceção de Chateaubriand todos estavam de acordo em que seria uma temeridade brigar com "o homem que encarna a cabeça do sistema solar da inteligência brasileira", como advertira Rosa e Silva. Chateaubriand fincou pé e acabou convencendo os patrões. Encarregado de escrever o artigo de fundo que anunciava a ruptura, precisou se conter para manter o alto nível, e terminou reconhecendo que a decisão tinha "um sentido de amargor e melancolia pelo afastamento da companhia de um guia providencial como Rui Barbosa". O processo de rompimento fora extremamente desgastante para ele, que saiu do episódio convencido de que para Rosa e Silva e Coimbra o jornal era apenas um instrumento para intervir na política local, e nada mais. Apesar de ter sobrevivido no posto após a luta contra Rui Barbosa, Chateaubriand, ironicamente, deixaria o jornal meses depois motivado por uma insignificante crise interna. Ele vetara a publicação de uma carta do jornalista Martinho Garcez em defesa de seu sogro, o ex-governador Segismundo Antônio Gonçalves, que tinha sido atacado pelo jornal. Os donos do *Estado* determinaram que a carta deveria ser publicada. Aborrecido, Chateaubriand simplesmente limpou as gavetas de sua mesa e demitiu-se do jornal.

Nos meses seguintes, sua única ligação com o jornalismo eram os artigos que vez por outra publicava no *Jornal Pequeno*. Graças à influência de Alberto Groschke, casado com uma Lundgren, associou-se a um escritório de advocacia local, ao qual passou a dedicar-se em tempo integral. Foi assim que o inesperado concurso aberto pela Faculdade de Direito despertou-lhe a tentação de abandonar de vez as redações para fazer carreira como advogado e professor. Como as inscrições se encerrariam dali a três meses, no final de agosto de 1915, e as provas se realizariam em setembro, ele teve tempo suficiente para se preparar. Nesse meio-tempo, começou a namorar Maria da Penha Lins de Barros Guimarães, a Poli, conhecida como uma das moças mais bonitas e elegantes de Recife. Amiga de jovens intelectuais como Manuel Bandeira, José Lins do Rego e Gilberto Freyre, Poli se orgulhava de "nunca ter alisado um banco de escola". Falava francês e inglês com fluência, conhecia os clássicos da literatura, mas tinha sido educada por preceptores, sem nunca ter sido obrigada ao desconforto de aprender nada coletivamente, em uma sala de aula comum. Magra, alta e de pele singularmente alva para uma região tórrida como o Nordeste, ela já havia despertado arrebatadoras paixões em rapazes de Recife. A lenda contava que o principal cinema da cidade, o Politeama, tinha sido batizado assim como uma forma pouco sutil encontrada pelo dono para cortejá-la, já que o nome poderia também ser lido como "Poli te ama". Sua entrada nos bailes do Clube Internacional, aos sábados, era aguardada por um numeroso "sereno" — o grupo de populares que se postava à entrada do clube para admirar à distância as mulheres da alta sociedade. Apesar de tantos encantos, Poli chegara aos 29 anos sem ter se casado, fato que, para os padrões de uma época em que as moças começavam a procurar marido aos catorze, a transformava inevitavelmente em solteirona.

Quando Chateaubriand, inscrito para o concurso, começou a frequentar todas as noites o casarão dos Guimarães, na rua da União, o boato correu a cidade: ele estava namorando Poli com segundas intenções. A intriga dizia que ele só se animara a desencalhar uma moça mais velha — ela tinha seis anos mais que ele

— para se aproximar do pai dela, diretor da Faculdade de Direito, e do irmão, professor Genaro Guimarães, que, além de membro da Congregação da escola, integrava a banca examinadora do concurso. Ao saber da futrica, Chateaubriand reagiu indignado e anunciou que os dois estavam noivos:

— Já pedi a mão de Poli ao professor Joaquim de Barros Guimarães e o casamento está marcado para dezembro deste ano, independentemente do resultado do concurso. Quem está difundindo essas calúnias contra mim é um bisbilhoteiro que atende pelo nome de general Dantas Barreto. O único sentimento que me move é o amor a Poli.

Ninguém jamais saberia se o amor era o único sentimento que movia Chateaubriand. Mas, se a intimidade com a família de Poli lhe dava alguma esperança de passar no concurso sem dificuldades, um inesperado obstáculo veio perturbar seus planos de tornar-se catedrático de direito romano. No último dia das inscrições um nome bem conhecido seu apareceu pregado no quadro de avisos da faculdade como candidato à mesma cadeira: Joaquim Pimenta. Cearense do sertão de Inhamuns, seis anos mais velho que Chateaubriand, ateu, marxista e anticlerical, Pimenta conseguia conjugar as qualidades de refinado filósofo com uma ativa militância no nascente movimento operário pernambucano. Sua sombra aparecia invariavelmente por trás das agitações grevistas locais, fossem elas de marítimos, cortadores de cana, motorneiros de bondes ou empregados da britânica Pernambuco Tramway. Chateaubriand já havia se defrontado com ele quatro anos antes, na campanha que levou Dantas Barreto ao governo do estado. Promotor público em Recife, Pimenta renunciou ao cargo como protesto contra a corrupção eleitoral atribuída a Rosa e Silva e aderiu por inteiro à luta pela posse de Dantas. Ao assumir o governo, o general nomeou-o secretário da Instrução Pública do estado. Além do preparo intelectual, Joaquim Pimenta contava com uma vantagem sobre Chateaubriand: era livre-docente em direito, circunstância que funcionaria como uma espécie de voto de Minerva, na remotíssima hipótese de o concurso terminar empatado.

As suspeitas de que Chateaubriand seria favorecido por seus amigos da banca examinadora, somadas ao fato de que dois inimigos políticos iriam se defrontar na disputa da cátedra, atraíram para o concurso um inusitado interesse da população. O que estava em questão, diziam os jornais, não era a cadeira de direito romano, mas o poder de Dantas Barreto novamente fustigado por Rosa e Silva. Terminadas as provas escritas, os dois foram submetidos separadamente ao exame oral. Sorteados os pontos, Chateaubriand dissertou sobre a tese "O interdicto *uti possidetis*" e Pimenta sobre "Nomologia jurídica e seus sistemas: arbitrarismo, naturalismo físico e fenomenismo". Ninguém acreditou no que lia, semanas depois, quando a Faculdade de Direito fez publicar o resultado do concurso: "Verificado que cada candidato obteve seis votos, foi pelo senhor diretor Sofrônio Portela desempatada a votação em favor do sr. Francisco de Assis Chateaubriand". Se o empate já causaria espanto, a ousadia da banca ao decidir em favor de Chateaubriand se transformou em notícia de primeira página de todos os jornais do dia seguinte — a maioria, naturalmente, contrária ao resultado do concurso. Segundo a imprensa, Sofrônio Portela dera inicialmente seu voto a Pimenta, como determinava a lei, e chegara a mandar lavrar a ata com o resultado. Só depois, "cedendo a sugestões estranhas", é que resolvera desempatar em favor de Chateaubriand. Os estudantes de direito reuniram-se em ruidosa assembleia na faculdade e enviaram um telegrama de protesto ao presidente da República, Venceslau Brás: "Maioria corpo discente Faculdade Direito protesta esbulho candidato Joaquim Pimenta, livre-docente, merecedor lugar concurso. Resultado político deturpa justiça dentro próprio templo do direito".

Ouvido pelos jornais, Pimenta disse apenas que "promoveria os meios legais" para reaver seus direitos preteridos. Tratado pela imprensa governista como "frangote explorador do rosismo" e "fru-fru das saias elegantes", Chateaubriand era acusado de ter sido classificado "apenas por dedicações afetivas" — alusões explícitas ao fato de estar de casamento marcado com a irmã de um de seus examinadores. Ele recusou-se a dar declarações à imprensa, alegando que não iria discutir "a decisão de uma corte inatacável como a Congregação da Faculdade de Direito de Recife". Joaquim Pimenta recorreu do resultado, exigindo que a lei fosse cumprida e ele nomeado catedrático de direito romano. Dantas Barreto enviou um telegrama ao presidente da República, subscrito por ele e por Manuel Borba, governador eleito que tomaria posse dali a dois meses, dando conta ao chefe da nação de seu desacordo com a decisão da faculdade de nomear Chateaubriand. Simultaneamente ao recurso dirigido à Congregação, Pimenta enviou outro ao ministro da Justiça, Carlos Maximiliano, autor da reforma que instituíra a exigência da livre-docência para desempate em concursos de cátedra. Ao saber que engrossava a conspiração para tomar-lhe o lugar conquistado, Chateaubriand não pensou duas vezes e resolveu bater às portas de quem, em última instância, iria decidir a questão: o presidente da República. Consciente de que sua peregrinação por gabinetes do Rio seria demorada, fez uma coleta de dinheiro entre os amigos ricos de Recife para pagar a passagem e cobrir as primeiras despesas que tivesse no Distrito Federal. Do comendador português José Maria de Andrade, provedor da Santa Casa de Misericórdia, recebeu, além do auxílio em dinheiro, uma ajuda providencial: uma carta de apresentação dirigida ao empresário Ernesto Pereira Carneiro, sócio da firma Mendes & Cia. na propriedade do *Jornal do Brasil*. Deixou Recife às carreiras, mal tendo tempo de se despedir da família na casa da rua da Aurora. Encheu uma mala de roupas, juntou documentos e, na saída, transferiu ao irmão Oswaldo a responsabilidade de cuidar e alimentar seus bichos de estimação — um casal de ferozes jacamins, aves que o pai trouxera da Amazônia e que ele usava como guardas da casa. Deixou com a mãe um bilhete de despedida para ser entregue à noiva e partiu.

Ao desembarcar do vapor no Rio de Janeiro, na segunda semana de outubro de 1915, Chateaubriand teve noção da tempestade que o esperava na capital. A caminho do hotel, comprou jornais do dia — *A Época* e a *Gazeta de Notícias* — e viu que a disputa pela cátedra era o assunto da imprensa carioca, transformada no "caso Chateaubriand-Pimenta". O recurso de Pimenta ao ministro, os telegramas de Dantas Barreto e dos estudantes ao presidente da República, os protestos em Recife contra sua nomeação, estava tudo transcrito nos diários. O agora deputado federal Gonçalves Maia — o mesmo que perdera para ele o lugar no avião de Deneau — dava entrevistas condenando o resultado do concurso, que atribuía "à politicagem que invade o ensino". O primeiro aliado que buscou para montar a contraofensiva foi José Veríssimo. Hipocondríaco incurável, o crítico combinou de se verem na Farmácia Werneck, na rua da Quitanda, seu ponto predileto para encontros. Habituado a enfrentar adversários, Veríssimo sugeriu em poucos minutos a estratégia ideal para derrubar o trabalho disparado de Recife contra Chateaubriand:

— Primeiro você tem que ganhar a imprensa, e isso não será difícil. Muita gente aqui já conhece seu nome. Depois vamos bater à porta de alguns figurões que possam levar seu caso ao Palácio do Catete. Sem a simpatia do presidente da República você morrerá à míngua aqui no Rio.

Rabiscou num pedaço de papel alguns nomes e endereços importantes e antes de se despedir pegou na prateleira um vidro de remédio e entregou-o a Chateaubriand:

— Você deve estar com bronquite, está com o peito chiando muito. Leve esse vidro de xarope Famel e tome uma colherzinha quatro vezes ao dia. É infalível.

Na manhã seguinte, Veríssimo pegou-o no hotel para uma visita ao conde Afonso Celso, a quem pediriam um parecer jurídico sobre o caso, que fariam chegar às mãos do presidente. Ao recebê-los em sua casa, o autor do famoso *Por que me ufano do meu país* já tinha notícias da pendenga. Algumas pessoas de Recife — entre elas Tomé Gibson, do *Jornal Pequeno* — tinham telegrafado pedindo seu apoio para Chateaubriand. Afonso Celso se dispôs a redigir o parecer e, apressado, tratou de dispensar os visitantes:

— Posso começar a escrever amanhã mesmo, mas seria importante que o professor Chateaubriand viesse ao Rio para conversarmos pessoalmente.

Foi o próprio interessado quem desfez o equívoco:

— Senhor conde, não há dois Chateaubriand nessa briga, mas um só, e sou eu mesmo.

Afonso Celso se espantou:

— Você? Mas então foi um pirralho de três arrobas quem saiu em defesa do Veríssimo na polêmica contra Sílvio Romero? Pois então, meu filho, pode contar comigo. O parecer sai em poucos dias.

Durante um mês Chateaubriand não teve descanso. Pela mão de Veríssimo, foi sendo levado à presença dos mais notáveis nomes da política e da inteligência do Rio de Janeiro e de São Paulo. E assim acabou tornando-se amigo e tendo como seus defensores figurões como o político e escritor paulista Alfredo Pujol, o senador Virgílio de Melo Franco e seu filho Afrânio, o jurista Pedro Lessa — ministro do Supremo Tribunal que era conhecido como o "Marshall brasileiro", numa referência ao grande jurista norte-americano John Marshall. Na casa de Lessa emocionou-se ao ser apresentado a seu ídolo Capistrano de Abreu (que, como repórter, conhecera superficialmente em Recife) e mal se aguentou nas pernas quando o constitucionalista cumprimentou-o "pela coragem de haver liderado o rompimento do Partido Republicano de Pernambuco com Rui Barbosa". Além do apoio oferecido por Ernesto Pereira Carneiro, conseguiu ressuscitar uma velha amizade pernambucana com o jornalista Luís Gomes, pai do jovem cadete Eduardo Gomes, para assegurar-se de que no *Jornal do Brasil* não sairia uma linha que pudesse prejudicar sua cruzada pela cátedra. Lembrou que anos antes fora correspondente em Recife de *A Noite*, do Rio, jornal que agora vinha assumindo discretamente a defesa de Joaquim Pimenta. Decidiu procurar pessoalmente o ex-patrão para tentar atraí-lo para sua causa. Irineu Marinho ouviu pacientemente sua versão do caso até o fim para tranquilizá-lo:

— Foi muito importante o senhor ter vindo aqui. Estou acompanhando sua demanda desde o começo e vejo nela a eiva da política local. Estou convencido de que a razão está com o senhor e não mais permitirei a publicação dos telegramas que temos recebido do Recife em defesa do outro candidato.

Chateaubriand quis saber se era necessário deixar algum documento do processo na redação, mas Marinho já estava ganho:

— Vá lutar por sua nomeação tranquilo quanto a este *front*. Darei ao pelotão de fuzilaria do convés deste vespertino a ordem para cessar fogo contra o senhor.

Em sua peregrinação pelas mais ilustres casas do Rio, o jovem nordestino estava colocando em prática um projeto deliberado que ele confessara a alguns amigos:

— Para um moço pobre que chega da roça aqui no Rio, o capital mais importante que ele tem que levantar são as relações com gente influente. Se conseguir isso, depois é só colocar essas relações para render juros. Daí em diante a vida se encarrega da minha sorte.

Ele percebeu que os juros começavam a surgir quando jornalistas passaram a procurá-lo para falar da briga. Nas entrevistas, Chateaubriand tratava da questão com bom humor, insistindo em que a "campanha mofina" que moviam contra ele não passava de "simples *querelle d'allemand*, que mais me tem divertido do que impressionado". A *Gazeta de Notícias*, porém, continuava publicando todos os dias extensa correspondência vinda de Pernambuco em defesa de Pimenta. Vicente Piragibe, que tinha sido preso por Dantas em Recife na refrega de 1912 e que agora era deputado e dono do diário *A Época*, abriu as colunas de seu jornal para que Chateaubriand se defendesse dos ataques do outro diário. Ele acabou acertando que publicaria um artigo semanal em *A Época* enquanto estivesse no Rio, pelo que receberia remuneração suficiente para sua manutenção na capital. O primeiro versava sobre as consequências da morte do líder político gaúcho Pinheiro Machado. Era um trabalho ligeiro, escrito sem maiores preocupações. Mas três dias depois, ao abrir as páginas do paulista *O Estado de S. Paulo*, ele quase perdeu a fala: seu artigo era elogiado por Júlio Mesquita! Para um jovem jornalista recém-chegado da província, um elogio de Mesquita significava o salvo-conduto indispensável à entrada no olimpo da imprensa nacional. Tendo como portador Alfredo Pujol, de quem se tornara amigo, Chateaubriand enviou uma carta de agradecimento ao diretor do *Estado*: "Seu artigo faz aos paulistas uma apresentação triunfal deste modesto nortista que lê diariamente seu jornal desde 1910", escreveu. "Ganhá-lo como padrinho em São Paulo é uma dessas fortunas extraordinárias, que só uma alma de elite como a sua poderia propiciar a um jovem e obscuro jornalista provinciano." Poucos dias depois, soube por Pujol que a carta tivera o condão de transformar Mesquita em um novo e poderoso aliado na luta pela conquista da cátedra. Para coroar a vitória, na semana seguinte outro artigo seu era elogiado na coluna do escritor e político Félix Pacheco no *Jornal do Commercio*.

Apesar de tudo, ele ainda estava muito longe de ser uma unanimidade entre os cariocas. Além da campanha diária na *Gazeta*, o jornalista e escritor Paulo Barreto — o João do Rio — massacrava-o em colunas publicadas em *O País*, na *Gazeta de Notícias* e no *Rio Jornal*. Indignado com a injustiça que temia cometer-se contra Joaquim Pimenta, o escritor decretou que só silenciaria quando Chateaubriand, derrotado na disputa, deixasse definitivamente o Rio de Janeiro. Ao saber que João do Rio era conhecido pelos desafetos como "Cascavel", Chateaubriand anunciou que iria "introduzir métodos paraibanos nas polêmicas cariocas". Conseguiu que um amigo lhe trouxesse do laboratório do Asilo de Alienados de Recife uma cascavel de verdade e enviou-a ao jornalista dentro de uma caixa de chapéus, embrulhada para presente e acompanhada de um amável cartão. A campanha chegou ao fim, mas João do Rio jamais saberia que o remetente tomara o cuidado de mandar secar as glândulas venenosas da serpente antes de despachá-la à redação do jornal.

Dois meses depois de seu desembarque no Rio, Chateaubriand entendeu que chegara a hora de levar a questão ao presidente da República, antes que as articulações originárias de Pernambuco pusessem tudo a perder. Preocupado com a desenvoltura com que ele circulava pelo Rio, Dantas Barreto conseguira mobilizar três membros do governo federal, os ministros Carlos Maximiliano, da Justiça, e o pernambucano José Bezerra, da Agricultura, e mais o presidente do Conselho Superior do Ensino, Brasílio Machado. A única solução que o governador pernambucano aceitava para o caso era a anulação pura e simples do concurso pelo presidente, seguida da abertura de um novo edital. Para Dantas, qualquer outra saída seria recebida como uma derrota política pessoal, com todos os inconvenientes que isso significaria para o presidente. O governador confidenciara a amigos que Chateaubriand pagaria agora a humilhação de tê-lo feito "suar três camisas" ao ler o manifesto de rompimento do PRP com Rui Barbosa, redigido pelo jornalista. Desfrutando de indiscutível popularidade, o general Dantas Barreto ascendera à condição de político de prestígio nacional.

Com a morte do senador Pinheiro Machado, fundador e comandante do Partido Republicano Conservador, seu nome surgia naturalmente como candidato à sucessão de Venceslau Brás. Para enfrentá-lo, Chateaubriand sabia que tinha de buscar socorro junto aos pesos-pesados da capital federal. Arrebanhou seis pareceres a favor de sua nomeação, assinados pelo jurista Pedro Lessa, pelo escritor Afonso Celso, pelos políticos Afrânio de Melo Franco, Esmeraldino Bandeira e Manuel Vilaboim, e por seu conterrâneo mais ilustre, o senador Epitácio Pessoa. Com a ajuda do deputado Vicente Piragibe, conseguiu que fosse afinal marcada a audiência com o presidente Venceslau Brás. Na última hora ainda ganhou outro forte aliado para sua causa, o almirante Alexandrino de Alencar, ministro da Marinha. No dia da audiência, uma vistosa comitiva formada por Pedro Lessa, Afrânio de Melo Franco e Álvaro de Carvalho subiu com ele as escadas do Palácio do Catete.

Venceslau Brás ouviu-o, como o próprio Chateaubriand diria depois, "com um mutismo de frade de pedra". Teatral, o jornalista gesticulava, discursava, levantava-se da cadeira, derramando sobre o presidente uma torrente de argumentos. Falou das perseguições de que tinha sido vítima, dos atentados, das prisões, do terror e da censura a que Dantas submetera o jornal que ele dirigia em Pernambuco. Do outro lado da mesa, o mineiro de grossos bigodes negros apenas escutava, sem sequer assentir com a cabeça. De seus acompanhantes, apenas o ministro Pedro Lessa falou:

— Presidente, estou aqui para dar meu testemunho a respeito da limpidez do direito desse rapazola e para matar a intriga e os mexericos que envolvem sua pessoa.

Quando o tempo previsto para a audiência se esgotava, Chateaubriand entregou uma pasta ao presidente da República:

— Aqui estão opiniões sobre este caso, assinadas por seis dos mais ilustres e honrados homens públicos deste país. Junto a elas anexei, para poupar o tempo de vossa excelência, um memorial de treze linhas que redigi e que sintetiza as minhas razões.

Na verdade o memorial tinha sido escrito pelo advogado Aníbal Machado, mas Chateaubriand, ao se levantar da cadeira, insistiu na autoria do documento:

— Escrevi apenas treze linhas, presidente. O memorial não tem mais porque tem tudo.

Venceslau Brás só abriu a boca quando os quatro já se preparavam para sair. Foi solene:

— Deixe comigo os pareceres. Se me convencer de que tem um direito líquido, nenhuma força será bastante forte para impedir seu provimento na cadeira de professor da faculdade de Pernambuco. Agirei neste caso como agiria dom Pedro II.

Alguns dias depois da audiência Chateaubriand foi localizado, tarde da noite, na redação de *A Época* e levado às carreiras para a Rotisserie Americana, onde políticos, jornalistas e juristas o aguardavam para festejar. Um deles trazia nas mãos uma cópia manuscrita do telegrama que o presidente da República enviara naquela tarde ao governador Dantas Barreto e a seu sucessor Manuel Borba. Em treze linhas, Venceslau Brás mudava o curso da vida de Chateaubriand:

> Telegrama nº 59, de 8 de dezembro de 1915.
> General Dantas Barreto e doutor Manuel Borba
> Recife
> A Lei do Ensino, em seu artigo 48, obriga o Governo a nomear o candidato que obteve lugar em concurso; o artigo 49 acrescenta que o ministro confirmará o *veredictum* da Congregação ou mandará proceder a novo concurso, isto, no caso de grave irregularidade, que não houve no concurso procedido na faculdade daí. À vista, portanto, dos termos expressos na lei, o Governo não tem a faculdade de escolher outro candidato que não seja o indicado pela Congregação, e, por isso, vai ser feita a nomeação do doutor Assis Chateaubriand. Sinto, por isso, não poder atender aos desejos dos amigos. Afetuosas saudações,
> V. Brás

Chateaubriand viu-se obrigado a permanecer mais trinta dias no Rio a fim de atender a todos os convites para festas, jantares e coquetéis comemorativos da grande vitória. Para dar conta dos compromissos, tinha de superar a incurável timidez. Ele confidenciava aos amigos que "tolerar a vida social consiste em verdadeira calamidade para mim, que preferia o trabalho intelectual e uma existência mais caipira". Mas a alta sociedade e a intelectualidade pareciam querer estender para sempre a satisfação de ter conseguido, por meio daquele magriço que falava obsessivamente, esmagar o poder e o populismo do general Dantas Barreto. Ninguém se referia a Joaquim Pimenta como derrotado, mas só ao governador de Pernambuco. Como se a volta de Chateaubriand a Recife pudesse levar embora o símbolo vivo da vitória contra Dantas, os novos amigos o aconselhavam a fixar-se definitivamente no Rio, abandonando o que tinha sido, a rigor, o único objetivo de toda a campanha — a cátedra de direito romano. "O que estava em jogo não era um empreguinho em Pernambuco, mas uma batalha moral e política contra o PRC, e nós vencemos", diziam. "Você não pode jogar pela amurada de um vapor o prestígio que conquistou na capital federal para voltar a dar aulas em Recife e escrever artigos em jornais da província." Donos de jornais tentavam convencê-lo a permanecer no Rio com sedutores convites. Juristas afamados ofereciam-lhe sociedade em respeitadas bancas de advocacia, mas ele resistia à tentação de ficar. Atordoado com o inesperado estrelato, confessou a José Veríssimo:

— Durante todo esse tempo, sempre tive a convicção de que venceria a parada contra Dantas. Mas só agora me dei conta de que jamais cheguei a me imaginar de pé em frente a um bando de alunos, dando aulas de direito romano.

Veríssimo se alegrou com o que imaginava ser o anúncio da decisão de permanecer no Rio, mas Chateaubriand tratou de esclarecer que tinha resolvido partir:

— Não sei onde será o meu futuro, mas agora tenho que voltar. Eu serei eternamente amaldiçoado pelos pernambucanos se não retornar a Recife.

No dia 3 de janeiro de 1916 dezenas de pessoas se postaram no porto de Recife para receber de volta aquele que, embora fosse paraibano, teria as glórias de um vitorioso filho da terra. Procurando capitalizar eleitoralmente as comemorações, o deputado federal Estácio Coimbra embarcou com Chateaubriand no vapor que saíra do Rio dias antes e recebeu com ele os aplausos quando a pequena alvarenga levou-os do navio ao porto. Do cais a caravana seguiu até a matriz da Piedade, em Santo Amaro, onde o padre Abel Pequeno — que contribuíra com um conto de réis na coleta de fundos para a viagem ao Rio — celebrou missa "em ação de graças pelo regresso do maior intelectual nordestino". No primeiro banco da igreja ficaram Coimbra, a mãe do homenageado, seus três irmãos e Poli, que ele só pudera cumprimentar com um aceno, à distância. Presente em todos os atos, o diretor Sofrônio Portela anunciou que a Congregação da Faculdade de Direito tinha sido convocada para reunir-se no dia 5 e dar posse a Chateaubriand como catedrático de direito romano.

Nos dias que se seguiram, os jornais locais transcreveram artigos publicados pela imprensa do Sul que revelavam detalhes da batalha política pela nomeação. Em todas as notícias, Chateaubriand era tratado com exagerados elogios que o descreviam como "o verdadeiro Leão do Norte" ou "o Davi paraibano que destruiu Dantas, o Golias do populismo". O *Jornal Pequeno* reproduzira com destaque "A hora que passa", o último artigo que ele escrevera para *A Época*, na véspera do regresso, agradecendo a acolhida que o Sul lhe dera e o apoio que recebera da inteligência carioca. Ele ainda publicaria dois artigos no *Jornal Pequeno* — um intitulado "Um presidencialista de verdade", elogiando o comportamento de Venceslau Brás no caso, e outro chamado "A flauta de Ariel", em que agradecia o empenho de Félix Pacheco a seu favor na disputa da cátedra.

O destino não daria tempo a Chateaubriand sequer para decidir o que faria em Recife. Ele havia recebido propostas para associar-se a escritórios locais de advocacia, para dirigir jornais, para abrir novos diários, para dedicar-se exclusivamente às aulas da Faculdade de Direito. Ainda consultava amigos sobre que rumo tomar quando foi procurado por Ana Louise Lundgren, de quem fora mordomo por alguns dias, com um convite para retornar ao Rio. As empresas da família sustentavam uma demanda judiciária que havia começado anos antes em Recife, e que de recurso em recurso pousara agora nas barras do Supremo Tribunal. Para defendê-la na corte federal, a parte contrária recorrera aos serviços de outro umbuzeirense, o ex-ministro e candidato declarado à Presidência da República Epitácio Pessoa. A expectativa era de que o processo ainda duraria alguns meses antes da decisão final, e as indústrias da família não poderiam ficar a descoberto no Distrito Federal, enquanto os adversários contavam com a vigilância de um advogado residente no Rio. Ana Louise resumiu o objetivo da conversa: o nome escolhido pelos Lundgren para enfrentar Pessoa no Supremo tinha sido o seu. Surpreso, Chateaubriand tentou recusar a proposta, alegando que não poderia opor-se a alguém que tinha sido um dos articuladores de sua vitória no caso da cátedra. Além disso, reconhecia que ainda não tinha estatura suficiente para duelar com o experimentado advogado paraibano. A milionária contra-atacou com um argumento irrecusável: Chateaubriand receberia vinte contos de réis mensais durante sua permanência no Rio, fora os honorários advocatícios. Vinte contos era um dinheirão, o dobro do que ele gastara para viver confortavelmente durante os três meses que passara na capital federal. Decididamente aquela era uma proposta irresistível, e ele aceitou.

Menos de um mês depois de sua chegada a Pernambuco ele estava de novo arrumando as malas para retornar ao Rio. Dois dias após desembarcar em Recife, recebera solenemente o título de doutor e fora empossado como professor catedrático — cargo que lhe custara tanto esforço e que ele, ironicamente, não chegaria jamais a exercer por um só dia. Às vésperas do embarque, tomou coragem e foi à casa de Poli para enfrentar o problema que vinha martelando sua cabeça nas últimas semanas: desmanchar o breve noivado. O turbilhão em que se envolvera após o regresso o impedira de falar com ela mais demoradamente, mas era chegada a hora de resolver tudo. Chateaubriand foi recebido com tal frieza por Poli que não teve coragem para sugerir o fim do romance. Deu voltas e mais voltas e terminou dizendo a ela que sua permanência no Sul poderia perdurar por um ano — "ou até mais, pois a burocracia judiciária é imprevisível", reforçou sem muita convicção. Ao fim de tantos rodeios, propôs "a melhor solução para ambos": adiar por um ou dois anos o casamento que, pelas promessas anteriores, já deveria ter se realizado em dezembro. Ambos pareciam saber que aquilo era apenas uma cena teatral, e que ele jamais regressaria a Pernambuco. Sem mover um músculo do rosto, Poli ouviu a arenga lembrando-se das intrigas que circularam pela cidade quando começaram a namorar. Manteve a elegância durante todo o tempo, sem pronunciar uma sílaba, mas estava mortificada com o que acabara de ouvir. Despediu-se de Chateaubriand esforçando-se para não deixar transparecer que estava à beira de um choque emocional. Ainda assim, foi ela quem teve coragem de pôr fim a tudo. Levantou-se e, sem estender-lhe a mão para um cumprimento final, encerrou o assunto:

— Eu entendi tudo, Chateaubriand. Não haverá mais casamento, nem agora nem nunca. Passe bem.

Entrou em casa silenciosamente e trancou-se no quarto que, por longos anos, seria sua clausura. Poli só voltaria a pôr os pés na rua em 1926, dez anos depois.

6

Chateaubriand não mentira o tempo todo em seu último encontro com Poli. Ele tinha sido honesto pelo menos ao prever a duração de sua permanência no Rio. O processo capengou por mais de um ano pelos meandros do Supremo e só chegou ao fim em meados de 1917. Demorou muito, mas terminou com uma vitória espetacular dele sobre Epitácio Pessoa. Mesmo contrafeito com a derrota para um iniciante, Pessoa reagiu com bom humor ao encontrar Chateaubriand nos corredores do fórum:

— Não foi uma derrota minha, mas uma vitória de Umbuzeiro.

Ele voltou a Pernambuco assim que saiu a sentença e, ao reunir a família Lundgren em Recife para transmitir a boa notícia, comunicou também que decidira abrir mão da remuneração a que teria direito pelo trabalho como advogado — até então ele recebera apenas os vinte contos mensais para sua manutenção no Distrito Federal. Os clientes insistiam em pagar, mas ele foi de uma sinceridade desconcertante ao justificar a recusa:

— Prefiro tê-los eternamente como meus devedores. Melhor do que ter o dinheiro dos Lundgren é ter os próprios Lundgren para sempre dentro do meu embornal.

Depois de tantos meses de convívio com a atmosfera cosmopolita da capital federal, Recife já não significava mais que uma cidadezinha de província para ele. Decidido a mudar-se definitivamente para o Rio, liquidou os compromissos em Pernambuco, entre os quais incluiu seu desligamento formal do PRP. Dias antes de partir, em meados de setembro, recebeu um bilhetinho em que o industrial Delmiro Gouveia agradecia um artigo que ele escrevera no Rio e mandara publicar na imprensa local sob o título "Uma resposta a Canudos". Nele Chateaubriand elogiava a força empreendedora de Gouveia como a única alternativa para a industrialização do Nordeste e para manter a região a salvo de revoltas populares como a de Canudos, ocorrida duas décadas antes. Delmiro Gouveia, que fora seu adversário na guerra contra o rosismo em 1912, acabaria por aproximar-se dele tempos depois. Industrial têxtil aliado ora a grupos italianos ora a norte-americanos, ele se transformara no flagelo dos interesses britânicos que dominavam o mercado da fabricação de linhas de costura no Brasil. Apesar de não ter tido uma educação formal, era um homem muito perspicaz, dono de um refinamento que atualizava regularmente nas férias que passava em sua elegante *villa* de Nápoles, na Itália — e cuja propriedade ocultava "para não ser tomado por um desperdiçador por estes matutos daqui". Ao ler "Uma resposta a Canudos", enviara ao jornalista o bilhete de poucas linhas, escrito com dificuldade: "Doutorzinho, você sabe escrever tão bonito da gente que este pobre matuto nem tem como agradecer-lhe. Aqui houve sertanejo que chorou". Comovido, Chateaubriand resolveu fazer uma "despedida telúrica" do Nordeste: pediu ao usineiro Costa Azevedo, o Tenente, que reunisse para um almoço em sua fazenda de Mussurepe os poucos amigos que deixaria em Pernambuco: Frederico Lundgren, José Maria de Andrade, Pedro Paranhos, Manuel de Brito e Delmiro Gouveia, entre outros. No dia da reunião, convocou Múcio Leão, Justino Vaz de Oliveira e Tancredo Bandeira de Melo para lhe fazerem companhia. Tomaram o trem até Limoeiro e dali caminharam a pé, pelo mato, os quarenta quilômetros que os separavam da propriedade de Tenente. Passadas algumas semanas, Chateaubriand, já instalado no Rio, receberia a notícia de que seu almoço de despedida fora a última aparição pública de Gouveia: dias depois ele seria assassinado, supostamente a mando dos industriais britânicos que se atrevera a enfrentar.

Chateaubriand chegou ao Rio precedido por uma fama de que poucos brasileiros da época podiam desfrutar tão precocemente. Com 25 anos recém-completados, era visto como a grande fulguração, o nome que se destacava daquilo que a preconceituosa elite do Sul chamava de "o exército do Norte" — os intelectuais que migravam para o Rio em busca do sucesso. Ele sobrevivera à repressão de Dantas Barreto sem se submeter à humilhação de ter de fugir de Pernambuco, como haviam feito seus chefes do PRP; forçara o partido a abandonar Rui Barbosa e redigira o manifesto de rompimento com o "Águia de Haia". Vencera Joaquim Pimenta depois de revelar dotes de experimentada raposa política, ao mobilizar até o presidente da República em sua defesa; fora o adolescente que ousou provocar a vaidade de Sílvio Romero; advogado recém-formado, impusera a Epitácio Pessoa uma amarga derrota nas barras do Supremo. Esquecendo o desprezo com que tratava os nortistas, a inteligência da capital federal sentia-se orgulhosa de que ele tivesse "abdicado do posto de vice-rei do Nordeste para vir fazer carreira no Rio como um comum", como dissera uma nota de *A Época*. Desconfiado do farfalhar que cercava o novo personagem da vida carioca, o poeta Olavo Bilac comentou que se tratava efetivamente de "um talentoso publicista", mas que as pessoas deviam tomar cuidado com ele: "Chateaubriand tem brilhantes na cabeça, mas carrega cascalhos nos bolsos". Profético, Bilac garantia que o jovem nordestino não se mudara de Recife em busca apenas de uma banca de advocacia ou de espaço nos jornais: "Ninguém traz um arsenal intelectual como o que dizem ter para gastá-lo em panfletos ou na tribuna — o destino desse moço aqui no Rio é o poder".

Ele próprio, no entanto, dizia aos amigos que estava apenas em busca de "uma alavanca" que garantisse seus primeiros anos no Rio:

— Se conseguir um ponto de apoio para sobreviver por aqui durante um ou dois anos já estarei satisfeito. Depois vou pensar no que fazer.

Disposto a consolidar a poderosa rede de relações pessoais que começara a montar na campanha pela cátedra, decidiu que tão cedo não trabalharia como empregado em nenhum jornal. Queria dedicar-se à advocacia, ganhar algum dinheiro e aproximar-se de pessoas influentes. A alavanca apareceu logo, sob a forma de uma pequena mesa de madeira instalada numa salinha alugada nos altos da Casa Crashley, na rua do Ouvidor. Ali passou a funcionar seu escritório de advocacia, e já no primeiro dia começavam a chegar clientes enviados por seus dois protetores, Afrânio de Melo Franco e Alfredo Pujol, donos respectivamente das duas maiores bancas do Rio e de São Paulo. Semanalmente publicava notas políticas em *A Época*, no *Jornal do Commercio* e no *Correio da Manhã*. A convite de Júlio Mesquita, chegou a publicar artigos no *Estadinho*, o vespertino lançado dois anos antes pelo *Estado de S. Paulo*. Embora escrevesse regularmente sobre política internacional, o triunfo dos bolcheviques no final da Revolução Russa mereceria dele um único artigo, publicado no *Correio da Manhã*, em que Chateaubriand se espantava com o romantismo dos comunistas: "Há qualquer coisa de tocante na inocência sinistra com que o russo cândido e imaginativo se dispõe a realizar a experiência coletivista", escreveu. "Os homens que se estraçalham em guerra civil agora na Rússia matam-se por um ideal. É a absorção mais completa da personalidade pelo interesse coletivo." Seu alvo predileto continuava a ser Rui Barbosa. Em seus artigos gabava-se de ser "um dos vagos brasileiros que combatem Rui, a ele e à sua belicosidade de armazém de secos e molhados". Indiferente à adoração nacional pelo baiano célebre, rotulava-o como "um político regional, de discurso caipira cheio de pieguismo aliadófilo". Em plena Primeira Guerra Mundial, acusava Rui de "oferecer tudo à França, à Inglaterra e à Rússia, menos aquilo de que precisam, que é soldado e espingarda". Aparentemente, entretanto, seu interesse pelo jornalismo se resumia aos artigos. Observava à distância a modernização da imprensa do Rio e de São Paulo: as empresas construíam sedes próprias, importavam equipamento sofisticado, as cores chapadas começavam a aparecer nos diários. Os caudalosos artigos — as "várias", como eram conhecidos — que enchiam páginas e páginas de jornais começavam a dar lugar a temas da atualidade, que os autores chamavam solenemente de "inquéritos".

Sua sala de visitas se dividia entre o escritório da rua do Ouvidor, a mesa cativa na Rotisserie Americana, onde almoçava e jantava todos os dias, e o amplo apartamento que alugara para viver no elegante Hotel dos Estrangeiros. O hotel se transformara no lugar da moda dos políticos por ter sido o palco, anos antes, do assassinato de Pinheiro Machado, ocorrido em seu saguão principal. Nesses lugares ele ficou amigo de uma fauna variada, que ia de gente como o industrial Jorge Street, os políticos mineiros Antônio Carlos e José Bonifácio Ribeiro de Andrada, a músicos como Catulo da Paixão Cearense, passando por figuras como o conde Modesto Leal, milionário português a quem os desesperados recorriam para tomar empréstimos a "juros escorchantes" de 8% ao ano. Aproximou-se também de outro nobre — na época era comum adquirir-se no Vaticano, a preços razoáveis, títulos de nobreza —, o conde paulista Sílvio Álvares Penteado, e em pouco tempo sua mesa na Rotisserie era frequentada pelos nomes mais requisitados da inteligência e, sobretudo, do dinheiro carioca e paulista. Seu companheiro inseparável passou a ser o jovem engenheiro Eugênio Gudin, diretor da Brazil Railway, com quem dividia diariamente um assento nos bondes cariocas. Os dois haviam se conhecido anos antes em Pernambuco, quando Gudin dirigiu a instalação das linhas da Pernambuco Tramway & Power. E foi em meados de 1918 que Gudin ouviu o amigo falar, pela primeira vez, de seus planos para o futuro. Chateaubriand havia pedido seu aval para um empréstimo que tomaria no Banco Germânico. O dinheiro, confessou, seria utilizado na compra de um luxo descabido para a época: um automóvel. Mais precisamente, uma espetacular baratinha Panhard Levassor francesa, com carroceria desenhada por Labourdette, que ele vinha cobiçando desde que fora lançada na Europa. Cauteloso, Gudin perguntou se não seria imprudência tomar dinheiro emprestado para dissipá-lo na compra de um carro de luxo. Como a advertência vinha do avalista, Chateaubriand sentiu-se na obrigação de ser sincero:

— Seu Gudin, eu só advogo para ganhar dinheiro e comprar um jornal. Acha que andando de bonde e fazendo vida de classe média inspiro confiança aos acionistas da futura gazeta? O carro próprio é hoje o melhor índice de prosperidade. O importante não é ter dinheiro, mas transmitir a ilusão de que ele não anda longe de mim.

Diante do espanto de Gudin, arrematou, teatral:

— A fortuna não anda mais a pé, mas de automóvel. E se for uma Panhard, tanto melhor. As sociedades vivem de mitos. Quero que a burguesia alimente o mito da minha petulante fortuna, porque é dessa burguesia que precisarei, muito em breve.

Gudin deu o aval, mas não conseguiu guardar o segredo. Logo circulava pela praça a notícia de que Chateaubriand queria montar ou comprar um jornal. Pedro Lessa e Afonso Vizeu, que tinham projeto idêntico, foram procurá-lo com uma proposta pronta: queriam associar-se a ele para montar um diário de dezesseis páginas, "leve, cintilante, com editoriais que não tivessem mais que trezentas palavras e noticiário pulverizado em pílulas minúsculas". Cada um dos três sócios teria um terço do controle da empresa — e os donos da ideia emprestariam a Chateaubriand a parte dele, que seria amortizada aos poucos, com os lucros do jornal. Delicadamente ele pulou fora do projeto, pretextando que seria temerário montar um jornal de debates como o que se imaginava, sendo um dos donos "um gênio vulcânico e panfletário" como Pedro Lessa:

— Isto nunca será um jornal, mas um paiol de pólvora de combustão espontânea.

A Gudin ele confessou a verdadeira razão da recusa em associar-se aos dois:

— O que eu mais almejo é ter um diário, seu Gudin. A proposta deles era muito tentadora e os dois são meus amigos. Mas jornal é como mulher: não dá para dividir com sócios. Prefiro esperar mais tempo e ter um sozinho.

Enquanto a oportunidade não surgia, ele investia na advocacia. Sua fama chegou aos ouvidos de alguém que conhecera anos antes: Alexander Mackenzie, presidente da *holding* Brazilian Traction, que por meio da Light & Power controlava bondes, luz, gás e energia em várias capitais brasileiras. Ao final de um jantar com Mackenzie no Automóvel Club, Chateaubriand tinha sido contratado para representar, em processo que corria no Supremo, o "polvo canadense", como os nacionalistas radicais chamavam o grupo estrangeiro. Chateaubriand já conhecia bem a trajetória da Light no Brasil, empresa que em diversas ocasiões ele mesmo defendera espontaneamente dos ataques da esquerda em artigos publicados em Recife e no Rio. No Supremo ele teve como adversário o renomado jurista Manuel Vilaboim, mas acabou repetindo a façanha da demanda anterior e saiu vitorioso. Quando Mackenzie chamou-o para os cumprimentos de praxe e para o acerto de honorários, Chateaubriand recorreu à mesma conversa que usara com os Lundgren e recusou-se a receber o dinheiro, acumulando mais alguns juros no banco de relações que aos poucos ia construindo:

— Tornar-se amigo de um gigante da estatura de sir Alexander Mackenzie é a maior remuneração que poderia almejar um brasileiro que luta como eu pelo desenvolvimento de seu país. A conta já está paga.

A conta não estava paga, como Mackenzie perceberia anos depois, mas pelo menos daquela vez o industrial não precisou desembolsar um vintém. Insistindo em oferecer alguma retribuição, Mackenzie terminou por contratá-lo como advogado fixo da banca da Brazilian Traction, o que o levaria a fechar o escritório da rua do Ouvidor.

Semanas depois Chateaubriand era convocado por Nilo Peçanha, ministro das Relações Exteriores, para uma audiência. Durante duas horas, foi submetido a dura sabatina pelo ministro a respeito da política exterior do Brasil e sobre interpretação de tratados internacionais. Como estavam em campos opostos no essencial — Peçanha era pró-aliados, Chateaubriand era germanófilo —, discordaram a respeito de quase todos os temas abordados. Ao final da conversa, o ministro atirou:

— Estou precisando de um nome para ocupar o cargo de consultor de leis de guerra no ministério e queria alguém que tivesse a coragem de divergir dos meus pontos de vista. Se o emprego lhe interessar, o lugar é seu.

O emprego interessava muito, e o Palácio do Itamaraty, onde funcionava a Chancelaria brasileira, era um excelente lugar para plantar a ponta de mais uma alavanca. Sua passagem por lá, porém, duraria menos de um ano. A perspectiva de fazer jornal novamente, mesmo como empregado, voltaria a tentá-lo meses depois. Instalado em um prédio novo na recém-construída avenida Central, o *Jornal do Brasil* importara linotipos, máquinas novas para impressão e um moderno sistema de clicheria. Nos últimos anos seus donos vinham tentando adaptá-lo aos moldes da melhor imprensa estrangeira, transferindo os pequenos anúncios para a primeira página, como faziam os diários norte-americanos, e imprimindo o cabeçalho em cores. Mas as reformas técnicas não se refletiam no essencial, que era a vendagem. Mesmo ocupando parte do "mais alto edifício da América do Sul" e dispondo do mais completo parque gráfico do Brasil, o jornal vendia muito pouco. Sócio majoritário do *Jornal do Brasil*, o conde pernambucano Ernesto Pereira Carneiro entendia que, depois das reformas implantadas pelos antigos sócios, sua missão era rechear o jornal com o melhor material humano disponível na praça. Era preciso arranjar um grande jornalista para transformar a melhor gráfica no melhor jornal do país. A escolha acabou recaindo sobre o jovem que ele ajudara a se instalar no Rio anos antes e que se transformara na grande estrela da cidade.

Convertido à tese que defendia a internacionalização cada vez maior da economia brasileira, Chateaubriand recusou o convite. Veemente, respondeu a Pereira Carneiro que não via sentido em trabalhar em um jornal que "açoitava o capital estrangeiro" e se referia à ferrovia Madeira-Mamoré como "um enclave ianque que ameaça a soberania brasileira":

— Não entendo como o senhor, um industrial moderno e esclarecido, permite que essa corja de socialistas transforme seu diário numa trincheira contra o desenvolvimento. Com essa gente eu não posso trabalhar.

Pereira Carneiro garantiu-lhe "carta branca para tirar o jornal da poeira". Sabia de sua competência profissional e lhe daria liberdade para mudar o que quisesse, com a condição de fazer do *Jornal do Brasil* um veículo importante e respeitado. Ele acabou aceitando o convite, e escreveu que iria "constituir um corpo de colaboradores de elite para dar brilho às páginas desta folha". Para que não restasse dúvida a respeito da linha editorial que pretendia implantar, seu primeiro convidado foi o engenheiro Pires do Rio, que tinha sido inspetor federal justamente no "enclave ianque" de Farquhar, a ferrovia Madeira-Mamoré. Para o cargo de conselheiro do jornal, chamou João Teixeira Soares, assessor de Mackenzie na direção da Brazilian Traction. Tirou José Carlos Rodrigues da direção do *Jornal do Commercio* para, junto com Tobias Moscoso, ajudá-lo a reformar a redação. O tom moderado seria dado por outros membros do "corpo de elite" que Chateaubriand atraiu para o jornal, como o conde Afonso Celso e seu antigo ídolo Carlos de Laet. De Recife mandou chamar um companheiro da "despedida telúrica" de Pernambuco, Múcio Leão. Em pouco tempo o jornal recuperava prestígio, voltava a vender bem e se tornava de novo um empreendimento economicamente saudável. Além de dirigir e orientar o *Jornal do Brasil*, ele escrevia artigos diários — sempre a lápis, pois jamais aprenderia a lidar com as ainda raras e modernas máquinas de escrever que Pereira Carneiro importara para a redação.

Chateaubriand trabalhava todos os dias até de madrugada. Sua única diversão era frequentar, em companhia do chinês Fu Shi-kai, uma casa de fumantes de ópio na Lapa carioca. Quando alguém indagava se era um consumidor da droga asiática, ele explicava que não, que ia à casa por mera curiosidade, "para ver o veneno sutil penetrar no cérebro dos consumidores e dourar-lhes a fisionomia com uma alegria ingênua de criança". No mais, mantinha os hábitos morigerados da juventude em Recife, alheio a festas e à boemia. Acordava sempre antes de o sol nascer, pegava seu *skiff* no Club Guanabara e remava até alto-mar. Quando o dia clareava, tomava um breve banho de sol em Copacabana e nadava por meia hora. Retornava ao clube, treinava um pouco de esgrima, saía para um rápido expediente no escritório de Mackenzie e ia para a redação. O banho de mar era um costume raro no Rio de Janeiro da época — só se frequentava a praia regularmente a conselho médico. Além dele, a única presença constante à beira-mar era a de um rapaz moreno, cabeçudo, que aparecia todas as manhãs em Copacabana. Curioso, Chateaubriand acabou se aproximando do ex-seminarista pernambucano, que descobriu chamar-se Belarmino Austregésilo de Athayde:

— Você é nadador profissional?

— Não, venho aqui apenas tomar um sol e dar umas braçadas.

— Receita médica?

— Não, na verdade eu frequento a praia para flertar com as mulheres.

Belarmino também era jornalista — trabalhava em *A Tribuna*, do mato-grossense Antônio Azeredo da Silveira — e isso facilitou a aproximação. A partir do primeiro encontro, todas as manhãs Chateaubriand passava com sua Panhard para pegá-lo em casa e irem juntos à praia. Logo identificaram divergências políticas: enquanto Chateaubriand escrevia a favor dos Impérios Centrais, Belarmino defendia as democracias, a França e a Inglaterra. Mas ambos gostavam do mar e de mulheres, e era isso que importava, não as discrepâncias filosóficas. Certa manhã Belarmino ficou sentado na areia olhando as moças que passavam na calçada, enquanto o amigo nadava mar adentro. O tempo passava e Chateaubriand não voltava. O outro ficou preocupado, começou a juntar gente e nada de o amigo aparecer. Quando por fim conseguiu arranjar um salva-vidas que o socorresse, Chateaubriand voltava calmamente para a areia, como se nada tivesse acontecido. Simulando tranquilidade, Belarmino recebeu-o com humor negro:

— Eu já estava aqui ensaiando o discurso que teria de fazer à beira da sua cova.

Chateaubriand gostou da brincadeira e sugeriu que estabelecessem ali o que a moda ditava — um pacto:

— Então estamos combinados: se eu morrer primeiro, você faz o discurso no meu túmulo. Se você partir antes, eu fico encarregado de despedi-lo do mundo.

Os pactos fúnebres estavam em voga no Rio. O poeta Aníbal Teófilo e seus colegas de saraus, por exemplo, haviam pactuado que o primeiro deles a morrer deveria ter o peito banhado com gotas do perfume francês Idéal dentro do caixão. A morte de Teófilo — assassinado a tiros por Gilberto Amado — fez desaparecer das perfumarias os estoques de Idéal, e a direção do cemitério precisou intervir para que o funeral do poeta não se transformasse numa festa. Por muitos anos o Idéal tornou-se o perfume da moda entre os intelectuais do Rio.

Decorreram poucos dias para que Chateaubriand temesse ter chegado a hora de cumprir o pacto feito com Athayde. No começo daquele ano de 1918, o navio inglês *Demerara* atracou no porto do Rio trazendo a bordo a mais destruidora epidemia que o mundo jamais vira até então, a gripe espanhola, e o amigo cearense caiu de cama contaminado pela doença. Em quatro meses a praga tinha deixado um rastro de 20 milhões de mortos nos países por onde passara, e no Brasil o surto se alastrava com rapidez incontrolável. Em poucas semanas só as cidades do Rio e de São Paulo já haviam contado mais de 25 mil mortos. Em um só dia morreram 1200 pessoas no Rio. Durante duas semanas, Chateaubriand e mais dois gráficos — os três únicos a não contrair a gripe no prédio da empresa — tiveram de fazer sozinhos o *Jornal do Brasil*. Igualmente deserta, a redação do maior jornal de São Paulo, o *Estado*, ficou entregue a apenas dois redatores que se mantiveram a salvo, Leo Vaz e Monteiro Lobato. Uma noite, ao fechar na gráfica a magra edição do jornal do dia seguinte, Chateaubriand soube que a mulher de seu amigo Afrânio de Melo Franco acabara de morrer contaminada pela doença. O estupor nacional, entretanto, só chegaria ao clímax nos primeiros dias de 1919, quando os jornais noticiaram que o paulista Rodrigues Alves, recém-eleito presidente da República, tinha sido abatido pela gripe. Mas a terrível pandemia, que não fizera distinção entre poderosos e populares, decidiu poupar o "Caboclo" Belarmino, como Chateaubriand o apelidara. Recuperado, ele apareceu na redação do *Jornal do Brasil* para comunicar ao amigo que sobrevivera:

— Meu caro Chateaubriand, quem escapa de praga que mata até presidente da República está fadado a viver para sempre. Pode rasgar seu discurso, porque na minha sepultura você não vai falar.

No Brasil a gripe espanhola deixou como saldo 300 mil mortos e uma enorme crise política. A Constituição determinava que, caso o presidente morresse antes da posse, novas eleições deveriam ser convocadas — e foi assim que o mineiro Delfim Moreira, vice de Rodrigues Alves, assumiu interinamente até que o novo chefe da nação fosse eleito. Seu curto governo terminou apelidado de "regência republicana", pois quem mandava de verdade era seu ministro da Viação e Obras Públicas, Afrânio de Melo Franco. Rui Barbosa recusou o convite do governo para chefiar a delegação brasileira à Conferência de Paz de Paris, que redundaria no Tratado de Versalhes. Em seu lugar, à frente de um navio repleto de assessores, secretários, ministros e respectivos familiares, acabou seguindo para a França Epitácio Pessoa, então ministro aposentado do Supremo. Sepultado o presidente que nem chegara a ser empossado, Rui tornou pública a verdadeira razão da recusa, anunciando sua candidatura à sucessão presidencial. Chateaubriand já começava a organizar sua infantaria para combater o baiano ilustre quando seu conterrâneo e amigo Epitácio Pessoa convocou os jornalistas de agências noticiosas em Paris para comunicar que iria disputar a Presidência com Rui Barbosa.

Pereira Carneiro já havia decidido colocar o *Jornal do Brasil* a serviço da campanha do chefe civilista quando Chateaubriand lembrou-lhe o entendimento que haviam feito quando ele assumiu a direção da empresa: ele teria total liberdade para determinar a linha política, e quando isso gerasse divergências com o dono, a diretoria seria convocada para deliberar. O conde aceitou a ponderação e, nos dias que antecederam a reunião, Chateaubriand dedicou-se a fazer proselitismo contra Rui, tanto em conversas com os diretores que decidiriam a questão, como em duríssimos artigos que publicava diariamente no jornal. Para ele, Rui Barbosa fora, durante a guerra, um "belicoso pela metade, que defendia a entrada do Brasil no conflito mas não a beligerância ativa". Relembrou a campanha que fizera contra a indicação de Rui para a chefia da delegação que iria à França. Na época, sustentara que não fazia sentido mandar a Versalhes um embaixador que relembrasse o "papel medíocre" que o Brasil tivera na guerra. Para dar combate duro ao adversário, deixava de lado até suas convicções germanófilas. "Não consta da literatura da primeira conflagração mundial", escreveu, "uma única página em que Rui Barbosa proponha a mobilização de um corpo expedicionário que desembarcasse na França e atirasse contra o militarismo prusso-germânico." Para Chateaubriand, um jornal que se prezasse não podia fazer a campanha de alguém que tinha levado o Brasil a passar para o mundo a imagem de uma nação acovardada e ambígua. Pereira Carneiro se curvou aos argumentos do empregado e decidiu que o *Jornal do Brasil* permaneceria neutro na campanha presidencial. Nem a obra literária de Rui escaparia da ironia do cutelo de Chateaubriand: "Rui Barbosa é para mim, que conheço mal os fósseis da língua portuguesa, um dos mais notáveis escritores estrangeiros do nosso atual idioma", escreveu no *Correio da Manhã*. "Leio-o de dicionário em punho."

Quando se aproximava o dia da convenção que formalizaria a candidatura de Rui Barbosa, Júlio Mesquita decidiu ir em pessoa ao Rio para anunciar o apoio de seu jornal ao baiano. Pediu a Pedro Lessa que promovesse um encontro com Chateaubriand para manifestar frente a frente a indignação com que recebera a campanha feita contra seu candidato nas páginas do *Jornal do Brasil*. Chateaubriand, que não o conhecia pessoalmente, ficou impressionado com a simplicidade do dono do maior jornal do país, como revelaria tempos depois: "Mesquita desembarcou do trem na Central e hospedou-se num quarto sem banho do Hotel Avenida. Recebeu-me sem paletó, sentado numa cama de solteiro. Ninguém poderia ser mais destituído de galas e, até mesmo, do mais singelo conforto". A acolhida, entretanto, nada teve de afetuosa. O paulista foi polido o tempo todo, mas tratou Chateaubriand com dureza. Encerrou a curta conversa sem um sorriso:

— Meu respeito pelo seu talento permanece, mas o senhor deve saber que estou indignado com suas agressões ao doutor Rui Barbosa.

À noite Chateaubriand retornou ao Avenida. Sem considerar a frieza com que fora recebido à tarde, entrou no quarto do dono do *Estado* levando na mão uma raridade: uma garrafa de vinho Mosela alemão, safra de 1911, para presentear ao adversário momentâneo:

— Doutor Júlio, seu gesto comigo em 1915 transformou-me para sempre em seu escravo. Consegui esse vinho com o velho Mengt, do Hotel Internacional, para que o senhor, ao bebê-lo, esqueça as grosserias deste bugre paraibano.

Desconcertado com o gesto, Mesquita resmungou:

— Muito obrigado. Quando chegar a São Paulo vou mandar-lhe uma garrafa do vinho Flor de Lis. Mas continuo considerando desrespeitosa a maneira como o senhor vem tratando Rui Barbosa.

A objeção de Mesquita não refreou a iracunda campanha de Chateaubriand contra Rui. Impedido pela neutralidade de Pereira Carneiro de continuar a atacá-lo pelo *Jornal do Brasil*, conspirava em todas as frentes onde identificava alguém solidário ao candidato adversário. Todas as noites, antes de dormir, ele batia à porta do ex-ministro Nilo Peçanha, agora seu vizinho de quarto no Hotel dos Estrangeiros, para tentar demovê-lo do apoio que prometera a Rui Barbosa. O argumento era sempre o mesmo: aquela era uma candidatura morta, pois Epitácio Pessoa ganharia as eleições sem tirar os pés de Versalhes.

Septuagenário, Rui tentou sem êxito ressuscitar a Campanha Civilista — era difícil justificar o civilismo desta vez, contra um adversário civil — e acabou concentrando sua plataforma em uma novidade chamada "questão social". Pela primeira vez no Brasil alguém tão respeitado falava em "democracia social". Buscou apoio nas ideias do ex-presidente americano Abraham Lincoln, para sustentar a precedência do trabalho sobre o capital, defendeu com veemência o liberalismo em praça pública, mas o destino corria por outros caminhos. A falta de unidade entre São Paulo e Minas Gerais em torno de sua candidatura — basicamente apoiada pelo Rio de Janeiro — acabaria dando a vitória a Epitácio Pessoa. Que, como Chateaubriand previra, elegeu-se sem sair da França. A ascensão do paraibano de Umbuzeiro à Presidência da República quebrava uma tradição de quase três décadas, que mantivera o cargo sucessivamente nas mãos de mineiros ou paulistas, dando curso à chamada "política do café com leite". Salvo a solitária exceção feita ao gaúcho Hermes da Fonseca, desde 1894 a presidência vinha sendo aritmeticamente atribuída aos dois estados: dos seis presidentes eleitos no período, três eram mineiros e três paulistas.

A primeira das inúmeras crises militares do governo de Epitácio Pessoa eclodiu pouco depois da posse. A iniciativa foi do próprio presidente, ao cometer a imprudência — única em toda a história da República — de nomear um paisano, o engenheiro e historiador Pandiá Calógeras, para o Ministério da Guerra. Os protestos da oficialidade contra a presença de um civil no mais alto posto militar do país agitavam os quartéis quando o ministro agravou a crise com o anúncio da contratação de uma missão militar francesa para "aperfeiçoar técnica e profissionalmente o Exército brasileiro". Irredutível às exigências de que demitisse Calógeras, Pessoa não só o manteve no cargo como apoiou publicamente a decisão, anunciando que a missão francesa já estava contratada e seria chefiada pelo coronel Maurice Gamelin, ex-membro do estado-maior do marechal Joffre na Primeira Guerra Mundial. Amigo de Calógeras desde 1916, quando este amargava o ostracismo a que fora atirado por Venceslau Brás, Chateaubriand saiu em defesa do ministro. Em artigos assinados diariamente no *Jornal do Brasil* e no *Correio da Manhã*, declarou guerra "a tudo quanto é misoneísta e jacobino, dentro e fora do Exército, que combata a vinda da missão". Identificou um dos raros oficiais que apoiavam a contratação, o coronel Genserico de Vasconcelos, e contratou-o como assessor para assuntos militares da redação do *Jornal do Brasil*. Para Chateaubriand, a presença da missão no Brasil era "a única possibilidade de apressar-se a educação profissional do nosso corpo de oficiais, que em contato com uma cultura mais avançada vão conter o processo de desintegração do Exército, roído pelo vírus da politicagem". Quando Gamelin embarcou na França com destino ao Brasil, Chateaubriand festejou com um artigo: "A batalha contra velhos coronéis e generais reiunos já está ganha. Só um grande chefe de elite como o coronel Gamelin poderá transformar nossa força de terra em um corpo robusto, disciplinado, leal à Constituição e fiel à pátria. Quem se opõe à missão francesa são os arruaceiros de quarteladas". A vitória reforçava seu prestígio junto ao presidente, algo que ele havia demonstrado na montagem do governo: além de ter participado da indicação de Calógeras para o ministério, Chateaubriand conseguira fazer José Pires do Rio, seu assessor no *Jornal do Brasil*, ministro de Viação e Obras Públicas, responsável por todas as construções do governo federal no país.

Em meados de 1919, Afrânio de Melo Franco convidou Chateaubriand para se incorporar a um grupo de intelectuais cariocas que tinham fretado todo um vagão de trem para ir a São Paulo assistir à estreia da peça teatral *O contratador de diamantes*. Escrita por Afonso Arinos, a peça permanecera inédita após a morte do autor, ocorrida três anos antes. Agora os paulistas decidiam montá-la em grande estilo no Teatro Municipal só com amadores, escolhidos a dedo entre a elite cafeeira de São Paulo. O cenógrafo era o pintor José Wasth Rodrigues, retratista oficial da alta sociedade paulista. O contratador era representado por Eduardo Aguiar de Andrada, e o papel de d. Branca ficou para Eglantina Penteado da Silva Prado. A certa altura do espetáculo a orquestra regida por Francisco Mignone atacava um minueto, e o público veria saindo de trás das cortinas dezesseis mocinhas e dezesseis rapazes — entre os quais era possível identificar o jovem Júlio de Mesquita Filho e sua futura mulher, Marina Vieira de Carvalho. O fidalgo português era Gofredo da Silva Telles e o ouvidor, René Thiollier. Temia-se que, com a maciça presença de elegantes no palco, não sobrasse ninguém para assistir ao espetáculo, e que as portas do Municipal tivessem de ser abertas para o povo.

A única participação do povo, na verdade, quase estragou a festa dos barões do café. Na véspera do dia previsto para a estreia, 10 de maio, as costureiras das casas de moda e confecção de São Paulo jogaram um jato de água fria no entusiasmo da Pauliceia anunciando uma greve geral por aumento de salários — tinham finalmente chegado a São Paulo as temidas "mudanças sociais" inspiradas na Revolução Russa. Sem os "lindíssimos costumes" de que a imprensa tanto falava, não haveria peça alguma. A firme intervenção do prefeito Washington Luís — um dos maiores entusiastas da montagem teatral — pôs fim ao odioso movimento paredista. Mas a estreia precisou ser adiada até que as costureiras obtivessem o aumento exigido.

Fechadas as cortinas — sob aplausos generalizados, claro —, a trupe e os convidados vindos do Rio foram homenageados com um banquete no casarão de Alfredo Pujol, na rua Pirapitingui. O dono da casa aproximou-se de uma das atrizes amadoras, a adolescente Iolanda Penteado, de dezesseis anos, e cochichou em seu ouvido:

— Quero apresentar-lhe um rapaz nortista que é um gênio. Ele veio do Rio com o Afrânio e está aqui em casa.

Iolanda ainda estava vestida à Luís XV, com uma peruca coberta de talco sobre a cabeça, quando conheceu Chateaubriand. Segundo ela mesma diria depois, "ele ficou tonto" diante de sua beleza. Iolanda revelaria também que, apesar de tê-lo achado "um rapaz não muito bonito", tinha ficado hipnotizada por sua conversa. Chateaubriand convidou-a para caminharem juntos pelos jardins e foi ali mesmo, um par de horas após conhecê-la, que lhe propôs casamento. Ao recusar de chofre, Iolanda não imaginava que aquele seria apenas o primeiro pedido — apaixonado por ela até o fim da vida, Chateaubriand voltaria a repeti-lo, sempre em vão, dezenas de vezes. Ao retornar ao Rio e comentar em uma roda da Livraria Leite Ribeiro que havia recebido um "não" de Iolanda — "uma verdadeira princesa austríaca", dizia —, Chateaubriand ouviu uma confissão do aviador Alberto Santos Dumont:

— A recusa dela a seu pedido me consola. Quando Iolanda rejeitou minha proposta de casamento, meses atrás, achei que fosse por causa da diferença de idade, pois sou trinta anos mais velho que ela. Mas se ela disse não a você, que é um jovem, está tudo explicado: Iolanda não deve gostar de homens que andam com a cabeça nas nuvens, como nós dois.

Ao findar a segunda década do século XX, Chateaubriand já era alguém absolutamente integrado à refinada vida intelectual e política do Rio de Janeiro. Por alguns meses chegou a ser presidente de uma empresa de seguros, a Sotto Mayor & Araújo Costa, embora não detivesse uma única ação da companhia. Conspirava na Rotisserie Americana, tomava chá com Mackenzie e Arno Pierson — os homens da Light — no britânico Club Central e jogava boliche com Capistrano de Abreu no Clube Germânia. Num desses encontros, Capistrano pediu que ele intermediasse um favor junto a Pereira Carneiro:

— Chateaubriand, eu não conheço esse conde pernambucano, mas soube que ele, além de ser um homem educado, conta seu dinheiro por milhares de contos. Você poderia convencê-lo a mandar copiar a parte dos textos do Conselho Ultramarino português relativos à Capitania de Pernambuco e imprimi-los na tipografia do jornal. Ele pagaria a um bom copista entre cem e duzentos mil-réis por página e prestaria um serviço relevante à nossa cultura.

A edição acabou não saindo, mas pouco tempo depois Capistrano estava de novo às voltas com Chateaubriand, desta vez para tentar impedi-lo de concorrer à Academia Brasileira de Letras na vaga de Olavo Bilac, que morrera meses antes. Mário Alencar, Alfredo Pujol e Miguel Couto decidiram que ele tinha "o corte e o talhe" exigidos pela mais ilustre confraria brasileira. Ao saber do projeto, Capistrano, Pedro Lessa e Júlio Mesquita se juntaram para demover o jovem de 27 anos daquela aventura. Chamaram Chateaubriand para uma conversa antes mesmo que ele tivesse tempo de aceitar o convite para a disputa. Capistrano foi encarregado de resumir o que o grupo pensava daquilo — e o fez com poucas palavras, sem a menor cerimônia:

— Soubemos que você está ensaiando para entrar na Academia, a mesma Academia que seus artigos tanto açoitam. Vimos dizer-lhe que somos contra.

Chateaubriand tentou brincar, dizendo que, como paraibano, era insolente e extrovertido demais para uma casa tão austera:

— O humor brusco da Paraíba não se concilia com o ambiente fino e agradável de uma sociedade acadêmica como aquela.

Capistrano não estava para conversa e deixou isso claro:

— É uma sem-vergonhice de sua parte querer entrar naquele bródio de cinquenta meias-patacas. Pois bem: essa ideia tem nosso integral repúdio. Se pelo menos ali estivessem alguns quinhentões baianos... Não caia nessa asneira, não nos decepcione.

A advertência fora tão dura que ele percebeu que não tinha saída. Se cedesse à tentação de virar imortal, abalaria suas relações com os três amigos. Decidiu comunicar a desistência ao grupo que o lançara, agora ampliado pela presença do jornalista Félix Pacheco. Chateaubriand fez um longo e sincero discurso, insistindo em que para ele as letras não eram um meio para o aprimoramento do espírito, mas "a ferramenta de trabalho de um operário" que viera ao Rio para ganhar a vida:

— Sei que tenho familiaridade suficiente para conversar com Goethe, Schiller, Molière, Renan, Machado de Assis e Alencar. Mas é preciso que vocês saibam que, honestamente, lido com as palavras para sustentar uma família de onze pessoas que vive em torno de minha mãe viúva, no Recife. A Academia vai matar minhas ambições de homem de ação.

Félix Pacheco rebateu que aquelas palavras escondiam o verdadeiro sentido da recusa — a soberba:

— O Rio já te deu tanta coisa... Tu surgiste aqui com um estridor tão violento, com uma luminosidade tão grande que perdeste a vontade de desejar algo mais. O que queres na verdade é fazer da renúncia à Academia um traço da tua originalidade. Para seres original, desdenhas a Academia.

O médico e educador Miguel Couto insistiu em que o jornalista, embora nunca tivesse produzido uma sílaba de ficção, era "um literato de calibre muito superior ao da maioria dos imortais da Academia", mas Chateaubriand deu a conversa por encerrada:

— É aí que todos vocês se equivocam com relação à minha profissão. O jornalismo é uma arte que nos divorcia completamente da literatura. O homem de imprensa é a mais viva contradição do escritor. Nós, jornalistas, não passamos de índoles descritivas. Somos no máximo coloristas dos fatos, se quiserem, mas nunca, jamais, criaturas de imagens e de ideias. Meus pensamentos não estão na Academia, eu lhes asseguro.

Capistrano de Abreu era o único de todos — os contrários e os favoráveis à candidatura — a saber que os pensamentos de Chateaubriand de fato não estavam na Academia. Certamente já não estariam nem mesmo no Brasil, a julgar pela carta de apresentação que o próprio Capistrano enviaria em março de 1920 a um amigo que vivia na Alemanha:

[...] Chateaubriand embarca este mês para Berlim e pedir-lhe-ei que, se puder, o procure. De pequena estatura, glabro, nasceu em Umbuzeiro, na Paraíba, como o Epitácio. Tem menos de trinta anos, é docente da Faculdade de Recife. Veio ao Rio há uns três anos por negócios de advocacia. Aqui foi ficando, primeiro numa comissão da Secretaria do Exterior, depois como jornalista. Colabora no *Correio da Manhã*, por cuja conta vai agora à Alemanha para um semestre. É redator-chefe do *Jornal do Brasil*, que fundou Rodolfo Dantas, comprou Rui e nele manteve uma campanha brilhantíssima contra Floriano. Muito tempo ficou nas mãos dos filhos do geógrafo Cândido Mendes, agora está nas do conde Pereira Carneiro. Chateaubriand é jornalista honesto, moderado e culto. É germanófilo como o *Correio da Manhã*; vários de seus artigos têm sido traduzidos no *Deutsche Zeitung*, de São Paulo. Ele irá muito recomendado pela colônia.

7

Não passava pela cabeça da maioria dos donos de jornais, na imprensa brasileira do começo do século XX, gastar dinheiro mandando repórteres fazer coberturas fora do país. Na verdade, nem fora de seus estados. O comum era os próprios patrões — ou seus amigos e parentes com pendores para as letras — aproveitarem viagens de turismo e recreio ao exterior para, na volta, publicar suas impressões nos diários. As raríssimas exceções tinham ocorrido quando da assinatura do Tratado de Versalhes, na França, que estabeleceu as condições para o fim da Primeira Guerra Mundial. Daí, certamente, o espanto com que Chateaubriand recebeu o inusitado convite feito por Edmundo Bittencourt, o dono do *Correio da Manhã*, naquela tarde de novembro de 1919. Bittencourt chamou o colaborador do jornal para um chá na varanda de seu casarão à beira da praia, em Copacabana, e fez a proposta sem rodeios: o *Correio* queria que ele passasse um ano na Alemanha, escrevendo artigos e fazendo entrevistas com os vencidos da Primeira Guerra. Chateaubriand quis saber por que ele tinha sido o escolhido, e recebeu como resposta um rasgado elogio:

— Escolhi o melhor. Eu não poderia mandar nessa missão um jornalista médio ou um sofrível. E o melhor que eu conheço é você. A Alemanha é um país central, de onde você poderá circular com desenvoltura pela Europa. Reconheço que o salário não é grande coisa, mas será suficiente para você se manter com dignidade.

Ele tinha sido chamado para ocupar o cargo de secretário-geral do censo nacional que seria realizado no Brasil no ano seguinte, mas aquela era uma oportunidade única. Chateaubriand não se cansava de dizer em público que o *Correio* tinha sido o único jornal brasileiro "a conservar a altivez e a liberdade diante da torrente de calúnias contra os vencidos de hoje". Para ele, o Tratado de Versalhes era "um crime da força bruta e da arrogância a respeito do qual nunca fui neutro". Sua simpatia pela Alemanha era tal que João do Rio — o mesmo que recebera dele a cascavel embrulhada para presente — acusava-o abertamente de ser um agente a soldo de Berlim. Não poderia haver melhor patrão, portanto, para germanófilo tão radical. Bittencourt pretendia que Chateaubriand viajasse ainda naquele ano, mas passaram várias semanas até que ele se desfizesse de tantos compromissos no Rio — ele já não trabalhava mais no *Jornal do Brasil*, mas continuava escrevendo artigos para outros diários — e só em março de 1920 seu navio atracaria na Itália, primeira escala europeia antes de instalar-se na Alemanha.

Foi de uma Roma com quase todos os serviços em greve, e onde estava só de passagem, que Chateaubriand enviou sua primeira e curta entrevista — a reprodução de uma conversa mantida com Guglielmo Marconi durante um chá no Grande Hotel. Era um trabalho insosso, cujo único mérito foi ter conseguido fazer falar o inventor do telégrafo sem fio, conhecido como um homem inacessível à imprensa. De inesperado, só o bom humor com que o taciturno Marconi encerrou a entrevista. Quando Chateaubriand quis saber se o físico trabalhava em algum novo invento, ele respondeu que estava tentando falar pelo rádio com o planeta Marte, mas sem muito sucesso — "pois parece que a greve já atingiu os radiotelegrafistas do outro mundo". Em companhia do embaixador Souza Dantas fez uma rápida viagem a Florença e de lá partiu finalmente para Berlim, onde pretendia fixar residência pelos doze meses seguintes.

A partir de abril de 1920, o *Correio da Manhã* passaria a publicar dois artigos semanais assinados por Chateaubriand. Em troca de algumas libras a mais, recebeu o convite para que o material fosse publicado simultaneamente no diário *La Nación*, de Buenos Aires. Além disso, a cada dez dias o *Correio* trazia uma longa entrevista feita por ele com um personagem da vida alemã. O primeiro da série foi o industrial Walther Rathenau, dono do conglomerado AEG. Logo na abertura da entrevista o jornalista revelou a surpresa que lhe causara a simplicidade da sala de trabalho de Rathenau, o maior fabricante europeu de turbinas, locomotivas, lâmpadas e automóveis: "O gabinete do presidente da AEG tem a sobriedade de uma cela de trapista", escreveu Chateaubriand, "que lembra mais uma sala de meditação que de trabalho". Depois dele desfilaram pelas páginas do jornal os perfis do economista Georg Gothein, ministro do Tesouro da República de Weimar, do panfletário Maximilian Harden, diretor do semanário *Zukunft*, dos generais Hoffmann, Von der Goltz e Von Gallwitz, do banqueiro Bernard Dernburg, dos cientistas Wassermann e Haber, diretores do Kaiser Wilhelm Institut, presidido pelo físico Albert Einstein, que naquele ano receberia o prêmio Nobel de física. A cada entrevistado Chateaubriand pedia contatos, bilhetes e cartas de apresentação para tentar chegar perto de quatro personagens conhecidos pela ojeriza que tinham por jornalistas: os marechais Hindemburgo e Ludendorff, o almirante Tirpitz e o teórico marxista Karl Kautsky, festejado internacionalmente como o herdeiro político de Friedrich Engels.

Em meados do ano, durante breve viagem a Paris, o jornalista recebeu no hotel a visita de um certo conde de Carapebus, que o procurava em nome da Família Real brasileira. A princesa Isabel, filha de d. Pedro II e autora da lei que abolira a escravatura no Brasil, mandava convidar Chateaubriand para passar um fim de semana no castelo da família em Eu, no Noroeste da França. Durante os anos em que trabalhara no Rio de Janeiro, ele encabeçara uma campanha, por meio de artigos no *Correio da Manhã* e no *Jornal ao Brasil*, pela revogação do decreto que banira a Família Imperial do território brasileiro. Durante a disputa pela Presidência da República, meses antes, Chateaubriand arrancara de seu conterrâneo Epitácio Pessoa o compromisso de que, eleito presidente, ele revogaria o decreto. Vitorioso, Pessoa telegrafou ao amigo para anunciar que a promessa estava cumprida: "Umbuzeiro está vitorioso nessa jornada. A revogação do banimento da Família Imperial vai ser um dos meus primeiros atos como presidente da República". Ao saber que estava na França o jovem que liderara a campanha em favor de sua anistia, a princesa e o seu marido, o conde d'Eu, quiseram conhecê-lo de perto.

Chateaubriand acabou passando não dois, mas seis dias no Castelo d'Eu e passeando em companhia da princesa pelos campos da Normandia. Para não emocioná-la demais — quase uma octogenária, de cabelos inteiramente brancos, Isabel acabaria falecendo poucas semanas após aquele encontro —, ele ocultava a real situação em que se encontravam os negros no Brasil, para muitos dos quais a libertação não passara de um pedaço de papel. Frequentemente ela voltava ao assunto:

— E então, doutor Assis, o que foi feito dos negrinhos que vendiam cocada, tapioca e beijus nas ruas de Petrópolis em 1888?

Chateaubriand desconversava, dissimulado:

— Vão bem, alteza, os seus negrinhos vão muito bem.

Da França ele embarcou para uma temporada em Londres. Era seu primeiro voo em um avião comercial — um moderno Junker de alumínio, de três motores e oito lugares, que nem de longe lembrava o minúsculo Blériot em que se aventurara sete anos antes pelos céus de Recife. Embora empregado do *Correio da Manhã*, Chateaubriand continuava mantendo boas relações com o conde Ernesto Pereira Carneiro, dono do *Jornal do Brasil* e seu antigo patrão. E o pretexto para realizar a viagem tinha sido um telegrama que ele recebera do conde, que se encontrava na capital inglesa, convidando-o para um almoço em que o jornalista e empresário pernambucano seria homenageado por um grupo de lordes. Esnobe, o conde dizia a Chateaubriand que ele seria "o único convidado desse lado daí do canal para o ágape" — o que ele chamava de "esse lado daí do canal" era a Europa continental. A recepção seria na City, o que obrigou o convidado a já embarcar em traje protocolar. Maneco Mendes Campos, um amigo brasileiro que vivia em Paris, achava uma insensatez alguém "vestir um fraque e atravessar o canal da Mancha em um aeroplano, sob nevoeiro fechado, só para comer um pedaço do presunto de York que lorde Mayor oferece a um fidalgo pernambucano".

Com planos de passar algumas semanas em Londres, Chateaubriand tomou um quarto no elegante Hotel Claridge's, para onde acabou arrastando Pereira Carneiro. Ele se deliciava com a ingenuidade do conde, que, apesar de experimentado jornalista, não resistia ao assédio dos repórteres da imprensa de mexericos sociais da City. Tempos depois Chateaubriand descreveria em um artigo a atmosfera que cercava o dono do *Jornal do Brasil* na Europa:

A imprensa de reportagens remuneradas, a cuja disposição Ernesto Pereira Carneiro deliberou ficar, é universal, existe em toda a Europa. A reputação de dispensador generoso de publicidade do conde, segundo constatei, já atravessara o Atlântico. Ele era um mantenedor ultramarino de jornais. Ao desembarcar em Lisboa, segundo me confessou, se vira envolvido por um cardume de espertos *enquêteurs*, peritos na arte de reportagens a mil-réis forte o centímetro. Imaginem um conde sul-americano, jornalista, armador, com mais de 1 milhão de libras nos bancos da City, como tinha o nosso santo conde! Não era um fidalgo que dava às praias do Tâmisa, mas uma baleia tropical, que assanhava a cobiça e o faro dos repórteres do subjornalismo britânico. Entrei uma manhã no belo salão de visitas do apartamento amarelo de Afonso XIII, que ele ocupava, quando o doce Ernesto se deixava extirpar voluptuosamente por dois ágeis jornalistas londrinos. Liquidado o conde, marcharam para mim.

Marcharam em vão. Malandro, o que mais divertia Chateaubriand era provocar a burguesia britânica. Todas as manhãs ele se escarrapachava em um dos confortáveis sofás centrais do *lobby* principal do Claridge's para folhear, escandalosamente, seu exemplar do *Daily Worker*, o jornal do Partido Comunista inglês, adquirido, junto com outras publicações, num quiosque das proximidades. Indignados, os hóspedes do hotel — banqueiros, políticos, financistas da City — eram obrigados a testemunhar diariamente aquele acinte. E quanto mais cara feia aparecesse, mais Chateaubriand provocava — ao dobrar as páginas do jornal, abria os braços e balançava as folhas no ar, como se estendesse um lençol.

Um dia a coisa entornou e Chateaubriand foi procurado em seu quarto por um funcionário com um ultimato da direção: os moradores permanentes se queixavam muito da provocação feita com o *Daily Worker*, todas as manhãs, e ele teria de se mudar do hotel. Ele protestou, gritou, reclamou, mas foi tudo em vão: em 24 horas precisava liquidar as contas e deixar o Claridge's. Sem acreditar no que ouvia, tomou o elevador e bateu à porta da suíte que o ex-primeiro-ministro Lloyd George alugava para escrever as suas *Memórias de guerra*. O político britânico não entendeu o que é que ele tinha a ver com aquele problema e, portanto, entendia menos ainda por que aquele rapaz pequenino e de fala incompreensível se atrevia a bater à sua porta para reclamar de um funcionário de hotel. Ainda assim resolveu ouvir a confusa história até o fim. Chateaubriand contou em detalhes o que acontecera, e insistiu em que não era um gesto provocativo, até porque ele lia vários jornais no saguão do hotel todos os dias, e não apenas o *Daily Worker*. E garantiu:

— Não tenho pendores comunistas, mas em uma nação democrática ninguém pode impedir-me de ler um jornal comunista.

Lloyd George acabou por concluir que, de fato, o hotel cometia uma injustiça com o rapaz. Tirou o robe, colocou paletó e gravata e desceu à gerência do hotel investido da autoridade de ex-comandante supremo das forças aliadas na

Primeira Guerra Mundial. Lá chegando, apenas comunicou que, se Chateaubriand fosse expulso, ele também deixaria sua suíte definitivamente. O hotel não teve outra alternativa senão engolir o impertinente hóspede sul-americano. Que, de pirraça, a partir daquele dia passou a ler exclusivamente o *Daily Worker* no saguão do Claridge's, guardando os jornais conservadores para ler no quarto.

Para alívio da direção do hotel, entretanto, o desconforto duraria pouco. Semanas depois Chateaubriand resolveu fazer as malas e voltar para Paris, levando consigo o conde Pereira Carneiro. Na véspera da partida, jantou com o antigo e o novo patrão, Edmundo Bittencourt, que estava de passagem pela Inglaterra. O dono do *Correio da Manhã* disse estar muito satisfeito com o trabalho que o repórter realizava na Europa, mas era portador de um convite para que ele retornasse ao Brasil. O novo governador de Pernambuco, José Bezerra Cavalcanti, decidira fazer um agrado a Bittencourt e colocara à disposição do *Correio* uma cadeira de deputado federal — e o nome indicado pelo próprio ofertante para ocupá-la era o de Chateaubriand. "Embora me sinta ufano da minha condição de brasileiro diante de um convite desses, recuso sem pestanejar", ele respondeu. "O Parlamento não faz parte dos meus sonhos."

De volta à capital francesa, espantou-se, semanas depois, quando Ernesto Pereira Carneiro — um conde papalino, católico praticante e marido fidelíssimo — pediu sua companhia para "conhecer Montmartre por dentro". O conde esclareceu, desde logo, que não pretendia "espojar-se no vício, mas apenas flertar com ele, ver como era a cara de Satanás". Chateaubriand mal conhecia o bairro boêmio de Paris, pois, quando não ia ao teatro ou à ópera, dormia sempre às dez da noite, e precisou recorrer a um especialista na madrugada parisiense, o amigo Maneco Mendes:

— Maneco, não acredito no que ouvi daquela boca que recende a santidade. Se o conde me tivesse dito que ia arrebentar os miolos com dois tiros de uma garrucha do Pajeú de Flores, eu não me assustaria tanto.

Apesar do espanto, mandaram preparar uma ceia para três no cabaré Abbaye de Theléme, onde passariam juntos a última noite de Chateaubriand em Paris. Os dois encomendaram aos donos da casa a presença de algumas "*ladies* britânicas de alto coturno" para animar a festança. No fim da noite, ao se recolherem ao Hotel Royal, Chateaubriand e Maneco comentavam que o conde saíra daquela abadia do pecado tão puro quanto entrara. Seu único delito tinha sido o exagerado consumo de champanhe. "O que o conde Pereira Carneiro queria era medir a força de sua própria beatitude", gargalhava Chateaubriand. "Eu sabia que nenhuma das falenas que borboleteavam naquela boate lograria seduzir o Xenócrates pernambucano."

O retorno de Chateaubriand a Berlim coincidiu com a presença na capital alemã do marxista Kautsky, que vivia na Áustria. O jornalista já havia tentado entrevistá-lo antes. Desembarcou na cidade e simplesmente bateu à porta da casa de Kautsky. A mulher deste recebeu-o cordialmente, mas foi taxativa: o marido não falava com jornalistas. Não ia ser diferente agora, ele percebeu ao ser recebido por madame Kautsky à porta do amplo apartamento da Windscheidstrasse. Polida, ela disse que a entrevista não seria possível:

— Tudo o que meu marido tem a dizer ele escreve e publica nos jornais, meu jovem.

Chateaubriand não se conformou:

— Confesso que essa maneira de receber um colega estrangeiro não me parece muito recomendável para um apóstolo do socialismo. Tenho encontrado hospitalidade diferente na residência dos representantes mais exaltados da burguesia e do capitalismo...

Diante da renitente negativa da mulher, tentou uma última jogada:

— Desta vez tenho informações que talvez interessem ao senhor Kautsky. Entrevistei ontem o economista August Müller, ex-ministro do Interior, e ele contou-me, em primeira mão, que está embarcando para a Rússia nos próximos dias, à frente de uma missão de industriais teutônicos. Meu jornal só publicará essas informações daqui a alguns dias, mas eu terei o maior prazer em reproduzir para seu marido tudo o que o doutor Müller me disse.

O golpe baixo deu certo, e valeu a Chateaubriand três horas de entrevista com aquele a quem os dirigentes soviéticos se referiam como "o renegado", o homem cujo sobrenome iria parar na capa do livro *A revolução proletária e o renegado Kautsky*, escrito por Lênin em 1918. Ao final da entrevista (que renderia uma página inteira no *Correio da Manhã*), Kautsky inverteu os papéis e passou a interrogar Chateaubriand sobre a política no Brasil: quantos deputados tinha a direita no Brasil? Ela era reacionária como a da Alemanha? Quantos partidos socialistas existiam no Parlamento brasileiro? Chateaubriand disse ter sentido enorme dificuldade para responder àquele "terrível quebra-cabeça", e só encontrou uma maneira de resumir, para um Karl Kautsky de olhos arregalados, o que era o Parlamento brasileiro:

— Doutor Kautsky, o Poder Legislativo no meu país é quase sempre um seio de Abrahão, largo, generoso, onde todos os deputados só aspiram a um objetivo: a benquerença do Poder Executivo.

Animado com o sucesso da entrevista no Brasil, Chateaubriand partiu em direção a sua próxima presa: o general Erich Ludendorff, ex-chefe do estado-maior de Hindemburgo na Primeira Guerra que, três anos depois, se juntaria a Hitler no comando do fracassado *putsch* de Munique. Quando souberam que aquele pequenino brasileiro viajaria a Munique para entrevistar Ludendorff, os correspondentes da imprensa americana em Berlim reagiram com gargalhadas. Alguns deles chegaram a apostar que ele voltaria à capital de mãos abanando. O que os americanos não sabiam é que ao embarcar no trem noturno com destino à Baviera, Chateaubriand levava na pasta a cópia de uma carta de recomendação que outro entrevistado, o general Von der Goltz — que lutara ao lado de Ludendorff na batalha de Tannenberg —, enviara ao superior. O autor da apresentação enchera o repórter de confiança, ao despachá-lo para Munique:

— Com esta carta nas mãos o senhor, como no *Fausto*, irá até o Reino das Madres, e verá tudo.

O trem atrasou quase cinco horas, não tinha aquecimento, a noite estava gelada, e só de madrugada é que Chateaubriand arranjou um leito para descansar um pouco. Quando conseguiu falar pelo telefone de Munique com a casa do general, em Ludwigshohe, uma voz mal-humorada disse que Ludendorff o esperara até dez minutos antes, como tinha sido acertado, e tivera de sair para só retornar às 18h45. Na hora exata, depois de rodar vinte minutos de táxi até a *villa* em que vivia o militar, um criado o introduziu ao salão principal da casa — descrito minuciosamente na reportagem —, onde Ludendorff entrou em seguida. Sem apertar-lhe a mão, sem dar boa-noite, o general, vestindo um *puttee* de pano cinzento, tinha no peito um guardanapo branco e em uma das mãos uma faca de comida, que ele brandia como se fosse uma espada. Aproximou-se de Chateaubriand e disse raivoso, autoritário:

— O senhor está aqui desde a manhã. Como aparece a estas horas da noite na minha casa, se a carta do general Von der Goltz fala em um compromisso entre três e quatro da tarde? Imagino que o senhor deve ter dissipado seu tempo pela cidade. Tenho visitas, não posso mais recebê-lo. Retire-se, por favor.

"Ele brandia a faca e avançava para o repórter num ímpeto de felino assanhado", escreveria Chateaubriand no jornal. "Tudo isso foi dito num tom de quem convida para a briga. Fiquei atônito. As mãos tremeram-me. Encarei o general e vi-o de sobrecenho carregado, os olhos cheios de ira. Permanecemos alguns segundos a olhar um para o outro, sem dizer palavra, jogando uma cena muda. Ouvi um bater de pratos. Certamente jantavam. O meu ímpeto era dar de costas àquele bruto e partir. Pensei, entretanto, na fortuna que me sorria de poder entrevistar-me com o antigo primeiro quartel-mestre, e decidi tomar Ludendorff como ele era: um selvagem bravio e cru." O nervosismo provocado pela cena era tal, Chateaubriand diria depois, que seu maior medo era não conseguir pronunciar uma só palavra em alemão. E falar em francês ali certamente poria tudo a perder. Tomou coragem e avançou:

— Senhor general, meu trem atrasou várias horas e eu tive dificuldades para me comunicar por telefone com sua casa. Se estou aqui a esta hora é porque de sua casa me deram essa orientação. Peço desculpas pelo atraso involuntário e faço um apelo para que o senhor me receba amanhã.

Ainda "de arma na mão" mas já mais calmo, o general cedeu:

— Venha às onze da manhã. Economize o dinheiro do táxi e venha de trem de Munique até aqui. O trem chegará às 11h05, e da estação até minha casa o senhor gastará cinco minutos a pé.

Como a entrevista já estava garantida, ele não resistiu à tentação de fazer mais uma provocação, como vingança pelo sermão que fora obrigado a ouvir:

— Prefiro vir de táxi mesmo, general. A crise do carvão está desmoralizando a proverbial pontualidade dos trens alemães.

A antipatia do repórter pelo personagem parece ter durado pouco. Na entrevista publicada pelo *Correio* — a primeira concedida pelo militar desde que abandonara o Estado-Maior alemão —, apesar de ressalvar que a primeira impressão tinha sido "abominável", Chateaubriand apresenta Ludendorff apoteoticamente, como o "César loiro da Alemanha", o "Ubirajara fulvo", "o homem que fez tremer o mundo quando desencadeou a ofensiva de 1918 como um terremoto, abalando a Europa dos Alpes às costas flamengas". O general falou horas e horas a respeito de quase tudo, previu equivocadamente que Lênin cairia em poucos meses e ao final enviou uma mensagem manuscrita "aos compatriotas brasileiros de estirpe alemã", transformada em clichê e reproduzida pelo jornal.

Naquela mesma noite Chateaubriand tomou o Expresso Oriente de Munique para Karlsruhe, onde dormiu e de onde partiu na manhã seguinte, a caminho de Saint-Blasien, na Floresta Negra, para a entrevista com o almirante Alfred von Tirpitz. Animado pela entrevista com Ludendorff, ele foi ao encontro do almirante sem nenhum arranjo prévio, confiando apenas em uma carta de apresentação que fora enviada àquele por seu genro, Karl von Hasseler, secretário da embaixada do Reich em Roma, a quem Chateaubriand tinha sido apresentado logo ao chegar à Europa. A carta não tivera resposta e, além disso, o jornalista sabia que só muito excepcionalmente os militares alemães que mais se celebrizaram na Primeira Guerra Mundial recebiam jornalistas. E quase nunca abriam exceção aos representantes de países que tivessem participado da guerra contra a Alemanha. Em resumo, tudo jogava contra o sucesso da empreitada.

Ao se registrar na portaria do hotel de Karlsruhe, Chateaubriand percebeu que, além de todas as dificuldades, seu sobrenome também conspirava contra a entrevista. O gerente tinha sido gentilíssimo até o momento em que ele pediu um pedaço de papel para redigir um telegrama a Von Tirpitz, prevenindo-o de sua chegada no dia seguinte a Saint-Blasien para o pretendido encontro. Já fazia alguns meses que o jornalista deixara de assinar "A. Bandeira de Melo", substituindo-o pelo nome com que ficaria conhecido, "Assis Chateaubriand" ou simplesmente "A. Chateaubriand". Ao pegar o papel para transmitir a mensagem e ver o sobrenome francês na assinatura, o homem voltou-lhe abruptamente as costas, dizendo em voz alta para outro funcionário:

— Não me espanta o cinismo desses franceses ao vir procurar o almirante, meses depois de querer enfiar sua cabeça no laço de uma forca. O que me envergonha como alemão é saber que Von Tirpitz os recebe e agasalha...

Escaldado com o ocorrido em Munique, chegou cedo a Saint-Blasien — uma estação de cura para tuberculosos aos pés da Floresta Negra — e só teve tempo de deixar as malas no hotel, tomar um rápido drinque em um *dancing* para se aquecer e pegar o táxi em que escalaria a ladeira rumo à casa do almirante. Para sua surpresa quem atendeu à porta foi o próprio Tirpitz... mas para avisar que não haveria entrevista alguma:

— Doutor Chateaubriand, nós fomos criminosamente atingidos pelo Tratado de Versalhes, que nos desarmou. A leste temos os inimigos russos, a oeste temos os inimigos britânicos. Eu o recebo em minha casa em atenção ao pedido do meu genro, mas não posso dar entrevistas a jornalistas de países que romperam relações ou que combateram a Alemanha. Seria impatriótico.

Enquanto abria apressadamente a pasta, de onde tirava recortes de jornais, Chateaubriand partiu para a ofensiva:

— Almirante, meu único fuzil é a minha caneta, e todas as vezes que a usei para falar do grande conflito eu o fiz em favor da Alemanha. Critiquei meu próprio país por nossa pusilanimidade durante a guerra. Tenho aqui recortes do meu jornal para que o senhor aprecie a orientação do *Correio da Manhã* quanto à política estrangeira do Brasil. Trago também um artigo que publiquei em alemão no *Deutsche Zeitung*, excelente diário editado em São Paulo pelo meu amigo Rodolfo Troppmair, que não deixa dúvidas quanto às minhas convicções. E trouxe para o senhor, ainda que em português, algumas das entrevistas que realizei nos últimos meses na Europa. Por estes escritos, o senhor verá que eu não sou um inimigo.

Era mais um militar que se rendia. Dias depois o *Correio da Manhã* publicava duas páginas inteiras com a entrevista que começava descrevendo a vegetação que cercava a casa de Tirpitz, da Floresta Negra: "Aqui nada há que recorde a Prússia amarga, de solo exausto e pobre, de natureza rude e severa. Aqui é uma *féerie* de verdura transparente, de vegetação luxuriante, de terra fresca e doce, de céu poético e azulado, como se o iluminasse um raio de sol da Itália. O automóvel que me levava conduziu-me através do labirinto da floresta, galgando as estradas em zigue-zague, de onde víamos penhascos e precipícios que lembram as pedras atormentadas do Rio de Janeiro". No meio das massudas colunas de texto um clichê exibia mais um manuscrito em alemão — que desta vez Chateaubriand arrancara de Tirpitz, agradecendo "a boa conduta dos alemães, no Brasil, durante a guerra".

Quando regressou, triunfante, a Berlim, Chateaubriand foi aconselhado por médicos a liquidar, com uma cirurgia, um velho problema de rinite que o clima europeu agravara. Nem o cirurgião que o operou — o cientista de ultradireita Gustavo Killian, do Kaiser Wilhelm Institut — conseguiria escapar de uma entrevista. Aproveitando os encontros que tiveram nos dez dias em que permaneceu convalescente no hospital, Chateaubriand entrevistou-o para uma reportagem sobre o avanço da medicina e da ciência na Alemanha do pós-guerra.

Essa obsessão jornalística de querer transformar em notícia tudo o que estivesse ao alcance de sua mão acabaria, ironicamente, sendo a causa do encerramento abrupto de sua experiência como correspondente na Europa..Ao receber em Berlim um pacote contendo os exemplares de duas semanas do *Correio da Manhã*, ele deu com uma minúscula nota — um "tópico", como chamavam na época — que o deixou indignado. Na verdade tratava-se de uma brincadeira ingênua do jornalista Pedro da Costa Rego, ironizando o estilo Chateaubriand de trabalhar. Os jornais haviam noticiado que o rei Jorge II, da Grécia, fora hospitalizado depois de ser mordido por um macaco. Sem assunto para encher sua coluna, Costa Rego escreveu que muito provavelmente àquela hora Chateaubriand estaria entrevistando o macaco... Ele saiu apressado do hotel e foi à estação telegráfica, de onde transmitiu uma mensagem a Edmundo Bittencourt exigindo que o autor do deboche fosse punido — uma ilusão, já que Costa Rego era o poderoso secretário de redação do *Correio* e o braço direito de Bittencourt. Como não recebesse resposta, simplesmente fez as malas e pediu demissão do jornal. Telegrafou de novo ao Brasil comunicando a decisão e pedindo a dilatação, por mais alguns dias, do prazo já vencido de sua carta de crédito na Europa. Temendo que a burocracia e a dificuldade de comunicações o prendessem por muito tempo na Alemanha, tomou mil libras emprestadas com o jornalista Theodor Wolff, deputado e diretor do *Berliner Tageblatt*, e partiu. O retorno repentino acabou impedindo-o de fazer aquela que imaginara ser a mais importante de todas as entrevistas que planejara — com o marechal Hindemburgo. Ele já havia viajado a Hamburgo, em agosto, para um encontro previamente acertado com o militar, mas lá chegando a entrevista teve de ser desmarcada. Adiado para fins de novembro, o encontro acabaria não acontecendo. No dia 15 de novembro de 1920, Chateaubriand estava em alto-mar, a bordo de um transatlântico inglês, a caminho do Brasil.

Mal pôs os pés no Rio de Janeiro, Chateaubriand já tinha emprego garantido. O conde Pereira Carneiro, que acabara de assumir o controle do *Jornal do Brasil*, comprando a parte da empresa Mendes & Cia., chamou-o para ocupar o lugar de redator-chefe, o mesmo que ele deixara meses antes, ao partir para a Europa. Mais uma vez, entretanto, ele nem esquentaria direito a cadeira no novo trabalho. Nos primeiros dias de junho de 1921, pediu as contas a "seu Ernesto", como tratava o conde. As razões de sua saída nunca ficaram muito claras. Em um artigo publicado meses depois, ele insinuou que o diretor-tesoureiro do jornal teria sugerido um substancial aumento em seu salário em troca do apoio à candidatura do mineiro Artur Bernardes à Presidência da República. Chateaubriand teria recusado a oferta — "apesar de acumular algumas dezenas de contos de dívidas" — e pedido demissão. Mais tarde voltaria ao tema, dizendo que saiu ao perceber que o conde iria mesmo colocar o jornal a serviço da candidatura de Bernardes. Ambas as versões seriam satisfatórias se na campanha eleitoral o *Jornal do Brasil* não tivesse ficado ao lado do fluminense Nilo Peçanha e, portanto, contra Artur Bernardes.

Seja como for, ele acabou indo buscar refúgio, de novo, no frondoso escritório de advocacia de Afrânio de Melo Franco. A decisão fazia parte de uma estratégia: ao retomar a profissão de advogado, que tinha sido a sua "alavanca" ao chegar ao Rio, Chateaubriand pretendia dar passos decisivos na realização de seu antigo sonho de ter o próprio jornal. Com essa ideia fixa na cabeça ele passou os três anos seguintes acumulando relações e dinheiro. Uma vez que cavar dinheiro parecia cada dia mais difícil, investia na ampliação de seu cartel de amizades influentes — uma maneira um pouco mais lenta de chegar ao que lhe interessava. Para se aproximar da próspera colônia alemã, organizou uma campanha de arrecadação de fundos para o setor de pesquisas científicas do Kaiser Wilhelm Institut, de Berlim, que acabou rendendo, em dois meses de trabalho, 140 contos de réis — ou 4 mil libras esterlinas.

Em uma de suas viagens de trabalho a São Paulo, Chateaubriand recebeu uma chamada telefônica que parecia ter vindo do céu: do outro lado da linha estava o conde Francisco Matarazzo, o homem mais rico do Brasil. Dois anos antes, na sua primeira passagem pelo *Jornal do Brasil*, o jornalista atendera um homem que entrara na redação pedindo que se noticiasse, ainda que discretamente, a morte por acidente, ocorrida na Itália, do jovem Ermelino Matarazzo, filho do conde. Como que iluminado pelo instinto, o próprio redator-chefe resolveu redigir um caprichado obituário, e assinou embaixo. Comovido com a homenagem, Matarazzo telefonava agora para agradecer pessoalmente. Apanhou Chateaubriand no centro da cidade e levou-o a visitar algumas de suas fábricas. No final do dia ofereceu-lhe um jantar na enorme casa térrea de colunas brancas instalada no meio de sua *villa* da ainda pacata avenida Paulista. Quando o cabriolé o deixava à porta do Hotel Esplanada, à noite, o milionário chamou Chateaubriand a um canto para oferecer-lhe um raro privilégio. Estendeu-lhe a ponta de seu próprio paletó e sussurrou:

— Doutor Assis, o senhor foi muito generoso com o meu finado filho. Desculpe a intimidade, mas esta é uma superstição da Calábria, na Itália, onde eu nasci. Esfregue as pontas dos dedos aqui no meu paletó, que é para eu passar-lhe um pouco da minha sorte.

Passou. Ali nascia uma amizade sólida e rendosa — pelo menos para Chateaubriand — que duraria até a morte do conde, em 1937. Dividendos menores, mas igualmente originários de boas amizades, ele já vinha colhendo no Rio de Janeiro. Alfredo Pujol indicou seu nome a Raoul Dunlop, presidente da Liga do Comércio do Rio (futura Associação Comercial), e ele foi contratado como consultor jurídico da entidade, trabalho que se resumia a dar pareceres sobre processos judiciais. Com a pilha de processos aumentando a cada dia sobre sua mesa, sentiu necessidade de um auxiliar. Pediu autorização a Melo Franco para colocar mais uma mesinha num canto do escritório e instalou ali, recém-chegado do Nordeste, seu irmão Oswaldo, que acabara de se formar em direito. Rabugento, encrenqueiro e depressivo (Chateaubriand chamava-o, meio por carinho, meio por ironia, de "Mimoso"), Oswaldo se metera em uma briga com o governador da Paraíba, Sólon Barbosa de Lucena, e foi obrigado a se demitir do cargo de promotor de Justiça e abandonar o estado. Mas a passagem dele pelo Rio seria curta. Valendo-se do prestígio do irmão mais velho, poucas semanas depois Oswaldo conseguia ser nomeado procurador da República em São Paulo.

Chateaubriand terminaria o ano de 1921 em grande estilo, com o lançamento de seu livro *Alemanha*, um cartapácio de quase quinhentas páginas, no qual o jornalista reeditou os melhores artigos e entrevistas feitos no ano anterior na Europa. Tanto a ideia da publicação do livro como praticamente todo o trabalho de seleção do material, composição e impressão tinham sido iniciativa do empresário alemão Paulo Beck, que se encantara com o autor ao ler seus artigos no *Jornal do Brasil* e no *Correio*, ainda antes da viagem. Até o custo da edição — ao todo, vinte contos de réis — ficara por conta do admirador. Para surpresa de Beck, do editor — o lusitano Álvaro Pinto, da Almanak Laemmert — e até do autor, o livro foi um sucesso de vendas. Tanto que, além de pagar todos os custos de produção, ainda rendeu a Chateaubriand outros vinte contos de réis.

Vinte contos, entretanto, ainda era dinheiro insignificante para a realização do sonho de ser dono de um jornal. O importante, enquanto o dinheiro não vinha, era ir engordando o rol de amigos influentes. E foi por volta dessa época que a mão do destino o guiou até o mais influente deles. Alexander Mackenzie chamou-o para um encontro no escritório da Light, e lá chegando deu com um velho conhecido seu: o industrial americano Percival Farquhar.

No ano anterior, em uma de suas viagens a Paris, Chateaubriand jantara uma noite no casarão da avenue Iéna em que Farquhar vivia sozinho, servido por catorze criados. O dono da casa recebeu-o de fraque e calça listrada, e quando os garçons começaram a servir o jantar o convidado espantou-se com a lista impressa que lhe foi posta diante dos olhos, contendo as centenas de marcas de vinhos disponíveis na adega da casa, cujo dono era abstêmio. Farquhar vinha de uma vitoriosa viagem a Moscou, onde convencera Lênin a renovar as concessões que suas empresas tinham na Rússia, desde os tempos do czar, de exploração de ferrovias (que ele mesmo construíra) e poços de petróleo em Baku, capital da recém-criada República Socialista Soviética do Azerbaijão, às margens do mar Cáspio.

No escritório da Light, no Rio, Chateaubriand deparava com o mesmo Farquhar de antes: além de seco, taciturno, incapaz de um sorriso, ao contrário do jornalista, que já falava com absoluta fluência, o industrial era gago. Ele foi direto ao assunto:

— Doutor Assis, o Mackenzie chamou-o aqui porque o doutor Afonso Pena Júnior, advogado das minhas empresas no Brasil, vai assumir a direção do Banco do Brasil e terá de nos abandonar. Gostaria que o senhor assumisse o lugar dele.

Chateaubriand sabia do que se tratava e achava que aquela era uma guerra perdida — guerra em que Farquhar estava metido no Brasil havia vários anos. Uma empresa de mineração de propriedade dele, a Itabira Iron Ore Company, havia adquirido na região de Natividade, no vale do rio Doce, em Minas Gerais, uma área de mais de 3 mil alqueires, em cujo subsolo calculava-se que estivesse escondido um tesouro de mais de 1 bilhão de toneladas de minério de ferro. Simultaneamente, Farquhar assumira o controle acionário da Estrada de Ferro Vitória-Minas, caminho natural para o escoamento do minério até o Espírito Santo. Uma persistente campanha de setores nacionalistas combatia a entrega de concessões como aquela a grupos estrangeiros. Os adversários de Farquhar sustentavam que, se abrisse a exploração das jazidas de minério de ferro a grupos internacionais, o país iria sofrer, dois séculos depois, sangria idêntica à provocada pelo ciclo do ouro: exauridas as reservas, as empresas retornariam a seus países de origem, em prejuízo da economia brasileira. Um dos mais destacados líderes do movimento nacionalista era um advogado mineiro que se elegera deputado federal por duas vezes e que agora era governador de Minas Gerais e candidato declarado à Presidência da República: o mesmo Artur Bernardes que Chateaubriand dizia ter sido a causa de sua saída do *Jornal do Brasil*. Bernardes se recusava terminantemente a autorizar que fosse assinado o contrato permitindo a Farquhar a exploração da monumental jazida. Se Chateaubriand assumisse a causa, era com Bernardes que iria se haver. Homem de poucas palavras, Farquhar queria apenas saber se ele aceitava o convite: sim ou não? Por todas as razões, ele deveria simplesmente dizer sim. O cliente era milionário e a causa, para as convicções de Chateaubriand, era justíssima, patriótica. Meses antes ele escrevera vários artigos acusando seu amigo e presidente Epitácio Pessoa de "jacobino ultranacionalista" por ter "cometido o crime de lesa-progresso" ao estatizar o porto de Rio Grande e as ferrovias da Compagnie Auxiliaire des Chemins de Fer du Brasil, de Porto Alegre, cujo controle acionário o próprio Farquhar havia adquirido em 1910. Em 1911 Farquhar investira as primeiras 300 mil libras de lucro da Auxiliaire na construção de ramais que a ligassem às linhas da Argentina Railway e da Uruguay Railway, ambas controladas por ele.

Ao contrário do americano, Chateaubriand era um homem de muitíssimas palavras, e à proposta seca respondeu com um espetáculo de retórica:

— Seu Farquhar, se um feiticeiro do direito como Afonso Pena Júnior não conseguiu arrancar esse contrato do governador Bernardes, como é que o senhor imagina que um jagunço como eu vai obter esse milagre? Vou ser sincero, seu Farquhar: estou convencido de que Bernardes, assim como não assinou o contrato com Afonso Pena, não o assinará comigo. Quer saber mais? Esse contrato ele não assina com ninguém.

— Doutor Assis, tenho grande necessidade de seus serviços. Quero apenas que o senhor me responda: aceita ou não aceita?

— Se é assim, não é convite, é intimação. Não cabe relutância e eu aceito entrar nessa guerra.

— Muito obrigado. Quanto é que seus serviços vão custar, doutor Assis?

— Seu Farquhar! Para mim o senhor é um serviço público! Se todo mês eu doo meus honorários de professor licenciado de direito para a compra de livros para a biblioteca da faculdade, como é que poderia cobrar do senhor? Lutar para que o senhor explore o ferro de Minas Gerais não é uma causa comercial, é uma cruzada cívica! Estar a seu serviço é para mim uma obrigação nacional.

Farquhar não caiu na armadilha:

— Muito obrigado pelas palavras, doutor Assis, mas minhas empresas não aceitam colaboração não remunerada. O senhor estabeleça o valor de seus honorários e indique a casa bancária em que eles devem ser depositados.

Nos dez meses seguintes Chateaubriand jogou com Artur Bernardes um interminável braço de ferro. O que era uma modesta oposição provincial à assinatura do contrato de permissão acabou se transformando em uma campanha nacional, que contava com o apoio de políticos de expressão, como o senador paulista Alfredo Ellis, e de industriais do porte de Jorge Street. Para os nacionalistas, Assis Chateaubriand passou a ser o símbolo da entrega das riquezas brasileiras. Não um advogado, mas o testa de ferro da Itabira Iron no Brasil. Irredutível em suas posições, Bernardes não concordava com o projeto de Farquhar de construir em Minas uma usina siderúrgica capaz de produzir 150 mil toneladas anuais de aço. Para um empreendimento que exigiria investimentos de 42 milhões de dólares, Farquhar dera parceria a investidores de Nova York, Londres, Amsterdã e Paris. Nada disso parecia convencer o governador mineiro. Nas reuniões que tinha em Belo Horizonte com Chateaubriand, Bernardes insistia em que, para os interesses nacionais, o que convinha era a manutenção do sistema então vigente — o estímulo à instalação de várias pequenas usinas, cuja construção deveria ser precedida de uma exigência: os empreendimentos podiam ser controlados por capitais privados ou estatais, desde que brasileiros. "A grande siderurgia estrangeira", dizia ele a Chateaubriand, "matará a pequena, que é um patrimônio do povo mineiro." Em relatório enviado a Farquhar, Chateaubriand contou que "custou enorme esforço conter uma crise de apoplexia" quando ouviu, no meio de um despacho, esta declaração de princípios do governador mineiro:

— O senhor não acha que estaremos fazendo coisa mais útil ao Brasil guardando esses depósitos de ferro por mais trezentos anos? Que patrimônio não iríamos legar aos nossos compatriotas...

Chateaubriand tentava argumentar que seria preferível, então, vender o ferro para os estrangeiros, convertê-lo em ouro e capitalizá-lo:

— Com isso podemos legar aos nossos compatriotas um pico do Itabira não como uma montanha de ferro, mas como um maciço de ouro puro!

Quando começava a declamar a boa receptividade com que as empresas de Farquhar eram tratadas na maioria dos países ("Até na Rússia de Lênin, governador!", ele se exaltava, "até na Rússia de Lênin!"), Bernardes respondia com indiferença:

— Não posso ter apreço por uma empresa estrangeira que quer esburacar Minas Gerais, doutor Assis...

Desesperado com a renitência do governador, Chateaubriand apelou para um golpe baixo: com a ajuda de Henry L. Hunt, um empregado de Farquhar nos Estados Unidos que vinha frequentemente ao Brasil dar apoio técnico às demandas políticas e judiciais do patrão, forjou em uma gráfica do Rio um recorte de notícia saída em um jornal norte-americano. Era uma entrevista — que nunca tinha existido, claro — em que o presidente dos EUA, Calvin Coolidge, anunciava com todas as letras ser francamente favorável à importação, pelos Estados Unidos, de minério de ferro de países fornecedores de matérias-primas. Os dois fizeram chegar às mãos do governador a notícia fraudada, na esperança de que a garantia de um grande mercado comprador, como os Estados Unidos, pudesse fazê-lo mudar de ideia. Nada: Bernardes leu com absoluta indiferença o recorte de jornal, que alguém contrabandeara para sua pasta de despachos diários, antes de atirá-lo à cesta de lixo.

Por alguma misteriosa razão, depois de um ano de negociações que não saíam do lugar, Chateaubriand percebeu sinais de que Bernardes estava prestes a abrandar sua inflexibilidade. Ele desconfiava de que o governador, candidato a presidente, pretendia arrefecer a imagem de nacionalista intransigente e, ao mesmo tempo, cortejar o indispensável apoio do presidente Epitácio — que estava longe de ser o xenófobo a que Chateaubriand se referira — para sua campanha. O que era apenas uma suspeita se confirmaria em pouco tempo. Bernardes mandou avisar que autorizaria a assinatura do contrato, tal como Farquhar pretendia, mas que o imposto estadual por tonelada exportada, que era de trezentos réis, seria decuplicado para três mil-réis.

Por mais absurdo que pudesse parecer um governante multiplicar por dez, da noite para o dia, o valor de um imposto, Bernardes imaginava ter dado um xeque-mate em Farquhar e Chateaubriand: a decisão jogava por terra as acusações de intransigência e agora, se o empreendimento não fosse implantado, seria por decisão de Farquhar, não dele. Chateaubriand ainda tentou, em vão, reduzir o tributo estadual para mil-réis por tonelada. Apesar de indignado com o golpe que sofrera, em 1922 cumpriu sua obrigação como advogado e telegrafou a Farquhar transmitindo o que chamou de "extorsiva proposta" do governador mineiro. Para seu espanto — e, muito provavelmente, de Artur Bernardes —, Farquhar mandou responder que aceitava a exigência. E mais: já tinha mandado refazer o projeto para instalar uma siderúrgica com capacidade para produzir não 150 mil, mas 250 mil toneladas de aço por ano.

Maus fados, no entanto, pareciam perseguir os negócios de Farquhar no Brasil. Embora o governo acabasse assinando o contrato, o Tribunal de Contas da União recorreu a filigranas jurídicas e não aceitou registrá-lo, alegando que descumpria a legislação brasileira. E mesmo tendo tido sua validade reconhecida por meio do decreto 5568, assinado por Washington Luís em novembro de 1928, o contrato acabou sendo declarado caduco por Getúlio Vargas em 1931. Persistente, Farquhar ainda investiria no Brasil, criando a Companhia Aços Especiais Itabira — Acesita, empreendimento cujo controle acionário cairia nas mãos do Banco do Brasil em 1952. Destino idêntico ao que fora dado à Itabira Iron Ore, que depois de passar às mãos de um grupo nacional transformou-se, durante a Segunda Guerra Mundial, na Companhia Vale do Rio Doce, uma empresa estatal. Como, aliás, sonhava o governador Artur Bernardes. E para indignação eterna de Chateaubriand, que amaldiçoou o episódio até o último dia de sua vida.

Se não davam para realizar o sonho de comprar um jornal, os honorários recebidos de Farquhar eram mais que suficientes para satisfazer seu luxo preferido, os carros elegantes. Além de pagar a dívida contraída para comprar a

Panhard, adquirida de segunda mão de Celina, mulher do milionário Lineu de Paula Machado, o dinheiro permitiu-lhe montar uma pequena frota: importou uma segunda Panhard, zero quilômetro, comprou do empresário Carlos Guinle um Rolls-Royce usado e mandou trazer de São Paulo um Du Pont que um grupo de industriais importara dos Estados Unidos para dar de presente ao deputado Júlio Prestes, o qual recusara a gentil homenagem. Anos depois Chateaubriand diria que "a esplendorosa frota de máquinas de alto bordo" era essencialmente destinada a transportar "os acionistas potenciais da minha futura cadeia de jornais". Enquanto estes não apareciam, ele se deliciava à vertiginosa velocidade de 130 quilômetros por hora no areal que cercava a lagoa Rodrigo de Freitas e pelas recém-abertas avenidas do Rio de Janeiro. A seu lado iam os amigos Manuel Vilaboim, o cirurgião Maurício Gudin, o industrial Olavo Egídio de Souza Aranha, a soprano Maria Melato e, quando estava no Rio, a "princesa austríaca" Iolanda Penteado, agora casada com Jaime da Silva Telles.

Quando soube que o general Cândido Rondon pretendia fazer, em companhia do ministro da Guerra, Pandiá Calógeras, e de Capistrano de Abreu, uma viagem de vistoria dos postos militares do vale do Paraíba, em São Paulo, Chateaubriand ofereceu-se para transportar o grupo em um de seus bólidos. O austero militar mato-grossense rejeitou a oferta, mas ele insistiu com Calógeras que queria ir junto, "ainda que fosse como mero ordenança" do general. Rondon levou a sério a pilhéria e, nos primeiros dias da viagem de trem, tratou o jornalista como a um subalterno de caserna, que estranhou ser chamado não por seu nome, mas apenas por "impedido" — termo usado por oficiais para tratar os soldados rasos colocados a seu serviço pessoal. Para diversão de Calógeras e Capistrano, Rondon a cada parada do trem se dirigia a ele com ordens secas: "Impedido, pegue minha bagagem"; "Impedido, transmita estas mensagens pelo telégrafo". Ao longo dos dez dias de duração da viagem — que Chateaubriand insistia em chamar de "bandeira" —, os dois acabaram se tornando amigos, ligados por um interesse comum, os índios. Anos antes o general havia feito os primeiros contatos com caingangues, nhambiquaras, pauatês, tacuatês e urumis. E, como chefe da Comissão de Linhas Telegráficas do Exército, organizara uma expedição pelo rio Amazonas, da qual fizeram parte o ex-presidente dos Estados Unidos Theodore Roosevelt e um grupo de etnólogos do Museu de História Natural de Nova York. Encerrada a excursão pelo vale do Paraíba, o "impedido" conseguira convencer Rondon a criarem, juntos, um Clube Sertanista, destinado a "preservar as culturas dos nossos selvagens". Anos depois Chateaubriand diria que a ideia do clube só não floresceu por uma razão, que, na verdade, estava se tornando uma obsessão sua: eles não dispunham de um jornal para apoiar o projeto.

De volta ao Rio, Chateaubriand seria convidado pelos escritores Antônio de Alcântara Machado e Graça Aranha e pelo deputado Manuel Vilaboim para participar de uma aventura que tramavam, juntamente com um grupo de artistas e intelectuais paulistas: uma semana de arte moderna, a ser realizada em São Paulo no mês seguinte, fevereiro. Chateaubriand andava meio escaldado com a leviandade dos intelectuais. Pouco tempo antes, confidenciara ao escritor Humberto de Campos um segredo que ouvira do inventor Santos Dumont: o "pai da aviação" estava apaixonado por uma mulher casada. O objeto do secreto amor do maior herói brasileiro era "a fabulosamente linda" madame Lettelier, mulher do diretor do diário parisiense *Le Journal*. "Trata-se de uma paixão lírica, casta e idílica", ironizara Chateaubriand, "mas Santos Dumont não pensa em outra coisa." Para seu desespero, dias depois o segredo apareceria escancarado em uma coluna assinada por Humberto de Campos em *A Gazeta*.

Assim, quando Alcântara Machado, Graça Aranha e Vilaboim surgiram com aquela conversa, foram recebidos a pedradas. O que os três imaginavam que seria "um marco na vida intelectual do Brasil", um acontecimento destinado a tirar a poeira da cultura nacional, não passava, para Chateaubriand, de "uma maluquice despropositada". Só aceitou ouvi-los, pacientemente, para tentar demover com desdém os "modernistas" que o procuravam:

— Essa semana de arte de vocês não abalará coisíssima alguma. Será no máximo uma semana de secos e molhados. Não contem comigo, que não quero me meter em nenhum *bas-fond* acadêmico.

Os três insistiam que era essencial ele participar. Na tentativa de tê-lo como cúmplice, Graça Aranha deu-lhe o privilégio de ler, em primeira mão, a "bomba" que preparava para a semana paulista: a conferência intitulada "A emoção estética na arte moderna", que tanto escândalo iria produzir um mês depois, em São Paulo. Ao final da leitura, Chateaubriand livrou-se do maço de papéis como se aquilo estivesse contaminado. Partiu para cima do autor, a quem tratava pelo prenome, de dedo em riste:

— Zé Pereira, vocês enlouqueceram. Isto não é arte, não é literatura: é anticapitalismo puro. Vocês vão urrar contra o dinheiro e contra a influência da cultura portuguesa no Brasil? Pois façam-no sozinhos. Não contem comigo.

Graça Aranha irritou-se com a reação do amigo:

— Que horror, Chateaubriand, você está é com medo das consequências da semana entre seus amigos milionários, que são todos conservadores.

— É verdade, esta é a pura verdade — assumiu sem constrangimentos. — Não quero desagradar o capitalismo. É com ele que estou metido. Sou exclusivamente um homem em busca de um jornal que seja o primeiro, o pai de uma fieira de outros. Como é que vou achar meu velocino de ouro andando atrás de um bando de desocupados que pretendem escandalizar exatamente o mercado a que se dirige o meu sonhado jornal? Minha intuição diz que este país está sendo virado de pernas para o ar, e vocês estão querendo contribuir para isso. Portanto, eu repito: não contem comigo nem para a semana, nem para o dia, nem para o minuto da arte moderna.

8

Se falhou na avaliação da Semana de Arte Moderna — que decididamente não foi "uma semana de secos e molhados" —, a intuição de Chateaubriand estava certa quanto às reviravoltas que o Brasil começaria a viver em 1922. Em março daquele ano um barbeiro, um operário, dois funcionários públicos, um eletricista, dois alfaiates e um gráfico, liderados pelo jornalista Astrojildo Pereira, fundam no Rio o Partido Comunista do Brasil. Quatro meses depois, na madrugada de 5 de julho, Chateaubriand testemunharia de perto a elevação da temperatura política a níveis insuportáveis. Na noite do dia 4 ele saiu do Hotel dos Estrangeiros e, como fazia costumeiramente, foi até a sede do Ministério da Guerra buscar o ministro Calógeras para jantar. Ao entrar no gabinete soube que um grupo de oficiais, liderados pelo capitão Euclides Hermes (filho do marechal e ex-presidente Hermes da Fonseca), acabara de tomar o quartel do Forte de Copacabana. Era a primeira reação a um decreto do presidente Epitácio Pessoa, baixado dias antes, fechando o Clube Militar e mandando prender seu presidente, o marechal Hermes. Entre os revoltosos estavam nomes que o Brasil se habituaria a ouvir nas décadas seguintes, como os tenentes Eduardo Gomes, Siqueira Campos, Juarez Távora e Odílio Denys. À uma e meia da madrugada, ao lado do ministro, Chateaubriand ouviu o estrondo do primeiro tiro de canhão disparado do Forte de Copacabana. Em seguida viriam mais canhonaços, desta vez contra o quartel-general do Exército, na ilha das Cobras, o arsenal da Marinha e o Túnel Novo.

Quando o dia clareou, tentativas de levante ocorridas na Vila Militar e na Escola Militar já haviam sido esmagadas pelo governo. Calógeras mandou a artilharia pesada da Fortaleza de Santa Cruz bombardear o forte, mas os rebeldes resistiram durante todo o dia aos disparos de canhão. Insone, Chateaubriand não saía de perto do ministro. Na madrugada do dia 6, com a situação aparentemente sob controle do governo, ouviu Calógeras exigir do capitão Euclides, por telefone, a imediata rendição dos sublevados. Euclides e Siqueira Campos decidem abrir os portões do forte e deixar sair os que quisessem se render. A maioria debanda, só permanecendo lá dentro uma décima parte dos trezentos amotinados.

Da baía, dois couraçados aumentam o bombardeio contra o forte. Chateaubriand ouve outro telefonema, em que Calógeras dava um ultimato ao capitão Euclides, que decide parlamentar pessoalmente com o ministro, mas ao chegar lá é preso. Calógeras deixa o ministério de carro, levando consigo o coronel Malan d'Angrogne, o capitão Castro e Silva e Chateaubriand. Visitam o Forte do Vigia, onde os tiros vindos do quartel amotinado tinham deixado vários mortos, e tocam para Copacabana. "Na praia eu assisti de perto aos últimos combates", Chateaubriand escreveria depois, "e pude ver a areia ainda quente, embebida do sangue dos bravos que sucumbiram de um lado e de outro."

No forte, os poucos oficiais que ainda resistiam decidem dividir entre si os 29 pedaços de uma bandeira do Brasil, picada a canivete, e saem para um combate suicida com os 3 mil soldados das tropas que cercam a região. Na caminhada pela avenida Atlântica alguns se dispersam, outros são presos. Restam dezoito militares, aos quais se junta Otávio Correa, um civil que assistia a tudo à distância e que resolveu aderir à insurreição. Cercado por mais de 3 mil soldados do governo, o grupo vai sendo dizimado, e ao final são presos os dois únicos sobreviventes: Eduardo Gomes e Siqueira Campos. Embora nunca tenha ficado claro qual era o número exato de militares que haviam deixado o quartel a pé, de fuzil nas mãos, o episódio entra para a história como a Revolta dos Dezoito do Forte. Dos mortos de Copacabana nascia um movimento militar que iria influir decisivamente na vida brasileira nas quatro décadas seguintes, o tenentismo.

Mas a primeira consequência política do levante já seria sentida no dia seguinte, quando o país despertou sob estado de sítio. A expectativa geral era de que o período de exceção seria breve e duraria no máximo até novembro, quando tomava posse como presidente da República um velho conhecido de Chateaubriand, que havia sido eleito em março: Artur Bernardes. Só que a posse veio, mas a democracia não. E, para desespero de quem, como Chateaubriand, passara a ter um desafeto como presidente da República, não viria tão cedo: Bernardes carregaria em sua biografia o triste privilégio de ter sido o único presidente brasileiro a exercer todo o seu mandato com o país sob estado de sítio, sucessivamente renovado.

Chateaubriand não precisaria esperar muito tempo para sentir sobre sua cabeça o peso da mão do novo presidente. Tinham se passado poucos dias da posse quando ele achou que seu arsenal já acumulara munição suficiente para a realização do velho sonho: comprar seu próprio jornal. E começou sonhando alto. Depois de fazer uma oferta de compra de *A Noite* (rejeitada por seu dono, Irineu Marinho), ele ouvira falar que tanto o *Jornal do Brasil* como o *Jornal do Commercio* estavam à venda, e se interessou pelo primeiro. Pediu que Alfredo Pujol falasse em seu nome com o dono do jornal, mas o resultado foi desanimador. O conde Ernesto Pereira Carneiro negou que quisesse vender o *Jornal do Brasil*. Para fazer uma oferta que o seduzisse seria necessário, segundo palavras de Pujol, muito mais dinheiro do que todas as alavancas de Chateaubriand conseguiriam arrecadar:

— Tire o seu cavalo da chuva: lá no escritório do seu Ernesto eu pude ver o último balanço de uma de suas empresas, a Companhia de Comércio e Navegação. Só nela ele tem um patrimônio de 93 mil contos!

Chateaubriand desconfiava de que por trás das duas recusas poderia estar a mão do presidente da República, preocupado com o risco de deixar uma arma tão poderosa como um jornal nas mãos do adversário. Mais cauteloso, pediu a Raoul Dunlop para entabular negociações com o comendador lusitano Antônio Ferreira Botelho, dono do *Jornal do Commercio*, mas recomendou expressamente que seu nome fosse omitido do negócio. Desta vez foi diferente: o jornal de fato estava à venda, e o preço pedido — 4500 contos de réis — estava dentro do que Chateaubriand imaginava ser sua capacidade de arrecadação. Agindo com total discrição para não despertar a atenção de Artur Bernardes, obteve uma opção de compra (sempre em nome de Dunlop, o suposto interessado) e conseguiu que Júlio Mesquita mandasse ao Rio Ricardo Figueiredo, gerente do *Estado de S. Paulo*, para auditar a situação administrativa e financeira — o que na época se chamava "examinar a escrita" — da empresa. Em poucas semanas estava tudo pronto para a assinatura do contrato de venda. Chateaubriand já se sentia o dono do quase centenário *Jornal do Commercio*, fundado em 1827 pelo bonapartista Pierre Plancher, editor francês de Voltaire, que se exilara no Brasil com a ascensão de Carlos X ao trono francês.

Seus temores não eram infundados. Às vésperas do fechamento do negócio, o comendador Botelho procurou Dunlop para comunicar-lhe que a opção estava cassada e que o jornal não seria vendido. "Pode não parecer uma atitude muito correta da minha parte", disse Botelho, "mas eu não tenho como resistir às pressões de um presidente da República que acaba de tomar posse e que governa um país sob estado de sítio." Não foi difícil descobrir o autor da inconfidência. Valendo-se das relações que ainda mantinha no jornal onde fizera carreira e que dirigira anos antes, o recém-nomeado ministro das Relações Exteriores Félix Pacheco — o mesmo que tentara fazer de Chateaubriand um "imortal", lançando-o candidato à Academia Brasileira de Letras — conseguiu uma cópia da opção e a exibiu ao presidente da República:

— Doutor Bernardes, está vendo esta opção?

Por trás do pincenê, o presidente olhou aquilo com desinteresse:

— Sim. O que há de mais nisso?

— Doutor Bernardes, Raoul Dunlop é o pseudônimo de Assis Chateaubriand. E Chateaubriand, o senhor sabe, é o pseudônimo de Percival Farquhar e de Alexander Mackenzie. Estes serão os verdadeiros donos do jornal que Chateaubriand vai comprar pela mão de Dunlop. Imagino que o senhor, um patriota, não permitirá que um dos jornais mais antigos do continente caia nas mãos da Itabira Iron e da Light.

Enquanto relia a folha de papel, Bernardes caminhava pela sala, como se falasse sozinho:

— Esse Chateaubriand é inacreditável. Todos nós temos um mito brasileiro:

o deste é Caxias, o daquele é Floriano, o outro tem Rui Barbosa. Os heróis do mundo de Chateaubriand são Farquhar, Pierson, Mackenzie, Herbert Couzens. Agora anda de namoro com um tal engenheiro Billings. Nunca o vi pronunciar o nome de um brasileiro como objeto de sua admiração.

Voltou-se para Pacheco e anunciou:

— Esse negócio não vai se realizar.

Só um ano depois é que Chateaubriand entenderia o motivo da traição do conservador Félix Pacheco, que agira menos por razões políticas que pessoais: em 1923 o autor da intriga compraria, ele próprio, o *Jornal do Commercio*. Desolado e sem ter a quem recorrer, poucos dias após a fracassada compra do jornal Chateaubriand ainda tentaria ir à forra contra o presidente que sepultara seu sonho. Em julho de 1922 o deputado federal Raul Fernandes fora eleito governador do estado do Rio de Janeiro derrotando, por 33 mil votos a 16 mil, o "tenente" Feliciano Sodré. Ligado ao ex-presidente Nilo Peçanha, adversário de Artur Bernardes, Raul Fernandes preocupava-se com os rumores de que o novo presidente iria decretar intervenção federal no estado, impedindo sua posse. O caminho para isso já vinha sendo preparado por Sodré, que alegava que sua derrota tinha sido fruto de fraude eleitoral promovida pelos partidários do vencedor.

Faltavam poucos dias para a transmissão do cargo, marcada para 31 de dezembro, quando Raul Fernandes contratou os serviços de Chateaubriand e do advogado Levi Carneiro para entrarem no Supremo Tribunal Federal com um pedido de *habeas corpus* que garantisse sua posse. Para surpresa de Chateaubriand, o Supremo impôs uma derrota ao presidente ao acatar o pedido e determinar que Fernandes fosse empossado no dia 31, juntamente com os deputados eleitos para a antiga Câmara Estadual, agora já denominada Assembleia Legislativa. Mas a alegria de Chateaubriand, de novo, ia durar pouco. Insistindo na tese da fraude, Feliciano Sodré empossou a "sua" assembleia e tomou posse ele próprio como governador. Durante dez dias o estado do Rio viveu a absurda situação de ter dois governadores e duas assembleias legislativas. Era o pretexto de que Bernardes precisava: alegando que um estado não podia viver sob tão caótica duplicidade de poderes, no dia 10 de janeiro de 1923 o presidente nomeou Aurelino Leal interventor federal no estado, anulou as eleições de julho e convocou um novo pleito — que seria vencido por quem? Pelo mesmo Feliciano Sodré.

Se aos 31 anos já conseguira inimigos tão poderosos como o rabugento presidente da República, em 1924 Chateaubriand tinha acumulado enorme prestígio do outro lado — e era inegavelmente uma figura influente entre políticos e empresários das, na época, chamadas "classes conservadoras". Ainda não podia ser considerado um milionário, mas tinha dinheiro suficiente para mudar-se para um luxuoso apartamento de três dormitórios e cozinha no Copacabana Palace Hotel, um colosso cinematográfico construído um ano antes pelo empresário Otávio Guinle com cimento alemão, mármore italiano, cristais tchecos e talheres franceses e que tinha sido inaugurado pelo rei Alberto da Bélgica. Para a nova casa Chateaubriand levou consigo os mordomos franceses Thérèse e Henri Gallon, que surrupiara de Farquhar. Um indicador de poder para a época, seu nome apareceria naquele ano pela primeira vez nos arquivos do Foreign Office, incluído no relatório anual que a embaixada inglesa enviava a Londres sobre as principais personalidades brasileiras. Segundo o perfil enviado à Inglaterra, tratava-se de "jornalista íntimo do ex-presidente Epitácio Pessoa, atualmente trabalhando como advogado para a Brazil Traction Company e para a Itabira Company". O informe resumia as refregas de Chateaubriand com Artur Bernardes, sublinhando que, na opinião do presidente, ele era "um homem perigoso por estar intimamente ligado ao capital estrangeiro — e o presidente alimenta um ódio sem medidas ao capital estrangeiro em geral".

Mesmo sem ser bonito, Chateaubriand não era mais o ser amarelo e doentio da infância. E, apesar de continuar franzino e não ter crescido muito — mal passava de 1,60 m de altura —, ele não se transformara tampouco em um homem feio. Ainda assim, o encanto e o magnetismo que exercia sobre as mulheres eram proporcionais ao sucesso que fazia no jornalismo e na advocacia. Suas incursões nas chamadas "respeitosas relações com moças de família", no entanto, podiam ser contabilizadas nos dedos de uma só mão: descontado o silencioso encanto por Amélia Jansen, a frequentadora do centro espírita de Recife a quem não conseguira dirigir uma sílaba, ele vivera apenas o polêmico romance com Poli, a paixão permanente e nunca correspondida por Iolanda Penteado e, já morando no Rio, um fugaz flerte com a filha de Alfredo Pujol. Sua principal diversão eram as mulheres "de reputação menos ortodoxa", as "falenas", como ele próprio as definia. Eram coristas, bailarinas de *dancings*, atrizes — atividades a que poucas moças de família se arriscavam, naquele começo de século.

Agora, porém, ele se flagrava de novo apaixonado por uma "moça de família", desta vez uma linda francesinha. Fazia alguns anos que Chateaubriand jogava olhares compridos sobre a moça, passageira frequente do bonde da Light que ele e Eugênio Gudin tomavam diariamente, ainda no tempo das vacas magras. Depois de muita insistência ele acabou conseguindo se aproximar de Jeanne Paulette Marguerite Allard, vinte anos, funcionária da Casa de Câmbio e Exportação Daubonne, que se mudara da França para o Brasil quatro anos antes, acompanhando os pais, Angeline Gabison e Hyppolyte Auguste Allard. O pai era um renomado *architecte décorateur* francês, premiado em diversas exposições na Europa, que viera ao Brasil para ser o gerente das indústrias Betanfelle, fabricante de móveis de estilo no Rio de Janeiro.

O namoro, que durava alguns meses — um exagero, para os padrões de Chateaubriand —, coincidiu com a revolução de julho de 1924, em São Paulo. Naquele mês o general reformado Isidoro Dias Lopes reabriria a ferida da guerra entre Bernardes e os militares, mantendo sob o controle de rebeldes não apenas um quartel, como acontecera em Copacabana, mas toda a capital paulista. E desta vez a duração do levante não seria contada em horas, como no Rio. Foram necessárias três semanas de fuzilaria e pesados bombardeios aéreos sobre São Paulo para retomar a cidade. Obrigados a marchar para o Sul, os militares revoltosos acabariam se juntando a outras tropas de insurrectos levantadas pelo capitão do Exército Luís Carlos Prestes no Rio Grande. Nascia ali um movimento épico da história política brasileira — e uma dor de cabeça que acompanharia Bernardes por todo o seu governo —, a Coluna Prestes. Como acontecia com tudo que pudesse fustigar Bernardes, a revolta de São Paulo foi apoiada por Chateaubriand. Além de se manifestar publicamente a favor dos paulistas, ele organizou um grupo de amigos para cercar de gentilezas o jornalista Júlio Mesquita durante todo o tempo em que este esteve preso pelo governo no Hospital do Exército, no Rio, sob a acusação de ter ficado ao lado da rebelião.

São Paulo ainda fumegava sob a artilharia dos aviões do governo federal quando Chateaubriand cruzou na rua do Ouvidor com o jornalista Saboia de Medeiros. Com ar de conspirador, Medeiros puxou-o para um vão de porta e sussurrou:

— Acabo de estar com o Toledo Lopes...

Chateaubriand reagiu aos berros:

— Aquele mulato aça com fumaças de inglês? Não o suporto!

Olhando para os lados, com medo de que alguém os ouvisse, Medeiros continuou:

— Fala baixo! Acabei de estar com o Toledo Lopes e ele me disse que quer vender *O Jornal*.

Os olhos de Chateaubriand cintilaram:

— De verdade? Mas isso é como uma baleia que encalha numa praia de famintos! Aquele caloteiro deve a turcos e suíços, mas sou obrigado a reconhecer que *O Jornal* é uma folha que me seduz...

O "mulato aça" era o baiano Renato Toledo Lopes, jornalista que não chegava a ser uma das estrelas do Rio, e a folha que seduzia Chateaubriand era um matutino quase recém-nascido, se comparado ao centenário *Jornal do Commercio* que Bernardes o impedira de comprar. *O Jornal* fora fundado cinco anos antes por Lopes, à frente de uma dissidência de jornalistas que haviam abandonado o *Jornal do Commercio* por divergências com Félix Pacheco. Nas rodas intelectuais da cidade comentava-se que Lopes entrara no negócio com modestos cinquenta contos de réis, e na realidade apenas emprestara seu nome para os verdadeiros donos do empreendimento: Pandiá Calógeras, Arrojado Lisboa e Pires do Rio, "idealistas a serviço da siderurgia estrangeira no Brasil", comentou ironicamente o jornalista Mário Hora (o proprietário nominal, pelo menos, era de fato Toledo Lopes). Desestimulados de seu projeto pela eleição do ultranacionalista Artur Bernardes, teriam dado o jornal de mão beijada (ou vendido "na bacia das almas", como se dizia) a Toledo Lopes.

Pouco comum àquela época, o título escolhido era uma deliberada provocação contra o *Jornal do Commercio*, a que ninguém se referia por seu verdadeiro nome. Os leitores chegavam à banca e simplesmente pediam:

— Me dê "o jornal" de hoje.

O jornaleiro já sabia que se tratava do *Jornal do Commercio*. Aproveitando-se da fama criada pelo outro, decidiram batizar o novo diário apenas com o nome de *O Jornal*. Por medida de economia (o que desmente a tese de que ele seria um mero testa de ferro de entreguistas endinheirados), Lopes formou uma equipe quase que só de amigos familiarizados com as letras — entre eles o jovem ensaísta Sérgio Buarque de Holanda e o refinado crítico Alceu Amoroso Lima, que já no primeiro número estrearia como crítico literário assinando a coluna "Bibliografia". Jornalistas mesmo, com experiência no ramo, havia na redação apenas dois: o dono e o português Vitorino de Oliveira, até então o braço direito de Irineu Marinho em *A Noite*. Escrito em linguagem pomposa, mesmo tendo adquirido prestígio entre as elites *O Jornal* sobreviveu por cinco anos sem nunca atingir tiragens expressivas, até que Toledo Lopes decidiu passá-lo adiante.

Com um olho fixo na baleia que dera à sua praia e o outro grudado em Artur Bernardes, Chateaubriand repetiu a operação e de novo recorreu a Alfredo Pujol para intermediar o negócio. Ao saber que, somados o patrimônio e o passivo da empresa, Toledo Lopes pedia 6 mil contos de réis pelo jornal, Chateaubriand sapateou e rangeu os dentes:

— Usurário filho da puta! Ele quer me tosquiar! Ele quer me vender por 6 mil contos um jornal que lhe custou cinquenta contos! São 120 vezes mais!

Mesmo esperneando, ele pediu outra vez emprestado a Júlio Mesquita o gerente paulista para "levantar a escrita" do jornal, e acabou convencido de que o preço não era assim tão estratosférico. Toledo queria à vista, como "sinal prévio", trezentos contos de réis — que não seriam devolvidos se o negócio não prosperasse. Passados sessenta dias, mais 1500 contos. Os 4200 contos restantes seriam pagos em quinze prestações mensais, acrescidas de juros bancários. Chateaubriand inventariou as economias que tinha depositadas em bancos, resultado principalmente de seu trabalho para Percival Farquhar. No lugar dele, qualquer pessoa com um pingo de bom senso teria desistido da compra: raspadas todas as contas bancárias, seu patrimônio financeiro alcançava 170 contos de réis — ou seja, 3% do que o jornal custava. Seu dinheiro não era suficiente sequer para pagar a entrada.

Mas a história de Chateaubriand, diria décadas mais tarde um de seus melhores amigos, era "a história da dívida". De algum lugar aquele dinheiro haveria de sair. Antes de mais nada, entretanto, ele precisava arranjar os 130 contos que faltavam para o sinal prévio. Conseguiu o empréstimo sem juros na Casa Sotto Mayor, a maior atacadista de tecidos do Rio, com o compromisso de saldá-lo dali a noventa dias. O dono da empresa, seu amigo Cândido Sotto Mayor, acenou com outro auxílio: se o empréstimo fosse liquidado no prazo, ele se comprometia a tirar mais algum dinheiro do próprio bolso para "comprar um lote de ações" e contribuir com o pagamento do restante da dívida. Chateaubriand sabia que a aparente generosidade ocultava o temor de que a letra de câmbio que ele assinara não representasse suficiente garantia do pagamento. Para seduzi-lo a honrar o compromisso, o credor oferecia um prêmio pela pontualidade.

Para levantar em dois meses os 1500 contos restantes Chateaubriand temia o pior: ter de se sujeitar aos juros proibitivos de um agiota — ou seja, cair nos braços do conde Modesto Leal. Os amigos tentaram demovê-lo da ideia maluca, advertindo-o de que a agiotagem era uma bola de neve rolando contra o tomador do dinheiro: quanto mais ele pagasse juros, mais a dívida crescia. Mas as semanas se passavam e o dinheiro não aparecia. Depois de percorrer três ou quatro bancos, descobriu que tinha crédito na praça mas que isso não refrescava muito a situação, já que o empréstimo só sairia se apresentasse como avalista o dono de uma fortuna proporcional à cordilheira de dinheiro pretendida. E ninguém seria insano o suficiente para avalizar um empréstimo daquele vulto tomado por alguém que declaradamente não tinha como pagá-lo.

O prazo imposto por Toledo Lopes chegava ao fim sem que o dinheiro aparecesse, quando Júlio Mesquita, já em liberdade, chamou-o para uma conversa em seu quarto do Hotel Glória. O paulista foi direto ao assunto:

— Doutor Assis, ponha o pé no mundo, suma. Vá arranjar quem lhe garanta os 4200 contos das prestações.

Atônito, sem entender o que se passava, ele esclareceu:

— Mas doutor Júlio, não adianta lutar pelos 4200 contos. Ainda não consegui levantar nem os 1500 que vencem dentro de poucos dias. Acho que vou perder os meus 170 e os 130 de Sotto Mayor.

Júlio Mesquita tranquilizou-o:

— Insensato, não perca tempo contando-me histórias. Sente o pé no mundo e vá buscar o dinheiro para o restante do compromisso, porque eu acabei de desgraçar um pai de família. Convenci o Pujol a endossar seus papéis.

Chateaubriand correu ao escritório de Pujol para assinar promissórias do empréstimo bancário que estavam sendo avalizadas antes mesmo de serem preenchidas. Ao chegar lá, encontrou o jurista "com calos na língua" de tanto lamber selos — indispensáveis naquela época para que qualquer papel tivesse valor legal. Alfredo Pujol recebeu-o com um gracejo:

— Não sei que mal eu fiz à Providência para que ela me tornasse amigo de dois malucos como você e o Mesquita. Ele recomendou que eu fizesse um seguro de vida de 1500 contos, e se você não pagar o empréstimo eu simplesmente rebento os miolos e salvo minha família da miséria.

Chateaubriand sabia que só mesmo a autoridade patriarcal que Mesquita exercia sobre Pujol seria capaz de convencer o advogado a arriscar parte significativa de seu patrimônio — os 1500 contos que estavam sendo avalizados naquele momento (equivalentes, em 2011, a cerca de 2,6 milhões de dólares) seriam suficientes, por exemplo, para se importar dos Estados Unidos, na época, uma frota de mais de duzentos luxuosos automóveis Chevrolet Voltinette, o carro da moda no Rio. Aquele era um empréstimo que poderia virar fumaça em poucos meses, e se isso acontecesse jamais seria quitado. Mais do que ele, Pujol sabia disso, e recomendou que Chateaubriand tratasse de conseguir meios para pagar em dia as quinze prestações restantes. Sua esperança de não ter de arcar com a dívida de que era fiador residia nisso: com o jornal funcionando haveria pelo menos alguma garantia de entrada de dinheiro — e, portanto, de que o empréstimo seria honrado.

Chateaubriand entendeu que era chegada a hora de começar a gastar o abstrato capital que tão cuidadosamente acumulara durante uma década no Rio e em São Paulo: as amizades. As tais classes conservadoras não queriam um jornal equilibrado, que defendesse "os grandes interesses nacionais"? Então, que pagassem por isso. Mas não era do seu temperamento simplesmente "pedir dinheiro" aos incontáveis amigos influentes que fizera desde 1915. Ainda sem ser dono de nada, mas sentindo que *O Jornal* estava praticamente ao alcance da mão, saiu em campo vendendo ações de uma imaginária Sociedade Anônima O Jornal, que só existia na sua cabeça. Na primeira porta em que bateu o resultado foi animador: Raoul Dunlop não só garantiu a "compra" de cinquenta contos em ações como ainda se comprometeu a arranjar mais um grupo de "acionistas" no Rio. Na segunda, melhor ainda. O poderoso empresário carioca Guilherme Guinle, presidente da Companhia Docas de Santos, "subscreveu" 150 contos do capital da futura empresa.

A conselho de Júlio Mesquita, Chateaubriand viajou para São Paulo, instalou seu quartel-general no melhor hotel da cidade, o Esplanada, atrás do Teatro Municipal, e dali saía todos os dias em busca de subscritores. A primeira investida paulista foi pífia. Jorge Street (que pessoalmente não comprou uma única ação) levou-o à casa de Basílio Jafet, dono da Estamparia Ipiranga, e o resultado da visita foram minguados dez contos de réis. Mas sua sorte em São Paulo ia mudar. O conde Sílvio Alvares Penteado ficou com cinquenta contos e, a exemplo de Dunlop, transformou-se em "agente" de Chateaubriand entre os empresários paulistas. Outro "nobre", o conde Asdrúbal do Nascimento, presidente da Cervejaria Antarctica, desembolsou 110 contos. José Carlos de Macedo Soares, presidente da Associação Comercial de São Paulo, mais cinquenta contos. Levando nas mãos uma carta de apresentação de Álvaro de Carvalho, Chateaubriand desceu a serra do Mar e em Santos foi à procura do cafeicultor e exportador Vicente de Almeida Prado. O fazendeiro ouviu sua exposição em silêncio e ao final sacou o talão de cheques. Preencheu uma folha e entregou ao visitante:

— Estes vinte contos são pela apresentação do meu amigo e parente Álvaro de Carvalho.

Assinou mais outra folha:

— E estes outros vinte contos são a homenagem que os cafeicultores paulistas devem ao jornalista do Norte que tanto conhece café e que com tanto brilho e competência o defende.

Como um exímio contorcionista, Chateaubriand conseguia tomar dinheiro tanto dos que se sentiam representados por sua oposição ao governo, como Almeida Prado, como daqueles que apoiavam Artur Bernardes, como o industrial paulista Roberto Simonsen. E foi Simonsen quem fechou com chave de ouro sua peregrinação por São Paulo, ao comprometer-se pessoalmente com a compra de cinquenta contos em ações e ainda acenar com a possibilidade de vir dinheiro mais grosso:

— Vou organizar uma subscrição entre os empresários de São Paulo. O senhor pode contar com pelo menos vinte vezes mais do que acaba de receber.

Já estava na sua conta bancária o dinheiro resultante do aval de Pujol para a segunda prestação, que cimentaria o negócio. E aparentemente não haveria problemas para o pagamento das quinze parcelas seguintes: ainda que o jornal não desse um mísero real de lucro, se as prometidas doações — ou melhor, as "vendas de ações" — se materializassem, a dívida estaria liquidada. Pontualmente na data estipulada — 30 de setembro —, Assis Chateaubriand comprou um cheque visado na Casa Bancária Boavista no valor de 1500 contos de réis. Uma montanha de dinheiro equivalente a uma vez e meia o capital do banco que recebia o depósito. Os donos do estabelecimento, Alberto Boavista e o barão de Saavedra, pediram a Chateaubriand que só entregasse o cheque a Toledo Lopes no final da tarde: eles queriam que o dinheiro dormisse pelo menos aquela noite no banco, para engordar o balanço de setembro, fechado no último dia do mês.

Ainda que não fosse uma informação pública, a notícia de seu projeto de comprar *O Jornal* estava longe de ser um segredo. Chateaubriand morreu convencido de que Artur Bernardes só soube do negócio horas depois de ele ter assumido formalmente a posse da empresa — embora alguns de seus colaboradores, como Alceu Amoroso Lima e Nelson Werneck Sodré, sustentassem que na realidade o presidente da República sabia de tudo e acompanhara cada passo da operação, mas decidira fazer vista grossa à realização da compra. A convicção de Chateaubriand de que conseguira enganar o presidente se baseava principalmente na legislação da época: os jornais eram sociedades anônimas constituídas por ações ao portador, o que permitia dissimular quem era o real proprietário da empresa. De qualquer forma, a caminho da rua Rodrigo Silva, onde ficava o jornal, ele pegou Austregésilo de Athayde e só então revelou o segredo ao amigo:

— Caboclo, venha comigo que nós vamos tomar posse de *O Jornal*. Acabei de comprar aquele diário e quero você como testemunha na hora de sacramentar o negócio.

Com o consentimento ou não de Bernardes, às oito da manhã de 30 de outubro de 1924 Assis Chateaubriand atravessou as oficinas instaladas no térreo do pequeno prédio de quatro andares da rua Rodrigo Silva, subiu o primeiro lance de escadas, passou sem cumprimentar ninguém pela redação, no primeiro andar, subiu a pé mais dois pavimentos e sentou-se na cadeira que até então pertencia a Renato Toledo Lopes. Aos 32 anos ele realizava o sonho de ser dono de um jornal. E começava a sonhar mais alto ainda: aquele seria apenas o primeiro de uma cadeia de diários que ia gerar filhotes por todos os cantos do país.

Chateaubriand assumiu a direção de *O Jornal* com o estrondo das tempestades de verão da Paraíba. Como se quisesse deixar bem claro que vinha para ficar, para presidir a nova empresa ele chamou ninguém menos que o ex-presidente Epitácio Pessoa. Uma das diretorias foi entregue a Alfredo Pujol e a outra a Rodrigo Melo Franco de Andrade, o responsável pela coleta de dinheiro em Minas Gerais. Cercado pelas três mais luzidias estrelas da política, do direito e da intelectualidade, trabalhou freneticamente nas suas primeiras semanas como dono de jornal. Antes mesmo de substituir o nome de Toledo Lopes pelo seu, no frontispício do jornal, começou a caçar colaboradores de renome. No Brasil, só *O País* e *O Imparcial*, assinantes do serviço integral da agência de notícias americana United Press, publicavam regularmente artigos assinados sobre política e cultura internacionais. Mas eram assinaturas de analistas da própria agência, nomes pouco conhecidos do público. Chateaubriand resolveu inovar e, após breve troca de telegramas, trouxe para as páginas de *O Jornal* nomes cobiçados internacionalmente, como o prêmio Nobel de literatura Rudyard Kipling, o ex-presidente francês Raymond Poincaré e o ex-premiê britânico Lloyd George — o mesmo que anos antes salvara sua hospedagem no Claridge's, em Londres.

Entre os astros domésticos, manteve os nomes mais significativos da equipe do antigo dono, como Alceu Amoroso Lima, e contratou como colaboradores regulares Capistrano de Abreu, Afonso Taunay, Fidelino de Figueiredo, Miguel Couto, Carlos de Laet e Humberto de Campos — este publicava um conto semanal no rodapé do jornal. De São Paulo importou um jornalista que já era conhecido em todo o país pelo sucesso de seus quatro livros infantis, o jovem José Renato, que em homenagem ao avô adotava o nome de José Bento Monteiro Lobato. Criou uma sucursal paulista e para dirigi-la convidou Plínio Barreto, que por dois anos fora responsável, com Júlio Mesquita e Alfredo Pujol, pela *Revista do Brasil*. Para tratar de assuntos econômicos e financeiros vieram Pandiá Calógeras, Paulo Castro Maya e o engenheiro Ferdinando Laboriau. Quando Epitácio Pessoa, preocupado com as finanças da empresa, quis saber onde o jornal iria arranjar dinheiro para pagar tanta gente importante, Chateaubriand não esquentou a cabeça:

— O senhor está colocando o carro na frente dos bois. Um princípio basilar do capitalismo diz que primeiro a pessoa trabalha, e só depois recebe. Vamos deixá-los trabalhar em paz, depois se vê como pagá-los.

Os temores de Pessoa não eram infundados. Pouco tempo depois de contratado, Capistrano de Abreu daria o primeiro passo para a construção da fama que acompanharia Chateaubriand para o resto da vida — a de mau pagador. Em um discreto bilhete dirigido a Calógeras, Capistrano se queixou de que "não era justo o Xatô" — era assim que ele grafava o apelido do amigo — "pagar em dia os quatro artigos mensais de Carlos de Laet", ao passo que ele ainda não vira a cor do dinheiro "de um jornal que se esgota em poucas horas". Sob pressão, Chateaubriand mandou pagar-lhe quinhentos mil-réis, mas tanto a cobrança quanto a preocupação de Epitácio Pessoa deixaram-no com a pulga atrás da orelha. Se quisesse mesmo levar avante o plano de fazer *O Jornal* espalhar filhotes pelo Brasil afora, não seria com o dinheiro da venda em bancas que iria realizar o sonho.

Familiarizado com a imprensa estrangeira, Chateaubriand sabia que para dar lucros um jornal deveria ter, além de leitores, anunciantes. "Temos uma das mais pobres e mesquinhas imprensas do mundo", ele repetia para quem aparecesse em sua sala de trabalho. "E sabem por quê? Porque possuímos uma indústria e um comércio que não anunciam." Tentava pessoalmente convencer seus amigos industriais a aderir à moda da propaganda, mas era bater em ferro frio. Tornou-se um cruzado que fazia pregações sobre "a autoridade da imprensa britânica":

— Essa autoridade nasce da independência econômica, que por sua vez é fruto de um volume de publicidade paga, que assegura milhões de libras anualmente a qualquer um dos periódicos de Londres, Liverpool e Manchester. Quando surgiu o rádio na Inglaterra, o governo proibiu anúncios no novo veículo, temendo que o desvio das verbas de propaganda comprometesse a autoridade e o prestígio da imprensa escrita.

Chateaubriand insistia em sublinhar as vantagens que as indústrias teriam se anunciassem o que produziam, mas industriais poderosos, como o conde Francisco Matarazzo, ouviam aquela arenga com ceticismo e desinteresse:

— Doutor Assis, eu não sou contemporâneo dessa tal de propaganda — dizia o conde. — Se meus filhos quiserem vender com anúncios, não me oporei. Mas eu sou de outra era.

O próprio Chateaubriand sabia que a ignorância não era só dos potenciais anunciantes. Mesmo os grandes jornais brasileiros ainda viviam na idade da pedra da publicidade e da propaganda. Não havia no país sequer meia dúzia de agências de propaganda. Eram a de Pedro Didier e Valentim Harris; A Ecléctica, de Jocelyn Bennaton e João Castaldi; a Petinatti, de Francisco Petinatti, e mais nada. Até mesmo os *outdoors* só apareceriam no Brasil cinco anos depois, produzidos pelo tipógrafo italiano Amedeo Vigianni — e ainda assim sob a forma de toscos cartazes ovais, tão pequenos que podiam ser pregados nos postes de luz. O máximo a que se tinha chegado era a figura do agente individual de reclames, uma espécie de corretor que levava os raros anúncios para os jornais e ganhava uma comissão sobre o faturamento. A composição dos anúncios era feita pelos tipógrafos nas próprias gráficas dos jornais — nada muito diferente dos "manteigas" da adolescência pernambucana de Chateaubriand. Propaganda feita em "estéreos", nome com que eram conhecidos os clichês, era raríssima. As fábricas estrangeiras instaladas aqui eram uma exceção — e entre elas a americana General Motors inaugurou uma "agência" interna própria, chamada Seção de Propaganda, onde trabalhavam cinco pessoas, encarregadas de criar, produzir e fornecer a seus revendedores cartazes e folhetos.

Foi Van Dyck, presidente da filial brasileira da indústria de lâmpadas General Electric, que, sabendo da obsessão de Chateaubriand pelo assunto, chamou sua atenção para um turista que passava férias no Rio: o americano Fitz Gibbon, chefe do Departamento de Propaganda do *New York American*, matutino publicado em Nova York pela cadeia do czar da imprensa dos Estados Unidos, William Randolph Hearst. Talvez valesse a pena visitá-lo no hotel, sugeriu Van Dyck, para se aconselhar sobre como lidar com o problema da publicidade nos jornais brasileiros. Chateaubriand marcou um almoço com Fitz Gibbon no Copacabana Palace. Antes que a sobremesa chegasse, Fitz Gibbon — "o primeiro perito em propaganda a aparecer nesta terra", diria Chateaubriand — havia decidido demitir-se do grupo Hearst e mudar-se para o Rio, onde criaria, dias depois, o Departamento de Propaganda de *O Jornal*. Com expressas recomendações do novo dono do matutino:

— O senhor vem para o Brasil para me ajudar a acabar com o jornalismo doutrinário, contemporâneo do século passado. Com sua ajuda, quero estabelecer métodos norte-americanos de vender mercadorias por intermédio da imprensa diária. Vamos impor aos magazines novas formas de fazer seus anúncios. Quem não vier atrás de nós vai morrer de fome, seu Gibbon.

Enquanto não começavam a pingar os anúncios arrancados por Gibbon, Chateaubriand ia dando a *O Jornal* uma cara nova. Convidou para ser redator-chefe o "Caboclo", Belarmino Austregésilo de Athayde. Para secretário de redação contratou o jornalista Azevedo Amaral, que era redator-chefe do *Correio da Manhã*, e sugeriu a ele que começasse a substituir os intermináveis e soníferos artigos que ocupavam meia, uma e até duas páginas por uma novidade que fazia muito sucesso na imprensa dos Estados Unidos — as reportagens. A primeira delas causou furor entre os leitores e tratava de um personagem cuja sombra acompanharia Chateaubriand por muitas décadas: o coronel e etnólogo inglês Percy Fawcett, que surgira no Brasil acompanhado de um filho e de um ajudante para "libertar a população" de uma suposta Atlântida encravada na Amazônia brasileira, uma sociedade de 10 mil anos de existência, povoada por brancos e implantada sobre o maior veio de ouro do planeta. Quando *O Jornal* se interessou pelo assunto, Fawcett já se embrenhara pela selva adentro — de onde, aliás, jamais retornaria. Mas o talentoso Azevedo Amaral mandou ouvir as dezenas de pessoas que haviam estado com Fawcett antes da partida, o que foi suficiente para que o próprio redator-chefe do jornal escrevesse uma emocionante série de reportagens intitulada "Haverá uma Atlântida brasileira?". O material foi publicado contra os conselhos de Cândido Rondon, que conhecera Fawcett e a quem considerava "uma combinação de embusteiro e louco, um megalomaníaco alucinado que está atrás de ouro ou apenas de se promover na Europa".

Vivendo a delicada situação de estar rompido com o governo, Chateaubriand decidiu consolidar suas relações com as fatias restantes do poder — onde quer que elas estivessem. Ao visitar o influente d. Sebastião Leme, arcebispo coadjutor do Rio de Janeiro, ouviu um pedido do prelado: já que *O Jornal* mantinha há muitos anos uma coluna diária sobre o protestantismo, por que não criar outra, sobre o catolicismo? A única exigência que a Igreja fazia, se o pedido fosse atendido, é que as duas colunas saíssem em lugares diferentes do jornal, nunca lado a lado. O agnóstico e incréu Assis Chateaubriand fez um discurso de carola para responder ao pedido, mas seu linguajar deixou o bispo de olhos arregalados:

— Eminência, essa coluna foi criada pelo afro-brasileiro Toledo Lopes, antigo dono do jornal. Como todo híbrido, esse mulato pachola gostava de exibir independência, e por isso teimava em manter essa coluna protestante. Mais do que isso, ele cevou na redação uma malta de energúmenos espíritas e protestantes, só para atacar o clero e apoquentar vossa eminência.

Não precisava tanto, mas Chateaubriand continuou:

— Não sou homem de meias medidas, eu vou ao cabo. A coluna católica vai ser criada, mas vai permanecer sozinha, monopolística em nossa casa. A partir de amanhã estão rifados todos os gemidos calvinistas e allankardequianos no meu diário.

Ao chegar à redação e contar, às gargalhadas, o diálogo com o arcebispo, ele garantia:

— A partir de hoje, estamos atolados no coração de dom Sebastião Leme e da Igreja até o último dia de nossas vidas!

Depois do afago ao poder espiritual da Igreja, estava na hora de fazer um cafuné ao poder secular do capital. Inaugurando uma prática que seria marca registrada de seus jornais ao longo dos anos, Chateaubriand lançou a primeira de suas célebres "campanhas". E, como era a primeira, o objeto da homenagem tinha de ser, naturalmente, o poder a que ele precisaria recorrer nos momentos de dificuldades mais materiais: tratava-se de uma campanha para estimular a população a fazer uso intensivo do cheque. Uma campanha significava que o assunto ia ser tema de seguidas reportagens no jornal, de enquetes e pesquisas com os interessados e, muitas vezes, de concursos de que os leitores participavam preenchendo cupons publicados em *O Jornal*. Antes que o ano terminasse, Chateaubriand ainda mandaria fazer campanhas pela preservação dos monumentos históricos brasileiros; contra a carestia; contra as emissões desenfreadas de moeda pelo governo; contra a inflação (que na época mal passava de 1% ao mês); a favor da criação de um Instituto de Defesa do Café e, finalmente, contra o entesouramento de moeda — e a favor de maior crédito oficial ao comércio e à indústria.

Apesar de continuar fazendo clara oposição a Bernardes, Chateaubriand mantinha relações cordiais com políticos que apoiavam o presidente, entre os quais se encontrava o deputado federal gaúcho Lindolfo Collor, que era também redator-chefe de *O País*. E foi Collor quem o procurou para dizer que um colega seu da Câmara Federal queria conhecer de perto o jornalista do Norte que tanta polêmica provocava no Rio. O deputado chamava-se Getúlio Dorneles Vargas. Chateaubriand foi visitar Vargas no apartamento em que este morava com a família no Hotel Wilson, na praia do Flamengo.

A conversa durou um par de horas, e o jornalista se impressionou com a cultura e a vivacidade do político gaúcho de pouco mais de quarenta anos, que se apresentava como "um spenceriano, um positivista individualista, ao contrário de meus conterrâneos Júlio de Castilhos e Borges de Medeiros, comtistas ortodoxos". Disse que, como assinante do jornal argentino *La Nación*, lera com grande interesse os artigos e entrevistas que o jornalista enviara da Europa. Ao perguntar pelos planos de Chateaubriand para o futuro, Vargas ouviu-o dizer que nos próximos meses queria criar um vespertino novo no Rio de Janeiro e, logo em seguida, montar ou comprar um jornal em São Paulo e outro em Minas Gerais, dando início a uma cadeia nacional de informação. A pronúncia da palavra "nacional" fez brilhar os olhos do deputado:

— Mais do que qualquer outra coisa, este país precisa de instituições que lhe deem unidade. Cada estado brasileiro é uma ilha voltada de costas para as outras, como se fossem países diferentes. A cadeia de jornais que tu projetas pode ser um embrião da unidade nacional por que eu tanto luto. Se precisares de ajuda para a realização de seus planos, podes contar comigo.

Ao descrever o encontro para os colegas de redação, Chateaubriand disse que Getúlio "seria até uma pessoa agradável, não fosse o cheiro do charuto fedorento que mantém o tempo todo na boca, como uma chupeta de bebê". Apesar da aversão ao fumo, Chateaubriand teria de suportar o vício do gaúcho pelos meses seguintes, quando este se tornou assíduo frequentador da redação de *O Jornal*, ao final das sessões do Congresso. Mas um observador que pudesse prever o futuro diria que Chateaubriand ainda seria obrigado a conviver com os charutos de Vargas não apenas por meses, mas até a morte do homem que acabara de conhecer.

9

Para espanto de todos que de alguma maneira haviam se metido naquela aventura, em meados de 1925 *O Jornal* era um indiscutível sucesso. Espanto de todos, menos de Chateaubriand. Ele sabia o que estava fazendo e aonde queria chegar. Como resultado da catequese de Fitz Gibbon, em menos de um ano o faturamento de publicidade tinha dobrado. Boa parte das vinte páginas diárias estava coberta por anúncios da Antarctica, da General Motors, da companhia Sul-América de Seguros, de várias casas bancárias, de distribuidoras de combustíveis e de inúmeros, incontáveis laboratórios, brasileiros e estrangeiros: eram anúncios de remédios para eczemas, para engordar, para emagrecer, para tosse, bronquite e rouquidão, para curar gonorreia, para expelir vermes, para mulheres que tinham pouca (ou muita) menstruação. Um estrangeiro que pousasse os olhos sobre aquele mar de anúncios — alguns exageradamente grandes, outros microscópicos — imaginaria tratar-se de uma publicação dirigida a médicos ou a pacientes de hospitais. E o leitor que conhecesse, mesmo superficialmente, a história de seu dono ficaria intrigado com um inexplicável mistério: quase um ano depois de passar às mãos de Chateaubriand, *O Jornal* não tinha recebido um único anúncio da Light. A surpresa era maior para os que sabiam que nessa área o "polvo canadense" não tinha meias medidas. Ao buscar a noiva, que era telefonista da direção da Light, o jovem jornalista Mário Hora, por exemplo, viu um dossiê revelador dos métodos da empresa para tratar os jornais de oposição. Numa pasta estavam colados os recortes das campanhas feitas contra a Light, com uma anotação a lápis, no pé da página: "Campanha iniciada no dia tal, e terminada no dia tal. Pagos ao jornal: tantos contos de réis". Ao lado do nome de cada jornal e cada revista, estava registrada a quantia desembolsada para silenciá-los. Se pagava até aos inimigos, por que Mackenzie não estaria ajudando a um de seus melhores amigos e protetores?

Mesmo sem os anúncios da Light, as finanças do jornal iam muito bem, a ponto de permitir que as prestações fossem saldadas religiosamente em dia. Aproveitando a bonança, no começo de 1926 Chateaubriand decidiu fazer uma experiência para testar a receptividade do mercado ao seu projeto de lançar um vespertino. Durante algumas semanas *O Jornal*, que não circulava às segundas-feiras, passou a sair nesse dia, no meio da tarde, sob a forma de vespertino. O fracasso do empreendimento levou-o a suspender a nova edição um mês depois de lançada.

Chateaubriand retornou à política de reforçar a redação com colaboradores de renome. Passaram a assinar artigos regulares, além dos que tinham sido chamados no ano anterior, nomes como os de Afrânio Peixoto, do banqueiro José Maria Whitaker, de Virgílio de Melo Franco, e até de Herbert Moses, que, embora fosse da equipe de *A Noite*, dividia com Neto dos Reis uma coluna publicada no concorrente sob o título de "Aviação nacional", uma das favoritas de Chateaubriand. Com a série "Os diálogos de mr. Slang", Monteiro Lobato passou a colaborar regularmente com *O Jornal* até o ano seguinte, quando seria convidado a trabalhar na missão comercial brasileira nos Estados Unidos. Apesar de admirá-lo, Chateaubriand se queixava da falta de assiduidade e do comportamento boêmio do escritor paulista. Lobato aparecia no jornal para entregar sua coluna e "ficava horas por lá, fazendo ponto na redação, conversando e cavaqueando com os colegas", reclamava o patrão.

Reconciliado com os modernistas de quem escarnecera em 1922, Chateaubriand convidou alguns deles para o jornal, que agora tratava por "minha taba": para dirigir a recém-aberta sucursal de Belo Horizonte, chamou o jovem advogado Milton Campos. Este arrastou consigo, para escrever sobre literatura, outro modernista mineiro, um ainda obscuro poeta chamado Carlos Drummond de Andrade. Da "semana de secos e molhados" ainda se incorporaria a *O Jornal* o paulista Oswald de Andrade, que em seu artigo de estreia anunciou que estava ali para "passar em revista as últimas produções literárias da mocidade futurística da Pauliceia". Para não deixar dúvidas quanto à sinceridade com que abraçava a onda modernista, o próprio Chateaubriand assinou um artigo de primeira página saudando a pintora Tarsila do Amaral como uma "mulher dinâmica do mundo superindustrializado em que vivemos, e que está traduzindo, com insolência, o frenesi da expansão paulista". E durante a viagem do "escritor futurista" italiano Filippo Tommaso Marinetti ao Brasil Chateaubriand insistiu em ser o cicerone oficial do visitante — que chegou a levar, acompanhado por intelectuais e estrelas do café soçaite, para uma inusitada visita a um terreiro de quimbanda no alto de uma favela carioca. Todos, claro, devidamente protegidos por soldados armados de espingardas. Depois de mostrar São Paulo ao visitante, publicou uma entrevista maluca sobre Marinetti feita com Juó Bananére, pseudônimo do engenheiro Alexandre Marcondes Machado, que infligia pânico aos poderosos e governantes não por seus projetos politécnicos, mas pelo sarcasmo de seus versos e crônicas, escritos num idioma próprio, uma mistura de português e italiano — tal como era falado pelos imigrantes italianos em seus primeiros dias de Brasil. Na entrevista, Chateaubriand trata Bananére com toda a seriedade:

Daqui a duzentos anos, quando o português e o italiano forem, em São Paulo, como o hebraico e o sânscrito, dois idiomas mortos, lidos por eruditos, será na prosa ágil de Juó Bananére, o precursor, que as gerações futuras terão compreendido a linguagem do futurismo. Avistei-o há três dias a fim de ouvi-lo e resumir-lhe as impressões sobre o futurismo. Vou transmitir a palestra que tive com ele no próprio idioma pitoresco em que ele me falou. Fala, Bananére:

"As minha impressô sopra du Marinetti? Io axo chi o Marinetti é um númaro! Fui illo chi inventô o futurismo, u Mussolino i a modinha da Maricota sai da Xuva. A primeira circunferenza che illo fiz inzima du u Gazino, fui una billeza! Aparicia a fêra do Largue do Arroche. Tenia batata, tumato, banana, pexe podre, uova con pintigno, ecc., ecc. [...] U futurismo é una tioria literaria chi manda a prantá batata tuttas tradiçó, a storia, u passato i tutto chi é veglio. Tutto chi é veglio non presta i a gente deve agiugá fora. U paio, a maia, i u avô da genti, quano fica veglio a genti devi turcê o piscoço e agiugá nu lixo. U PRP i u Gurreiu Baolistano chi giá stó podri di veglio pricisa agiugá fora tambê".

Bananére, ele próprio um filofascista, termina a entrevista ironizando os pendores mussolinistas de Marinetti:

"U Marinetti stive nu migno saló i axó u succo! Illo vai cava pra mim u lugáro de barbieri ufficiale du Mussolino. Io fiquê tô intusiasmato chi até fiz un verso futturiste prelle:

Vai-si a primêra pomba dispertata!
U Marinetti é una gavargadura!
Quano vem u garadura
Io vô vê qui bixo deu i giá vorto.

A lua vem saino
U sole tambê vem vino
I us dois s'incontráro!
Deu u giacaré c'oa cabra!

Io cumpré um Forde
I u Xico cumprô una egua marella
Io vô mistiçá ella.

Guero vê se dista passoca sai un presidentino
Bra ista ripubliga avacagliada.
Abaxo Piques, venti di Mussolinário
Di mila venti seis."

Chateaubriand aproveita a estada em São Paulo para escrever uma série sobre o modernismo paulista, na qual se destacava a entrevista com "um forte pintor russo, Lázaro Segall", que a milionária mecenas Olívia Guedes Penteado havia contratado "para pintar um pavilhão de sua casa, consagrado ao culto da modernidade". Para o jornalista, "só mesmo a metrópole de Francisco Matarazzo e Pereira Ignacio pode demonstrar tal entusiasmo pela arte moderna".

Seu interesse central, entretanto, continuava voltado para o que chamava "o caráter cosmopolita" que queria imprimir ao jornal. Mas os artigos especiais, quase todos comprados com exclusividade do New York American Syndicate, acabavam transmitindo ao leitor mais atento a impressão de que reinava no jornal uma enorme confusão ideológica, pelo menos no plano internacional: durante uma semana, por exemplo, *O Jornal* era a única publicação brasileira onde se podiam ler textos escritos por Leon Trótski, fundador do Exército Vermelho soviético e ex-comissário da Guerra da URSS. Às vésperas de entrar nas fatais listas de inimigos de Stálin, Trótski assinou uma série de artigos que ocupavam sempre o lugar mais nobre do jornal, o lado direito do alto da primeira página. Isso numa época em que ainda nem havia trotskistas no Brasil — o primeiro e mais notório deles só apareceria por aqui quatro anos depois: o respeitado crítico de arte Mário Pedrosa. Mas, logo depois de Trótski, Chateaubriand publicaria, com igual destaque, uma caudalosa história do fascismo assinada pelo próprio Benito Mussolini. Como repique, a personalidade internacional seguinte seria um fiel seguidor das ideias de Mussolini, o general falangista espanhol Primo de Rivera.

Esses extensos tijolaços nacionais e estrangeiros continuavam dando ao jornal a aparência gráfica de um diário oficial. Tentando refrescar essa tendência, Chateaubriand aumentou de vinte para 24 o número de páginas, agora divididas em dois cadernos, sendo o segundo frequentemente impresso em cores. Em abril de 1925 uma nova experiência foi feita, e o segundo caderno foi impresso nas oficinas do *La Nación*, em Buenos Aires, em rotogravura, técnica ainda desconhecida dos diários brasileiros. Na cobertura da morte do aviador português Sacadura Cabral, o jornal usou fartamente a clicheria para reproduzir fotos do morto e do avião com que pretendia dar a volta ao planeta. Além de se preocupar com a estética, Chateaubriand insistia nas reportagens: seu primo Rafael Correa de Oliveira (neto do conselheiro João Alfredo, que dera o primeiro emprego a seu pai) é colocado no encalço da Coluna Prestes, e pela primeira vez o público lê na grande imprensa algo que até então só aparecia em panfletos políticos: entrevistas em que os chefes rebeldes descrevem suas refregas contra as forças regulares do governo federal. Encantado com o lado romântico e aventuresco de Prestes, a quem se referia nos artigos como "o fogoso capitão gaúcho", e sabendo que a divulgação dos movimentos da Coluna era mais uma maneira de azucrinar o presidente da República, Chateaubriand já havia contratado antes o general Nestor Sezefredo dos Passos para, sob o cauteloso pseudônimo de "General Z.", assinar artigos no jornal analisando do ponto de vista militar a marcha rebelde que se transformara na maior dor de cabeça do governo Bernardes.

Além de Rafael Correa de Oliveira, outros repórteres do jornal — como Azevedo Amaral e o mineiro Luís Amaral — voltariam a acompanhar a Coluna pelo interior do país e a publicar novas séries contando as peripécias daquele endemoniado exército de trôpegos que as mais bem equipadas forças de Bernardes jamais conseguiriam vencer. Lidas obrigatoriamente pelos censores do ministro da Justiça, Afonso Pena Júnior (a quem Chateaubriand substituíra como advogado de Farquhar), as reportagens costumavam sair — quando eram liberadas — até um mês depois de escritas. Indignado com a propaganda oficial, que comparara Luís Carlos Prestes ao cangaceiro Virgulino Ferreira, o "Lampião", Chateaubriand revida na primeira página de *O Jornal*:

> O ministro da Justiça, que tanto se preocupa em censurar, não devia permitir a ignomínia dessa comparação. Lampião é um bandido, um salteador vulgar, um miserável que assassina para roubar, um degenerado que se fez cangaceiro a fim de dilapidar os bens e tirar a vida de seus semelhantes. O capitão Prestes é um revolucionário, e, enquanto não for julgado por um juiz civil ou um conselho de guerra, faz parte do Exército brasileiro. O *raid* do capitão Prestes valerá pela tenacidade e pelo arrojo do soldado-menino de 26 anos, bravo, ardente, pugnaz, como decerto o Brasil não tinha visto nada comparável.

Como se tal atrevimento não fosse suficiente provocação contra o presidente, Chateaubriand ainda abriria nas páginas de *O Jornal* uma subscrição pública destinada a coletar dinheiro dos leitores para ajudar os rebeldes, soma que seria entregue a Prestes e Miguel Costa (seu companheiro no comando da Coluna) pessoalmente por seu irmão Oswaldo Chateaubriand e pelo repórter Luís Amaral. O exemplo dado por Chateaubriand acaba sendo seguido por Irineu Marinho, em *A Noite*, e por Edmundo Bittencourt no *Correio da Manhã*. O gesto de Chateaubriand fica registrado no diário do historiador oficial que acompanhou toda a trajetória da Coluna, o "bacharel feroz" Lourenço Moreira Lima:

> O dr. Luís Amaral, representante d'*O Jornal*, nos levou a primeira importância adquirida pela grande subscrição nacional feita para nos socorrer — auxílio esse que recebemos com o maior prazer, porque foi uma manifestação inequívoca de que o povo brasileiro aplaudia a campanha que empreendêramos na defesa de suas liberdades mais caras. [...] Conosco já estivera o dr. Correa de Oliveira, também representante d'*O Jornal*, a quem se devem as fotografias tiradas da Coluna [...].

Quando a exaurida Coluna ameaça chegar ao fim, *O Jornal* despacha mais repórteres ao exterior para ouvir seus comandantes. Em carta enviada a Siqueira Campos (um dos sobreviventes da revolta do Forte de Copacabana, em 1922), Prestes conta como foi seu encontro com os jornalistas de Chateaubriand: "No dia 24 de fevereiro aqui chegaram o dr. Rafael C. de Oliveira, que pôde observar um dos momentos mais críticos de nossa vida revolucionária [...]. Prontos, nus, doentes e feridos, terminando uma longa marcha a pé, tendo atravessado trinta léguas de pantanal. As fotografias então tiradas são o melhor testemunho. A minha, então, é a de um verdadeiro jagunço [...]. O dr. Luís Amaral, também representante de *O Jornal*, esteve aqui alguns dias. Tirou algumas fotografias que devem ser publicadas. Deu-me notícias tuas, do general Miguel e de João Alberto". A insistência de Chateaubriand em promover Prestes e defender com tanto entusiasmo a anistia "a todos os revoltosos, desde 1922", acabaria redundando na primeira e mais ruidosa baixa nas hostes de *O Jornal*. O presidente da empresa, Epitácio Pessoa, acabaria pedindo demissão do cargo. Motivo: "O desgosto de presidir um diário que advogava o perdão de rebeldes militares que cometeram o crime de sublevação contra três administrações" — inclusive a sua própria.

Mas nem só de política poderia viver um jornal que vendia 40 mil exemplares e se gabava de ter quase 3 mil assinantes, espalhados por dezenove estados e territórios — liderados por Minas, com 985 assinaturas, o Distrito Federal, com 377, e São Paulo, com 349. Apesar do ar ainda carrancudo, dado pelos artigos nacionais e estrangeiros, *O Jornal* certamente começava a cair no gosto da população. Um diretor da Casa Pacheco, um dos maiores magazines varejistas cariocas, conta em entrevista que suas vendas dobraram em poucos meses, e assegura que o maior retorno desse salto é proveniente dos anúncios feitos em *O Jornal*. E foi pensando nesses leitores — afinal, eles é que estavam garantindo a prosperidade de seu empreendimento — que Chateaubriand decidiu, sem qualquer cerimônia, se apropriar do que ele considerava "uma grande campanha" do concorrente *A Noite*.

Dois anos antes, em 1923, o jornal de Irineu Marinho promovera, em parceria com a *Revista da Semana*, um concurso popular para descobrir "a mulher mais linda do Brasil". As eliminatórias estaduais levaram 24 intermináveis meses até que um júri, formado pelo caricaturista Raul Pederneiras, pelo pintor Batista da Costa e pelo escultor Correia Lima, escolheu, entre mais de trezentas finalistas, a jovem santista Zezé Leone, que logo depois se tornaria atriz de cinema. Alegando que *A Noite* e a *Revista da Semana* tinham plagiado uma ideia em voga fazia muitos anos nos Estados Unidos, Chateaubriand não teve cerimônia em registrar em nome de *O Jornal* a marca "Miss Brasil" — um concurso de beleza que se realizaria anualmente sob os auspícios do jornal como "uma homenagem à nossa mais linda patrícia".

Estava enganado quem supusesse que o furto iria desencadear uma guerra entre ele e Marinho. Este, passadas poucas semanas, decidia vender *A Noite*, após quinze anos à frente do jornal, e lançar um novo diário no Rio de Janeiro, levando consigo Herbert Moses e Antônio Leal da Costa. E, apesar da experiência fracassada de Chateaubriand, o grupo decidira pôr nas ruas um vespertino. Para escolher o nome do futuro jornal, Marinho valeu-se de um original concurso: qualquer pessoa poderia depositar sua sugestão em urna colocada no Liceu de Artes e Ofícios. O nome que obtivesse o maior número de indicações seria o escolhido, e o autor — ou autores — da sugestão receberia como prêmio uma assinatura gratuita, durante um mês, da nova publicação.

Quem leu *O Jornal* nos trinta dias que durou a promoção do antigo dono de *A Noite* ficou com a impressão de que aquela era mais uma "campanha" de Chateaubriand. Na verdade o que ocorreu é que, sabendo que Irineu Marinho já não dispunha de um veículo para divulgar o concurso (ele deixara *A Noite* brigado com o novo dono, Geraldo Rocha, a quem acusava de ter lhe passado a perna), Chateaubriand deu ordens para que seu jornal se encarregasse de difundir, por meio de reportagens diárias — intituladas "Um bom nome para um bom jornal" —, a promoção que iria escolher o título do novo vespertino. Ao final de um mês, foi *O Jornal* que tornou público o resultado: apuradas 26 520 sugestões, os nomes mais votados tinham sido, pela ordem, *Correio da Noite*, *O Globo*, *Última Hora*, *Jornal da Noite*, *A República*, *Diário da Noite*, *A Reação*, *O Tempo*, *O Cruzeiro* e *A Tarde*. O título *Correio da Noite*, escolhido por 3382 pessoas para aquele que, décadas depois, seria um dos quatro maiores jornais do país, não pôde ser adotado, pois já estava registrado em nome de alguém. A escolha acabou recaindo sobre o segundo colocado, e assim foi batizado pelos 3080 leitores que haviam sugerido *O Globo*. O dono do jornal mal teve tempo de ver de pé o novo vespertino, lançado na última semana de julho: no dia 21 de agosto morria Irineu Marinho. Seu filho Roberto, de apenas 21 anos, decidiu passar a direção do jornal a Euricles de Matos, para só assumi-la cinco anos depois, com a morte deste.

A experiência frustrada do início de 1926 com a circulação vespertina de *O Jornal*, somada à ocupação do espaço, no Rio, pelo lançamento de *O Globo*, fez com que Chateaubriand voltasse os olhos para São Paulo — cidade onde estava o dinheiro e onde, por coincidência, havia um jornal à venda. Era o *Diário da Noite*, um vespertino com poucos meses de vida, que havia sido fundado no começo de 1925 por Plínio Barreto, Rubens do Amaral e Leo Vaz (o mesmo que, junto com Monteiro Lobato, sobrevivera à gripe espanhola na redação do *Estado* em 1918). Ao saber que o jornal ia mal das pernas, Chateaubriand tomou o *Cruzeiro do Sul*, trem noturno que ligava o Rio à capital paulista, e amanheceu com sua tenda armada no Hotel Esplanada.

Desta vez sem intermediários, saiu em campo para se entender com os donos do *Diário da Noite*, que não pediam muito pelo jornal — cerca de um terço do que lhe custara *O Jornal*. Antes de bater o martelo, foi até a fazenda de Júlio Mesquita, em Louveira, no interior de São Paulo, pedir a bênção do dono do *Estado* para o novo negócio. Só depois de receber o *nihil obstat* do patriarca da imprensa paulista é que saiu em busca de dinheiro. O prestígio e o poder acumulados em dez meses de funcionamento de *O Jornal* o animaram a repetir a operação que fizera em setembro do ano anterior. Desta vez assestou suas baterias contra empresários, industriais e agricultores paulistas — só para Carlos Leôncio "Nhonhô" Magalhães, presidente da Sociedade Rural Brasileira, conseguiu "vender" quarenta contos de ações. Como o novo jornal estava instalado em São Paulo, sentiu-se "no dever" de bater novamente às portas de Guilherme Guinle — um carioca, sim, mas afinal ele era o dono da Companhia Docas de Santos. Ao ver o empresário preencher um cheque de 75 contos, exclamou:

— Os astros estão a nosso favor, doutor Guinle. O valor que o senhor está pagando por esse lote de ações do *Diário da Noite* é exatamente o que o falido *New York Times* custou, trinta anos atrás, a Alfred Ochs. Estamos no bom caminho!

Guinle sabia com quem estava falando:

— Esqueça as ações, Chateaubriand. Isto é filantropia, é dinheiro a *fonds perdu*.

Com a ajuda de Rodrigo Melo Franco, Chateaubriand obteve mais algumas contribuições em Minas Gerais. E o dinheiro que faltava para assumir a propriedade do jornal ele levantou vendendo antecipadamente a seus clientes preferenciais — bancos, companhias de seguros, laboratórios — páginas e páginas de anúncios que seriam publicados por meses a fio tanto no *Diário da Noite*, que ainda não lhe pertencia, quanto em *O Jornal*. No dia 2 de junho de 1925, embora seu nome ainda não aparecesse no cabeçalho nem no expediente, o *Diário da Noite* era propriedade de Chateaubriand, que manteve Plínio Barreto e Rubens do Amaral como diretores e Leo Vaz como redator-chefe. A marca do novo dono apareceria em poucos dias, com o jornal combatendo, solitária mas encarniçadamente, o projeto do governo federal de construir um segundo porto no estado de São Paulo, na cidade de São Sebastião. Para Chateaubriand, aquilo era "uma insensatez, uma imbecilidade, uma demência, uma chapada ignorância, uma coceira maluca. Uma vaidade de gente que não sabe dar valor ao dinheiro público". Os defensores da ideia o acusavam de estar apenas pagando, em reportagens e editoriais, a dinheirama que lhe dera Guilherme Guinle, dono da Docas de Santos, que se sentia ameaçado pelo projeto. Mesmo assim, a tese de Chateaubriand saiu vencedora, e o porto nem chegou a sair do papel.

Menos de seis meses após mudar de mãos, o jornal que capengara desde a fundação exibia uma invejável robustez econômica: antes de terminar o ano, apresentava lucros de 311 contos. Tanto dinheiro transformava-se em um insondável mistério, a julgar pelo que afirmaria, décadas depois, Edmundo Monteiro, que jura ter mantido fechada num cofre, durante anos, a cópia de um lançamento de caixa datado do primeiro dia de funcionamento do jornal sob a nova direção. Segundo ele, lá estava escrito: "Formação de capital: fulano, tantos contos, beltrano, tantos contos, sicrano, tantos contos. Total em caixa, duzentos contos". O lançamento seguinte, feito no mesmo dia, registrava uma retirada de dinheiro feita pelo irmão do dono: "Empréstimo ao dr. Oswaldo Chateaubriand: duzentos contos". Para Monteiro, aquela era uma prova indiscutível de que "oficialmente a nova empresa nasceu e quebrou no dia de sua fundação — e este seria o retrato mais fiel da história dos nossos jornais".

Ainda que fruto de algum inexplicável milagre, a verdade é que o *Diário da Noite* tinha mesmo apurado ao longo dos primeiros meses os tais 311 contos anunciados como "lucro". Pois foi com esse dinheiro que Chateaubriand alugou a sede da antiga Rotisserie Sportsman, na rua Líbero Badaró, nos baixos do viaduto do Chá, e transferiu para lá o jornal, devidamente equipado por uma recém-adquirida rotativa Albert — um prodígio da engenharia capaz de rodar por hora 30 mil exemplares de um caderno de dezesseis páginas, duas das quais em cores. Do propalado lucro do *Diário da Noite* ainda sobrou dinheiro para que Chateaubriand adquirisse de Monteiro Lobato e transferisse para São Paulo a respeitada *Revista do Brasil*, que passou a ser dirigida por Rodrigo Melo Franco de Andrade.

Não se imagine, porém, que tamanha abastança fosse um privilégio do braço paulista dos negócios de Chateaubriand. No Rio de Janeiro *O Jornal* exibia opulência semelhante ou até maior que a do *Diário da Noite*. Para o jornal carioca foi comprada uma máquina ainda mais sofisticada que a Albert que fazia tremer o velho prédio do vale do Anhangabaú: uma Hoe de alta velocidade, novinha em folha, capaz de imprimir duas vezes e meia mais jornais que a máquina instalada em São Paulo — ou seja, 72 mil exemplares por hora, continuamente. Quando os técnicos acabaram de aparafusar a impressora no chão do andar térreo do prédio do jornal, Chateaubriand dava voltas e voltas em torno dela, dando-lhe tapinhas como quem bate no lombo de um puro-sangue premiado. Para expressar tanta admiração, recorria ao superlativo nordestino:

— Isto não é um prelo, é um despotismo! Um despotismo, meus senhores!

Importado dos Estados Unidos, o despotismo foi apresentado aos leitores através de uma edição comemorativa do centenário do nascimento de d. Pedro II e sobre o desenvolvimento da indústria no Brasil. O calhamaço quebrava dois recordes da imprensa brasileira: até então nenhum jornal tinha posto na rua uma edição com 68 páginas, assim como nenhum veículo jamais conseguira vender, num só dia, um volume tão grande de publicidade como a estampada em *O Jornal* de 2 de dezembro de 1925.

A compra de um novo jornal em São Paulo e da *Revista do Brasil*, a importação de máquinas caras e sofisticadas, a edição especial de *O Jornal* — tanto barulho acabou despertando a serpente que dormia no Palácio do Catete e que, aparentemente, tinha decidido deixar Chateaubriand em paz. A verdade é que, simulando indiferença aos negócios do adversário, Artur Bernardes, por meio de informantes plantados dentro do jornal, vinha acompanhando secretamente, desde setembro do ano anterior, os detalhes de todas as operações realizadas pela empresa. O presidente era informado, horas depois, de cada real que entrava ou saía do prédio da rua Rodrigo Silva. A primeira suspeita nasceu quando ele fez as contas do dinheiro levantado por Chateaubriand para a compra de *O Jornal*. Somou os 170 contos que o jornalista tirara do próprio bolso, os 130 tomados à Sotto Mayor, os 1500 avalizados por Alfredo Pujol, acrescentou o que havia sido apurado na venda de ações para os empresários mineiros, paulistas e cariocas e mais as prestações que haviam sido pagas a Toledo Lopes: tudo junto não chegava a 4500 contos. Se o jornal fora vendido por 6 mil contos, a conclusão era cristalina: os 1500 contos que faltavam tinham sido dados por Mackenzie. Ou por Farquhar, Billings, Couzens ou Pierson, tanto fazia. Era dinheiro estrangeiro controlando a opinião pública por intermédio de um jornal brasileiro — o que, na cabeça do presidente da República, justificava a inexplicável ausência de anúncios da Light, por exemplo, em O Jornal.

Nos primeiros dias de dezembro Chateaubriand, ao entrar no elevador de um banco no centro da cidade, lá cruzou com o geólogo Arrojado Lisboa, que já foi perguntando:

— Você já sabe que estão preparando sua saída de O Jornal?

Chateaubriand achou que se tratasse de uma brincadeira, mas por precaução não quis tratar daquele assunto em um elevador cheio de estranhos e disfarçou o espanto:

— Algumas ações estão sendo negociadas, mas é a meu pedido.

— Não é isso. Um diretor do jornal está comprando ações em seu nome. É uma ofensiva violenta, e com dinheiro do governo federal.

Chateaubriand nem chegou a sair do elevador. Voltou ao térreo e chegou ofegante à sua sala no jornal. Abriu sôfrego o cofre que ficava num canto e, aí sim, quase teve um infarto: seu mais precioso documento — a extensa lista de acionistas que haviam contribuído para a compra de O Jornal — tinha sido furtada. Pediu a Austregésilo de Athayde que convocasse uma reunião de todos os acionistas que estivessem na cidade. No final da tarde estavam lá duas dezenas de industriais, banqueiros, comerciantes e juristas. A maioria deles já havia vendido suas ações a um diretor do jornal — cujo nome Chateaubriand jamais revelaria —, que dizia estar comprando os papéis em seu nome. A operação era facilitada pela legislação vigente, que estabelecia que eram ao portador as ações das sociedades anônimas. Lívido, ele começou a disparar telefonemas para acionar quem pudesse ajudá-lo a entender o que estava acontecendo. Antes que a noite caísse já elucidara o mistério: o dinheiro para a compra das ações tinha saído dos cofres do Banco do Brasil. E a ordem para liberar os milhares de contos havia partido do próprio presidente da República.

Pelo plano engendrado no Palácio do Catete, Bernardes pretendia adquirir sorrateiramente o controle acionário da Sociedade Anônima O Jornal, destituir seu dono e depois revender a empresa ao antigo proprietário, Renato Toledo Lopes. Se a trama viesse a público, o presidente diria desconhecer a operação, cuja responsabilidade seria assumida por Toledo Lopes. Além disso, comprar ações de uma empresa e assumir o controle dela não era nenhum crime. Com a ajuda de Athayde, Eugênio Gudin e Afonso Vizeu, Chateaubriand contabilizou a extensão do estrago feito por Artur Bernardes. Por suas contas, o plano tinha sido abortado a tempo: o pacote de ações compradas a mando do presidente não chegara aos 50% do capital — insuficiente, até aquele momento, pelo menos, para tirar o jornal de suas mãos.

No mesmo dia Chateaubriand redigiu a convocação de uma assembleia geral dos acionistas, com a finalidade de mudar os estatutos da empresa e eleger nova diretoria. Para realizar tais mudanças, precisaria ter a seu lado dois terços dos acionistas. Se marcasse a assembleia para o dia seguinte, reduziria o tempo que Bernardes teria para comprar mais ações — mas, com as precárias comunicações daquele tempo, corria o risco de não conseguir reunir todos os acionistas que ainda não tinham sido procurados pelos homens do governo que se anunciavam como seus intermediários. Se chamasse a assembleia para duas semanas depois garantiria a presença de todos, mas ampliaria o prazo de que o governo dispunha para manobrar. Havia até o risco de o presidente, valendo-se dos instrumentos de exceção que o estado de sítio lhe franqueava, cometer alguma tropelia jurídica e simplesmente proibir a reunião. Ficou no meio-termo e convocou a assembleia para cinco dias depois. Chateaubriand varou a noite dando telefonemas e despachando emissários para todos os cantos, com dois objetivos: primeiro, advertir os acionistas para que não vendessem suas ações a ninguém que os procurasse em seu nome, já que aquilo era "uma operação de despejo" movida contra ele pelo presidente da República, "um crocodilo que prepara as mandíbulas para me triturar". Quem quer que os procurasse falando em seu nome deveria ser tratado como um "traidor miserável". E depois, claro, ele queria se assegurar da presença de todos na assembleia geral. Certo de que Toledo Lopes estava servindo como a "mão do gato" de Bernardes, em toda a conjura, terminava os telefonemas com um alerta:

— Cuidado com o crioulo, que ele certamente está por trás disso. O que esse macaco quer é transformar *O Jornal* num segundo *Diário Oficial* a serviço de Bernardes aqui na capital.

Ao falar com os acionistas (que descobriu, perplexo, serem dezenas e dezenas), Chateaubriand enfrentou de tudo. Enfureceu-se com os que nem quiseram atendê-lo e insultou os que se acovardaram — Bernardes, que ainda tinha um ano de governo pela frente, sempre empunhando a ameaçadora espada do estado de sítio, fazia terrorismo mandando espalhar a notícia de que não permitiria que a assembleia se realizasse. Alguns, como Darke de Mattos e Gabriel Bernardes, que aparentemente tinham vendido suas ações sabendo do golpe, voltaram atrás e aderiram a Chateaubriand. A *blitzkrieg* para salvar o jornal da rapina do governo acabaria rendendo a Chateaubriand um inesperado saldo de quase 2700 contos, dinheiro colocado nas suas mãos para a eventualidade de ser necessário recomprar algum pacote de ações vendido aos homens de Bernardes. Um dos que, além de apoiá-lo politicamente, abriram seus talões de cheques foi o cafeicultor Carlos Leôncio "Nhonhô" Magalhães. Ele não só depositou na conta do jornalista algumas centenas de contos, como ainda deixou mais 3500 contos à disposição de Chateaubriand, "reservados para alguma emergência". A gentileza de Magalhães veio acompanhada de uma frase de efeito:

— Esta não é uma guerra de Assis Chateaubriand contra Bernardes. É a guerra do café e dos cafeicultores contra um presidente mofino, um inimigo jurado do café.

Recebeu uma resposta à altura:

— E eu vejo que não estou falando com um reles fazendeiro, mas com um brasileiro de peito cabeludo!

Cinco dias depois, a assembleia era instalada às dez da manhã, na própria sede do jornal. Para presidi-la foi escolhido por aclamação o veterano e respeitado Francisco Sales, membro do grupo que, décadas antes, fundara com Américo de Campos e Rangel Pestana a *Província de São Paulo*. Uma passada de olhos nos presentes permitia contabilizar a confortável maioria que o grupo de Chateaubriand detinha. Lá estavam, entre outros, Epitácio Pessoa, Alfredo Pujol, vários Melo Franco, Carlos Leôncio de Magalhães, José Maria Whitaker, o novo presidente da Liga Comercial do Rio, Araújo Franco, e seu antecessor, Raoul Dunlop, Afonso Vizeu, Gabriel Bernardes, Austregésilo de Athayde, Herbert Moses, Eugênio Gudin, Darke de Mattos, Arrojado Lisboa, Saboia de Medeiros. Encarregado de fazer discretamente a contagem de votos, Athayde circulou pelo salão repleto e depois cochichou no ouvido de Chateaubriand: a assembleia tinha número suficiente para deliberar e eles detinham os dois terços indispensáveis à pretendida mudança dos estatutos.

No final da tarde, depois de sete horas ininterruptas de reunião, a batalha tinha sido vencida. A partir daquele momento todo acionista que quisesse passar adiante suas ações — que continuavam, por exigência legal, sendo papéis ao portador — deveria ter anuência prévia da maioria simples do restante dos sócios. A nova diretoria da Sociedade Anônima O Jornal foi anunciada sob palmas: Epitácio Pessoa aceitara ser reconduzido à presidência abandonada meses antes, Alfredo Pujol era o novo vice-presidente. Virgílio de Melo Franco e Assis Chateaubriand tinham sido eleitos diretores. A assembleia foi encerrada com um emocionado discurso feito de improviso por Chateaubriand:

— O caso de *O Jornal*, é preciso que se diga, não foi uma operação legítima e comercial de compra de ações no mercado do Rio e de São Paulo. Não. Foi um assalto levado a cabo com todas as armas da perfídia. As ações foram adquiridas falsamente em meu nome. Seria descrer do Brasil se três ou quatro valdevinos sem escrúpulo pudessem abocanhar um diário do timbre moral do nosso para transformá-lo em vassoura de negocistas, em balcão ignóbil de interesses espúrios e inconfessáveis.

Mesmo sem ter citado uma só vez o nome de Bernardes no discurso, Assis Chateaubriand saiu dali anunciando que havia imposto "uma nova, dolorosa e humilhante derrota ao mais poderoso presidente que o Brasil tivera em todos os tempos". Nem ele mesmo, porém, acreditava nas últimas palavras. Passadas algumas semanas o Brasil elegeria novo presidente e Bernardes já não amedrontaria mais ninguém. Afinal, fora o próprio Chateaubriand quem, no mês de agosto, dera um "furo de reportagem" em todos os jornais concorrentes, ao anunciar em primeira mão que Washington Luís Pereira de Souza, senador paulista e ex-governador do estado, iria disputar a Presidência da República nas eleições de março de 1926 pelo Partido Republicano Paulista, tendo como candidato a vice o mineiro Fernando Melo Viana. Quando *O Jornal* e o *Diário da Noite* deram a notícia, o vice-presidente da República, Estácio Coimbra — o governador interino de Pernambuco com quem Chateaubriand resistira ao tiroteio na guerra contra Dantas Barreto — achou que o jornalista tinha perdido o juízo:

— Chateaubriand, aposto minha cabeça como o noticiário que você publicou não passa de fantasia. O que ouço diariamente de Bernardes é o oposto do que aparece nos seus jornais. Depois da revolução de 5 de julho, o presidente não pode nem ouvir falar na possibilidade de ver um paulista governando o Brasil. A má vontade dele com São Paulo é corrosiva.

— Aposta a cabeça? Pois então prepare-se para terminar seus dias decapitado.

A "fantasia" dada com exclusividade iria se materializar no dia 15 de março de 1926, quando Washington Luís e Melo Viana se elegeram sem concorrer com ninguém, disputando sozinhos as eleições, praticamente sem adversários. Os oito meses que naquela época separavam a eleição da posse do presidente da República transformaram Bernardes em uma carta fora do baralho. Mesmo gabando-se de ser um homem que "não chutava perna de aleijado", Chateaubriand ainda preparava uma despedida triunfal para seu adversário em fim de governo.

10

Ao dar cabo ao breve noivado com a francesa Jeanne Paulette Allard, em fins de 1924, pela segunda vez, em uma vida tão pobre de amores, Chateaubriand desfazia um romance às vésperas do casamento. A europeia Jeanne reagiu sem o radicalismo pernambucano de Poli, mas se sentiu igualmente insultada. Afinal, Chateaubriand chegara a acompanhá-la ao cartório para autorizar os proclamas públicos, última providência legal antes da celebração do casamento. Ao contrário de Poli — que respondera ao desgosto trancando-se em casa por dez anos —, a jovem Jeanne simplesmente fizera as malas e voltara para a França. E foi certamente por conhecer a vida afetiva pregressa de Chateaubriand — e, acima de tudo, sua incontrolável vocação para a infidelidade amorosa — que seus amigos imaginaram ouvir uma pilhéria quando, em 1926, ele anunciou que no dia 2 de junho se casaria com Maria Henriqueta Barrozo do Amaral, de 21 anos.

Filha do juiz Zózimo Barrozo do Amaral e dona de deslumbrante beleza, a alvura de sua pele acabaria tornando-a conhecida apenas como "Maria Branquinha". Tamanha era a formosura da melancólica jovem que ela desfrutava um privilégio disputado por qualquer moça da época: ter no primeiro lugar da interminável fila de seus requestadores um dos mais fulgurantes astros do modernismo, o poeta pernambucano Manuel Bandeira. Redator de *O Jornal*, Bandeira desafiava a fúria de Chateaubriand ao adotar como musa inspiradora de seus poemas a futura mulher do patrão. Mais do que isso — comentava-se à sorrelfa nas rodas intelectuais —, Bandeira alimentava pela bela Branquinha profunda porém prudente e silenciosa paixão.

Tão espantoso quanto a notícia de que Chateaubriand iria se casar foi o casamento em si. Ao contrário da extravagância e do barulho que envolviam tudo o que ele fazia, aquela mais se assemelhava, para usar a frase de efeito que o jornalista tanto repetia, "a uma cerimônia de monges trapistas". Na manhã do dia 2, como prometera, Chateaubriand saiu sozinho do Copacabana Palace e foi diretamente para a elegante casa da noiva, na rua Marquês de Olinda, em Botafogo. Lá o esperavam, além da moça, seus pais e o juiz de paz Ernesto Berg, apenas os dois padrinhos exigidos por lei: pela noiva, Virgílio de Melo Franco, e da parte do noivo o médico Antônio da Silva Mello. Mais ninguém. Encerradas as formalidades, sem festa, sem champanhe e sem notícia nos jornais, os dois retornaram ao hotel onde ele vivia. Entre pilhas de presentes, encontraram, preso a um cartão de *Sir and Lady Mackenzie*, um embrulho contendo uma raridade de museu: um serviço de chá de prata inglesa que tinha pertencido à rainha Anne, da Inglaterra. Passaram no Copacabana Palace as duas primeiras semanas de casados e só então tomaram o Rolls-Royce de Chateaubriand e tocaram para um hotel em Campos do Jordão, no contraforte paulista da serra da Mantiqueira, onde um apartamento já os esperava para a lua de mel.

Na primeira manhã da viagem de núpcias, Maria Henriqueta levantou-se mais cedo, banhou-se e saiu para passear nas cercanias do hotel. Quando retornou, Chateaubriand já tinha tomado banho e fazia o desjejum na sala contígua ao quarto de dormir. Ela caminhou até o banheiro e percebeu que uma das toalhas de banho permanecia intacta, pendurada no cabide. Voltou e advertiu-o, delicadamente mas com firmeza:

— Chateaubriand, você se enxugou na mesma toalha que eu. Vamos estabelecer uma coisa desde já: neste casamento cada um terá sempre a sua própria toalha de banho e de rosto.

Ela já havia descoberto muitas outras esquisitices do marido na noite anterior, ao desfazer a mala de viagem dele: as roupas tinham sido atiradas lá dentro a esmo, emboladas e amarrotadas, transformando a mala em um ninho de guaxos. Como um menino apanhado em flagrante, ele reconheceu, humilde, que "uma das muitas coisas que não sabia nesta vida era fazer malas". Ao tentar arrumar as roupas, ela deparou com três camisolões e uma estranha touca presa por um elástico a algo que parecia um pequeno coador de café. Temerosa de que aquilo escondesse alguma perversão secreta do marido, interrogou-o, preocupada:

— Chateaubriand, que maluquices são estas aqui?

Sem nenhum constrangimento ele explicou que os camisolões eram aquilo mesmo que ela estava vendo: apenas camisolões de dormir que usava desde garoto — "muito mais confortáveis que qualquer pijama". E a outra peça não era um sutiã, como ela poderia imaginar: era uma espécie de queixeira que o médico recomendara que ele usasse para manter a boca fechada durante o sono e corrigir a respiração e o ronco noturno. Mas não era só isso. Ao lado do amontoado de roupas, ocupando quase metade da mala, a esposa deu com rumas de papel de jornal em branco, cortadas no tamanho de uma carta e dispostas em várias pilhas cintadas com cartolina. Num canto da mala, presos por um elástico, dez lápis pretos. Já bem-humorada, Maria Henriqueta continuava intrigada com os hábitos do marido:

— E para isto aqui, Chateaubriand, qual é a explicação que você vai dar? Para que trazer tanto papel e lápis para a lua de mel?

— Trabalho, Branquinha. O que me espera nas próximas semanas é trabalho, muito trabalho.

Ele de fato passou dias rabiscando freneticamente. Escrevia sempre a lápis, na frente e no verso do papel, e ia empilhando aquilo no chão, ao lado da mesinha onde trabalhava. A mulher não perguntava nada, só olhava. Três semanas depois de terem chegado às frias montanhas da estância paulista, retornaram ao Rio felizes e gratificados pela fecundidade da lua de mel: Chateaubriand carregava no banco de trás do carro as insólitas pilhas de papel descobertas pela mulher na noite de núpcias, agora inteiramente cobertas por garranchos que lembravam algo recém-inventado pela ciência — os traços de um eletrocardiograma. Eram os originais do livro *Terra desumana*, sobre Artur Bernardes — que ele escrevera em tão pouco tempo e pretendia transformar no "funeral de luxo com que sepultarei esse defunto mineiro". Maria Henriqueta ainda não sabia, mas já levava na barriga um filho de Chateaubriand.

As exéquias de Bernardes ainda iam demorar um pouco. Ao saber do teor do livro, o presidente fez chegar aos ouvidos do autor, por intermédio de amigos comuns, que não hesitaria um instante em fazer uso dos poderes que lhe dava o estado de sítio para censurá-lo: pura e simplesmente o livro seria proibido de circular. Só no dia 30 de outubro, quando faltavam duas semanas para a posse do novo presidente, é que Chateaubriand se animou a mandar os originais para as oficinas de *O Jornal* — onde Umberto Porta era o único linotipista capaz de decifrar sua letra incompreensível para a maioria das pessoas. No dia em que *Terra desumana* chegou às livrarias, seu principal personagem era apenas um cidadão comum, incapaz de qualquer vingança.

As primeiras linhas do prefácio sugerem uma obra amena, escrita "na solidão das montanhas suaves de Campos do Jordão, a 1650 metros acima do mar, muito acima das coisas humanas, longe do torvelinho das paixões coletivas". A placidez, porém, começa e termina nesse parágrafo. Logo em seguida, denuncia que não publicara o livro antes "porque o regime de sítio e a censura à palavra escrita impossibilitavam a livre manifestação do pensamento sobre os atos e a pessoa do dr. Bernardes". Ironizando os momentos de liberdade concedida em que o presidente afrouxara a censura — hiatos dos quais muitas vezes ele próprio fora beneficiário —, Chateaubriand se comparava ao escravo da lenda árabe, cuja língua tinha sido cortada pelo vizir Mahaseb, que constantemente o provocava: "Anda, fala", dizia o senhor, "de que te queixas?".

Com pouco mais de duzentas páginas, *Terra desumana* (cujo subtítulo era *A vocação revolucionária do presidente Artur Bernardes*) começa com uma análise da personalidade de Bernardes: a ausência nele de traços tímidos e pacatos, típicos dos mineiros, se explicava por sua origem, a Zona da Mata — região de gente rude, que no século XIX carregava o estigma de produzir os mais duros e intratáveis senhores de escravos. Dizia-se que a pior ameaça que se podia fazer a um escravo que cometesse repetidas faltas era prometer vendê-lo "a um senhor da Zona da Mata". A isso se somava, para a formação do caráter de Bernardes, escreveu Chateaubriand, a educação religiosa que ele recebera no também mineiro Seminário do Caraça — famoso pela dureza medieval e pela intolerância com que tratava os alunos. Só alguém nascido e criado nessas condições, especulava o jornalista, seria capaz de confessar desconsolado, a um amigo, depois de quatro anos na Presidência da República: "Foi-se o meu quatriênio e eu ainda não acabei de me vingar de todos".

Nem o próprio autor conseguia entender como escapara ileso do inimigo cuja ferocidade agora denunciava: "A mim mesmo, há dois anos, faço esta interrogação: por que o dr. Bernardes não me prendeu, se me julga um traidor da pátria? Por que, quando desfechou o golpe da compra das ações de *O Jornal*, não me mandou para a ilha da Trindade?". Aos poucos, paciente e minuciosamente, Chateaubriand vai passando o bisturi sobre o seu defunto. O permanente mau humor do presidente explicava-se facilmente: ele "não tolera o Rio de Janeiro", sentimento que confessara anos antes, ao sugerir a mudança da capital do país para o interior de Goiás. "Aos olhos beatos do presidente", debochou, "o carioca é um sátiro que anda por estas praias úmidas, verdadeiro ninho de beijos, a ofender a moral com a impudência de sua nudez pecaminosa; é um malandrim que vive a desacreditar o prestígio da autoridade."

O esquartejamento é lento: Bernardes foi o único responsável por todas as revoltas militares ocorridas no país nos quatro anos anteriores; seu jacobinismo econômico atrasou em décadas a vida do país ("Na sua cabeça fuzila a preocupação constante do chamado perigo *yankee* — e eu não consigo conceber o Brasil senão como o futuro núcleo dos Estados Unidos na América do Sul"); a imoralidade e a perseguição política foram as duas únicas marcas deixadas no país por seu governo ("Tivemos presidentes que fizeram coisas perversas. Outros perpetraram atos imorais. O dr. Bernardes foi o único que fez coisas perversas e imorais ao mesmo tempo"). Para Chateaubriand não há dúvida, trata-se de um doente mental: "O presidente tem surtos delirantes, que não passam despercebidos aos que friamente o examinarem com olho de psiquiatra. O dr. Artur Bernardes abandonou o governo, mas a carcaça de sua obra política continuará a contaminar a nação".

E a primeira crítica publicada sobre *Terra desumana* é francamente contrária ao livro. Para surpresa de todos, ela sairia publicada no primeiro domingo seguinte ao lançamento no próprio *O Jornal*, e assinada por um velho amigo do autor: Austregésilo de Athayde. O "Caboclo" sabia que punha em risco o emprego e a pele, mas não se acovardou. Raras vezes, disse ele, caíra nas suas mãos um documento menos fiel à realidade que aquele livro: "O único, indisfarçável objetivo do autor é apresentar o presidente Bernardes como um monstro", escreveu Athayde, "uma criatura tarada, daquelas que ficam na história espantando as gerações — a fria encarnação do tirano com o sadismo do ódio e da vingança". Sabendo que Chateaubriand pudera dedicar tempo e tranquilidade para escrever o livro, Athayde não poupa o amigo: "O olhar agudo que Assis Chateaubriand lançou sobre a obra de Bernardes trai o impressionismo do jornalista, método que faz do homem de imprensa um eterno improvisador de ideias, arrastado a pronunciar-se em poucas horas sobre temas complexos que exigem a seriedade de longas meditações. Chateaubriand não pôde escapar a essa espécie de fatalidade de que todos somos vítimas mais ou menos acentuadas".

O imprevisível e contraditório Chateaubriand decepcionou os que esperavam um tiro, uma surra ou, no mínimo, uma carta de demissão como troco à insolência. A resposta viria três dias depois sob a forma de um civilizado artigo de primeira página em *O Jornal*. Afirmando sentir enorme prazer em discutir com os críticos sinceros de sua obra — "mesmo que essa crítica esteja no terreno diametralmente oposto, em que Austregésilo de Athayde se coloca para julgar a obra do presidente Bernardes" —, Chateaubriand recorre ao bom humor para responder: "Athayde é um grande cético e um irônico maior ainda, que trouxe de oito anos da vida de seminário o íntimo desengano do Eclesiastes". Só isso, na sua opinião, explicaria o fato de o amigo "olhar com o mesmo e tranquilo ceticismo tanto o presidente Bernardes quanto os que hoje pretendem arrasar o chefe de Estado". Chateaubriand termina o artigo com uma sarcástica autocrítica: "Seria mesquinho se eu tivesse escrito um livro para destruir o presidente Bernardes — um homem que já estava no ocaso e que eu tinha certeza de que nenhuma força humana poderia mais galvanizá-lo para voltar a ter qualquer parcela de poder na vida pública do Brasil".

No domingo seguinte, *O Estado de S. Paulo* traz uma crítica elogiosa ao livro, assinada por Plínio Barreto. E na edição de dezembro da *Revista do Brasil* aparece uma resenha que à primeira vista poderia despertar suspeitas, já que seu autor, como Chateaubriand, também detestava Bernardes. No artigo, Rodrigo Melo Franco de Andrade afirma que o livro era vela demais para tão minúsculo defunto. Como se concordasse com a autocrítica publicada em *O Jornal*, Melo Franco dizia que *Terra desumana* acabava sendo, no fundo, uma obra de lisonja ao ex-presidente: "Chateaubriand empresta, realmente, tanta importância a Artur Bernardes que este acaba parecendo uma figura capital de nossa história republicana". E discorda do vaticínio de que "a carcaça" do ex-presidente ainda exerceria profunda influência sobre a vida do Brasil: "Isto seria atribuir honra e estimação demais a um bacharel que a fortuna conduziu aos empurrões ao Catete — apenas um bom-moço, com tão poucas letras quanto os outros que andam por aí. Como poderia a mentalidade de um bacharel medíocre e neurastênico resistir, sem equilíbrio, ao domínio absoluto de 30 milhões de homens? Se lhe confiassem, algum tempo antes, sete ou oito rapazes a encaminhar na vida, talvez ele os acomodasse razoavelmente arranjando-lhes empregos públicos. Mas 30 milhões de brasileiros eram demais para o sr. Bernardes. Ele perdeu a cabeça". No fim da crítica, afirma que o subtítulo do livro poderia muito bem ter sido eliminado: "O que o sr. Chateaubriand chama a sua 'vocação revolucionária', no fundo, não tem nada de vocação — tem tudo de improviso".

Duas edições — de "oito milheiros" cada, esclareciam os repetidos anúncios do livro publicados em *O Jornal* e no *Diário da Noite* — evaporaram nas livrarias em poucas semanas. Só então é que apareceria na praça não mais uma crítica — mas outro livro para responder a *Terra desumana*. Amigo de Bernardes e filho de um eminente conselheiro do Império, José Júlio Silveira Martins pôs nas livrarias *Nação agredida — Em resposta a Terra desumana*. Em duzentas páginas, defende o "nacionalismo patriótico" do ex-presidente e afirma, com todas as letras, que Chateaubriand não escreveu seu livro para defender ideias, mas apenas como vingança, por ter sido impedido por Bernardes de ganhar algumas centenas de milhares de libras de comissão pelo fracassado contrato com a Itabira Iron Ore. Para Silveira Martins, Chateaubriand nunca passou de "patrono do sindicato Itabira e advogado dos judeus da City: no imenso deserto moral de *Terra desumana*, só um oásis ergue para os céus a copa de suas palmeiras — é a Itabira! Chateaubriand desconhece os negocinhos de cinquenta ou cem contos. Numa transação, ou ganha quinhentos contos ou não ganha nada. Os outros costumam dizer: desgraça pouca é bobagem. Chateaubriand modificou o refrão e diz: dinheiro pouco é tolice".

Terra desumana, de qualquer forma, só viria a ser consagrado como obra séria muito tempo depois da morte de Chateaubriand, ao ser qualificado por Wilson Martins, em sua *História da inteligência brasileira*, como o livro "mais devastador escrito contra Artur Bernardes ou, de fato, contra qualquer presidente brasileiro. É um dos panfletos mais brilhantes de nossa literatura política, escrito com inteligência vibrante e incomparável agudeza, análise profunda de um caráter e desenho de uma mentalidade como jamais se havia feito no país — e como ninguém voltaria a fazer depois dele".

Com o fim do "consulado bernardesco", como Chateaubriand se referia ao governo que terminava em novembro de 1926, o país tinha tudo para supor que afinal iria viver um período de paz. Antítese do emburrado e irascível Artur Bernardes, o "paulista" (que na verdade nascera em Macaé, no Estado do Rio) Washington Luís era um festeiro desenvolvimentista ("governar é abrir estradas" era seu lema) que não parecia querer encrenca com ninguém. O primeiro sinal de que a paz não era apenas retórica foi dado pelo novo presidente no dia de Ano-Novo, ao decretar o fim do estado de sítio que durara mais de quatro anos. A mais sonora resposta ao gesto do presidente viria em pouco mais de um mês: no começo de fevereiro de 1927, depois de derrotar sucessivamente dezoito generais à frente de tropas federais, a invicta Coluna Prestes atravessa a fronteira brasileira, se interna nas selvas bolivianas e depõe armas ao major Carmona Rodó, representante do governo boliviano, pondo termo à mais longa marcha militar de que se tem notícia. A histórica foto batida em Puerto Gaiba mostra o major César Barón, comandante do destacamento boliviano, Luís Carlos Prestes, Miguel Costa e Lourenço Moreira Lima, escrivão oficial da marcha. No centro da fotografia, de óculos, botas de cano longo e um bloco de anotações na mão, o repórter Luís Amaral, do *Diário da Noite*.

Usufruindo do clima de liberdade reinante — que ninguém poderia jurar quanto tempo duraria —, Chateaubriand coloca *O Jornal* e o *Diário da Noite* na liderança de uma nova campanha, que chamava de "movimento cívico" pela concessão de anistia aos combatentes da marcha, exilados na Bolívia e que já começavam a se dispersar para o Paraguai e a Argentina. Essa separação seria o primeiro indício de que em pouco tempo os principais comandantes da Coluna estariam em campos políticos opostos. Chateaubriand dá ordens a seus diretores para que os dois jornais iniciem outra campanha, que acabaria adquirindo expressão nacional, de coleta de dinheiro para ajudar a manter os combatentes e seus familiares no exílio. Diariamente publicam listas de nomes de leitores de todo o Brasil, acompanhados das respectivas contribuições. Luís Amaral é o encarregado de entregar a Prestes, na Bolívia, a primeira remessa de dinheiro obtida: dezessete contos de réis. Como retribuição Prestes autoriza a publicação em *O Jornal* e no *Diário da Noite* de um pacote com duzentas páginas de diários e gráficos da Coluna entregues ao repórter. O material sai com estrondo nos jornais, na série intitulada "Ouvindo e falando a Luís Carlos Prestes, o *condottiere* fascinante da Coluna" — fartamente ilustrada com os mapas, fotografias e desenhos das figuras de Prestes e Miguel Costa. Prestes doa a Luís Amaral, para fazer finanças, sessenta exemplares do boletim *O Libertador*, órgão oficial da Coluna, dos quais 25 são repassados a *O Globo* e os restantes são rifados por *O Jornal* a cinco mil-réis o bilhete. "Alguns dos jornais da campanha", garante o redator, "ainda estão salpicados pelo sangue vertido pelos patriotas." Os compradores das rifas, às centenas, têm seus nomes publicados diariamente — embora boa parte deles preferisse se ocultar atrás de iniciais ou simplesmente como "um anônimo". Em meio à cobertura é noticiada com todo destaque a visita que d. Leocádia Prestes, mãe do "Cavaleiro da Esperança", faz à redação de *O Jornal* para agradecer o apoio à luta do filho. A cortesia rende mais um artigo assinado por Chateaubriand no dia seguinte.

As duas campanhas — de arrecadação de fundos e pela anistia — são reforçadas por artigos quase diários do dono dos jornais, sempre assinados e publicados na primeira página. Invariavelmente sobra chumbo para Bernardes. Chateaubriand afirma ser injusto que o ex-presidente "que ensanguentou o Brasil, que dilapidou a fortuna pública, mande-se para a Europa com seus cúmplices de mazorca, e que permaneçam no exílio ou no fundo das masmorras os que se rebelaram contra esse novo Cola de Rienzo". Sustenta que, para "arrastar Luís Carlos Prestes à barra de um tribunal, será preciso, antes, fazer o mesmo com o sr. Artur Bernardes". E sugere ("se isso não fosse honra demais para tão lamentável criatura") que o ex-presidente seja mandado para a prisão e depois, então, tentasse se beneficiar da anistia reivindicada. Além de editoriais assinados, Chateaubriand publica algumas vezes, sob a aparência de anúncios pagos, inexplicáveis artigos identificados como "A pedidos". Nestes, o tom é ainda mais venenoso: "O Brasil inteiro conhece Artur Bernardes, o degenerado a quem um manicômio aguarda em breve, o miserável que, por sadismo, pôs a prêmio por quinhentos contos de réis a cabeça do capitão Prestes. O ex-presidente é, em resumo, um lamentável inválido de espírito, um degenerado moral com fenômenos já alarmantes de paralisia". *O Jornal* publica também artigos assinados por Juarez Távora, ex-comandante da Coluna e agora preso na ilha da Trindade, que tinham sido censurados nos últimos dias do estado de sítio.

Se a campanha de fundos renderia bons frutos — além dos dezessete contos anteriores, Oswaldo Chateaubriand é encarregado de levar mais 25 contos para Prestes repartir entre seus camaradas —, a outra não deu em nada. Tida como certa depois da deposição de armas na Bolívia, a anistia não viria no primeiro ano do governo Washington Luís. Nem no segundo, nem no último. É certo que o novo presidente tinha revogado o estado de sítio, fechado o presídio da ilha da Trindade, libertado os presos políticos sem processo e os jornalistas incursos na Lei de Imprensa. Por mais quatro anos, porém, os rebeldes — não apenas os da Coluna, mas todos os que se levantaram contra o governo federal desde a revolta do Forte Copacabana, em 1922 — continuariam a amargar a cadeia, a clandestinidade ou o exílio. A obsessão de Chateaubriand, de um lado, em arrancar a anistia do governo — movido, aparentemente, mais pela repulsa a Bernardes do que por qualquer outra razão — e, de outro, a intransigência de Washington Luís em não anistiar quem quer que fosse acabariam por azedar as relações do turbulento jornalista com o novo presidente.

Depois foi a vez de Washington Luís jogar querosene na fogueira, ao transferir para Porto Alegre e logo em seguida simplesmente demitir Oswaldo Chateaubriand do cargo de procurador da República em São Paulo. Washington Luís se sentia atingido pelos artigos escritos no *Diário da Noite* por Oswaldo (um antissemita de maus bofes, neurótico, sem o talento do irmão famoso mas com uma fúria dez vezes maior), embora jamais viesse a admitir que essa era a razão verdadeira da demissão. Assim, acabou arranjando um pretexto jurídico para alegar que o cargo de procurador da República era incompatível com o de diretor de jornais.

O Chateaubriand mais poderoso saiu em defesa do irmão, desmascarando o artifício utilizado por Washington Luís. Até um advogado de porta de cadeia sabia que o país parava para discutir lana-caprina: num extremo o líder do governo no Congresso Nacional, deputado Manuel Vilaboim, gastava horas e horas na tribuna mais importante do Brasil garantindo que aquele era um ato administrativo corriqueiro do presidente, que nada tinha de vendeta política. No outro, Assis Chateaubriand escrevia intermináveis tripas de papel em seus dois jornais para sustentar que Oswaldo não era diretor da empresa, mas apenas gerente administrativo do *Diário da Noite*: "O sr. Washington Luís é uma dessas baleias que o arrivismo político do Brasil fez, há oito meses, dar à praia do Flamengo, junto à ponte do Catete", marretava. "Na escuridão do sítio, quando toda a gente andava às apalpadelas, uma noite o sr. Bernardes recolheu o pesado cetáceo que agora o sr. Vilaboim é obrigado a carregar às costas, o dorso arqueado, suportando o ônus dessa carga sobre os ombros." Para ele, o decreto de demissão do irmão tinha sido assinado "pela pena rombuda de um coronel literário, esse pobre advogadozinho de Batatais". A verdade é que um funcionário público do décimo escalão consumiu dias e dias de energia do presidente da República, de sua bancada no Congresso e de dois importantes jornais para nada: Washington Luís não voltou atrás e Oswaldo Chateaubriand perdeu o emprego.

Perdeu um e ganhou outro melhor, pois o irmão, de pirraça, resolveu colocá-lo no posto que o presidente o acusava de ocupar, o de diretor do jornal. Após a morte de Júlio Mesquita, Plínio Barreto fora convidado para substituí-lo na direção do *Estado de S. Paulo*, deixando o comando do *Diário da Noite*. Com a ida de Oswaldo para a direção, que dividia com Rubens do Amaral, o *Diário da Noite*, até então tateando em busca de uma linha editorial mais definida, foi se transformando, aos poucos, em um jornal popular. Ao contrário do irmão mais velho, *O Jornal*, que cada dia mais se firmava como "um diário das classes conservadoras". Os grandes crimes faziam a alegria da redação do jornal paulista. A seção "Última hora" (nome de que se apropriara, depois de ser preterido no concurso para a escolha do título de *O Globo*) passou a ser o destino das pequenas notícias policiais que apareciam na hora de fechamento do jornal: o suicídio da atriz Nina Sanzi, a surra pública dada pela população em um governador japonês que não cumpria as promessas de campanha, o arrombamento de um cofre na rua São Bento, um cliente que chamou a polícia para protestar contra uma conta excessivamente alta no *rendez-vous* Ba-ta-clan, de Joanita Bell. Uma boa história policial, como o assassinato de um diretor da Standard Oil por jagunços, no sertão nordestino, sustentava dias e dias de reportagens mais extensas. Não importava muito que a notícia fosse falsa: a prisão do cangaceiro Lampião pelas forças de Luís Carlos Prestes rendeu repetidas páginas no jornal — mesmo que a Coluna já estivesse exilada na Bolívia e o mitológico cangaceiro só viesse a cair nas mãos da polícia, morto, dez anos depois. Mas como o *Diário da Noite* detinha os direitos de publicação dos artigos comprados para *O Jornal*, esse mar de sangue convivia pacificamente com as séries literárias de Monteiro Lobato, entrevistas com o modernista Augusto Frederico Schmidt e com o escritor espanhol Miguel de Unamuno feitas por Di Cavalcanti e caudalosos artigos do político ultranacionalista Plínio Salgado de exaltação "do tipo nacional".

A mobilidade de Oswaldo à frente do *Diário da Noite* se explicava também por um acontecimento que obrigaria Chateaubriand a dedicar menos tempo a São Paulo: em março daquele 1927 nascera seu filho com Maria Branquinha, um menino a que deram o nome de Fernando Antônio Chateaubriand Bandeira de Melo. Com o nascimento de Fernando, Chateaubriand decidiu mudar-se do hotel e comprar de Celina Guinle de Paula Machado uma das mais belas casas do Rio de Janeiro, conhecida como a Vila Normanda — que, apesar do luxo e do requinte com que fora construída, era utilizada apenas um ou dois meses por ano como "casa de verão" da família Guinle de Paula Machado. De frente para a praia de Copacabana e ocupando a metade do quarteirão formado pela avenida Atlântica e pelas ruas Siqueira Campos e Figueiredo Magalhães, a Vila Normanda era um casarão de três pavimentos, revestido de pedra emoldurada por madeira entalhada à mão. No enorme gramado que a cercava, um bosque de coqueiros dava à europeia arquitetura uma aparência tropical. Nunca se soube exatamente quanto Chateaubriand pagou (e se pagou) pela casa, mas seus inimigos espalharam a futrica segundo a qual, depois da mudança do jornalista para lá, seus aposentos — salões, oito dormitórios, adega — recendiam a hipotecas e duplicatas vencidas.

Nada desmentia tais suspeitas, mas o certo é que dinheiro — ou, pelo menos, crédito — já deixara de ser problema para Chateaubriand havia muito tempo. Para festejar o bicentenário da introdução do café no Brasil, por exemplo, *O Jornal* quebrara seu próprio recorde, colocando nas ruas uma edição comemorativa de 192 páginas — mais da metade delas ocupada por anúncios. Decidido a mudar a sede de *O Jornal*, Chateaubriand namorava o velho prédio da fábrica de doces Colombo, situado na rua Treze de Maio. Seu plano era derrubar a fábrica e ali levantar um prédio. Mas, para que o negócio se justificasse, seria necessário alargar um quarteirão da Treze de Maio, que, apesar de registrada oficialmente como uma rua naquele trecho, não passava de uma viela. Chateaubriand contratou um engenheiro, convocou os demais donos de imóveis das imediações e fez uma proposta ao prefeito do Distrito Federal, Antônio Prado Júnior: se a prefeitura alargasse o quarteirão, receberia dos proprietários dos imóveis daquele trecho, como contrapartida, uma faixa de 55 metros de extensão por quinze metros de fundo. Negócio fechado.

Os ventos pareciam tão favoráveis que Chateaubriand chegara a virar banqueiro por poucos dias, ao adquirir (também não se sabe exatamente como) 55% do controle acionário do Banco do Comércio, do Rio de Janeiro. Menos de uma semana depois de comprá-las, arrependeu-se e passou as ações adiante. Na mesma ocasião ocorrera-lhe que, se os laboratórios farmacêuticos eram os maiores anunciantes de seus jornais, aquilo era um claro sinal de que davam dinheiro. Por que, então, não comprar um deles?

Pelo menos naquela época, no entanto, suas atenções estavam voltadas mesmo era para o nunca abandonado sonho de ter uma rede nacional de veículos de comunicação. Ao saber que o *Diário de Notícias*, de Porto Alegre, agonizava por falta de recursos, achou que era hora de colocar um pé no Rio Grande do Sul. O que os donos do jornal lhe ofereciam era uma subscrição de ações para aumento do capital da empresa que lhe daria o controle absoluto do diário. O negócio estava na iminência de ser fechado quando o jovem deputado federal gaúcho Osvaldo Aranha conseguiu brecar as negociações. Aranha temia que por trás da ambição de montar uma cadeia nacional de jornais e revistas estivesse oculto algum plano político de Chateaubriand com vistas à sucessão de Washington Luís, em 1930. O suposto candidato poderia até nem ser o próprio jornalista, imaginava o deputado. Mas, com jornais estrategicamente plantados em algumas capitais brasileiras, aquele nortista baixinho poderia complicar os projetos que um pequeno grupo de gaúchos, liderados por Getúlio Vargas, tramava para as eleições presidenciais de 1930. O melhor era não correr riscos, e Aranha preferiu, por segurança, fazer gorar a compra do *Diário de Notícias*.

Por excesso de zelo ou desinformação, Osvaldo Aranha atirava no adversário errado. Ao invés do que ele imaginava, desde os primeiros encontros na redação de *O Jornal* as relações entre Chateaubriand e Vargas pareciam crescer assentadas sobre sólido cimento. Os insultos que o jornalista com frequência dirigia ao presidente da República pareciam não afetar os laços que uniam Chateaubriand a Getúlio, que, afinal, era o ministro da Fazenda de Washington Luís. Mais do que isso, a guerra contra o presidente não interrompeu as visitas frequentes que o ministro continuava fazendo publicamente à redação de *O Jornal* — nem impediam que Chateaubriand o visitasse duas ou três vezes por semana, à noite, em sua casa da ladeira do Ascurra. Vargas acabaria se transformando em privilegiada fonte de notícias políticas para Chateaubriand, para declarado ciúme de Lindolfo Collor, que não escondia esse sentimento de ninguém:

— Eu sou redator-chefe de *O País*, um jornal governista. Sou o porta-voz do governo na Câmara Federal e líder da bancada gaúcha no Congresso. E como é que eu tomo conhecimento das notícias do Ministério da Fazenda? Lendo *O Jornal*, um diário de oposição. E por que isso? Porque o confidente do ministro é o dono desse jornal de oposição.

Muitas vezes a informação era passada a Chateaubriand apenas para municiá-lo, com a promessa de não publicar nada, como acontecera em agosto daquele ano. Vargas o chamara à noite para uma conversa em sua casa após o jantar. Como sempre, caminhavam pelo jardim, onde os intrigava uma misteriosa lápide funerária cravada entre as flores, com dizeres escritos em holandês — que depois Alzira, a filha de Getúlio, descobriria ser o túmulo do general holandês Van Henndorp, ex-comandado de Napoleão, que terminara seus dias naquela casa e que os Vargas supunham, equivocadamente, que ali tivesse sido sepultado. Mais uma vez Chateaubriand suportou estoicamente as baforadas do charuto cubano até que Vargas tirou do bolso e exibiu ao jornalista um pedaço de papel. Era o telegrama com que o governante gaúcho Borges de Medeiros comunicava que ele, Getúlio Vargas, seria o candidato do PR ao governo do Rio Grande. Aquela informação não podia ser publicada, mas Chateaubriand poderia usá-la como moeda de troca em seus contatos políticos.

Passados alguns dias, Vargas reuniu a bancada gaúcha no Congresso para ler e tornar público o telegrama de Borges de Medeiros. Lindolfo se roía de inveja pelos corredores do Palácio Tiradentes:

— Isto é uma miséria. Só hoje os deputados gaúchos tomaram conhecimento de um segredo político dessa transcendência. E sabem quando o nortista Chateaubriand viu o original desse telegrama? Há três dias!

Foi também graças a Getúlio, de outra feita, que Chateaubriand deu em primeira mão uma notícia da área militar que nenhum jornal tinha. Candidato a deputado, o tenente João Cabanas, egresso da Coluna Prestes, conseguira um *habeas corpus* do Supremo Tribunal para fazer um comício na cidade mineira de

Juiz de Fora — já que o comandante militar da região, general Nepomuceno Costa, anunciara que a palavra de Cabanas estava proibida em sua área. Indignado com a decisão judicial, o general não teve dúvidas em assestar suas baterias verbais contra a mais importante corte do país, acusando os juízes de estarem "a serviço do comunismo". Depois disso, os repórteres de todos os jornais — inclusive *O Jornal*, naturalmente — estavam atrás da confirmação de um boato que circulava pelo Rio: o general Nepomuceno teria recebido uma punição do ministro da Guerra, general Nestor Sezefredo dos Passos (o mesmo "General Z." que assinara secretamente artigos sobre a Coluna em *O Jornal*), pelas agressões verbais dirigidas ao Supremo. Ninguém conseguia nada: o suposto punido fechou o bico, e o ministro proibiu qualquer declaração da área militar sobre o assunto. Chateaubriand tentou, em vão, arrancar alguma informação de seu antigo analista militar, mas não foi sequer recebido pelo ministro. Decidiu então recorrer a Vargas. Naquela noite haveria um jantar oferecido por Washington Luís a um governador do Norte, a que compareceriam os ministros da Fazenda e da Guerra. Vargas não conseguiria obter do general Sezefredo alguma luz? À uma e meia da manhã toca o telefone na redação de *O Jornal*. Do outro lado da linha Getúlio disse apenas a Chateaubriand: "Pode escrever — o general foi punido". No dia seguinte o furo dado em manchete por *O Jornal* saía no artigo de Chateaubriand — que, moleque, atribuía a fonte de sua informação "a um repórter secreto que nosso diário mantém no governo federal".

É impossível afirmar que razões levaram Chateaubriand, a partir de então, a colocar seus jornais, e sobretudo o influente *O Jornal*, escancaradamente a serviço de Vargas. Pode ter sido apenas uma retribuição aos favores que lhe prestava o gaúcho — afinal, à época apenas mais um político de importância regional. Mas a raiz desse apoio poderia muito bem estar no apurado olfato político de Chateaubriand, capaz de farejar, a anos ou quilômetros de distância, a canoa certa em que embarcar. A verdade é que Getúlio Vargas passaria a ser o objeto frequente e preferencial de seus artigos de primeira página em *O Jornal* e no *Diário da Noite* paulista.

Assim, ainda em novembro de 1927, quando Vargas nem sequer havia deixado o Ministério da Fazenda para assumir o governo do Rio Grande do Sul, Chateaubriand já se põe a ressaltar suas qualidades de estadista, "um desses temperamentos de que tanto o Brasil precisa para restabelecer a harmonia da República". E deixa claro que está falando de um homem corajoso. Incensa Getúlio e mói tanto o presidente Washington Luís como seu sucessor em São Paulo, o governador Júlio Prestes: "O ministro Vargas não é um desses bons-moços capazes de ver a guerra civil em seu estado como o fizeram Washington Luís e Júlio Prestes em 1924 — que se asilaram pacatamente em fazendas de Itapetininga, até onde não chegava nem a notícia da revolta militar na capital paulista e muito menos o estrondo das granadas que arrebentavam na cidade. Getúlio Vargas foi um ator corajoso e frio da guerra civil". Quem leu seu artigo sobre a posse de Getúlio no governo do Rio Grande do Sul, em 25 de janeiro de

1928, certamente acreditou que Chateaubriand estava delirando. À exceção de cerimônias de posses de governadores de estados importantes como Minas e São Paulo, escreveu, "o Brasil ainda não tinha registrado tanto estridor como a transmissão de poder que hoje se verifica no Rio Grande". De olho em um pleito presidencial que só aconteceria dali a dois anos, afirmava que Vargas estava colocado entre as duas grandes forças que prometiam entrechocar-se na sucessão presidencial — "a corrente reacionária", representada por São Paulo, e a "liberal", dos políticos mineiros. Se essa contradição viesse a levar o Brasil a um confronto, "Getúlio Vargas será a única ponte para que todos atravessem". O fim do artigo parece a súmula de um processo de beatificação: "Apesar de ter saído das entranhas mirradas e sequinhas de Borges de Medeiros, Vargas é a novidade que o Brasil saúda como o novo sol".

Seu vaticínio sobre o risco de um choque entre mineiros e paulistas logo começou a tomar forma. Se Getúlio alimentava sonhos presidenciais, Antônio Carlos Ribeiro de Andrada, governador de Minas, também parecia afiar seu canivete com vistas a 1930. E não era só ele. Em reuniões políticas e sociais, o presidente Washington Luís deixava escapar que o governador paulista Júlio Prestes era "um nome interessante" para uma disputa que parecia se avizinhar prematuramente. Logo após ser empossado no governo do Rio Grande do Sul, Vargas recebeu Chateaubriand em Porto Alegre para uma entrevista jornalística. Ao final da conversa, contou que sua primeira viagem como governador seria a São Paulo, a convite de Júlio Prestes. Chateaubriand assustou-se com a desenvoltura do governador paulista e perguntou a Getúlio por que ele não aproveitava para ir também a Minas Gerais. "Pela simples razão de que não fui convidado", respondeu Vargas, "talvez pela circunstância de que eu e o governador Antônio Carlos ainda não nos conhecemos pessoalmente, só isso."

Antes mesmo de embarcar de volta para o Rio, Chateaubriand telegrafou a Afrânio de Melo Franco pedindo-lhe que revelasse com urgência o episódio a Antônio Carlos, insistindo em que era "vital que Vargas fosse convidado a estender sua viagem a Minas". Ao entrar na redação de *O Jornal*, já encontrou Afrânio à sua espera:

— Falei com Antônio Carlos e ele pede que você seja o portador oficial do convite a Getúlio.

Chateaubriand recusou a honraria, alegando que daquela maneira ia parecer um convite formal e desdenhoso. Sugeriu que o porta-voz do governador mineiro fosse o irmão de Antônio Carlos, José Bonifácio, que além do parentesco era deputado e líder da bancada de Minas Gerais na Câmara Federal. Semanas depois, na recepção a Vargas no Palácio da Liberdade, sede do governo mineiro, Chateaubriand não escondia o entusiasmo por ter sido "o santo Antônio que alcovitou um namoro que pode mudar a cara do Brasil".

11

Para tentar entender pelo menos um dos ingredientes da paixão de que Chateaubriand foi tomado por Getúlio Vargas, é preciso recuar um pouco e rever os episódios que antecederam o retumbante lançamento da revista *Cruzeiro* (assim mesmo, sem o *O* inicial, que só seria acrescentado tempos depois), ocorrido em dezembro de 1928. Um ano antes, quando Getúlio ainda era ministro da Fazenda, Chateaubriand, frustrado com a malograda compra do *Diário de Notícias* de Porto Alegre, resolveu ousar de novo. Já que não dava para ampliar sua rede em direção ao Sul, por que não pensar em um produto que atingisse o Brasil inteiro? Por meio de amigos soube que o jornalista português Carlos Malheiros Dias planejava lançar uma revista de circulação nacional. No meio do caminho faltara dinheiro e o lusitano começava a desistir. Ao tomar conhecimento disso, Chateaubriand quis saber quanto custaria ressuscitar o projeto, lançar a revista e indenizar Dias pelos gastos já realizados. Não era tanto dinheiro, já que *Cruzeiro* não dispunha de gráfica própria e, assim, o investimento inicial não era nenhum despropósito: com quinhentos contos de réis ele assumiria o controle integral da empresa que formalmente já existia — e que, ironicamente, mesmo não sendo dona de uma única linotipo, chamava-se Empresa Gráfica Cruzeiro S.A.

É claro que quinhentos contos não assustavam alguém que, como ele, já havia se metido em negócios muito mais vultosos. Afinal, aquilo era um terço do empréstimo que Pujol avaliara. O único problema é que, pouco ou muito, Chateaubriand não tinha esse dinheiro. Nem esse nem qualquer outro. Ou, ainda: Chateaubriand nunca tinha dinheiro algum. Tinha prestígio, tinha "alavancas", começava a ter poder, mas dinheiro, que era bom, nada. Quem tinha dinheiro eram os banqueiros, os industriais, os comerciantes, os usineiros de açúcar do Nordeste e os cafeicultores de São Paulo. Mas sobretudo os banqueiros. Os agricultores viviam se lamentando porque chovia demais ou porque chovia de menos — mas, chovesse ou fizesse sol, ele nunca vira um banqueiro chorar miséria. Nem mesmo dos mineiros, famosos pela avareza, Chateaubriand podia se queixar. Ao contrário, costumava dizer que Minas Gerais era o seu "Vaticano do crédito": lá o dinheiro era sempre pródigo, e, quando a vida o compelia ao pecado mortal do atraso no pagamento de uma letra, o perdão acabava vindo.

Antes de bater às portas do Vaticano, entendeu que talvez fosse mais eficiente recorrer àquele a quem todos os banqueiros — mineiros ou não — obrigatoriamente prestavam reverência: o ministro da Fazenda, seu amigo Getúlio Vargas. A revista que ele descreveu para o ministro nada tinha a ver com a dos planos de Malheiros Dias: a *Cruzeiro* de Chateaubriand era uma revista com papel da melhor qualidade, repleta de fotografias, contaria com os melhores articulistas e escritores do Brasil e do exterior, e assinaria todos os serviços estrangeiros de artigos e fotografias. Impressa em quatro cores pelo sistema de rotogravura, a revista teria de ser rodada em Buenos Aires, já que a qualidade das gráficas brasileiras estava "abaixo do nível das africanas". E tinha mais: *Cruzeiro* seria semanal, com tiragem de 50 mil exemplares (e não os 27 mil imaginados por Malheiros), que circulariam em todas as capitais e principais cidades do Brasil. Os olhos de Vargas faiscavam. Sem qualquer protesto de Chateaubriand, acendeu um robusto Santa Damiana e foi direto ao que interessava:

— De quanto tu precisas para pôr a revista nas ruas em doze meses?

— Com 250 contos eu assumo imediatamente o controle da empresa, que já está montada. O resto do dinheiro eu arranco nas primeiras semanas de circulação. Tenho a promessa de contratos de publicidade com a Antarctica, a Sul-América de Seguros, a fábrica de vitrolas e rádios Victor e a estamparia América Fabril. Com a revista nas ruas, triplico isso em dois dias. Eu vou vender pessoalmente os anúncios nobres, impressos em cores.

Getúlio caminhou pela sala e sorriu:

— Tu és um homem de sorte. Daqui a meia hora vou receber em audiência o banqueiro Antônio Mostardeiro, um compadre do Sul que nomeei presidente do Banco do Brasil. Ele vai te arranjar esses 250 contos. E esse dinheiro não vai ser do Banco do Brasil. Mostardeiro vai te emprestar dinheiro do Banco da Província, que é dele.

Mostardeiro entrou na sala na hora marcada, acompanhado de Correa e Castro, diretor da carteira de câmbio do banco oficial. Getúlio expôs ao presidente do Banco do Brasil o projeto de Chateaubriand e enfiou-lhe a faca:

— Coronel Antonico, o nosso jornalista precisa de um empréstimo imediato de quinhentos contos de réis. Assim que o negócio dele começar a render, ele te paga. Eu garanto a operação.

Todos se espantaram: o banqueiro pelo pedido inesperado e Chateaubriand pelo equívoco cometido por Getúlio, que podia pôr tudo a perder: na verdade 250 contos eram mais do que suficientes para fechar o negócio. Quis corrigir a cifra, mas Getúlio fez um gesto com a mão para que silenciasse. Mostardeiro tentou refugar, disse que precisava de alguns dias para consultar seus diretores, mas Vargas insistiu:

— Não, Antonico, tu não entendeste. Isso é negócio para ser fechado agora, nesta mesa. Essa revista vai ser um bacamarte para nossos planos políticos futuros.

A reunião durou pouco e Mostardeiro só aceitou fechar o negócio ali, à queima-roupa, depois de reduzir o valor inicial do empréstimo à metade. Chateaubriand podia contar com o dinheiro depositado em sua conta três dias depois. Getúlio se levantou para acompanhá-lo até a porta do elevador, e no caminho o jornalista quis corrigir o engano de cifra:

— Ministro, quinhentos contos é o valor total do negócio. Eu só preciso de 250 contos.

Vargas deu uma gargalhada:

—É surpreendente que alguém como tu seja tão mau comerciante. Quando quiseres tomar dinheiro de um banqueiro, tens que pedir o dobro do que necessitas. Os banqueiros sempre emprestam a metade do que lhes pedem. Se tu abres a boca naquele momento, receberias apenas 125 contos. Vai comprar a nossa revista.

Mas nem tudo eram rosas na vida de Chateaubriand. Proporcional ao poder e à influência que adquiria, começava a nascer uma cáustica e sistemática oposição a tudo o que ele fazia e às causas que defendia. O primeiro veículo a congregar inimigos de Chateaubriand tinha surgido em julho de 1927 em São Paulo. Era o *Diário Nacional*, órgão oficioso do Partido Democrático, organização de oposição criada em 1926 por um grupo de paulistas que um ano depois decidiram colocar um jornal nas ruas. Tendo à frente o jornalista Paulo Duarte, os advogados Adriano Marrey Júnior e Vicente Rao, e o historiador Paulo Nogueira Filho, entre outros, nos primeiros meses de funcionamento o *Diário Nacional* chegou a compartilhar com os jornais de Chateaubriand a defesa de causas comuns — como a exaltação à Coluna Prestes e a exigência de anistia para os combatentes.

Mas parou aí. Por trás de tudo que Chateaubriand ou suas empresas fizessem, o jornal descobria algum deslize, um negócio mal contado. Paulo Duarte garantia que a compra da Vila Normanda tinha origens obscuras: dos seiscentos contos que custou "o palácio da avenida Atlântica" (10% do total pago pela compra de *O Jornal*), quatrocentos teriam vindo de uma operação escusa com o banco Crédit Foncier e os outros duzentos teriam sido obtidos por Oswaldo, irmão de Chateaubriand, por meio de uma venda de terras no bairro do Jaraguá, na capital paulista. Paulo Duarte cavocou cartório por cartório em São Paulo e descobriu que não havia nem nunca tinha havido qualquer imóvel registrado em nome de Oswaldo Chateaubriand — quer dizer, tratava-se de uma história inventada. Quando não tinha munição própria, o *Diário Nacional* transcrevia artigos dos jornalistas Mário de Brito e Mattos Pimenta, militantes do diretório fluminense do PD e redatores do moralista e ultraconservador *A Ordem*, jornal da direita católica publicado no Rio. Foi de lá que saiu a série de artigos escritos por Mattos Pimenta denunciando a operação que estaria por trás da compra do terreno da rua Treze de Maio, pelo qual Chateaubriand havia pago 2 mil contos de réis (mais duzentos contos de impostos, transmissão e escritura). Desse total, segundo o jornal, 1500 contos tinham vindo das burras do conde Modesto Leal, que exigira como garantia a hipoteca das máquinas de *O Jornal*, do terreno e até do prédio a ser edificado nele. O dinheiro restante Chateaubriand teria "arrancado" do Banco de Crédito Real de Minas Gerais, um banco controlado pelo governo mineiro. Mattos Pimenta denunciava que o mesmo imóvel já hipotecado ao conde Modesto Leal tinha sido novamente penhorado ao governo de Minas. Para retribuir a ilegal generosidade, Chateaubriand, garantia o jornal, escrevera "alguns artigos endeusando o governador de Minas, Antônio Carlos, e submeteu subitamente *O Jornal* [...] à candidatura Antônio Carlos à Presidência da República". Ou seja, além de denunciar Chateaubriand por ganhar dinheiro com um negócio lesivo aos cofres do Estado, acusavam-no de estar traindo Getúlio Vargas, com quem estava cada dia mais comprometido, e trabalhando pela candidatura de Antônio Carlos. O *Diário Nacional* afirmava também que, quando apertado para explicar a origem dessa dinheirama, Chateaubriand alegava ter feito um contrato antecipado de publicidade com a companhia de seguros Sul-América no valor de 12 mil contos de réis — "contrato que ele jamais exibe a quem quer que seja", dizia o jornal, "pela simples razão de que nunca existiu".

Em vão Paulo Duarte tentou atrair para a guerra de guerrilha contra Chateaubriand seu amigo Júlio de Mesquita Filho, que com a morte do pai, ocorrida em 1927, assumira a direção de *O Estado de S. Paulo*. Julinho, como era conhecido, não quis entrar numa briga que não era sua nem de seu jornal. Decepcionado com o que considerou um recuo do amigo, Paulo Duarte registraria em suas memórias: "Fora isso, jamais a menor nuvem sombreara a minha amizade com Julinho". Quanto a Chateaubriand, este parecia tratar com ferina e estudada indiferença os ataques recebidos. "Muitos desses que agora nos acusam", escreveu em uma nota, "são rapazes que há pouco tempo viviam dia e noite postulando trabalho em nossos jornais. Como jamais levantei a voz para subalternos meus, recebo esses resmungos com cordura e urbanidade."

E as agressões, de fato, se circunscreviam aos donos dos jornais. Em um mercado de trabalho tão estreito, era comum que o redator que à noite escrevesse uma nota contra Chateaubriand no *Diário Nacional* fosse escalado, durante o dia, para respondê-la em seu segundo emprego nas páginas do *Diário da Noite* — o que ocorria, por exemplo, com o jovem crítico Geraldo Ferraz, que trabalhava como repórter à tarde no primeiro e à noite marcava o cartão de ponto no segundo como "cozinheiro" — nome dado aos redatores encarregados de juntar notícias de várias origens e transformá-las em um único texto.

Nessa época retornou da França a ex-noiva Jeanne. Embora já o encontrasse casado e pai de um filho, ela o convidou para ser padrinho de seu irmão caçula e temporão, o pequenino Gigil. Chateaubriand afeiçoou-se ao garoto, a quem buscava frequentemente na casa dos pais para passear de barco e, às vezes, para passar os domingos no casarão da avenida Atlântica em companhia do filho — mais novo que Gigil, Fernando tinha então quase três anos. Era comum que Gigil dividisse com o padrinho pesadas cerimônias oficiais — como receber alguma delegação de fora na estação da Central do Brasil, ao som de furiosas bandas de músicas — ou amenos passeios pela elegante Rotisserie Americana, na rua do Ouvidor. Aos domingos Gigil era levado até o Club Guanabara, onde Chateaubriand guardava seus dois novos barcos — um *double sculler* suíço e uma piroga canadense —, e saíam mar adentro. Quando Fernando não podia estar junto, Chateaubriand apanhava ao acaso um dos meninos que zanzavam pelas imediações do clube para fazer companhia a Gigil.

Na hora do embarque, para não ter de pisar nas águas mefíticas da Companhia de Saneamento City que cercavam o Guanabara, os garotos eram levados até o barco nos braços de Benedito, um parrudo mulato paraibano, dublê de chofer e guarda-costas de Chateaubriand. Se Gigil se queixasse do fedor da água e, repugnado, tapasse o nariz, Chateaubriand dava gargalhadas dizendo o que, aos ouvidos do menino, soava como uma tara olfativa:

— Que é isso, meu filho? Respira fundo que isso é puro oxigênio, é ozona! Isso é tonificante!

Maníaco por disciplina, o padrinho obrigava Gigil (e que criança mais estivesse com eles, fosse Fernando, fosse um garoto apanhado na rua) a cumprimentar todos os que passavam com uma saudação em japonês, incompreensível para os pequenos: "Banzai Nipon!" (Viva o Japão!). Era a sua maneira de homenagear o país que ele considerava o exemplo máximo da disciplina. E repetia para os meninos, durante o passeio, coisas igualmente ininteligíveis para crianças daquela idade:

— Temos que ser bismarckianos, meus filhos. Bismarckianos! Todo mundo tem que ter um norte na vida, e para isso é preciso ser disciplinado, é preciso ser bismarckiano!

Enquanto ele remava — em geral atravessavam a baía até a Fortaleza de Santa Cruz e voltavam —, os meninos ficavam encarregados de manter a proa do barco apontada na direção do Corcovado. Irritava-se quando algum deles fazia algo errado, mas Gigil e Fernando testemunhariam que bastava aparecer um rabo de saia para fazer naufragar a bismarckiana disciplina de Chateaubriand. Mais de uma vez, quando havia mulher bonita por perto — qualquer beldade que passasse nas imediações, a bordo de algum iate —, os garotos viram Chateaubriand se confundir com remos, cordas e lemes e acabarem todos dentro da água, tentando desvirar o barco capotado. Se o erro era de responsabilidade de um dos garotos, ele se irritava até ranger os dentes e repetia a frase reveladora de seu caráter paradoxal:

— Adoro ser professor, mas detesto ensinar!

Mas não era sempre que ele podia dedicar tempo ao filho e ao afilhado. Enquanto uma equipe preparava o lançamento de *Cruzeiro*, o que incluía frequentes viagens a Buenos Aires para arranjar uma gráfica que imprimisse a revista, ele voltou a dividir seu tempo entre o Rio e São Paulo, animado com o sucesso que o *Diário da Noite* fazia. A vida nômade, sem endereço permanente, obrigava-o a passar semanas inteiras na capital paulista, o que às vezes levava sua mulher a só conseguir comunicar-se com ele por cartas. Aristocrática, Maria Henriqueta remetia a São Paulo ou deixava em sua mesa de trabalho bilhetes em que não escondia o constrangimento de precisar lhe pedir dinheiro para as despesas mais banais:

Chateaubriand:

Você não imagina o quanto me constrange ser obrigada a lhe aborrecer com esses meus pedidos. Não sei se por causa da vida agitada que o Fernandinho leva ou por qualquer outra razão, volta e meia me sinto atacada por uma elevação de temperatura renitente que vem à tarde e que, embora não passe de 37,5 a 38 graus, me deixa totalmente deprimida, sem ânimo para nada. Por experiência já constatei que só com alguns dias de bom clima e muito repouso consigo combater. Habitualmente costumo ir para Campos do Jordão, mas dessa vez penso que, devido ao coração, o médico prefere Teresópolis por ser menos alto.

Os hotéis de lá regulam uma diária em 180 mil-réis. Penso que três contos dariam bem para quinze dias, o que já é mais que suficiente. Tenho a certeza de que você não se aborrecerá com isso e desde já, como sempre, lhe fico imensamente grata.

Maria

Em meio à desordenada administração que impunha às suas empresas, de São Paulo mesmo ele dava ordens para que fosse concedido um "vale" à esposa — o que fazia com frequência até para si próprio, para ter algum dinheiro no bolso, obrigando a criação de uma confusa e infernal contabilidade paralela. Nada disso tinha importância para ele, que só pensava na política e na expansão das empresas. E estas, apesar da desorganização, pareciam navegar em mar de almirante.

Mesmo firmando-se cada vez mais como um jornal popular, de crimes e escândalos, o *Diário da Noite* se transformava também em uma usina de jovens talentos. Rubens do Amaral tinha sido nomeado redator-chefe e, para se juntar a Flávio de Carvalho, Geraldo Ferraz, Di Cavalcanti e ao comunista catarinense Brasil Gerson, ele trouxera do Rio Rafael Correa de Oliveira para substituir Mário Pedrosa (que fora mandado para um estágio na Alemanha pelo Partido Comunista, ao qual aderira em 1926). Depois da série de reportagens que escrevera sobre a Coluna Prestes, Rafael tinha se transformado na grande revelação da imprensa. No meio daquela fauna de anarquistas, comunistas e modernistas, chamavam a atenção a elegância e os educados modos britânicos do jovem estudante de direito Oscar Pedroso Horta, que começara no jornal com uma seção de xadrez e depois se transformaria em colunista social homiziado sob o pseudônimo de "Athanásio Torres". Isto, claro, para desespero de Chateaubriand, que, embora cortejasse o dinheiro dos ricos, vociferava pela redação dizendo "corar de vergonha" ao ler as colunas dos jornais dedicadas à alta sociedade:

— Não há viajante nessas colunas que não seja "ilustre" e que não tenha "engrandecido o nome do Brasil no estrangeiro". Não há delegado brasileiro, mesmo nos congressos mais pífios, que não tenha tido uma "brilhante atuação". Nas seções mundanas dos jornais, o adjetivo transformou-se numa instituição calamitosa.

As diferenças de personalidade entre os irmãos Assis e Oswaldo acabavam se refletindo no dia a dia do jornal. Certa vez, Oswaldo — a contragosto, mas cumprindo ordens expressas de Chateaubriand — escalou Geraldo Ferraz para cobrir a segunda exposição de Lasar Segall em São Paulo. Embora o dono considerasse "um escândalo" o jornal não ter publicado nada sobre a mostra, Oswaldo ainda resistia ao transmitir a orientação ao repórter:

— Geraldo, esse pintor russo é doido varrido. Portanto não exagere nas tintas. Neste jornal, lugar de louco é na página policial, não na cultural.

Quando Ferraz entregou a reportagem ao chefe, Oswaldo ainda reclamou:

— A nota está conforme o Assis quer, mas para mim está louvaminheira demais. Insisto em que o homem é doido mesmo.

Tanto essas contradições diárias na vida do jornal como a heterogênea formação política dos repórteres e redatores que trabalhavam lá refletiam a controvertida personalidade de Assis Chateaubriand. Ele próprio surpreendia seus leitores. Em uma segunda-feira sufocava-os com um maçudo artigo sobre política internacional. Na quarta-feira saltava, com igual veemência, para ataques corrosivos a um decreto que, alegando que a gravidez comprometia o desempenho profissional no magistério, pretendia proibir as professoras de escolas públicas de se casarem. No amplíssimo leque de suas preferências, na quinta-feira voltava à política e na sexta gastava todo o seu artigo de primeira página desancando um minúsculo anúncio, publicado no próprio *Diário da Noite*, em que um leitor oferecia dois contos de réis a quem lhe conseguisse um emprego no Banco do Brasil.

Quando tentava explicitar melhor seu norte ideológico, a confusão só aumentava. Em artigos sucessivos, ora dizia que suas empresas só existiam "como instrumento da ação conservadora para a defesa dos interesses da produção brasileira". Ora criticava o governo federal "por acreditar em patranhas que querem convencer as autoridades brasileiras da existência de uma conspiração bolchevista, prestes a estourar entre nós", e protestava ao ver que "o direito de reunião dos nossos trabalhadores vem sendo perturbado por incursões intempestivas da polícia, com disparos de tiros a esmo que acabam matando operários inermes". Quando os artigos de Mussolini e Primo de Rivera se tornavam muito frequentes, deixando no ar a suspeita de simpatias pelo extremismo que germinava na Europa, era taxativo: "Nenhum diário tem divergido mais do fascismo do que nós. Se o sr. Mussolini possui admiradores da obra de tirania que exercita dentro de seu país, esses admiradores não se encontram em nossas colunas".

Mas quem se dispusesse a ler com maior acuidade e atenção os artigos de Chateaubriand talvez pudesse identificar ali os primeiros indícios de uma má fama que o perseguiria até após a morte. Em algumas ocasiões, seus jornais pareciam deixar de ser a "alavanca" que ele tanto proclamava, para se assemelharem mais a uma gazua. A primeira vítima visível da afiada ferramenta seria o conde Matarazzo, seu senhorio no prédio ocupado pelo *Diário da Noite*, no vale do Anhangabaú, em São Paulo. Algum mal-estar contra o conde nascera de sua decisão de quase nunca anunciar nos jornais de Chateaubriand — embora nisto nada houvesse de pessoal contra o dono, mas apenas a convicção de que suas indústrias prescindiam da eficiência da tão propalada publicidade. Mas a situação se agravava toda vez que o contador do império Matarazzo comunicava que o valor do aluguel seria corrigido — ou simplesmente quando tentava cobrar pagamentos atrasados que se acumulavam por meses e meses. Sempre que isso acontecia, o *Diário da Noite* — e nunca *O Jornal*, que era o jornal "sério" — saía às ruas com uma tijolada no industrial italiano, como esta:

> O sr. Matarazzo não paga, nem aos seus operários nem ao Brasil, um pequeno juro do privilégio de ser milionário. Visitei há oito anos a sua maior fábrica, em companhia do filho, sr. Matarazzo Júnior, e tive uma sensação de desolação pelo que de desinteresse naquela casa se me deparou pela sorte do operariado. Que diferença enorme entre a conduta de um Jorge Street, na fábrica Maria Zélia, e a do sr. Matarazzo na Maria Ângela! Esse deslize lamentável da obra do conde Matarazzo, em grande parte, é fruto das ideias rudimentares do velho industrial. O conde Matarazzo, como chefe de indústria, ficou em 1840 e 1850. Não tem muito nítida a noção do respeito à dignidade dos homens que trabalham como operadores anônimos do nosso esforço; desconhece o sentido da palavra filantropia, que outros patrões brasileiros, como os srs. Jorge Street e Guilherme Guinle têm ensinado, ou como fazem os americanos. O conde Matarazzo não cora ao confessar, de público, que se aproveita da deplorável inconsciência do nosso trabalhador — não faz, por exemplo, o que a Light está praticando no Rio e em São Paulo [...]. Em síntese, o conde Matarazzo continua na pré-história da indústria.

O conde Francisco Matarazzo — que não gostava de anunciar nos jornais de Chateaubriand e insistia em receber em dia seus aluguéis — era "um milionário privilegiado", um industrial de "ideias rudimentares", não tinha respeito pela dignidade dos operários — ou seja, o leitor do *Diário da Noite* estava diante do homem das cavernas. E os outros empresários e suas indústrias? Bem, os Laboratórios Alvim e Freitas (por mera casualidade, grandes anunciantes de *O Jornal* e do *Diário da Noite*) eram um exemplo de modernidade — segundo Chateaubriand pudera apurar, com seus próprios olhos, em reportagem feita pessoalmente por ele naquela empresa. A norte-americana General Electric (que só naquele ano iria gastar mais de mil contos em publicidade) era uma indústria preocupada com o conforto de seus trabalhadores — "exemplo que vem de suas

unidades instaladas nos Estados Unidos, que empregam mais de 70 mil pessoas".
E a Light? Sobre a empresa dirigida por Mackenzie, Chateaubriand encerraria um artigo com uma antológica, definitiva afirmação: "No mês vindouro a Light & Power completa mais um ano de atividade no Brasil. Fora outro o nível mental da nossa gente e esse dia deveria ser feriado nacional".

Indiferente à repercussão que enormidades como essa causavam entre seus adversários, Chateaubriand se preparava, no final de 1928, para a mais estrondosa promoção realizada por suas empresas até então: o lançamento de *Cruzeiro*. No final da tarde de 5 de dezembro, quando a avenida Rio Branco fervilhava de gente que deixava o trabalho ou saía às ruas para as primeiras compras de Natal, 4 milhões de folhetos — três vezes o número total de habitantes do Rio — foram atirados do alto dos prédios sobre a cabeça dos passantes. Os volantes anunciavam o breve aparecimento de uma revista "contemporânea dos arranha-céus", uma revista semanal colorida que "tudo sabe, tudo vê". Muitos dos panfletos traziam reproduzidos, no verso, anúncios que seriam veiculados na nova publicação. Por conta de um contrato de permuta realizado com o americano William Melniker, diretor no Brasil da Metro Goldwyn Mayer, a revista publicaria anúncios regulares do estúdio americano em troca da exibição, antes de toda película da MGM distribuída para qualquer ponto do país, de um curtíssimo filme feito em Buenos Aires mostrando uma máquina de rotogravura imprimindo exemplares de *Cruzeiro*. Todo aquele conjunto de ações se constituía, garantira Fitz Gibbon a Chateaubriand, "no mais moderno processo americano de infiltração na consciência dos consumidores".

No dia 10 de dezembro, por fim, consegue-se um verdadeiro milagre para um país cujas comunicações ainda estavam na idade da pedra: a revista *Cruzeiro* estava nas bancas de Belém a Porto Alegre, simultaneamente. Além de usar caminhões, barcos e trens, Chateaubriand fretou um bimotor — o Aiko, da companhia francesa Latécoère — para que nenhuma cidade importante fosse esquecida pela distribuição. Como se quisesse esbanjar competência, até nos principais pontos de venda de Buenos Aires e Montevidéu havia repartes da revista — da mesma edição em português que circulava no Brasil. Os dois primeiros exemplares a chegar às mãos de Chateaubriand foram mandados para Getúlio Vargas e para o padrinho e patrocinador Antônio Mostardeiro.

Na capa do número um, em fundo azul emoldurado por uma tarja prateada, publicou-se um desenho hiper-realista do rosto de uma moça com ar vamp, unhas cintilantes, sombra nos olhos e boquinha pintada, como se soprasse um beijo para seus 50 mil leitores. Completando a atmosfera fatal, sobre o rosto da melindrosa esvoaçavam as cinco estrelas de prata do Cruzeiro do Sul que haviam inspirado o nome da revista. No editorial sem assinatura da primeira página, a direção prometia uma publicação bem mais ingênua do que sugeria o ar lascivo da moça da capa: esclarecia que, se um jornal pode ser o órgão "de um partido, de uma facção, de uma doutrina", uma revista como *Cruzeiro*, no entanto, seria um instrumento de educação e de cultura: "Onde se mostrar a virtude, animá-la;

onde se ostentar a beleza, admirá-la; onde se revelar o talento, aplaudi-lo; onde se empenhar o progresso, secundá-lo".

A publicidade do primeiro número prenunciava tempos de vacas muito gordas para Chateaubriand. Quase metade das 64 páginas estava repleta de anúncios. Além de páginas inteiras em cores oferecendo os automóveis Lincoln, as novas vitrolas da GE (que já tinham evoluído das "victorolas" do século anterior para "Victrolas Ortophônicas") e filmes da Metro Goldwyn Mayer, havia um mar de anúncios, onde se vendia de tudo. Produtos de beleza para mulheres ("Rugas? Rugol! E adeus rugas!" Se o remédio não funcionasse, o anunciante acenava com um prêmio de consolação: 3 mil dólares para a mulher que comprovasse a ineficácia de Rugol), elegantes joias da filial da britânica Mappin & Webb e, como sempre, remédios, muitos remédios. Curiosamente, as quatro primeiras páginas estavam cobertas de minúsculos anúncios classificados de hotéis — hotéis chiques e pensões vagabundas —, o que por muitos anos se tornaria uma praxe na revista.

No miolo, impressos em sofisticado papel cuchê e ilustrados por fotografias em abundância, artigos, reportagens e contos traziam, sob o título, um inexplicável e preciso registro: o tempo necessário para o leitor ler cada um deles. Por exemplo, a leitura da entrevista exclusiva com o presidente de Portugal, Oscar Carmona (feita por Rocha Martins, "nosso colaborador em Lisboa"), iria demandar treze minutos e vinte segundos. O conto "Salva pelo amor", de Phyllis Duganne, era mais longo: 26 minutos e vinte segundos. A reportagem sobre a realização do filme *Helena de Troia* (da MGM, claro), dez minutos redondos. A reportagem "Como se domam as feras" — na verdade um conjunto de fotos encimadas por legendas extensas — podia ser lida em brevíssimos cinco minutos e seis segundos. O texto recordista era uma entrevista com Luiz Seel, pioneiro da produção de desenhos animados no Brasil. O leitor gastaria 38 minutos e dezessete segundos para aprender os segredos da animação dos bonecos Mutt & Jeff pelo cinema americano.

Se a mania maluca de publicar o tempo de leitura morreu no primeiro número, tanto a revista quanto a prosperidade que ela ostentava pareciam ser definitivas. As sucessivas edições de *Cruzeiro* engordavam a cada semana com anúncios e mais anúncios. Muitas vezes o leitor ficava em dúvida sobre se determinada matéria publicada pela revista era uma reportagem informativa ou um anúncio pago, disfarçado de jornalismo. Quando não era "A maior inauguração do ano" (na verdade apenas a abertura do novo prédio da companhia de cigarros Souza Cruz), podia ser a página inteira de fotos e texto dedicada à nova seção de contratos da velha amiga Light & Power. Mesmo para um jornalismo tão ingênuo como o que se fazia no Brasil do final dos anos 1920, onde talvez aqueles assuntos fossem de fato de interesse para a época, aquilo cheirava a matéria paga. Diante da insistência dos inimigos — quase todos os dias vinha chumbo de *A Ordem* e do *Diário Nacional* — que queriam porque queriam ver os tais anúncios oriundos do fantástico contrato com a Sul-América, estes acabaram aparecendo, e em todos os números da revista. Os da Sul-América e os da Lacta, da cervejaria Antarctica, da América Fabril, da Victor e de dezenas de laboratórios. Alguns exibiam o privilégio de ter brasileiros célebres como garotos-propaganda. Uma página inteira das Casas Isnard, anunciando rádios, estampava em fotografia posada ninguém menos que o embaixador do Brasil na Liga das Nações e ex--ministro das Relações Exteriores Afrânio de Melo Franco "e candidato ao prêmio Nobel da paz sintonizando o seu Philco modelo 45-C, o rádio dos artistas célebres, políticos eminentes, jornalistas cultos, militares ilustres, industriais abastados e amadores exigentes". Anúncios mais recatados ofereciam "às damas na nossa sociedade" a moderna toalha sanitária Modess, capaz de evitar dissabores e "resguardar os vestidos de fazendas mais leves e delicadas".

A cornucópia em que pareciam ter se transformado os negócios de Chateaubriand — não só na revista, mas o dinheiro parecia surgir copiosamente também no *Diário da Noite* e em *O Jornal* — aguçou a legítima aspiração de uns poucos e mais ingênuos "acionistas" (os pioneiros que haviam contribuído para montar os alicerces da rede que começava a nascer) de receber algum dividendo daqueles empreendimentos. Quando o paulista Elói Chaves, por exemplo, tentou discretamente saber se as ações que adquirira já haviam dado algum filhote, ouviu de Chateaubriand uma resposta sem qualquer acanhamento:

— Minhas empresas já pagam dividendos a seus acionistas. Mas são dividendos cívicos! Cada tostão que caiu em nossos alforjes foi multiplicado, sim. E é distribuído todos os dias. Não individualmente, mas a toda a nação, através de ideias. Veja a severidade com que mergulhamos na campanha pelo voto secreto no Brasil. São esses os dividendos físicos que, pelo menos por enquanto, pretendemos distribuir.

Aos que o acusavam de receber recursos de origens escusas, Chateaubriand reconhecia, em editoriais assinados, que estava mesmo em uma maré de fartura, mas que aquilo não o transformara num argentário mesquinho. "O dinheiro só nos preocupa como um meio", insistia, "como um instrumento para pagar bons serviços destinados à feitura impecável dos nossos veículos." Não era o destino do dinheiro, contudo, o que alimentava a imaginação dos inimigos, mas a origem dele. Para esta interrogação também Chateaubriand tinha resposta, que publicava com todos os efes e erres: "O dinheiro nos chega por três únicas vias: a publicidade, as assinaturas e a venda avulsa". O destino e a origem não eram suficientes para satisfazer a curiosidade dos desafetos? O importante era saber *quanto* faturavam os veículos do pequeno conglomerado que eles já chamavam de "o consórcio Chatô"? Nenhum problema. Descontados os tais 12 mil contos da Sul-América, que geravam tanta desconfiança — e que ele não contabilizava por considerá-lo um "contrato futuro", teoricamente suscetível de ser rompido a qualquer momento —, havia muito, mas muito dinheiro entrando no caixa de suas empresas, como ele próprio esclareceria em um artigo escrito no começo de 1929: "No ano passado essas três fontes [publicidade, assinaturas e venda avulsa] nos deram quase 4500 contos de lucro líquido. Se 1929 terminar como está começando para nós, o grupo de empresas liderado por *O Jornal* terá uma receita líquida de 12 mil contos de réis".

Ou seja: em valores corrigidos para 2011, Chateaubriand pretendia enfiar no bolso, no final daquele ano, sem contar o "contrato futuro" da Sul-América, uma montanha de dinheiro de aproximadamente 22 milhões de dólares de altitude. Tamanha abundância, porém, não significava que ele estivesse pagando as monumentais dívidas que assumira, já que o dinheiro que entrava ficava mesmo era nos seus próprios negócios. Como o próprio dono explicava: "Esses recursos nos permitiram instalar recentemente na Alemanha, como correspondente permanente de *O Jornal*, o jornalista Sérgio Buarque de Holanda. E são esses mesmos recursos que vão pagar a viagem e as despesas do nosso colaborador Mozart Monteiro, que partiu ontem para a Rússia como o primeiro jornalista brasileiro a fazer uma minuciosa, honesta e desinteressada série de reportagens sobre a república dos sovietes". O resto, destemperava, "o resto é inveja de uma concorrência dirigida por sibaritas, que quanto mais se encharcam de champanhe nas *boîtes*, mais minguam seus jornais".

O soberano desprezo com que tratava inimigos, adversários e concorrentes não ocultava a obsessão de que Chateaubriand estava tomado: reforçar sua presença no Rio e em São Paulo e ampliar a sua rede de veículos de comunicações por todo o país, com os olhos postos no pleito de 1930. Para chegar lá, entrou em 1929 enfiando o pé na porta do mercado de São Paulo. Na primeira semana de janeiro estava nas bancas o *Diário de S. Paulo*, o "jornal sério" que ele vinha preparando sigilosamente para os paulistas. Só no lançamento, no dia 5 de janeiro, é que se tomou conhecimento do plano secreto que o próprio dono arquitetara: além do reparte destinado à venda avulsa, mais 30 mil exemplares foram impressos e distribuídos gratuitamente pelo correio a uma lista de pessoas residentes em todo o estado. A promoção iria durar um mês. As listas dos destinatários vinham sendo obtidas discretamente pelo próprio Chateaubriand nos meses anteriores: eram os *mailings* de clientes de seus amigos industriais e empresários, associados de entidades de classes, pequenos e médios comerciantes que faziam parte dos cadastros das grandes indústrias paulistas. No dia seguinte, mais uma lista de 30 mil nomes era acrescentada à primeira. No dia 7 de janeiro o *Diário de S. Paulo* tinha, além dos exemplares cujas manchetes eram apregoadas pelos jornaleiros e donos de quiosques de rua, uma tiragem de 90 mil jornais circulando por todo o estado. Cada um desses jornais distribuídos de graça trazia impresso um cupom para que o leitor, ao final do primeiro mês de gratuidade, fizesse sua assinatura — desta vez, naturalmente, paga do próprio bolso.

Para dirigir o *Diário de S. Paulo*, Chateaubriand trouxe do Rio o jornalista potiguar Orlando Dantas, de 35 anos. Cosmopolita, familiarizado com a imprensa norte-americana (ele vivera nos Estados Unidos no final dos anos 1910 para fazer um curso na fábrica de máquinas de escrever Underwood), Dantas trabalhara nos últimos meses como diretor de publicidade de *O Jornal*, em substituição ao americano Fitz Gibbon, que retornara aos EUA. Mas Orlando Dantas ficaria em São Paulo e no *Diário* por pouco tempo: um ano depois, por divergências com Chateaubriand, ele deixaria o jornal para fundar o seu próprio *Diário de Notícias* no Rio de Janeiro. No novo jornal paulista, seus dois lugares-tenentes eram Rubens do Amaral, transferido do *Diário da Noite*, e José Jobim, também contratado no Rio de Janeiro.

O prato de resistência do número de estreia do *Diário de S. Paulo* foi uma inacreditável entrevista concedida com exclusividade a Chateaubriand pela maior glória nacional, o aviador Santos Dumont. Famoso não só por seu invento, mas também pela aversão a jornalistas, o "pai da aviação" foi torrencial — e deu a Chateaubriand um furo jornalístico internacional: no final do mês ele embarcaria para a Suíça para finalizar as experiências com seu novo e revolucionário engenho, uma máquina que prometia ser tão espantosa quanto o avião que o celebrizara mundialmente: o Transformador Marciano. O delirante invento, detalhou Santos Dumont, consistia em um par de asas a serem adaptadas aos ombros dos seres humanos. Através da eletroterapia, o aparelho transmitiria energia suplementar aos músculos, o que permitiria que o usuário subisse escarpas, ladeiras e montanhas sem nenhum esforço físico adicional. Santos Dumont esclareceu que queria viajar logo para Saint-Moritz, na Suíça, para aproveitar o final da neve — terreno mais apropriado para experiências que, realizadas em superfície dura, poderiam causar danos irreparáveis a seus pilotos de provas. Maravilhado com a "bomba" que tinha nas mãos, Chateaubriand festejava antecipadamente o sucesso do aparelho: "Quem tiver amanhã nas omoplatas o Transformador Marciano", assegurou, "poderá galgar o Pão de Açúcar como se andasse na avenida Paulista". Embora de grande impacto jornalístico, a entrevista não parecia ter colhido o inventor brasileiro em seus melhores momentos. Santos Dumont concluiu seu depoimento com outra afirmação surpreendente: ele descartava com absoluta segurança que a aviação pudesse se transformar no melhor meio de transporte para a ligação entre o Rio e a capital paulista.

Poucas semanas depois de lançado, o *Diário de S. Paulo*, aparentemente contrariando os planos do dono de fazer dele um jornal sisudo, passaria a publicar semanalmente, em página inteira, a *Revista de antropofagia — Segunda dentição*. A primeira versão (ou dentição) do órgão oficial dos modernistas deixara de circular no começo do ano por falta de recursos. E, para surpresa de todos, iria receber amparo exatamente daquele que com tanta veemência excomungara, anos antes, o nascimento do modernismo. A inclusão no jornal, aos domingos, da *Revista de antropofagia*, acabaria gerando uma crise na redação. Às centenas, conservadores leitores do interior do estado pediam o cancelamento de suas assinaturas, inconformados com o escárnio produzido semanalmente pelos modernistas em um diário que se pretendia sério. Em meio a carrancudos editoriais sobre a cafeicultura e a pecuária, o leitor deparava com incompreensíveis *slogans* como

"Leia Durkheim!", ou com frases de Oswald de Andrade como "Tupy or not tupy, that is the question", ou "Quatro séculos de carne de vaca, que horror!". Temeroso de que o movimento antiantropofágico se disseminasse — e pudesse ameaçar a tiragem do jornal —, Orlando Dantas ameaçou suprimir a página semanal. Para espanto dos modernistas, foi Chateaubriand quem lhes assegurou abrigo no jornal, dando ordens para que a página permanecesse. Chateaubriand voltaria a surpreendê-los quando o mesmo Oswald de Andrade tentou falar em um congresso de cafeicultores da Sociedade Rural Brasileira. Herdeiro, pelo casamento com Tarsila, de um cafezal no interior de São Paulo, Oswald se sentiu no direito de usar a palavra no encontro dos fazendeiros, mas só conseguiu pronunciar a primeira meia dúzia de palavras: "Sou a voz de um encalacrado", começou, "num congresso de encalacrados". Bastou isto para que ele fosse arrancado do palco sob vaias — e a íntegra de seu discurso, "Uma voz da lavoura", só seria conhecida no dia seguinte, publicada como matéria paga no jornal *Estado de S. Paulo*. Chateaubriand não perdoou os modernistas pela ingratidão: quando precisavam de apoio, batiam às suas portas. Mas, na hora de publicar um anúncio de página inteira, o escolhido era "o jornal do Julinho" — dizia a Geraldo Ferraz, a quem acusava de ter "dormido no ponto" e deixado escapar o anúncio. Quando Ferraz retrucou que era um intelectual e que arranjar anúncios não era sua função, Chateaubriand levou-o a um canto e esclareceu:

— Mas Geraldo, francamente: nós teríamos pago a você uma gorda comissão!

Assim como surpreendia ver encartada no *Diário de S. Paulo* a *Revista de antropofagia — Segunda dentição*, os leitores ficavam intrigados com uma coluna que surgiu no jornal intitulada "O ponto de vista do PRP". Não fazia sentido para ninguém encontrar, em um diário escandalosamente getulista, uma coluna sempre aberta ao Partido Republicano Paulista, que todos já sabiam que iria enfrentar o gaúcho nas eleições do ano seguinte. Aos que o acusavam de estar fazendo "o jogo do pau de dois bicos" — isto é, colocando um pé em cada canoa — Chateaubriand respondia candidamente que aquilo "era coisa do Antoninho". Um dos líderes modernistas e efetivamente ligado ao perrepista Júlio Prestes, o escritor Antônio de Alcântara Machado tinha sido um dos defensores da publicação e manutenção do vade-mécum antropofágico no *Diário de S. Paulo*. E, segundo Chateaubriand, era dele a responsabilidade pela inexplicável permanência da quinta-coluna de Júlio Prestes e do PRP no jornal.

Mas não era só no amparo aos modernistas que se podia identificar a peculiar simpatia de Chateaubriand pelas artes. Logo que *Cruzeiro* se firmou como a grande revista nacional — o que ocorreu poucos meses depois de seu lançamento —, o dono deu ordens para que fosse instituído pelo semanário um concurso de contos e novelas destinado a descobrir, nacionalmente, novos talentos na literatura. O pífio prêmio em dinheiro que era oferecido ao vencedor — cem mil-réis — era uma insignificância mesmo para os padrões da época. Mas a verdadeira consagração dos dez primeiros classificados estaria em ver seus trabalhos publicados na revista, ilustrados pelos artistas mais renomados da casa, todos laureados com medalhas de ouro em salões europeus: Marques Júnior, Henrique Cavalleiro, Carlos Chambelland e Osvaldo Teixeira.

Foi tão grande o interesse despertado pelo concurso (cujo júri era composto "pela redação") que poucas semanas depois a revista foi obrigada a mudar as regras e suspender a recepção de originais. Em tão escasso espaço de tempo, mais de quatrocentos trabalhos tinham chegado à redação, "surgidos tanto dos grandes centros de cultura como dos mais apagados recantos da província". Incapaz de ler e julgar criteriosamente aquela maçaroca de papel vinda de todo o país, *Cruzeiro* anunciou: "Somos obrigados a suspender o registro da recepção dos contos para o julgamento final dos enviados até esta data, de modo a não criar para os concorrentes uma situação de longa e modesta expectativa".

Entre os dez finalistas, chamavam a atenção dois nomes, não apenas pela alta qualidade dos contos, mas também por serem autores muito jovens, que pela primeira vez veriam um escrito seu publicado em letra de fôrma. Um deles, que concorrera com o conto intitulado "Satânia", era um aluno de dezoito anos do Colégio Militar do Rio de Janeiro que vivia em uma república de estudantes da Tijuca. O outro tinha 21 anos e, como acontecia com a maioria dos rapazes de sua geração, mudara-se do interior de Minas Gerais para fazer o curso superior em Belo Horizonte, onde estudava medicina.

Como o regulamento não fazia objeções a isso, ele concorrera com três contos, aos quais deu nomes bastante insólitos para um autor que viera do sertão mineiro: "Kronos kai Anágke", "O mistério de Highmore Hall" e "Caçadores de camurças". O aluno do Colégio Militar, autor de "Satânia" (e que iria penar durante meses para arrancar os míseros cem mil-réis do caixa de Chateaubriand), era o futuro general e historiador marxista Nelson Werneck Sodré. O mineiro de Cordisburgo, que anos depois seria consagrado como um dos maiores escritores da língua portuguesa, se chamava João Guimarães Rosa.

12

Depois de sustentar por várias semanas que Chateaubriand tinha vendido sua alma ao governador mineiro por 1500 dinheiros, foi com enorme desapontamento que os editores do *Diário Nacional* leram o editorial do dia 15 de janeiro de 1929 do *Diário de S. Paulo*. Com uma penada de setenta linhas assinadas, Chateaubriand jogou por terra a tese defendida com tanta veemência pelos jornalistas que ele, terrível, chamava de "os pedês do PD" — um jeito grosseiro de insultá-los com o diminutivo francês de "pederasta":

> Outros estados da Federação, e não apenas São Paulo e Minas, também têm o direito de aspirar à Presidência da República. Não fica bem ao respeito da igualdade que deve prevalecer entre todas as unidades federativas que duas delas se arroguem o direito de dispor para os seus estadistas a cadeira do Catete. Desde 1894, só duas vezes, e por bambúrrio, é que os presidentes da República não saíram de São Paulo e Minas.

Alguém poderia ter dúvidas, até aqui, do que ele queria dizer? Se tinha, bastava chegar ao final do artigo para deixar de ter. Ali Chateaubriand ia ao caroço da questão, e sem meias palavras deixava claro de onde deveria vir o seu candidato à Presidência:

> Vamos experimentar outros estados com os seus estadistas. Há entre eles alguns, como o Rio Grande, com uma tradição de escrúpulo administrativo, de respeito pelos dinheiros públicos, de antifilhotismo que a República está muito carecida de ver transplantada à órbita federal.

Era a primeira vez que alguém cometia a insolência de vir a público propor o fim da chamada política do café com leite, que por quatro décadas, como ele próprio assinalara, garantira aos estados de Minas Gerais e de São Paulo um revezamento quase ininterrupto na chefia da nação, ignorando as lideranças do resto do país. Nesse período, só duas exceções haviam quebrado a regra — em

1910, com o marechal gaúcho Hermes da Fonseca, e em 1918, com Epitácio Pessoa, seu conterrâneo de Umbuzeiro. Todos os demais presidentes eram mineiros ou paulistas.

Equivocava-se também quem imaginasse que, ao defender a candidatura gaúcha, Chateaubriand estivesse, agora, traindo o governador mineiro que o socorrera, em circunstâncias tão obscuras, com os tais 1500 contos. Na realidade o artigo apenas tornava público, ainda que de forma dissimulada, o resultado de uma conspiração em que Chateaubriand se metera pessoalmente meses antes, para convencer o governador Antônio Carlos a três graves decisões que iriam mudar o rumo da história do Brasil: primeiro, retirar sua própria pré-candidatura à Presidência; segundo, rejeitar qualquer solução proposta pelo Palácio do Catete para dar continuidade à política do café com leite; e, por fim, apoiar o nome de Getúlio Vargas como candidato de oposição a Washington Luís. Obscurecido na maioria dos livros sobre a história da Revolução de 1930, o papel desempenhado por Chateaubriand para convencer Antônio Carlos — fato a que nem o próprio jornalista jamais se referiria — só acabou merecendo um breve registro, décadas depois, perdido em meio às memórias do então deputado federal e ex-vice-governador de Vargas no Rio Grande, João Neves da Fontoura, um dos mais expressivos líderes da Aliança Liberal, nome dado à coligação inicialmente composta por gaúchos, mineiros e paraibanos.

Três semanas antes, o jornalista passara a noite de Natal de 1928 com o governador Antônio Carlos no Palácio da Liberdade, em Belo Horizonte. O que parecia ser apenas uma confraternização cristã foi de fato uma exaustiva reunião de mais de quatro horas para tratar exclusivamente da sucessão presidencial. Ao final da conversa o governador tinha aceito os três pontos propostos por Chateaubriand. A importância do resultado daquela aparente visita natalina teria sido coberta pelo pó da história oficial, não fosse o depoimento deixado por João Neves da Fontoura:

> Foi Assis Chateaubriand um dos primeiros a entrar na conspiração política, e com o vigor, a paixão e o dinamismo que sempre imprimiu a todas as suas campanhas. Amigo de Antônio Carlos, teimava em mostrar-lhe que a vitória de Minas sobre o Catete dependia de que os insurrectos arvorassem uma bandeira: a candidatura gaúcha. Ele ainda não possuía a verdadeira frota de jornais em todo o país, mas os multiplicava com o dom de sua prodigiosa ubiquidade.
>
> Em janeiro de 1929 Chateaubriand regressou de uma de suas constantes viagens a Belo Horizonte. Lá se entretivera a fundo com o sr. Antônio Carlos acerca da sucessão do sr. Washington Luís. De volta, procurou os irmãos João e Filipe Daudt de Oliveira, pondo-os ao corrente da importante conversa, cujos termos estava autorizado por Antônio Carlos a transmitir aos chefes gaúchos.
>
> Em consequência, a pedido de Chateaubriand, João escreveu a Vargas em meados de janeiro, relatando o teor da palestra entre Antônio Carlos e Chateaubriand. Informava assim: 1) que Antônio Carlos vetaria frontalmente a candidatu-

ra Júlio Prestes; 2) que não teria candidato mineiro; 3) que, como indicação do Catete, aceitaria um rio-grandense; 4) que adotaria o nome de um líder gaúcho para opor, em luta, a uma candidatura oficial paulista.

Aquela comunicação impressionou fundamente o espírito de Vargas.

O abusado editorial do *Diário de S. Paulo*, portanto, nada mais era que o capítulo seguinte da conversa no Palácio da Liberdade, quando ficou acertado também que aquela seria a posição a ser defendida, a partir de então, pelos jornais de Chateaubriand. Sem que o nome do governador gaúcho tivesse sido expressamente citado uma só vez, tudo apontava numa só direção: em 1930 Washington Luís e Júlio Prestes iriam enfrentar Getúlio Vargas nas urnas.

Passaram-se poucos dias do primeiro editorial sinalizando a orientação pró-Vargas quando apareceu na sala de Chateaubriand em São Paulo um "velho amigo" seu, homem de "sólidos recursos". O nome do personagem iria para o túmulo com Chateaubriand, mas não a razão que o levara àquela visita ao dono do *Diário da Noite* e do *Diário de S. Paulo*. O misterioso visitante oferecia ao jornalista o que ele chamaria de "a mais voluptuosa proposta que alguém jamais me fizera": comprar seus dois jornais de São Paulo (já então conhecidos apenas como "os *Diários*"), *O Jornal* e a revista *Cruzeiro* "por uma fortuna que poucos homens neste país, individualmente, têm o privilégio de possuir". Em português fluente, o que o personagem propunha é que Chateaubriand pusesse alguns milhares de contos de réis no bolso e tivesse uma pacata e eterna aposentadoria na Europa — o que, além de todas essas vantagens, o livraria dos aborrecimentos diários que só os donos de jornais conhecem. Aos amigos a quem revelou a história, Chateaubriand disse que ficou em dúvida "se enfiava uma peixeira nos miúdos daquele desinfeliz ou se fazia uma *boutade*". Como esfaquear milionários (pelo menos no sentido estrito da palavra) ainda não era sua especialidade, ele pegou o visitante pelo braço e conversou delicadamente com ele, andando em passos lentos, em direção ao janelão da sala, de onde se descortinava todo o vale do Anhangabaú:

— Entendo a proposta que o senhor me faz não como um vulgar cala-boca. Nem mesmo como um bom negócio comercial. O que o senhor me traz é uma sugestão nietzschiana: qual de nós não sonha terminar seus dias nas lombadas do Vesúvio, como propunha Nietzsche?

O visitante chegou a imaginar que o negócio ia sair, mas Chateaubriand continuou:

— Todos, menos eu! Eu troco as fraldas das montanhas vesuvianas pela praça do Patriarca! — dizia, escancarando os braços para o vale e indagando ao milionário:

— O senhor acha possível comprar, ainda que pela fortuna que me oferece, o vale do Anhangabaú?

Ante a resposta negativa e assustada, continuou, apontando o indicador para um ponto do vale:

— Para servir a interesses de indivíduos ou de clãs, o senhor faria uma oferta, qualquer que seja, por aquele monumento de bronze ao maestro Carlos Gomes?

Novo *não*, desta vez mais assustado. Chateaubriand prosseguia, agora falando alto e gesticulando como se discursasse para uma plateia — mas bem-humorado, deixando deliberadamente em dúvida se tudo aquilo não seria pura ironia:

— Pois então diga aos seus amigos que o mandaram aqui que nossos jornais são como o vale do Anhangabaú, a praça do Patriarca, o busto de Carlos Gomes: são bens públicos, fora do comércio! É aí que reside a força desses instrumentos de progresso moral e material da pátria brasileira que são os nossos jornais. É aí que reside a mística invencível dos rapazes que fazem *O Jornal*, a revista *Cruzeiro* e os *Diários* aqui em São Paulo.

Se leu o *Diário da Noite* e *O Jornal* dos dias seguintes, o suposto emissário de Washington Luís e Júlio Prestes teve motivos de sobra para colocar em dúvida a condição de "bens públicos" daqueles diários. Provavelmente ameaçado por novas cobranças, Chateaubriand passou quatro dias seguidos azucrinando a vida do conde Matarazzo. Primeiro exigia que o Juizado de Menores inspecionasse as fábricas do industrial italiano, "onde crianças trabalham em regime de escravidão", ganhando quinhentos réis mensais por nove horas diárias de trabalho. "Quanta sordidez, quanta miséria moral", vergastava, "não deverá existir no coração que assenta sua prosperidade nessa ignóbil exploração do trabalho infantil." Os artigos seguintes acusavam o magnata de praticar *dumping* no mercado açucareiro, em prejuízo da economia (e dos usineiros) de Pernambuco: "O sr. Matarazzo é um mero ganhador de dinheiro, que se rala tanto pela sorte da lavoura pernambucana quanto da do Marrocos, do Tibete ou da própria Itália".

A leitura dos editoriais assinados por ele quase sempre transmitia ao leitor a impressão de estar vendo alguém girar indiscriminadamente uma afiada navalha amarrada à ponta de um barbante. Com a mesma candência usada para investir contra o maior industrial brasileiro, ele avançaria, dias depois, sobre a madre superiora do Colégio Sion, em Laranjeiras, no Rio, que decidira proibir a matrícula da menina Abigail Izquierdo Ferreira, de nove anos, pelo pecado de ser filha do ator de teatro Procópio Ferreira — criança que décadas depois, sob o pseudônimo de Bibi Ferreira, seria reconhecida como uma das maiores atrizes brasileiras. "A tese da religiosa não é apenas desumana, é anticristã", fustigava Chateaubriand. "Será que Jesus discriminaria, entre essas garotinhas, as que são filhas de atores teatrais e as que são filhas dos banqueiros da rua da Alfândega, ou dos industriais da tecelagem da rua da Candelária?" Em meio à defesa da pequena Abigail, Chateaubriand realizava uma verdadeira hipérbole literária para, de raspão, bater de novo em seu alvo predileto, o conde Matarazzo: "O teatro, como qualquer profissão, pode ser moral ou imoral. Tudo depende de quem a exerce. O sr. Francisco Matarazzo, açambarcando gêneros de primeira necessidade para vendê-los ao povo mediante preços exorbitantes, com lucros excessivos, transforma o comércio, por exemplo, numa profissão imoral". E concluía com uma dose de moralismo quase tão grande quanto a da madre superiora: "Nada autoriza um colégio a repelir a matrícula a uma pequerrucha só porque seus pais fazem vida de palco. E, se o ator Procópio Ferreira é um boêmio, na sua arte, não seria um começo de arrependimento ele ter ido, em pessoa, buscar um colégio de educação religiosa, para à sua sombra tutelar deixar a filha pequenina?".

Mas tanto o conde, que ainda padeceria durante muito tempo na ponta do lápis de Chateaubriand, quanto as freirinhas do Colégio Sion (que se mantiveram irredutíveis e não aceitaram matricular Bibi Ferreira) acabariam passando para segundo plano naquele ano de 1929. A intransigência de Washington Luís em fazer seu sucessor levaria gaúchos e mineiros a superar suas divergências (tanto um como outro estado pretendiam que o cabeça da chapa saísse de seu território) — e o namoro alcovitado por Chateaubriand entre Antônio Carlos e Getúlio Vargas acabou selando o pacto entre os dois que levaria à criação da Aliança Liberal. Como já havia confessado a Chateaubriand no Natal do ano anterior, Antônio Carlos acabaria abrindo mão publicamente de sua candidatura, permitindo que Vargas fosse o candidato a presidente. Consultado sobre como reagiria quando o Catete lhe pedisse apoio à chapa oficial, o governador João Pessoa, da Paraíba, respondeu com uma única palavra, que se transformaria no lema da bandeira daquele estado: "Nego". Era a senha de que mineiros e gaúchos tanto precisavam para atrair a Paraíba para o movimento oposicionista que vinham arquitetando. Um ano antes do embate eleitoral as chapas já estavam montadas: insistindo na política do café com leite, o PRP do presidente da República iria lançar Júlio Prestes como candidato. Cumprindo a profecia que Chateaubriand fizera quando Vargas assumiu o governo do Rio Grande do Sul, a Aliança Liberal se preparava para lançar o próprio Vargas como candidato a presidente. Seu vice seria o autor do "Nego" — João Pessoa, governador da Paraíba, sobrinho do ex-presidente Epitácio Pessoa e, como este e Chateaubriand, também um umbuzeirense.

Apesar de dezessete dos vinte estados brasileiros da época terem decidido apoiar a chapa oficial, era patente o crescimento da Aliança Liberal. Mas o sucesso dos comícios que a agremiação realizava pelos estados — carregando principalmente a bandeira da anistia aos punidos desde 1922 — dependia de órgãos de imprensa que repercutissem a agitação política contra o Catete. O movimento oposicionista já contava com a simpatia dos maiores jornais do Rio e de São Paulo, mas Chateaubriand insistia em que isso não era suficiente: mais que a mera aquiescência, era preciso jornais declaradamente militantes, que assumissem como sua a causa aliancista. E isso, garantia, só quem podia dar era ele. Com essa conversa acabou arranjando meios para, em menos de um ano, duplicar sua rede. Primeiro teve de superar a enorme antipatia que alimentava por Osvaldo Aranha ("um incendiário permanentemente zangado") e convencê-lo da importância, para o movimento, de que ele, Chateaubriand, assumisse a propriedade e modernizasse o letárgico *Diário de Notícias*, de Porto Alegre. Envolvente e astucioso, Chateaubriand não apenas conseguiu contornar o azedume do gaúcho como os primeiros cinquenta contos dados a Leonardo Truda, dono do jornal (de um total de quatrocentos contos que custara o *Diário de Notícias*), saíram do caixa da Aliança Liberal e foram pagos pessoalmente por Osvaldo Aranha — o mesmo que meses antes abortara o negócio, temendo que aquilo fosse uma tentativa dos mineiros de pôr os pés no Rio Grande.

Mas Chateaubriand queria mais. Além de *Cruzeiro* e de *O Jornal*, a praça do Rio, ele sustentava, precisava de um diário que chegasse aos trabalhadores. Um jornal, como o *Diário da Noite* de São Paulo, voltado para as grandes massas populares. De novo a Aliança Liberal se encarregou de levantar os recursos. E desta vez o responsável por "levar o pimpolho à pia batismal", como escreveria Chateaubriand anos depois, foi João Neves da Fontoura. Neves foi o encarregado de fazer com que uma imprecisa bolada de dinheiro — teria sido algo entre trezentos e quatrocentos contos — chegasse às mãos de Chateaubriand para que ele imediatamente colocasse nas ruas o novo jornal carioca. Que, como o de São Paulo, foi batizado com o nome de *Diário da Noite*.

Agora faltava Minas. "Como fazer uma conspiração sem Minas?", indagava Chateaubriand a cada chefe aliancista que encontrava. "E como conspirar com Minas sem ter um grande jornal para defender essa conjura lá, atrás daquelas montanhas?" Se a Aliança Liberal quisesse, o jornal estava prontinho, e para comprá-lo só faltava um detalhe: dinheiro. Era o *Estado de Minas*, que Pedro Aleixo, jovem professor de direito, montara um ano antes em sociedade com dois amigos, e cujas dívidas o estavam levando à falência. Os contatos entre Aleixo e Chateaubriand foram feitos pelo correspondente do jornal mineiro no Rio, o modernista Milton Campos, que havia sido contratado no ano anterior como redator de *O Jornal*. Somados o rombo de dívidas acumuladas, mais as máquinas e o pequeno prédio no centro de Belo Horizonte, Pedro Aleixo e seus sócios queriam setecentos contos de réis para entregar o jornal. Como estava instalado na capital do "Vaticano do crédito", seria bem mais fácil conseguir recursos — fosse com os generosos banqueiros mineiros ou pela venda de ações a empresários locais. Nem era dinheiro vivo que Chateaubriand precisava dos aliancistas, mas apenas a segurança de que, em uma emergência, a campanha garantiria uma forma de pagar as dívidas.

O sinal verde foi dado pessoalmente por Getúlio Vargas, ao final de uma reunião da Aliança Liberal no Rio de Janeiro, e no dia seguinte Chateaubriand embarcou no trem Vera Cruz para Belo Horizonte junto com Milton Campos. Arranjado o dinheiro, foi até a redação do jornal e ouviu a choraminga generalizada: em um ano de funcionamento o jornal não pegara — espantosamente, o veículo preferido dos mineiros era o *Minas Gerais*, o diário oficial publicado pelo governo do estado. As esperanças de arranjar anúncios, então, já haviam sido abandonadas no meio do caminho. Todas as tentativas de conseguir assinantes tinham sido em vão. Quando o último jornalista acabou de falar, Chateaubriand deu um tapa na mesa: "Era isso mesmo que eu esperava: comprar um cemitério", exclamou, para assombro dos mineiros que olhavam com desconfiança aquele homenzinho de terno de linho branco, sapato bariri de duas cores e uma gravata que ia até quase o joelho. Disse que para acabar com aquela pasmaceira ele ia transformar o *Estado de Minas* num "curral de petiços" — pequenos cavalos, expressão que incorporara do vocabulário gaúcho de Vargas.

Ali mesmo anunciou o nome dos cinco rapazes que escolhera para "desenterrar os fantasmas deste campo-santo": eram todos mineiros, todos advogados ou estudantes de direito e todos muito jovens. Décadas depois, um deles se transformaria em um dos maiores advogados brasileiros, o outro seria senador e ministro, dois seriam vice-presidentes da República e o quarto se elegeria presidente do Brasil sem governar um só dia. Milton Campos — o mais velho dos "petiços", então com 29 anos — seria o redator-chefe do jornal, cargo que acumularia com a direção da sucursal mineira de *O Jornal*. Para secretário de redação Chateaubriand convidou um estudante de direito que lhe tinha sido recomendado pelo governador Antônio Carlos: Tancredo Neves, de dezenove anos. Como presidente da empresa, resolveu manter o ex-dono do jornal, Pedro Aleixo, de 28 anos, que no ano anterior tinha sido o vereador mais votado da capital mineira. O diretor seria o advogado Dario de Almeida Magalhães, 21 anos, que já trabalhava no jornal desde a sua fundação, um ano antes. Para o cargo de gerente, foi convidado um pequenino advogado de 28 anos, José Maria Alkmin, que acabara de deixar seu emprego de repórter no diário oficial.

Antes que o entusiasmo aliancista esfriasse, Chateaubriand ainda tentou abocanhar o *Correio do Povo*, também de Porto Alegre, mas de novo Osvaldo Aranha — prevendo sabiamente que o crescimento do jornalista poderia trazer-lhes dores de cabeça — iria se interpor e impedir o negócio. Da capital gaúcha ele passou um curto telegrama para João Neves da Fontoura, no Rio, matando no nascedouro o que considerava "uma excessiva ganância" do jornalista — a inclusão do *Correio* no pequeno conglomerado, que já era chamado de "consórcio": "Deputado João Neves — Hotel Glória — Rio — Ontem avião Nyrba viajou Alexandre Alcaraz fim negociar com Chateaubriand entrada *Correio* para consórcio. Precisas intervir evitando esta transação, inconveniente neste momento. Afetuosamente, Osvaldo Aranha". Mesmo já sendo dono de um poderoso arsenal de propaganda e opinião — seis jornais diários e uma revista de circulação nacional —, Chateaubriand pretendia voar ainda mais alto. E, sempre que possível, no vácuo do foguete em que se transformara a Aliança Liberal. Antes que o ano de 1929 terminasse ele contrataria a empresa paulista Oscar Flues & Cia. para importar dos Estados Unidos cinco monumentais impressoras de rotogravura em quatro cores — as primeiras que o Brasil veria — para rodar a revista *Cruzeiro* e imprimir suplementos coloridos de seus jornais do Rio, São Paulo e Minas Gerais.

A atividade jornalística não inibia sua aberta participação política. Representando a Paraíba (onde não punha os pés havia anos), em setembro ele foi incluído entre os delegados à Convenção Nacional da Aliança Liberal que iria sacramentar a chapa Getúlio Vargas-João Pessoa. E a militância em uma organização de caráter frentista como a Aliança o sujeitava a um permanente exercício de tolerância com antigos adversários e inimigos. Assim como havia sido escolhido convencional pela Paraíba, Pernambuco tinha nomeado, entre outros, Joaquim Pimenta (seu concorrente na disputa pela cadeira de direito romano, em Recife) e seu arqui-inimigo de 1911, o agora marechal Dantas Barreto. Realizada no Palácio Tiradentes, sede da Câmara Federal, a convenção foi presidida pelo governador mineiro, recebido com honras de chefe de Estado. Todos ali sabiam, afinal, que a Aliança só fora possível graças ao desprendimento de Antônio Carlos, que abrira mão de sua candidatura. Para introduzi-lo no plenário foi nomeada uma comissão de notáveis representando sete estados. Pela Paraíba o escolhido foi Chateaubriand. Para seu desprazer, o representante de Pernambuco era Dantas Barreto, e o de São Paulo, o advogado Marrey Júnior, membro da turma dos "pedê do PD" que tanto o fustigavam nas páginas do *Diário Nacional*.

O prestígio de que Chateaubriand desfrutava junto ao alto comando aliancista não era apenas um reconhecimento aos serviços prestados por seus jornais e por *Cruzeiro* à causa da Aliança Liberal. Ele era efetivamente considerado um dos membros do primeiro e mais fechado círculo da conspiração, privilégio que muitas vezes torturava sua alma. Conviver com segredos e não publicá-los no jornal era a negação absoluta daquilo que ele mais se orgulhava de ser: um repórter. Se tivesse conhecimento de que um empregado seu agia como ele se via obrigado a agir, não pensaria duas vezes para botar o sujeito no olho da rua. Muitas vezes ele não resistia à tentação, e sua metade jornalista falava mais alto que o Chateaubriand político.

Em agosto tinha sido assim. Semanas depois do chamado Pacto do Hotel Glória, quando Vargas e Antônio Carlos chegaram a um acordo sobre a candidatura do governador gaúcho, os senadores e deputados que se opunham à candidatura Júlio Prestes se reuniram a fim de escolher uma comissão executiva para o movimento e deliberar sobre como a cisão seria tornada pública. Decidiu-se que o deputado João Neves da Fontoura, em nome de todos, faria um pronunciamento na Câmara Federal. Famoso pela oratória brilhante, João Neves nunca escrevia um discurso, falando sempre de improviso. A gravidade daquela comunicação, no entanto, o obrigava a escolher, medir, pesar e escrever previamente cada palavra a ser usada na tribuna. Ele terminava de redigir à mão o discurso, sublinhando em vermelho as expressões mais contundentes, quando Chateaubriand apareceu no seu quarto do Hotel Glória, no Rio. Neves pediu que o jornalista desse uma olhada final nos três últimos e mais fortes parágrafos do discurso. Sabendo que tinha um furo nacional na mão, Chateaubriand decorou, uma por uma, cada palavra dos três parágrafos. No dia seguinte, quando João Neves encerrava solenemente o discurso-bomba, o *Diário de S. Paulo* já circulava desde cedo com a notícia que reproduzia, com rigorosa e surpreendente precisão, cada vírgula e cada ponto de exclamação do final da fala do deputado gaúcho:

Direi, finalmente, senhor presidente, que, com as âncoras levantadas antes de cortarmos as amarras que ainda nos prendem à paz política, na hora em que demandamos o mar alto e revolto no qual as tempestades serão a colheita dos ventos semeados, a tripulação exclama pela última vez: a bandeira que vamos içar é flâmula de paz e não de guerra!

Marchamos para buscar nas últimas ramificações da vontade pública os imperativos da nação! Vencidos num pleito liso, reconheceremos com prazer a nossa derrota; mas, vencedores, ninguém nos arrebatará o prêmio de tamanhos sacrifícios, ninguém conseguirá esbulhar o país na sua escolha! Somos a maioria hoje; seremos, talvez, a unanimidade amanhã.

De qualquer forma, mesmo nos momentos inquietos da batalha cívica, não nos esqueçamos, brasileiros, de que afinal somos todos irmãos!

O furo valeu-lhe o apelido de "Boca Rota", o boquirroto com quem se deveria tomar mais cuidado, mas a repercussão e o impacto que o discurso causou seriam maiores que a gravidade da inconfidência, afinal perdoada pelos aliancistas. O que havia de importante era a advertência explicitada por Neves em nome da Aliança Liberal: se houvesse fraude nas eleições, o presidente e seu candidato podiam se preparar para a guerra. E guerra, pelo menos para Chateaubriand, não era uma figura de retórica — ele achava que o movimento ia terminar em revolução. Além dele, Osvaldo Aranha, Virgílio de Melo Franco e João Neves tinham as mesmas preocupações. Enquanto estes começavam a buscar contatos com os "tenentes" de 1922 e de 1924 que estivessem dispostos a se preparar para uma eventual resistência armada, Chateaubriand não tinha mais dúvidas de que a crise desaguaria em guerra civil. E para isso era preciso ter tropas regulares à mão. Sem consultar ou pedir autorização a ninguém, como era do seu feitio, viajou outra vez para Belo Horizonte para uma nova conversa reservada com o governador Antônio Carlos no Palácio da Liberdade. Entrou no gabinete e foi direto ao assunto:

— Devemos cuidar de nos organizar para a guerra civil, que cada dia parece mais inevitável.

— E que medida você acha que devemos tomar? — indagou o governador mineiro.

— Testar a Força Pública mineira. Sentir o que ela vale e como deve ser melhorada, se for necessária para emprego posterior. A primeira providência a tomar é conversarmos secretamente com o coronel Bertoldo Klinger, um brilhantíssimo soldado, e, se ele aceitar, nomeá-lo comandante *ad hoc* da polícia militar de Minas. Ele se encarregaria de deixar a tropa em estado de semiprontidão, para qualquer eventualidade.

Klinger era um militar gaúcho que, embora acusado de ter simpatias pelos rebeldes de 1924, em São Paulo, acabaria sendo destacado para enfrentar, sem sucesso, a Coluna Prestes no interior do Mato Grosso. Suas relações com o jornalista vinham do período em que substituiu o general Sezefredo dos Passos como titular da coluna de assuntos militares de *O Jornal*, que assinava como "Um observador militar" ou como "Comandante Nobre de Gusmão". Entusiasmado, Chateaubriand parecia torcer para que a campanha eleitoral terminasse em sangue:

— A operação tem que ser simultânea: quando o coronel Klinger arrancar de Minas à frente das tropas da Força Pública, Vargas estará subindo de Porto Alegre. Podemos tentar conseguir o apoio de Juarez Távora no Norte. Mas mesmo sem os nortistas, mineiros e gaúchos marcharemos juntos contra o Distrito Federal. O governador pode se preparar, pois essa será a nossa única alternativa.

Antônio Carlos concordou com as preocupações de Chateaubriand e autorizou-o a intermediar um encontro secreto entre Klinger e dois dirigentes da Aliança Liberal: Afrânio de Melo Franco e Osvaldo Aranha.

— Se é para ser secreto, governador, o melhor é marcarmos esse encontro para o lugar menos suspeito do Brasil para uma conspiração militar: o escritório de um agiota amigo meu, o conde Modesto Leal.

Antônio Carlos achou a sugestão absurda e sugeriu que o contato fosse feito no escritório de Afrânio na rua Buenos Aires, no centro do Rio. Os planos militares de Chateaubriand, entretanto, iriam tropeçar em enormes dificuldades. A começar do próprio Klinger, que ouviu pacientemente o convite do jornalista e dos dois chefes da Aliança, e dias depois respondeu por meio de carta que pediu que Chateaubriand entregasse a Aranha e Melo Franco. Ele se recusava a participar da trama. Além de dizer que a milícia mineira "não precisava de ninguém de fora" para treiná-la, Klinger desconfiava estar sendo arrastado não para a preparação de uma eventual guerra civil, mas para ajudar o grupo de aliancistas a organizar um golpe militar, independentemente e talvez até mesmo antes da realização das eleições de março de 1930. Bem ou mal, Bertoldo Klinger poderia ser substituído por outro militar, mas um problema maior sepultaria no nascedouro a aventura planejada por Chateaubriand. Antônio Carlos se deu conta de que não fazia sentido levar adiante o plano sem a concordância expressa dos dois líderes máximos da Aliança, que eram o candidato a presidente e seu vice. Ele próprio falaria com Getúlio, mas antes pediu a Chateaubriand para sondar João Pessoa.

O governador da Paraíba foi convidado para um chá na Vila Normanda. Chateaubriand transmitiu-lhe sua convicção de que a campanha liberal iria "terminar em um desfiladeiro subversivo":

— Vamos ganhar as eleições, mas essa gente vai nos passar a perna e nos vencerá no bico de pena, na fraude, no voto roubado. Nós dois somos paraibanos, somos umbuzeirenses e sabemos como se responde a isso: a bala.

Segundo palavras do próprio dono da casa, João Pessoa "deu um pulo de gato do sofá em que se encontrava" ao ouvir falar em subversão, tiros, guerra civil. Com os olhos arregalados, rejeitou de pronto a proposta de militarização do movimento defendida por Chateaubriand:

— Prefiro ver o senhor Washington Luís ou o senhor Júlio Prestes passarem vinte anos no Palácio do Catete a jogar o povo numa guerra entre irmãos.

Chateaubriand tentava interrompê-lo, mas não conseguia. João Pessoa estava irredutível:

— O senhor Washington Luís está nos humilhando a todos, humilhou-me pessoalmente ao degolar a bancada paraibana na Câmara Federal, mas entre isto e pegar em armas vai uma distância enorme. Esse Getúlio Vargas é quem deve estar enfiando essas ideias na cabeça de vocês. Outro dia, ao final de uma reunião, espantou-se ao saber que eu não ando armado. Não contem comigo, repito. Entrei nessa briga para derrotá-los no voto, não na bala. E, se essa proposta progredir, eu abandono a candidatura.

Fracassada a tentativa militar, Chateaubriand transformou o espaço que ocupava na primeira página de seus seis jornais em um paiol de provocação a Washington Luís e a seu delfim, o governador Júlio Prestes. Aceitou de bom grado que a cobertura política fosse orientada à distância pelo jurista mineiro Francisco Campos, o "Chico Ciência", eminência parda da campanha aliancista, mas em sua coluna assinada escrevia o que lhe dava na telha. Fazia artigo atrás de artigo em defesa da anistia a Prestes, que, como muitos de seus camaradas, ainda estava exilado na Argentina. Qualquer deslize do governo era pretexto para uma semana de acusações e críticas ao Catete.

Para bater em Washington Luís, até os comunistas, que Chateaubriand via com temor e desconfiança, tornavam-se aliados. No dia em que a polícia do Distrito Federal dissolveu a porretadas uma concentração organizada pelo clandestino Partido Comunista a favor da Aliança Liberal no centro do Rio, o presidente teve de engolir o editorial intitulado "O sertão da Cinelândia". Nele Chateaubriand dizia ironicamente que não era "digno de um cabo de guerra da valentia do presidente da República" o que a polícia tinha feito na avenida Rio Branco: "Garantidos pela Constituição, que assegura a todos os cidadãos o direito de pacificamente se reunirem sem armas, algumas centenas de operários, homens e mulheres, congregaram-se na praça pública. O pau roncou com uma valentia que tanto teve de cobarde como de eficiente. Foi assim que o absolutismo russo abriu as portas do império dos tzares a Lênin". Para Chateaubriand, no entanto, mais perigosa que o comunismo era a "repressão irracional" realizada por ordens do presidente: "Pela Constituição, os comunistas estão garantidos na propaganda pacífica dos seus ideais. Todavia eles acham-se tolhidos pelo governo do exercício desse direito. O comunismo no Rio de Janeiro é uma aspiração de meia dúzia de iluminados. Não duvido da sinceridade desses líderes. Mas a perseguição cria o martírio, e o martírio cria a dedicação, o fanatismo, a lenda".

Com o desenrolar da campanha aliancista, os artigos davam a impressão de terem sido escritos conforme o público que se quisesse atingir. Para indispor Washington Luís com os militares, Chateaubriand passava dias ampliando e repercutindo, em sua coluna, pequenos episódios que, a rigor, não mereceriam mais que uma pequena nota política. Quando a polícia de São Paulo prendeu para um interrogatório o tenente Djalma Dutra, ex-oficial da Coluna, por exemplo, seguidos artigos denunciaram o governo por tê-lo metido "num xadrez imundo e tirado suas vestes para que, inteiramente nu, ele ficasse exposto à humilhação diante de outros presos, gatunos, desordeiros e ébrios em cuja companhia se achava trancafiado". Aonde Chateaubriand queria chegar? Moral da história: "A túnica de um oficial simboliza, por assim dizer, a imagem da pátria. A afronta que a macula fere a própria honra nacional". Uma pequena notícia (publicada por seus próprios jornais) de que o também tenente prestista Siqueira Campos, "transformado em coronel revolucionário", teria entrado na cidade mineira de Araguari comandando mil homens da Força Pública mineira, a fim de invadir São Paulo, era atribuída por Chateaubriand "ao ridículo sr. Washington Luís, que está inundando o país de boatos revolucionários". Nem seu amigo e ex-colaborador em *O Jornal*, o general Sezefredo dos Passos, agora ministro da Guerra, escapava do cutelo: "O general Sezefredo está deslumbrado com o presidente só porque este nomeou-o ministro da Guerra. Quem nunca comeu melado... O ministro não consegue ver a dignidade do Exército nem a honra do Brasil; só enxerga o ventre faminto de escândalos da política pessoal do absolutismo sem entranhas do sr. Washington Luís".

Quando os agricultores de São Paulo reclamavam da situação econômica do país, com dois ou três telefonemas Chateaubriand arranjava munição para infernizar o candidato oficial: "O pintinho Júlio Prestes, que o chantecler do Catete aquece sob suas asas (pois aquele não tem personalidade nem vontade), abandonou São Paulo como um rebanho faminto, entregue à sua própria sorte. Os fazendeiros erram pelas ruas da capital sem saber o que façam, porque ninguém pode voltar às suas propriedades com as mãos vazias, sem um tostão para pagar os colonos. São os desesperados do café, que estão sendo tratados como mendigos pelo governo atual, que os arruinou". De quem é a culpa pela situação franciscana dos cafeicultores paulistas? De Júlio Prestes e de seu chefe, o presidente da República, "esse coveiro que encontrou a libra a trinta contos e deixa-a a cinquenta contos, quatro anos depois". Se o afago tinha de ser dirigido não às "classes conservadoras", mas à patuleia, Chateaubriand assumia publicamente a coautoria, junto com Antônio Carlos, João Neves e Lindolfo Collor, do capítulo da plataforma da Aliança Liberal que propunha, pela primeira vez no Brasil, a criação de uma legislação trabalhista — a "pedra angular do manifesto aliancista".

Os diretores e editores de suas publicações recebiam, simultaneamente, ordens para que toda a rede fosse colocada à disposição da campanha eleitoral aliancista. Já circulando com o *O* inicial, *O Cruzeiro* inundava páginas e páginas com coberturas fotográficas de rigorosamente tudo o que fizesse a dobradinha Getúlio Vargas-João Pessoa: para cada página dedicada à dupla Júlio Prestes-Vital Soares, Getúlio e João Pessoa recebiam sete, oito páginas repletas de fotografias. Até mesmo um desinteressante chá oferecido por d. Darcy Vargas, mulher de Getúlio, às damas da sociedade gaúcha recebia farta cobertura da revista. Depois de uma edição autoproclamada como "histórica", quase inteiramente dedicada à publicação das fotos de centenas de jovens de todo o país que disputariam as eliminatórias do concurso de Miss Brasil, *O Cruzeiro* viu sua tiragem subir para perto de 80 mil exemplares semanais. Só havia uma forma de os partidários da candidatura oficial aparecerem naquele que era o grande fenômeno editorial do país: pagar, na boca do caixa da revista, anúncios promovendo os feitos do governador paulista. Como pagavam, os perrepistas eram tratados com a mesma atenção dada a qualquer anunciante: algumas das ilustrações utilizadas pela dupla Júlio Prestes-Vital Soares eram feitas e assinadas pelo melhor artista da casa, o professor Carlos Chambelland.

O comportamento dos jornais diários não era diferente. Enquanto a caravana aliancista era invariavelmente recebida com "demonstrações extraordinárias de regozijo público", os comícios e concentrações organizados pelos partidários de Júlio Prestes redundavam sempre em "ruidoso fracasso". Em São Paulo, a infração de uma mera portaria trabalhista municipal pelos jornais governistas *A Gazeta* e *Folha da Manhã* (que ignoraram a decisão da prefeitura de proibir a circulação de vespertinos aos domingos) era suficiente para que Oswaldo Chateaubriand abrisse uma campanha contra "as gazetas sabidamente ligadas ao Catete que oferecem suas colunas à causa do sr. Júlio Prestes". Um inesperado e hilariante reforço à Aliança Liberal seria dado pelo humorista Aparício Torelly, o "Aporelly" — que depois de 1930 se autoconcederia o título de "Barão de Itararé". Dono desde 1926 do satírico *A Manha* (uma brincadeira com o título do diário carioca *A Manhã*), Aporelly fechou seu jornal em 1929 e passou a publicá-lo todas as semanas como encarte do *Diário da Noite* do Rio — que no final daquele ano já vendia mais de 120 mil exemplares diários. Sob o lema "Quem não chora não mama", *A Manha* atacava Júlio Prestes com a mais ferina das armas, o humor: "Para se ter uma vaga ideia do fervor cívico que levantou por toda a parte o nome do sr. Júlio Coluna Prestes, basta dizer que até os loucos do Juqueri não escaparam à qualificação. Segundo fontes fidedignas, podemos asseverar que os dementes foram fotografados em grupos, para fins eleitorais, e enviados ao Comitê Sílvio de Campos pró-Júlio Prestes".

As doses de humor da campanha, no entanto, ficariam restritas às incontinências de Aporelly. No mês de fevereiro, a menos de trinta dias do pleito, dois graves acontecimentos elevariam a temperatura política à incandescência. No dia 6 uma caravana oficial chefiada por Fernando Melo Viana (vice-presidente da República e candidato a governador de Minas) fazia comícios em Montes Claros, no norte mineiro. O grupo fazia parte da Concentração Conservadora, nome sob o qual se organizaram, em Minas Gerais, os partidários da candidatura Júlio Prestes. Ao passar em frente à casa de Tiburtina Alves, mulher do deputado estadual João Alves e fanática militante da Aliança Liberal, a caravana foi atacada a tiros — supostamente por jagunços a mando da mulher do deputado. Em meio ao tiroteio, a mirrada Tiburtina aproximou-se do vice-presidente da República e aplicou-lhe sucessivas sapatadas, ferindo-o com violência no rosto e na cabeça. Para que a comitiva pudesse fugir — levando consigo quatro mortos e catorze feridos, entre estes Melo Viana —, o trem precisou retornar de marcha à ré até Bocaiuva, a cidade mais próxima. Pretendendo tirar proveito político do atentado e sob a proteção de seus próprios capangas, Manuel Carvalho de Brito, presidente da Concentração Conservadora, retornou no mesmo dia a Montes Claros, tomou de assalto o telégrafo da cidade e passou a enviar mensagens ao governo federal e aos jornais que o apoiavam, divulgando nacionalmente o incidente. A situação acalmou-se no dia seguinte, com a chegada de forças federais à cidade. O episódio tinha tudo para morrer aí, mas quando a notícia chegou a *O Jornal*, no Rio, Chateaubriand urrava pela redação, sacudindo o telegrama no ar, como uma bandeira:

— Temos o que precisávamos! Dona Tiburtina é a Joana d'Arc da Aliança Liberal! Vamos transformar essa mulher na Anita Garibaldi do vale do São Francisco! Quero abrir fotos dela em todos os jornais. Quero uma fotografia colorida de dona Tiburtina na capa de *O Cruzeiro*, de bacamarte na mão!

Por maiores que fossem os desejos do jornalista, Tiburtina Alves era apenas uma enfermeira gorducha que um dia, por mera casualidade, dera uma surra de sapato no vice-presidente da República. A heroína que Chateaubriand queria fabricar não existia. O herói do mês iria aparecer dali a alguns dias, milhares de quilômetros ao norte de Montes Claros, no interior da Paraíba, e para desespero dos aliancistas estava do outro lado, aliado a Júlio Prestes. Inconformado com a política anticoronelista e com os altos impostos cobrados pelo governador João Pessoa, o fazendeiro e "coronel" José Pereira, da cidade de Princesa, a quatrocentos quilômetros da capital paraibana, armou 2 mil jagunços, assumiu o controle da cidade e decretou a instalação da República de Princesa. A encrenca armada por José Pereira ainda iria durar meses, mas o impacto de sua eclosão acabou minimizado por um importante mas previsível fato político ocorrido no dia seguinte ao início de sua aventura: a eleição para presidente da República.

A primeira edição do *Diário da Noite* de São Paulo do dia 1º foi rodada logo depois do almoço e trazia uma manchete anódina, que não dizia absolutamente nada: "A memorável batalha eleitoral de hoje". Quando a segunda edição foi impressa, no meio da tarde, as urnas ainda não tinham sido fechadas. Mas sua manchete não deixava dúvidas de que os aliancistas, além de admitir que tinham perdido as eleições, estavam se preparando para o confronto: "A fraude campeou livremente e graves violências perturbam, no interior do estado, a ordem do pleito". Na terceira edição, noturna, uma única palavra, em enormes tipos de caixa, repisava a denúncia da tarde: "Fraude!".

Com pequenas diferenças, foi assim em todos os jornais de Chateaubriand. Embora roubar no resultado de eleições fosse parte integrante da vida política brasileira — algo tão normal naquele tempo quanto a própria existência de eleições —, era a primeira vez que a fraude eleitoral virava manchete de jornais, e era tratada como se fosse um crime. E, se efetivamente foi por meio de fraude que Júlio Prestes venceu (o paulista recebeu 1,1 milhão de votos, contra 737 mil dados a Vargas), ela não parece ter acontecido de um lado só. Só o roubo explicaria que no Rio Grande do Sul, por exemplo, Getúlio tivesse quase 300 mil votos, contra inacreditáveis 982 dados a Júlio Prestes. O operário Minervino de Oliveira, candidato a presidente pelo PCB, recebeu uma votação insignificante. No primeiro editorial escrito após o fechamento das urnas, Chateaubriand afirmou que como resultado da "punga imposta ao país" o que se tinha não era uma eleição, mas uma reeleição, "tão profundos são os vínculos de subordinação da pessoa do sr. Júlio Prestes à do atual chefe do Executivo". Para que não pairassem dúvidas a respeito do que propunha, escreveu que o PRP tinha batido "os seus próprios recordes de fraude eleitoral" — deixando claro que o resultado era inaceitável: "A Aliança Liberal praticaria um crime contra a nação brasileira se depusesse as armas neste instante. Porque se não resistirmos agora, daqui a três anos nem os espectros dos cemitérios quererão formar com os políticos brasileiros para defender o povo contra o polvo do poder ilegítimo". E encerrava declarando guerra ao governo federal: "À Aliança toca um dever: impor o seu candidato, com a mesma decisão que o presidente da República quer nos impor o candidato de seus interesses domésticos". O resultado oficial da eleição ainda nem havia sido proclamado e a Revolução de 1930 já estava começando.

13

A mais célebre proeza de Amâncio dos Santos tinha sido grudar com um prego, no tronco de uma árvore, a língua de um rapaz que andara falando mal da honra de sua irmã. A façanha acontecera anos antes, quando ele ainda morava no interior da Paraíba, mas essa e outras lendas que corriam sobre sua ferocidade deslumbravam Chateaubriand — e foram decisivas para que o jornalista o contratasse como guarda-costas. Além da alma, também os braços de Amâncio pareciam duros como o aço. Para demonstrá-lo, ele agachava-se, estendia-os como duas cadeiras e mandava que Fernandinho se sentasse num deles e Gigil no outro. Para espanto geral, ficava de pé e esticava os braços, como dois grossos caibros de pau, com cada menino sentado de um lado. Se isso não fosse currículo suficiente, ele ainda tinha a oferecer a pontaria certeira. "Com um 38 na mão seu Amâncio é um Átila, não conheço ninguém igual", gabava-se Chateaubriand às gargalhadas, "mas sua especialidade são as surras de chicote."

Os serviços do ex-guarda do serviço de segurança da Estrada de Ferro Central do Brasil tornaram-se necessários depois que Chateaubriand começou a receber telefonemas anônimos com ameaças de morte. Por via das dúvidas, além da tranquilizadora presença de Amâncio (que passou a andar 24 horas por dia grudado no patrão, silencioso e de chapéu desabado sobre os olhos), o jornalista decidiu levar sempre à cintura um velho revólver calibre 38. Mas nem o revólver nem Amâncio impediriam a primeira reação aos artigos diários pregando a resistência da Aliança Liberal contra o resultado das eleições. Dez dias depois da derrota de Vargas para Júlio Prestes, Chateaubriand deixou a redação de *O Jornal* por volta da meia-noite e mandou o motorista Benedito levá-lo para casa no enorme Cadillac preto que comprara meses antes. Tanto a mulher como o filho dormiam no andar superior da Vila Normanda. A única pessoa acordada na casa era o mordomo Henri Gallon, a quem Chateaubriand pediu que lhe servisse uma caneca de caldo de feijão e outra ao capanga, este sempre a um metro de distância. Vestiu o camisolão, meteu a touca na cabeça e deitou-se na cama do quarto que ocupava sempre, no andar térreo. Amâncio cochilava em um colchão atravessado no corredor, fechando a entrada da porta do quarto — qualquer pessoa que tentasse invadir o dormitório teria de passar sobre seu corpo. Às quatro e meia da manhã, Chateaubriand foi acordado por Gallon: Afrânio de Melo Franco acabara de telefonar comunicando que tinham colocado fogo no prédio em construção da rua Treze de Maio. Correram todos para lá e viram que os bombeiros tinham sido eficientes: o fogo não chegara a comprometer nenhuma parte vital da obra, apenas queimara andaimes e destruíra paredes recém-levantadas. O prejuízo maior seria o atraso de pelo menos seis meses na inauguração do prédio, prevista inicialmente para o mês de maio.

As primeiras investigações da polícia tentaram atribuir a responsabilidade pelo incêndio ao descuido de algum operário, mas no artigo escrito na manhã seguinte Chateaubriand insistia em que o fogo era obra de "mãos criminosas". Se o objetivo dos autores do atentado era intimidá-lo, o tiro saíra pela culatra. "Queiram ou não queiram os incendiários autores da traição que sofremos esta madrugada, a têmpera dos homens que fazem os nossos jornais é de bronze", escreveu, para terminar desafiador: "A adversidade nos enrijece os músculos, nos adestra o pulso. Viver perigosamente, desafiando cada dia a inveja dos fracos — só assim vale a pena subjugar a vida." E nas semanas que se seguiram os artigos cresceram em agressividade. O ex-presidente e agora senador Epitácio Pessoa concedeu uma explosiva entrevista ao *Jornal do Commercio* reforçando as denúncias de corrupção e fazendo duras críticas a Washington Luís. Pessoa citava, como exemplo do escândalo que tinha sido a apuração, o resultado das urnas em Osasco, nas imediações da capital paulista: embora houvesse ali apenas 3 mil eleitores registrados, Júlio Prestes recebera nada menos que 6 mil votos. Apesar de enciumado por ter sido "furado" por uma entrevista de um amigo dada a um jornal concorrente, Chateaubriand não deixou de repercutir o fato em suas colunas — e em um artigo de apenas 28 linhas destilou truculência ainda maior que a do entrevistado:

> [...] O sr. Epitácio Pessoa foi de uma infinita piedade. Piedade desse infeliz, desse desgraçado Washington Luís, que o senador paraibano reduziu a escombros, a frangalhos, a farrapos, a cacos, a pó de traque e que, depois de roto, espatifado, pisado, ralado, moído, esfarelado, o sr. Epitácio Pessoa sacode no meio da rua e entrega à irrisão nacional como uma carcaça de primeiro magistrado a que nenhum brasileiro, nenhum cidadão deve a mais pequenina sombra de estima, quanto mais de respeito. O que resta do presidente da República é uma miserável massa de poeira.

Sempre insistindo na tese de que a vitória de Júlio Prestes nas urnas tinha sido vergonhosamente roubada por ordem e sob a proteção de Washington Luís ("Só em São Paulo", afirmava, "falsificaram-se por ordem do governo mais de 50 mil votos para o candidato do presidente"), Chateaubriand tentava estimular os setores mais agressivos da Aliança Liberal a não aceitar os resultados pacificamente. Para elevar ainda mais a temperatura política, o imbróglio de José Pereira e seus jagunços prosseguia em Princesa, sem sinais visíveis de que o governo federal conseguisse (ou quisesse, já que os revoltosos se levantavam contra João Pessoa) pôr fim à revolta. Para responder às acusações de que estava protegendo o levante do "coronel", Washington Luís pôs em prática uma esperta jogada política: pediu autorização ao Congresso para realizar intervenção federal não apenas na cidade sob controle de Pereira, mas em todo o estado da Paraíba — era a forma legal de ter sob seu punho um dos tripés da oposição ao governo federal, João Pessoa. Como o Congresso negou a autorização pedida, o presidente reforçou os efetivos federais no estado e postou um navio de guerra no litoral paraibano.

Chateaubriand acusou Washington Luís, com as medidas que tomara, de realizar uma intervenção branca na Paraíba, o que violava todas as leis do país. "Os destacamentos federais foram dispostos", denunciou, "de forma a dar proteção ostensiva, descarada e cínica aos cangaceiros de José Pereira." O mesmo Exército "que quarenta anos atrás se recusara a perseguir escravos, hoje foi transformado pela mais desbragada politicagem", provocava o jornalista, "em guarda-costas dos Lampiões do Nordeste, da camorra de Princesa". Para indignação de Chateaubriand, Antônio Carlos reagiu declarando que aguardava "o desdobramento da atitude do presidente", e Getúlio, ainda mais moderado, manifestou esperanças de que "o glorioso Exército não praticasse excessos". Chateaubriand investiu contra seus próprios aliados, escrevendo que a nação esperava de ambos que apontassem o presidente como réu "por esse inominável delito", e não declarações "inocentes e cândidas" como as que tinham feito: "Já que o presidente intervém nos negócios internos da Paraíba para proteger o cangaço, o que se espera de homens como Vargas e Antônio Carlos é que peguem pela gola do casaco o autor desse ato nefando e o denunciem ao Congresso por crime de responsabilidade". Ou seja, ele queria sangue.

Queria e sabia que em breve ia correr sangue. Sacramentado oficialmente o resultado das urnas, no final de março gaúchos, mineiros e paraibanos começaram a preparar a revolução. Antigos tenentes de 1922 e ex-oficiais da Coluna Prestes seriam procurados por Osvaldo Aranha, João Neves e Afrânio de Melo Franco, e a conspiração caminhava secretamente, com tenentes e prestistas à frente: a ação no Norte ficaria sob a responsabilidade de Juarez Távora, no Sul sob o comando de João Alberto e em São Paulo os homens seriam Siqueira Campos e Djalma Dutra — todos egressos da Coluna. Getúlio, Antônio Carlos e João Pessoa se cotizaram e conseguiram levantar 16 mil contos (uma fortuna equivalente, sessenta anos depois, a aproximadamente 10 milhões de dólares), dinheiro usado por Aranha para mandar comprar armas clandestinamente na Tchecoslováquia. Entre os conjurados havia uma unanimidade: o chefe do estado-maior revolucionário tinha de ser o capitão Luís Carlos Prestes, exilado em Buenos Aires.

Para enorme decepção de tenentes e aliancistas, porém, o "Cavaleiro da Esperança" já tinha escolhido outro caminho. Prestes também queria uma revolução — mas diferente da que estava sendo tramada por Vargas e cujos objetivos, para ele, tinham sido fielmente traduzidos pela famosa frase do governador Antônio Carlos: "Façamos a revolução, antes que o povo a faça". Quando apareceu em sua casa em Buenos Aires o tenente Siqueira Campos, um dos primeiros a sondá-lo sobre a conspiração que estava em curso no Brasil, Prestes fez uma pergunta desconcertante a seu velho companheiro de Coluna:

— Mas, Siqueira, você vai participar de uma revolução junto com Artur Bernardes, Epitácio Pessoa, Borges de Medeiros, com essa cambada toda?

— Esses são os primeiros que eu fuzilo.

Prestes riu do que considerou uma ingenuidade romântica:

— Imagine! Eles o fuzilam primeiro, porque a força está com eles, não com você.

Apesar das objeções que fazia à proposta aliancista, Prestes chegou a ter dois encontros clandestinos com Getúlio, em Porto Alegre, para conversar sobre o assunto. Mas foi de Osvaldo Aranha, que o visitou na capital argentina, que ouviu o convite formal para assumir o comando militar da revolução. Mais do que isso, Aranha depositou na conta bancária dele em Buenos Aires oitocentos contos de réis — exatos 86 mil dólares da época, um dinheirão —, recursos destinados a cobrir as primeiras despesas militares.

Na verdade Prestes já vinha sendo cortejado fazia muito tempo por agentes da Internacional Comunista, com sede em Moscou, para aderir formalmente ao marxismo. Em abril, finalmente, ele escreveu um caudaloso manifesto de 150 linhas, em que expunha suas ideias sobre o Brasil, de uma maneira geral, e particularmente sobre a revolução pregada em surdina pela Aliança Liberal. Farto da divergência que cada dia mais o distanciava de seus companheiros de luta — quase todos agora solidários com Vargas — e preocupado em ser fiel a seus principais camaradas da Coluna, semanas depois de escrever o documento ele convocou para uma reunião em Buenos Aires aqueles em que mais confiava: Miguel Costa, João Alberto, Cordeiro de Farias, Djalma Dutra e Siqueira Campos. Duro, Prestes disse que a decisão deles de apoiar Vargas o transformara em um "general sem soldados":

— A ruptura entre nós já é clara, mas eu quis ser leal a vocês até o fim. Não publicaria nenhum documento no Brasil antes de dar conhecimento dele a vocês.

Leu para eles, em seguida, o manifesto que, originalmente, pretendia que fosse publicado no dia 5 de julho (aniversário das revoltas de 1922 e 1924), data que os acontecimentos políticos no Brasil se encarregariam de antecipar. Todos tentaram demovê-lo da decisão, dizendo que afinal, depois de tanta luta, tinha chegado a hora deles. "Tudo o que você diz nesse documento é verdade", disse um dos presentes, "mas isso é coisa de apóstolo, e nenhum de nós nasceu para o apostolado." Prestes anunciou que nem adiantava mais conversar, porque a contagem regressiva havia começado: uma cópia do documento já estava nas mãos do repórter Rafael Correa de Oliveira, com autorização para publicá-lo em um dos jornais de Chateaubriand tão logo ele desse conhecimento de sua íntegra àquele pequeno grupo que agora se reunia em Buenos Aires.

De novo a alma de repórter de Chateaubriand iria se sobrepor à sua metade política. Embora o texto de Luís Carlos Prestes representasse o mais duro golpe desferido contra a Aliança Liberal desde a derrota de 1º de março, ele não teve dúvidas em autorizar sua publicação. Ninguém, nenhuma revolução o convenceria a perder um furo daqueles. Por via das dúvidas, e para evitar qualquer constrangimento, ele preferiu publicá-lo sem consultar nenhum líder aliancista — só recomendou que os jornais ressalvassem que o faziam apesar de discordar do seu conteúdo. No dia 29 de maio, metade da primeira página dos dois *Diário da Noite* — tanto o do Rio como o de São Paulo — era ocupada pelo documento, intitulado "O manifesto do chefe revolucionário ao povo brasileiro — O capitão Luís Carlos Prestes define a sua atitude atual".

Nem seria necessário ler o documento até o final para conhecer seu significado. Bastava ver quem eram seus destinatários, coisa que Prestes esclareceu logo na abertura: aquelas linhas eram dirigidas "ao proletariado sofredor das nossas cidades, aos trabalhadores oprimidos das fazendas e das estâncias, à massa miserável do nosso sertão". A campanha que antecedera as eleições de março nada mais era do que "a luta entre os interesses contrários de duas correntes oligárquicas". Sovada do princípio ao fim, a Aliança Liberal é acusada de silenciar após a perseguição política "de que foram vítimas as associações proletárias de todo o país". Até no Rio Grande, terra natal e principal base política de Vargas, o mais ilustre de todos os aliancistas, "em plena fase eleitoral foi iniciada a mais dura perseguição aos trabalhadores". Prestes bate nos latifundiários, no "imperialismo anglo-americano", no que se considerava a entrega das riquezas nacionais a grupos estrangeiros — e deixa absolutamente claro que com os aliancistas de Vargas não tem conversa: "A revolução brasileira não pode ser feita com o programa anódino da Aliança Liberal. Uma simples mudança de homens, um voto secreto, promessas de liberdade eleitoral [...] nada resolvem". Apesar de ter ficado com o dinheiro dos aliancistas, Prestes queria fazer não a revolução deles, mas outra, que levasse a um governo "baseado nos conselhos de trabalhadores da cidade e do campo, soldados e marinheiros". Em bom português, o que Luís Carlos Prestes pregava era a revolução dos sovietes, como a que já tinha dado certo do outro lado do mundo, em Moscou — para onde, aliás, ele se mudaria meses depois, levando consigo a mãe e as quatro irmãs. A fórmula encontrada por Chateaubriand para contrabalançar o estrago causado pela publicação de um documento tão duro com a Aliança foi fazê-lo repercutir negativamente. Além de escrever, ele próprio, vários artigos condenando o conteúdo do manifesto ("um documento infeliz, em que o autor rompe com tudo, com os companheiros e com os amigos"), mandou seus jornais ouvirem, em todo o país, quem quer que tivesse algo a dizer contra Prestes, seu manifesto e a exótica ideologia que ele acabara de desposar.

Se o rompimento público de Prestes representou um enorme transtorno para a Aliança, uma tragédia passional ocorrida semanas depois iria revigorar o movimento por todo o país, transformando-se no estopim de que os revolucionários tanto precisavam. Chateaubriand jantava com Antônio Carlos em Belo Horizonte na noite de 26 de julho, um sábado, quando Austregésilo de Athayde ligou do Rio para comunicar-lhe a nova bomba: João Pessoa fora assassinado com dois tiros horas antes em uma confeitaria de Recife. O matador era João Dantas, um amigo de José Pereira.

Embora o assassino fosse ligado por laços familiares a inimigos de Pessoa, e apesar de sua amizade com o "coronel" de Princesa, ninguém tinha dúvidas de que se tratava de um crime passional. Suspeitando que José Pereira estivesse estocando armas clandestinamente na capital paraibana, a polícia de João Pessoa passou a varejar as casas de seus amigos. Ao invadir, quatro dias antes do assassinato, o sobrado do jovem advogado João Dantas — conhecido correligionário de José Pereira e inimigo declarado do governador —, os policiais encontraram material politicamente muito mais explosivo do que balas e fuzis: pilhas de cartas de amor trocadas entre Dantas e sua amante, a jovem e bela poetisa Anaíde Beiriz. Nelas estavam descritas, com detalhadas minudências, as intimidades do casal em seus encontros amorosos. Além das cartas, a polícia levou inúmeras fotografias dos dois nus, em poses e situações eróticas. Ao noticiar a apreensão do material, o diário oficial da Paraíba, *A União*, anunciou que, embora o conteúdo das cartas e fotografias fosse impublicável, tudo estava à disposição da população na redação. Indignado com a invasão de sua casa e de sua intimidade, ao saber que João Pessoa viajara a Recife, João Dantas não teve dúvidas: armou-se de um revólver, invadiu a Confeitaria A Glória, onde o governador confraternizava com amigos, e matou-o com dois tiros no peito.

Ao receber a notícia, Chateaubriand largou o prato pela metade e foi para a redação do *Estado de Minas*, de onde coordenaria pessoalmente a cobertura do crime por seus veículos. Mesmo informado de todos os antecedentes do assassinato, ele pressentiu que a chama da revolução renasceria daquele cadáver. Ligou para o Rio, orientou os editores sobre como tratar o assunto, telegrafou para o *Diário de Notícias* de Porto Alegre e só então sentou-se à mesa de Dario de Almeida Magalhães para escrever seu artigo. Na manhã seguinte, o *Diário da Noite* do Rio — o campeão de vendagens da pequena rede, então com tiragem de quase 150 mil exemplares diários — estampava a manchete escandalosa, em três linhas, que tinha sido ditada letra por letra pelo dono na noite anterior, por telefone: "JOÃO PESSOA ASSASSINADO! O criminoso: João Duarte Dantas. O responsável: o governo federal".

Com pequenas diferenças de estilo, era esse o tom geral da cobertura dos demais jornais. No artigo "Heroísmo e poltronaria", escrito em Belo Horizonte, Chateaubriand afirmava que "sem fibra para investir contra Minas e o Rio Grande, o braço da poltronaria oficial abateu-se contra a Paraíba, pensando em encontrar um adversário fraco e tímido, mas a bravura de João Pessoa preparará uma surpresa terrível à covardia do sr. Washington Luís". E, sem a menor cerimônia, acusa formalmente o governo federal pelo crime: "João Pessoa foi abatido pelo braço de um sicário armado pelo governo federal". Um telegrama interrompeu a impressão de *O Cruzeiro* em Buenos Aires para que um redator embarcasse no voo da Latécoère e enfiasse a notícia do assassinato onde ela coubesse. Mudou-se a primeira página da revista, onde entrou um editorial condenando o crime, e no miolo ainda foi possível enxertar alguns parágrafos sobre "a consternação nacional provocada pela tragédia" e uma profusão de fotos de João Pessoa ainda com vida, em plena campanha de março.

Exatamente como Chateaubriand recomendava que se fizesse com as metafóricas baleias que encalhavam em suas praias, a Aliança Liberal aproveitou até a última gota de sangue do cadáver de João Pessoa. Como não tinha sentido encerrar o episódio com um modesto funeral provinciano, a primeira decisão tomada foi a de que o corpo, embalsamado em Recife, seria velado na Paraíba, transportado até o Rio (onde vivia a família do governador morto) para ser sepultado com todas as honras no cemitério São João Batista. Enquanto isso, o crime era manchete diária de todos os jornais de Chateaubriand. O corpo ainda se encontrava em visitação pública na capital paraibana — que na época tinha o mesmo nome do estado — quando circulou, antecipada em alguns dias, a edição seguinte de *O Cruzeiro*. Em cinco páginas encimadas apenas pelo título "Epílogo de um drama político", sem texto e com minúsculas legendas, a revista escancarou dez enormes fotografias de todos os ângulos do cadáver de João Pessoa, ainda no necrotério de Recife. Eram closes do peito furado pelas balas de Dantas, das mãos crispadas sobre o corpo, do cadáver na mesa de necropsia, coberto pela bandeira nacional, do corpo já no caixão, cercado de flores. Na última fotografia, uma multidão disputava "a honra de carregar o esquife".

O corpo permaneceu dois dias embalsamado em Recife e, depois de demorado desfile pelas principais ruas da cidade, foi levado de trem para a Paraíba no dia 28. Na capital, para transpor as poucas centenas de metros que separavam a estação de trem da matriz de Santo Antônio, onde o corpo seria velado, a massa que carregava o caixão demorou quatro horas. Ali o cadáver de João Pessoa permaneceu por mais dois dias. A previsão era de que, na manhã do dia 31, seria embarcado de avião para o Rio e lá sepultado em seguida. Foi quando alguém se deu conta de que o presidente eleito, Júlio Prestes, estava para retornar ao Brasil, depois de longa turnê por Europa e Estados Unidos. Por que poupá-lo do transtorno de ter de conviver, por um dia que fosse, com o cadáver do homem de quem ele roubara a vitória nas urnas? Se a volta estava prevista para acontecer entre os dias 4 e 5, por que lhe dar de presente um desembarque depois do sepultamento de Pessoa? Era preciso obrigá-lo a suportar, nem que fosse por 24 horas, aquele cadáver incômodo e insepulto. Não, o enterro só poderia acontecer depois que Júlio Prestes pisasse em solo brasileiro. Portanto, nada de avião. O transporte do corpo por navio seria mais solene — e mais demorado. Como escreveria no *Jornal do Brasil* o jornalista Barbosa Lima Sobrinho, presidente da Associação Brasileira de Imprensa da época, "nenhuma caravana política, de tantas que percorreram o Brasil na campanha aliancista, pôde fazer pela causa o que esse funeral vai conseguindo. João Pessoa vivo foi uma voz contra a Revolução, mas João Pessoa morto foi o verdadeiro articulador do movimento revolucionário".

O vapor *Rodrigues Alves*, do Lloyd Brasileiro, atracou no porto de Cabedelo no dia 31 para receber o esquife de João Pessoa e iniciar uma viagem de sete dias até o Rio de Janeiro. Ainda faltavam três dias para chegar à capital federal quando o *Almirante Jaceguay* (também do Lloyd e colocado à disposição de Júlio Prestes para sua viagem oficial ao exterior como presidente eleito) atracou no cais do Rio trazendo o ilustre passageiro e sua numerosa comitiva. Na manhã seguinte, os seis jornais de Chateaubriand estampavam um artigo curto, assinado pelo dono, mas de cortante crueldade. Intitulado apenas "Júlio Prestes e João Pessoa", nele Chateaubriand estabelece uma comparação entre os dois passageiros que naqueles dias desembarcavam no Rio — tal qual haviam planejado os aliancistas:

O chefe do estado paraibano chega ao Rio exterminado pela política miserável que o poder central estimula no Norte do Brasil desde que o sr. João Pessoa praticou o crime sem qualificativos de não aceitar a candidatura Júlio Prestes. Já o outro passageiro, o sr. Júlio Prestes, regressa à capital da República depois de uma excursão aos Estados Unidos e à Europa — onde, se não aliviou a sorte do café, foi vitorioso no que diz respeito a jantares, almoços, piqueniques e outras festas pantagruélicas.

O sr. Júlio Prestes chegou palmilhando as ruas da cidade com seus próprios pés, mas chegou morto. E dentro da urna de madeira em que viaja o corpo de João Pessoa palpita um grande coração. O governador da Paraíba chega ao Rio vivo como nunca.

Estimulando deliberadamente um clima de comoção para esperar a chegada do corpo de João Pessoa, no dia seguinte Chateaubriand escreveria outro artigo, desta vez conclamando a população a acompanhar o corpo até o cemitério. "Indigno, absolutamente indigno da cidadania brasileira", ele atiçava, "será o homem válido que se deixar ficar em casa, no escritório ou na repartição pública amanhã, por ocasião da chegada do corpo de João Pessoa e da saída do esquife para o cemitério." Como um repórter comum, no dia 7 o jornalista resolveu sair no meio do povo que fora ao cais buscar o caixão. Ao lado de estudantes e populares em prantos, ajoelhou-se com a multidão e cantou o Hino Nacional. O que ele queria ali era recolher, em pessoa, as imagens mais emocionantes para o artigo a ser escrito no fim do dia. Quem conhecia o Chateaubriand cético, corrosivo e irônico não o identificava no choroso texto publicado em primeira página por seus jornais, no dia seguinte:

Acabo de presenciar agora, tanto no cais como diante da catedral, cenas que me deixaram os olhos rasos d'água e que me deram a certeza do que será capaz o Brasil. Na praça fronteira à grande nave encontrei uma mulher do povo, que soluçava com uma criança de três anos pela mão. Perguntei-lhe de onde ela vinha e o que fazia ali. Era do Engenho Novo. O movimento liberal a empolgara. Trazia consigo um retrato, cortado de um jornal sujo, do bravo herói paraibano. Desde as oito horas da manhã estava na cidade aquela humilde operária, empenhada em que o filhinho contemplasse ao seu lado o rosto varonil do Presidente-Soldado. E disse-me esta frase, sufocada em pranto:

— Eu quero que ele se crie no exemplo deste homem!

Beijei-lhe as mãos toscas, soluçando também diante de tanta reserva admirável de espírito público. No cais Mauá deparei com dois pequenos colegiais que choravam nervosamente. Um lia para o outro o esplêndido artigo do sr. Macedo Soares no *Diário Carioca* de hoje, e no olhar de ambos chamejava uma fogueira de revolta e de indignação contra os covardes que mataram o extraordinário Lidador.

Eu não poderia descer a esmiuçar todos os detalhes das cenas de puro enlevo cívico, de estupenda elevação patriótica, de surpreendente exaltação moral que me devastaram os nervos, esta manhã, diante do esquife de João Pessoa. Ele está ali, morto, na catedral, bem o vemos na hirta realidade que nos desola. Mas seu coração palpita no mesmo ritmo heroico dessa massa imensa.

Chateaubriand e a Aliança Liberal tinham efetivamente conseguido transformar o cadáver de João Pessoa em uma verdadeira "baleia encalhada numa praia de famintos". As últimas fatias daquele cetáceo político foram devoradas em oito páginas na edição seguinte de *O Cruzeiro* — que, sob o título "O exaltador funeral do presidente da Paraíba", transformaram o enterro da vítima de um crime passional em uma colossal apoteose política.

A alma de João Pessoa parecia afinal descansar em paz, mas Chateaubriand soube por Osvaldo Aranha que a data da revolução tinha sido marcada: o movimento iria eclodir simultaneamente no Rio Grande do Sul, na Paraíba e em Minas Gerais no dia 26 de agosto, em homenagem ao trigésimo dia da morte do governador da Paraíba. Agosto chegou ao fim, porém, e setembro começou sem que um tiro tivesse sido disparado. Aquela já era a segunda vez que algum líder aliancista revelava a Chateaubriand uma nova data para a revolução e nada acontecia. No final de agosto, o escritor baiano Afrânio Peixoto comentou com Humberto de Campos que semanas antes Chateaubriand lhe dera uma carona e, dentro do carro, fizera-lhe uma confidência:

— Não diga nada a ninguém, mas dentro de quinze dias a revolução estará vitoriosa no Brasil inteiro!

Peixoto espantou-se por ter sido escolhido para depositário de um segredo como aquele. Chateaubriand continuou:

— Mas não se assuste, porque você está fora de perigo. Na Bahia só vai escapar você.

— Mas e os outros, serão fuzilados?

— Se não reagirem, serão poupados. Isto é, serão exilados em Clevelândia ou Cucuí, na selva amazônica.

O escritor não parecia levar aquela conversa a sério:

— Mas isso é o fim! Eu tinha planos de ser deportado para Mato Grosso. Estou escrevendo um romance ambientado em Mato Grosso e minha mulher não me deixa viajar para lá. Se eu for deportado para lá ela não tem como me impedir.

Quando se queixava da tensão provocada por aquele marca-desmarca, Chateaubriand ouvia sempre a mesma explicação — aquela era a fórmula imaginada para despistar o inimigo e tentar detectar alguma infiltração no movimento. Mas o que ocorria, de fato, é que os revolucionários chegaram à conclusão de que seria uma temeridade permitir que ele, Chateaubriand, fosse informado previamente da data real. As experiências anteriores, tanto com o discurso de João Neves quanto no caso do manifesto de Prestes, eram eloquentes o bastante para alertá-los contra Chateaubriand. "Ele é um aliado leal", reconhecia Aranha, "mas é louco o suficiente para anunciar a revolução em manchete em seus jornais com dois dias de antecedência, só pelo prazer de 'furar' os concorrentes." Em meados de setembro, falando com ele por telefone, Pedro Moura, diretor do *Diário de Notícias* de Porto Alegre, deu a entender que a coisa estava por um fio:

— Venha logo para Porto Alegre, venha ver de perto o filme que os caubóis do pampa vão desenrolar dentro de poucos dias.

No começo da noite ele passou na redação de *O Jornal* e escreveu seu artigo diário. Sob o irônico título de "A palavra de um conservador", elogiava um discurso feito por Getúlio Vargas: "A parte política do pronunciamento do sr. Getúlio Vargas é uma passagem tesa, altiva. Ela tem a virtude de conferir ao sr. Washington Luís a iniciativa de todos os crimes — pelos quais os amigos do presidente dizem que somente serão capazes de o responsabilizarem as índoles demagógicas deste país. Pois o autor é a negação do demagogo, é um conservador obstinado — e suas palavras valem como a condenação da história aos crimes monstruosos do sr. Washington Luís". Saiu do jornal às dez da noite e passou no Hotel Glória, onde ouviu uma estranha história contada pelo deputado José Cardoso de Almeida, líder do governo federal na Câmara. O parlamentar paulista disse ter recebido um recado de um deputado mineiro, parente de um oficial da Força Pública de Minas, a cujos ouvidos tinha chegado a notícia de que a revolução iria estourar no dia seguinte, 3 de outubro, às cinco da tarde. Cardoso de Almeida contou que correu ao palácio para transmitir a informação a Washington Luís:

— Às seis da tarde estive no Catete com o presidente e narrei-lhe o episódio. Ele riu muito e disse que eu estava vendo fantasmas, estava com medo de sombras. Diante da reação do presidente, recusei-me a insistir no assunto.

Duas horas depois, no entanto, continuou o deputado, Washington Luís ligou para o hotel pedindo que ele fosse com urgência à estação de trens da Central do Brasil para pedir a dois ou três companheiros de bancada que não embarcassem para São Paulo, porque o Congresso seria convocado extraordinariamente para discutir uma mensagem do Executivo propondo a implantação do estado de sítio no Rio Grande do Sul: o presidente recebera a confirmação de que um golpe de Estado, ou revolução, eclodiria na tarde seguinte em Porto Alegre.

Chateaubriand voltou como um desesperado para a redação do jornal. Já era quase meia-noite, mas ele disparava telefonemas e telegramas para todos os lados, sem conseguir encontrar seus amigos da liderança da Aliança Liberal. Por fim localizou Filipe de Oliveira, que acabara de ler uma mensagem secreta assinada por Osvaldo Aranha e datada do dia 25 de setembro confirmando tudo o que ouvira do conservador Cardoso de Almeida: a revolução ia mesmo explodir no dia seguinte às cinco da tarde simultaneamente em Porto Alegre, Belo Horizonte e Paraíba. Deu um murro na mesa, espantando Austregésilo de Athayde, que assistia a tudo de olhos arregalados:

— Cachorros! Os cachorros da Aliança me enganaram! A revolução vai rebentar amanhã à tarde em Porto Alegre! Eu aqui arriscando minha pele e na hora H esses cornos me deixam de fora! Chame o Amâncio e o Benedito imediatamente.

Mais alguns telefonemas e ele conseguiu acordar em casa o gerente da empresa aérea Sindicato Condor, que tinha um voo dali a pouco, às cinco e meia da manhã, com destino à capital gaúcha. O funcionário foi até a cidade, abriu o escritório da companhia e emitiu um bilhete em nome de Chateaubriand, no valor de setecentos mil-réis, que uma hora depois o motorista Benedito colocava sobre a mesa. Com a passagem garantida, conseguiu uma milagrosamente rápida ligação telefônica para seu irmão Oswaldo, em São Paulo. Temendo que houvesse escuta policial na ligação, procurava falar em código. Pediu que Oswaldo mandasse Ismael Ribeiro, gerente administrativo dos *Diários* em São Paulo, esperá-lo no ancoradouro de aviões do porto de Santos no começo da manhã, quando o hidroavião faria uma escala na cidade para reabastecimento. Para desviar a atenção da polícia e do governo, deu ordens para que *O Jornal* e o *Diário da Noite* do Rio noticiassem que ele estaria presente à missa que seria rezada na manhã seguinte na catedral metropolitana carioca, com a presença de todos os funcionários de suas empresas, como abertura dos festejos de inauguração da nova sede da rua Treze de Maio. Isso feito, voltou-se para Athayde:

— Caboclo, venha comigo. Eu tenho o sono muito pesado e posso não ouvir o despertador. Você vai dormir comigo para garantir que às quatro e meia da madrugada eu esteja de pé. Mande acordar o contador, peça para ele retirar o dinheiro que houver do caixa do jornal e entregar ao Gallon, lá em casa. Preciso de tudo que tivermos em caixa, não sei quanto tempo vou ficar fora.

Maria Henriqueta e Fernandinho, como de costume, dormiam em quartos do pavimento superior. No dormitório de Chateaubriand, embaixo, havia apenas uma cama de solteiro, que os dois tiveram que dividir. Chateaubriand colocou o camisolão e a touca, e Athayde só tirou o paletó e a gravata para deitar-se. Excitado com a agitação da noite, Amâncio decidiu não dormir, apenas sentou-se sobre o colchão estendido contra a porta de entrada, o 38 vigilante na mão direita. Marcado por precaução para chamá-los às quatro e quinze, o despertador seria dispensável, diria Athayde seis décadas depois:

— Eu não consegui dormir nem um minuto. Um pouco por ansiedade e muito porque, apesar daquela touca estranha, ele roncou como um filho da puta.

Às cinco horas da chuvosa manhã daquela sexta-feira, 3 de outubro de 1930, Chateaubriand chegava ao aeroporto do cais Pharoux, no centro do Rio, acompanhado por Athayde, Amâncio e Benedito. Cumprindo as exigências da legislação aeronáutica brasileira de então, subiu numa dessas balanças de açougue, enquanto um sonolento funcionário anotava em seu bilhete: "Peso: 50 quilos". Como na quinta-feira fora o dia do pagamento semanal dos salários dos jornalistas, o dinheiro disponível no cofre do jornal, e que fora entregue a ele, era uma mixórdia insuficiente até para pagar duas passagens aéreas de uma viagem como aquela: pouco mais de um conto de réis. Além do dinheiro, levava uma pequena valise de mão contendo uma capa de chuva, um chapéu, uma camisa, uma cueca e objetos de higiene pessoal. No bolso interno do paletó ia um maço de folhas de papel para anotações, um lápis e uma lista de endereços e telefones de aliancistas do Sul. Ao ver o revólver pendurado na sua cintura, um funcionário da Condor aproximou-se discretamente dele e, sem falar nada, apontou o dedo para o item *b* das "Condições gerais de voo", impressas atrás da passagem: assim como não se podia fumar em nenhum momento do voo, era expressamente proibido portar arma de fogo dentro dos aviões da companhia. A contragosto, desabotoou o coldre e entregou o revólver ao inseparável Amâncio, que não saía de perto. Às cinco e meia, pontualmente, Chateaubriand embarcou no hidroavião Junkers G-24 da Condor, com destino ao tão esperado faroeste que estava começando nos pampas.

14

Chateaubriand viajou certo de que chegaria à capital gaúcha a tempo de se juntar às tropas revolucionárias. Se era de oito horas a duração prevista da viagem, incluídas as escalas em Santos e Florianópolis, às três e meia da tarde o Junkers estaria pousando nas águas do rio Guaíba, no centro de Porto Alegre. Ele teria duas horas de folga, tempo mais que suficiente para localizar as lideranças da Aliança Liberal, alistar-se como voluntário e aderir à luta armada. O voo poderia atrasar até uma hora e meia, portanto, sem que isso perturbasse seus planos.

O dia tinha nascido escuro, sob cerração baixa e úmida, trazendo uma manhã horrorosa — circunstância que obrigava o experiente piloto alemão Heinz Puetz a voar a pouco mais de cinquenta metros de altitude. De dentro do avião, os nove passageiros que lotavam a minúscula cabine tinham a impressão de que a água do mar revolto chegava a respingar nos enormes flutuadores pendurados sob a aeronave. Quando olhavam para cima só viam o negrume do céu. Dos lados a situação não era melhor, com a linha do horizonte coberta de bruma cor de chumbo. Para vencer o trajeto de pouco mais de trezentos quilômetros que os separava de Santos (e que Chateaubriand voara dezenas de vezes em menos de duas horas), gastaram quase quatro longas e penosas horas. À medida que o aparelho aproximava-se do cais, depois de pousar no litoral santista, Chateaubriand pôde divisar, de chapéu e terno escuro, a figura de seu gerente paulista, Ismael Ribeiro. Valendo-se da amizade que fizera com o piloto Puetz nas longas horas de voo, pediu permissão para descer por alguns minutos e conversar com o empregado.

Enquanto os dois sussurravam — Chateaubriand de pé sobre um dos flutuadores e Ribeiro no cais —, a cinco metros de distância, a bordo de uma lancha com o motor desligado, dois policiais paulistas, fardados, tentavam em vão ouvir o que o jornalista dizia. Chateaubriand percebeu o interesse dos dois e falou ainda mais baixo. Ele recomendava a Ribeiro que entupisse de bobinas de papel de jornal os porões do prédio do vale do Anhangabaú, pois ninguém podia prever o que ia acontecer no país a partir das cinco e meia da tarde:

— Além de estocar papel, recolha aos colchões e travesseiros todos os fundos de que dispomos nos bancos. Não deixe nada em burras alheias. Além disso, diga ao Oswaldo para retransmitir a todos a ordem que já baixei no Rio e em Minas: durante o curso da luta, que suponho será longa, quero que se guarde absoluta moderação nos nossos diários.

Reabastecido, o avião decolou com destino a Florianópolis, mas não chegou a avançar 150 quilômetros. O nevoeiro voltou a fechar quando se aproximavam de Iguape, obrigando Puetz a pousar no estreito braço de mar que separa a ilha Comprida do continente. Os quase cinquenta quilômetros seguintes foram vencidos com o avião "voando em degrau", com os flutuadores esquiando sobre as águas do canal. Irritado com o atraso, Chateaubriand comentou com o passageiro que ia a seu lado, o industrial e engenheiro Luís Betim Paes Leme:

— Esta merda tem três motores de 110 cavalos cada um e foi feita para voar. No entanto, estamos aqui como passageiros de um *canard glisseur*, deslizando sobre a água. Em vez de voarmos a 180 quilômetros, patejamos à velocidade de quarenta, cinquenta quilômetros por hora. Isto não é uma aeronave, é um humilhante bacurau.

Pouco antes do meio-dia a neblina tinha descido até perto do lençol d'água, impedindo o piloto de enxergar mais de cinco metros além do bico do aparelho. Puetz desligou os motores e deixou o avião boiando em frente à cidade paulista de Cananeia. Levantou-se com o mecânico e o copiloto e comunicou aos passageiros que não dava para continuar a viagem:

— Com essa cerração, mesmo deslizando a baixa velocidade sobre o canal, nós corremos o risco de sofrer um acidente grave. Voar, então, é absolutamente impossível. Teremos que ficar aqui parados até o tempo melhorar.

Como não melhorou, o Junkers permaneceu ancorado no mesmo lugar durante quatro horas — tempo em que os passageiros nada tiveram a fazer, senão conversar e olhar centenas de vezes para os dois canhões coloniais plantados na entrada de Cananeia, apontados para o mar. Dentro do aparelho, além do jornalista, aparentemente ninguém mais sabia que o país estava na iminência de uma revolução armada. Para passar o tempo e não ter que falar de política, Chateaubriand entabulou com Paes Leme uma interminável conversa sobre o papel do carvão na siderurgia brasileira. Só às três da tarde (quando deveriam estar sobrevoando Porto Alegre) Puetz decidiu afinal que era possível decolar. Mas deu aos passageiros — e sobretudo a Chateaubriand — uma péssima notícia:

— As condições atmosféricas não nos permitem prosseguir até Porto Alegre. Vamos avançar apenas mais setenta quilômetros. Em poucos minutos estaremos em Paranaguá, no Paraná, onde dormiremos. Por cortesia, a Condor providenciará hotel para todos e amanhã decolaremos com destino à escala de Florianópolis.

Ele ia perder a revolução? Nem pensar! O avião precisava seguir até Porto Alegre! Mas nem sapateado, nem ranger de dentes, nem ameaças de processar a companhia aérea — nada convenceu o piloto a voar imediatamente para a capital gaúcha, como Chateaubriand exigia, ou pelo menos até Florianópolis. O engenheiro Paes Leme cochichou no ouvido de Chateaubriand:

— Eu estou viajando armado. Se o senhor tem algo tão importante a fazer ainda hoje em Porto Alegre, tenho certeza de que, com um revólver no peito, esse piloto decola e nos leva aonde quisermos.

Familiarizado com o caráter e a valentia de Puetz, Chateaubriand demoveu Paes Leme da tentativa de sequestro. "Esse piloto é capaz de morrer, mas não se sujeitará às suas exigências", advertiu Chateaubriand. Indiferente aos gritos e protestos do jornalista, o fleumático alemão apenas lia, repetidas vezes, um parágrafo impresso no verso da passagem, onde as tais "condições gerais de transporte" diziam expressamente: "No caso de interrupção forçada da viagem ou de chegada com atraso, aos passageiros não assiste direito de indenização alguma, nem sequer por despesas ou prejuízos causados pela não continuação ou interrupção da viagem ou atraso na chegada".

"O que não tem remédio, remediado está", resmungou Chateaubriand para o colega de viagem, "então vamos para Paranaguá." No porto paranaense, os dois desceram juntos e, antes de seguirem até o hotel, resolveram dar uma caminhada para espairecer. Andaram a passos lentos do cais dos hidroaviões até o dos navios. Na volta, cruzaram com grupos de trabalhadores, todos louros de olhos claros, com ar europeu, que saíam do trabalho. Chateaubriand olhou o relógio e viu que eram cinco e meia da tarde. Que mistério... Uma revolução estava explodindo em Porto Alegre naquele momento, a poucas centenas de quilômetros dali, e um porto da importância de Paranaguá estava imerso na mais absoluta modorra, como se nada de anormal ocorresse. Será que a revolução tinha fracassado? Ou teriam adiado mais uma vez o dia de sua eclosão?

Antes de ir para o hotel, passaram por uma barbearia — "nas barbearias sempre se sabe tudo o que está acontecendo", diria Chateaubriand depois. Ambos fizeram a barba, mas ele não ouviu um murmúrio que fosse sobre a revolução. Intrigado, andou a pé com Paes Leme até o hotel. Cada qual tomou um quarto, banharam-se e desceram para um jantar de grandes camarões fritos. Até as onze da noite, quando subiu ao quarto para dormir, não tivera qualquer notícia do Sul. "Terá Washington Luís esmagado a cabeça da nossa hidra tão facilmente que nem notícias disso circularam? Ou será que o movimento não estalou?", ele se perguntava em voz alta, sozinho, deitado na cama. "Ou estalou, foi sufocado, e as comunicações de Porto Alegre com o resto do país estão cortadas?" Foi mergulhado nesse cipoal de dúvidas sem respostas que o jornalista — nu, sem touca ou camisolão, enrolado em mantas de lã — dormiu profundamente.

Uma de suas características que Chateaubriand mais gostava de alardear era a capacidade de dormir bem, mesmo nas circunstâncias mais adversas. "O hábito da luta pela vida e dos embates revolucionários, desde o verdor da juventude", ele comentava sempre, "forjaram em mim um caráter ao qual nenhuma preocupação é capaz de tirar o sono." Assim, se às seis da manhã não tivesse sido acordado com golpes na porta, dados por Paes Leme, provavelmente continuaria dormindo a sono solto. Abriu a janela e, tendo ido dormir sob garoa fina e céu encoberto por nuvens, surpreendeu-se ao ver um sol forte lambendo a cidade e cortando uma atmosfera límpida, cristalina. Às seis e meia da manhã Heinz Puetz aquecia os motores do avião para levantar voo. Tranquilizou os passageiros: a escala em Florianópolis seria muito rápida. E, com aquele céu luminoso, de lá até a capital gaúcha a viagem demandaria menos de duas horas.

Tão logo o avião pousou ao largo da ilha de Santa Catarina, onde fica Florianópolis, um funcionário da Condor subiu a bordo com ar grave, trazendo nas mãos um telegrama destinado a Puetz, transmitido da sede da empresa, no Rio. Curioso, Chateaubriand esgueirou-se entre as valises depositadas no chão e tentou ler, sobre o ombro do piloto, o conteúdo da mensagem. O telegrama estava escrito em alemão e ele só conseguiu ler uma frase: *"Lage sehr schwer den Porto Alegre"* — ou seja, "A situação está muito difícil em Porto Alegre". O telegrama não falava de revolução. Fazia apenas aquela breve e enigmática advertência para comunicar ao piloto que o voo para a capital gaúcha estava cancelado. A viagem terminava em Florianópolis. Chateaubriand não resistiu e revelou aos três tripulantes (e mais Paes Leme, que entrara na cabine para ouvir a conversa) o segredo que havia guardado até então: muito provavelmente uma revolução de caráter nacional tinha explodido às cinco e meia da tarde do dia anterior em Porto Alegre, Belo Horizonte e Paraíba. Contou seu grau de envolvimento com a conspiração e confessou que estava a caminho de Porto Alegre para se alistar como voluntário ao lado dos insurrectos.

Ao ouvir aquela história, Paes Leme agarrou Chateaubriand pela manga do paletó, desceu com ele até o cais e manifestou sua preocupação:

— O senhor está metido nisso até a raiz dos cabelos e nós estamos imobilizados em Santa Catarina, um dos estados mais fortemente solidários com Washington Luís. Qualquer soldadinho que souber de sua presença aqui vai levá-lo imediatamente para a cadeia. Temos que tirá-lo daqui de qualquer jeito. Quanto dinheiro o senhor carrega?

O industrial estranhou a resposta dada por aquele que era um dos jornalistas mais poderosos do país. Chateaubriand enfiou a mão no bolso da calça e tirou meia dúzia de cédulas amassadas:

— Um conto e quinhentos, se tanto. Mas por quê? Dinheiro não vale nada se não temos quem nos transporte.

O industrial estava animado:

— Doutor Assis, o telegrama cancela a viagem para Porto Alegre, mas podemos tentar fazer o piloto voar até a praia de Torres, já no Rio Grande. Lá o senhor estará a salvo.

Ele não tinha qualquer esperança:

— Desista, eu conheço o Puetz. Isso é alemão, treinado para receber e cumprir ordens.

Paes Leme insistiu:

— O senhor já teve provas de que esse alemão é valente, mas quem garante que ele é incorruptível? Me dê seu um conto e quinhentos. Tenho vinte contos na minha pasta. Vou oferecer esse dinheiro ao piloto para ele levá-lo até Torres.

Daqui até lá são duzentos e poucos quilômetros; com esse tempo, se ele quiser, faz esse trecho em pouco mais de uma hora — e sem desobedecer o telegrama, que não fala em Torres, só fala em Porto Alegre.

Sem esperar a reação do outro, correu sobre o flutuador e entrou na cabine. Segundos depois Chateaubriand ouvia os gritos de Puetz, descompondo Paes Leme em português e alemão com palavrões incompreensíveis e empurrando-o, aos safanões, para fora do avião. O industrial — que no caminho de volta ainda tivera tempo de pegar a pasta — desceu meio perturbado com a cena que acabara de provocar. Desculpou-se com o alemão, que continuava berrando da porta do avião, e levou Chateaubriand até um pequeno píer de ferro. Abriu a pasta, tirou dois maços de cédulas amarrados com um elástico e estendeu-os em direção ao jornalista:

— Leve esses vinte contos, o senhor vai precisar. Quando nos virmos de novo, o senhor me paga. E, se for preso, prepare-se: esse negócio de prisão política é como lista de convidados para festas em embaixadas. Uma vez que se entra nelas, nunca mais se sai. Nem mesmo depois de morto. Não se deixe prender, senão toda vez que houver uma crise no país, não importa de que lado o senhor estará: a polícia política, só por hábito, vai buscá-lo.

Luís Betim Paes Leme deixou de pé, no trapiche, um Assis Chateaubriand atônito, com um maço de dinheiro em uma das mãos e uma mala na outra. Caminhou em direção à ponte e sumiu nas ruas de Florianópolis.

Na hora que Chateaubriand comia os "olímpicos camarões fritos de Paranaguá" em companhia de Paes Leme, na noite anterior, Porto Alegre já estava nas mãos dos rebeldes. Pontualmente, às cinco e meia da tarde, conforme previa o bilhete secreto lido por Filipe de Oliveira, o próprio autor da mensagem, Osvaldo Aranha, junto com o também conspirador José Antônio Flores da Cunha e à frente de cinquenta homens bem armados, tomou de assalto o quartel-general da 3ª Região Militar, na capital gaúcha. Após horas de intensa luta com tropas leais ao governo, era ocupado um segundo quartel, situado no morro do Menino Deus, onde estava depositado o maior arsenal governista no Sul do país. Em Belo Horizonte não tinha sido muito diferente: sob o fogo cerrado de civis e de tropas da Força Pública mineira (a mesma que Chateaubriand havia sugerido deixar em prontidão), centenas de soldados do 12º Regimento de Infantaria aderiram aos revolucionários, e as forças oficiais acabaram se rendendo, com um saldo de dezesseis legalistas mortos. Por um equívoco de comunicação, Juarez Távora só faria eclodir a revolução no Norte no dia 4, quando tomou a mais importante guarnição federal da Paraíba, o 22º Batalhão de Infantaria. De novo governador de Pernambuco, o mesmo Estácio Coimbra que resistira ao lado de Chateaubriand aos tiros de Dantas Barreto, dezenove anos antes, era obrigado, mais uma vez, a abandonar Recife, acuado pelos rebeldes, e fugir para Salvador, onde os legalistas do Norte e Nordeste pretendiam reaglutinar suas forças.

No Rio de Janeiro, sede do governo federal, a situação era menos tensa. Apanhados de surpresa, os deputados federais discutiam temas banais na tribuna do Palácio Tiradentes enquanto os gaúchos já estavam se levantando em armas. Quando soube que Assis Chateaubriand havia embarcado em direção ao Sul, Washington Luís mandou que expedissem uma ordem de prisão contra ele, distribuída a todas as guarnições federais por onde ele pudesse passar. E, ao mesmo tempo, determinou que a polícia invadisse a sede de *O Jornal* e apreendesse preventivamente a edição do dia 4 — medida desnecessária, já que, seguindo as recomendações de moderação do dono, a única notícia política publicada tinha sido uma breve nota enviada por agências internacionais dando conta de que Luís Carlos Prestes tinha sido preso por algumas horas, no dia anterior, pela polícia de Buenos Aires. De olho em *O Jornal*, onde prendeu Gabriel Bernardes (formalmente o presidente da empresa) e todos os jornalistas que se encontravam na redação, a polícia se descuidou do *Diário da Noite*, que acabou noticiando a revolução em manchete ("Um movimento revolucionário em Minas e no Rio Grande do Sul") na edição do dia 4. Embora também anunciasse a eclosão do movimento, o conservador *A Ordem* circulou sem ser molestado pela polícia, talvez por expressar com clareza, na primeira página, sua opinião sobre o conflito:

> Há, enfim, uma tentativa revolucionária em Minas e no Rio Grande do Sul. Será o início da guerra de secessão anunciada desde o primeiro dia pelo sr. Afrânio de Melo Franco? Não sabemos. Mas esse movimento chefiado pelos srs. Artur Bernardes, Assis Chateaubriand, Antônio Carlos, Macedo Soares e Borges de Medeiros constitui o maior escárnio até hoje lançado aos sentimentos de pudor e de dignidade do povo brasileiro.

Toda a imprensa permaneceria censurada até o triunfo final da revolução, no dia 24. Só um leitor muito arguto conseguiria ver revolução nas entrelinhas da edição do dia 5 de *O Jornal*. Nela, apesar da censura, se noticiava que na véspera, um sábado, a Câmara Federal aprovara a mensagem do governo implantando o estado de sítio no Rio Grande do Sul, Distrito Federal, Minas Gerais e Paraíba. Ignorando tudo isso, e sem saber sequer o que havia acontecido de fato em Porto Alegre na tarde anterior, Chateaubriand sentia-se em Florianópolis como um animal encantoado. Não tinha como voltar ao Rio, o que seria um suicídio, e muito menos sabia como chegar em Porto Alegre. Esta era, no entanto, a única saída, e o primeiro apoio teria de ser conseguido ali mesmo, na capital catarinense. Embora não houvesse muito risco de despertar suspeitas — Florianópolis não era uma cidade pequena e pelo menos doze pessoas estranhas haviam desembarcado do Junkers —, ele abriu a mala em cima de uma mureta, vestiu a capa e enfiou o chapéu na cabeça. A primeira providência que lhe ocorreu foi procurar Nereu Ramos. Jornalista, ex-deputado e membro de abastada família que dividia o comando da política catarinense com os Konder Bornhausen, Ramos tinha se tornado um aliancista fervoroso. Chateaubriand o conhecera no Rio meses antes, durante o funeral de João Pessoa: no trajeto do caixão entre o cais do porto e o cemitério São João Batista, Ramos fizera uma dúzia de comícios-relâmpago, atiçando a população contra o governo federal.

Conseguiu um telefone na portaria do primeiro hotel que encontrou e ligou para a casa de Nereu Ramos, um dos números que trazia em sua listinha. Nada feito: alguém do outro lado da linha respondeu que o dono da casa tinha embarcado quatro dias antes para Porto Alegre. Chateaubriand lembrou-se de um nome a que Ramos se referira no Rio como sendo um dos organizadores da Aliança Liberal em Santa Catarina: Henrique Rupp Júnior, também jornalista e ex-deputado. Meia hora depois ele estava na casa de Rupp, um tedesco troncudo, de meia-idade e cabelo escovinha. Desta vez batera na porta certa: revelando-se grande admirador seu, Rupp tinha informações precisas sobre o que acontecia em Porto Alegre. Começou a conversa aconselhando-o a tirar da cabeça a ideia de sair de Florianópolis, já que não havia meios de se chegar a Porto Alegre pelos caminhos convencionais. Ainda que conseguissem algum marinheiro maluco que se dispusesse a transportá-lo, tentar sair pelo mar seria uma ingenuidade: o porto em que ele desembarcara horas antes estava tomado por tropas do Exército. As estradas, tanto para o Sul quanto para o Paraná, haviam sido igualmente bloqueadas por tropas pró-Washington Luís. Um dos últimos redutos de lealdade aos legalistas, Santa Catarina era governada pelo recém-empossado deputado Fúlvio Aducci, governista convicto — e que depois de iniciada a revolução seria um dos últimos governadores estaduais a abandonar o posto. Como não havia segurança no Paraná, Washington Luís transferira de Curitiba para Florianópolis a sede da 5ª Região Militar e nomeara para comandá-la o general Nepomuceno Costa (o mesmo que havia sido punido por impedir o tenente João Cabanas de discursar em Juiz de Fora, Minas Gerais). Os combates, garantia Rupp Júnior, eram iminentes: ele tinha notícias de que em poucas horas o estado seria invadido por três colunas revolucionárias vindas do Rio Grande do Sul, uma delas comandada pelo capitão Trifino Correia — antigo membro da Coluna que aderira à Aliança e que, cinco anos depois, se juntaria de novo a Prestes na revolta comunista de 1935. A pior notícia ficou para o fim: Washington Luís descobrira que Chateaubriand havia embarcado no voo da Condor interrompido no meio do caminho, e a ordem de prisão contra ele já havia chegado a Florianópolis.

Rupp se ofereceu para esconder o jornalista em um sítio de sua propriedade, nas cercanias da capital, mas Chateaubriand recusou a oferta de pronto:

— Eu entro no Rio Grande de qualquer jeito, seu Rupp. Nem que seja a bala.

Vendo-o tão decidido, Rupp se rendeu:

— Então só há uma alternativa, doutor Assis: tu vais fazer um trajeto três vezes mais longo e sem estradas. Vais ter que ir pela serra do Lava-Tudo para atingir Vacaria, já no Rio Grande. Uma parte da viagem dá para fazer de carro, e eu tenho gente para levar-te em segurança. Daí em diante não há estradas, e tu terás que ir a cavalo. Eu te darei todos os contatos.

Debruçados sobre um mapa, riscaram a lápis o caminho a ser feito. De Florianópolis ele seguiria de carro até Bom Retiro. De lá em diante o melhor era seguir a cavalo pelo cocuruto da serra do Mar até Urubici, e daí, sempre a cavalo, até São Joaquim. Se não conseguisse avançar até Urubici, tocaria de Bom Retiro para Canoas, Urupema, Painel e Monte Alegre. Quando chegasse a São Joaquim, se a situação militar já estivesse mais favorável aos revolucionários, os contatos que Rupp lhe daria na cidade arranjariam um carro para levá-lo pela estradinha de terra até Vacaria. Nesta cidade gaúcha ele estaria protegido pelas tropas do general Valdomiro Castilho de Lima, acantonadas ali exatamente para proteger o nordeste do Rio Grande contra qualquer incursão do general Nepomuceno Costa. Estabelecido o trajeto, Chateaubriand enfiou o mapa no bolso, certo de que ia partir em seguida. Rupp não permitiu:

— Primeiro temos que tirá-lo da minha casa, que é muito visada. Vou levar-te para a casa do Olívio Amorim, um coiteiro da minha confiança, e só à noite é que tu vais colocar o pé na estrada.

Às onze da noite Rupp apareceu num carro sem capota trazendo as duas filhas. Deixou uma delas na casa de Amorim e mandou que Chateaubriand se preparasse para ocupar o lugar da moça no carro. Se Rupp estivesse sendo seguido à distância, na escuridão da noite os espias veriam que ele entrara e saíra da casa com duas pessoas — sem, portanto, esconder ou tirar ninguém dali. Chateaubriand já se preparava para vestir de novo a capa e o chapéu quando Rupp Júnior o interrompeu:

— Não, doutor Assis, eu trouxe uma vestimenta mais segura para essa viagem. Aqui está.

Era uma batina negra. Ele viajaria disfarçado de padre. Uma das filhas de Rupp ficou na casa e Chateaubriand ocupou seu lugar no carro conversível. Rodaram em círculos para se certificar de que não estavam sendo seguidos e só então pararam em um subúrbio de Florianópolis, onde dois automóveis os esperavam num lugar ermo. No da frente, onde Chateaubriand viajaria, estava apenas o chofer, desarmado. No de trás, que os seguiria para protegê-los em caso de necessidade, três homens bem armados. Faltavam quinze minutos para a meia-noite quando Rupp entregou-lhe três cartas: a primeira era dirigida a Gerôncio Thibes, de Bom Retiro, que deveria providenciar meios para que ele alcançasse Urubici e, dali, São Joaquim. A segunda era para os irmãos João e Antônio Palma, chefes aliancistas em São Joaquim. Caso eles não estivessem na cidade, havia ainda uma terceira carta para o farmacêutico Hilário Braer, também conspirador aliancista. Não poderia haver problemas.

Com a batina sobre o terno e levando nas mãos apenas a capa e o chapéu, Chateaubriand embarcou no carro da frente com destino a Bom Retiro, a pouco mais de cem quilômetros de distância, trecho que, segundo o motorista, deveria ser transposto em três horas e meia, se não encontrassem dificuldades pelo caminho. Logo que alcançaram a estrada de terra começou a chover. O lamaçal em que a pista de terra se transformara obrigou o motorista do carro a parar e colocar correntes nas rodas para evitar derrapagens ou, o que seria pior, que o carro atolasse e a viagem fosse interrompida no meio. Os ocupantes do carro de segurança, que os seguia cinco quilômetros atrás, foram obrigados a fazer o mesmo. A viagem prosseguiu sem obstáculos serra acima até perto das três horas da madrugada, quando, já perto de Bom Retiro, os faróis iluminaram dois troncos atravessando a estrada de ponta a ponta. Era um pequeno posto policial guardado por soldados governistas a cavalo, armados de fuzil. Chateaubriand gelou. O motorista queria acelerar o fordeco sobre os troncos, garantindo que a cavalo os soldados não os alcançariam. Chateaubriand foi contra, mandou que ele parasse. Dois militares armados de pistolas se aproximaram do carro, ambos com lanternas nas mãos. Iluminaram os rostos dos dois passageiros. Um sargento que trazia um pedaço de papel nas mãos aproximou-se da janela de Chateaubriand e iluminou o carro por dentro, como se procurasse um terceiro passageiro:

— Boa noite, padre. Recebemos esta mensagem pelo telégrafo de Florianópolis mandando prender o jornalista Assis Chateaubriand. O senhor por acaso cruzou com ele pelo caminho?

Chateaubriand percebeu que cada um dos demais soldados, montados em cavalos, trazia uma lanterna na mão esquerda e um fuzil na direita, ambos apontados para o carro. Procurando disfarçar o sotaque nordestino, pediu para ver o telegrama e leu a transcrição manuscrita da mensagem telegráfica: "Fugiu esta madrugada de Florianópolis, provavelmente vestido de mulher, o jornalista Assis Chateaubriand. Deveis detê-lo e devolvê-lo a esta capital, na condução em que for encontrado. Marinho Lobo, chefe de polícia".

Então a polícia estava vigiando a casa de Olívio Amorim e imaginou que ele fugira de saias. O motorista quis falar mas Chateaubriand cortou-lhe a palavra, dirigindo-se ao sargento:

— Conheço ambos: tanto o delegado Marinho Lobo, que assina o telegrama, quanto o Chateaubriand que vocês procuram. Passamos por seu fugitivo há mais ou menos uma hora, meu filho. Ele está vindo aí atrás com mais duas pessoas, em outro carro. Dentro de alguns minutos deve estar passando por aqui.

O sargento se alvoroçou, mandou que a barreira fosse levantada para o carro passar e deu ordens para que os soldados apeassem dos cavalos e ficassem em posição de tiro, aguardando o veículo que viria atrás. Livre da barreira, Chateaubriand pediu ao motorista que aumentasse a velocidade. Enquanto o carro avançava sobre a lama na estradinha estreita e sinuosa da serra da Boa Vista, ele intrigava o motorista colocando metade do corpo para fora e olhando para cima, como se quisesse ver alguma coisa no céu. Minutos depois, quando passavam nas imediações de um lugarejo chamado Roberto Schulz, deu ordens para que o carro parasse e esclareceu o mistério:

— Está vendo esses postes com um único fio acompanhando a estrada? Isso é o cabo do telégrafo. Temos que cortar esse fio. Você tem um alicate?

Tinha, mas o fio era muito alto e o poste de madeira, molhado pela chuva, estava escorregadio demais para que alguém conseguisse escalá-lo. Chateaubriand aproximou-se de um dos postes e tentou sacudi-lo com as mãos. Percebeu que o pedaço enterrado no chão já devia estar meio podre, mas não o suficiente para que dois homens o derrubassem no muque. Decidido, ordenou ao motorista:

— Vamos derrubar o poste com o carro. Dê pequenas batidas nele até tombá-lo um pouco. Quando já estiver torto nós o deitamos no chão com as mãos.

Não foi necessário. À segunda batida a madeira podre sob a terra cedeu e o poste desabou no chão. Sob a luz dos faróis do carro, Chateaubriand aproximou-se do fio e partiu-o com o alicate. Juntos, ele e o motorista atravessaram o poste na estrada, pensando em atrasar um pouco mais quem viesse atrás deles. Subiu no veículo de novo e pediu ao chofer para acelerar o carrinho:

— Agora podemos seguir. Com os fios cortados, daqui para a frente ninguém saberá que eu sou o falso padre que passou pela barreira. Toque adiante, que estamos chegando.

Bom Retiro não era então mais do que uma vilazinha com meia dúzia de casas, um boteco, uma farmácia, uma hospedaria e uma igreja protestante. Pararam na primeira casa e acordaram o dono, que apareceu de pijama, lamparina numa das mãos e carabina na outra. Tranquilizou-se ao ver o homem de batina que queria o endereço de Gerôncio Thibes. Era uma chácara fora da cidade, localizada em poucos minutos. A carta de Rupp Júnior funcionou como uma senha para Thibes colocar-se à disposição de Chateaubriand. Apesar da hora, acordou a mulher e pediu que ela fizesse uma sopa para os insólitos visitantes, enquanto planejava a continuação da viagem com Chateaubriand. Apesar de ter a segurança de que as comunicações estavam interrompidas, ele estava preocupado em ser visto disfarçado de padre: a ordem de prisão que vira na barreira poderia ter sido distribuída como uma circular, para todo o estado. Tirou a batina, picou-a em pedaços e jogou as tiras de pano na lareira que fora acesa por Thibes. E, temendo ser preso com documentos que comprometessem tanto Rupp Júnior quanto os demais destinatários das cartas, deu a estas o mesmo destino da batina: queimou-as no meio da lenha da lareira.

Thibes explicou-lhe que o trajeto proposto por Rupp precisaria ser alterado. A trilha entre Urubici e São Joaquim fora destruída pelas chuvas: se seguisse por ali, ficaria bloqueado, sem condições de prosseguir. Ele teria, portanto, que fazer um caminho duas vezes mais longo para chegar a São Joaquim. Embora os primeiros 25 quilômetros, que levavam a Canoas, pudessem ser feitos de carro, Thibes achava muito arriscado viajar num carro que já havia sido identificado pelos legalistas. O melhor era sair de Bom Retiro a cavalo. De Canoas ele teria de seguir até Urupema, dormir lá (Thibes arranjaria um guia para acompanhá-lo e fazer os contatos), seguir até Painel, atravessar o rio e a serra do Lava-Tudo, e só então chegar a São Joaquim. O dono da casa sugeriu que o jornalista dormisse um par de horas, enquanto ele providenciava os cavalos e o guia que iria servir de batedor na viagem serra adentro. Antes que o dia clareasse ele deveria abandonar Bom Retiro. Chateaubriand roncou numa cama improvisada até as cinco e meia da manhã, quando foi acordado pelo dono da casa. À sua frente estava André, "um polaco louro, mas rústico como um bugre", ele escreveria depois, o rapazola que iria acompanhá-lo dali em diante, até Urupema. O jornalista enfiou na cabeça o chapéu de aba larga que ganhara do engenheiro Baldassini, construtor do prédio novo do jornal, no Rio, e não pôde deixar de achar engraçado estar ali, naquele fim de mundo, vestido com a elegante capa azul que tinha comprado na Burberry's, em Londres, e nunca usara antes. Os dois montaram e segundos depois tinham sumido na escuridão.

A viagem, que parecia não terminar nunca, foi feita todo o tempo sob chuva. Sem parar um instante sequer, os animais subiram serra durante nove horas seguidas. Chateaubriand já estava descadeirado pela montaria e com as pernas e as nádegas assadas pelo atrito com o arreio, quando, por volta das duas da tarde — sempre debaixo de chuva e com o céu escuro —, percebeu que a mata começou a ficar mais rala. De tempos em tempos surgiam algumas casinhas esparsas. Estavam afinal chegando a Urupema. André guiou-o com segurança até a fazenda onde deveriam pernoitar. Quando puderam ver a casa, de longe, o rapaz ficou preocupado: na porta da frente havia uma pequena aglomeração. Podia ser a presença do Exército. O melhor era Chateaubriand permanecer no meio do mato, escondido. O guia galopou com o cavalo até a construção de madeira e voltou minutos depois, desolado:

— Tu não vai acreditar, doutor. É muita urucubaca, mas o Jango Matos, que deveria coitar o senhor aqui em Urupema, morreu hoje de madrugada, durante uma caçada. A espingarda disparou e o tiro matou-o na hora. O povo está ali, velando o defunto.

Mas o "bugre polaco" tinha a saída: em Urupema havia outra pessoa de confiança de Rupp Júnior, o fazendeiro Maneco Arruda, em cuja casa desmontaram meia hora depois. Como André explicou a Arruda apenas que Rupp Júnior pedira que o recém-falecido Jango Matos "recebesse a visita em sua casa e providenciasse montaria para ele ir até São Joaquim", sem dar qualquer explicação maior, Chateaubriand ficou com receio de falar dos motivos que o levavam à cada vez mais distante capital gaúcha. Macambúzio, Maneco Arruda tampouco fez perguntas, mas pelo que conversaram foi possível perceber que se tratava de um admirador de Washington Luís. O melhor era ficar de bico fechado.

Almoçaram fartamente a carne de caça que o fazendeiro lhes preparou, e o dia ainda não escurecera quando os dois forasteiros desabaram sobre as camas arrumadas às pressas numa casa de colonos vazia. Só aí, quando se deitaram, é que Chateaubriand viu que André levava sob o enorme gibão de lã dois revólveres carregados. Conforme haviam pedido, foram despertados do sono profundo em que estavam mergulhados às quatro horas da manhã seguinte pelo dono da casa. Fizeram uma rápida refeição e saíram de novo. A chuva continuava com a mesma intensidade do dia anterior — nem um aguaceiro nem uma garoa, mas "uma chuvinha criadeira", dissera André numa das raras vezes em que abriu a boca. Os emplastros que a mulher de Arruda tinha arrumado não aliviaram muito as dores causadas em Chateaubriand pela cavalgada, e agora ele tinha a impressão de estar com a virilha em carne viva.

Antes que o dia clareasse chegaram a Painel, onde terminava a viagem para André. Daquele lugarejo em diante seu novo guia seria Dinarte Couto Arruda, fazendeiro e chefe do Partido Republicano de Rupp Júnior na região. André retornou com os dois cavalos e Chateaubriand e Arruda tomaram animais novos, descansados. Pelo que o jornalista tinha ouvido André falar com o novo guia, este o acompanharia até Monte Alegre, última etapa antes de chegar a São Joaquim. O trecho que ele teria de cumprir sozinho, no final, era uma linha reta de duas léguas, coisa para fazer em menos de uma hora.

São Joaquim era uma cidade com mais de três ruas, casas, comércio, e sua fama de foco aliancista radical era tão grande que meses antes passara por lá o tenente Siqueira Campos, em pessoa, para fazer contatos com o chefe local da Aliança — João Palma, destinatário da carta de Rupp que Chateaubriand queimara em Bom Retiro. Tão forte era o fervor getulista de São Joaquim que ela acabaria disputando com Lajes a glória de ter sido a primeira cidade de Santa Catarina a ser inteiramente controlada pelos revolucionários. E sem a ajuda de ninguém de fora. Depois da visita de Siqueira Campos, que lá estivera para "animar" os aliancistas, estes passaram a armazenar armas secretamente. Quando chegou a notícia de que a revolução tinha rebentado em Porto Alegre já havia mais de oitenta armas de fogo — Winchesters de caça, revólveres, pistolas e fuzis — depositadas nas mãos de Chico Palma, terceiro dos irmãos responsáveis pela organização do movimento em São Joaquim. Às quatro da madrugada do dia 4 alguém chegou com a notícia de que a revolução tinha começado. Ao cercar o pequeno quartel local — um alojamento de madeira com dez soldados comandados por um tenente —, uma centena de civis armados percebeu que não haveria luta: a tropa tinha abandonado a cidade nas suas mãos. A autoridade máxima passou a ser exercida pelo autoproclamado major Bibiano Rodrigues Lima, que logo transformou aquela horda em um destacamento, distribuindo patentes de "capitão revolucionário" e "tenente revolucionário" a seus homens de confiança.

Assim, quando Chateaubriand chegou a Monte Alegre (de onde Dinarte Arruda retornou para Painel), São Joaquim estava sob o absoluto controle dos revolucionários. Embora outubro seja o mês da florada das milhares de macieiras e pereiras da região — o que dava a São Joaquim um festivo ar europeu —, o tempo horroroso emprestava à cidade a que Chateaubriand chegava uma atmosfera funesta. Desde que ele saíra de Florianópolis não parara de chover um minuto sequer, e a temperatura parecia caminhar em direção oposta à dos ponteiros do relógio: quanto mais se aproximava do meio-dia, mais escuro o tempo ia ficando. E os ponteiros do termômetro também pareciam acompanhar a luz. Com a escuridão, a temperatura caía cada vez mais, transformando a elegante capa Burberry's em um pedaço de pano leve e incapaz de proteger o jornalista do frio insuportável.

Ao entrar em São Joaquim, Chateaubriand resolveu bater na primeira porta amiga que lhe apareceu pela frente: a farmácia de Hilário Braer, o aliancista para quem ele deveria trazer uma carta de Rupp — como a dos Palma, também incinerada em Bom Retiro. Andando com as pernas abertas para evitar que uma coxa encostasse na outra, o que provocava uma sensação muito dolorosa, amarrou o cavalo num poste e apresentou-se ao farmacêutico. Descreveu com detalhes as adversidades e provações que experimentara desde a decolagem do Junkers no Rio de Janeiro, quantos dias antes? Fez as contas: apenas três dias, que mais pareciam três semanas de sofrimentos. Falou de Rupp, da barreira de soldados na estrada, do corte do fio do telégrafo, das cartas para os Palma e para ele queimadas na casa de Gerôncio Thibes, da morte inesperada de Jango Matos. O catarinense descendente de alemães ouvia tudo aquilo tomado por mineira desconfiança. A história era rocambolesca demais para ser verdadeira. Perguntou se ele tinha algum documento que o identificasse — não, ele tinha perdido em algum desses lugares o único documento que carregava. Bem, matutou o farmacêutico: o estranho que esperasse ali no balcão por alguns instantes, enquanto ele ia localizar os irmãos Palma.

Minutos depois vieram os Palma. Os três. Mas trouxeram consigo o major Bibiano, o capitão Fulano, os tenentes Beltrano e Sicrano. Todos armados de fuzis e carabinas — e todos muito mal-encarados. Um tanto assustado com a recepção hostil, Chateaubriand foi obrigado a repetir toda a história, com riqueza de detalhes ainda maior. Desta vez não era um relato, mas um interrogatório. A cada episódio, um mamute daqueles o interrompia: "Mas quando foi isso?". "O senhor tem testemunhas do que está dizendo?" "Ah, a testemunha era um guia que voltou do meio do caminho?" "E o senhor só sabe que ele se chamava André, nada mais?" A primeira providência tomada depois da ocupação da cidade pelo major Bibiano Lima — um paisano sanguinário que vivia jurando vingança ao pai, morto em Lajes na revolução de 1893 — tinha sido montar um "pelotão de fuzilamento para os crimes de espionagem e alta traição à revolução". Seus olhos brilhavam à medida que aquele estranho nanico repetia a inverossímil história. Seu pelotão de fuzilamento ia ser inaugurado naquele momento:

— Tu queres que nós acreditemos que tu és o Assis Chateaubriand, dono dos jornais, membro da direção nacional da Aliança Liberal? O Assis Chateaubriand em pessoa aqui em São Joaquim, logo hoje, e de surpresa? Se não tivesses queimado essa batina imaginária e aparecesses aqui vestido com ela, ias querer nos convencer de que eras o cardeal Leme, pois não? Pois eu vou dizer quem tu és: tu és um espião a serviço de Washington Luís, de Fúlvio Aducci, do general Nepomuceno Costa. E espião aqui nós passamos em armas. Tu vais ser fuzilado por espionagem!

Às poucas vozes do grupo que preferiam esperar um pouco mais para se certificar de que o suspeito era de fato um espião, Bibiano respondeu rispidamente:

— O único defeito imperdoável em um revolucionário é a covardia! Eu sou o chefe militar da cidade e quem se opuser ao fuzilamento será acusado de covardia e cumplicidade. E será passado em armas junto com o espião!

Pálido de pavor e incrédulo diante do que testemunhava, Chateaubriand começou a berrar:

— Os senhores enlouqueceram! Mandem um emissário a Florianópolis procurar o doutor Rupp Júnior! Mandem alguém a Bom Retiro e perguntar ao Gerôncio Thibes, ele me viu queimando as cartas e a batina na lareira de sua casa! Isso que os senhores vão fazer é uma selvageria, vão fuzilar um inocente! Eu sou um revolucionário, sou um camarada de vocês!

De nada valeram os protestos. Sem esperar voluntários, o major pôs-se a selecionar os sete homens que iriam executar o espião. Chateaubriand continuava sem acreditar no que via: tantos anos de luta, tanta conspiração, e depois de uma viagem absurda como a que fizera ele ia morrer como um cachorro raivoso naquele inferno, a 1400 metros de altitude, sem ter como reagir, sem ter a quem recorrer. Ia morrer pelas armas da revolução que ajudara a fazer.

15

Os soldados que iam compor o pelotão de fuzilamento já estavam sendo selecionados pelo major para proceder à execução, quando um homem de botas de cano alto, que se aproximara do grupo durante os protestos de Chateaubriand, chamou o major Bibiano para confabular à distância, aparentemente sensibilizado pelos argumentos do suposto espião. O homem cochichava no ouvido do major palavras inaudíveis para Chateaubriand. O chefe revolucionário apenas escutava, às vezes arqueando as sobrancelhas, sem dizer nada. Chateaubriand sentiu um enorme alívio quando o major assentiu com a cabeça, como se dissesse "sim" — ele tinha o pressentimento de que o sujeito das botas argumentava a seu favor, e acertara na mosca. Bibiano voltou ao muro onde Chateaubriand já se encostara para ser fuzilado, desfez "provisoriamente" a formação do pelotão e anunciou ao espião:

— Tua execução foi adiada por uma hora. Até lá tu vais permanecer em prisão domiciliar na pensão do Apolinário.

Chamou dois praças armados — como todos os demais militares, dois civis que haviam recebido postos revolucionários — e ordenou que eles o levassem algemado até a tal pensão, onde os soldados requisitaram um quarto para "instalar o detento". Apolinário, o dono da pensão, avisou aos três que na casa dele ninguém entrava sem assinar o livro de registro de hóspedes — ainda que fosse um detento. E exigiu que Chateaubriand preenchesse uma linha do enorme livro negro, com seu nome por extenso, profissão, estado civil e assinatura. O que Chateaubriand não sabia é que toda a cena havia sido combinada entre os revoltosos. E que, ao assinar o livro da pensão, estava começando a salvar a própria vida. O homem das botas de cano alto avisara ao major Bibiano que havia na cidade um meio eficaz de se saber se aquele homem era mesmo Assis Chateaubriand ou um espião que se fazia passar pelo jornalista: o garoto César Martorano, de dezenove anos, um dos jovens que haviam recebido a patente de "tenente revolucionário", era o representante de *O Jornal* em São Joaquim. Além de vender assinaturas, ele costumava mandar notícias da cidade para o matutino carioca — em geral, no inverno, as eternas notícias sobre a neve caindo na "cidade mais fria do Brasil". César Martorano tinha uma carteira funcional assinada pelo verdadeiro Chateaubriand. Então, sugerira o homem ao cochichar com Bibiano, era preciso arranjar um jeito de fazer aquele suposto espião assinar em algum pedaço de papel. Se a assinatura conferisse com a da carteira de Martorano, ele seria libertado. Caso contrário, que montassem logo o pelotão, passassem fogo no espia e acabassem com aquilo.

Enquanto Chateaubriand era levado para o quarto pelos dois rapazes, o livro foi recolhido na portaria da pensão pelo próprio major, que o carregou até a farmácia de Hilário Braer, onde o esperava César Martorano com sua carteirinha na mão. Ela tinha duas assinaturas, e a primeira, do gerente, era redonda e facilmente legível: "O. R. Dantas", de Orlando Ribeiro Dantas. Mas a de Chateaubriand, como já alardeavam os curiosos em cujas mãos a carteirinha circulava, era "ilegível e infalsificável": cerca de trinta garranchos verticais, paralelos e levemente inclinados para a direita. Autoritário, Bibiano quis conferir ele mesmo as duas assinaturas. Colocou a carteirinha sobre o livro de registros da pensão e não precisou olhar duas vezes para se certificar. Voltou-se para o grupo de pessoas que se aglomerava na porta da farmácia e anunciou, não sem certo constrangimento, mas tomando o cuidado de dividir a culpa com todos os presentes:

— Quase fuzilamos um inocente. O homem que está preso na pensão é mesmo o doutor Assis Chateaubriand.

De cachorro louco o jornalista foi imediatamente promovido a personalidade da cidade e herói da revolução — honrarias que dividia com César Martorano, "o menino que salvou a minha vida". Todas as autoridades da cidade queriam vê-lo de perto, apalpá-lo, conversar com ele, festejá-lo. O juiz de direito José Fonseca Nunes de Oliveira e o prefeito Boanerges Pereira de Medeiros disputavam o privilégio de oferecer-lhe o jantar e um quarto para dormir aquela noite em suas casas. Acabaram comendo todos a seu lado na acanhada sala de refeições da pensão do Apolinário, onde ele dormiu até a madrugada seguinte, quando seguiu viagem em direção ao Rio Grande do Sul.

Desta vez ele tinha como guias o próprio Martorano e Antônio Palma. Apesar de medicado na noite anterior, as pernas e a virilha continuavam ardendo como fogo. Mesmo assim tiveram de sair a cavalo em direção a Bom Jesus, já no Rio Grande, de onde seria possível tomar um carro para Vacaria e de lá tocar para Porto Alegre. A distância do próximo trajeto seria de aproximadamente cem quilômetros, quase um terço do trecho percorrido de Florianópolis a São Joaquim. Apesar disso, a escarpada costa do Lava-Tudo iria obrigar Chateaubriand a mais três dias em lombo de cavalo. Quando a noite caiu, os três jantaram na fazenda do "coronel" Inácio Palma, pai dos três revolucionários de São Joaquim. Cavalgaram até o meio da noite e dormiram algumas horas na fazenda de Augusto Pires, às margens do rio Lava-Tudo, que divide os municípios de São Joaquim e Lajes.

Saíram de novo com o dia escuro, levando agora incorporado ao grupo o jovem Nico Pires, de 22 anos, filho do fazendeiro e conhecedor da região. Nico guiou-os até a parte mais estreita do rio (que em alguns lugares chega a medir cem metros de largura), trecho que era também o mais encachoeirado, o que obrigou o rapaz a atravessar os viajantes um a um, num pequeno barco a remo. Quando os três homens estavam em segurança na outra margem, levou os arreios dos animais dentro da canoa e só então atravessou os cavalos a nado, cada qual com uma corda no pescoço. Tudo isso foi feito com noite fechada, debaixo de chuva e sob a mais absoluta escuridão. Quando Nico se preparava para retornar ao outro lado do rio, Chateaubriand chamou-o, sacou do bolso da capa um maço de notas, tirou uma parte delas, sem contar, e entregou ao rapaz.

Depois de um dia inteiro de cavalgada pela montanha que já começava a acabar, dormiram a noite do dia 8 em Coxilha Rica, na fazenda de outro "coronel", Belisário Ramos, à beira do rio Pelotas, caminho de Bom Jesus. O dono da casa era pai de Aristiliano Ramos, vereador em Lajes e que naquele momento se encontrava em Porto Alegre, incorporado a uma das colunas que sairiam da capital gaúcha em direção ao Rio de Janeiro. Quando o dia amanheceu haviam atravessado o rio Pelotas, pisando finalmente em território gaúcho. Chateaubriand festejou à sua maneira a entrada no Rio Grande do Sul:

— Eu já tinha vencido o general Nepomuceno Costa no jornalismo, quando noticiei sozinho a sua punição. Hoje venço-o militarmente, atravessando incólume o território controlado por suas tropas.

Agora só tinham pela frente um pequeno trecho em terreno plano, a poucos quilômetros de distância de Bom Jesus, onde chegaram à noite — tão exaustos que comeram e caíram na cama. Na manhã seguinte Chateaubriand despediu-se de Palma e Martorano, deixando com este, como um amuleto, o amarrotado bilhete da Condor que, se ele se lembrasse de usar, poderia tê-lo poupado do pânico de São Joaquim, pois ali estava escrito seu nome, peso e horário de embarque no Rio de Janeiro, no dia 3 de outubro. Em poucas horas chegou a Vacaria e encontrou a cidade sitiada por tropas revolucionárias. Dirigiu-se ao quartel-general e encontrou o general Valdomiro Lima "quase sem material bélico, à frente de trinta ou quarenta oficiais que tentavam enquadrar irregulares bisonhos que haviam se apresentado como voluntários". Conseguiu um carro militar que o deixou na capital gaúcha no meio da tarde do dia 10 de outubro — uma semana depois de ter embarcado no avião da Condor no Rio de Janeiro.

Ao chegar a Porto Alegre, transformada em praça de guerra, Chateaubriand foi direto para o QG revolucionário, onde só encontrou Osvaldo Aranha, nomeado governador do Rio Grande do Sul: Getúlio Vargas e todo o seu estado-maior tinham embarcado naquela manhã num trem militar para o Paraná. Horas antes dele, outra composição tinha partido para o norte levando 3 mil soldados da cavalaria. O destino das duas composições era o Rio de Janeiro, mas provisoriamente Vargas iria acantonar suas tropas em Curitiba e Ponta Grossa, antes de decidir como atravessar São Paulo, que prometia resistir à invasão gaúcha.

Aranha tinha nas mãos dois telegramas. Um era datado do dia 7 e assinado pelo irmão de Chateaubriand, Ganot, pedindo notícias do jornalista, "visto constar ter sido preso sexta-feira em Florianópolis". O outro era dirigido ao próprio Chateaubriand e vinha da cidade de Sengés, no extremo norte do Paraná, a centenas de metros da fronteira paulista: era do general Miguel Costa, destacado por Vargas para organizar a invasão do território paulista. Heitor Penteado, governador de São Paulo, havia prometido que as tropas revolucionárias não passariam de Itararé, cidade a menos de cinco quilômetros de Sengés. A invasão — e a batalha que ela implicaria — era iminente, e no telegrama Miguel Costa convidava o jornalista a se incorporar a seu estado-maior.

Contra a vontade de Osvaldo Aranha, Chateaubriand decidiu que ia lutar ao lado dos revolucionários. Em vão o governador provisório do Rio Grande tentou demovê-lo de se envolver em combates. Aranha achava uma rematada loucura um paisano sem experiência militar meter-se em uma batalha que se anunciava feroz:

— Não vás, Chateaubriand, jornalista não tem que se bater. O lugar do jornalista na guerra é na retaguarda, estimulando o moral das populações civis e dos combatentes.

Era como se ele falasse a um surdo. Chateaubriand arranjou um carro, foi até o posto mais próximo e alistou-se como voluntário. Enquanto um capitão preenchia um formulário com os dados que ele ditara, experimentou vários tamanhos de uniforme, arranjou um que lhe servia, trocou o surrado chapéu desabado por outro da brigada militar, de aba dura, e prendeu a pistola Lugger na cintura. Ao assinar a ficha de alistamento, no lugar destinado a "patente pretendida" escreveu: "soldado raso". Foi no mesmo carro até a agência da Latécoère e, com o que lhe restava dos vinte contos ganhos de Betim Paes Leme, comprou uma passagem para o único voo reaberto pela empresa: no dia seguinte embarcaria para Curitiba.

Aos poucos, nos contatos com Aranha e com outros oficiais que tinham ficado na cidade, ia se inteirando do ocorrido na semana anterior. Cinco dias antes, quando todo o estado já havia aderido à revolução, Vargas começou a montar as colunas militares que subiriam para o norte. Miguel Costa seguiu à frente de seus soldados para São Paulo, conquistou todas as cidades do Paraná e de Santa Catarina por onde havia passado e agora estava estacionado em Sengés. O destacamento comandado pelo tenente Alcides Etchegoyen, promovido ao posto de coronel revolucionário, havia tomado todo o Paraná e agora marchava sobre Santa Catarina. Atrás dele vinha outra coluna, chefiada por João Alberto, "varrendo" o terreno e consolidando as vitórias obtidas pelos outros dois oficiais. A chamada "Divisão do Litoral", sob o comando de Assis Brasil, subia pela costa a fim de cercar Florianópolis, ainda sob o controle do general Nepomuceno Costa. O destino final de todas as colunas — e do comboio que levava Getúlio e seu chefe do Estado-Maior Revolucionário, tenente-coronel Góis Monteiro — era o Rio de Janeiro. Debochadamente, os gaúchos prometiam amarrar seus cavalos no obelisco da avenida Rio Branco, no centro do Distrito Federal — o que acabariam fazendo, literalmente, três semanas depois.

Dezenas de navios mercantes fundeados no rio Guaíba, em Porto Alegre, no dia 3, foram transformados em prisões flutuantes, onde se encontravam centenas de oficiais do Exército, presos por se recusarem a aderir à revolução. Um dos presos o jornalista fez questão de visitar pessoalmente. Era o general Cândido Rondon, que Miguel Costa encontrara ao passar pela cidade de Marcelino Ramos, no interior do estado. Ao se recusar a aderir à revolução, Rondon foi no ato declarado "prisioneiro de guerra" por Costa, mas sempre tratado com deferências especiais — tanto que era o único a merecer o privilégio de ficar em prisão domiciliar em Porto Alegre. Ao passar pela rua da Praia com Osvaldo Aranha, Chateaubriand comentou que o Brasil deveria se orgulhar daquela oficialidade encarcerada:

— Esta é a mais animadora perspectiva para o pós-revolução, Aranha. Com um exemplo destes, o Brasil não corre o risco de novas irrupções militares. Só da guarnição de Porto Alegre foram presos mais de duzentos oficiais! Ao contrário do que parece, isso não é covardia, é o coeficiente mais animador de disciplina que o Exército poderia dar.

Debaixo de um aguaceiro que parecia não ter fim Chateaubriand chegou a Curitiba no dia seguinte, partindo de carro sem qualquer demora para Ponta Grossa, onde chegou a tempo de receber o comboio que trazia Getúlio, Góis Monteiro, Flores da Cunha, João Neves da Fontoura, Maurício Cardoso, Virgílio de Melo Franco e dezenas de oficiais. Ao se encontrarem, Vargas festejou a alegria de rever o amigo, fardado e de pistola na cinta, com o melhor presente que Chateaubriand poderia pretender: ele teria ali, com exclusividade, a primeira entrevista do chefe supremo da revolução. Como se sabia que os jornais do Rio e de São Paulo estavam sob censura, combinaram que a entrevista seria publicada apenas no *Diário de Notícias* de Porto Alegre. A única exigência de Vargas, dadas as circunstâncias que estavam vivendo, é que ele pudesse ler os originais antes da publicação — o que obrigou Chateaubriand a tomar as notas num pedaço de papel e depois ditar os garranchos, legíveis apenas pelo autor, para um ordenança que os datilografou.

Getúlio começou a entrevista apelando aos voluntários gaúchos no sentido de que mandassem "toda a cavalhada disponível no estado" para Ponta Grossa, de modo a equipar as tropas que se preparavam para invadir São Paulo. O número de soldados no Paraná era inferior aos cavalos disponíveis, e ele acreditava que a cavalaria seria a arma mais eficiente na prometida tomada do território paulista: "Acentua aí nos teus escritos", ditava Vargas, "que o rio-grandense é um bom pelejador a pé, mas que pode ser ainda melhor montado". Para encerrar, pediu que o jornalista acrescentasse um parágrafo a mais:

— Anda, senta aí e escreve que até ontem agíamos em função de um programa político. Mas a Aliança Liberal foi formada para se fazer a campanha da sucessão. Hoje, entanto, estamos dentro de um segundo tempo, uma insurreição armada. É uma coisa muito diferente. E podes salientar que a revolução terá que ser radical tanto nos princípios quanto na execução deles.

Depois de despachar pelo telégrafo militar a entrevista para Porto Alegre (e que depois do triunfo da revolução seria publicada pelos outros jornais), Chateaubriand retornou a Curitiba no dia 13, onde se apresentou como voluntário ao capitão gaúcho Filipe Portinho. Quando lhe perguntaram por que havia recusado convites de Miguel Costa e Góis Monteiro para alistar-se em suas tropas e decidira apresentar-se a Portinho, ele respondeu:

— Vou retornar a Ponta Grossa para entrar em São Paulo de arma na mão, junto com a tropa. E lá em Itararé vou precisar de alguma experiência em caudilhagem. Foi por isso que troquei Góis e Miguel Costa pelo capitão Portinho: é um caudilho legítimo, e é com ele que vou aprender caudilhagem.

Por mais de uma semana Chateaubriand permaneceu em Curitiba. Não chegou a dar um tiro sequer, e acabou o tempo todo fazendo entrevistas e recolhendo impressões para os artigos e reportagens que só começariam a ser publicados em seus jornais no dia 4 de novembro. No dia 22 retornou a Ponta Grossa e de lá subiu mais 150 quilômetros em estrada de terra batida até Sengés, para arrancar do general Góis Monteiro, que supervisionava as tropas de Miguel Costa, também a primeira entrevista do chefe militar da revolução — igualmente transmitida primeiro para o único de seus veículos a salvo da censura, o *Diário de Notícias*.

No dia de 24 de outubro retornou com Góis Monteiro para Ponta Grossa. Percebeu que o ataque a São Paulo seria desfechado em questão de horas e, temendo que lhe escamoteassem informações, como acontecera no dia 3, montou sua cama de campanha ao lado da cama de Góis Monteiro, no vagão-dormitório do trem, e não saiu mais de perto do general. À noite chegou a notícia que transformaria em abstração a tão esperada "batalha de Itararé": após rejeitar uma proposta de renúncia que lhe havia sido levada pelo cardeal Sebastião Leme, o presidente Washington Luís fora deposto e preso por uma junta militar chefiada pelo general Augusto Tasso Fragoso. O próprio general assumira a chefia do governo provisório, tendo tirado da diretoria de *O Jornal* dois de seus ministros: Gabriel Bernardes, nomeado ministro da Justiça, e Afrânio de Melo Franco, ministro das Relações Exteriores. Para surpresa dos revolucionários parados no trem em Ponta Grossa, a junta nomeara interventor no estado de São Paulo o general Hastínfilo de Moura, comandante da 2ª Região Militar e ferrenho defensor de Washington Luís. Chateaubriand passou a noite acordado, saboreando o privilégio de testemunhar horas históricas para o futuro do país. Sentado numa beirada da cama do general, não perdeu um instante sequer do decisivo bate-boca que Góis Monteiro (sempre com um vigilante Getúlio Vargas a seu lado) travava pelo telégrafo com o chefe da junta governativa no Rio — cujo comportamento dava a entender que o general Fragoso não pretendia abandonar tão facilmente a principal cadeira do Catete. Segundo Chateaubriand escreveria depois, Getúlio parecia ser o único ali a não temer que alguém lhe roubasse o poder. No meio da madrugada, bocejando, deu um tapinha nas costas do jornalista:

— Não te assustes, que isto é apenas uma conversa entre militares. Como sou um civil, vou dormir.

Sem pregar o olho um minuto, Chateaubriand continuava desperto às sete da manhã quando Getúlio reapareceu no vagão de barba feita, bem-disposto, trajando um impecável terno cáqui e rolando um enorme charuto aceso entre os dedos. Puxou assunto com Chateaubriand, com quem falou sobre a política exterior que imaginava para o governo revolucionário. Depois de meia hora de conversa, sentindo o chefe revolucionário pouco amistoso com os Estados Unidos, o jornalista pôs-se a declamar "as virtudes da amizade americana em relação ao Brasil". Vargas ouviu-o com paciência antes de comentar, como se quisesse encerrar a conversa:

— Chateaubriand, eu nunca te imaginei tão americanófilo...

Ele não se deu por vencido:

— Não é isso, doutor Getúlio, é que eu sou realista. Onde estaria nosso café se não fosse o consumidor americano? Sem os Estados Unidos nós não passamos de um espirro de gato.

Com a deposição e prisão de Washington Luís, desmoronou também o ânimo de resistência dos paulistas — e a "batalha de Itararé" acabou nunca acontecendo. O trem que estava parado ali havia vários dias pôs-se em movimento, desta vez levando novos passageiros. Além de Chateaubriand, embarcaram também João Alberto (que desceria em São Paulo para assumir o controle do estado, com o cargo provisório de delegado militar revolucionário), Virgílio de Melo Franco, Maurício Cardoso e, representando o Partido Democrático de São Paulo, Paulo Nogueira Filho. Junto com Washington Luís caíra a censura à imprensa, e no dia 27 os jornais de Chateaubriand começavam a publicar artigos e reportagens sobre fatos fresquinhos, ocorridos no dia anterior. Em cada lugarejo onde o trem parava ele descia, conversava com oficiais, políticos e com gente do povo. Com o trem em movimento ditava ao radiotelegrafista as notas que eram transmitidas a *O Jornal* e de lá repassadas aos outros jornais da rede.

Quando o trem por fim chegou a Itararé, o jornalista desceu para entrevistar os soldados de um batalhão de cavalaria de Uruguaiana, no interior do Rio Grande do Sul. "Aquela rapaziada guapa, forte, alegre, bela nas suas vestes suntuosas", publicariam os jornais no dia seguinte, "parecia pronta para um torneio em Sevilha, uma festa em Granada, jogos florais em Salamanca ou para as bodas de um amigo, menos para um entrevero entre irmãos. Não tinham a menor gana de pelejar com os paulistas. Não carregavam a menor dose de empáfia e estavam contentes por voltar a suas 'querências' sem as mãos tintas do sangue fratricida." Chateaubriand procurava transmitir a seus leitores os detalhes e a atmosfera vividos ao longo da viagem:

> Este artigo eu lhes envio do vagão que conduz, da frente de batalha até Itararé, em festas, o sr. João Neves da Fontoura e seu estado-maior. Rendeu-se sem disparar um tiro a cidade que era a chave da resistência de São Paulo — não direi de São Paulo, porque não era o estado que ia ser atacado, mas da fortaleza chinesa do PRP. O general Flores da Cunha já havia efetuado uma teimosa marcha de quatro dias, atra-

vessando o rio Itararé, a fim de colher, pelo flanco direito, a retaguarda paulista. Apenas uma hora antes de ter início a grande ofensiva é que chegou às nossas linhas, pelo telégrafo, a notícia da deposição do sr. Washington Luís. Evitou-se uma horrível carnificina, que não poderia deixar de confranger os homens de sensibilidade.

No dia 29, o comboio passou por São Paulo, quando Getúlio nomeou João Alberto seu delegado militar no estado. E só no dia 31, quase um mês após a eclosão da revolução, é que o primeiro trem, que transportava as tropas, despejou no Rio de Janeiro os 3 mil soldados gaúchos a cavalo — os tais que amarrariam os animais no obelisco. Horas depois chegava a composição com Vargas, que quatro dias depois assumiria definitivamente a chefia do governo provisório. A foto dele descendo no Rio, fardado e cercado de militares, apareceria dias depois na capa de *O Cruzeiro* — a primeira a ser impressa sem o tradicional desenho de um rosto feminino.

Nas semanas seguintes, *O Cruzeiro* e os jornais de Chateaubriand pareciam diários oficiais dos revolucionários. Já a partir do dia 4 começaram a ser desovados entrevistas, artigos e reportagens feitos no *front* durante o período da censura. Poucos dias depois da posse de Getúlio, *O Jornal*, o *Diário da Noite* e a revista ofereceram um gigantesco churrasco aos 3 mil soldados gaúchos acampados na Quinta da Boa Vista, quando foram consumidos 1200 litros de chope generosamente oferecidos pela Brahma. Representando Getúlio, o general Flores da Cunha aparecia, na farta cobertura jornalística, circulando entre Chateaubriand, a poetisa Ana Amélia Carneiro de Mendonça e Austregésilo de Athayde, todos circundados por centenas e centenas de jovens soldados fardados e de lenços vermelhos amarrados ao pescoço. No dia 18 de novembro, Chateaubriand publicou um extenso artigo intitulado "Um monstro" — sendo que o monstro a que ele se referia era o novo chefe do governo provisório. Irônico, ele chamava a atenção de seus leitores para um novo Maquiavel que surgia no cenário nacional:

> Floriano teria que aprender consigo o *abc* da astúcia. Bismarck seria seu discípulo, a fim de desgastar os excessos de violência e de personalidade que tantas vezes lhe comprometeram o êxito do jogo político. Ele é um misto de Lusbel e de Arcanjo. Apaga uma labareda e acende outra. Construiu uma guerra civil com a mesma imperturbável fleuma com que liquidou os remanescentes da outra, que ainda havia em estado potencial nos pampas. Na sua escola de manha política e de esperteza, aqueles que acreditamos os grandes mestres jubilados entrariam para frequentá-la nos bancos do jardim de infância. Antônio Carlos, Artur Bernardes, Olegário Maciel, em quem podemos reconhecer as raposas mais astuciosas do nosso meio político, seriam tenras criancinhas de peito diante desse mestre prodigioso da arte de dissimular as suas paixões e os seus pensamentos.

> [...] A não ser os pouquíssimos íntimos que o conheciam, todos — Washington Luís, Júlio Prestes —, todos, enfim, se iludiram quanto aos seus propósitos. Quando 40 milhões de brasileiros (inclusive 3 milhões de gaúchos) esperavam do sr.

Getúlio Vargas uma suave adesão ao sr. Júlio Prestes, ele aparece com uma revolução em grande, como o Brasil jamais vira outra de tais proporções, para derrubar dezoito governadores e dois presidentes da República e subverter o regime — tudo isto com um imprevisto irônico, que parece diabrura de Pedro Malasartes. Um cidadão escandinavo meu amigo me disse, quando eu regressei do Sul, que a figura humana do sr. Getúlio Vargas desafiava um Balzac.

Pela primeira vez alguém, menos de duas semanas após a posse de Vargas, cometia a ousadia de referir-se a seu governo como uma ditadura:

Sem dúvida, quando refletimos sobre o personagem que administra com um doce sorriso a ditadura brasileira, e pensamos nas proezas homéricas que ele perpetrou nesses últimos quinze meses, sentimo-nos diante de um *cauchemar*.
[...] O sorriso do presidente Vargas, e eu lho disse uma vez de viva voz, tem qualquer coisa do indecifrável mongólico. E o sorriso enigmático, misterioso, sutil e medido do oriental. O Rio Grande era, até aqui, uma floresta africana que só produzia leões. O sr. Getúlio é a primeira raposa do pampa. É uma raposa tão esperta que as uvas que andaram verdes para todos os papáveis das coxilhas amadureceram como por encanto só para si. Maquiavel é pinto perto do sr. Getúlio Vargas.

O primeiro reencontro formal dos dois desde a viagem de trem aconteceria dias após a publicação do artigo. Eles se cruzaram por acaso na casa de João Daudt de Oliveira, e Chateaubriand pediu-lhe o privilégio da primeira entrevista depois de empossado. Junto com Getúlio estava sua filha e bibliotecária, Alzira, de dezesseis anos, que advertiu o jornalista:
— Doutor Assis, seus jornais têm se referido a mim como "a senhorinha Getúlio Vargas". Avise a seus empregados que isso vai acabar. Eu não sou uma das "senhorinhas Getúlio Vargas". Meu nome é Alzira e é assim que eu gostaria de ser tratada.
Indiferente ao mal-estar criado pela mocinha, Chateaubriand insistiu e o presidente aceitou dar a entrevista. Dias depois, os seis jornais da cadeia publicavam uma página inteira intitulada "A nova revolução", onde Vargas explicitava, item por item, os dezessete pontos de sua plataforma de governo. Depois de prometer "redimir o país da servidão econômica e financeira", Getúlio fez, sem ouvir protestos do jornalista, uma exortação ao nacionalismo — palavra em geral excomungada do dicionário de Chateaubriand. E, para espanto de quem acompanhava as ideias deste, ele próprio se encarregaria, em um artigo publicado logo depois, de reforçar o bordão presidencial. Como se pretendesse levar a revolução até os hábitos cotidianos de seus leitores, Chateaubriand escreveu:

Usemos de preferência roupas de algodão. Vem aí o verão. Eliminemos os ternos brancos de linho. Vamos nos vestir com brim de algodão e que os homens ricos e abastados sejam os primeiros a lançar a moda. O Brasil produz artigos finos de algodão. Tem casimiras nacionais do Rio Grande, São Paulo e Rio. Que todos os brasileiros não mandem fazer mais roupas senão de pano brasileiro, tecidos tanto quanto possível com matéria-prima do país. Se o saco de algodão substitui o de juta, mesmo em inferioridade de condições, não tenhamos hesitação: só se exporte café em sacos de algodão.

[...] O álcool-motor já é objeto de uso em todo o Nordeste e no interior de Minas. Ele é inferior à gasolina, bem o sabemos. Mas se a hora é de sacrifícios, façamo-lo o sucedâneo da gasolina, ou usemos esta misturada com aquele, contanto que se diminua o peso da importação do combustível fora.

O auge da campanha seria atingido com a divulgação, pelo *Diário da Noite* do Rio, de fotos de Getúlio e de Lindolfo Collor envergando ternos de brim nacional, dizia o jornal, "produzidos pela América Fabril e oferecidos aos governantes por este jornal". Desnecessário dizer, a América Fabril era um dos maiores anunciantes das empresas de Chateaubriand. Na onda nacionalista, até inocentes viagens turísticas ao exterior, segundo o jornalista, eram manifestação de falta de patriotismo:

Que necessidade há, numa hora destas, de tantos brasileiros fazerem turismo no estrangeiro? É ouro que exportamos para consumo lá fora, sem qualquer vantagem consecutiva para o país. Vamos pedir aos brasileiros que costumam viajar que reduzam ou suspendam, por enquanto, seus passeios ao exterior. Aos que têm filhos lá fora, que os façam educar no país, nos colégios e nas academias brasileiras.

O final do artigo parecia escrito por um dos "botocudos africanos" que ele tanto combatia em seus jornais: "A defesa nacional nos exige atos de quase heroísmo. Tenhamos a bravura de os praticar, sorrindo, com a fé na grandeza e na beleza moral da nossa terra".

Depois da entrevista com Getúlio, passou a mandar seus principais repórteres ouvir, um por um, os ministros do novo governo. Ele se encarregava de escolher o jornalista, de explicar-lhe como e o que deveria perguntar e muitas vezes ia junto, para assistir à entrevista. Numa dessas ocasiões, chamou o repórter Carlos Eiras e encarregou-o de fazer uma entrevista com Lindolfo Collor, titular do recém-criado Ministério do Trabalho. Depois de preparar o jornalista durante várias horas (Chateaubriand se orgulhava de ter sido um dos autores, com Collor, do programa trabalhista da Aliança Liberal), decidiu acompanhá-lo até o que chamava "o covil dos gaúchos" — o Hotel Glória, onde Collor vivia. Quando entravam no saguão do hotel cruzaram com Alberto Boavista, dono do Banco Boavista. Chateaubriand parou-o e voltou-se para o repórter:

— Seu Eiras, mudei de ideia: quero que o senhor faça uma entrevista aqui com o senhor Alberto Boavista.

O jornalista se surpreendeu:

— Mas, doutor Assis, tenho hora marcada com o ministro Collor daqui a cinco minutos, não posso deixá-lo esperando.

Chateaubriand deu uma gargalhada:

— O ministro fica para depois, meu filho. Entreviste o senhor Boavista, que é banqueiro, você não sabe? E banqueiro é banqueiro, pois não?

Os afagos de Chateaubriand ao novo governo, entretanto, durariam pouco. A primeira encrenca ele arranjou com um homem de confiança de Getúlio, o interventor federal que o presidente nomeara para Pernambuco, Carlos de Lima Cavalcanti, com quem, na juventude, ele tivera uma desavença paroquial. Logo que soube da nomeação de seu desafeto para dirigir um estado com o qual ele tinha ligações tão fortes, Chateaubriand publicou um artigo intitulado "O mais covarde dos mendazes", onde dizia que nos últimos quinze anos interrompera apenas duas vezes o seu desprezo por Cavalcanti "para caridosamente apertar a mão desse cidadão moralmente desclassificado, cujos precedentes valem um monturo". Cavalcanti não teve dúvidas: no dia seguinte assinou um ato demitindo o presidente do Tribunal de Justiça do estado, desembargador Belarmino Gondim — que vinha a ser irmão de Carmem Gondim e, portanto, tio do jornalista.

"Infame", "patife", "gabola", "covarde", "poltrão", "vilão" foram alguns dos insultos que Chateaubriand despejou sobre a cabeça do interventor como resposta à demissão do tio. Quando todos imaginavam que Cavalcanti ia baixar a cabeça e assimilar o golpe, ele revidou com força redobrada. Em nota distribuída à imprensa, anunciou que havia descoberto monumentais falcatruas envolvendo os jornais de Chateaubriand e o governo deposto de Estácio Coimbra, seu antecessor no cargo. Segundo o interventor, Chateaubriand recebera, pessoalmente ou por intermédio de seus jornais, quase uma centena de contos dos cofres pernambucanos para publicar noticiário favorável a Estácio Coimbra. Entre os vários documentos exibidos pelo interventor, havia um que não deixava margem a dúvidas quanto à autenticidade da denúncia. Era uma fatura de catorze contos, de 1929, onde estava escrito: "Pagos a Assis Chateaubriand". De São Paulo seu irmão Oswaldo entrou na briga, acusando Getúlio Vargas de ter entregue Pernambuco "a um entulho humano". Chateaubriand continuou a guerra contra Cavalcanti, mas não desmentiu a acusação. Ao contrário, afirmou com surpreendente candura que aquilo não era imoral nem ilegal, mas uma prática comum, e que seus jornais não eram os únicos a receber tais pagamentos. "Do governo de Pernambuco recebemos o que receberam os jornais do Rio e de São Paulo: a importância da mensagem do governador do estado", admitiu em um artigo, oferecendo detalhes da operação: "Algumas vezes essa mensagem era dada na íntegra, outras vezes em tópicos. O pagamento feito a nós era feito igualmente ao *Jornal do Commercio*, ao *Correio da Manhã*, a *O Globo*, ao *Estado de S. Paulo* e aos demais jornais que inseriam as mensagens". Ou seja, ele não negava que seus jornais recebiam dinheiro público para publicar noticiário favorável a um governo — apenas tentava se desculpar alegando que não era o único a fazer isso. Nem apanhado com a boca na botija Chateaubriand perdeu a verve. Para ele, a entrega do governo de Pernambuco a Lima Cavalcanti era "um opróbrio de que jamais se livrará o governo do sr. Getúlio Vargas".

À exceção desta frase, o presidente da República tinha sido poupado durante a troca de desaforos com o interventor de Pernambuco. Mas Getúlio não perdia por esperar. Mal o governo completara o primeiro mês de vida, em dezembro, e Chateaubriand passou a bater sistematicamente na mesma tecla: os excessos cometidos pelo governo nas prisões políticas e perseguições aos inimigos e adversários da revolução. Mais do que escrever sobre o assunto, chegou a cometer o atrevimento de ir às claras, em plena luz do dia, à embaixada do Uruguai para visitar dois perseguidos que ali se encontravam protegidos, à espera de salvo-conduto para deixar o país rumo ao exílio: Sebastião do Rego Barros e seu velho amigo e hospedeiro na infância, o milionário José Pessoa de Queiroz.

No dia em que o governo nomeou os juízes do recém-criado Tribunal Especial, destinado a julgar os "crimes qualificados" que infringiam a legislação baixada pela revolução, Chateaubriand se arrepiou e pela primeira vez divergiu frontalmente, não mais de um interventor, mas do próprio presidente. Apresentando-se como "um obscuro professor de direito", disse claramente que não concordava com aquela "criação exótica que cheira a opressão, a vindita política e pessoal". Ao saber, dias depois, que os institutos estaduais da Ordem dos Advogados do Brasil também haviam protestado contra a criação de um tribunal de exceção para julgar crimes políticos, Chateaubriand voltou à carga, pedindo "o imediato desaparecimento dessa excrescência, desse aleijão".

Ele, em *O Jornal* e no *Diário da Noite*, e o romancista Coelho Neto, no *Jornal do Brasil*, passaram a ser dois cruzados da luta contra as arbitrariedades, delações e prisões clandestinas. No meio desse torvelinho, Chateaubriand foi procurado pelo seu antigo colaborador Humberto de Campos, que logo depois do dia 3 de outubro escrevera um artigo em *A Gazeta* afirmando que "a revolução está sendo feita pelos cavalos do Rio Grande e pelos porcos de Minas Gerais". Perseguido e impedido de trabalhar, Campos o procurava em busca de ajuda. As versões de cada um deles para o mesmo episódio são divergentes. O escritor deixou registrado em suas memórias que aguardava a prisão "altivo e sereno, sem fugir à responsabilidade do que pensei e escrevi". Segundo Chateaubriand, porém, Humberto de Campos estava "entre sarcástico, atormentado e aterrorizado". Mais do que ser preso "ou ser morto numa emboscada de gaúchos excitados", escreveria o jornalista, "inquietava-o o exílio, pela pobreza em que vivia". Chateaubriand não só interessou-se pelo caso de Humberto de Campos, intercedendo por ele junto ao novo ministro da Justiça, Osvaldo Aranha, como ainda desafiou o *index* da revolução, oferecendo-lhe um emprego em *O Jornal*, a coluna diária "Notas de um diarista".

A implicância de Chateaubriand sem dúvida não era pessoalmente contra Getúlio Vargas. Seu medo residia nos "tenentes", que ele imaginava estarem arrastando o presidente e o governo para posições nacionalistas e esquerdistas. "Esses meninos pensam que são estadistas", dizia para quem quisesse ouvir, "mas ainda estão fedendo a mijo de cueiro." Toda noite, ao deixar o jornal a caminho de sua casa em Copacabana, via o presidente da República passeando pelas calçadas que cercavam o Palácio do Catete — e, para sua irritação, sempre acompanhado de dois ou três "tenentes". Uma noite ele não resistiu. Mandou o motorista parar o carro e caminhou até Vargas, a quem tratava insolentemente por "ditador":

— Ditador, há semanas que eu passo aqui a estas horas e a cena é sempre a mesma. Nem à noite o senhor larga seus tenentes?

Getúlio devolveu a provocação com uma resposta que deixou o jornalista intrigado:

— Prefiro conviver com estes tenentes a ouvir os políticos da Aliança Liberal que me massacram o dia inteiro com os seus interesses e suas questiúnculas pessoais.

Aos mais íntimos Chateaubriand confessava seu verdadeiro temor: que Vargas planejasse adiar para as calendas gregas a redemocratização do país e, tão logo se sentisse forte em termos militares, permanecer indefinidamente no poder como ditador. Para o jornalista, não era mera obra do acaso o fato de não se falar expressamente em convocação de eleições em nenhum dos dezessete itens do Programa de Reconstrução Nacional que o presidente anunciara no dia de sua posse. Ali Vargas prometia uma vaga "reforma do sistema eleitoral", depois da qual a nação seria "consultada sobre a escolha de seus representantes". Chateaubriand sabia que o presidente dedicava olímpica indiferença a seus ataques a interventores ou até mesmo à defesa de seus amigos presos pela revolução. Mas sabia também que estava mexendo em uma caixa de marimbondos ao tocar em dois temas proscritos do vocabulário da maioria dos tenentes. Dois temas que, na sua opinião, eram indissociáveis: a relação do governo federal com São Paulo e a redemocratização do país.

Mesmo certo de que estava provocando a ira de seus companheiros de revolução, nos últimos dias de 1930 seus artigos foram quase todos dedicados aos dois temas. Para Chateaubriand, a "tarefa transcendente" da revolução era levar o Brasil à normalidade constitucional, e para isso só havia, na sua opinião, um caminho: "A pedra de toque para restituir à nação o governo de si mesma só poderá ser a convocação de uma Assembleia Constituinte". Chateaubriand mexia mais fundo na ferida ao chamar a atenção do presidente para "o erro inicial" praticado pela revolução em São Paulo — ter dado ao mais poderoso estado da federação "um tratamento desconfiado". Segundo o jornalista, Vargas errara ao submeter os paulistas ao "mais inquieto puro-sangue de todos os seus petiços", o tenente (agora coronel revolucionário) João Alberto Lins de Barros. Como um profeta da guerra, Chateaubriand alertava o presidente, com um ano e meio de antecedência, para um tumor que começava a crescer e iria explodir em julho de 1932.

16

A revolução mal acabara de triunfar e a quantidade de artigos que Chateaubriand tinha escrito desancando os tenentes e defendendo a convocação da Constituinte era tão abundante que eles "dariam para encher uma banheira", segundo palavras do próprio autor. Para a maioria de seus leitores devia ser difícil entender como o mesmo homem que era acusado de alugar a opinião de seus jornais a um governador de Pernambuco (e que não negara a acusação) podia bater com tanta insistência em um governo forte como o de Getúlio Vargas — e isso, aparentemente, sem nenhuma intenção subalterna. Nem mesmo seus piores inimigos conseguiam enxergar naquela pregação alguma forma de chantagem, ou a defesa de interesses pessoais. Tudo indicava que ele escrevia por convicção. E com um fôlego admirável: não havia uma semana em que seus jornais não estampassem artigos insistindo no mesmo cantochão — o problema não era Getúlio, mas os tenentes que o empurravam cada vez mais para a esquerda. Eles, sim, eram o grande obstáculo à redemocratização do Brasil, que só viria quando a Constituinte fosse convocada.

No começo do ano havia mais um jornal a reproduzir seus artigos: a rede tinha crescido com o lançamento, em Belo Horizonte, do *Diário da Tarde*. Repetindo a fórmula que no Rio e em São Paulo fizera tanto sucesso, Belo Horizonte, que já tinha um matutino "sério", o *Estado de Minas*, passava a ter um vespertino "popular", o *Diário da Tarde*. Como os dois jornais mineiros trabalhassem com máquinas obsoletas, Chateaubriand mandou Dario de Almeida Magalhães arrematar em leilão, no Rio, as rotativas de *O País*, ferrenho adversário da Aliança Liberal e da revolução que fora empastelado e incendiado por uma furiosa multidão logo após a vitória de outubro. Por 110 contos de réis os jornais de Belo Horizonte passaram a contar com equipamento ágil e moderno.

E foi nessa época que, casualmente, nasceu o nome pelo qual a rede de comunicações seria conhecida ao longo das décadas seguintes. No final de 1930 Chateaubriand escreveu um artigo para responder a uma pergunta que segundo ele era feita insistentemente "pelos nossos amigos e por dezenas de leitores que escrevem cartas às nossas redações": seus jornais estavam na oposição ao governo

Vargas? No artigo ele dizia que não, que os jornais não tinham sido transformados em um partido de oposição. "Ocorre que habituamo-nos a falar alto", escreveu, "e, como não temos hábitos palacianos, preferimos a tribuna dos nossos diários associados para debater os atos do governo, com a sinceridade que o ditador já pediu aos jornalistas." Os sete jornais e *O Cruzeiro* ganhavam naquele momento o apelido de "Diários Associados", marca que meses depois se transformaria em nome oficial e registrado do poderoso grupo de empresas.

Chateaubriand passou o ano afirmando que era necessário "desinfiltrar o governo e as Forças Armadas dos venenos da rebelião tenentista e enrijá-los de disciplina, fortalecê-los do sentimento de ordem". Prevendo que teria problemas com a censura, deu ordens para que os jornais e a revista mantivessem uma postura neutra e imparcial diante do governo, apenas noticiando atos. Quem quisesse ter opinião que fizesse como ele: comprasse um jornal. Nos Associados, só o dono emitia opiniões. Estendeu a orientação também aos colunistas e colaboradores ao ler uma das "Notas de um diarista" em que Humberto de Campos "entrevistava" um macaco para afirmar que um governo que se preocupava com macacos, deixando o câmbio despencar, estava condenado à morte. "É governo destinado a morrer de ridículo", concluíra. Chateaubriand telefonou pessoalmente a Campos para dizer-lhe que mais uma nota daquelas iria custar-lhe a prisão — e o mais prudente era ele não se referir mais às figuras do governo na coluna.

Com o passar do tempo Chateaubriand começou a desconfiar que a "doença de que padecem alguns tenentes" não era apenas um esquerdismo juvenil, mas "comunismo puro, bruto". Encomendou a Humberto de Campos um folheto anônimo, de quarenta páginas, intitulado "A mentira comunista", que o escritor fez de bom grado. Era "uma exposição à altura de inteligências primitivas", diria o autor, "feita em linguagem singela, para o povo". O sucesso do panfleto, distribuído gratuita e clandestinamente por ordem de Chateaubriand, fez com que ele encomendasse mais artigos anticomunistas ao escritor (sem fazer menção direta ao governo e aos tenentes), que saíam em *O Jornal* e depois eram republicados nos sete jornais. Quando João Alberto anunciou que iria permitir a legalização do Partido Comunista em São Paulo, o mesmo Chateaubriand que no governo Washington Luís defendera o direito de expressão dos comunistas passou a acusar o interventor de "transformar São Paulo num laboratório de atividades políticas e sociais soviéticas".

Seus temores de que o governo reagiria às críticas não eram infundados. Primeiro, o chefe de polícia do Distrito Federal, Batista Luzardo, mandou policiais à redação de *O Jornal* comunicar que os Diários Associados estavam proibidos de "discutir qualquer ato do interventor em Pernambuco". Como aparentemente Lima Cavalcanti não era seu alvo preferencial, Chateaubriand acatou a ordem em silêncio, mas semanas depois vinha outra: os jornais estavam proibidos de noticiar a entrevista exclusiva concedida no Rio Grande do Sul a Austregésilo de Athayde por Borges de Medeiros, patriarca da política gaúcha e fervoroso aliancista. A proibição se justificava, pela ótica do governo: entre os pontos de um decálogo defendido por Medeiros, havia um que falava expressamente na convocação de uma Constituinte. De novo Chateaubriand achou mais prudente aceitar a censura, mas tornou-a pública em seus artigos, afirmando que a ordem "foi um grave erro em que incidiu o jovem e ardente ministro da Justiça, sr. Osvaldo Aranha".

Por exclusão (e esperteza), decidiu que tudo o que não estava previamente proibido era permitido. Assim, o governo era "a ditadura" e Getúlio invariavelmente "o ditador e único responsável por ela". Atacou duramente o recém-promovido general Góis Monteiro quando este, em uma frase infeliz mas profética, disse em São Paulo que o país "precisava de dez anos de ditadura". Ao ler que um jornal governista insinuara que Antônio Carlos, já ex-governador de Minas, era contrário à Constituinte, Chateaubriand mandou o *Diário da Tarde* fazer uma entrevista com o cacique mineiro para que ele desmentisse a especulação — desmentido que o próprio dono do jornal se encarregaria de reforçar em um artigo. "Dizer que o ilustre chefe liberal mineiro está contra a Constituinte", ironizou, "seria o mesmo que afirmar que d. Sebastião Leme é ateu ou que o dr. Miguel Couto não acredita na medicina." Ele passava semanas exaurindo os temas "tenentismo de esquerda" e "ditadura", e de repente voltava a bater na mesma tecla: redemocratização, só com a convocação da Constituinte. Criticava com dureza os setores moderados que defendiam uma Constituinte precedida de minuciosa (e demorada, claro) discussão sobre a prometida lei eleitoral — que seria baixada por decreto, pois o Congresso Nacional havia sido dissolvido logo após a vitória da revolução. Aos poucos, Chateaubriand percebeu que ele e os paulistas não eram os únicos a clamar, "em meio a esse estéril deserto tenentista", pela redemocratização do país. "Até alguns setores revolucionários já se confederaram para pedir à ditadura", escreveu, "a convocação da Constituinte como uma das mais instantes, senão a mais instante necessidade nacional." Como resposta à manifestação de Borges de Medeiros, Getúlio articulou os interventores para que se pronunciassem pela manutenção do status revolucionário — ou seja, pela protelação da redemocratização. Chateaubriand respondeu que, se o governo via com desconfiança a bandeira dos paulistas, gaúchos como Borges de Medeiros eram insuspeitos para defender a Constituinte:

> A atitude do Rio Grande teve o dom de sacudir a opinião nacional de norte a sul do país. [...] Ao povo gaúcho sobra autoridade para se pronunciar pelo regresso do governo da nação aos quadros da legalidade. Foi o Rio Grande quem tomou a iniciativa de promover a revolução. Foi ele quem se dirigiu aos outros estados liberais e convidou-os para fazerem juntos o movimento de outubro. Encontra-se nas suas mãos o poder ditatorial supremo. Entre nove pastas ministeriais, nada menos que cinco, inclusive a polícia do Distrito Federal, são ocupadas por políticos rio-grandenses. As interventorias de Santa Catarina e do Mato Grosso estão confiadas a gaúchos.
>
> Se consultasse os seus interesses imediatos, o Rio Grande só poderia ser pelo prolongamento do regime ditatorial. Ele vê sentado na cadeira do Catete um de

seus ilustres filhos. [...] Todo o Brasil poderia estar pedindo o fim da ditadura, menos o povo gaúcho, que nela enxerga o apogeu de seu prestígio político e de sua glória marcial. O gesto, pois, do Rio Grande, obedece a imperativos morais e conquistará o respeito mesmo das consciências medíocres.

Até *O Cruzeiro*, que apesar do enorme prestígio continuava sendo uma revista dedicada aos *faits divers*, sem preocupações políticas, acabaria entrando na campanha pela redemocratização, com uma reportagem de duas páginas cortadas pelo escandaloso título "Constituinte!". A crise política que se avizinhava acabaria transformando a modorrenta revista dedicada à família em um semanário ágil e politizado, que reservava suas primeiras e mais nobres páginas à cobertura dos fatos políticos da semana. Tanto na revista como nos jornais, porém, a fuzilaria inclemente dos artigos e editoriais — e agora também das reportagens — convivia sem problemas com uma imparcial cobertura cotidiana dos atos do governo. Onde quer que Getúlio Vargas fosse, havia sempre um fotógrafo dos Diários Associados de plantão para registrar a cena: de uma insignificante visita a uma estação de trens a viagens para fora do Distrito Federal, nada escapava dos seus repórteres e fotógrafos. Como se estivesse prevendo o rompimento político do ministro do Trabalho com Vargas, Lindolfo Collor era quem merecia as maiores atenções dos Associados. Se os artigos assinados por Chateaubriand davam de fato a impressão de que seus jornais tinham se passado para a oposição, a cobertura dos atos do governo, mais que correta, parecia generosa demais. Não apenas do que o governo fazia, mas também das paradas, desfiles e homenagens que recebia — como a sinfonia *Exortação cívica*, composta especialmente por Villa-Lobos para o governo e entoada em um estádio paulistano por um coral de nada menos de 12 mil estudantes de escolas públicas.

No governo ou na oposição, não importava, as empresas de Chateaubriand pareciam ir cada vez melhor de saúde. As únicas exceções tinham sido alguns momentos de aperto vividos pelo *Estado de Minas* e pelo *Diário de S. Paulo*. Em Belo Horizonte, o problema era a hipoteca do prédio local, dado como garantia de pagamento do empréstimo contraído para a compra do jornal. Neste caso bastou uma conversa de Chateaubriand com Clemente Faria, dono do Banco da Lavoura e um dos "papas" do argentário Vaticano mineiro, e a dívida foi empurrada para quatro anos depois. Com o *Diário de S. Paulo* a coisa foi mais grave. As consequências do *crack* da Bolsa de Valores de Nova York sobre a economia paulista acabariam repercutindo num jornal que tinha seus alicerces plantados na indústria e na cafeicultura de São Paulo. Um banqueiro a quem recorreu aconselhou-o "a agir como um bom capitalista: se uma empresa está deficitária, venda-a — faça isto com o *Diário de S. Paulo*". Ele arrepiou-se:

— Vender? Mas como é que o senhor quer que eu *venda* um jornal? O senhor seria capaz de vender um filho deficitário? De mais a mais, meus jornais são a minha gazua. Pergunte ao Meneghetti se ele vende a sua gazua... [Ele se referia a Amleto Gino Meneghetti, o mais famoso ladrão de São Paulo na época.]

Não fossem as mãos estendidas por Roberto Simonsen e o conde Sílvio Penteado, e o socorro emprestado pela fartura em que viviam as empresas irmãs de outros estados, o *Diário* teria fechado suas portas em 1929.

Fora esses dois problemas, as demais empresas exibiam invejável robustez. *O Cruzeiro*, que já vendia quase 80 mil exemplares semanais, nadava em anúncios. O prestígio popular do *Diário da Noite* carioca era tão grande que no Carnaval daquele ano o compositor Noel Rosa fizera um samba — e, como era costume na época, dedicou-o não a uma personalidade, mas ao jornal, levando pessoalmente à redação o manuscrito com a letra de "Com que roupa?" (anos antes, Catulo da Paixão Cearense havia dedicado seu antológico "Luar do sertão" ao próprio Chateaubriand). Prestes a ser inaugurado, o prédio de oito andares da rua Treze de Maio era tão grande que, mesmo depois de ser ocupado pelas redações, administração e oficinas gráficas das três publicações do Rio, sobraram andares inteiros, alugados para escritórios. Os anúncios oferecendo salas no edifício recém-construído exaltavam as modernidades que o conjunto oferecia: uma galeria no andar térreo permitia acesso ao local tanto pela Treze de Maio como pela rua Senador Dantas; todos os andares dispunham de bebedouros com água permanentemente gelada; e quatro "rápidos e modernos elevadores, que funcionam dia e noite e nos quais a segurança dos passageiros está garantida por luxuosas portas pantográficas douradas".

Após terem sido os pioneiros na implantação, no Brasil, das impressoras em rotogravura em cores (que permitiram que *O Cruzeiro* pudesse ser impresso no Rio, com agilidade muito maior, e não mais em Buenos Aires), os Associados já sonhavam com novas tecnologias. Aproveitando uma viagem de Austregésilo de Athayde aos Estados Unidos, Chateaubriand encarregou-o de assistir ao lançamento experimental, pela General Electric, do engenho que representaria uma revolução nas comunicações: uma máquina denominada "telejornal", capaz de transmitir por ondas de rádio, a milhares de quilômetros de distância, as imagens de uma fotografia ou de uma página de jornal. O próprio Chateaubriand, em pessoa, acabara de realizar para *O Jornal* o que foi saudado como "a mais notável proeza jornalística da história da imprensa sul-americana": uma longa entrevista com o presidente Alcalá Zamora, da renascida República espanhola, utilizando-se do sistema de radiotelefonia que estava sendo experimentado pelo recém-criado Telégrafo Nacional. Em outubro, os Associados patrocinariam outro prodígio da ciência: a bordo de seu iate *Ellectra*, ancorado na costa britânica, Guglielmo Marconi acenderia as luzes da monumental estátua do Cristo Redentor construída no morro do Corcovado, no Rio. Emitido do iate, o sinal elétrico seria captado por uma estação receptora instalada em Dorchester, na Inglaterra, e retransmitido para uma antena em Jacarepaguá, no Rio, de onde seriam acesas as luzes do Corcovado. Encerrada a cerimônia, Marconi enviaria a Chateaubriand um telegrama que todos os Associados reproduziriam com destaque:

Signore Assis Chateaubriand
Capo Diarios Associados
Rio de Janeiro

Invio a lei e ai Diarios Associados le mie piu sincere felicitazioni per la loro importante ed elevata iniziativa destinata a far vibrare nello stesso istante il pensiero di Roma centro del cristianesimo e della civilta latina ed il pensiero del grande popolo brasiliano.

Guglielmo Marconi

Em meio a esse carnaval tecnológico, Chateaubriand anunciara em junho daquele 1931 a realização de um velho sonho: a incorporação aos Diários Associados, como sua nona publicação, do mais antigo jornal do continente, o *Diário de Pernambuco*, que aos 106 anos de vida era a mais influente publicação de todo o Nordeste. O jornal onde ele dera seus primeiros passos na profissão, e em cuja redação resistira, de arma na mão, à truculência de Dantas Barreto, agora era seu. No artigo em que tornou pública a notícia de que estava estendendo seus tentáculos ao Nordeste, Chateaubriand festejava "a alegria de incorporar um jornal cuja contribuição para o êxito da revolução, pelo desinteresse e pela espontaneidade, foi das mais valiosas". Segundo ele, o jornal não estava sendo comprado, mas "federado" à sua rede (o jornal estava de fato sendo comprado — o que Chateaubriand pretendia, com a brincadeira, era dizer que a sua não era uma mera rede de jornais, mas uma "federação"). Sim, sublinhava, "pensar que nós adquirimos pura e simplesmente o *Diário* seria a mesma coisa que supor que pudéssemos comprar a Faculdade de Direito do Recife ou o Convento de São Francisco". Mas também deixava claro ao governo — e aos tenentes, sobretudo — que a linha editorial do *Diário de Pernambuco* seria a mesma que vinha sendo seguida pelos outros sete jornais Associados e pela revista *O Cruzeiro*: "Federado aos Associados, o *Diário* conservará intacta sua autonomia para exercer o mandato que lhe outorgou o povo de Pernambuco. Onde quer que haja um erro a profligar, um abuso de autoridade a denunciar, ele jamais fugirá a esse dever".

Na incontrolável expansão de seus veículos, dois meses depois Chateaubriand inaugurava uma novidade, só 35 anos mais tarde imitada por outros jornais brasileiros — uma agência de notícias. Naquele ano só existiam cinco agências no mundo, sendo três europeias (Havas, Reuters e Wolff) e duas norte-americanas (Associated Press e United Press). No Brasil, a única experiência no gênero havia sido tentada na década de 1910 por Cásper Libero e Raul Pederneiras ao fundar a Agência Americana — iniciativa que não prosperou e posteriormente seria desativada. Ao criar a Agência Meridional, Chateaubriand profissionalizava o que já era feito amadoristicamente entre suas empresas: a distribuição do material produzido por um jornal para os demais veículos Associados. Aquilo que até então era um gentil intercâmbio de artigos e reportagens tornou-se uma fonte de renda para o jornal que produzisse o material. Além disso, meses depois a Meridional começaria a ver dinheiro de fora, ao incorporar como clientes vários jornais de outros estados, que pagavam para reproduzir o que saía nos Associados.

A guerrilha de palavras contra Vargas e seus tenentes prosseguia, mas Chateaubriand sabia que estava lidando com adversários duros na queda. Em setembro ele foi convidado pelo presidente para assistirem juntos, a bordo de um destróier, a exercícios da Marinha nas costas do Rio. Dias antes tinha sido anunciado o novo interventor na Bahia: Juraci Magalhães. Chateaubriand não resistiu à tentação de perguntar a Getúlio as razões da escolha daquele nome:

— Ditador, por que o senhor nomeou interventor na Bahia o senhor Juraci Magalhães, um tenente, e, mais do que isso, um tenentista militante?

Vargas deixou claro que estava disposto a trocar chumbo com os adversários:

— A nomeação desse "tenente tenentista" é a resposta que dou a vós todos, pelo açodamento com que pedis a nova Constituição.

Com açodamento ou não, continuariam pedindo. Os raros momentos de sossego que Vargas tinha era quando Chateaubriand largava o osso do tenentismo e da Constituinte para se dedicar, ainda que por poucos dias, a algum outro assunto. Como aconteceu naquele final de ano, quando ele passou duas semanas na Amazônia em companhia de Lindolfo Collor, a convite da Ford, para visitar a concessão de exploração de borracha que a empresa americana recebera do governo — viagem que lhe custaria a acusação de ter recebido 3 mil contos da Ford para defender o empreendimento em seus jornais. Fora essas raras ausências mais demoradas, sua vida estava dividida entre o Rio, São Paulo, Belo Horizonte e, menos amiúde, Porto Alegre.

Em uma dessas viagens a Minas, Chateaubriand testemunhou um estranho fenômeno que o marcaria para o resto da vida. Como fazia sempre que ia a Belo Horizonte, deixou a mala no hotel e dirigiu-se ao prédio onde funcionavam os dois jornais. Reuniu-se com os diretores, conversou, deu ordens e quando eram dez horas da noite retirou-se para o hotel. Como o motivo de sua visita à cidade era uma elegante festa de grã-finos no Automóvel Clube local, vestiu um fraque, tirou a cartola da caixa de papelão e sentou-se em uma mesinha para escrever, sempre a lápis, o artigo que seria publicado no dia seguinte em todos os seus jornais. Com a expansão da rede, em cada cidade onde havia um jornal seu foi preciso arranjar um linotipista que conseguisse interpretar os garranchos do patrão a fim de compor em chumbo os artigos que ele escrevia — e assim era também em Belo Horizonte. Juntou o maço de papéis, tomou um táxi na porta do hotel e, a caminho da festa, deixou o artigo na portaria do jornal para ser composto.

Já era alta madrugada quando voltou ao quarto de hotel. Ao tirar o paletó do fraque, percebeu que um amontoado de folhas manuscritas — mais ou menos um terço do artigo — tinha ficado no bolso interno da roupa. Irritado, foi dormir certo de que no dia seguinte os jornais não publicariam seu artigo.

Acordou cedo e pediu que um estafeta do hotel comprasse na banca mais próxima um exemplar do *Estado de Minas*. Perplexo, percebeu que o artigo tinha sido publicado — e que alguém tinha cometido a ousadia de preencher, por sua conta, o buraco que ficara no meio do texto. Vestiu-se e correu para o jornal, aonde chegou tomado de fúria. Berrava palavrões pela redação, dizendo que um atrevimento como aquele era inadmissível. Ou o responsável aparecia ou ele demitia toda a direção. O cristo apareceu horas depois: era José de Souza Fortes, um jovem franzino responsável pela revisão das provas tipográficas de seus artigos, não importava onde tivessem sido escritos. Quando o rapaz, aterrorizado, entrou na sala, Chateaubriand deu um murro tão violento sobre a mesa que derrubou no chão várias xícaras de café:

— O senhor é um filho da puta, um atrevido. Como é que o senhor se arvora o direito de escrever um pedaço de artigo que seria assinado por mim?

O jovem gaguejava:

— Mas doutor Assis, minha intenção...

— Intenção é a puta que o pariu! Nos meus jornais só eu posso ter intenções!

— Mas doutor Assis, diariamente sou eu quem revisa seus artigos, eu aprendi o seu jeito de escrever, seu estilo, suas ideias. Eu não fiz isso por mal...

— Por bem ou por mal, o senhor pode arranjar outro emprego. Está despedido.

Estudante pobre de medicina, que dependia do salário para viver em Belo Horizonte, no dia seguinte Fortes já estava empregado, mas agora como vendedor de frutas no mercado municipal. E foi lá, atrás de uma banca de laranjas, que ele foi localizado por Amarildo Bandeira de Melo, chefe da revisão dos Associados em Minas:

— Vamos voltar ao jornal que o doutor Assis quer falar com você.

— Não volto lá por dinheiro nenhum. Ele me insultou, me humilhou, não tenho nada a conversar com esse nortista grosso. O que ele quer comigo: xingar minha mãe outra vez? Não volto, seu Amarildo. Prefiro vender frutas ou ficar desempregado e voltar para Viçosa, mas aquele sujeito não me vê mais.

Amarildo insistiu:

— Você tem que voltar. Ele quer lhe pedir desculpas pela cena de ontem. Pode voltar que o homem está manso.

Voltaram juntos à redação. Chateaubriand estava de suspensórios, com as mangas da camisa arregaçadas. Na mão direita tinha o artigo já impresso e na esquerda as folhas que havia esquecido no bolso do fraque. Com um sorriso no rosto, abraçou o amedrontado revisor:

— Estou muito arrependido pelo que fiz com você ontem. Chamei-o aqui para pedir-lhe desculpas, mas principalmente para mostrar-lhe uma coisa inacreditável. Sente-se aqui, meu filho, e compare esses originais com o trecho que o senhor completou.

José Fortes leu os rabiscos, sem entender quase nada do que estava escrito, e passou os olhos sobre os parágrafos que escrevera. Chateaubriand interrompeu-o:

— Viu? O texto que o senhor escreveu é exatamente igual, palavra por palavra, vírgula por vírgula, exatamente igual ao que eu tinha escrito.

O rapaz se explicava, constrangido:

— Mas foi isso que eu tentei explicar ao senhor ontem. Quem é obrigado a ler todos os dias os artigos de um mesmo autor acaba pegando o estilo dele.

— Nada disso, meu filho, o senhor só pode ter psicografado meu texto. Eu não tenho fé, não acredito em nada, mas sou obrigado a reconhecer que o senhor deve ter capacidades mediúnicas fortíssimas. Quanto é que o senhor ganhava?

— No *Estado de Minas* trezentos mil-réis por mês, e no *Diário da Tarde* duzentos mil-réis.

— Pois então o senhor está readmitido com o salário dobrado. Vai ganhar seiscentos mil-réis no *Estado* e quatrocentos mil no *Diário da Tarde*. Pode ir embora, e aceite de novo minhas desculpas, seu Fortes. O senhor é um bruxo.

Chateaubriand não imaginava, naquele dia, que os inexplicáveis poderes paranormais de Fortes o acompanhariam até a sepultura, muitos anos depois.

Com a vida desorganizada pelos horários do jornal e pelas viagens, o jornalista via muito pouco a mulher, Maria Henriqueta, e a única maneira de não perder o contato com o filho Fernando eram os jantares que organizava aos domingos na Vila Normanda, para os quais sempre convidava o afilhado Gigil. O reencontro dos dois meninos não tinha sido muito prazeroso para Gigil — Fernando foi muito frio, muito seco. Mas esse gelo logo seria dissolvido pelo bom humor do filho de Chateaubriand, que compartilhava com o amigo as brincadeiras sobre o comportamento exótico do pai. Quem visse um daqueles jantares de domingo podia dizer que tinha visto todos: Artur, o novo motorista, ia buscar Gigil às dez da noite, mesmo que todos soubessem que Chateaubriand só chegaria para o jantar à meia-noite. Viesse sozinho ou com algum companheiro do jornal, invariavelmente ele chegava cansado. Sentava-se à cabeceira da mesa, indicava o lugar da direita para Fernando e o da esquerda para Gigil. Aí começava a mesma liturgia de sempre. Virava a cabeça para o lado de Fernando e perguntava:

— Como vai sua mãe?

Voltava-se para Gigil e repetia a pergunta:

— Como vai sua mãe?

Virava de novo para Fernando:

— Como vão os estudos?

E para Gigil:

— Como vão os estudos?

Segundos depois, com o queixo caído sobre o peito, ele roncava alto, às vezes antes mesmo que o jantar tivesse sido servido. Acordava sobressaltado minutos depois e dirigia-se ao que estivesse diante de seus olhos:

— Como vão os estudos?

Em algum momento do jantar soltava um ruidoso peido, assustava-se com aquilo e repetia o gesto de cabeça:

— Desculpe, meu filhinho.

E para o outro:

— Desculpe, meu filhinho.

E muito dificilmente passava disso. Quando levava visitas e o assunto começava a morrer, ele tinha uma piada sem graça, sempre a mesma: batia com a mão na mesa, virava de costas na cadeira, apontava para uma tela do Portinari, *O enterro*, pendurada na parede e perguntava à visita, pois os dois garotos já conheciam a piada de cor:

— Quem aqui sabe o que é aquilo?

Alguém naturalmente dizia:

— Um enterro...

Ele retrucava, sorridente:

— Nada disso! É uma natureza-morta!

Diante da perplexidade geral, vinha a piada:

— É uma natureza-morta. O que é mais morto do que um enterro?

Fernando e Gigil caíam na gargalhada, não por achar graça naquilo, mas pelo fato de estarem ouvindo a mesma piada pela centésima vez. Quando ele estava descansado, os meninos escutavam de novo as mesmas preleções: que a educação tinha de começar no berço, que a disciplina e o rigor espartano deviam presidir as vidas deles, que era preciso ter coragem sempre, quaisquer que fossem as circunstâncias. Às duas da manhã estava terminado o jantar. Ainda mais difícil era conseguir tempo para outros folguedos, como as visitas ao cabaré Assyrio, instalado nos baixos do Teatro Municipal, ao *rendez-vous* de madame France, em Botafogo, ou mesmo para usar a *garçonnière* que dividia com Austregésilo de Athayde em Copacabana.

Todo o seu tempo e a sua energia estavam voltados mesmo para infernizar a vida dos tenentes. Quando, no meio do ano, o ministro da Viação e Obras Públicas José Américo de Almeida decidiu tornar caduco o decreto que concedia autorização para Percival Farquhar explorar a siderurgia no Brasil, os leitores se deram conta de que o nacionalismo de Chateaubriand não ia além dos ternos de brim da América Fabril e dos sacos de algodão brasileiro para exportar café. Ao tomar conhecimento da medida, ele rugiu em defesa de seu amigo americano, acusando os tenentes de terem transformado Vargas "num nacionalista truculento, inumano, ferocíssimo". Sonhou com o dia em que o Brasil viesse a ser "uma nação de verdade", para o dono da Itabira Iron Ore ter "no mínimo uma estátua em Porto Velho, outra em Belém do Pará, uma em Manaus e mais três em São Paulo, no Paraná e no Rio Grande do Sul".

Em outro artigo arrolou, pela enésima vez, os benefícios que Farquhar trouxera para o Brasil: como associado de Pierson e de Mackenzie, pusera uma Light no Rio e outra em São Paulo, ambas produzindo 400 mil cavalos de energia; estimulara a construção ou implantara ele próprio as ferrovias do Rio Grande do Sul e do Paraná, a Sorocabana, a Paulista, a Mogiana, a Southern São Paulo, a Madeira-Mamoré; colonizara o vale do rio do Peixe, levando as pontas dos trilhos da São Paulo-Rio Grande até o sertão; tentara atrair a Swift para operar no Brasil, mas, como a empresa britânica não se animasse, montara ele mesmo frigoríficos em Osasco e no Rio de Janeiro; importara matrizes para apurar seus rebanhos de bovinos no Mato Grosso; construíra os portos do Pará e de Rio Grande; levara Osvaldo Cruz para sanear Guajará-Mirim. Como se isso não bastasse, insistia o jornalista, "convencido de que o cartão de visitas de um país são os seus hotéis, e como o Brasil de 1910 ainda era antropofágico, construiu o Grande Hotel do Guarujá e a Rotisserie Sportsman, em São Paulo, e fez vir os *chefs de cuisine* do Savoy e do Carlton para ensinar os brasileiros "a comer como em terra civilizada e a tratar melhor os seus hóspedes". Segundo Chateaubriand, tanta pujança teria feito a glória de qualquer homem nos Estados Unidos, "mas no Brasil o sr. Farquhar é denegrido pela indigência mental dos nossos tenentes".

Diante de tão incisiva louvação, Getúlio imaginou que Farquhar poderia ser o antídoto contra a fúria de Chateaubriand. Chamou o jornalista ao Palácio do Catete e pediu que ele fosse o intermediário de um convite para que o industrial americano retornasse ao Brasil a fim de rediscutir o decreto que fizera caducar seus projetos siderúrgicos. Desconfiado de que estava sendo manipulado pelo presidente, pulou fora da incumbência:

— Primeiro, ditador, é preciso lembrar que diante da depressão mundial será quase impossível a Farquhar levantar um dólar a mais para a Itabira. E depois, mesmo que houvesse dinheiro fácil pelo mundo, tenho a certeza de que seu governo, dominado como está pelo paroxismo nacionalista, nunca negociaria com a Itabira dentro das fórmulas da livre empresa, como fizeram com ele Epitácio Pessoa e Antônio Carlos.

Getúlio insistia em que Chateaubriand fosse o padrinho da viagem do industrial ao Brasil, mas o jornalista suspeitava que havia algo escondido sob aquela mudança de comportamento tão inesperada:

— Eu sei aonde isso vai parar e não posso cometer tal crueldade com um amigo como Percival Farquhar, ditador, mas o senhor tem quem possa substituir-me nessa missão. Afrânio de Melo Franco, que é seu ministro do Exterior, também advogou por muito tempo para a Brazilian Traction. Um telegrama dele a Farquhar será suficiente para materializar seu desejo de tratar diretamente com o homem da Itabira.

Quando desembarcou de um hidroavião da Panair no Rio de Janeiro, em julho, convidado por Melo Franco em nome de Vargas, Farquhar foi saudado pelos Diários Associados como se estivesse chegando "a alvorada do nosso desenvolvimento industrial". Talvez por estar habituado a lidar com os clássicos ditadores latino-americanos, o industrial chegou animado com a perspectiva de solucionar definitivamente seus negócios no Brasil. "Como não havia um Congresso nacional que pudesse obstruir os atos do presidente, nem jornais antiestrangeiros para fazer contra mim as campanhas de 1920", confessaria Farquhar vinte anos depois, "imaginei que Vargas e eu decidiríamos secretamente a questão da Itabira, através da pura e simples assinatura de um decreto." Se conhecia bem os ditadores tradicionais, o construtor da Madeira-Mamoré parecia não ter levado a sério as advertências que Chateaubriand lhe fizera sobre os jovens militares que o jornalista agora apelidara de "tenentes do diabo" (o apelido, que Chateaubriand já usara como título de um de seus artigos, continha um deboche oculto: Tenentes do Diabo era o nome de um bloco carnavalesco do Rio de então).

Tudo correu como Chateaubriand temia. Vargas recebeu Farquhar no palácio horas depois de ele ter descido no aeroporto, foi cavalheiro, falou que estava disposto a atrair investimentos estrangeiros para o Brasil. Mas, para surpresa do americano, não tocou no único motivo de sua viagem, o decreto tornando caduca a concessão. Isso era tema para ser discutido com os ministros das áreas competentes. Ou seja, o presidente o jogava nos braços dos tão temidos tenentes. Infrutíferas, as reuniões de Farquhar com ministros e técnicos do governo não avançaram um milímetro em relação à situação anterior. Ao contrário, o Ministério da Viação ainda decidiu aplicar-lhe uma multa prevista em decreto de 1928, que estabelecia que, se as obras da siderúrgica não se iniciassem em novembro de 1930, a Itabira teria de pagar ao governo 50 mil contos de réis mensais, durante doze meses. Como era julho e não havia obra alguma em Minas Gerais, Farquhar tomou o avião de volta sem solucionar nada e ainda devendo ao governo brasileiro uma fortuna no valor de 300 mil contos de réis.

Para Chateaubriand, a desfeita do governo ao dono da Itabira era fruto agora da "coloração cada vez mais bernardesca" — em alusão ao nacionalismo de Artur Bernardes — que o tenentismo assumia. Tudo aquilo, no seu entender, significava claramente um rompimento com os princípios da Aliança Liberal. "Depois que esses elementos militares empolgaram o poder, sob a presidência Getúlio Vargas", atacou em um artigo, "passou a ser um pesadelo ser-se liberal. Se no tempo de Washington Luís era crime ser liberal, agora é uma temeridade." O último embate de 1931 contra os tenentes — que o jornalista não venceria, mas que ao menos adiaria sua derrota para três anos depois — ocorreu quando os militares propuseram que o governo decretasse a moratória da dívida externa. Defensor de uma política de sacrifícios internos para sanear as finanças do Brasil, e não de um calote nos credores internacionais, Chateaubriand sustentava que a suspensão, mesmo temporária, do pagamento do serviço e da amortização dos débitos externos era "obra do jacobinismo dos moços da esquerda revolucionária". E, quando o banqueiro paulista e ministro da Fazenda José Maria Whitaker curvou-se às pressões tenentistas e declarou que a proposta "talvez pudesse vir a ser implementada", o jornalista publicou o artigo intitulado "O irreparável", onde parecia estar entregando os pontos: "Os Diários Associados sempre combateram a moratória. Contra ela lutaram desde a primeira hora. Vendo porém a rendição de seu mais impávido adversário, que era o ministro da Fazenda, queremos crer que todos os sacrifícios foram feitos. Teremos caído, mas caímos de pé".

Para que não restassem dúvidas de que suas preocupações com Farquhar e com a moratória *não* o tinham afastado da luta pela redemocratização do país, ele não resistiu à tentação de mandar o *Diário da Noite* provocar Getúlio. Já que o presidente não fazia eleições, seu jornal iria fazê-las. Durante semanas o *Diário da Noite* anunciou que estava realizando uma pesquisa "em todas as camadas sociais do Rio de Janeiro", a quem dirigia uma única pergunta: "Qual o tipo ideal para ocupar a Presidência da República?". Apesar de tão espalhafatosamente alardeada, o *Diário da Noite* teve de manter o resultado da pesquisa em eterno segredo para seus leitores: antes que ele fosse publicado, a mão pesada do chefe de polícia Batista Luzardo mandou recolher todas as planilhas na redação, proibindo a publicação de uma sílaba que fosse sobre o assunto.

Assis Chateaubriand passou todo o primeiro semestre de 1932 jogando gasolina na fogueira política que começava a crepitar em São Paulo. Afinando a pontaria, deixou de atirar aleatoriamente nos tenentes e no tenentismo para martelar o instrumento político da ação deles, o Clube Três de Outubro. Criado no começo de 1931, o clube se transformara, com o correr dos meses, ora em partido político dos tenentes, ora em seu braço armado. Sua mais recente aparição política tinha sido nos últimos dias de 1931, ao lançar um manifesto claramente anticonstitucionalista. No Rio Grande do Sul, dirigentes do clube tentaram uma manobra acionária (semelhante à que fora urdida por Artur Bernardes contra *O Jornal* em 1925) para tirar das mãos de Chateaubriand o *Diário de Notícias*, inimigo declarado dos tenentes. O jornalista foi obrigado a correr a Porto Alegre para "varrer da nossa casa a malta de flibusteiros que assaltara o jornal". Para vários historiadores, ser tenente e membro do Clube Três de Outubro significava, no Brasil pós-revolução de 1930, muito mais do que ser general ou ministro. Para Chateaubriand, no entanto, tal como a Société des Jacobins, o feroz clube dos jacobinos da Revolução Francesa, o Três de Outubro nada mais era que "a guarda sagrada do tabernáculo, o oratório do que há de mais radical no tenentismo".

O jornalista farejava que, como reação ao excessivo poder dos tenentes, algum movimento de alto teor explosivo estava engatinhando em São Paulo. Primeiro manifestou essas preocupações ao interventor na Bahia, Juraci Magalhães, insistindo em que a única maneira de evitar um confronto com os paulistas era atender pelo menos à sua reivindicação básica: que o interventor federal em São Paulo fosse "civil e paulista". Ao comentar as mesmas suspeitas com "o ditador", viu Vargas reagir com tranquilidade:

— Calma, Chateaubriand. Vou esperar a cobra paulista botar a cabeça para fora, para poder esmagá-la...

Sem deixar de admirar o gênio político de Getúlio, Chateaubriand acreditava que o presidente se perdia ao incorrer em dois erros palmares, que poderiam custar-lhe o poder: humilhar São Paulo e manter sua base de apoio não nos experientes políticos (gaúchos e mineiros, sobretudo), mas no esquerdismo tenentista. "Ultimamente declarou-se guerra aos políticos brasileiros", repetia em público o que já havia escrito nos artigos. "Até um cego vê que os mais graves problemas da revolução advêm da inexperiência política de seus mais importantes dirigentes." O jornalista releu a entrevista que ele próprio fizera com Vargas, ainda na caravana que avançava em direção ao Rio, em outubro de 1930, e só então entendeu o significado da promessa de que a revolução seria "radical no programa e nos métodos". Tudo indicava que não haveria saída pacífica para aquele impasse.

De crítica em crítica, de artigo em artigo, Chateaubriand caminhava depressa em direção à oposição. Vendo-o cada vez mais contra Vargas, um jornal governista do Rio Grande do Sul resolveu provocá-lo, reproduzindo na íntegra o laudatório artigo intitulado "Um monstro", escrito logo após o triunfo da revolução. Ele respondeu prontamente: "Hoje eu não escreveria 'Um monstro' — e estou quase me dirigindo ao Rio Grande para renegar essa página que me foi sugerida por dois dedos de prosa com o sr. Vargas ainda no Paraná". Mas ele sabia que o epicentro do terremoto estava mesmo em São Paulo. Em meados do ano anterior João Alberto se demitira do cargo de interventor, abrindo a possibilidade de oferecer o lugar a um "civil e paulista", como se reivindicava nas ruas. A escolha recaiu sobre um ex-funcionário de Chateaubriand, Plínio Barreto, agora sucedendo o falecido Júlio Mesquita na direção do *Estado*. Apesar de vir do jornal que mais claramente expressava os interesses paulistas, Barreto não tinha o apoio do PD e do velho e oligárquico PRP, inimigos que haviam se juntado na FUP, a Frente Única Paulista, para combater Getúlio. Para o lugar que Barreto não pôde aceitar, Vargas acabaria nomeando o jurista e magistrado Laudo de Camargo, que, mesmo não sendo da integral confiança da FUP, era "civil e paulista" — o que já representava alguma forma de concessão a São Paulo.

Os tigres tenentistas, porém, tinham provado o gosto de sangue e se recusavam a voltar a ser vegetarianos. Apesar de ter passado pelo crivo deles, Laudo de Camargo iria durar pouco como interventor. Poucos meses depois ele também renunciaria, pressionado pelos tenentes, que o acusavam de manter um Secretariado "vendido aos banqueiros internacionais". Com João Alberto manipulando os cordéis à distância, Getúlio entregaria a interventoria do estado ao coronel carioca Manuel Rabelo (nem civil nem paulista, portanto), em uma flagrante derrota dos constitucionalistas para o tenentismo, que recuperava o controle sobre São Paulo. Humilhados, os paulistas responderam com manifestações de rua e atos contra o governo. Surpreendendo todas as expectativas, as primeiras vozes a se levantar em solidariedade a São Paulo viriam do ninho dos tenentes, o Rio Grande do Sul — e de três dos mais expressivos condestáveis da revolução. Reunidos na chamada Conferência de Cachoeira — uma alusão à cidade de Cachoeira do Sul, onde se realizou —, o interventor Flores da Cunha e os chefes do Partido Republicano Rio-Grandense, Borges de Medeiros, e do Partido Liberal, Raul Pilla, enviaram à FUP uma moção de solidariedade, além de reafirmarem sua convicção pró-redemocratização do Brasil.

Fiel à política pendular de "apagar uma labareda e acender outra", como o qualificara Chateaubriand, o presidente tentaria compensar os paulistas com a nomeação de Maurício Cardoso para o Ministério da Justiça, no lugar de Osvaldo Aranha. Em seu discurso de posse, no dia 22 de dezembro, se ainda não falava em Constituinte, pelo menos Cardoso tomaria a iniciativa de defender a promulgação de uma legislação eleitoral — era a primeira vez que alguém tão graduado tocava nesse tema, tabu para o governo revolucionário. O Clube Três de Outubro deu o troco de imediato, respondendo ao ministro com um duro manifesto contra qualquer forma de constitucionalização do país — os chamados "outubristas" não abriam mão da manutenção da "pureza" dos princípios revolucionários. Tão logo tomou conhecimento da moção de solidariedade a São Paulo, Chateaubriand embarcou num avião para Porto Alegre para repercutir, como repórter, a reviravolta que os gaúchos haviam provocado na política do governo federal. Publicadas simultaneamente em todos os jornais Associados, as entrevistas feitas com Raul Pilla e, no dia seguinte, com Borges de Medeiros jogavam mais lenha na fogueira. Na primeira, o parlamentarista Pilla historiava "a gênese do dissídio entre o Rio Grande do Sul e o governo" — que Chateaubriand, como sempre, só chamava de "a ditadura". Já Borges de Medeiros resumia seus objetivos em dois pontos centrais: primeiro, defendia uma "atitude gandhista" em relação a Vargas — ou seja, quem estivesse pela redemocratização não podia aceitar cargos políticos ou administrativos no governo federal. Em segundo lugar, exigia a fixação imediata de uma data para a Constituinte.

Animado com o eco gaúcho às suas reivindicações, o Partido Democrático de São Paulo — ferrenho adversário de Washington Luís e revolucionário de primeira hora — enviou vários membros de sua executiva ao Rio para um encontro com Getúlio e Maurício Cardoso, em que protestaram contra o "esbulho de São Paulo pelo tenentismo" e insistiram na velha demanda: o interventor precisava ser civil e paulista. Como Vargas não desse nenhuma resposta afirmativa, o PD rompeu formalmente com o governo — gesto que, segundo Chateaubriand, "transformava a política brasileira num verdadeiro pandemônio".

O rompimento do PD mostrou com clareza a Getúlio que não havia outra alternativa senão fazer concessões aos paulistas. No dia 24 de fevereiro, quando se comemorava o aniversário da primeira Constituição republicana brasileira, a de 1891, os paulistas tomaram a praça da Sé em ruidosa manifestação pró-democracia e pró-Constituinte. Maurício Cardoso conseguiu convencer Vargas a assinar, naquele mesmo dia, o novo Código Eleitoral. A violenta resposta dos tenentes à inadmissível concessão aos constitucionalistas foi imediata. No dia seguinte mais de 150 homens ligados ao Clube Três de Outubro invadiram e empastelaram o *Diário Carioca*, de José Eduardo de Macedo Soares, rigoroso defensor da redemocratização do país. Tanto Maurício Cardoso quanto o chefe de polícia do Distrito Federal, Batista Luzardo, tentaram abrir uma sindicância que de fato apurasse a autoria do atentado e punisse os responsáveis. Eles estavam enfiando o bisturi no centro da ferida: pressionado pelos tenentes, Getúlio desautorizou qualquer investigação mais rigorosa. A tentativa de acobertar uma violência como aquela foi a gota d'água que entornaria a dissidência gaúcha. O presidente ainda tentaria apagar a labareda que ele próprio acendera, nomeando no dia 2 de março Pedro de Toledo, civil e paulista, para o lugar do coronel Manuel Rabelo. Mas já era tarde demais para conter a debandada: no dia 3, Batista Luzardo e os ministros Maurício Cardoso e Lindolfo Collor pediam demissão. Junto com os três, deixava também o governo João Neves da Fontoura, que, embora tivesse sido convidado por Vargas, em outubro de 1930, a assumir a interventoria do Rio Grande do Sul ou o Ministério da Justiça, aceitara apenas um cargo de consultor jurídico do Banco do Brasil.

A manifestação dos gaúchos animou a direção da FUP a enviar dois emissários a Porto Alegre a fim de alinhavar o apoio do Sul à resistência que já se organizava em São Paulo. Entre a posição moderada do interventor Flores da Cunha e o radicalismo de Collor, Fontoura e Pilla, que já queriam marcar a data para começar a luta armada contra o governo provisório, ficou-se no meio-termo: a coligação formada pela FUP e pelos gaúchos enviou a Getúlio um manifesto contendo sete exigências, que iam da punição exemplar dos autores do atentado contra o *Diário Carioca* até a convocação, ainda em 1932, de uma Assembleia Nacional Constituinte. Tentando controlar a situação, Getúlio permaneceu em silêncio para, passados trinta dias (com o devido assentimento dos "tenentes", interventores e comandantes militares), anunciar, como iniciativa sua, a promulgação de um decreto que marcava as eleições para um ano depois — maio de 1933.

Já não havia mais promessa de democratização, entretanto, que pudesse conter os paulistas. No dia 23 de maio, Cláudio Bueno Miragaia, Mário Martins de Almeida, Dráusio Marcondes de Souza e Américo Camargo de Andrade, que organizavam manifestações contra Vargas, foram mortos a tiros no centro de São Paulo em um choque com defensores do governo federal. As iniciais de seus nomes — MMDC, de Miragaia, Martins, Dráusio e Camargo — transformaram-se na sigla que denominaria a partir daquele dia a sociedade secreta paulista que preparava a guerra contra Getúlio Vargas. Chateaubriand viaja a São Paulo para cobrir a crise de perto, como repórter, analista e militante. Encontra multidões pelas ruas pedindo o fim do governo revolucionário e falando abertamente em separatismo. Grupos dão vivas ao presidente deposto Washington Luís, naquele momento desfrutando de confortável exílio nos Estados Unidos. O jornalista escreve da capital paulista um artigo que traduz o espírito reinante no estado: "Como venho acentuando há dias, nunca se conversou tanto no Brasil, nunca se perdeu tanto tempo em prosa — boa ou má, pouco importa, mas em pura prosa. É inútil prolongar-se a estação lírica dos tenores e barítonos da ditadura. Afinal, o país se fatigou dessa conversa fiada interminável".

Ao contrário de outubro de 1930, quando se metera de arma na mão no movimento contra Washington Luís, na preparação da revolução paulista de 1932 Chateaubriand atuou mais como jornalista. O máximo a que chegava sua militância era funcionar como pombo-correio de Lindolfo Collor, levando correspondências do ex-ministro gaúcho para o interventor mineiro Olegário Maciel, que Collor tinha esperanças de atrair para a causa constitucionalista. Sua verdadeira contribuição aos rebeldes paulistas tinha sido colocar os Associados escancaradamente a serviço da insurreição tramada em São Paulo. Quando o *Diário Carioca* foi destruído pelo Clube Três de Outubro, Chateaubriand noticiou o atentado em manchete e com todo o destaque em seus jornais, e determinou que *O Cruzeiro* fotografasse os escombros e entrevistasse os gráficos feridos pelos assaltantes. Como sinal de protesto contra a violência que o governo federal se recusava a coibir, mandou todos os seus veículos pararem por 24 horas. Além disso, colocou as máquinas instaladas na rua Treze de Maio à disposição de Macedo Soares, para que o jornal empastelado pudesse ser impresso lá até que seu funcionamento se normalizasse, o que acabou levando três meses. Em franca oposição a Getúlio, Lindolfo Collor assumiu uma das diretorias de *O Jornal* e passou a assinar artigos diários, publicados em todos os órgãos Associados.

No Rio, quando não eram importunados pela censura de João Alberto (que assumira a chefia de polícia), os jornais faziam oposição desde as charges de Álvarus até os artigos de Chateaubriand, Collor e Austregésilo de Athayde. Além de ocupar todos os espaços disponíveis nos jornais e na revista, a guerra ao governo montada em torno de Chateaubriand ganhara mais um espaço: o "Jornal falado dos Diários Associados", uma novidade que Athayde trouxera dos Estados Unidos e que ocupava meia hora diária na Rádio Educadora, das oito e meia às nove horas da noite. Em São Paulo, o incontrolável irmão mais novo de Chateaubriand, Oswaldo, revelava uma virulência sem precedentes ao atacar o governo. Em seus artigos, afirmava que a revolução estava moribunda, e que a censura aos jornais representava para ela "uma espécie de balão de oxigênio", que lhe assegurava "apenas uma existência artificial". Os panfletos distribuídos clandestinamente nas ruas pelos conspiradores paulistas eram publicados na íntegra, de graça, nos dois jornais Associados locais, mesmo quando expressos em textos torrenciais, que chegavam a ocupar uma página inteira. A temperatura subia a níveis insuportáveis.

Na madrugada de 10 de julho, Chateaubriand conversava com Austregésilo de Athayde em *O Jornal* quando o ex-deputado paulista Machado Coelho entrou sobressaltado redação adentro. Fiel seguidor de Washington Luís, ele tinha sido obrigado a fugir do país logo depois da revolução, e retornara havia pouco. Coelho trazia a notícia que todos esperavam: a revolução tinha estourado em São Paulo. Junto com a informação, uma advertência a Chateaubriand: amigos seus na polícia haviam lhe confidenciado que João Alberto ia mandar prender o dono de *O Jornal* ainda naquela noite. Ele estava ali para oferecer-lhe sua insuspeita casa de milionário como esconderijo. Chateaubriand recusou a generosidade, certo de que havia exagero nas preocupações de Coelho, mas acabou aceitando pelo menos o conselho de que deveria deixar a redação. A edição do dia seguinte estava sendo impressa, e pouco antes das duas da madrugada saíram os três, acompanhados de Amâncio, para o casarão do paulista, na Zona Sul do Rio. Às cinco e meia da manhã, depois de uma lauta ceia de peru, *foie gras* e vinho do Reno, Chateaubriand seguiu para sua própria casa, em Copacabana.

Quando Gallon o acordou, às dez da manhã, com todos os matutinos e as primeiras edições dos vespertinos do dia, o *Diário da Noite* já trazia a notícia que gelou Chateaubriand: "Foi preso hoje pela manhã em sua residência o ex-deputado paulista José Machado Coelho de Castro, que foi recolhido, juntamente com outros detidos, a bordo do navio *Pedro I*". Telefonou para o jornal e soube que os policiais tinham estado lá para prendê-lo. Minutos depois chegava seu amigo Mário de Oliveira, que também soubera da visita da polícia ao prédio da Treze de Maio e imaginava o perigo que Chateaubriand corria. Por precaução, havia comprado um bom pacote de libras esterlinas e uma passagem em nome do jornalista em um vapor italiano que zarpava aquela noite para a Europa. Não havia alternativa: se quisesse salvar a pele, Chateaubriand teria de se exilar. Mesmo assustado com a agressividade do governo, rejeitou a oferta com uma fanfarronice:

— Obrigado, Mário, mas só saio do país compelido. Tenho alguma experiência para defender-me de arrotos de importância de governantes passageiros. Desde Pernambuco eu não tenho visto outra coisa senão governos investindo contra jornais onde trabalhei ou que dirigi. Esses tenentinhos podem até me tirar do Brasil, mas vai ter que ser à força. Volte ao jornal e avise à direção que decidi entrar na clandestinidade.

17

Durante as três últimas semanas de julho de 1932, Chateaubriand vagou pelo Rio, dormindo cada noite num lugar diferente. Mesmo sabendo que a polícia dava batidas incertas, tentando apanhá-lo no prédio do jornal, ele não resistia — e pelo menos uma vez por semana passava por lá. Antes, tomava o cuidado de telefonar e pedir a algum diretor que circulasse pelas ruas Treze de Maio e Senador Dantas para ver se a polícia não estava de tocaia. Além das visitas, telefonava todos os dias para a redação, pedindo notícias. E estas não poderiam ser piores. A censura sobre os seus jornais era quase total. A exceção era São Paulo, ocupada militarmente pelos revolucionários que se opunham a Vargas, onde o *Diário da Noite* e o *Diário de S. Paulo* estavam a salvo do controle do governo e funcionavam quase que como órgãos de propaganda da revolução. E em Minas Gerais, talvez por causa da camaradagem existente entre os diretores dos Associados e o interventor Olegário Maciel, a censura era mais branda — o que permitiu, pelo menos nas primeiras semanas do conflito, noticiar alguma coisa sobre o que se passava em São Paulo, desde que, naturalmente, tanto o *Estado de Minas* quanto o *Diário da Tarde* publicassem também os comunicados oficiais do governo federal. No Rio Grande do Sul, a pressão foi tão grande que Chateaubriand chegou a tentar imprimir o *Diário de Notícias* nas cidades de Rivera, no Uruguai, ou Paso de los Libres, na Argentina, de modo a escapar da censura. Como essa saída acabou se revelando inviável, ele simplesmente deu ordens para que o jornal fechasse as portas até que a situação política se normalizasse.

De seus diretores, o que ele sabia é que o irmão Oswaldo se transformara num incendiário, que além de insultar o governo permanentemente nas páginas do *Diário de S. Paulo* e do *Diário da Noite* usava o porão da casa onde vivia, na avenida São Luís, no centro da cidade, como depósito de armas e munição para a guerra que já havia começado. "Ele parecia um pequeno Deus carnívoro", diria Chateaubriand tempos depois, "clamando vingança, pregando vingança contra a ditadura depravada que batia São Paulo." Oswaldo conseguira convencer até seu outro irmão, o pacato Urbano Ganot, a emprestar cômodos de sua casa na Vila Mariana, também em São Paulo, para serem utilizados como depósito de material bélico. Austregésilo de Athayde — que, ao contrário de Chateaubriand, tinha horror à ideia de dar tiros — também aderira de corpo inteiro à luta, e no dia 10 estava em São Paulo, onde se alistara como voluntário na frente norte da batalha, na região de Campinas. Quanto a si próprio, Chateaubriand não sabia que destino tomar. Seu principal coiteiro no Rio passara a ser o médico paraibano Drault Ernanny, que ele conhecera dois anos antes. Endocrinologista e dono de uma farmácia no suburbano bairro do Lins, o médico aparecera na redação de *O Jornal* como outros malucos que todos os dias batem às portas dos jornais com ideias estapafúrdias. A dele era um método infalível para engordar — impressionado que ficara com a notícia de que milhares de recrutas eram recusados todo ano pelo Exército por falta de peso. Drault Ernanny ganhou uma coluna no jornal e Chateaubriand ganhou um amigo para sempre.

Solteiro, Ernanny ofereceu-se para esconder o jornalista em sua casa da rua Constante Jardim, em Santa Teresa. Apesar de clandestino, Chateaubriand passava o dia no portão, flertando com as empregadinhas que via num boteco de esquina, a poucos metros de seu esconderijo. Só se animava a deixar a casa quando Ernanny estivesse junto — no caso de ser preso, alguém precisaria avisar o jornal. E quando o médico chegava ele logo propunha uma pequena aventura:

— Olha lá, doutor Drault, que gaforinha fantástica daquela mulatinha que acaba de chegar no bar. Vamos lá tomar uma cervejinha, vamos.

Quando o tédio da reclusão era demasiado, ele convencia seu protetor a saírem para uma volta na baratinha Ford de dois lugares do dono da casa. Numa dessas ocasiões os dois rodavam pela lagoa Rodrigo de Freitas, quando Ernanny suspeitou que estavam sendo seguidos. Aumentou a velocidade e, ao passarem por uma casa com os portões abertos, na rua Sá Ferreira, Chateaubriand gritou:

— Entre nesse portão, aqui é a casa do Chico Campos!

O amigo se espantou:

— Mas o senhor ficou maluco, doutor Assis? Francisco Campos é o ministro da Educação do governo provisório. Ele próprio vai nos dar voz de prisão.

Chateaubriand não se amedrontou:

— Primeiro, o Chico é meu amigo. Além disso, ele já é quase ex-ministro. Getúlio está desconfiado de que ele apoia os paulistas, vai demiti-lo logo. Não sei se ele sabe disso, mas pode entrar assim mesmo.

O jornalista tinha razão: apesar de constrangido pela desconfortável presença de um inimigo de seu governo em sua casa, Francisco Campos recebeu-os com licores, abraços e uma conversa fiada que durou até tarde da noite. Na saída o ministro advertiu-o:

— Chatô, você está provocando a sorte. O João Alberto já está desconfiado de que você está escondido para os lados de Santa Teresa.

À sua maneira, Chateaubriand sentiu-se na obrigação de transmitir a Campos as informações que tinha sobre a sorte dele:

— Doutor Chico, quem tem que tomar cuidados com esse governo não sou eu, é o senhor. Se João Alberto está desconfiado de que estou para os lados de

Santa Teresa, Getúlio está desconfiado de que o senhor está para os lados de São Paulo. Se eu conheço bem o ditador, ele vai meter-lhe o pé na bunda brevemente.

Ambos tinham razão. Tanto João Alberto tocaiava o jornalista quanto a permanência de Chico Ciência no governo Vargas duraria apenas mais algumas semanas. Chateaubriand despediu-se e, no caminho para casa, ao passarem pela rua Saint Roman, decidiu "fazer outra visita", desta vez a Altivo Dolabela Portela, um amigo que morava ali perto. Compadecida da sorte do jornalista, a mulher de Portela, Alice, fez uma ceia especial para recebê-lo. Chateaubriand resolveu telefonar para seu velho amigo Eugênio Gudin e convidá-lo para o jantar. Gudin apareceu com seu irmão, o médico Maurício Gudin, e a festança só terminou de madrugada, quando ele e Drault Ernanny retornaram a Santa Teresa.

Não era difícil perceber que seus dias de liberdade estavam contados. Na véspera, os policiais de João Alberto tinham invadido o prédio dos Associados e prendido o telefonista Amaro Abdon — uma das raras pessoas que a qualquer hora do dia ou da noite sabia onde encontrar o patrão. Mesmo sob ameaça de ser torturado, Abdon não abriu o bico. Sentindo-se um herói por "ter salvo a vida do doutor Assis", o telefonista se transformaria no mais relapso e insolente de todos os funcionários das empresas após aquele episódio.

Depois de passar mais alguns dias escondido, Chateaubriand se animou a ir à Vila Normanda para buscar mudas de roupas. Foi de táxi, enquanto Ernanny estava trabalhando, e ao pisar na soleira do portão recebeu voz de prisão de um dos oito homens que — depois ele saberia — se revezavam ali havia duas semanas, campanados à sua espera. Sem tentar qualquer violência física, os policiais levaram-no até a Casa de Correção, na rua da Relação, onde foi colocado sozinho em uma cela.

Passadas 24 horas, um homem que se identificou apenas como "major Guerra" apareceu para comunicar-lhe que ele seria solto, mas sob condições:

— As ordens superiores que recebi são no sentido de libertá-lo, mas desde que o senhor concorde em ficar sob regime de prisão domiciliar. O governo oferece como *ménage* sua própria casa aqui no Rio. Caso o senhor não aceite a proposta, as instruções são para levá-lo para a sala da capela, aqui ao lado, onde estão os demais presos políticos. E é bom que o senhor saiba: da sala da capela provavelmente os presos só sairão para o exílio.

Ele aceitou sem discutir. Sua passagem tão curta pela prisão levaria os demais presos — entre os quais o jornalista Júlio de Mesquita Filho — a suspeitar de que ele havia feito algum acerto com Vargas em troca da liberdade, suposição que os próprios fatos se encarregariam de desmentir, semanas depois. Outro grupo de policiais levou-o até a casa de Copacabana — de cuja porta, inexplicavelmente, pareciam ter tirado os guardas. Pelo telefone, Chateaubriand comunicou sua prisão e posterior libertação a Drault Ernanny e aos diretores do jornal, pedindo a estes que a notícia fosse publicada em São Paulo e onde mais não estivessem sendo importunados pela censura. De todos com quem falou, recebeu a mesma recomendação: fugir do Rio e, se possível, do Brasil. O relaxamento de sua prisão devia ter sido obra de algum amigo remanescente no governo — e ele tinha muitos —, mas aquilo não ia durar muito. A luta em São Paulo se agravava, seus jornais paulistas estavam cada vez mais agressivos contra Getúlio e se aquela situação progredisse ele acabaria preso para valer.

Da Vila Normanda ele comandava os jornais pelo telefone (que imaginava sob censura) como se estivesse na redação. Ligou para Belo Horizonte dando ordens para que fosse mandado para a frente sul, na boca do túnel situado na cidade de Passa Quatro, o repórter Rubem Braga, do *Estado de Minas*, cujo texto cuidadoso e cheio de estilo ele já elogiara publicamente algumas vezes. A boca mineira do túnel estava tomada por tropas governistas. Na outra ponta dele, já na cidade de Cruzeiro, em território paulista, estavam as tropas insurrectas de São Paulo. Para lá ordenou ao irmão Oswaldo que fosse enviado o jornalista Arnon de Mello, e pediu que transmitissem uma última ordem a Athayde, que lutava em Campinas: mesmo alistado e dando tiros, ele não podia se esquecer de que era, antes de tudo, um jornalista. E que, portanto, arranjasse meios de mandar noticiário regular para os jornais de São Paulo sobre os acontecimentos da frente norte. "Diga ao Caboclo que um dia essa guerra vai acabar", insistiu com Oswaldo, "e se ele quiser o emprego de volta vai ter que trabalhar todos os dias lá no *front* campineiro."

Em cada conversa telefônica Chateaubriand acumulava mais informações sobre o momento político para poder tomar alguma decisão quanto a seu próprio destino. Do *Estado de Minas* ele recebera um violento manifesto contra o governo, lançado dois dias antes por seu arqui-inimigo Artur Bernardes. No documento, o ex-presidente anunciava que tinha decidido ficar ao lado dos paulistas:

Não me preocupam as consequências que me possam advir da franqueza com que me dirijo à nação. Tampouco indago se ela pode ocasionar-me amanhã a perda da liberdade ou da própria vida. Na minha idade, quando já se deu o máximo do esforço pelo bem da pátria, é ainda uma felicidade possuir-se alguma coisa que se lhe possa oferecer em momento de extrema gravidade como este. Brasileiros! A nação não pode permanecer de cócoras! São Paulo encarna os anseios do povo e os interesses supremos do país! Viva São Paulo! Viva o Brasil! Viva a causa constitucional!

Viçosa, agosto de 1932
Artur Bernardes

Chateaubriand sabia que o ex-presidente havia viajado para Viçosa, transformada em seu *bunker* na Zona da Mata mineira, ainda em meados de abril, quando fervia a conspiração paulista. Bernardes fizera uma demorada viagem de trem do Rio até sua cidade natal, acompanhado de mais de quinhentos correligionários. Nas estações ferroviárias de cada cidade onde o trem parava, manifestações de milhares de pessoas organizadas para recebê-lo acabavam se transformando em comícios contra Getúlio e a favor da redemocratização do país. Em uma de suas viagens a Minas, Chateaubriand foi informado de que nos últimos três meses, previamente articulado com os paulistas, Bernardes tinha acumulado um verdadeiro arsenal em sua fazenda nas imediações de Viçosa, de onde, dizia-se, pretendia sair à frente de uma coluna em direção ao Espírito Santo tão logo São Paulo se levantasse em armas. Ao tomar conhecimento da veemência do manifesto do ex-presidente, o jornalista concluiu que teria de esquecer as velhas divergências com aquele "esposo místico do nacionalismo" e arranjar um meio de partir imediatamente para a Zona da Mata mineira.

O contato era Filipe Daudt de Oliveira, o mesmo que o ajudara como pombo-correio anos antes, durante a amarração do "namoro" que ele alcovitara entre Antônio Carlos e Getúlio Vargas na campanha eleitoral de 1930. Como ele, Filipe também rompera com Vargas e agora montara no Rio uma cabeça de ponte para os revoltosos paulistas. Muito ligado a Bernardes, ele saberia o que fazer para Chateaubriand chegar a Minas clandestinamente. Pediu que alguém trouxesse até sua casa-prisão o amigo, e contou que quem conseguia, no Rio, os salvo-condutos falsos para passar pelas barreiras federais em direção a Minas era Clélia, a filha de Artur Bernardes, casada com o jovem diplomata Carlos Alves de Souza. Graças aos documentos falsos arranjados por ela, revelou-lhe Filipe, dezenas e dezenas de civis, oficiais e alunos da Escola Militar do Realengo, no Rio, tinham conseguido chegar incólumes à Zona da Mata e aderir às forças que Bernardes organizava.

O jornalista precisou esperar algumas semanas, e só deixou o Rio quando chegaram notícias seguras de que havia diminuído o rigor da fiscalização e das barreiras no trajeto até Viçosa. Com um falso salvo-conduto (idêntico aos que eram emitidos pela Polícia Central), documentos falsos e bilhetes de viagem emitidos apenas em nome de "Francisco Bandeira" — sem os sobrenomes pelos quais era conhecido —, Chateaubriand acabou só embarcando secretamente na noite do dia 6 de setembro, uma terça-feira, numa das cabines do noturno da Estrada de Ferro Leopoldina. Além da documentação forjada, Clélia Bernardes lhe dera contatos em todas as paradas e baldeações que teria de fazer quando o trem entrasse em território mineiro: na cidade de Além Paraíba, a primeira de Minas onde o trem parava, um contato o procuraria com uma caixa de ferramentas que deveria ser entregue ao pessoal de Bernardes. Chateaubriand levaria em mãos dois documentos dirigidos ao ex-presidente da República: um relatório da base de apoio no Rio, que colocava à disposição dos revoltosos de Minas um fundo de 3 mil contos de réis, e uma carta de João Neves da Fontoura, na qual o político gaúcho anunciava sua adesão aos paulistas e à resistência que se organizava em Minas. Na cidadezinha de São Geraldo, a meio caminho entre Visconde de Rio Branco e Viçosa, quando parassem para que o vagão-dormitório fosse separado da composição, ele seria procurado pelo "coronel" João do Calhau, chefe político local e aliado de Bernardes. A partir de então o "coronel" seria o responsável por sua segurança até chegarem a Teixeiras, lugarejo situado poucos quilômetros depois de Viçosa, de onde um carro os transportaria até Araponga, lugar da fazenda onde Bernardes mantinha centenas de homens armados.

Quando o trem estacionou para uma baldeação em Além Paraíba o contato apareceu. Era um oficial da Polícia Militar à paisana que lhe dirigiu apenas uma pergunta:

— Francisco Bandeira?

Chateaubriand confirmou com a cabeça e o homem informou que havia embarcado como bagagem desacompanhada, no novo trem que os levaria a partir dali, não apenas uma, como lhe haviam informado no Distrito Federal, mas 23 caixas de ferramentas seladas com a marca da Fundição Mineira do Rio, a serem entregues ao sobrinho de Bernardes, Otávio, que comandava os guerrilheiros acampados em Araponga. O jornalista entrou de novo no trem, já de madrugada, e cochilou um par de horas no vagão-dormitório. Despertou com as sacudidelas do trem parando na estação de Ubá. A enorme movimentação de policiais civis fazendo perguntas e exibindo armamento pesado na plataforma não o animou a descer sequer para um cafezinho. Baixou um pouco o vidro da janela da cabine e viu um delegado de polícia exibindo aos passageiros que haviam descido "o equipamento que usamos para fazer paulista falar": era uma coleção de alicates ("para arrancar unhas", explicava o policial) e torniquetes de metal semelhantes a algemas ("para espremer pulsos, tornozelos e outras partes mais delicadas do corpo humano", contava entre gargalhadas).

O trem voltou a partir e só parou com dia claro em Rio Branco, onde uma numerosa barreira policial revistava e exigia salvo-condutos de todos os passageiros que desciam à plataforma. Por cautela, Chateaubriand preferiu ficar na cabine, cuidadosamente trancada por dentro. Por uma fresta da cortina acompanhava a movimentação dos policiais no lado de fora. Sua espinha gelou quando ouviu o que parecia ser o chefe dar ordens para que um negro forte, levando nas mãos uma carabina, "varejasse" o interior dos vagões para ver se "ainda tem gente dormindo lá dentro". O homem entrou pelo trem e o jornalista ouvia o barulho de suas passadas aproximando-se e do movimento que fazia nas maçanetas ao abrir, uma por uma, as portas das cabines recém-abandonadas pelos passageiros que haviam descido. Acabou tentando abrir a porta da sua. Ele ficou em silêncio. O homem bateu três vezes e perguntou:

— Tem alguém dormindo aí dentro?

Silêncio absoluto. Sentado na cama, Chateaubriand nem respirava. O homem insistiu mais uma vez. Bateu e perguntou de novo:

— Tem alguém aí dentro?

Aparentemente imaginando que a cabine estivesse desocupada, desistiu e prosseguiu abrindo portas pelo corredor estreito, ao final do qual saltou para o vagão seguinte. O jornalista respirou aliviado, certo de que pelo menos daquele estava livre. Minutos depois os passageiros reembarcavam e a composição partia para São Geraldo, a meia hora dali, o ponto final da viagem de trem de Chateaubriand. Por sua janela descortinava-se uma manhã radiosa, com o sol fazendo subir ao céu anil uma nuvem de vapor do orvalho que caíra durante a noite sobre as intermináveis plantações de fumo. O trem diminuiu a velocidade ao chegar perto de um casario, até parar por completo na minúscula estação de São Geraldo. Pela fresta da cortina que voltara a fechar antes da parada total, ele viu uma cena que o amedrontou: o homem que chefiava os policiais em Rio Branco descia de um carro, acompanhado do negro que fizera a varredura no interior do trem. Junto com eles vinham mais dois policiais, todos armados de carabinas e com revólveres na cintura. O negro olhou para todos os vagões, como se tentasse identificar um deles, e apontou para o de Chateaubriand:

— Só pode estar neste aqui. Tenho certeza de que encontrei a tal cabine fechada.

O jornalista suava frio, e numa fração de segundos percebeu o que acontecia: o policial negro com certeza comentara com o superior que havia uma cabine trancada no trem, e agora eles estavam ali para pegá-lo. Quando os quatro bateram forte na sua porta, ele já estava composto, de gravata, paletó e chapéu sobre a cabeça. Simulou naturalidade, na esperança de que os documentos falsos garantissem sua passagem em paz. Foi o chefe dos policiais quem lhe dirigiu a palavra:

— Seu nome, documentos e salvo-conduto.

Ele enfiou a mão no bolso interno do paletó, calmamente, tirando o documento e o salvo-conduto que Clélia Bernardes lhe conseguira no Rio:

— Meu nome é Francisco Bandeira. Vou visitar um amigo que é professor em Viçosa.

O policial olhou os documentos sem desconfiar da falsificação, mas deu ordens para que ele os acompanhasse à plataforma, onde um grupo grande de pessoas já se aglomerava. O interrogatório que prometia ser rápido foi realizado ali mesmo, com todos em pé. Só o delegado perguntava:

— Por que o senhor se escondeu dentro da cabine, recusando-se a abrir a porta para o investigador?

Ele continuava impávido, com um sorriso nos lábios:

— Me desculpe, doutor, mas eu não sei do que o senhor está falando. Se foi de Ubá para cá, eu dormi o tempo todo. Tenho o sono pesado e se alguém bateu à minha porta eu não ouvi. Não teria motivos para não abri-la, meus documentos estão aí, meu salvo-conduto não está vencido.

O delegado parecia convencido de que aquela história era verdadeira quando um jovem de trinta e poucos anos, vestido num terno de linho branco, espichou o pescoço por cima do grupo, gritando:

— Doutor Assis Chateaubriand, o senhor? Preso, aqui neste fim de mundo?

O homem — o ex-deputado estadual Celso Machado, aliancista e getulista fanático e adversário político de Bernardes — abria caminho por entre os capiaus que se juntavam para ouvir o interrogatório, falando em voz alta:

— Delegado Soares, esse aí é o Assis Chateaubriand, dono dos Diários Associados, da revista *O Cruzeiro* e do *Estado de Minas*. Ele está com os paulistas carcomidos, está contra nós.

Pela segunda vez em um ano e meio suas aventuras como revolucionário chegavam ao fim sem que ele tivesse dado um único, um miserável tiro que fosse. Quando a polícia começou a revistar sua cabine, o chefe do trem comunicou ao delegado que o passageiro levava "quase meio carro" de bagagem desacompanhada, que tinha sido embarcada em Além Paraíba. Excitados, os investigadores foram até o vagão de carga e abriram um dos caixotes de madeira, em cujo interior havia milhares de balas de fuzil. Outra caixa, mais balas, e outra, e outra: o jornalista levava munição suficiente para uma semana de guerra. Junto com as caixas, a polícia confiscou os dois documentos destinados a Bernardes.

Algemado e posto no carro dos policiais, foi levado a Rio Branco, de onde comunicaram sua prisão pelo telégrafo ao secretário do Interior e chefe de polícia do estado de Minas, Gustavo Capanema. Chateaubriand ainda estava viajando de carro entre Rio Branco e Juiz de Fora, onde seria entregue às autoridades militares, e o telégrafo já espalhava por todo o Brasil a nota oficial assinada por Capanema festejando a prisão de alguém tão importante — e com uma bagagem que não deixava dúvidas quanto às suas intenções na Zona da Mata mineira. No mesmo carro em que o jornalista viajava, também ia, preso e escoltado, o temido "coronel" João do Calhau — o tal que deveria garantir sua chegada ao QG bernardista, em Araponga. Chateaubriand percebeu logo que, longe de ser o poderoso chefe político que imaginava, o preso não passava de um jagunço ignorante e violento, que tinha sido seduzido para o movimento não por razões políticas ou ideológicas, mas para realizar o sonho de que seu estado natal, Minas Gerais, finalmente pudesse ter mar. Na viagem ele contou que tinha entrado na revolução para comandar um batalhão que invadiria o Espírito Santo, anexando esse estado a Minas Gerais. "Se perdermos a guerra, doutor Assis", lamentava desconsolado, "vão por água abaixo meus planos de avançar os *alimite* de Minas até o mar."

Chateaubriand dormiu uma noite a sono solto no quartel do Exército, em Juiz de Fora, onde recebeu tratamento civilizado: o delegado encarregado de sua guarda era Fabriciano de Brito, sobrinho do ex-deputado federal mineiro Carvalho de Brito, que o jornalista ajudara a tirar da prisão em 1931, logo depois da vitória getulista. No dia seguinte, enquanto aguardava a escolta especial que o levaria de volta ao Rio de Janeiro, Chateaubriand recebeu na cela um *Estado de Minas* e um jornal oficial do Estado, o *Minas Gerais*. O seu jornal continuava dando em manchete de oito colunas o mesmo e monocórdio título que repetia todos os dias, desde 9 de julho, e que inexplicavelmente passava intacto pelos censores: "O movimento revolucionário contra o governo ditatorial". Já o *Minas Gerais* parecia estar noticiando outro movimento — o que para aquele era "revolucionário", para o jornal oficial era "movimento reacionário dos paulistas". A edição do *Estado de Minas* trazia, também na primeira página, a cobertura de sua prisão em Viçosa, tratada com cuidadosa neutralidade sob o título "Os acontecimentos da Zona da Mata" (considerada pelo *Minas Gerais* uma "fracassada tentativa de sedição"). Ali Chateaubriand tomou conhecimento da versão oficial da polícia, segundo a qual ele tinha sido preso "com nome falso" e portando "um arsenal de armas pesadas que se destinavam ao sr. Artur Bernardes".

Só naquele momento, também, é que o jornalista soube que, logo após prendê-lo, as forças do governo tinham avançado sobre a fazenda de Araponga. Depois de um combate que deixara mortos em ambos os lados, invadiram o lugar e prenderam Otávio Bernardes, sobrinho do ex-presidente e um dos comandantes da revolta. O tio, dizia o noticiário, tinha conseguido escapar, fugindo em direção à cidade de Ipanema. A gravidade da situação na região (e a importância dos personagens envolvidos) obrigou Capanema a enviar para lá o delegado Menelick de Carvalho, especialmente destacado para chefiar as investigações em Viçosa e imediações. A íntegra da carta de João Neves que Chateaubriand levava para Bernardes foi tornada pública, dando-se destaque ao trecho em que o gaúcho confessava seu temor de que o movimento paulista se encaminhasse "para dois rumos esboçados com inescondível precisão: o separatismo e o prussianismo".

A nota oficial de Capanema (na verdade, cópia de um telegrama-circular que enviara a todos os prefeitos mineiros) engrossava a lista de crimes cometidos por Chateaubriand, acrescentando alguns que efetivamente não eram de sua autoria — ou que cometera, sim, mas dois anos antes, e a favor de Getúlio. Além de "envolver-se em desordens junto com oficiais do Exército", o jornalista tinha sido o responsável "pelo corte de linhas de telégrafo e telefone, logo reparadas". Em outro comunicado distribuído à imprensa, Gustavo Capanema exibia como um troféu o telegrama que recebera do general Góis Monteiro, naquele momento alçado ao posto revolucionário de "comandante do Exército do Leste, ora chefiando a resistência militar em Resende, no estado do Rio". Góis cumprimentava o governador Olegário Maciel e seu secretário do Interior por terem "esmagado a sedição na Zona da Mata, reprimindo os mazorqueiros e conservando a ordem que tanto merecem o povo mineiro e seu honrado governo". Entre as saudações recebidas por Capanema, o *Minas Gerais* reproduzia o telegrama em que Celso Machado — o ex-deputado que identificara Chateaubriand em São Geraldo — congratulava-se com o secretário "pelo completo fracasso do movimento subversivo preparado para explodir nesta Zona da Mata".

Levado de carro de volta ao Rio, o jornalista foi entregue ao capitão Dulcídio do Espírito Santo Cardoso, tenentista radical que substituía João Alberto na chefia de polícia do Distrito Federal enquanto o titular combatia contra São Paulo. Para surpresa do detento, Cardoso mandou levar Chateaubriand não para a Casa de Correção, na rua da Relação, onde se encontravam dezenas de presos políticos, mas para a Detenção, um presídio comum que o obrigaria a conviver com criminosos e delinquentes. Ali permaneceu por menos de uma semana, sem ouvir nenhuma acusação formal contra si, nem qualquer notícia sobre o destino que teria. A direção dos Associados mandava um motorista duas vezes por dia à prisão para levar-lhe almoços e jantares especiais, comprados na Rotisserie Americana — repasto que compartilhava fraternalmente com um ladrão que era seu companheiro de cela durante o dia. Pelo portador da comida mandou avisar que só queria receber visitas caso houvesse alguma notícia importante sobre sua situação política. Mas, nesse curto período, pelo menos duas vezes conseguiu que o carcereiro Raimundo afrouxasse a vigilância, no começo da noite — quando ficava sozinho dentro da cela —, para receber "visitas íntimas" de falenas que Amâncio se encarregava de contrabandear como "irmãs do dr. Assis" para dentro do presídio.

Certa manhã, Dulcídio Cardoso apareceu pela primeira vez na cela, acompanhado de um fotógrafo que o encostou à parede e o fotografou "para a identificação criminal", segundo lhe informaram. Horas depois o capitão retornava trazendo um passaporte recém-emitido, ordenando que Chateaubriand o assinasse. Sem outra alternativa, cumpriu a determinação do militar, para ouvir dele, logo em seguida:

— Com essa assinatura espontânea, o senhor na prática está nos autorizando a providenciar sua deportação. Se o senhor se recusasse a assinar o passaporte, a polícia não teria como embarcá-lo à força.

Ficou intrigado e extremamente apreensivo com a notícia — afinal, segundo as informações vindas de fora, ninguém fora deportado até então, nem mesmo presos políticos paulistas que estavam na Casa de Correção e haviam se envolvido muito mais com o movimento. Será que as malditas caixas de balas embarcadas em Além Paraíba iriam mandá-lo para fora do país? Quis saber mais alguma coisa, mas Dulcídio Cardoso foi lacônico e ameaçador:

— São ordens do capitão João Alberto, que veio do *front* exclusivamente para cuidar do seu caso.

Cardoso voltou ao xadrez depois do almoço acompanhado de dois investigadores armados de pistolas, e comunicou-lhe a sentença que João Alberto tinha decretado para ele:

— O senhor tem duas horas para ir até sua casa e fazer uma mala de roupas. Não pode telefonar nem comunicar-se com ninguém: qualquer tentativa de quebrar essa incomunicabilidade será suficiente para que meus homens abram fogo. No final da tarde o senhor embarca para o exílio.

Na Vila Normanda, Chateaubriand ainda conseguiu driblar por segundos a vigilância dos policiais para sussurrar a Henri Gallon:

— Logo que eu sair, ligue para o Gabriel Bernardes n'*O Jornal* e diga que estou sendo deportado. Peça a ele para ir já para o cais e descobrir que navio parte hoje para o estrangeiro. Diga que é para ele levar algum dinheiro, que eu não tenho um níquel nos bolsos.

Retornou à Detenção e permaneceu incomunicável até as sete horas da noite, quando Dulcídio Cardoso veio buscá-lo:

— Tenho ordens para mandar embarcá-lo num navio japonês que zarpa daqui a pouco para Tóquio. Este é o delegado Brandão, que vai chefiar a escolta que o acompanhará até o porto. Ele já tem a passagem que compramos para o senhor e seu passaporte. Sua estada aqui na Detenção acabou.

O navio em questão era o *Hawaii Maru*, um misto de carga e passageiros de 20 mil toneladas, pertencente à Osaka S. K. Lines, da qual Chateaubriand se lembrava de ter visto anúncios de página inteira em *O Cruzeiro*, oferecendo cruzeiros turísticos pela Ásia. O *Hawaii* chegara ao Rio três dias antes para descarregar fardos de algodão e recolher café em grão. E partiria naquela noite para o Oriente, com escalas em Cidade do Cabo, Mosselbaai, Port Elizabeth, East London e Durban, todas na África do Sul, subindo depois a costa do oceano Índico, na África, com paradas previstas em Lourenço Marques (Moçambique), Mombaça (Quênia), Zanzibar e Cingapura para dali navegar até Kobe (e não Tóquio, como Dulcídio Cardoso imaginava), no Japão, onde a chegada estava prevista para o início de novembro — entre 45 e cinquenta dias depois de ter saído do Rio.

Ao chegar ao cais, pôde ver que o navio ainda embarcava sacas de café. Ao pé da escada que levava ao convés estava um pequeno grupo de homens, entre os quais identificou Gabriel Bernardes, acompanhado de um amigo. O diretor dos Associados entregou-lhe o único dinheiro estrangeiro que conseguiu arranjar em tão pouco tempo: cinquenta libras esterlinas. Quando um dos circunstantes, um brasileiro, se identificou como sendo gerente da Wilson Sons, empresa representante da O. S. K. Lines no Brasil, Chateaubriand fez o primeiro protesto:

— Doutor Bernardes, o senhor foi ministro da Justiça. É bom que esteja aqui para testemunhar a indecência que esse governo mofino está cometendo contra mim, com a cumplicidade da Wilson Sons.

O homem protestou:

— Desculpe, doutor Assis, mas ninguém nos disse que o senhor seria embarcado contra a sua vontade. Nós simplesmente vendemos ao governo um bilhete emitido em seu nome, nada mais. Só agora é que estou sabendo que o senhor está sendo deportado.

Quando soube que até a Cidade do Cabo teria de viajar em terceira classe, e só então ser transferido para uma vaga que seria aberta na primeira classe, Chateaubriand fincou pé e dirigiu-se ao gerente da empresa de navegação:

— Então o senhor corra até sua agência e mande trazer pelo menos uma cama de primeira classe para mim. Além de me embarcarem à força ainda querem que viaje numa enxovia? Nada disso, trate de arranjar a cama de primeira imediatamente.

Colocado na diminuta cabine, ele foi logo se dirigindo — em um inglês miserável — ao comissário de bordo Masaichi Yamada, encarregado de atendê-lo:

— Quero um exemplar em inglês da Constituição japonesa. Sei que vocês são obrigados a levar uma a bordo, e já que terei que ficar um mês e meio aqui, quero aprender mais alguma coisa. E preciso de uma audiência imediata com o capitão do navio.

Falando também em inglês, minutos depois o comissário retornava com a Constituição e uma má notícia:

— O capitão Oisi não pode atendê-lo. Pede que o senhor declare por escrito o intuito de sua entrevista.

Chateaubriand apanhou um pedaço de papel sobre uma mesinha de cabeceira e rabiscou, sempre com seus garranchos incompreensíveis:

Captain Hiroshi Oisi
> Master of *Hawaii Maru*

I am a lawyer and a journalist and I am being forced to board *Hawaii Maru*. This fact creates a serious precedent in international law and will cause diplomatic complications to your company and your country. You are the only one who can avoid this crime. I must speak to you immediately.

Rio de Janeiro, September 12, 1932
Assis Chateaubriand

Ele folheava desesperadamente a Constituição japonesa em busca de algum artigo que pudesse utilizar como argumento, mas o comissário voltou depressa demais: preocupado com o conteúdo do bilhete, o capitão queria recebê-lo imediatamente em sua cabine. Chateaubriand apertou o passo pelos corredores estreitos do navio, cujas máquinas já tinham sido postas em funcionamento. Hiroshi Oisi alegou o mesmo que o homem da Wilson Sons: ele não sabia de nada do que se passava, mas não queria se imiscuir em problemas internos dos militares brasileiros. A concessão máxima que poderia fazer era permitir que o jornalista desembarcasse na primeira escala do *Hawaii Maru*, na Cidade do Cabo. Chateaubriand teve um acesso de fúria, e tentava escolher as palavras corretas em inglês, para que não restasse dúvida do que pretendia dizer:

— O que o senhor está dizendo é que decidiu converter seu navio em prisão de um Estado que não o seu. Se permanecer em águas brasileiras comigo aqui dentro o senhor estará cometendo um crime. Se cruzar as águas internacionais, serão dois crimes. Crimes pelos quais o senhor terá que responder.

Surpreso com a veemência do jornalista, o capitão mandou chamar todos os oficiais para deliberar sobre a confusão que estava se formando. Antes mesmo de ser convocado, o chefe da radiotelegrafia do navio, Yosakichi Yamashita, entrou na cabine com a transcrição da mensagem que acabara de receber da Capitania dos Portos, exigindo que o navio zarpasse de pronto. Segundo as autoridades brasileiras, a hora prevista no plano de navegação tinha se passado fazia muito, e o navio precisava partir. O capitão deu ordens em japonês para que o *Hawaii Maru* fosse colocado em movimento. Quando o transatlântico começou a se mexer, apontando a proa para o mar, Chateaubriand sapateou e rangeu os dentes de raiva, mas não perdeu as esperanças. Logo chegavam à cabine o primeiro oficial de bordo e os dois engenheiros, tendo o capitão dado ordens para que o chefe de rádio e o comissário permanecessem ali. Falou alguma coisa com eles em japonês e virou-se para Chateaubriand, em inglês:

— Este é o comando do *Hawaii Maru*. Repita para nós a história que o senhor me contou.

O jornalista sabia que dispunha de pouco tempo — o navio já se movia em direção à baía — e tinha de ser convincente. Sem se preocupar com a fluência de seu inglês, fez um discurso inflamado para os perplexos japoneses:

— Estou preso porque sou um democrata. Sou dono de uma rede de jornais e revistas que não concorda com o governo deste país, um país que está em plena guerra civil. Na cadeia, assinei um passaporte sob coação policial. Nenhuma arma que a ditadura apontasse para mim me assustaria tanto como a permanência de mais de cinquenta dias no mar, contra a minha vontade.

Hiroshi Oisi interrompeu-o:

— Mas senhor Chateaubriand, eu já lhe disse que na escala da Cidade do Cabo eu autorizo seu desembarque. O senhor pode retornar a seu país em poucos dias.

Ele retomou o embalo, brandindo o passaporte no ar:

— O ilustre capitão se engana. Veja que meu passaporte só tem visto para o Japão. Eu não poderei baixar em nenhum dos portos em que seu navio fará escalas. Lamento dizer que a partir deste momento o senhor é meu carcereiro contra a minha vontade. Quero dizer aqui, para esta tripulação, o que repetirei em meus jornais e na minha agência de notícias até o último dos meus dias: se não me desembarcarem imediatamente, os senhores estarão sendo cúmplices de um crime contra um amigo do Japão. Tenho quilos de artigos defendendo a imigração japonesa para o Brasil, quando todos eram contrários. Se não me desembarcarem, o império nipônico vai carregar eternamente o opróbrio de ter se transformado na Sibéria de uma ditadura criminosa.

O comandante pediu que ele interrompesse por um minuto o que já era uma pregação, para que os oficiais pudessem confabular entre si — sempre em japonês. Falaram em voz baixa, todos com expressão de pânico no rosto, e deram-lhe de novo a palavra. Chateaubriand continuou, certo de que estava sensibilizando os japoneses:

— O que está havendo contra mim não é um processo judicial, nem mesmo um processo político. Sou vítima de uma vendeta pessoal. O capitão João Alberto, que ora me submete a esta humilhação, nem capitão de verdade é.

Já aos brados, passou a referir-se a João Alberto com terminologia que seria incompreensível até para muitos brasileiros, quanto mais para um espantado grupo de japoneses, chamando-o de "chefe de polícia bisonho", um "letras gordas", "um tenentinho reiuno, esquerdista sem curso de estado-maior e sem aperfeiçoamento na Missão Francesa":

— Só um rapaz ignorante como ele pode querer transformar o Japão na Sibéria brasileira. Eu não estou pedindo para descer. Estou exigindo, em nome da lei e do direito internacional, que os senhores me desembarquem imediatamente.

Os japoneses perceberam que estavam metidos em uma grande encrenca. Puseram o jornalista em uma cabine contígua à do comandante para poderem conversar mais livremente — providência desnecessária, já que entre si eles só falavam seu idioma. Trancado em uma salinha com dois sofás e uma mesa, Chateaubriand folheava revistas japonesas enquanto, cada vez mais ansioso, via as horas passarem. E o navio avançava mar adentro. Por volta da uma hora da madrugada ele sentiu que o barulho dos motores diminuiu de intensidade até parar por completo. Foi quando um marinheiro bateu à porta e pediu que ele o seguisse até a sala da torre de comando, onde a tripulação estava reunida. Visivelmente tenso, o capitão Oisi leu para ele o rádio que tinha mandado passar cinco minutos antes para a Capitania dos Portos, pedindo autorização para retornar ao porto "e desembarcar o passageiro Assis Chateaubriand, que viaja contra sua própria vontade, em contradição com as leis navais internacionais". O dia amanheceu sem que do continente viesse qualquer notícia, boa ou má. Durante todo esse tempo Chateaubriand permaneceu na sala do comandante, que não lhe dirigia a palavra.

Quando um taifeiro entrou trazendo uma bandeja com um bule, xícaras de chá e torradas, o jornalista dirigiu-se ao capitão perguntando se não haveria a hipótese de receber "algum queijinho europeu na cabine e, quem sabe, um cálice de vinho do porto?". Havia, sim. O taifeiro voltou com uma garrafa de porto e um queijo holandês, idêntico ao que na juventude de Chateaubriand se importava muito em Pernambuco. Aliviado e de novo bem-humorado, comentou o fato com o capitão, lembrando uma diferença: os queijos que apareciam em Recife, redondos como aquele, eram de uma marca que trazia um camelo impresso no alto — expressão que, na falta de palavras mais precisas, ele traduziu como *"a camel on cocuruto, do you understand, master Oisi?". Master* Oisi não só parecia não ter entendido como dava a impressão de que a única coisa que queria, naquela hora, era livrar-se daquele exótico e incômodo passageiro.

Às oito da manhã, chegou um rádio inesperado e ameaçador da Capitania dos Portos, que dizia apenas: 1) o *Hawaii Maru* não tinha autorização para retornar ao porto do Rio de Janeiro; 2) se o vapor não religasse os motores e deixasse imediatamente as águas brasileiras, a artilharia do Forte de Copacabana tinha ordens para colocá-lo a pique. Assinado, capitão João Alberto Lins de Barros, chefe de polícia do Distrito Federal.

18

Apesar de estar na alça de mira da artilharia do Forte de Copacabana, plantado a poucas milhas do navio, o capitão Hiroshi Oisi não se intimidou. Passou horas trocando por rádio comunicados com a Capitania dos Portos, insistindo em que qualquer agressão brasileira ao *Hawaii Maru* seria entendida como uma declaração de guerra ao Japão. Mas João Alberto e seus tenentes não estavam dispostos a recuar: se o navio não deixasse as águas territoriais do país imediatamente, seria afundado — e a responsabilidade seria do capitão. No meio da tarde chegou uma mensagem destinada a Chateaubriand, vinda do rádio de *O Jornal*: "Assunto deportação fugiu mãos polícia. Depois seu memorial dirigido capitão Oisi, embaixada chamou problema a si. Agora quem tem caso nas mãos é o embaixador Tatsuko Chichita. Assinado, Gabriel Bernardes".

O comandante do navio explicou ao jornalista que, diante da ameaça de torpedeamento da embarcação, ele se comunicara por rádio com a embaixada japonesa, transmitindo o bilhete inicial de Chateaubriand e transcrevendo a inacreditável mensagem assinada por João Alberto. A solução do impasse saíra do âmbito do Exército e da polícia e estava sendo discutida pessoalmente pelo embaixador Chichita com o Ministério das Relações Exteriores do Brasil. Chateaubriand comentou com Oisi que conhecia o embaixador japonês, com quem disputara objetos de arte chineses em um leilão promovido por uma igreja protestante inglesa do Rio de Janeiro.

Já fazia quase 24 horas que ele fora embarcado no navio quando um grupo de diplomatas da embaixada japonesa, chefiados pelo ministro-conselheiro Itiro Kondo, subiu a bordo do *Hawaii Maru* para tentar solucionar o problema. A missão entrevistou Chateaubriand, que repetiu toda a arenga que tinha recitado para o comandante do navio. Os diplomatas passaram mais algumas horas na cabine de rádio conversando ora com a embaixada do Japão, ora com o ministro Maurício Nabuco, encarregado pelo governo brasileiro de resolver o problema. Sem que se soubesse disto a bordo, Nabuco defendia junto a João Alberto que a única solução possível era aceitar Chateaubriand de volta, sob pena de o país infringir vários artigos do direito internacional público. Depois de 27 horas de escaramuças radiotelegráficas — tempo em que o navio permaneceu boiando na baía, a trinta milhas da costa brasileira, com os motores desligados —, o governo resolveu ceder: o *Hawaii Maru* continuaria no lugar em que se encontrava e um rebocador da Marinha iria até lá para trazer o preso para o continente. Chateaubriand ganhara a parada. (Se o *Hawaii Maru* de fato estava a trinta milhas do Rio, como consta do diário de bordo, o capitão não tinha mesmo motivos para obedecer a qualquer ordem vinda das autoridades brasileiras: naquela época a faixa marítima que era legalmente considerada "águas territoriais do Brasil" media apenas doze milhas.)

Levado à sala de Dulcídio Cardoso, Chateaubriand provocou o militar com bom humor:

— Como o capitão pode ver, estou aqui novamente. Espero que entenda a minha volta como uma demonstração de amor ao senhor e à prisão que dirige. Troquei férias prolongadas entre gueixas e crisântemos pela cadeia fedorenta em que o senhor vai me encerrar.

O jornalista passou mais duas semanas na Detenção. Durante parte do dia tomava sol no pátio interno, junto com centenas de presos comuns, e o restante do tempo ficava na mesma cela de antes — novamente dividida, durante o dia, com o ladrão que conhecera ao chegar de Minas. À generosa divisão da comida que os Associados mandavam entregar na cela, o preso agradeceu com um presente inusitado: um luxuoso relógio Jaeger-Le Coultre de ouro, do tipo patacão, que o ventanista confessou ter roubado em uma mansão da Zona Sul. Chateaubriand aceitou sem qualquer cerimônia e usaria o relógio durante muitos anos (sem nunca esconder sua origem), até que o presenteasse ao amigo Antônio Sanchez Galdeano, o "rei do estanho". Só no final de setembro, quando se travava em Campinas a última batalha da fracassada Revolução Constitucionalista, é que as autoridades decidiram transferi-lo para a Casa de Correção, onde estavam dezenas de presos políticos.

Tanto o noticiário sobre sua prisão como a tentativa de mandá-lo para o Japão foram rigorosamente proibidos nos jornais Associados do Rio e na revista *O Cruzeiro*. Em São Paulo, ao contrário, os dois jornais se esbaldaram com esses acontecimentos. Como as notícias chegassem do Rio trancadas e muitas vezes censuradas, tanto o *Diário da Noite* como o *Diário de S. Paulo* deram equivocadamente que o patrão tinha sido deportado no *Buenos Aires Maru*, corrigindo depois, também erradamente, para *Santos Maru* — e mesmo depois que Chateaubriand estava em terra firme, enrolado em um cobertor vermelho na prisão, continuaram noticiando que ele se encontrava em alto-mar, "rumo ao bárbaro exílio que a ditadura lhe impôs no Extremo Oriente". À notícia da deportação, o furibundo Oswaldo Chateaubriand reagiu com um artigo à altura da violência, intitulado "Inteligências de rato", em que traçava um retrato das perseguições de que os Associados eram vítimas:

Conforme telegrama que ontem recebi do Rio, o sr. Assis Chateaubriand viaja a estas horas a bordo do *Buenos Aires Maru* até o país dos crisântemos, destino que lhe é imposto pela viagem forçada nesse barco nipônico. Houve por bem a ditadura dos tenentes (pois que o sr. Getúlio Vargas é um trapo) perpetrar essa violência na pessoa do diretor d'*O Jornal* e do *Diário de S. Paulo* como castigo pela atitude que assumira na direção dos Associados — e a seus companheiros, como uma ameaça se lhe continuarem a obra. Mais uma vez os tenentes se afirmam como tipos de inteligência de rato, de que a nação já se fartou. A infâmia desses alarves, deportando o sr. Assis Chateaubriand, há de servir no mínimo para fortalecer a unidade espiritual e política dos Associados.

Foram arrolhados *O Jornal* e o *Diário da Noite* do Rio porque não quiseram servir a essa torva figura de celerado que é o sr. Getúlio Vargas; foi fechado espontaneamente o *Diário de Notícias* de Porto Alegre para não se cobrir de lodo aplaudindo a negra felonia do sr. Flores da Cunha; foram abafados o *Estado de Minas* e o *Diário da Tarde*, de Belo Horizonte, porque se recusaram a favorecer as ambições desses dois sacripantas que são Gustavo Capanema e Virgilinho de Melo Franco; continua perseguido em Recife o *Diário de Pernambuco*, que se obstina a combater esse poltrão e gatuno que é o sr. Lima Cavalcanti. Só restava à polícia do sr. João Alberto (que é a flor da malandrice dos tenentes) arredar do Brasil o jornalista que oferecera combate em campo raso à ditadura que se corrompeu na ambição, no tresvario da violência, nas sinuosidades da mentira, nos abismos da degradação e no crime perverso e consciente contra os interesses da nacionalidade.

Os tenentes são apenas um episódio efêmero e degradante na vida política da nação. E talvez fosse preciso mesmo que eles aparecessem, na sombra de seus crimes, para que o Brasil renovasse suas energias e reafirmasse perante si mesmo na grandeza emocionante de seu idealismo e na fé intimorata dos seus destinos. A paz dos pântanos recebê-los-á oportunamente no seu seio.

Se esbanjava adjetivos, Oswaldo Chateaubriand não exagerava ao fazer o inventário da razia de Getúlio contra os Associados. Até mesmo o *Estado de Minas*, que se equilibrava na tênue cordialidade mineira, acabaria acocorado pela força da censura. O que no começo era "o movimento revolucionário contra o governo ditatorial" passou aos poucos a ser chamado apenas de "movimento armado" para, no final de setembro, virar "movimento subversivo contra o governo provisório". Na revista *O Cruzeiro* não seria diferente. Sem nunca ter deixado de dar o rotineiro caderno de dez páginas semanais dedicadas à luta em São Paulo, ela também foi revelando aos leitores que aos poucos o garrote da censura ia se apertando. O título permanente da cobertura mudou de repente de "O movimento revolucionário paulista" para um prudente "O pronunciamento de São Paulo". Mesmo censurada, a revista fazia cobertura exuberante e criativa. Além dos fotógrafos que mantinha em cada frente, a partir de agosto *O Cruzeiro* destacou o artista plástico Henrique Cavalleiro (o mesmo que ilustrara os finalistas do concurso de contos) para percorrer os locais onde se davam os combates mais importantes e reproduzir, com elegantes bicos de pena, cenas de batalhas e retratos de comandantes e soldados. A revista resistiria aos trancos até o final da guerra, para no final do ano ser retirada de circulação por um mês, por pressão do governo.

A salvo de João Alberto e de seus censores, os dois jornais paulistas cobriram a revolução de maneira exemplar. Uma ideia do repórter Arnon de Mello faria o *Diário da Noite* multiplicar por quatro sua tiragem diária. Ao realizar uma entrevista com Góis Monteiro, na região do túnel, ele pediu ao general que dirigisse, por meio do jornal, um bilhete tranquilizando seus familiares quanto à sua segurança. A mensagem manuscrita foi transformada em clichê e estampada no jornal do dia seguinte. O repórter descobria ali um inesgotável filão jornalístico: pedia a cada soldado que encontrava no *front* que escrevesse cinco linhas para a mãe, o pai, a noiva ou os irmãos. Recolhia uma montanha de papeizinhos e os reproduzia, um por um, na edição do dia seguinte. Os mais emocionados, dramáticos ou poéticos eram separados e editados como ilustração, sob a forma de clichês. Poucos dias depois de iniciada a publicação dos bilhetes, os parentes dos combatentes também começaram a escrever à redação, respondendo às mensagens que vinham do campo de batalha. Com uma seção fixa intitulada "Correio da frente", que a cada dia ganhava mais e mais páginas (e leitores), o *Diário da Noite* se transformava, dessa maneira, no único meio de comunicação entre os soldados e seus familiares.

No dia 12 de setembro, quando chegou à frente norte a notícia de que Chateaubriand estava sendo embarcado para o Japão, Austregésilo de Athayde conseguiu transmitir um apelo emocionado à diretoria da Associação Brasileira de Imprensa, no Rio, agora presidida por Herbert Moses (então diretor-tesoureiro de *O Globo*), exigindo que a entidade "envidasse todos os esforços possíveis para impedir a consumação desse crime contra um associado dessa instituição". Athayde tinha consciência de que a ABI estava "tomada por esquerdistas e tenentistas" que no fundo deviam "estar festejando a deportação de Chateaubriand", mas nem por isso deixaria de enviar mensagens diárias para a associação. A julgar pelas atas das reuniões da ABI de todo o período em que o jornalista esteve preso, os temores do Caboclo procediam. Uma única vez Moses fez gestões junto às autoridades policiais, por meio de um curto telegrama: "Apelamos no sentido de evitar que o nosso colega Assis Chateaubriand siga viagem num navio japonês, a cujo bordo já se encontra". Ou seja, preferiu-se uma saída burocrática, em que a tentativa de deportação era tratada como uma "viagem". Nas 23 reuniões ordinárias ou extraordinárias da ABI realizadas durante a revolução paulista, emitiram-se votos de pesar pelo falecimento de jornalistas, falou-se muito de novos associados, de auxílio-funeral, de descontos em passagens de avião, e muito pouco, quase nada, sobre as dezenas de jornalistas que entupiam as cadeias do Rio de Janeiro.

Na chamada sala da capela, Chateaubriand media a derrota de São Paulo pela quantidade e pela importância dos presos paulistas que iam chegando. Aos poucos ele viu entrarem os ex-deputados federais Altino Arantes, Ataliba Leonel e Manuel Vilaboim, o poeta Cassiano Ricardo, os jornalistas Plínio Barreto, Cásper Líbero e Paulo Duarte, os irmãos e também jornalistas Francisco e Júlio de Mesquita Filho e Ibrahim Nobre, que ficaria conhecido como "o tribuno da Revolução de 1932". Os dias se passavam, e como não recebesse notícias do irmão, Chateaubriand temeu que algum outubrista fanático pudesse querer fazer justiça com as próprias mãos contra o jornalista que fora tão insultuoso contra Getúlio Vargas e seus tenentes. Para seu alívio, um dia acabaram entrando juntos na sala da capela Oswaldo e Austregésilo de Athayde. No mês e meio que passou preso no Rio, Chateaubriand manteve um comportamento singular: acometido do que chamava de "complexo de encarcerado", recusava-se a receber visitas (exceção feita às femininas, quando conseguia a cada vez mais rara complacência do carcereiro) e pediu a Dulcídio Cardoso que lhe conseguisse uma enxada e o autorizasse a plantar uma pequena horta de verduras nos fundos da prisão.

Com a capitulação formal de São Paulo, no dia 2 de outubro, a prisão superlotou. Foi aí, com as informações vindas de fora, que ele teve noção do estrago que Vargas e os tenentes tinham produzido nos seus jornais. Em Porto Alegre, o *Diário de Notícias* continuava fechado, sem perspectivas de reabrir tão cedo. Em Minas e Pernambuco, a censura tinha transformado o *Estado de Minas*, o *Diário da Tarde* e o *Diário de Pernambuco* em meros boletins de divulgação de comunicados oficiais do governo — que agora era "governo" mesmo, pois a palavra "ditadura" tinha sido esvurmada à força de suas páginas. No Rio, a vendeta tinha sido completa. Não satisfeitos de retirar de circulação os dois jornais e *O Cruzeiro*, um grupo paramilitar tinha saqueado a Vila Normanda. Na verdade o jornalista pouco se importou que tivessem levado dinheiro e prataria — mas ficou possesso ao saber que a pilhagem tinha subtraído as telas com que pretendia iniciar uma coleção para, quando fosse possível, criar "um museu de arte antiga e moderna". De lá "a cachorrada tenentista" tinha levado três Eliseu Visconti, dois Souza Pinto, dois Batista da Costa e um Pedro Américo — quadros que Chateaubriand passaria as décadas seguintes tentando localizar. Em São Paulo, a derrota para as forças federais se refletiria de imediato em seus jornais: o *Diário de S. Paulo* continuou circulando, mas sob censura rigorosa, e o *Diário da Noite*, sem dúvida devido à virulência de Oswaldo Chateaubriand, acabou sendo fechado por mais de dois meses.

No dia 4 de outubro, quando completava quarenta anos, Chateaubriand recebeu por poucos minutos a visita de Dario de Almeida Magalhães. O dirigente dos Associados de Minas transferira-se para o Rio para socorrer os veículos locais, mais vitimados pela crise que os mineiros. Como presente de aniversário, Magalhães levava a Chateaubriand uma dramática notícia: sua mulher, Maria Henriqueta, queria o desquite. Ele devia saber que mais cedo ou mais tarde aquilo acabaria acontecendo — pouco atencioso com a esposa, mulherengo incontrolável, um péssimo marido enfim, era evidente que seu casamento não seria eterno. Mas não podia imaginar que ia acabar daquele jeito: no dia de seu aniversário e dentro de uma prisão. Deprimido e indignado com a decisão da mãe de seu filho, o jornalista reagiu com uma única frase:

— Dê quinhentos contos de réis àquela vagabunda e nunca mais toque nesse assunto comigo. Está dado o desquite.

Até os coqueiros da Vila Normanda sabiam que Maria Henriqueta Barrozo do Amaral *não* era uma vagabunda — muito ao contrário —, mas não era esse o problema que Dario tinha de enfrentar agora. Embora quinhentos contos significassem uma infinitésima parte dos bens de Chateaubriand, Magalhães simplesmente não sabia de onde tirar tanto dinheiro da noite para o dia. Chateaubriand orientou-o:

— Dê 150 contos em dinheiro e mande passar para o nome dela um apartamento que os Associados têm em São Paulo, que vale uns duzentos contos. Os 150 contos restantes você diz que eu vou pagar a prestação, em promissórias que o Amâncio depois traz aqui para eu assinar. E pegue um recibo de tudo isso assinado pelo doutor Zózimo, pai dela. Com essa mulher eu não quero mais nada.

Embora a partilha proposta por Chateaubriand fosse de uma injustiça sem igual — legalmente os bens dele teriam de ser divididos em partes iguais entre ambos —, "Maria Branquinha" não fez qualquer objeção a isso, quando Almeida Magalhães lhe comunicou a decisão do marido. Ao mudar-se da Vila Normanda, ela deixaria a Chateaubriand um bilhete seco: "Levo daqui apenas o que tenho certeza que é meu". Como levara também o filho, os desafetos do jornalista espalharam a mentira que dizia que ela escrevera "Levo daqui apenas o que é meu — e o que não tenho certeza se é seu", uma ferina insinuação de que Fernando poderia não ser filho de Chateaubriand.

Mas, quando foi à cadeia no dia 4 de outubro para levar-lhe a proposta de separação, Dario de Almeida Magalhães ainda tinha outras más notícias para transmitir-lhe: os paulistas seriam todos deportados nos próximos dias, e com eles iriam para Lisboa o irmão Oswaldo e Austregésilo de Athayde. Pela primeira vez, Chateaubriand temeu que seu império estivesse ruindo de verdade. Com ele preso e o irmão no exílio, dificilmente alguém de fora da família poderia tocar o que sobrasse do rapa tenentista. Os outros dois irmãos, Urbano Ganot e Jorge, embora ocupassem cargos nas empresas, não tinham a mesma vocação dele e de Oswaldo — fosse para dirigir jornais e revistas, fosse para enfrentar as guerras políticas inerentes à profissão naquele Brasil tão cinzento para eles.

Outra visita, dias depois, trazia uma oferta de "alguém influente no governo". Desta vez o portador era Gabriel Bernardes, que, durante todo o tempo em que o dono estivera na clandestinidade ou na cadeia, resistira com valentia às investidas contra os jornais do Rio. O que "o governo" estava oferecendo a Chateaubriand — sem que se esclarecesse exatamente de quem tinha partido a iniciativa — era única saída para salvar o que restava de seu patrimônio: os jornais que estavam fechados permaneceriam assim até segunda ordem; os que continuavam funcionando circulariam sob censura rigorosa; a orientação política dos dois jornais mineiros seria dada por Virgílio de Melo Franco — com o que Afonso Arinos de Melo Franco, irmão mais novo de Virgílio, assumiria o lugar de Dario Magalhães na direção dos Associados em Minas (Dario, por sua vez, passaria a ser o presidente do que sobrasse das empresas do Rio). O preço da barganha nem era tão alto: ele teria de se mudar do Distrito Federal e confinar-se em São Paulo, lá permanecendo até que o governo federal reassumisse o controle da situação política — ou seja, até quando Getúlio bem entendesse. A proposta não fazia qualquer referência a *O Jornal* — "porque se tratava de área de influência direta do capitão João Alberto, e só ele podia deliberar sobre o destino a ser dado ao matutino". Chateaubriand precisava resolver depressa. Aceitava já ou nos próximos dias seria embarcado com seus colegas de xadrez nos três navios que levariam os presos paulistas para o exílio. O jornalista pediu 24 horas de prazo para pensar e responder se aceitava.

No Rio, a única empresa que tinha sobrevivido razoavelmente incólume era a Agência Meridional. Mas mesmo esta continuava à mercê dos tenentes. Dias antes seu diretor, Jaime de Barros, fora intimado a comparecer ao gabinete de João Alberto — que havia reassumido a chefia de polícia — para "prestar esclarecimentos sobre noticiário distribuído pela agência". Barros já imaginava o problema que o esperava. Na antevéspera uma tropa da cavalaria dispersara a golpes de sabre uma manifestação de apoio aos paulistas na esplanada do Castelo. A repressão fora coberta por repórteres da agência, fartamente fotografada, e o noticiário distribuído aos ainda raros clientes da Meridional. O jornalista foi colocado em uma sala, onde logo depois entrava João Alberto com um pedaço de papel na mão — como previsto, uma cópia do despacho distribuído aos jornais. Sem um cumprimento, o capitão apenas perguntou:

— O senhor assume a responsabilidade pelo que está escrito aí?

Jaime de Barros passou os olhos pelo papel e confirmou:

— Inteiramente, capitão.

João Alberto reagiu mal:

— Mas isso não é verdade, a polícia não carregou contra a multidão e não dissolveu o comício.

O jornalista se ofereceu para ir até a redação da agência buscar as fotos que comprovavam a violência policial. João Alberto percebeu que Barros não se intimidara e passou a discorrer sobre a ineficácia do uso da violência para reprimir a oposição. Ele próprio, sublinhou ameaçador, tinha em mente métodos mais eficientes que o uso de sua metralhadora para controlar comícios... e jornais. A advertência não precisava ser mais explícita: Jaime de Barros entendeu que o capitão estava preparando contra Chateaubriand alguma armadilha mais sutil que a prisão ou a deportação. Só muitos anos depois é que Chateaubriand viria a saber que, embora tenha sido o executor da ordem, João Alberto considerara sua tentativa de deportação "uma imbecilidade" — pois acreditava que, organizando campanhas difamatórias contra o governo no exterior, Chateaubriand se tornaria um adversário mais incômodo e nocivo do que permanecendo no Brasil. Quando os "outubristas" mais radicais decretaram a deportação para o Japão, João Alberto expôs sua posição diretamente a Getúlio:

— Presidente, é inútil deportar Chateaubriand, se ele continuar a borbulhar suas ideias pelo mundo afora. Mesmo exilado ele continuará a fustigar o governo. Vai editar um jornal qualquer no Japão, na Polônia ou na Tchecoslováquia e de lá vai continuar mandando flechas envenenadas contra nós.

Ante o silêncio indecifrável do presidente, o capitão concluiu com o que imaginava ser a "solução final" para conter o incontrolável ex-aliado:

— A única maneira de silenciar Chateaubriand é privá-lo de redações, linotipos, rotativas.

Quando fez a advertência a Jaime de Barros, na sede da Polícia Central, João Alberto — devidamente autorizado pelo presidente — já tinha posto sua estratégia em prática. O objetivo era tomar os jornais de Chateaubriand (senão todos, pelo menos *O Jornal*, que era conhecido como "o órgão líder dos Diários Associados", *slogan* que trazia impresso no cabeçalho) sem a violência dos radicais do Clube Três de Outubro, mas sob uma aparência legal e jurídica, tudo dentro das leis vigentes. Conhecendo a notória fama de mau pagador de Chateaubriand, o chefe de polícia começou a fazer contatos ou enviar emissários para procurar os principais banqueiros do Rio, de São Paulo, de Minas e do Rio Grande do Sul. A oferta que o governo fazia era tentadora: comprava as dívidas vencidas do jornalista por duas, três e, dependendo do caso, até quatro vezes seu valor real. Com Chateaubriand, Oswaldo e vários diretores presos, sem poder reagir, o plano parecia simples: compradas em nome de algum testa de ferro, as dívidas vencidas seriam executadas e a falência das empresas requerida. Sem disparar um tiro, sem quebrar uma linotipo, desmontava-se o pequeno e poderoso império com um peteleco, como um castelo de cartas.

João Alberto só não contava com um obstáculo quase intransponível: se o governo tinha medo das "flechas envenenadas" de Chateaubriand, os banqueiros tinham muito mais. Temendo as retaliações que inevitavelmente viriam quando o jornalista voltasse a emergir (e isso acabaria acontecendo, mais dia, menos dia), os banqueiros se fingiram de mortos. Entre enfrentar a fúria tenentista e correr o risco, dali a alguns meses ou anos, de topar de frente com Chateaubriand, nenhum deles teve dúvidas em optar pela primeira alternativa. Em todas as portas em que João Alberto e seus homens bateram, a resposta, com diferentes palavras, teve invariavelmente o mesmo tom: "Dívidas de Chateaubriand? Não, nosso banco não tem negócios com Chateaubriand".

A estratégia parecia ter naufragado, quando alguém descobriu que o alvo estava em São Paulo, e não era nenhum banqueiro. A partir de 1911, quando emigrara para o Brasil, o alemão Oscar Flues se tornara o maior importador e fabricante de equipamentos gráficos do país. Tendo em seu cadastro todos os grandes jornais e revistas brasileiros, a Oscar Flues & Cia. tinha sido a responsável por quase todas as compras e importações de equipamentos feitas pelos Associados desde a incorporação de *O Jornal*, em 1926. A partir de então, Chateaubriand se tornara o maior cliente da empresa paulista — que acabara abrindo um escritório no Rio, para atender à demanda carioca. Difícil mesmo, o tempo ensinaria a Flues, era receber qualquer dívida de Chateaubriand. Quando os emissários de João Alberto bateram às portas do escritório instalado em um andar inteiro da rua Florêncio de Abreu, no chamado "centro novo" da capital paulista, Flues tinha nada menos que 177 667$000 réis de dívidas já vencidas, contraídas por *O Jornal* e pelo *Diário da Noite* de São Paulo — uma bolada de dinheiro equivalente, em 2011, a cerca de 3,3 milhões de dólares.

Nunca se soube com precisão se João Alberto chegou mesmo a ameaçar o alemão para que vendesse a dívida (dizia-se, na época, que o governo acenou com a possibilidade de devolvê-lo para Hagen Westf, na Alemanha, de onde ele tinha vindo), nem se Flues sabia em que vespeiro estava se metendo, ou quanto teria custado a transação. Ou, até mesmo, se Flues não teria se animado a fazer a operação apenas como uma forma de receber o que lhe deviam. O certo é que poucos dias depois de procurado pelos homens de João Alberto (que se apresentavam como "emissários de um advogado do Rio de Janeiro"), ele escrevia duas cartas registradas secas, sem prolegômenos, endereçadas às empresas responsáveis pela publicação dos dois jornais — às quais simplesmente comunicava "que na data de ontem fizemos a transferência de todos os nossos créditos contra essa empresa ao dr. José Soares Maciel Filho, ficando assim liquidadas as transações diretas entre nós e devendo vossas senhorias se entenderem com o referido senhor, a quem cedemos nossos direitos [...]. Atenciosamente, Oscar Flues".

Maciel Filho, o homem escolhido por João Alberto para operar a rapina, era um jovem de menos de trinta anos, advogado e filósofo (tinha sido aluno de filosofia de Benedetto Croce, na Itália), que em 1954 seria apontado como o verdadeiro autor da carta-testamento deixada por Vargas ao suicidar-se. De posse dos créditos vencidos — no pacote adquirido a Flues havia títulos com até 35 meses de atraso —, simplesmente levou-os a protesto em um cartório do Rio. Mesmo que estivesse em liberdade, dificilmente Chateaubriand teria aquela dinheirama na mão para liquidar as promissórias. Com a direção dos Associados presa ou acuada pelo governo, aconteceu o que João Alberto previa: na edição do dia 10 de dezembro de 1932 a *Gazeta dos Tribunais*, uma espécie de diário oficial da Justiça, publicava a sentença do juiz da 6ª Vara decretando a falência da empresa S.A. O Jornal, cujos bens passavam automaticamente ao maior credor, Maciel Filho — ou seja, João Alberto. Embora pudesse ter comportamento idêntico com relação à S.A. Diário da Noite, de São Paulo (que se encontrava tão inadimplente quanto *O Jornal*), o chefe de polícia não queria mais encrenca com os paulistas que ele já tinha derrotado na guerra. Seu propósito era quebrar a espinha do "órgão líder" dos Associados. No primeiro artigo tratando do assunto, escrito meses depois, já com o país a caminho da liberdade, Chateaubriand diria que "o capitão João Alberto se apropriou bravamente das nossas máquinas, na inocente convicção de que um jornal se faz com peças de ferro e não com estilhaços da alma. Foi engazopado. Vimos que ele não passou de um pequeno tirano de subúrbio, fácil de contentar, porque deixando livres os jornalistas arrebatava-lhes apenas prelos e linotipos".

Mas nem todo mundo fora "deixado livre" nos Associados, como o artigo insinuava. No dia que a falência de *O Jornal* foi decretada, Oswaldo Chateaubriand e Austregésilo de Athayde já estavam degredados em Portugal. Nem mesmo Chateaubriand podia dizer que estava em liberdade. Embora tivesse o direito de ir e vir, os rigorosos limites impostos a ele eram os da cidade de São Paulo, oferecida pelo governo como *ménage* para seu confinamento. Na capital paulista, ele vivia em um amplo apartamento num prédio de três pavimentos da rua Senador Feijó, quase na esquina do largo São Francisco, no pedaço menos nobre do centro de São Paulo. Separado da mulher — o que fazia pouca diferença para seu dia a dia —, levara consigo o casal de mordomos franceses e apenas o que conseguira recuperar do butim da casa do Rio: três ou quatro telas de Cândido Portinari (que aparentemente não despertaram a cobiça dos saqueadores), um cachorro policial, suas roupas, alguns livros e o velho bombardino que o acompanhava desde os saraus da infância em Recife. Ele vivia no apartamento térreo, e no superior morava com a família seu irmão Urbano Ganot. Desse endereço forçado a única lembrança que ele guardou foi a de uma gafieira infernal, instalada do outro lado da rua, que tocava música estridente até o dia clarear. Com o confinamento forçado em São Paulo, emprestou a majestosa Vila Normanda do Rio para que Dario de Almeida Magalhães lá se instalasse com a família.

Levado quase à estaca zero, geograficamente confinado e, além do mais, abandonado pela mulher, com seus melhores amigos presos ou exilados, tendo tido seu principal jornal tomado à força e os outros à beira da falência ou de portas fechadas, equivocava-se quem supunha que ele estava morto. A primeira demonstração disso foi o aparecimento, nos tribunais do Rio de Janeiro, de um recurso assinado por Chateaubriand e por Gabriel Bernardes, tentando anular a sentença que decretara a falência do jornal e permitira que Maciel tomasse tudo o que existia no número 35 da rua Treze de Maio (máquinas, móveis, equipamento e inclusive o prédio — só se salvando a Agência Meridional, que por mero acaso tinha sido registrada como uma empresa de cujo capital *O Jornal* não participava). O recurso se baseava em uma filigrana técnica: os dois alegavam que o parque gráfico não podia ser tomado por Maciel, pois as máquinas tinham sido compradas com reserva de domínio — e assim, até que fossem integralmente pagas, pertenciam aos fabricantes, não aos credores. Quem respondeu ao recurso, em nome da parte contrária, foi o próprio Maciel Filho — cujo enorme memorial assinado, ocupando em letra miúda uma página inteira da *Gazeta dos Tribunais*, revelava que ele também não era flor que se cheirasse.

Tratando a representação de Chateaubriand e Bernardes de "um amontoado de chicanas e alicantinas baratas", José Soares Maciel Filho aproveitou a ocasião para expor à opinião pública as tripas de uma administração absolutamente irresponsável, a dos Associados. Como se borrifasse pitadas de sal nas feridas ainda abertas de Chateaubriand, ele foi arrolando, uma a uma, as mazelas que encontrara no jornal que acabava de tungar. Segundo suas próprias palavras, exibir o que havia nos arquivos dos Associados era "colocar à mostra toda a podridão e estourar um postema que corrói a vida nacional". Em síntese, Maciel acusava os Associados de ter desviado para as empresas catorze contos de réis da Caixa Beneficente dos Operários; de dever cinquenta contos de réis de salários atrasados aos quase setecentos gráficos das empresas, exatamente os funcionários mais modestos de toda a hierarquia interna; de *nunca* ter recolhido, depois de outubro de 1930, um só vintém de qualquer imposto, fosse ele municipal, estadual ou federal. Maciel descobriu mais: que desde 1929 as empresas não mantinham sequer escrita contábil regular; que o antigo prédio de *O Jornal*, na rua Rodrigo Silva, continuava hipotecado ao conde Modesto Leal, com máquinas e tudo, por 5 mil contos; que a nova gráfica, que Chateaubriand alegava encontrar-se sob reserva de domínio (equipamento que, Maciel garantia, agora lhe pertencia), tinha também sido penhorada à Caixa Econômica Federal por 8 mil contos, embora tudo isso rendesse, em uma contabilidade suspeita, apenas catorze contos de réis por mês.

Temendo que Chateaubriand pudesse retrucar que sob uma ditadura a Justiça não tinha garantias para julgar com independência uma causa política como aquela, Maciel tomou a iniciativa de enfrentar o assunto, na conclusão de sua interminável arenga:

> Sem garantias está o comércio, assaltado por empresas de chantagem como as dos Diários Associados. Sem garantias está a indústria, saqueada pela fome sem fim dos Chateaubriand. Sem garantias está o operariado, furtado nos dinheiros de sua caixa beneficente. Sem garantias estão os jornalistas que trabalham durante meses sem receber seus vencimentos numa empresa falida, sem escrita, sem bens, sem honra. Sem garantias estão os homens públicos de nossa pátria, atassalhados por essa escória sempre que não lhe abrem os cofres. Sem garantias está o requerente, que, reclamando direitos líquidos e certos, consagrados pela nossa legislação, se vê obrigado a lutar para que a lei seja cumprida.
>
> [...] Quando for aberta a falência da S.A. O Jornal verá vossa excelência de onde vinham os recursos que alimentavam a campanha contra a pátria. Bancos estrangeiros que tinham em sua carteira milhares de contos de duplicatas da S.A. O Jornal abriram contas correntes sem garantias para essa empresa. Companhias fornecedoras de papel guardavam em suas carteiras centenas de contos de crédito, entregando a matéria-prima onde se imprimiam as injúrias ao nosso Exército. Bancos nacionais ligados a empresas poderosas colocavam fundos para a campanha contra a honestidade administrativa do governo. E, enquanto isso, os operários gemiam, torturados pela fome. As leis de amparo ao proletariado não entravam em vigor nos jornais porque o ex-ministro do Trabalho era também associado aos Diários.

Com ou sem garantias, a Justiça ignorou o recurso de Chateaubriand e manteve com Maciel Filho a posse de todos os bens existentes no prédio da Treze de Maio. Animado com a vitória, o testa de ferro de João Alberto ainda mandaria reproduzir como matéria paga no *Jornal do Commercio* o memorial da *Gazeta dos Tribunais*. Sem ter um único jornal no Rio para responder, a Chateaubriand restou a humilhação de ter de pagar do próprio bolso um modestíssimo "A pedidos" no mesmo *Jornal do Commercio*, onde tentava ironizar o homem que lhe tomara os jornais, insinuando que "o vibrante artigo publicado ontem na seção ineditorial desta folha, escrito por José Soares Maciel Filho", tinha sido assinado, "evidentemente, por um pseudônimo". Maciel ignorou a alfinetada com olímpica indiferença e, cercado de policiais, tomou posse imediatamente de seu jornal.

No dia 14 de janeiro de 1933 as máquinas da Treze de Maio voltariam a funcionar para colocar nas ruas não mais o provocativo *O Jornal*, mas *A Nação*, um diário semioficial a serviço de Getúlio, de João Alberto e do tenentismo. Vacinando-se contra qualquer tentativa de boicote por parte dos gráficos, Maciel nomeou diretor de todas as antigas oficinas dos Associados o linotipista Henrique Stepple Júnior, diretor da UTLJ — União dos Trabalhadores em Livros e Jornais (uma espécie de sindicato dos gráficos da época), que dias antes tinha sido demitido de *O Jornal* por ordem de Chateaubriand, "por cumplicidade com os autores do esbulho". No primeiro dia de funcionamento, o novo dono da empresa anunciou também que estava desembolsando 49 contos de réis, pagos na boca do caixa para colocar em dia os salários dos 689 linotipistas, revisores e impressores que nos últimos meses não tinham visto a cor do dinheiro de Chateaubriand.

Nem a prisão, o exílio do irmão e dos amigos, a separação da mulher, o confinamento em São Paulo, a derrota na Justiça — nada disso tinha conseguido fazê-lo esmorecer. No dia seguinte à sua libertação, ainda no Rio, ele já tinha conseguido dez contos de réis com Mário de Oliveira para ajudar um dos exilados. Em uma carta que conseguiu fazer chegar às mãos de Lindolfo Collor, na Argentina, Chateaubriand contou ao ex-ministro do Trabalho que aquele dinheiro era parte de uma "subscrição" que ele estava levantando entre os amigos (e que esperava chegar aos quarenta ou cinquenta contos) para financiar uma viagem de Collor à fronteira do Paraguai com a Bolívia a fim de que ele pudesse realizar reportagens sobre a Guerra do Chaco. Em que veículo publicaria o material era um problema para se resolver depois. Na carta ele esclareceu quem tinham sido os misteriosos intermediários que haviam conseguido sua libertação, após 41 dias de xadrez, em troca das concessões a Vargas: eram os capitães Dulcídio Cardoso e Floriano Peixoto Nunes. Bem-humorado, dizia que, por não ter obedecido com polidez à ordem de "marchar para continentes exóticos", passara catorze dias na Detenção "nas companhias encantadoras de 'Broca Branca', 'Tangará', 'Moleque 5', 'Sete Zorras' e 'Moleque 30', que me transformaram em um perito em crimes". Ao se despedir, pedia a solidariedade do amigo para movimentar-se entre os exilados e denunciar o golpe contra o *Diário de S. Paulo*, que ele imaginava iminente. "Vê o que podes coordenar aí", terminava, "para evitar a catástrofe."

A catástrofe, na realidade, já havia se abatido sobre suas publicações. A tiragem da festejada *O Cruzeiro*, que no ano anterior chegara perto dos 100 mil exemplares semanais, caíra para pouco mais de 20 mil. Na tentativa de revigorar a revista, Chateaubriand chamou o jornalista Accioly Neto para ser secretário de redação, o advogado Martinho Luna de Alencar para chefiar a seção de contabilidade e seu primo Leão Gondim de Oliveira, trazido de Recife, ficou encarregado de cuidar dos projetos gráficos. Antes mesmo de a revista dar os primeiros sinais de recuperação, conseguiu vender ao Banco Noroeste, de São Paulo, um contrato de receita antecipada de publicidade no valor de setecentos contos. Mantendo a velha política de salvar as empresas em dificuldades com os lucros das que iam melhor, com esse dinheiro pôs de pé de novo o *Diário de Notícias,* de Porto Alegre. Apesar da miséria franciscana em que suas empresas se encontravam, obteve outro contrato futuro de anúncios, no valor de cinquenta contos, e mandou todo o dinheiro para os exilados da Argentina e de Lisboa.

Fiel ao lema que repetia sempre — segundo o qual "dinheiro é como curinga em baralho, só vem para quem já tem" —, decidiu que a melhor maneira de sair do buraco era fazer a rede de comunicações voltar a crescer. Sem ter um tostão no bolso, no caixa das empresas ou nas contas bancárias, procurou o presidente da General Electric do Brasil, Iman Greenwood, e anunciou que os Associados iam entrar no ramo da radiodifusão. Para perplexidade do executivo americano, encomendou a produção, na fábrica da empresa nos Estados Unidos, de uma estação de rádio de dez quilowatts de potência. Como no Brasil não havia uma única estação de rádio que tivesse transmissores de mais de um quilowatt, coisa que na América do Sul só existia na Argentina, Greenwood quis saber como Chateaubriand, na penúria em que se encontrava, pretendia pagar equipamento tão sofisticado. O jornalista não teve dúvidas:

— Com um contrato de publicidade de 10 mil dólares que a General Electric fará com *O Cruzeiro*, mais um de 8 mil dólares que o senhor conseguirá para mim nas redes de lojas que vendem seus produtos, estará garantido o dinheiro para a entrada do equipamento. Como um transmissor desse porte levará alguns meses para ser fabricado, na época da instalação da rádio uma boa parte dele estará paga. As prestações seguintes eu pagarei com a publicidade que vamos conseguir com a própria rádio.

Se o presidente da GE se espantou com a equação, surpresa maior teve o próprio Chateaubriand ao ouvir que da parte dele o negócio estava fechado — apesar de ser, para a época, uma cifra substantiva, bastaria consultar a matriz em Nova York para bater o martelo. Animado com a receptividade que sua proposta teve, correu atrás do velho amigo Samuel Ribeiro, que, embora fosse presidente da Caixa Econômica Federal (de onde não poderia mais sair um centil para Chateaubriand), se dispôs a fazer uma parceria com Guilherme Guinle e levantar algum dinheiro para o projeto da rádio. Além dele, o jornalista ainda conseguiu promessas de ajuda financeira do milionário comendador José Martinelli e, surpreendentemente, do mesmo conde Francisco Matarazzo que ele tanto azucrinara.

A dois meses das eleições para a Constituinte (apesar da guerra paulista, Getúlio decidira cumprir o calendário eleitoral proposto no ano anterior), a vida do país e a de Chateaubriand pareciam entrar vagarosamente nos eixos. Em fevereiro daquele 1933 o dono dos Associados resolveu testar o rigor da censura sobre os jornais de São Paulo, que aos poucos também retomavam a rotina anterior a 9 de julho de 1932. Como um piloto de avião que abandona um céu azul para embrenhar o aparelho em uma rota de nuvens negras, o jornalista procurava mais uma sarna para se coçar, ao mexer em um tema que se transformara num verdadeiro tabu para o governo Vargas. Embora nenhum jornal tivesse se atrevido a tratar do assunto em suas páginas, a conversa política que fervilhava em todos os cantos da cidade era uma só: a anistia. Sensível ao que acontecia em São Paulo, o governo deixou vazar informalmente a notícia de que os exilados que requeressem por escrito autorização para retornar ao Brasil teriam seus processos revistos e, dependendo da gravidade dos crimes de que eram acusados, poderiam receber salvo-conduto para se repatriar.

Querendo saber até que ponto Getúlio estava mesmo disposto a ceder, no final de fevereiro Chateaubriand escreveu um artigo sobre o assunto, criticando a exigência do requerimento para que qualquer exilado pudesse tentar retornar à pátria — pré-requisito que considerava uma humilhação a mais contra São Paulo. "Não está certo o governo ditatorial se procura fazer depender a volta do exilado de um requerimento dirigido ao chefe do governo provisório ou ao ministro da Justiça pedindo o seu regresso ao Brasil", escreveu. "A generosidade é o apanágio dos que têm consciência de sua força e de sua autoridade. Quando um governo se dispõe a usar medidas de brandura para com o seu adversário vencido no choque das armas, se ele não se serve dessa cordura com tato e com perfeita superioridade de alma, perde todos os efeitos que procurou tirar de sua política apaziguadora." Prudentemente, assinou com o estranho nome de "Visconde de Castellomelhor".

Como o artigo passou inexplicavelmente incólume pelos censores, Chateaubriand repetiu a dose no dia seguinte, batendo no mesmo tema e assinando de novo com o exótico pseudônimo. Mais uma vez o texto saiu impresso tal qual tinha sido escrito. Para o jornalista, aquele era um indiscutível sinal verde que Vargas lhe enviava, autorizando-o a escrever livremente sobre o assunto. Animado, no terceiro dia pegou um maço de papéis e atacou outra vez a questão:

Não se esqueça o ditador de que se houve no Brasil um homem aclamado como símbolo da oliveira da paz, entre 1929 e 1930, esse homem foi o sr. Getúlio Vargas. Se eu fosse o chefe do governo provisório não discutia mais com quem quer que fosse a questão da anistia: mandava um substancial navio do Loide a Portugal e outro ao rio da Prata, e nesses dois portos marcaria *rendez-vous* com os exilados políticos brasileiros dispersos pelos dois mundos, o velho e o novo. Não mandaria o navio avançar até nenhum porto francês, porque o exilado que foi para a França é um exilado mais ou menos abastado. Uma vez recolhidos a bordo os nossos compatriotas que hoje vivem fora do Brasil, eu passaria a examinar a situação dos civis e militares demitidos ou reformados ou que foram postos para fora da Marinha e do Exército. Admitiria a volta do maior número. E assim procederia às eleições, no Brasil, com vida nova.

Deu ao artigo o título de "A anistia", mandou colocá-lo no local mais nobre do jornal, o alto esquerdo da primeira página, lançou mão da velha ousadia e assinou com seu próprio nome, certo de que já não precisava mais esconder-se sob o "Visconde de Castellomelhor". Desta vez, entretanto, Chateaubriand se equivocara com relação às intenções do "símbolo da oliveira da paz". O *Diário de S. Paulo* começou a circular às quatro e meia da madrugada e às seis horas da manhã Henri Gallon atendeu às batidas na porta do apartamento na rua Senador Feijó. Eram oito homens à paisana, armados de revólveres, um deles trazendo nas mãos o jornal recém-saído das rotativas. Mandaram acordar Chateaubriand, e quando ele surgiu à porta o homem do jornal anunciou:

— Por ordem do general Valdomiro de Lima, interventor em São Paulo, o senhor está preso. Queira nos acompanhar.

19

Chateaubriand foi levado incomunicável ao presídio político do bairro do Paraíso, em São Paulo. Sem trocar de roupa nem tomar banho, trancado sozinho numa cela com porta de ferro e grades protegendo a pequena e alta janela, só três dias depois é que seria libertado. O carcereiro que lhe abriu a porta da cela — a maior autoridade com quem teve oportunidade de falar durante aqueles dias — disse apenas que "os homens lá dos Campos Elíseos", bairro onde ficava o palácio do interventor, tinham um recado para ele:

— Mandaram dizer que, toda vez que o senhor se meter a besta, volta para cá.

Chateaubriand continuaria a agir como se ignorasse a capacidade de repressão do governo — fosse para censurar seus jornais, fosse para prendê-lo tantas vezes quantas entendesse necessário. O que o intrigava era a solidão da luta que mantinha contra a ditadura e o tenentismo, o silêncio e a omissão das verdadeiras vítimas do nacionalismo e do esquerdismo daquela gente: os industriais, os empresários. No seu entendimento, até o interventor Valdomiro de Lima, um militar de alta patente, acabava desempenhando um papel mais significativo contra os tenentes do que "a burguesia" — suspeitas que talvez procedessem, pois meses depois Lima seria afastado da interventoria, tendo seu substituto mandado prender pessoas ligadas a ele. A insubmissão do interventor às ordens vindas do Distrito Federal ficaria clara na irônica resposta de Chateaubriand a uma carta que recebera do exilado Lindolfo Collor no começo de 1933:

Reinado de Valdomiro I, 17 de janeiro de 1933.

Meu Caro Collor:
Muito e muito obrigado por suas palavras e pelas promessas de colaboração com os Diários Associados na luta contra a ditadura. Não quero desmerecer da sua valia, mas não creio que os homens aos quais você se refere ouçam as palavras de um vencido que se encontra no exílio.
Há dois meses e meio lutamos contra a polícia do capitão João Alberto inteiramente sós. A burguesia nos deixou no inteiro desamparo, sem embargo da decla-

ração explícita do chefe de polícia de que o embate que travava era menor contra mim do que "contra os elementos conservadores encerrados nas nossas empresas, além de destruir", disse-me ele, "as chamadas classes conservadoras que tu representas em seus diários". E acrescentou: "Gozo o pânico de que elas estão possuídas, desejando preservar tua organização, mas sem coragem de enfrentar-me, sequer secretamente". Somos obrigados a reconhecer que o janota que dirige a polícia tinha carradas de razão. A burguesia toda ela se encolheu, enquanto o capitão covarde mói os Associados com uma desenvoltura lampioneira.

Aqui me encontro hoje no oásis que é São Paulo. Valdomiro cuspiu todos os tenentes joão-albertistas das posições em que eles se escoravam dentro da fortaleza paulista, e realiza um governo de aproximação com a opinião pública da terra que lhe mandaram ocupar. Aqui cheguei prófugo, tendo fugido do Rio garantido pelo generoso mecenas que é o Dulcídio Cardoso. Desembarquei na hora em que o Valdomiro acertava o ajuste de contas com o tenentismo. Você não faz ideia do que está sendo a decisão do governador militar de São Paulo nesta grande liquidação do saldo militarista.

Sou sozinho na imprensa de São Paulo a contestá-los, e acredito que já mobilizei uma corrente de opinião tão ponderada com os Associados que hoje Valdomiro já se afigura como um salvador destas plagas. Cumpre, meu caro Collor, lutar-se aqui, aceitando todas as alianças contra os tenentes. O Valdomiro é de um carinho maior que o do Andrada a nosso respeito. Você não faz ideia do escriba governamental que sou hoje aqui. E da liberdade que gozo! E das insolências que faço ao capitão João Alberto! E do que me rio das sucessivas ordens de prisão que ele manda contra mim e que o Valdomiro não obedece. Isso aqui é uma moenda, onde se reduz tenente a bagaço. O pessoal do capitão me ameaça todo dia de morte, há complôs, o diabo. E desejam que, malgrado tudo isso, eu ainda venha a perder *O Jornal* lá no Rio.

Mande o teu artigo, que inseriremos nos Associados vivos. Em Minas, Pernambuco, São Paulo e Porto Alegre podemos publicá-lo. Saudades a d. Hermínia e às meninas. O amigo de sempre,

A. Chateaubriand

Por ordem de João Alberto ou de quem quer que fosse, ser preso acabaria se tornando uma rotina para Chateaubriand durante o ano de 1933. Semanas depois de passar os três dias na prisão do Paraíso ele resolveu ir ao Rio. Como estava confinado em São Paulo, qualquer movimentação sua para fora dos limites da capital necessitava da prévia autorização de Valdomiro de Lima — este, afinal, tinha sido o trato para poupá-lo do degredo na Argentina ou em Portugal. Apesar de ter aceito os termos do acordo, o jornalista considerava uma humilhação não estar condenado a pena alguma, nem mesmo sendo processado, e ter de pedir permissão a um general para circular dentro de seu próprio país. Chamou o contínuo Edmundo Monteiro — um magricela de calças curtas que começara a trabalhar meses antes na redação dos *Diários* — e deu ordens para que ele comprasse uma passagem para o Rio no Cruzeiro do Sul, o trem expresso que ligava São Paulo à capital da República. Embarcou à noite e na manhã seguinte, quando descia na estação da Central do Brasil, no Rio, encontrou à sua espera um Dario de Almeida Magalhães preocupado: a polícia política já tinha passado nos Associados à sua procura. Quer dizer: ou ele estava sendo seguido, ou seus telefones estavam sob escuta, ou havia espiões da polícia nas redações. "O mais provável, doutor Dario", ele acrescentou, bem-humorado, "é que sejam as três coisas. Para esses assuntos, esta é uma ditadura competente."

Temendo por sua sorte, Dario achou melhor não irem para a redação (tomado por João Alberto o prédio da Treze de Maio, os Associados tinham voltado ao endereço antigo, na rua Rodrigo Silva), que certamente estava vigiada, e muito menos para o casarão da avenida Atlântica. Arranjaram a casa de um industrial amigo nas imediações das matas da Tijuca, onde Chateaubriand passou quatro dias oculto. Nesse período, escreveu seus artigos diários e os enviou ao jornal por um portador, com a recomendação expressa de que na abertura do texto não fosse cumprida a tradição de constar a procedência.

Após passar cinco dias escondido no Rio, e depois de previamente informado de que não havia qualquer acusação nova contra ele, resolveu se entregar ao novo chefe de polícia do Distrito Federal, o capitão Filinto Müller (João Alberto deixara o posto e se mudara para Recife, com os olhos voltados à sua futura candidatura a uma cadeira na Constituinte do ano seguinte pelo estado de Pernambuco), ex-participante da Coluna Prestes, da qual fora expulso para, anos depois, aderir à Revolução de 1930. Depois de ser fotografado, identificado e de ter deixado mais uma vez suas impressões digitais numa ficha de papelão, foi levado para uma cela onde permaneceu poucas horas. À noite, o próprio Filinto veio soltá-lo, sem esconder que estava ali para matar a curiosidade de conhecer de perto o jornalista que seus colegas de governo diziam "ter o diabo no corpo". Um homem enorme, de bigodinho fino, gravata-borboleta, o irônico Filinto disse que Chateaubriand lhe oferecia a oportunidade de fazer "o que mais aprecio como chefe de polícia: colocar alguém em liberdade". No caso, liberdade em termos — Filinto Müller destacara dois homens para escoltar o jornalista no Cruzeiro do Sul até São Paulo, de onde, insistia, Chateaubriand não deveria arredar pé sem salvo-conduto expedido pelo general-interventor. Seu inconformismo por ter de pedir licença para sair de São Paulo — coisa que ele jamais se sujeitou a fazer — o levava a pequenos deboches com o interventor. No alto de todas as cartas que escrevia aos amigos (tanto os que estavam no governo ou na oposição, no Brasil ou no exílio), em vez de "São Paulo, [...]" ele punha, como fizera na carta a Collor, "Reino de Valdomiro I, [...]". E antes de postá-las no correio ou entregá-las aos portadores, passava pela banca onde estava o censor de plantão e, provocativo, exibia o cabeçalho ao constrangido funcionário do governo. No mais, tinha mesmo que se submeter às exigências do acordo.

Em maio de 1933, eleita a Constituinte que seria empossada no fim do ano, Chateaubriand recebeu em São Paulo a visita de Antônio Carlos. O ex-governador mineiro trazia um convite de Getúlio Vargas para que o jornalista fosse ao Rio para uma conversa — não era nada de especial, apenas uma conversa para quebrar o gelo que já durava um ano entre os dois. Chateaubriand foi categórico:

— Diga ao ditador que vou com muita honra, mas recuso-me a pedir permissão ao general Valdomiro para viajar. Vargas que cuide disso.

Antônio Carlos informou que o interventor estava avisado do encontro e os dois partiram no dia seguinte para o Distrito Federal. No gabinete do presidente, no Palácio do Catete, Chateaubriand abriu os braços ao ver Vargas:

— Ditador! É uma alegria revê-lo. Só agora posso agradecer as gentis férias que o senhor me ofereceu no império nipônico e que eu, impolidamente, recusei.

Sem responder à provocação, um Getúlio risonho e bem-humorado recebeu-o como se nada de grave tivesse acontecido entre os dois. Numa alusão pouco sutil às dificuldades que o governo encontrara para comprar as dívidas de *O Jornal*, o presidente deu o troco:

— Tu és invencível, Chateaubriand.

— Por que, ditador?

— Porque tens a teu lado os maiores banqueiros deste país. Sei mais de tua vida do que tu pensas. Mas sei que tu também sabes muito de mim. Quando chegar à velhice, gostaria que tu escrevesses a minha biografia.

Embora Antônio Carlos o tivesse advertido de que aquele seria um encontro para falar apenas de amenidades, Chateaubriand insistiu em conduzir a conversa para o lado político, para a revolução paulista. Quis saber do presidente as razões do governo para mandar João Alberto tomar-lhe *O Jornal*, e o presidente reagiu com uma risada solta:

— O problema é que tu tens muitos inimigos dentro e fora do governo, Chateaubriand. Posso dar dinheiro a João Alberto para fundar jornais, posso alimentar à tripa forra os jornais que nos apoiam, e ninguém se importa. Mas se é um favor para ti, vêm todos em cima de mim. E o diabo! Não posso fazer nada, nada por ti.

— Sei que há muito de velhacaria de sua parte no que o senhor está dizendo, ditador, mas há muito de verdade também. Os Diários Associados são objeto de um ciúme nacional. É como se nós fôssemos uma mulher bonita, de quem todos têm ciúmes.

Quando o assunto voltou à revolução paulista, Getúlio disse a Chateaubriand que iria revelar-lhe, em segredo absoluto ("guarda-o para minha biografia", brincou), um episódio ocorrido durante a revolução de julho do ano anterior — uma confissão que, vinte anos depois, poderia ser lida como um gesto premonitório do que seria o destino de Vargas:

— Uma tarde, no auge da luta, um ajudante de ordens veio comunicar-me que no Ministério da Guerra havia um grupo de generais desejosos de falar-me. Que queriam aqueles oficiais de mim?, indaguei. Queriam pedir-me que renunciasse para evitar o derramamento de sangue num Exército dividido. Mandei que viessem em duas horas.

Na sala mergulhada em silêncio absoluto, Vargas fez uma pausa teatral, voltou a acender o charuto que se apagara e apontou o dedo para uma porta do gabinete:

— Dirigi-me àquela salinha, sentei-me e, à Balmaceda, redigi meu testamento político. Escrito o que eu tinha a dizer à nação, peguei dois revólveres e pus um em cada bolso do paletó. Chamei o oficial que me fizera a comunicação e disse-lhe que assim que os generais chegassem ele deveria introduzi-los no gabinete presidencial. Eles não vieram.

A referência à história do presidente chileno José Manuel Balmaceda, que em 1891 se suicidara depois de derrotado politicamente, caiu como um raio sobre um Chateaubriand de olhos arregalados, excitado pelo impacto do que acabara de ouvir:

— Mas o que o senhor pretendia fazer com esses revólveres? E quem eram esses generais?

Vargas deu uma gargalhada:

— Não sei dizer-te, neste momento, o que faria com as armas. Quanto aos generais, nunca me interessei em saber quem eles eram. Parece-me até que depois promovi alguns deles.

Foi o presidente quem tomou a iniciativa de mudar de assunto e ir encerrando o encontro que já se estendia por quase uma hora. De pé, brincou com Chateaubriand:

— Chamei-o aqui porque vocês dos Associados me fazem muita falta.

O jornalista gargalhava diante do chefe do governo que fechara e tomara seus jornais, que o confinara em São Paulo e que semanas antes o tinha posto mais uma vez na cadeia:

— Pois é, ditador, desde que paramos de publicar seus retratos, nossas vendagens têm sido um desastre. Estou ansioso por poder tirar sua fotografia da gaveta, quero voltar a vender jornais e revistas às dúzias.

Como a autorização verbal do presidente para que ele deixasse São Paulo não tinha prazo determinado, Chateaubriand permaneceu no Rio por mais três semanas, de onde escrevia seus artigos diários, tomando sempre o cuidado de não registrar o nome da cidade na abertura dos textos. No primeiro deles, que a censura deixou passar, contou a razão de sua ausência do Distrito Federal, e mentiu quanto ao tempo que permaneceria na capital:

> Depois de quatro meses e meio de exílio nesse querido Portugal que é São Paulo, eis-me restituído, por três dias apenas, ao Rio de Janeiro. A princípio mandaram-me para o Extremo Oriente, que era uma espécie de Ponto Euxino da ditadura brasileira. Graças a um pequenino oficial da marinha mercante japonesa, voltei do Japão sem ter ali praticamente chegado. Foi quando me gratificaram com um ótimo exílio nacional.

No último artigo escrito no Rio, pela primeira (e raríssima) vez ele trata de assuntos familiares na sua coluna, ao referir-se ao filho Fernando, que deixara de ver fazia quase um ano:

Acabo de despedir-me do meu filho, a quem não via, a bem dizer, desde julho, quando arrebentou a revolução paulista e eu a ela me incorporava. A prisão, a perspectiva da luta em Minas, a evasão dentro do Rio e depois a partida, em dezembro último, para São Paulo, tudo dele me separara.

Na inocência de seus verdes anos, perguntou-me, à hora da despedida, porque eu me ausentava de novo do Rio:

— É sempre São Paulo que te leva daqui do Rio? — foi a sua interrogação.
— Mas, se a revolução já terminou, por que continuas longe de mim?

Tive de lhe explicar que em São Paulo, hoje, se joga a sorte da nacionalidade. A geração de 1933 responde pela unidade brasileira contra a invasão separatista.

Durante essa curta passagem pelo Rio, Chateaubriand descobriu que Filinto Müller tinha destacado um censor que se encarregava exclusivamente de seus artigos. Era o jornalista e médico recém-formado Álvaro Vieira (que depois da redemocratização viria a ser médico dos Associados), ex-repórter do jornal popular *A Batalha*, de propriedade de um bicheiro, e que fazia um "bico" trabalhando para a polícia como censor — isto embora acumulasse também a função de secretário político da célula do Partido Comunista no bairro de São Cristóvão. Depois de composto por Umberto Porta, o artigo subia sob a forma de prova tipográfica para Vieira, que consultava a lista de assuntos proibidos recebida diariamente da polícia antes de ir para o jornal. Quando Chateaubriand escrevia sobre algum tema incluído no *index*, Vieira cortava os trechos inconvenientes ou simplesmente proibia a publicação do artigo inteiro. O material cortado era guardado e entregue no dia seguinte ao delegado do DOPS na 4ª Delegacia Especial. Era comum Chateaubriand procurar Vieira, depois de vê-lo mutilar um texto seu, e tentar convencê-lo a reconsiderar a proibição. A conversa era sempre a mesma:

— Doutor Álvaro, o senhor é jornalista, não pode cometer uma barbaridade dessas. Isso aqui é um furo, uma informação que ninguém mais tem. Deixe passar pelo menos este parágrafo.

Diante da inflexibilidade do censor, tentava jogar sujo:

— Se o senhor permitir que este artigo saia publicado, eu lhe dou um emprego de redator com o salário duas vezes maior que o da polícia. Um emprego eterno, o senhor jamais será demitido dos Associados.

Ali Vieira não era jornalista, mas policial:

— Doutor Assis, nessa base o senhor não consegue nada de mim. Se o senhor quiser me dar um emprego no seu jornal depois que a censura acabar, eu aceito de bom grado. Mas essa troca que o senhor está propondo eu não posso aceitar.

Irritado, Chateaubriand saía berrando alto o suficiente para que o censor ouvisse:

— Esse filho da puta só podia ser comunista. Só queimando o rabo dele com um maçarico!

Apesar das dificuldades com a censura, o encontro com Getúlio tinha revigorado suas forças para remontar a rede. No começo daquele ano ele decidira dar outra finalidade ao dinheiro que arranjara com Samuel Ribeiro e Martinelli a pretexto de importar os transmissores de rádio: comprou a revista *A Cigarra*, um semanário feminino ilustrado que havia sido fundado em 1914, circulando apenas no eixo Rio-São Paulo, e conseguira angariar pouco prestígio entre seu público-alvo, as mulheres e os intelectuais. Entregou a direção da nova publicação ao poeta paulista Menotti del Picchia e transformou-a em uma revista de circulação nacional.

De volta a São Paulo, em julho, confiante na atmosfera afetuosa do encontro que tivera com Getúlio, autorizou Menotti del Picchia a publicar na revista uma reportagem festiva sobre o primeiro aniversário da revolução constitucionalista, que se comemorava naquela semana. Se traduziu o clima ameno da conversa com o presidente como um *nihil obstat* para seus atrevimentos jornalísticos, Chateaubriand conhecia Getúlio Vargas muito pouco — e seu governo menos ainda. No mesmo dia em que foi impressa, *A Cigarra* foi recolhida das bancas, proibida de circular, e a polícia prendeu seu dono, o diretor e o gerente, Laio Martins. Ao receber voz de prisão, o sangue italiano de Menotti del Picchia ferveu. Fez um discurso em altos brados contra a ditadura, contra Getúlio, contra os tenentes — e teve de ser levado à força para o presídio do Paraíso. Já habituado ao que chamava de "turismo carcerário", Chateaubriand foi conduzido sem protestos para outra prisão, situada no bairro da Liberdade, no centro da capital paulista.

Apesar do regime de incomunicabilidade a que estava submetido, conseguiu convencer um carcereiro, em troca de um emprego nos Associados, a contrabandear até a redação do *Diário da Noite* um artigo de elogios à política externa do secretário de Estado norte-americano Cordell Hull, que escrevera a lápis em quatro guardanapos de papel. A mesma censura que tinha sido tão dura com *A Cigarra* deixou passar o artigo intitulado "Moinhos de vento", de novo assinado por "Visconde de Castellomelhor". Na abertura, em vez de colocar o tradicional "São Paulo, 8 de julho", ele escreveu "Oco do mundo, 8 de julho" — certo de que aquilo poderia ser lido também como "o cu do mundo", identificando, pelo menos para os leitores mais atentos, o lugar onde ele se encontrava. Ao receber o *Diário* na cela, no dia seguinte, sorrateiramente levado pelo policial que subornara, viu que o artigo passara sem que a censura mexesse em uma vírgula — e muito menos na assinatura ou no "oco do mundo". Certo de que o carcereiro não entenderia sua letra, animou-se a mandar o artigo intitulado "Filipe de Oliveira e a revolução paulista" — assinado com seu próprio nome e com a identificação precisa do lugar em que se encontrava, sem recorrer a metáforas. Homenagem ao amigo que falecera em fevereiro daquele ano, quando dirigia o *Diário de Pernambuco*, o artigo era claríssimo quanto à sua condição de preso político:

São Paulo — Presídio da Liberdade, 9 de julho de 1933 — Escrevo estas linhas descosidas sobre Filipe de Oliveira a 9 de julho, na prisão da Liberdade. Não posso deixar de reconhecer tanta gentileza da ditadura. Concedeu-me a graça de um ameno porão, onde devo comemorar a vitória da Revolução Constitucionalista. As prisões políticas de São Paulo designam-se por nomes amáveis. Chamam-se uma, a Liberdade, e outra, o Paraíso.

Estou recolhido ao presídio da Liberdade e, por ironia do destino, quando o delegado de Ordem Política e Social (homem civilizado, diga-se entre parênteses) perguntou ao chefe da censura por ordem de quem eu marchava para a "Liberdade", o bruto respondeu secamente: "Por ordem dos Campos Elísios".

Assim é, pois, que me encontro na "Liberdade" por ordem dos "Campos Elísios". É um sortimento completo de urbanidade, ornamentado com galas do céu e com o festão mais garrido da vida, que é a liberdade. Comemoro São Paulo, Filipe e o 9 de Julho de uma maneira perfeitamente cívica e elísia.

Nada feito. Inteiramente vetado, o artigo só sairia publicado (com a advertência de que havia sido escrito naquela data e circunstâncias) muitos meses depois, no aniversário da morte de Filipe, quando o país vivia de novo sob a democracia e a censura havia sido abolida. Curiosamente, nos seis dias seguintes em que esteve preso, diariamente o carcereiro levava ao *Diário* um novo artigo do "Visconde de Castellomelhor", que passava pelos censores sem qualquer problema, pois não fazia menção, no alto, à procedência. Debochado, tão logo foi colocado em liberdade Chateaubriand escreveu um artigo agradecendo a colaboração de "Castellomelhor":

Volto agora a ocupar a seção de que tão criteriosamente se desempenhou, durante a minha curta ausência, o meu venerando amigo Visconde de Castellomelhor. Apresento a esse fidalgo paulista todas as escusas pela situação subalterna em que ele voluntariamente se coloca, toda vez que me afasto de São Paulo e do círculo de amigos a quem me ligam tantos laços de coração e de amizade. Não é o Visconde de Castellomelhor apenas um escritor probo, sensato, de boa lei e do mais rijo cerne bandeirante. Ele é ainda de uma modéstia sem par. Desde o dia em que cheguei a São Paulo, há sete meses, consagrou-se à tarefa da substituição temporária do autor desta coluna [...]. Diz o Visconde que não deseja ser mais do que um primeiro suplente do redator do *Diário*.

Muito tempo depois o jornalista Rubem Braga ficaria intrigado com a presença na redação de um funcionário que chegava todos os dias à mesma hora, deixava seu paletó pendurado na cadeira, lia jornais, saía e voltava no final da tarde para retirar o paletó e ir embora, sem jamais escrever uma só linha. Apesar de nunca fazer nada, o misterioso personagem estava religiosamente às sextas-feiras na fila do caixa para receber o salário semanal — mais alto do que o da maioria do pessoal da redação. Curioso, Braga não resistiu e acabou perguntando ao sujeito o que era exatamente que ele fazia no jornal. A resposta não poderia ser mais honesta:

— Nada. Eu não faço nada aqui, só recebo meu salário. Eu sou o carcereiro que vinha trazer os artigos do doutor Assis quando ele estava preso na Liberdade.

Foi nessa época de censura rigorosa que Chateaubriand inventou um personagem fictício para assinar as notas em que ele baixava demais o nível, agredindo os adversários com vulgaridade e virulência tão grande que até ele próprio se constrangia de assinar com seu verdadeiro nome. Era o "Macaco Elétrico", inspirado no apelido depreciativo de um telefonista negro e desdentado da redação paulista. O personagem (que às vezes incluía a qualificação "Antiliberal e católico" depois do nome) ficaria tão conhecido que Chateaubriand decidiu continuar usando-o mesmo depois do fim da censura, toda vez que a agressão era baixa demais.

De qualquer forma, antes que o ano terminasse ele ainda desfrutaria mais alguns dias de "turismo carcerário" por causa de seus escritos insolentes. Uma vez mais Chateaubriand seria preso pela polícia de Filinto Müller, quando repetiu a proeza anterior de deixar São Paulo rumo ao Rio sem submeter-se à liturgia de pedir autorização ao interventor. Apanhado na casa de um amigo, passou dois dias na 4ª Delegacia Auxiliar (onde funcionava o Departamento de Ordem Política). Meses depois seria levado a purgar mais uma semana no presídio do Paraíso, em São Paulo, por causa de artigos ofensivos ao governo que, embora submetidos à censura, tinham sido publicados por descuido. Desta vez, até que a polícia conseguisse pôr as mãos nele, Chateaubriand passou uma semana escondido no haras do conde Sílvio Penteado, nas imediações de Osasco. Certo de que a polícia tinha esquecido a ofensa, tentou voltar à redação — e foi preso na porta do jornal.

Apesar de empenhado em pôr de pé de novo suas empresas, equilibrando-se entre os tenentes e a falta de dinheiro, ele conseguia arranjar tempo em seu confinamento paulista para iniciativas que nada tinham a ver com seus negócios, mas demonstravam seu interesse insaciável, onívoro e multifacetado. No início do ano ele se juntara a Roberto Simonsen e a José de Alcântara Machado para fundar a Escola de Sociologia e Política do Estado de São Paulo. O problema principal era dinheiro, e, embora Simonsen tivesse tirado de seu próprio bolso 170 contos de réis para doar à instituição que nascia, esses recursos ainda eram insuficientes. Quando foi convocado, Chateaubriand pôs sua alavanca para funcionar: em menos de um mês tinha tomado mais de cem contos, divididos em cotas doadas pelos condes Sílvio Penteado e Modesto Leal, por Samuel Ribeiro e por Guilherme Guinle. Até Percival Farquhar autorizou suas empresas no Brasil a entrar com dez contos de réis. Em alguns casos, arranjar os recursos não foi tarefa fácil. Para convencer o conde Modesto Leal — que vivia de emprestar dinheiro a juros — a doar vinte contos, ele teve de pedir a Virgílio de Melo Franco que explicasse ao miliardário lusitano o que significava a palavra "sociologia" e teve de inventar, por sua própria conta, uma sinuosa história sobre a importância da sociologia na luta contra o comunismo. Os jornalistas Cásper

Líbero, Otaviano Alves de Lima e Júlio de Mesquita Filho (respectivamente em nome da *Gazeta*, da *Folha da Manhã* e do *Estado*) entraram com mais quinze contos. Quando a escola foi afinal fundada, em maio de 1933, embora Chateaubriand fosse um de seus grandes animadores e fizesse parte de seu primeiro conselho, de seu bolso mesmo só tinham saído minguados cinco contos de réis.

Uma tarde Chateaubriand chegava ao jornal para trabalhar e, ao tomar o elevador do velho prédio dos Associados no vale do Anhangabaú, fica hipnotizado pela beleza de uma mocinha, ainda adolescente, que era levada pela mão por outra mulher, bem mais velha, que parecia ser sua mãe ou avó. Sobe até sua sala de trabalho sem desgrudar o olho da menina, e imediatamente mobiliza a todos para saber em que andar as duas tinham descido e o que tinham ido fazer no seu jornal. Minutos depois chegava a informação completa. A mulher mais velha era Cláudia Montenegro, galega que viera de Buenos Aires para cantar zarzuelas e operetas espanholas em boates de segunda categoria em São Paulo. A menina cuja beleza o deixara embriagado era Cora Acuña, de quinze anos, neta de Cláudia e atriz iniciante que já fizera sucesso em dois filmes nacionais, *O caçador de esmeraldas* e *Coisas nossas*. A avó tinha ido ao jornal para agradecer a cobertura que a seção de espetáculos tinha dado para uma apresentação sua num teatro de São Paulo.

Chateaubriand parecia tomado pelo demônio. Colocou repórteres na rua para descobrir, com a maior urgência, onde a menina morava. Tanto Cláudia como sua irmã Maria Montenegro (e a filha desta, Zulema) viviam com a órfã Cora numa modestíssima pensão na rua Santa Ifigênia, do outro lado do centro da cidade. Aos 41 anos, pouco importava a Chateaubriand que sua idade fosse suficiente para ser pai (alguns anos mais e poderia ser até avô) da menina que o enfeitiçara. Mandou comprar uma enorme e caríssima corbelha de orquídeas, que remeteu com um delicado cartão para a pensão onde viviam as Montenegro, a pretexto de colocar as páginas dos Associados paulistas à disposição da tão jovem atriz. Mais um dia e chegava à portaria da pensão — certamente pela primeira vez em toda a história daquela humilde casa de cômodos — um funcionário dos Associados com uma caixa de champanhe francesa Cristal endereçada à moça.

Menos de dois dias depois de Chateaubriand ter visto Cora pela primeira vez, na noite seguinte seu reluzente Dupont de bancos giratórios deixou sem fala os hóspedes da pensão ao recolher avó e neta para um jantar à luz de velas com o jornalista no elegante restaurante instalado nos altos da loja inglesa Mappin & Webb. No Rio, sem que ninguém lhe tivesse revelado nada, Dario de Almeida Magalhães desconfiou que alguma coisa deveria estar se passando entre o patrão e aquela adolescente — tal era a quantidade de ordens para dar, com todo destaque, fotos e notícias da quase desconhecida atriz Cora — ou Corita, como era conhecida — Acuña. Como as notícias eram transmitidas por telefone, muitas vezes o nome dela sairia grafado nos jornais do Rio como Cora "Cunha".

Nada disso, porém, tinha qualquer importância. A única coisa que importava é que Corita estava correspondendo à louca paixão de que Chateaubriand tinha sido tomado. Depois de ter obtido — sabe-se lá como — autorização da avó para saírem sozinhos à noite, os dois começaram a viver um tórrido romance. Semanas depois de conhecer Corita, Chateaubriand alugou um casarão de três andares na avenida Brigadeiro Luís Antônio, no elegante Jardim Paulista, onde passou a viver com a menina — que naturalmente carregou consigo o que o jornalista chamava de "o consulado espanhol": a avó, a tia-avó e a filha desta, Zulema. Para os inimigos de Chateaubriand, o que tinha havido não era a consumação de uma paixão, mas uma operação comercial, pela qual o jornalista tinha "comprado" a neta da avó.

Fosse pela diferença de idade, fosse pela deslumbrante beleza da nova mulher, Chateaubriand alimentava por Corita um ciúme patológico. Quando não estava em casa ou em companhia da avó, Corita era forçada a ir para os Associados, e lá passava as tardes plantada na sala e sob o olhar vigilante do marido. Numa dessas ocasiões o repórter Rubem Braga foi chamado à sala do patrão. Entrou e deparou com aquela mulher fascinante sentada num sofá. De cabeça baixa, Chateaubriand escrevia com sofreguidão, a lápis, o artigo do dia seguinte, aparentemente sem se dar conta de que o repórter estava à sua frente. De pé, o discreto Braga arriscava um rabo de olho para a beldade, naturalmente sem saber de quem se tratava. Sem erguer a cabeça, Chateaubriand acabou com a festa platônica do repórter:

— Pode desistir, seu Braga, pode desistir. Isto é mulher cara, não é mulher pro seu salário, não...

Ao sair da sala Rubem Braga deu telefonemas, fez algumas investigações, juntou fatos e descobriu que, indiretamente e sem sabê-lo, tinha contribuído para a concretização do romance do patrão com a linda mocinha que acabara de conhecer. Semanas antes ele tinha sido encarregado por Chateaubriand de fazer uma reportagem elogiando um condomínio residencial que estava sendo construído nos arredores de São Paulo pelo dono da Casa Godinho, tradicional importadora de bebidas e alimentos. Só então é que entendeu que, em mais um dos incontáveis atropelos à ética jornalística que Chateaubriand cometeria, a reportagem encomendada pelo patrão era o pagamento não de uma, mas de mais de vinte caixas de champanhe francesa despachadas pela Casa Godinho para a pensão de Corita como parte da corte que o jornalista lhe fazia.

Por incompetência da polícia, ou porque a iminência da instalação da Constituinte obrigasse a ditadura a afrouxar um pouco seus cordéis, a verdade é que, naquele ano de 1933, Chateaubriand ainda faria uma viagem ao Rio — sem pedir salvo-conduto a ninguém, e desta vez sem ser importunado. Na capital federal foi convidado para um almoço solene na casa de Drault Ernanny, que começava a se transformar em um próspero industrial. O amigo médico tinha acabado de montar uma sociedade com Alfredo Dolabella Portella e um grupo de industriais alemães, recém-chegados da Europa a bordo do dirigível de Zeppelin, para juntos implantarem uma fábrica de cimento na Paraíba. Para o almoço que festejava a montagem da sociedade tinham sido convidados também, além dos alemães e de Chateaubriand, o industrial paulista Horácio Lafer e o interventor na Paraíba, Gratuliano de Brito. Presidindo o encontro, à cabeceira da mesa, a matriarca mineira Lídia Chagas, avó de Míriam, a mulher com quem Ernanny acabara de se casar. A certa altura do almoço um criado avisa a Chateaubriand que alguém o chamava ao telefone. O jornalista se levanta, passa alguns instantes no aparelho e retorna à mesa com ar de desdém:

— Não era nada de especial. Apenas me informam que esse velho idiota, esse senil infeliz que era interventor em Minas, Olegário Maciel, acaba de morrer. Já vai tarde, já estava devendo sua alma a Deus fazia muito tempo.

Usar aquelas palavras para se referir a um morto (ainda que o morto o tivesse colocado na cadeia meses antes) causou enorme mal-estar entre os convivas. Para tentar dissolver o gelo, Chateaubriand vira-se para a ocupante da cabeceira da mesa:

— Dona Lídia, a uma dama com todo esse *aplomb*, com tanta energia, não será deselegante perguntar a idade, não?

Era a oportunidade que Lídia Chagas esperava para se vingar:

— Eu sou vinte dias mais velha que o Olegário Maciel.

Ele não perdeu a graça. Levantou-se, beijou-lhe as mãos e gargalhou:

— Só mesmo uma grande dama como a senhora sabe esperar a hora certa para dar o tiro.

Chateaubriand não sabia, mas a morte que dera origem àquela gafe seria também, indiretamente, a responsável pela definitiva normalização de seus negócios. O sucessor natural de Olegário Maciel na interventoria mineira, com amplo apoio dos tenentes e do ministro Osvaldo Aranha, era Virgílio de Melo Franco — o avalista do acordo feito entre Chateaubriand e o governo, por meio do qual o jornalista, apesar de perder *O Jornal*, escapou do exílio. Virgílio era o responsável junto a Vargas não só pelo cumprimento do acordo, por parte de Chateaubriand, mas também pela orientação política dos Associados mineiros, entregues a seu irmão Afonso Arinos. Mas as semanas foram se passando e nada de Vargas nomeá-lo. O interventor interino, Gustavo Capanema, acabou virando candidato efetivo ao cargo, o que gerou um impasse: se Getúlio mantivesse Capanema, bateria de frente com os tenentes. Se convidasse Virgílio para o posto, reforçaria demais as pretensões presidenciais de Osvaldo Aranha, de olho nas eleições que inevitavelmente seriam feitas em 1938. No meio da disputa surda, Getúlio surpreende a todos e tira do bolso do colete o nome de um obscuro *tertius* para o Palácio da Liberdade: o advogado Benedito Valadares, ex-prefeito da pequena Pará de Minas, no interior do estado. A nomeação desabou como uma bomba sobre o meio político, mas seus estilhaços se concentrariam sobre a família Melo Franco.

Indignado com o que julgava uma desconsideração de Vargas com o irmão e com a família, o caçula dos Melo Franco, Afonso Arinos, escreveu um duríssimo artigo contra o governo para publicar no *Estado de Minas* — no qual afirmava que só havia um caminho tanto para o pai, Afrânio de Melo Franco, ministro das Relações Exteriores, quanto para Osvaldo Aranha (ministro da Fazenda e defensor da nomeação de Virgílio): deixar o governo imediatamente. O que parecia ter sido uma jogada de mestre de Getúlio começava a se desenhar como uma crise de bom tamanho. De São Paulo, Chateaubriand farejou que ali estava a ponta do novelo que poderia trazer-lhe de volta *O Jornal*. Soube, por telefone, do teor do artigo de Afonso Arinos (antes mesmo que ele fosse composto nas oficinas de Belo Horizonte), mas ficou constrangido de pedir ao autor para lê-lo antes da publicação. Entretanto, como sabia que a Agência Meridional era a primeira a receber os artigos para redistribuí-los entre os outros órgãos Associados, Chateaubriand telefonou para o Rio e pediu que Jaime de Barros lesse para ele a cópia recém-chegada de Belo Horizonte. Mais uma vez ia valer o seu surrado refrão: quem quisesse ter opinião que comprasse um jornal. Nos Associados só o dono tinha opinião. Ao final da leitura, disse apenas duas palavras:

— Está proibido.

O diretor da Meridional não entendeu:

— Mas, proibido como, doutor Assis? A censura ainda não leu o artigo, ele não pode estar proibido.

— Proibido por mim, seu Jaime. Proibido por mim. Pode avisar ao Afonso Arinos em Belo Horizonte que o artigo foi proibido por mim.

Fazendo ligações telefônicas como um alucinado, Chateaubriand conseguiu mobilizar, no Rio, além de alguns ministros amigos, o ex-sogro Zózimo Barrozo do Amaral (que, com suas boas relações com o governo, tinha conseguido manter aberto durante todo o tempo o *Diário da Noite* carioca) e seus diretores Gabriel Bernardes e Dario de Almeida Magalhães. De Belo Horizonte alguém acabara de ligar dizendo que, ao ouvir a ordem de censura dada pelo patrão, Afonso Arinos teve um rompante e pediu demissão do cargo de diretor dos Associados mineiros. No Rio, tanto Osvaldo Aranha quanto Afrânio de Melo Franco também tinham se demitido do ministério em protesto contra a nomeação de Valadares (depois Aranha voltaria atrás, mas Afrânio não retornaria ao governo). Chateaubriand revelou a Barrozo do Amaral, Bernardes e Magalhães uma ideia fixa que o perseguia: ele queria aproveitar aquele torvelinho político para recuperar *O Jornal*. Como manifestação de espírito desarmado, mandou comunicar em seguida ao presidente que proibira o artigo ofensivo mesmo sabendo que aquilo iria custar a saída de Afonso Arinos nos jornais. O portador da notícia disse mais a Getúlio: Chateaubriand entendia que o rompimento dos Melo Franco com o governo provisório tornava sem efeito o acordo político celebrado entre os Associados e o presidente. Se os avalistas do armistício tinham rompido com o governo, o acordo estava automaticamente desfeito, e voltava tudo a ser como era antes. Ou seja, o que o jornalista esperava agora, como um gesto de Vargas, era que ele mandasse João Alberto fechar o espúrio *A Nação* e devolver-lhe *O Jornal*, com máquinas, prédio e tudo o mais que lhe fora tirado. Como fazer isso? O governo que se entendesse com seu testa de ferro José Soares Maciel Filho.

Com a abertura política a caminho, Getúlio achou que aquele poderia ser um passo interessante no processo de degelo, e mandou fazer a Chateaubriand uma contraproposta com quatro pontos:

1) *O Jornal* seria autorizado a voltar a circular, mas teria de ser impresso nas velhas oficinas da rua Rodrigo Silva. *A Nação* continuaria existindo, sempre sob a orientação de João Alberto, e a questão da propriedade da gráfica seria decidida pela Justiça, onde corria um processo de reintegração de posse dos equipamentos, movido por Chateaubriand.

2) O diretor de *O Jornal* teria que ser Zózimo Barrozo do Amaral, e não o próprio Chateaubriand.

3) A aceitação daquele compromisso teria de ser feita por escrito, assinada por Barrozo do Amaral ou por Gabriel Bernardes, em documento que ficaria depositado nas mãos de um advogado neutro (o nome sugerido pelo governo era o de Alberto Faria Filho). As ações do jornal, que naquele momento pertenciam a Maciel Filho, voltariam às mãos de Chateaubriand, mas ficariam caucionadas ao documento em que se celebrava o novo acordo.

4) Se Chateaubriand concordasse com aquelas condições, seu confinamento em São Paulo chegaria ao fim, e ele poderia mudar-se para onde bem entendesse — inclusive o Rio.

Ao ouvir de Gabriel Bernardes os termos da proposta, em São Paulo, Chateaubriand gargalhava:

— Doutor Bernardes, esse acordo não salva só *O Jornal*. Estamos recuperando também os Associados de Minas, que Virgílio Melo Franco estava se preparando para devorar. Eu já havia me aliado ao Virgílio contra o ditador, agora eu me alio a esse satanás que é Getúlio Vargas contra o Virgílio. No dia em que eu escrever a história dos Diários Associados, terei que mandar satanás baixar à terra para contar os acordos que fiz com ele para sobreviver. Pode assinar o protocolo, doutor Bernardes, que nós estamos salvos!

Para terminar, fez uma afirmação que surpreendeu Bernardes:

— Avise ao ditador que ele não está me fazendo nenhum favor, apenas devolvendo o que é meu e foi roubado. E diga também que eu não quero privilégios: meu confinamento em São Paulo termina quando ele anistiar todos os presos políticos e permitir que os exilados voltem.

Ao chegar ao casarão da Brigadeiro Luís Antônio à noite, entusiasmado com a notícia de que estava começando a retomar seus jornais, Chateaubriand foi recebido por Corita com outra grande novidade: naquele dia ela descobrira que estava grávida.

20

Ninguém jamais ouviu uma palavra de Chateaubriand contra a decisão de Corita de ter o filho. Nem a favor — o que já significava um enorme progresso para alguém como ele, célebre pela aversão pública que alimentava pela sagrada instituição chamada família. Quem quer que convivesse por algumas semanas com o jornalista, certamente teria a oportunidade de ouvi-lo pronunciar uma de suas frases prediletas sobre o trinômio lar-esposa-filhos: "Aníbal só chegou até o Norte da Europa com sua tropa de elefantes porque não tinha uma prole agarrada à barra de seu paletó"; ou "Você acha que se Cristo tivesse mulher e filhos conseguiria criar uma religião que já dura quase dois milênios?"; ou, ainda: "Se Colombo fosse pai de onze filhos, a América estaria até hoje entregue a botocudos, sioux e astecas — jamais teríamos sido descobertos". "César não conquistaria a Gália se tivesse que levar mudança... Você já imaginou alguém ajudando filho por filho a atravessar o Rubicão?" "Família é uma instituição belíssima", arrematava sempre, "desde que em forma de retrato, pendurada na parede." Assim, foi sem nenhuma manifestação visível de amor ou de desgosto que ele recebeu, no dia 11 de abril de 1934, a notícia de que Corita tinha dado à luz, em casa, uma linda menina, a quem deram o nome de Teresa. Como a conservadora legislação da época impunha intermináveis obstáculos ao reconhecimento de filhos nascidos fora dos casamentos formais — e eles não eram casados —, a garotinha foi registrada apenas como "Teresa Acunha, filha de Cora Acunha" (assim mesmo, com o sobrenome aportuguesado pelo escrivão) e com um espaço em branco no lugar destinado ao nome do pai.

Logo que Teresa nasceu, a família mudou-se para uma casa na rua Canadá, no igualmente elegante Jardim América — sempre arrastando consigo o "consulado espanhol", agora acrescido da presença de Artez, um andaluz que se casara com Zulema, tia de Corita. Mas também ali eles acabariam permanecendo por pouco tempo: com a decretação da anistia, Chateaubriand decidiu afinal retornar ao Rio de Janeiro. Para não ter de pedir de volta a Vila Normanda, emprestada a Dario de Almeida Magalhães, primeiro a família morou em um apartamento do edifício Netúnia, na esquina da avenida Nossa Senhora de Copacabana com a rua República do Peru (que na época se chamava rua Nove de Julho), e depois mudou-se para uma casa que Osvaldo Aranha alugou a Chateaubriand na Urca. Como quase sempre acontecia na vida do jornalista, logo apareceu um agregado para viver com eles na casa nova: desta vez era seu primo recém-importado de Recife, Leão Gondim de Oliveira, que ele pusera como diretor de *O Cruzeiro*.

A situação das empresas começava a se acomodar, mas ainda havia problemas jurídicos a serem resolvidos em consequência da encrenca em que Oscar Flues metera os Diários Associados. Em novembro do ano anterior, como resultado do acordo político entre Getúlio e Chateaubriand, *O Jornal* fora relançado com enorme estardalhaço, com anúncios de página inteira em *O Cruzeiro* e páginas e mais páginas de cartas e telegramas de saudações pelo "fim do esbulho" a que tinham sido submetidos. Só em meados do ano o juiz Burle de Figueiredo concederia a Chateaubriand o mandado de reintegração de posse — mas, ainda assim, apenas das máquinas. Maciel Filho (ou João Alberto, ou quem quer que estivesse por trás dele) conseguiu que o luxuoso prédio, que Chateaubriand construíra com tanta dedicação, permanecesse como sua propriedade, como ressarcimento do que pagara pelos créditos comprados a Flues. Uma interminável quizília jurídica ainda capengaria durante onze anos pela burocracia forense até que os Associados conseguissem, em 1945, reaver definitivamente o prédio da Treze de Maio.

Mas a garantia de que pelo menos a maquinaria voltaria a pertencer-lhes animou os verdadeiros donos a realizar o sonho que alimentavam havia dois anos, desde meados de 1932: acertar as contas com Oscar Flues. Apesar de terem ficado um ano privados de *O Jornal* e mais dois sem o moderno equipamento confiscado, nem Chateaubriand nem seu buliçoso irmão Oswaldo guardavam rancor maior de Getúlio, do capitão João Alberto ou mesmo de Maciel Filho — este, então, era considerado por eles como um reles pau-mandado, um amarra-cachorro que apenas cumpria ordens superiores. O desprezo não impedia os Associados de se referir ao capitão como "esse estelionatário, falcatrueiro, flibusteiro, rei do pé de cabra e da gazua que se chama João Alberto", nem de continuar sustentando polêmicas com Maciel Filho. Mas o ódio armazenado e amadurecido minuto a minuto, dia a dia, durante o exílio de Oswaldo e as prisões e a clandestinidade de Chateaubriand, este estava reservado para Oscar Flues. Para os irmãos Chateaubriand, Getúlio e João Alberto tinham feito um jogo político — sujo ou limpo, não importava muito, mas estavam movidos por ideias. Até Maciel, bem ou mal, servia a uma causa — fim que, de alguma maneira, acabaria por absolvê-lo quando chegasse o dia do juízo final que Chateaubriand e Oswaldo estavam se preparando para decretar. Mas Flues, não. O alemão fizera um negócio pelo negócio, vendera a alma ao diabo apenas em troca do dinheiro de João Alberto. Por trás de seu gesto não havia um dedo de idealismo, de interesse maior, mas apenas e exclusivamente o dinheiro, nada mais. E gente como aquela não merecia perdão. Oscar Flues precisava ser castigado de maneira exemplar, para que tal comportamento não se repetisse.

Se era assim que pensavam os irmãos Chateaubriand, a recíproca não era a mesma. O negócio que dera origem a tanto ódio já tinha evaporado da cabeça do industrial. Para Flues, agora posto em plácido sossego em São Paulo, a venda das dívidas dos Associados a José Soares Maciel Filho tinha sido apenas mais um dentre centenas de negócios no ramo da importação e venda de máquinas gráficas. A venda dos créditos vencidos a Maciel Filho, na realidade, apenas o livrara — claro, com algum ágio —, de um péssimo negócio feito com os Chateaubriand. Quando surgiram os homens do governo para fazer o primeiro contato em nome de Maciel, a única coisa que passou pela cabeça de Flues foi ver-se livre daquele amontoado de dívidas de clientes que eram sabidamente maus pagadores, dívidas que ele havia perdido a esperança de receber. Para o industrial, negócios não eram contra ou a favor de ninguém, eram apenas negócios, nada mais. Aceitar a oferta que lhe faziam significava apenas ver-se livre de um mau negócio. Tanto assim que ele jamais se preocupou em tomar qualquer precaução, seja com relação a Oswaldo, que vivia em São Paulo, seja com Chateaubriand.

Mas conhecendo, como conhecia, a índole e os maus bofes dos irmãos paraibanos, se lesse uma edição de julho de 1934 do *Diário da Noite* do Rio de Janeiro (muito provavelmente impressa em rotativas importadas e vendidas por ele), o industrial Oscar Flues teria motivos para se acautelar. Ali, ao noticiar a expectativa em torno da decisão do juiz Burle de Figueiredo com relação à ação de reintegração de posse das máquinas, o jornal historiava todo o processo, e pela primeira vez Flues aparecia como cúmplice do "esbulho" de *O Jornal*:

> Valendo-se das circunstâncias eventualmente desfavoráveis em que se encontrava o matutino carioca, vencido com os paulistas no movimento constitucionalista, com os seus diretores presos e ameaçados de desterro, associaram-se, para assaltar as oficinas do órgão-chefe dos Diários Associados, o então chefe de polícia do Distrito Federal e Oscar Flues — este seduzido pelo dinheiro com que lhe acenavam, e aquele pela aspiração de possuir um jornal seu, que fosse o baluarte de suas hoje fracassadas aspirações políticas. Usando de testas de ferro, agentes serviçais dos mal-embuçados autores da trama, conseguiram os assaltantes um sucesso efêmero nas suas maquinações. Apoderaram-se, servindo-se até da Polícia Militar, das oficinas de *O Jornal*, onde começou a ser impresso o matutino *A Nação*, de propriedade e direção do capitão João Alberto.

Para bom entendedor, aquele parágrafo bastava. Mas Chateaubriand deu ordens para que Oswaldo deixasse bem claras as intenções deles: o dono dos Associados não pretendia fazer nada às escondidas, e queria tornar público que "aplicaria um corretivo" no alemão. Rico e bem-posto na vida, vivendo em um casarão no bairro de Santa Cecília, presidente da Câmara de Comércio Brasil-Alemanha, membro da recém-fundada FIESP, a Federação das Indústrias do Estado de São Paulo, e do Rotary Club de São Paulo, Oscar Flues não dera maior importância ao negócio feito em 1932 com Maciel Filho — o que o levaria a pensar que dele também já houvessem se esquecido os irmãos Chateaubriand. Foi por isso que se assustou ao ler, na edição de 4 de agosto de 1934 do *Diário da Noite* e do *Diário de S. Paulo*, um longo artigo de Oswaldo Chateaubriand intitulado "Um monturo que não é nosso". O texto de Oswaldo, eivado, entre outras coisas, de traços de antissemitismo, publicado a pretexto de responder a um editorial de *A Nação*, dava o molde do tratamento que os dois irmãos, a partir daquele episódio, dedicariam em seus jornais a todos os inimigos e desafetos:

> Não estava nos meus cálculos remexer ainda uma vez no tremedal d'*A Nação*. O que era necessário era que se dissesse à luz do dia quem são os porcos que a dirigem. Ontem *A Nação* se apresenta como vítima, o capitão João Alberto como uma espécie de *lord protector*, Maciel como uma pomba e o hebreu Oscar Flues como um náufrago da própria generosidade, que se salvou por milagre nos destroços de outubro de 32. Vamos desempachar o caminho, com os recursos da disciplina e do método, para que se veja afinal, nesse barulhento frigir de ovos, quem tem roupa na mochila.
>
> Em 1928 Oscar Flues me aparecia na gerência do *Diário da Noite* propondo-se a negociar com essa empresa. Eu não o conhecia, de nome nem de vista. Descobri-lhe na fisionomia traços semitas dissimulados, mas acabei fechando com ele a compra de seis máquinas Intertype, que foram pagas e hoje pertencem ao *Diário da Noite*. Nessas não puderam avançar João Alberto, Maciel e Oscar Flues. Em 1929, quando *O Jornal* pretendeu adquirir uma rotativa e estava em entendimentos com a Graphika, de Berlim, Oscar Flues foi ao Rio, encroou na gerência de *O Jornal*, por esse tempo ao meu cargo, grudou-se como uma ostra, instalou-se no mesmo hotel em que eu me encontrava e não nos largou, como uma pulga em sítios incômodos, até o dia em que se consumou o negócio da rotativa. Devo dizer que ao sr. Assis Chateaubriand a pessoa do sr. Oscar Flues sempre inspirou, em todos os tempos, uma instintiva repugnância. O diretor de *O Jornal* via nas fuças desse rufião como que uma espécie de secreta advertência que ele não sabia de onde vinha, mas que depois se verificou que era procedente. Estávamos, sem saber, às voltas com um molambo humano, a quem a polícia alemã já havia imposto muitas vezes os castigos ultrajantes aos que se dedicam ao ofício da cafetinagem.
>
> Feito o contrato, recebia Oscar Flues 2 mil libras de entrada, devendo receber outro tanto quando as máquinas chegassem ao Rio de Janeiro. Embolsou por esse tempo outra prestação, recebeu, como era do negócio, máquinas usadas de *O Jornal* e meteu nas algibeiras, enfim, até outubro de 1932, e por conta desse contrato, uma cifra que não se distancia muito de mil contos de réis. Ainda nesse mesmo mês de outubro, quando Oscar Flues já havia clandestinamente vendido as máquinas de *O Jornal* a João Alberto, recebia do sr. Assis Chateaubriand a soma de vinte contos de réis, dinheiro que estava ele consequentemente roubando, com o mesmo ar que alugava na sua terra uma hora de prazer de uma de suas desgraçadas que formavam o seu lúgubre rebanho.

[...] Vamos arrematar esta suave confabulação com mais algumas linhas sobre Oscar Flues, a fim de que outros incautos não venham a cair nas malhas desse salteador de estrada. Somente depois desse assalto que ele perpetrou contra os proprietários de *O Jornal*, de parceria com o capitão João Alberto e Maciel, é que eu vim a saber, pelo depoimento de dois alemães, destituídos de qualquer ideia facciosa, quem é o chefe da firma Oscar Flues & Cia. Praticava na Alemanha, quando moço e solteiro, nada menos que o ofício da cafetinagem. Perseguido tenazmente pela polícia alemã, rolando pelas cadeias como um bagaço podre, resolveu esse monturo humano eleger o Brasil, que tem recebido tanta vasa de outras terras, para teatro de seus delitos, embora de outro gênero. Contam esses mesmos alemães, sobre cujo nome estou no dever de silenciar, que a ficha policial de Oscar Flues desaparecera na revolução de 18, entre chamas criminosas, no meio das de outros milhares de facínoras.

Criptojudeu, com 200% de sangue semita, negou a raça e brada em todos os cantos que é nazista. Cáften com tradição policial, e gatuno por imperativos da própria natureza, foi dessa esterqueira que se serviu a escória do outubrismo para fundar um jornal que é apenas um charco. Não se suponha, entretanto, que Oscar Flues recolherá em doce paz o prêmio da vilania.

Oswaldo Chateaubriand encerra seu petardo sem deixar dúvidas de que a família pretendia mesmo "exemplar" o industrial que se atrevera a enfrentá-los:

Uma noite, à moda do Nordeste, reunimo-nos eu e meus três irmãos para examinar a frio o caso de Oscar Flues. Coube a exposição ao diretor de *O Jornal*, que era a vítima imediata do atentado. E juramos e resolvemos nós quatro liquidar a chicote, por via de surras científicas, aplicadas com os rigores do método, a infâmia desse ladrão. Serão tantas tundas quantas bastem, que virão a seu tempo, até que se devolva à Alemanha, ou pelo menos que se expurgue do Rio e de São Paulo esse lixo que não é nosso. É a forma primitiva de justiça, que vive no coração de todo nordestino e a única compatível com determinadas misérias.

Aterrorizado com o tom do artigo e com as ameaças nele contidas, Flues recorreu ao consulado alemão para que pedisse proteção à polícia — que, pelo menos no papel, lhe foi assegurada pelo delegado Cristiano Altenfelder. Além disso, escreveu uma carta a Armando de Arruda Pereira, presidente do Rotary Club de São Paulo, solicitando-lhe que destacasse "uma comissão de sócios para examinar a contabilidade de Oscar Flues & Cia.". Longe de pretender se imiscuir naquela encrenca, o Rotary fugiu pela tangente, alegando que se tratava "de assunto de natureza privada, que escapa às nossas finalidades e atribuições". Quem logo saiu em defesa de Flues foi José Soares Maciel Filho. Em um artigo de tons tão racistas quanto o de Oswaldo, publicado em *A Nação*, ele insistiu em que os Associados estavam usando desde 1930 máquinas no valor de quinhentos contos de réis, pelas quais haviam pago apenas cinquenta:

O que o sr. Oswaldo Chateaubriand chama de miséria é cobrar o que ele deve. Depois disso não é necessário mais perguntar por que em São Paulo se tem horror aos nordestinos. Não precisa dizer mais nada para justificar a irritação do povo paulista contra seus irmãos do Norte. O paulista não sai de São Paulo a não ser para o Rio ou para a Europa. Conhece, portanto, os seus irmãos brasileiros, pelas amostras que lá chegam. Compete, portanto, ao Nordeste, policiar sua emigração.

Ainda assombrado com o que lera a seu próprio respeito, não restou a Oscar Flues senão usar a mesma arma de Oswaldo Chateaubriand, a palavra escrita. Comprou meia página do jornal *O Estado de S. Paulo* do dia 7 de agosto, onde publicou um extenso e polido relatório sob o título "Oscar Flues, à praça e aos seus amigos". Sem recorrer à linguagem ou às agressões de que fora vítima, Flues faz um inventário de todos os seus negócios com os Associados para resumir: que entre prestações não pagas ou atrasadas, Chateaubriand lhe devia, em outubro de 1932, alguma coisa equivalente a 1 milhão de dólares, quase quatro vezes o capital de sua empresa; que os atrasos chegaram a 23 meses, e durante todo esse período ele tentou, em vão, receber pelo menos parte da dívida dos jornais; que estranhava que em 1932 Oswaldo Chateaubriand não tivesse vindo a público tratar do assunto e só agora, passados dois anos, é que se decidia a abrir a campanha contra ele; que no período os Associados tinham usado, a custo zero, equipamentos no valor de 3 mil contos de réis; que tinha solicitado ao Rotary Club uma auditoria em sua contabilidade, para comprovar a veracidade do que dizia; que estava estabelecido em São Paulo desde 1911, provavelmente "há mais tempo que o sr. Oswaldo Chateaubriand". O memorial de Flues concluía com uma breve referência às ameaças que Oswaldo lhe fizera:

Noticia finalmente o sr. Chateaubriand que serei agredido, por ele e seus três irmãos. Asseguro que me defenderei o melhor que possa. De nada me arreceio. A minha consciência está tranquila, e o público já tem elementos para julgar o procedimento de todos nós e decidir essa contenda. Não voltarei ao assunto.
São Paulo, 5 de agosto de 1934
                                                                    Oscar Flues

Se Flues não voltaria ao assunto, Oswaldo Chateaubriand voltou, para responder com virulência ainda maior ao anúncio do industrial e renovar as ameaças:

Estranha esse prostituto semita que em novembro de 32, época da gatunice que ora se comenta, eu não houvesse vindo a público examinar e debater esse nefando atentado dos detritos do outubrismo. Finge que não se lembra o ratazana que exatamente em novembro eu me encontrava deportado (e me afirmam que a pedido dele a João Alberto) e foragido o sr. Assis Chateaubriand, que por um triz não seguiu rumo ao Japão, atropelado pela polícia carioca, até que conseguiu bater com os costados em São Paulo, onde o garantiu generosamente o interventor Valdomiro contra a sanha do trio João Alberto, Maciel e Oscar Flues. Considere-se ainda que comigo estavam exilados mais oito companheiros dos Diários Associados e tudo isso para que, garantidos pela polícia, campeassem livremente no Rio de Janeiro, à tripa forra, os dois mastins que João Alberto acabava de incorporar à glória sinistra do outubrismo.

O quadro atualmente é este: o capitão João Alberto proprietário de um jornal que não lhe custou uma hora de trabalho ou um pingo de suor; Maciel batendo carteira em nome dos brios de São Paulo; e o judeu Oscar Flues, de pança farta e pelo liso, com os bolsos cheios de um dinheiro que ele roubou, mas que não o gozará impunemente. Cínico, apela para o Rotary Club, como se estivesse na finalidade desse grêmio acolher almas como essas de *macquerot*, expelidas do fundo das podridões humanas.

Meditamos o bastante e chegamos à conclusão de que nenhuma lei humana ou divina daria guarida à veleidade desse larápio. Teremos que mandar escová-lo devidamente, pois seria escandaloso e anticristão termos contato direto com esse porco, até que ele vomite boa parte da fortuna que nos roubou ou desinfete o Brasil. Devo, a propósito, acrescentar que, antes de deliberarmos a coça nesse israelita oportunista do nazismo, recorremos aos meios suasórios para efeito de um justo reembolso. Emperrou. Sua alma, sua palma. E por isso mesmo o pau lhe cantará no lombo.

Aparentemente temeroso de parecer antissemita demais, Oswaldo ainda se lembraria de colocar um *post-scriptum* no artigo, que na verdade acabou soando como uma dose adicional de preconceito. "Quando me refiro à qualidade de israelita de Oscar Flues não tenho em vista depreciar a raça", escreveu ao final, "mas apenas acentuar que seu safadismo chegou ao ponto de negar o próprio sangue." O recurso ao preconceito se somava à pouca preocupação com os fatos, inclusive quanto ao passado de Flues: além do inverossímil "depoimento de dois alemães", era muito pouco provável que alguém com menos de vinte anos (idade que Flues tinha quando deixou a Alemanha) pudesse ser o rufião tão perigoso e "perseguido tenazmente pela polícia alemã" que Oswaldo pintara no jornal.

Mas nem isso deveria surpreender. Se era um leitor frequente dos Associados, Flues devia saber que vinha se tornando um hábito dos irmãos Chateaubriand, em meio às polêmicas com seus adversários, não medir palavras para ofender e insultar a vítima. E, quando as informações sobre o infeliz chegavam ao fim, eles recorriam à imaginação, à mentira pura e simples. Um episódio assim tinha ocorrido meses antes, quando Rubem Braga ainda trabalhava nos jornais de Minas Gerais. Irreverente e anticlerical, em plena Sexta-Feira da Paixão Braga escrevera um artigo considerado desrespeitoso à figura de Nossa Senhora de Lourdes, a padroeira de Belo Horizonte. A Igreja mineira, que tinha planos de criar um jornal para combater os Associados locais (o que acabaria acontecendo em 1935, com o lançamento de *O Diário*, que ficou conhecido como "*Diário* católico"), entendeu que a provocação feita por Braga era o pretexto de que precisava para abrir guerra contra Chateaubriand. O arcebispo metropolitano de Belo Horizonte, d. Antônio dos Santos Cabral, tomou a briga a peito, pessoalmente. Deu ordens para que todos os padres, até nas mais remotas paróquias do sertão mineiro, dedicassem suas prédicas e sermões dominicais ao trabalho de demolição do *Estado de Minas* e do *Diário da Tarde*. A orientação era uma só: um bom católico não podia ler jornais que faltavam com o respeito à Virgem Maria. Mineiro e conhecedor das tradições conservadoras de seu estado, Dario de Almeida Magalhães procurou Chateaubriand para fazê-lo ver que, se não fosse contido a tempo, d. Cabral podia causar um estrago de proporções consideráveis entre os leitores, assinantes e anunciantes dos jornais. O que ele propunha era um acordo que amansasse o bispo — por exemplo, transferir Rubem Braga para o Rio ou para São Paulo. Chateaubriand discordou, disse que seria uma humilhação submeter-se àquele "padre desaforado". Dario quase desabou ao ouvir o patrão, sapateando e vociferando, propor a sua solução para o conflito:

— Se esse filho da puta continuar com essa conversa fiada, vou escrever um artigo nos jornais dizendo que sei a história dele. Vou dizer que ele estuprou a própria irmã.

Chateaubriand não conhecia d. Antônio dos Santos Cabral e não sabia sequer se ele tinha irmãs, mas Magalhães conhecia Chateaubriand muito bem e sabia que, se não fosse contido a tempo, ele sem nenhuma dúvida teria cumprido a ameaça — e o bispo que se arranjasse para desmenti-lo. Para felicidade geral acabaria prevalecendo a mineiríssima prudência de Magalhães: depois de envolver o Itamaraty e o núncio apostólico Enrico Gasparri (que aparentemente se convenceram de que por trás da ira santa do bispo estava oculto um projeto jornalístico), os Associados ofereceram como desagravo a d. Cabral a cabeça de Rubem Braga, para quem não poderia ter havido solução melhor. Há muito tempo querendo deixar Belo Horizonte, o jornalista capixaba transferiu-se de bom grado para o *Diário da Noite*, em São Paulo.

Se com o prelado mineiro foi possível chegar a um acordo antes que a situação se agravasse, no episódio de Flues não havia suficiente habilidade mineira para conter os irmãos paraibanos. Na cabeça deles, a vingança tinha de ser exemplar. Para Assis Chateaubriand, a áspera polêmica que o irmão mantinha em São Paulo com o homem que entregara a cabeça deles a João Alberto era "conversa mole que já está na hora de acabar". No final de agosto, ele comentou com pelo menos quatro amigos — Austregésilo de Athayde, Drault Ernanny, Dario de Almeida Magalhães e o novo contador dos Associados no Rio, Martinho Luna de Alencar — que resolvera "não sujar as mãos para resolver o desaguisado com Flues". Aquilo era serviço para Amâncio, que ele já tinha despachado para São Paulo "com instruções precisas para atuar como um verdadeiro paraibano". Chateaubriand tranquilizou os que temiam as consequências do ato de um pistoleiro como Amâncio, que cumpria as ordens do patrão sem refletir:

— Não se preocupem, que não mandei matar ninguém. Nós não estamos tratando com um porco? E Oswaldo não disse que na Alemanha ele era dado à profissão da cafetinagem?

Diante de olhares estarrecidos, revelou a sentença que tinha decretado para o industrial alemão:

— Pois então eu mandei Amâncio fazer o que na Paraíba se faz com porco fodedor: apenas dei o nome, o endereço e mandei capar o bruto. Capar a tiros, que nem Amâncio merecia sujar as mãos com aquele desinfeliz.

Disciplinado, Amâncio dos Santos tomou o trem para São Paulo, hospedou-se em uma pensão vagabunda nas imediações da Estação Sorocabana e, durante três dias, acampanou sua presa para ver a que horas ele saía de casa, a que horas voltava, se andava com capangas. Para sua surpresa o homem andava sozinho, guiando seu próprio carro, saía e voltava para casa religiosamente nos mesmos horários. Confiante na pontualidade alemã, às sete da noite de 27 de agosto o jagunço postou-se em um desvão de uma das elegantes casas da rua Dona Veridiana, no então elegante bairro de Santa Cecília, na região central de São Paulo, e ficou à espreita. Nos últimos dias ele já tinha rodado pelas imediações e planejado tudo. Nem precisava, mas por segurança ia disparar dois tiros. Depois, era subir calmamente um pedaço da rua, entrar na Marquês de Itu, descer uma das ruazinhas que iam dar na avenida São João e pronto, ninguém mais poria as mãos nele. De terno preto, enterrou o chapéu um pouco mais na cabeça — gesto desnecessário, pois já era noite fechada e ninguém o conhecia naquela cidade triste e gelada — e segurou dentro do bolso direito do paletó o revólver calibre 32. Na Paraíba diriam que ele estava usando arma de atirar em compadre, mas agora era preferível mesmo o 32, um revolverzinho maneiro, de pouco barulho e mais adequado ao serviço em que a recomendação era não fazer estrago demais. Era acertar onde mandaram acertar e estava liquidada a fatura.

Durante os quinze minutos em que permaneceu ali não chegaram a passar nem cinco pessoas na rua. A Dona Veridiana era uma rua só de casas, sem comércio, e mesmo o movimento de carros parecia ser, àquela hora, apenas o dos moradores do quarteirão. Poucos minutos antes das sete e meia um carro veio se aproximando da casa número 57, que Amâncio controlava com olho de bicho. O veículo chegou tão perto que o pistoleiro pôde ver a chapa — P-12-877. Quando as rodas da frente subiram na calçada e o motorista apertou a buzina duas vezes, diante do portão fechado, ele desceu calmamente. Passou pelo estreito vão entre o para-choque do carro e o portão de ferro, aproximou-se da janela e perguntou ao motorista, um homem louro, de terno e gravata, de uns cinquenta anos de idade:

— O senhor é Oscar Flues?

O motorista respondeu:

— Sim. O que é que o senhor deseja?

Amâncio tirou o revólver do bolso para enfiá-lo entre as pernas do homem, mas este deu-lhe um safanão para, em seguida, tentar proteger o rosto. Cobriu-o com as mãos e jogou o corpo para a direita, como se pretendesse enfiar a cabeça e o tronco no vão sob o painel à frente do banco vazio a seu lado. Ao ver as nádegas de Flues expostas, Amâncio pensou que era sorte demais que ele expusesse exatamente a região que queria atingir, e animou-se a aterrorizar o sujeito com um grito:

— Você vai morrer, seu filho da puta!

Do lugar onde se encontrava não dava muito para fazer pontaria, mas a curta distância o ajudava e Amâncio disparou os dois planejados tiros nos fundilhos das calças do industrial, que reagiu com um gemido forte. A partir daí, tudo pareceu acontecer em frações de segundos. O atirador ainda estava guardando o revólver no bolso quando o portão se abriu e apareceu uma mocinha loura de avental (era Gerda Wanger, a copeira da casa) e logo atrás dela, atraído pelos tiros e pelo grito, Hans Gert Oscar Flues, o filho de Flues. Descontrolado, o carro começou a descer sem freios para dentro do jardim, raspando o para-lamas no portão. Hans Gert, um rapagão de dezenove anos, ainda tentou alcançar Amâncio, que entrava na rua Marquês de Itu, mas acabou voltando no meio do caminho para socorrer o pai e frear o carro que deslizava vagarosamente em direção a um desnível do terreno, dentro do jardim da casa. Amâncio já tinha sido engolido pela escuridão da noite. Meia hora depois o médico legista Lafaiete Godinho, do Hospital Alemão, no bairro do Paraíso, anunciava que o industrial não corria risco de vida e distribuía aos excitados repórteres que se aglomeravam à porta do pronto-socorro o laudo da extensão do atentado sofrido por Oscar Flues:

O paciente apresenta ferimentos de certa gravidade produzidos por projétil de arma de fogo na região perineal, a saber:

a) um ferimento pérfuro-contuso, de forma irregularmente circular, de cinco milímetros de diâmetro, de bordas deprimidas e contundidas, representando o orifício de entrada de um projétil de arma de fogo (bala), situado na região perineal, à esquerda da linha mediana;

b) outra lesão idêntica, de forma irregularmente circular, de seis milímetros em seu maior diâmetro, de bordas contundidas, representando o orifício de saída desse projétil, a dois centímetros para diante e para a direita, situado na mesma região;

c) finalmente outra lesão idêntica, com os mesmos caracteres, forma e dimensão referidos na alínea a), representando outro orifício de entrada, situado também na região perineal, à direita da linha mediana, e que foi alojar-se em local inacessível à apalpação.

O inquérito em torno ao fato correrá pela Delegacia de Segurança Pessoal, que se encarregará das demais diligências para o seu completo esclarecimento.

Um repórter mais curioso quis traduzir para os seus leitores o que era exatamente a tal "região perineal" a que o laudo se referia. O médico esclareceu:

— Períneo é aquela pequena extensão que separa o ânus da bolsa escrotal. Do saco, entende?

Com infalível pontaria o jagunço Amâncio dos Santos (àquela altura já a bordo do trem Cruzeiro do Sul) tinha cumprido com precisão as instruções do patrão. Na manhã seguinte, ao desembarcar na gare d. Pedro, no Rio, ele viu, sem qualquer emoção, como sempre, que todos os jornais noticiavam "o misterioso atentado" ocorrido no começo da noite anterior em São Paulo. Todos os diários descreviam com detalhes o depoimento de Flues e o lugar onde os tiros tinham entrado. A maioria deles levantava suspeitas sobre os irmãos Chateaubriand como supostos mandantes do crime, mas a notícia virou um prato cheio mesmo foi para *A Nação*, o jornal de Maciel Filho. Sobre uma foto de Assis Chateaubriand na primeira página, a manchete de oito colunas parecia gritar: "Os irmãos Chateaubriand mandam matar, em São Paulo, o sr. Oscar Flues". Com invejável sem-cerimônia, a Agência Meridional distribuiu para todos os órgãos Associados e para seus outros clientes a cobertura do atentado, feita em São Paulo pelos *Diários* — da qual, naturalmente, não constava qualquer referência à acusação em que Flues insistia, em seu depoimento à polícia: os mandantes do crime tinham sido os irmãos Chateaubriand. Além do noticiário, no dia seguinte todos os Associados iam trazer, no alto da primeira página, um curto artigo assinado por Assis Chateaubriand sobre o episódio, intitulado "Far-west de quintal" — um debochado exercício de caradurismo:

Leio nos jornais do Rio que o conhecido escroque internacional Oscar Flues dissera aí em São Paulo que eu o ameaçara no Rio de Janeiro. Declaro aqui, humildemente, que não ameacei esse ladrão, com quem tenho contas definitivas a ajustar, e que ajustarei assim que haja posto em ordem a minha vida, que ele, em parceria com outros escroques nacionais, desorganizou em 1932.

Pus efetivamente Oscar Flues e um outro seu sócio ambos para fora do restaurante Hime, onde almoçavam, porque não posso consentir que patifes de tão baixo coturno comam onde eu me sento. Todos dois voaram como diabos espritados.

Há dois anos, com evangélica paciência, tenho esperado que Oscar Flues pague aos acionistas de *O Jornal* a parte que ele roubou, de súcia com outros velhacos. Ele tem teimado em guardar para si toda a presa de sua jornada de corso contra *O Jornal*, na convicção pueril de que o tempo aplacará nosso pacato ajuste de contas. Está enganado. Os órfãos, os menores, as viúvas (e no corpo de acionistas e credores de *O Jornal* há de tudo isso) que Oscar Flues assaltou, à sombra de nossa prisão e de nosso desterro, durante e depois da revolução de 32, não ficarão roubados, impunemente, por esse gatuno de gravata.

E ele esteja certo de que aqui no Rio, onde espero defrontá-lo, o nosso caso pessoal não se decidirá num ridículo far-west de quintal, com escaramuças inócuas, pelos traseiros. Será coisa da mais pura e romântica tonalidade sertaneja e nordestina.

Já lhe dei a generosa porta de saída para o seu crime. Ele recusou-a, não devolvendo o produto do assalto. Sua alma, sua palma.

Através das agências internacionais, a notícia chegou imediatamente ao exterior. Na Alemanha, em todos os jornais onde foi publicada Chateaubriand aparecia como o mandante do crime. Nenhum, naturalmente, fazia qualquer referência à venda dos créditos a João Alberto. O *Berliner Börsen Zeitung*, diário da Bolsa de Valores de Berlim, noticiou que o atentado tinha sido motivado "porque o sr. Chateaubriand quis se ver livre do credor incômodo" e que a esperada impunidade se transformava "num crime contra o crédito do Brasil, pois o mandante saiu impune e, ao invés de pagar suas dívidas, ameaçou o credor estrangeiro". Chateaubriand iria parar também nas páginas do prestigioso *Frankfurter Zeitung* — que publicou que o jornalista dera ordens para que o crime fosse praticado porque "suas empresas haviam recebido máquinas da Alemanha através de Flues, que foram confiscadas porque o importador não recebera o pagamento". Pilhas de cartas e telegramas de solidariedade chegavam à casa do industrial. De Leipzig a direção da empresa Vomag-Betriebs, fabricante das impressoras que tinham sido a raiz de todo o problema, escreveu lamentando o atentado. O consulado geral da Alemanha solidarizou-se com Flues, garantindo a ele "que a colônia alemã considera uma questão de honra fazer tudo o que estiver a seu alcance para que o responsável pelo crime seja punido". O Conselho da Câmara de Comércio Brasil-Alemanha convocou uma sessão especial para solidarizar-se com seu presidente e tirou uma dura declaração, "cujos termos foram comunicados à sua seção carioca, à Liga das Associações Alemãs, ao consulado geral e ao partido".

Que partido? Uma semana antes de sofrer o atentado, da mesma forma que pedira proteção à polícia, Flues havia feito um ofício relatando suas apreensões ao Landesgruppen Brasilien do Nationalsozialistische Deutsche Arbeiterpartei. O homem em quem Oswaldo Chateaubriand identificara "traços semitas" e que garantira ser "um hebreu com 200% de sangue semita" batera nas portas da seção brasileira do Partido Nazista Alemão, no poder desde 1933 em Berlim. Dias após os tiros, *herr* Spanaus, diretor da sucursal brasileira do partido, manifestava seu protesto pelo crime cometido contra Flues. Em carta dirigida à Câmara de Comércio, Spanaus se dizia "indignado pelo atentado" e exprimia "o especial interesse" do governo alemão pela elucidação do caso, que a seção brasileira do Partido Nazista já se encarregara de relatar à sua Auslands Organisation — a Seção do Exterior, situada em Hamburgo. A carta em defesa do suposto cidadão judeu terminava, naturalmente, com um vistoso "Heil Hitler!".

A repercussão do atentado a Oscar Flues levou João Alberto a pedir ao serviço secreto da polícia paulista um informe sobre o episódio. Não fosse a ausência de estilo, o documento preparado por um certo "agente Nunes", sob a chancela de "confidencial", se assemelharia a uma das hilariantes peças escritas pelos Chateaubriand sobre algum inimigo:

Assis Chateaubriand — Diretor dos Diários Associados — O questionado, cujo nome deveria ser Assis de Souza, pois é filho do padre Alberto de Souza, que foi vigário de Campina Grande, estado da Paraíba, nasceu nesse estado, tendo vindo para cá há muitos anos. É irmão de Oswaldo Chateaubriand, que também é filho desse mesmo padre. Nas rodas jornalísticas é visto como um cancro, pois é o indivíduo mais asqueroso que o sol cobre. Jornalista inteligente ele o é, mas sua pena escreve as maiores infâmias, as maiores baixezas que se tem visto. Tudo faz pelo interesse; onde há dinheiro, ali está o filho do padre Alberto, e quando não pode estar, porque é um só, manda seu irmão Oswaldo, que também não fica muito a desejar. A política brasileira é o que ele explora mais, haja vista o que escreveu em 1930 sobre o ex-interventor João Alberto e o que escreve agora desse mesmo homem.

Analisar esse jornalista é até perder tempo, pois é, dentre os mais indignos, o maior. Todos os qualificativos são insuficientes para qualificá-lo à altura. Indivíduo sem brio, sem caráter, sem dignidade, sem honra, sem pudor, sem escrúpulos. E ainda por cima mandante de crime — assassino, pode-se dizer. Aí aclareia um fato público e notório: o atentado contra o comerciante Oscar Flues, que a imprensa toda noticia. O "ilustre" jornalista, pelo seu jornal *Diário de S. Paulo*, em artigos de sua autoria, ameaçou com uma sova o titular da firma desta praça "Oscar Flues & Cia." por causa de negócio havido entre essa firma e a S.A. O Jornal, do Rio de Janeiro, questão também conhecida por todos. Flues se defendeu com dignidade e educação, também pela imprensa, das infâmias que Chateaubriand lhe atirava. Vai daí, Chateaubriand ficou como uma fera e cada vez mais atacava o sr. Flues pelas colunas dos Diários Associados, acontecendo o que houve: mandou matar o sr. Flues. Mas as balas não atingiram regiões mortais e o sr. Flues se encontra em tratamento no Hospital Alemão. O capanga de Chateaubriand conseguiu fugir. Agora cabe à polícia elucidar tudo e ela já está agindo. Aguardamos o inquérito que corre na Delegacia de Segurança Pessoal a cargo do dr. Durval Villalva. Será que no relatório haverá referências ao prontuário de Assis Chateaubriand e seus irmãos? Oxalá que o Gabinete de Investigações ainda tenha em seus arquivos o precioso prontuário desse indivíduo (será que Chateaubriand não mandou roubá-lo no arquivo do GI, como assim fizeram com outros por ocasião do movimento de 30?). O melhor de tudo é esperar. Esperemos.

O inacreditável agente Nunes esperaria até as calendas gregas. Se de fato tentou, o responsável pelo inquérito não conseguiu apurar rigorosamente nada contra Chateaubriand ou Oswaldo — que jamais foram ouvidos, apesar de formalmente acusados por Flues —, e muito menos contra Amâncio, de quem, aliás, ninguém ouvira sequer falar. Semanas depois, quando a polícia desistiu das investigações e arquivou o inquérito, Assis Chateaubriand já estava às voltas com outro industrial, também imigrante europeu, mas infinitamente mais poderoso que Oscar Flues: desta vez o jornalista ia bater de frente com o conde Francisco Matarazzo.

21

Quando completou oitenta anos de idade, em março de 1934, o conde Francisco Matarazzo era, de longe, o homem mais rico do Brasil. Habituados ao tratamento rude que ele normalmente recebia dos Diários Associados, fruto das incontáveis pendengas por atrasos nos pagamentos de aluguéis, foi de perplexidade a reação dos leitores do *Diário de S. Paulo* ao ver o caderno especial que o jornal imprimiu, inteiramente dedicado a comemorar a data. Chateaubriand tinha mandado fazer uma cobertura *sui generis*: convidou cada um dos oitenta maiores empresários brasileiros, de todos os estados, a fazer um artigo analisando a história e a importância do império Matarazzo para a economia do país. Para cada ano de vida do conde, um artigo diferente. Abrindo a edição, uma reportagem feita e assinada pelo próprio Chateaubriand, denominada "O estado Matarazzo", na qual o autor exaltava o fato de que, somadas, as indústrias do conde produziam riquezas que só perdiam, no Brasil, para o produto bruto do estado de São Paulo, ultrapassando de longe Minas Gerais, o Distrito Federal e o Rio Grande do Sul. A admiração era tanta que ele não parecia estar escrevendo sobre um adversário ou muito menos um empresário do Brasil, mas sobre um Mackenzie, um Farquhar:

> O conde Matarazzo é um exemplo, um altíssimo exemplo para a mocidade do Brasil. Aos oitenta anos de idade esse octogenário trabalha catorze horas e meia por dia! Levanta-se às quatro e meia da madrugada; às cinco e meia visita e fiscaliza o trabalho da primeira fábrica e é o último a se retirar do escritório, às oito horas da noite, com o porteiro.

Nada ali fazia crer que o jornalista estava se referindo ao mesmo personagem que meses antes ele qualificara de um aproveitador "da deplorável inconsciência do nosso trabalhador", o capitão de empresas que continuava "na pré-história da indústria". O novo Matarazzo agora não era mais o empresário pré-colombiano, mas um paradigma de modernidade digno de ser seguido pelas novas gerações:

Que modelo não é o conde Matarazzo para um país onde encontramos, em várias rodas de moços ricos, no meio desses bonifrates cretinizados, o preconceito imbecil da antiga nobreza continental da Europa, de que no trabalho não se encontra a dignidade do fidalgo! Trabalhando como um mouro aos oitenta anos, o conde Matarazzo toma para si a dívida goethiana: para o repouso lhe basta a eternidade.

Para levantar dados para sua reportagem-elogio, Chateaubriand tinha passado dois dias visitando as fábricas de Matarazzo e ficara um dia inteiro em companhia do conde em sua chácara do então distante bairro do Belenzinho ("a magnífica estância onde o conde tem por hábito passar as suas raras horas de lazer"). O material renderia outro panegírico, fartamente ilustrado com fotografias e publicado em *O Cruzeiro*. Ali se podia ver um enternecido Chateaubriand, de chapéu e sapatos bicolores (sob as vistas desconfiadas de um conde de bengala e polainas), carregando carneirinhos suíços e admirando cabras da Patagônia e burros da Sardenha.

Se o conde era o mesmo velho e conservador Francisco Matarazzo de sempre, e se Chateaubriand também não tinha passado por nenhum processo de beatificação, o que é que tinha mudado tanto em tão pouco tempo que justificasse a surpreendente metamorfose no comportamento do jornalista? O que mudava — e escondia a brusca virada no tratamento que os Associados davam agora a Matarazzo — era a cidade de São Paulo. A transformação urbanística da cidade, a cargo do engenheiro Prestes Maia, começara na administração Pires do Rio e prosseguia a todo vapor com o prefeito Fábio Prado. Grandes avenidas eram abertas e o centro comercial mudava-se da parte velha da cidade, em torno dos bancos, para o remodelado vale do Anhangabaú, que tinha sido construído no começo do século.

Mesmo impermeável a mudanças, Matarazzo acabara cedendo às pressões do filho e herdeiro Francisco Matarazzo Jr. — conhecido como o "conde Jr." ou apenas "conde Chiquinho" —, que defendia a transferência da sede administrativa do império dos velhos escritórios da rua Direita para o novo Anhangabaú. Pensou-se primeiro em comprar o prédio da Mappin Stores, em frente ao Teatro Municipal, mas a área nobre ficava do outro lado do viaduto do Chá — exatamente no lugar onde estavam instalados os Diários Associados de São Paulo. Quando o manhoso Chateaubriand soube que o prefeito Fábio Prado havia cedido uma nesga de terreno a mais, ao lado do prédio dos jornais, para que os Matarazzo derrubassem o edifício velho e levantassem ali um monumental arranha-céu para suas empresas, decidiu pôr em prática a estratégia de reaproximação com o industrial. Embora pagasse (quando pagava, claro) uma ninharia de aluguel pelo Palacete Conde Prates — era esse o nome do prédio —, o jornalista tinha em mãos um contrato que só venceria dali a três anos. E o conde Jr. queria começar as obras imediatamente. Para isso, Chateaubriand teria de deixar o prédio.

Imaginando ter azeitado a vaidade do velho conde com as homenagens prestadas em seu aniversário, Chateaubriand usou Fábio Prado como intermediário de sua proposta: como o contrato estava em vigor, e uma mudança de endereço representaria um transtorno muito grande para os jornais (as rotativas, impressoras e demais equipamentos precisariam ser desmontados e reinstalados na futura sede), ele considerava justo que os Matarazzo pagassem aos Associados uma indenização. De quanto? Embora o valor dos aluguéis dos três anos seguintes, somado, não chegasse a cem contos de réis, Chateaubriand queria 850 contos de indenização para devolver o Conde Prates a seus legítimos donos. Indignado — e estimulado pelo filho, que não tinha qualquer simpatia pelo jornalista —, o conde Francisco Matarazzo mandou dizer que se recusava sequer a discutir o que considerava "uma extorsão". O "não" de Matarazzo foi a palavra-chave para reacender todos os velhos preconceitos de Chateaubriand contra o industrial. Já que não pagava a justa indenização pelo planejado despejo, ele que esperasse vencer o contrato de três anos — isso se a Justiça não concedesse prorrogações aos Associados.

Era como se o caderno especial do octogésimo aniversário e a reportagem em *O Cruzeiro* tivessem sido apagados com borracha. A hostilidade crescia a cada artigo, cada provocação que Chateaubriand publicava em seus jornais. Empertigado em seus 34 anos, cabelos glostorados e com um esnobe monóculo no olho direito, embora nascido em São Paulo o conde Chiquinho tinha sangue italiano em abundância nas veias. Farto das agressões que a família sofria nos Diários Associados, mandou avisar a Chateaubriand que se a campanha prosseguisse ele ia "resolver a questão à moda napolitana: pé no peito e navalha na garganta". Sem saber da ameaça, Fábio Prado decidiu promover um encontro conciliatório entre os dois, em parte testemunhado pelo jornalista Paulo Duarte (o mesmo que fulminava Chateaubriand nas páginas do *Diário Nacional*, do extinto Partido Democrático), chefe de gabinete do prefeito. Ao se defrontarem, o conde Jr. repetiu a ameaça:

— Já lhe avisaram que se essa sujeira continuar terei que adotar métodos napolitanos para pôr fim a essa campanha?

Chateaubriand não se amedrontou. E diante do prefeito e de Paulo Duarte, deu o troco:

— Responderei com métodos paraibanos. A diferença é que em Catolé do Rocha não usamos navalha, mas peixeira. E, em vez de cortar a garganta, cortamos mais embaixo, em partes mais sensíveis.

Certamente pensando no atentado a Oscar Flues, reforçou a intimidação:

— O conde sabe que eu não estou brincando.

Acalmados os ânimos, Chiquinho fez a contraproposta da família: os Matarazzo aceitavam pagar 220 contos de réis a título de indenização, desde que os Associados se comprometessem a entregar o prédio para a demolição em quatro meses. Sabendo com quem estavam tratando, impunham mais uma exigência: a indenização só seria paga depois que o prédio estivesse desocupado. Ofendido com a desconfiança, Chateaubriand recusou a proposta. Ele conhecia o motivo da urgência dos Matarazzo: as indústrias tinham trazido da Itália o arquiteto

Marcello Piacentini, um dos preferidos de Mussolini, que já havia projetado para o lugar um majestoso edifício de treze andares, revestido de mármore travertino e com três entradas: uma pelo vale do Anhangabaú, uma pelo viaduto do Chá e uma terceira pela rua Libero Badaró. Se eles tinham pressa, decidiu o jornalista, que melhorassem a oferta. A intransigência de Chateaubriand só fez azedar ainda mais a relação com os empresários. Convencido de que o jornalista não arredava pé de sua posição, o conde Chiquinho fez outra ameaça: se os jornais não deixassem o prédio em quatro meses, ele ia mandar uma brigada de operários iniciar a demolição com os inquilinos lá dentro. O desmonte começaria com o destelhamento do edifício. Dias depois de ouvir essa notícia, Chateaubriand jantava com amigos no elegante restaurante do Hotel Esplanada, atrás do Teatro Municipal, quando viu Matarazzo e o filho entrarem e sentarem-se no lado oposto do salão. Levantou-se da mesa e sacudiu o guardanapo no ar, aos gritos:

— Seus condes! Seus condes!

Os Matarazzo tentaram fingir que não era com eles, mas não teve jeito — a única maneira de acabar com o vexame era voltar os olhos para aquele nordestino louco. Chateaubriand gritava:

— Seus condes, os senhores me enviaram um recado: se eu não abandonar um prédio onde estou legalmente, vão mandar operários destelharem os Diários Associados. Eu aceito o desafio: vocês tiram as telhas do Palacete Prates e no dia seguinte eu pessoalmente vou chefiar um pelotão de jagunços da Paraíba para destelhar a Villa Matarazzo, onde os senhores moram, na avenida Paulista. Vamos ver na cabeça de quem vai chover primeiro!

Foi Fábio Prado, com a ajuda do presidente da Caixa, Samuel Ribeiro, quem equacionou a solução — mas não a paz, que essa não viria jamais — entre Chateaubriand e os Matarazzo. Descobriu que estava à venda por 380 contos um pequeno sobrado comercial construído num terreno de 580 metros quadrados, situado no número 230 da rua Sete de Abril, do outro lado do viaduto do Chá. Ali os dois jornais poderiam se instalar provisoriamente. Ao lado do imóvel estava à venda outro, edificado em um terreno de mais trezentos metros, onde funcionava a boate L'Auberge. A operação proposta pelo prefeito — que tinha enorme interesse em ver o palácio de mármore de Piacentini rapidamente ocupando o lugar do velho treme-treme onde funcionavam os jornais — era complicada: Chateaubriand receberia os 220 contos do conde e poria mais sessenta contos de seu próprio bolso. Samuel Ribeiro autorizaria a Caixa a fazer um contrato de publicidade de cinquenta contos com os Associados e ele, Fábio Prado, arrancaria dos condes outro contrato de cinquenta contos de publicidade com os jornais. Tudo somado, chegariam ao valor do terreno. Quando a situação melhorasse, Chateaubriand poderia comprar o terreno da boate e, aos poucos, construir ali a sede definitiva de seus jornais em São Paulo. Enquanto fazia as contas num pedaço de papel, o jornalista lembrou-se de algo:

— Esses brutos detestam a publicidade. Mas o laboratório deles está lançando um perfume, chamado Chimene, e vão ter que anunciar. Por aí o negócio avança. Mas deixe-me ver se essa proposta é benéfica a meus jornais.

Multiplicou, subtraiu, embolou os pedaços de papel e se levantou:

— Temos dois problemas. O primeiro é que o conde só me paga a indenização depois que eu desocupar o prédio.

O prefeito interrompeu-o:

— Esse obstáculo está superado. Falei ao conde que eu lhe adianto os 220 contos de réis. E passo eu a ser credor dele. Quando você deixar o prédio, ele me reembolsa.

Ao perceber que o interesse dos Matarazzo os estava compelindo a ceder, Chateaubriand deu o bote mortal:

— É, mas para devolver o Palacete Prates antes de vencer meu contrato o conde vai ter que comprar o terreno da L'Auberge e transferir a escritura para o nome dos Associados. Senão, nada feito.

Apesar de contrafeitos, os Matarazzo aceitaram pagar o preço exigido para sair daquela sinuca. Embora no documento que assinou em novembro de 1934 o jornalista se comprometesse a entregar o prédio em três meses, só em julho de 1935 é que os Diários Associados iriam mudar de endereço. Com um terreno medindo ao todo 850 metros quadrados, Chateaubriand chamou o arquiteto Jacques Pilon e encomendou-lhe o projeto do edifício novo. Ele tinha apenas três exigências a fazer: queria a fachada do mesmo mármore travertino que os Matarazzo iriam usar no prédio que começavam a construir; se a sede das indústrias dos condes ia ser de treze andares, a dos Associados teria quinze. E, por fim, queria que em um dos andares do edifício fossem especialmente projetados dois mezaninos, de quinhentos metros quadrados cada um: quando o prédio estivesse pronto, ele ia instalar ali um museu de arte antiga e moderna. Apesar de tudo o que tinha recebido para deixar o prédio, Chateaubriand sairia daquela refrega convencido de que tinha sido "esfolado" pela família dos condes. Estes não perderiam por esperar, como se veria anos depois.

Com o passar do tempo, as peças da desengonçada e semidestruída engrenagem dos Diários Associados iam de novo entrando nos eixos. Os anúncios do supercontrato feito com a General Electric pingavam religiosamente nas páginas de *O Cruzeiro*, e como a água acaba correndo mesmo é para o mar, anúncio puxava anúncio. Os jornais e as duas revistas foram incluídas em uma gigantesca campanha de propaganda de uma indústria de alimentos norte-americana para lançar aqui o produto que se tornaria a coqueluche do Brasil dos anos 1930: o pó achocolatado Toddy. Tamanha era a novidade que os primeiros anúncios tiveram de ser didáticos, explicando aos leitores como e em que circunstâncias se deveria tomar Toddy. Em seguida veio a publicidade feita por dezenas e dezenas de médicos brasileiros, que assinavam atestados comprovando a eficiência do produto como nutriente de alto valor alimentício. Na avalanche de modernidades importadas dos Estados Unidos e da Europa, as páginas dos Associados se enchiam de anúncios de Modess ("o fim das anti-higiênicas toalhinhas", ou "agora os incômodos das senhoras não constituirão nunca a origem de perturbações") ou ainda de um bloco de papel que iria revolucionar a vida dos brasileiros: o cheque bancário ("o documento que você carrega no bolso e que permite retiradas sem aviso prévio").

De origem nacional ou estrangeira, não importava, o dinheiro que voltava a jorrar nos cofres dos Associados possibilitou a retomada da modernização das empresas. De novo e por duas vezes pioneiro, Chateaubriand primeiro importou dos Estados Unidos, por 120 mil dólares de então, uma Multicolor, a mais moderna rotativa de que se tinha notícia, e da qual os donos de jornais no Brasil só tinham ouvido falar (passados vinte anos, no início da década de 1950, só duas empresas, além de *O Cruzeiro*, estariam trabalhando com aquele equipamento — o jornal *O Globo* e a Lythographica Ypiranga, de São Paulo). Além da máquina, os Associados foram os primeiros a comprar os serviços fotográficos da Wide World Photo, da França. Com uma imprensa habituada a esperar semanas para que uma fotografia do exterior chegasse ao Brasil, Chateaubriand festejava a compra dos revolucionários serviços de transmissão de imagens como a última maravilha do jornalismo moderno: "Três dias após um acontecimento em qualquer continente, seja um crime, um desastre, a posse de um ministro, uma festa, uma greve, dados os recursos de aparelhagem e a rapidez das comunicações, inclusive a telefoto, estamparemos o flagrante".

Se estava se tornando tecnicamente moderno, o jornalismo praticado em meados dos anos 1930, além do descompromisso com a ética em muitos sentidos, ainda recendia a um enorme provincianismo. A mesma *O Cruzeiro* que usava serviços e máquinas que eram a última moda no mundo desenvolvido ainda dava, em página inteira, melosos poemas de Antônio Sanchez Larragoiti ou de sua mulher, a bela Rosalina Coelho Lisboa (poemas que já eram ilustrados por Alceu Pena, que se celebrizaria nas décadas seguintes como o autor da seção "Garotas", da revista). Está certo que, independentemente da qualidade literária, os poemas de Larragoiti ou Rosalina — esta uma poetisa reconhecida, e não uma diletante eventual — tinham uma razão especial para receber tanto destaque em *O Cruzeiro*: ele era o dono da companhia de seguros Sul-América, um dos maiores anunciantes dos Associados. Mais do que ninguém, no entanto, Chateaubriand sabia que bom jornalismo não se fazia com "pedaços de ferro", como ele já dissera, mas com gente.

Ao convidar o competente e moderno Dario de Almeida Magalhães para acumular a diretoria geral dos Diários Associados, em todo o Brasil, e a presidência de *O Cruzeiro*, Chateaubriand começava a dar uma nova cara a seus jornais e revistas. É nessa época que começam a aparecer nos Associados personagens que anos depois seriam reconhecidos como alguns dos maiores nomes da literatura ou do jornalismo brasileiros, como os escritores Manuel Bandeira, Gustavo Barroso, Graça Aranha, Viriato Correia e os jornalistas David Nasser,

Edmar Morel, Alex Viany e, pouco tempo depois, Millôr Fernandes, Carlos Castello Branco e Frederico Chateaubriand — o "Freddy", filho de Oswaldo Chateaubriand e um dos grandes responsáveis pela transformação de *O Cruzeiro* em uma das mais importantes revistas do Brasil no século XX. Curiosamente, o talentoso e controvertido Nasser, que ficaria célebre como um dos maiores repórteres de sua época, iria estrear em *O Cruzeiro* assinando "uma reportagem de David Nasser" — mas que na verdade não passava de um típico texto de "cozinha" sobre Lawrence da Arábia, produzido com material de arquivos e de bibliotecas. Da mesma forma que os repórteres e redatores, os artistas contratados pelos Associados com a ascensão de Dario de Almeida Magalhães seriam consagrados pelo tempo entre os melhores do país, como Cândido Portinari, Aldo Bonadei, Anita Malfatti, Di Cavalcanti e Ismael Neri. Para dirigir *O Jornal* no lugar de Gabriel Bernardes, que acabara de falecer, Dario chamou Austregésilo de Athayde, e para o *Diário da Noite* carioca iria Vítor do Espírito Santo.

Ganhava-se de um lado, perdia-se de outro. Se conseguiu, por intermédio de Dario, atrair jovens talentos que despontavam no país, Chateaubriand não faria grande esforço para segurar nos Associados um dos melhores deles, Rubem Braga. Transferido de São Paulo, Braga trabalhava na redação de *O Jornal* e escrevia uma crônica diária no *Diário da Noite*. Sem assunto, um dia ele leu uma pequena notícia de que a Igreja espanhola estava liderando uma campanha para assegurar às mulheres o direito ao voto — prática que só no ano anterior também o Brasil inaugurara. O jornalista resolveu tirar dali sua crônica, e escreveu que aquela era uma jogada oportunista da Igreja, já que a maioria das mulheres espanholas eram católicas e a proposta visava, na verdade, angariar votos para os candidatos apoiados pela Igreja. Anticlerical, Rubem Braga acrescentou que se o projeto fosse aprovado ia representar um atraso político, pois a conservadora Igreja espanhola "não passava de uma pinoia". Estava montada a crise: o diretor de redação Vítor do Espírito Santo veio comunicar-lhe que Chateaubriand tinha recebido uma carta indignada do respeitado intelectual católico Alceu Amoroso Lima — o Tristão de Ataíde — com um ultimato: se Braga não fosse demitido, ele retiraria a coluna de *O Jornal*.

Fruto do acordo que fizera com o cardeal Sebastião Leme quando comprou *O Jornal*, na "Coluna do Centro", supervisionada por Amoroso Lima, revezavam-se como seus autores os mais ilustres membros do Centro Dom Vital, organização da direita cristã criada em 1922 por Jackson de Figueiredo. Depois da morte de seu fundador, Alceu Amoroso Lima passara a ser a mais célebre estrela do grupo de intelectuais cristãos conservadores. Pelo título com que fora batizada e por ser publicada bem no centro da página do jornal, a coluna tentava passar a impressão de ser um espaço de reflexão politicamente de centro, embora fosse uma das mais reacionárias seções da imprensa de então. A presença da "Coluna do Centro" representava para Chateaubriand uma espécie de tratado de paz que garantia aos Associados a permanente indulgência da hierarquia nacional da Igreja. Sabendo da importância que o patrão atribuía às boas relações com

d. Sebastião Leme, Vítor do Espírito Santo advertiu Braga para se preparar, pois vinha trovoada sobre sua cabeça. Chamado à sala do dono do jornal, ele enfrentou um Assis Chateaubriand furioso:

— Seu Braga, o senhor está querendo arruinar o meu jornal. Como é que o senhor escreve uma crônica completamente idiota como essa?

Tranquilo, Braga ainda tentou se defender:

— Mas doutor Assis, o senhor é dono do jornal, pode ler antes de publicar tudo o que eu escrevo. E pode cortar o que não gostar...

Preocupado com a ameaça de Amoroso Lima, Chateaubriand estava particularmente mal-educado:

— E eu lá tenho tempo de ler porcaria? Veja aqui a carta do doutor Alceu. O que é que eu faço agora? Vou brigar com o cardeal Leme por sua causa?

Ele passou os olhos sobre o papel e só teve tempo de ver um trecho em que Alceu Amoroso Lima dizia que não poderia continuar publicando a "Coluna do Centro" no mesmo jornal que "abrigava um desatinado como esse sr. Rubem Braga". O cronista sabia que estava metido em confusão séria. Meses antes testemunhara outra crise provocada pelo mesmo Amoroso Lima — que caminharia vagarosamente em direção a posições mais democráticas até se tornar, nos anos 1960 e 1970, um dos mais renitentes adversários da ditadura militar de 1964. Mas ele ainda era o conservador intransigente quando Ribeiro Couto escreveu uma suave crônica sobre santa Teresinha do Menino de Jesus (que depois desenvolveria e transformaria em livro) para *O Cruzeiro*, que o diretor da revista, Lincoln Nery, encarregou o artista Santa Rosa, empregado da casa, de ilustrar. O respeitoso desenho mostrava a santa com rosas nas mãos, sem nada que pudesse ferir a fé do mais empedernido carola. Ao ver a revista, porém, Amoroso Lima estrilou: era um absurdo inadmissível permitir que um notório comunista como Santa Rosa ilustrasse um escrito sobre santa Teresinha. E, ao expor sua indignação a Chateaubriand, o diretor do Centro Dom Vital foi além: uma revista democrática como *O Cruzeiro*, que entrava em milhares de lares espalhados pelo Brasil, não podia sustentar um comunista. Santa Rosa tinha de ser demitido.

No caso da santa, a exigência de Amoroso Lima parecia tão absurda que Chateaubriand fincou pé e manteve o emprego do artista. Mas agora, com Rubem Braga, tudo indicava que a coisa ia ser diferente. Mal-humorado com aquela arenga toda, Rubem perdeu a paciência, saiu da sala de Chateaubriand batendo portas e pediu demissão. Dario de Almeida Magalhães ainda tentou demovê-lo da ideia, sugerindo que mudasse apenas de órgão, permanecendo nos Associados, com um argumento irrefutável:

— Você é louco de brigar com o Chateaubriand, Braga. Jornalista brasileiro não pode viver aqui se brigar com o Chateaubriand. Ou muda de profissão ou muda de país.

Braga estava decidido:

— De profissão eu não posso mudar, que não sei fazer outra coisa. Do país também não posso sair, porque não tenho dinheiro. E, como eu já estava cheio do Chateaubriand, vou me mudar de estado. Vou para Recife, fazer o jornal da ANL.

Ao decidir deixar dois dos principais jornais do país para dirigir a desconhecida *Folha do Povo*, da seção pernambucana da Aliança Nacional Libertadora, Rubem Braga queria também sentir o gostinho de trabalhar em uma organização política que vinha sendo combatida com ferocidade por Chateaubriand. Desde que surgiram, em janeiro de 1935, as primeiras notícias de que lideranças civis e militares se organizavam numa espécie de partido político, Chateaubriand pôs-se em guarda. E foi preciso pouco tempo para que ele farejasse, por trás da organização que logo se transformava num formidável movimento de massas, a mão peluda do esquerdismo. Suas suspeitas se confirmaram em março, quando o estudante de direito Carlos Lacerda (que anos depois seria seu empregado) propôs, no ato de lançamento público da ANL, o nome de Luís Carlos Prestes para presidente de honra da organização.

Com uma frequência que só encontrava paralelo na campanha que movera contra Vargas e o tenentismo, depois da Revolução de 1930, Chateaubriand dedicaria quase todo o seu tempo e seu espaço nos jornais a flagelar "Prestes e seus sequazes". Seu principal temor residia na perigosa aliança que enxergava, em torno da ANL, entre líderes civis, oficiais das Forças Armadas e, controlando-os à distância, os temidos comunistas. Para aterrorizar a classe média que cada dia mais parecia simpatizar com o crescente movimento, acenava com o risco para onde apontava "essa desordem que tomou conta do país": provocando os brios conservadores, os aliancistas acabariam derrotados pelos integralistas, que também se organizavam, o que desaguaria inevitavelmente em uma ditadura fascista. Se, ao contrário, triunfassem os aliancistas, o resultado seria ainda pior, na sua opinião: dominado pelos comunistas, o movimento em breve levaria o Brasil "a uma desumana ditadura coletivista, de caráter soviético". Embora nunca tivesse defendido claramente o fascismo, Chateaubriand não escondia sua simpatia pelo movimento integralista. Em pelo menos um artigo chegou a afirmar que, "mesmo divergindo dos pontos cardeais da ideologia integralista, encontro na arrancada de sua mocidade um emocionante ponto de contato com o programa dos Diários Associados: a unidade política e espiritual do Brasil". Doutra feita, apanhado no meio de um tiroteio entre a polícia paulista e uma manifestação de camisas-verdes (era assim que os integralistas do líder fascista Plínio Salgado se vestiam), "saltei do automóvel e meti-me no meio das formações de milicianos que desciam a avenida Brigadeiro Luís Antônio, com a bandeira brasileira tremulando no punho de alguns rapazes, imantado que eu estava por aquele espetáculo de fé em nossa unidade, pela certeza da indestrutibilidade do Brasil". Nem mesmo o chefe mundial do fascismo, o ditador italiano Benito Mussolini — cujos artigos frequentavam com regularidade as páginas dos Associados —, escaparia de sua admiração. Chateaubriand não se cansava de contar que, quando viveu na Europa, teve a oportunidade de ver de perto "um belo espetáculo de anarquia coletiva" — uma greve na fábrica de um amigo de Milão. Como moral daquela história, repetia sempre:

— Afinal veio Mussolini e a ordem foi restabelecida na península.

Quando os adversários insinuavam que ele estava se transfigurando em um legítimo fascista, respondia que nenhuma das duas ideologias, nem a de esquerda nem a de direita, servia ao Brasil. "Encontrei hoje dois fanáticos das duas correntes: o integralista invectivava o imperialismo japonês, que pretende ajudar-nos financeiramente a resolver o problema do algodão; o outro, comunista, difamava o imperialismo inglês que nos deu portos, estradas de ferro, *tramways*, companhias de eletricidade e de telefone", escreveu ele, para concluir: "A renovação que é pregada pelos dois credos se processa dentro do método da propaganda que, se vingar amanhã, deixará o Brasil de tanga, reduzido à condição de uma miserável cubata hotentote. Tanto o Partido Integralista quanto a Aliança Libertadora são soluções extremas para o problema político do Brasil. Esta se coloca na extrema-esquerda, aquele na extrema-direita. Um se encharca de Moscou, o outro de Berlim e Roma".

Receoso de ser confundido com um defensor do fascismo italiano ou do nazismo alemão, pedia dissimuladamente um endurecimento do regime contra os excessos que enxergava em quase tudo. Inclusive no recém-nascido cinema nacional. Ao ver num dos cinemas do Rio um documentário sobre Pernambuco, no qual, naturalmente, se faziam referências à miséria que campeava em Recife, não hesitou em sugerir para os outros a mesma violência de que tão pouco tempo antes fora vítima — a censura. "O governo está no dever de não consentir que o Brasil seja apresentado através de mocambos, mulatas e pretos, como se estes fixassem a totalidade da nossa fisionomia." Se não era fascista nem nazista, Chateaubriand era um racista? Antes que alguém o acusasse, ele respondia no mesmo artigo, com palavras pouco mais comedidas do que as que usava nas conversas com os amigos: "Não sou contra o negro nem contra o mulato. Jamais cesso de dizer que *O Jornal* é produto de um ágil mulato, de nariz chato, e que tem um talento apolíneo, o meu amigo dr. Renato Toledo Lopes. Mas como sou um pacificador, em matéria de cor, não desejo nos filmes o predomínio exclusivo do pigmento do ilustre antigo piloto do nosso diário".

O que ele não conseguia entender ou admitir era como "essa burguesia imbecil" ia se juntar, nas hostes da Aliança Nacional Libertadora, "aos lobos que depois de manhã vão comer todas as suas ovelhas, uma por uma". Embora a defendesse com unhas e dentes em seus jornais (e jamais deixasse de mamar em suas generosas tetas), Chateaubriand alimentava profundo e público desprezo pelo que chamava de "burguesia" — os industriais, comerciantes, banqueiros e fazendeiros em cujas portas, mais dia menos dia, ele acabava batendo. "A burguesia brasileira não sabe viver e, o que é pior, não sabe nem morrer", ele escreveu mais de uma vez. "Não sabe viver porque dissipa seus bens consigo própria, sem saber o significado da palavra mecenato, sem se preocupar sequer com o destino do vizinho que mora na casa em frente. E não sabe morrer porque no último suspiro lega aos filhos exatamente esses mesmos e lamentáveis padrões." Nada mais natural, portanto, que ele rangesse os dentes ao ler os nomes dos integrantes da alta direção da ANL — quase todos egressos da chamada "burguesia imbecil" —, que mereceu dele o artigo intitulado "Guarda-chuva, bengala e bengalinha":

> Anos atrás os comunistas brasileiros chamavam-se Otávio Brandão, Minervino de Oliveira, Astrojildo Pereira. Eram rudes trabalhadores, acostumados ao vento e ao frio, gente que não pagava impostos urbanos ou territoriais. Em 1935 nossos comunistas são uma luzida falange de grandes proprietários que se dão ao esporte do salto no abismo. O dr. Caio Prado Júnior, o capitão Cascardo, o dr. Mangabeira, o capitão Trifino Correia são todos, sem exceção, proprietários mais ou menos abastados de imóveis urbanos ou agrícolas.
>
> Pela primeira vez entre nós o comunista deixa de ser uma esfinge que ninguém sabe onde vai buscar os recursos de que vive. Mangabeira pai mora com Mangabeira filho em um solar onde caberiam dez famílias operárias. Mas, os dois têm em casa apenas servos que lhes preparam quitutes baianos. O terrível Mangabinha aconselha nos seus manifestos que se divida a terra de toda a gente, que se despojem os fazendeiros, que se caloteiem os credores externos. Mas quando essa política de espoliação chegar às beiras das sobrelojas de seu monumento de cimento armado na rua Paissandu, ele exclamará sobressaltado: — Alto lá, não sou comunista! Posso ter arranha-céus de quinze andares porque o meu comunismo é para uso externo. Aqui em família somos todos pela grande propriedade imóvel.

Seu alvo preferido, no entanto, era o capitão Luís Carlos Prestes. A cada declaração do chefe comunista da ANL, Chateaubriand respondia com um artigo debochado. Ironizando os longos textos distribuídos por Prestes, o jornalista dizia que quem se sentisse mal do fígado não precisaria mais ir às fontes sulfurosas da cidade de Lindoia: "Basta ler a prosa do capitão Prestes, que é de desopilar; faz-se a estação de cura sem sair de casa". Espantado com a exagerada pontuação dos manifestos de Prestes, Chateaubriand dizia que ele deixara de ser "o capitão do mato" para se transformar "em uma sentinela perdida no meio de uma selva de pontos de exclamação". Mais um manifesto, mais uma implicância com a gramática: "Prestes adjetiva copiosamente e lança ao acaso seus célebres pontos de exclamação. Na falta de ideias gerais, na ausência de aptidão doutrinadora, o bravo capitão manipula os sinais primários do alfabeto. Estamos às voltas com um movimento botocudo, na expressão legítima da palavra". Até então ninguém se levantara em defesa da ANL ou de seu chefe contra as agressões feitas por Chateaubriand. Bastou, entretanto, ele escrever que "tanto a ANL quanto o comunismo brasileiro são coisas de humoristas malucos, de gente *détraqué*", para Rubem Braga dar-lhe o troco que guardava desde a briga com Amoroso Lima. De Recife, Braga enviou um artigo para *A Manhã*, de Aparício Torelly (já autonomeado "Barão de Itararé" e com seu jornal circulando independentemente dos

Associados), defendendo Prestes e os demais aliancistas. Conhecendo os humores do ex-patrão, tratou-o todo o tempo pelo apelido que Prestes, do exílio em que se encontrava, pusera no dono dos Associados: "Chateaubriand, o Nauseabundo". Ao ler o texto no pasquim humorístico, o jornalista espumava dentro da redação de *O Jornal*:

— Eu sempre disse que esse filho da puta era comunista! É assim que ele agradece as incontáveis vezes que tirei dinheiro do meu bolso para ele curar suas gonorreias!

Mesmo depois de fechada por decreto do governo, no mês de julho (com ruidosos aplausos de Chateaubriand), a agora clandestina Aliança Nacional Libertadora continuou em plena atividade. Numa chuvosa tarde de domingo, Chateaubriand encontrou-se na avenida Rio Branco com o interventor mineiro Benedito Valadares, que, acometido de dor de dente, rodava pelo centro da cidade à procura de um dentista. Enquanto andavam juntos, o dirigente mineiro, que já construíra reputação de grande habilidade política, expôs ao jornalista as suas preocupações com a desenvoltura de que os comunistas e seus seguidores desfrutavam, "diante do silêncio cúmplice ou amedrontado" dos políticos tradicionais. Para Valadares, tal comportamento iria levar as Forças Armadas a tomar a peito a repressão à ANL, em um perigoso processo de marginalização dos políticos:

— Não importa se o movimento vai rebentar ou não nos quartéis, mas desse jeito as forças militares é que tomarão a iniciativa da defesa do regime. Ou nós, políticos civis, agimos já, com espírito de união nacional, ou perderemos o leme do barco. Pense no que estou dizendo.

Não se sabe se aconselhado pelo interventor mineiro, semanas depois Vargas mandava sua filha e secretária Alzira procurar Chateaubriand. Ela comunicou-lhe que o presidente queria que Chateaubriand organizasse uma reunião de grandes empresários — umas quinze ou vinte pessoas — para ouvir de Getúlio uma exposição sobre a gravidade do momento político, com a ameaça de uma convulsão social provocada pela clandestina ANL, que atuava com enorme desenvoltura inclusive dentro dos quartéis. "O patrão quer que você junte seus tubarões", disse-lhe a irônica Alzira, "para uma conversa grave sobre a tempestade que se avizinha." Chateaubriand propôs que o encontro fosse realizado na casa do conde Modesto Leal. Depois de consultar o pai sobre o local sugerido, Alzira voltou com sinal vermelho:

— Na casa do Modesto Leal o patrão acha demais. Ele disse que é para você arranjar alguém mais liberal.

O encontro acabou acontecendo em um almoço organizado pelo jornalista na casa de Guilherme Guinle. Segundo o relato brevíssimo que Chateaubriand fez da reunião, Getúlio apenas os advertiu de que uma invasão russa do Brasil estava sendo planejada para dali a algumas semanas, e nada mais. O depoimento de Alzira Vargas dá conta de que o que houve no almoço promovido por Chateaubriand (ao qual ela esteve presente) foi "um enfrentamento entre o presidente e os tubarões". Interessado no apoio dos empresários para as mudanças trabalhistas em curso — que na opinião de Getúlio seriam o mais eficiente antídoto contra o extremismo comunista —, "o que o presidente ouviu deu-lhe náuseas". Os homens que controlavam parcela expressiva da economia do país não tinham qualquer contribuição, qualquer ideia a oferecer — só tinham queixas a fazer sobre o despropósito das leis trabalhistas e sobre o rigor dos fiscais do Ministério do Trabalho. "O anfitrião, por cortesia ou por não concordar com eles, manteve--se calado", contaria Alzira muitos anos depois. "Vargas desinteressou-se da conversa e despediu-se pouco depois. No automóvel, de volta, depois de um longo e penoso silêncio, mastigando as palavras, disse ao ajudante de ordens que o acompanhava, o capitão-tenente Ernani do Amaral Peixoto: 'Eu estou tentando salvar esses burgueses burros e eles não entenderam'."

Chateaubriand ainda faria outra tentativa — esta menos enriquecedora do seu currículo — de ajudar Getúlio a enfrentar a maré montante. Pouco antes de 27 de novembro, quando explodiria em três quartéis do Rio a frustrada revolta chefiada por Prestes, a chamada Intentona Comunista, o jornalista encontrou-se com Pedro Ernesto, interventor no Distrito Federal. Tenentista ferrenho e dirigente do Clube Três de Outubro, Pedro Ernesto não escondia as simpatias com que via o crescimento da ANL, mas na conversa com Chateaubriand economizava prudentemente as opiniões sobre o momento político. O jornalista provocou--o revelando informações sobre a suspeita que o governo já tinha de que havia estrangeiros no país comandando a agitação:

— Os aliancistas falam muito em consciência proletária, não é? Meu caro interventor: para haver consciência proletária será preciso primeiro termos uma consciência burguesa no Brasil, para que aquela se oponha a esta.

Pedro Ernesto só olhava. Chateaubriand prosseguia, caudaloso:

— Vamos ver se há consciência proletária. Na hora que os mujiques que Moscou mandou para cá derem a ordem de iniciar a guerra, você vai contar nos dedos o número de células civis que se levantarão ao lado do capitão Prestes.

Provocado, Pedro Ernesto reagiu com um discurso emocionado a favor da Aliança Nacional Libertadora e de Prestes, para encerrá-lo com uma frase de efeito:

— As massas estão com Luís Carlos Prestes. Você verá como elas vão se levantar a uma ordem dele.

Chateaubriand ficou impressionado com o aparente envolvimento de seu interlocutor com os comunistas — afinal, aquele era Pedro Ernesto, tenentista, homem de confiança do presidente, interventor no Distrito Federal. Dias depois desse encontro, Vargas de novo convocaria o jornalista ao Catete para pedir-lhe que publicasse um artigo no *La Nación*, comentando a visita oficial que o presidente brasileiro fizera à Argentina. Encerrada a pauta do encontro, Getúlio segurou-o para conversar, fazendo-lhe uma pergunta vaga:

— E aí, Chateaubriand, o que há de novo?

Desde que Vargas fora eleito em 1934 (indiretamente, pela Constituinte) presidente constitucional do Brasil, o jornalista substituíra, em seus artigos, o tratamento de "ditador" que conferia a Getúlio por outro — "ex-ditador" —, mas pessoalmente dirigia-se a ele como "presidente". A resposta a uma pergunta genérica foi tão grave e séria que até o impassível Getúlio arregalou os olhos:

— Presidente, o que há de novo é que Pedro Ernesto assumiu a chefia do movimento comunista que está para estourar.

O olhar de Vargas parecia ainda mais incrédulo:

— Mas Chateaubriand, que provas me dás da participação do prefeito na campanha subversiva em curso?

O jornalista tinha na ponta da língua o que entendia por "chefiar o movimento comunista":

— Ele entregou o Teatro São Pedro à Aliança Libertadora para que ela o transformasse em foco da pregação vermelha.

Vargas parecia preocupado, mas ainda desconfiava dos exageros de Chateaubriand:

— E o que mais?

— Há dias ele disse a mim que, a um sinal de Prestes, as massas se levantarão contra o governo.

O ministro da Fazenda, Souza Costa, que assistia à conversa, começou a ficar constrangido com aquela história. Olhava para Chateaubriand e batia no relógio, chamando-lhe a atenção para o tempo da audiência, que se esgotara. O jornalista, aparentemente preocupado em não parecer um delator, quis esclarecer o sentido de suas palavras:

— Presidente, não pense que estou aqui fazendo um libelo contra Pedro Ernesto. Estou advertindo-o, porque o senhor pode livrar seu interventor no Distrito Federal de ser vítima de um atentado por parte de oficiais mais exaltados, devido às ligações ostensivas dele com as esquerdas agressivas. Na minha opinião, Pedro Ernesto já é um homem ao mar.

Não obstante o ceticismo com que o presidente ouvia aquelas denúncias, pelo menos em uma coisa Chateaubriand tinha razão: Pedro Ernesto estava envolvido até a raiz dos cabelos com os revoltosos. Além de arranjar dinheiro para ajudar a financiar a máquina revolucionária que o Partido Comunista montara no Rio, depois do fracasso da revolta comunista (que Chateaubriand batizaria de "intentona", nome adotado para sempre pela direita para referir-se ao movimento) o interventor ainda tentaria conseguir um "aparelho" clandestino para esconder os fugitivos Luís Carlos Prestes e Olga Benario. E se ele já era "um homem ao mar", como o jornalista dizia temer, não seria pelas mãos das "esquerdas agressivas" que o interventor subiria na prancha do navio: na onda repressiva chefiada por Filinto Müller após a frustrada revolta, até Pedro Ernesto, destituído do cargo, iria parar na cadeia.

Uma tarde, em meio a uma roda de jornalistas, ao ver uma foto de presos políticos sendo levados para um navio-prisão, Chateaubriand comentou com Astrojildo Pereira (um dos fundadores do PCB, que tinha sido expulso do partido e não participara da revolta):

— O senhor acha que estes sujeitos com essas caras de idiotas tinham condições de governar o país?

Eram seus desafetos, mas Astrojildo não deixou a grosseria passar em branco:

— Doutor Assis, todo derrotado tem cara de idiota.

A maré de prisões que cobriu o país só causou um pequeno susto em Chateaubriand: uma noite ele chegou a *O Jornal* para escrever seu artigo e soube que o linotipista Umberto Porta tinha sido preso sob suspeita de fazer parte de uma *base* de gráficos do PCB. Irritado, sem encontrar alguém que pudesse ler seus garranchos e transformá-los em composição tipográfica, telefonou para Filinto Müller:

— Ou o senhor liberta o Umberto ou os Associados vão denunciar a repressão política nas edições de amanhã.

Porta voltou a trabalhar na mesma noite. Apesar de tudo o que fez contra os aliancistas, comunistas e seus seguidores, Chateaubriand lamentaria, meses depois, ter tido "uma participação muito tímida na denúncia daqueles tarados". A razão disso, segundo suas próprias palavras, é que ele estava "com o pensamento fixo" no projeto que iniciara um ano e meio antes, durante a conversa com o homem da GE, e que só se concretizaria dois meses antes da revolta de novembro de 1935: a entrada dos Associados na era do rádio.

22

Por um desses misteriosos e inexplicáveis artifícios contábeis dos Associados, a Tupi foi projetada para ser implantada em São Paulo, sua matriz jurídica ficava na capital paulista, mas na hora de instalar a rádio propriamente dita Chateaubriand decidiu-se pelo Rio de Janeiro. A caótica administração dos Associados tinha drenado para a compra de equipamentos e pagamentos de dívidas dos jornais e revistas grande parte dos recursos que Chateaubriand arrancara de Iman Greenwood, da General Electric, para montar a primeira estação de rádio do grupo. Assim, para que o sonho se realizasse foi preciso pagar juros ao conde Modesto Leal e ainda avançar mais uma vez sobre Abrahão e Samuel Ribeiro, sobre os Martinelli, os Penteado, os Guinle. Muito a contragosto, até o conde Matarazzo acabaria se incorporando ao grupo que Chateaubriand denominava, em seus artigos, de "os novos reis de Espanha, patrocinadores da aventura em que se meteram esses modestos Colombos do século XX que são os rapazes dos Associados". Graças a esses milionários, quando Guglielmo Marconi (especialmente convidado por Chateaubriand para a inauguração) apertou o botão que punha no ar a primeira rádio Associada, a "Tupi, o Cacique do Ar", era a segunda estação mais poderosa do continente, só perdendo, em potência, para a Rádio Farroupilha, inaugurada semanas antes em Porto Alegre pelos filhos do general Flores da Cunha. Em seguida ao gesto de Marconi, o éter foi invadido de norte a sul do Brasil pelos acordes produzidos pelo orfeão regido pelo maestro Heitor Villa-Lobos.

Mas, menos de dois anos depois, Chateaubriand voltava a vestir casaca e cartola para a festança de lançamento de sua segunda rádio, a Tupi de São Paulo. Ao batizar também ela com um nome indígena, Chateaubriand iniciaria uma interminável série de "Tamoios", "Potis" e "Tupãs", fruto de sua paixão pelos índios brasileiros, até apelidar toda a rede de "taba Associada". E o recorde que ele não tinha conseguido superar no Rio seria quebrado em São Paulo: ao ser inaugurada, em 1937, ostentando três estúdios e um enorme auditório, a Tupi paulista era a rádio mais potente da América Latina, com 26 quilowatts em seu transmissor, superior até à dos gaúchos. Além dessa capacidade de *broadcasting*, que lhe permitia ser ouvida em ondas curtas mesmo fora do país, o que dava prestígio a uma estação, no nascimento do rádio no Brasil, eram os shows de grandes artistas, transmitidos ao vivo, diretamente dos estúdios. Só que grandes artistas custavam dinheiro, e as despesas para instalar duas rádios tão potentes em tão pouco tempo tinham raspado o fundo dos cofres Associados. Foi então que Chateaubriand sugeriu a Joaquim Rolla, dono do Cassino da Urca, no Rio, e a Alberto Bianchi, dos cassinos Atlântico e do Guarujá, no litoral paulista, um negócio que seria bom para todos: as duas rádios Tupi dividiriam com cada uma das casas de espetáculos o custo do cachê de todo artista estrangeiro que viesse ao Brasil — e em troca disso o músico, além de abrilhantar as noitadas no cassino que o convidara, faria shows nas duas estações. Só assim foi possível à Tupi apresentar a seus ouvintes astros do prestígio de Josephine Baker, Agustín Lara, Martha Eggert, Pedro Vargas, Dajos Bella e Lucienne Boyer.

Como o rádio ainda era uma atividade que engatinhava no Brasil (a primeira estação só tinha sido inaugurada em 1923, no Rio de Janeiro), era natural que os anunciantes e patrocinadores também fossem reticentes em colocar seu dinheiro em algo que parecia muito aventureiro e tão impalpável — ao contrário dos jornais e revistas, em que eles estavam habituados a ver o anúncio impresso. Tanto era assim que até para levar para as rádios Tupi uma artista como Carmen Miranda, com todo o prestígio internacional de que desfrutava, foi difícil arranjar patrocinador — "a não ser alguns amigos que, por simples deferência pessoal conosco, se dispunham a fazê-lo", diria Chateaubriand. Ainda assim, o jornalista não faria menção ao fato de que um dos mais fortes patrocinadores das apresentações da "Pequena Notável" era o Laboratório Licor de Cacau Xavier, empresa que o próprio Chateaubriand comprara meses antes. O contrato feito entre Carmen e a Tupi carioca exigia que ela se apresentasse em dois shows semanais, de quinze minutos cada um. Por ser quem era, tinha o privilégio de poder fazer espetáculos fora do Rio (desde que não fosse em outra estação de rádio, obviamente). Seu salário mensal, de cinco contos de réis (equivalentes, em 2011, a cerca de 6200 dólares), foi considerado tão absurdamente alto que mereceu um indignado editorial da *Revista da Semana*:

> Cinco contos por mês? Adivinhamos perfeitamente a admiração dos leitores. Então uma cantora de sambas no Brasil ganha cinco contos mensais? Cinco contos para se colocar diante de um microfone, durante duas ou três horas, e cantar uma dessas músicas simples, fáceis, populares, inventadas pelos malandros dos morros? Pois é, leitor amigo, cinco contos! Há por aí muito cantor de coisas clássicas, com vários anos de estudos em conservatórios, com diplomas vistosos, com todos os incidentes e acidentes de um curso dificílimo, que não ganha a terça parte desse ordenado, que vive de outras coisas, que luta desesperadamente pela vida.
>
> O rádio trouxe essa inovação e, sobretudo, essa revelação: o samba, a canção, o tango, o fox, a modinha têm um valor novo, imenso, desconcertante. Engraçado, não é?

Em uma charge da revista satírica *O Malho*, dois personagens comentavam a contratação da cantora:

"— Sim, senhor! Ninguém esperava que a Carmen Miranda, depois de cinco anos, deixasse a rádio Mayrink Veiga por uma questão de maior salário!

— Ora essa, meu amigo! A Tupi abafou as saudades de Carmen Miranda com um conto de réis por mês para cada ano que ela passou na Mayrink Veiga. Você não acha que não há saudade que resista a semelhante argumento?"

Consigo Carmen levou também sua irmã Aurora Miranda para as emissoras Associadas (com um salário de 1,8 conto de réis por mês, mas igualmente contratada com exclusividade). Entre os artistas nativos começava a concorrência: as cantoras Gessy Barbosa e Cristina Maristany, a pianista Carolina Cardoso de Menezes eram contratadas dos Associados? Então não podiam cantar na Nacional, na Mayrink Veiga, na Educadora. Em pouco tempo as duas Tupi aproveitavam o fato de pertencer a um só dono para, a custo menor, ter em seu *cast* astros como Araci de Almeida, as Irmãs Vidal, Carlos Galhardo, Alvarenga e Ranchinho e até um mulato magrelo que acabara de chegar da Bahia com um violão debaixo do braço e que encantara Chateaubriand, chamado Dorival Caymmi.

Muita gente se perguntava se Chateaubriand (assim como o conde Ernesto Pereira Carneiro, que no ano da instalação da Tupi do Rio implantara a sua Rádio Jornal do Brasil) não estaria cavando a sepultura de seus jornais e revistas, ao entrar num negócio que parecia tornar-se concorrente da imprensa escrita. Ele respondia com absoluta tranquilidade:

— Sou um homem da imprensa de papel e estou convencido de que a ideia que forma opinião tem que estar impressa em letra de fôrma. O rádio pode ser mais abrangente, e certamente é mais subversivo que o jornal, mas o que mexe com o tutano do freguês é o jornal. Nem a revista, mas o jornal diário.

Essa certeza o acompanharia para o resto da vida, e nem mesmo a televisão, décadas depois, iria fazê-lo mudar de opinião. Montar duas das mais poderosas estações de rádio do continente certamente era uma iniciativa compatível com a sua profissão de comunicador, mas na paixão pela imprensa escrita ele não conseguia ver aquilo senão como um negócio a mais. Um negócio como tantos outros em que vinha se metendo naquele final dos anos 1930. Ele chegara até a ser dono por poucas horas do Banco do Comércio, em 1927. Mas os bancos ainda não eram grandes anunciantes, no Brasil da primeira metade do século XX, e isso já era suficiente para torná-los uma atividade sem interesse para ele. Segundo a ótica de Chateaubriand, era bom o negócio que anunciava muito. (As únicas exceções a esse singular catecismo terão sido as fazendas que ele compraria ao longo da vida, movido por um forte sentimento de ligação com a terra, para instalar nelas centros de pesquisas de desenvolvimento de irrigação artificial, cafés finos, algodão de fibra longa e, já nos anos 1960, inseminação artificial para melhoria do rebanho bovino de corte. Comprada em 1938 por 300 mil dólares da época — 750 contos —, a primeira delas, a Fazenda Queluz, no município paulista de Capivari, estaria produzindo, anos depois, 18 mil arrobas anuais de algodão de fibra longa, o que faria seu valor multiplicar-se seis vezes.)

Mas as fazendas eram o que ele chamava de seu "hobby de mandioqueiro". Convencido de que bom negócio era o que anunciava muito, Chateaubriand tentaria comprar, em meados dos anos 1930, um dos grandes anunciantes de seus jornais — o Parc Royal, a maior e mais importante loja de departamentos do Rio (um "magazine", como se dizia na época), instalado em um imponente prédio na rua Ramalho Ortigão, entre o largo de São Francisco e a rua Sete de Setembro, no centro da cidade. O volume de publicidade gerado pela loja era tal que ele ofereceu à família Ortigão, proprietária do negócio, nada menos que 6 mil contos de réis à vista — proposta que foi recusada pelos donos.

Com a mesma convicção, em 1937 Chateaubriand comprou, por 2200 contos, o Laboratório Licor de Cacau Xavier, de São Paulo. Instalado na rua do Glicério e especializado em produtos farmacêuticos populares, o laboratório produzia, entre dezenas de mezinhas e xaropes (além do fortificante que lhe dera o nome), o Conhaque de Alcatrão Xavier, o Elixir Xavier (apresentado como infalível contra uma doença comum na época, a sífilis) e as Pílulas Xavier, que prometiam curar a ancilostomíase, ou "amarelão", a doença que mais matava brasileiros nos anos 1930. Tempos depois ele arremataria em hasta pública o espólio dos proprietários de outro de seus grandes anunciantes, o Guaraná Espumante — e com isso se tornaria dono também das ainda pouco conhecidas Indústrias de Chocolates Lacta. Depois seria a vez de comprar os Laboratórios Ipiranga, da família Ribeiro Branco, e de incorporar o Laboratório Gaby, que trouxe consigo dois sucessos de venda da época (e portanto grandes anunciantes): o pó de arroz Joli e a água-de-colônia Gilca. Cada um desses produtos continuaria anunciando (agora com frequência muito maior) na rede de jornais e revistas; com esse incremento de publicidade, as vendas naturalmente subiam, aumentando os lucros e permitindo que anunciassem ainda mais; anunciando mais, vendiam mais... e por aí ia a bola de neve que, na verdade, era o único ponto de interesse de Chateaubriand naquele cipoal de empresas limitadas e sociedades anônimas que ele fazia pouquíssima questão de conhecer. A única coisa que importava era que aquelas empresas continuassem dando lucros para que ele pudesse comprar mais jornais.

Para atingir esses objetivos ele não via obstáculos. Pouco tempo depois de adquirir o Laboratório Licor de Cacau Xavier, descobriu que os maiores concorrentes do Elixir Xavier e das Pílulas Xavier eram respectivamente as Pílulas Vitalizantes e o Cálcio Glicosado, ambos fabricados pelo mesmo Laboratório Lomba, do Rio de Janeiro. Chateaubriand fez uma, duas, três ofertas para comprar a indústria concorrente, mas foram todas rejeitadas pelo dono, Ernani Lomba, que não estava interessado em deixar o rendoso ramo. Foi aí que começaram a aparecer as reportagens no *Diário da Noite* do Rio. Ninguém nunca soube se os fatos efetivamente aconteceram — até porque todo o processo de produção das reportagens era controlado por Assis Chateaubriand em pessoa. Fraudados (como Ernani Lomba sustentaria na Justiça), ou verdadeiros (como assegurava diariamente o escandaloso *Diário da Noite* do Rio), o certo é que os casos de envenenamento provocados pelos remédios fabricados por Lomba começaram a surgir como cogumelos da terra.

A primeira vítima teria sido um "técnico em química" chamado Arindal Duque Estrada, que "teve a morte mais violenta" devido à ingestão dos remédios produzidos por Lomba. Forçado pelo jornal, o médico Miguelote Vianna, diretor do Departamento de Saúde Pública do Estado do Rio, convocou o farmacêutico responsável pelas fórmulas de Lomba para prestar esclarecimentos na sua repartição. Quando o caso de Arindal parecia começar a esfriar, uma nova manchete, em letras enormes: "Tomou a injeção e caiu desmaiada!". Que injeção? Naturalmente aquilo que o *Diário da Noite* já havia apelidado de "ampolas mortíferas" dos Laboratórios Lomba. No dia seguinte, nova vítima, que passara "três meses entre a vida e a morte, com febre de quarenta graus!" (assim mesmo, com os pontos de exclamação tão criticados por Chateaubriand). Daí em diante virou um dominó: assim como o "garoto Melchior", que "morreu após ingerir Pílulas Vitalizantes", os casos se multiplicavam ao ponto de em uma única semana terem sido denunciadas sete incidências de envenenamento por injeções de Cálcio Glicosado. Como nos melhores contos do realismo mágico, embora o Rio de Janeiro parecesse estar tomado por uma verdadeira epidemia de envenenamentos, e como por milagre só o *Diário da Noite* se interessava pelo palpitante assunto — que não despertaria a atenção nem mesmo da equipe de *O Jornal*. Inexplicavelmente, os supostos mortos nunca iam parar nos necrotérios, nem os doentes por causa dos remédios em qualquer hospital. Quando Ernani Lomba (quase levado à loucura, segundo depoimentos de alguns de seus gerentes de vendas da época) decidiu entrar na Justiça contra Chateaubriand, o estrago produzido em suas vendas tinha sido tão grande que não havia sentença que pudesse compensá-lo — no fim da campanha, os Laboratórios Lomba não tinham falido, mas estavam no chão. Em algum momento deve ter ocorrido a Lomba que certamente teria sido melhor aceitar a oferta e ter vendido sua empresa ao dono do *Diário da Noite*.

Limpo ou sujo, todo jogo em que Chateaubriand se metia tinha um único objetivo: investir nos jornais e revistas, fazer crescer cada vez mais a cadeia. Antes que os anos 1930 chegassem ao fim ele já tinha incorporado aos Diários Associados o *Correio do Ceará*, de Fortaleza, o *Jornal de Alagoas*, em Maceió, o *Estado da Bahia*, de Salvador, e começava a ampliar a rede para as grandes cidades do interior dos estados, comprando ou montando jornais em Juiz de Fora, Minas Gerais, Itajaí e Joinville, em Santa Catarina, e criando o terceiro diário paulista em Santos. A verdadeira obstinação em ter em seus jornais o que de mais moderno havia no mercado fez com que Chateaubriand mandasse Dario de Almeida Magalhães aos Estados Unidos para comprar uma nova maravilha, ainda mais avançada que a Multicolor adquirida anteriormente: uma rotativa Hoe, capaz de imprimir em poucas horas 300 mil exemplares de um caderno de oito páginas inteiramente em quatro cores. O plano era passar a rodar nessa máquina, além da recém-lançada revista *Detetive*, de contos policiais, *O Cruzeiro* e um suplemento dominical que fosse encartado em todos os diários da rede Associada. E mais: tão logo fosse possível, Chateaubriand queria colocar no mercado uma revista em quadrinhos para crianças, cujo título — *O Guri* — ele já tinha registrado em seu nome.

Como representante dos Diários Associados, Magalhães teve nos Estados Unidos o tratamento de embaixador de um país: foi recebido por autoridades federais, fez palestras na Universidade de Columbia, deu entrevistas na NBC e sua foto apareceu no *The New York Times* apresentada como sendo de um *"Brazilian magnate"*. Quando voltou ao Brasil, Magalhães foi homenageado com um banquete de boas-vindas de quinhentos talheres organizado por Chateaubriand no Jockey Club. O escritor José Lins do Rego foi o orador oficial do encontro, encerrado por Chateaubriand com elogios que ele só destinava a banqueiros e grandes industriais. "Do Rio Grande do Sul ao Ceará, uma rede de jornais, revistas e estações de rádio recebe a palavra de ordem da inteligência e do braço de Dario de Almeida Magalhães", disse ele em seu discurso. "Somos uma engrenagem que marcha quase sem fricção nem maiores atritos, e à testa dela se vê um jovem capitão mineiro que prolonga até o Rio as virtudes do apostolado espiritual de sua gente."

Pela sétima maravilha da engenharia gráfica, Dario pagou nos Estados Unidos 100 mil dólares da época (algo como 2 milhões de dólares de 2011), ficando os 100 mil restantes para serem pagos em dois anos. A máquina chegou ao Rio semanas depois, trazida por um engenheiro cubano encarregado pela fábrica Hoe de supervisionar sua instalação — e de colher de Chateaubriand os avais nas promissórias emitidas por Dario para cobrir a dívida. Aparafusar a impressora no chão e colocá-la para fazer testes não representou maiores problemas. Difícil, Magalhães se lembraria décadas depois, foi fazer Chateaubriand assinar os papagaios. O cubano deixou com ele uma pasta repleta de notas promissórias, para que ele avalizasse as emissões assinadas por Magalhães, mas as semanas se passavam e nada de conseguir reavê-la — com os papéis assinados, obviamente. O homem da Hoe começou a dar plantões na redação, nos restaurantes que ele frequentava, nos clubes, nas oficinas dos Associados, implorando por suas assinaturas. Ele escapava sempre, com a mesma conversa expressa num confuso espanhol:

— *Ahora no, señor. Ahora no tengo tiempo, no tengo tiempo!*

Um dia, ameaçado de ver a máquina arrancada do chão se as promissórias não lhe fossem entregues assinadas, Chateaubriand saiu-se com uma resposta inacreditável:

— *Señor, ya le dice que no tengo tiempo para esas cosas. Pero hay acá un muchacho que hace uma assinatura igualita a la mia. Usted puede pegar los avales con él.*

No dia em que, afinal, recebeu as promissórias devidamente avalizadas, o cubano procurou Dario Magalhães apavorado com a possibilidade de estar levando para os Estados Unidos papéis que não valessem nada, avalizados não por Chateaubriand, mas pelo *"muchacho que le imita la firma"*.

Ao lado do desenvolvimento tecnológico, os jornais adquiriam importância também do ponto de vista editorial. Além das grandes reportagens, que já começavam a determinar a feição que a revista teria nas décadas seguintes, *O Cruzeiro* publicava todas as semanas um conto do que havia de melhor entre os jovens literatos brasileiros. Nas suas páginas se revezavam, entre outros, romancistas como Mário de Andrade, Jorge Amado, Erico Verissimo, poetas como Augusto Frederico Schmidt e até nomes que despontavam do jornalismo para a ficção, como Joel Silveira. Ao lado de tanto talento, entretanto, era possível sentir na revista o cheiro das matérias pagas — eram "reportagens" de duas, três, quatro páginas sobre a Light, sobre a Usina Santa Terezinha de Açúcar, em Pernambuco, sobre os modernos escritórios da fábrica de charutos Suerdieck, na Bahia, sobre a importância de Uberaba na economia de Minas Gerais (escrita por Wady Nassif, prefeito da cidade), ou até, em três páginas, uma profusão de fotos sobre a eficiência e os bons serviços de uma certa Drogaria Alexandre.

Como se não fosse ele o dono daquela publicação, com frequência Chateaubriand publicava artigos em que açoitava o baixo nível da imprensa brasileira. E, como se não fossem de sua autoria os textos sobre Oscar Flues e os Matarazzo, transcrevia trechos de uma reportagem publicada na revista britânica *Nineteen Century* que era um verdadeiro libelo "contra o gênero de jornalismo que leva certa imprensa a preocupações bastardas em torno de casos pessoais de gente da sociedade". Para Chateaubriand, o jornalismo que se fazia no Brasil era o pior exemplo daquilo que era condenado na Inglaterra:

Os jornais dão a impressão de folhas de couve escritas para verdureiros, estivadores, copeiros e malandros de morros. Perdemos um jogo de futebol na Europa. Coisa comezinha, ordinária entre homens de esporte. Aqui se imprimiram frases torpes, difamações abomináveis contra juízes, como se as associações internacionais de esportes, na Europa, fossem constituídas de zelosos cidadãos do grupo equestre de Lampião.

Sua insuperável idiossincrasia, porém, era contra o ponto de exclamação:

O ponto de exclamação se tornou, nos vespertinos e matutinos sensacionalistas cariocas, o ponto final obrigatório de qualquer manchete. Se um repórter quer dizer que chegou ao porto o *Astúrias*, ele escreve em manchete de oito colunas: "Chegou o *Astúrias*!". Desce o presidente de Petrópolis a fim de presidir uma reunião do ministério. Fato ordinário da atividade administrativa do país. Logo os vespertinos anunciam: "No Rio o sr. Getúlio Vargas!".

O enorme e frágil telhado de vidro que os vespertinos Associados exibiam (tanto no Rio como em São Paulo e Minas), no entanto, tirava autoridade de Chateaubriand para ditar regras de ética jornalística em suas colunas. Campeão das manchetes escandalosas que o patrão detestava, o *Diário da Noite* carioca superaria a si próprio quando se anunciou que o papa Pio XI estava acometido de gangrena em um dos pés, moléstia que acabaria por matá-lo meses depois. Carlos Eiras, o secretário do jornal, célebre pela capacidade de resumir uma notícia em um número cada vez menor de palavras, não teve dúvidas em lascar na primeira página do *Diário da Noite* (em oito colunas, letras garrafais e com ponto de exclamação, como se escarnecesse de Chateaubriand) aquele que durante muitos anos seria considerado pelos jornalistas brasileiros como um modelo de síntese e de sensacionalismo: "PODRE O PÉ DO PAPA!".

No dia da homenagem a Dario de Almeida Magalhães, ao dizer que os Associados eram uma engrenagem que marchava quase sem fricção nem atritos, Chateaubriand estava querendo dizer exatamente o oposto. Somados às dificuldades criadas pela desorganização cada vez maior das empresas, a personalidade forte e o gênio difícil do dono não admitiam meio-termo — ou a pessoa se sujeitava à sua opinião, a seus caprichos, ou ia embora. O primeiro atrito entre Chateaubriand e seu homem de confiança absoluta — o mesmo Dario a quem ele dirigira as palavras elogiosas no Jockey Club — acontecera em 1937, e não por razões administrativas, mas por causa do comportamento que o dono dos Associados tivera em relação ao golpe de Estado dado pelo próprio Getúlio e que iria desaguar no Estado Novo, decretado em novembro.

Como a Constituinte de 1934 tinha marcado eleições presidenciais para 3 de janeiro de 1938 — e deixado expresso que Getúlio não poderia candidatar-se à reeleição —, no começo de 1937 o país fervilhava com a possibilidade, pela primeira vez desde 1930, de escolher seu presidente pelo voto secreto. Em pelo menos dois depoimentos de décadas depois, o ex-ministro José Américo de Almeida revelaria que a primeira pessoa a tentar convencê-lo a sair candidato a presidente foi Assis Chateaubriand. O paraibano Almeida resistiu à ideia até que o dono dos Associados procurou-o em João Pessoa para levar-lhe argumentos convincentes: tinha percorrido o Norte e o Nordeste e por onde passava ouvia sempre a mesma conversa, José Américo era o único candidato "autêntico", só ele seria capaz de reabilitar os princípios da Revolução de 1930. Além do anunciado apoio dos nortistas e nordestinos, Chateaubriand estimulou-o ainda mais como portador de uma mensagem vinda do extremo Sul: o general Flores da Cunha também entendia que só a candidatura de José Américo seria capaz de reunir todas as forças políticas do país — exceção feita ao Partido Constitucionalista, de São Paulo, que preparava o nome do governador paulista Armando de Sales Oliveira para a disputa. Tanto o jornalista insistiu que José Américo acabaria cedendo. Mais do que isso, o ex-ministro fez de Chateaubriand seu emissário para procurar Armando de Sales Oliveira e tentar demovê-lo da sua candidatura:

— Procure o Armando em meu nome e diga a ele o que você me disse, que minha vitória é fora de dúvidas. Eleito presidente, nomearei o Armando ministro da Fazenda, oficialmente, mas oficiosamente ele será o meu primeiro-ministro. Quem irá administrar é ele, e minha missão será a de buscar um ambiente político calmo para executarmos o programa de governo que o Brasil reclama.

Chateaubriand fez questão que o encontro com José Américo fosse registrado por um fotógrafo da Agência Meridional e publicado em todos os seus jornais. Seguiu para São Paulo, onde teve um demorado encontro com Armando de Sales Oliveira. Entrou defendendo a candidatura de José Américo e, por razões que nunca ficaram muito claras, saiu como um dos comandantes da campanha do paulista à Presidência da República.

Mesmo tendo ficado público — em seus próprios jornais — que dias antes era um defensor do nome de José Américo, seu envolvimento com a candidatura de Armando Sales seria ainda maior e mais intenso do que o empenho que tivera na campanha da Aliança Liberal, em 1930. Lançado oficialmente pelo interventor mineiro Benedito Valadares, José Américo passou a encarnar uma candidatura ambígua: ao mesmo tempo que não tinha autorização formal ou licença de Getúlio (o que tirava dele o rótulo de "candidato oficial"), era apoiado por interventores da confiança do presidente, como Valadares. E, para aumentar ainda mais a confusão na cabeça dos eleitores, fora escolhido como o candidato das esquerdas — as mesmas que haviam formado a Aliança Nacional Libertadora e tinham sido esmagadas por Getúlio e Filinto Müller dois anos antes.

Com sua rede de jornais substancialmente ampliada em 1937 (o que, segundo os adversários de Chateaubriand, explicava a súbita adesão dele à candidatura paulista), os Diários Associados jogaram todo o seu peso e seu prestígio na campanha de Armando Sales. O jornalista percorreu todo o Norte e o Nordeste em campanha pelo candidato, e pela primeira vez na vida experimentou seus dotes de orador político, subindo em palanques e pregando a plataforma da União Democrática Brasileira, nome dado à coligação que os apoiava. Chateaubriand pediu a Dario Magalhães que se mudasse com a família para o Copacabana Palace Hotel, para que Armando Sales, enquanto permanecesse no Rio, pudesse morar na Vila Normanda. Na guerra eleitoral, José Eduardo de Macedo Soares, que apoiava José Américo, fez um artigo no *Diário Carioca* dizendo que o candidato paulista, "hospedado na casa do sr. Assis Chateaubriand, passa o tempo respirando aquele ar de hipoteca que a Vila Normanda exala". Na torrente de artigos que Chateaubriand publicava religiosamente todos os dias em defesa da candidatura, Armando Sales era "o profeta", "o demoníaco", "o imperial", "o homem com quem poderemos até cair, mas tombaremos como em 1932", "o único nome capaz de criar no Brasil o clima de união sagrada que foi despedaçado em 1932". Além da cobertura da Agência Meridional, repórteres e fotógrafos de *O Cruzeiro* acompanhavam a caravana pelo país, para na semana seguinte encher páginas e páginas da revista com fotos de comícios e concentrações populares.

Com o passar do tempo, os artigos de Chateaubriand não se destinavam apenas a fazer a propaganda de Armando Sales, mas se concentraram na desmoralização de José Américo, apresentado como "o homem que está conseguindo reorganizar novamente a família moscovita no Brasil", o líder da candidatura que "reaglutina os jovens oficiais iscados pela mística soviética do capitão Prestes":

> José Américo. Só José Américo. Exclusivamente José Américo. É este o nome que pede a Aliança Nacional Libertadora. Não é outro o nome que reclama Moscou pelas irradiações de sua emissora, onde vemos debruçada a mulher de Otávio Brandão, a exortar que as mulheres daqui abracem, contra o imperialismo de Vargas, a causa zé-americana. O sr. José Américo não é só o candidato dos pobres. O campeão das favelas é também o eleito, o preferido das aleluias e alvíssaras de Moscou.
>
> Os *outlaw* da ANL perderam os dois pais dedicados que os conduziam. A família ficou órfã depois que Prestes e Berger [codinome do alemão Arthur Ewert, que participara da revolta comunista de 1935] foram postos em prisão. José Américo perfilhou-a para, na companhia dessa filharada brava, tomar a ofensiva de candidato das massas de 1937.
>
> Mas aparentemente o que ele consegue é ser um andrógino de existência hermafrodita entre a esquerda e a direita — isto é, entre o PRP dos grandes fazendeiros do café e a solidariedade da ANL, com João Mangabeira, Cascardo, Sissón e Maurício Lacerda [políticos e militares que haviam participado da ANL].

Para Chateaubriand, uma vez que era impossível "soldar os lingotes da democracia e do marxismo", o mesmo José Américo que ele animara a se candidatar a presidente agora saía do campo da política para entrar no da psiquiatria. "Ele é do tipo paranoico místico, paranoico messiânico, delirante e intolerante (e a intolerância é uma manifestação psíquica comum na paranoia), convicto de que é depositário de um destino que só ele poderá desempenhar." Ora louco, ora candidato das esquerdas, ora "candidato oficial", Chateaubriand fulminava José Américo, mas tomava o cuidado de preservar aquele que, aparentemente, era o verdadeiro patrono de sua candidatura, o presidente da República. E, se não estava com José Américo, com quem estava Getúlio naquela ruidosa campanha eleitoral que iria escolher seu sucessor?

Getúlio estava onde sempre esteve — isto é, com Getúlio. Enquanto os candidatos passaram o ano se engalfinhando pelos jornais, ele fechou-se em absoluto mutismo. Agora preparava o bote. No dia 8 de novembro escreveu uma carta de três páginas ao velho amigo Osvaldo Aranha, então embaixador do Brasil nos Estados Unidos, para adverti-lo de que, "diante de tão penoso estado de coisas, havia de surgir a qualquer momento uma reação". A reação que o próprio presidente engendraria surgiu dois dias depois, quando ele mesmo anunciou que a Câmara e o Senado haviam sido dissolvidos, as eleições canceladas e uma nova Constituição autoritária, chamada "Polaca" por seus críticos, tinha sido promulgada. Para reafirmar que o presidente não falava só por sua própria conta, o ministro da Guerra, general Eurico Dutra, divulgou uma proclamação ao Exército, cujo fecho não deixava dúvidas: "Cumpre-me, neste momento de incertezas, salvaguardar a nossa pátria, fiel a estes postulados — obediência, disciplina, trabalho, instrução, serenidade, abnegação, renúncia, patriotismo". O país estava de novo sob uma ditadura.

Quem se informasse sobre a situação política nacional pela coluna de Chateaubriand, no entanto, levaria muitos dias para saber da existência do golpe. De repente, e sem nenhuma explicação, a partir de 10 de novembro Chateaubriand parou de falar de política. Se no dia 9 ele debochava do candidato oficial, chamando-o de "pirarucu de aquário", no dia seguinte o jornalista gastou nove laudas de texto para falar da importância do Instituto Agronômico de Campinas. No dia 11 dissertou sobre o preço do café nos mercados de Nova York e Londres. No dia 12 defendeu a doutrina Monroe. No dia 13 falou sobre a pujança econômica de São Paulo. No dia 14, cinco laudas sobre a "deseuropeização" da Turquia promovida por Mustafá Kemal. A cada dia o artigo de Chateaubriand voava para mais longe da crise brasileira: no dia 15 ele festejou a perspectiva de uma "concórdia política" entre a Europa e a Ásia; dia 16 comentou a matéria de capa do *Times Weekly* sobre a deportação de Haj Amim Effendi Al Hussein, o mufti de Jerusalém, e defendeu o Mandato britânico na Terra Santa. E por aí foi: falou da produção de ouro na Rodésia e na Costa do Ouro, dos cafés finos de Medellín e de Manisales, da decadência econômica europeia. Só no fim do mês Chateaubriand pousaria de novo no Rio. E voltou elogiando o governo que enfiara seu candidato Armando de Sales Oliveira no navio *Lipari*, deportando-o para Lisboa. Mas, como sabia fazer nessas ocasiões, escreveu com enorme ambiguidade. Ao pé do artigo intitulado "O fim dos partidos" (no qual defendia a extinção dos partidos políticos pelo golpe), Chateaubriand mandou publicar, como se fosse um descuido gráfico, um claro indício de que seus escritos estavam mais uma vez sendo submetidos a censura. Em tipografia diferente da utilizada no artigo, saiu publicado: "Visto. Assinado, Negrão de Lima". Francisco Negrão de Lima, ex-chefe de propaganda da campanha de José Américo, acabara de ser nomeado chefe de gabinete de Francisco Campos, o ministro da Justiça encarregado de censurar e reprimir em nome da nova ordem.

Com impressionante rapidez e fidelidade nunca vista, Chateaubriand aderiu de corpo e alma ao Estado Novo. Para ele, depois de experimentar o sufrágio universal, o voto secreto, o livre pluripartidarismo e a temporariedade obrigatória do mandato presidencial, o Brasil concluíra que se dera muito mal com "essas mezinhas". Sem deixar muito claro se pretendia elogiar o novo regime e seu chefe, ou se estava se valendo de finíssima, quase imperceptível ironia, saudava o fato de que "todas as transformações que temos visto de regimes liberais e parlamentares em forças orgânicas fundadas na autoridade" tinham sido conduzidas por paisanos: "Afora Kemal Ataturk, são todos civis. Mussolini é civil. Hitler é outro civil, como civil é Salazar. No Brasil, o golpe que nos arrebatou da desordem liberal democrática para a disciplina autoritária tem à frente um paisano, com todas as qualidades eminentes do chefe". Tomando como exemplo não apenas os condutores dos regimes mais autoritários vigentes sobre o planeta,

Chateaubriand exaltava e apontava como um modelo em boa hora seguido pelo Brasil a inexistência de liberdade partidária nos países que passara a admirar: "Na Itália, a lei concede o direito de existência apenas ao Partido Fascista, que é considerado '*un organo dello Stato*'. Na Alemanha, desde 1934 foi interditado o funcionamento de qualquer partido fora do Nacional-Socialista", para, de novo, concluir com o modelo português: "Como na Alemanha e na Itália, em Portugal a União Nacional é outrossim o partido único". Como se não soubesse que o Congresso tinha sido extinto pelo Estado Novo, festejava o fato de uma das mais autoritárias constituições da história do Brasil ser "de uma sabedoria indiscutível" no tocante à atividade legislativa: "Nela, ao Parlamento é apenas conferida a faculdade de dispor sobre a substância, os princípios e os delineamentos genéricos". Para o jornalista, entretanto, nada disso teria sido possível não fosse uma nova qualidade que ele descobria no presidente — o autoritarismo de Vargas, que de "ditador" e "ex-ditador" tinha sido promovido nos artigos de Chateaubriand a "Chefe", sempre com *c* maiúsculo:

> Nada será mais errôneo do que dizer-se que o sr. Getúlio Vargas era até ontem um liberal. O que o nosso Chefe tem de liberal são as maneiras, são as formas exteriores de ação. Psicologicamente, não há, nunca houve autoritário mais tenaz e mais constante. A função de grande sentinela do novo regime lhe cabe em toda plenitude, até porque hoje ele é o *Chefe Nacional*, como Mussolini é o *Duce* e Hitler é o *Fuehrer*.

Dos artigos de Chateaubriand emanava tamanha e tão convicta louvação das virtudes da ditadura recém-implantada que o governo decidiu que a oficial Agência Nacional passaria a distribuí-los em seu serviço gratuito despachado diariamente para jornais de todo o país. Além de sair em todos os Diários Associados, os elogios do jornalista ao novo regime ganhavam as páginas de centenas e centenas de outros jornais. Entusiasmado, Agamenon Magalhães, recém-nomeado interventor em Pernambuco, telegrafa a Chateaubriand para festejar a notícia: "Agência Nacional tomou iniciativa distribuição artigos, que estão sendo publicados mais de mil jornais pelo Brasil adentro. Diários Associados, criação diabólica do cérebro e do braço nordestino, devem divulgá-los como se fossem casca do mesmo pão. O Estado Novo é a grande emoção de Pernambuco". Tanta gentileza mereceria reciprocidade dos Associados: Chateaubriand deu ordens para que as duas rádios Tupi abrissem um programa semanal de doutrinação da população segundo os princípios do Estado Novo, cujo conteúdo ficaria a cargo de palestrantes indicados pelo governo. Com objetivos idênticos, o *Diário da Noite* de São Paulo abriu uma coluna permanente e entregou-a à Comissão de Doutrina e Divulgação do Departamento Nacional de Propaganda (que meses depois se transformaria no temido DIP — Departamento de Imprensa e Propaganda). *O Cruzeiro* não fugia ao modelo e se transformara num veículo de propaganda do Estado Novo.

Mesmo sabendo que o patrão sempre fora um conservador, Dario de Almeida Magalhães, fiel às suas convicções democráticas, manifestou a Chateaubriand sua insatisfação com a guinada pró-ditadura que os jornais, *O Cruzeiro* e as rádios tinham dado. Na resposta de Chateaubriand nasceria a primeira discordância política entre os dois, que acabaria desbordando poucos anos depois:

— Os homens públicos passam, seu Dario, mas os jornais são permanentes. Nós vamos ter que atravessar esse túnel juntos. Vamos ter que apoiar o Estado Novo para que os nossos jornais possam sobreviver.

Ironicamente, ele que se tornara um cruzado da defesa das virtudes do fascismo acabaria escapando por um triz de ter *O Jornal* empastelado pelos fascistas nativos, os integralistas ou camisas-verdes — ou "galinhas-verdes", como tinham sido jocosamente apelidados. Por alguma razão que nunca ficaria muito clara (a única justificativa seria a posição dos Associados exageradamente pró-Getúlio, presidente que os integralistas combatiam e que tentariam derrubar de armas na mão, em 1938), Amâncio descobriu um velhote "galinha verde" grudando num poste um cartaz convocando uma manifestação dos integralistas contra *O Jornal*. O capanga de Chateaubriand agarrou o velho pela gola e levou-o à redação do jornal, onde, sob a ameaça do pistoleiro de ser atirado pela janela do prédio, confessou que após a manifestação estava prevista a invasão e o empastelamento do jornal. Não fosse a intervenção do coronel Euclides Figueiredo (que fora companheiro de jornada de Chateaubriand em 1930 e 1932), que armado e à frente de um grupo de oficiais ocupou a entrada de *O Jornal*, este sem dúvida padeceria do mesmo destino que teve o *Diário Carioca* nas mãos dos fanáticos do Clube Três de Outubro.

Com a ida de Armando de Sales Oliveira para o exílio em Portugal, Chateaubriand voltou a viver no casarão da avenida Atlântica, levando junto todo o farrancho espanhol e mais o primo Leão Gondim, que por sua vez tinha incorporado à família seu meio-irmão João Gondim, para quem Chateaubriand também arranjara um emprego nos Associados. O programa predileto de Corita e da filha Teresa, já com cinco anos de idade, eram os banhos de mar diários na praia de Copacabana (bastava atravessar a estreita avenida Atlântica e já se estava na areia). Frequentemente o motorista Artur trazia Gigil, então com quinze anos, para acompanhá-las, e Teresa acabaria se afeiçoando mais ao afilhado do pai do que ao próprio irmão, Fernando.

Gigil morava nessa época com os pais e a irmã Jeanne na rua Capitão Salomão, em Botafogo — uma rua em que conviviam, separados por poucos metros, casas de luxo e cortiços, caminhões de aluguel, bicheiros, açougues e quitandas. Gigil morava em uma das boas casas da rua, mas para chegar até ela, quando ia buscar ou levar o afilhado, Chateaubriand tinha de ultrapassar, muito a contragosto, o trecho menos nobre. Quando algum figurão os acompanhava dentro do carro, ele tentava evitar o constrangimento de revelar que o afilhado morava num lugar tão feio, gritando para o motorista:

— Seu Artur! Não! Por aí não! Vamos pelo lado da casa do doutor Antônio Carlos Ribeiro de Andrada!

Para salvar as aparências, obrigava o afilhado a fingir que morava na outra ponta da rua, nas imediações da casa de Antônio Carlos. Gigil (que parecia não se importar com as manias do padrinho) acabaria se aproximando também de Corita, que um dia evitou que o garoto morresse afogado. Era um domingo, dia em que Chateaubriand também costumava tomar banho de mar com a família e o afilhado. O jornalista atravessava a avenida Atlântica de chapéu e, embora a poucos metros dele estivesse sempre o onipresente Amâncio, levava um revólver escondido na toalha. Quando precisava entrar na água, tirava o chapéu (onde escondia o revólver), punha chumaços de algodão nos ouvidos e enfiava uma touca de borracha na cabeça. Nesse dia um homem gordo que nadava com uma boia, a poucos metros da areia, chamou as crianças para brincar. A certa altura a boia virou e, sem que se percebesse, Gigil começou a se afogar. Apavorada, Corita entrou no mar e, com a ajuda de alguns banhistas (pois Chateaubriand via tudo aquilo à distância, inexplicavelmente impassível), tirou o menino para fora e sacudiu-o de cabeça para baixo, para expelir a água que tinha bebido. Graças à madrinha torta, além de sobreviver ele ainda foi levado à Mesbla (que na época ainda se chamava Mestre Blardier) para ganhar de Chateaubriand uma bicicleta alemã Korkoran, novinha em folha.

Já adolescente, Gigil aprendia piano fazia três anos com a professora Luba Yanesse d'Alessandrowska, e após as aulas tinha de repassar as lições de casa com Jeanne. Uma tarde ele percebeu alguma inquietação na irmã, mas não podia imaginar o que estava por vir. A moça acabou tomando a iniciativa de desabafar com o rapazinho:

— Gigil, você já está crescido, eu pensei muito e achei que estava na hora de revelar-lhe coisas importantes a nosso respeito. O casal que você imagina que sejam seu pai e sua mãe na verdade são seus avós maternos. E eu não sou sua irmã mais velha, como sempre lhe dissemos. Eu sou sua mãe. E Assis Chateaubriand, que você conhece como o "padrinho Assis", também não é seu padrinho: ele é o seu pai.

Se aquele enorme Blutner em que ele fazia os deveres de casa tivesse desabado do céu sobre a sua cabeça, o impacto não teria sido tão grande para o jovem Gilbert François René Allard, o Gigil, que ainda iria penar bastante até se transformar em Gilberto Chateaubriand.

23

A novela de Gilberto — que ainda era Gilbert — começou muitos meses antes do seu nascimento, quando a jovem Jeanne descobriu que estava grávida de Chateaubriand. No conservador Brasil de 1924, uma moça ficar grávida antes da celebração do casamento era uma barbaridade, uma heresia total, familiar e social. Indiferente a isso, o pai da futura criança não revelava qualquer sinal de que pretendesse cumprir o que, para os rígidos padrões da época, era uma indiscutível obrigação — casar-se com a moça. As semanas se passavam e dona Angeline Marie se preocupava cada vez mais com a reação que teria o marido, igualmente conservador, ao saber que a filha esperava um bebê de um homem que não pensava em casar-se com ela. E a solução quem concebeu foi ela mesma, a mãe de Jeanne: a filha seria mandada para a França, onde teria o bebê, desde que Chateaubriand se comprometesse formalmente a casar quando a moça retornasse ao Brasil, já com a criança nascida. O jornalista aceitou o compromisso: foi a um cartório com Jeanne, para mandar correr os proclamas matrimoniais previstos no Código Civil, e escreveu, por exigência de Angeline, uma carta dirigida ao futuro sogro, *monsieur* Hyppolyte Allard (carta que permaneceria nas mãos da mãe de Jeanne), na qual se comprometia a assumir suas responsabilidades. Redigida a mão, em francês, a carta era na verdade um minúsculo bilhete, tão ilegível quanto os originais de seus artigos jornalísticos:

Caro sr. Allard

    Eu estou absolutamente decidido a me casar com Jeanne no dia 4 de fevereiro. Meus negócios me absorvem tanto que eu não consigo encontrar um momento para ir visitá-lo.
    Queira me desculpar.
    Aceite minhas melhores amizades.

A. Chateaubriand

Logo depois de nascer, em Paris, em maio de 1925, Gilbert contraiu uma pneumonia dupla, o que atrasou os planos da mãe de retornar ao Brasil após o parto. Com o prolongamento da doença e a lenta recuperação do bebê, os dois só viajariam para o Rio em meados de 1926. E, nem que quisesse, o Chateaubriand que eles encontraram na volta poderia cumprir a promessa que tinha feito ao quase futuro sogro: durante a ausência de Jeanne ele se casara oficialmente com Maria Henriqueta Barrozo do Amaral. O que de mais objetivo Jeanne recebeu do pai de seu filho foi uma vaga carta em que, a certa altura, ele dizia que "o homem não é nada, senão uma folha seca ao sabor do vento, que não pode dirigir seu destino segundo sua própria vontade". Pelo menos o jornalista assegurava à antiga namorada que "nada do que aconteceu me desobrigará de dar ao nosso adorável Gigil um futuro garantido e tranquilo...". Sobre a decisão de assumir a paternidade do menino, nem uma linha. Chateaubriand não queria nem ouvir falar nesse assunto. Diante de situação tão difícil, os avós preferiram, já que o pai não o fazia, assumir a paternidade do bebê — criando a montagem cênica com a qual ele conviveria até a adolescência: o verdadeiro pai lhe seria apresentado como padrinho, a mãe como irmã mais velha e os avós como seus pais.

A primeira e embaçada lembrança que Gilbert guardou do pai — que ainda era seu "padrinho" — é de uma visita que os dois fizeram juntos à gare D. Pedro, na Estação da Central do Brasil, para receber uma banda militar (que ele vagamente se lembra de ter vindo de algum lugar como Blumenau) convidada por Chateaubriand para tocar em uma cerimônia qualquer no Rio. As outras recordações mostram o jornalista levando-o uma vez por mês, junto com outras pessoas, para almoçar na Rotisserie Americana, na rua do Ouvidor, que era o grande restaurante da moda. Só depois é que vieram os convites para remar com ele no *double sculler* suíço ou na piroga canadense no Clube Guanabara, os encontros com Fernando na Vila Normanda, os cochilos durante o jantar, os peidos ruidosos, a mesma piada de sempre sobre a tela de Portinari. Também de uma dessas ocasiões é a lembrança da irritação do padrinho com um amigo (que depois Gilberto viria a saber que se tratava do escritor José Lins do Rego) chamando a atenção dele por causa das condições em que o garoto vivia:

— Chateaubriand, você precisa botar esse menino num apartamento em Copacabana com a mãe.

Uma ou outra imagem vaga e nada mais. Passado o impacto da incrível informação que a mãe lhe dera, ele aguardou que o pai tocasse no assunto. A espera durou mais de um ano sem que Chateaubriand abrisse a boca para falar daquilo. E muito provavelmente duraria até a eternidade, se não ocorresse algo fora do controle deles, da mãe ou de quem quer que fosse: a Segunda Guerra Mundial. Nascido e registrado na França, Gilbert era, obviamente, cidadão francês. Só tinha como documento a certidão de nascimento francesa — na qual, como no caso de sua irmã Teresa, o lugar destinado ao nome do pai aparecia em branco. Do documento constava apenas que ele era filho *"de Jeanne Paulette Marguerite Allard, qui l'a reconnue"*. A guerra ganhava proporções cada vez maiores, e o governo do marechal Pétain já tinha iniciado o recrutamento, em todo o mundo, dos cidadãos franceses de mais de dezesseis anos — exatamente a idade de Gilbert.

Hyppolyte Allard tinha trabalhado durante longos anos na Bienfaisance, sociedade dedicada a auxiliar cidadãos franceses em dificuldades em qualquer parte do mundo — e foi por intermédio daquela organização que ele soube que em questão de semanas Gilbert seria convocado pela embaixada francesa e embarcado imediatamente para o *front*. A única solução para legalmente evitar sua incorporação às tropas do regime colaboracionista de Vichy estava nas mãos de Chateaubriand: se o pai concordasse em reconhecê-lo como filho ele poderia requerer a cidadania brasileira e escapar de ir para a guerra. Mas Chateaubriand, segundo Gilbert ouvia os avós dizerem, permanecia irredutível em sua decisão de não assumir a paternidade do rapaz. Cansado de ver a mãe ter crises nervosas e chorar de ansiedade, à espera da fatal convocação, ele encheu-se de coragem e resolveu enfrentar Chateaubriand. Foi até *O Jornal* e abriu o jogo:

— Eu já sei que o senhor é o meu pai. Para evitar a convocação para lutar na Europa eu terei que fazer o meu serviço militar aqui. Mas para isso tenho que optar pela nacionalidade brasileira, e só posso fazer a opção se comprovar que sou filho de brasileiro.

Para espanto de Gilbert, Chateaubriand não só não se surpreendeu com a conversa como deixou claro que não estava disposto a reconhecê-lo como filho. Apesar de estar sendo agente de uma monstruosidade, o pai não movia um dedo, estendendo por meses e meses a agonia da mãe, dos avós e do próprio filho. A notícia correu entre os amigos do jornalista, que faziam pressão para que cedesse, mas ele permanecia impassível. Todas as vezes que Dario de Almeida Magalhães tentava convencê-lo a fazer o reconhecimento, Chateaubriand reagia com cinco pedras na mão, alegando que o Gilbert não era seu filho (embora cada dia mais ele se assemelhasse fisicamente ao pai), que ele tinha tido uma rápida aventura com Jeanne, que o pai verdadeiro era "um judeu argelino" — numa referência à remota ascendência judaica do filho, por parte da mãe:

— Não o reconheço, seu Dario. Não o reconheço nem por piedade, porque ele não é meu filho, é filho de um judeu argelino.

Só quando o prazo estava por um fio — o avô apurou, na França, que a convocação seria enviada à embaixada francesa no Brasil em poucos dias — é que Chateaubriand por fim entregou os pontos. Chamou ao jornal o ministro do Trabalho Marcondes Filho, para servir como testemunha, mandou vir o filho, convocou um tabelião e lá mesmo, na sua mesa de trabalho, autorizou que se fizesse o ato de reconhecimento. A duras penas Gilbert, bisneto de uma judia, escapara de lutar ao lado dos nazistas de Hitler.

O que contentou grego acabaria descontentando troiano. Embora já devesse saber que o coleguinha dos passeios e jantares era seu meio-irmão (essa era a suspeita de Gilbert), Fernando não podia imaginar que o pai, que ele conhecia tão bem, fosse ser compelido a reconhecê-lo oficialmente. Se já tinha de disputar com o primo Freddy (filho de Oswaldo que aparentemente tinha a preferência e a simpatia de Chateaubriand) a condição de delfim, herdeiro e sucessor do pai, agora aparecia mais um Chateaubriand para se interpor em seu caminho. Com o reconhecimento da paternidade, nascia um surdo processo de hostilidade, que perduraria a vida inteira, de Fernando com relação a Gilberto — agora, sim, já registrado como cidadão brasileiro com o aristocrático nome de Gilberto Francisco Renato Allard Chateaubriand Bandeira de Melo.

Meses depois de tomar conhecimento de sua verdadeira identidade, ao passar os olhos em um exemplar do *Diário da Noite*, Gilberto ficaria intrigado com um "A pedidos" misturado a pequenos anúncios e notícias policiais, assinado por "A. Raposo Tavares". O único Raposo Tavares de que ele tinha ouvido falar era o bandeirante luso-brasileiro, com cujo nome, aliás, seu pai batizara o avião monomotor que havia comprado pouco tempo antes para suas viagens e para uso dos repórteres dos Associados. Não foi a estranha assinatura, porém, o que mais o impressionou naquilo, mas a raivosa verrina contida no texto contra um certo Clito Bockel, o tempo todo tratado por "cáften", "rufião" e "escroque". A indagação final publicada na nota é que era, essa sim, intrigante. "E o que é que teria ido procurar o sr. Clito Bockel no número 304 da avenida Atlântica?", perguntava o misterioso Raposo Tavares. "Joias ou carne branca?" Gilberto sabia muito bem que no número 304 da avenida Atlântica ficava a Vila Normanda, a casa em que seu pai morava com Corita, e não precisou fazer muitas perguntas à mãe para saber que "A. Raposo Tavares" (assim como o "Macaco Elétrico") era um pseudônimo que o pai usava quando não queria (ou não podia, temendo algum processo judicial) assinar as agressões mais violentas contra seus inimigos. Quanto a Clito Bockel, a vítima de tantos insultos, este era o protagonista central de uma aventura passional que já se desenrolava havia algum tempo.

Os poucos anos de convivência com Chateaubriand foram suficientes para Corita perceber que, além de marido pouco atencioso, ele era dado a conquistas amorosas — apesar de sentir por ela um ciúme patológico. Por ordem de Chateaubriand, durante todo o tempo em que o casal viveu junto, Leão Gondim e seu meio-irmão João eram os acompanhantes oficiais de Corita. Acompanhantes e informantes de tudo o que ela fizesse, falasse ou simplesmente olhasse na ausência do marido. Além dos dois, os motoristas, copeiros, empregados e capangas eram vigias em tempo integral do comportamento da mulher. Cansada de viver com um marido ausente e mulherengo, e policiada por todos, um dia ela deu ao jornalista claras indicações de que aquele casamento já estava nas vascas, nos estertores:

— Olha, Chateaubriand, minha paciência está chegando ao fim. Uma mulher para conviver com você ou o enfrenta de igual para igual, taco a taco, ou então tem que se conformar em ser seu burro de cangalha, tem que aguentar tudo isso calada. E eu não estou disposta a ser nem uma coisa nem outra.

Teresa se lembra que o ciúme de Chateaubriand infundia verdadeiro pânico na mãe. Quando Corita a levava, em companhia de Fernando, a passear nos parques de diversões, não faltavam rapazes que, tentando flertar com aquela mulher linda, se ofereciam para pagar ingressos para o garoto. Aterrorizada, Corita advertia o menino:

— Fernando, se o seu pai aparece aqui ele nos mata! Não aceite ingressos pagos por esses rapazes! Eu vou contar isso ao seu pai!

Apesar de temer os humores do violento marido nordestino, muitas vezes, quando ia a restaurantes ou a espetáculos em companhia de Leão ou João Gondim, Corita desaparecia por longo tempo sem que o acompanhante conseguisse identificar aonde tinha ido ou com quem estivera falando. E pelo menos uma vez Teresa, passeando na avenida Princesa Isabel com a mãe no Packard conversível com que Chateaubriand a presenteara, viu emparelhar ao lado do carro um veículo guiado por um jovem louro muito bonito, com quem Corita trocava olhares e meia dúzia de palavras dissimuladas e carinhosas. Apesar de garotinha, Teresa devia saber o risco que todos corriam ali, e só décadas depois é que interpretaria as caretas que fazia para o rapaz do outro carro como uma forma de espantá-lo antes que o pai aparecesse por ali inesperadamente e flagrasse aquele arrufo. O louro com ares de galã de cinema era Clito Bockel, trinta anos, jovem e próspero dono da Costa Pereira & Bockel, uma das maiores incorporadoras de prédios da Zona Sul do Rio de Janeiro de então. Desfeito seu primeiro casamento, o "Diabo Louro", como Bockel era conhecido entre as mulheres da cidade, estava mantendo um romance secreto com Corita havia algum tempo.

Uma das muitas sentinelas que Chateaubriand deixava permanentemente de olho na mulher acabou descobrindo coisas que chegaram aos ouvidos do patrão. Desconfiado de que Bockel estivesse frequentando sua casa clandestinamente para encontrar-se com Corita, Chateaubriand decidiu simular uma viagem de trem a São Paulo. Repetindo um ritual que estava se transformando em praxe em todas as suas viagens (por mais próximo que fosse o destino e ainda que de curta duração), uma enorme e luzida comitiva foi acompanhá-lo no embarque. Quando era uma viagem mais demorada, além dos puxa-sacos de sempre apareciam figurões como os industriais Wolf Klabin e Spitzman Jordan, o médico (e agora banqueiro) Drault Ernanny, os irmãos empresários Ricardo e Adriano Seabra, como se aquilo fosse um bota-fora para a eternidade. E os diretores dos Associados se encarregavam de que no destino houvesse outra comissão de igual peso para recebê-lo. Para que a encenação fosse completa, ele exigiu que naquela noite fossem todos, Corita inclusive. Na hora certa despediu-se de cada um e entrou no expresso, que arrancou para São Paulo. Previamente combinado com Alencastro Guimarães (chefe de gabinete do ministro da Viação, responsável pela administração da Estrada de Ferro Central do Brasil), entretanto, daquela vez o trem não tocou direto para a capital paulista, sem escalas. Após rodar mais ou menos durante meia hora, a composição parou numa pequenina estação de subúrbio do Rio, onde Chateaubriand desembarcou — e onde já o esperavam seus carros, secretários, choferes e guarda-costas. Montou no velho Cadillac negro e tocou para a Vila Normanda. Chegou tarde. O belo amante de sua mulher havia passado lá antes — e levado Corita embora. Suspeitando que o romance poderia ser descoberto a qualquer momento por Chateaubriand, Corita e Bockel vinham planejando a fuga há algum tempo, esperando apenas uma viagem do jornalista para que o casarão de Copacabana fosse definitivamente abandonado.

Ao ser informado pelos mordomos de que, além de Corita e de todo o "consulado espanhol" que vivia no terceiro andar da casa, o "Diabo Louro" levara também sua filha, Teresa, então com sete anos, Chateaubriand teve um ataque de fúria. Mandou que Amâncio fosse até a casa de Bockel:

— Primeiro dê um tiro no meio dos olhos daquele filho da puta. Eu assumo a responsabilidade. Depois o senhor dê uma surra de cinto em dona Corita, mas surra para valer, para deixá-la no chão. Aí pegue Teresoca e traga-a de volta para cá. Minha filha não vai viver na companhia daquele rufião.

Nada feito. Fechada e inteiramente vazia, na casa não havia nem sombra de Bockel, de Corita, da menina ou de quem quer que fosse. Xingando todos os palavrões que sabia, a única maneira que Chateaubriand encontrou para desabafar o ódio foi escrever o "A pedidos" que o espantado Gilberto leria no *Diário da Noite* do dia seguinte. Com boas relações no governo e na polícia, Chateaubriand precisou de poucos dias para descobrir que estavam todos escondidos em um sítio que fora emprestado a Bockel, em Jacarepaguá. E decidiu que naquela mesma noite ele iria pegar a filha de volta, nem que fosse preciso matar Bockel e Corita. Mandou que Amâncio arranjasse dez homens "dispostos a tudo". No final da tarde a tropa de jagunços já o esperava no salão da Vila Normanda, de onde partiram todos, em companhia de Chateaubriand, para a redação dos Associados. Com duas armas penduradas no cinto, ele chamou seu primo Leão e o redator-chefe do *Diário da Noite*, Vítor do Espírito Santo, e entregou um revólver a cada um deles:

— Vocês vêm conosco. Vamos buscar Teresoca.

O austero Vítor do Espírito Santo recuou, indignado com o convite:

— Doutor Assis, eu sou jornalista, não sou gângster.

Ele deixou a sala com um insulto:

— Então você fica, cagão. Leão, vamos embora.

Quando viu os cinco carros se aproximando da casa do sítio com as luzes apagadas, Corita se apavorou. Maria Montenegro, que certamente não sabia com quem estava tratando, ainda tentou acalmá-la:

— *Pero Corita, si es el padre, como tu imaginas, él tiene el derecho de ver a la nena...*

Antes que ela acabasse de pronunciar a frase, começou o tiroteio contra a casa. As pessoas se jogaram ao chão, em meio a uma crise de choro e de tremores do andaluz Artez. Segundos depois os tiros pararam. Uma voz que parecia ser a de Leão Gondim gritou do lado de fora:

— Somos mais de dez homens armados e vamos entrar na casa para pegar a menina! Não queremos ferir ninguém, mas quem reagir leva bala!

A casa foi invadida pelo bando, com Chateaubriand, Leão e Amâncio à frente, todos de armas nas mãos. Ninguém teve coragem de se aproximar deles.

Artez batia o queixo num canto, com as pernas tremendo. Segurando o revólver com uma mão, Chateaubriand pegou Teresa no colo e colocou-a no banco traseiro do Cadillac, entre ele e Amâncio. No banco da frente entrou Leão Gondim. Vestida num robe de seda japonesa, Corita pegou o Packard que estava parado do lado de fora da casa e ainda tentou seguir a nervosa caravana, mas foi dissuadida por mais tiros, disparados contra seu carro. O bando arrancou em alta velocidade e minutos depois os carros estacionavam na pista da Ponta do Calabouço, onde depois seria construído o aeroporto Santos Dumont. Lá já os esperava, com o motor ligado, o avião Raposo Tavares, de Chateaubriand. Debaixo de forte tempestade, o aparelho decolou levando, além do piloto, Chateaubriand, Leão e, assustada num canto, sem entender direito o que estava acontecendo, a pequena Teresa. Duas horas e meia depois o monomotor pousava em São Paulo, onde já havia mais dois carros à espera. Chateaubriand entrou em um deles com Teresa e Leão e ordenou ao motorista:

— Toca para a casa do Rizzini!

Quando chegaram à casa do diretor dos Associados Carlos Rizzini, no bairro do Pacaembu, Chateaubriand achou que seria muito arriscado Teresa passar aquela noite ali (se Bockel era louco o suficiente para manter um romance secreto com a mulher do jornalista, seria bem capaz de tentar sequestrar a garota em São Paulo). Decidiu-se que pelo menos aquela noite ela dormiria na casa da empregada dos Rizzini, num bairro afastado da cidade.

Corita não ia entregar os pontos com facilidade. Na manhã seguinte, ela entrou com uma petição junto à 4ª Vara de Órfãos e Sucessões, no Rio, solicitando ao juiz que intimasse Chateaubriand a indicar "o local onde se encontra sua filha menor, Teresa, a fim de que possa a requerente visitá-la e assisti-la como lhe compete, na qualidade de mãe". Um dia depois, um oficial de Justiça entregava na casa de Rizzini a ordem do juiz para que a menina fosse levada de volta ao Rio. Começava ali uma guerra judicial em torno da posse de Teresa. Legalmente Chateaubriand não era o pai (afinal, da certidão de nascimento da menina constava apenas o "Teresa Acunha, filha de Cora Acunha"), não a havia reconhecido, não tinha qualquer vínculo com ela. Formalmente não poderia nem ser considerado parte interessada naquele processo que se iniciava. De volta ao Rio com a filha, mas sem jamais pensar em entregá-la à mãe e a Bockel, Chateaubriand vai à Vara de Órfãos e Sucessões conversar com o autor do despacho. Era Elmano Cruz, jovem juiz, de grande coragem pessoal, que substituía o titular da vara — coincidentemente um amigo de Chateaubriand, o jurista Nelson Hungria, que se encontrava em férias no interior de Minas. Chateaubriand invade a sala do juiz aos berros:

— O senhor sabe quem sou eu?

— Acho que o senhor é o jornalista Assis Chateaubriand, se não me engano.

— Sou eu mesmo. O senhor deu um despacho no caso de minha filha Teresa, que é menor, atribuindo a guarda dela a uma senhora de péssimos antecedentes morais...

Cruz nem deixou o jornalista acabar de falar:

— Ponha-se daqui para fora! Não admito discussão a respeito da decisão. Dei o despacho porque acho que a filha deve ficar com a mãe.

— Não precisa me dar aulas, seu Elmano! Eu sou professor de direito!

O juiz não baixou a crista:

— O senhor pode ser professor do que for, mas o juiz sou eu! Posso até agir por amizade, pelo coração, mas contra a lei ninguém me obrigará a fazer nada!

O curto encontro terminou com Chateaubriand partindo o cristal da mesa com um murro:

— Eu posso não ter o direito, seu juizinho de merda, mas tenho algo mais importante: tenho razão! Sua carreira terminou hoje, aqui, agora. E o senhor vai me ter como inimigo pelo resto da sua vida! Se o senhor está pensando que vai ser desembargador, juiz do tribunal, pode tirar o cavalo da chuva. Sua carreira acaba hoje! E saiba que seu despacho vai ser anulado, seu juiz de merda!

Deixou a sala aos galopes para não ser preso por desacato à autoridade, e tocou de novo para a Ponta do Calabouço. Com Teresa sob a guarda efetiva de Leão Gondim e de meia dúzia de jagunços, Chateaubriand toma o Raposo Tavares, que pousa horas depois em Belo Horizonte. O carro do *Estado de Minas* que o esperava na pista leva-o até a cidade de Porto Novo do Cunha, no interior de Minas, onde o jornalista pega o juiz Nelson Hungria, obrigado a interromper suas férias inesperadamente. O carro toca de volta para Belo Horizonte, os dois embarcam no Raposo Tavares para o Rio e antes que o dia terminasse Hungria já tinha reassumido a 4ª Vara e anulado o despacho de Elmano. A sentença que substituiu a anterior seria publicada no *Diária da Justiça* do dia seguinte:

Destituição de pátrio poder.
    Requerente: Francisco de Assis Chateaubriand Bandeira de Melo.
    Requerida: Cora Acuña.
    Menor: Teresa.

Tendo ouvido, juntamente com o doutor curador de órfãos, a menor Teresa, e verificado a igualdade de seu intenso apego quer à mãe, quer ao pai, resolvi que a mesma não deve ser submetida ao imerecido castigo de se ver privada por longo tempo da presença de qualquer de seus pais. *Tomei, por isso, a deliberação de que fique depositada em minha própria casa, onde poderá ser visitada, diariamente, na parte da manhã, pela mãe e, na parte da tarde, pelo pai.* Creio que assim fica assegurado o interesse da menor, enquanto este Juízo não profira sua decisão definitiva. Intime-se.

Nelson Hungria Hoffbauer
Juiz de Direito da 4ª Vara de Órfãos e Sucessões

Na verdade, Chateaubriand nunca pretendeu ter, de fato, a guarda da filha. Avesso à ideia de ter uma família como a de todo mundo, ele não se imaginava criando, sozinho, uma garota de sete anos de idade. Para ele, não podia haver decisão mais salomônica (e mais cômoda) do que a tomada pelo juiz: a menina podia não ficar com ele, mas o que não suportava era a ideia de que Teresa pudesse viver com Corita e Bockel, pelos quais se tomara de ódio irracional. Decidido que Bockel não poria mais os olhos em sua filha, e que a mãe teria de cumprir à risca a sentença judicial, a partir da decisão de Hungria o jornalista pagou capangas que davam plantão permanente na porta da casa do juiz, para se certificar de que a mãe não tiraria Teresa de casa (seu medo era que Corita a levasse para ver Bockel) e não a visitaria fora do horário prescrito. Quanto a si próprio, enquanto recursos e mais recursos, de ambas as partes, se amontoavam nos tribunais, ele cumpria o despacho como bem entendesse. Embora estivesse expresso nele que suas visitas teriam que acontecer "na parte da tarde", quase sempre chegava à casa de Hungria altas horas da noite, depois que deixava a redação, e dava ordens a quem encontrasse:

— Quero ver Teresoca. Se ela estiver dormindo, pode acordá-la.

O jornalista desfrutava, à sua extravagante maneira, a primeira vitória sobre Corita e Bockel, mas a guerra entre eles mal começara.

Com frequência cada vez maior Chateaubriand tirava Teresa de casa para acompanhá-lo na mania que agora tomava todo o seu tempo e arrebatava o país: os batismos dos aviões doados à campanha que ele inventara, denominada "Dê Asas à Juventude". A campanha dos Associados promoveria a doação, ao longo de uma década, de um número impreciso de aviões (as cifras variam, conforme a fonte, entre 2 mil e 3 mil aparelhos) para treinamento de pilotos civis em aeroclubes que se multiplicavam por centenas de cidades do interior de todo o país. Quando a Mesbla começou a importar aviões, e com a instalação no Brasil das três primeiras fábricas de monomotores — os "teco-tecos" —, a velha paixão de Chateaubriand por aviões incendiou-o. Mais do que um mero meio de transporte, ele via o avião filosoficamente, como "um libertador que arrebata-nos das miseráveis contingências terrenas para fazer-nos viver o que é eterno. Sua velocidade parece indicar uma contradição com a paisagem repousante e tranquila em que nos envolve. Dentro de um volívolo desses, capturamos nosso próprio eu, e na sua companhia saímos em um estirão voluptuoso pelo universo afora, tal a beatitude em que nos dissolve um voo pelo espaço".

Ainda em 1938 ele organizou um *raid* de 21 aparelhos do Rio até a cidade de Campos, no interior do estado. Com vários repórteres cobrindo os preparativos, entrevistando pilotos, e mais uma equipe recebendo a esquadrilha na cidade fluminense, a viagem renderia páginas e páginas nos jornais e revistas Associados. O sucesso da iniciativa o animaria a repeti-la mais duas vezes, e sempre com um número cada vez maior de aviões envolvidos: na segunda, viajaram até a usina de açúcar Tamoio, na cidade paulista de Araraquara, e na terceira foi-se ainda mais longe, a Guatapará, também no interior paulista. Assim como havia repórteres especializados em economia, em política, em esportes, os Associados passaram a ter um setorista de aviação, escolhido pessoalmente pelo dono: o jovem cearense Edmar Morel, que ganhara fama meses antes com uma série de reportagens na Amazônia sobre o coronel inglês Percy Fawcett, desaparecido misteriosamente quando investigava a existência da tal civilização branca que a selva brasileira esconderia — assunto que havia sido levantado em 1924 por *O Jornal*.

A aventura seguinte seria mais arriscada: Chateaubriand planejava organizar uma expedição aérea de nada menos que sessenta aviões do Rio a Porto Seguro, na Bahia, para ali festejarem o aniversário do descobrimento do Brasil. Estaria tudo muito bem se não fosse por um problema: Porto Seguro não tinha aeroporto. Acionado pelo jornalista, Getúlio Vargas entusiasmou-se com a viagem, e sessenta dias depois o aeroporto estava pronto. Com uma escala para reabastecimento em Vitória e outra em Caravelas, no litoral baiano, os aviões por fim desceram em Porto Seguro. A modesta prefeitura local teve de mandar fazer às pressas trinta privadas públicas e arranjar 140 camas com o Exército para acomodar os pilotos, radiotelegrafistas e mecânicos. Logo que os aparelhos pousaram, o vigário da cidade, um negro, anunciou que havia preparado uma surpresa para Chateaubriand e os mais de cem pilotos e acompanhantes que tinham feito parte do *raid*: iria oficiar uma missa no mesmo local em que frei Henrique de Coimbra havia rezado a primeira missa brasileira, em maio de 1500. Ao ouvir aquilo, Chateaubriand chamou Edmar Morel a um canto:

— Seu Morel, demita esse preto da minha festa. Um preto rezar a nossa missa? De modo algum! Dê um jeito de chamar com urgência o bispo de Ilhéus, que é ariano. Em missa de branco eu atuo até como coroinha, seu Morel, mas missa rezada por padre preto vai nos trazer uma urucubaca sem tamanho.

A missa e os convidados tiveram de esperar a chegada do bispo de Ilhéus, d. Eduardo José, que, por ser branco, afastava os preconceituosos temores de Chateaubriand de que o padre iria "trazer má sorte aos aviadores".

Os *raids* eletrizavam de tal forma a opinião pública que, quando os Associados decidiram organizar uma "jornada aérea" internacional, com destino a Montevidéu, no Uruguai, os jornais *O Globo* e *A Noite* não tiveram outra alternativa senão entrar como copatrocinadores daquela maluquice de Chateaubriand. Antes de partir, os pilotos ("nossos intrépidos navegadores aéreos", como a imprensa os tratava) foram recebidos no Palácio do Catete pelo presidente Getúlio Vargas, e seus 25 "pássaros metálicos que rasgarão os céus do Prata" foram abençoados pelo cardeal Sebastião Leme, na Ponta do Calabouço. Em cada cidade onde escalavam havia uma festa com banda de música, discursos e homenagens aos "novos aventureiros do ar". Antes de pousar em Montevidéu, os 25 aviões (entre eles o Raposo Tavares, o Beechcraft dos Associados) fizeram evoluções em cima do Prata, sobre cujas águas despejaram chuvas de pétalas de rosas.

Quando voltou de Montevidéu, Chateaubriand, que por alguma razão nunca se interessou, ele próprio, em aprender a pilotar aviões, decidiu que estava na hora de formar uma geração de pilotos civis no Brasil. Quando revelou sua ideia ao maior entusiasta da aviação no governo, o gaúcho Joaquim Pedro Salgado Filho (ex-ministro do Trabalho, ele acabara de ser nomeado por Getúlio, apesar de ser civil, titular do recém-criado Ministério da Aeronáutica), este não pareceu tão animado com a ideia. "Para formar pilotos é preciso muita coisa, Chateaubriand", reagiu o ministro com pouco entusiasmo, "mas acima de tudo é preciso ter aviões, e nós não temos." O jornalista tinha a solução, a mesma com que resolvia todos os seus problemas empresariais:

— Nós não temos aviões, Salgado, mas a burguesia tem dinheiro. Nós vamos tomar muito dinheiro dela e transformá-lo em aviões. Banqueiros, comerciantes, industriais e cafeicultores vão ensinar nossos meninos a voar.

A receita que ele tinha na cabeça era simplíssima: pedia-se a um milionário (ou a um grupo deles) que doasse um avião de treinamento. Os Associados se encarregariam de cobrir o doador de elogios (e reportagens, e fotos) e cada avião seria batizado com o nome de um vulto ilustre — que poderia ser o pai, a mãe ou um antepassado qualquer do mecenas que tivesse pago a conta do aparelho. Cada batismo seria uma cerimônia pública, com champanhe, banda de música, discursos — e mais a garantia da cobertura do ato por todos os órgãos Associados. O rico que se recusasse a contribuir entrava para a temida lista negra dos inimigos de Chateaubriand. Às gargalhadas, ele festejava antecipadamente o sucesso do empreendimento:

— Não há vaidade humana que resista a tanto confete, Salgado. Só não dará aviões para nós quem for teso, estiver morrendo de fome. Vai ter gente que vai vender a casa para comprar um monomotor para a nossa campanha.

Dito e feito. No dia 22 de março de 1941 o aeroporto da Ponta do Calabouço se engalanava para o batismo solene do primeiro avião, o *Regente Feijó*, um Piper Cub doado por Samuel Ribeiro para o aeroclube de Pelotas, no interior do Rio Grande do Sul. A cobertura da festa foi tão feérica que no dia seguinte aparecia o segundo avião: o pernambucano Othon Linch Bezerra de Melo doava o *Duque de Caxias*, um monomotor de três lugares, que seria destinado ao aeroclube de Caxias do Sul, também no Rio Grande. Mais festa, mais artigos incensando o doador e no terceiro dia o industrial Manuel Ferreira Guimarães, presidente da Associação Comercial do Rio, enviava voluntariamente a Chateaubriand o cheque para pagar à Mesbla a fatura do *Tiradentes*, que seria entregue ao aeroclube de São José do Rio Preto, no estado de São Paulo. E assim foram sendo batizados o *Júlio Mesquita*, o *Capitão O'Reilly*, o *Guia Lopes*, o *Antônio Mostardeiro Filho*. Quem visse uma cerimônia de entrega de avião poderia dizer que tinha visto todas: com os portões do Calabouço abertos ao público e aos convidados, o doador fazia um discurso. Depois falava um representante da família do homenageado com o nome do avião. Aí era a vez de falar o ministro Salgado Filho, sem cuja presença a cerimônia não se realizaria. Por último falava Chateaubriand, cujas palavras sairiam no dia seguinte em todos os órgãos Associados sob a forma de artigo. Para encerrar a cerimônia, o padrinho ou a madrinha (que não precisava ser obrigatoriamente o doador ou alguém ligado a ele) jogava champanhe na hélice do aparelho, e garçons engravatados serviam a bebida em taças aos presentes. Quando estava de bom humor, Chateaubriand tomava a bandeja de um dos garçons, dobrava o guardanapo sobre o braço esquerdo e se encarregava, ele mesmo, de servir a primeira rodada de champanhe aos convidados mais ilustres. Em maio, sessenta dias depois de batizado o *Regente Feijó*, o jornalista iria ao Palácio do Catete convidar o presidente da República para batizar o *Getúlio Vargas*, o centésimo avião doado à campanha.

Simultaneamente às festas nos aeroportos — pois os batismos não aconteciam apenas no Calabouço, mas se multiplicavam por todo o país —, Chateaubriand continuava travando a batalha judicial pela posse da filha. Os meses se passavam e a única segurança que ele tinha era a solidariedade de Nelson Hungria, que resistia a todos os recursos interpostos pela mãe. Enquanto o despacho de Hungria estivesse em vigor ele tinha a garantia de que Teresa não seria levada por Corita e Bockel, mas aquela era uma situação precária, que não poderia durar para sempre. Como tinha sido Corita, e não ele, a reconhecer e registrar a filha, a legislação em vigor não dava margens a dúvidas. O artigo 16 do decreto-lei 3200 (que dispunha sobre a organização e proteção da família) era cristalino: "O pátrio poder será exercido por quem primeiro reconheceu o filho, salvo destituição dos casos previstos em lei". Com boa vontade, muito esforço e uma certa dose de sorte, o máximo que Chateaubriand poderia conseguir seria que Corita fosse destituída do pátrio poder sobre Teresa (e este era o objetivo da guerra judicial em que ele se metera). Mas, mesmo que fosse vitorioso, isso não significaria qualquer chance de passar *ele* a ter o pátrio poder, uma vez que, como não a registrara, oficialmente não era nada de sua filha.

O que preocupava Corita é que, ao entrar numa disputa, mesmo que fosse na Justiça, Chateaubriand não tinha meias medidas. Ela própria fora testemunha disso no caso de Oscar Flues. Nem depois de ter mandado o capanga castrar o industrial a tiros o jornalista se deu por vingado ou satisfeito. Entrou com uma ação na Justiça para receber o que imaginava ser a indenização que o industrial lhe devia pela perda da posse, por um ano, de *O Jornal*. Três anos depois de levar duas balas nos escrotos, Flues acabou aceitando um inacreditável acordo proposto pelos advogados, pelo qual ele pagaria a Chateaubriand duzentos contos de réis de indenização — dinheiro que, por exigência do jornalista, deveria ter a seguinte destinação: cinquenta contos iriam para as obras sociais do Hospital Alemão (o mesmo que salvara a vida do industrial); cem contos seriam depositados na conta da Colônia de Férias para Crianças Pobres de Santos; vinte contos, para a Casa do Jornalista, da Associação Paulista de Imprensa; dez contos, para a Companhia de Caridade Reverendo Padre Venâncio, do Rio de Janeiro; cinco contos, para a Santa Casa de Misericórdia de Belo Horizonte; cinco contos, para o sr. Antônio Prudente, da Associação Paulista de Combate ao Câncer; cinco contos, para o Instituto Dom Bosco, na Paraíba; os cinco contos finais seriam depositados na conta do sr. Francisco Martins dos Santos, residente à rua Conselheiro Nébias, 687, na cidade de Santos, destinados a "pagar a impressão da obra monumental intitulada *A história de Santos*, com o fim de beneficiar o ensino e incentivar o estudo da história pátria". Uma das cláusulas do acordo estabelecia que o industrial teria de deixar expresso que aquelas não eram doações dele, Flues, mas dos Diários Associados.

Mas Corita não era Oscar Flues, e não parecia disposta a entregar os pontos. Além de atulhar o tribunal com recursos e petições, ela sabia que aquele era um processo político, e resolveu atacar também por este lado. Sua causa atraiu a mais barulhenta e temida mulher brasileira, a feminista Berta Lutz, que resolveu comprar sua briga. Zoóloga e feminista respeitada internacionalmente, Berta tinha sido deputada à Assembleia Nacional Constituinte de 1934. Como o argumento central de Chateaubriand para cassar-lhe o pátrio poder era a sua "conduta moral reprovável", Corita conseguiu que Berta organizasse um comitê liderado por ela própria e composto por mais dez mulheres para testemunhar a respeito de sua retidão moral e apelar a Nelson Hungria para que voltasse atrás em sua sentença. A resposta do juiz não poderia ser mais desanimadora. Embora convocasse as mulheres a depor no processo (ainda que de forma um tanto ameaçadora), seu despacho era uma sucessão de pitos em Corita e seu advogado, deixando claro de que lado Hungria estava, naquela briga:

> [...] O advogado da peticionária consome mais de seis meses coligindo documentos e mais um mês inteiro elaborando "monografias" de vinte folhas datilografadas de um lado e do outro, vem com tudo isso para dentro dos autos e, a seguir, fica de relógio em punho, a protestar que o Ministério Público e o advogado da parte adversa estão retendo os autos por mais de 24 horas, com desrespeito ao Código de Processo Civil!
>
> Tenho a longanimidade de permitir a continuidade do processo e sou atormentado com sucessivas petições da parte favorecida, a protestar por "dá cá aquela palha", a suscitar questiúnculas e até a pretender que este Juízo intervenha junto à empresa da revista *Cruzeiro* para que não continue atribuindo ao dr. Assis Chateaubriand a paternidade da menor Teresa! É de esgotar a paciência de um santo! Não voltarei à *quaestio juris*, já decidida nos meus despachos anteriores.
>
> Atenderei apenas à questão de fato, sobre a qual há novos elementos a considerar: uma série de atestados e cartas, firmados por senhoras da mais alta distinção. São categóricos em seus elogios, mas são muito incertos em matéria de menção de fatos. É indispensável que essas senhoras venham a Juízo, sob compromisso legal. Marco prazo de dez dias para as senhoras deporem. Não terei dúvidas em deferir intimação judicial caso não queiram comparecer independentemente dessa intimação. Darei afinal minha *terceira* decisão, que, seja qual for, não permitirá a renovação da controvérsia. Intime-se.
>
> N. Hungria

Certa de que, apesar de ter a proteção da lei, não conseguiria nada pelos tortuosos caminhos da Justiça, Corita insistia em transformar aquele num caso político, um caso que, na sua opinião, não interessava apenas a ela, pois tinha virado um problema social. No dia 25 de junho fez publicar um "A pedidos" no *Jornal do Commercio* — um manifesto assinado por "Mater Dolorosa". Aquela era uma disputa, dizia o documento, que interessava "de perto a todas as senhoras, a todas as mães, à sociedade em geral", porque revelava "como uma filha de apenas sete anos" era "retirada da companhia da mãe". Com todos os personagens tratados apenas pelas iniciais de seus nomes, o documento não apenas denunciava Chateaubriand (chamado de "o dr. C.") por ter tirado ilegalmente a menina da mãe, mas insistia em que ele conseguira "que a infeliz criança fosse posta sob a tutela de cidadão que é da privança e amizade do mesmo dr. C.". Num segundo anúncio, este assinado por "Crucem Lacrimosa", Corita batia diretamente em Chateaubriand, mas sempre tomando o cuidado de não citar seu nome:

> Faz cerca de oito anos, em São Paulo, um certo homem seduziu uma menina que tinha então apenas quinze anos de idade. E, ao cabo de meses, a desventurada menina deu à luz uma filha, tendo sido mãe antes de completar dezesseis anos de idade! Esse homem era, já desde então, e é ainda, civilmente casado.
>
> Vivendo vida moralmente desregrada e à toa, tal homem tanto se esgotou e aventalhou que se constituiu presa de mórbido ciúme, de mais em mais acentuado e grave porque, tão rápido se via aquele homem fisicamente depreciar-se, quão mais bela se mostrava dia a dia a criatura a quem infelicitara, menina ainda. O ciúme patológico transforma em ódio repulsivo o sentimento que era de adesão física: e vai daí ter aquele homem, simultaneamente, expulso de seu "brillant chateau" sua companheira e raptado a filha dela, que tem apenas sete anos de idade.
>
> A seguir, *ninguém se admire!,* tal homem recorreu ao Judiciário e, apesar de ter se confessado civilmente casado e, consequentemente e por isto mesmo, não ter qualidade legal para, em Juízo, nem representar a filha que lhe é adulterina, nem promover litígios sobre a posse da menor, conseguiu ele sentença judiciária que pôs a menina sob a tutela de um seu amigo. Ficou assim inclusive sancionado o rapto da menor, ao invés de ter sido punido. E mais: tudo isso esse homem conseguiu com depoimentos de criados seus, depoimentos esses que o próprio juiz reconheceu na sentença com a eiva de grande parcela de mentira e de maldade.
>
> Crucem Lacrimosa

Aquela era mais uma tarefa para A. Raposo Tavares. Na edição noturna do *Diário da Noite* do mesmo dia saía um "A pedidos" subscrito não pelo jornalista, mas por seu heterônimo bandeirante, encimado por um enorme título de três linhas: "A audácia de um cáften, Clito Bockel, da firma Costa Pereira & Bockel Ltda., mandando agredir juízes porque estão salvando menores do contato abjeto desse rufião". Escrita em termos muito parecidos com os textos do massacre contra Flues, a nota era de arrepiar:

Está no *Jornal do Commercio* de hoje uma publicação escrita por um velhote pitoresquíssimo, verdadeiro macaco de foro. Chama-se Mário Bulhão Pato e faz pipi nas calças. Ele alega que uma moça está privada da posse de sua filha, pela intervenção arbitrária da Justiça carioca. Não é essa precisamente a verdade. Essa moça vive publicamente com um cáften, o qual exerce tal profissão desde os dezessete anos de idade. Chama-se Clito Bockel. É profissional conhecido do lenocínio. E tem ficha na polícia. Viveu Clito Bockel sustentado durante treze anos pela mulher Lídia, amante de um homem riquíssimo, o qual a mantinha para que Bockel, por intermédio dela, lhe extorquisse o dinheiro que tem na Costa Pereira.

Clito Bockel sustenta a Costa Pereira com dinheiro roubado de infelizes que ele explora. Está explorando uma pobre argentina, a tal "Mater Dolorosa" da publicação de hoje. É um imbecil tão chapado que confessou a duas pessoas de bem sua abjeta coparticipação no assalto da inocente. Amanhã prosseguiremos com outros detalhes que mostram não o rastro, mas a cara torpe do cáften em toda essa ignomínia.

A. Raposo Tavares

Cumprindo a promessa, no dia 26 o A. Raposo Tavares voltava à carga na primeira edição do *Diário da Noite*. Nunca se esquecendo de chamar a atenção para o nome da empresa de Bockel, que de raspão também era desmoralizada pela campanha, Chateaubriand titulou pessoalmente o "A pedidos", escrito algumas oitavas abaixo do anterior: "Clito Bockel, de Costa Pereira & Bockel Ltda., e as protérvias de um escroque contra a Justiça do Brasil".

Quem lê os "A pedidos" do *Jornal do Commercio* está vendo a campanha que Clito Bockel, explorador de mulheres, está mandando fazer ali, servindo-se de um velhote obsceno, Mário Bulhão Pato, contra a Justiça do Rio de Janeiro. O que essa Justiça praticou de horrível foi somente isto: dar a uma criancinha de inteligência privilegiada o clima de decência e de moralidade em que ela deveria viver. A sua família materna é um grupo parasitário. Ninguém ali tem profissão, e todos vivem a existência dos chupins. A mãe, aos catorze anos, já vivia teúda e manteúda com o capitalista Lara, de São Paulo. Era uma menina já deflorada e, ao que parece, não pelo capitalista. Clito Bockel, seu atual amante, é um rufião casado. Vive de mulheres há catorze anos. A confissão de que ele tem a mãe da menor a serviço de sua profissão está em atos que foram rigorosamente controlados pela Justiça, inclusive pela atitude da mulher legítima do cáften, expulsando-o do lar.

A publicação do *Jornal do Commercio* contém uma miséria contra o juiz da 4ª Vara. Ele não nomeou tutor especial da menor pessoa conhecida do pai desta. Ao contrário, recusou quatro nomes que o pai lhe levou. O pai da menor só uma vez na vida se encontrara, e isto casualmente, com o tutor de sua filha.

Como entregar a joia de vida, o botão em flor que é a criança objeto desse pleito, a almas chafurdadas em tanta lama e tanto pus?

A. Raposo Tavares

Na manhã seguinte, sexta-feira, 27 de junho, Chateaubriand já acordou com a atenção voltada para outro assunto: a cerimônia de batismo do *Augusto Severo*, o avião que tinha sido doado à campanha "Dê Asas à Juventude" pela seguradora Cia. Segurança Industrial, de Guilherme Guinle e Antônio Prado Jr. Marcada para as dez horas da manhã na Ponta do Calabouço, aquela seria uma festa especial para Chateaubriand, pois a madrinha era sua eterna paixão, Iolanda Penteado, que tinha construído e dado de presente a Leme, no interior de São Paulo (cidade onde ela tinha sua fazenda e que iria receber o aparelho), não apenas o prédio do aeroclube, mas também a pista de pouso para os treinamentos. Chateaubriand passou às nove da manhã na redação e viu que sua orientação tinha sido obedecida à risca: toda a metade superior da última página de *O Jornal* daquele dia era dedicada a convocar a população e as autoridades para o evento, saudado em título de oito colunas como "mais uma bela festa aviatória na manhã de hoje". Antônio Carlos Vieira Christo, secretário de Dario de Almeida Magalhães, viu quando o jornalista passou na sala do seu chefe e convidou-o para irem juntos à cerimônia. Como Dario recusasse o convite ele acabou arrastando para o Calabouço Austregésilo de Athayde e Olímpio Guilherme, redator do jornal que tinha sido ator e diretor de cinema em Hollywood e vivera um romance com a intelectual comunista Patrícia Galvão, a "Pagu", de São Paulo — um bonitão que era célebre entre as mulheres como "o homem que tem os mais belos dentes do Brasil".

Quando chegou ao aeroporto, estavam lá o ministro da Aeronáutica, Salgado Filho, a madrinha Iolanda, os doadores do avião, o príncipe herdeiro da Coroa brasileira, d. João de Orléans e Bragança (que era piloto naval), o jornalista francês Jacques Epstein, exilado no Brasil, um grupo de jovens oficiais da Aeronáutica reunidos em torno do tenente-coronel Márcio de Souza e Melo, o padre aviador Geraldo da Silva e Souza (que pilotaria o *Augusto Severo* até Leme) e vários fotógrafos e repórteres dos Associados. Chateaubriand mandou que Amâncio se afastasse do grupo e ficasse tomando conta de um garoto desacompanhado que ele convidara para a festa, Paulo Nonato, filho do juiz e consultor geral da República Orozimbo Nonato. Até a metade a cerimônia não foi em nada diferente das dezenas que já tinham acontecido naquele mesmo lugar. Primeiro falou alguém em nome dos doadores; depois foi a vez da madrinha Iolanda Penteado; depois do ministro, Chateaubriand encerrou a sessão de discursos: "Desejo em primeiro lugar expressar nosso agradecimento pela presença do ministro da Aeronáutica nesta festa e pela galanteria da senhora Iolanda Penteado, que veio ungir dos santos óleos de sua espiritualidade o batismo do novo aparelho...". Nem seu discurso deixaria de ser uma repetição de tantos outros que fizera em ocasiões idênticas.

Feito o batismo, apareceram os garçons com o champanhe. Chateaubriand tomou das mãos de um deles a bandeja, dobrou o guardanapo sobre o braço esquerdo e saiu servindo os convidados que se encontravam à sua volta. Uma taça para a madrinha, uma para o ministro, uma para cada um dos doadores presentes. Aproximou-se do grupo de oficiais da Aeronáutica, todos fardados, e com uma mesura ofereceu-lhes uma taça. Um deles, alto e louro, tomou uma taça nas mãos e perguntou-lhe delicadamente:

— O senhor sabe quem sou eu?

Ele respondeu com um sorriso:

— Não, não sei. Quem é o senhor?

O jovem oficial respondeu de cara fechada:

— Eu sou o tenente Paulo Bockel, seu filho da puta! Sou irmão do Clito Bockel!

Nem acabou de falar e, num gesto instantâneo que sem dúvida ensaiara, com mão esquerda jogou a taça de champanhe nos olhos do jornalista e com a direita aplicou-lhe violento murro no olho esquerdo. Apesar de sua resistência de remador, Chateaubriand percebeu instintivamente que o homem que o agredia era pelo menos vinte centímetros maior que ele. Largou a bandeja com garrafa e taças no ar, enfiou a mão na cintura e tirou o revólver, que já saiu do coldre disparando. Com um olho obscurecido pelo sangue que jorrava de sua sobrancelha e o outro ardendo e semifechado pelo champanhe, viu que duas balas tinham atravessado a batina do padre. Desabou no chão atirando mais uma, duas, três vezes. Ao ver um vulto avançar sobre seu corpo ainda caído, mirou na cabeça. Chateaubriand disparou e viu a bala entrar na boca do agressor. Os guarda-costas de Salgado Filho carregaram o jornalista para o banco de trás do carro do ministro e arrancaram em disparada. A festa de batismo do *Augusto Severo* estava terminada.

24

Ainda não eram onze horas da manhã quando o jornalista francês Jacques Epstein entrou esbaforido pela redação dos Associados e escancarou aos gritos a porta da sala de Dario de Almeida Magalhães:

— *Chateaubriand a tué Olimpio Guilherme! Chateaubriand a tué Olimpio Guilherme!*

Naquele mesmo instante Chateaubriand estava chegando ao consultório de Drault Ernanny, amparado pelos seguranças do ministro Salgado Filho, assustado e com o rosto coberto de sangue:

— Doutor Drault, parece que eu matei Olímpio Guilherme e que arranquei o saco de um padre com dois tiros! O padre eu nem conheço, doutor Drault, mas eu achei que estava atirando no filho da puta do irmão do Bockel e fui acertar logo na cara de Olímpio Guilherme, o homem mais bonito do Brasil?

A célebre pontaria ruim de Chateaubriand não fizera tanto estrago assim. Quando Epstein chegou ao jornal com a notícia de que Chateaubriand havia assassinado Olímpio Guilherme, Dario de Almeida Magalhães procurou se informar sobre a tragédia. Mas, ao chegar ao hospital em que o ator e jornalista tinha sido internado, soube que ele escapara por verdadeiro milagre. Chateaubriand disparara ao todo seis tiros. O vulto que se aproximara dele não era o de Paulo Bockel, como imaginara na confusão, mas o de Olímpio Guilherme (também alto e forte como o agressor), que se abaixara para socorrê-lo. A bala de calibre 38, disparada quase à queima-roupa, arrancou-lhe os dentes e foi alojar-se na garganta, a poucos milímetros da medula. Ele já tinha sido operado e estava fora de perigo. As outras duas balas, que Chateaubriand temia que tivessem "arrancado o saco" do padre-piloto Geraldo da Silva e Souza, na verdade passaram entre as pernas do religioso, apenas perfurando sua batina. A quarta bala, localizada depois pelo inquérito feito pela Aeronáutica, perdera-se no ar e fora alojar-se na parede do fundo de um hangar. Como Olímpio Guilherme não sofreria nenhuma sequela mais grave, o único prejuízo maior provocado pelos tiros tinha sido a constrangedora revelação de que "os mais belos dentes do Brasil" eram postiços, feitos em Hollywood. Do consultório de Ernanny, Chateaubriand ligou para o jornal para se informar sobre a notícia de que teria assassinado o redator de seu jornal. Ao saber que ele estava vivo, quis saber como tinha ficado "a cara mais bonita do Brasil":

— Mas doutor Dario, eu estraguei muito o nosso Olímpio? Estou arrasado! Será que destruí os dentes dele?

— Quanto a isso o senhor pode se tranquilizar, doutor Assis. Acabamos de descobrir que eram dentes falsos, iguais aos de qualquer velhinho.

No começo da tarde o redator Aurélio Buarque de Holanda passaria em frente à sala de Chateaubriand e veria o dono do jornal lá dentro, de suspensórios, apoiado sobre um arquivo, já escrevendo seu artigo do dia seguinte, como se nada de anormal tivesse acontecido. Viu o olho dele roxo, coberto de bandagens, e quis saber o que tinha ocorrido. Chateaubriand já estava tratando o incidente com naturalidade:

— Não se preocupe, seu Aurélio, não foi nada. Uma briguinha de rua, nada mais.

À noite o empresário Osvaldo Rizzo, um dos diretores da Segurança Industrial (que doara o *Augusto Severo* para o aeroclube de Leme), oferecia um jantar à alta sociedade do Rio na sua elegante Vila Rizzo, ao lado do Gávea Golf Club. A notícia do tiroteio no aeroporto havia circulado (falava-se que Olímpio Guilherme tinha morrido, ou estava à morte) e os convidados se surpreenderam quando Chateaubriand entrou no salão sorridente, vestido de *smoking* e com o olho esquerdo coberto por uma venda preta de pirata. Sua presença fez com que dezenas de casais se retirassem imediatamente da casa, em sinal de protesto contra a violência dos artigos dos últimos dias e dos tiros daquela manhã.

Num claro sinal de que interessava ao governo deixar vazar para o público o incidente do Calabouço, apesar de censurada a notícia saiu com destaque em pelo menos três jornais do Rio — transformando-se no grande escândalo da cidade no dia seguinte. No tradicional e requintado Colégio Aldridge, na praia de Botafogo — uma instituição em que os alunos eram educados dentro de rígidos padrões britânicos —, o dono, mr. Aldridge, sugeriu a Jeanne Allard que Gilberto tivesse férias extraordinárias para ser poupado diante dos coleguinhas daquele escândalo de que o pai tinha sido o protagonista principal. A saída foi inventar que ele estava com os pulmões fracos e teria de ser submetido a um tratamento: lá foi Gilberto para Friburgo, onde ficou um mês, submetido a uma superalimentação tão forte que retornou à escola com não se lembra quantos quilos a mais.

Os jornais Associados trataram o batismo do avião como se nada de anormal tivesse acontecido. Convocado a depor no Inquérito Policial Militar aberto pela Aeronáutica (o local onde o tiroteio aconteceu era área militar), Chateaubriand recusou-se a comparecer e enviou ao oficial encarregado do IPM apenas um memorando de uma lauda, datilografado e assinado:

Em setembro de 1940 o depoente viu-se constrangido a fazer sair de sua residência Cora Acuña, com quem vivia desde 1933, por comprovada irregularidade de conduta da mesma. Soube que ela, havia mais de dois anos, tinha por amante Clito Barbosa Bockel. O fato ficou sobejamente constatado nas peças de justificação que o depoente ofereceu, na 4ª Vara de Órfãos, a fim de impedir que a filha que tivera com Cora Acuña continuasse a viver na ambiência viciada da mãe, tia e avó, gente de costumes desregrados e de condição inferior, e do próprio amante da mãe, rufião calejado na profissão desde os dezessete anos. O juiz e o curador de órfãos verificaram que Clito Bockel vivia de fato àquele tempo com as duas, a esposa legítima e, em mancebia, com Cora Acuña.

Clito Bockel, só para citar um fato, chegou a procurar o dr. João Firmino Correia de Araújo, amigo pessoal do depoente, a fim de pedir-lhe que obtivesse o apoio do capitão João Alberto na luta que ele travava para arrebatar Teresa, não ao seu pai, mas à tutela de um homem de bem, do eminente jurisconsulto e sua dedicadíssima esposa, com quem ela vive atualmente.

No dia 27 do mês findo, achando-se o depoente em frente aos srs. Osvaldo Rizzo e Clóvis Morais, na porta do hangar do Aeroporto Santos Dumont, após a cerimônia de batismo do avião Augusto Severo, viu que um moço alto, louro, vestido de aviador, perguntava-lhe se não o conhecia. Respondeu que não. O interpelante declinou o nome de Paulo Bockel e o depoente declarou simplesmente isto: que estava às suas ordens. Encontrou-se, então, atacado inopinadamente por três agressores, Paulo Bockel inclusive, que lhe vibraram socos pelas costas e pelo lado esquerdo do rosto, onde dois dos que o atacavam deveriam haver se postado. Foi-lhe jogada também uma taça de champanhe nos olhos.

Diante da superioridade e cobardia dos agressores, o depoente reagiu, usando de uma arma que trazia. Sacou-a e defendeu-se como pôde, tendo tido a infelicidade de ferir seu companheiro Olímpio Guilherme, o qual se interpôs entre ele e os agressores, justo quando o depoente os visava. Não lhe foi possível distinguir o dr. Olímpio Guilherme, o qual avançara pelo lado esquerdo, dado o golpe que recebera na vista, desse mesmo lado. Não lhe tocaram mais os atacantes, desde que verificaram a decisão do depoente de defender-se. Uma vez revidados, os três guardaram cautelosa distância, só avançando quando viram abater o dr. Olímpio Guilherme. Chegados a cinco metros de distância, o depoente pô-los novamente em fuga, atirando-lhes contra as pernas, que eram desde o começo da reação a arma inteligentemente usada pelos agressores. Revelaram-se verdadeiros acrobatas, até que infiltraram dois por entre os aviões do hangar, devidamente postos em fuga.

O depoente não se utilizou de toda a carga que trazia, porque não é de seus hábitos, nem dos costumes do sertão paraibano, caçar fugitivos.

Assis Chateaubriand

Apesar das lesões corporais em Olímpio Guilherme e da tentativa de homicídio contra Paulo Bockel, o inquérito morreu sem que Chateaubriand fosse molestado. Mas o tiroteio jurídico pela posse de Teresa prosseguia, agora agravado pela violência ocorrida no batismo do *Augusto Severo*. Cercada de bons advogados, Corita tentava todos os recursos possíveis para reaver a filha. Desta vez exigia que Chateaubriand fizesse na Justiça uma "retratação de paternidade" — ou seja, uma vez que ele se recusara a registrá-la ou mesmo a reconhecê-la formalmente como filha, não havia qualquer prova de que fosse de fato o pai da criança. Como a ciência de então não havia descoberto o infalível método de identificação genética por meio do DNA, era a palavra de um contra a de outro. De novo ela bateu no paredão que Chateaubriand montara. Nelson Hungria respondeu à petição falando grosso contra a mãe de Teresa. Lembrou que, embora o batismo da menina não tivesse valor jurídico, durante aquela cerimônia religiosa os dois tinham comparecido e se apresentado como "pai e mãe" da garota; que a insinuação de que a paternidade de Chateaubriand era uma ilusão provava "a leviandade e o inescrúpulo" da reclamante; e se, por hipótese, aquilo fosse verdade, tratava-se de uma confissão, por parte de Corita, "de que já se entregava a amores vadios" enquanto vivia com o jornalista. Hungria terminava batendo pesado:

> D. Cora é mulher de costumes levianos e censuráveis. É incontestável que, após sua ligação ilícita com o dr. Chateaubriand, d. Cora passou a outros amores não menos ilícitos que, como é notório, acarretaram o desmantelo de outro lar e até já foram motivo de escandalosa e cruenta cena de violência. Sem ter recursos pecuniários próprios, d. Cora leva vida de luxo, que lhe é evidentemente custeada pela bolsa do novo amante. Esta é que é a verdade dos fatos. Mantenho, pois, o despacho.

Pintada como uma devassa que efetivamente não era, todos os recursos de Corita tinham a mesma resposta: não. Mas os advogados de Chateaubriand e seus amigos juízes o advertiam de que aquela situação não prosperaria por muito tempo. Tanto o despacho inicial de Hungria como todos os que se seguiram eram provisórios, até que a Justiça se manifestasse sobre o mérito da questão central: a destituição de Corita como detentora do pátrio poder — e da guarda, consequentemente — de Teresa. E ainda que Corita perdesse, tratava-se de uma questão entre ela, Teresa e a Justiça, já que Chateaubriand, legalmente, nenhum direito teria de interferir na disputa. Além de todos esses argumentos contra si, o jornalista foi alertado para mais um por Adauto Lúcio Cardoso, seu advogado: Corita tinha razão ao afirmar que ele continuava casado. O que acontecera entre ele e Maria Henriqueta em 1930 tinha sido uma separação de corpos, mas o desquite nunca tinha sido formalizado. "Mas eu posso tentar me desquitar de d. Maria Henriqueta", ele tentou argumentar, "ela não tem motivos para não me dar o desquite." Cardoso desanimou-o: desquitar-se de nada adiantaria. No caso de Gilberto o reconhecimento tinha sido possível porque ele fora concebido quando Chateaubriand ainda era solteiro. Teresa, ao contrário, era o que a lei chamava de "filho havido pelo cônjuge fora do matrimônio" (pois ele ainda era oficialmente casado com Henriqueta quando a filha nasceu), não sendo, portanto, passível de reconhecimento por parte do pai. Ele teve mais um de seus ataques de sapateado e ranger de dentes com um argumento que arrancou gargalhadas de seus advogados:

— Lei, lei! Será que toda merda de lei neste país foi feita para me prejudicar? Se é assim, se a lei é contra mim, então, meus senhores, vamos ter que mudar a lei!

Indiferente aos riscos que provocou nos seus defensores, Chateaubriand ficou obcecado por aquela ideia: se para impedir que Teresa caísse nas mãos de Corita e Bockel era preciso mudar a legislação brasileira, então era isso que ia acontecer. Sempre por meio de intermediários, passou a fazer cuidadosas sondagens junto ao presidente Getúlio Vargas para ver como ele reagiria à possibilidade de haver alguma alteração na legislação federal que tratava do direito de família. A reação de Getúlio, mesmo que se tratasse de mera sondagem, era sempre a pior possível. Era voz corrente no governo que "direito de família, no Brasil, é área de competência da Igreja" — da conservadora Igreja do cardeal Leme. E se havia alguém com quem Getúlio decididamente não queria encrenca era com a Igreja — uma das raras instituições brasileiras que não estavam sob a rígida tutela do Estado Novo. A intransigência do presidente de nem sequer tratar daquele assunto não fez Chateaubriand esmorecer.

Foi por meio de um misterioso expediente que ele tomou conhecimento de uma dessas reações negativas de Getúlio à sua ideia inacreditável de mudar as leis do Brasil só para que pudesse ter o pátrio poder sobre a filha. Chateaubriand mantinha em segredo um dispositivo — que nunca revelou a ninguém — através do qual alguns dos guarda-costas de Vargas enviavam-lhe relatórios regulares sobre conversas entreouvidas no gabinete presidencial. Nunca se soube exatamente se a origem desse canal privilegiado estava no suborno dos guarda-costas ou se alguém de escalão superior era chantageado pelo jornalista — ou, simplesmente, se se tratava apenas de uma troca de favores entre ele e a pessoa que lhe passava os informes (é provável que os seguranças ganhassem por serviço prestado, pois cada informação vinha acompanhada do nome do responsável). A verdade é que vários desses documentos puderam ser localizados nos diversos lugares por onde se espalhou, depois da morte de Chateaubriand, a papelada que ele acumulara em vida. Às vezes eles continham informações absolutamente pueris, mas tudo o que se passava no gabinete presidencial que pudesse interessar ao jornalista era incluído. E foi por um desses resumos que Chateaubriand soube que Getúlio não via com bons olhos sua estapafúrdia ideia. Como em todos os outros, o conteúdo era seco — indicava apenas o nome do informante e ia direto ao assunto:

Dr. Assis,
para seu governo:
Informe do guarda-costas Mauro (informe nº 400)

O general Pinto, chefe da Casa Militar, conversando com o dr. Vergara, disse que a briga do dr. Assis Chateaubriand com o sr. Agamenon Magalhães foi causada por culpa exclusiva do dr. Getúlio:

— Ele é o responsável.

O dr. Vergara quis saber:

— Por quê?

— Porque no começo o dr. Getúlio apoiou o Chateaubriand. Depois, passou a apoiar o Agamenon.

Informações do guarda-costas Alcides (informe nº 215)

No Salão Manoelino o dr. Andrade Queiroz entrou para falar com o dr. Getúlio, enquanto eu guardava a porta. Ouvi que falava sua excelência, mas não pude captar as palavras. O dr. Getúlio respondeu secamente, visivelmente mal-humorado:

— Eu não posso fazer um decreto de aspecto exclusivamente pessoal para resolver problemas familiares do dr. Assis Chateaubriand.

O dr. Andrade Queiroz ponderou sobre a pessoa do dr. Assis Chateaubriand. O dr. Getúlio respondeu:

— Sei que é difícil governar sem ele, mesmo com a imprensa sob controle, mas vale a pena esperar um pouco.

O dr. Andrade Queiroz saiu e vieram ao seu encontro os drs. Vergara e Queiroz Lima com a pergunta:

— Que foi que o homem resolveu?

Ante a resposta negativa, comentaram sobre a necessidade de insistir.

Vergara era Luís Vergara, que por dez anos ocupou o posto de chefe da Secretaria da Presidência da República (em cujo lugar seria criada depois a Casa Civil); Queiroz Lima dividia com Alzira Vargas, filha de Getúlio, o cargo de auxiliar de gabinete do presidente; e Alberto de Andrade Queiroz — jornalista e escritor gaúcho, oficial de gabinete e um dos redatores dos discursos do presidente — era um dos muitos emissários que Chateaubriand havia enviado para tentar convencer Vargas a mudar a legislação brasileira. (O anódino informe do "guarda-costas Mauro" continha pelo menos um equívoco: Chateaubriand rompera com Agamenon Magalhães quando este, por puro capricho, em 1938, valendo-se de seus poderes de interventor em Pernambuco, mudara para Chã de Carpina o nome dado pelo pai do jornalista à Floresta dos Leões, que já era uma cidade de verdade.)

Tamanha era a obstinação de Getúlio em se recusar a atender o pedido que Chateaubriand já cogitava outra alternativa que não a modificação da legislação, quando num sábado, 26 de setembro, recebe na redação de *O Jornal* um telefonema de um de seus aliados no gabinete do presidente:

— Compre o *Diário Oficial da União* de hoje e você vai ter uma surpresa.

Ele não acreditou no que tinha diante dos seus olhos. Na segunda página do jornal lá estava o decreto-lei, tal qual fora pedido tantas e tantas vezes a Getúlio:

Decreto-lei nº 4737, de 24 de setembro de 1942

Dispõe sobre o reconhecimento dos filhos naturais

O Presidente da República, usando das atribuições que lhe confere o artigo 180 da Constituição, decreta:

Art. 1º — O filho havido pelo cônjuge fora do matrimônio pode, depois do desquite, ser reconhecido ou demandar que se declare sua filiação.

Art. 2º — O presente decreto-lei entra em vigor na data da sua publicação, revogadas as disposições em contrário.

Rio de Janeiro, 24 de setembro de 1942, 121º da Independência, 54º da República.

Getúlio Vargas

Chateaubriand dava pulos de alegria dentro de sua sala, com a folha de jornal na mão. Chamou o advogado para transmitir-lhe a boa nova e dar uma ordem:

— Procure Maria Henriqueta com toda urgência e trate de fazer esse desquite logo. Dê tudo o que ela exigir, mas arranje esse desquite.

Apesar de todo o seu prestígio, Chateaubriand ainda teria de enfrentar a sossegada e intransponível burocracia forense brasileira. Primeiro para conseguir fazer correr e homologar o desquite com Maria Henriqueta (que não pediu nada além do que já havia recebido). A homologação acabou sendo publicada apenas no dia 13 de novembro, quase dois meses depois do requerimento. O dono dos Associados teve de percorrer de novo todo o labirinto de cartórios, selos, requerimentos, prazos e escaninhos do processo de reconhecimento da filha — para só então poder exibir aos amigos, como um troféu de caça, a nova certidão de nascimento de Teresa, onde constava "Pai: Francisco de Assis Chateaubriand Bandeira de Melo; mãe: Cora Acuña". Mas aquilo era só o começo. O decreto-lei fora feito apenas com a finalidade de permitir que um pai desquitado pudesse reconhecer um filho tido fora do casamento, mas não dava a Chateaubriand nenhum direito adicional sobre Teresa além dos que Corita já tinha. Entre ele e a filha continuava em vigor o pétreo, maldito artigo 16 da lei 3200, que estabelecia que o pátrio poder só poderia ser exercido "por quem primeiro reconheceu o filho" — o que, no caso, referia-se a Corita. Mas ela não perdia por esperar. Passados os quatro meses que Chateaubriand gastou para se desquitar e reconhecer a filha, o *Diário Oficial* estampava o inacreditável decreto-lei de Getúlio feito sob encomenda e sob medida para o jornalista, e que entraria para a história do Judiciário brasileiro com o nome de Lei Teresoca:

Decreto-lei nº 5213, de 21 de janeiro de 1943

Modifica o art. 16 da lei sobre a organização e proteção da família

O Presidente da República, usando da atribuição que lhe confere o artigo 180 da Constituição, decreta:

Art. 1º — O art. 16 do decreto-lei nº 3200, de 19 de abril de 1941, passa a vigorar com a seguinte redação:

Art. 16 — O filho natural, enquanto menor, ficará sob o poder do progenitor que o reconheceu e, se ambos o reconheceram, sob o do pai, salvo se o juiz entender doutro modo, no interesse do menor.

Art. 2º — O presente decreto-lei entrará em vigor na data de sua publicação, revogadas as disposições em contrário.

Rio de Janeiro, 21 de janeiro de 1943, 122º da Independência e 55º da República.

Getúlio Vargas

Protegido pela Lei Teresoca, o jornalista requereu e obteve imediatamente o pátrio poder e a guarda de Teresa, e ao mesmo tempo conseguiu que a Justiça determinasse um tutor permanente para ela, o seu amigo e juiz Orozimbo Nonato, em cuja casa ela viveria até completar dezoito anos. Chateaubriand se dava por satisfeito por ter conseguido que o presidente da República mudasse as leis do país para atender a um capricho seu? Ainda não. Segundo alardeava a todos, "agora que o inimigo está morto, resta apenas remover o cadáver". Montado na garupa da onda de xenofobia que varreu o Brasil do Estado Novo, ele tentou, em vão, conseguir a expulsão de Corita do país como "estrangeira indesejável". Sob esse terrível rótulo, o governo havia deportado dezenas de imigrantes e militantes políticos perseguidos em seus países, entre os quais ficariam célebres os casos da romena Genny Gleizer e da alemã Olga Benario, ambas judias (esta última grávida, esperando um filho de Luís Carlos Prestes), ambas entregues à polícia nazista. No ano anterior, antes que fosse publicado o primeiro decreto de Vargas, Chateaubriand tentara com o então chefe de polícia Filinto Müller a expulsão de Corita. Müller recusou-se a atender o pedido, segundo Chateaubriand "por ser casado com uma estrangeira e por suas afinidades ideológicas com o nazista Clito Bockel". (Mais de uma vez o jornalista David Nasser confessaria ao advogado Leonardo Alkmin, então casado com Teresoca, que sua famosa série de reportagens, transformada no livro *Falta alguém em Nuremberg*, um libelo contra Filinto Müller, fora escrita por encomenda de Chateaubriand, como vingança pela recusa do chefe de polícia a deportar Corita.)

Corita ficou muito assustada quando soube que Chateaubriand estava tentando sua expulsão. Além de temer o incontrolável poder que o pai de sua filha revelara ao conseguir de Getúlio a escandalosa Lei Teresoca, ela nunca tinha se preocupado em naturalizar-se brasileira — era cidadã argentina e, portanto, vulnerável à autoritária legislação brasileira em vigor. Dura na queda, porém, Corita resolveu apelar a quem detinha efetivamente o poder: o presidente da República. Aconselhada por amigos, decidiu não solicitar audiência e abordou Getúlio Vargas em uma de suas tradicionais caminhadas noturnas, cercado de guarda-costas, entre o Catete e o Palácio Guanabara. O presidente ouviu em silêncio a mulher a quem ele privara da companhia da filha e ao final disse apenas:

— Procure minha oficial de gabinete, dona Alzira Vargas, que ela resolve esse problema para a senhora.

Além da ordem do presidente, Alzira Vargas receberia um pedido adicional para receber Corita, vindo de Filinto Müller, que já não era mais chefe de polícia do Distrito Federal. Corita aparece no Palácio do Catete acompanhada do advogado e levando uma montanha de papéis. Fumando muito, Alzira ouvia admirada o apelo daquela mulherzinha miúda e tenaz que se atrevia a enfrentar, sozinha, um dos homens mais poderosos do Brasil. Quando Corita terminou ela perguntou:

— Escute aqui: você tem uma certidão de nascimento provando que a menina é brasileira e é sua filha?

— Tenho.

— Nessa certidão consta que o pai é brasileiro?

— Sim, senhora.

— Então você não tem com que se preocupar, minha senhora. Você está garantida pela lei brasileira. Nós não estamos em guerra com a Argentina e você não cometeu crime nenhum. Então pode ir embora que eu garanto: nem Chateaubriand nem ninguém vai expulsá-la do país.

Ao saber da audiência (certamente por seus informantes), Chateaubriand foi ao palácio tirar satisfações com Alzira:

— Eu vim aqui dizer à senhora para não se meter nesse meu problema familiar. Minha botina está pronta para chutar qualquer canela que se intrometa nesse assunto, inclusive a sua.

A filha do presidente não fez caso da ameaça:

— Estou me importando pouco com sua botina, doutor Assis. Está decidido que a moça está em situação legal e vai permanecer no país.

Furioso, Chateaubriand passaria anos sem dirigir a palavra a Alzira, responsável pela frustração de seu plano diabólico: Corita permaneceria para sempre no Brasil.

Ninguém pôde jamais identificar, com segurança, que razões teriam levado o todo-poderoso presidente Getúlio Vargas a curvar-se a uma exigência de Chateaubriand e baixar a Lei Teresoca. Todas as pessoas que privaram da intimidade do jornalista, entretanto, foram unânimes em apontar para a mesma suspeita: ao promover uma enormidade jurídica como aquela, Getúlio pagava ao dono dos Associados um favor que este lhe fizera em março de 1942 — demitir seu amigo e principal colaborador Dario de Almeida Magalhães, um inimigo declarado do Estado Novo que a cada dia ganhava mais força e poder dentro das empresas, das quais era presidente.

Na ótica dos Associados, o preço pago por Getúlio estava à altura da perda que representava a saída de Dario. Além de jornalista moderno e dinâmico, ele era uma espécie de garantia aos credores (sobretudo os fornecedores de papel jornal, todo importado) de que as contas seriam pagas. Toda sexta-feira Dario distribuía a eles cheques — seus, pessoais, e não das empresas, que nem sempre eram aceitos — para garantir o fornecimento dos próximos dias. Embora não tivesse patrimônio nem bens, tinha prestígio, sua palavra era a garantia de que os cheques seriam honrados. No dia em que, depois de muitos meses de esforço, Dario conseguiu milagrosamente zerar os débitos dos Associados com os importadores de papel, estes se juntaram e ofereceram-lhe um banquete no Cassino da Urca para festejar o que consideravam uma data épica: houve um dia em sua história em que os Diários Associados não deviam nada a nenhum fornecedor de papel.

Quase meio século depois, Dario, em longa carta ao jornalista Carlos Castello Branco, discordaria da expressão "demissão", utilizada dias antes na "Coluna do Castello", no *Jornal do Brasil*, esclarecendo que ele próprio pedira para sair por divergências com Chateaubriand. Ocorre que Castello, em pessoa, estava na redação do *Estado de Minas*, em Belo Horizonte, no dia em que ouviu da boca do próprio patrão a notícia de que o presidente dos Associados estava deixando as empresas:

Uma noite, em 1942, entre meia-noite e uma hora da manhã, Chateaubriand apareceu lá no jornal e sentou-se na redação. Ele tinha demitido o Dario de Almeida Magalhães. O Dario, que tinha ido fazer uma operação na Clínica Santa Inês, em Belo Horizonte, era diretor-geral dos Diários Associados e, em especial, diretor do *Estado de Minas*. Então havia uma grande curiosidade em Minas sobre a saída dele, todos queriam saber qual era a razão. Nós nos reunimos em torno de Chateaubriand e alguém perguntou:

— Doutor Assis, por que que o senhor demitiu o Dario de Almeida Magalhães? Ele disse:

— Meu filho, por duas razões. A primeira é que ele tinha feito um plano para tomar conta dos Diários Associados, mas falhou um ponto do programa dele. É que antes que o meu avião caísse eu descobri o plano e botei ele para fora. A outra é que ele estava com o rei na barriga, era um homem muito arrogante. Ele dava festas para a sociedade do Rio de Janeiro com o meu dinheiro e não me convidava.

Aquela coisa foi uma surpresa para nós, porque embora fosse muito jovem ainda — muito posudo, muito bonito —, ao contrário do Chateaubriand ele era um homem muito severo, no que diz respeito aos costumes.

Não seria a única vez que ele usaria a expressão "com o rei na barriga" para justificar a demissão do amigo. Ao ver que se haviam passado várias semanas sem Dario aparecer na redação dos Associados, o repórter Edmar Morel (o dos aviões) perguntou a Chateaubriand o que tinha acontecido com o diretor das empresas. Como resposta ouviu uma gargalhada e a seguinte frase:

— Meu filho, tive que fazer uma cesariana nesse sujeito, para tirar-lhe o rei da barriga.

Além desses, dois indícios apontam como mais provável a hipótese de que Dario foi de fato demitido. Primeiro, os termos de sua última carta dirigida a

Chateaubriand. Nela, Magalhães diz inicialmente que tomou conhecimento "de sua atitude com relação à minha permanência nos Diários Associados". Mais adiante, continua: "Você alinhavou quatro ou cinco fatos ou episódios que revelam a minha divergência pessoal com você e denunciam meu distanciamento ou a minha reserva em face da atual orientação dos Diários Associados". Essas divergências se tornariam públicas meses depois: enquanto Chateaubriand continuava um fiel aliado de Getúlio, Magalhães seria um dos signatários do Manifesto dos Mineiros, a primeira manifestação civil e desarmada de repúdio ao Estado Novo.

Outro ingrediente a reforçar a suspeita de que Dario tinha sido demitido foi o fato de que ele, ao deixar os Associados, levou como indenização a considerável bolada de quinhentos contos de réis. Indignado de ainda ter de pagar a alguém com quem tinha brigado, Chateaubriand vingou-se à sua maneira. No dia em que o dinheiro foi depositado na conta do ex-diretor, ele mandou publicar um classificado-gigante no *Diário da Noite*, anunciando aos necessitados do Rio de Janeiro que, tendo recebido uma fortuna como herança, o advogado Dario de Almeida Magalhães iria distribuir o dinheiro para os pobres no dia seguinte, de mão em mão, a todos os que aparecessem à porta de sua casa — cujos endereço e telefone iam publicados no pé do anúncio. Na manhã seguinte, chocada ao ver a porta de sua confortável casa na Zona Sul do Rio tomada por hordas de miseráveis, d. Elsa, mulher de Dario, não viu outra solução: colou um aviso no portão dizendo que seu marido tinha pedido a um amigo para fazer em seu nome a distribuição do dinheiro — a pessoa que deveria ser procurada era o dr. Assis Chateaubriand, na sede dos Diários Associados. Como se respondesse à molecagem com um tapa de luva de pelica, o grave Dario de Almeida Magalhães iria a um tabelião do Rio, poucos dias depois, para espontaneamente devolver a Chateaubriand, uma por uma, todas as ações que possuía de dezesseis empresas do antigo patrão (entre laboratórios, rádios, jornais e revistas) e a propriedade dos títulos de várias publicações Associadas, que tinham sido registrados em seu nome.

O gesto cavalheiresco não apagaria o ódio de que Chateaubriand se tomara pelo antigo diretor. Embora fosse igualmente amigo de ambos, quando Arnon de Mello soube da demissão enviou ao dono dos Associados uma carta elegante e amistosa, na qual anunciava que pedia demissão das empresas "por não estar de acordo com a maneira como foi tratado um amigo tão fiel de tantos anos". Austregésilo de Athayde foi o escolhido para ser o portador da carta. Ao entrar na sala de Chateaubriand com o envelope na mão e comentar por alto o conteúdo dele, viu o patrão se enfurecer:

— Ah, então quer dizer que o Arnon está contra mim e do lado desse filho da puta? Pois me dê isso aqui!

Pegou o envelope com a ponta dos dedos, como se levasse alguma coisa podre, caminhou até a privada, jogou o envelope lá dentro, sem sequer abri-lo, e apertou a descarga. Além do diretor, os Associados perdiam um repórter do primeiro time, que resolveu deixar a profissão para ficar rico como corretor e incorporador de imóveis.

Com Getúlio Vargas

Com David Rockfeller

Com Ademar de Barros

A casa onde Chateaubriand nasceu, em Umbuzeiro, na Paraíba. À direita, de chapéu, seu pai, Francisco José.

Chuva de prata em 1928 sobre as avenidas do centro do Rio: está nascendo a mais importante revista do Brasil.

Chateaubriand com Teresa na praia de Copacabana

Chateaubriand conspira com o "tenente" Juraci Magalhães (de chapéu): estava começando a Revolução de 1930.

Teresa se torna personagem constante das atividades do pai. À direita, com o presidente Getúlio Vargas.

Elizabet II, com o colar dado por Chateaubriand.

Coroação da rainha: faixas nas ruas de Londres

David Nasser massacra Samuel Wainer em O Cruzeiro.

Wainer responde com charges contra o mau patrão.

Lacerda e Chateaubriand reatam para investir contra a Última Hora.

Cartaz da Paraíba, reaproveitado com sucesso na eleição maranhense.

Os índios, uma paixão. Com a tanga recebida na "troca"

Cena comum no Senado: Chateaubriand dorme durante as sessões.

A vida social prosseguia. Com David Rockfeller (atrás estão o enfermeiro Honorato, o motorista Paulo e Irani).

Com Emília, ouve Pixinguinha.

A casa amarela transformada em hospital. Cena durante a fisoterapia.

Com Ingrid Bergman

Com Marta Rocha

Emília chora sobre o caixão do chefe morto, sob as vistas de Jânio Quadros e de José Aparecido de Oliveira.

Demitido por imposição de Getúlio ou demissionário por sua própria iniciativa, a verdade é que, embora estivesse se privando de uma das figuras mais marcantes de toda a sua história, os Associados não perderam o embalo com a saída de Dario de Almeida Magalhães. Ao contrário: apesar de ter se dedicado quase em tempo integral, e de maneira obsessiva, à campanha contra Corita e Bockel, Chateaubriand não perdera de vista seus negócios durante todo aquele tempo. Nos primeiros anos da década de 1940, os Associados podiam até não pagar em dia suas contas e os salários de todos os empregados, mas estavam transformados em uma rede dona de um poder definitivamente de meter medo nos inimigos: já eram vinte jornais, cinco revistas (entre elas a sonhada *O Guri*, para crianças), oito estações de rádio, uma editora de livros (a Edições O Cruzeiro) e a Sirta, empresa encarregada de agenciar e distribuir publicidade entre os órgãos das empresas (cuja direção geral Chateaubriand confiou a seu ex-*office-boy* Edmundo Monteiro). Cada história da compra ou incorporação desses veículos tem por trás uma novela, um empréstimo não saldado, uma pilha de promissórias com vencimento para as calendas gregas. Quando soube que uma estação de rádio estava à venda em Belo Horizonte, Chateaubriand telefonou para o diretor regional dos Associados, Gregoriano Canedo, e deu ordens expressas:

— Canedo, eu soube hoje que a Rádio Mineira está à venda. Veja quanto estão querendo por ela, faça uma oferta, pechinche, tente abaixar o preço, mas pode fechar o negócio.

Algumas semanas depois, de passagem por Belo Horizonte, quis visitar as instalações da nova Associada, e surpreendeu-se quando Canedo o informou de que a rádio ainda não tinha sido comprada:

— Doutor Assis, o senhor me autorizou a comprar, mas não mandou o dinheiro...

Ele levou um susto:

— Dinheiro? Mas que dinheiro, seu Canedo? Comprar com dinheiro qualquer português compra. A competência, seu Canedo, está em comprar sem dinheiro.

Dias depois a Mineira era incorporada ao império Associado. Comprada com dinheiro, claro. Ao chamar a atenção de seu diretor, Chateaubriand na realidade resumia, com uma frase de efeito, métodos que para ele eram absolutamente convencionais, e que aliás tinham sido usados uma vez mais meses antes. João Calmon (um jovem remador do Club Guanabara que o dono dos Associados transformara em jornalista, contratara e despachara para dirigir o *Correio do Ceará*, de Fortaleza) telegrafara de Manaus dizendo que o *Jornal do Comércio* local estava à venda por 650 contos. Chateaubriand respondeu: "Avise dono que pagamos quinhentos contos. Recursos já garantidos". Quando veio a resposta afirmativa do proprietário do jornal, ele telefonou para o jovem industrial Francisco "Baby" Pignatari, fabricante dos aviões Paulistinha que ele comprava às dúzias (sempre com dinheiro alheio) para a campanha da aviação:

— Seu Baby, preciso de quinhentos contos de réis "emprestados". Sem juros e sem nenhum compromisso com prazos para pagamento. Pode ser?

Claro que podia. Minutos depois um contínuo chegava à rua Sete de Abril com um cheque de quinhentos contos de réis — dinheiro que, o próprio Chateaubriand confessaria depois, jamais seria pago. Além de Manaus, os Associados tinham decidido estender seus tentáculos para todo o Norte. Saindo de São Luís do Maranhão, onde incorporou dois diários aos Associados, João Calmon (que tinha se transformado numa espécie de "comprador profissional") foi para Belém (mais dois jornais) até bater em Porto Velho, capital do então território de Guaporé, onde surgiu, como uma bandeira de alpinista no cume de um pico, o *Alto Madeira*. Com as rádios não seria diferente. Agora eram Associadas a Difusora de São Paulo, a Mineira e a Guarani, em Belo Horizonte, a Sociedade da Bahia, em Salvador, a Educadora do Brasil, no Rio, e até a Farroupilha de Porto Alegre. Isso sem falar nas duas Tupi, as pioneiras do Rio e de São Paulo, que também revelavam saúde invejável. Em cada uma destas haviam sido instalados três modernos estúdios e um auditório, decorados com gigantescos painéis pintados especialmente por Cândido Portinari (no Rio Chateaubriand "emprestou" a Portinari, de quem se tornava cada dia mais amigo, o capanga Amâncio dos Santos para posar como o índio de um dos painéis).

Os grandes investimentos, porém, acabavam sendo feitos era mesmo em material humano. Onde aparecesse um talento, um bom repórter, um redator de estilo elegante, Chateaubriand mandava buscar. Quando decidiu que a rádio Tupi do Rio deveria contratar a coqueluche da época, o compositor e locutor Ari Barroso, recebeu uma má notícia: Ari tinha um contrato milionário com a Rádio Cruzeiro do Sul, onde ganhava dois contos de réis por mês (quase a metade dos cinco contos de Carmen Miranda que haviam provocado tanto alvoroço). Para deixar a estação antes do fim do prazo, ele teria de pagar uma multa de setenta contos. Chateaubriand não discutiu: a Tupi que pagasse a multa e oferecesse a Ari um salário igual ao de Carmen Miranda — cinco contos de réis por mês. Ari Barroso chefiava programas de auditório, irradiava jogos, apresentava artistas e ainda arranjava tempo para escrever colunas regulares em *O Jornal* e no *Diário da Noite*. Além da espetacular contratação de Ari, a Tupi carioca entrava no novo e promissor negócio da radionovela com o lançamento do melodrama "Pecado de amor", estrelado pelo jovem radioator Paulo Gracindo.

Mesmo diante de tanto sucesso, Chateaubriand não conseguia ver o rádio senão como um negócio. Sua libido profissional continuava voltada era para a grande paixão, a imprensa escrita. Os grandes intelectuais fugidos do nazifascismo que tinham vindo bater no Brasil tinham emprego garantido nos Associados. Assim como o judeu austríaco Otto Maria Carpeaux passou a redator regular de *O Cruzeiro*, o escritor francês Georges Bernanos só pôde manter sua numerosa família no interior de Minas Gerais graças ao emprego como colaborador permanente de *O Jornal*. O magnetismo que a figura do refugiado político exercia sobre Chateaubriand era tal que ele não fazia distinção entre exilados de esquerda ou de direita, e não perguntava qual era a ideologia do regime ou de quem fugia dele. Da mesma forma que dera guarida a Carpeaux e Bernanos, receberia de bom grado Henri Kaufmann, ex-funcionário do governo colaboracionista de Vichy, na França. Foi assim também, pela simples condição de exilados, que bateriam às portas de *O Jornal* fugitivos de regimes vigentes em países vizinhos do Brasil, como o paraguaio Justo Pastor Benítez, ex-ministro da Educação do presidente Higino Moríñigo, ou Gastón Bernardo, deportado da Argentina pelo ditador José Félix Uriburu. Diagramador versátil, foi Bernardo quem introduziu no Brasil os títulos com letras contadas, que davam maior beleza visual aos jornais (até então as manchetes e títulos de reportagens eram escritos ao gosto do jornalista — cabia ao diagramador colocá-los na página tal como tinham sido escritos e qualquer que fosse o tamanho que tivessem). Se os jornais brasileiros de fato ficaram mais bonitos e mais legíveis depois de Gastón Bernardo, não é menos verdade que sua novidade se transformaria na dor de cabeça não só dos redatores de *O Jornal*, mas de todas as gerações de copidesques a partir de então. Além de desenhar jornais, às vezes Bernardo se aventurava a fazer alguns títulos, mesmo tendo pouquíssima familiaridade com a língua. Quando Prestes foi preso, logo após a revolta comunista de 1935, foi preciso suspender a impressão já iniciada de *O Jornal* e jogar fora os exemplares rodados. O argentino tinha decidido redigir a manchete do jornal, e a melhor que encontrou foi "Arrestado Prestes" — excelente para o *La Nación*, onde ele trabalhava antes, mas incompreensível para os leitores brasileiros. Mas quem iria deixar seu nome na história de *O Cruzeiro* era um francês que estava no Brasil espontaneamente, sem ter fugido de lugar nenhum: o fotógrafo Jean Manzon.

Ex-repórter fotográfico da revista *Paris-Match* e do *Paris Soir*, o maior vespertino que havia em Paris, quando estourou a guerra Manzon foi convocado e virou membro do Serviço Fotográfico e Cinematográfico da Marinha francesa. Como fotógrafo, ele participou da campanha da Noruega, estava no Norte da França na invasão nazista da Holanda, acompanhou a retirada de Dunquerque. Quando os nazistas tomaram a França, mandaram-no para o porto de Brest — ali Manzon cobriu a evacuação da esquadra do Atlântico e saiu no último navio que deixou o porto francês. Desmobilizado, em Londres foi trabalhar no serviço cinematográfico de guerra inglês, cujo diretor de cinema e documentários era o brasileiro Alberto Cavalcanti, que já vivia na Inglaterra havia 25 anos, junto com a mãe. Foi ele quem sugeriu a Manzon, em 1942, a viagem para o Brasil, então um país neutro no conflito, de onde poderia voltar à França, que era o que ele desejava.

A relação de Manzon com o Brasil, porém, foi de amor à primeira vista. Ele tinha vontade de beijar as pessoas na rua. Alberto Cavalcanti o havia recomendado à poetisa e jornalista Adalgisa Nery, que era casada com Lourival Fontes, homem forte de Getúlio e diretor do DIP. Convidado a montar o departamento de fotografia e cinema do DIP — e já amigo de gente como os jornalistas Antônio Callado e Egídio Squeff, e de escritores como Clarice Lispector e Lúcio Cardoso —, Manzon logo percebeu que não sairia mais do Brasil. E foi na boemia carioca que ele conheceu o homem que ia mudar seu destino: Freddy, filho de Oswaldo e sobrinho de Chateaubriand. Como os dois filhos homens de Chateaubriand, Gilberto e Fernando, além de serem mais jovens, pareciam não se interessar pelo jornalismo, Freddy transformou-se na esperança do dono dos Associados. Ocupando agora a função de diretor de *O Cruzeiro*, o jovem jornalista iria dar os primeiros passos para que ela viesse em breve a se tornar a revista de maior vendagem do Brasil, em todos os tempos.

Ao primeiro contato com aquele aventureiro francês, Freddy percebeu que estava diante de um repórter nato, e convidou-o a deixar o DIP e ir para *O Cruzeiro*. Manzon topava, mas o salário que ele pedia era tão alto que só o tio dono podia decidir. Chateaubriand quis conhecer o fotógrafo, e, ao entrar naquela sala desarrumada, Manzon, que havia coberto tantas guerras, fica surpreendido pela inesperada visão do que está sobre a mesa do jornalista: um cinturão recheado de balas e com dois revólveres carregados. Chateaubriand repara no olhar dele e comenta:

— Tenho muitos inimigos. Em certas horas só posso contar comigo mesmo para me defender.

Sem rodeios, emenda com uma pergunta que o francês não esperava tão cedo:

— Quanto é que o senhor ganha no DIP?

— Dois contos de réis.

— Meus Deus, é uma fortuna! Só o governo mesmo pode pagar um salário desses!

Manzon não queria conversa fiada:

— Muito bem. Então nosso encontro está encerrado. Passe bem.

— Ora, não fique bravo. É que *O Cruzeiro* precisa de alguém com sua experiência, é uma revista muito feia, precisa vender mais...

— Pois bem. Seu sobrinho Freddy me disse que o senhor quer que eu transforme e levante a revista. Isso vai lhe custar quatro contos de réis por mês.

— O senhor deve estar louco, quer a minha ruína. Mas, como eu também não bato bem da cabeça, aceito experimentar, por amor a *O Cruzeiro*.

Sabendo que estava pagando um salário milionário ao fotógrafo, assustou-o com uma exagerada frase de efeito:

— Trate de conseguir resultados rapidamente, senão é a falência, seu Manzon.

Minutos depois, folheando ao lado de Freddy uma coleção de números antigos de *O Cruzeiro*, o sofisticado fotógrafo habituado à qualidade e ao requinte de *Paris-Match* se espanta: aquilo não é uma revista, mais parece um catálogo, uma galeria de retratos parados, idênticos. Além disso, provavelmente para parecer uma publicação rica, imagina ele, dezenas de fotos minúsculas são estampadas uma ao lado da outra, como se fossem uma coleção de selos. Tudo isso sobre um papel tão ruim que, mesmo com máquinas de boa qualidade, para aquele europeu habituado ao requintado papel cuchê de *Paris-Match* a impressão sugeria que as fotos fossem manchas de tinta (o que levaria Millôr Fernandes a dizer debochadamente, anos depois, que aquela parecia "uma revista impressa com cocô"). O francês estava desanimando quando Freddy fez-lhe um desafio:

— Manzon, a partir de hoje a capa da revista e mais dez páginas internas são responsabilidade sua. Eu lhe dou carta branca para trabalhar, você faz o que quiser.

O francês topou, mas queria introduzir no Brasil um hábito da imprensa de reportagens europeia: a dobradinha repórter-fotógrafo. Um só escrevia, o outro só se preocupava em fotografar. E ele já tinha uma sugestão de nome para fazer dupla com ele: um repórter do jornal *O Globo* que Manzon, ainda no DIP, conhecera na Amazônia. O repórter já tinha tido uma passagem rápida pelos Associados, mas não saíra brigado: seu nome era David Nasser. Melhor negociador de salários que o perdulário Chateaubriand, Freddy se propôs a tirar David de *O Globo*, onde ele ganhava dois contos de réis, oferecendo-lhe apenas um conto e duzentos por mês. Mas com a promessa da capa, das dez páginas semanais e de algo que valia tanto quanto um bom salário: suas reportagens seriam assinadas com seu nome estampado bem grande, logo abaixo do título. David aceitou o convite.

Semanas depois, Manzon está amarrado a uma espécie de gaiola improvisada, do lado de fora da fuselagem de um Fockwulfe 160 da FAB que voa a 180 quilômetros por hora sobre a serra do Roncador, na fronteira do Mato Grosso com o Pará, em plena selva amazônica. Seus olhos estão protegidos do vento por óculos de motociclista e o barulho dos dois motores do avião é amortecido por bolotas de algodão nos ouvidos. No comando da cabine está Antônio Basílio, piloto particular do presidente Vargas, e a seu lado, de lápis e bloco de papel na mão, o repórter David Nasser. Os três estão há horas sobrevoando a região do rio das Mortes à procura de uma aldeia de índios selvagens que Basílio garantia ter visto de relance em um de seus voos por ali. Os dois jornalistas estão quase desistindo, quando Basílio põe a cabeça para fora da janela e grita forte para Manzon:

— Viu? Lá está a aldeia.

Manzon só conseguia ver uma mancha vermelha entre a folhagem densa das árvores. Faz sinal com o dedo para Basílio circular em voos rasantes sobre o lugar. Na primeira passagem o coração do francês bate forte ao ver vinte ocas alinhadas em semicírculo. Basílio dá uma embicada para o chão e Manzon vê aparecer em seu visor a primeira figura de um índio nu. Em seguida mais outro e mais outro, e eles não parecem se assustar com o aparelho que faz voos rasantes. Estiram seus arcos e uma nuvem de flechas passa a centímetros do rosto do fotógrafo, que está a ponto de perder o fôlego de tanta emoção. Nova embicada e a ponta de uma das asas bate no teto de uma das ocas, desmontando-a. A cada novo voo rasante os índios começam a atirar mais flechas, e também tacapes, em direção ao avião. Manzon aperta o disparador de sua máquina desesperadamente, até sentir cãibra no indicador e no polegar. De repente, em plena embicada para baixo, o avião todo sacode: uma borduna "magistralmente lançada por um índio", diria Manzon, atinge a cauda do bimotor, provocando um rombo de vinte centímetros no leme. Rindo do perigo e do pânico sob o qual o fotógrafo se encontrava, Basílio percebe que está na hora de ir embora.

O impacto do material colhido pelos dois jornalistas foi tão grande que, em vez das dez páginas prometidas por Freddy, a reportagem "Enfrentando os chavantes" (assim mesmo, com *ch*, e não com o correto *x*) ganhou dezoito páginas inteiras de *O Cruzeiro*, com fotos jamais vistas de selvagens atacando a flechadas e golpes de borduna, a poucos metros de distância, um avião. A revista esgotou nas bancas e os exemplares eram disputados no câmbio negro. Para Antônio Callado, um dos pioneiros das viagens de brancos à Amazônia, "aquela reportagem significou, no sentido cabal do termo, a descoberta do índio brasileiro". Para *O Cruzeiro*, ali estava a marca registrada que a acompanharia pelo resto de sua existência — a de uma revista de grandes reportagens. E, para os milhares e milhares de leitores, nascia quase um *slogan* que eles se habituariam a aguardar com ansiedade, todas as semanas, pelos quinze anos seguintes: "Texto de David Nasser, fotos de Jean Manzon".

25

O estrondoso sucesso da reportagem de Manzon e Nasser animou Chateaubriand a investir de novo na Amazônia, o mundo inóspito cujos segredos tinham atiçado tanto o interesse dos leitores. Na cabeça dele, o mistério do desaparecimento do coronel e explorador britânico Percy Fawcett era um bom assunto, que só poderia ser desvendado por um bom repórter. Ele já conhecia bem o trabalho de Edmar Morel, o pequenino cearense que o acompanhara nos *raids* aéreos, e que agora estava de novo sob os refletores. Morel fizera para *O Jornal* uma reportagem que comoveu a população do Rio. Em virtude da guerra, a cada dia os brasileiros abriam os jornais e descobriam que um novo produto estava racionado. Primeiro fora a gasolina, o que obrigou os proprietários de automóveis a usar, em seu lugar, o gasogênio — aparelho que transforma o carvão em gás combustível. Depois foi a vez da carne, do açúcar, do leite. Cada família tinha uma cota semanal de cada produto, mas mesmo assim as filas para conseguir comprá-los transformaram-se em flagelo diário para todos, sobretudo os pobres. Em meio a esses tormentos, Morel descobriu que no Jockey Club Brasileiro a égua puro-sangue Farpa era alimentada diariamente com quatro litros de leite puro. A reportagem intitulada "Farpa não entra na fila" causou tamanha revolta que no dia em que foi publicada populares saíram às ruas quebrando armazéns e leiterias que se suspeitava estarem fazendo câmbio negro de leite. Morel era o homem para descobrir o paradeiro de Fawcett.

Depois de conversar com indianistas e fazer várias entrevistas com a maior autoridade na área, o general Cândido Rondon, ele estava pronto para partir. Quando foi se despedir de Chateaubriand, reclamou que o dinheiro que o jornal lhe havia adiantado para a viagem era curto demais. Entusiasmado, o patrão resolveu o problema à sua moda: enfiou a mão nos bolsos, recolheu todo o dinheiro que tinha, fez um pacote com aquela maçaroca e entregou-o ao repórter:

— Toma, seu Morel. Pelo menos de mim o senhor não pode se queixar.

O faro de Chateaubriand não falhara. Semanas depois Morel voltou com um furo de reportagem internacional: localizara a aldeia dos calapalos, entre o rio das Mortes e o Kuluene, e conseguira registrar, em um velho gravador Geloso, a confissão do cacique Izarari, que assassinara Fawcett — a quem o selvagem se referia como Mingalese, uma corruptela do "mim inglês", que era como o coronel se apresentava ao aproximar-se dos índios. Além do impacto das reportagens, distribuídas para a imprensa internacional, as gravações das entrevistas com os calapalos foram vendidas pelos Associados para uma gravadora, que os editou em um disco "distribuído em todo o mundo". Quando retornava ao Rio, o carro em que Morel viajava entre duas cidades do Pará capotou, quebrando-lhe um braço e uma perna. Chateaubriand achou que o acidente era um presente do céu que Morel recebia: chamou as rádios e pôs os jornais Associados para entrevistar o acidentado, transformado por uma mera batida de automóvel no "herói da Amazônia". Foi pessoalmente visitar Morel em casa, e invadiu seu quarto lamentando que as consequências do acidente tivessem sido apenas um braço e uma perna quebradas:

— Seu Morel, o senhor perdeu uma grande oportunidade de morrer! Já imaginou seu caixão saindo da sede dos Associados levado pelo major McCrimmon, da Light, pelo barão de Saavedra, dono do Banco Boavista, pelo Peixoto de Castro, presidente da Loteria Federal, e pelo Geraldo Seabra, o maior exportador de tecidos do Brasil? Seria a glória, seu Morel! Até Getúlio ia querer agarrar uma alça do seu caixão!

O prêmio atribuído a Morel pelo feito (além de ter sido informalmente promovido a repórter especial, que só cobria grandes assuntos) foi colocá-lo em uma função singular, nunca vista antes na imprensa brasileira: ser "setorista" do gabinete do patrão — assim como em toda a imprensa havia jornalistas que só se dedicavam a esportes, política ou polícia, ele se encarregaria de acompanhar os passos e os feitos do dono dos Associados. É que Chateaubriand, com seu prestígio e as incontáveis atividades que exercia, além de jornalista era indiscutivelmente uma fonte permanente de notícias e de fatos de interesse jornalístico. Essa constatação levou os editores dos dois jornais cariocas e de *O Cruzeiro* a manter permanentemente um repórter de peso acompanhando seu dia a dia.

No começo dos anos 1940 as grandes vedetes do jornalismo brasileiro, concentradas, em sua maioria, no Rio de Janeiro, ou trabalhavam nos Diários Associados ou num modesto mas influente semanário chamado *Diretrizes*. O principal atrativo que *Diretrizes* oferecia aos profissionais era o fato de ser uma publicação moderna, dinâmica, inteligente e liberal, que se opunha ao situacionismo político em meio a um oceano de unanimidades pró-Estado Novo. Para os conservadores Associados, os jornalistas iam atraídos pela fama com que o império lhes acenava. Além disso, quase sempre contratados a peso de ouro, apesar das dificuldades econômicas que a guerra impunha a todas as empresas (e as de Chateaubriand não eram exceção). Quando uma estrela do jornalismo brigava com Chateaubriand, limpava suas gavetas e ia bater em *Diretrizes*. Quando alguém despontava como grande talento em *Diretrizes*, lá estava um olheiro de Chateaubriand oferecendo um salário duas, três vezes mais alto, para que mudasse de emprego. Lançada no Rio, em 1938, pelo jovem jornalista paulista Samuel Wainer, sob a forma de revista mensal, *Diretrizes* obteve tal sucesso de público que, no começo dos anos 1940, Wainer decidiu transformá-la em jornal semanal. Lá trabalhavam Osório Borba, Otávio Malta, Jorge Amado (que havia sido colaborador de *O Cruzeiro*), Alvaro Moreyra, Francisco de Assis Barbosa e Rubem Braga, que só permaneceu na *Folha do Povo* enquanto durou a aventura da Aliança Nacional Libertadora.

Leitor assíduo e admirador de *Diretrizes*, Chateaubriand havia se encantado meses antes com uma jocosa e irônica reportagem que lera no semanário sobre os grã-finos paulistas. Quis saber quem era o autor — o sergipano Joel Silveira, que também já havia feito crônicas para *O Cruzeiro* — e pediu a Virgílio Melo Franco que o convidasse para trabalhar em *O Jornal*. A oferta era tentadora, mas prevaleceu o idealismo de Silveira:

— Não vou, doutor Virgílio. Estou bem aqui e não quero trabalhar em uma empresa como os Associados, que não têm e nunca tiveram bandeira. Uma empresa que, ao contrário de *Diretrizes*, é a favor de tudo.

Passa-se algum tempo e o repórter é mandado a São Paulo para realizar uma entrevista com Monteiro Lobato. Sob um título retirado de uma frase do entrevistado ("O governo deve sair do povo, como a fumaça da fogueira"), a entrevista desancava o caráter autoritário do Estado Novo e reclamava a imediata redemocratização do país. O resultado não podia ser diferente: *Diretrizes* foi fechada pelo governo, Samuel Wainer foi obrigado a esconder-se na embaixada do Chile e Joel Silveira exilou-se na sua cidade natal, Lagarto, no interior de Sergipe, "onde nem Lampião nem o DIP conseguiam entrar". Chateaubriand chama de novo Virgílio Melo Franco e insiste que quer a todo custo o passe do autor da reportagem:

— Como o senhor vai fazer não me importa, doutor Virgílio, mas eu quero essa víbora aqui nos Associados.

Ao voltar ao Rio, o desempregado Silveira ligou para a casa de Virgílio para lhe pedir três contos emprestados. Ele respondeu-lhe:

— Venha para cá que tem gente querendo falar com você.

Tocaram para os Associados, onde Virgílio apresentou-o a Chateaubriand:

— Doutor Assis, está aqui a víbora que o senhor quer contratar.

Ele levantou-se da mesa e cumprimentou Joel:

— Seu Silveira, o senhor é um dos homens mais perigosos deste país, tem que vir trabalhar conosco. Diga quanto é que o senhor quer ganhar e vá se entender com o doutor Lacerda lá embaixo, na Agência Meridional.

O "doutor Lacerda" a quem ele se referia era o jornalista Carlos Lacerda, uma de suas mais fulgurantes conquistas para os Associados. Chateaubriand ouvira falar dele em 1935, quando o ainda estudante de direito namorava os comunistas e lançara o nome de Prestes como presidente de honra da ANL. Rompido em 1939 com os marxistas, passou a escrever em *Diretrizes* — e foi ali que voltaria a chamar a atenção de Chateaubriand. Lacerda acabara de publicar no semanário um manifesto denominado "Declaração de princípios", a favor dos Aliados e subscrito, entre outros, por Samuel Wainer, Hermes Lima, Rubem

Braga, Graciliano Ramos, Astrojildo Pereira e Moacir Werneck de Castro. Ao perguntar o que Lacerda fazia, Chateaubriand soube que ele trabalhava na Ada, uma agência de propaganda que, entre outras atividades, era a responsável pela manutenção da boa imagem dos cassinos junto à imprensa carioca. Ao receber do dono dos Associados a tentadora proposta de ganhar quatro contos de réis por mês (mais um conto de ajuda de custo) para dirigir e reorganizar a Agência Meridional, Lacerda fez uma única exigência. Embora nunca tivesse trabalhado com Chateaubriand, conhecia a fama do futuro patrão e queria deixar claro que não levaria desaforo para casa:

— Aceito o salário e o cargo, doutor Assis, mas com uma condição, como se fosse uma cláusula oficiosa do meu contrato de trabalho: o senhor não pode me chamar de filho da puta.

Apesar dos maus bofes de Chateaubriand, os talentos acabavam dando com os costados nos Associados. Só depois que Freddy assumiu a direção de *O Cruzeiro* é que os leitores e os jornalistas perceberam como aquela revista, mesmo sendo a mais importante do Brasil, tinha sido tão inexpressiva até então. A capacidade de aglutinação de Freddy — que não escrevia bem, não fotografava, não diagramava, mas sabia montar equipes e descobrir talentos como ninguém — operou uma metamorfose sem paralelo na revista. Foi Freddy, por exemplo, quem descobriu a faísca do gênio num garoto que desde 1938 trabalhava na redação colando letras. Quando não tinha o que fazer, o menino matava o tempo fazendo o que Freddy chamava de "rabiscar bonequinhos" em restos de papel. Um dia faltou uma reportagem de duas páginas na hora do fechamento da revista e ele resolveu, irresponsavelmente, recorrer ao menino:

— Ô seu sacaninha! Você não gosta de desenhar? Então encha essas duas páginas aí com o que você quiser, enquanto nós vamos almoçar.

Quando voltou do almoço Freddy se espantou ao ver as duas páginas (que o garoto batizara de "Poste escrito") cobertas por desenhos de um humor surpreendentemente criativo para alguém que tinha pouco mais de catorze anos. Estava nascendo Emanuel Vão Gogo, pseudônimo sob o qual logo depois Millôr Fernandes criaria uma das marcas permanentes da história da revista, a seção humorística "O pif-paf". Nos primeiros números do "Pif-paf" Millôr fazia apenas o texto, ficando as ilustrações a cargo de Péricles (autor de outro personagem que permaneceria nas páginas de *O Cruzeiro* até depois da morte do autor: "O Amigo da Onça"). Junto com Millôr começavam a aparecer nas páginas do semanário, além dos grandes repórteres, nomes do calibre de Nelson Rodrigues, Lúcio Cardoso, Rachel de Queiroz, Alex Viany, Franklin de Oliveira — sem contar os já consagrados, como Gilberto Freyre e José Lins do Rego. Nelson Rodrigues, que vinha do enorme sucesso de sua peça *Vestido de noiva*, registrou em suas memórias a satisfação de se incorporar à equipe de *O Cruzeiro*:

Três ou quatro dias depois da estreia, o telefone me chama no *Globo*. Era David Nasser:

— Nelson, o Freddy Chateaubriand quer falar contigo.
Ainda perguntei:
— Sobre o quê?
E David:
— Só conversando.

Havia um restaurante na rua Rodrigo Silva. Podíamos almoçar lá, no dia seguinte. E assim se fez. Almocei com Freddy Chateaubriand, David, Millôr Fernandes e Geraldo de Freitas. Freddy chamou-me para trabalhar nos Diários Associados. Dava-me um ordenado muito maior; e oferecia-me a direção de duas revistas: *Detetive* e *O Guri*. Comendo meu bom bife, que o Freddy ia pagar, senti que por trás do convite estava *Vestido de noiva*, e estava o berro de José César Borba chamando o autor, o autor. E, ali, passando a manteiga no pão, eu era o autor.

Roberto Marinho deixou-me ir e ainda me deu, a título de indenização amiga, dez contos. Quando entrei na antiga redação de *O Cruzeiro*, a revista começava sua formidável ascensão. Mais tarde eu diria que a equipe daquele tempo era uma geração tão brilhante como fora, em Portugal, a dos Vencidos da Vida. Lá estavam David Nasser, Millôr Fernandes, Franklin de Oliveira, Hélio Fernandes, Geraldo de Freitas, todos reunidos sob a fraterna, a inteligentíssima autoridade de Freddy Chateaubriand.

Assim como Nelson trabalhava na redação de *O Cruzeiro* e simultaneamente dirigia *Detetive* e *O Guri* (ou como Carlos Lacerda, que acumulava a direção da Meridional e de *O Jornal*), era comum nos Associados que alguém escrevesse — quase sempre pelo mesmo salário — em mais de uma publicação das empresas. Aproveitando o clima criado pela guerra, por exemplo, David Nasser revelou-se um ficcionista de primeira ao publicar no *Diário da Noite* (na época impresso num horroroso papel verde-claro, por causa do racionamento) um folhetim-thriller diário, intitulado "Gisele, a espiã nua que abalou Paris". A personagem principal era uma belíssima e sensual espiã da Resistência francesa que dormia com um oficial nazista diferente a cada noite para arrebatar-lhe segredos militares e passá-los aos maquis. Como nunca tinha estado em Paris, David fazia uma entrevista diária com Manzon para escolher e descrever com detalhes o local da capital francesa onde se passaria o episódio do dia. A série fazia a tiragem do jornal crescer a olhos vistos, e nada de Nasser ver o salário adicional que lhe tinham prometido pelo trabalho. Reclamou diretamente com Chateaubriand uma, duas, três vezes, e ao perceber que não iam mesmo pagar-lhe nada a mais, decidiu encerrar a série. Na véspera de publicar o último capítulo, foi à sala do patrão:

— Doutor Assis, o senhor deve ter visto como terminou o episódio de hoje de "Gisele": sua identidade foi descoberta pelos alemães, que decidiram fuzilá-la. Gisele já está encostada em um muro e vai ser passada em armas no capítulo de amanhã, quando termina a série. Chega de trabalhar de graça.

Chateaubriand quase caiu da cadeira:

— Você enlouqueceu, turco ordinário? A série é o maior sucesso do jornal, não pode terminar. Gisele não pode morrer! Quanto é que o *Diário da Noite* lhe deve em atrasados?

— Sete contos e quinhentos.

O patrão abriu o talão de cheques, preencheu um no valor reclamado e entregou-o a Nasser:

— Vá trabalhar.

Agora David Nasser tinha outro problema:

— Doutor Assis, posso criar outro personagem, mas Gisele não dá mais. Se ela não morrer eu me desmoralizo como autor. A última palavra do capítulo publicado hoje é exatamente a ordem de "fogo!" dada por um oficial nazista. Na edição de amanhã ela já aparecerá morta.

Chateaubriand não se conformou:

— Se Gisele aparecer morta amanhã, o senhor acorda desempregado depois de amanhã. O senhor trate de avisar a esse oficial nazista que acaba de chegar uma ordem de Goering, diretamente de Berlim, mandando suspender o fuzilamento.

Além dos folhetins de David Nasser (graças a Chateaubriand, Gisele sobreviveu), e do noticiário que ocupava a maior parte das páginas dos jornais, a guerra começava a se transformar num transtorno cada vez maior para a imprensa brasileira. O conflito vinha submetendo o Brasil ao racionamento de quase tudo — e os jornais e revistas, inteiramente dependentes do papel jornal importado, não seriam exceção. A dieta de papel os emagrecia a olhos vistos. Só na primeira semana da guerra o preço subira 40%. O maior produtor mundial, a Finlândia, fora invadida. Com o bloqueio naval imposto à Europa pela Alemanha, o transporte marítimo tornava-se cada vez mais arriscado (com o agravamento da guerra, dezenas de navios com destino à América Latina haviam sido afundados) e os mercados escandinavos estavam fechados aos consumidores. A alternativa era importar papel do Canadá, mas, como seus 3 milhões de toneladas anuais eram insuficientes para atender à demanda mundial, os preços tornaram-se proibitivos. No Brasil até o *Diário Oficial*, inteiramente custeado pelo governo, teve que reduzir sua tiragem e o número de páginas para adaptar-se à crise.

Preocupado com o prolongamento indefinido do conflito, logo no começo da guerra Getúlio entendeu que o Brasil precisava se preparar para ser autossuficiente em pelo menos duas áreas estratégicas: aço e papel de imprensa. A produção de aço ele queria que fosse estatal, e determinou que começasse a ser planejada a instalação da Companhia Siderúrgica Nacional, que seria inaugurada em 1941 em Volta Redonda (RJ), sob a presidência de Guilherme Guinle. Quanto à fabricação de papel, essa poderia ser entregue à iniciativa privada. Na cabeça do presidente, só havia uma pessoa no Brasil em condições de aceitar aquele desafio. Era o homem que desde 1930 o advertia para a necessidade da produção nacional de papel de imprensa, para o país prevenir-se contra os riscos de escassez como a que o mundo vivera durante a Primeira Guerra Mundial: Assis Chateaubriand.

Em 1940, Getúlio chamou o jornalista ao palácio e expôs o que, para qualquer empresário, seria uma proposta irrecusável:

— Preciso que seja construída imediatamente uma fábrica de papel de imprensa com capacidade para, no menor prazo possível, abastecer o mercado nacional. Tu fostes o escolhido para tocar esse empreendimento. Para importar os equipamentos o governo te dará os dólares subsidiados e o Banco do Brasil se encarregará de fazer-te os empréstimos necessários para a formação do capital. Precisamos da fábrica por toda a lei.

A reação de Chateaubriand surpreendeu-o:

— Presidente, meu negócio é imprimir papel, não fabricar. Não é uma atividade que me interesse.

Getúlio insistiu, mas, como o jornalista permanecia irredutível, pediu que ele indicasse alguém em condições de assumir o lugar. Chateaubriand falou que no Brasil só havia três grupos industriais com alguma experiência na área: Lunardelli, que já tinha a indústria Pomílio; os Matarazzo, que fabricavam papelão; e a Klabin & Irmãos, que desde o começo do século produzia celulose no Sul do Brasil:

— Se é um empreendimento com as dimensões que o senhor imagina, só os primos Wolf Klabin e Horácio Lafer terão condições de cumprir os prazos estabelecidos. Além de serem os únicos a fazer pesquisas na área, eles já têm 6 milhões de pés de araucária plantados na fazenda Monte Alegre, no vale do Tibagi, no Paraná.

Getúlio sorriu:

— Então a fábrica será deles. Traga essa klabinzada aqui no Guanabara amanhã.

No dia seguinte Wolf Klabin e Horácio Lafer foram ao Palácio do Catete conversar com Vargas, mas também eles tinham restrições ao projeto. Consideravam um risco muito grande implantar, em plena guerra, um empreendimento daquele porte, que exigia equipamentos totalmente importados (a cautela se revelaria procedente: o navio que meses depois trazia o primeiro carregamento de máquinas importadas da Skoda, na Tchecoslováquia, foi posto a pique por torpedeiros alemães, e a segunda remessa teve de viajar escoltada por ordem do Departamento de Estado americano). Diante da insistência de Getúlio (e das facilidades oferecidas pelo governo), entretanto, Klabin e Lafer bateram o martelo e se comprometeram a iniciar imediatamente o empreendimento, que cinco anos depois produziria as primeiras bobinas de papel jornal fabricadas no Brasil. Fechado o negócio, Getúlio despediu-se dos dois industriais e pediu que Chateaubriand permanecesse no gabinete:

— Tenho um caso pessoal a tratar contigo. Meu filho mais moço, Getulinho, fará o serviço militar daqui a nove meses. Ele é químico industrial e eu desejaria que ele fizesse o Exército em São Paulo e, nesse período, que fosse aproveitado em alguma fábrica paulista que opere na sua especialidade. Não quero que ele receba nada como ordenado. Quero apenas ambientá-lo no meio fabril de São Paulo. Se ele gostar, ao final do serviço militar ficará por lá, aí, sim, profissionalmente.

Chateaubriand sugeriu que a fábrica fosse a Nitroquímica, do próprio Lafer, para a qual o filho do presidente acabaria se transferindo. (Mas onde trabalharia pouco tempo como profissional: pouco mais de um ano depois, uma poliomielite mataria Getulinho de neurite infecciosa em São Paulo.) Semanas depois daquele encontro, Chateaubriand irritou-se ao saber que, na constituição societária da fábrica de papel, Getúlio tinha exigido que os Klabin-Lafer abrissem 20% do capital para o grupo Monteiro Aranha. Se era para dar participação a amigos do presidente, Getúlio não precisaria ter recorrido a ele, e poderia escolher os sócios de sua própria cabeça. Pediu nova audiência a Vargas para tirar satisfações e só então entendeu que a decisão ocultava a eterna política pendular de Getúlio, de colocar um pé em cada canoa. Em plena guerra, ele entregava 80% do gigantesco empreendimento a dois judeus. E, embora o presidente não tivesse dito isto com todas as letras, Chateaubriand saiu do palácio convencido de que por trás da exigência de abrir os 20% restantes aos Monteiro Aranha estavam as boas relações que os sócios minoritários mantinham com o governo nazista alemão. Qualquer que fosse o desfecho da Segunda Guerra, Getúlio teria aliados dos dois lados (coincidentemente, quinze anos depois, quando os alemães instalaram no Brasil a fábrica de automóveis Volkswagen, os mesmos Monteiro Aranha seriam convidados a entrar com uma participação de idênticos 20% no capital da empresa).

Não apenas por causa do racionamento de papel, a Segunda Guerra Mundial ocupava a atenção de Chateaubriand em tempo integral. Os Associados já haviam mandado os repórteres Murilo Marroquim e Barreto Leite Filho respectivamente para a Europa e para a Tunísia como correspondentes de guerra, e tinham cedido ao Ministério da Aeronáutica, para operar no serviço de patrulhamento da costa brasileira, não só o Raposo Tavares, mas também o segundo avião do grupo, batizado com o sugestivo nome de Jagunço. De admirador confesso dos regimes de Mussolini e Hitler, Chateaubriand se transfiguraria em um aliadófilo radical — a ponto de pedir, em artigos publicados nos Associados, que, terminada a guerra, as tropas e bases militares norte-americanas instaladas no Nordeste permanecessem indefinidamente no Brasil, como enclaves estrangeiros em território nacional. Tais opiniões provocaram pasmo no restante da imprensa, que o acusava de "querer entregar a terra de seus maiores aos americanos". Um jornal chegou a pedir que ele fosse levado a conselho de guerra, acusado de alta traição à pátria.

Além de manter os dois correspondentes no campo de batalha, os Associados haviam reabilitado desde o começo da guerra a antiga coluna semanal de análise militar, que voltara a ser assinada apenas por "Um observador militar" — agora dedicada exclusivamente à interpretação do conflito mundial. Poucas pessoas sabiam que seu autor estava preso desde 1932, cumprindo pena em uma cela vizinha à de Luís Carlos Prestes, no presídio do morro de Santo Antônio: era o coronel Euclides Figueiredo. Valendo-se de sua condição de advogado, seu filho Guilherme Figueiredo (que também era crítico teatral de *O Jornal*) ia todas as quintas-feiras visitar o pai e pegava o artigo, escrito em letras microscópicas em um pequenino pedaço de papel, que o rapaz enfiava dentro do salto do sapato, levava para casa, datilografava e entregava na redação. Aquele, segundo Guilherme, era um segredo do qual só compartilhavam o pai, ele, a mãe (que às vezes também funcionava como pombo-correio) e Chateaubriand. Nem o irmão mais moço, João (que viria a ser presidente da República durante a ditadura militar de 1964), tinha conhecimento de que "Um observador militar" era o pai, que estava preso pelo Estado Novo. No dia seguinte à libertação do coronel Euclides, Chateaubriand foi visitá-lo em sua casa com um inusitado convite:

— Euclides, vosmecê fala francês e alemão, não é? Então vai ser correspondente dos Associados no *front* russo.

Figueiredo aceitou, mas Getúlio não. Quando soube da notícia, chamou Chateaubriand mais uma vez ao Catete:

— Esse não pode. É meu inimigo e não vai ser correspondente de guerra, não. E, se fosse, muito provavelmente iria usar teu jornal para fazer propaganda contra o Estado Novo.

Chateaubriand achava que dois correspondentes eram muito pouco para dar uma cobertura mais minuciosa da guerra. Com o veto a Euclides Figueiredo, convidou Edmar Morel para embarcar para a Europa. Novo veto, desta vez do general Eurico Dutra, ministro da Guerra, que acusava o repórter de ser "ligado ao Partido Comunista". Só dois anos depois, em 1944, é que ele afinal se decidiria pelo nome de Joel Silveira, que acompanharia a campanha dos pracinhas da Força Expedicionária Brasileira na Itália.

Muito antes disso, no entanto, a radical conversão de Chateaubriand à causa aliada já fizera dele um ferrenho defensor da entrada do Brasil na guerra. O ex--germanófilo ficou furioso quando, em 1941, Getúlio Vargas enviou um telegrama de cumprimentos a Hitler pela passagem do aniversário do chefe nazista, desejando, em nome do governo e do povo brasileiro, "votos por sua felicidade pessoal e pela prosperidade da nação alemã". Escreveu e viu serem censurados (desde a implantação do Estado Novo a censura voltara a ser uma prática permanente do governo) pelo menos três artigos considerando excessivo o tempo — quase dois meses — que o governo levara para romper relações com o Eixo depois do bombardeio de Pearl Harbor pelos japoneses. Um desses artigos ele ficou sem saber se tinha sido censurado por razões políticas ou morais — nele, Chateaubriand afirmava que Vargas sofria de frigidez sexual, "pois deita-se na cama continental com Roosevelt, mas não rebola, é apático".

Mesmo depois de declarar guerra à Alemanha e à Itália, em agosto de 1942, o governo brasileiro não dava qualquer sinal de que estivesse disposto a participar de verdade da guerra, enviando tropas para lutar ao lado dos Aliados. Chateaubriand achou que era chegada a hora de pôr em prática um plano lunático que alimentava havia muito tempo, com a mais absoluta seriedade: como Vargas não se animava a mandar tropas regulares para a Europa, ele próprio organizaria uma Legião Latino-Americana, composta de voluntários brasileiros, argentinos, uruguaios e paraguaios, para lutar ao lado dos Aliados. A primeira pessoa que procurou para, confidencialmente, revelar seu plano, foi o ministro da Aeronáutica, Salgado Filho, seu amigo e companheiro permanente de batismos de aviões:

— Salgado, primeiro tivemos Pearl Harbor e o Brasil enfiou o rabo entre as pernas, nada de guerra. Agora já temos várias dezenas de cadáveres de brasileiros vitimados por torpedos nazistas disparados contra navios mercantes nossos e neste governo ninguém quer nem ouvir falar em luta armada. O Estado Novo não quer saber de entrar para valer na guerra, e Getúlio muito menos. Estamos mergulhados no lodo. Não somos mais um povo, mas uma charneca. Estamos transformados num magote de sapos acovardados.

Como Salgado Filho não parecesse achar a ideia tão absurda, depois do discurso inflamado o jornalista expôs seu plano mirabolante: havia feito contatos na Argentina e no Uruguai e em poucas semanas seria possível arrebanhar os 6 mil voluntários (Chateaubriand de fato viajara no *Raposo Tavares* aos dois países vizinhos, a pretexto de "fazer entrevistas" com os presidentes Ramíres, da Argentina, e Amézaga, do Uruguai). Para evitar problemas com o governo brasileiro, ele negociara a possibilidade de que a legião fosse treinada em Cuba ou no Uruguai, com armamento americano e sob o comando de oficiais brasileiros:

— Tenho 1 milhão de dólares garantidos, mas é insuficiente. Para adquirir as armas e manter a tropa vai ser preciso muito mais do que isso.

Salgado ponderou que Chateaubriand poderia até organizar a legião de voluntários sem o apoio, ou mesmo contra a vontade do Estado Novo, mas que obrigatoriamente teria de submeter seu plano ao governo norte-americano. Do encontro com o ministro da Aeronáutica ele partiu em busca de Berendt Friele, que representava no Brasil o milionário Nelson Rockefeller, coordenador de Assuntos Interamericanos do governo Roosevelt. Repetiu toda a cantilena a Friele, pedindo-lhe que transmitisse o plano a Rockefeller e pedisse luz verde para prosseguir. Semanas depois ele saberia que os americanos — que viam o ambíguo governo de Getúlio com enorme desconfiança — não achavam seu plano tão desmiolado assim. Da parte de Rockefeller não havia objeções (e seria possível até arranjar recursos para financiar a legião), mas tudo iria depender da opinião de Claude Adams, homem de confiança do general George Marshall e que tinha sido nomeado adido militar norte-americano no Brasil.

Chateaubriand voltou a Salgado Filho, contou-lhe os progressos que havia feito e juntos decidiram que, ao procurar Claude Adams, seria bom que tivessem o nome do brasileiro que treinaria e chefiaria a tropa. Os oficiais cogitados eram Eduardo Gomes, Nelson de Mello, Carneiro de Mendonça e Cordeiro de Farias. O escolhido acabou sendo o coronel do Exército Osvaldo Cordeiro de Farias, que acabara de deixar o cargo de interventor no Rio Grande do Sul. Em pelo menos cinco artigos que escreveria ao longo da vida (publicados em 1943, 1945, 1964, 1965 e 1967), e que nunca foram desmentidos, Chateaubriand afirma que

Cordeiro não só não se surpreendeu com a ideia, mas apenas fazia duas exigências para avançar nas negociações: primeiro, que o general Adams fosse ouvido. Depois, Chateaubriand precisaria descobrir uma fórmula para comunicar sua decisão formalmente ao general Dutra, ministro da Guerra — como oficial da ativa, bastaria que Cordeiro se mudasse para Cuba (ou para o Uruguai) com o objetivo de treinar os voluntários para se tornar automaticamente um desertor e ser expulso das fileiras do Exército:

— Cumprido este pré-requisito, você está autorizado a levar meu nome seja ao general Adams, seja ao presidente Getúlio.

Berendt Friele marcou o encontro entre Chateaubriand e o adido militar norte-americano no restaurante português A Minhota, na rua São José, no centro do Rio de Janeiro. Impassível, o general Claude Adams ouviu o discurso que o jornalista sabia de cor, tantas as vezes que o repetira:

— Nem os oficiais nem os civis que estão à frente da ideia da legião são homens de fantasia, general. Cada um de nós tem um currículo de pelo menos dois anos de insurgência. Sabemos que as estradas e os corredores da história não se frequentam sem sangue. Já temos, para as despesas gerais, 1 milhão de dólares, mas precisamos da garantia de que os Estados Unidos se dispõem a armar a legião, a responsabilizar-se pela manutenção da tropa e a pagar o soldo dos oficiais.

Adams tampouco se surpreendeu com o projeto da legião. Autorizou Chateaubriand a continuar fazendo contatos "com as devidas cautelas", mas, como todos os outros interlocutores, insistiu na formalidade de que Dutra fosse ouvido. Ele, por sua vez, iria consultar o Estado-Maior das Forças Armadas de seu país para saber como proceder. Chateaubriand viu que não restava outra alternativa senão procurar o ministro da Guerra do Brasil, que o jornalista considerava "um sonso". Dutra ouviu em silêncio e ao final jogou um balde de água fria naquele sonho:

— Mandarei prender todo e qualquer oficial do Exército que aderir a essa falange que os Diários Associados querem montar.

Chateaubriand ainda tentou argumentar que, para não criar problemas diplomáticos para o Brasil, o treinamento teria lugar fora das fronteiras nacionais, e que o aliciamento não seria promovido pelos oficiais, mas não adiantou nada. O general não saía do lugar:

— Qualquer oficial, seja ele quem for, que aderir a essa tropa paisana será preso no ato. E quero dizer ao senhor que o assunto não está nas minhas mãos. O presidente Vargas aguarda uma urgente visita do senhor para tratar desse problema.

O encontro com o presidente aconteceu no Palácio Rio Negro, em Petrópolis, na última semana de fevereiro de 1943 (Chateaubriand se lembraria da data com alguma precisão porque sabia que o encontro ocorrera poucos dias após a morte de Getulinho). Vargas falou por alguns minutos do filho morto, agradeceu a Chateaubriand as gentilezas que o jornalista lhe fizera em São Paulo, mas logo encerrou o assunto. Foi até sua mesa, pegou uma pasta de capa dura, de cor verde, e estendeu-a ao visitante:

— É para leres. Aí está a história da tua guerra.

Lá dentro estavam informes do serviço secreto, cópias de telegramas, informes do setor militar da embaixada americana. Só então Chateaubriand se deu conta de que desde o início Getúlio vinha acompanhando cada passo de seu plano. Ao terminar a leitura dos documentos o presidente ofereceu-lhe outro papel para ler, advertindo-o de que aquele era secreto. Era o memorando do general Dutra propondo a instituição da Força Expedicionária Brasileira. Uma semana após aquele encontro, no dia 3 de março de 1943 Getúlio anunciava ao país que aprovara o memorando do ministro do Exército, criando oficialmente a FEB, que meses depois embarcaria para lutar na Itália ao lado dos Aliados. E quem estaria entre os seus principais oficiais? O mesmo coronel Cordeiro de Farias da Legião Latino-Americana de Chateaubriand.

Se frustrou o sonho de organizar um exército irregular para lutar na Europa, a guerra iria propiciar ao jornalista a oportunidade de tentar realizar um grande negócio. Meses antes do embarque das tropas brasileiras para a Itália, em 1944, o governo brasileiro, em guerra com a Alemanha e a Itália, baixou um decreto expropriando todos os bens dos chamados "súditos do Eixo". Ou seja, toda empresa instalada no Brasil cujo controle estivesse nas mãos de capitais italianos, alemães ou japoneses passava a pertencer ao Estado brasileiro — mais especificamente, ao Banco do Brasil. Cumpridas as formalidades legais da expropriação, o banco passou a realizar leilões públicos das empresas, cujo filé-mignon era a Indústria Química e Farmacêutica Schering, que disputava com a Bayer (também alemã) a primazia de ser o maior laboratório do mundo. Destino idêntico coubera à gigantesca filial norte-americana da Schering, igualmente expropriada e leiloada. Proprietário de meia dúzia de pequenos laboratórios, Chateaubriand se interessou pelo negócio, mas sabia que não dispunha de recursos suficientes sequer para cobrir o lance inicial, calculado em 1 milhão de dólares (que seriam equivalentes, em 2011, a perto de 26 milhões de dólares). Juntando tudo o que podia, o máximo a que chegou foi 250 mil, um quarto do preço-base da empresa a ser leiloada e dinheiro insuficiente até para fazer o depósito legal no caso remotíssimo de vencer o leilão (o Banco do Brasil exigia que o arrematante fizesse um depósito imediato de 300 mil).

Obcecado com a ideia de virar dono da poderosa Schering, bateu de novo nas sólidas portas do Vaticano mineiro do crédito: propôs uma associação a Clemente Faria, dono do antigo Banco da Lavoura (que mais tarde se chamaria Banco Real), por meio da qual ele e o banco comprariam a empresa meio a meio. Se tudo desse certo, depois de depositado o sinal, e já falando como "um dos donos da Schering", ele não teria dificuldades para alavancar o restante do dinheiro necessário. O que tornava a propriedade do laboratório um negócio tão tentador, além de seu porte, era um acordo que havia sido firmado entre a Schering do Brasil e a norte-americana (acordo que não caducara com as expropriações de ambas), segundo o qual a filial brasileira, contra o pagamento de uma taxa anual de 200 mil dólares, tinha acesso a todas as pesquisas feitas pela americana (e só no ano anterior a Schering dos Estados Unidos investira entre 50 e 60 milhões de dólares em pesquisa). Além disso, o laboratório era o grande detentor da tecnologia da recém-lançada sulfa, primeiro remédio capaz de enfrentar com eficiência as doenças provocadas por estreptococos (além de ser dona de um dos mais populares analgésicos brasileiros de então, os comprimidos Veramon).

O negócio interessava ao banqueiro Faria. Este mandou ao Rio o jovem médico Francisco Rodrigues de Oliveira (que abandonara a profissão e o consultório dedicado à cura de doenças venéreas no qual era sócio do também médico Juscelino Kubitschek e que lhe valera o apelido de "Chiquinho Gonorreia"), agora transformado em diretor do banco. O banco aceitava ficar com apenas cerca de 20% do laboratório e se dispunha, portanto, a honrar 50 mil dólares no dia do leilão. Chateaubriand achava que a partilha era satisfatória, mas queria mais: queria que o banco lhe emprestasse o dinheiro que faltava para integralizar o valor total do negócio. Supondo que a Schering alcançasse um valor em torno de 1,25 milhão de dólares, ele precisaria ter a garantia de um empréstimo de pelo menos 1 milhão. Além de ser um negociador duro, Chiquinho tinha um defeito particular: fumava sem parar os mais fedorentos cigarros de palha que Chateaubriand já tinha visto. Irritado com aquela negociação que não tinha fim, o jornalista usou como pretexto o cheiro do cigarrinho do mineiro para anunciar que desistia de fazer negócio com o Banco da Lavoura:

— Olha, doutor Chiquinho, fumaça de tabaco eu só aguento do presidente da República. Nossa negociação está encerrada. Diga ao doutor Clemente que ele fica com os 20% e que eu vou fazer vida por aí. Vou arranjar meu dinheiro com um banqueiro mais perfumado.

Saiu do encontro e foi atrás de Pedro Correia e Castro, superintendente do Banco Lar Brasileiro (filial brasileira do Chase Manhattan Bank), a quem pediu 1 milhão de dólares emprestados. Consultado na sede do banco, em Nova York, o empréstimo foi aprovado pelo próprio dono, David Rockefeller. Duas semanas depois, disputando com a Schering americana (que pretendia incorporar a brasileira a seu patrimônio), Chateaubriand tornava-se dono de 80% do capital da Schering, que lhe havia custado 1,3 milhão de dólares. Cavalheiro, ofereceu a presidência da empresa a Clemente Faria, a diretoria industrial a Francisco Rodrigues de Oliveira, convidou o desempregado coronel Euclides Figueiredo para ser membro do conselho deliberativo e ele próprio, que detestava ler balanços e participar de assembleias de acionistas, acabou ficando como um modesto diretor-secretário.

Além de trazer bons negócios, a guerra serviria também de pretexto para que Chateaubriand voltasse a bater com insistência naquele que elegera como seu inimigo permanente: o conde Francisco Matarazzo Júnior, que com a morte do pai tornara-se o grande capitão das indústrias da família. Aparentemente interessado em amansar a fera que tanto o azucrinara antes, o "conde Chiquinho" chegara a doar um avião para a campanha Dê Asas à Juventude — gesto que Chateaubriand considerou de uma avareza sem paralelo, pois esperava que viessem pelo menos cinco aparelhos. "O homem mais rico do Brasil, com toda a fortuna que amealhou, doa um modesto monomotor", escreveu ele em um artigo. "Se fôssemos depender de uma burguesia atrasada como essa, nossa mocidade não aprenderia a pilotar nem papagaios de linha. Também, o que esperar de um império que nunca fez um donativo sequer a um instituto de pesquisa?"

Com a entrada do Brasil na guerra, o espírito de xenofobia se espalhara como uma epidemia pelo país. Quem tivesse remotas ligações com italianos, alemães e japoneses era visto, em princípio, como suspeito, como um inimigo em potencial. Empurrado pelo clima reinante, Chateaubriand só se referia a Matarazzo como "o ítalo-brasileiro" que dera uma fortuna para L'Opera Nazionale Balila, a organização das crianças fascistas criada por Mussolini. Assim como o dono, nos artigos do jornalista as indústrias Matarazzo deixavam de ser nacionais para também se tornar "ítalo-brasileiras", e portanto passíveis de algum tipo de punição por essa condição.

Chateaubriand passou a defender com veemência que era uma injustiça do governo expropriar indistintamente empresas controladas por "súditos do Eixo" e não fazer o mesmo com os Matarazzo, "sabidamente comprometidos com o Fascio e, mais ainda, com o próprio Duce, com Mussolini". Ao descobrir que na Junta Comercial cada uma das Indústrias Reunidas F. Matarazzo constava como valendo apenas um cruzeiro (a moeda brasileira mudara de "mil-réis" para "cruzeiro"), deu um jeito de arranjar todos os balanços e publicou um artigo propondo ao presidente Getúlio Vargas que adotasse aqueles números na hora de leiloar ao público o maior império industrial brasileiro: "Tenho aqui em meu poder os balanços do ano findo dessas grandes organizações manufatureiras. Lá estão as 286 unidades fabris do grupo Matarazzo inscritas por apenas 286 cruzeiros. O Estado, se quiser, poderá encampar e socializar, por essa soma, todo o parque Matarazzo". E quando descobriu que o conde estava remetendo para o exterior cerca de 2 milhões de dólares para montar uma indústria de raiom na Colômbia ("enquanto aqui estamos à míngua de capitais"), fez uma insinuação pouco sutil: "Por crimes muito menos graves, capitães de empresa fascistas estão sendo pendurados pelo pescoço nas portas das fábricas, na Itália, sem que essa vendeta seja considerada delito de maior gravidade".

O que Chateaubriand parecia querer sugerir como punição para o conde acabaria virando notícia, mas tendo como protagonista um parente de Francisco Matarazzo residente na Itália. No final de 1943, quando o Brasil se emocionava com a convocação dos pracinhas que iriam lutar na Europa, os jornais Associados pareciam festejar o telegrama enviado da Europa por uma agência internacional e publicado com destaque pelo *Diário da Noite* de São Paulo. O secretário nacional do partido fascista, Andrea Hippolito, concunhado do conde Matarazzo (as mulheres dos dois eram irmãs), que tinha vivido no Brasil e se mudara para a Itália para assumir aquele posto, fora linchado pelo povo numa praça de Milão, tendo tido morte imediata:

> Com a queda de Benito Mussolini, ruiu por terra toda a organização fascista que há mais de vinte anos amordaçava a culta nação mediterrânea. Escancararam-se as masmorras, abriram-se os presídios e o povo italiano, de novo senhor dos seus destinos, principiou a fazer justiça com as próprias mãos, punindo os responsáveis pelos crimes cometidos durante vinte anos de cativeiro ignominioso. A polícia italiana, desde o momento em que o Duce foi apeado do poder, tem sido impotente para sufocar as rebeliões que explodem em Milão, Turim, Florença e até mesmo em Roma. Telegrama procedente da fronteira suíço-italiana veiculou a morte, ocorrida em circunstâncias trágicas, do dr. Andrea Hippolito, chefe fascista de Milão, morto durante tumultos verificados naquela grande cidade peninsular. Secretário federal em Milão, o sr. Andrea Hippolito era o líder fascista da grande cidade italiana. Sua morte repercutiu em São Paulo, pois o sr. Andrea era, como se sabe, cunhado do conde Chiquinho Matarazzo.

A mansão dos Matarazzo, na avenida Paulista, encheu-se de amigos e parentes que foram levar os pêsames pelo falecimento do parente vitimado por morte tão estúpida. De Porto Alegre embarcou para São Paulo monsenhor Costábile Hippolito, tio do morto, especialmente para oficiar a missa em intenção da alma do finado chefe fascista. Com os meios de comunicação obstruídos pela guerra, meses depois o conde Francisco Matarazzo Júnior quase perderia a fala ao abrir a porta de sua casa e dar de cara com Andrea Hippolito, o cunhado morto por uma multidão enfurecida em Milão. E só então os Matarazzo entenderam tudo: a notícia do linchamento divulgada pelos Associados era falsa — tinha sido redigida e publicada por ordem expressa de Assis Chateaubriand.

26

Embora tivesse conhecido os principais países da Europa quando tinha menos de trinta anos de idade, Chateaubriand só veio a pôr os pés nos Estados Unidos pela primeira vez em julho de 1944, aos 51 anos, numa viagem que marcaria o início de uma frenética carreira de *globe-trotter*. Lá ele receberia um tratamento jamais concedido sequer a ministros brasileiros. Hospedado em Washington na Blair House, casa de protocolo do governo americano destinada a chefes de Estados estrangeiros, logo no primeiro dia ele encontrou uma mensagem que o surpreendeu: embora não tivesse solicitado audiência, ficou sabendo que o secretário de Estado Cordell Hull o esperava às nove horas do dia seguinte para um café da manhã. Tomado de admiração por aquele exótico latino-americano, Hull convidou Chateaubriand a acompanhá-lo na viagem que faria à cidade de Buffalo — voo em que ele aproveitaria para entrevistar, com exclusividade, o secretário americano. Depois de realizar por conta própria uma turnê por três ou quatro cidades da costa oeste, ele embarcou com destino a Nova York, onde foi recebido pelo prefeito Fiorello la Guardia. Segundo nota publicada pelo *The New York Times*, à saída do encontro o jornalista — apresentado como "o poderoso editor de 26 jornais, cinco revistas e dezesseis estações de rádio no Brasil" — declarou que havia convidado La Guardia para presidir um simpósio sobre jornalismo no Brasil, mas que o prefeito havia recusado o convite alegando que "seu tempo era curto demais para manter limpas as ruas de Nova York". No artigo que enviou aos Associados com suas primeiras impressões sobre Nova York, publicado depois da entrevista com Hull, em vez de uma enfadonha análise a respeito da cidade, Chateaubriand revelava sua alma de repórter:

> Faz algum tempo alguém me chamava a atenção para o aumento vertiginoso dos preços dos restaurantes e das lojas do Rio e de São Paulo. Come-se e veste-se na capital argentina pela metade do preço do Rio de Janeiro. Pois saibam que não há em Nova York, Washington, Kansas City, Chicago ou Baltimore um restaurante da classe do Mappin, em São Paulo, ou do Aljan, do Rio, onde não se coma por 25% menos do que nessas casas de pasto brasileiras. Devo dizer que meus cálculos de

comparação se baseiam no dólar de vinte cruzeiros. Mesmo nos restaurantes de luxo a consumação está longe dos preços cobrados em restaurantes de igual categoria do Rio. No restaurante Colony, o mais grã-fino de Nova York, onde já fui meia dúzia de vezes, paguei um terço menos do que despenderia no Bife de Ouro de Copacabana.

Um par de sapatos de couro adquire-se aqui em Nova York por dez a doze dólares, da melhor marca. O último par que adquiri na Casa Guarany, em São Paulo, há cinco meses, custou a barbaridade de quinhentos cruzeiros — ou seja, mais do dobro do preço. Precisava fazer um segundo e desisti, mandando pôr meia-sola em dois sapatões velhos e meio cambados que tinha no Rio de Janeiro. Antes de sair de São Paulo soube que a Guarany e outros sapateiros de sua classe estavam cobrando seiscentos cruzeiros por um par de sapatos, isto é, três vezes o preço americano em dólares. Vale a pena a um paulista "smart" tomar encomenda de quinze pares de sapatos, pagar uma viagem de ida e volta a Nova York e abastecer o mercado local de sapatões americanos.

Ao final de um encontro com Arthur Hayes Sulzberger, o *publisher* do *The New York Times* convidou-o a dar uma entrevista coletiva à imprensa americana na redação do jornal, na tarde seguinte. A importância do visitante podia ser medida pela presença de alguns dos mais importantes órgãos da imprensa americana: além de um repórter do próprio *Times*, compareceram representantes do *The Wall Street Journal*, do *Washington Post*, do *Herald Tribune*, do *Sun* e do *New York Daily News*. Dois dias depois, o próprio *New York Times* estamparia a entrevista em duas colunas, na seção internacional, intitulada com o tema que dominou a conversa de Chateaubriand com os jornalistas: "Brasileiro exige bases militares comuns para as Américas" — ou seja, apesar de chamado de "traidor da pátria", ele continuava defendendo a entrega aos Estados Unidos, depois da guerra, das bases militares instaladas no Nordeste brasileiro. Na véspera da viagem de volta (após estadia de mais de um mês), Chateaubriand foi homenageado por um almoço com personalidades da vida política e intelectual norte-americana no Knickebocker Club, organizado por Nelson Rockefeller — a quem ele saudou em russo, no discurso de agradecimento, chamando-o o tempo todo de "*tovarisch* Nelson" (camarada Nelson). Antes de retornar ao Rio o jornalista ainda faria um desvio até Toronto, no Canadá, apenas para depositar flores no túmulo de seu velho benfeitor, sir Alexander Mackenzie, o antigo presidente da Light no Brasil. Algumas semanas depois da volta reuniu em São Paulo um grupo de empresários, liderados por Walter Belian, da Cervejaria Antarctica, e Baby Pignatari, para pedir-lhes apoio para uma nova aventura:

— Estou boquiaberto com o que me foi mostrado em Nova York por David Sarnoff, o *boss* da NBC: a televisão, a oitava maravilha do mundo. Num estúdio fechado um conjunto de câmara tocava um trecho de *La Bohème*, de Puccini. A cinquenta metros dali, em outra sala, através de um aparelho, eu pude ver e ouvir com perfeição a execução da ópera. Eu os reuni aqui para comunicar que, terminada a guerra, vou importar aquela tecnologia e instalar uma estação de televisão no Brasil. Queria que suas indústrias fossem se preparando, porque vocês vão ser os privilegiados que dividirão comigo as glórias de trazer esse invento revolucionário para cá. Os nossos inimigos que se preparem: se só com rádios e jornais os Associados já tiram o sono deles, imaginem quando tivermos na mão um instrumento mágico como a televisão!

De que inimigos ele falava? Dos de sempre. Os inesquecíveis Matarazzo. Agora, além de todos os motivos que tinha antes para infernizar a vida dos nobres milionários, Chateaubriand acrescentara mais um: sem nenhum indício concreto, mas apenas imaginando uma vingança por tudo o que fizera contra eles (sobretudo a falsa notícia do linchamento de Andrea Hippolito), o jornalista cismou que tinha partido dos Matarazzo uma intriga que circulava de boca em boca entre seus inimigos. A notícia dizia que, por trás da campanha Dê Asas para a Juventude, estava escondida uma mina de ouro de Chateaubriand: em cada avião doado ele estaria recebendo das fábricas (ou das empresas importadoras, no caso de aparelhos estrangeiros) uma comissão que variava entre 10% e 20% sobre o valor pago. Até aquele ano haviam sido doados seiscentos aparelhos (para se ter uma ideia da dimensão desse número, basta lembrar que, na mesma época, a Inglaterra dispunha de apenas quinhentos aviões de treinamento de pilotos civis), cujo custo unitário médio, entre nacionais e importados, girava em torno de 7,5 mil dólares. Isso significava que Chateaubriand estava sob suspeita (sempre pelas costas, que poucos tinham coragem de acusá-lo abertamente) de ter embolsado uma cifra que variava entre 450 mil e 900 mil dólares.

Ele próprio devia saber que, na verdade, aquela história tinha vindo a público meses antes, em meados de 1944. Em meio a uma barulhenta polêmica com o dono dos Associados, Agamenon Magalhães, então interventor em Pernambuco, insinuara em artigo publicado na *Folha da Manhã*, de Recife, que Chateaubriand tirava proveito material da campanha. Amigo de ambos e tentando apaziguá-los, o jornalista Barbosa Lima Sobrinho (na época presidente do Instituto do Açúcar e do Álcool) escreveu uma carta a Agamenon na qual fez referências explícitas ao assunto:

> [...] A campanha da aviação é considerada nas altas esferas como uma grande realização, de indiscutível utilidade. Criou mentalidade favorável à aviação em todo o Brasil e chegou ao ponto de alarmar a Argentina, que a considerou como uma vantagem obtida pelos brasileiros no domínio da preparação aérea. Não ignora você que o presidente deu a essa campanha todo o prestígio que lhe podia dar, nem o Salgado faria o que fez sem conhecer a opinião do presidente. Pode-se admitir — e talvez não haja dúvidas a esse respeito — que o Chateaubriand tenha tirado proveito da campanha. Bastaria de fato uma comissão de 10% a 20% sobre os preços de venda, para que tivéssemos aí alguns milhares de contos, além da vantagem decorrente dos contatos com os governantes e com os capitalistas que doavam os aviões.

Mas de que modo discutir esses aspectos sem de qualquer maneira atingir o governo que a apoiou e prestigiou decididamente? E qualquer crítica a esse respeito não deveria antes ser encaminhada ao próprio presidente, como informação confidencial, antes de vir para a imprensa? Você não é apenas um jornalista. Você é o interventor de um estado, o representante desse mesmo governo que deu publicamente toda a sua solidariedade à campanha da aviação. [...]

Entre os dirigentes do Estado Novo a circulação daquelas notícias não parecia preocupar apenas a Barbosa Lima Sobrinho. Uma investigação reservada, encomendada pelo Catete ao serviço secreto do governo do estado de São Paulo, resultou em um informe confidencial (que só viria à luz meio século depois, com a abertura dos arquivos da polícia política paulista) que reforçava as mesmas suspeitas:

Informe Reservado

Nos meios ligados ao Aero Clube de São Paulo é corrente a voz de que o sr. Assis Chateaubriand, diretor dos Diários Associados e promotor da Campanha da Aviação Civil, mancomunou-se com os estabelecimentos comerciais Mesbla no sentido de locupletar-se com os dinheiros obtidos através de doadores de aviões para os diversos aeroclubes do país.

Segundo se afirma, muitos dos aviões doados por particulares nunca chegaram a seus destinos porque, na realidade, nunca existiram. Assim é que no Aeroporto Santos Dumont, no Rio, havia um pintor especialmente encarregado de raspar os nomes dos aviões já batizados e pintar novos nomes em aviões a serem novamente batizados, sendo que num só dia um avião foi batizado cinco vezes, todas elas com novos padrinhos e nomes diferentes.

Conta-se que o prefeito de um município paulista (Lorena), também presidente do aeroclube local, indo ao Rio, quis receber o avião que se destinava a seu aeroclube e que havia sido batizado no dia anterior, com grande solenidade. Ao dirigir-se a quem de direito, nesse sentido, ficou pasmo ao saber que o dito avião já havia sido batizado com outro nome e oferecido a um outro aeroclube, que por sinal também não o recebeu. Conta-se, outrossim, que o sr. Samuel Ribeiro, diretor da Caixa Econômica, doador de dez aviões para a campanha, suspendeu suas doações quando soube das irregularidades verificadas e das atitudes desonestas do sr. Assis Chateaubriand. Diz-se ainda que a Mesbla jamais importou do estrangeiro (todos os aviões doados foram adquiridos dessa firma) sequer a quinta parte dos aviões doados, e que esse estabelecimento comercial obteve a metade dos lucros do sr. Chateaubriand nessa campanha.

Finalmente comenta-se que as autoridades policiais ou aeronáuticas nenhuma atitude enérgica tomaram contra os fraudadores apontados, limitando-se a aconselharem o sr. Chateaubriand a encerrar a campanha que tão bons frutos lhe trouxera.

Ao bisbilhotar a constituição social das empresas Associadas na Junta Comercial, tentando encontrar algum indício de fraude que pudesse dar margem a investigações sobre negócios escusos de Chateaubriand, outro agente secreto parecia entregar os pontos diante de tamanho emaranhado:

> *O Jornal* é uma sociedade anônima. O *Diário da Noite* é uma sociedade anônima da qual *O Jornal* é o maior acionista. *O Diário da Noite* é o maior acionista do *Diário de São Paulo*. O Laboratório Xavier é uma sociedade anônima da qual o *Diário da Noite* é o maior acionista. O Chocolate Lacta é uma sociedade anônima da qual o *Diário da Noite* é o maior acionista. A Agência Meridional é uma sociedade anônima da qual o Chocolate Lacta é o maior acionista. A Rádio Tupi é uma sociedade anônima, da qual a Rádio Tupã é a maior acionista. A Rádio Tupã é uma sociedade anônima da qual *O Jornal* é o maior acionista. E assim formam um círculo vicioso, sendo uma empresa amparada pela outra, formando um verdadeiro castelo de cartas. Basta, portanto, que uma dessas empresas tombe, para que todas as outras também caiam.

Além de basear-se em uma sucessão de "conta-se", "comenta-se", "diz-se", "é voz corrente", o informe policial sobre a campanha padecia de outras fragilidades: como prometer um avião para uma cidade, convidar o prefeito para recebê-lo (ou o padre, como aconteceu no fatídico batismo do *Augusto Severo*), alardear a doação pela imprensa e pelo rádio e depois não entregar o aparelho? Os jornais que faziam oposição a Chateaubriand — e eram muitos — nunca noticiaram o caso de um aeroclube que tivesse deixado de receber o aparelho depois de uma cerimônia de batismo. E, supondo que essa versão fosse verdadeira (e que Chateaubriand de fato recebesse comissão por avião comprado), por que razão exagerar o número de aparelhos doados? Não havia, no entanto, nem uma vírgula que comprovasse que a boataria teria de fato saído do casarão da avenida Paulista (aparentemente a única culpa que cabia ao conde tinha sido dar ao dono dos Associados um apelido que este odiava tanto quanto "o Nauseabundo": para Matarazzo, ele passaria a ser para sempre "o Lazarento"). Chateaubriand, no entanto, meteu na cabeça que por trás daquela infâmia estavam os Matarazzo, e isso bastava para que voltasse à carga contra eles, com força redobrada.

Os Associados agora tinham equipes de repórteres destacados permanentemente para descobrir e divulgar os "esbulhos do conde", como dizia o jornalista. Durante o primeiro semestre de 1945, todos os dias, sem uma única exceção, o *Diário da Noite* ou o *Diário de São Paulo* brindavam seus leitores com uma novidade sobre o "fidalgo do sebo" (uma provocação sobre o fato de os Matarazzo terem iniciado sua fortuna com o comércio de banha de porco). E agora o que saía em São Paulo contra o conde era obrigatoriamente reproduzido em todos os outros Associados já espalhados por todo o Brasil (o jornalista Carlos Castelo Branco, que assumira a secretaria de redação de *O Jornal*, se lembraria, décadas depois, das recomendações expressas feitas por Chateaubriand à direção do jornal carioca, e que valia para todos os demais: "Pode não haver espaço para publicar meu artigo, mas não há de faltar papel para as verrinas contra o conde"). Um dia era a demissão de "quatrocentos miseráveis operários, alguns deles doentes e com mais de dez anos de casa". No outro era a acusação de que as indústrias Matarazzo faziam *dumping* com o preço da aguarrás, em prejuízo das indústrias da família Ermírio de Moraes ("Digam a esse ladrão que devolva o dinheiro que está roubando", teria declarado Ermírio de Moraes ao *Diário da Noite*). Depois era uma ação que corria nos tribunais, movida pelos irmãos que pretendiam colocar o conde para fora das empresas. Ou então era a "Gestapo de Chiquinho" que impedia a manifestação de operários nas IRFM. Qualquer queixa trabalhista (e devia haver muitas, já que as indústrias empregavam mais de 30 mil operários) se transformava em matéria de página inteira, acompanhada de fotos da casa do "miserável sexagenário que veio de Pinhal para trabalhar nas IRFM e foi despedido pelo conde". Até no banco dos réus do Tribunal de Segurança Nacional o conde acabaria sentando (pelo menos nas páginas dos Associados), acusado por "pecuaristas e lavradores roubados pelas IRFM". Cada reportagem, por menor que fosse, mereceria no dia seguinte um comentário assinado por Chateaubriand — ou, dependendo do calão, pelo "Macaco Elétrico" ou por "A. Raposo Tavares".

Se o corriqueiro dia a dia das indústrias proporcionava tanta munição para a guerra de guerrilha que os Associados moviam contra o conde, com o passar do tempo ele próprio iria oferecer a Chateaubriand os dois pratos principais que alimentariam as campanhas. Seu primeiro erro foi achar que a única maneira de enfrentar Chateaubriand era usar a mesma arma que ele, a imprensa. Aconselhado por amigos a montar um jornal para dar o troco com chumbo de igual qualidade, Matarazzo decidiu comprar um já existente. Foi assim que, em meados de 1945, a praça de São Paulo ficou sabendo que o conde tinha "adquirido de Otaviano Alves de Lima o controle acionário" da *Folha da Manhã*, que editava também a *Folha da Noite* — e que, a partir dos anos 1960, mudaria de nome para *Folha de S.Paulo*. Na verdade, Matarazzo comprou apenas um terço do capital, e uma vez que a lei o impedia, enquanto brasileiro naturalizado, de ser proprietário de jornais, colocou para representá-lo Clóvis Medeiros Queiroga (a quem chamava de "Brasileiro"). Os outros dois terços foram parar nas mãos do jornalista José Nabantino Ramos e do cafeicultor Alcides Ribeiro Meireles. Para entrar no negócio tanto Nabantino (que representava seus irmãos, João Batista e Luís) quanto Meireles recorreram a empréstimos no Banco do Estado de São Paulo. Dinheiro mesmo, de verdade, só o conde tinha.

Com o prestígio de ter enfrentado o Estado Novo (que o submetera a intervenção em 1940), o jornal *O Estado de S. Paulo* dominava confortavelmente o primeiro lugar em vendagem. O objetivo do conde, ao comprar a *Folha* (ou "as *Folhas*", como eram chamadas, pois eram duas), era enfrentar Chateaubriand e disputar com os dois Associados o segundo lugar em São Paulo. Para dirigir o jornal recém-adquirido ele mandou chamar em Bolonha, na Itália, o precoce e talentoso Giannino Carta, editor de *Il Secolo Decimononno* (na época, o jornal local mais importante). Seduzido pelo astronômico salário de 10 mil cruzeiros que o conde lhe oferecera (o dobro do que ganhava Carlos Lacerda para dirigir a Agência Meridional e *O Jornal*), Carta mudou-se para São Paulo. Com ele vieram sua mulher, Clara, e os dois filhos, Luís e Mino, que décadas depois estariam entre os mais importantes jornalistas do Brasil. Se acertou ao escolher o editor, o noviço Francisco Matarazzo Júnior, mais afeito a disputar mercados na área industrial, cometeu seu primeiro erro quando tomou a decisão de enfrentar a concorrência Associada como se estivesse dirigindo uma de suas fábricas de sabão. Chamou Nabantino Ramos a seu gabinete (onde só ele ficava sentado, enquanto as visitas permaneciam o tempo todo de pé) e ordenou:

— Seu José, sabe como vamos destruir o lazarento do Chateaubriand? Arrebentando os jornais dele. A partir de amanhã o senhor reduz o preço das *Folhas* à metade.

A emenda escangalhou o soneto. Só quando a *Folha da Manhã* e a *Folha da Noite* apareceram nas bancas a Cr$ 0,30 (em vez dos Cr$ 0,50 cobrados por todos os outros jornais) é que o conde percebeu que, além de um Chateaubriand atacado de fúria, ele tinha contra si toda a imprensa do estado. O *Diário da Noite* garantia que os jornais tinham sido comprados "com saldo de dinheiro fascista e nazista em poder do conde". Acusando-o de tentar fazer com a imprensa "o que costuma fazer com cebola, toucinho, carne-seca, sabão, sapólio e macarrão", um grupo de jornalistas do recém-fundado Sindicato dos Jornalistas de São Paulo pediu seu enquadramento na Lei de Crimes contra a Economia Popular. Chateaubriand, por sua vez, deixou de lado os pseudônimos e assinou ele próprio artigos dignos do "Macaco Elétrico" ou de "A. Raposo Tavares":

[...] Para ferir os Diários Associados, o magnata das Indústrias Reunidas F. Matarazzo declarou guerra a todo o jornalismo de São Paulo. Transferiu a revanche do plano individual para o coletivo. Sua estupidez, que é tão crassa e notória, arrastou esse formidável movimento de opinião pública que desde ontem se ergue contra o incorrigível manipulador de *dumpings* para o aniquilamento dos competidores que ousam não temê-lo.

[...] Não há necessidade de afobação. A imprensa decente dos paulistas pode dormir sossegada se o adversário que ela tem pela frente é o sr. Francisco Matarazzo Júnior. Não há nada mais fácil que destruir um pobre homem desta marca, em cuja cabeça podemos encontrar chouriço, abóbora, cominho, cebola, o que quiserem, menos o nobre fósforo.

[...] O preço pelo qual o sr. Matarazzo está entregando a sua *Folha de Couve* não paga nem o papel em que ela é impressa. Nossa reação agora é simples e elementar: pegar pela gola do casaco o velhaco prevaricador e sentá-lo pacificamente no banco dos réus. É ao Tribunal de Segurança que compete julgá-lo pelo *dumping* com que está ameaçando a imprensa livre de São Paulo. A lei penal foi violada pelo sr. Matarazzo e seus testas de ferro das duas *Folhas de Couve*. É com a admirável lei, que o desembargador Nelson Hungria elaborou e que o sr.

Getúlio Vargas em boa hora promulgou, que a unanimidade dos jornalistas de São Paulo irá defender-se das patadinhas do cágado dos charcos do Tamanduateí. Desta vez o sr. Matarazzo caiu de quatro. Para acordar às portas da cadeia.

Em outro artigo, Chateaubriand afirmava que a prisão seria a pena mais benevolente que se poderia aplicar no industrial. E, se antes apenas insinuara, desta vez ele sugeria abertamente que o justiçamento popular era a punição mais apropriada para o dono do maior império industrial do Brasil:

A imprensa internacional se farta em anunciar que agora mesmo, na Europa, dezenas e dezenas de Chiquinhos acabaram pendurados nos postes por se terem tornado, durante a guerra, réus da quarta parte dos crimes que o chefe das IRFM vem cometendo contra leis que garantem níveis de preços razoáveis. Se mirar o destino que tiveram seus equivalentes europeus, o Chiquinho de cá haverá de entender que hoje a cadeia deve ser o único lugar onde ele poderá se sentir seguro.

Além do recrudescimento da campanha dos Associados contra ele e suas empresas (à qual, ainda que com linguagem menos grosseira, os demais jornais aderiram), as decisões do atrabiliário Matarazzo iriam trazer-lhe problemas no *front* interno, entre seus sócios nas *Folhas*. Embora não detivesse o controle da empresa, como era o único que tinha dinheiro para sustentar aquela aventura, o industrial ditava ordens no jornal autoritariamente, sem consultar os dois outros sócios: fora assim quando decidiu mudar a sede da rua do Carmo para um velho prédio nos baixos do viaduto Santa Ifigênia (que anos depois ele cederia a Samuel Wainer para instalar a sede da *Última Hora* paulista), quando chamou Giannino Carta e, claro, quando decidiu reduzir o preço dos jornais.

No caso dos preços, só semanas depois é que ele descobriu que cada centavo que tinha sido reduzido no preço de capa dos jornais estava sendo debitado por Nabantino em sua conta. Ou seja, a exótica estratégia que ele imaginara para destruir os Associados estava sendo custeada apenas com dinheiro seu, sem ser compartilhada pelos outros dois sócios. Por isso, e por perceber que o tiro estava saindo pela culatra, a aventura do jornal pela metade do preço durou muito pouco. Mas seus problemas, não. Embora anos depois fosse reconhecida por todos a competência profissional de Nabantino na modernização das *Folhas*, o autoritário Matarazzo chamou-o a seu gabinete para comunicar-lhe (um sentado e o outro de pé, como sempre) o convite feito a Giannino:

— Seu José, o senhor é um grande advogado, mas não é jornalista. O senhor vai ser o chefe do contencioso das minhas indústrias. Lá para o jornal eu já chamei um italiano que entende disso, o Giannino Carta.

Em meados de 1945 (logo que surgiram os primeiros rumores de que os Matarazzo estavam comprando as *Folhas*), o conde tinha oferecido a Chateaubriand outro prato cheio: o casamento de sua filha Filly com o jovem milionário carioca João Lage. Logo apelidadas pela imprensa, sem muita imaginação, de "o casamento do século", as bodas de Filly (esnobe apelido de Filomena) e Lage movimentaram a alta sociedade do circuito São Paulo-Rio-Buenos Aires-Roma. Um mês antes da cerimônia propriamente dita, as colunas sociais já não tinham espaço para outros assuntos, dedicando-se a especular quem seria e quem não seria convidado para a festa. Ou, com exatidão, para as festas, pois várias recepções seriam oferecidas nos dias anteriores ao casamento. Centenas de convidados viriam de Buenos Aires, onde um ramo da família tinha negócios, e da Itália, terra dos Matarazzo. Excitados, os colunistas exageravam que um contêiner-frigorífico seria embarcado da Argentina trazendo carne congelada de veado e de javali para os jantares. Noticiaram também que na Maison Cartier, em Paris, os pais da noiva teriam mandado esculpir algumas centenas de grãos de café em ouro maciço, com as letras "J", do noivo, e "F", da noiva, e a data do matrimônio. Cada convidado seria mimoseado com uma joia daquelas, como lembrança do acontecimento. Os jornais se referiam à casa dos Matarazzo como "o palácio encantado da avenida Paulista", e, à medida que se aproximava a tão esperada semana do casamento, as modistas chiques do Rio e de São Paulo foram deixando de aceitar encomendas.

Realizada em um mundo que tentava renascer da miséria e do racionamento decorrentes da guerra, a anunciada festança deixou Chateaubriand endemoninhado: caído do céu quando começava o *affair Folha da Manhã*, o casamento parecia ter sido planejado sob medida para pôr à prova o talento e a capacidade de demolição de seus melhores repórteres. O primeiro nome que lhe veio à cabeça foi, obviamente, o de Joel Silveira. Além de aquele ser um desafio não para um jornalista qualquer, mas para uma víbora, Joel ainda contava com a vantagem da familiaridade que tinha com muitos dos protagonistas do evento, adquirida quando escreveu para *Diretrizes* a reportagem "Grã-finos em São Paulo" — a tal que despertara o interesse do dono dos Associados por seu talento. Além disso, o repórter conhecera o noivo quando este servia como pracinha junto às tropas brasileiras em Porreta-Terme, no Norte da Itália. Ainda assim, Chateaubriand entendeu que o conde merecia mais bala, e de calibre grosso. Depois de decidir que Joel Silveira ficaria responsável pela cobertura da festa (ou de quantas de fato acontecessem) para os jornais diários, deu ordens para que a dupla David Nasser-Jean Manzon se mudasse de malas e bagagens para São Paulo com uma semana de antecedência, a fim de traçar, para *O Cruzeiro*, uma detalhada descrição da história e do dia a dia do pai e da família da noiva.

Tão mordaz mas menos sensacionalista que a cobertura que Joel Silveira iria fazer da festa, a reportagem de Nasser e Manzon foi publicada em *O Cruzeiro* dias antes do casamento. Reforçando as diferenças entre a vida dos Matarazzo e a das pessoas comuns, Nasser escreveu seu texto como se fosse um cicerone que conduzisse um homem comum pobre pela mão para conhecer aquele mundo de fausto e riqueza: "Certos varões e damas dessa casta privilegiada são pessoas simples, de hábitos vulgares, que vos recebem sorrindo, qualquer que seja o vosso título. Não acontecerá isto, entretanto, se baterdes à porta de um castelo de cores sombrias, à avenida Paulista, onde vive os seus raros minutos de repouso o conde papal Francisco Matarazzo Filho. Vinde conosco, homem da rua". Cáustico, o texto levava o leitor a um *tour* onde eram descritas com detalhes as casas, as fazendas e o luxo em que viviam os Matarazzo.

Se a reportagem de *O Cruzeiro* foi considerada de extremo mau gosto pelos colunistas sociais, um verdadeiro desmancha-prazeres, eles não imaginavam o que estava por vir. Na manhã que se seguiu ao último dos bailes, Joel Silveira apareceu tresnoitado na redação dos Associados de São Paulo e sentou-se à máquina para produzir seu veneno. Embora não conseguisse um convite para entrar na festa e ver tudo com os próprios olhos, Silveira arranjou três informantes, encarregados de observar e anotar cada detalhe do que aconteceria dentro dos muros do casarão. E foi através dessas informações que ele escreveu "A 1002[a] noite da avenida Paulista":

[...] Um balanço honesto, pacientemente colecionado durante a semana dourada, nos diz, então, que antes, e à margem do casamento, mas a ele ligado, houve o seguinte: 26 jantares em residências particulares; oito recepções; dezesseis ceias no Jequiti e sete no Roof, não falando de uma série de pequenos incidentes mundanos: *cocktails*, chás com torradas, encontros fortuitos, coisas assim. Somem-se a isto os tremendos quarenta dias que antecederam o enlace, com aquele desespero aflito tomando conta de cavalheiros e de senhoras, com as mil consultas a alfaiates, chapeleiros, modistas etc., e a uma conclusão lógica se chegará: a de que nunca, em nenhum tempo, a elegância nacional viveu instantes tão absolutos.

[...] A "mais bela festa do Brasil", ela propriamente dita, durou precisamente dois dias, três noites e três madrugadas. Começou precisamente no sábado, 8, às nove e meia da noite, quando foram realizadas as bodas civis, com apenas dez convidados, a gente mais eleita. [...] Depois da cerimônia foi o baile. À meia-noite os noivos dançaram a primeira valsa. "O conde tinha um sorriso de pomba nos lábios", informou um cronista. O palácio resplandecia, mil luzes, mil reflexos, as fontes luminosas. Lá fora, o povaréu, anônimo e friorento, se acumulando paciente no sereno. Depois, as *Sílfides*. Gentis e airosas, as bailarinas do Municipal, sob o compasso de uma orquestra de cem figurantes, amaciaram e encantaram os privilegiados corações presentes com a música chopiniana.

[...] Houve um intervalo nos festejos, entre a primeira fase da dança e o começo do *ballet*, para que o conde, irresistivelmente pródigo, distribuísse entre os convidados ricos *cotillons*. Peguei num deles: uma caneta-tinteiro de ouro com o nome do agraciado gravado — aquilo não devia ter custado menos de 4 mil cruzeiros. Oitocentos convidados, oitocentos *cotillons*.

[...] O casamento religioso foi na segunda-feira (o domingo constituiu uma meia-trégua, com uma pequena recepção e outro baile à noite), e de uma certa maneira seu brilhantismo, com a igreja toda ornamentada, deixou na sombra os festejos com que os paulistas, naqueles dias, costumam agraciar o Imaculado Coração de Maria. [...] Quando, depois de tudo acabado, os noivos seguiram, na terça-

-feira, para a sua lua de mel, e o dr. Franchini Neto, exausto, recolheu-se à sua residência (ele foi o mestre de cerimônias de todo o esplendor, para o que, dizem, recebeu 30 mil cruzeiros), o conde havia despendido pouco mais de 6 milhões de cruzeiros. Não falando, é lógico, nas dádivas especiais com que ofertou sua filha e seu genro. Somente um colar de pedras, tremeluzindo no colo de dona Filly, custou 3 milhões e 500 mil cruzeiros.

A festa de Chateaubriand, porém, ainda não tinha acabado. Quando Joel Silveira retirava da máquina e depositava sobre a mesa as últimas laudas de sua reportagem, a providência divina fez entrar na redação do jornal Olívia Figueira Ramos, uma senhora modestamente vestida que bateu na primeira mesa que encontrou, a do repórter Maurício Loureiro Gama. Inibida, ela se dirigiu ao jornalista em voz baixa:

— Leio todos os dias notícias do casamento da filha do conde, e pensei que os senhores poderiam publicar uma notinha qualquer sobre o casamento da minha filha, que se realiza hoje.

Loureiro falou por minutos com a visitante (que tinha sido atraída ao jornal pela abundância de noticiário publicado nos dias anteriores sobre as festas de Matarazzo), ao final dos quais berrou para o outro lado da redação:

—Joel! Joel! Olha só a maravilha que me apareceu aqui: uma operária vai se casar hoje com um torneiro-mecânico, e os dois trabalham na fábrica do Matarazzo!

No meio da tarde os dois repórteres, acompanhados de dois fotógrafos, surpreendiam os moradores da modesta rua sem calçamento do bairro de São Miguel Paulista, na miserável Zona Leste de São Paulo, para cobrir o casamento de Nadir Ramos com José Tedeschi. Depois da cerimônia religiosa, realizada em uma igrejinha do bairro, começou o que mais interessava aos jornalistas: a festa. Sobre a mesa da casa da noiva havia pão, goiabada, refresco de laranja e algumas garrafas de cerveja e de guaraná. Enquanto os fotógrafos disparavam suas máquinas e Joel Silveira entrevistava os noivos, Loureiro Gama tomou o carro de reportagem e saiu à procura de uma loja de ferragens. Voltou minutos depois com o seu presente para os noivos: um canivete, dado com a condição de que eles posassem para fotos gravando, no tronco de uma árvore da rua, o tradicional coração trespassado por uma flecha e com as iniciais de Nadir e José. O aparato dos Associados acompanhou os noivos no trem de subúrbio que os levou até o centro da cidade (eles iam passar os três dias de lua de mel em São Paulo mesmo), e os fotógrafos se deliciaram ao imortalizar o casal na Estação da Luz inteiramente vazia, carregando nas mãos suas malinhas de papelão.

Ao ser informado no Rio da descoberta do casamento dos empregados do conde, Chateaubriand pulava de satisfação e bufava ao telefone:

— Vocês têm que dar para o casamento dos operários o mesmo espaço que derem para o casamento da filha do conde! Se as bodas de dona Filly receberem duas páginas, quero duas páginas para os operários!

No dia seguinte o *Diário da Noite* estampava duas páginas inteiras, face a face: na da esquerda, a 1002ª noite de Filly e João Lage. Na da direita, o casamento de Nadir e José em São Miguel. Joel, naturalmente, não deixaria de chamar a atenção dos leitores para o fato de que a festança da página esquerda tinha sido paga com o trabalho dos noivos da página direita.

Mas aquela ainda não era a vitória final de Chateaubriand sobre o conde Matarazzo. As autoritárias decisões que ele vinha tomando nas *Folhas* sem ouvir os sócios acabariam por fazer com que estes perdessem o interesse em continuar no mesmo barco que o milionário. Poucos meses depois, o conde abandonaria seu tão ruidoso projeto de enfrentar Chateaubriand com armas iguais às do adversário. Encantado com o Brasil, Giannino Carta (que nem chegou a trabalhar de fato nas *Folhas*, mas recebeu a multa prevista para o caso de o projeto não dar certo) resolveu ficar por aqui. Pouco tempo depois do naufrágio da aventura de Matarazzo, ele seria convidado por Chateaubriand para publicar diariamente no *Diário de São Paulo* uma página inteira escrita em italiano — com artigos, reportagens e análises políticas — dedicada à enorme colônia italiana que vivia em São Paulo (Mino Carta, ainda garoto, ficava fascinado com a presença em sua casa de um Chateaubriand sempre cercado de capangas armados e sempre vestido de branco — terno branco, chapéu branco, camisa branca, gravatas enormes e sapatos do tipo "bariri", marrons e brancos). A permanência nos Associados, tanto de Giannino Carta quanto da página escrita em italiano, entretanto, durou pouco: meses depois ele receberia, por intermédio de Paulo Duarte, um convite de Júlio de Mesquita Filho para dirigir a redação de *O Estado de S. Paulo*.

Vencido o conde, Chateaubriand se voltaria para o assunto que eletrizava o Brasil: a redemocratização. O Estado Novo começara a balançar em fevereiro de 1945, pelas mãos de Carlos Lacerda, que saíra dos Associados. Um incidente banal no dia a dia de um jornal, ocorrido em novembro de 1944, acabou por levá-lo a demitir-se tanto da Meridional quanto de *O Jornal*. Chateaubriand encomendara a ele uma entrevista com Fernando Costa, interventor no estado de São Paulo. David Nasser, encarregado por Lacerda de fazer o trabalho, publicou a entrevista descrevendo o interventor (que o recebera de pijama) como "um fazendeiro feliz". E transcreveu, entre outras coisas, uma declaração de Fernando Costa sugerindo que o Brasil devia parar de plantar café, "um produto sem valor nutricional e tão dispensável como a música, o luar ou os charutos". Apesar de fútil, a entrevista provocara queda nos preços do café, e Getúlio telefonou para Chateaubriand exigindo uma retratação de *O Jornal* (onde a entrevista fora publicada, no Rio) e a repressão do responsável. Quase simultaneamente a esse incidente, a Meridional distribuíra uma notícia pequena e igualmente desimportante, redigida pelo próprio Lacerda, dando conta do descontentamento da Associação Comercial do Rio com o Imposto de Consumo (que décadas depois se transformaria no ICMS). Para mal dos pecados de Lacerda, logo após a queixa de Vargas, a direção da Associação Comercial procuraria Chateaubriand para desmentir a nota escrita pelo diretor da agência (e o DIP pressionava a redação para que a retificação saísse incontinente).

O dono dos Associados cumpriu à risca a vontade do presidente. Fez uma dura admoestação telefônica a Lacerda (a quem ele chamava sempre, respeitosamente, de "dr. Carlos" ou "dr. Lacerda"), dizendo que a entrevista com Fernando Costa era "desrespeitosa" e a notícia sobre o imposto, "mentirosa" — e exigindo que tanto uma como outra fossem desmentidas espontaneamente pela agência e pelo jornal. Irritado por não ter tido a oportunidade, ao telefone, de se explicar, Lacerda escreveu uma carta a Chateaubriand. Nela, manifestou a opinião de que a entrevista com o interventor "pareceu-me pitoresca, mas amistosa", e que Nasser era um jornalista sério e responsável. Quanto à notícia que ele próprio redigira, tinha como base uma fonte sua: a própria Associação Comercial. No final da carta, pediu demissão dos Associados (Chateaubriand não parece ter feito muito esforço para demovê-lo, pois na resposta a Lacerda lamentava sua decisão mas não sugeria que ele voltasse atrás).

Desempregado, Lacerda passou a trabalhar como *free-lancer* para jornais cariocas. E foi nessa condição que pediu a José Américo de Almeida (ex-ministro de Vargas e um dos frustrados candidatos a presidente em 1937) uma entrevista sobre a situação política nacional. O que tinha sido combinado é que a entrevista seria publicada no *Diário Carioca*, mas ao ler o conteúdo explosivo das palavras de Almeida (que bradava por democracia e exigia eleições imediatas para presidente), a direção do jornal, temendo a ação do DIP, recusou-se a publicá-la. O jornalista e o entrevistado decidiram distribuí-la a vários jornais (os Associados, com quem Lacerda acabara de brigar, foram excluídos), imaginando que seria mais difícil para o governo punir coletivamente todos os diários que a publicassem. Na verdade, apenas o *Correio da Manhã* cumpriu o acertado, e no dia 22 de fevereiro trouxe a entrevista. O clima de desobediência ao governo parecia transbordar: ainda sob o impacto da publicação, viu-se, no dia seguinte, a mesma entrevista reproduzida por *O Globo*. Em São Paulo, intelectuais de todo o Brasil reunidos no I Congresso de Escritores faziam coro às palavras de José Américo, exigindo imediata convocação de eleições e fim da censura a livros e jornais. Farejando a agonia do governo, Chateaubriand distribuiu uma ordem a todos os órgãos Associados: em suas rádios e jornais as instruções da censura deveriam ser pura e simplesmente ignoradas.

Em Belo Horizonte era Carlos Castelo Branco quem estava na chefia do *Estado de Minas* quando o próprio Chateaubriand telefonou para o diretor Gregoriano Canedo:

— Canedo, dispense o censor. De hoje em diante não tem mais censura no jornal.

Amigo do prefeito Juscelino Kubitschek (que, além de patrono de generosas dotações de verbas oficiais ao jornal, era politicamente ligado a Getúlio), Canedo entrou em pânico com a ordem que recebera. Chamou Castelo e passou o abacaxi adiante:

— Castelo, o Chateaubriand mandou dispensar o censor, não receber mais ordens dele. Eu vou embora para casa, você se vira por aí com o Ataliba.

Fazia tantos anos que Ataliba, o censor, dava plantão ali, que ele se sentia parte integrante da redação. Chegava todas as noites de terno branco e chapéu panamá, pendurava o paletó na cadeira e ia recebendo as pilhas de laudas datilografadas das mãos de Castelo. Com o tempo estabeleceu critérios pessoais do que podia ou não podia ser publicado (a palavra democracia, por exemplo, só poderia sair em títulos quando estivesse entre aspas, e desde que fosse parte integrante de discursos de Churchill ou de Roosevelt). Naquele dia ele chegou como se nada tivesse acontecido, pendurou o paletó e pediu a Castelo o primeiro pacote de trabalho para ler. O rápido diálogo entre os dois ficou célebre, para as gerações de jornalistas que vieram depois, como um presságio da ação de ditaduras sobre a liberdade de imprensa. Castelo transmitiu com bom humor a ordem de Chateaubriand ao censor:

— Não, Ataliba, hoje você não vai ler o jornal aqui. Se você quiser ler o *Estado de Minas* vai ter que comprá-lo na banca amanhã de manhã.

Ataliba se levantou, pegou o paletó e deixou no ar uma frase profética:

— Já entendi tudo, eu vou-me embora. Mas não tem importância, um dia eu volto.

Mas o Brasil ainda não havia se livrado dos atalibas. No mesmo dia, no Rio de Janeiro, como o censor de plantão não conseguisse fazê-lo, o major Amílcar Dutra de Menezes, diretor do DIP, teve de ir pessoalmente à Rádio Tupi a fim de proibir a transmissão de uma entrevista gravada com o ex-chanceler Osvaldo Aranha, que também falava em democracia, eleições, fim da censura. Um clima de anarquia começava a desorganizar o metódico trabalho dos censores. Embora proibida no Rio, a entrevista de Aranha foi reproduzida pelo *Diário da Noite* de São Paulo, contra a determinação do censor, sem que o jornal fosse punido. Animados com o feito do *Diário da Noite*, os radialistas da Tupi paulista decidiram pôr no ar a gravação com a entrevista de Aranha. Dutra de Menezes deu ordens ao DIP de São Paulo para tirar a rádio do ar e lacrar os transmissores, mas ao chegar à estação os policiais encarregados de cumprir a determinação encontraram barricadas armadas por Homero Silva e Cassiano Gabus Mendes, diretores da Tupi, e dezenas de funcionários armados de porretes. A rádio continuou funcionando — e a "sensacional façanha" foi a manchete do *Diário da Noite* do dia seguinte: "Tupiniquins do Sumaré comeram a língua e a autoridade do DIP". Tamanho deboche parecia antecipar a agonia da ditadura.

Getúlio percebeu que se não tomasse a iniciativa política perderia o controle da situação. Baixou ainda em fevereiro um ato institucional estabelecendo que em sessenta dias seria marcada a data das eleições presidenciais (que acabaram sendo convocadas para 2 de dezembro daquele ano). No meio do turbilhão, o presidente chamou Chateaubriand para "uma conversa em profundidade" no

Palácio Rio Negro. Segundo o jornalista, Vargas falou durante mais de duas horas seguidas para concluir com o anúncio da decisão que acabara de tomar e com um pedido: ia candidatar-se a presidente nas eleições de dezembro e queria os Diários Associados a seu lado. Chateaubriand respondeu que a "família Associada" jamais o perdoaria se ele se aliasse ao presidente que acabara de nomear ministro da Justiça um de seus mais recentes e ferozes inimigos, o ex-interventor em Pernambuco Agamenon Magalhães (no dia da nomeação ele fizera um artigo considerando-a "uma irresponsabilidade do presidente"). E foi adiante, dramático:

— Se eu ficar com o senhor e com Agamenon, estarei traindo o sangue que ainda corre dentro do *Diário de Pernambuco*, fechado por ordens dele. Além de ter o compromisso de honra de combatê-lo, os Associados já se comprometeram, por meu intermédio, com o candidato lançado por José Américo na entrevista a Carlos Lacerda: nós vamos marchar com o brigadeiro Eduardo Gomes para a Presidência.

Nas palavras de Chateaubriand, o encontro terminou assim:

A essa altura Vargas silenciou. Não articulou mais uma palavra tentando levar-me para o seu lado. E somente disse:

— Eu não pensava em ser candidato a uma presidência constitucional, democrática. Queria apenas, terminada a guerra, ajudar-vos a arranjarem um bom candidato à minha sucessão e voltar para casa. Mas o Osvaldo [Aranha] e o Juraci [Magalhães], numa reunião, tiveram a pretensão de vetar meu nome para a Presidência, ainda que ele saia das urnas em um pleito de sufrágio universal. Por isso é que decidi candidatar-me. E sou candidato.

Confesso-lhes que tive pena de Vargas quando ele perdeu toda a combatividade ao saber do apoio dos Associados a outro candidato, ali claramente definido. Encontrei esta saída. Disse-lhe:

— Presidente, o fato de adotarmos a fórmula Eduardo Gomes não quer dizer que o senhor encontre fechadas as nossas tribunas à propaganda de sua candidatura. Veja logo um chefe de propaganda e mande-o conversar comigo. Alguma coisa se fará.

Vargas ficou muito mais satisfeito do que eu pensava. Sugeri-lhe alguns *slogans* populares e nosso encontro, de quase três horas, terminou em perfeita cordialidade. Ao sair, ele acrescentou:

— Amanhã mesmo terás no Rio o meu chefe de propaganda.

Com efeito, às seis horas da tarde o sr. Coelho de Souza entrava pela redação de *O Jornal* adentro, revestido desse posto. O resto é outra história.

(De novo mais jornalista que político, Chateaubriand não resistiu à tentação de tornar público, em um artigo, o teor do encontro com Getúlio. Quando o presidente desmentiu que tivesse tratado de qualquer daqueles temas com o dono dos Associados, Chateaubriand deixou-o em má situação: invocou o testemunho do deputado gaúcho José Pereira Coelho de Souza, que assistira à conversa no palácio.)

Se a promessa de eleições em dezembro não conseguiu pacificar inteiramente o país, outras medidas tomadas sucessivamente pelo governo acalmariam o ímpeto dos oposicionistas que ressurgia por toda parte após a entrevista de José Américo de Almeida: em abril foi decretada a anistia e logo em seguida começaram a se constituir os novos partidos políticos com vistas ao pleito do final do ano. Getúlio parecia ter desistido de sua candidatura, que Chateaubriand dizia ter caído "como um pau podre na floresta". Aparentemente farejando que Vargas estava nos estertores, passou a atacá-lo todos os dias. "A candidatura do caudilho morreu pela própria incapacidade de seu autor", escreveu em um artigo, "que viveu sete anos fechado numa estufa, cercado de adulões, confundindo o DIP com a imprensa e os cortesãos da 'Hora do Brasil' com a opinião pública." Os dois recém-fundados partidos governistas, Partido Social Democrático (PSD) e Partido Trabalhista Brasileiro (PTB), tinham apresentado como candidato à Presidência o ministro da Guerra, general Eurico Gaspar Dutra. Reunidos à sombra da União Democrática Nacional (UDN), os oposicionistas lançaram o brigadeiro Eduardo Gomes — a quem Chateaubriand dizia estar apoiando.

Embora tivesse sido convidado por Benedito Valadares para disputar uma cadeira de senador pelo PSD de Minas Gerais (convite que recusou), o jornalista de fato não só colocou os Associados para trabalhar pelo brigadeiro Eduardo Gomes (que recebeu farta cobertura jornalística de *O Cruzeiro*, dos jornais e das rádios, nos quais seus anúncios eram publicados de graça), como chegou a envolver-se pessoalmente na campanha, viajando com o candidato a alguns estados e até participando de comícios. Como o resultado das eleições era imprevisível, ele fazia, no entanto, um jogo ambíguo: tomou a cautela de não deixar sair na sua rede uma única palavra contra a candidatura de Dutra. Quem quisesse combater a candidatura oficial por meio dos Associados poderia fazê-lo, desde que assumisse a responsabilidade. Muitas vezes, por exemplo, Chateaubriand abriu os microfones da Tupi e da Tamoio para que Carlos Lacerda (com quem se reconciliara e que também apoiava o brigadeiro) fustigasse o general Dutra. Lacerda insistia sempre na mesma tecla: em nome dos soldados brasileiros mortos na Itália, não se podia votar no candidato que representava a ditadura que ainda sobrevivia, que ele comparava ao nazifascismo derrotado na Europa. Para Lacerda, votar em Dutra era "votar no fantasma de Adolf Hitler". O curioso é que Chateaubriand não via essa ambiguidade entre as duas candidaturas como uma traição ou uma deslealdade a Eduardo Gomes, e assumia isso, como o fez em artigo publicado poucas semanas antes do pleito: "Durante a presente campanha presidencial, o candidato com quem mais convivi não foi o meu, aquele a quem deliberadamente deliberara apoiar. Estive maior número de vezes com o nosso adversário, com o candidato das chamadas forças majoritárias, do que com o brigadeiro Eduardo Gomes".

Mas, se não tocava em Dutra, o jornalista não dava descanso ao suposto patrono da candidatura do general, o presidente Vargas. A campanha dos Associados tornou-se particularmente dura a partir de meados de 1945, quando Getúlio decidiu baixar o decreto-lei 7666, a chamada Lei Malaia. Apelidada pejorativamente com esse nome por causa das feições asiáticas de seu autor, o ministro da Justiça Agamenon Magalhães (tratado pelos adversários como "o Malaio"), a Lei Malaia pretendia, dizia o governo, proteger a economia e as empresas brasileiras contra a ação dos grandes trustes, nacionais e estrangeiros. Chateaubriand, entretanto, tinha outra interpretação: achava que havia sido feita sob encomenda para destruir os Associados, pois proibia que empresas jornalísticas de um mesmo dono pudessem ser acionistas de outras do mesmo ramo, ou que se fundissem entre si, ou se organizassem em associação ou agrupamento sob um só controle. Ou seja, a lei impedia tudo aquilo que os Associados faziam. Em uma transmissão de rádio, durante a campanha do brigadeiro Eduardo Gomes, um bem-humorado Chateaubriand resumiu sua opinião sobre a lei, que vinha sendo combatida com vigor por todos os órgãos Associados:

> Não pensem que a Lei Malaia é uma lei de Agamenon Magalhães. É uma lei de Getúlio, Agamenon é apenas seu instrumento. Creio que nunca se fez no Brasil uma legislação com tal ferocidade, com o objetivo exclusivo de exterminar uma organização que somos nós, os Diários Associados. Ao nos defendermos dela, onde arranjaremos tempo para nos organizarmos, arrumarmos dinheiro, comprarmos máquinas? Mas há muitos anos nossa vida tem sido essa: defender nosso patrimônio. Aos pedaços, mas salvar de qualquer maneira. Só tenho tempo, na verdade, de andar com uma garrucha no bolso e nas mãos um bacamarte e uma lata de Formicida Tatu para dar aos nossos inimigos. Damos Formicida Tatu, sim. Matamos alguns, mas se eles não tivessem morrido, não sei onde estaríamos. Nesses últimos anos, minha vida foi estar de carabina na porta dos Associados para defender este patrimônio. E acho que se eu não fosse paraibano, e do sertão, esse gaúcho já tinha me comido.

O gaúcho a que ele se referia — o presidente Getúlio Vargas — ainda tentaria uma última manobra para permanecer no poder, escorado no chamado "movimento queremista" (expressão originária da palavra de ordem "Queremos Getúlio!"). Ao encher praças e estádios pedindo "Constituinte com Getúlio", os queremistas transmitiam aos apreensivos militares a suspeita de que algum golpe estava sendo tramado para assegurar a permanência do presidente no poder. Forçado pelos ministros militares, no final de outubro o chefe de polícia do Distrito Federal (de novo o capitão João Alberto) mandou dissolver uma enorme manifestação queremista no centro do Rio. Descontente com o gesto do subalterno, no dia 29 de outubro Getúlio decidiu substituir João Alberto por seu irmão Benjamin Vargas. Foi a gota d'água. No mesmo dia o presidente agendou às sete da noite um pedido de audiência rotineira com o general Góis Monteiro, que ocupara o Ministério da Guerra no lugar do candidato Dutra. Segundo escreveu Chateaubriand, "Getúlio estava inocente, em estado de querubim, sem saber que Góis levava sob o capote um copo de formicida. O ministro da Guerra estava pronto para fazer uma boa linguiça com as tripas e os miúdos de seu interlocutor". Previamente articulado com os outros ministros militares, e depois de ouvir os dois candidatos à Presidência, Góis Monteiro comunicou ao presidente que ele estava deposto.

Os Associados deram um banho de cobertura nos concorrentes. Edmar Morel cobriu a queda de Getúlio de dentro de um dos tanques que marcharam sobre o Palácio Guanabara, juntamente com outro repórter, Neiva Moreira, um jovem maranhense que o substituíra tanto na cobertura da campanha da aviação como no gabinete do patrão. Farejando alguma coisa no ar, Jean Manzon decidira ir para o palácio. O fotógrafo se encontrava junto com dezenas de jornalistas que faziam seu rotineiro plantão numa das antessalas do Guanabara quando o general Góis Monteiro chegou para a audiência com o presidente. A certa altura o major Amílcar Dutra de Menezes apareceu em uma das portas e fez um sinal para que Manzon — e só ele — entrasse (os dois cultivavam grande amizade, nascida nos tempos em que Menezes fora chefe de Manzon no DIP). Para raiva e ciúme dos outros repórteres e fotógrafos, o francês atravessou sozinho o cordão de isolamento e, fechada a porta da sala onde entrara, empalideceu de emoção com a notícia que Menezes lhe deu:

— Venha fotografar o fim do Estado Novo. O presidente acaba de ser deposto pelos militares.

Os dois cruzam salas e mais salas até que Manzon depara com Getúlio, já ex-presidente, sentado à sua mesa, com os cotovelos abertos e o tronco inclinado para a frente. Segundo palavras do fotógrafo (que só o via através da objetiva, pois já entrou disparando a máquina), "Vargas tem o jeito de um homem cansado, mas atrás de seus óculos de metal seu olhar ainda está muito vivo e frio — ele parece um animal prestes a atacar ou a defender-se com vigor". Ao vê-lo, no entanto, Getúlio reage com monotonia:

— Ah, então aqui está o artista que veio fazer meu último retrato antes da queda, não?

Apesar de embaraçado, Manzon continua apertando o obturador da câmera. O entra e sai de gente é muito grande. Só às nove da noite o presidente deposto parece que vai deixar o gabinete. Agora dá ao fotógrafo a impressão de estar relaxado e bem-humorado como nunca. Fumando um enorme charuto, abraça cordialmente João Alberto e, sorridente ("como se estivesse fazendo a coisa mais natural do mundo", descreveria Manzon depois), anuncia aos presentes:

— Está tudo terminado. Vou embora. Podemos ir todos dormir.

Com os bolsos do paletó repletos de filmes, Manzon disparou para a redação de *O Cruzeiro*. Enquanto os filmes eram revelados, como ainda não escrevesse fluentemente em português ele descreveu para Freddy Chateaubriand, em minúcias, tudo o que tivera a sorte de testemunhar nas duas horas que passara no gabinete — as últimas horas de Vargas como presidente. A gráfica foi avisada para interromper a impressão do número daquela semana da revista e, ainda de madrugada, nele foram enxertadas nove páginas repletas de fotos e informações, intituladas "A queda de Vargas" — que o sobrinho de Chateaubriand, com espírito profissional, assinou não o tradicional "Fotos de Jean Manzon", mas "Reportagem fotográfica de Jean Manzon — Texto de Freddy". Na manhã seguinte os milhares de leitores que acorreram às bancas viram o prodígio de uma revista semanal sair um dia após a deposição do presidente contendo material que nenhum jornal diário tinha — nem mesmo os Associados.

Apesar de ter tratado Getúlio Vargas com desprezo e agressividade quando percebeu que o presidente estava no ocaso do poder, Chateaubriand sabia que ele, mesmo deposto, continuava sendo notícia, e notícia importante. Menos de uma semana depois da queda de Getúlio, decidiu despachar para o município de São Borja, no interior do Rio Grande do Sul (onde Vargas se autoexilara), exatamente o repórter Edmar Morel, que cobrira a deposição dentro de um dos tanques que cercaram o Palácio Guanabara. Viajando no *Raposo Tavares*, Morel tentou primeiro localizar o ex-presidente na Fazenda Itu e, como não o encontrasse lá, voou até a Fazenda Santos Reis. O avião pousou e o repórter, acompanhado do fotógrafo Francisco Carrion (do Associado *A Razão*, da cidade gaúcha de Santa Maria), aproximou-se da sede da fazenda. Na varanda só se encontravam os parentes mais próximos, protegidos por capangas armados e chefiados pelo temido Gregório Fortunato, ex-chefe da guarda pessoal de Vargas. Mais que fria, a atmosfera reinante ali era de muita agressividade. Quando Morel anunciou que os dois eram dos Diários Associados, Gregório fez cara feia e comentou com Maneco, filho de Getúlio, em voz alta o suficiente para que os jornalistas ouvissem:

— Que acinte... Depois de tudo o que fizeram, ainda têm a cara-dura de aparecer aqui. Com essa gente só na metralhadora Thompson mesmo...

O fotógrafo Carrion se aterrorizou e retornou ao avião. O pequenino Morel permaneceu firme, esperando para saber se o ex-presidente o receberia. Minutos depois Getúlio apareceu na porta vestindo bombachas, botas de cano alto, fumando um charuto e trazendo nas mãos, ostensivamente, a edição de *O Jornal* com a reportagem feita por Morel sobre sua deposição. Sem cumprimentá-lo, Getúlio pergunta:

— De que jornal tu és?

— Sou dos Diários Associados, doutor Getúlio.

— Não tem entrevista. Volta ao Rio e diz ao Chateaubriand que isto aqui é uma casa de família.

27

Chateaubriand estava em Londres quando recebeu o telegrama com a notícia de que o presidente eleito, Eurico Dutra, tinha anunciado o nome do novo ministro da Educação: Dario de Almeida Magalhães.

A ideia da imprevista visita à Inglaterra nascera dias antes, quando ele se encontrava em Nova York para receber, juntamente com os jornalistas Tom Wallace (norte-americano, dono do *The Louisville Times*, do estado de Kentucky) e Luís Teófilo Nunes (venezuelano e proprietário do *El Universal*, de Caracas), o prêmio Maria Moors Cabot, concedido anualmente pela Universidade Columbia a comunicadores que tivessem dado reconhecida contribuição ao jornalismo. Chateaubriand foi apresentado pelo *The New York Times* (que publicou uma foto sua de beca e capelo) como "o milionário dono de 28 jornais, treze rádios, três revistas e uma agência de propaganda, uma espécie de Hearst brasileiro" (numa referência ao célebre William Randolph Hearst, o magnata norte-americano dono de famosa cadeia de jornais que havia inspirado o filme *Cidadão Kane*, de Orson Welles). Junto com o jornalista haviam viajado seu primo Leão Gondim de Oliveira e a mulher com quem este se casara pouco tempo antes, Lily Whitaker, filha do poderoso banqueiro paulista José Maria Whitaker — casamento que fora alcovitado pelo dono dos Associados. Este ofereceria à noiva um singular presente de casamento: a presidência de *O Cruzeiro*.

Chateaubriand ficou mais impressionado com a rigorosa liturgia imposta aos premiados pela Universidade Columbia do que com o prêmio propriamente dito. Poucos dias antes da cerimônia, recebeu em seu hotel a visita de um alfaiate encarregado de tirar suas medidas para costurar a beca que usaria e de um chapeleiro, que lhe mediu a cabeça para fabricar especialmente para ele o capelo acadêmico. Até a cor da gravata que deveria usar no dia da entrega do prêmio havia sido recomendada de antemão em carta assinada por Carl Ackerman, diretor da Faculdade de Jornalismo da Columbia. Terminadas as festividades da premiação, Chateaubriand aproveitou a viagem para ir à sede da Hoe Company, fabricante de equipamentos gráficos, instalada em Nova York. Ao final da visita ele deixava na Hoe a encomenda de oito rotativas em cores e doze impressoras Multicolor para *O Cruzeiro*. Total da compra, 800 mil dólares de então (equivalentes a aproximadamente 18 milhões de dólares em 2011). Para fechar o negócio, a direção da Hoe exigira que ele pagasse no ato, em cheque à vista, nada menos que 80 mil dólares. E, além disso, ele escreveria depois, a direção da Hoe deixou claro que as máquinas só seriam entregues contra o pagamento total do restante, "para evitar novamente a excessiva tolerância de cavalheiros que a empresa tivera conosco anos antes", sem dúvida referindo-se às dificuldades que o técnico cubano tivera para receber seus avais nas promissórias da compra que Dario fizera no final dos anos 1930 na mesma Hoe. Ao retornar ao Brasil, Chateaubriand tomaria emprestados os 720 mil dólares que faltavam ao Banco da Lavoura de Minas Gerais, "o único banco deste país que tem peito para nos emprestar tanto dinheiro sem nenhuma garantia em troca".

De Nova York, o jornalista e o casal Whitaker Gondim foram a Londres para três semanas de visitas aos principais jornais ingleses. Embora Gastão Nothman, funcionário da embaixada brasileira, tivesse marcado, além de uma visita ao jornal *The Times*, encontros dele com os lordes Beaverbrook, Camerose e Rothermere (os chamados "barões da Fleet Street", a rua dos jornais na capital britânica), só o primeiro compromisso pôde ser cumprido. Após dois dias percorrendo a redação, as oficinas e a administração do *The Times*, Chateaubriand encontrou na portaria do hotel Claridge's o longo telegrama em que Austregésilo de Athayde contava que o presidente Dutra havia anunciado que Dario de Almeida Magalhães seria empossado como o novo ministro da Educação do Brasil. Colérico, desmarcou todas as visitas e compromissos assumidos para as semanas seguintes, fechou as malas e embarcou para Roma a fim de tomar o primeiro avião da Panair em direção ao Brasil. Ao final de uma viagem de quase trinta horas (muitas delas perdidas em intermináveis escalas em Lisboa e Dacar), chegou ao Rio sem paciência sequer para ir até a redação do jornal: sentou-se junto ao primeiro telefone que encontrou no aeroporto, mas precisou esperar quase uma hora para que o presidente da República por fim o atendesse. Ele estava furioso e foi direto ao assunto:

— Seu Dutra, eu recebi um telegrama informando que o senhor vai nomear Dario de Almeida Magalhães para o Ministério da Educação. O senhor sabe que ele é meu inimigo pessoal e inimigo declarado dos Diários Associados. Sou obrigado a lhe dizer que considero essa nomeação uma afronta, uma bofetada na cara dos Diários Associados, que nunca dirigiram ao senhor uma palavra menos elogiosa.

Dutra tentou fazer ver a Chateaubriand que o anúncio da nomeação já havia sido feito e que o ato estava assinado e pronto para ser publicado no *Diário Oficial*. E mais: Dario tinha aceito o convite e estava até montando a equipe com que iria trabalhar no ministério. O jornalista não arredava pé:

— Sei, seu Dutra, sei. O senhor foi eleito e tem todo o direito de nomear quem quiser para o seu governo. Mas eu também tenho o direito de dar ordens para que todos os meus jornais, rádios e revistas passem amanhã mesmo para a oposição se esse sujeito tomar posse.

Correu para a redação de *O Jornal* e não fez segredo do telefonema. A todos com quem falava, repetia a mesma frase:

— Dutra é quem decide. Se mantiver a nomeação desse filho da puta, os Associados estarão na oposição amanhã.

No final da tarde chegava ao jornal a notícia inacreditável: o rígido presidente Dutra decidira voltar atrás e Dario não seria nomeado ministro. Para o lugar foi indicado Ernesto de Souza Campos, até que, meses depois, em virtude de um acordo de Dutra com a UDN, o posto fosse ocupado definitivamente pelo baiano Clemente Mariani. Constrangido, Dutra pediu a Artur Bernardes, presidente do Partido Republicano (Dario era secretário-geral do PR, no qual ingressara meses antes, depois de tomar parte na fundação da UDN), que comunicasse a desnomeação ao quase-ministro. Desapontado com o que considerava inadmissível — que tanto Dutra como Bernardes se curvassem a um capricho pessoal de Chateaubriand —, Dario entregou o cargo de secretário-geral, desfiliou-se do partido e, em carta dirigida a Artur Bernardes, anunciou que estava abandonando a política para sempre.

Embora jamais Bernardes tornasse públicos os termos da correspondência de Dario, várias pessoas foram dizer a Chateaubriand que a carta era um amontoado de insultos contra ele. Nada indica que isso fosse verdade (além do discreto ex-presidente da República, só teve acesso ao documento Antônio Carlos Vieira Christo, secretário de Bernardes, que nunca o revelou a ninguém), mas isso pouco importava. O mero boato foi suficiente para que o jornalista, não satisfeito por tê-lo submetido a tamanha humilhação, voltasse à carga contra Dario. No dia seguinte, o *Diário da Noite* do Rio tornaria a publicar um anúncio muito parecido com o que saíra depois do pagamento da indenização dos Associados a Dario, em 1942:

O dr. Dario de Almeida Magalhães deliberou fazer voto de pobreza.

> O antigo deputado federal por Minas Gerais Dario de Almeida Magalhães resolveu distribuir para as Santas Casas de Misericórdia do país, orfanatos, creches, colégios, confrarias e irmandades a importância de 6 milhões de cruzeiros, que é a quanto monta o seu patrimônio individual, seguindo os mesmos métodos do conhecido filantropo português comendador Paulo Felisberto da Fonseca.
>
> O dr. Dario de Almeida Magalhães está pronto a receber a visita pessoal [*sic*] das entidades interessadas no recebimento de seus donativos em sua residência, à avenida Atlântica, nº 430, telefone 47-3014, Edifício Himalaia.

Só mesmo a raiva inexplicável que Chateaubriand alimentava por Dario explicaria o ultimato que impôs a Dutra. Apesar da ambiguidade com que se comportaram durante a campanha eleitoral, os Associados tinham com o novo presidente relações mais que amistosas. Dutra, por exemplo, concedera a Chateaubriand o privilégio de ser o primeiro jornalista a entrevistá-lo depois de empossado (o que rendeu um artigo-entrevista de página inteira, trabalho que o jornalista, por molecagem, assinou como "repórter do jornal *Alto Madeira*", o menor e mais inexpressivo de todos os seus diários, sediado no então território federal de Guaporé). Mas os antológicos ódios de Chateaubriand pareciam estar sempre acima dos acordos políticos, das alianças e até das mais sólidas amizades do jornalista.

Um dos exemplos disso aconteceria mais ou menos na mesma época do episódio ocorrido com Dario. Chateaubriand tinha verdadeira veneração por Rafael Correa de Oliveira. Além de jornalista competente e respeitado (ele tinha sido o autor das séries de entrevistas com Luís Carlos Prestes durante a Coluna), Rafael, neto do conselheiro João Alfredo, era seu primo em segundo grau. Secretário de redação e articulista de *O Jornal*, ele cometeu a imprudência de publicar um artigo duríssimo de crítica à política econômica do ministro da Fazenda de Dutra, Pedro Luís Correia e Castro. Sem saber (ou sem se importar com isso), Rafael estava enfiando sua caneta em um vespeiro: Correia e Castro era nada menos que superintendente do Banco Lar Brasileiro (o mesmo que tantas vezes socorrera os apuros financeiros dos Associados) e diretor licenciado da Sul--América de Seguros (um dos cinco maiores anunciantes de *O Cruzeiro* e do próprio *O Jornal*). Apesar de o autor do artigo ser um de seus mais antigos amigos, ao lado de quem na adolescência trabalhara em vários jornais, em Recife, e de ser alguém absolutamente fiel aos Associados, aos quais dera tanto prestígio, Chateaubriand não pensou duas vezes: entre o amigo e o banqueiro, ficou com o banqueiro. Demitiu Rafael dos Associados, o que animou Correia e Castro a abrir contra ele um processo judicial por calúnia.

Tanto a repentina e injustificável demissão quanto o processo movido pelo ministro Correia e Castro causaram tal impacto entre os jornalistas do Rio que Osório Borba, então no *Diário de Notícias*, resolveu encabeçar um abaixo-assinado de solidariedade a Rafael Correa de Oliveira, documento que seria entregue num grande almoço de desagravo que lhe seria oferecido na Associação Brasileira de Imprensa. O dono dos Associados meteu na cabeça (ou teria sido convencido disso pela poetisa Rosalina Coelho Lisboa, mulher de Antônio Sanchez Larragoiti, o dono da Sul-América) que aquelas não eram apenas manifestações de apoio a Rafael, mas atos de hostilidade a ele, Chateaubriand. Na véspera da entrega ele conseguiu uma cópia do documento, com todas as assinaturas, e no dia seguinte mandou um fotógrafo à ABI para registrar, uma por uma, todas as presenças. Um dia depois começava a caça às bruxas: sentindo-se pessoalmente agredido pela iniciativa, Chateaubriand decretou que quem tivesse assinado (ou participado do almoço, ou de alguma maneira se solidarizado com seu ex-funcionário) entraria na sua lista negra — estaria à mercê das agressões dos Associados, nos quais, naturalmente, nenhum deles poria jamais os pés. E foi chamando um por um os signatários do manifesto para que se explicassem, naquilo que Edmar Morel e Carlos Castelo Branco qualificaram de "um festival de pusilanimidade". Otávio Mangabeira mandou um secretário ir prestar esclarecimentos, mas Chateaubriand não aceitou:

— Não falo com preposto. Tem que vir pessoalmente se explicar ou está fodido comigo!

Lá foi Mangabeira em pessoa salvar sua pele. José Lins do Rego disse que havia sido enganado na sua boa-fé e assinara sem saber que se tratava de uma manifestação contra o dono dos Diários Associados. Passados poucos dias, chegou a vez de Morel. Chateaubriand deu-lhe um beijo na testa e lascou:

— Meu filho, sei que você assinou esse documento e compareceu a esse almoço ludibriado por esses filhos da puta que querem destruir os Diários Associados e a mim...

Morel interrompeu-o:

— Não, doutor Assis. Eu assinei o manifesto e fui ao almoço sabendo que era um desagravo ao Rafael, que não era nada contra o senhor. E acho que a imprensa deve tanto a ele que não deveríamos ter feito só um almoço. Ele merece um monumento em homenagem a seu talento de repórter.

Chateaubriand se enfureceu:

— Só se for um monumento com os pés enterrados na merda da City, a companhia de esgotos do Rio. Mas com você eu não vou brigar. Converse com o Leão.

Morel encontrou um Leão Gondim ainda mais iracundo que o patrão, de dedo em riste, falando aos gritos. Quis saber se ele estava falando como amigo ou como diretor dos Associados. Gondim não baixou o tom:

— Estou falando como o que sou: seu superior, diretor dos Diários Associados!

O pequenino cearense não baixou a crista e devolveu um tom abaixo:

— Então você enfia seu cargo e sua superioridade no cu que aqui eu não trabalho mais.

Bateu a porta e nunca mais pôs os pés nos Associados. Arranjou um emprego no comunista *Semanário* e semanas depois estava em Moscou, como repórter filiado ao PCB. A indigestão política provocada pelo almoço, porém, ainda não tinha causado todas as baixas. O fotógrafo que cobriu o almoço contou a Chateaubriand que, embora não tivesse estado presente nem assinado o manifesto, Alceu Amoroso Lima tinha enviado de Petrópolis um telegrama solidarizando-se com Rafael. Mas o aristocrático Amoroso Lima não era alguém que se convocasse para dar explicações. Chateaubriand chamou Carlos Castelo Branco (que se mudara de Minas para ser editor de política de *O Jornal*) e ordenou:

— O doutor Alceu, se quiser, que venha espontaneamente me explicar a razão desse telegrama. Enquanto ele não aparecer aqui para se desculpar, o senhor jogue numa gaveta os artigos dele. Não sai uma linha de sua autoria no meu jornal enquanto ele não se explicar.

Castelo tentou demovê-lo daquele absurdo:

— Mas, doutor Assis, o doutor Alceu é um homem respeitabilíssimo, quase uma instituição. E ele é o colaborador número um, o mais antigo de *O Jornal*.

Nada feito:

— Doutor Castelo, se não quiser enfiar na gaveta o senhor ponha os artigos dele onde achar melhor, desde que não seja nas páginas do meu jornal. Ou ele se desculpa ou não publica mais nada aqui.

Passaram-se algumas semanas e Amoroso Lima, sem saber que estava entrando em uma das mais temidas listas negras do país, continuou enviando seus artigos — que nunca saíam. Castelo evitava seus telefonemas de indagações, não respondia a seus bilhetes até que, angustiado com aquela situação, pediu socorro a Otto Lara Resende. Um dos editores do *Suplemento Cultural* de *O Jornal* (junto com Moacir Werneck de Castro, Vinicius de Moraes, José Guilherme Mendes, Hélio Pellegrino e Otto Maria Carpeaux), Otto era amigo pessoal de Amoroso Lima e poderia dar-lhe conhecimento da situação de constrangimento em que Castelo se encontrava. Ao ouvir de Otto o relato da conversa de Chateaubriand com Castelo Branco, Alceu não pensou duas vezes para pedir demissão de *O Jornal* e em seguida transferir sua coluna para o *Diário de Notícias*. Só então se soube que, apesar de todo o seu prestígio, os Associados pagavam-lhe miseráveis cinquenta cruzeiros por artigo (o equivalente a 52 dólares em 2011) — dinheiro que, por não reclamar, ele não recebia fazia dezessete anos.

Mesmo sabendo que por mera rabugice perdera com Amoroso Lima e Edmar Morel dois de seus melhores profissionais, Chateaubriand não parecia fazer caso disso. Uma semana depois do rumoroso almoço a Rafael Correa de Oliveira ele não seria capaz sequer de se lembrar daquilo. Continuava comprando jornais, batizando seus aviões e escrevendo artigos e mais artigos. Além do conde Matarazzo, agora arranjara mais um alvo para suas flechas envenenadas — o jornal *O Estado de S. Paulo* e seu dono, Júlio de Mesquita Filho. As relações entre o dono do *Estadão* e o dos Associados tinham começado a azedar na cadeia, em 1932, e se esboroaram de vez quando o primeiro foi mandado para o exílio, no Estado Novo, enquanto o outro não só permanecia aqui como se tornara um dos mais ferrenhos defensores da ditadura implantada por Getúlio Vargas. O tempo se encarregaria de acentuar mais e mais a distância entre o estilo austero e recatado de Mesquita e o comportamento histriônico, debochado e muitas vezes pouquíssimo ético de Chateaubriand. Quando o *Estado*, apesar de conservador e anticomunista, manifestou-se contra a cassação do registro do Partido Comunista, Chateaubriand produziu uma enxurrada de artigos insistindo em que o jornal da família Mesquita tinha se tornado um "agente a serviço de Moscou e de Luís Carlos Prestes no Brasil":

> [...] Sob todos os ângulos em que se projeta a reação brasileira contra os comunistas, *O Estado de S. Paulo* se apresenta como o impertérrito e angelical advogado desse partido. Um de seus diretores foi até dizer pelo microfone, com tocante candura, que tem um adorável rebento, o qual se chama Luís Carlos em homena-

gem ao celerado chefe dos bolcheviques caboclos [Chateaubriand se referia a Júlio de Mesquita Filho e a seu filho Luís Carlos, já falecido]. Não se pode ser mais terno. Essa afirmação contém muita coisa como sensibilidade pela pessoa do condutor de uma agremiação, a qual, no fim das contas, é responsável por atos abomináveis contra a vida de bons brasileiros e a paz e a ordem desta terra.

[...] Ontem *O Estado*, que é um velho Conselheiro Acácio, exortava piamente os comunistas a que, "por amor à pátria (!) e por amor à sua ideologia (!), se abstivessem de agitações". Não é uma delícia de estupidez? Pedir a um partido em cuja cartilha do ABC está inscrita a revolução que deixe de agitar não é a mais santa das imbecilidades? Mas a debilidade mental do *Estado* não para nesse pano de amostra. Considerando o Brasil à mercê dos energúmenos de Moscou, escreve este outro trecho de ouro: "Do juízo e da prudência dos comunistas é que depende, doravante, a sorte da democracia". Nossa sorte é que caducos desse calibre escreveram e gritaram em vão. Pedir juízo e patriotismo a bichos sanhudos como são os comunistas é o mesmo que chegar ao zoo do Jardim da Aclimação e dizer a um javali: "Senhor javali, amanse, fique bonzinho, senhor javali, que a paz deste zoo só depende do amigo".

[...] Recordam-se os leitores de um editorial de *O Estado de S. Paulo* que dizia: "O capital estrangeiro é nocivo ao Brasil. Mas, porque ainda não pudemos dispensá-lo, vamos ver a melhor forma de nos defender dos seus golpes". Vamos levar meses, mas haveremos de doutrinar os rapazes do *Estado*, cegos pelo jacobinismo, pelas vaidades e pelas limitações de inteligência, gente que se recusa a enxergar a realidade brasileira.

Para Chateaubriand, a submissão de *O Estado de S. Paulo* aos interesses soviéticos (que, evidentemente, só má-fé ou miopia política poderiam enxergar) tinha um único responsável: o próprio dono do jornal, Júlio de Mesquita Filho, contra o qual ele rugia:

Tal passividade ante os métodos soviéticos de desmoralização sistemática da união do Brasil com os Estados Unidos só poderia nascer da notória debilidade mental do sr. Júlio de Mesquita Filho, cuja mente não daria para acender um pavio de vela de sebo, tão sensível é a ausência de fósforo na cabeça desse plumitivo flustro.

Como os Mesquita reagissem com soberba e quatrocentona indiferença aos ataques, Chateaubriand ainda tentaria provocar Mesquita Filho com "Macacos Elétricos" e "Raposos Tavares". Embora alguns amigos do dono do *Estado*, indignados, chegassem a lhe sugerir que comprasse uma arma e acabasse com aquilo a bala ("a única linguagem que Chateaubriand entende", um deles chegou a dizer), ele sempre respondeu com eloquente silêncio. Quando alguém perguntava a Chateaubriand como ele explicava tamanho rancor contra o filho de alguém que, como Júlio Mesquita, tanto o ajudara a se estabelecer no Sul, ele respondia com linguagem áspera:

— Uma coisa é Júlio Mesquita, outra coisa é Júlio de Mesquita Filho. O problema dos Mesquita é que eles acham que a inteligência é como a sífilis, que passa de pai para filho.

Fosse Júlio de Mesquita Filho, fosse o conde Matarazzo, apesar do tom corrosivo e tantas vezes desrespeitoso que usava para tratar inimigos ou adversários eventuais, em conversas com os amigos Chateaubriand dava a impressão de que atiçava aqueles sóbrios senhores mais pelo espírito de deboche e de molecagem do que por verdadeiras e profundas convicções filosóficas. Alguns desses amigos chegavam a ver nesse exótico comportamento de Chateaubriand uma resposta à maneira preconceituosa com que a emproada elite do Sul tratava o migrante nordestino (condição de que se orgulhava e que alardeava sempre que podia).

De qualquer forma, sua excentricidade e seu poder cada dia maior faziam com que o perfil de Chateaubriand começasse a despertar curiosidade além das fronteiras do Brasil. Em fins de 1946, alertada para o personagem pela premiação na Universidade Columbia, a revista de negócios norte-americana *The Inter-American* destacou a repórter Eileen Mackenzie para escrever um perfil de Chateaubriand. A reportagem de quatro páginas, intitulada *"Front-page fireball"* ("Turbilhão na primeira página"), apresentava o dono dos Associados como "o pequenino Hearst brasileiro, um homem que tem faro para a notícia, inclinação para mexer em casas de marimbondos e um dedo em quase todas as grandes negociatas do Brasil".

O texto relata o papel de *O Jornal* na divulgação da Coluna Prestes, a participação de Chateaubriand na Revolução de 1930, sua briga com Getúlio em 1932, o episódio do *Havaii Maru*, o reatamento com o presidente em 1933, o "caso Oscar Flues", a campanha da aviação (aqui a repórter afirma que "ele próprio admite ter recebido comissões sobre a venda dos aviões"), os tiros no aeroporto e a edição da Lei Teresoca, as mulheres, a montagem do império de comunicações e a guerra contra Matarazzo para concluir que, "sem ser um idealista, é anticomunista e antinazista e, de um modo geral, favorável aos Estados Unidos e às grandes empresas". Ao final da reportagem, *The Inter-American* publica um hilariante glossário do tipo *how to say it*, para ensinar a seus leitores como pronunciar os principais nomes citados na matéria. Assim, Assis Chateaubriand vira "Ah-seez Shah-tow-bree-ahn"; Getúlio Vargas é "Zhet-tool-yoh Vahr-gahs"; *Diário da Noite* é "De-ah-ree-o dah Noy-tee"; *O Cruzeiro* é "Oo Kroo-zay-ro"; paraibano é "pah-rah-ee-bah-noh", e Teresoca vira "Teh-reh-zoh-kah".

A naturalidade com que Chateaubriand começava a se movimentar no cenário internacional e a insistência com que a imprensa estrangeira passara a tratá-lo de "Hearst brasileiro" ou de "Kane sul-americano" iriam repercutir dentro do Brasil. Em seu primeiro aniversário, o jornal esquerdista *Tribuna Popular* o saudaria com um artigo de Moacir Werneck de Castro, intitulado "Um Cidadão Kane sem grandeza":

[...] Vinte e seis jornais e uma cadeia de emissoras disseminam diariamente através do país as palavras de ordem do jornalista e homem de negócios. Seus artigos são datados de toda parte, desde o cassino do Guarujá, que faz — ou fazia — ampla publicidade em suas revistas, até o avião *Raposo Tavares*, a cujo bordo ele se desloca para estranhos lugares, onde geralmente há uma fábrica importante e um industrial incauto. Tanta atividade mereceu há pouco o prêmio de jornalismo da famosa Universidade Columbia, de Nova York.

[...] Mas esse Cruzado da Reação tem a sua campanha marcada demais pelo interesse do dinheiro. Na realidade não quer cruzada, quer cruzeiros, milhões de cruzeiros. E descobriu que a maneira mais fácil de tomar dinheiro do burguês ignorante é assustá-lo com o fantasma sempre rendoso do comunismo. Quanto ao burguês sabido, este sorri das trampolinagens do Chatô, sempre o mesmo. O amigo da marquesa de Salamanca e defensor perpétuo do general Franco atingiu uma tal fama de integridade que ao ver um artigo seu o leitor imediatamente se pergunta: "Quem estará pagando?". Mesmo quando posa de altruísta para a posteridade, nas suas campanhas nacionais não é difícil perceber onde está o golpe. Assim, por exemplo, se publica uma fotografia de operários famintos em São Paulo, é porque, como consta na legenda, trata-se de operários do conde Francisco Matarazzo, que se tornou seu desafeto.

[...] Houve tempo em que se notava certa flama em seus artigos. Mas não há vibração e *élan* profissional que resistam a uma vida de falcatruas e negociatas. O artigo, quando deixa de ser uma pregação, mesmo errada, para se transformar em picareta de cavação vulgar, perde automaticamente a autoridade e a ascendência sobre o espírito do leitor. O jornalista Chatô não é só um velho nas concepções caducas e apodrecidas que representa: é também um canastrão do jornalismo, um chato cujos truques de falsa vivacidade, cujas imagens de índios e bichos da selva são a máscara da perfeita mediocridade.

Dados os descontos do esquerdismo do jovem jornalista Werneck de Castro, alguns episódios do dia a dia efetivamente lhe davam razão nas críticas que ele fazia a Chateaubriand. E disso o francês Jean Manzon fora testemunha poucas semanas antes. Manzon se espantava com o fato de que, num país conservador como o Brasil de 1946, nunca saísse na imprensa uma única linha de crítica aos cassinos. Desconfiado do silêncio cúmplice e protetor que cercava as casas de jogo, decidiu romper o cerco por conta própria. Como era terminantemente proibido entrar nos salões dos cassinos com máquinas fotográficas, Manzon realiza uma típica aventura do repórter de antigamente: descobre uma fenda na claraboia que cobre a mesa central de jogo do Cassino Atlântico, em Copacabana, e à noite escala o telhado do prédio vizinho até chegar no ponto que havia localizado na noite anterior, em uma visita ao salão. Faz uma verdadeira ginástica para chegar ao topo da cúpula, mas fica realizado: dali é possível fotografar o cassino de todos os ângulos. De bruços, arma sua Rolleyflex e passa horas escolhendo as melhores cenas: no meio das colunas de mármore falso está o que há de mais fino da alta sociedade do Rio, cercando as mesas que se espalham pelo salão como pequenos gramados verdes. Quando termina a última chapa ele enfia os filmes na camisa e volta para a redação.

Dias depois o francês avaliou o material que tinha nas mãos. As fotos eram de excelente qualidade (era a primeira vez que um jornalista fotografava um cassino brasileiro em pleno funcionamento) e os textos-legendas, escritos com a ajuda de Nasser, falavam do luxo, das fortunas que o jogo drenava, do fenômeno econômico e social em que os cassinos haviam se transformado no Brasil. Ou seja, aquela estava longe de ser uma reportagem a favor do jogo, que era legal no país. Orgulhoso de seu feito, Manzon levou o material para Chateaubriand ver. Ele olha as fotos uma por uma, lentamente, se detém em algumas delas, passa os olhos sobre o texto e ao final estende o pacote ao ansioso autor:

— Gostou, doutor Assis?

— Formidável. Uma das mais belas performances jornalísticas que já vi.

— Então damos esta semana?

— Evidentemente, seu Manzon, não existe a menor chance de o senhor publicar isso na minha revista. O dono do cassino é meu amigo. Todas as grandes casas de jogos do Brasil anunciam nos Associados. Eu preciso deles para pagar o seu salário. Essa matéria é um escândalo, eles ficariam mortalmente feridos comigo se eu a publicasse.

Pouco habituado a um não, Manzon insiste:

— Esta reportagem exigiu várias semanas de trabalho. Ela vai apaixonar os leitores. Se o senhor não quer publicá-la em *O Cruzeiro*, quero sua autorização para vendê-la a algum diário, que não concorra com a revista.

Chateaubriand aceita:

— Não posso impedi-lo, o trabalho é seu, foi feito fora do expediente. Mas o senhor não tem consciência do incrível poder que está enfrentando. Bem, mas faça o que o senhor quiser.

Amigo de Roberto Marinho, Manzon consegue vender o material para *O Globo* por 50 mil cruzeiros — o equivalente a dez meses de salário de um diretor de jornal bem pago. Só que passam-se um dia, dois, três, uma semana e nada de a reportagem ser publicada. Mais uma semana e Manzon vai cobrar de Marinho, desconfiado de que ele, pelas mesmas razões que Chateaubriand alegara para vetar, tivesse comprado o material para engavetá-lo. Quando diz isso ao jovem dono de *O Globo*, ele responde com secura:

— Se o senhor não confia no que eu lhe disse, suas fotos e seu texto estão à sua disposição, podemos cancelar o negócio. Mas o que o senhor me vendeu foi um pacote de dinamite. Já não é jogo, é política. O presidente Dutra está a par do assunto. É preciso escolher o melhor momento para publicar seu material, e quem decide isso sou eu, que sou o dono do jornal, e não o senhor. Como o senhor é um sujeito simpático, aceito esquecer essas suspeitas levianas que levantou contra mim. Tenha paciência e confie em mim.

Alguns meses se passaram e Manzon quase se esquecera do assunto quando, ao comprar *O Globo* de 28 de abril, identificou suas fotos ocupando grande parte da primeira página. Em volta de uma mesa de bacará era possível identificar alguns rostos famosos da política e dos negócios. No alto da página, uma chamada: "Estas são as primeiras fotos de uma série sensacional, realizada pelo famoso repórter Jean Manzon, o primeiro a fotografar os índios xavantes. Desta vez sua objetiva mergulhou para você no centro de uma floresta virgem e ainda mais misteriosa: a do inferno do jogo, onde fortunas escandalosas afundam e renascem diariamente". A série dura seis dias seguidos, com enorme repercussão. No dia 5 de maio, dois dias depois de publicada a última reportagem, o trabalho de Manzon é coroado com chave de ouro: o presidente Dutra baixa um decreto proibindo o jogo em todo o Brasil.

Se de fato, como denunciara o cáustico Moacir Werneck, muitas vezes os interesses de Chateaubriand trombavam com o bom jornalismo que se procurava fazer nas redações, seria impreciso generalizar e assegurar que essa era uma norma nos Associados. Sobretudo na revista *O Cruzeiro*: se numa ponta estava Assis Chateaubriand, na outra estava Freddy Chateaubriand, que além de jornalista talentoso era um homem íntegro, que guardava prudente distância das histórias obscuras que tanto se contavam sobre os negócios do tio magnata. A revista vivia dias de glória. Resultado de todas as crises vividas pelo dono (e outras, provocadas pela penúria da guerra), a vendagem de *O Cruzeiro* desabara para pouco mais de 20 mil exemplares quando Freddy foi chamado por Chateaubriand para ressuscitá-la. E agora, em um país com pouco mais de 40 milhões de habitantes (e uma taxa de analfabetismo que passava dos 30%), estava vendendo quase 200 mil exemplares por semana. Na sua redação era possível ver desde jovens talentos, como Hélio Fernandes (irmão mais jovem que Millôr levaria para a revista e que poucos meses depois seria um de seus diretores), Luís Carlos Barreto e Jorge Ferreira, até nomes experientes como o recém-contratado Samuel Wainer e Carlos Lacerda (que apesar da briga com Chateaubriand não resistiria à tentação de voltar aos Associados como colaborador regular da revista). Em um exemplar daquele ano de 1946, colhido ao acaso, é possível medir o dinamismo de *O Cruzeiro*: na mesma semana em que Wainer enviava reportagens especiais de Caracas sobre a exploração de petróleo em território venezuelano, Carlos Lacerda escrevia de Paris sobre o bairro de Montmartre, e a dupla Nasser-Manzon mandava do Cairo matérias sobre arqueologia no Egito.

A revista era aberta pela seção "Sete dias", uma saborosa crônica de Franklin de Oliveira, e fechada por Rachel de Queiroz com a sua "Última página", mas o principal atrativo para os leitores eram mesmo as grandes reportagens — que quase sempre produziam grande repercussão. *O Cruzeiro* ainda publicava o material produzido por Nasser e Manzon no Egito, por exemplo, e a dupla já se encontrava no Brasil realizando um perfil de uma das mais pândegas figuras da política brasileira, o deputado Barreto Pinto. Jornalista obscuro que fizera carreira na política, Barreto Pinto era dono de um rendoso cartório quando se elegeu deputado federal pelo PTB do Distrito Federal em 1945 (foi de sua autoria a emenda que propôs a cassação do registro do Partido Comunista). A pretexto de escrever sua biografia para *O Cruzeiro*, Nasser e Manzon conseguiram convencê-lo a posar para uma fotografia (publicada em página inteira) vestindo apenas casaca e cuecas. O escândalo ocasionado pela foto redundou em um processo na Câmara Federal que terminaria, pela primeira vez na história do Brasil, com a cassação de um mandato por quebra de decoro parlamentar. O processo contra Barreto Pinto ainda estava em tramitação na Câmara e a revista estava nas ruas com uma dramática série de treze reportagens da dobradinha Nasser-Manzon, a célebre "Falta alguém em Nuremberg", nas quais eram revelados detalhes das atrocidades praticadas contra presos políticos (de esquerda e de direita) por ordem de Filinto Müller durante o Estado Novo. Já tenente-coronel da reserva e senador eleito pelo PSD de Mato Grosso, Filinto Müller conseguiria escapar incólume da CPI dos Atos Delituosos da Ditadura, criada no Congresso como consequência das reportagens de *O Cruzeiro*.

Na mesma proporção do prestígio adquirido pela revista, o império se espalhava pelo Brasil afora. Já eram quase trinta jornais, as revistas, a editora de livros, a agência de notícias e quinze estações de rádio. Quando a Tupi do Rio comprou um transmissor de 50 quilowatts de potência, Chateaubriand festejou o feito contratando de uma só penada quase todo o *cast* da Rádio Nacional, a começar do diretor Gilberto de Andrade, que arrastou consigo estrelas como Almirante, Paulo Gracindo, Paulo Tapajós e Aroldo Barbosa. Em idêntica medida crescia a fama de negocista de Chateaubriand. Um dia ele chamou à sua sala o repórter Neiva Moreira, seu "setorista" particular, para sugerir-lhe uma série de reportagens:

— Olha aqui, seu Neiva, é o senhor que gosta desse negócio de xenofobia, não? Então temos aqui um prato cheio. Os trustes internacionais estão desnacionalizando a indústria do vidro plano no Brasil. Quero uma série de quatro reportagens entregando essas empresas.

Neiva pesquisou, entrevistou gente, levantou denúncias e, quando o material estava pronto, *O Jornal* anunciou que naquele dia iniciaria a série de quatro matérias sobre o assunto. Saíram a primeira e a segunda, tendo ambas merecido a manchete do jornal. Quando a terceira estava para ser publicada, o repórter ouviu na redação alguém dizer que Chateaubriand já havia "acertado tudo" com os tais trustes. Suas suspeitas se confirmaram quando o patrão o chamou para dizer que ele podia encerrar a série ali mesmo, pelo meio. O maranhense ficou preocupado, contou que corriam boatos de que os Associados tinham recebido dinheiro das indústrias estrangeiras para acabar com as denúncias:

— Doutor Assis, eu não gostaria que dissessem por aí que eu entrei no dinheiro do truste do vidro plano.

Chateaubriand arranjou uma solução salomônica:

— Então, ficamos no meio-termo, meu filho. O senhor funde as duas últimas reportagens em uma só, não precisa mais dar em manchete e ninguém terá motivos para caluniá-lo, seu Neiva.

O alvo tanto podia ser o vidro plano fabricado por um poderoso truste internacional como poderia nascer da singela observação de uma caixa de fósforos. Anos antes, o *Diário da Noite* de São Paulo dera em sua última edição uma surpreendente manchete: "Fósforos sobem de 20 para 30 centavos!". O aumento do preço da caixa de fósforos ter merecido a manchete de um jornal coincidia com uma constatação de Chateaubriand: por alguma razão inexplicável, os fabricantes de fósforos anunciavam em quase toda a imprensa, menos nos Associados. Ele, que não fumava, mandou um contínuo ir ao bar mais próximo e comprar um maço contendo dez caixinhas de fósforos. Desembrulhou-o e leu no rótulo de cada caixinha a mesma informação: "Contém 50 palitos". Abriu a primeira caixa, contou e viu que só havia 37 palitos. Contou os da segunda: 38 palitos; da terceira, 40 palitos; da quarta, 45 palitos. Minutos depois concluía que nenhuma das caixas continha os cinquenta palitos anunciados. Chamou um redator do jornal e mandou comprar dez maços — ou seja, cem caixinhas, e logo depois mais dez e ainda mais dez maços. Convocou todo mundo que estivesse disponível na redação para contar os palitos de cada caixa — do dono dos Associados, passando pelo redator-chefe, até os contínuos e telefonistas, ficaram todos de cabeça baixa sobre as mesas, contando palitos de fósforos e registrando os totais em pedaços de papel. Já era de madrugada quando, ao final da misteriosa estatística, todos se puseram a fazer contas. Só então Chateaubriand anunciou o tortuoso raciocínio que ia por sua cabeça:

— Pelas nossas contas, são consumidos anualmente em São Paulo 18 bilhões de palitos de fósforos. Se cada caixinha contivesse mesmo os cinquenta palitos que o rótulo anuncia, a indústria estaria vendendo 360 milhões de caixas por ano. Mas como esses larápios colocam, em média, apenas quarenta palitos em cada caixa, na verdade eles vendem, pelos mesmos trinta centavos a unidade, 450 milhões de caixas de fósforos por ano. Ou seja: a indústria que se recusa a anunciar nos Associados está roubando o povo paulista em 90 milhões de caixas de fósforos todo ano. Multipliquem isso pelos trinta centavos e verão que são 27 milhões de cruzeiros — dinheiro suficiente para montar um jornal, meus amigos!

No dia seguinte o jornal voltava à carga com a denúncia. No outro dia mais uma reportagem (esta dizia que "uma linha formada pelos palitos de fósforos subtraídos ao povo daria para fazer quatro vezes a volta da Terra"). A série prosseguiu até que, como no caso dos vidros planos, foi interrompida inesperadamente. Semanas depois começavam a aparecer, também nos Associados, anúncios dos fabricantes de fósforos. E daquela madrugada alucinada uma marca ficaria gravada nas caixas de fósforos brasileiras: em vez de "Contém 50 palitos", elas passaram a anunciar prudentemente em seus rótulos: "Média: 45 palitos".

A leitura atenta do *Diário da Noite* revelaria história certamente semelhante a essa, mas tendo como alvo outro produto. Ainda em fase de implantação no Brasil, onde acabava de ser lançada, a Coca-Cola não anunciava nos Associados. Até que o *Diário da Noite* passou a divulgar seguidas reportagens contendo "análises bacteriológicas realizadas por respeitados institutos de pesquisas" cujos resultados "condenavam" o refrigerante. Bastou aparecerem os primeiros anúncios de Coca-Cola no *Diário da Noite* para as tais análises sumirem como que por milagre, dando lugar a reportagens que ressaltavam o fato de aquela ser "uma bebida agradável a todos, porque só emprega o puríssimo açúcar brasileiro". Alguma nova encrenca com o departamento de propaganda da Coca-Cola pode ter surgido muitos anos depois: em junho de 1957 o *Diário da Noite* voltaria a repetir o título e a notícia da "contaminação" do produto ("Condenada pelo Instituto Adolfo Lutz — Nociva à saúde da população a Coca-Cola"). De novo, no dia seguinte o jornal já não tocava mais no assunto.

Com o batismo coletivo de doze aviões, ocorrido numa tarde de julho de 1946 no Campo de Marte, em São Paulo, a campanha Dê Asas para a Juventude (agora pomposamente denominada Campanha Nacional de Aviação) podia ostentar números surpreendentes. Segundo dados divulgados naquele dia pelo Ministério da Aeronáutica, dos 963 aparelhos de recreio ou de treinamento existentes no Brasil, nada menos que oitocentos tinham sido doados pela campanha de Chateaubriand. O número se tornava ainda mais expressivo, sublinhou um dos oradores da cerimônia, se se considerasse que em 1940, quando a campanha fora lançada, a frota brasileira daquelas aeronaves não chegava a 160 unidades. O mesmo acontecia com o número de pilotos civis formados no período: até aquela data tinham recebido brevê do ministério exatos 5753 pilotos — dos quais cerca de 5 mil tinham aprendido a pilotar em aviões doados à campanha (em 1940 só havia no Brasil 318 pilotos civis e 147 das chamadas "aeronaves mercantes", ou comerciais).

Simultaneamente à campanha da aviação, o jornalista tinha lançado outra dois anos antes: a Campanha Nacional da Criança. Usando métodos idênticos aos utilizados para os aviões — doações seguidas de "batismos" e inaugurações, sempre com ampla cobertura dos Associados —, Chateaubriand pretendia fazer com que fossem construídos mil postos de atendimento à infância carente em todo o país. (Embora os dados oficiais registrem que 480 postos foram construídos, dentro dos próprios Associados há quem afirme que eles não chegaram a uma centena.)

As duas campanhas prosseguiam, mas na realidade Chateaubriand já estava perseguindo outra obsessão: obter doadores para construir e montar no Brasil "uma das maiores galerias de arte do mundo". O projeto da galeria (provavelmente inspirado na nomenclatura das similares que vira nos Estados Unidos e na Inglaterra, ele nunca falava em "museu", mas sempre em "galeria") estava pronto e acabado em sua cabeça. O prédio novo dos Diários Associados de São Paulo, quase terminado, tinha um andar inteiro destinado à instalação da galeria e algumas obras de arte haviam sido adquiridas. Mas para ele ainda faltava o principal: alguém que pudesse orientar a montagem da galeria, ajudá-lo a escolher os quadros e dedicar-se em tempo integral ao ambicioso projeto.

O homem de quem ele precisava apareceu ainda em 1946. Chateaubriand fora ao saguão do prédio do Ministério da Educação, no Rio, para ver uma mostra de 54 telas de pintura italiana do século XVI ao século XVII que haviam sido trazidas ao Brasil para ser vendidas por seu proprietário, o *marchand* e jornalista italiano Pietro Maria Bardi, de 46 anos. Dono do Studio d'Arte Palma, de Roma, Bardi passara pelo Brasil em 1936, durante uma escala do navio em que viajava para Buenos Aires. Agora ele retornava com o propósito de vender os quadros, viagem que aproveitava para fazer a lua de mel com a arquiteta Lina Bo, com quem se casara pouco antes. O italiano viera de Roma com a indicação do crítico brasileiro Mário da Silva Brito de que um jornalista excêntrico pretendia montar a tal galeria. Quando, na exposição do Rio, soube que aquele sujeito baixinho, já meio gorducho e todo vestido de branco era o *dottore* Chateaubriand, pediu a outro crítico brasileiro, Quirino Campofiorito, que fizesse a apresentação. Como não falasse português, Bardi ficou feliz ao saber que o *dottore* arranhava alguma coisa de italiano. Bastou meia hora de conversa para que o surpreendente Chateaubriand atirasse a proposta à queima-roupa: por que Bardi não ficava no Brasil e assumia a direção geral da galeria? O italiano entendeu por que diziam que se tratava de um homem exótico. Ele mal o conhecera e já o convidava para mudar-se de país e dirigir um projeto megalomaníaco. Bardi pediu tempo para pensar. Já no dia seguinte, porém, Chateaubriand batia em seu quarto de hotel não com um convite, mas com uma imposição, como se o outro fosse seu empregado:

— *Domani noi andiamo a São Paulo.*

Mas por que São Paulo?, quis saber Bardi. Chateaubriand explicou que uma galeria como a que ele imaginava tinha de estar instalada onde estivesse o dinheiro — e no Brasil o dinheiro estava em São Paulo:

— *Perché a São Paulo c'é il café!*

O dono dos Associados contou que a nova sede de seus jornais na capital paulista estava prestes a ser inaugurada e todo o seu primeiro andar poderia abrigar a galeria:

— Acho bom o senhor levar sua mulher junto, porque, já que ela é arquiteta, ficará responsável pelo projeto de utilização desse andar.

Bardi ainda tentou dizer que, embora tivesse visitado muitos museus em sua vida, nada entendia de museologia — não sabia onde começar e como terminar um museu —, mas Chateaubriand permaneceu irredutível:

— *Mi confido di lei.*

Como resistir àquele homenzinho elétrico que um dia depois de conhecê-lo dizia com toda a convicção que confiava nele? No dia seguinte o *Jagunço* decolava do Rio levando Lina, Pietro Bardi e Assis Chateaubriand com destino à maior e mais polêmica aventura das artes brasileiras: a criação do Museu de Arte de São Paulo.

28

A primeira decepção de Pietro Bardi, até então estimulado pelo entusiasmo de Chateaubriand, aconteceu antes mesmo de o *Jagunço* pousar em São Paulo. Certo de que o jornalista fosse proprietário de um grande acervo de obras de arte para inaugurar a tal galeria, foi com surpresa que ouviu que estava embarcando praticamente no marco zero daquele empreendimento. Durante o voo Chateaubriand contou-lhe que sua coleção, apesar de criteriosa, numericamente mal dava para decorar uma casa: tudo se resumia a algumas telas de Cândido Portinari, meia dúzia de obras adquiridas da poetisa Beatriz Renal para ajudar a Resistência francesa (entre as quais a única que se destacava era um óleo do surrealista Max Ernst) e dois Canaletto pelos quais pagara, meses antes, 300 mil cruzeiros. A esse modesto conjunto acabavam de ser incorporadas as seis telas que ele comprara por 950 mil cruzeiros (50 mil dólares da época, cerca de 1 milhão de dólares em 2011) do próprio Bardi, no Rio: um Jacopo del Sellaio, um Francesco Botticini, um Giampetrino, um Nicolo Aluno, um Adeodato Orlandi e um Tiepolo. Como delicadeza, Bardi ainda presenteara Chateaubriand com uma pintura sobre madeira (a *Adoração dos Reis Magos*, de autoria de Maestro del Bambino Vispo). Aquilo era tudo.

Ao chegar a São Paulo foram direto para a rua Sete de Abril, no Centro, futura sede dos Diários Associados, onde Bardi recebeu outra ducha de água fria: o prédio ainda estava em obras, e o mezanino reservado para a planejada galeria — que o italiano preferia chamar de "museu" — não passava de uma inacabada laje de concreto, sob a qual imprudentemente funcionava um grupo de teatro dirigido pelo pintor Aldo Bonadei e pelo futuro cineasta Nelson Pereira dos Santos. Segurando uma lanterna a pilha, Chateaubriand estendeu a mão em meio a pedreiros e mestres de obras, como se entregasse o universo ao surpreso casal:

— Toma, senhora Bardi: aqui a senhora vai projetar a galeria de arte antiga e moderna que seu marido vai montar para nós.

Saíram de lá para almoçar no sobrado de três andares que o jornalista comprara um ano antes na rua Bela Cintra, no Jardim América, para suas permanências cada vez mais frequentes em São Paulo — e para onde transferira da Vila Normanda o casal Thérèse e Henri Gallon. Temeroso de que o italiano pudesse desanimar diante da insignificância de sua coleção e do estágio em que se encontrava a obra da Sete de Abril, Chateaubriand falava compulsivamente sobre seus planos:

— As obras que vão encher nossa galeria não estão no hemisfério sul, seu Bardi. Nós temos que passar como dois hunos sobre a Europa devastada pela guerra comprando quadros. A nobreza e a burguesia europeias estão quebradas, seu Bardi, quebradas! Se corrermos, vamos comprar o que há de melhor entre os séculos XIII e XVII a preço de banana!

A firme convicção de que havia tesouros na Europa à espera de quem tivesse dinheiro na mão nascera da observação do cotidiano de franceses e ingleses, um ano antes. Chateaubriand fizera uma viagem de poucos dias a Alemanha, França e Inglaterra e voltara impressionado com o estrago e a penúria produzidos pela Segunda Guerra Mundial. Quando desceu do trem em Paris, vindo da Alemanha, não havia táxis nas ruas para levá-lo até o elegante hotel Plaza Athénée e, para não carregar as malas, teve de se contentar em atravessar a cidade a bordo de um velho fiacre puxado por um cavalo magro. Quando perguntou ao cocheiro se não havia mais táxis em Paris, o homem respondeu:

— Táxis há muitos. O que não há é gasolina. E nem vai haver enquanto não for votado o Plano Marshall.

Ele se referia ao plano ainda em discussão no Congresso norte-americano, por meio do qual os Estados Unidos destinariam 13 bilhões de dólares de salvadora ajuda econômica à Europa arrasada pela guerra (que em 2011 equivaleriam a 234 bilhões de dólares). Em sua primeira manhã em Londres, dias depois, pediu no restaurante do refinado hotel Claridge's um prato de ovos com bacon. O garçom riu:

— Ovos nós temos. Bacon, não.

O jornalista estrilou:

— Como não têm bacon? Está aqui no cardápio. A porção está cara, sete pence, mas eu pago.

O funcionário deu uma resposta muito parecida com a do cocheiro parisiense:

— Há bacon no cardápio, mas não na cozinha. O senhor não lê jornais? A estrela de Hollywood Loretta Young encerrou sua viagem de turismo à Inglaterra porque não tínhamos ovos com bacon para servi-la. Se não havia para a atriz de *Ramona*, por que haveria para o senhor? O quilo de bacon importado da Dinamarca está custando quinze libras. A esse preço, só vamos ver bacon depois do Plano Marshall.

Se Paris não tinha táxis para transportar turistas e se não havia um pedaço de toucinho defumado na Inglaterra nem para Loretta Young, refletia Chateaubriand em voz alta com Bardi, então quem chegasse à Europa com dinheiro no bolso "produziria uma devastação nas coleções das famílias quebradas pela guerra". Mas, tanto o cocheiro francês quanto o garçom londrino tinham razão: era preciso correr, porque depois que o Plano Marshall fosse implantado a situação sem dúvida seria outra. Sim, Bardi concordava, mas de onde tirar tanto dinheiro?

— Do café, seu Bardi, do café paulista. Por isso é que decidi fazer nossa galeria aqui em São Paulo, terra do café e do dinheiro. Eu obriguei essa burguesada a doar quase mil aviões para formar pilotos. O senhor verá do que, juntos, seremos capazes em nome da arte.

Bardi nem bem se instalara direito em São Paulo, semanas depois, e Chateaubriand voava com destino a Roma para a primeira surtida. Orientado pelo italiano sobre onde e como fazer as primeiras aquisições ("associei-me a um aventureiro italiano que é mais louco do que eu", alardeava o jornalista), conseguiu arrancar 3 milhões de cruzeiros da fazendeira Sinhá Junqueira, de Ribeirão Preto, do cafeicultor Geremia Lunardelli (de quem se dizia ser "o maior plantador de café do mundo") e do industrial Francisco "Baby" Pignatari, e não teve dificuldades para obter do presidente Dutra autorização para trocar os cruzeiros por dólares — quase 160 mil dólares (equivalentes a 2,8 milhões de dólares em 2011). Quinze dias depois, em fervilhante festa a rigor no casarão da família Jafet, na avenida Brasil, ele "apresentava à sociedade paulista" o produto das primeiras doações para a galeria — que agora já era chamada por todos de Museu de Arte de São Paulo: dois Tintoretto, um Botticelli, um Murillo, um Francesco Francia e um Magnasco adquiridos em Roma. A "burguesada" que se preparasse, que aquilo não ia ter fim.

No meio da festa Iolanda Penteado disse a Chateaubriand que queria apresentar-lhe um amigo — um homem risonho, de meia-idade, que estendeu a mão cordialmente ao jornalista:

— *Dottore*, o senhor não vai ficar impressionado de estar apertando a mão de uma alma penada?

Diante do espanto de Chateaubriand, o homem respondeu bem-humorado:

— Porque durante a guerra o senhor me matou por linchamento em plena praça do Duomo, em Milão. Eu sou Andrea Hippolito, o morto.

Chateaubriand deu uma gargalhada:

— Ah, as notícias. Elas vão até as nuvens, e quando voltam à terra ninguém as entende direito. Mas não se ofenda, seu Andrea. Saiba que, como o senhor, eu também fui um grande admirador de Mussolini e da doutrina fascista.

Nos anos que se seguiram, a alta sociedade do Rio e de São Paulo iria se cansar de frequentar as requintadas festas de Chateaubriand — mas ia pagar caro. Para montar o MASP ele começou usando métodos quase iguais aos adotados para a campanha dos aviões: primeiro era preciso caçar um milionário (ou um grupo deles) para doar o dinheiro que pagaria uma determinada obra de arte a ser adquirida na Europa. A primeira festa era realizada ainda na pista de pouso, aos pés da escada do avião que trouxesse a obra (ou, quando ela vinha de navio, no próprio cais do porto, em meio aos estivadores): o quadro era desencaixotado ali mesmo, servia-se champanhe e alguém encerrava a cerimônia com o discurso de praxe. Depois, duas festanças, com todos os convidados vestidos a rigor, a fim de apresentar a obra às sociedades do Rio e de São Paulo. Tudo, naturalmente, com farta cobertura dos órgãos Associados.

Bardi e Lina ainda estavam isolando e preparando a área a ser ocupada na rua Sete de Abril (o museu seria instalado no prédio antes que os Associados se mudassem para lá) quando as festas começaram: na casa do jornalista Roberto Marinho, no Rio, foi apresentado o *Retrato de Zborowski*, de Modigliani, doado pelo presidente da Confederação Nacional da Indústria, Euvaldo Lodi. O casal Marcos e Ana Amélia Carneiro de Mendonça deu a festa para o batismo do *Negro Scipião*, de Cézanne, doado pelo velho amigo Drault Ernanny (que agora, além do Banco do Distrito Federal, era dono de uma empresa petrolífera). Com a presença do presidente Dutra e da perfumista Helena Rubinstein, abriram-se os salões da reitoria da Universidade do Brasil para que Chateaubriand exibisse de uma só vez o *Cardeal Cristóforo Madruzzo*, de Ticiano, doado pelo dono da indústria de tecidos Bangu, Guilherme da Silveira, e *O grande eleitor da Saxônia*, de Cranach, e *Claude Renoir*, de Renoir, doados em conjunto pelo fazendeiro Antônio de Moura Andrade e pelo deputado Machado Coelho. As apresentações podiam ser na mansão de um ricaço, em uma universidade ou em um ginásio público para normalistas, como aconteceu em São Paulo quando o governador do estado, Ademar de Barros (que acabara de comprar a Lacta de Chateaubriand), doou o *Ecce homo*, de Tintoretto. No apinhado auditório do Colégio Caetano de Campos, d. Leonor, mulher de Ademar, descerrou o cetim que cobria a tela para que os alunos ouvissem o discurso do jornalista:

— Pequeninos: Jacopo Tintoretto foi um fragmento de Prometeu, com energia cósmica bastante para submeter à soberania de sua palheta veraz aventura, tragédia, drama e legenda venezianos. No trópico Tintoretto seria um personagem da selva, um báquico da *jungle*, de tal modo é delirante sua imaginação, de tal sorte é desordenado o poder de seus instintos selvagens.

Para comprar a tela *Retrato do conde-duque de Olivares* ele organizou o que apelidou de "Sindicato Velásquez": uma "associação espontânea" formada pelas mulheres do conde Rodolfo Crespi, do banqueiro Walther Moreira Salles, de Modesto Leal (o conde que lhe emprestava dinheiro a juros) e do arquiteto Jacques Pillon, a quem ele entregara a empreitada de construir o prédio da Sete de Abril. Cada uma delas entrou com 200 mil cruzeiros, um pouco mais de 10 mil dólares de então. Quando os 44 mil dólares (cerca de 806 mil dólares em 2011) chegaram às mãos de Leary Knoedler, dono da Galeria Knoedler, de Londres, o Velásquez embarcou para o Brasil para ser festejado duas vezes em jantares *black-tie*: primeiro na casa de Iolanda Penteado e Cicillo Matarazzo, em São Paulo, depois na do senador Artur Bernardes Filho, no Rio. Três dias depois, em um almoço oferecido pela Associação Comercial de São Paulo, foram apresentadas a escultura *Meditação*, de Rodin, e a tela *Fernando VII*, de Goya (só esta custara 75 mil dólares de então em Nova York), ambas doadas por Geremia Lunardelli ao museu.

No dia em que chegou ao Brasil a mais célebre de todas as obras adquiridas até então pelo museu, o *Autorretrato com barba nascente*, de Rembrandt (sobre cuja autenticidade, mais tarde, pesariam sérias suspeitas), foi organizada na casa do empresário carioca Pedro Brando uma festa memorável. Além do presidente

Dutra, estavam presentes os embaixadores da Inglaterra, do Canadá, da França, da Espanha, de Portugal e da Argentina, os príncipes herdeiros da Coroa brasileira e o que havia de mais fino no soçaite do eixo Rio-São Paulo — com destaque especial, nessa noite, para os exportadores de café da poderosa Associação Comercial de Santos, doadores do quadro. Diante dessa seleta plateia Chateaubriand faria um discurso tão sincero quanto polêmico (publicado no dia seguinte em todos os órgãos Associados sob a forma de artigo), no qual resumia a filosofia de seus métodos de arrecadação de fundos para o museu:

> [...] O gosto pelas coisas belas não é um privilégio das elites. Também o povo aspira, instintiva e obscuramente, às emoções do encontro com um Rembrandt, um Velásquez, um Goya, um Greco, um Botticelli, um Tintoretto.
> De onde, entretanto, tirar recursos para levar a arte ao povo? Formulam-se queixas contra a família voraz dos tubarões, mas conosco eles têm sido dóceis e flexíveis. Talvez porque lhes falemos pedagogicamente de seus deveres coletivos, eles costumam ouvir-nos. Acentuamos os riscos que corre sua estirpe numa era que é o século dos assalariados e dos monopólios estatais. E eles sabem que, na verdade, o que fazem conosco são seguros de vida.
> Estamos fornecendo salva-vidas à nossa burguesia. A Campanha da Aviação, a Campanha da Criança, o Museu de Arte e outros programas que temos na incubadeira, meus senhores e minhas senhoras, são os itinerários salvadores de vossas fortunas [...].

Ao contrário de intimidá-lo, o riso constrangido da maioria dos presentes animou-o a mergulhar mais fundo. Depois de discorrer longamente sobre o Rembrandt ali exposto e sobre as virtudes dos doadores, Chateaubriand encerrou sua fala com franqueza desconcertante:

> [...] Aprendi com o banqueiro Correia e Castro, aqui presente, e adotei como minha uma técnica de indiscutível eficiência para reeducar a burguesia: anunciar para breve o fim do mundo burguês, que sucumbirá aos ataques soviéticos. Apresento, contudo, a única hipótese de salvação, que é o fortalecimento das células burguesas. Uma das formas de fortalecê-las é doar Renoirs, Cézannes e Grecos ao Museu de Arte. O que significa que enfrentar os bolcheviques pode custar a cada um dos senhores modestos 50 mil dólares.

Não se passava uma semana sem que a carteira de câmbio do Banco do Brasil emitisse uma ordem de pagamento remetendo pequenas fortunas para a Europa ou para galeristas de Nova York com o objetivo de saldar dívidas originárias da aquisição de obras. Um dia eram 20 milhões de francos para pagar a Alfred Daber, em Paris, pela venda da *Banhista*, de Renoir. Noutro era uma remessa para Leary Knoedler, em Londres: 50 mil dólares pelo *Retrato de Henri*, de Toulouse-Lautrec. Mais alguns dias e lá iam mais 200 mil dólares para Knoedler "em pagamento de um quadro de Frans Hals". Aquele carnaval de dinheiro remetido para o exterior era pessoalmente autorizado pelo presidente da República por liberalidade, mas Chateaubriand foi advertido pelos ministros da Fazenda do período (sucessivamente Pedro Correia e Castro e Guilherme da Silveira) para o risco que representava fazer remessas tão vultosas sem que fossem regularmente contabilizadas e declaradas ao imposto de renda. Eram recursos cuja origem a receita tinha de registrar e, se fosse o caso, taxar.

Até então as doações eram recebidas informalmente dos doadores pelos Diários Associados (muitas vezes em dinheiro vivo, entregue a Chateaubriand em pacotes) e remetidas em nome da cadeia para o exterior, pois o museu ainda não tinha personalidade jurídica registrada em cartórios ou na junta comercial. Mas nem todo o dinheiro que entrava nos Associados era contabilizado. Para se precaver (e para proteger os doadores de qualquer investida do imposto de renda), Chateaubriand, obcecado com a ideia de enriquecer o acervo, inventou uma fórmula que acabaria por transformar o MASP num sangradouro de recursos dos Associados: em vez de simplesmente doar dinheiro para a compra de quadros, os grandes empresários passariam a fazer contratos de publicidade com os jornais, as rádios e as revistas, cuja receita entrava formalmente nos cofres Associados mas era imediatamente remetida para os galeristas dos Estados Unidos e, sobretudo, da Europa. Ou seja: o dinheiro originário de parte considerável dos anúncios que apareciam nos Associados não era utilizado para pagar salários e equipamentos das rádios, dos jornais e das revistas, mas reapareciam nas festas sob a forma de Van Dyck, Goya e Cézanne. Com isso, a maioria dos doadores, na realidade, trocava os dólares que estavam financiando a montagem do museu por espaço publicitário nos veículos da cadeia de comunicação — para grande preocupação do tesoureiro geral das empresas, Martinho Luna de Alencar. Alguns poucos doadores não pediam um centímetro (ou, no caso das rádios, um segundo) de publicidade pelas doações, entre os quais estavam os banqueiros Amador Aguiar, Drault Ernanny, Clemente Faria e Walther Moreira Salles, os industriais Guilherme Guinle, "Baby" Pignatari, os irmãos Klabin e os fazendeiros Sinhá Junqueira e Geremia Lunardelli.

E mais: como no Brasil dos anos 1940 os jornalistas não eram obrigados por lei a declarar imposto de renda (assim como tinham direito a 50% de desconto em passagens aéreas e em casas de diversões públicas, inexplicável privilégio que perdurou até o golpe militar de 1964), Chateaubriand concebeu outro mecanismo para burlar o fisco: passou a "cobrar" de cada jornal Associado remuneração exorbitante pela publicação dos artigos que escrevia diariamente. Com isso, tinha como justificar a origem das verdadeiras fortunas que remetia como pessoa física para o exterior, para pagamento das obras de arte, sem ter de prestar contas ao fisco. Toda essa ginástica contábil podia proteger tanto as empresas quanto os doadores do longo braço do imposto de renda, mas gerava enorme desorganização, uma vez que as remessas de divisas para o exterior eram feitas ora diretamente pelos anunciantes, ora pelos Associados (ou por seu dono), ora pelas empresas dos doadores — confusão que costumava ser aumentada pela caótica vida financeira do jornalista ou por uma particularidade: como nem sempre suas assinaturas nos cheques conferiam com os originais que ele havia deixado nas contas bancárias abertas no exterior, não era incomum, depois de um quadro ter sido entregue, um banco estrangeiro devolver aos vendedores de quadros (e estes a Chateaubriand) cheques carimbados com um "assinatura desconhecida".

Seja como for, quando foi inaugurado pela primeira vez (porque haveria uma segunda inauguração, três anos depois), no dia 2 de outubro de 1947, o Museu de Arte ainda transmitia a impressão de desorganização e improviso — para chegar ao mezanino, o ministro da Educação Clemente Mariani, que representava o presidente Dutra, teve de subir por uma escada de madeira, dessas usadas por pedreiros. Se a aparência era precária, porém, o recém-nascido MASP revelava saúde invejável no que importava, que era o acervo: nos poucos meses decorridos entre o primeiro encontro de Chateaubriand com Bardi e a singela inauguração, mais de 5 milhões de dólares de então (cerca de 126 milhões de dólares em 2011) haviam sido torrados na montagem daquela que já era, de longe, a mais importante coleção brasileira de "arte antiga e moderna", como seu criador preferia chamá-la.

Entre a primeira e a segunda inauguração (esta foi solene, com o prédio pronto e tomado pelos Diários Associados e com o museu ocupando, além da área original, mais um salão de mil metros quadrados), ocorrida em julho de 1950, a imprensa internacional havia publicado dezenas de pequenas notícias sobre aquele exótico homenzinho que peregrinava pela Europa com burras entupidas de dinheiro à cata das mais valiosas obras de arte. Mas foram duas extensas reportagens — uma do *Corriere della Sera* e outra da *L'Europeo*, respectivamente o jornal e a revista mais importantes da Itália na época — publicadas sobre Chateaubriand que, sem dúvida, deram as contribuições mais significativas no processo de montagem do acervo do MASP.

O *Corriere* começava reproduzindo uma história que Chateaubriand adorava repetir em rodas sociais elegantes. Segundo contava, em suas veias corria uma mistura de sangue normando e português, herança de um tataravô caeté que havia devorado alguns invasores franceses e um bispo português séculos antes, no Nordeste brasileiro (dependendo da roda, o jornalista mudava a versão e contava que seu sangue era meio judeu, pois a vítima do canibalismo de seu ancestral teria sido não um bispo, mas um rabino português que tentava instalar uma sinagoga em Recife). Chateaubriand era retratado como "uma das personalidades mais complexas de seu país, um singular fenômeno de vitalidade. [...] Um homem de estatura um pouco inferior à média, cabelos começando a ficar grisalhos, Assis Chateaubriand é tão popular junto aos 6 milhões de habitantes de São Paulo como temido por sua elite econômica e financeira". E ao descrever um jantar "do qual participavam os mais elevados expoentes da indústria e do comércio brasileiros", o jornal revela os métodos de Chateaubriand para arrecadar fundos para o museu de arte:

No final do jantar e dos discursos oficiais, Assis, que esteve, curiosa exceção, o tempo todo quieto e sentado, levantou-se e pediu a palavra. O proprietário da maior cadeia sul-americana de jornais foi breve, explícito e violento, manifestando ainda uma vez a personalidade que, além de lhe trazer novos amigos, trouxe-lhe também muitos inimigos:

— Senhores: nós falamos, fazemos excelentes negócios e ganhamos muito dinheiro. Muito bem. Mas só isto não basta. O Museu de Arte de São Paulo precisa de novas aquisições. Um museu não é uma coisa que se faça e depois se deixe dormir. Até agora gastamos 7 milhões de dólares nele. Mas é preciso mais dinheiro, é preciso continuar a obra. Assim, você (e disse um nome) vai dar-me 3 milhões de cruzeiros. Você (disse outro nome, apontando o dedo para o peito de um senhor), me dá dez, você me dá cinco, você sete...

Diante do silêncio e do espanto generalizado, continuou a apontar o dedo para o peito de vários comensais, que, já acostumados às suas maneiras bruscas e explícitas, sorriam ligeiramente:

— No total teremos aqui mais meio milhão de dólares para pagar um Ticiano que me foi oferecido em Nova York.

Depois, para maior clareza, sempre em meio a um silêncio geral, repetiu, sem errar uma só cifra, a soma que cada um devia depositar para o museu. Fez com que um por um anotasse a sua quantia em um pedaço de papel, que colocou no bolso. Depois, com seu andar descuidado, batendo nas costas de cada um com a mão, foi embora.

No dia seguinte Chateaubriand, tendo recebido o dinheiro, regularmente depositado antes do prazo estabelecido de 24 horas, partiu para Nova York. Três dias depois voltava com um Magnasco debaixo do braço. No aeroporto esperavam-no alguns membros do governo, muitos amigos e uma massa de curiosos. Chateaubriand levantou bem alto o quadro, para mostrar a todos, dizendo que o Ticiano que deveria ter comprado era falso. Sob os aplausos de todos, subiu no carro. Durante todo o dia passeou com o Magnasco embaixo do braço, levando o quadro para que os amigos o vissem, contando umas cem vezes a história de sua compra. Às onze horas da noite foi ao museu, fez acordar os vigias e assistiu pessoalmente à colocação do quadro na parede. Depois disso, satisfeito, foi dormir.

Na reportagem de *L'Europeo*, intitulada "A opinião pública brasileira se chama Assis Chateaubriand", o dono dos Associados aparece como "um homem nascido no Norte do Brasil, o que significa para nós, italianos, nascer no Sul". O jornalista é apresentado exageradamente como "um bandeirante do século XX", um obstinado que persegue três objetivos na vida: a campanha nacional da aviação, a luta contra a mortalidade infantil e a batalha pela criação de uma cultura brasileira:

A terceira ambição de Chatô é a de educar seus compatriotas para a beleza. Antes mesmo que fosse concluído o belíssimo edifício dos Diários, um colosso de mármore de quinze andares no centro de São Paulo, Chatô dava ordens aos seus engenheiros para acabar o segundo andar. "Não posso esperar mais", dizia, "preciso de um museu." [...] O museu Chateaubriand é o mais sintético do mundo. Ao lado de El Greco, Rembrandt, Goya, Tintoretto, Cranach, Piero di Cosimo, Jacopo del Sellaio, nos mesmos salões podem ser admirados um estupendo Renoir, vários Cézannes, Degas, Manet e assim por diante, até os modernistas italianos Morandi e Modigliani e os atrevidos Chagall, Utrillo, Léger e os representantes da pintura modernista brasileira como Segall, Tarsila e Portinari. O programa de aquisições para este ano prevê uma soma equivalente a 15 milhões de dólares.

Como se pode intuir, o museu está bem longe de um fúnebre mausoléu da arte. É um centro vital de cultura. Numa das vitrines, por exemplo, alinham-se alguns objetos como uma raiz, uma lamparina e até uma Olivetti último modelo.

As duas reportagens produziram um efeito surpreendente. Pilhas de cartas, quase sempre acompanhadas de fotografias e de atestados de autenticidade, pousavam sobre as mesas de Chateaubriand e de Bardi nos Associados e no museu. De Lugano, na Suíça, alguém oferecia um Rafael. De Londres, um industrial pedia que o jornalista fizesse uma oferta para uma tela de Corot, e um joalheiro falido oferecia um Renoir por 12 mil libras. Em poucas semanas tinham sido remetidas 148 cartas da Itália, da França, da Alemanha, da Inglaterra, da Espanha, da Suécia, da Holanda, da Áustria e da Suíça com ofertas de quadros — um retrato fiel do estrago causado pela guerra nas grandes fortunas. Eram comerciantes, industriais e fazendeiros oferecendo telas de Rouault a 9 mil dólares, Braque a 11 mil dólares, Picasso a 14 mil dólares, Matisse a 13 mil dólares, Maillol a 16 mil dólares. A correspondência trazia também insólitos pedidos vindos de todas as partes. De Gênova, na Itália, o médico Mario Ghidetti solicitava 32 mil liras para montar o laboratório científico do hospital psiquiátrico da cidade. O piloto aposentado da Primeira Guerra Mundial Arnaldo Orfei escrevia de Elisabethville, no Congo Belga, no coração da África, pedindo a doação de 500 mil francos belgas "para reiniciar a vida". De Friuli, na Itália, Elena Podrecca, "desempregada faz dois anos", pedia 20 mil liras para sobreviver. De Trieste, também na Itália, o professor Augusto Cernigoj pedia a ajuda de Chateaubriand para localizar, "em algum ponto da América do Sul", seu irmão mais novo, Carlo Cernigoj. André Dubonnet, dono da fábrica do conhecido vermute que levava seu sobrenome, escreveu de Paris oferecendo ao personagem de *L'Europeo* sociedade em sua indústria de bebidas.

Nos últimos anos da década de 1940 Chateaubriand não conseguia ficar um mês inteiro no Brasil. Quase sempre acompanhado por Bardi — encarregado de ajudá-lo a escolher as obras a serem adquiridas e de se certificar da autenticidade delas —, viajava incansavelmente para todos os cantos da Europa em busca de seus tesouros. Foi nesse período que um dos maiores colecionadores e *marchands* de então, Georges Wildenstein, dono de uma das mais conceituadas galerias do mundo, quis conhecer "o extrovertido jornalista brasileiro de quem a imprensa tanto fala". Wildenstein ficou maravilhado ao ouvir aquele homenzinho dizer que queria fazer no Brasil "um museu igual ao Louvre". Habituado a distinguir um novo-rico de um obstinado, Wildenstein comentou com o filho, Daniel: "Este é um homem extraordinário, um gênio. Não tenho dúvidas de que conseguirá o que quiser". E foi por intermédio de Wildenstein que Chateaubriand ficou sabendo que a galeria Leary Knoedler tinha posto à venda duas esculturas da série *As bailarinas*, de Degas. Viajaram a Londres para ver de perto as obras e na casa do *marchand* inglês descobriram que havia não duas, mas mais de cinquenta bailarinas de Degas à venda. Depois de examinarem uma por uma, Daniel Wildenstein, que viajara junto com o jornalista à Inglaterra, perguntou a um Chateaubriand maravilhado:

— Qual delas o senhor vai querer levar? A maior, a menor? A de saiote?

Chateaubriand quis saber de Knoedler quanto custava todo o lote e ouviu: 45 mil dólares. Para espanto de todos os que assistiam à cena, ordenou ao colecionador:

— Pode embrulhar todas, que eu vou levar a coleção inteira.

No discurso de apresentação das peças à alta sociedade paulista (depois reproduzido nos jornais sob a forma de artigo), Chateaubriand sustentou que o conjunto de esculturas tinha custado não 45 mil, mas 55 mil dólares — afinal, este era o valor que ele tinha arrancado do doador, o empresário Alberto Alves Filho, dono do Mappin. E foi por intermédio do mesmo Leary Knoedler que o jornalista soube que a casa londrina Christie's iria organizar um leilão de arte, naquele mês de junho de 1949, entre cujas peças se encontrava um pequeno óleo pintado pelo ex-primeiro-ministro Winston Churchill (então líder da oposição ao governo trabalhista), o *Blue sitting room*. Admirador confesso do líder conservador britânico (a quem já dedicara dezenas de artigos), Chateaubriand havia tentado trazê-lo ao Brasil meses antes. Depois de uma preocupada e reservada troca de correspondência entre a embaixada da Grã-Bretanha no Brasil e o Foreign Office, os diplomatas britânicos desconfiaram que embora Chateaubriand estivesse declarando que o motivo da viagem era pedir a Churchill que fizesse discursos "proclamando as vantagens da livre empresa", na verdade o que o jornalista planejava era "tirar vantagens políticas" da viagem. "Quer nos parecer que o verdadeiro objetivo do sr. Chateaubriand", dizia uma correspondência da embaixada à Chancelaria britânica, "é usar o sr. Churchill como uma vara para cutucar e bater no sr. Ademar de Barros, suposto candidato a presidente da República, cuja proposta de ganhar o apoio dos descamisados o levou a ser taxado de socialista por seus opositores. Certamente seria indesejável que o sr. Churchill fosse usado como uma ferramenta pelo sr. Chateaubriand." A decisão final viria em um curto telegrama endereçado ao embaixador britânico no Rio: "O sr. Churchill informa que não será, repito, não será possível aceitar o convite para visitar o Brasil. Até que o governo brasileiro seja informado disto, esta informação deve ser tratada confidencialmente".

Frustrado por não ter podido conhecer pessoalmente seu ídolo inglês, Chateaubriand animou-se quando soube que uma tela dele seria leiloada pela Christie's. Arrecadou 20 mil dólares com um pequeno grupo de doadores e embarcou para Londres levando em sua companhia Nehemias Gueiros, o advogado dos Associados. No dia do leilão (cuja renda seria destinada a obras da Associação Cristã de Moços britânica) instalou-se em uma suíte do Claridge's, encheu os bolsos de Gueiros de libras e mandou-o à Christie's. Do quarto do hotel, pelo telefone, ia orientando o advogado sobre como fazer os lances. Quando o preço chegou a setecentas libras, mandou Gueiros oferecer novecentas. De um canto do salão levantou-se o homem que vinha disputando com eles, lance por lance, a posse do quadro. Era o ator de cinema norte-americano Robert Montgomery, que agora oferecia mil libras. Autorizado por Chateaubriand, Gueiros subiu para 1100. Montgomery ofereceu 1200. Embora Bardi o tivesse advertido de que não deveria fazer lances acima de seiscentas libras (segundo ele, o quadro não tinha maior significado artístico, valendo mais pela curiosidade de ter sido pintado por Winston Churchill), o jornalista estava decidido a arrematar a tela, e mandou Nehemias Gueiros oferecer 1300 libras. O norte-americano recuou e o leiloeiro bateu o martelo: o *Blue sitting room* passava a pertencer ao acervo do MASP por 5200 dólares, o dobro do que de fato valia. O jornalista saiu do hotel correndo e ainda chegou à Christie's a tempo de usar os 15 mil dólares que haviam sobrado para arrematar dois quadros de Kokoschka e uma escultura de Henry Moore.

No final da tarde seguinte, Chateaubriand, Gueiros e o embaixador brasileiro Moniz de Aragão tomaram um carro e foram até a casa de campo de Churchill, que queria conhecer o brasileiro que comprara seu quadro. Ele os recebeu de macacão azul no jardim e espantou-se ao saber o valor que o quadro tinha alcançado:

— Mas o senhor perdeu o juízo, doutor Chateaubriand. Nenhum quadro meu vale mais que cem libras...

O jornalista levava nas mãos uma valise de couro e, depois de um chá e alguns minutos de conversa, anunciou ao ex-premiê sua mais recente maluquice. Ia sagrá-lo Cavaleiro da Ordem do Jagunço, que acabara de criar especialmente para que o primeiro condecorado fosse o líder britânico. Churchill deixou desconcertado o embaixador Moniz de Aragão, obrigado a traduzir para um inglês mais compreensível que o de Chateaubriand o significado da palavra "jagunço". O líder conservador pareceu achar graça quando Chateaubriand pediu que ele se apoiasse sobre um dos joelhos para ser condecorado. O jornalista tirou da malinha um chapéu de cangaceiro, que colocou sobre a cabeça do agraciado, e cobriu seus ombros com um malcheiroso gibão de vaqueiro nordestino, de couro cru. Pediu que Gueiros colocasse sobre o ombro de Churchill um punhal paraibano de cabo de osso e passou a pronunciar em português, com toda a solenidade, as palavras contidas no diploma de pergaminho que também saíra da misteriosa mala:

— Winston Churchill: em nome de Chico Campos, do suave sertão das Gerais, grão-mestre da Ordem, e de Antônio Balbino, senhor do Rio Grande, no sertão duro da Bahia, eu vos armo comendador da mais valorosa jerarquia do Nordeste do Brasil, a Ordem do Jagunço.

Diante de um Churchill assombrado com a cena que acabara de protagonizar, Chateaubriand e Gueiros recolheram a vestimenta e o punhal, posaram para os fotógrafos das agências de notícias que aguardavam no jardim e retornaram a Londres para comemorar as novas aquisições com uma festança regada a champanhe e mulheres.

A febril atividade de organização do MASP, que consumia grande parte do tempo de Chateaubriand, em nenhum momento impediu-o de dedicar-se à sua preocupação mais permanente, a política. Em 1948, quando Getúlio ainda amargava a obscuridade de um mandato de senador obtido nas eleições de três anos antes, ele profetizava, em um artigo intitulado "O novo show", a volta de Vargas à Presidência, para a qual seus jornais iriam contribuir significativamente. "O programa traçado pelo caudilho de Santos Reis obedece a dois tempos", escreveu Chateaubriand no dia 11 de setembro de 1948, referindo-se a Vargas. "Primeiro, alcançar o Catete pelo sufrágio universal, se necessário por uma rebelião de massas. Empalmado o governo, restabelecer a democracia autoritária, nas linhas do Estado Novo." Mas os Diários Associados só iriam se aproximar do "caudilho de Santos Reis" muitos meses depois.

Quando começou a despontar a campanha presidencial de 1950, ainda no ano de 1949, a cadeia de Chateaubriand conseguiu o prodígio de apoiar todos os candidatos. Com o desenrolar da disputa, entretanto, quem lesse os jornais Associados pressentiria que pela primeira vez o faro político de Chateaubriand parecia não funcionar bem: quando decidiu concentrar sua força em um dos candidatos, ele optou justamente por aquele que tinha sido lançado para perder — ou apenas para, sem sabê-lo, guardar o lugar para que o próprio Vargas, na hora certa, se lançasse —, o deputado federal mineiro Cristiano Machado. Lançado pelo PSD para ser abandonado no meio do caminho, o nome de Machado, associado ao episódio, daria origem a um neologismo na política brasileira — o verbo *cristianizar*, ou seja, lançar um candidato de propósito para que perdesse a eleição.

O retorno triunfal de Vargas acabaria acontecendo pelas páginas dos Associados, em um episódio até hoje obscuro. Quando Samuel Wainer, ainda em 1947, vendeu a *Diretrizes* para João Alberto (eleito vereador à Câmara Municipal do Distrito Federal), Chateaubriand chamou-o para trabalhar como repórter de *O Jornal*. Wainer acabara de retornar de uma viagem de dois anos pela Europa, onde realizara reportagens de grande sucesso como enviado especial ao tribunal de Nuremberg, que julgou os crimes de guerra nazistas, e pelo recém-criado Estado de Israel. Embora a perspectiva de trabalhar para Chateaubriand "lhe repugnasse", segundo suas próprias palavras, a sedução de experimentar o cotidiano de um jornal diário, coisa que Wainer nunca fizera em sua carreira, sobretudo no caso de um veículo dos poderosos Diários Associados, no qual ganharia o astronômico salário de 20 mil cruzeiros mensais, acabou por convencê-lo a aceitar. Contratado por *O Jornal*, ele passou dois anos cobrindo diversas áreas, mas quase sempre concentrava-se nos temas que diziam respeito à questão petrolífera (a polêmica de então era sobre se havia ou não petróleo no subsolo brasileiro). Nesse período, embora fosse um ex-tuberculoso, enfrentou um rigoroso inverno europeu para realizar reportagens sobre um brasileiro preso na França sob a acusação de assassinato. No final de fevereiro de 1949, Wainer foi chamado por Chateaubriand para uma missão em território brasileiro: uma reportagem especial no interior do Rio Grande do Sul.

Em suas memórias, Samuel relata que Chateaubriand o enviara ao Rio Grande para realizar uma série de reportagens que combatessem a tendência dos agricultores gaúchos de privilegiar a cultura de trigo (posição que o dono dos Associados de fato defendia). Já no Sul ele teria, por iniciativa própria, decidido entrevistar Getúlio Vargas, que se fechara como um ermitão em sua fazenda de São Borja — encontro do qual nasceria a antológica reportagem que mudou os rumos da política brasileira. Wainer conhecia pouco o ex-presidente, com quem cruzara algumas vezes nos corredores do Senado, em busca de notícias para a coluna diária "Por detrás da cortina", que assinava em *O Jornal*. A versão de que fazer a entrevista tinha sido decisão sua e não uma ordem de Chateaubriand, no entanto, é contestada por todos os seus colegas da direção dos Associados na época — Carlos Castelo Branco, Austregésilo de Athayde e Freddy Chateaubriand, entre outros — que sustentam que o patrão o enviou ao Sul com a missão específica de entrevistar Vargas. A tal reportagem sobre o trigo teria sido, segundo esses depoimentos, um mero pretexto para justificar a viagem do repórter ao Rio Grande do Sul. Só quatro anos depois, quando estava irremediavelmente rompido com Wainer, é que Chateaubriand publicou, no artigo "Uma história mal contada", sua versão daquele episódio, que não seria desmentida nem por Samuel nem por Getúlio Vargas:

> Terminada a refrega política de 1950 a família Vargas, toda ela (com exceção de Benjamin Vargas e do comandante Amaral Peixoto), entendeu que o responsável por tudo o que seu chefe recebera de nós como publicidade de seu nome e de sua candidatura, a partir de 1947, fora obra exclusiva do repórter Wainer. E sobre a cabeça do repórter Wainer derramaram-se todas as graças, todos os favores da cornucópia governamental. Nenhum de nós apareceu cobrando ao sr. Getúlio Vargas fosse o que fosse. O repórter dos Associados apresentou a sua conta de serviço e foi regiamente pago.
>
> Está vivo o sr. Getúlio Vargas. Ele dirá se minto. Foi ele, a princípio, quem se recusou a receber o sr. Wainer. Por sua vez o sr. Wainer temeu enfrentar o sr. Getúlio Vargas, quando o designamos para a tarefa de acompanhar o ex-presidente em seus movimentos no Sul. A prevenção de Vargas era porque o sr. Wainer tinha a fama de comunista, havendo sido, como tal, acossado pela polícia do Esta-

do Novo. Foi Salgado Filho quem, a nosso pedido, desarmou o sr. Getúlio Vargas, até fazê-lo receber em sua fazenda o emissário dos Diários Associados. Nada fez o repórter Samuel Wainer que não fosse de iniciativa da organização onde trabalhava. Todos os passos que deu resultavam de ordens emanadas do sr. Carlos Rizzini ou do sr. Oswaldo Chateaubriand, que eram os dois diretores gerais do Rio e de São Paulo.

Feita espontaneamente ou encomendada por Chateaubriand, o que importa é que a reportagem realizada na terça-feira do Carnaval de 1949 acabou se transformando no mais importante fato político da época, tendo repercutido até em órgãos importantes da imprensa internacional, como o jornal *The New York Times* e a revista *Time*. Em meio à longa entrevista, Wainer perguntou a Getúlio se ele tinha planos de voltar à cena política nacional. A resposta amanheceria estampada no dia seguinte, em letras garrafais, na primeira página de *O Jornal* e dos demais órgãos Associados: "Sim, eu voltarei. Não como líder político, mas como líder de massas". Pelas mãos de Samuel Wainer e pelas páginas do mesmo *O Jornal* que ajudara a derrubá-lo, Getúlio Vargas começava a longa caminhada que o levaria de volta à Presidência da República.

29

Chateaubriand entrou nos anos 1950 dividido entre a campanha presidencial, a consolidação do Museu de Arte de São Paulo e a realização do velho sonho de implantar no Brasil a quarta estação de televisão do mundo (e a primeira da América Latina). Quando circulou a notícia de que o Brasil ia entrar na era da TV, o projeto, na realidade, já estava muito avançado. Era uma tarde de fevereiro de 1949 e o jovem radioator Walter Forster matava o tempo jogando uma partida de peteca no pátio da Rádio Difusora de São Paulo, no Alto do Sumaré, em companhia dos radialistas Cassiano Gabus Mendes e Dermival Costa Lima. Sobre o muro que dava para a rua podiam se ver as cabeças de algumas mocinhas — eram as fãs dos galãs da rádio que passavam várias horas do dia ali, à espera de um sorriso ou de um autógrafo. No meio do jogo, a quadra improvisada é invadida por Assis Chateaubriand de terno preto de lã e chapéu *gelot* na cabeça, acompanhado de um grupo de homens, todos de paletó e gravata, trazendo nas mãos pedaços de papel, trenas e diagramas. Empurrando os jogadores de peteca com o ombro, Chateaubriand tira do bolso do paletó um pedaço de giz e vai riscando o chão e dando ordens em voz alta ao homem que estendia a trena sobre o cimento:

— Aqui vai ser o estúdio A. Agora espiche a trena para o lado de lá, ali vai ser o estúdio B. Veja se confere com o mapa.

Walter Forster se aproxima cautelosamente do patrão e pergunta:

— Mas, doutor Assis, o senhor está pretendendo acabar com o nosso campinho de peteca?

Sem se levantar por completo, ele apenas ergue os olhos com desdém:

— Vocês vão jogar peteca no diabo que os carregue: aqui vão ser os estúdios da TV Tupi.

O dono dos Diários Associados (que já eram conhecidos como Diários e Emissoras Associados) tinha acabado de chegar dos Estados Unidos, onde entregara a Meade Brunnet e David Sarnoff, diretores da RCA Victor, os 500 mil dólares que representavam a primeira prestação de uma compra total de trinta toneladas de equipamentos no valor de 5 milhões de dólares. Fechados os contratos e assinados os papéis nos escritórios da empresa em Nova York, Sarnoff convidou Chateaubriand a embarcarem num avião para uma visita à fábrica da RCA em Burbank, na Califórnia, onde "uma surpresa especial" aguardava o brasileiro. Depois de atravessarem os Estados Unidos de costa a costa, foram todos para o hotel e na manhã seguinte tomaram um carro com destino à fábrica. Lá o jornalista foi conduzido a um pequeno auditório acarpetado onde só havia meia dúzia de poltronas e um grande monitor de televisão. A um sinal de Sarnoff as luzes se apagaram e o monitor passou a transmitir imagens de uma banda de jazz — em cores! Chateaubriand não podia acreditar no que via:

— O que é isso, senhor Sarnoff? Que bruxaria é essa?

O americano explicou-lhe que não havia mágica nenhuma, aquela era uma experiência que vinha sendo desenvolvida fazia algum tempo pela empresa: a transmissão de TV em cores. Para espanto de todos os que se encontravam no diminuto auditório, Chateaubriand abriu a pasta que carregava, tirou de dentro dela as cópias dos contratos que assinara na véspera e picou-os, maço por maço, em pedacinhos, enquanto gritava em seu inglês com sotaque paraibano:

— Não pense que só porque eu venho de um país atrasado o senhor vai me vender equipamento obsoleto, senhor Sarnoff! Só aceito fazer negócio com a Victor se levar transmissores de televisão em cores para o Brasil.

A surpreendente reação do jornalista brasileiro à exibição experimental custou a David Sarnoff o trabalho de ter de mandar rebater todos os contratos e de explicar a Chateaubriand que mesmo nos Estados Unidos as pesquisas ainda iriam levar alguns anos até que a televisão em cores fosse acessível ao público (de fato, as primeiras transmissões regulares da TV colorida nos Estados Unidos só ocorreriam dali a dezessete anos, em 1966).

A agitação da montagem da televisão tomou conta dos Diários Associados em São Paulo, cidade em que Chateaubriand decidira instalar o primeiro canal brasileiro. Quando venciam os contratos de trabalho, nas emissoras Associadas, os funcionários encontravam nos instrumentos de renovação uma cláusula nova segundo a qual o empregado se obrigava "a prestar serviços, em sua especialidade, em rádio e televisão". Convidado para ser o diretor técnico do projeto, Mário Alderighi chamou Jorge Edo para ser seu assistente (ambos eram técnicos especializados na montagem de transmissores de rádio) e logo os dois embarcaram para Burbank para adquirir as primeiras noções sobre o equipamento que estava sendo fabricado pela RCA Victor. Para diretor artístico, Chateaubriand chamou o baiano Dermival Costa Lima, que ocupava cargo idêntico nas rádios Tupi e Difusora de São Paulo. Costa Lima provocou alvoroço quando anunciou que seu principal assistente ia ser Cassiano Gabus Mendes, um menino que ainda não havia completado vinte anos. Precoce, apesar do ciúme que o convite provocou, sabia-se que Cassiano era pau para toda obra na Rádio Tupi: escrevia e dirigia peças de radioteatro, era sonoplasta, irradiava futebol, produzia programas de auditório. Além disso, talvez fosse um dos poucos ali que tinha alguma familiaridade com imagens em movimento, fruto da colaboração que emprestara ao pai,

Otávio Gabus Mendes, falecido quatro anos antes e que fora o roteirista do filme *Ganga bruta*, do cineasta Humberto Mauro, e dirigira *Mulher* e *Onde a terra acaba* (à exceção de *Ganga bruta*, todos filmes mudos).

A inexperiência de Cassiano Gabus Mendes não era uma exceção entre os responsáveis pela implantação da televisão no Brasil: salvo um ou outro que tivera algum convívio superficial com o incipiente cinema brasileiro, eram todos egressos do rádio. E tampouco havia de onde copiar um modelo de sucesso, pois naquele ano só três canais de televisão funcionavam no mundo: um na Inglaterra, um na França e um nos Estados Unidos. Por ser o único canal comercial dos três, o norte-americano, da NBC (associada à RCA Victor), era o que mais se aproximava do que se pretendia fazer no Brasil.

Enquanto Alderighi e Edo permaneciam nos Estados Unidos, Costa Lima e Cassiano, com base apenas na experiência do rádio, iam realizando os ensaios do que deveriam ser os primeiros programas de televisão. Nas semanas que antecederam a inauguração da emissora, ocorrida no dia 18 de setembro de 1950, a excitação e a ansiedade tomavam conta de todos. Como os ensaios eram realizados sem os equipamentos, era impossível saber se aquilo ia ou não dar certo. Para complicar ainda mais, Chateaubriand exigiu que fossem transmitidas para um circuito fechado de televisão as cerimônias de inauguração formal do Museu de Arte de São Paulo e do Edifício Guilherme Guinle, nome da sede dos Associados na rua Sete de Abril, a se realizarem no dia 5 de julho. Na data marcada, um monitor foi instalado no amplo saguão do edifício e outro ao ar livre, na esquina das ruas Sete de Abril e Bráulio Gomes, a poucas dezenas de metros de distância. A presença do presidente Dutra, de artistas de rádio e de dezenas de políticos e empresários superlotou os salões do museu. Na falta de cadeiras para todos, Chateaubriand sugeriu que os convidados se sentassem no chão "como índios tupis", no que foi imediatamente atendido por um dos mais ilustres deles, o milionário norte-americano Nelson Rockefeller, presidente do Museu de Arte Moderna de Nova York. A única câmera instalada no local transmitia tudo para as centenas e centenas de populares que se espremiam no saguão térreo e diante do monitor instalado no meio da rua. Ao fim dos discursos de praxe, houve uma apresentação do mais festejado artista latino de Hollywood na época, o frade-cantor mexicano José de Guadalupe Mojica, de 54 anos, que cantou o grande sucesso do momento, o seu bolero "Besame".

O sucesso da pré-estreia não diminuiu a tensão existente no prédio do Alto do Sumaré. Primeiro, porque na apresentação experimental Chateaubriand estava diante da câmera, e portanto não poderia flagrar qualquer erro cometido durante a transmissão. E também por aquela ter sido uma atividade rápida, de pouco mais de meia hora. No dia 18 de setembro a função iria começar às cinco da tarde, com a transmissão da cerimônia de bênção e batismo das câmeras e dos estúdios, e prosseguiria com esquetes intermitentes até se encerrar, às nove da noite, com um grandioso show. Naturalmente tudo seria ao vivo, pois a primeira fita de vídeo só apareceria quase duas décadas depois. Para a festa da inauguração oficial, Chateaubriand já havia reservado um salão no Jockey Club, onde seria instalado um monitor para que seus duzentos convidados especiais (entre eles David Sarnoff, presidente da RCA Victor-NBC) pudessem assistir, durante um banquete, à primeira apresentação regular daquela que era chamada, por um vício herdado do rádio, pelo complicado prefixo de PRF-3-TV Tupi (e que logo se transformaria apenas em "canal 3").

A expectativa geral era estimulada por páginas e páginas de reportagens do *Diário da Noite* e do *Diário de S. Paulo*, que destacavam os menores detalhes daquela aventura. Como parte das festividades pré-inauguração, as chamadas "classes produtoras" (banqueiros, comerciantes, industriais e fazendeiros de São Paulo e do Rio) ofereceram um banquete no restaurante do Mappin para homenagear Chateaubriand pela implantação da televisão no Brasil. Antes que os pratos fossem servidos, o jornalista pediu a palavra e anunciou que iria "intervir diretamente na festa, modificando o sentido da homenagem": deu ordens para que a cozinha servisse guaraná e sanduíches de pão com mortadela a todos os convidados (entre os quais estavam alguns dos homens mais ricos do Brasil) e decidiu que as principais iguarias do jantar, depois de leiloadas entre os presentes, seriam levadas nas caminhonetes de distribuição dos Diários até o Alto do Sumaré, "para alimentar o time Associado que está lá, trabalhando pelo progresso das comunicações no Brasil". A renda do leilão seria destinada à compra de obras de arte para o MASP. Assim, um coelho assado foi arrematado pelo conde Sílvio Álvares Penteado por 17 mil cruzeiros; um peru, por Geremia Lunardelli, por 35 mil cruzeiros; um cabrito, por Drault Ernanny, por 35 mil cruzeiros. A diretoria do Sindicato da Indústria Têxtil pagou por um leitão 50 mil cruzeiros — cem vezes mais do que o prato valeria em um bom restaurante. No final da noite a equipe que trabalhava na instalação da Tupi se fartava com o banquete nas mesas do Romeu, um modesto restaurante ao lado do prédio do Sumaré. E, como os lances iniciais do "leilão" tinham sido estabelecidos por Chateaubriand, o MASP enfiava em seus cofres perto de 200 mil cruzeiros (cerca de 10 mil dólares de então, ou 150 mil dólares em 2011, o dobro do que fora pago meses antes pela tela de Churchill).

Um mês antes do dia D, o engenheiro norte-americano Walther Obermüller, diretor da NBC-TV, veio ao Brasil para supervisionar a inauguração e as primeiras semanas de funcionamento da Tupi. Logo ao chegar, a resposta que recebeu à pergunta feita a Alderighi e a Costa Lima quase o fez tomar o avião de volta para Nova York. O americano queria saber "quantos milhares de receptores tinham sido vendidos pelo comércio à população de São Paulo". Os dois diretores da Tupi se entreolharam e responderam quase em coro:

— Nenhum.

Atônito com a notícia, Obermüller pediu uma reunião com Chateaubriand, para advertir o dono dos Associados:

— Doutor Assis, o senhor está investindo 5 milhões de dólares na TV Tupi, e sabe quantas pessoas vão assistir à sua programação a partir do dia 18? Zero.

Sim: zero, ninguém. Além dos que estão expostos em meia dúzia de vitrinas, não há aparelhos instalados na casa de ninguém, em todo o estado.

Chateaubriand disse para ele não esquentar a cabeça com aquilo, que no Brasil tudo tinha solução. Telefonou ao dono de uma grande empresa de importação e exportação e pediu-lhe que trouxesse por avião, dos Estados Unidos, duzentos aparelhos de TV, de modo que chegassem a São Paulo três dias depois. O homem explicou que não era tão simples: por causa da morosa burocracia do Ministério da Fazenda, um processo de importação (mesmo que fosse agilizado por ordem do presidente da República, como Chateaubriand sugeria) iria consumir pelo menos dois meses até que os televisores fossem postos no aeroporto de Congonhas. Chateaubriand não se assustou:

— Então traga de contrabando. Eu me responsabilizo. O primeiro receptor que desembarcar eu mando entregar no Palácio do Catete, como presente meu para o presidente Dutra.

O plano deu certo, mas esteve por um fio. Metade dos aparelhos já estava nas vitrinas das lojas (a outra metade Chateaubriand comprou para dar de presente a personalidades e empresários que estavam financiando a implantação da televisão) quando o repórter policial Edmundo Rossi, do *Diário da Noite*, descobriu que a polícia estava investigando uma denúncia: centenas de aparelhos de TV tinham sido contrabandeados para São Paulo por uma certa Alstan Ltda. Sem saber que seu patrão estava por trás da operação, o jornalista deu a notícia com destaque (e com certo exagero: segundo ele, o contrabando seria de 10 mil televisores). Foi um deus nos acuda: Edmundo Monteiro, então diretor do *Diário da Noite*, precisou ir à Associação Comercial tranquilizar os donos dos grandes magazines da capital, que, para ajudar aos Diários Associados, estavam correndo o risco de ser enquadrados como receptadores de contrabando. O *Diário da Noite* não tocou mais no assunto.

Também por recomendação de Obermüller a programação inaugural foi sensivelmente enxugada: a transmissão da bênção e do batismo foi reduzida e seu início, adiado das cinco horas da tarde para as sete da noite. Instaladas as duas antenas transmissoras (uma no teto do prédio do Banco do Estado de São Paulo, no centro da cidade, e outra no próprio "Palácio do Rádio", como era conhecido o edifício do Sumaré), estava tudo pronto para a inauguração. Por fim chegara o dia tão esperado. A primeira parte do programa correu conforme o planejado, às cinco da tarde: nos estúdios do Sumaré se aglomeravam Chateaubriand, David Sarnoff, políticos, empresários e, os mais ansiosos de todos, técnicos e artistas que iam realizar a primeira transmissão, às oito da noite. Primeiro falou David Sarnoff: "A televisão dá asas à imaginação, e eu prevejo o dia em que ela nos permitirá percorrer com os olhos toda a Terra, de cidade em cidade, de nação em nação". Em seu discurso, Chateaubriand anunciou que "no cocuruto do Banco do Estado tinha sido instalada a antena que ia levar pioneiramente aos lares paulistas o mais subversivo de todos os veículos de comunicação do século, a televisão". Fez um agradecimento especial "ao alto espírito público e ao caráter benemérito" das diretorias, ali presentes, das quatro empresas que haviam contribuído com dinheiro para o empreendimento, sob a forma de contratos futuros de publicidade: a Moinho Santista, a Sul-América de Seguros, a Cervejaria Antarctica e a Laminação Nacional de Metais. Escolhida para ser a madrinha da estação, a poetisa Rosalina Coelho Lisboa Larragoiti declamou um poema de sua autoria, o bispo-auxiliar de São Paulo, d. Paulo Rolim Loureiro, benzeu as instalações e estava terminada a primeira parte da festa. O mais difícil estava por começar.

Às sete em ponto, como tinha sido marcado, o salão do restaurante do Jockey Club fervilhava de gente. Em pontos estratégicos da cidade foram instalados 22 receptores nas vitrinas das dezessete lojas revendedoras de televisores, em quatro bares e no saguão dos Diários Associados, na rua Sete de Abril. No estúdio também estava tudo preparado: as três câmeras que iam transmitir o primeiro programa estavam prontas, e no chão as marcações com giz indicavam onde cada artista deveria se colocar. Longe do alcance das lentes, espalhavam-se por todos os cantos as "dálias" — pedaços de cartolina com os lembretes das falas de cada um dos apresentadores e cantores. Suando nas mãos, Walter Forster esperava a luz vermelha da câmera um se acender para pronunciar uma breve mensagem:

— Está no ar a PRF-3-TV Tupi de São Paulo, a primeira estação de televisão da América Latina.

Para desespero generalizado, aconteceu o que ninguém poderia imaginar: uma das câmeras pifou. Não é verdadeira a versão de que o defeito tenha sido provocado por uma garrafa de champanhe quebrada na câmera por Chateaubriand durante a cerimônia da tarde — até porque não houve batismo com champanhe. A suspeita que reinava entre os técnicos era a de que a água benta espargida sobre as câmeras por d. Paulo Rolim Loureiro tivesse molhado e danificado alguma válvula. Mas, qualquer que fosse a causa, ninguém conseguia localizar o defeito. E tudo tinha sido ensaiado centenas de vezes para ser transmitido por três câmeras, não duas. Quando se tentou colocar a estação no ar só com duas câmeras, descobriu-se que as três tinham sido conectadas para funcionar em conjunto: com uma delas fora do ar, as outras duas não funcionavam. A cada cinco minutos Irani, o secretário de Chateaubriand, telefonava do Jockey Club para alguém no estúdio:

— O que está havendo? O doutor Assis está puto da vida!

Informado do inesperado defeito, Chateaubriand foi enchendo o tempo com discursos e mais discursos, enquanto Irani insistia a cada cinco minutos com um novo e repetitivo telefonema:

— O que é que está havendo aí? O doutor Assis está puto, vai botar todo mundo na rua!

A atmosfera no estúdio era de tragédia. Walther Obermüller subiu em um caixote e decidiu:

— Está cancelada a inauguração. Mesmo que as duas câmeras funcionem, vai ser um caos. Eu sou o responsável pela transmissão e determino que a transmissão seja adiada.

Cassiano Gabus Mendes simplesmente ignorou o que o norte-americano ordenava. Chamou Alderighi e Jorge Edo, deu ordens para que fosse feito um novo *link* que pusesse para funcionar as câmeras boas, pegou um microfone e anunciou:

— Pessoal! Esqueçam tudo o que foi ensaiado nos últimos meses. Não vale mais nada daquilo. Vocês vão fazendo o que eu for mandando e o programa vai para o ar agora.

Dermival Costa Lima tomou o microfone e reforçou suas palavras:

— O programa vai para o ar com duas câmeras, com uma câmera ou sem câmara nenhuma. A partir deste momento a responsabilidade por tudo o que acontecer aqui é minha e do Cassiano.

Obermüller ficou indignado:

— O que vocês estão fazendo seria inadmissível nos Estados Unidos. Nenhum câmera, nenhum diretor de TV, ninguém assumiria a responsabilidade de colocar no ar uma estação nessas condições. Eu não tenho mais nada a ver com o que acontecer aqui. Se vocês querem colocar a estação no ar, façam-no por sua conta e risco. Eu vou para o meu hotel, onde há um receptor. Vou assistir à tragédia de camarote.

Com uma hora e meia de atraso e depois de tentar dominar a tensão esvaziando uma garrafa de uísque, o que Obermüller viu na tela de seu televisor, ao contrário da tragédia que previra, foi um programa correto do começo ao fim. Improvisado e irresponsável, é certo, mas impecável. Ao final de duas horas de programação, só um especialista familiarizado com o funcionamento de um canal de TV (e não havia ninguém assim no Brasil) poderia perceber que apenas duas, e não três câmeras, haviam focalizado Walter Forster, a rumbeira cubana Rayito de Sol e seu acompanhante bongozeiro, a orquestra de Georges Henri e tantas outras atrações. A noitada foi encerrada com os acordes da "Canção da TV". Escalada para cantá-la, Hebe Camargo ficou inesperadamente rouca e foi substituída nesse número por Lolita Rodrigues e Vilma Bentivegna, que entoaram os versos do hino composto pelo poeta Guilherme de Almeida especialmente para festejar a novidade:

Vingou, como tudo vinga
No teu chão, Piratininga,
A cruz que Anchieta plantou:
Pois dir-se-á que ela hoje acena
Por uma altíssima antena
Em que o Cruzeiro poisou.
E te dá, num amuleto,
O vermelho, o branco o preto
Das contas do teu colar.
E te mostra, num espelho,
O preto, o branco o vermelho
Das penas do teu cocar.

Trançando as pernas por causa do uísque e emocionado com "a genialidade desses brasileiros malucos", Obermüller retornou ao Sumaré na hora em que Chateaubriand chegava do Jockey Club para cumprimentar a equipe. Ao ver a multidão de técnicos, artistas e curiosos que tinham acompanhado, de dentro do estúdio e sob grande tensão, toda a transmissão, o americano comentou com Cassiano Gabus Mendes a conclusão a que tinha chegado:

— Quando vocês forem escrever a história da televisão no Brasil vão ter que dizer que no dia da estreia certamente havia mais gente atrás das câmeras do que diante dos receptores.

Os dois primeiros televisores que recebeu, dos duzentos contrabandeados, Chateaubriand deu de presente, respectivamente, a Vera Faria, sua secretária particular em São Paulo, e ao presidente Dutra. O de Dutra só serviu, durante um ano, como insólita peça de decoração de seu gabinete: a TV Tupi do Rio só seria inaugurada em 1951 e o alcance da imagem da Tupi paulista chegava no máximo a cem quilômetros da capital, abrangendo poucas outras cidades, como Campinas e Santos. Era apenas um agradecimento simbólico aos favores que o jornalista recebera do governo federal no processo de implantação da PRF-3. E Vera fora objeto de tal privilégio por ser uma peça-chave na vida pessoal de Chateaubriand, que nos últimos anos fixara residência em São Paulo.

Quatro anos antes, o dono dos Associados ganhara de presente de Wolf Klabin e Horácio Lafer um terreno de mil metros quadrados no número 550 da rua Polônia, no Jardim Europa. Com dinheiro tomado emprestado no Banco Lar Brasileiro, de Correia e Castro ("a juros crespos que tento desesperadamente transformar em fundo perdido", confessaria candidamente o jornalista em um artigo), mandara construir ali uma réplica de um solar edificado em São Luís do Maranhão em 1873. Terminada a obra em 1949, o dono mandou pintar o casarão de amarelo forte e colocou no muro de entrada uma placa de azulejo português com os dizeres "Casa Amarela — Recife". Não eram só o terreno e a construção que tinham caído do céu: o pesado mobiliário de jacarandá fora presenteado pelo conde Modesto Leal, as cinco mudas de jequitibá dos jardins foram doadas por "Baby" Pignatari, os dez pés de café foram plantados por Geremia Lunardelli. Até o cachorro da casa tinha sido um presente do fazendeiro Joaquim Bento Alves de Lima.

Depois de se mudar para lá em companhia de Thérèse e Henri Gallon, Chateaubriand não mais poria "De São Paulo" no alto de seus artigos escritos na capital paulista, mas "Da Casa Amarela", seu novo *bunker*. Vera Faria, a secretária que se orgulharia de ter sido "a dona do primeiro aparelho de televisão do Brasil", não controlava apenas os gastos cotidianos da Casa Amarela, mas todos os detalhes da vida pessoal de Chateaubriand. Era ela quem comprava suas roupas, objetos de uso pessoal e seus pequeninos sapatos. Estes, aliás, antes de serem usados pelo dono, tinham de passar uma semana sendo "amaciados" nos pés da secretária (que andava com eles pelos corredores dos Associados) ou nos do contínuo português Antônio Monteiro ou ainda do segundo secretário, Edgar Naline, os três únicos na redação que, como o patrão, calçavam número 36.

E era também de Vera Faria a complicada responsabilidade de controlar e mapear, quando ele estava em São Paulo (o jornalista continuava mantendo a Vila Normanda como seu ponto de permanência no Rio), a agitada vida afetiva de Chateaubriand. Para um homem de quase sessenta anos, o jornalista tinha uma atividade sexual intensíssima. Aterrorizado pela ameaça de um dia ficar impotente, desde que fizera quarenta anos Chateaubriand se tornara um consumidor obsessivo de remédios. Carregava para onde fosse um vidrinho do velho xarope Famel (que lhe tinha sido recomendado ainda nos anos 1910 por José Veríssimo), tomava injeções regulares do antigripal Ozonil e doses diárias de um certo Lysopyoformine-C, receitado para estimular as defesas orgânicas. E levava na mala ou mantinha nas gavetas de suas mesas estoques de ampolas de Testoviron 25 mg, que acreditava ser um infalível estimulante das funções sexuais. Quando estava no Rio, quase todas as noites seu secretário carioca Irani chamava pelo telefone o farmacêutico libanês Ezequiel Bechara, dono da Farmácia Mauá, que ficava nas imediações dos Associados, para aplicar a injeção. Muitas vezes Chateaubriand nem parava de trabalhar para receber a fisgada. Punha-se a escrever de pé sobre um arquivo, abaixava as calças e continuava com seus garranchos enquanto Bechara fazia a aplicação. Em São Paulo, as injeções eram dadas por Vera ou por qualquer farmacêutico que estivesse à mão em alguma das drogarias da rua Sete de Abril.

Segundo contam todos os amigos ou empregados que privaram de sua intimidade, Chateaubriand era dono de um apetite sexual incontrolável, mas pouco seletivo. Quando ainda vivia no Rio, tinha a mania de oferecer carona em seus carros de luxo a desconhecidos passageiros que encontrava nos pontos de ônibus. Mandava o motorista parar o carro no meio do trajeto, punha a cabeça para fora da janela e perguntava:

— Quem vai para tal destino?

Havia sempre dois ou três que se ofereciam, espantados, para entrar no carro. Frequentemente era ali que arranjava companhia feminina para aquela noite. Assim, suas aventuras tanto podiam acontecer com a miss Brasil do ano, com uma milionária casada, com uma candidata a estrela do rádio que ele obrigava *O Cruzeiro* a cortejar com inexplicáveis reportagens, ou com uma modesta doméstica que apanhava nas caronas em filas de ônibus. Durante muito tempo, por exemplo, Chateaubriand manteve uma aventura com Glória, uma chapeleira que conhecera na portaria do Palace, um dos hotéis dos Guinle, no Rio. Era uma mulher feia, gorda e desajeitada, que aparentemente não despertaria o interesse de um homem frequentemente visto em companhia de algumas das mais belas mulheres do país. Mas, para espanto dos amigos, tornou-se comum ver Chateaubriand interromper no meio a redação de um artigo em *O Jornal*, tarde da noite, deixar linotipistas e revisores de plantão e mandar o motorista pegar a mulher em seu velho Rolls-Royce no hotel e levá-la à Vila Normanda ou à *garçonnière* que mantinha em Copacabana, aonde ia encontrá-la por algumas horas. Quando alguém perguntava a razão daquele romance tão extravagante ele respondia com um sorriso malicioso:

— Eu é que sei do que dona Glória é capaz numa cama...

Em São Paulo ele tinha não uma, mas duas *garçonnières* nos arredores do prédio do jornal: uma na rua Ana Cintra, e outra na rua Marquês de Itu. Vera se espantava com a vitalidade do chefe. Às vezes ele chegava do aeroporto acompanhado de uma mulher e simplesmente avisava que ia "para a Marquês de Itu". Quando Vera lhe confidenciava que já havia "uma senhorita" aguardando-o na sala de espera, ele dizia:

— Dê a ela as chaves do apartamento da Ana Cintra e mande-a esperar lá.

Saía com a primeira, voltava para a redação, escrevia o artigo, tomava a injeção de Testoviron e partia para uma segunda aventura na mesma noite. Quando descobria encantos especiais em uma mulher, era pródigo em presentes, quase sempre insólitos. Quando assumiu a direção geral dos Associados, João Calmon teve que acabar se acostumando a pagar as contas mais extravagantes, como consequência das conquistas do patrão: tanto podia ser uma fatura da Maison Cartier, de Paris (uma vez Calmon recebeu da elegante joalheria uma conta de 108 mil dólares, preço de uma joia dada por Chateaubriand a uma desconhecida com quem dormira uma noite), ou notas de despacho da Panair da remessa de caixas de mangas sem caroço de Itamaracá, em Pernambuco, para uma princesa europeia que tentava seduzir.

Em outra ocasião ele decidiu que a jovem e atraente cantora Dóris Monteiro, do *cast* da Tupi, tinha que ser eleita a Rainha do Rádio daquele ano. A campeã era escolhida anualmente através de um popularíssimo e já tradicional concurso promovido pela *Revista do Rádio* e pela ABR — Associação Brasileira de Rádios. Cada leitor recortava o cupom-voto que era impresso na revista, colocava o nome de sua favorita e o enviava para a associação. A cantora que recebesse o maior número de votos era coroada em uma concorrida festa a Rainha do Rádio (com coroa de verdade, cetro, capa de arminho e a tradicional faixa de lantejoulas), ficando para a segunda e a terceira colocadas os títulos de princesas. Mas até a véspera da apuração final os votos que Dóris tinha recebido só seriam suficientes, na melhor das hipóteses, para atribuir-lhe um modesto terceiro lugar. Quando soube que o prazo chegava ao fim, Chateaubriand chamou o tesoureiro Martinho Luna de Alencar e pediu-lhe que arranjasse imediatamente 5 milhões de cruzeiros. Os bancos já estavam fechados, o caixa dos Associados não dispunha daquela quantia, e a solução foi arranjar a cifra com um grande magazine do centro da cidade, tradicional anunciante de *O Jornal*. Quando apareceu com o dinheiro, Alencar recebeu uma ordem:

— Mande comprar tudo em *Revista do Rádio* e ponha o pessoal da redação para preencher os cupons com o nome de dona Dóris. E tem que ser já, porque as urnas fecham à meia-noite.

O paciente tesoureiro fez ver ao patrão que embora não representassem nenhuma fortuna, 5 milhões de cruzeiros (60 mil dólares da época, cerca de 780 mil dólares em 2011) eram suficientes para comprar 1 milhão de exemplares da *Revista do Rádio*, que custava 5 cruzeiros. Ou seja, mais do que a tiragem de cinco edições completas da revista. Além disso, para que Dóris alcançasse as duas concorrentes que estavam à sua frente (a favorita Bárbara Martins, que já acumulara mais de 160 mil votos, e Julinha Silva, que vinha em segundo lugar com 70 mil) seria preciso, até o fim do dia, preencher e recortar mais de cem mil cupons, um por um — uma tarefa irrealizável àquela altura do concurso. Como um menino mimado e voluntarioso, Chateaubriand parecia ter solução para tudo:

— Então o senhor leve esse dinheiro ao Manuel Barcelos, da ABR, e ao Anselmo Domingos, da *Revista do Rádio*, e diga que eu compro todo o encalhe da revista acumulado desde que começou o concurso deste ano. E não precisa mandar ninguém preencher nenhum cupom: diga que aqueles votos devem ser considerados para dona Dóris.

Semanas depois o dono dos Associados, trajando um amarrotado terno de linho branco, chegava vitorioso ao Baile do Rádio para ver de perto a coroação de sua candidata: em uma virada fulminante, nos últimos minutos do concurso Dóris Monteiro tinha sido eleita a *Rainha do Rádio* com 875 605 votos, contra 161 mil dados a Bárbara Martins (que teve que se contentar com o título de princesa) e 76 mil a Julinha Silva.

Depois que terminou o turbulento casamento com Corita, só se soube de um envolvimento afetivo de Chateaubriand mais persistente — com a mulher que talvez tenha sido a mais duradoura de todas as suas paixões. O romance do jornalista com Aimée de Heeren sobreviveria com altos e baixos até o último dia de sua vida. Depois de se separar de seu primeiro marido, o criador da Fundação Getúlio Vargas, Luís Simões Lopes, a elegante paranaense Aimée Sotto Mayor Sá se casaria com um milionário norte-americano de origem escandinava. Ao morrer, o segundo marido legaria a ela, além do sobrenome, uma grande cadeia de lojas de conveniência nos Estados Unidos. Em meados dos anos 1950, apenas para satisfazer-lhe um capricho (Aimée se queixava do desconforto de ter que enfrentar filas insuportáveis nos aeroportos internacionais), Chateaubriand conseguiu que o presidente Juscelino Kubitschek a nomeasse consulesa honorária do Brasil no balneário turístico de Biarritz, na Côte d'Argent, no sudoeste da França, onde ela tinha uma casa de veraneio, apenas para desfrutar de um passaporte diplomático.

Ao menor baque, a paixão por Aimée deixava o jornalista mergulhado em melancolia. Certa vez, depois de uma noite de arrufos, Chateaubriand foi buscá-la em seu apartamento no Copacabana Palace Hotel para o que planejava ser um almoço de reconciliação. Na portaria ele soube que "madame De Heeren" tinha acabado de fechar as malas e embarcado para Paris. Incrédulo, ele tomou o elevador e invadiu o quarto que ela ocupara. Encontrou a cama desfeita e saiu à procura de um bilhete, uma mensagem, uma carta de despedida. Nada. Foi até o banheiro e encontrou no bidê um pedaço, ainda molhado, do sabonete que ela usara em sua higiene íntima antes de partir. Sem ter o que levar de lembrança de Aimée, pegou aquele fetiche e enfiou no bolso. Durante um bom tempo — até que os dois fizessem as pazes, meses depois — os poucos amigos a quem ele contara a história, penalizados, viam-no tirar o caquinho de sabonete seco do bolso do paletó, em meio a uma reunião, e levá-lo dissimuladamente ao nariz para aspirar o que restava ali do aroma do corpo da mulher amada.

A presença constante das mulheres não só em seu cotidiano, mas também em seu imaginário, costumava criar-lhe situações de constrangimento, como a ocorrida no final dos anos 1940, quando Herschell Johnson foi nomeado embaixador dos Estados Unidos no Brasil. A alta sociedade do Rio de Janeiro decidiu oferecer-lhe um jantar no Salão Rosa do Copacabana Palace Hotel (homenagem que se estendia também a Maurício Nabuco, nomeado semanas antes embaixador do Brasil nos EUA), e Chateaubriand foi escalado para fazer o discurso de saudação ao diplomata estrangeiro, recém-chegado. Uma tentadora jovem norte-americana que trabalhava como intérprete agachou-se ao lado da cadeira de Johnson para verter o discurso do jornalista para o inglês, deixando aparecer pelo decote um generoso par de seios. Chateaubriand passou todo o tempo do discurso com os olhos grudados no colo da moça, visão que deve tê-lo inspirado a encerrar sua fala com uma frase espantosa:

— Para encerrar, embaixador, quero dizer-lhe que o senhor vai amar este país. Clima delicioso, praias lindas, sol o ano inteiro, frutas inigualáveis, música belíssima. Mas o senhor vai gostar mesmo é das mulheres. Dengosas e carinhosas, para gente como o senhor apresentam uma vantagem a mais: elas se entregam com muita facilidade aos americanos. O fato de ser americano significa meio caminho andado para que as brasileiras se entreguem com muito gosto ao visitante.

Diante da surpresa e do mal-estar generalizados que aquilo provocou, o dono do *Correio da Manhã*, Paulo Bittencourt, que fumava seu cachimbo do outro lado da mesa, gritou para o embaixador Maurício Nabuco, sentado ao lado do diplomata americano:

— Ô Nabuco! Explica para o embaixador Johnson que o Chateaubriand está falando apenas em nome de sua própria mãe!

Se com as mulheres ia tudo bem, o mesmo não se podia dizer da relação dele com os filhos. Com estes, seu temperamento variava dos raros gestos carinhosos aos frequentes rompimentos. Por qualquer desavença, algo comum entre pais e filhos, era capaz de ficar meses e até anos seguidos sem trocar uma palavra com um filho. Os dois filhos homens já eram adultos (formado em engenharia pela Universidade do Brasil em 1950, Fernando receberia a TV Tupi do Rio para dirigir em 1951; Gilberto, que fizera parte, em 1948, da primeira turma do Instituto Rio Branco, do Ministério das Relações Exteriores, tornou-se diplomata), mas nem isso os pouparia dos imprevisíveis humores do pai, que acabariam vitimando, e com maior gravidade, também a adolescente Teresa. Dentro dos limites do drama familiar que vivia, as relações da menina com o pai eram muito boas. Desde que a Lei Teresoca fora promulgada e que ela se mudara para a casa de Antonieta e Orozimbo Nonato, Chateaubriand fazia da filha personagem permanente nos batismos de aviões, inaugurações de prédios e apresentações de quadros do museu. Poucas pessoas terão aparecido mais que ela nas páginas de *O Cruzeiro* desse período. Quando completou dezesseis anos, Teresa recebeu do pai, de presente, um Cadillac conversível, de bancos giratórios — que já veio com o motorista incluído.

Mas o rompimento se avizinhava. Na noite de Natal de 1949, Teresa foi levada com as colegas do Colégio Santa Marcelina para assistir à Missa do Galo na capela do outeiro da Glória. No meio da celebração, Chateaubriand aparece vestido de *smoking*, pronto para ir a um banquete, e entra na igreja na hora em que o coro entoava no altar a música "Noite feliz". Acena para a filha, sentada com as colegas nos primeiros bancos, mete-se entre os espantados cantores do coral, tira do bolso um pedacinho de papel e, completamente desafinado e sem perder o sotaque nordestino, vai lendo a letra e cantando "Froliche Nacht", a versão em alemão da música "Noite feliz". Um incontrolável ataque de riso acomete todas as meninas, o que obriga a diretora da escola a tirá-las da igreja a puxões de orelhas. Minutos depois, um sorridente Chateaubriand procura a filha do lado de fora para entregar-lhe seu presente de Natal: uma viagem a vários países da Europa, para onde a garota embarcaria semanas depois, em companhia de algumas amigas e de Antonieta Nonato.

Permanentemente ciceroneada por diplomatas brasileiros onde quer que se encontrasse, como se estivesse realizando uma viagem oficial, Teresa escreveu carinhosas cartas diárias de Veneza, de Paris e de Roma ao pai — e em quase todas se queixou de que ele não se dava ao trabalho de responder a nenhuma delas. A garota iria esperar eternamente pelas respostas: um misterioso alcaguete contou a Chateaubriand que a filha aproveitara a viagem para se encontrar na Europa com Corita e Clito Bockel e fazer secretamente em companhia deles uma viagem de ida e volta a Nova York a bordo do luxuoso transatlântico *Queen Mary*. Ao ter conhecimento da aventura, que considerou uma traição indesculpável, o jornalista rompeu relações com a filha — para só reatá-las mais de dez anos depois, quando Teresa já estava casada com Leonardo Alkmin, filho do político mineiro José Maria Alkmin.

A ciclotímica e muitas vezes doentia relação de Chateaubriand com os filhos cruzaria fronteiras. Passados muitos anos, Gilberto Chateaubriand, já adulto, seria procurado para dar um depoimento para o psiquiatra norte-americano Mortimer Feinberger sobre sua relação com o pai. O trabalho de Feinberger que usaria Chateaubriand como *case history* intitulava-se "Teratologia das relações familiares" — ou seja, o estudo das monstruosidades praticadas no interior de uma família.

Apesar da repugnância que dizia sentir por Chateaubriand, Samuel Wainer acabou passando três anos nos Associados — período em que as relações entre os dois, se não chegaram a ser íntimas, sempre foram reciprocamente amistosas. Quando reapareceu a tuberculose do repórter, em 1949, Chateaubriand não apenas determinou que os Associados arcassem com a conta do sanatório como continuou pagando regularmente seu salário durante o internamento (Samuel, no entanto, deixaria registrado, muitos anos depois, que nunca considerou o gesto como qualquer demonstração de generosidade). Com frequência o patrão elogiava em seus artigos as reportagens de Wainer, e nos arquivos do dono dos Associados ficaram bilhetes igualmente fraternos que ele recebia daquele que se transformara em seu repórter de maior sucesso. Responsável pelo lançamento público da candidatura de Vargas a presidente, Wainer seria destacado por Chateaubriand para acompanhar o candidato durante a campanha eleitoral. A presença do repórter todo o tempo ao lado de Getúlio preocupava o general Góis Monteiro. Eleito senador pelo PSD de Alagoas e reconciliado com o ex-presidente que ajudara a derrubar (e que, reeleito, o nomearia chefe do Estado-Maior das Forças Armadas), Góis Monteiro desconfiava que Chateaubriand havia instruído Wainer para agir não apenas como repórter, mas como um espião dos Associados na campanha — suspeita que Wainer desmentiria repetidas vezes. O grupo que cercava Vargas temia, igualmente, que Chateaubriand usasse o repórter para fazer jogo duplo — desconfiança que seria reforçada por um diálogo ocorrido entre Wainer e o patrão, testemunhado pelo artista plástico Augusto Rodrigues, então ilustrador de *O Cruzeiro*. Ao entrar, certa tarde, no elevador do prédio dos Associados, Rodrigues ouviu Chateaubriand dirigir-se a Wainer:

— Seu Wainer, sua cobertura está favorável demais a Getúlio Vargas. O senhor tem certeza de que ele vai ganhar?

O repórter estava entusiasmado:

— Não tenha dúvidas, doutor Assis. Pelos comícios que tenho acompanhado, tenho absoluta certeza de que estamos assistindo à volta de Getúlio. Esteja certo de que ele vai governar o país de novo.

— Já que o senhor está tão entusiasmado, continue. Pode dar total cobertura a Vargas, que eu mando o Murilo Marroquim acender uma fogueira para queimá-lo. O senhor faz a campanha de Getúlio e eu mando o Marroquim sustentar a oposição a ele. Assim estaremos bem com qualquer lado que ganhar.

Só uma vez, no mês de março de 1950, Wainer abandonou a cobertura da campanha de Getúlio. Foi para atender a uma ordem de Chateaubriand de entrevistar o governador de São Paulo, Ademar de Barros, que iria anunciar a retirada de sua candidatura a presidente para apoiar Vargas. A entrevista foi feita no avião de Ademar e publicada escandalosamente nos jornais Associados como "uma bomba a 3 mil metros de altitude". Segundo Wainer deixou registrado em suas memórias, Chateaubriand cobrou do governador paulista 300 mil cruzeiros pela entrevista, 20% dos quais ficaram para Samuel. "Chateaubriand não gostou daquilo, porque não gostava de dar dinheiro a redator", contou Wainer, "mas com os meus sessenta contos eu comprei um apartamento na Avenida Atlântica e dei para minha ex-mulher." Embora o repórter considerasse a sua comissão "dinheiro pra burro", o valor total que teria sido pago por Ademar representava menos de um terço do milhão de cruzeiros que os Associados estavam recebendo só para apoiar, em São Paulo, a campanha de Lucas Garcez, candidato lançado por Ademar à sua sucessão no governo do estado.

As urnas provaram que a razão estava com Samuel Wainer, e não com Chateaubriand. Getúlio foi eleito presidente com larga margem de votos e retribuiu à altura o apoio que recebera do repórter dos Associados: sua primeira entrevista ao ser eleito foi dada com exclusividade a Samuel Wainer. Ela receberia o melhor tratamento que uma reportagem poderia merecer nas empresas de Chateaubriand: dias depois Getúlio seria, mais uma vez, capa de *O Cruzeiro* (as duas outras tinham sido na Revolução de 1930 e quando de sua deposição, em 1945).

Este foi o último trabalho de Wainer nos Associados. Sua intimidade com o presidente eleito era tal que, para conseguir um encontro com Getúlio, Chateaubriand teve de se submeter à humilhação de pedir a intermediação do empregado. Antes de se dirigirem à casa onde Vargas os esperava, o patrão propôs que os dois se encontrassem na Vila Normanda para uma conversa a sós. Samuel Wainer foi para Copacabana confiante em que receberia a única retribuição à altura do trabalho que fizera com Getúlio, da primeira entrevista no Sul até a vitoriosa campanha eleitoral: estava certo de que Chateaubriand o convidaria para assumir a direção geral dos Associados. O patrão propôs que conversassem no quarto, enquanto se vestia para o encontro, e foi ele quem tomou a iniciativa de entrar no assunto:

— Seu Wainer, o senhor tem automóvel?

— Não, eu nem sei dirigir.

— Mas um homem como o senhor precisa de um automóvel. Vou mandar-lhe um.

— Eu agradeço, doutor Assis, mas prefiro que o senhor me dê dinheiro e eu mesmo compro o carro.

— Então está bem. Se é assim, depois que Getúlio tomar posse eu nomeio o senhor diretor da Bayer.

— Mas doutor Assis, eu quero é continuar sendo jornalista, e não diretor de laboratório. Além do mais, a Bayer não é sua, ela foi desapropriada durante a guerra e pertence ao governo. O senhor é dono é da Schering...

— Não se preocupe. Assim que eu fizer as pazes com Getúlio, tomaremos conta da Bayer.

Profundamente frustrado por não ter ouvido uma sílaba sobre o sonhado convite, Wainer respondeu apenas com um seco "discutiremos isso depois" e saiu para caminhar pela rua enquanto Chateaubriand terminava de se vestir. O que passou por sua cabeça naquele momento está no depoimento que deixou para suas memórias, publicadas postumamente:

Saí e fiquei andando sozinho na avenida Atlântica, pensando: "Que grande filho da puta!". Eu estava esperando que ele me oferecesse o cargo de superintendente geral dos Associados, eu queria ser o grande jornalista. Eu tinha feito uma campanha única na história da imprensa brasileira, tinha ido buscar um homem expatriado no fim do mundo e tinha voltado com ele ao poder, poder de que Chateaubriand iria se beneficiar como ninguém, e ele, em vez de me oferecer uma compensação em salário, quis me dar um automóvel, um presente, uma gorjeta. Em vez de me convidar para ser o superintendente geral dos Diários Associados, ele me ofereceu uma diretoria da Bayer. Nesse dia eu disse: eu não vou mais ficar com ele.

Só muitos anos depois, ao rememorar aquela caminhada à beira-mar, é que Samuel Wainer se daria conta de que naquele momento começara a nascer o jornal *Última Hora*.

30

Chateaubriand já havia recusado vários convites para disputar cargos eletivos. Justamente em 1951, quando decidiu que queria ser senador, não era ano de eleições. Nem aquele, nem o próximo, nem o seguinte. Inconformado, resolveu pedir socorro ao amigo Drault Ernanny, que andava de namoro com o presidente Getúlio Vargas. Embora fosse dono de uma empresa petrolífera, Drault era, paradoxalmente, um conhecido defensor dos planos de Vargas de estatizar a exploração de petróleo no país — circunstância que nos últimos meses lhe abrira as portas do Palácio do Catete. No final daquele ano, poucas semanas depois de tomar a decisão, o jornalista foi à casa do amigo em busca de uma intermediação com o presidente:

— Seu Drault, andei dando um balanço na trajetória dos Associados e o resultado do inventário é de encher os olhos: já temos dezenas de jornais e estações de rádio, duas televisões, uma editora de livros e a revista mais importante da América do Sul.

O banqueiro paraibano apenas olhava, curioso por saber aonde aquela conversa ia chegar, enquanto o jornalista caminhava pela casa, falando sem parar e gesticulando de maneira teatral:

— Ou seja, temos tribunas impressas, tribunas radiofônicas e até essas mágicas tribunas televisivas. Temos tudo? Não, seu Drault, não temos. O que falta ao time dos Diários Associados é uma tribuna convencional, uma caixa de sabão onde eu possa subir e falar em nome da nossa cadeia. Por que é que faço todos esses rodeios? Para lhe comunicar que refleti bastante e decidi que vou ser senador.

Drault Ernanny festejou a decisão de Chateaubriand, mas este chamou-lhe a atenção para o obstáculo legal:

— O problema é que a próxima eleição para o Senado, que renovará um terço daquele parlamento, só vai acontecer em outubro de 1954, daqui a quase três anos, e eu queria ser senador já.

O outro reagiu com espanto:

— Esse não é apenas "um problema" como você pensa, Chateaubriand. É a Constituição do país que estabelece isso. Se só vai haver eleições em outubro de

1954, você só poderá disputar a sua vaga no Senado naquela data. Esse é um obstáculo insuperável, que nem Vargas nem ninguém tem poderes para resolver. Você tem que considerar que agora o Brasil vive uma democracia, não há mais condições de se conseguir novas leis Teresocas, como antes.

Não parecia que Drault Ernanny conhecia o jornalista fazia mais de duas décadas. Chateaubriand estava decidido, a qualquer custo, a entrar para aquele que considerava "um clube fechado, de homens maduros":

— Preciso lhe dizer mais uma coisa, seu Drault: eu ficaria imensamente feliz se pudesse ser senador pelo nosso estado natal, a Paraíba.

O outro insistia: não havia nada a fazer, nem adiantaria procurar Getúlio ou quem quer que fosse. Aquilo era uma rematada loucura. "A menos...", ia começando Drault Ernanny, quando Chateaubriand saltou da poltrona:

— A menos que o quê? Diga, homem!

— Não, eu estava apenas pensando alto: a menos que algum senador renuncie a seu mandato, e seja imitado nessa decisão por seu suplente. Aí convocam-se eleições suplementares. Mas isso me parece impossível, e ainda assim você teria que obter legenda em algum partido, se apresentar como candidato e ganhar as eleições. Ou seja, Chateaubriand, ser senador agora é um sonho remoto demais, depende de muitas variáveis sobre as quais nenhum de nós tem controle. Acho melhor você tirar essa ideia da cabeça.

Ao contrário de desanimá-lo, a conversa de Drault pareceu restituir-lhe as energias:

— É preciso que um senador e seu suplente renunciem? Então está resolvido. Pode escrever que em seis meses tenho minha cadeira no Senado.

Diante da insistência do jornalista, Drault Ernanny acabou, muito a contragosto, levando o problema para o presidente da República. Vargas empurrou o abacaxi para a frente e mandou-o procurar o governador do estado do Rio, Ernâni do Amaral Peixoto, casado com sua filha Alzira e presidente nacional do PSD. Exatamente como Chateaubriand previra, antes do final do ano o "problema" estava solucionado: convidado a assumir uma cadeira no Tribunal de Contas da União, o senador Vergniaud Wanderley, do PSD da Paraíba, aceitara renunciar a seu mandato. Também em troca de uma prebenda, o suplente Antônio Pereira Diniz repetiu o gesto do titular e renunciou. Declarado vago o cargo, o Tribunal Superior Eleitoral não teve outra alternativa senão convocar eleições suplementares para o dia 9 de março do ano seguinte para a escolha do novo senador.

A dupla barganha causou enorme desolação entre os políticos paraibanos, sobretudo na chamada "ala esquerda" do PSD, liderada pelo jovem e combativo deputado federal José Joffily. Mas não havia nada a fazer: toda a articulação fora comandada pessoalmente por Amaral Peixoto, com a anuência do presidente da República. Para o semanário esquerdista *Jornal de Debates*, do Rio, a forma como se tentava abrir uma vaga no Senado para o dono dos Associados era "a prova mais cabal de que a figura sórdida, asquerosa e repugnante do sr. Assis Chateaubriand contaminou todo o governo". Mas mesmo arquitetada de maneira tão herética, a candidatura do jornalista iria receber o primeiro elogio, surpreendentemente, de um crítico feroz de todos os atos do governo e do PSD, o belicoso Carlos Lacerda. Dono do seu próprio jornal, a *Tribuna da Imprensa*, Lacerda saudou Chateaubriand como alguém "em quem Nietzsche, que foi um dos autores da sua mocidade, deixou marcas mais profundas do que geralmente se chega a perceber":

> Esse publicista que sabe Mallarmé de cor — com a prodigiosa memória que lhe povoa de lembranças a perpétua inquietação — e pode recitar Baudelaire da praça Mauá a Copacabana, às três da manhã, depois de escrever sobre o talento peregrino e as virtudes inefáveis de um sórdido traficante desta e de outras praças, é — com perdão do lugar-comum — uma força da natureza. Poucos homens representariam o brasileiro em suas qualidades e defeitos, numa exposição psicológica, tão bem quanto Assis Chateaubriand.
>
> [...] Senador, posto que sempre recusou qualquer outro mandato político, creio que ele encara essa ascensão, agora, com aquela *coqueterie* com que Marconi aceitou a senatoria na Itália. Senador, ele certamente não deixará de o ser por jornalista e sim, jornalista, há de carregar aos ombros a senatoria como um fardo a mais — esse infatigável estivador de ideias e de obras.

Quase todos pareciam ter se esquecido de que a candidatura nascera de uma vergonhosa barganha. Em sua prestigiada coluna "Sete dias", em *O Cruzeiro*, o respeitado Franklin de Oliveira escreveu que "a escolha do nome do sr. Assis Chateaubriand indica, evidentemente, uma sensível e saudável evolução da seleção de valores. Mostra agora a brava Paraíba ao Brasil a necessidade em que nos encontramos de recrutar homens representativos onde quer que eles se encontrem, substituindo com esse método valorativo a simples escolha feita nas bases estritas da vida partidária. A candidatura do sr. Assis Chateaubriand significa a vitória de uma nova mentalidade cívica". Até o reverenciado Vítor do Espírito Santo, um dos muitos que haviam deixado os Associados às turras com o patrão, acabaria por tirar-lhe o chapéu em sua coluna "Nota carioca", do *Diário de Notícias*:

> Desta vez as resistências foram vencidas. O sr. Assis Chateaubriand resolveu aceitar o convite e vai ser apresentado ao eleitorado paraibano. Sou um homem que não tem relações pessoais com o sr. Assis Chateaubriand. Tenho mesmo as mais graves e justificadas queixas desse meu antigo chefe. Mas por estarmos de relações rotas deverei negar-lhe o valor incontesto? Pode o diretor dos Diários Associados ter inúmeros e graves defeitos, mas não se lhe podem negar qualidades inigualáveis, seja como homem de talento, seja como empreendedor e construtor sem paralelo na atualidade brasileira. Eu tenho autoridade para dizê-lo, uma vez que rompi há bastante tempo, e com carradas de razão, minhas relações com esse grande filho de Umbuzeiro.

Em busca de um companheiro "que tivesse fundos suficientes para pagar as contas da campanha", Chateaubriand acabou convencendo o próprio Drault Ernanny, paraibano como ele e milionário, a ser seu suplente e companheiro de chapa. Drault separou 800 mil cruzeiros para as despesas, dinheiro que pediu ao banco que mandasse em várias malas, trocado em notas de cinco e dez cruzeiros: familiarizado com a política de seu estado natal, ele sabia que os gastos com uma campanha eleitoral no interior da Paraíba se resumiam basicamente à distribuição de dinheiro vivo aos bandos de populares que seguiam o candidato nas caminhadas pelas ruas. Quando Chateaubriand mandou seu secretário Irani providenciar a papelada para o registro da candidatura, descobriu-se que ele não tinha — e nunca tinha tido — título de eleitor. Ou seja, o jornalista mais importante do país simplesmente nunca se dera ao trabalho de votar em nenhuma das eleições ocorridas desde 1910, quando completara dezoito anos.

Para dispor de meios de comunicação que atingissem todo o estado, ele mandou instalar um transmissor mais potente na sua Rádio Borborema, e como o jornal Associado local, *O Norte*, tinha pouca penetração (o jornal mais lido no estado era o também Associado *Diário de Pernambuco*), transferiu de Recife para a capital paraibana o repórter político Nertan Macedo, que ficaria encarregado exclusivamente de cobrir a campanha para o jornal pernambucano. Realizada no dia 30 de janeiro a convenção que sacramentou a candidatura da dobradinha, Chateaubriand permaneceu em João Pessoa somente as horas necessárias para ouvir o resultado, fazer um discurso e embarcar no Raposo Tavares de volta para o Sul. Drault Ernanny mudou-se para João Pessoa e, tão logo a candidatura foi homologada pelo tribunal, pôs-se a marcar comícios, anunciando em todos eles a presença do cabeça da chapa, que era aguardado com grande expectativa — salvo a curta viagem do dia da convenção, desde que se mudara para Recife, quarenta anos antes, Chateaubriand retornava raríssimas vezes à Paraíba.

Aquela acabaria sendo uma campanha tão bizarra quanto o candidato. Estava tudo preparado para o primeiro comício, no dia 20 de janeiro, quando Chateaubriand telegrafou a seu suplente avisando que não poderia estar presente: iria viajar naquela noite para Paris em companhia de Pietro Bardi, para comprar mais uma partida de quadros para o MASP. Tampouco pôde ir ao segundo comício, marcado para dali a dez dias, pois ia ser o orador de uma homenagem no Rio a um grupo de jornalistas suíços. No dia do terceiro comício ele estava em Campos do Jordão (SP) inaugurando um posto de puericultura doado pelo industrial Nagib Jafet à Campanha da Criança. No quarto estava em Adamantina, também no interior de São Paulo, inaugurando outro posto, doado pelo Banco Brasileiro de Descontos. Como Drault começasse a estrilar, reclamando que as eleições se aproximavam e a campanha não começava por falta de candidato, Chateaubriand propôs o que imaginava ser uma solução intermediária: ele faria o lançamento de sua candidatura em São Paulo, no Clube dos 21, uma associação de fazendeiros e industriais, e mandaria a cópia de seu discurso para ser publicado nos jornais Associados da Paraíba e de Pernambuco. E assim foi que, diante do governador

Lucas Garcez, de seus secretários e do poeta Menotti del Picchia, ele se lançou oficialmente candidato a senador a quase 3 mil quilômetros de distância de seus eleitores:

> Estou grandemente honrado em fazer meu primeiro discurso de candidato à senatoria pela Paraíba em São Paulo, no Clube dos 21, ao lado do governador Garcez e de seus secretários. Consideram-me os paulistas um seu delegado político, e eu só tenho que me honrar dessa preferência. Dispondo-se a absorver um senador paraibano, como acusam os paulistas a profundeza e a lealdade dos seus sentimentos brasileiros! Como São Paulo é bem o Brasil homogêneo, na fidelidade de seu juramento aos vínculos essenciais que nos unem.

Além da inadmissível ausência do candidato, outro problema preocupava Drault: indignadas com a troca de favores que dera origem à candidatura de Chateaubriand, as oposições haviam lançado o petebista João Lelis para disputar o cargo vago. E a notícia que corria na Paraíba era a de que o verdadeiro patrono da candidatura de Lelis era o conde Matarazzo, que em busca de um ajuste de contas com o jornalista oferecera ao adversário deste nada menos que 2 milhões de cruzeiros, uma bolada quase três vezes maior do que os gastos que estavam sendo feitos por Drault. Diante da pressão de seu companheiro de chapa, e sem mais desculpas para cabular os comícios, quando faltavam menos de quinze dias para o pleito Chateaubriand fez três viagens à Paraíba.

Havia sempre uma multidão aguardando o avião na pista de pouso. Os populares e chefes políticos locais esperavam de pé sobre a grama, e à frente deles eram colocadas duas cadeiras: uma para o governador José Américo de Almeida e outra para o repórter Nertan Macedo. O avião pousava e então repetia-se um ritual grotesco: Chateaubriand descia, escondia-se mal e mal atrás do aparelho e urinava ali mesmo, na frente de todos. Sem lavar as mãos, oferecia o primeiro cumprimento a um repugnado José Américo, continuava cumprimentando homens e mulheres com as mesmas mão sujas, e estava pronto para o primeiro de uma sucessão de comícios. Dois passos atrás vinha Irani, com uma sacola entupida de cédulas de cinco e dez cruzeiros que ia distribuindo às crianças e aos pedintes.

Antes de se dirigir aos palanques, passava na casa do chefe político da primeira cidade onde haveria comício para vestir sobre o terno a roupa oficial de campanha, que lhe emprestava um ar de samurai da caatinga: gibão de couro cru (como o que usara para condecorar Churchill) coberto por um colete do mesmo material, calças de vaqueiro e chapéu de cangaceiro. Uma carabina calibre 44 "papo amarelo" que lhe tinha sido ofertada por um prefeito passou a ser parte integrante da extravagante indumentária. Contrastando com o vestuário, seus discursos para aquela gente simples que ia aos comícios atrás de dinheiro (ou porque recebera ordens do "coronel" local) pareciam dirigidos a economistas ou cientistas políticos. Em Piancó ele falou sobre "a cooperação internacional e a estratégia do Brasil em face do problema da defesa do Atlântico Meridional". Em

Alagoa Grande (onde doou à prefeitura uma gleba de quarenta hectares, um trator, um arado e um caminhão), embora a plateia fosse composta de plantadores de algodão, fez uma veemente defesa da necessidade do ajuste do câmbio para beneficiar os cafeicultores paulistas. Em Cajazeiras ele obrigou 2 mil pessoas a permanecerem de pé e atônitas durante uma hora e quarenta minutos ouvindo uma improvisada e interminável explanação sobre a revolução agrária na Inglaterra:

> Cabras machos de Cajazeiras: desde a promulgação dos Corn Laws, em 1846, prevalecem entre os ingleses os rumos manufatureiros. A descoberta da máquina a vapor assinala o começo da revolução industrial. Com um solo hulheiro de reservas descomunais para as necessidades da época, os ingleses caminham para o liberalismo econômico em face da agricultura. O que os estadistas da City desejavam era a ampliação dos mercados externos para o escoamento da produção manufatureira.

Enquanto ele bebericava um copo d'água, alguém puxava palmas, no que era acompanhado pela multidão. O candidato prosseguia impávido:

> A marcha acelerada da revolução industrial, a partir da década de 70, leva a agricultura do Reino Unido a pesados sacrifícios. Sua área se contrai de tal modo que entre aquele ano e o de 1939 a vimos reduzir-se, em setenta anos, de 11 milhões de acres para 6 milhões. Com o ouro recebido dos produtos industriais, dos fretes da marinha mercante, dos seguros marítimos e dos juros de investimentos de capitais no exterior, paga a Inglaterra um déficit de 300 a 400 milhões de libras entre sua exportação e a importação. Era dos gêneros alimentícios produzidos no exterior que o inglês alimentava uma parte considerável de sua população.

Mais um gole d'água, mais uma salva de palmas e ele retomava o embalo, brandindo no ar a carabina quando pretendia ressaltar alguma cifra da recessão britânica:

> Mas, em 1929 ocorreu a depressão. Viu-se o governo britânico compelido à quebra do padrão-ouro. Escasseavam-lhe divisas para continuar a receber de fora os produtos agrícolas com que cobrir seu déficit de bens de consumo interno. Dez anos depois, entre 1939 e 1950, a fixação dos preços se fez em fases compensadoras para a agricultura. Sua renda aumentou consideravelmente de 59 milhões de libras em 1939 para 239 milhões em 1950. No mesmo período, o consumo de fertilizantes aumentou expressivamente. De 60 mil toneladas de nitrogênio, passaram a consumir 190 mil; de 165 mil toneladas de P_2O_5 saltaram para 427 mil toneladas em 1950; de 75 mil toneladas de K_2O, pularam para 226 mil toneladas!

Decididamente, era a primeira vez na vida que aquela gente participava de um comício assim, com um candidato que "falava difícil" do começo ao fim. O sono já ameaçava a massa quando ele anunciou finalmente que estava para concluir:

> Vede o que passaram os britânicos, cabras paraibanos, e chegareis à conclusão de que sois os homens mais felizes do mundo. Porque sonhais e não tendes jugo. Mas para o sonho ser rico é preciso que ele não contenha apenas promessas, mas também gordura, proteína. Convido-vos a dominar a nossa terra, dela arrancando a messe de riquezas peculiares a um solo tropical. Aqui estou e aqui estarei sempre, para ajudar-vos a trabalhar nessa direção. Muito obrigado, cabras machos de Cajazeiras!

Mas a campanha só atingiria as culminâncias na terceira e última viagem de Chateaubriand à Paraíba. Na véspera de sua chegada a João Pessoa, desembarcaram de um avião originário de São Paulo caixotes e mais caixotes enormes, que foram levados para a casa de Drault. O segredo sobre o conteúdo daqueles volumes deixou a cidade sob um clima de enorme excitação. O que haveria ali? Comida para distribuir para os flagelados, diziam uns. Dinheiro, muito dinheiro, garantia a oposição. O mistério começou a se desfazer na noite seguinte, quando cinco aparelhos de televisão foram colocados em pontos estratégicos da cidade e uma câmera foi instalada diante do palanque onde Chateaubriand faria seu discurso de despedida da campanha. Às oito horas da noite, as fortes luzes dos refletores colocados em frente ao palanque se acenderam e, quando Chateaubriand — pela primeira vez na campanha envergando um elegante terno preto no lugar da armadura de couro cru — começou a falar, o milagre se deu: João Pessoa era a terceira cidade do Brasil a ver a televisão funcionando. Extasiados, alguns populares saíam às carreiras da frente dos receptores e iam até o palanque para se certificar de que aquilo era verdade: o homem que aparecia na tela estava mesmo falando na praça principal. Para não obrigar a plateia do comício a só ver o candidato em carne e osso, e oferecer também a ela o privilégio de ver o prodígio chamado televisão, um monitor foi colocado ao lado do microfone, no palanque. Assim, quem estava na praça via dois Chateaubriand: o de verdade, que resfolegava ao microfone, e o que aparecia no televisor a poucos centímetros de distância do primeiro. O candidato encerrou seu último discurso com uma frase profética e sincera:

— Paraibanos! Obrigado pela cadeira que me ides conceder. Prometo-vos tudo, menos ficar sentado nela. Recebo-a a fim de partir para altas cavalarias em busca de aventuras.

Apesar das ausências do candidato e de seus discursos incompreensíveis, as urnas revelaram que Chateaubriand tinha dado um verdadeiro passeio nos adversários: ao todo ele havia recebido quase 80 mil votos (cerca de 70% dos votos válidos), contra 15 mil dados a João Lelis, que perdeu até para os votos brancos.

Um mês e meio depois, no dia 24 de abril, Chateaubriand era empossado senador. Seu discurso de posse se resumiu a uma curta frase de vinte palavras. Uma frase que seus pares se habituariam a ouvir e que era uma espécie de anúncio — tal qual prometera no último comício, na Paraíba — de como ele pretendia exercer seu mandato:

— Senhor presidente: devendo ausentar-me do país por mais de uma semana, faço a devida comunicação a este augusto corpo.

Horas depois de assumir a cadeira de senador que custara ao presidente da República uma delicada operação política, Chateaubriand a trocava pela poltrona de um Constellation da Air France, com destino a Paris. Ainda fiel à última frase de seu discurso em João Pessoa, ele já se encontrava em altas cavalarias, em busca de uma ruidosa aventura em Corbeville, nos arredores da capital francesa.

Entre aquele dia 24 de abril de 1952 e 25 de janeiro de 1954, quando se encerrou seu mandato de senador, Chateaubriand usou a tribuna 127 vezes. Ou seja, se forem descontados os períodos de recesso do Senado e as inúmeras viagens que fez ao exterior nesse período, o balanço revela um parlamentar prolífico: quando estava no Senado, raramente deixava de falar. E se falava sobre os assuntos mais variados, na maioria das vezes ele ocupava a tribuna para tratar de problemas ligados à economia brasileira. Em pouco menos de dois anos de mandato, Chateaubriand fez sessenta discursos sobre esse tema — dos quais dezoito para combater o monopólio estatal do petróleo (que o governo, apesar de sua oposição e contra o seu voto, acabaria implantando naquela legislatura) e quinze para defender os cafeicultores. A política externa vinha em segundo lugar como objeto de seu interesse: ao todo ele pronunciou 29 discursos que discorreram sobre assuntos que iam da democracia na Índia ao fornecimento de armas pela União Soviética à Guatemala de Jacobo Arbenz, do resultado das eleições na Alemanha ao acordo comercial entre a Argentina e o Paraguai.

Mas o horizonte de seus interesses parlamentares costumava dar inesperados saltos de 180 graus. Um dia o jornalista Otto Lara Resende, então analista político do *Correio da Manhã*, cruzou com Chateaubriand no corredor do Senado e comentou com ele que era vergonhoso ver a imundície dos banheiros de uma casa tão importante como aquela. O senador pela Paraíba quis ver de perto o motivo de queixa de Otto, que se prontificou a mostrar-lhe o estado das privadas, e, maliciosamente, sugeriu que ele se manifestasse sobre o assunto na tribuna — sem jamais imaginar que seria levado a sério. Ao se iniciar o expediente, Otto não acreditou quando ouviu Chateaubriand inflamado, esbravejando ao microfone que uma nação que não tinha latrinas limpas não podia ter democracia — para terminar com um discurso apocalíptico, pedindo a implantação de "um governo autoritário, que limpe a latrina em que se transformou o Brasil". A crônica política da época registra também que era comum Chateaubriand ser visto roncando alto em uma das cadeiras do plenário, com o queixo enfiado no peito, para subitamente se levantar, de um salto, e apartear o nacionalista Kerginaldo Cavalcanti, do PSP do Rio Grande do Norte, um ferrenho defensor da criação da Petrobras.

O mais frequente, no entanto, era ele não estar no Brasil. A viagem realizada horas depois da posse foi a primeira de uma sequência que culminaria, quatro meses depois, com a realização do grande escândalo social daquele ano, o célebre baile do castelo de Corbeville, nas cercanias de Paris. Segundo suas próprias palavras, fazia muitas décadas que Chateaubriand "suspirava por fazer uma apresentação assim na Europa". Seu plano era "apresentar à alta sociedade do Velho Mundo o Brasil verdadeiro, o Brasil que somos nós: um Brasil de mestiços autênticos, mulatos inzoneiros, índios e negros a promover a vasta experiência de cruzamentos que empreendemos no trópico, em vez do falsificado Brasil branco, de catálogos de grã-finos que, *parvenus* e *snobs*, tentam impingir filauciosamente ao mundo". A oportunidade surgiu quando o costureiro francês Jacques Fath propôs que os Diários Associados organizassem em seu castelo parisiense uma festa de arromba para promover na Europa o algodão brasileiro. Copatrocinada por Joaquim Guilherme da Silveira, dono da fábrica de tecidos Bangu, o "baile", como o jornalista preferia chamá-lo, ficou marcado para o dia 3 de agosto, em pleno verão francês.

Chateaubriand embarcou uma semana antes, carregando para acolitá-lo o jornalista José Guilherme Mendes, de *O Cruzeiro*. Como uma equipe dos Associados e da Tecidos Bangu se encontrava na capital parisiense fazia um mês, reservando hotéis e cuidando dos preparativos para a festa, ele aproveitou os dias de folga para visitar um colecionador que, segundo o jornalista Germain Bazin, conservador-chefe do Museu do Louvre, queria vender obras para o MASP. Levou um Manet, um Corot, um Renoir, e deixou de lado, apesar do preço acessível, a *Dama com a rosa*, um nu de Picasso provocantemente erótico. À saída do estúdio do *marchand*, José Guilherme quis saber a razão da recusa do Picasso, e Chateaubriand respondeu com crua sinceridade:

— Seu Zé Guilherme, se eu exponho um quadro com uma mulher exibindo uma xoxotona daquele tamanho, aqueles quatrocentões atrasados lá de São Paulo nunca mais me darão um tostão para comprar quadros. Se eu compro aquela tela eles tocam fogo no meu museu!

Às nove da noite do dia 3 de agosto um espetáculo de fogos de artifício iluminou a multidão de 3 mil pessoas que lotavam os jardins do castelo. Só para levar os cem convidados brasileiros, Chateaubriand fretara dois Constellation da Panair, sem contar o voo especial que transportara orquestras, músicos, cantores, sambistas e frevistas. Terminados os rojões, o maestro Severino Araújo saiu do camarim armado atrás do castelo e invadiu os jardins regendo a Orquestra Tabajara, da TV Tupi, que tocava um frevo pernambucano. Atrás deles vinham os cantores Elizeth Cardoso, Ademilde Fonseca, Zé Gonzaga, Jamelão e "Pato Branco" (um sanfoneiro albino que se fazia passar pelo músico Sivuca, que não pudera comparecer, e cuja presença na festa tinha sido exigida pelo dono dos Associados). Atrás deles, vinte passistas baianas bailavam e abriam passagem para que pudessem sair de dentro do castelo quatro negros de tanga, carregando uma liteira coberta onde vinha instalada, vestida à la Debret, a esfuziante Aimée de Heeren. Depois dessa *ouverture* triunfal, vinte cavalos saíram em disparada dos fundos do castelo, cada um deles montado por um convidado ilustre (francês ou brasileiro) vestido de cangaceiro e carregando uma mulher na garupa, também vestida a caráter. A cavalhada foi aberta pelo antropólogo Arbusse Bastide fantasiado de Lampião, levando na garupa a manequim Danuza Leão vestida de Maria Bonita, e fechada por Chateaubriand sobre um alazão e vestido "com uma cópia da fatiota de couro cru que meus antepassados usavam para capar bode no vale do Piancó". Na traseira do cavalo do jornalista ia a costureira internacional Elza Schiaparelli — que semanas antes, em visita ao Brasil, recebera a Ordem do Jagunço e que a imprensa parisiense descreveu como "delirantemente fantasiada de periquita do Guaíba". Vestindo um sumário *cache-sexe*, de peruca de índio e cocar sobre a cabeça, o costureiro e anfitrião Jacques Fath pegou o microfone e anunciou que "a grande festa do Brasil estava começando".

Sobre o tablado de madeira, e ao som da Orquestra Tabajara, fotógrafos dos Associados, de agências internacionais e dos jornais e revistas franceses retratavam o cineasta Orson Welles meio embriagado tentando dançar xaxado com a atriz Ginger Rogers ao lado do ator Jean-Louis Barrault, que ensaiava passos de cururu com a estrela Claudette Colbert. Do outro lado do jardim, sob uma barraca, o comediante Danny Kaye comia acarajés com Paulette Godard. Para Chateaubriand, no entanto, aquelas não eram as vedetes mais importantes da festa que só terminaria no dia seguinte, ao raiar do sol. Seu grande tento tinha sido conseguir levar para Corbeville duas austeras senhoras discretamente vestidas a rigor, que, sentadas em uma mesa na beira da pista, pareciam sentir enorme desconforto por estar naquele ambiente pagão: eram Darcy Vargas, mulher do presidente da República, e sua filha Alzira. Fartamente fotografada, a presença delas naquela que ficou conhecida pela oposição como "a bacanal de Corbeville" iria se transformar, 24 horas depois, em uma extraordinária dor de cabeça para Getúlio Vargas.

A inquieta *Tribuna da Imprensa* de Carlos Lacerda não ia perder um prato cheio como aquele. Sob a manchete "205 mil dólares numa festa em Paris", frases curtas resumiam o noticiário enviado pelas agências internacionais:

Cachaça e champanhe para 76 brasileiros levados em aviões fretados / Estonteantes os vestidos das senhoras Darcy Vargas e Alzira Vargas do Amaral Peixoto / Celebridades do cinema e do teatro acotovelam-se no ritmo alucinante do castelo do costureiro Jacques Fath / "Uma completa loucura", diz um convidado deliciado / Dança nupcial dos índios de Mato Grosso / Não deixe de ler os pormenores da orgia promovida por um grupo de brasileiros, tendo à frente o sr. Guilherme da Silveira, acusado no inquérito do Banco do Brasil.

Também na primeira página e ao lado do noticiário, a *Tribuna* publicava o duro editorial intitulado "Afronta":

Cada qual desce do bonde como quer. Mas, realmente, os telegramas que hoje descrevem a farra em Paris, com a indulgente presença da mulher do presidente da

República e de sua encantadora filha, ultrapassam todas as medidas e constituem uma afronta às dificuldades com que luta o povo francês e à desgraça que aflige o povo brasileiro. "O pai dos pobres" [o jornal se referia ao nome com que o presidente Vargas era popularmente conhecido] não é capaz de explicar com que dólares foram custeados esses aviões especiais, essas cabaças e inúbias, esses pássaros tropicais, essa revoada de aventureiros e aventureiras que transportaram a Paris para participar da dispendiosíssima bagunça no castelo de um novo-rico. Quem forneceu o câmbio? Foi câmbio oficial ou câmbio negro? Isso é que merece um inquérito. Vejamos se alguém tem coragem de perguntar, frontalmente, ao chefe do governo, quem autorizou a exportação desses dólares.

O mesmo Lacerda que meses antes exaltara as qualidades do candidato a senador agora assinaria um artigo intitulado *"Perchance you wonder at this show* (Montesquieu responde a Chateaubriand)", no qual acusava o dono dos Associados de tentar tomar a história de assalto. "Não podendo, por um alto feito, entrar para a história, ele se contenta em entrar para o anedotário", escreveu Lacerda. "Para que construiu o sr. Chateaubriand o seu império? Esse poderoso treme diante do poder. Não o enfrenta. Procura diverti-lo. Esse jornalista tem horror ao jornal." De São Paulo, os Mesquita também não perderiam a oportunidade de pegar, de uma marretada só, tanto seu velho inimigo Getúlio Vargas quanto Assis Chateaubriand. Não se passou uma semana e o austero *O Estado de S. Paulo* caiu sobre o baile de Corbeville com o editorial "Decomposição":

Foi com estupefação que os franceses — tão familiarizados, entretanto, com toda a sorte de exotismos — contemplaram a orgia em que se converteu a "Festa do Seridó", caracterizada pelo destempero de costumes ali apresentado como o que de mais fino e puro existe nos lares brasileiros. [...] O pior é que esses inconscientes, aventureiros de variada origem, sem raízes nos meios da tradição do país, ali se intitularam representantes da sociedade brasileira, sem atentarem para o insulto que, com uma bacanal de repercussão mundial, estavam lançando à face de uma sociedade como a nossa, tão ciosa dos seus costumes, pautados nos ditames da mais severa moralidade.

Nas páginas do mesmo *Estado*, o primo-irmão Rafael Correa de Oliveira acusava Chateaubriand de ter atraído a primeira-dama e sua filha para aquele "bródio infernal" apenas para satisfazer a "solicitações mórbidas de uma senilidade precoce, que o desarticula apalhaçadamente em auras progressivas". Ao ver o nome do autor do artigo "O Brasil não pode ficar nu", Chateaubriand respondeu dias depois, ainda da Europa: "O que escreveu *O Estado* é a invencionice de tipos que a Paraíba expeliu do seu seio, segundo os métodos notórios da nossa lei, com surras sucessivas de rabo de tatu e peia de couro cru".

Em *O Cruzeiro*, o baile de Corbeville receberia nada menos que 68 páginas de cobertura, distribuídas em quatro sucessivas edições. E foi em uma coluna da revista que se levantou a única e solitária voz em defesa de Chateaubriand, a do sociólogo pernambucano Gilberto Freyre. Em seu artigo "Reclamo do Brasil" (a palavra "reclamo" era usada aí como sinônimo de "propaganda"), Freyre criticava os "pudores patrióticos" e os "escrúpulos cristãos" dos moralistas que atacavam o jornalista por levar à Europa "o frevo e outros tropicalismos brasileiros". Segundo ele, se o barão do Rio Branco estivesse vivo, faria o mesmo que Chateaubriand fizera: "Rio Branco tinha um pouco do gênio do reclamo — o reclamo do Brasil — que hoje aparece encarnado de modo vivíssimo no sr. Assis Chateaubriand. Ele compreendia que um país novo, desconhecido e ignorado como o Brasil não pode, ou não deve, dar-se ao luxo de ser um país de gente elegantemente discreta e cinzenta, como os britânicos ou ingleses do tempo da rainha Vitória".

Para a maioria da população, o que ficaria da festa não seriam as matérias escandalosas da *Tribuna da Imprensa*, um jornal de tiragem modestíssima, nem o severo editorial perdido nas páginas de opinião do *Estado*. Para o grande público, no final das contas, valia a versão dada por *O Cruzeiro*, que era de longe a publicação com o maior número de leitores do país, pois já vendia 370 mil exemplares por semana.

Decidida a explorar até a exaustão o rico veio da grande reportagem, a revista mantinha permanentemente equipes de repórteres e fotógrafos espalhadas pelos mais remotos pontos do planeta. Em uma única semana daquele ano de 1952 era possível ler reportagens enviadas de Helsinque, na Finlândia, por João Martins; de Denver, nos Estados Unidos, por Luciano Carneiro; de Farminton, também nos EUA, por David Nasser; dos confins da África, por Pierre Verger; de Paris, por José Medeiros; de Araguari, no interior de Minas, por Eugênio Silva; do Equador, por José Amádio; do Alto Xingu, Indalécio Wanderley e Ubiratan de Lemos escreviam que estavam se aproximando do lugar onde jaziam os ossos do coronel Percy Fawcett; em Buenos Aires, Jorge Ferreira apurava um segredo ocultado dos argentinos que, se confirmado, levaria a revista a publicar um furo internacional: havia suspeitas de que Evita Perón vivia seus últimos dias, devastada por um câncer generalizado.

Jorge Ferreira tinha ido à capital argentina junto com o fotógrafo Nicolau Leite para cobrir mais um *raid* aéreo organizado por Chateaubriand. Eles tinham viajado de carona com o patrão no *Raposo Tavares* e, durante a recepção oferecida pelo presidente Juan Domingo Perón aos pilotos, a primeira-dama aparecera por alguns minutos. Jorge Ferreira, que a havia visto meses antes, durante uma viagem à Argentina, ficou impressionado com a aparência física da "mãe dos descamisados": magra, pálida, com a pele ressecada e os cabelos ralos, nem de longe ela lembrava ao repórter a mulher bonita, viçosa e altiva que ele vira menos de um ano antes. Eva Perón parecia uma figura empalhada, sem vida. Quando o avião de Chateaubriand retornou ao Brasil, os dois jornalistas inventaram um pretexto para permanecer mais alguns dias em Buenos Aires. Depois de semanas de investigação, Jorge Ferreira e Nicolau Leite conseguiram juntar as informações: fazia meses que estava vivendo em Buenos Aires o cancerologista Georges Pack, de Nova York, que já realizara três cirurgias para extrair da mulher mais importante da Argentina sucessivamente o útero, os ovários e parte dos intestinos, devorados por um câncer que aparecera no baço e agora se generalizava por todo o organismo.

De posse das informações, os dois embarcaram de volta para o Brasil. Na semana seguinte, *O Cruzeiro* dava um banho na imprensa internacional ao publicar, em sete páginas, a reportagem "Os últimos dias de Eva Perón". Na primeira e na última páginas, duas fotos de Evita feitas furtivamente por Nicolau na recepção aos pilotos (na qual a presença de fotógrafos tinha sido proibida): com os olhos fundos e cercados de olheiras roxas, as maçãs do rosto estufadas, ela era apresentada como "uma máscara da tragédia — enferma, sem qualquer esperança, Evita está com a vida por um fio". Reproduzida por todas as agências de notícias, a reportagem explodiria em Buenos Aires e repicaria no mesmo dia no Palácio do Catete, sob a forma de uma grave crise diplomática entre o Brasil e a Argentina. Um portador entregou ao presidente Getúlio Vargas a carta manuscrita que o embaixador do Brasil na Argentina, Batista Luzardo, redigira naquela mesma manhã:

Buenos Aires, 19/5/52 — *Confidencial* — *Urgente*

Meu caro presidente:

Ao regressar hoje de São Pedro [...] encontrei no aeroporto o ministro Glauco, que me avisou estar o ministro das Relações Exteriores, dr. Remorino, à minha espera, pois tinha urgência em me falar. Fui diretamente à Chancelaria e lá, de fato, avistei-me com o ministro. Encontrei-o com um vasto "dossiê" da revista *O Cruzeiro*. Fez-me, a seguir, um vasto relato do profundo desgosto que o último número havia produzido ao presidente Perón. Deu-me ainda a ler a correspondência enviada a propósito pelo embaixador Cooke [embaixador da Argentina no Brasil], onde descreve o encontro dele com o João Neves [ministro das Relações Exteriores do Brasil] no Itamaraty.

De tudo isso resultou, meu caro presidente, a manifestação mais positiva [*sic*] de protesto e grande ressentimento pela maneira infausta do Brasil tratar o governo do general Perón — sobretudo a figura da sra. Eva Perón, de maneira tão cruel e desumana.

Estou certo que muito atenuaria o péssimo efeito causado por essa publicação se você me autorizasse urgentemente a manifestar o repúdio seu e do governo brasileiro a esse ataque ignominioso. Escrevo-lhe muito às carreiras para aproveitar a ida do dr. Salvador, que segue neste instante, e aguardo suas notícias com urgência.

Um grande abraço do seu amigo sempre às ordens,

Batista Luzardo

Getúlio percebeu que aquilo podia afetar as relações entre o Brasil e a Argentina e tratou de jogar água na fervura. Telefonou para Chateaubriand pedindo alguma forma de reparação — embora não houvesse rigorosamente nada a reparar — e mandou Lourival Fontes, chefe do Gabinete Civil, preparar uma resposta oficial que permitisse a Luzardo se desculpar com o governo argentino. Chateaubriand enxertou em um de seus artigos uma crítica vaga ao excesso de liberdade de que desfrutavam "os reizinhos de *O Cruzeiro*", e Fontes preparou um ofício formal para Vargas enviar ao embaixador Luzardo:

Rio de Janeiro, 21 de maio de 1952

Prezado amigo embaixador Batista Luzardo:

Recebi a sua carta, que li com interesse e a cujos tópicos dei toda a atenção. Como já deve ser do seu conhecimento, suscitou intensa indignação neste país uma reportagem em torno da excelentíssima senhora Eva Perón, publicada em uma revista desta capital, e que fugiu às normas mais comezinhas da ética jornalística e do bom gosto, referindo-se aos padecimentos daquela ilustre dama em termos deprimentes para os foros da nossa imprensa.

Associei-me de todo coração à repulsa levantada em todos os setores da opinião pública brasileira, onde a revolta provocada foi tão enérgica e inequívoca que o próprio diretor da empresa jornalística a que pertencia o órgão em questão fez publicar, em um de seus jornais, uma nota em que dava uma plena satisfação à justa indignação.

Lamentei profundamente esse incidente; mas confortou-me a unanimidade e a energia da reação de nossa opinião pública, em sua simpatia e profunda comiseração pelos sofrimentos da senhora Eva Perón, por cuja saúde faço pessoalmente os votos mais sinceros.

O habilíssimo Getúlio Vargas sabia que se ele, o presidente da República, assinasse aquela carta, estaria dando ao assunto uma importância que ele ainda não tinha (afinal, não fora Perón quem lhe escrevera para protestar). Devolveu a minuta a Lourival Fontes, com um despacho a lápis sobre o texto datilografado: "A carta é para ser respondida por você. O J. N. [ele se referia ao ministro João Neves da Fontoura] já manifestou sua repulsa pelo fato. O Luzardo parece estar fazendo disto uma questão diplomática. V.". No texto, o presidente sublinhava, com uma interrogação, a palavra "comiseração" — de fato empregada inadequadamente e retirada da versão definitiva, que acabou sendo assinada mesmo por Lourival Fontes. Com o ofício na mão, em Buenos Aires, Luzardo tratou de livrar o governo de qualquer responsabilidade pela reportagem, no que foi imitado por João Neves, que apresentou ao embaixador Cooke um pedido formal de desculpas pelo incidente.

Dias depois Chateaubriand chamou Jorge Ferreira à sua sala. Colocou sob seus olhos o recorte com o artigo em que ele falava dos "reizinhos" da revista e perguntou:

— Viu a vergonha que o senhor me obrigou a passar, seu Jorge?

O repórter nem pestanejou:

— O que o senhor faria no meu lugar, doutor Assis?

— Eva Perón está desenganada mesmo?

— Tenho certeza absoluta de que ela está com câncer, e assumo toda a responsabilidade pela reportagem.

— Então eu, no seu lugar, faria o mesmo. Mas o senhor, no meu lugar, também faria o que eu fiz.

No dia 26 de julho, passados dois meses do furo de *O Cruzeiro*, Eva Perón morria de câncer generalizado, aos 33 anos. E, antes que o ano terminasse, outro defunto famoso iria propiciar a grande virada na história da vendagem da revista. No dia 27 de setembro, um sábado, o país seria tomado de intensa comoção pela notícia que as rádios começavam a divulgar: um luxuoso automóvel Buick fora abalroado por um caminhão nas imediações da cidade de Taubaté, na rodovia São Paulo-Rio, e se incendiara logo depois do choque. De dentro do carro a polícia retirara os restos carbonizados de Francisco Alves, de 54 anos, o cantor mais popular do Brasil, que havia gravado mais de quinhentos discos desde o início de sua carreira, em 1919. Somado ao talento de sua equipe, desta vez *O Cruzeiro* iria contar com um golpe de sorte: além de parceiro de "Chico Viola", como o artista era conhecido, David Nasser era amigo pessoal do morto e trabalhava havia algum tempo em sua biografia.

A revista cobriu a morte de Francisco Alves como se fosse a do presidente da República: uma equipe foi mandada para o local do acidente, que foi reconstituído para as fotografias com três veículos idênticos aos que haviam provocado o desastre. Outra dupla repórter-fotógrafo produziu um cruel perfil do dentista Felipe Abussanam, cujo carro, em uma manobra infeliz, fora o causador da tragédia. Dezenas de jornalistas da revista acompanharam o transporte dos restos mortais do cantor até o Rio, o velório (com centenas de desmaios de fãs) e o enterro, que levou, até chegar ao cemitério, três horas para cruzar a multidão que enchia as ruas da cidade. Bem ou mal, porém, qualquer outra publicação poderia fazer uma cobertura como aquela. O que ninguém tinha era David Nasser, que conhecia detalhes do cotidiano e da intimidade do morto e de seus últimos dias de vida.

Publicado em uma série de cinco edições que totalizou 45 páginas da revista sob o nome de "As memórias de Chico Alves", o material que Nasser armazenava para escrever a biografia do cantor causou grande impacto entre os leitores. Mas aquilo era apenas o começo. Quando Perpétua Guerra, primeira mulher de Francisco Alves (de quem ele se separara para viver com Célia Zenatti), apresentou à imprensa um casal de adolescentes como sendo filhos dela com o morto — e portanto herdeiros da fortuna que ele deixara —, David Nasser soltou a primeira bomba: comprovou, por meio de depoimentos que tomara de Francisco

Alves e do médico que o atendia, Américo Caparica, que o cantor era estéril. Passadas algumas semanas, o assunto parecia destinado a morrer quando Nasser voltou à carga com outra inconfidência: Francisco Alves já não vivia mais com a segunda mulher, mas com Iraci Alves, uma jovem que tinha idade para ser sua filha, com a qual planejava casar-se ainda naquele ano. Fartamente fotografada de luto, chorando sobre o túmulo do amante, ou em casa, relendo as cartas de amor que ele lhe enviara, Iraci rendeu mais uma série de reportagens para *O Cruzeiro*.

As memórias de Francisco Alves, as revelações sobre sua esterilidade e a divulgação da identidade secreta da namorada Iraci tiveram o efeito de um furacão sobre a vendagem da revista, que em dois meses pulou dos 370 mil exemplares semanais para 550 mil — um verdadeiro prodígio para um país que tinha uma população de apenas 50 milhões de habitantes, dos quais 15 milhões não sabiam ler. Naquele final de ano, Chateaubriand se gabava do fenômeno em que *O Cruzeiro* se transformara: a revista tinha quase dez vezes mais leitores do que a soma dos telespectadores de suas duas estações de televisão.

31

Assis Chateaubriand acabara de pedir ao Senado uma nova licença para se ausentar do país, pois naquela mesma noite tomaria um avião com destino a Nova York para outra de suas incontáveis peregrinações à meca das obras de arte raras, a Galeria Wildenstein. Ao chegar em casa para fechar as malas, soube que o presidente Getúlio Vargas o convocava com urgência ao Palácio Guanabara, e imaginou tratar-se de algum assunto de rotina do Senado. Mas Getúlio o chamava para comunicar-lhe — notícia que recebeu emocionado, como reconheceria depois — que iria realizar um velho sonho seu de menino, o de conhecer de perto o rei da Inglaterra. No caso, a rainha: o presidente acabara de assinar o decreto nomeando Chateaubriand membro da delegação que iria representar o Brasil nas cerimônias de coroação da futura rainha da Inglaterra, Elizabeth II, cujo pai, o rei Jorge VI, falecera um ano antes, em 1952. Embora a maioria dos países estivesse enviando à Inglaterra comitivas enormes (a do Canadá teria 220 membros), Getúlio estava sob fogo cerrado da imprensa, que entre outras coisas acusava o governo de fazer gastos excessivos e desnecessários, e decidira por uma missão franciscana, composta de apenas três membros. Iriam o chefe do Estado-Maior das Forças Armadas, marechal Mascarenhas de Morais, que chefiaria a delegação, o almirante de esquadra Raul de San Thiago Dantas (pai do jornalista e político Francisco Clementino de San Thiago Dantas) e Assis Chateaubriand. A escolha de Mascarenhas de Morais se justificava: como comandante da Força Expedicionária Brasileira que lutara na Itália, ele adquirira no Brasil o respeito e o prestígio popular de um verdadeiro herói. Também por medida de economia, cada membro só poderia levar um assistente — e o jornalista decidiu que o seu seria o filho Gilberto, diplomata em início de carreira e que tinha alguma familiaridade com "toda a prosopopeia protocolar que certamente vamos enfrentar".

Logo que Getúlio lhe comunicou que ele faria parte da delegação, Chateaubriand simulou um gesto de modéstia:

— Mas, presidente, o senhor pode imaginar o que será um camponês da Paraíba numa missão especial na Corte de Saint James? Dificilmente nós, paraibanos, seríamos vencidos em um concurso de rusticidade, de falta de polidez. Numa missão como essa, as gafes saltarão pela estrada qual cogumelos do chão!

Com ou sem gafes, antes mesmo de sair nos Associados, a notícia de sua presença na delegação apareceria na mais famosa de todas as colunas sociais, a "Elsa's Comment", assinada por Elsa Maxwell no *New York Journal*:

> Um homenzinho acaba de estar em Nova York, vindo do Brasil. Seu nome é Assis Chateaubriand — o mais alegre, o mais vivo, o mais fantástico homem que já conheci. Grandes olhos castanhos, cabelos ficando grisalhos, ele praticamente não fala inglês mas é mais borbulhante que uma garrafa de gasosa. Chateaubriand é o verdadeiro rei de São Paulo.
>
> Chateau, como eu o chamo, acaba de ser indicado pelo presidente Vargas como embaixador extraordinário do Brasil à coroação da rainha Elizabeth no próximo mês. Ele passou por Nova York por apenas três dias e eu almocei com ele no Pavillon. Chegou e saiu como um furacão, seguido por um grande número de mulheres, todas falando português.

Ao retornar ao Brasil, Chateaubriand encontrou um ofício do embaixador Bolitreau Fragoso, chefe do Cerimonial da Presidência da República, encaminhando o minucioso programa estabelecido pelos ingleses para as festividades da coroação. Ao ler, com enorme frustração, que só os chefes de delegações iam ter o privilégio de cumprimentar pessoalmente a rainha, ele se pôs a imaginar uma forma de quebrar aquela norma do protocolo. Não precisou de muito tempo para chegar à solução: um presente! Se levasse um presente pessoal para ela, a rainha não teria como não recebê-lo. Da ideia à execução foi um passo: dois dias depois, sem que nenhum deles tivesse sido consultado, *O Jornal* publicava a relação dos oito felizardos que Chateaubriand nomeara para se cotizarem no pagamento do presente que seria oferecido a sua majestade britânica — um conjunto de colar e brincos de águas-marinhas e brilhantes que ele havia encomendado à mais requintada oficina de lapidação do Brasil, a ourivesaria da casa Mappin & Webb. Os escolhidos para ratear entre si os 2,5 milhões de cruzeiros que a joia ia custar (62 mil dólares de então, cerca de 780 mil dólares em 2011) foram o governador de Minas, Juscelino Kubitschek, o deputado Euvaldo Lodi, presidente da Confederação Nacional da Indústria, Horácio Lafer, o industrial mineiro Antônio Ferreira Guimarães, o cafeicultor paulista Fúlvio Morganti, George Wigle, presidente da St. John Del Rey Mining Co., Harold Fleming, do Moinho Inglês, e Wolf Klabin.

No dia 17 de maio de 1953, duas semanas antes da data marcada para a coroação, a pequena delegação embarcou no aeroporto do Galeão com destino a Paris, secretariada pelo coronel Antônio Henrique de Morais, ajudante de ordens do marechal Mascarenhas de Morais, e por Gilberto Chateaubriand. Este, seguindo ordens expressas do pai (que temia que a joia pudesse ser roubada ou se extraviasse no trajeto até Londres), pediu à avó que costurasse o colar e os brincos — dez águas-marinhas de 120 quilates e 647 brilhantes, que pesavam trezentos gramas — no forro de seu sobretudo de lã. Ia ser uma viagem inesquecível. Depois de uma hora de voo, o marechal pediu a Gilberto que trocassem de lugar para que ele pudesse conversar um pouco com Chateaubriand. Passados dez minutos, Gilberto percebe uma altercação entre os dois, que discutiam em voz alta. O marechal se levanta, de cara fechada, retornando a seu lugar. Quando Gilberto se senta de novo ao lado do pai, encontra-o de dedos crispados nos braços da poltrona, rangendo os dentes e falando em voz suficientemente alta para ser ouvido pelos outros passageiros — e pelo marechal:

— Meu filho, esse homem é um pobre-diabo! Um pobre-diabo!

O filho se espanta, constrangido:

— Mas por que, papai? O marechal é um homem tão sério, tão educado...

— Eu fiz ver a esse imbecil que ele quer submeter o Brasil a uma ridicularia, ao absurdo internacional de trazer de volta os despojos dos soldados brasileiros que morreram na Segunda Guerra Mundial e que estão sepultados no cemitério de Pistoia, na Itália!

Fazia algum tempo que Chateaubriand vinha combatendo com dureza, em discursos no Senado e em artigos em seus jornais, a proposta do Exército de trasladar para o Brasil os restos mortais dos pracinhas brasileiros mortos em combate na Europa. Quando tocou no assunto com o marechal, no avião, a conversa azedou. Indiferente aos olhares espantados dos demais passageiros, Chateaubriand continuava bradando:

— Pistoia foi o único território que os brasileiros conquistaram na Europa. Agora esse marechal vem me dizer que as famílias têm o direito de cultuar os ossinhos de seus filhos! Esses restos têm de ficar na Itália como uma afirmação do Brasil na luta pela liberdade. Montar um ossuário para eles aqui no Brasil é uma rematada idiotice! Eu me recuso a continuar falando com um pobre-diabo como esse marechal.

Passadas mais algumas horas de voo, o marechal, tentando contornar a situação de constrangimento criada por Chateaubriand, chama Gilberto e pede para ver o presente que será oferecido à rainha. O filho vai até o assento do jornalista e pede permissão para mostrar as joias ao chefe da delegação. Chateaubriand volta a sapatear e a falar alto:

— Não mostre! Não mostre! Ele não vai ver colar nenhum! Quando chegarmos a Londres, você vai direto à Mappin & Webb guardar o colar e os brincos no cofre. O marechal não vai ver nada. E se ele nos criar algum problema eu mando *O Cruzeiro* levantar de novo aquela história misteriosa da morte do filho dele.

Até Gilberto, que conhecia bem o pai, ficou estarrecido com o que ouvia: Chateaubriand ameaçava desencavar o rumoroso crime de que fora vítima o filho de Mascarenhas de Morais, o capitão Roberto, morto a tiros supostamente pela própria esposa, Helbe. Desconcertado, tentava acalmar o pai, tomado de ódio pelo militar:

— Mas, papai, uma coisa nada tem a ver com a outra, não fale uma coisa dessas...

— Falo e faço. Se ele me encher nessa viagem, mando o Leão levantar aquele escândalo de novo.

Chateaubriand e o marechal deixaram de se falar. Depois que todos foram instalados no Grosvenor House Hotel, em Londres, o jornalista tomou conhecimento, decepcionado, de que não fora o único a ter a brilhante ideia de oferecer um presente à rainha: sessenta outras delegações tinham feito o mesmo. Entre as lembranças levadas a Londres para sua majestade contavam-se extravagâncias como um elefante ofertado por um marajá, cavalos puros-sangues presenteados por xeques e emires e até uma égua prenhe transportada de avião por um príncipe do golfo Pérsico. Seu desapontamento não acabava aí: como membro da delegação oficial, ele teria direito a assistir à cerimônia de coroação, na Abadia de Westminster, e a participar da recepção no Palácio de Buckingham, mas não manteria qualquer contato com a rainha. Só mesmo os chefes das delegações teriam oportunidade de cumprimentá-la em Buckingham. O rigoroso protocolo parecia escrito para castigá-lo: embora não tivesse podido até então sequer pôr os olhos sobre o colar e os brincos, o marechal Mascarenhas de Morais seria também o encarregado de entregar o presente, e mesmo assim a um representante de Elizabeth II. Refeito de tão infaustas notícias, Chateaubriand confidenciou a Gastão Nothman, funcionário da embaixada brasileira:

— Não tem importância. Ela não me recebe agora, mas ainda vai ter de me receber algum dia. Pode escrever isso, seu Nothman.

No dia seguinte à chegada a Londres, Chateaubriand mandou Gilberto ir ao aeroporto de Croydon receber Aimée de Heeren, que vinha de sua casa em Biarritz para também assistir às festas da coroação. Ela carregava consigo o pai, Genésio, uma dama de companhia e uma verdadeira montanha de malas que encheram um carro. À noite surgiu o primeiro problema com os novos agregados: Chateaubriand tinha reservado uma mesa para que todos jantassem no restaurante Mirabelle, mas na hora marcada Genésio não apareceu. Acabaram indo sem ele e quando retornaram ao hotel ainda não havia notícias do pai de Aimée. Recorreram a Gastão Nothman, telefonaram a delegacias de polícia, hospitais e necrotérios, e nada. Passaram a noite em claro (a Scotland Yard tinha sido acionada pela embaixada e poderia dar notícias a qualquer momento), e só na hora do almoço do dia seguinte é que Genésio apareceu: sem falar uma sílaba de inglês, ele entrara por engano na casa de um milionário que esperava um estrangeiro que viria para a coroação e acabara dormindo lá mesmo.

Na véspera da data marcada para a coroação, Chateaubriand tirou do guarda-roupa de seu quarto um enorme pacote que trouxera do Brasil junto com sua bagagem — com o qual se preocupara quase tanto quanto com as joias da rainha. Colocou-o no porta-malas de um carro da embaixada (onde conseguira rolos de arame, alicates e uma longa escada de madeira) e saiu para a rua acompanhado de dois funcionários da legação brasileira. Percorreu a Oxford Street e a Regent

Street, ruas por onde passaria o cortejo real, no caminho entre o Palácio de Buckingham e a Abadia de Westminster, e a certa altura mandou o motorista parar o carro. Abriu o porta-malas, desfez a embalagem e tirou de lá a primeira de seis faixas de pano, idênticas às usadas em comícios e campanhas eleitorais, que ele mandara pintar especialmente para a festa — aquele sim era seu presente pessoal e anônimo para a rainha. Com a ajuda dos funcionários, amarrou a ponta da primeira faixa no alto de um poste, estendeu-a sobre a rua e prendeu a outra ponta com arame num poste da calçada oposta, de tal forma que ela ficasse atravessada sobre a rua, no alto, exibindo os dizeres em português, incompreensíveis para os passantes que assistiam à cena insólita: "Nosso Senhor do Bonfim guarde a rainha". Entrou no carro, tocou mais um pouco e amarrou a segunda faixa: "Nossa Senhora da Aparecida guarde a rainha". Mais algumas centenas de metros e outra faixa era colocada: "Santa Teresinha do Menino Jesus guarde a rainha". Seguindo o roteiro que seria percorrido na manhã seguinte pela carruagem real, Chateaubriand parou mais três vezes e amarrou mais três faixas, sempre cercado por curiosos que indagavam o significado daquela exótica homenagem. O jornalista respondia a todos, solícito:

— São santos brasileiríssimos. É a saudação que o Brasil faz à rainha dos anglicanos que vai ser coroada amanhã.

Por fim chegou o 2 de junho, dia da coroação e do maior problema que Chateaubriand iria enfrentar naquela agitada temporada: acometido de uma infecção na próstata, ele era obrigado a urinar a cada meia hora (Paulo Albuquerque, seu médico do Rio, chegara a aconselhá-lo a desistir da aventura londrina, pois se sabia que a cerimônia da coroação duraria cinco horas, sem interrupções). Mas o jornalista já havia planejado em segredo a solução: vestiu um grosso sobretudo sobre a casaca, e com uma gilete abriu dois talhos nos forros dos bolsos do casaco de lã. Pediu ao bar do hotel duas garrafas vazias de Coca-Cola e enfiou cada uma num bolso do capote. Às oito da manhã, conforme mandava o protocolo, dirigiu-se à Abadia de Westminster. Com todos os chefes e subchefes de delegações devidamente instalados em seus lugares, finalmente Elizabeth II apareceu na porta principal da nave. Sob os olhares de presidentes, primeiros-ministros, príncipes, reis e rainhas que se puseram de pé, ela atravessou em passos lentos, quase imperceptíveis, a extensão que separava a porta principal do trono instalado no fundo da abadia. A cinco metros de distância daquela que, minutos depois, seria a soberana de oito nações, 65 protetorados e de uma população de 600 milhões de brancos, negros e amarelos que compunham um quinto dos habitantes do planeta, Chateaubriand enfiou as mãos nos bolsos do sobretudo, desabotoou a braguilha, tirou o pênis para fora e urinou aliviado, tomando o cuidado de não errar a pontaria ao mirar no minúsculo gargalo da garrafa vazia de Coca-Cola.

Quando Elizabeth II se colocou de costas para o espaldar do trono e postou-se de frente para o homem que iria coroá-la — Geoffrey Francis Fischer, primaz da Inglaterra e arcebispo de Canterbury —, Chateaubriand já havia enchido quase meia garrafa. Só às onze e meia da manhã (nessa hora toda a primeira garrafa tinha sido completamente abastecida) é que o arcebispo iniciou o ritual: segurou no ar, sobre a cabeça da futura rainha, a coroa de santo Eduardo, e virou-se sucessivamente para o norte, o sul, o leste e o oeste, como se estivesse se dirigindo aos povos da Comunidade Britânica espalhados por todos os quadrantes do planeta, e indagou:

— Senhores: eu vos apresento a rainha Elizabeth II, a vossa rainha incontestável. Por isso pergunto a vós todos que aqui viestes: estais dispostos a render-lhe homenagem e prestar-lhe vossos serviços?

Chateaubriand aproveitou o som dos clarins e das gaitas de foles que enchiam a abadia para repetir pela décima vez a operação: abriu a braguilha, tirou de novo o pênis para fora, cuidadosamente, e inaugurou a segunda garrafa despejando nela um curto e reconfortante jato de urina. Os representantes de todas as colônias e protetorados ali presentes responderam em coro à pergunta do arcebispo de Canterbury:

— Deus salve a rainha Elizabeth!

A liturgia durou as exatas cinco horas previstas pelo protocolo. Quando a cerimônia chegou ao fim, Chateaubriand esgueirou-se por entre a multidão de chefes de Estado que caminhavam em direção contrária, rumo à porta de saída, foi até um dos banheiros da abadia e depositou no chão as duas salvadoras garrafas.

No dia seguinte haveria o *garden-party* em Buckingham. As delegações se espalhariam pelos vários salões do palácio, mas à sala do trono só teriam acesso os chefes das missões. Em vão Chateaubriand mexeu céus e terras para conseguir um convite que permitisse a Aimée acompanhá-lo à recepção. Um de seus intermediários contou-lhe a razão das dificuldades: circulava a notícia de que ela mantivera um romance público com um primo da rainha e por isso fora incluída na lista negra da Família Real. Quando soube disso, o jornalista decidiu que a namorada entraria junto com ele de qualquer maneira no palácio. Na hora da festa, simplesmente colocou-a a seu lado, no banco de trás do Rolls-Royce da embaixada brasileira, com Gilberto no banco dianteiro, ao lado do motorista. Como um menino travesso que desejasse um troféu, ou um comprovante da traquinagem, mandou que o repórter e fotógrafo Luciano Carneiro (um dos enviados de *O Cruzeiro* para a cobertura da coroação) se aboletasse com sua câmera Rolleiflex no porta-malas do carro. Talvez por imaginar que ninguém jamais tentaria entrar sem convite na festa da coroação da rainha, o porteiro apenas recolheu as credenciais com o motorista e deixou o carro passar sem importunar a elegante penetra que se encontrava no banco traseiro, guardada por aqueles dois homens de casaca e cartola. Passada a portaria, quando os três desceram do carro e se preparavam para cruzar os portais de pedra de Buckingham, Chateaubriand abriu o porta-malas e mandou que Luciano Carneiro registrasse sua façanha, fotografando-o junto com Aimée e Gilberto à porta do palácio — fotografia que, naturalmente, *O Cruzeiro* publicaria na semana seguinte. Ele tinha conseguido impor a presença de Aimée à fechada corte britânica.

O festival de comemorações ainda não tinha acabado. No dia 4, Winston Churchill (que era de novo primeiro-ministro da Inglaterra) oferecia aos membros das delegações uma recepção no Bleinheim Castle, a meia hora de Londres. Sentindo-se íntimo do anfitrião que condecorara com o primeiro título da Ordem do Jagunço, Chateaubriand não podia perder a oportunidade de "pôr em dia a conversa" com o líder britânico, como planejava. Nos jardins do castelo, colocou-se ao lado de Gilberto na fila de cumprimentos e, quando chegou sua vez, ele se dirigiu a Churchill com seu inglês ininteligível:

— *I am mister Chateaubriand, from Brazil. Do you remember me, of course, mister prime minister?*

O primeiro-ministro britânico respondeu sorridente, mas com um cumprimento formal:

— *Nice to see you, mister Chateaubriand.*

O jornalista percebeu que Churchill não o reconhecia e insistiu:

— *I am Assis Chateaubriand, from Brazil, who bought your painting* Blue Sitting Room. *Don't remember me?*

Era como se estivesse falando para uma parede de pedra. A fila de cumprimentos começava a se aglomerar atrás deles e Chateaubriand insistia, virando-se para Gilberto e reclamando em português, já bastante irritado:

— Meu filho, esse sujeito está gagá, está caduco! Como é que um homem gagá pode dirigir a Inglaterra? Quando chegar ao Brasil vou mandar *O Cruzeiro* fazer uma reportagem revelando que Churchill está gagá!

Desapontado, ele ainda insistiu mais uma vez:

— *Mister Churchill, I am Assis Chateaubriand, who bought your painting and decorated you with the Order of Jagunço. Don't remember me?*

Como o primeiro-ministro permanecesse como uma vitrola, apenas sorrindo e repetindo aquele *"nice to see you"*, Chateaubriand saiu dali humilhado e furioso, prometendo ao filho "acabar com a carreira desse velho caduco":

— Estou arrependido até de ter comprado aquela bobagem daquele quadro dele. Todo mundo sabe que como arte aquilo é uma droga!

Encerradas as festividades, o jornalista decidiu que ainda permaneceria mais algumas semanas na Inglaterra com Aimée e despachou Gilberto para o Brasil, insistindo em que este voltasse de navio — a passagem dele já estava comprada para o *Uruguay Star*. Só quando chegou ao Rio, dias depois, é que o filho entendeu por que Chateaubriand fizera tanta questão de sua presença na delegação brasileira: ao desembarcar, Gilberto foi chamado a conferir a "bagagem desacompanhada" que tinha sido despachada em seu nome sem que ele soubesse. Eram caixas e mais caixas, do tamanho de salas, contendo equipamentos eletrônicos para as duas TV Tupi, que o jornalista havia comprado na Marconi Wireless, na Europa, e não tinha quem trouxesse para o Brasil. Entre os volumes, Gilberto encontrou um singular suvenir que Chateaubriand decidira trazer para o Brasil: a cadeira em que assistira à coroação, revestida de veludo e ostentando atrás do espaldar, em letras metálicas douradas, a inscrição "E. R. II" (de Elizabeth Regina II).

Se para Gilberto a coroação terminava de forma tão melancólica, para Chateaubriand o destino ainda reservava mais uma surpresa. No dia 17 de junho ele embarcou em Londres no Constellation prefixo PP-PDA da Panair com destino a São Paulo. O avião fez uma escala em Lisboa, outra em Dacar e a terceira em Recife. Quando se preparava para pousar no aeroporto de Congonhas, na capital paulista, na tarde do dia 18, o aparelho explodiu num barranco, matando a tripulação e todos os passageiros. Em meio aos corpos carbonizados e irreconhecíveis, os bombeiros identificaram a bagagem do dono dos Associados: Chateaubriand tinha morrido no desastre. Junto com ele falecera também, entre outros dezessete passageiros, Adibe Buzaid, mulher do advogado Alfredo Buzaid, catedrático da Faculdade de Direito da USP.

O *Diário de S. Paulo* e o *Diário da Noite* começaram a preparar um robusto necrológio, de várias páginas, que seria publicado no dia seguinte por todos os órgãos Associados. A ironia de que ele tivesse morrido tal qual previra — "não morrerei numa cama, vou explodir no ar, dentro de um avião", ele não se cansava de repetir — fez com que o capítulo "aviões" de sua vida merecesse uma página especial. Nela se destacava o fato de que Chateaubriand tinha sido um dos primeiros brasileiros a voar em um aparelho daqueles, no remoto ano de 1913; fora também o primeiro homem de imprensa a equipar suas empresas não com um, mas com dois aviões para reportagens; ao lado de Paulo Sampaio, dono da Panair, tinha sido o primeiro brasileiro (e um dos primeiros civis do mundo), em 1950, a voar num avião de passageiros a jato, o Comet inglês; ao entregar oitenta aviões ao presidente Getúlio Vargas, um ano antes de sua morte, a campanha da aviação havia superado o total de mil aparelhos doados para treinamento de pilotos civis. A automática ligação que se fazia entre sua pessoa e a aviação era tal que, meses antes, a companhia aérea holandesa KLM havia publicado um anúncio de página inteira com sua foto na revista americana *Time* — cujo texto terminava afirmando que "Chatô é um aristocrata do Quarto Poder... que voa e aprova a KLM".

O império Associado já se preparava para as despedidas de seu soberano quando, antes que o dia terminasse, Chateaubriand apareceu são e salvo na redação dos Diários, em São Paulo. Não se tratava de uma ressurreição. Ele aproveitara a parada do avião em Recife para um encontro com o governador Etelvino Lins (que mandara um oficial da Polícia Militar pernambucana buscá-lo de carro no aeroporto) e não voltara a embarcar no Constellation. O objetivo de Etelvino era pedir o apoio dos Associados para a nascente candidatura do governador mineiro Juscelino Kubitschek a presidente da República, dali a um ano e meio ("Tirei-o do avião para fazermos Juscelino presidente", dissera-lhe o governador de Pernambuco). Animado com a conversa, o jornalista se esqueceu de que se encontrava em uma escala técnica e perdeu o avião, só embarcando para São Paulo horas mais tarde, em um voo doméstico. Em vez do necrológio, os Associados publicariam no dia 19 um artigo do quase-morto que começava com um agradecimento ao futuro presidente da República: "O governador Juscelino salvou-me a vida. Tenho a obrigação, a partir desta data, de tê-lo eternamente como meu amo e senhor". Ao lado do artigo, o jornal publicava o telegrama enviado por Etelvino Lins, que reclamava o mérito para si: "Deus o coloque sempre a serviço das boas causas, são os votos de quem acaba de assumir tão grande responsabilidade perante o país, salvando-lhe a vida. Abraços, Etelvino".

No trecho entre Lisboa e Dacar, ainda a bordo do Constellation que se espatifaria no aeroporto de Congonhas, Chateaubriand teve sua atenção atraída por uma curta notícia sobre o Brasil publicada pela revista *Time* daquela semana, intitulada "Imprensa em julgamento". Em menos de trinta linhas, a nota resumia um começo de incêndio que em pouco tempo iria se transformar em uma guerra de proporções nacionais contra o maior sucesso da imprensa brasileira dos últimos anos, o jornal *Última Hora*, de Samuel Wainer. Segundo a notícia da *Time*, o jornal *Tribuna da Imprensa*, de Carlos Lacerda, descobrira que a *Última Hora* tinha sido montada quase que integralmente com dinheiro fornecido pelo Banco do Brasil, que agora ameaçava cobrar a dívida.

A crise que merecera espaço na imprensa dos Estados Unidos começara numa madrugada dos primeiros dias de junho. Carlos Castelo Branco, que deixara o posto de chefe da seção de política de *O Jornal* para ser editor-geral da *Tribuna*, chegara à redação para preparar a edição do dia seguinte do jornal. Em meio a um amontoado de reportagens e artigos que tinham sido deixados de lado pelos editores, encontrou uma entrevista feita pelo repórter Natalício Norberto com o ex-deputado Herófilo Azambuja, na qual este afirmava que tinha sido nomeado pelo Banco do Brasil interventor na empresa Érica, editora da *Última Hora*. O entrevistado contava também que o banco financiara quase tudo na montagem do jornal de Samuel Wainer, da compra do prédio e das máquinas até as aquisições regulares de papel. Azambuja revelava que fora nomeado para iniciar um processo de cobrança do débito, que até então não tinha sido pago por Wainer.

Sem grande estardalhaço, como era de seu estilo, Castelo Branco recolheu a reportagem e mandou buscar a pasta de fotos de Samuel Wainer no arquivo. Escolheu uma fotografia em que o dono de *Última Hora* aparecia de *black-tie*, sentado sobre uma mesa, com um copo de uísque na mão. Chamou o diagramador, mandou abrir a foto em metade da primeira página, sentou-se à máquina e datilografou a manchete principal: "Esbanjavam dinheiro do Banco do Brasil". No interior do jornal, mandou publicar a íntegra da entrevista feita por Natalício Norberto. Foi até a mesa de Aluísio Alves, diretor de redação da *Tribuna*, e submeteu a ele a prova da primeira página. Alves se esquivou:

— Isso é uma loucura, não pode sair.

Recorreram a Medeiros Lima, diretor do jornal, que concordou com Alves: era uma denúncia grave demais, baseada em uma reportagem de um estreante e não deveria ser publicada. Castelo fincou pé:

— Eu só não publico se a ordem vier do Lacerda. Vamos chamá-lo à redação.

Minutos depois o dono estava no jornal. Ouviu as opiniões dos três, sentou-se, leu cuidadosamente a entrevista, viu a primeira página e jogou-a sobre uma mesa, decidido:

— Castelo, rode o jornal com a entrevista do jeito que está.

O país começava a pegar fogo. *Última Hora* tentou responder com uma edição extra, afirmando que Azambuja tinha estado no jornal, sim, mas um ano antes e como mero auditor do Banco do Brasil. Mas a tempestade já estava armada. Uma semana depois, o acuado Samuel Wainer daria o troco a Lacerda. Conseguiu tirar da *Tribuna* e contratar para trabalhar em seu jornal o mesmo Natalício Norberto, que emergiria em *Última Hora* não como jornalista, mas como entrevistado: em um longo depoimento, o pivô do "escândalo" praticamente desmentiu o que fora publicado pela *Tribuna*. Disse que a entrevista tinha sido feita por telefone e que do outro lado da linha poderia estar "um interlocutor desconhecido e não identificado"; que o título que ele fizera fora mudado por Castelo Branco; que a redação do jornal tinha enxertado em seu trabalho informações que não se lembrava de ter escrito. "Não quero continuar encarando meus colegas com sentimento de vergonha ou inferioridade", concluiu. Sua retratação iria parar na manchete de *Última Hora* do dia seguinte: "Desmascarada pelo próprio repórter a *Tribuna da Imprensa*".

Quando Chateaubriand retornou ao Brasil, Lacerda se debatia desesperadamente para ampliar a repercussão do filão que descobrira. Além de seu próprio e modesto jornal, ele contava apenas com o apoio de Roberto Marinho, que colocara os microfones da sua Rádio Globo à disposição da campanha contra Wainer, e da voz de meia dúzia de deputados udenistas na Câmara Federal, entre os quais se destacavam o cearense Armando Falcão e o mineiro Bilac Pinto. O sucesso indiscutível de *Última Hora* vinha se transformando de pequena dor de cabeça em uma ameaça em potencial aos interesses do dono dos Associados. Um ano depois de lançado no Rio, o jornal punha nas ruas de São Paulo, com igual impacto, uma edição paulista — financiada pelo conde Francisco Matarazzo Júnior, que, além de dinheiro vivo, cedeu a Wainer o prédio sob o viaduto Santa Ifigênia para onde tinha pretendido, nos anos 1940, transferir a sede da *Folha da Manhã*. Além de planejar instalar, ainda em 1953, uma estação de rádio, Wainer lançara no Rio e em São Paulo, também com enorme aceitação popular, o semanário ilustrado *Flan*. Para montar o começo do que sonhava transformar em uma grande rede, ele levantara um total de 64 milhões de cruzeiros (1,6 milhão de dólares de então, aproximadamente 20 milhões de dólares em 2011) — metade tomada como empréstimo ao Banco do Brasil e a outra metade obtida com três grandes capitães de empresas: o banqueiro Walther Moreira Salles e os industriais Ricardo Jafet (que era também presidente do Banco do Brasil) e Euvaldo Lodi, presidente da Confederação Nacional da Indústria. Para Chateaubriand, o objetivo a longo prazo de toda aquela movimentação era um só: destruir os Diários Associados. A devastação que a *Última Hora* produzia sobre o *Diário da Noite* do Rio era visível por qualquer leigo — e ele sabia onde aquilo podia parar. Era preciso matar no ovo a serpente chamada Samuel Wainer.

Sua primeira decisão nesse sentido foi destacar o melhor repórter da cadeia, David Nasser, para se juntar em tempo integral a Lacerda e a Armando Falcão (que lhe parecia o deputado mais interessado na destruição de *Última Hora*). Para Samuel Wainer, a escolha de Chateaubriand não podia ter sido pior. Além de Nasser ser um jornalista experiente, com um faro singular para a investigação de casos intrincados, o dono de *Última Hora* temia que ele tivesse um motivo a mais para destruí-lo: o ciúme. Afinal, fora Wainer, com a famosa entrevista com Getúlio, que o destronara do papel de principal repórter dos Associados. Depois de atribuir a David Nasser a tarefa de "reduzir a pó tanto Wainer como seu jornal infecto", Chateaubriand deu o golpe de misericórdia: suas duas estações de televisão, no Rio e em São Paulo, deveriam ser colocadas à disposição de Lacerda para que ele popularizasse a campanha contra Wainer.

Para Lacerda, Wainer e os empréstimos feitos pelo Banco do Brasil à *Última Hora* eram apenas o pretexto de que precisava para atingir seu verdadeiro alvo, Getúlio Vargas. A Chateaubriand importava pouco que o governo tivesse ou não emprestado dinheiro a quem quer que fosse: o que ele não podia era permitir o crescimento incontrolável de um concorrente perigoso, cujos primeiros passos eram idênticos aos que ele dera nos anos 1920 e 1930. E Samuel Wainer, por sua vez, a avaliar pelo julgamento que fez de Chateaubriand nas gravações que deixou para serem transformadas em livro depois de sua morte, parecia farejar quais os objetivos de um e de outro naquela guerra de que ele era a primeira vítima:

> [...] Chateaubriand é que foi meu grande adversário, não Carlos Lacerda. Foi Chateaubriand quem trouxe a TV brasileira para o primeiro plano da influência política, ao abri-la para o Lacerda na campanha contra mim e a *Última Hora*. Lacerda foi um auxiliar acidental, que ficava na cena de frente.
>
> [...] Quando acordava um velho banqueiro como o José Maria Whitaker, de São Paulo, e o levava até o inferno da Amazônia para batizar um avião, no fundo o Chateaubriand estava se vingando. Ele estava provando à mais alta burguesia que era ele quem comandava o espetáculo.
>
> [...] Quando ele criou aquela Ordem do Jagunço, eu vi gente da mais alta responsabilidade se expor ao ridículo de botar um chapéu de cangaceiro e tirar uma foto só para sair na primeira página. Chateaubriand fez isso com Winston Churchill, o homem que salvou o mundo!
>
> [...] Nunca perdoei a revista *Veja* por chamar-me de "Cidadão Kane". O verdadeiro "Cidadão Kane" foi Assis Chateaubriand.

O que Samuel Wainer aparentemente não sabia, quando começou a fuzilaria contra a *Última Hora*, é que o pecado de que era acusado (tomar dinheiro do Banco do Brasil para montar ou sustentar meios de comunicação) era algo tão comum na maior parte da imprensa brasileira quanto imprimir e vender jornais.

Enquanto a *Última Hora* era colocada no pelourinho por ter tomado 26 milhões de cruzeiros emprestados ao banco oficial, a Carteira de Crédito Geral do mesmo Banco do Brasil registrava um débito de 50,4 milhões de Roberto Marinho (proprietário do jornal *O Globo* e de uma estação de rádio), ao passo que os Diários Associados deviam ao Banco do Brasil a soma colossal de 113,6 milhões (quase 3 milhões de dólares da época, ou 40 milhões de dólares de 2011). Nem mesmo a imaculada *Tribuna da Imprensa* poderia exibir castidade naquele caso: mais modesto, até o jornal de Lacerda tinha pendurado no Banco do Brasil um "papagaio" de valor equivalente a 100 mil dólares da época.

Tratava-se, portanto, de um problema de escala, não de princípios. Lacerda passou por cima destes e, com acesso aos dois canais de televisão, avançou sobre Wainer. O dono da *Tribuna* nunca tinha usado a televisão em sua vida, mas em uma viagem que fizera aos Estados Unidos dois anos antes ficara fascinado com a capacidade de comunicação do programa de maior sucesso na televisão americana, o *"Life is worth living"*, apresentado pelo bispo-auxiliar de Nova York, Fulton Sheen. Anticomunista ferrenho, o bispo Sheen magnetizava os telespectadores com sua pregação semanal na tevê — e fazia isso valendo-se apenas de sua oratória, de um quadro-negro e de alguns gráficos desenhados em cartolinas. Apesar de nervoso e assustado com as luzes dos refletores e com câmeras que nunca havia enfrentado antes, Lacerda precisou de poucos dias para se tornar um sucesso de audiência tão grande que Chateaubriand deu ordens para que a direção da Tupi aumentasse os cinco minutos diários iniciais que lhe tinham sido concedidos. Como o bispo Fulton Sheen, colocou um quadro-negro atrás da mesa em que se sentava e ainda inovou, deixando a seu lado um telefone à disposição dos telespectadores que quisessem fazer perguntas. Num dos primeiros dias da campanha no Rio (ele se revezava fazendo apresentações na capital do país e em São Paulo), um telespectador ligou querendo saber o que é que a população tinha a ver com aquela briga comercial entre jornais. Certamente lembrando-se das apresentações do bispo Sheen, Lacerda contou em suas memórias que aproveitou aquela pergunta providencial para chegar aonde queria: em Getúlio Vargas:

> Eu aí fui para o quadro-negro, tracei assim um sol e uma porção de satélites. Lá embaixo eu fiz um satélite pequenininho e escrevi *Última Hora*, e disse: "Estou aqui, daqui eu vou passar aqui". O outro satélite era o Banco do Brasil. "Daqui vou passar para aqui", e apontei para o sol e escrevi "Getúlio Vargas". Quer dizer: graficamente os ouvintes tiveram a impressão de que aquilo tinha um alcance muito maior do que pensavam no começo.

Diante da repercussão das aparições de Lacerda, Chateaubriand aumentou para meia hora o tempo de suas apresentações e mandou que aparelhos de televisão fossem instalados em pontos estratégicos do Rio e de São Paulo para que também o homem da rua pudesse acompanhar o lento esquartejamento da *Últi-*

ma Hora e de seu dono. Mas o pior ainda estava por vir. No dia 12 de julho de 1953, os mais importantes jornais de Chateaubriand publicavam uma mesma manchete, fruto de uma pista que David Nasser, com a ajuda de Armando Falcão e Carlos Lacerda, vinha perseguindo fazia vários dias: "Wainer não nasceu no Brasil". Nasser conseguira pescar nos arquivos do Ministério da Educação um documento do Colégio Pedro II, do Rio, onde Wainer estudara. No tal papel o irmão mais velho deste, Artur, revelava que o jornalista havia nascido em Edenitz, uma aldeia da Bessarábia — parte da Transilvânia transformada em território da União Soviética depois da Segunda Guerra Mundial. Em seu livro póstumo *Minha razão de viver*, Wainer descreve o abalo que a notícia produziu:

> [...] Compreendi de imediato que a manobra teria um impacto fortíssimo. Primeiro porque eu sempre estivera na vanguarda das campanhas nacionalistas — o nacionalismo talvez fosse a principal bandeira da *Última Hora*, e ficaria difícil sustentar tal postura na condição de estrangeiro. Depois porque a denúncia suscitaria uma complicada questão legal, já que, segundo a Constituição, tanto estrangeiros quanto brasileiros naturalizados não podem ser donos de jornal. Pressenti que a denúncia poderia semear o pânico na redação: e se me tomassem a *Última Hora*?, certamente se perguntaria o meu pessoal. Preparei-me para a luta consciente de que, desta vez, eu estaria francamente na defensiva. [...] Li o jornal de Chateaubriand. Ali se afirmava, em letras garrafais, que eu não era brasileiro.

Ao ser intimado a depor sobre aquela acusação em um distrito policial situado na zona de meretrício do Rio, e depois de ver o pai ser submetido em São Paulo a humilhações em outra delegacia de polícia, pelas mesmas razões, Samuel sentiu que deixara de contar com o apoio do Palácio do Catete, que até então nunca lhe faltara. Para agravar ainda mais sua situação, seu irmão José, tentando tirá-lo daquela enrascada, conseguiu desenterrar no Ministério do Trabalho um documento que atestava que sua família havia chegado ao Brasil em 1905 (e não em 1915, como afirmava o papel descoberto por Nasser) — oito anos, portanto, antes de seu nascimento. Apesar de aconselhado a guardar a cópia do novo documento para usá-la no momento mais apropriado, Wainer foi pressionado pela redação a publicá-la e o fez ruidosamente, dando-a como manchete de *Última Hora* do dia seguinte: "Chega ao fim a grande chantagem". Foi uma vitória que só durou 48 horas. Nasser, Lacerda e Falcão foram até o arquivo do Ministério do Trabalho onde a cópia fora feita, localizaram o original e, depois de um exame grafológico sumário, comprovaram que o irmão de Wainer havia rasurado o documento: onde estava escrito 1920 ele escrevera 1905.

O inferno de Wainer, no entanto, ainda não chegara ao fim. Foi dele a desastrada iniciativa de sugerir ao governo que apoiasse a instalação de uma Comissão Parlamentar de Inquérito na Câmara Federal para apurar as relações do Banco do Brasil com a imprensa. O jornalista imaginava que a maioria governista permitiria que a CPI, controlada por deputados da situação, investigasse as dívidas que ele suspeitava que também seus algozes tivessem contraído no Banco do Brasil. O resultado da manobra pode ser medido por suas próprias palavras:

> Foi meu grande erro. Primeiro eu deveria ter percebido que a maioria governista no Congresso era fictícia — muitos deputados não hesitaram em atraiçoar o presidente. Segundo, mesmo parlamentares francamente getulistas não tinham maior simpatia por mim; faltavam-lhes, portanto, motivos para defender-me. Mais grave ainda, só depois constatei que, quando propus a formação da CPI, Lacerda estava perdendo fôlego. Talvez prosseguisse na campanha, movido por seu ódio inesgotável, mas o certo é que começava a faltar-lhe combustível. Lacerda entendeu imediatamente que a CPI lhe forneceria o palco ideal para o show de falso moralismo que sempre soube encenar.

Acuado por todos os lados e obrigado a transferir o controle da *Última Hora* para Luís Fernando "Baby" Bocaiuva Cunha, um de seus diretores, Samuel teria sua mais amarga surpresa ao saber que Getúlio dera ordens ao Banco do Brasil para executar toda a dívida do jornal em oito dias. Durante toda a crise, os Associados reforçavam as aparições de Lacerda na televisão com reportagens de Nasser nos jornais do Rio e de São Paulo (refeitas e publicadas com estardalhaço toda semana em *O Cruzeiro*) e com artigos diários de Chateaubriand, que cresciam em virulência a cada dia que se passava e que batiam insistentemente na mesma tecla: o plano de Samuel Wainer era destruir os Diários Associados a médio prazo, a mando de Getúlio. Quando o dono da *Última Hora* parecia estar fora de combate, ele escreveu um artigo intitulado "Agora, evacuemos este cadáver", no qual parecia chegar ao paroxismo no ódio a seu ex-repórter:

> O que aí resta é uma carniça. Que o sol e os vermes a comam. Morto, Samuel Wainer quer envenenar com o seu cadáver o tecido social da nação. Como? Tentando fazer-se passar por vítima perante as massas. Vamos reduzir o assunto *Última Hora* ao que ele é: a liquidação de um trapaceiro bisonho, sem talento para exercer a sua arte. Ele não merece as proporções garrafais que insistem em atribuir-lhe alguns jornais. O magnífico Carlos Lacerda que entre em merecidas férias por seu maravilhoso labor. E o ministro da Justiça que evacue o cadáver de Wainer.

Assombrado com o que lera em *O Jornal*, Otto Lara Resende achou que era preciso tentar amansar Chateaubriand. Amigo de Wainer, ele era muito respeitado pelo dono dos Associados, com quem mantinha relações amistosas. Otto procurou-o em seu gabinete no Senado e entrou cuidadosamente no assunto:

— Doutor Assis, eu li seu artigo de hoje no jornal e gostaria de fazer algumas considerações.

Chateaubriand só ouvia, desconfiado. Mesmo sabendo que "quando entrava numa briga ele não tinha qualquer inibição de ordem moral", Otto prosseguia, procurando "mexer no ego dele, que era enorme, e fazê-lo desistir daquela campanha":

— Doutor Assis, a águia não pode descer ao galinheiro. O senhor tem tantas causas nobres para combater e no entanto está descendo muito, está entrando no campo da mesquinharia. Um general como o senhor não pode usar metralhadora para matar galinha...

Sentado na sua cadeira de senador, ele cortou a frase do interlocutor pela metade:

— Seu Otto, essa sua argumentação é tão cretina quanto o patife que o senhor veio aqui defender. Não toque mais nesse assunto comigo.

A bola de neve que inadvertidamente Natalício Norberto começara a rolar iria adquirir, um ano depois, proporções absolutamente incontroláveis. Decidido a transformar a oposição a Getúlio numa questão de vida ou morte, na madrugada do dia 5 de agosto de 1954 Lacerda acabaria sendo vítima de um atentado à porta de seu apartamento à rua Toneleros, em Copacabana, quando o major da Aeronáutica Rubens Florentino Vaz, que acompanhava o dono da *Tribuna*, perdeu a vida, vítima de tiros disparados por pistoleiros. Um Inquérito Policial Militar instalado na Base Aérea do Aeroporto do Galeão (que a imprensa apelidou de "República do Galeão") comprovaria que o mandante do crime tinha sido Gregório Fortunato, o chefe da guarda pessoal de Vargas. Na última semana de agosto, as Forças Armadas exigiram que Getúlio se licenciasse da Presidência para que as responsabilidades pelo chamado "mar de lama" pudessem ser apuradas a salvo de pressões oficiais.

Às cinco e meia da fria madrugada de 24 de agosto, o repórter Arlindo Silva, de *O Cruzeiro*, chegou ao Palácio do Catete, destacado pela revista para cobrir o final da reunião ministerial que se iniciara no dia anterior e que varara a noite. Era a primeira vez que o jornalista entrava no palácio presidencial, e ao chegar viu que a reunião estava terminando. Quando Lourival Fontes, chefe da Casa Civil, começou a encher o porta-malas do carro com caixas de papéis retirados de suas gavetas, Arlindo Silva entendeu que Getúlio tinha optado por se submeter ao pedido de licença imposto pelos militares. Com o fim da reunião ministerial todos os repórteres foram embora. Ao ver ninhos de metralhadoras e trincheiras de sacos de areia atrás das figueiras dos jardins do palácio, Arlindo decidiu permanecer por ali, temendo que quando o dia clareasse o acesso à imprensa pudesse ser proibido — por segurança, o melhor era ficar de uma vez do lado de dentro do Catete. Às seis da manhã, viu a mulher do presidente, Darcy Vargas, aparecer numa janela, de óculos escuros, chorando e sendo consolada por parentes. O repórter ficou zanzando pelos jardins e pelo saguão principal do palácio sem ter o que fazer, até que, pouco depois das oito e meia da manhã, viu sair da ala residencial o diretor do DASP (Departamento Administrativo do Serviço Público), Arísio Viana, em estado de desespero, procurando uma telefonista de plantão e gritando:

— Chamem o pronto-socorro, que é um ferimento grave!

Não conseguindo linha telefônica para ligar para fora, Viana deu um murro na mesa e falou:

— Como é que deixaram esse homem sozinho, meu Deus?

Ele pedia que alguém tentasse usar os telefones oficiais (que o repórter percebeu que também não funcionavam direito) para chamar um médico e andava de um lado para o outro, atônito. Arlindo Silva resolveu agir por conta própria: caminhou até um telefone da Light, nas imediações, ligou para o pronto-socorro municipal da praça Mauá e pediu uma ambulância com urgência no Palácio do Catete "para um caso de ferimento grave" — ele imaginava que algum familiar de Getúlio tivesse sofrido um acidente. Três minutos depois chegava a ambulância com a sirene ligada e estacionava diante de uma porta interna, por onde entraram um médico e dois enfermeiros. Os três tomaram o elevador privativo que levava ao segundo andar, onde o presidente dormia. Passaram-se alguns instantes e o médico desceu, transtornado, e comentou com o repórter:

— Não há mais remédio. O presidente está morto.

Getúlio Vargas tinha acabado de dar um tiro no coração. Arlindo Silva correu novamente ao telefone e ligou para a redação de *O Cruzeiro* pedindo um fotógrafo. Minutos depois, chegava ao Catete um batalhão deles, formado por Mário de Moraes, Indalécio Wanderley, Antônio Rudge, Keffel Filho, Badaró Braga, Jorge Audi, João Martins e José Medeiros. Pouco mais de 24 horas depois do suicídio, *O Cruzeiro* estava nas bancas com doze páginas especiais sobre a morte do presidente, enxertadas de última hora na edição que estava sendo impressa. Fechando a reportagem, a revista publicou uma foto impressionante, de página inteira: um close do rosto de Getúlio morto, ainda na cama em que se matara, com um lenço segurando o queixo, onde se podia ver uma pequena gota de sangue ressecado no canto esquerdo da boca. A paciência e o instinto jornalístico de Arlindo Silva aumentariam em 50% a tiragem da revista, levando-a para 720 mil exemplares vendidos em banca — patamar em que *O Cruzeiro* permaneceria por muitos meses, uma regularidade cujo recorde jamais seria quebrado na imprensa brasileira por qualquer outra publicação do gênero.

A comoção que o suicídio de Vargas produziu no Brasil bateu às portas dos Associados sob a forma de pânico. Chegara a hora de dar o troco à virulência com que o presidente morto havia sido tratado pelos jornais da cadeia e ao "contubérnio entre Lacerda e Chateaubriand", como gritavam pelas ruas oradores trepados em capotas de automóveis. Faixas e palavras de ordem de passeatas de sindicalistas e estudantes pediam "morte a Lacerda e Chateaubriand" pelas ruas das capitais. Carros de reportagem e de distribuição de *O Jornal* e do *Diário da Noite*, no Rio, eram apedrejados, virados de rodas para cima e incendiados pelas turbas. Em Porto Alegre, depois de apedrejar o consulado americano, a agência do Citibank, a sede local da Coca-Cola e até a Boite Americana, as hordas populares invadiram os prédios onde funcionavam os veículos Associados (as rádios Farroupilha e Gaúcha e o *Diário de Notícias*) e transformaram em pó o que viram pela frente. Diante de uma polícia impassível, depois de atirar pelas janelas máquinas de escrever, teletipos e todos os móveis que encontraram, os populares desceram de novo à rua e incendiaram completamente os dois prédios. Dos Diários Associados na capital gaúcha só restou intacta a torre de transmissão da Farroupilha, que as chamas não conseguiram destruir. Ao todo, o prejuízo seria calculado em 50 milhões de cruzeiros (1 milhão de dólares de então, 13 milhões de dólares em 2011).

Ainda na manhã do dia 24, ao chegar à redação de *O Jornal* e ser informado do suicídio do homem a quem acompanhava fazia um quarto de século — e a quem devia boa parte de seu patrimônio e seu mandato de senador —, Chateaubriand teve uma reação surpreendente para os que, à sua volta, esperavam uma frase de efeito. Muito sério, o dono dos Associados disse apenas:

— Vou candidatar-me à vaga dele na Academia Brasileira de Letras.

Nos dias que se seguiram à morte de Getúlio, Chateaubriand publicaria uma sucessão de artigos analisando o último gesto do presidente, traçando seu perfil e falando de suas relações com ele desde o remoto ano de 1927:

> Getúlio trocou a vida pela morte. Assim agindo, pode não ter andado certo, no conceito deste ou daquele, mas foi heroico, foi civicamente altivo, foi esteticamente belo — e moralmente generoso, pelo menos com os que o procuraram para dividir com ele o patrimônio de sangue que carregavam. Os inertes, os afônicos, os mudos, os surdos, os que não trouxeram nenhuma mensagem a este planeta, podem morrer na cama. Mas esta abjeção não aconteceria com Vargas, que representava um fragmento de aluvião na sáfara, no solo estéril que viera palmilhar. Suicidando-se, como Balmaceda e como Hitler, ele próprio decidiu o resultado da peleja em que estava empenhado.
>
> [...] Minha vida sentimental com Vargas, se não foi, à Machado de Assis, "um dramalhão cozido a facadas", resultou sempre numa comédia trabalhada a canivetadas. Não pensem que escapei incólume aos copiosos banhos turcos em que ele cozinhava os companheiros. Vargas tinha a volúpia de enganar, daí as pequenas misérias conjugais de nossa longa existência em comum.
>
> [...] Vargas foi o último senhor de escravos deste país. Tinha uma casa-grande e uma senzala onde juntava seus pretos, os pretos de estimação: Góis Monteiro, Osvaldo Aranha, João Neves, Juraci Magalhães, Alexandre Marcondes, Benedito Valadares, Batista Luzardo, Gustavo Capanema, e por que me excluir? Podiam seus pretos zangar-se com ele, mas Vargas nunca despediu, para sempre, um só deles. Ele tinha saudade dos seus pretos e os pretos dele.
>
> [...] No fundo Getúlio Vargas gostava de mim porque eu era um canalha igual a ele — que sabia que eu manobrava com ele quase sempre com o propósito de enganá-lo, como ele enganava a mim.

Antes que o ano terminasse, Chateaubriand cumpria a promessa feita logo que teve notícia da morte de Vargas: por 31 votos a três (dois dados respectivamente a Renato de Mendonça e Petrarca Maranhão, e um em branco), ele se tornava titular da cadeira 37 da Academia Brasileira de Letras, cujo patrono é Tomás Antônio Gonzaga e na qual até três meses antes se sentava o falecido presidente da República. À exceção dos Diários Associados, que saudaram a eleição do dono como "uma contribuição da agilidade do jornalismo à mais importante casa de letras do Brasil", a presença de Chateaubriand na ABL conseguiu desagradar indistintamente a todos, da esquerda à direita. O implacável Barão de Itararé dedicaria ao fato uma página inteira de *A Manha*, onde Chateaubriand era apresentado como "Assaz Chatobrião, o homem que vai transformar a Academia no quartel-general de um movimento subversivo cujo objetivo é utilizar as belas letras para fins menos literários e mais práticos". Segundo o editor de *A Manha*, para dar cabo de sua missão Chateaubriand "bate-se por uma série de reivindicações, que podem ser resumidas nos seguintes pontos":

1) Uniformização das letras, criando-se um tipo de literato "standard" (Standard Oil, naturalmente).

2) Transformação das belas letras em belas letras de banco.

3) Reforma física da fisionomia da Academia, com modificações de fachada, modernização de seu mobiliário e ampliação da lotação do recinto.

4) A Casa de Machado de Assis passará a se chamar simplesmente Casa de Assis. Sem Machado, mas de Picareta.

5) As velhas poltronas serão substituídas por bancos simbólicos — banquinhos ou tamboretes —, que darão ao ambiente um caráter tipicamente financeiro.

6) A Casa de Assis desenvolverá ao máximo a indústria do livro, com folhas picotadas, para que o escritor possa apor em cada folha seu apreciado autógrafo. Esses livros (livros de cheques) serão de real valor, de fundo sólido, ou simplesmente obras de ficção e aventuras (cheques sem fundos).

7) Dado o grande número de banqueiros com fumaças de intelectuais (Mário Brant, Gabriel Corte Imperial, Marino Machado, Ovídio de Abreu etc.), é pensamento de Assis propor o aumento do número de acadêmicos para cem, dos quais quarenta ficarão sentados e sessenta em pé, como nos ônibus.

Do outro extremo, o jornalista católico ultraconservador Gustavo Corção (que depois da mudança de Alceu Amoroso Lima para os Estados Unidos o substituíra na direção do Centro Dom Vital) publicaria na *Tribuna da Imprensa* o artigo "Tirem dali o Machado de Assis". Depois de lembrar o baile de Corbeville e a manobra para que Chateaubriand pudesse se eleger senador, Corção escreveu que passara dias antes na avenida Presidente Wilson (onde fica a sede da Academia) e, diante "de um prédio amarelo-sujo, agora mais sujo que amarelo", ouviu uma estátua de bronze gritar:

— Tirem-me daqui! Tirem-me daqui! Antes o nada do esquecimento. Tirem-me daqui! Derretam-me. Antes ser vaso, colher, caçarola... Ah, se me fizessem sino...

Era a estátua de Machado de Assis, patrono da ABL, cujo "apelo" Corção subscrevia em sua coluna: "E, se é preciso explicar, explico: tirem dali a estátua, porque doravante a Casa de Machado de Assis é a casa de Mãe Joana. Tirem dali o bronze e o nome do autor de *Brás Cubas*, porque o nome do mais fino dos brasileiros é incompatível com a presença do mais grosso dos *parvenus*".

Impávido, Chateaubriand não deu a menor atenção a tais ataques. Naquele final de 1954, ele estava preocupado era com a manutenção de seu mandato de senador, que se encerrava dali a algumas semanas. Em outubro haveria eleições para renovar dois terços do Senado e ele decidiu candidatar-se à reeleição. Prevendo sua derrota, o ex-governador Ademar de Barros, de São Paulo, oferecera-lhe uma legenda pelo seu Partido Social Progressista (PSP), pelo qual garantia a eleição por São Paulo. Confiante em sua própria força (e no fato de que, afinal, haveria duas vagas em disputa também na Paraíba), o jornalista acabou decidindo sair candidato por seu próprio estado.

Desta vez, no entanto, as coisas foram diferentes. Chateaubriand tinha contra si, em primeiro lugar, a ojeriza notória que a anônima figura do eleitor lhe despertava. Considerando o clientelismo uma atividade desprezível da política, nunca atendera a um único eleitor no Senado, jamais fizera um favor pessoal a quem quer que fosse, não arranjava empregos ou sinecuras para ninguém. E, além de tudo isso, em seus dois anos de mandato não pusera os pés na Paraíba uma única vez. Para enfrentá-lo nas urnas, a UDN lançava agora dois pesos-pesados: o ex-interventor, ex-governador e deputado federal Argemiro de Figueiredo e o rico empresário João Arruda, dono de uma grande indústria têxtil local.

Apesar de acuado, Chateaubriand preferiu permanecer em São Paulo fazendo a campanha de seu amigo Horácio Lafer a deputado federal. Repetindo o comportamento de 1952, na única viagem que fez à Paraíba foi a poucas cidades e continuou remando contra a maré: mesmo acusado de "entreguista" pelos adversários, carregava no carro um caixote de latas de querosene da Esso, no qual subia para fazer os comícios. "Tenho aqui a meus pés, ajudando a minha campanha eleitoral", dizia ele pelo interior afora, "o apoio decidido da Standard Oil." Seus discursos continuavam incompreensíveis. Na cidadezinha de Esperança, por exemplo, disse que, embora estivessem sob a legenda "da reacionária UDN", seus dois adversários eram agentes do Comintern — a Internacional Comunista, com sede em Moscou, que já havia sido extinta. Em Currais Novos, não fez exatamente um discurso para os vaqueiros que o ouviam, mas uma acadêmica reflexão sobre o pensador suíço Jean-Jacques Rousseau ("Vós tendes uma semelhança com o *Contrato social* de Rousseau", gritou de cima do caixote. "Possuis o governo da 'segunda natureza', segundo a vossa natureza, segundo a nossa natureza. Nascestes livres e viveis livres debaixo desses couros, dentro destas caatingas, das quais insistis em continuar mandões"). Só na manhã seguinte é que o candidato se daria conta de que, sem perceber, atravessara a divisa da Paraíba: Currais Novos fica no Estado do Rio Grande do Norte. Enquanto isso, Argemiro de Figueiredo prometia água, escolas, estradas, e João Arruda distribuía dinheiro. Quando faltavam poucos dias para as eleições, a UDN desenterrou e distribuiu, aos milhares, um velho artigo em que Chateaubriand propunha a anexação da Paraíba a Pernambuco como única saída para o desenvolvimento do estado. Foi a gota d'água. Embora não chegasse a ser vergonhoso para alguém tão extravagante, o resultado das urnas confirmou o que Ademar previra: João Arruda foi o mais votado, com 110 mil votos, seguido por Argemiro de Figueiredo, que recebeu 109 mil votos. Mesmo com surpreendentes 103 mil votos, Chateaubriand estava fora do Senado.

Uma única vez alguém o ouviu queixar-se da derrota. Ao perguntar-lhe como interpretava o resultado das eleições, o jornalista Nertan Macedo recebeu uma frase seca como resposta:

— Eu não podia mesmo ser escolhido senador por uma gente cretina, ingrata e atrasada como aquela.

Sua obstinação agora estava voltada exclusivamente para um objetivo: o que fazer para voltar ao Senado. A primeira porta em que bateu foi a do ministro da Fazenda que impusera ao presidente Café Filho (vice-presidente de Vargas, Café assumira o governo depois do suicídio), seu velho amigo Eugênio Gudin. Avesso à política, Gudin nada podia fazer. O jornalista resolveu recorrer a Juscelino Kubitschek, governador de Minas e candidato em potencial às eleições de outubro do ano seguinte, 1955, à Presidência da República pelo PSD. JK reagiu como Getúlio no caso da Paraíba, passando o problema para diante: mandou Chateaubriand procurar Tancredo Neves, antigo secretário de redação no *Estado de Minas* nos anos 1930, ex-ministro da Justiça de Getúlio e agora o coordenador político da campanha de Kubitschek à Presidência. Tancredo ouviu-o pacientemente e tentou fazê-lo ver que daquela vez não havia saída: o desgaste político sofrido pelo PSD com a barganha para que ele se elegesse senador pela Paraíba em 1952 fora muito grande, e em um período de eleições presidenciais como aquele não valia a pena correr riscos. Chateaubriand deu um ultimato: ou o PSD arranjava uma vaga de senador para ele ou os Diários Associados não assumiriam qualquer compromisso com a candidatura do partido à Presidência da República. E mais: ele já tinha feito um levantamento, estado por estado, e, por exclusão, escolhera o lugar mais apropriado para repetir a "operação Paraíba":

— Doutor Tancredo, desta vez é nas costas do Maranhão que nós vamos cravar o nosso punhal.

32

No dia 18 de novembro de 1954, Tancredo Neves desembarcou de um avião da Nacional no aeroporto de Tirirical, em São Luís, pronto para cravar o punhal de Chateaubriand nas costelas do PSD do Maranhão. Acompanhado do senador Vitorino Freire, chefe incontestre da política local, e do vice-governador Renato Archer, Tancredo viajara para tentar quebrar as resistências à fórmula que levava no bolso para atender aos desejos do dono dos Diários Associados — uma operação idêntica à que tinha sido posta em prática com tanto sucesso na Paraíba em 1952: em resumo, tanto o senador Antônio Baima quanto seu suplente Newton Belo (eleitos em 1950 para um mandato que se estenderia até 1958) teriam de renunciar para que o TSE convocasse novas eleições. Aí restava ao PSD demonstrar força e eleger Chateaubriand para a vaga aberta.

Ao escolher o estado em que pretendia arrancar um novo mandato de senador, Chateaubriand não pousara casualmente o dedo sobre o mapa do Maranhão. Aquela, ele sabia, era uma cidadela onde o invencível PSD reinava a salvo de qualquer ameaça. O "vitorinismo", nome com que era conhecida a majoritária corrente que seguia Vitorino Freire, havia dado provas mais que suficientes de que era imbatível nas urnas, qualquer que fosse o candidato. "Se Vitorino quiser", dizia-se pelas esquinas de São Luís, "pega um cachorro sem dono nas ruas da cidade e faz dele vereador ou deputado." Se elegia um vira-lata, o jornalista imaginou, não teria problemas para fazê-lo senador.

Tanto Vitorino quanto o governador Eugênio de Barros, no entanto, temiam, como ocorrera a princípio a Tancredo, que a manobra pudesse redundar em um desgaste muito grande para o partido, a poucos meses de uma eleição presidencial. Não era justo, eles alegavam, que o PSD maranhense pagasse um preço tão alto pela virtude de ser eleitoralmente invencível. Tancredo argumentou que era exatamente a candidatura de Juscelino que estava em jogo — o apoio dos Diários Associados era uma peça indispensável à eleição —, e depois de candentes apelos em nome da solidariedade partidária acabou dobrando a liderança do PSD. Restava um problema: o que seria oferecido a Baima e Belo em troca da renúncia? Com Café Filho na Presidência não havia, como no episódio da Paraíba, cargos federais que pudessem ser distribuídos. Mas também para aquele problema Tancredo tinha a solução: além de suplente de senador, Newton Belo era deputado federal — e portanto podia simplesmente assumir sua cadeira na Câmara. Seu destino estava resolvido. Quanto a Baima, Chateaubriand havia se comprometido a nomeá-lo diretor dos laboratórios Schering (além disso, segundo o que foi noticiado pela imprensa, o senador exigiu um documento que lhe assegurasse o direito de receber todos os subsídios pagos pelo Senado até que o mandato chegasse ao fim). Para fechar com chave de ouro a negociação, Tancredo ainda anunciou em nome de Kubitschek que, eleito presidente, este nomearia o governador Eugênio de Barros ministro da Agricultura (promessa que acabou não sendo cumprida).

Selado e sacramentado o acordo, tudo indicava que a "operação Paraíba" iria se repetir sem transtornos, quando surgiu um problema que não tinha sido previsto por Vitorino, Chateaubriand e muito menos pelo mineiríssimo Tancredo Neves: o Maranhão decidira resistir à barganha política. A primeira reação aconteceria dentro do próprio PSD: os deputados estaduais Raimundo Bogéa e Nunes Freire (que no regime militar viria a ser governador nomeado do estado) e o suplente de deputado federal José Sarney (futuro presidente da República) lideraram um grupo que se desligou imediatamente do partido e se filiou à UDN. Ato contínuo, juntaram-se em aliança com um grupo do PSP local, composto pelo deputado federal Clodomir Millet e por três jornalistas maranhenses que viviam no Rio: Odilo Costa Filho, Franklin de Oliveira e Neiva Moreira (estes dois dos Diários Associados). Neiva se candidatara a deputado federal pelo PSP nas eleições de outubro de 1954, obtendo a primeira suplência de sua chapa. Estava formado o "Comitê de Resistência", que logo receberia a adesão de todos os partidos oposicionistas locais, inclusive o prescrito Partido Comunista, e que passaria a ser conhecido como as "Oposições Coligadas".

A primeira reação de Chateaubriand foi instantânea: ao ler *O Jornal* do dia seguinte à montagem daquela frente de oposição, Neiva Moreira soube, por uma notinha publicada num canto de página, que tinha sido demitido do emprego "por incompatibilidade moral com o programa e a vida dos Diários Associados". Apesar do prestígio de sua coluna "Sete dias" em *O Cruzeiro*, Franklin de Oliveira teria destino idêntico. Solidário, Clodomir Millet licenciou-se de seu mandato de deputado federal para que Neiva pudesse assumir uma cadeira no Congresso, de onde enfrentaria Chateaubriand com maior repercussão e se tornaria uma espécie de porta-voz nacional da resistência à eleição de seu ex-patrão.

Decididas a lançar um candidato para enfrentar Chateaubriand nas urnas, as "Oposições Coligadas" saíram em busca de um nome que pudesse combater de igual para igual o dono dos Associados. A primeira escolha recaiu sobre a condessa Maurina Dunshee de Abranches Pereira Carneiro, maranhense e viúva do conde Ernesto Pereira Carneiro. Avessa à política partidária, no entanto, a austera proprietária do *Jornal do Brasil* nem chegou a cogitar da hipótese de disputar uma eleição (e muito menos contra Chateaubriand). A notoriedade que a Aeronáutica tinha adquirido com os episódios que culminaram com o suicídio de Getúlio levou as "Oposições Coligadas", na falta de alternativa melhor, a optar pelo tenente-coronel aviador Armando Serra de Menezes, maranhense e comandante da zona aérea que compreendia todo o Norte do país. Para seu suplente foi escolhido aquele que os oposicionistas entendiam ser "um nome nacional" (expressão que se transformaria em slogan) — o do jornalista Franklin de Oliveira.

Desta vez, ao contrário do que ocorrera na Paraíba em 1952, a grita contra a manobra para eleger Chateaubriand não se restringiria ao estado do Maranhão. Empossado deputado, Neiva Moreira somava minutos conseguidos com líderes de partidos anti-PSD e conseguia passar boa parte da tarde na tribuna, insistindo sempre no mesmo e exagerado tema: se o governo não impedisse aquela manobra, o Maranhão iria se transformar "na Sarajevo brasileira" — numa referência à cidade iugoslava onde tinha ocorrido o assassinato do arquiduque Ferdinando, herdeiro do trono do Império austro-húngaro, estopim da Primeira Guerra Mundial. Mobilizados por Odilo Costa Filho (a quem o dono dos Associados só se referia como "o Vaca Atolada") e Franklin de Oliveira, inimigos de Chateaubriand surgiam em todas as redações. A cobertura da "negociata maranhense" era garantida em *O Estado de S. Paulo* por Rafael Correa de Oliveira e por Joel Silveira (que também deixara os Associados brigado) no *Diário de Notícias*. Na *Última Hora*, a luta contra Chateaubriand dispensava padrinhos: depois da campanha do ano anterior, todos no jornal o odiavam. Acuado pelos repórteres, o renunciante Antônio Baima era obrigado a dar explicações à imprensa onde quer que aparecesse. "Juro pela minha honra, pela memória do meu pai, por tudo o quanto há de mais sagrado, que não recebi um centavo por minha renúncia", choramingava diante dos repórteres. "Meu partido resolveu conceder uma oportunidade ao senhor Assis Chateaubriand e escolheram-me para abrir a vaga. Cumpri ordens do PSD, nada mais." Os jornalistas insistiam: e o prometido emprego na Schering? "Não é verdade", ele respondia. "Não fui convidado a dirigir empresa nenhuma. Voltarei ao meu escritório de engenharia e deixarei a política." (Baima mentia. Chateaubriand esperaria passar alguns meses, e quando o "caso do Maranhão" saiu do noticiário o ex-senador maranhense foi contratado como vice-presidente não da Schering, mas do Laboratório Licor de Cacau Xavier, também de propriedade do jornalista.)

Chateaubriand decidira não responder a nenhuma das críticas da imprensa até que apareceu na *Última Hora* um artigo intitulado "Arranjos políticos", assinado pela escritora e jornalista Adalgisa Néri (que tinha sido casada com o pintor Ismael Néri e, em segundas núpcias, com o ex-chefe da Casa Civil de Vargas, Lourival Fontes, de quem já se separara). Nas páginas de *Última Hora* a colunista dava a sua versão sobre o preço da barganha feita "para que o nosso piloto das milhas aéreas vá pousar no Palácio Monroe". Segundo ela, Baima recebera de Chateaubriand e de Vitorino Freire, "o Deus dos Exércitos do Maranhão", um bom emprego, um ótimo apartamento "com ar-refrigerado" e "um ou dois Cadillacs". Ao ler aquilo, o dono dos Associados rabiscou dez linhas em um pedaço de papel, chamou o redator Maurício Waitsman e mandou publicar como um "A pedidos" na primeira página do *Diário da Noite*. Embora sem ser citada nominalmente, Adalgisa Néri era chamada de "cinquentona devassa, infiel ao corpo, à alma e à decência conjugal", que tinha sido mobilizada "para esse piquenique de carnes de vacas desnutridas". A nota concluía com mais agressão: "Essa infeliz tem o nosso perdão. É que o tempo já a tendo rifado dos festins de Vênus, ela teima em ficar nos cartazes, para que, quando dela não se use (por imprestável para o amor), pelo menos dela se fale". Desta vez o torpedo não seria assinado pelo "Macaco Elétrico" nem por "A. Raposo Tavares", mas por "d. Chochota Pestana" (assim mesmo, com *ch* no lugar do *x*). No dia seguinte o jornalista assinaria em todos os jornais Associados, com o próprio nome, o artigo "Uma matrona tarada". Agora Chateaubriand confirmava, para quem não entendera o pequeno anúncio, que era mesmo contra Adalgisa (que, embora não tivesse chegado aos cinquenta anos, era chamada de "vulgar sexagenária") a verrina publicada no *Diário da Noite* por "d. Chochota Pestana":

> Quem calunia sem ter provas deve ser um tarado. Foi o que fez miseravelmente a vulgar sexagenária que inventou, em sua malvadez de virago, que arquitetou em sua crueldade de degenerada, que urdiu na sua frieza de alma, desnuda de um filão de bondade humana, mentiras para difamar os senadores Vitorino Freire e Antônio Baima. Em sua fantasia depravada, a sórdida alcoveta escreveu apenas isto: que Cadillacs e apartamentos foram mobilizados por mim para comprar uma vaga de senador pelo Maranhão.
>
> É a imundície comunista, é a torpeza dos brasileiros assalariados de Moscou que a miserável foi buscar para lançar contra os homens públicos do Maranhão e contra o redator desta coluna. Seria contra ela o "A pedidos" que d. Chochota Pestana trouxe ao nosso balcão há dias? Nenhum de nós acredita. Porque também aquilo seria demais para cretina tão parva, para difamadora tão reles.

Até então calado, Chateaubriand resolveu começar a bater. Publicou artigos contra Neiva Moreira e mandou os Associados reproduzirem com destaque, nos jornais do Rio e do Maranhão, o artigo "Paraíba, sim senhor", publicado em 1952 em *O Cruzeiro*, no qual Franklin de Oliveira (agora seu oposicionista ferrenho) se desmanchava em elogios ao patrão quando da candidatura deste na Paraíba. E tratou de mobilizar apoios a seu nome. O primeiro viria, mais uma vez, de Gilberto Freyre. Entrevistado em Garanhuns, no interior de Pernambuco, o sociólogo não só defendia a candidatura pelo Maranhão como ainda reivindicava o privilégio para seu estado natal. "Era a Pernambuco que cabia essa iniciativa que tanto relevo vai dar ao Maranhão", disse ele aos repórteres. "Afinal, se nasceu na Paraíba, foi em Pernambuco que Chateaubriand fez sua formação intelectual." O candidato Juscelino Kubitschek também sairia em defesa do jornalista, afirmando que, com a decisão de lançar a candidatura de Chateaubriand, "meu partido não somente homenageia a figura de um grande brasileiro, como também presta mais um serviço ao país, pelo brilho de suas atividades e por sua inteligência abrangente". Trechos de uma carta do escritor maranhense Josué Montello ao dono dos Associados foram distribuídos como notícia a todos os clientes da Agência Meridional: "Aqui vai meu aplauso maranhense. Há na sua inquietude criadora uma reserva estupenda de benefícios para minha terra". Na Câmara Federal, para enfrentar a artilharia montada por Neiva Moreira, o dono dos Associados iria ter como permanente defensora de sua candidatura a vigilância do deputado Armando Falcão, seu ex-companheiro da guerra contra Samuel Wainer.

Pelo menos uma das suspeitas levantadas no artigo escrito por Chateaubriand contra Adalgisa Néri era procedente: os comunistas estavam, de fato, se mobilizando para impedir a concretização de seus planos no Maranhão. *O Imparcial* e o *Pacotilha / O Globo*, órgãos Associados locais, denunciaram com enorme destaque que, para reforçar a modesta base comunista maranhense (chefiada pela aguerrida Maria Aragão), a direção do PCB despachara para São Luís o ex-vereador Aristides Saldanha, do Rio, e, da Paraíba, os militantes José Gomes, Messias Leite e Plauto Andrade. Os jornais de Chateaubriand exageravam o noticiário, anunciando que a capital estava "infestada de agentes vermelhos a soldo de Moscou, enviados pelo Partido Comunista para apoiar a candidatura do coronel Armando Serra e incendiar o estado".

O dono dos Associados ainda teria de transpor uma barreira judicial montada por seus adversários que quase fez a candidatura naufragar. Quando faltavam duas semanas para a eleição, as "Oposições Coligadas" entraram com um requerimento junto ao Tribunal Regional Eleitoral do Maranhão pedindo a impugnação da chapa do PSD (que tinha como suplente o nome de expressão meramente regional do desembargador Públio de Melo). A alegação era a de que Chateaubriand não enviara entre a documentação exigida a sua folha corrida policial. No dia 7 de março, o TRE decidiu aceitar o recurso das Oposições e cancelou o registro da candidatura. Chateaubriand reagiu com fúria. Escreveu o artigo intitulado "Uma vara de porcos-do-mato" (e ordenou que ele fosse publicado com todo o destaque em seus jornais de São Luís), no qual analisava a decisão dos juízes do tribunal eleitoral maranhense:

> Trata-se de uma cavalada de alto calibre [...] que só podia passar pela cabeça de capadócios. A oposição maranhense está morta. É um cadáver que anda por aí, boiando. Ela pensa vencer por passes de mágica, com as injeções de cafeína que está recebendo de quatro juízes desalmados, cujas barbas sujas e cujo bodum africano o Superior Tribunal irá lavar com creolina e sapólio. Estes são uma récua de tarados, destituídos de sombra de asseio moral. São carroças de lixo da alma e do coração, e na sua canalhice supõem que do arbítrio de sua vontade e do agravo de sua maioria não existe apelação. Pois enganaram-se, como vão ver.

O gosto da vitória das "Oposições Coligadas" só pôde ser saboreado por cinco dias. Quando faltava uma semana para o pleito, o Tribunal Superior Eleitoral acatou o mandado de segurança impetrado por Chateaubriand, anulando a decisão tomada pelo TRE maranhense e mandando registrar a candidatura. Alguns dias antes da eleição, marcada para 20 de março, chegou a São Luís um dirigente da União Nacional dos Estudantes filiado ao PC, levando uma informação preciosa, originária do sindicato dos gráficos cariocas: estava sendo impressa nas oficinas Associadas, no Rio, uma edição especial da revista *O Cruzeiro*, produzida para circular exclusivamente no Maranhão como propaganda eleitoral. O reparte, que seria enviado a São Luís no dia seguinte, trazia Chateaubriand na capa e dentro era recheado por uma reportagem de dezenas de páginas, escritas por David Nasser, sobre a vida e as virtudes do candidato a senador pelo PSD. Dias depois, um telegrama pousou em São Luís com detalhes sobre o voo e a hora da entrega das revistas na capital maranhense. A ala jovem das "Oposições Coligadas" se mobilizou para botar as mãos no material antes que ele chegasse a seus destinatários.

Quando o avião da Nacional pousou no aeroporto de Tirirical, no começo da noite, os funcionários da companhia aérea encontraram um grupo de jovens que se apresentaram como funcionários dos Associados locais encarregados de retirar a enorme encomenda. Eles tinham ido ao aeroporto a bordo de dois minúsculos carros Hillman ingleses, e se espantaram ao ver o tamanho da carga a ser desembarcada: eram 60 mil exemplares, volume que só um caminhão seria capaz de transportar (a versão adotada pelos Diários Associados diz que o reparte de *O Cruzeiro* destinado ao Maranhão não chegava a 4 mil revistas). Liderados pelo estudante de Direito Luís Telles, os rapazes que estavam no aeroporto eram, na realidade, militantes das "Oposições Coligadas" que planejavam sequestrar a edição da revista. Diante da impossibilidade de transportar aquela montanha de papel nos dois carrinhos, voltaram a São Luís. Pediram socorro a José Sarney, que em meia hora conseguiu emprestado um caminhão para que pudessem retornar a Tirirical. (Revelando uma ingenuidade juvenil, ao saber do problema do transporte o coronel Menezes prontificou-se a requisitar alguns veículos militares à base aérea local — no que foi prontamente demovido pelos jovens.) Já era noite quando o caminhão arranjado por Sarney terminava a primeira das seis viagens necessárias para retirar todas as revistas do aeroporto — o que reforça a versão de que a tiragem era de fato de 60 mil, e não apenas de 4 mil exemplares, como noticiaram os Associados. Às onze horas da noite, um galão de gasolina foi esvaziado sobre a montanha de revistas, em uma praia deserta de São Luís, e Luís Telles acendeu a fogueira em que aqueles jovens imaginavam estar incinerando a candidatura de Chateaubriand.

O roubo das revistas fez com que o pleito transcorresse sob grande tensão, garantido por tropas federais do Exército e da Aeronáutica. O candidato do PSD só apareceu em São Luís no dia das eleições — nem campanha, como na Paraíba, ele se dispusera a fazer desta vez. Sua única deferência para com o eleitorado maranhense foi mandar Jorge Edo instalar na capital, alguns dias antes da eleição, o mesmo circuito fechado de TV que tanto sucesso fizera em João Pessoa dois anos antes, e que agora exibia shows com Keila Vidigal e Luís Gonzaga, apresentados por um dos mais famosos locutores da época, Carlos Frias. Apesar desse olímpico desprezo, a única coisa que as "Oposições Coligadas" conseguiram queimar de verdade foi a edição de *O Cruzeiro*: Chateaubriand esmagou seu concorrente, o coronel Menezes, e venceu as eleições com 70% dos 200 mil votos maranhenses. Dias depois das apurações, os jovens seguidores de Menezes ainda fariam uma última ação: assaltaram de madrugada os arquivos do TRE, de onde furtaram urnas contendo centenas e centenas de votos dados a Chateaubriand — todos preenchidos com a mesma letra. Mesmo sendo uma indiscutível prova de que as eleições tinham sido fraudadas, o gesto só valeu para atrasar em noventa dias a diplomação do vencedor: no dia 4 de julho, Chateaubriand tomava posse como representante do Maranhão no Senado.

Quando soube que toda a força dos Diários Associados ia ser jogada na campanha de Juscelino Kubitschek, Ademar de Barros, também candidato à Presidência, ainda tentou demover Chateaubriand da ideia com um argumento que considerava irrecusável — convidou-o para ser o seu candidato à Vice-Presidência:

— Venha, Chateaubriand, que juntos nós dois somos imbatíveis. Depois de ganhar as eleições nós vamos rasgar a barriga do Brasil para ver o que tem dentro!

O original convite era tentador, mas Chateaubriand já estava comprometido com Juscelino, com quem tinha um débito a quitar — a cadeira de senador pelo Maranhão. Para os Diários Associados, apoiar um candidato significava ampliar a força política da organização, caso ele fosse eleito, mas era também a garantia de uma considerável fonte de renda. O "apoio" se traduzia pela publicação de anúncios pagos pelo candidato (e os veículos não recusavam publicidade de ninguém, nem mesmo dos adversários) mais a garantia da cobertura jornalística da campanha — pela qual o candidato também tinha de pagar. Ou seja: além de uma opção política, o que se fazia era também um bom negócio (anos depois Chateaubriand revelaria que Kubitschek terminou sua campanha eleitoral com uma dívida de 100 milhões de cruzeiros com os Associados — 1,3 milhão de dólares da época, 17 milhões de dólares em 2011 — entre publicidade e "cobertura jornalística e editorial"). No caso de Chateaubriand, o apoio era *sui generis*: apesar de comprometido com a candidatura do governador mineiro a ponto de transformar os Associados em uma rede de boletins oficiais da campanha, na tribuna do Senado ele ridicularizava a principal meta de JK, a promessa de mudança da capital do país para o Centro-Oeste brasileiro, dizendo que "aquilo era conversa de político que não tem nada de mais útil para colocar na cabeça":

— Já que está mesmo decidido a tirar a capital do Rio de Janeiro, o candidato Juscelino Kubitschek podia mudá-la para a Baixada Fluminense. Aquilo é muito melhor, muito mais cosmopolita e civilizado que o sertão goiano.

Tendo João Goulart como vice, o governador mineiro venceu as eleições do dia 3 de outubro de 1955. Com pouco mais de 3 milhões de votos (36% do total), ele derrotou Juarez Távora (que teve 30% dos votos), Ademar de Barros (26%) e Plínio Salgado (8%). Como na época a legislação permitia que se votasse separadamente nos candidatos a presidente e a vice, João Goulart acabaria tendo meio milhão de votos a mais que o cabeça da chapa. O fato de Juscelino não ter obtido a maioria absoluta dos votos animou setores das Forças Armadas, a partir de um discurso do coronel Jurandir Bizarria Mamede, a iniciar um movimento golpista para tentar impedir sua posse (isto embora a Constituição não fizesse qualquer menção à necessidade de maioria absoluta para que o mais votado fosse empossado).

Chateaubriand colocou os Associados a favor da posse de Juscelino e contra os golpistas e sua extravagante tese da "maioria absoluta". O que o jornalista só revelaria muito tempo depois é que tanto o apoio "dado" à campanha quanto o reforço naquela hora decisiva iam custar mais caro que o mandato de senador: Kubitschek teve de se comprometer a nomeá-lo embaixador do Brasil na Inglaterra. O acordo foi selado. E o golpe acabaria sendo abortado na madrugada de 11 de novembro sem necessidade do apoio Associado, graças à intervenção do ministro demissionário da Guerra, general Henrique Lott. No dia 31 de janeiro de 1956, Juscelino assumia a Presidência da República.

Para surpresa de Chateaubriand, o novo presidente tomou posse, começou a governar e nunca mais tocou na promessa da embaixada. Toda vez que o jornalista tentava encaixar o assunto no meio de um encontro, Juscelino desconversava e acabava escapulindo. O dono dos Associados sabia que bastaria ameaçar colocar seus veículos na oposição para que a nomeação saísse, mas naquele momento ele estava interessado em manter boas relações com o governo, de quem dependia para a expansão de sua rede de estações de televisão (no ano anterior ele inaugurara a terceira TV Associada, a Itacolomi, de Belo Horizonte). Antes de brigar com Juscelino ele precisava obter do governo mais concessões de canais — e para isso dedicava especial atenção ao responsável pela área, o general Olímpio Mourão Filho, presidente da Comissão Técnica de Rádio do Ministério da Viação e Obras Públicas (repartição que anos depois mudaria de nome, passando a se chamar Departamento Nacional de Telecomunicações — Dentel). Durante o namoro com Mourão, Chateaubriand convidou-o para compartilhar (junto com Herrmann Gohn, embaixador da Áustria no Brasil, e Archie Dollar, diretor da RCA Victor) um de seus mais recentes *hobbies*: as viagens à Amazônia. Sua paixão pelos mistérios da selva que começava a ser colonizada era tal que meses antes ele não se furtara a emprestar o avião *Jagunço* para que o jornalista Antonio Callado, mesmo trabalhando no concorrente *Correio da Manhã*, pudesse viajar ao Xingu em busca da chave do mistério que a cada três meses mobilizava os Associados: o desaparecimento do coronel inglês Percy Fawcett (para acompanhar

Callado, Chateaubriand destacou um assessor que, ironicamente, duas décadas depois viria a ser o último dono e o coveiro de *O Cruzeiro*: o jornalista Alexandre von Baumgarten).

Em 1951, Chateaubriand havia promovido, com ampla cobertura de *O Cruzeiro*, o casamento da índia calapalo Diacuí com o branco Ayres Câmara da Cunha, funcionário do Serviço de Proteção ao Índio (SPI). Mesmo advertido por sertanistas de que o ato era uma violência cultural contra a índia, que jamais se habituaria a viver numa cidade grande, o jornalista insistiu: levou Diacuí para o Rio, batizou-a e organizou o casamento — do qual ele seria o padrinho — na igreja da Candelária, para onde os noivos foram levados em companhia de Chateaubriand em um Cadillac conversível. O tempo provou que os sertanistas tinham razão: retirada do ambiente e dos costumes de sua tribo, meses depois Diacuí morreria de parto em uma maternidade do Rio de Janeiro. Anos depois, em 1954, Chateaubriand se ofereceria ao prefeito de São Paulo, Jânio Quadros, para abrir o desfile comemorativo das festividades do IV Centenário da capital paulista. Logo depois que a banda da Polícia Militar acabou de tocar o Hino Nacional, ele saiu dos camarins improvisados, à frente das tropas que iriam desfilar, e tomou o microfone:

— Estou aqui como descendente direto dos índios que devoraram o bispo Sardinha na foz do rio Coruripe. Trago para abrir a vossa comemoração, caros paulistas, dois irmãozinhos peles-vermelhas recém-chegados da selva. Pode começar a festa, seu prefeito!

Dito isso, o jornalista atravessou a pé todo o vale do Anhangabaú — sob os olhares incrédulos de 100 mil pessoas que não conseguiam entender o que fazia ali aquele homem de terno preto, levando pelas mãos dois indiozinhos vestidos só de calção: eram os pequenos caiapós Arutsavi e Tofut, que ele mandara o repórter Jorge Ferreira buscar de avião em uma aldeia junto à cachoeira Von Martius, nos confins da Amazônia. Animado pelos aplausos, quando chegou ao fim da caminhada, nas imediações da avenida São João, ele resolveu refazer todo o trajeto de volta. Alguém alertou-o de que as tropas já tinham começado a marchar na outra ponta do vale, mas ele não se incomodou:

— Não faz mal, nós voltaremos na contramão.

Decorridos alguns anos do insólito desfile, a mania pelos índios continuava: agora a caravana (que além de Mourão Filho e dos dois estrangeiros era composta pelos irmãos Vilas Boas e por um grupo de repórteres e fotógrafos dos Associados) iria passar uma semana acampada em uma aldeia txucarramãe, às margens do rio das Mortes, para receber oficialmente o que Chateaubriand jurava ser a ossada do inglês Percy Fawcett. No primeiro dia, um índio esquivou-se pelo mato, chegou até o acampamento dos brancos e, apesar do olhar vigilante de Amâncio, roubou o paletó de Chateaubriand com tudo o que havia nos bolsos. O jornalista ficou possesso, queria que o autor do furto fosse identificado e punido. Foi preciso Orlando Vilas Boas explicar que aquele ato não era um delito, nem pelas leis do país, que consideravam os índios inimputáveis, nem pelas leis da tribo: o índio estava querendo propor uma troca — e, portanto, o jornalista podia pedir-lhe algum objeto para substituir o paletó desaparecido. Ele propôs a barganha: no lugar da sua roupa de branco, ele queria uma roupa de índio. E recebeu um cocar e uma tanga de penas, com os quais andava nos primeiros dias de excursão. Desajeitado com aquela indumentária, acabou abandonando-a e passou a circular o tempo todo nu em pelo, calçando apenas chinelos — condição em que pediu para ser fotografado ao lado de um guerreiro txucarramãe, também despido, e do general Mourão, este trajando apenas cuecas.

Quando todos retornaram ao Rio de Janeiro, Chateaubriand deu ordens para que sua foto nu fosse publicada sem qualquer tarja em *O Cruzeiro*. A edição estava sendo rodada quando um dos primeiros exemplares caiu nas mãos da pudica presidente da empresa, Lily Whitaker Gondim de Oliveira. Indignada com o que acabara de ver, mandou suspender a impressão e retirar aquela foto "indecente". Quando lhe disseram que eram ordens de Chateaubriand, ela fincou pé: daquele jeito a revista não saía. Minutos depois, aparecia em sua sala, nervoso, o próprio dono dos Associados:

— Vai publicar a fotografia, sim, dona Lily: a revista é minha e nela imprimo o que eu quiser.

Ela não recuou:

— Então mande tirar meu nome do alto do expediente, pois acabo de me demitir da presidência de *O Cruzeiro*.

No fim, chegou-se a uma solução salomônica: a foto continuava na revista, mas na chapa de impressão alguém teve de riscar com um prego o sexo de Chateaubriand — em cujo lugar, depois de rodada a edição, aparecia apenas uma nuvem escura. A única concessão de Lily Gondim foi permitir que o sexo do índio aparecesse sem censura. Este problema estava resolvido, mas e o suposto esqueleto de Fawcett? Uma caixa com ele foi levada para o apartamento do diplomata Hugo Gouthier, onde um legista o remontou, osso por osso, sobre a senhorial mesa de jantar da casa. Fartamente fotografado por *O Cruzeiro* e *O Jornal*, o esqueleto permaneceu sobre a mesa por vários dias, até que se decidisse que fim dar a ele (a religiosa cozinheira mineira de Gouthier pediria demissão do emprego ao dar com os olhos sobre aquela cena macabra, supondo que o patrão estivesse se dedicando à magia negra). Chateaubriand se vangloriava de finalmente ter esclarecido o mistério de décadas que cercava o desaparecimento de Fawcett, quando alguém descobriu um dentista do Rio com quem o explorador britânico se consultara antes de se embrenhar selva adentro. Chamado à casa de Gouthier, o dentista examinou detalhadamente a arcada do esqueleto, sob a luz dos flashes dos fotógrafos, comparando-a com as fichas de Fawcett que tinha nas mãos. Ao final do exame, chamou Chateaubriand e Gouthier à cozinha da casa e decretou o fim da aventura:

— Lamento informar aos senhores que esses restos não são do coronel Fawcett. O exame da arcada dentária comprova o que digo.

Chateaubriand deu um pulo para a frente e avançou de dedo em riste sobre o dentista:

— Se o senhor abrir a boca uma única vez para repetir o que acabou de dizer, os Associados arrebentam com a sua carreira! Ponho o *Diário da Noite* para fazer uma campanha acusando-o de charlatanismo e exercício ilegal da profissão! Seu trabalho está encerrado, o senhor pode sair aqui pelos fundos, saia pela porta da cozinha que é melhor.

Retornou à sala e, para assombro de Hugo Gouthier, anunciou aos repórteres:

— O dentista já se retirou. Mas antes de sair confirmou as nossas suspeitas: estamos mesmo diante dos restos mortais do coronel Percy Fawcett. O mistério chegou ao fim.

Chateaubriand de fato devia acreditar que o dentista estava equivocado, porque no dia seguinte mandou encaixotar os ossos e os enviou à Inglaterra. Lá, bastou uma sumária medição das tíbias do esqueleto pela Sociedade de Antropologia de Londres para ficar claro que aqueles não eram mesmo os despojes de Fawcett — um homem muito mais alto que o morto descoberto por Chateaubriand na mata amazônica. A caixa foi devolvida à embaixada brasileira, onde passou muitos anos transformada em um problema diplomático: pelas leis britânicas aquilo era um cadáver como qualquer outro, e devia ser sepultado. Mas para o sepultamento era indispensável o atestado de óbito, que naturalmente ninguém tinha. Passados muitos anos os ossos retornaram ao Brasil — onde permanecem até hoje em um depósito da Fundação Nacional do Índio (FUNAI), no estado de Mato Grosso, à espera de que alguém os reclame.

O tempo passava e Juscelino ia empurrando Chateaubriand com a barriga, na esperança de que, no turbilhão em que vivia, ele acabasse se esquecendo da promessa de ser embaixador em Londres. Confiante nesta hipótese, em fevereiro de 1956, um mês depois de assumir o governo, o presidente deu ordens ao ministro das Relações Exteriores, José Carlos de Macedo Soares, para informar ao então embaixador em Londres, Samuel de Souza Leão Gracie, que tinha decidido mantê-lo no cargo. Em um telegrama de três linhas, Macedo Soares imaginou estar rifando o sonho de Chateaubriand. Em outubro, porém, o jornalista resolveu cobrar de Kubitschek a promessa de campanha. Hábil, Juscelino disse que "faltava resolver uns problemas da nossa embaixada em Londres", mudou de assunto e acabou convidando o dono dos Associados para acompanhá-lo a um lugar menos nobre que a Corte de Saint James. O presidente queria que Chateaubriand fosse junto com ele no dia seguinte encerrar a VI Festa Nacional do Trigo no Rio Grande do Sul. Chateaubriand estava achando aquilo um aborrecimento, mas se animou quando JK disse que gostaria que o senador pelo Maranhão fizesse, em seu lugar, o discurso no banquete de encerramento da festa que se realizaria na cidade gaúcha de Erechim. Era chegada a hora de o presidente receber o troco por toda aquela enrolação com a questão da embaixada. Juscelino ignorava que Chateaubriand era um dos mais radicais inimigos da tricicultura — em vários discursos no Senado e em artigos publicados nos Associados, ele defendia que o Brasil importasse trigo da Argentina, destinando à ovinocultura as áreas dedicadas à principal cultura gaúcha da época.

No dia seguinte partiram os dois para o Sul, a bordo do DC-3 presidencial. Tudo transcorreu muito bem até que chegou a hora do discurso final, durante o churrasco oferecido aos visitantes no Seminário Nossa Senhora de Fátima, em Erechim. Diante do presidente da República, do vice João Goulart, do ministro da Agricultura Mário Meneghetti, do governador gaúcho Ildo Meneghetti, de Tancredo Neves, do bispo diocesano d. Cláudio Colling e de presidentes de associações de plantadores de trigo de todo o Sul do país, Chateaubriand recebeu de Kubitschek a delegação para falar em seu nome. Um visível embaraço tomou conta das autoridades que compunham a mesa — sobretudo o presidente da República — quando o jornalista abriu a boca e pronunciou a primeira frase de seu discurso:

— Minhas senhoras e meus senhores: vou trair Juscelino, mas prometo que não trairei a verdade.

Era só o começo. Inflamado e falando de improviso, Chateaubriand fez um libelo contra a triticultura — atividade que era a fonte de renda e o motivo da presença de rigorosamente todos os que superlotavam o auditório. Indiferente ao mal-estar, ele prosseguiu:

Ó gaúchos, como gosto quando ousais. E é hora de ousar, concordando comigo em que o trigo hoje dá-se de graça, é um cereal abastardado. O trigo nunca passou de um acidente na vida econômica do Brasil e do Rio Grande. Possuis solos demasiado ricos para desvalorizá-los com uma cultura pobre como a triticultura, hoje em regime de superprodução em todo o mundo.

Alguém puxou-lhe discretamente a manga do paletó, as pessoas não paravam de se mexer nas cadeiras, o presidente da República tinha o rosto vermelho, mas ele não parava:

A generalizada acidez de vossas terras impede qualquer cultura racional e econômica do trigo, que é um cereal de terras doces. Gaúchos! Um povo de vosso ritmo de trabalho, de vossa energia no tratar da terra, merece algo de muito mais compensador do que o trigo. Nos cadernos da prateleira da minha farmacopeia tenho receitas e medicinas únicas para o vosso engrandecimento econômico. De que vos falo? Do capim. Capim para quê? Para dar de comer a ovelhas. Tanto podeis optar pelo nosso angolinha, ou capim de terra, que no ano passado deu 1 bilhão e 600 milhões de dólares à economia australiana, quanto pelo Pará grass. Quando vos tornares plantadores de capim e criadores de ovelhas, o que auguro para esta terra é um futuro dez vezes maior do que este presente humilde e pequeno de lavradores de trigo.

A estupefação era generalizada, mas ele ainda não tinha terminado. Certo de que se interrompesse o discurso por um instante, ainda que fosse só para beber água, sua palavra seria cassada, Chateaubriand — que parecia estar com o diabo no corpo — falou sem parar até concluir, com um sorriso moleque no rosto:

Gaúchos! O que vos quero dar é algo semelhante ao que o café foi para São Paulo. Algo que vos permita importar automóveis por 60 ou 70 mil cruzeiros, em lugar de comprardes, ao preço que vos pagam pelo trigo, por 500 ou 600 mil cruzeiros. Abandonai definitivamente o trigo! Plantai capim, dai de comer a ovelhas, enchei vossas burras de dinheiro — tereis dinheiro mais que suficiente para importar carros, champanhe e mulheres francesas para o vosso deleite! Muito obrigado, gaúchos!

Nenhuma vaia, nenhuma palma, só espanto. D. Cláudio Colling levantou-se e saiu da sala sem se despedir de ninguém, antes mesmo que o mestre de cerimônias tomasse o microfone e anunciasse que a cerimônia estava encerrada. Só naquele momento é que Juscelino percebeu a armadilha em que havia caído e entendeu, com clareza meridiana, que precisava nomear Chateaubriand com urgência para a embaixada do Brasil em Londres. Se não por outras razões, pelo menos para mantê-lo à distância e se poupar de outra afronta como aquela. A nomeação só acabaria saindo no *Diário Oficial* no começo de 1957, meses depois do vexame de Erechim. Mas, quando saiu, Chateaubriand, metido em uma magnífica complicação financeira, não podia assumir. Ele precisava arranjar com urgência 2 milhões de dólares (aproximadamente 26 milhões de dólares em 2011), sob pena de perder mais da metade da coleção do MASP.

Tudo começara três anos antes, com as insistentes insinuações de que o museu estava comprando na Europa obras falsas como se fossem autênticas. As dúvidas eram levantadas quase sempre por dois críticos: Mário Pedrosa, do *Jornal do Brasil*, e Ciro Mendes, de *O Estado de S. Paulo*. (De tal forma a birra do *Estado* com Chateaubriand se transferira para o MASP que, quando o presidente Dutra esteve em São Paulo para participar da inauguração do museu, o jornal dos Mesquita publicou apenas uma notinha em corpo seis com as seguintes palavras: "Esteve ontem em São Paulo o presidente Dutra, que almoçou na casa dos Prado"). Da mera suspeita, com o passar do tempo o *Estado* logo partiria para acusações frontais, começando por afirmar categoricamente que a magnífica tela *O conde-duque de Olivares*, de Velásquez, era um quadro falso. Bardi tentaria resolver a pendenga com o *Estado* à sua maneira. Ao se encontrar com o crítico Ciro Mendes em uma cerimônia pública, avançou sobre o jornalista e o esmurrou várias vezes. Mendes reagiu com palavras, procurando ferir Bardi onde mais doía — em seu passado político:

— Fascista! O senhor não passa de um fascista!

Ao *Jornal do Brasil* Chateaubriand acabaria respondendo com uma de suas flechas envenenadas, publicada no *Diário da Noite* carioca, na qual não poupava sequer a memória do conde Ernesto Pereira Carneiro:

A campanha contra o Museu de Arte de São Paulo, feita pelo *Jornal do Brasil*, corresponde a uma sórdida vindita de politiqueiros do Maranhão. A condessa Pereira Carneiro está servindo de gato morto ao Vaca Atolada Odilo Costa Filho.

Toda essa campanha sórdida e miserável tem origem na derrota que os senadores Vitorino Freire e Assis Chateaubriand infligiram ao Vaca Atolada em todas as tentativas feitas pelo meliante de se apossar do Maranhão. Entrando agora para o *Jornal do Brasil*, Vaca Atolada empreitou o conhecido comunista Mário Pedrosa para difamar o Museu de Arte de São Paulo e seus quadros.

Em tudo isso, o que admira é o papel de gato morto que está fazendo a condessa Pereira Carneiro. [...] Não temos impaciência em dar o troco à pitoresca matrona, viúva do velhote mais frascário e divertido da rua Dionísio Cerqueira. A história do segundo casamento do Caradura vale um folhetim, e ele será escrito, porque a "outra" ainda vivia. É nisso que anda o busílis. Este Macaco Elétrico é veraz e preciso, tomem tento com ele. Porque é elétrico e saltitante, não quer dizer que brinque com a verdade.

E a verdade há de aparecer, porque se a hora é de escavações goyescas, terá de ser também de escavações carneirescas.

Macaco Elétrico

Bardi, no entanto, sabia que nem os sopapos no crítico paulista nem o "Macaco Elétrico" poriam fim às suspeitas sobre a autenticidade dos quadros. A única maneira de resolver aquela questão de uma vez por todas era submeter as obras do museu à *expertise* dos mais renomados críticos europeus e norte-americanos — e isso só seria possível realizando uma turnê do acervo do MASP pelo mundo. Devidamente autorizado pelo patrão, Bardi se pôs em campo, e meses depois estava embarcando para Paris vários contêineres com uma seleção do que havia de melhor no Museu de Arte. Quando soube que a exposição, montada no Musée de l'Orangerie, ao lado do Louvre, ia ser inaugurada pelo presidente da França, Vincent Auriol, Bardi ainda tentou fazer com que Chateaubriand chegasse à capital francesa para a cerimônia, mas o dono dos Associados só viajou três dias depois.

Levando a tiracolo o repórter e fotógrafo Luís Carlos Barreto, de *O Cruzeiro*, encarregado de registrar o sucesso da mostra, Chateaubriand desembarcou em Paris com uma bagagem singular: cinco cachos de banana-da-terra e duas caixas de milho verde. A carga tropical chamava a atenção das pessoas no caminho do aeroporto até o Hotel Plaza Athénée (o porta-malas do Cadillac da embaixada brasileira que foi buscá-los no aeroporto teve de ir com a tampa aberta, por onde se espalhavam pelas ruas, ao longo do trajeto, bananas e espigas de milho). Ao chegar ao hotel, Chateaubriand mandou entregar o milho e as bananas no chique restaurante Maxim's, onde à noite ele ofereceria um jantar à alta sociedade e aos críticos franceses. Só no começo da madrugada, ao final do banquete, é que Barreto entendeu a razão daquilo: o patrão tinha conseguido um cozinheiro nordestino em Paris para fazer a sobremesa — banana frita com canela em pó e canjica de milho-verde. Assim que terminaram de servir os pratos quentes, Chateaubriand pediu a palavra para proclamar, em francês, as qualidades da cozinha de sua terra aos espantados grã-finos:

— Mandei fazer uma sobremesa especial para vocês verem como é insípida essa *pâtisserie* francesa. Depois do que acontecerá hoje, vocês jamais quererão provar crepes. Vamos colonizar a França com canjica e banana frita. Que entrem os garçons para essa experiência civilizatória!

A sugestão de Bardi dera resultado. Submetido ao crivo da crítica francesa, o acervo do museu sobreviveu incólume. O sucesso da exposição em Paris acabou gerando convites para que a mostra fosse exposta em outros países — e da França os quadros foram levados a museus da Bélgica, Itália, Holanda, Suíça e Inglaterra, em um périplo que terminaria com chave de ouro, nos primeiros dias de 1957, no Metropolitan Museum de Nova York. Quando as obras estavam para ser embarcadas para os Estados Unidos, a revista *Time*, estimulada pelo êxito alcançado na Europa, saudou a ida da mostra para Nova York com uma reportagem-perfil de Chateaubriand intitulada "O sr. Robin Hood", onde o jornalista, tratado com intimidade por "Chatô", era chamado de "o furacão humano", "o pirata da Paraíba", "o homem que rouba Cézannes dos ricos para dar aos pobres". Em um artigo publicado em seus jornais, o dono dos Associados reclamou do "excesso de urtiga, veneno e pimenta" com que a revista norte-americana o havia tratado:

> Que o meu retrato seja pendurado na galeria dos flibusteiros da Paraíba e da Normandia é duro, mas é passável. Pagamos um alto preço pelos pecados de nossos antepassados. Mas que a galeria dos doadores, dos mecenas da nossa casa seja deformada, como aparece no *Time*, contra tamanha injustiça me apresso a tomar do bacamarte da Imaculada para fuzilar o satânico semanário e seus celerados redatores e repórteres. Não há mais selvagem e mais errôneo julgamento do que dizer-se que aqueles que nos doaram tamanhas e tão maravilhosas obras-primas o fizeram com medo da pena dos escribas dos Diários Associados. Seria horrível montar um elenco de autênticas obras-primas baseado na chantagem ou na ameaça de chantagem.

A reportagem da *Time*, contudo, era apenas o começo dos aborrecimentos que ele iria enfrentar em seguida. As obras haviam saído de Londres e já estavam instaladas em várias salas do Metropolitan Museum of Art, em Nova York, quando, uma semana antes da inauguração (Chateaubriand estava pronto para embarcar a fim de estar presente ao banquete de abertura da mostra), o então embaixador do Brasil nos Estados Unidos, Ernâni do Amaral Peixoto, telefonou de Washington para transmitir-lhe uma péssima notícia. O cônsul brasileiro em Nova York recebera uma intimação judicial, dirigida a Chateaubriand, na qual a Justiça americana ameaçava lacrar as salas onde estavam as obras do MASP, no Metropolitan, e sequestrar todo o acervo se o jornalista não pagasse imediatamente uma dívida vencida de 2 011 850 dólares ao banco Guaranty Trust Company of New York. João Calmon estava ao seu lado na sala quando ele recebeu o telefonema e assustou-se com a reação de Chateaubriand:

— Seu Calmon, parece que é desta vez que eu terei que dar um tiro nos miolos.

33

O negócio com o Guaranty começara dois anos antes, em 1955. Obcecado com o projeto de fazer do MASP um dos maiores museus do mundo, Chateaubriand perdera o senso de medida e deixara acumular com a galeria do marchand Georges Wildenstein uma dívida de quase 4 milhões de dólares (cerca de 52 milhões de dólares em 2011). Uma forte amizade nascera entre os dois, mas negócios eram negócios. Chegou um momento em que Wildenstein foi obrigado a dar um ultimato a Chateaubriand: ou ele pagava o que devia ou teria de devolver os quadros. O jornalista sabia que, para Wildenstein, o melhor seria que ele não pagasse: com a economia europeia se recompondo, os quadros ameaçados valiam pelo menos vinte vezes mais que a dívida — e haveria filas de compradores interessados neles.

Desesperado, Chateaubriand retornou ao Brasil de chapéu na mão. Arrancou 500 mil dólares de empréstimo no banco de Walther Moreira Salles, vendeu contratos antecipados de propaganda, organizou consórcios de doadores, bateu às portas de "Baby" Pignatari, de Geremia Lunardelli, de Sinhá Junqueira — mas, quando somou todo o dinheiro levantado, viu que o total não chegava a 1 milhão de dólares. Menos de 25% do que devia. Voltou aos Estados Unidos e "amansou" Wildenstein com o que tinha conseguido arrecadar ("Tive que matar a fome daquele leão com uns cabritinhos para que ele não comesse meus bois", ele escreveu depois). O galerista, entretanto, exigia alguma garantia de que o restante — 3 011 850 dólares — seria pago, ainda que em prestações. A solução encontrada foi Chateaubriand assinar com o Guaranty um contrato pelo qual este passaria a ser o interveniente da dívida, que seria paga ao banco em doze parcelas trimestrais e consecutivas de 250 mil dólares cada uma, de forma que a última delas (na qual seriam incluídos os juros e a pequena diferença de 11 850 dólares) venceria no mês de março de 1959. Como garantia da transação, o banco exigiu que Chateaubriand oferecesse o óbvio — isto é, os quadros do museu.

Foi necessário pouco tempo para que a direção do Guaranty descobrisse o que a maioria dos banqueiros brasileiros estava cansada de saber: pagar dívidas no prazo acertado não era bem a especialidade de Chateaubriand. Quando venceu a primeira parcela, ele pagou apenas 100 mil dólares, liquidando os 150 mil restantes com um mês e meio de atraso. As três seguintes foram pagas em dia, mas para isso foi necessário sacrificar duramente os cofres dos Diários Associados. É que, além do museu, o jornalista se metera em duas outras aventuras: primeiro comprara por 60 milhões de francos o Chateau D'Eu, o castelo que tinha pertencido à princesa Isabel, na cidade de Eu, na Normandia, para lá instalar a Fundação D. Pedro II — uma instituição que ele sonhava criar para oferecer bolsas a estudantes brasileiros que se dispusessem a produzir teses acadêmicas sobre a história do Brasil. E estava em via de adquirir, em Florença, na Itália, a Villa Benivieni (que pertencia ao espólio do industrial Alexander Mackenzie), onde funcionaria a sede italiana da tal Fundação D. Pedro II. E foi também nesse período de vacas magras que Chateaubriand resolveu lançar a edição internacional de *O Cruzeiro* em castelhano. Criada com a intenção de enfrentar a revista americana *Life*, em pouco tempo *O Cruzeiro* internacional tornou-se uma publicação de enorme sucesso de público, chegando a vender 300 mil exemplares semanais, de Cuba à Argentina. Mas anúncios mesmo, que era o que interessava, as grandes agências de propaganda estrangeiras só veiculavam na *Life*. *O Cruzeiro* precisava se contentar basicamente com um ou outro produto brasileiro que, mais por política de boas relações do que por qualquer outra razão, acabava anunciando também na edição internacional. Ou seja, esta também se transformara em um novo sorvedouro do dinheiro gerado pelos demais órgãos da rede. A tudo isso se somava mais uma atividade não jornalística dos Associados que, embora não drenasse recursos de tanta monta, acabava significando mais despesas no final do mês: anos antes Chateaubriand decidira criar junto com o publicitário Rodolfo Lima Martensen, anexa ao MASP, a Escola Superior de Propaganda e Marketing (ESPM), para cujos cursos os Associados distribuíam bolsas de estudos por todo o Brasil.

Não havia empresa que aguentasse tanta gastança. Em maio de 1956, João Calmon e Edmundo Monteiro (os responsáveis pela administração de quase todo o conglomerado Associado) escreveram uma dramática carta ao patrão, manifestando sua apreensão pela sangria de recursos que o museu e as demais atividades de Chateaubriand representavam para o império. Estava em curso um processo de autocanibalismo que, segundo eles, em breve levaria as empresas à insolvência:

Dr. Assis:

[...] Nossa situação financeira, que já era péssima, agrava-se extraordinariamente com o tremendo ônus representado pelo pagamento de contribuições atrasadas aos Institutos de Aposentadoria e Pensões [a Previdência Social da época] e de parte da primeira prestação do contrato referente à compra de quadros para o Museu de Arte de São Paulo.

Como deixarmos de pagar aos institutos, depois do generoso acordo para o pagamento do nosso débito em 96 prestações mensais? Entre Rio e São Paulo o nosso compromisso mensal com esses órgãos de previdência social girará em torno de 2 milhões de cruzeiros.

[...] O sistema de desconto de contratos de publicidade, sem qualquer prévia indagação sobre a capacidade ou incapacidade da empresa de suportar novos desvios de sua receita normal, está tornando nossas empresas inadministráveis. Todo nosso tempo disponível é tomado [...] pela busca aflita de recursos financeiros pelo menos para o pagamento dos salários e do papel. Há que apaziguar os credores indóceis, dar-lhes desculpas e pedir-lhes novo prazo e mais paciência.

Nos últimos meses, para fazer face ao pagamento da prestação de 500 mil dólares do museu, foram nossas organizações oneradas em 20 milhões de cruzeiros. No decorrer deste ano, teremos de enfrentar mais três prestações de 250 mil dólares cada. Mesmo com o dólar a 45 cruzeiros, esse compromisso se elevará a cerca de 35 milhões de cruzeiros. As nossas receitas de publicidade, já profundamente desfalcadas por contratos dos Diários Associados no total de mais de 60 milhões de cruzeiros, não suportarão mais essa sangria.

Já sugerimos, em relatórios e palestras, a venda imediata de imóveis, fazendas ou laboratórios — inclusive a venda da Schering. Talvez esse ponto de vista resulte de excesso de pessimismo, dirá o senhor. Mas então aponte-nos, com um de seus lampejos de gênio, outra saída, que escapa inteiramente à nossa limitada compreensão.

Creia na velha amizade e na admiração de

João Calmon e Edmundo Monteiro

Mas aquilo não era tudo. Em uma reunião pessoal com o patrão, Calmon e Monteiro apelaram cautelosamente no sentido de que, em nome das normas elementares da organização, ele pusesse fim ao hábito de passar nos caixas das empresas (Chateaubriand costumava fazer isso em qualquer cidade onde houvesse um órgão Associado) e recolher indiscriminadamente todo o dinheiro disponível, sem nenhuma contabilização, sem assinar um só papel. Pegava e ia embora. Humilde como uma criança, o dono dos Associados reconheceu que seus diretores estavam certos, e se comprometeu a nunca mais repetir o rapa. Uma semana depois, um diretor de *O Jornal* manda retirar dinheiro no caixa para pagar duplicatas e ouve, espantado, a notícia de que Chateaubriand havia passado antes por lá, levando para uma viagem que faria a Paris naquela noite toda a féria existente. Um diretor corre até o Senado, onde ele discursava, para reclamar que daquele jeito era impossível administrar as empresas. Chateaubriand se espanta:

— Mas eu fiz exatamente como me mandaram. Há um documento oficial lá com o caixa, não fiz nada sem contabilização.

Ao retornar à tesouraria dos Associados o diretor encontra um pedacinho de papel onde estava escrito a lápis: "Levei tudo. Assinado, Assis Chateaubriand".

Quanto ao lampejo de gênio reclamado por Calmon e Monteiro, Chateaubriand, claro, tinha a saída: não pagar ao Guaranty as parcelas que faltavam —

exatos 2 011 850 dólares — e esperar para ver no que dava. O banco aguardou pacientemente a oportunidade certa para dar o bote, e ela acabou aparecendo como por milagre, materializada no acervo do MASP ali mesmo, em Nova York, a poucos quilômetros da Madison Avenue, onde ficava a sede do Guaranty.

Ao receber a notícia da ameaça de sequestro dos quadros cuja aquisição havia custado tanto esforço, Chateaubriand parecia ter enlouquecido. Ele sabia que desta vez não havia salva-vidas ou burgueses suficientes para liquidar uma dívida tão alta. Uma dinheirama como aquela só seria possível conseguir em um lugar: no governo. Correu para o Palácio do Catete e esperou até o fim da tarde para que o presidente Juscelino Kubitschek pudesse recebê-lo. Expôs atabalhoadamente a situação ao chefe do governo, mas este não parecia animado a resolver o problema. O jornalista insistiu, implorou, explicou que suas empresas não tinham a menor condição de pagar aquilo à vista, mas se o governo lhe arranjasse o dinheiro e lhe desse um prazo, quem sabe ele poderia ir liquidando a dívida aos poucos. Kubitschek permanecia irredutível: se arranjasse os recursos pedidos por Chateaubriand, a imprensa e a oposição iriam cair-lhe em cima. O jornalista apelou pateticamente:

— Eu juro que não há nada escuso por trás do que lhe peço. Se eu estivesse interessado num bom negócio, poderia vender agora, por telefone, toda aquela coleção por um preço vinte vezes superior a essa dívida, pagava ao banco e enfiava uma fortuna no bolso. Se eu não tivesse espírito público fazia isso — e não precisava pedir autorização a ninguém: fui eu quem comprou todos aqueles quadros, um por um.

Juscelino não arredava pé: não havia mágica que fizesse aparecer 2 milhões de dólares do nada, de uma hora para a outra. Quando tudo parecia perdido, Chateaubriand abriu o paletó, tirou uma faca do tipo peixeira que trazia presa à cintura e anunciou dramaticamente:

— Então não me resta outra alternativa senão me suicidar aqui dentro do seu gabinete, Juscelino. Você se encarregará de explicar ao Brasil que cheguei a esse gesto extremo para tentar salvar um patrimônio cultural que não é meu, mas dos brasileiros.

Mesmo vendo que a cena não passava de um gesto teatral, o presidente sabia que estava diante de um homem imprevisível, e preferiu não arriscar:

— Um momento, Chateaubriand! Não vá fazer uma loucura aqui dentro. Espere um pouco, vamos falar com o Alkmin.

José Maria Alkmin foi alcançado na saída do seu gabinete de ministro da Fazenda pelo telefonema. Ele e o presidente falaram por alguns minutos, e ao final Juscelino parecia aliviado por ter conseguido empurrar o problema para um subordinado:

— Vá até o apartamento do Alkmin que ele vai ver o que é possível fazer.

Aquele decididamente não parecia ser o dia de sorte de Chateaubriand. Quando entrava no prédio da esquina da rua Buarque de Macedo com a praia do Flamengo, deixando dentro do Cadillac preto o motorista Artur e um capanga que cobria uma folga de Amâncio, o jornalista foi visto por um pequeno grupo de estudantes que se dirigiam à sede da UNE, a meia quadra de distância do apartamento do ministro da Fazenda. A conversa com Alkmin durou pouco mais de meia hora e foi inconclusa: o ministro pediu que ele aparecesse na manhã seguinte em seu gabinete para ver que solução se poderia arrumar para o caso. Quando ele se preparava para sair, Alkmin chegou à janela e se assustou com o que viu na rua. Seu filho Leonardo desceu para descobrir que movimentação era aquela na porta do prédio, e ao voltar tinha más notícias para o jornalista:

— Doutor Assis, é uma manifestação de estudantes da UNE contra o senhor.

Os estudantes que viram Chateaubriand entrar no prédio tinham ido até a sede da UNE e pintado cartazes com frases ofensivas ao jornalista. Um velho caixão de defunto guardado na sede da entidade (e que já havia "enterrado" vários políticos) foi carregado pelas alças até a porta da casa de Alkmin. O ministro não gostou daquilo ("a imprensa vai dizer que esse negócio é contra mim", queixou-se) e sugeriu a Chateaubriand que não aceitasse provocações e saísse pela porta dos fundos. O jornalista parecia espumar:

— Zé Maria, eu jamais saí de qualquer lugar pela porta dos fundos. Vou sair por onde entrei: pela frente. Tem gente me protegendo, e se um desses comunistas canalhas tentar qualquer coisa, mando abrir fogo.

Mandou chamar o guarda-costas, desceu com ele pelo elevador da frente, com o chapéu *gelot* enterrado na cabeça, e cruzou a porta disposto a enfrentar os manifestantes. Ao pisar no primeiro degrau da escada que dava para a rua, viu um fotógrafo de jornal apontando a objetiva da máquina em sua direção (era um jornalista do *Diário de Notícias* que, avisado pelos estudantes, estava ali para cobrir o protesto). Quando viu a máquina, Chateaubriand se enfureceu e deu ordens ao capanga:

— Mete fogo! Mete fogo naquele filho da puta!

O guarda-costas desabotoou o paletó (nesse instante um *flash* disparou), tirou o revólver da cintura e fez três disparos para cima. O fotógrafo correu, a manifestação se desfez, mas a foto de Chateaubriand ordenando o disparo, de dedo em riste, estaria no dia seguinte na primeira página do *Diário de Notícias* e seria escolhida a "foto da quinzena" na revista de direita *Maquis*, dirigida pelo jornalista Amaral Neto.

A segunda conversa que Chateaubriand teve com Alkmin, no dia seguinte, foi no Palácio do Catete, sob as vistas de Juscelino. Menos por temer que ele de fato se suicidasse, mais pelo medo que os Associados infligiam a todos (e, no fundo, por acreditar sinceramente que a causa era justa), foi o próprio presidente da República quem arranjou a solução para remediar o desespero do jornalista. Passados muitos anos, JK datilografaria pessoalmente e entregaria a Josué Montello duas folhas de papel, até hoje inéditas, para registrar sua versão do episódio:

[...] Percebi num relance que privar o Brasil daquele tesouro seria desservi-lo e alienar uma coisa que jamais poderíamos de novo conseguir. O mercado de quadros se tornava cada vez mais valorizado e aquilo que se tinha obtido por 20 mil dólares já valeria às vezes 1 milhão de dólares.

Compreendi imediatamente a necessidade imperiosa de reter para o Brasil a coleção de Chateaubriand, mas, pressionado por todo lado, por uma luta política sem tréguas, com os adversários liderados pela brilhante figura de Carlos Lacerda, qualquer dinheiro que eu desse ao Chateaubriand, embora sob um justíssimo motivo, criaria pretexto para terríveis ataques ao governo. Pus-me a pensar e cheguei à conclusão de que só constituindo uma fundação, com paulistas de quatrocentos anos, eu lograria êxito no propósito que me animava. Teria, porém, de forçar Chateaubriand a doar toda a coleção à fundação e a esta o governo emprestaria dinheiro para o pagamento da hipoteca à Galeria Wildenstein.

[...] A operação foi realizada com a colaboração da Caixa Econômica. Salvamos assim, para o país, uma coleção que é orgulho, que é um patrimônio que hoje seria impossível formar.

[...] Anos depois, quando me encontrava em Nova York exilado, o presidente da Galeria Wildenstein [...] declarou-me o seguinte: "O homem que me deu o maior prejuízo na vida foi o senhor. Aquela coleção que o Chateaubriand hipotecou nas minhas mãos por 3 milhões de dólares vale hoje 80 milhões de dólares e eu sei que foi o senhor que descobriu os recursos com os quais foi feita aqui a liquidação da hipoteca realizada pelo jornalista brasileiro".

Compreendi então a pressa com que ele ameaçava Chateaubriand de executar a hipoteca, não fosse paga no vencimento.

Apesar de Chateaubriand ter cumprido a exigência de Juscelino (a tal fundação que ele imaginara acabou sendo criada com o nome de Associação Museu de Arte de São Paulo, sem ligações com os Diários Associados), isto não poupou o presidente de sofrer violento tiroteio da imprensa oposicionista. Alguém da Caixa Econômica passou para a revista *Maquis* uma cópia do contrato de empréstimo, que logo chegaria às mãos da *Tribuna da Imprensa* e do *Diário de Notícias*. "Documento inédito prova: Alkmin entregou 100 milhões de cruzeiros ao ladrão Chatô", foi o título dado à denúncia pela revista de Amaral Neto. A imprensa dizia que o dinheiro "dado de presente" pela Caixa Econômica ao jornalista seria suficiente para construir 350 casas próprias para trabalhadores, e criticava o fato de o governo ter vendido a Chateaubriand dólares a 45 cruzeiros, quando a moeda norte-americana era cotada a 67 cruzeiros para a importação de filmes para raios X de hospitais públicos e a setenta cruzeiros para a importação de tratores e sementes para a lavoura. Se tivessem tido acesso ao documento pelo qual o Banco do Brasil remeteu os 2 milhões de dólares para liquidar toda a dívida com o Guaranty, porém, os jornalistas descobririam que os dólares tinham sido vendidos a Chateaubriand não a 70, 67 ou 45 cruzeiros, mas a modestíssimos 18,82 cruzeiros, quatro vezes menos que a cotação do mercado na época. (Chateaubriand, naturalmente, não pagou um único centavo da monumental dívida que assumiu com a Caixa Econômica Federal. Só catorze anos depois, quando ele já estava morto, é que Jarbas Passarinho, então ministro da Educação do governo do general Emílio Garrastazu Médici, decidiu liquidar o débito do MASP usando recursos de uma certa "verba cultural" proveniente da Loteria Federal. Passarinho se tornaria, em troca da gentileza, o dono do único título de sócio benemérito concedido pela diretoria do museu).

Apesar de o pesadelo do MASP ter chegado ao fim, o jornalista ainda não podia realizar seu sonho e assumir a embaixada para a qual fora nomeado. Agora ele sofria uma queixa-crime no Supremo Tribunal Federal pelos crimes de calúnia, injúria, difamação e extorsão, movida pelo industrial José Ermírio de Moraes. Para assumir o cargo de embaixador ele teria de renunciar ao mandato de senador e, com isso, perderia a protetora imunidade parlamentar que o colocava a salvo de uma condenação pelo STF.

A ruidosa briga entre Ermírio e Chateaubriand começara quando este ainda tentava levantar recursos para liquidar parte da dívida do museu com o Guaranty. Ao retornar de uma de suas viagens a Nova York, ele apelou a Lucas Lopes, presidente do Banco Nacional de Desenvolvimento Econômico (BNDE), para intermediar junto ao grupo Votorantim um pedido de contribuição de 1 milhão de cruzeiros para a coleta que ele fazia (nem era tanto dinheiro — cerca de 14 mil dólares da época, ou 182 mil dólares em 2011). Como contrapartida, o jornalista se dispunha a deduzir a doação do patrocínio que a Votorantim já fazia do programa "O céu é o limite", na TV Tupi. A escolha de Lopes para intermediário não era casual: a empresa de Ermírio estava levantando um empréstimo de 400 milhões de cruzeiros junto ao BNDE, o que deixava o presidente deste, imaginava Chateaubriand, em uma posição privilegiada para fazer o pedido. Ainda que meio a contragosto ("Eu achava que havia outras áreas mais necessitadas", diria Moraes meses depois), o industrial aceitou doar o milhão pedido — bastava Chateaubriand pegar o dinheiro com Miguel Dias, diretor da empresa. Na hora do acerto, quando este fez menção a 1 milhão de cruzeiros, Chateaubriand se eriçou:

— Como 1 milhão? Eu falei 10 milhões! Pode voltar e dizer ao Ermírio que são 10 milhões de cruzeiros ou nada!

Nos dias que se seguiram, Chateaubriand insistiu em falar pessoalmente ou por telefone com o dono da Votorantim, mas nunca conseguia passar da barreira de assessores e diretores da empresa. Sua curta paciência chegou logo ao fim e ele mandou por um funcionário (e depois por intermédio do próprio Lucas Lopes) "o último recado" a José Ermírio de Moraes:

— Ele pode pegar o milhão dele e limpar o rabo. Ou me dá 10 milhões ou eu arrebento a Votorantim.

Ao tomar conhecimento da insolência, o industrial — que também não estava para brincadeiras — achou que estava colocando um ponto final naquela história:

— Então digam ao Chateaubriand que ele não vai ter nem 10 milhões, nem 1 milhão, nem dinheiro algum. Isto aqui é uma empresa, não é a Santa Casa de Misericórdia.

As boas relações entre Chateaubriand e os Moraes remontavam às primeiras décadas do século, quando o império industrial ainda era dirigido pelo sogro de Ermírio, o comendador Pereira Inácio. Em 1942, durante a campanha da aviação, Ermírio de Moraes chegara a doar o monomotor *Visconde de Maracaju* ao aeroclube de João Pessoa, na Paraíba. A fraternidade do passado, no entanto, passava a valer zero para o jornalista. Dias depois ele mostrava as unhas em uma pequena nota publicada junto ao noticiário econômico dos jornais Associados do Rio e de São Paulo:

> A Cia. Votorantim, depois de ter levantado às pressas 320 milhões no Banco do Brasil, quer mais 450 milhões do Banco Nacional de Desenvolvimento Econômico. Ontem, em rodas do Ministério da Fazenda, a Votorantim era considerada uma firma inflacionária, curta de capitais próprios e ambiciosa de créditos dos bancos oficiais.

Passam-se mais alguns dias e Chateaubriand volta ao ataque, desta vez mandando publicar uma reportagem vaga e sem informações concretas, afirmando que era "difícil a situação financeira do grupo de José Ermírio de Moraes". Segundo o noticiário, o que causava apreensão nos meios econômicos eram as dívidas da empresa: "A apenas um fornecedor, o grupo deve mais de 130 bilhões de cruzeiros". Mais um dia e aparece nos jornais um anúncio assinado por Ermírio, no qual ele esclarece que, num encontro casual, Lucas Lopes mencionara que Chateaubriand desejava uma entrevista "com a intenção de solicitar a cooperação das empresas por mim presididas na campanha de aquisição de quadros para o Museu de Arte de São Paulo". Além disso, a FIESP e a Federação do Comércio divulgaram notas oficiais, se solidarizando com o industrial. Ficava claro que, ao contrário da maioria dos empresários, Moraes estava decidido a resistir às investidas do jornalista. Certamente ele não imaginava o que estava por vir.

Naquela mesma noite os telespectadores da TV Tupi de São Paulo se surpreenderam quando a telenovela que estava no ar (e que ainda era conhecida como "teleteatro") foi interrompida pela aparição na tela, no meio dos atores, da figura do dono dos Associados, em pessoa. Durante meia hora Chateaubriand falou de improviso. Chamou a FIESP de "legião de sapateiros" e a diretoria da Federação do Comércio de "fazedores de crochê", e se dispôs a revelar as causas de sua briga com "o pau de arara que se transformou em nababo asiático". Sua versão não falava em museu, quadros ou doações. Ermírio estava reagindo, disse o jornalista, porque fora ele quem convencera o Ministério da Fazenda a não permitir um aumento de 25% no preço do alumínio:

> Manifestei-me contra esse golpe, procurando impedir a manobra da Votorantim. O que representa o alumínio para o pobre? Antes de tudo, os seus utensílios de cozinha. Depois temos toda a classe de tubos de pasta dentifrícia e remédios, cujas novas embalagens são de alumínio, como também as tampinhas dos frascos de

penicilina. O aumento pedido pela Votorantim significaria um aumento de 25% desses produtos no consumo.

Isso era tudo? Não, prosseguiu Chateaubriand, de pé diante das câmeras da televisão:

Tinha a Votorantim um programa no canal 3 de São Paulo. Pretendeu a televisão Associada daqui pô-lo no Rio. Foram tentadas, debalde, várias oportunidades para encontrar o sr. Moraes ou seus filhos. Todos, porém, como acontece com os *parvenus*, são pessoas de acesso difícil. Trancam-se no escritório. Não há como vê-los. Por isso foi o programa vendido a Helena Rubinstein.

Estomagou-se o sr. Moraes, e a Votorantim tentou uma perfeita vilania. Mandou registrar o programa "O céu é o limite", da TV Tupi paulista, como sendo dela. Conhecendo o caráter pérfido do sr. Moraes, eu próprio, em pessoa, já havia mandado inscrevê-lo na Propriedade Industrial, no Rio. Queria a Votorantim abocanhar o nome universal que, com diferentes denominações, corre mundo por várias estações de televisão.

Sobre o pedido de 1 milhão de cruzeiros, logo aumentado para 10 milhões, nem uma sílaba. Disso se encarregaria o próprio Ermírio de Moraes: em duas entrevistas ao *Diário de Notícias* do Rio, ele contou em detalhes as causas da briga com Chateaubriand, deixando claro que estava sendo vítima de uma tentativa de chantagem e de extorsão. O troco viria dois ou três dias depois, de novo diante das câmeras da TV Tupi, em um aranzel de quarenta minutos de duração que, como o anterior, seria reproduzido no dia seguinte em todos os jornais Associados, sob a forma de artigo assinado. Agora não havia mais como não falar do dinheiro:

Afinal de contas, quem é o sr. José Ermírio de Moraes? Antes de tudo, um impostor e um embusteiro que se inculca de engenheiro sem ter disto diploma. Chantagem? Chantagem existe quando há propósito de extorsão de dinheiro. No nosso caso, o que se queria era transformar uma ordem de publicidade já concedida num contrato a longo termo, dois anos, para facilitar a vida financeira de um aparelho de cultura como o Museu de Arte de São Paulo.

Como teve o presidente da Votorantim a leviandade de tratar o assunto pela forma nada séria com que o fez, organizou-se contra ele, como na Europa se fazia no século passado aos piratas berbéricos, uma expedição punitiva. Qual o objetivo dessa expedição? Castigá-lo, degradá-lo, atemorizá-lo para educá-lo e obrigá-lo a viver no meio das pessoas de bem, com as leis da dignidade.

O nosso trabalho de auditório continuará ativo. Breve fornecerei dados mais frescos: minúcias da vida do sr. Moraes no terreno fiscal.

Deixem os industriais de São Paulo o paquiderme avir-se sozinho conosco. O sr. Moraes é um pirata que deu na costa de São Paulo. Usurpou todo o patrimônio do comendador Pereira Inácio e dos filhos. Mas o nosso tempo, num caso de interesse público, nós não lhe permitimos que usurpasse. Eis por que ao flibusteiro berbérico dirigimos esta expedição punitiva e corretiva. Vão vê-lo depois desta operação de amaciamento, como ele nos irá sair cordato e tratável!

A virulência da linguagem do jornalista acabaria estimulando inesperadas manifestações de solidariedade a Ermírio de Moraes. Da tribuna do Congresso, o agora deputado federal Carlos Lacerda advertiu Chateaubriand de que não era só o industrial, "mas muitos os que não lhe têm medo algum" e insinuou que até o Exército deveria se ocupar do caso: "No dia em que o general Lott virar os tanques para o lugar certo, um fenômeno como o senhor Chateaubriand já não será mais possível". Além da FIESP, organizações estudantis de vários estados se manifestavam contra o jornalista e a favor de Moraes, o que levaria o dono dos Associados a denunciar "o contubérnio existente entre os apandilhados de Moscou e os ratos de sentina da FIESP, como Antônio Devisate e Nadir Figueiredo". Em um artigo chamado "Schadenfreud", Chateaubriand explicou a razão e o sentido daquele título em alemão, que, segundo ele, era a palavra que mais se adequava ao dono da Votorantim:

Esta palavra significa isto: o degenerado que resolve ser malvado por nada e para nada, o tarado que faz o mal gratuitamente, sem outro objetivo que não seja demonstrar que é uma peste. Será atroz pensar-se que existem produtos da espécie humana dessa natureza. Mas eles existem. E outro não é o macacão de 1,85 m da Votorantim. Estou batendo de pau no rabo de um mono desavergonhado.

Esgotados todos os insultos que poderia atirar contra o desafeto, Chateaubriand avançou com uma história inimaginável contra a honra não de Ermírio, mas de sua mãe. Em um artigo intitulado "Um vira-lata quer ser totó de luxo da avenida Paulista", afirmou com todas as letras que o industrial, nascido em Pernambuco, era filho bastardo de Antônio Silvino, o temido cangaceiro que aterrorizara o Nordeste na década de 1920:

Antônio Silvino, cujo verdadeiro nome era Manuel Batista de Moraes, gerou nas matas de Pernambuco um rebento espúrio da pior marca. Esse indivíduo invadiu a família do comendador Pereira Inácio e lhe arrebatou a filha única. Tendo entrado na família do velho industrial português, achou pouco tomar-lhe a filha e um lugar na diretoria da Votorantim. Entrou a cobiçar o patrimônio do sogro e dos cunhados. Um dia os Pereira Inácio acordaram e estavam todos sem Votorantim, sem Votoran, sem nada do que era o colossal edifício da Votorantim. O filho bastardo de Antônio Silvino, José Ermírio de Moraes, lhes abocanhara o negócio. O velho vivia praticamente em cárcere privado, e os filhos despojados das posições do grande grupo industrial. José Ermírio saqueara, em benefício próprio, o condado do sogro.

Se para ele era o ponto final da polêmica, a família Moraes achou que o jornalista passara da conta. Contratou os advogados Sobral Pinto e Adauto Lúcio Cardoso e abriu contra ele uma queixa-crime — que, por envolver um senador, teria de ser julgada pelo Supremo Tribunal Federal.

Os diplomatas do Foreign Office gelaram quando começou a circular a notícia de que o jornalista Assis Chateaubriand poderia ser nomeado embaixador do Brasil em Londres. Ainda no final de 1956, quando a informação não passava de um rumor no corpo diplomático, no Rio, o embaixador britânico no Brasil, Geoffrey Harrison, enviou um telegrama a Londres dizendo que ele "obviamente não é a pessoa mais indicada para ser o embaixador brasileiro em Londres — e há sérias objeções quanto ao fato de que um aventureiro do seu tipo acabe sendo indicado como gratificação a seus caprichos pessoais e devido a compromissos eleitorais assumidos pelo presidente Kubitschek". Como Juscelino havia insinuado em um jantar "com um sorriso irônico nos lábios", dizia o telegrama, que talvez Chateaubriand não conseguisse ficar mais que três meses no posto, Harrison manifestava sua apreensão: "É claro que nós não teríamos como recusar seu nome, se ele for proposto, mas uma indicação por um período tão curto certamente iria significar desprezo pela Corte de Saint James. Tenho esperanças de que ele não seja indicado, uma vez que está mais interessado em aparecer e obter publicidade pessoal para si mesmo do que para o Brasil".

Embora a nomeação para o cargo de embaixador já tivesse sido publicada no *Diário Oficial*, com a abertura do processo criminal por José Ermírio de Moraes (pelo qual o jornalista corria o risco de ser condenado se deixasse o Senado e perdesse as imunidades parlamentares), Chateaubriand tentou convencer Juscelino no sentido de que, em vez de embaixador, ele fosse indicado apenas chefe de missão diplomática em Londres — cargo inexistente na carreira diplomática brasileira. A notícia chegou aos ouvidos dos ingleses. Pressionado por Londres para tentar evitar a nomeação (a Chancelaria britânica deixava claro que seria inaceitável receber o jornalista com o título de chefe de missão), Harrison respondeu que a indicação de Chateaubriand estava fora de controle do Ministério das Relações Exteriores do Brasil: "O ministério é fortemente contrário à indicação do senador, e há pouco surgiu um rumor de que o ministro das Relações Exteriores ameaçara renunciar. O problema, em última análise, será resolvido entre o senador e o presidente". Preocupados com a perspectiva de ter alguém tão polêmico como representante de um país na Inglaterra, o Foreign Office pediu a Harrison que tentasse descobrir as razões que levariam Chateaubriand a querer ser embaixador em Londres e que enviasse algumas linhas sobre a personalidade dele. A resposta seguiu dias depois, por meio de um telegrama confidencial:

Suspeito que seu fracasso em ser recebido pela rainha à época da coroação, para ofertar o famoso colar para o qual arrecadou fundos, contribuindo ele próprio com grande soma, tornou-se uma obsessão. Um dos objetivos declarados de sua vida é o de ser recebido, de qualquer maneira, por sua majestade. De qualquer maneira, todos aqui concordam que ele é genuinamente pró-britânico. Tudo isto ficou muito evidente uma noite em que ele sentou-se ao lado de minha esposa em um jantar, no decorrer do qual ele jamais parou de falar — numa mescla de inglês e francês rudimentares.

Seu estado civil é uma confusão — mas, de um modo geral, não muito mais que o de vários outros brasileiros proeminentes. Creio que em algum lugar ele tem uma esposa da qual está separado. Aqui se comentava que ele iria se casar em Paris com uma mulher de origem brasileira, mas como a moça em questão acabou casando-se com outro, se assumir a embaixada ele aparecerá em Londres desacompanhado. De uma coisa, porém, não há dúvidas: ele é uma personalidade extremamente dinâmica.

Mesmo sem saber se Chateaubriand de fato continuava interessado em assumir a embaixada (ele havia deixado claro que, enquanto o processo de Ermírio estivesse tramitando, não renunciaria a seu mandato de senador), o governo brasileiro acabou solicitando à Inglaterra o *agrément*. No meio da papelada produzida pela liturgia burocrática britânica nesses casos, o Departamento de Protocolo (responsável por aconselhar a rainha a conceder ou não o *agrément*) deixou registrado o mal-estar causado pela indicação feita por Juscelino: "Tentamos dissuadir o governo brasileiro de fazer esta solicitação, visto que o sr. Chateaubriand é uma personalidade altamente controversa e longe de ser popular. Sua conduta costuma ser desconcertante. No entanto, não há dúvidas de que ele é um amigo sincero deste país, e seria impossível nos recusarmos a recomendar o *agrément* sem o risco de prejudicar gravemente as relações anglo-brasileiras. Assim sendo, recomendo que o sr. Chateaubriand seja recebido como embaixador do Brasil junto à Corte de Saint James. Assinado, H. Hankey". Obrigado a dar um parecer antes de fazer subir o pedido à decisão final, o chefe de gabinete do recém-empossado primeiro-ministro Harold MacMillan colocou um despacho manuscrito ao pé do documento: "Com nenhum entusiasmo e muitas (e silenciosas) restrições, eu concordo. A. Reading". Junto à papelada, foi anexado um breve perfil do pretendente ao posto, no qual Chateaubriand era descrito como um homem de "interesses praticamente gerais", que tinha como características predominantes "um vigor infatigável e forte ambição pessoal". No item "idiomas que fala", a embaixada britânica no Brasil colocou: "Comunicação rápida, porém ininteligível, em inglês e francês". Apesar de tudo isso, a rainha concedeu o *agrément* ao jornalista. Agora ia começar outro calvário para os diplomatas britânicos: ele ia mesmo assumir? E, se ia, quando isso ocorreria?

A repercussão da nomeação na imprensa oposicionista não poderia ser pior. "Enfim, um ladrão na corte da Inglaterra", "Um gângster vai representar o Brasil na corte da Inglaterra" e "Chatô está com medo de ser embaixador" eram alguns dos títulos e manchetes publicados pelos jornais e revistas — e que eram remetidos incontinentes a Londres pela embaixada britânica no Brasil. Chateaubriand não parecia nem um pouco incomodado com as críticas que recebia. Estava mais interessado em defender, na tribuna e em seus artigos diários, uma esdrúxula tese: ao exigir que um senador renunciasse ao mandato para assumir o posto de embaixador, o Legislativo estaria "invadindo área de competência do Executivo e subvertendo o equilíbrio entre os poderes". Como esta não encontrasse qualquer respaldo, tentou outra saída, ainda mais estapafúrdia: ele não teria de renunciar, pois, como jornalista, não ia ser um diplomata convencional, escreveu, "mas uma espécie de embaixador-repórter, um embaixador de secos e molhados". Tudo isso era remetido a Londres pelo embaixador britânico, e a seu maçudo dossiê seria agregado o artigo em que ele reconhecia que a nomeação era uma velha promessa de campanha — e que era ele mesmo quem tinha pedido o posto ao futuro presidente:

> Desejo que os brasileiros saibam que não foi o governo quem me convidou para a missão que vou ter em Londres, na cabeça do Império. Fui eu quem, desde 1953, admitindo a hipótese de o governador Kubitschek vir a ser o presidente da República, lhe pedi que me reservasse a embaixada de Londres, caso pudesse merecer a confiança para exercê-la. Ele disse que sim, e que tão logo o embaixador Souza Leão se aposentasse, faria o expediente necessário junto ao Foreign Office para saber se eu era ali persona grata, a fim de poder ser nomeado pelo governo federal.

Quando soube que tramitava pelo Congresso um projeto de lei estabelecendo que os embaixadores (assim como o prefeito do Distrito Federal) teriam de ser submetidos a uma sabatina pelos senadores, antes de ver seus nomes aprovados para exercer aqueles cargos, Chateaubriand logo saiu em campo contra a proposta. Fez discursos e escreveu artigos sustentando que o projeto precisava ser rejeitado, pois, além de se tratar de "mais uma ingerência indevida do Legislativo em uma prerrogativa do Executivo", em ambos os casos os ocupantes daqueles cargos eram demissíveis *ad nutum* pelo chefe do Executivo, sem que fosse necessário o Parlamento se manifestar. O recurso não surtiu resultado: o projeto foi aprovado a tempo de obrigá-lo a se submeter à sabatina — da qual saiu aprovado por 35 votos a onze ("as minhas onze bolas pretas", ironizou em um artigo, como se estivesse pleiteando a admissão em um clube de grã-finos).

Os ingleses imaginavam que, concedido o *agrément* e aprovado o nome pelo Senado, nada mais restava para que Chateaubriand assumisse seu posto em Londres. Mas estavam equivocados. "Sob nenhuma hipótese", afirmou da tribuna, "eu abrirei mão espontaneamente das responsabilidades que me conferiu o voto do povo maranhense." Traduzido para o português, isso significava que, enquanto o Supremo não decidisse que destino daria à queixa-crime de Ermírio de Moraes, ele não abriria mão das imunidades que a cadeira de senador lhe assegurava. Enquanto ele não se decidia, a imprensa continuava batendo na mesma tecla: Juscelino nomeara um homem desqualificado para ser embaixador do

Brasil em Londres. Uma reportagem intitulada "Chatô, o rei da chantagem", publicada por *Maquis*, foi reproduzida sob a forma de matéria paga em todos os jornais não Associados da grande imprensa (Chateaubriand suspeitava que os anúncios haviam sido pagos pela Votorantim). Ali estavam relacionados dezenove "crimes" que teriam sido praticados pelo jornalista. Além de desenterrar os tiros contra o irmão de Bockel, o atentado a Oscar Flues, as circunstâncias das duas eleições para o Senado, a campanha contra o laboratório Lomba, as guerras contra os Matarazzo, Dario Magalhães e Ermírio de Moraes, a reportagem o acusava até de "ter começado na vida do crime roubando merenda dos primos menores, quando era garoto na Paraíba". Nem mesmo a campanha de levantamento de fundos para a Coluna Prestes escaparia: segundo *Maquis*, Chateaubriand só entregara o dinheiro da subscrição pública feita por *O Jornal* para ajudar a Coluna porque Prestes "ameaçara denunciá-lo ao país como ladrão".

Tão logo o Senado aprovou seu nome, a revista *Time* voltou a focalizá-lo, agora com uma irônica reportagem intitulada "Chatô, rumo a Londres", na qual um parágrafo dizia respeito a seus planos para a nova missão:

> As intenções de Chatô quanto às suas funções no posto londrino são precisas. "Dentro de poucos anos o Império Britânico estará arruinado", declarou ele na semana passada. "Os ingleses não mais estarão aptos a exportar maquinário e produtos manufaturados. Não terão condições de importar produtos tropicais e subtropicais. Nosso país poderá suprir essas deficiências nos dois sentidos. Mas para chegarmos a esse ponto, antes teremos provavelmente de dar explicações àqueles empertigados banqueiros da City", concluiu.

Os ingleses ficavam arrepiados com o que liam (no caso da *Time*, o telegrama que Harrison recebeu de seus superiores em Londres dizia apenas: "Não podemos acreditar que o sr. Chateaubriand possa ter feito os comentários a ele atribuídos no terceiro parágrafo da reportagem da revista americana"). Como se tudo isso não bastasse, os meses se passavam e Chateaubriand não dava o menor sinal de que pretendesse assumir a embaixada — fato que a diplomacia inglesa entendia como uma descortesia, já que, desde outubro do ano anterior, com a aposentadoria do embaixador Souza Leão, ela estava entregue a um substituto provisório, o ministro-conselheiro Antônio Borges Leal Castelo Branco. Em junho, o embaixador britânico enviou um telegrama à sua Chancelaria com dúvidas quanto à data da posse — e até se haveria posse mesmo:

> Em uma festa, uma ou duas noites atrás, Chateaubriand me contou (não pela primeira vez!) que dentro de dez dias estará partindo para Londres. Eu lhe disse que a rainha irá para a Escócia em agosto e que depois disso não haveria, até outubro, outra oportunidade para ele apresentar suas credenciais. Suspeito que ele ficará muito satisfeito se puder permanecer por aqui por mais dois ou três meses. Muitas pessoas começam a duvidar se ele de fato irá assumir o posto.

[...] Ontem à tarde ele apareceu inesperadamente na embaixada para uma xícara de chá. Depois de conversar sobre vários assuntos, chegou ao ponto: ele queria que eu lhe contasse o que se comenta em Londres sobre sua atitude de ainda não haver assumido o posto. Respondi que não ouvira nada diretamente, mas que a embaixada estava vaga desde outubro. Disse-lhe francamente que pensava que já estava na hora de assumir seu posto.

Mais um mês se passou e o jornalista não dava sinais de que pretendesse partir para Londres. Só em julho é que Harrison entendeu (e comunicou ao Foreign Office) o que o prendia ao Brasil: o processo movido por José Ermírio de Moraes e a determinação de não perder as imunidades parlamentares. Em resposta ao longo relatório que enviou à Inglaterra, o embaixador recebeu um curto e preocupado telegrama:

Tudo isto é muito constrangedor, embora até o momento eu não tenha visto qualquer referência a esse caso na imprensa inglesa. Todas essas insinuações a respeito do tipo de pessoa que é o sr. Chateaubriand nos deixam perplexos ao imaginar o que advirá quando ele se encontrar à solta em Londres... se é que algum dia ele virá!

Como os diplomatas temiam, a rainha acabou embarcando para suas férias de verão na Escócia sem que Chateaubriand tivesse desembarcado em Londres para apresentar suas credenciais. Nesse meio-tempo um relatório percorria os corredores da burocracia do Ministério das Relações Exteriores da Inglaterra:

Quanto mais se lê sobre o sr. Chateaubriand, pior é a impressão que se forma a seu respeito como futuro embaixador do Brasil em Londres. Sir Harrison comentou em julho que pressionaria o sr. Chateaubriand para "tomar uma decisão antes que a rainha retorne a Londres". Esperamos que nosso embaixador não insista nessa tática, pois preferíamos que o sr. Chateaubriand abandonasse suas ambições diplomáticas por sua própria vontade, sem ficar com a impressão, caso não venha, de nos haver desapontado.

Recentemente, em um almoço [...], sir Arthur Evans [chefe do Departamento de Protocolo] elogiou muito o encarregado de negócios do Brasil, sr. Castelo Branco, mas fez ver a ele a singularidade de o Brasil estar por tanto tempo sem representação a nível de embaixada em Londres. Em conversa com o primeiro-secretário da embaixada do Brasil, expliquei que sir Evans não falava em nome do Ministério das Relações Exteriores. Não desejamos que o governo brasileiro pense que o atraso do sr. Chateaubriand em assumir o seu posto seja um constrangimento para nós.

Parece certo que o sr. Chateaubriand não quer ou não pode vir. Sem dúvida, o presidente brasileiro conseguirá encontrar um meio de salvar as aparências. Creio que podemos oferecer ao sr. Chateaubriand mais um mês de prazo, durante o qual sir G. Harrison terá oportunidade de falar com ele. De certo modo, deixar o posto de embaixador vago por tanto tempo é uma atitude um tanto descortês por parte dos brasileiros, mas do ponto de vista prático não faz muita diferença.

Apesar da desconsideração e do transtorno que aquela situação representava para os ingleses, pelo menos as aparências estavam salvas: até então a bisbilhoteira e sensacionalista imprensa britânica ainda não tinha sido alertada para o problema. Mas até esse consolo chegaria ao fim. Nos últimos dias de setembro circulou nos meios políticos, diplomáticos e financeiros a influente *newsletter* semanal *Foreign Report*, publicada pela revista *The Economist*, trazendo em toda a sua última página um desconcertante artigo intitulado "O embaixador ausente". Claro, a publicação se referia a Chateaubriand, e chamava a atenção dos leitores para "o silêncio constrangido que, no Rio e em Londres, paira sobre o novo embaixador do Brasil na Inglaterra". A *newsletter* resumia em três pontos as razões que o impediam de assumir a embaixada: 1) Chateaubriand estava sendo processado por calúnia e chantagem; 2) como senador, ele tinha imunidades que o protegiam do processo; 3) pelas leis brasileiras, para assumir a embaixada ele teria de renunciar ao mandato de senador e, com isso, perderia a imunidade parlamentar, sendo quase certa sua condenação. Segundo a *Foreign Report*, a única saída visível era Chateaubriand tentar obter um acordo extrajudicial com Ermírio de Moraes para que este retirasse o processo — que a revista qualificava como "o maior revés que o jornalista sofreu em sua vigorosa e bem-sucedida carreira".

A circunstância da nomeação de Chateaubriand para a embaixada atribuíra à queixa-crime de Ermírio, porém, a condição de um trunfo do qual o industrial não abriria mão por nenhuma lei — era bobagem, portanto, pensar em acordo extrajudicial com ele. O que de fato acabaria funcionando seria, mais uma vez, o desmedido poder político de Chateaubriand: em meados de outubro, o Supremo Tribunal Federal decidiria que, nos ataques a Ermírio, o jornalista não ferira nenhuma disposição constitucional — e, portanto, o STF se declarava incompetente para julgar a matéria, arquivando a queixa-crime. Com aquela decisão, o Supremo antecipava em um ano e meio o destino natural da ação penal, que por falta de providências do tribunal acabaria prescrevendo em junho de 1959. Não se sabe se para alívio ou desespero dos britânicos, em setembro de 1957 Chateaubriand estava finalmente em condições de assumir a embaixada do Brasil em Londres.

Ele, no entanto, continuava sustentando solitariamente a descabida tese de que não havia incompatibilidade alguma em ocupar simultaneamente os dois cargos — tanto assim que acabou embarcando para Londres sem dar qualquer satisfação ao Senado, o que obrigaria a Mesa daquela Casa a declarar seu mandato extinto, dando posse ao suplente sem que Chateaubriand tivesse renunciado. Ainda assim, o jornalista só viajou para Londres no dia 15 de novembro, e uma semana depois foi chamado a Buckingham para ensaiar a cerimônia de entrega de credenciais à rainha. No informe preparado pelo Foreign Office para a soberana com informações básicas sobre o novo embaixador, uma particularidade tinha sido destacada: "Seu inglês é fluente, mas praticamente ininteligível; seu francês é bastante bom". No artigo que escreveu, dias depois, Chateaubriand contou que, como sir Guy Salisbury Jones, encarregado pelo palácio de dirigir os ensaios, insistisse em falar apenas inglês, os dois tiveram de recorrer à mímica para se entender.

Por fim chegou o dia 22 de novembro, data marcada para a tão esperada cerimônia. A excentricidade de Chateaubriand já havia chegado a todas as redações londrinas (logo ao chegar ele dera uma entrevista à BBC e, entre outras revelações extravagantes, repetira a história de que seu tataravô canibal havia comido um bispo português), o que fez com que um batalhão de fotógrafos se postasse à porta da residência do embaixador para registrar sua saída em direção ao palácio. Chateaubriand não os desapontou: quando chegou a carruagem real que deveria transportá-lo até Buckingham, ele, vestido de fraque e cartola, quebrou o protocolo e convidou os quatro espantados cocheiros para se aquecerem brindando com ele *a dose of Brazilian brandy* — uma legítima cachaça de alambique pernambucana. Enquanto os cocheiros bebericavam em cálices de cristal, o jornalista recolheu cubos de açúcar de um pires e levou-os à rua, na palma da mão, "para alimentar também os cavalos de sua majestade".

A audiência de entrega de credenciais acabou durando o dobro dos oito minutos rigorosamente previstos pelo protocolo. Na sala contígua ao salão em que a rainha e Chateaubriand se encontravam, sir Guy Salisbury e os oito funcionários da embaixada brasileira que acompanhavam o jornalista se espantaram quando ouviram risadas da discretíssima rainha da Inglaterra. Ela se encantava ao ouvir aquele homenzinho, em um inglês tosco, relembrar que não tinha tido a oportunidade de apertar a sua mão na coroação e que não estava ali como embaixador, "mas como um repórter, um enviado especial de Juscelino à Corte de Saint James". A risada tinha sido provocada por uma declaração surpreendente de Chateaubriand:

— Juscelino me pediu que transmitisse uma mensagem à soberana do Império Britânico: se vossa majestade não agendar imediatamente uma viagem para conhecer de perto seus 50 milhões de súditos brasileiros, ele renuncia a seu mandato de presidente do Brasil.

Para desconforto dos diplomatas do Foreign Office, à saída ele concedeu nova entrevista aos jornalistas que o esperavam na porta do palácio, oferecendo floreados detalhes de cada instante de seu encontro com a rainha — inclusive da incrível mensagem de Kubitschek, que ele inventara na hora.

Uma semana depois de assumir o posto, Chateaubriand decidiu fazer, em companhia de Hugo Gouthier, então embaixador em Bruxelas, uma viagem oficial à Polônia. Em Varsóvia, convidado a dar uma entrevista à rádio estatal, perguntou ao jornalista que o entrevistava se aquela transmissão estava sendo feita ao vivo. Ao receber a resposta afirmativa, ele se pôs a fazer, em francês, um duríssimo discurso contra o comunismo, exaltando as virtudes da democracia que só o capitalismo oferecia. Desesperados, os funcionários da rádio puseram-se a desligar os fios de seu microfone, mas ele prosseguiu do mesmo jeito, e durante meia hora falou para ninguém contra a União Soviética "e seus satélites totalitários e antidemocráticos". Gouthier precisou se desdobrar para evitar que aquilo se transformasse em um incidente diplomático.

Não fazia quinze dias que apresentara credenciais à rainha e Chateaubriand já estava almoçando no Minas Tênis Clube, em Belo Horizonte, defendendo junto aos banqueiros mineiros o aumento do limite de crédito para financiamentos à agricultura. Ao entregar a embaixada, poucos dias após assumir o posto, ao ministro-conselheiro Castelo Branco, o jornalista iniciava um hábito que iria marcar toda a sua passagem por Londres: o de permanecer mais tempo cuidando de seus negócios no Brasil do que à frente da missão brasileira na Inglaterra.

34

Ao assumir a embaixada do Brasil em Londres, Chateaubriand encontrou estacionado na garagem um régio presente, dado por seu amigo industrial "Baby" Pignatari: uma limusine Rolls-Royce zero quilômetro, prateada, que, além de exibir em seu interior um elegante bar de prata lavrada, vinha equipada com algo que era uma novidade até para os londrinos — um receptor de televisão portátil. Por pura molecagem, o embaixador conseguiu licenciar o carro com a chapa BRA-1, sigla que tanto podia identificar o país de origem do dono quanto provocar risos nas ruas, pois em inglês a palavra *bra* quer dizer "sutiã". Apesar de guarnecido com apetrechos tão singulares, o luxuoso carro seria de utilidade relativa para o dono: além de a embaixada ter sua própria frota de automóveis, o embaixador não tinha planos de passar muito tempo na Inglaterra.

Ignorando olimpicamente as rígidas normas impostas pelo Itamaraty para as viagens de seus embaixadores, as contas do tempo que Chateaubriand efetivamente passou em Londres, durante os dois anos em que foi embaixador, se forem feitas com precisão, poderiam ser lidas como uma manifestação de desapreço pelo país em que ele representava o Brasil. O jornalista tomou posse no mês de novembro, poucos dias depois viajou à Polônia, passou mais um dia em Londres, embarcou para o Brasil e por aqui ficou até o final de janeiro. Depois de passar um mês na capital britânica viajou para Roma, de lá retornou ao Brasil e só no dia 26 de março voltou à Inglaterra. Permaneceu apenas três dias, até tomar outro avião de volta ao Brasil, onde participou, no Sul de Minas, de uma homenagem ao ex-presidente da República Venceslau Brás. Até o final de 1958, ele ainda viajaria seis vezes ao Brasil (algumas delas para permanecer em São Paulo e no Rio por mais de dois meses), uma vez à Tchecoslováquia e outra à Suíça. Durante o ano de 1959, ele conseguiria ser ainda mais ausente da embaixada, tendo viajado catorze vezes ao Brasil, duas aos Estados Unidos, uma à Tchecoslováquia e uma ao Paraguai.

Sem tomar conhecimento do ritual interno do Itamaraty, ele ia e vinha quando lhe apetecia, e nem sequer se dava ao trabalho de comunicar à Chancelaria, no Rio, que estava se ausentando da embaixada: simplesmente transferia o expediente ao ministro-conselheiro Castelo Branco e sumia. Durante sua permanência em Londres, continuava a escrever os artigos diários para os jornais Associados. Quando as colunas de assuntos diplomáticos dos jornais londrinos começaram a fazer comentários sobre suas demoradas ausências do posto, ele respondia (em artigos publicados só no Brasil, mas sistematicamente remetidos a Londres pela embaixada britânica no Rio) que errados estavam os outros diplomatas estrangeiros em permanecer "plantados em Londres, à espera de fatos que se recusam a acontecer". Em um desses artigos, estranhou que os embaixadores estrangeiros na Inglaterra viajassem tão pouco: "Isso é o que deduzo de minhas experiências com o London Airport. Todas as vezes que ali passo, vindo ou volvendo do continente ou do Brasil, nunca encontro nenhum dos meus colegas de missão. Serei, de fato, uma figura assim tão singular na família dos diplomatas acreditados no Reino Unido?".

Suas permanências em Londres, se não chegavam a criar os embaraços tão temidos pelo serviço diplomático britânico, deixavam sempre a marca do pitoresco. O jornalista que conseguisse uma entrevista com ele sabia que tinha assunto garantido no dia seguinte. Quando foi convidado a fazer uma palestra no Allied Circle Club de Londres, o repórter do *Evening Standard* destacado para cobrir o evento assegurou, ao abrir seu artigo no dia seguinte, que jamais ouvira "embaixador algum fazer discurso tão extraordinário — ele fala como se fosse a encarnação das pinturas surrealistas de Salvador Dalí". O que encantara tanto o repórter? O de sempre: Chateaubriand dessa vez apresentou-se garantindo que seu sobrenome não era uma homenagem aos bifes que aparecem nos cardápios de restaurantes, mas que parte de seu sangue vinha de "uma linhagem de piratas da Normandia" e parte de antigos peles-vermelhas do Brasil. No meio do discurso apontou para um vetusto casal de nobres que se encontrava na plateia e afirmou:

— Ali está lorde Harewood, que é Lascelles de nascimento. Ele é da oitava ou da nona geração da princesa Pocahonta, uma índia que veio para a Inglaterra no século XVII.

Ao final do encontro o repórter indagou de lorde Harewood se aquela história era verdadeira. "Ele me disse que jamais ouvira falar naquilo", escreveu o jornalista do *Standard*, para concluir: "Não encontrei ninguém naquele auditório que houvesse compreendido uma só palavra de seu discurso". Quando não desconcertava os ingleses, Chateaubriand costumava deixar em maus lençóis os brasileiros que passavam por Londres. Juscelino Kubitschek registrou em suas memórias o relato de sua filha Márcia do acontecido durante uma peça de teatro a que comparecera em Londres, acompanhada de sua mãe, d. Sarah, da duquesa de Kent e de Chateaubriand:

> [...] No teatro ele sentou-se entre a duquesa e mamãe e, quando o espetáculo ia pelo meio, começou a dormir. Não dormia simplesmente, mas ressonava alto, chamando a atenção de todos. Mamãe, preocupada, tentou acordá-lo, sacudindo-o

pelo braço, sem que a duquesa o percebesse. Chateaubriand roncou, então, com mais força, o que provocou esta observação da duquesa: "Já estamos habituados com as excentricidades do embaixador. Ele é um homem encantador".

De outra feita, Chateaubriand ligou para Paris pedindo que o banqueiro Walther Moreira Salles, que se encontrava na capital francesa, fosse almoçar com ele, pois tinha "um assunto da maior importância" para tratarem. Moreira Salles desembarcou em Londres e foi direto para a embaixada, onde uma multidão de grã-finos aguardava o anfitrião para um almoço em homenagem a Raymond Cartier, diretor da revista francesa *Paris Match*. Com muito atraso, Chateaubriand acabou chegando, e, como o número de convidados fosse maior que o de assentos, mandou que espalhassem cadeiras pela sala, informalmente. Ao final do almoço, fez mais um discurso incompreensível, e quando Moreira Salles se aproximou dele para saber qual era o assunto tão importante que tinham a tratar, o embaixador respondeu:

— Falamos disso à noite, venha jantar comigo.

À noite o banqueiro brasileiro retornou à embaixada e cobrou de novo a conversa. Chateaubriand disse que falariam durante a refeição. Apertou uma campainha e deu ordens ao mordomo para servir o jantar. O empregado se espantou:

— Mas, embaixador, hoje não haverá jantar. O senhor mandou dispensar o pessoal da cozinha depois do almoço.

Ele não se atrapalhou:

— Bem, Walther, então vamos ao restaurante Mirabelle, aqui perto da embaixada. Tomamos uma cerveja, comemos um sanduíche e aí conversamos.

Quando os dois saíam, apareceram na porta dois casais vestidos formalmente — os homens de casaca e as mulheres de vestidos longos —, que chegavam para jantar. Ao vê-los, o embaixador acenava com o dedo negativamente, desculpando-se em seu inglês pele-vermelha:

— *No dinner tonight... No dinner tonight... Cartier came for lunch. Sorry, but no dinner, no dinner tonight. We are all going to the restaurant... Come on?*

Moreira Salles (que percebera que os casais tinham sido convidados para um jantar de que Chateaubriand se esquecera) alertou o amigo, em português, que se tratava de gente muito formal para ser levada a um restaurante. Mas a embaixada já tinha dispensado os motoristas e os visitantes tinham dado ordens ao seu para retornar bem mais tarde — ou seja, estavam todos a pé. Não havia outra alternativa senão irem mesmo ao Mirabelle. Ex-diplomata, Walther Moreira Salles se sentiu constrangido ao ver que Chateaubriand não fizera reserva de mesas, que tiveram de ser arranjadas às pressas, e nem se lembrara de apresentá-lo aos convivas. Para agravar ainda mais a situação, bastou que todos se sentassem para o embaixador brasileiro enfiar o queixo no peito e roncar alto. Moreira Salles dirigia-se a ele em voz um pouco mais alta, Chateaubriand acordava, dizia duas ou três palavras e dormia de novo. Ciscou alguma coisa do jantar, dormiu mais um pouco, pediu a sobremesa e antes que ela fosse servida ele já estava dormindo novamente. Uma das mulheres sugeriu que fossem todos embora. Chamaram um táxi, que deixou os dois brasileiros na porta da embaixada e seguiu com os convidados. Quando se preparavam para subir para seus quartos, Chateaubriand virou-se para Moreira Salles:

— Walther, quem eram esses seus amigos?

Ele, naturalmente, nunca os vira antes — e só no dia seguinte é que soube que um dos homens era lorde Jowitt, que tinha sido ministro da Justiça do governo de Clement Atlee. Quanto ao assunto tão importante, que motivara sua tumultuada viagem a Londres, Moreira Salles jamais saberia do que se tratava, pois Chateaubriand nunca conseguiu se lembrar por que o convidara a Londres.

Só as festas que Chateaubriand ofereceu na embaixada ficaram mais célebres que as gafes cometidas durante sua ruidosa passagem pela Inglaterra. Decidido a não se curvar aos costumes impostos pelo inflexível protocolo britânico, o embaixador fez de suas recepções diplomáticas um espetáculo para o qual os convites eram disputados entre o corpo diplomático estrangeiro. A primeira providência que tomava quando ia dar uma festa era mandar retirar todos os móveis da embaixada, deixando apenas os tapetes persas espalhados pelo chão — eventualmente uma ou duas redes nordestinas eram esticadas num canto de sala. Todos os convidados, portanto, se sentavam no chão. Mas o especial era o cardápio: as mais picantes, apimentadas e extravagantes comidas do Nordeste eram servidas acompanhadas de cachaça pernambucana da melhor qualidade. Como sobremesa, pés de moleque, doces de jaca mole e munguzá. Podia-se ver, nos rega-bofes oferecidos por Chateaubriand (e fartamente cobertos pelos colunistas sociais), condes e barões brindando com a bailarina Margot Fonteyn ou com o armador grego Stavros Niarchos, frequentadores assíduos da embaixada, em taças de cristal repletas de refresco de cajarana.

De todo o período que passou à frente da embaixada brasileira em Londres, o único registro de trabalho efetivamente diplomático realizado por Chateaubriand quase resulta em rumoroso problema nas relações entre o Brasil e Portugal — além de ter sido, bem ao estilo do jornalista, uma inexplicável exorbitância de suas funções. No começo de 1959, em uma de suas inumeráveis escalas no aeroporto de Lisboa, a caminho de Londres, Chateaubriand testemunhou, casualmente, um telefonema recebido pelo embaixador do Brasil em Portugal, Álvaro Lins. Na chamada de urgência, Lins fora informado de que o general da reserva português Humberto Delgado, um dos líderes da oposição à ditadura salazarista, acabara de entrar na embaixada do Brasil em Lisboa solicitando asilo político.

A decisão imediata de Lins de conceder o asilo gerou um começo de crise diplomática entre os dois países, pois o governo de Antônio de Oliveira Salazar se recusava a permitir que Delgado deixasse Portugal para embarcar com destino ao Brasil. O impasse se prolongava por semanas, sem solução à vista, quando Chateaubriand, sem consultar quem quer que fosse, desembarcou em Lisboa, e ali passou dez dias fazendo por conta própria contatos oficiais com autoridades portuguesas e tentando pressionar Lins para que o militar fosse posto porta afora da embaixada. Não satisfeito com as inopinadas gestões que fazia em Lisboa, Chateaubriand — um salazarista declarado — abandonou temporariamente suas atividades em Londres e passou as semanas seguintes no circuito Rio-Lisboa-Rio tentando convencer o presidente Juscelino a desautorizar o embaixador Álvaro Lins e retirar a concessão de asilo que já havia sido dada. Apesar dos ingentes esforços do jornalista — e da má vontade do governo Kubitschek, que a todo custo tentou evitar um conflito com Portugal —, o asilo acabou sendo concedido. Indignado com a liberalidade que o presidente permitira a Chateaubriand e com a pusilanimidade do Itamaraty, Álvaro Lins não só deixaria a embaixada e o serviço diplomático como romperia relações com Juscelino. E o empenho de Chateaubriand em defender a ditadura portuguesa seria recompensado anos depois por Salazar, que daria seu nome a uma avenida em Portugal.

No final de 1959, Chateaubriand conseguiu o prodígio de estar rompido com os três filhos. Com Gilberto ele já não falava fazia muitos anos. Brigara com Fernando quando mandou João Calmon demiti-lo da direção do *Diário de Pernambuco*, e sobre Teresa ainda pairava o ódio bíblico que remontava à viagem que ela fizera às escondidas com Corita e Bockel aos Estados Unidos. A ferida que o separava da filha seria reaberta a partir de 1952 quando ela, ao completar a maioridade, decidiu viver com a mãe e com Clito Bockel. Ninguém sabe dizer se a raiz da inusitada decisão que o jornalista tomaria em setembro de 1959 estava nessa relação patológica com os filhos ou se, como a marquesa de Pompadour, Chateaubriand profetizava para depois de sua morte o dilúvio de seu império. E havia até, entre seus amigos, os que imaginavam que ele, temendo que a morte pudesse estar se avizinhando, resolvera solucionar, em vida, os inevitáveis problemas da sucessão nos Associados.

Fosse movido por premonições, por ódios ou pelo inexplicável prazer maníaco de ver sua obra desmoronar após sua morte, a verdade é que na manhã de 21 de setembro de 1959 Assis Chateaubriand convocou a imprensa (a sua e a concorrente) para uma entrevista coletiva no 20º Cartório de São Paulo, do qual era tabelião-titular o poeta Menotti del Picchia, para anunciar uma bomba: por meio de uma escritura pública que lavrava naquele momento, ele decidira doar a 22 de seus empregados 49% da propriedade de seu império de comunicações, constituído por quarenta jornais e revistas, mais de vinte estações de rádio, quase uma dezena de estações de televisão, uma agência de notícias e uma empresa de propaganda. Por mais que conhecessem o caráter imprevisível de Chateaubriand, os jornalistas e convidados que ouviram a cansativa leitura das 27 páginas da escritura pública de doação tinham motivos de sobra para se atordoar. Era a primeira vez que se ouvia falar de alguém doar a seus empregados a metade de um patrimônio tão monumental. O paralelo mais próximo que encontravam para comparar o poderio dos Associados era a cadeia do magnata norte-americano William Randolph Hearst, e mesmo assim esta ainda ficava, proporcional e numericamente, muitos furos abaixo do verdadeiro Estado montado por Chateaubriand: no auge de seu prestígio, no final dos anos 1930, Hearst (que fora o inspirador do personagem Cidadão Kane, de Orson Welles) era dono de 25 diários e onze semanários espalhados por dezenove cidades dos Estados Unidos. Na escritura lida por Menotti del Picchia, Chateaubriand deixou lavrado que "escolheu entre os seus colaboradores e auxiliares 22 deles [...], os quais, no desempenho de suas funções, revelaram maior dedicação ao trabalho e o mais alto espírito de compreensão daqueles ideais, a fim de premiá-los, fazendo-os depositários diretos de sua confiança". Eram elogios *pro forma*. Dias antes, quando finalmente encerrou a lista dos escolhidos, Chateaubriand brandiu no ar com uma gargalhada a folha de papel contendo os nomes, exibindo-a ao advogado Vicente Rao (que juntamente com Hélio Dias de Moura e Alexandre Marcondes Filho tinha sido o criador da estrutura do agora chamado "Condomínio Associado"):

— Veja a lista dos condôminos que serão donos dos Associados, seu Rao: tirando um ou dois, metade poderia ser egressa de um manicômio e metade de uma penitenciária.

Entre os nomes mais conhecidos ele premiara seus filhos Fernando e Gilberto (Teresa, ainda sem direito ao *sursis* familiar, ficara de fora), seu irmão Oswaldo Chateaubriand, Austregésilo de Athayde, Edmundo Monteiro, João Calmon, Leão Gondim e Martinho de Luna Alencar. Como um soberano que distribuísse capitanias, os catorze restantes foram escolhidos por critérios geográficos, de forma que cada região do país tivesse um comunheiro representando-a no Condomínio. O emaranhado de cláusulas, artigos e parágrafos daquele instrumento *sui generis*, que não encontrava paralelo na legislação brasileira, começava por determinar que a propriedade dos 49% era vitalícia, mas não hereditária: quando do falecimento ou da renúncia de um condômino, os 21 remanescentes tinham de escolher entre os funcionários o substituto (sempre respeitando os critérios de "dedicação ao trabalho e fidelidade aos ideais Associados"). Os familiares do morto receberiam, pelo prazo de cinco anos, os eventuais proventos das ações a que o condômino fizera jus.

O primeiro resultado concreto da criação do Condomínio foi a revolta dos filhos, que se consideraram esbulhados em sua parte legítima do patrimônio paterno. Mas com Chateaubriand vivo a lei lhe garantia o direito de fazer de seus bens o que melhor lhe aprouvesse. Gilberto aceitou participar para "lutar do lado de dentro" — abrindo contra o que considerava um monstrengo jurídico uma guerra nos tribunais que duraria 35 anos e da qual, em 1994, sairia derrotado no Superior Tribunal de Justiça. Na época da constituição do Condomínio, Gilberto ainda tentou, em vão, atrair para a sua posição o irmão Fernando, que, mais radical, nem quis conversa: renunciou à escolha e foi substituído por Renato Dias Filho.

Visto de fora, o Condomínio Associado transmitia a impressão de um transatlântico navegando a pleno vapor. Nos meses que antecederam sua constituição tinham sido incorporados ao grupo o vetusto *Jornal do Commercio* do Rio (cuja aquisição transformava os Associados nos proprietários dos três mais antigos diários da América Latina: o próprio *Jornal do Commercio*, o *Diário de Pernambuco* e o *Monitor Campista*, da cidade fluminense de Campos), a Rádio Club Goiânia e a *Folha de Goiás*. Além disso, e representando investimentos altíssimos, Chateaubriand se preparava para instalar um canal de televisão em Brasília, um em Salvador, um em Recife e um quarto em São Paulo (a TV Cultura, canal que tinha sido adquirido do industrial Cândido Fontoura). Na futura capital da República estava em fase de implantação, para ser lançado junto com a inauguração de Brasília, o *Correio Braziliense*. E quase simultaneamente ao anúncio da criação do Condomínio, o governador gaúcho Leonel Brizola inaugurara, em Porto Alegre, mais um canal Associado, a TV Piratini.

Quem mergulhasse um pouco na contabilidade daquele mundo de empresas, entretanto, teria uma visão mais nítida de que o complexo que Chateaubriand decidira compartilhar com 22 empregados era também um navio com enormes rombos no casco. Vistos de dentro, os Diários Associados permitiam a suspeita de que, conscientemente ou não, o que Chateaubriand repartia não era o faustoso reino de outrora, mas um descomunal gigante plantado sobre pés de barro. O primeiro sintoma de que os problemas tinham sensibilizado até o inatingível jornalista havia ocorrido um ano antes, quando ele dera ordens, pela primeira vez em 35 anos como empresário de comunicações, para que um de seus veículos fosse vendido: a Rádio Tamandaré, de Recife. Além dela, os Associados eram proprietários, na mesma cidade, da Rádio Club de Pernambuco — e ambas eram deficitárias. A muito custo seu filho Fernando, que ainda dirigia seus negócios em Pernambuco, conseguiu demovê-lo da ideia — mas o fato de que a iniciativa da venda tivesse partido dele (que sempre repetia preferir "vender um filho a vender um veículo") era indicador de que os problemas se agravavam.

Três meses antes de anunciar a doação de metade de seu patrimônio a empregados, Chateaubriand recebera outra carta alarmante de João Calmon, revelando que, só na área sob sua responsabilidade, as dívidas dos Associados montavam a 140 milhões de cruzeiros — 700 mil dólares de então, cerca de 8 milhões de dólares de 2011. Ou seja, um terço do débito com o Guaranty que o levara a pensar em "estourar os miolos" poucos anos antes. Mas o pesadelo era ainda maior, advertia Calmon. Havia a dívida colossal com a Previdência Social que, apesar das sucessivas cobranças, não tinha sido paga:

> [...] para completar esse quadro sombrio, há ainda o gravíssimo problema dos jornais do Rio com os Institutos de Previdência Social. Qualquer novo adiamento poderá provocar uma catastrófica cobrança executiva. A fim de evitar a venda em hasta pública das rotativas de *O Jornal*, teremos de pagar depois de amanhã, em juízo, cerca de 2 milhões de cruzeiros. Há ainda cerca de dez ações executivas dos insti-

tutos em andamento contra *O Jornal* e o *Diário da Noite*. Em outubro do ano passado, o senhor pediu aos institutos um compasso de espera até janeiro do corrente ano. Estamos em fins de junho, já decorreram mais de seis meses e nada foi feito. Sangrados pelos compromissos das construções em Brasília, os institutos se vêm forçados a assediar seus devedores em atraso. Como nossas dívidas têm quinze anos de idade, somos as vítimas mais visadas. Tenho a consciência tranquila, porque sou até impertinente com as minhas frequentes observações sobre o perigo que representa o nosso débito com os institutos — ver relatórios de 11 e 30 de agosto e de 15 de dezembro de 1955, de 10 de outubro de 1957 e de 1º de dezembro de 1958, todos encaminhados ao senhor em caráter rigorosamente confidencial. Até agora não foi possível, apesar de todos os nossos esforços, a regularização de nossa situação no Banco do Brasil. O acordo combinado com o sr. Sebastião Paes de Almeida [presidente do BB] não foi aprovado pela diretoria do Banco. É outro pesadelo que me intranquiliza.

Aguardando o seu pronunciamento, subscrevo-me, cordialmente,

João Calmon

A situação chegava a um ponto tão crítico que, meses antes, Chateaubriand fora inesperadamente obrigado a recorrer aos bancos a fim de impedir que a Vila Normanda fosse arrestada pela Justiça como pagamento de dívidas dos Associados com a Previdência Social. E, como se tudo isso não fosse suficiente, a TV Tupi de São Paulo, que até então reinava soberana como campeoníssima de audiência (o que, traduzido em miúdos, significava dinheiro em caixa), fora desbancada pela TV Record, canal 7, de Paulo Machado de Carvalho, que em alguns momentos da programação alcançava o dobro dos telespectadores da Tupi. Além do mais, a obsessão de Chateaubriand de querer "federalizar" os Associados, dividindo-os em capitanias autônomas (que, nas horas de aperto, socorriam umas às outras), caminhava na direção oposta do que, já no ano seguinte, seria a tendência mundial da televisão. Com o surgimento, em 1959, do videoteipe, que começaria a ser utilizado em larga escala em 1960, o destino natural da televisão era a formação de *networks*, as redes com programação centralizada e retransmitida por fitas — exatamente o contrário do que o jornalista fazia com os canais que ia inaugurando aos borbotões, cada um deles com uma direção, uma política, uma programação própria.

A crise não pouparia sequer o até então inexpugnável caixa de *O Cruzeiro*. Aos poucos, as grandes vedetes do jornalismo iam deixando a casa. Depois de muitas brigas, Freddy Chateaubriand, que fora a alma da grande virada da revista, mudara-se para *O Jornal* e deste para Minas Gerais, onde fora trabalhar com o pai, Oswaldo, então responsável pela área mineira dos Associados. Num acesso de indignação, Jean Manzon pedira demissão depois de receber uma descompostura de Leão Gondim por ter feito "gastos excessivos" com corridas de táxi em Paris, quando realizava um furo internacional: entrevistar Hjalmar Schacht, o gênio alemão das finanças que, a serviço de Hitler, reduzira a pó a astronômica inflação da Alemanha no começo da década de 1930. Manzon trocara a revista por *Manchete*, publicação semanal criada por Adolfo Bloch para colar nos calcanhares da concorrente Associada. Em *O Cruzeiro*, as grandes reportagens iam aos poucos dando lugar a matérias pagas, cada vez mais frequentes e mais visíveis. Tudo isso se refletia na vendagem, que depois de bater perto dos 800 mil exemplares semanais caíra para pouco mais da metade (com o passar do tempo, a queda na vendagem seria tal que a revista deixou de publicar, como fazia desde a fundação, a tiragem semanal). Além de suas próprias dificuldades, *O Cruzeiro* também era obrigada a pagar as contas de sua congênere latino-americana, ainda circulando apesar de decididamente esquecida pelas agências internacionais de publicidade. Na ausência dos estrangeiros, *O Cruzeiro* internacional acabava convencendo as agências brasileiras a colocarem nela anúncios de produtos brasileiros mesmo. Redigida em uma tosca mistura de português e castelhano, a publicidade oferecia aos leitores cubanos, argentinos e venezuelanos produtos só encontráveis no comércio do Rio e de São Paulo. Um hispano-americano que quisesse consumir um vidro do cosmético Leite de Rosas, por exemplo, recebia, no pé do anúncio, recomendações sobre como fazê-lo: *"Pida informes en los Laboratorios Leite de Rosas Ltda. Rua Ana Nery, 321, Rio de Janeiro, Brasil"*. Dois meses depois da instituição do Condomínio, Chateaubriand sofreu um grande choque emocional: a morte, em Belo Horizonte, de seu irmão Oswaldo, consumido por um câncer. Muito mais do que a morte do outro irmão, Ganot, ocorrida anos antes na cidade de Tanabi, no interior de São Paulo, a de Oswaldo parece tê-lo deixado extremamente abalado. No dia do enterro, na capital mineira, os amigos de muitas décadas puderam ver, pela primeira vez, lágrimas brotarem de seus olhos. Muito emocionado, no cemitério Chateaubriand cortou a fila de amigos e bajuladores (o enorme prestígio de Oswaldo em Minas advinha do fato de ele dirigir a mais poderosa organização de comunicação do estado) inscritos para discursar à beira do túmulo, falou durante cinco minutos sobre o irmão, bateu a mão sobre a tampa do caixão e ordenou que a cerimônia chegasse ao fim:

— Podem baixar o bruto.

Veio o Ano-Novo, a cerimônia em Brasília, a discussão com os policiais na porta do Palácio da Alvorada, o retorno mal-humorado para o Rio. E, na madrugada de 26 para 27 de fevereiro, a maldita trombose. Nenhum dos neurologistas do batalhão destacado para atendê-lo podia afirmar, com segurança, que algum fator externo — como a morte do irmão ou o agravamento da crise financeira dos Associados, por exemplo — tivesse sido a causa do choque circulatório que o acometeu. Além de os recursos da medicina serem, em 1960, infinitamente mais pobres do que os que surgiriam nas décadas seguintes, não era incomum que pessoas física e emocionalmente sadias fossem vitimadas por tromboses cerebrais.

A única certeza que se tinha, no dia 27 de fevereiro de 1960, é que Chateaubriand não ia sobreviver. Ele entrou em delírio, comeu pedaços do bispo Sardinha junto com a filha Teresa, flagrou o defunto do general Dantas Barreto brindando com Dwight Eisenhower, se viu sozinho e descalço na caatinga, tentando curar a gagueira, e afinal fechou os olhos, certo de que entrava na eternidade. Estava tudo pronto para o funeral, mas o sábado de Carnaval passou e ele não morreu. Não morreu no sábado, nem no domingo, na segunda, na terça, nem na quarta-feira de Cinzas. E, para espanto de todos, no domingo seguinte, oito dias depois da trombose, Chateaubriand saiu do coma e abriu os olhos. Não mexia os braços nem as pernas, não movia a cabeça, mas tinha os olhos bem abertos, como se tentasse entender o que estava acontecendo à sua volta. A equipe médica foi chamada às pressas pela enfermeira Emília, que o atendia quando ele despertou, e constatou que suas funções vitais haviam recuperado a normalidade: os batimentos cardíacos, a pressão, a respiração, tudo respondia satisfatoriamente aos testes. Mas Chateaubriand não se mexia nem pronunciava uma sílaba.

Foi por mera casualidade que a enfermeira Emília Belchior Araúna, uma pernambucana de 22 anos, morena, de cabelos negros e lisos, foi escolhida para atender o jornalista, no dia seguinte à trombose. Escalada para dar plantão durante o Carnaval, coube a ela, a princípio, realizar um trabalho corriqueiro, prescrito para pacientes naquelas circunstâncias: além de fazer sua higiene corporal e renovar os frascos do soro que o alimentava, ela tinha de mudar o corpo dele de posição a cada três horas, para evitar a formação de escaras — crostas que surgem na pele mantida durante muito tempo numa só posição, e que acabam por provocar a mortificação dos tecidos.

O que nem os neurologistas Abrahão Ackerman e Paulo Niemeyer, chefes da equipe que atendia Chateaubriand, nem qualquer outro médico da Clínica Dr. Eiras sabiam é que Emília, menina pobre do interior de Pernambuco, tinha uma irmã surda-muda, chamada Idalina. E que, com paciência, carinho e métodos rudimentares, conseguira alfabetizar a irmã deficiente. Com o passar do tempo ela chegaria a entender — através de um processo que só depois descobriria se chamar leitura labial — tudo o que a irmã dizia. Com a autorização do clínico João Proni, e sem fazer qualquer alarde, Emília resolveu tentar entender o que queria dizer o olhar daquele homenzinho pelo qual se afeiçoara em tão pouco tempo. Sozinha com Chateaubriand no quarto do "Chalé Olinda", o pavilhão da clínica onde estava internado, Emília fez a primeira pergunta:

— O senhor está me ouvindo, está entendendo o que eu estou dizendo? Se a resposta for "sim", feche os dois olhos.

O jornalista cerrou os olhos por alguns segundos, reabrindo-os em seguida. Eufórica, a enfermeira pegou duas folhas de papel e em uma delas escreveu bem grande a letra A e na outra a letra B. Levantou ambas diante do rosto de Chateaubriand e fez nova tentativa:

— Agora eu vou lhe fazer outra pergunta. Se a resposta for "sim", o senhor fecha os olhos novamente. Se for "não", mantenha os olhos abertos. Vamos lá: na minha mão direita está a letra A. Na minha mão esquerda está a letra B. Sim ou não?

Desta vez ele fechou os olhos com força, como se quisesse reiterar a certeza de que estava entendendo aonde a moça queria chegar. Emília correu até o almoxarifado do pavilhão, pegou uma pilha de folhas de papel em branco e em cada uma delas escreveu, bem grande, uma letra do alfabeto. Grudou-as em ordem com pedaços de esparadrapo na parede em frente à cama onde o jornalista permanecia imóvel, pegou uma régua e explicou a ele qual seria a próxima lição:

— Eu vou colocar a régua por alguns segundos sobre cada uma destas letras. O senhor vai formar as palavras do que estiver querendo me dizer fechando os dois olhos na hora que eu parar a régua sobre a letra escolhida. A folha em branco é para os espaços entre uma palavra e outra. O senhor quer tentar? Se quer, feche os dois olhos. Se não quiser continuar, mantenha-os abertos.

Chateaubriand fechou os dois olhos, e pela primeira vez Emília percebeu que além dos olhos sua boca também tinha algum movimento: ele podia sorrir. Foi mais de uma hora de trabalho. Quando ele fechava os olhos, ela anotava em um caderno a letra onde a régua tinha parado. Ao final de um enorme esforço, Chateaubriand conseguira completar uma frase inteira. Usando de um eufemismo, ele deixava claro que tinha noção da profundidade da tragédia que se abatera sobre si, paralisando completamente seu corpo, mas deixando a mente intacta. Letra por letra, espaço por espaço, lá estava escrito no caderno de Emília: "Já entendi tudo: o edifício pegou fogo, só sobrou a biblioteca". Mal acabara de comemorar com os médicos o progresso que tinha conseguido com aquele que já se transformara em seu paciente predileto, Emília arrancaria outra manifestação da vontade de Chateaubriand — e desta vez era uma ordem. Mais uma hora de soletração e a enfermeira exibia a toda a equipe a exigência que o doente acabara de fazer: "Enquanto não me restabelecer, **não** permitam visitas femininas. Não quero que nenhuma mulher me veja neste estado, nem quero que ninguém tenha piedade de mim".

Embora os jornais Associados noticiassem diariamente "o franco restabelecimento" de Chateaubriand, durante os cinco meses em que ele ficou internado na Clínica Dr. Eiras seu estado de saúde não apresentou qualquer progresso. Sua única forma de comunicação com o mundo eram os letreiros de Emília permanentemente grudados na parede. Em junho, Ackerman, o chefe da equipe, viajou aos Estados Unidos para um congresso médico e, ao retornar, Chateaubriand deu ordens — sempre por intermédio do alfabeto de Emília — para que fosse feita uma festa na clínica para recebê-lo. A banda de Altamiro Carrilho, da Rádio Tupi, tocou dobrados nos jardins do hospital à chegada do neurologista. Um grupo de médicos e enfermeiros conseguiu carregar Chateaubriand até a janela do quarto onde estava internado para cumprimentá-lo à distância — saudação que se resumiu a um sorriso. A foto do jornalista na sacada do quarto, apesar de visivelmente amparado por quatro pessoas, foi publicada em *O Cruzeiro* como sendo uma demonstração de que ele se encontrava "em impressionante fase de recuperação, é o pajé de novo no comando da taba". O cartunista Ziraldo espalhou por todos os corredores da clínica cartazes com caricaturas de médicos e enfermeiros e votos de boas-vindas a Ackerman. Chateaubriand pediu para ver os desenhos e, impressionado com o humor do artista, pediu a Emília que chamasse o autor. Quando Ziraldo entrou no quarto, o dono dos Associados soletrou através do abecedário alguma coisa que a enfermeira traduziu:

— Doutor Assis disse que você é muito talentoso e pergunta se você não quer trabalhar na revista *O Cruzeiro*.

Ziraldo deu uma gargalhada:

— Diga ao doutor Assis que eu fico muito honrado com o convite, mas explique a ele que eu já trabalho em *O Cruzeiro* há dez anos.

Ainda assim, Chateaubriand queria agradecer a gentileza: mandou Emília colocar no bolso de Ziraldo um envelope contendo 30 mil cruzeiros — o equivalente a três meses de salário de cartunista na revista.

Durante várias semanas o fonoaudiólogo Pedro Bloch frequentou diariamente o quarto do jornalista buscando, em vão, algum tratamento que transformasse os raros gorgolejos que saíam de sua garganta em algo inteligível. Discretamente, entretanto, a enfermeira Emília vinha tentando superar aquela disfunção com seus métodos primitivos. Chateaubriand só conseguia fazer movimentos quase imperceptíveis com o maxilar e com a língua, produzindo um som apagado, rouco, que se tornava um pouco mais agudo nos momentos em que ele se irritava. Aos poucos, a enfermeira percebeu que, embora a garganta não produzisse ruídos compreensíveis, os lábios faziam um esforço enorme para soletrar palavras. Com o correr dos meses aquela moça simples estava obtendo resultados que nem o maior fonoaudiólogo brasileiro conseguira. Com paciência, ela pedia que ele insistisse em pronunciar a palavra desejada. Fixava-se no movimento dos lábios e perguntava, repetindo o que achava ser a expressão ou frase do doente: "É isto que o senhor está querendo dizer?". Se não fosse, não fazia mal, ela o obrigava a repetir o esforço até confirmar. O método, apesar de primitivo, começava a dar certo.

Chateaubriand se afeiçoou de tal forma a Emília que nos dias de folga da enfermeira ele se deprimia, se alimentava mal e tratava os demais membros da equipe médica com péssimo humor. Até que por fim propôs que a enfermeira, que era solteira, se mudasse para um quarto contíguo ao seu. Emília ganhava 15 mil cruzeiros de salário e recebeu do jornalista a oferta de 45 mil cruzeiros mensais (225 dólares de então, cerca de 2800 dólares em 2011) para se dedicar em tempo integral a ele. Uma semana depois, a enfermeira já fazia parte da vida do jornalista.

Em setembro, cinco meses depois de ter tido a trombose, Chateaubriand recebeu alta médica: finalmente poderia deixar a clínica e retornar à Vila Normanda. O segundo andar da casa foi transformado em um pequeno hospital: ao lado de um balão de oxigênio foi instalada uma cama hospitalar, sobre a qual construiu-se um trapézio de barras móveis. No andar térreo foi cavada uma pequena piscina interna, aquecida, para os exercícios motores submersos. Todas as manhãs ele era visitado pela fisioterapeuta escocesa Edith McConnell, residente no Rio, que tentava recuperar um único movimento que fosse de suas pernas e braços. Nessa época Emília já não precisava recorrer com tanta frequência ao abecedário pregado na parede: agachada ao lado do rosto de Chateaubriand ela conseguia entender, cada dia com clareza maior, os sons que ele produzia e que, para a maioria das pessoas, não passavam de grunhidos desesperados. Além de sua intérprete permanente (a enfermeira mudou-se para a Vila Normanda, onde o secretário Irani Costa também passou a morar quase permanentemente), Emília se tornara sua confidente. Aos poucos foi se familiarizando com nomes de grandes pintores, de jornais, de seus amigos e inimigos. De manhã, o jornalista era levado em uma cadeira de rodas para a varanda da Vila Normanda, de frente para o mar, e sobre uma pequena tabuleta de madeira eram colocados jornais e revistas que ele lia com a ajuda de um enfermeiro que passava as páginas.

Foi Emília quem o convenceu a começar a receber as amigas que, às dezenas, pediam para visitá-lo. "Doutor Assis, o senhor não está doente porque quer", insistia a enfermeira, "e essas suas amigas gostam do senhor como o senhor era e como o senhor é. Elas ficam muito tristes quando aparecem aqui para visitá-lo e são obrigadas a ir embora sem vê-lo." Ele acabou cedendo. Aos poucos foi recebendo Iolanda Penteado, Maria da Penha Carioba, Julieta Paranhos do Rio Branco, Lili Lowenstein — e com o tempo perdeu o pudor de ser visto naquele estado. A vergonha não vinha apenas do fato de estar quase mudo e imobilizado, mas do corpo que se encurvava para a frente, das mãos que embutiam para dentro, como garras de uma ave de rapina, e da baba que Emília era obrigada a enxugar permanentemente no canto da boca. Um dia Irani, responsável pela filtragem dos que podiam e não podiam estar com o chefe, consultou-o sobre um pedido de visita. O governador da Guanabara, Carlos Lacerda, com quem Chateaubriand estava brigado, queria vê-lo. Emília traduziu sua resposta:

— Do jeito que estou, posso morrer de uma hora para a outra. E não quero ir para a cova em pecado. Com Lacerda, não quero conversa!

Apesar da total invalidez física — uma tragédia para qualquer ser humano, mas que adquiria dimensões ainda maiores em um homem terrivelmente irrequieto como ele fora durante toda a vida —, Chateaubriand continuava sendo o todo-poderoso cuja mão tinha de ser beijada por quem quisesse merecer os favores do seu império. Foi assim que sucessivamente foram bater às portas da Vila Normanda os três candidatos às eleições presidenciais que se avizinhavam — o general Lott, Jânio Quadros e Ademar de Barros. Os três foram recebidos pelo jornalista, mas cruzaram nos jardins do casarão da avenida Atlântica com deputados, diplomatas e industriais que no máximo conseguiam deixar seus nomes nas listas de visitantes reproduzidas pelos jornais Associados todos os dias — sempre acompanhadas de falsas notícias sobre a "franca recuperação" de Chateaubriand.

Pelo que Emília Araúna pôde deduzir, de pedaços de conversas com o jornalista, ele tinha esperanças, ao sair do coma, de em poucos meses poder andar de novo, ainda que amparado em muletas, e de em breve voltar também a falar normalmente. Mas o tempo passava e o único progresso obtido, de verdade, nem era seu, mas da enfermeira que fazia um esforço sobre-humano para entender e traduzir os sons que ele entaramelava. Tanto Emília quanto os médicos temiam que a ausência de progresso o fizesse perder por completo o vigor e a energia espirituais que sempre foram a principal marca de sua personalidade — e que isso o fosse matando aos poucos. Foi mergulhada nessas preocupações que a equipe da Vila Normanda festejou como um renascimento a notícia dada por Chateaubriand à enfermeira e ao médico João Proni nos primeiros dias de setembro de 1960:

— Vou voltar a escrever meus artigos diários nos Associados. Arranjem lápis e papel para anotar, porque quero começar a ditar agora o artigo de amanhã.

Como se habituara a fazer durante décadas e décadas de produção diária de artigos — e ao contrário da maioria dos jornalistas —, ditou primeiro o título: "Compromisso de sangue". Ele estava indignado com o que lera nos últimos dias em jornais e revistas brasileiros e estrangeiros: a Organização dos Estados Americanos, reunida em San José da Costa Rica, decidira não impor qualquer sanção à Cuba de Fidel Castro por sua aproximação cada vez maior com a União Soviética (só um ano e meio depois, em janeiro de 1962, em Punta del Este, no Uruguai, é que a OEA acabaria por excluir Cuba do sistema interamericano). Verdadeira exegese da política de guerra fria dos Estados Unidos, o artigo vergastava os diplomatas americanos, acusando-os de terem "perdido a maioridade" na reunião de San José. A alegria de ver o dono dos Associados de novo ativo — apesar de mutilado, ele voltava a lembrar o velho e furioso Chateaubriand — transformou em nada o penoso sacrifício que foi para Emília e Proni passar algumas horas para entender cada uma das 928 palavras do artigo. Intercaladas por reticências, gemidos, roncos e acessos de ansiedade e impaciência do jornalista, elas acabaram chegando ao fim. Exausta, Emília limpou o fio de baba que escorria de um canto da boca dele, que sorriu com uma provocação:

— Deu trabalho? Então podem se preparar, que agora todos os dias vai ser assim...

Um datilógrafo dos Associados apareceu com uma máquina para passar a limpo o artigo que tinha sido vertido por Emília e anotado por Proni. O texto foi lido para Chateaubriand, que mudou apenas uma ou outra palavra e, rindo, vaticinou:

— A esquerda vai odiar!

Não era para menos. Como o título insinuava, Chateaubriand propunha que o mesmo sangue derramado na Europa em defesa da democracia tinha de ser vertido novamente, agora para livrar a América do "perigo cubano":

> [...] O que era preciso na Costa Rica era tomar partido tranquilamente entre uma quadrilha de malfeitores e a grande democracia a quem o mundo deve todos os privilégios que usufrui no campo do direito e da justiça. Nem Hitler chegou aos atos de rapinagem que Fidel Castro atingiu. A nossa pobre e infeliz América Lati-

na só tem uma força de defesa: os Estados Unidos. Deixem eles de policiar as estradas internacionais que os russos tentam obstruir, e o hemisfério latino-americano não passará de um satélite do imperialismo moscovita.

O Brasil lutou nos campos de batalha da Itália pelo mundo democrático. Não podemos admitir neutralidade entre um criminoso vulgar como Fidel Castro e uma nação de homens livres como a América do Norte.

Ninguém que lesse aquele artigo teria dúvidas de que Chateaubriand, embora tetraplégico, estava intelectualmente curado. Tratar os cubanos de "uma quadrilha de malfeitores", chamar o líder cubano Fidel Castro de "criminoso vulgar" e dizer que "nem Hitler chegou a seus atos de rapinagem" era Chateaubriand em estado puro. O artigo fez grande sucesso. Nem tanto pelo conteúdo, não muito diferente do tratamento geral dado pela imprensa a Cuba, mas, fruto de uma orquestração promovida pelos diretores dos Associados (afinal, era a primeira manifestação vital de Chateaubriand depois da trombose), ele foi lido em tribunas de câmaras e assembleias legislativas e recebeu votos de louvor de deputados e senadores. A partir daquele dia, entre o banho de sol da manhã, sob os coqueiros do jardim da Vila Normanda, e a fisioterapia da sra. McConnell, Emília e um funcionário enviado pelos Associados se submetiam a uma, duas ou três horas de gratificante tortura: entender, traduzir, pôr no papel, reler, corrigir e enviar a *O Jornal* o texto do dia.

Além da produção diária de artigos, a enfermeira percebeu outro sintoma de vida no novo patrão: a vaidade. Agora, toda vez que estava para receber a visita de alguma mulher — mesmo que fosse uma das decrépitas condessas quatrocentonas cuja amizade e fortuna ele cultivava em São Paulo —, Chateaubriand exigia tratamento especial de Emília: mandava que ela o vestisse de terno e gravata de seda pura, escovasse seus dentes e depois os pulverizasse com desodorante bucal e caprichasse especialmente no cabelo, que tinha de ser penteado, partido de lado e depois escovado. Obrigada a permanecer durante as visitas para traduzir o que ele dizia, a princípio Emília percebeu que se tratava apenas de encontros entre velhos amigos, nada mais. Ainda que algum dia tivesse havido algo entre Chateaubriand e uma daquelas mulheres, os efeitos da trombose, aparentemente, tinham sepultado para sempre o que quer que o ligasse a qualquer uma delas.

Um dia, a enfermeira estranhou que, ao receber a visita de uma mulher da alta sociedade paulista, Chateaubriand desse ordens para ela se retirar do quarto por alguns minutos, que ele queria ficar a sós com a amiga. Deixou a porta do quarto entreaberta, e, enquanto caminhava pelos corredores e adiantava algum serviço, Emília ficou intrigada: o que poderia tê-lo levado àquele gesto? A mulher certamente não entenderia uma centésima parte do que ele falava. Que intimidade ele poderia estar pretendendo com a amiga? Nada que dissesse respeito a sexo, naturalmente: primeiro porque o jornalista não conseguia mover um dedo sequer. E, além de sua própria experiência como enfermeira de outras vítimas de trombose, os neurologistas que tratavam de Chateaubriand já a haviam advertido para o fato de que a tetraplegia o deixara absolutamente incapaz em termos sexuais. A doença tinha tornado realidade seu velho pesadelo: ficar impotente. Dois anos antes da trombose, ao operar-se da próstata, Chateaubriand pilheriara com os amigos, dizendo que levaria para a sala de cirurgia um revólver com duas balas:

— Se eu sair broxa daquele hospital, meto uma bala na cara do médico Paulo Albuquerque e guardo a segunda para enfiar na minha própria cabeça.

Agora, à exceção dos momentos em que estivesse com a bexiga cheia, ao despertar — quando podia haver a ocorrência de priapismo —, nem mesmo uma ereção normal ele poderia experimentar. Diante de tudo isso, Emília se tranquilizou: a intimidade pedida por ele não passaria de um olhar mais enternecido. Mas, apesar de todas as certezas da ciência, Emília continuava com a pulga atrás da orelha com a história da vaidade. Ele não se importava em receber de pijamas até o presidente da República, mas exigia uma estica completa quando se tratava de visita feminina. E agora os pedidos para ficar a sós com várias delas estavam se amiudando.

Dois ou três meses depois de terem se mudado para a Vila Normanda, a enfermeira sentiu que era hora de cuidar de sua própria vaidade: desde que começara a tratar de Chateaubriand, ela não fora uma só vez a um cabeleireiro, a uma manicure, não saíra para flertar com algum rapaz na praia. Um sábado, ela deixou de plantão Raquel e Marlene, suas duas enfermeiras-assistentes, pediu ao secretário Irani que supervisionasse o funcionamento da casa e resolveu tirar uma folga. Saiu de manhã, foi ao salão de beleza, almoçou em um restaurante à beira-mar, caminhou pela Cinelândia e quando eram cinco horas da tarde resolveu retornar a Copacabana.

Ao se aproximar da Vila Normanda, percebeu que algo de anormal acontecera. Irani e as duas enfermeiras estavam no portão de entrada olhando para os lados, visivelmente ansiosos por sua chegada. Emília apressou o passo, quase correndo, e quis saber o que havia. Os três tentavam falar ao mesmo tempo:

— Chegou de São Paulo a mulher de um empresário e subiu para o quarto do doutor Assis. Faz uma hora que os dois estão lá, com a porta trancada por dentro. Nós não sabemos o que fazer.

Emília largou a bolsa na primeira poltrona que encontrou e subiu as escadas saltando degraus. Quando alcançou o corredor que dava para o quarto de Chateaubriand, ainda teve tempo de ver a visitante entrando sorrateiramente no banheiro de hóspedes, nua, enrolada apenas em uma toalha de banho — era uma mulher bonita e elegante, de meia-idade, que já estivera algumas vezes no Rio visitando-o. No momento em que a outra trancava a porta do banheiro, Emília entrou no quarto de Chateaubriand, com o coração aos solavancos.

35

A enfermeira abriu a porta e sentiu o ar do quarto tomado pelo inconfundível cheiro de sexo. Deitado sobre uma cama desfeita, o Chateaubriand que ela deixara horas antes penteado e arrumado tinha os cabelos desgrenhados e o rosto vermelho, afogueado. Pela primeira vez desde que o jornalista saíra do coma, Emília via em seu rosto um riso luminoso, infantil e meio envergonhado, como um menino que tivesse sido apanhado em uma travessura. Suspeitando do que pudesse ter acontecido entre Chateaubriand e a visitante, que naquele momento se vestia às pressas no banheiro, ela temia que a emoção pudesse trazer complicações ao paciente: tirou-lhe a pressão e a temperatura — estavam normais —, tomou-lhe o pulso e registrou num pedaço de papel os batimentos cardíacos excessivamente altos. Preocupada, telefonou para os médicos. Ackerman, Proni e Monti apareceram minutos depois, submeteram o sempre sorridente jornalista a um exame sumário e tranquilizaram Emília: mesmo sem saber o que se passara entre ele e a mulher, a aventura não trouxera nenhuma consequência para seu estado de saúde. Os médicos explicaram à enfermeira que provavelmente a visitante (que já tinha saído discretamente da casa e ido embora) permitira que ele praticasse com ela alguma coisa próxima de uma sessão de sexo oral, extravagância máxima a que um doente naquelas circunstâncias poderia almejar. E aquilo, fosse o que fosse, não significava problemas para seu tratamento nem trazia qualquer efeito prejudicial às suas condições de saúde. O médico João Proni comentou com Emília que, ao contrário das preocupações dela, "sentir-se ainda um macho paraibano" só podia fazer bem a alguém como Chateaubriand, cuja recuperação era cada vez mais remota.

O doente e a enfermeira estabeleceram uma espécie de linguagem cifrada para que fosse possível a repetição de visitas furtivas como aquelas. Irani o avisava que determinada mulher queria visitá-lo e ele apenas pedia a Emília que "fosse ao cinema" — era o código para que pudesse viver alguns momentos que lembrassem, ainda que remotamente, os tempos de intensa atividade sexual.

Chateaubriand permaneceu todo o restante do ano de 1960 na Vila Normanda. Embora nunca abandonasse por completo as esperanças de poder voltar a falar e a andar, só um ano depois da trombose é que ele se resignou a pedir demissão do posto de embaixador na Inglaterra. Já nos últimos dias de seu mandato (Jânio Quadros fora eleito presidente da República em outubro e tomaria posse no dia 31 de janeiro de 1961), Juscelino escreveu-lhe uma carta carinhosa, aceitando o pedido de demissão e agradecendo-lhe "por ter cumprido esse dever com extraordinário brilho, exemplar dedicação e grande amor aos interesses nacionais".

Em abril de 1961, a equipe chegou à conclusão de que a ciência médica brasileira havia esgotado todos os seus recursos na tentativa de conseguir algum progresso com Chateaubriand. Era hora de buscar socorro em centros mais desenvolvidos. Por sugestão de Abrahão Ackerman, decidiu-se levá-lo para um tratamento no afamado Medical Center of Rehabilitation da Universidade de Nova York. Dirigido pelo médico Howard Rusk, o centro adquirira prestígio como um dos mais avançados hospitais de reabilitação física do mundo depois de ter implantado um programa para recuperação de soldados da Força Aérea e do Exército dos Estados Unidos feridos durante a Segunda Guerra Mundial. No final do mês, Chateaubriand foi embarcado para Nova York, acompanhado por um grande séquito de diretores dos Associados, mais Irani e Emília — esta, depois de consagrada em um artigo publicado por David Nasser em duas páginas de *O Cruzeiro*, intitulado "Emília, o anjo da noite", já era considerada parte integrante da família do doente. Na bagagem, Chateaubriand exigiu que fossem incluídos dois passarinhos: um canoro curió do Norte de Minas e um corrupião amestrado, negro e de peito avermelhado, que passava os dias fora da gaiola, caminhando na cama sobre o corpo inerte do jornalista.

Devidamente instalado no hospital americano, apenas Emília permaneceu todo o tempo por lá. Irani ia, passava alguns dias, voltava e depois retornava. Os diretores dos Associados se revezavam em viagens frequentes a Nova York, mas quem acabou ocupando o lugar de "chefe da casa civil", responsável por todas as providências durante a permanência do jornalista no hospital, foi César Yázigi, gerente comercial dos Associados, fluente em inglês (e que depois montaria no Brasil a rede de cursos de idiomas que levaria seu sobrenome). Embora a diária do hospital, o pagamento aos médicos, fisioterapeutas e aos dois enfermeiros-assistentes contratados para auxiliar Emília (os porto-riquenhos Eva e Le Roy) mais as despesas de hotéis e alimentação de toda a equipe custassem a pequena fortuna de 22 mil dólares por mês (aproximadamente 260 mil dólares em 2011), Chateaubriand permaneceu oito meses internado no centro de reabilitação, conhecido apenas como Clínica Rusk.

Durante todo esse tempo, a rotina do tratamento não se alterou: às seis horas da manhã uma equipe médica, eventualmente chefiada pelo dr. Rusk em pessoa, vinha tirar-lhe a pressão e a temperatura e medir-lhe os batimentos cardíacos. Em seguida ele era levado de maca para um ginásio de esportes em outro andar do prédio. Deitado sobre uma cama ergométrica, Chateaubriand era massageado por uma fisioterapeuta e depois seus braços e pernas eram sucessivamente presos a correias de couro ligadas a equipamentos mecânicos: durante quinze minutos uma perna era movimentada artificialmente, depois mais quinze minutos na outra e quinze em cada braço. Terminados os exercícios, uma grua em cuja ponta estava presa uma cadeira equipada com cinto de segurança o mergulhava em uma piscina aquecida onde dois enfermeiros movimentavam suas pernas, braços e pescoço, como se ele estivesse nadando. Ao final da natação, os dois enfermeiros o seguravam por debaixo dos braços e o estimulavam a tentar andar sob a água. Uma hora depois, sentavam-no na cadeirinha, o guincho o retirava da piscina, depositava-o em uma cadeira de rodas de plástico, e então ele era conduzido para o banho diário. Como acontecia desde que ficara doente, sua urina era recolhida por uma comadre; para defecar, era preciso que, sentado na privada, um ou dois enfermeiros massageassem seu ventre. A alimentação era quase sempre uma massa pastosa, moída em um liquidificador — mas com frequência Chateaubriand pedia um bife de filé, que mastigava interminavelmente até extrair todo o suco da carne e cuspir fora o que restava.

À tarde ele passava os olhos sobre o calhamaço de jornais Associados que chegavam por um malote especial da Pan-American, via os jornais e revistas norte-americanos e só então se punha a ditar para Emília seu artigo — que continuava a escrever todos os dias, sem uma única exceção. Seu quarto se tornou ponto de passagem obrigatória de toda autoridade ou empresário de prestígio no Brasil que aparecesse por Nova York. As delegações de parlamentares e diplomatas brasileiros que regularmente iam aos Estados Unidos para assistir a sessões da ONU se sentiam na obrigação de ir em romaria à Clínica Rusk. Muitos o faziam por sincera amizade ao jornalista, mas a maioria sabia que a visita podia garantir uma menção no artigo do dia seguinte, publicado em jornais espalhados por todo o Brasil — aos mais íntimos ele pedia que lhe levassem do Brasil sempre a mesma e incômoda encomenda: um pudim de leite condensado. Por intermédio de Nelson Rockefeller — outra visita frequente ao hospital —, Chateaubriand tornou-se amigo do cardeal Francis Joseph Spellman, ferrenho anticomunista então arcebispo de Nova York. Uma tarde, o cardeal Spellman apareceu na clínica levando para visitá-lo um velho conhecido do jornalista, o cardeal de Milão, Giovanni Montini (que dois anos depois seria eleito o papa Paulo VI). Chateaubriand o conhecera anos antes, quando Montini oficiara o casamento da nobre Giovanna Borghese, de quem o brasileiro fora padrinho. Outro figurão com quem o jornalista cruzava todas as manhãs, durante as sessões de fisioterapia, era Joseph Patrick Kennedy, pai do presidente dos Estados Unidos, também internado na Clínica Rusk para tentar se curar de uma hemiplegia.

Para matar o tempo, Chateaubriand escrevia com frequência às seções de cartas dos jornais comentando artigos e reportagens. Quando o presidente Jânio Quadros renunciou, no mês de agosto, ele enviou à redação do *The New York Times* uma caudalosa e enfurecida carta — publicada na íntegra pelo jornal com a observação de que o autor era um magnata da imprensa brasileira e ex-embaixador na Inglaterra. Nela, Chateaubriand censurava duramente o jornal por atribuir a renúncia a pressões das Forças Armadas brasileiras, posição que considerava "no mínimo superficial".

Embora o jornalista nunca tivesse abandonado a esperança de se curar ("enquanto não conseguir reabilitar-me", ou "quando voltar a caminhar normalmente", costumava escrever), depois de seis meses de intermináveis sessões de ginástica, um único, modesto progresso tinha sido alcançado pelos médicos da Clínica Rusk: ele continuava tão afásico como quando chegara e não conseguia dar um só passo, mas seu antebraço esquerdo, desde que repousado sobre algum objeto, podia fazer um curtíssimo movimento — coisa de poucos centímetros — no sentido horizontal. E os exercícios tinham conseguido recuperar também um leve movimento do dedo indicador da mão esquerda. No dia em que percebeu isto, os olhos de Chateaubriand brilharam como se ele estivesse curado. Chamou Emília e ordenou:

— Trate de me arranjar uma máquina de escrever especial, que eu acho que já posso datilografar pessoalmente meus artigos.

Um técnico da IBM foi chamado e semanas depois a engenhoca estava funcionando: o teclado de uma máquina de escrever elétrica foi adaptado para tornar-se ultrassensível, de forma que o menor toque acionava a tecla. Para manter o braço suspenso na altura do teclado, criou-se um sistema de correias e roldanas, que sairiam de trás da cadeira de rodas, se estenderiam como um varal sobre a cabeça de Chateaubriand e terminariam em uma haste, de onde pendia uma munhequeira de couro, na qual repousaria seu pulso esquerdo. Movendo suavemente o antebraço esquerdo para os dois lados ele conseguiria parar o único dedo útil sobre a tecla e, ao pressioná-la levemente, digitaria a letra desejada. Teoricamente, o problema estava resolvido, mas fazer a máquina dar resultados concretos foi um inferno. Quase sem nenhum controle motor, o que aconteceu nos primeiros dias é que seu indicador pressionava com força excessiva a tecla, fazendo com que a letra escolhida se repetisse dezenas de vezes na folha de papel. Todos já tinham chegado à conclusão de que o invento não levaria a nada, mas Chateaubriand estava decidido a não depender mais de ninguém pelo menos para realizar uma das raras atividades que lhe dava efetivo prazer: escrever. Sentado na cadeira de rodas ele tentou uma, duas, dez, cem vezes, até conseguir. Sua primeira produção literária foi um minúsculo e quase ininteligível bilhete dirigido à amiga Maria da Penha Müller Carioba, de São Paulo. Ele, que passara toda a vida escrevendo a lápis, vivia a ironia de, já velho, ter de procurar com a atenção de um iniciante o lugar de cada letra no teclado de uma máquina de escrever. Mas o esforço valia a pena: agora ele podia escrever seus artigos livre da humilhação de ter de passar horas tartamudeando pedaços de palavras para a paciente Emília. É verdade que antes de serem transmitidos para as oficinas de seus jornais, no Brasil, os escritos precisavam ser rigorosamente revistos e corrigidos — mas para isso ele tinha empregados. Afinal, os garranchos que ele produzira diariamente ao longo de mais de meio século também precisavam ser praticamente traduzidos por linotipistas especialmente escolhidos para isso. A reconquista da liberdade de voltar a escrever pessoalmente os artigos foi vista como tamanha manifestação de obstinação que, por sugestão dos médicos do hospital, Chateaubriand acabou virando uma reportagem do *Herald Tribune* — ilustrada por uma enorme foto dele em pleno trabalho.

Apesar dos progressos obtidos, no entanto, o jornalista não parecia muito animado. A qualquer pretexto utilizava os artigos para se referir com melancolia a seu estado de saúde. Mais de uma vez afirmou que se sentia um "encarcerado" na clínica de Nova York — e até a morte, palavra que detestava, passaria a ser um personagem muito presente em seus escritos. "Sou um indivíduo familiarizado com a ideia da morte, e habituei-me, muito moço, a tratá-la como um interveniente de rotina", escreveu um dia. "Essa é a razão pela qual o fim de um amigo ou de uma pessoa da família entra em meu inventário como alguma coisa inevitável." Não havia nenhuma razão objetiva para que ele estivesse mais ou menos deprimido do que quando chegara aos Estados Unidos, nem para que pudesse temer a proximidade de seu fim. O que o acabrunhava era perceber, a cada dia que se passava, que, à exceção dos imperceptíveis movimentos do antebraço e do dedo indicador, nada mais mudara em seu estado geral. Uma manhã, aproveitando uma consulta dirigida pelo próprio Howard Rusk — com quem ele se comunicava por uma ponte dupla, falando para Emília, que vertia suas palavras para Eva ou Le Roy, que por sua vez as traduziam para o médico em inglês —, tomou coragem e fez a pergunta fatal, a dúvida que estava atravessada na sua garganta desde o dia em que pusera os pés pela primeira vez naquela clínica:

— Doutor Rusk, algum dia eu vou poder andar novamente, ainda que amparado em muletas?

O cientista americano foi de uma sinceridade cruel:

— Não, doutor Assis. O senhor nunca mais vai andar. Nem com o auxílio de aparelhos.

Dada de maneira tão seca, a resposta deixou-o mergulhado em profunda prostração. Quando Rusk deixou o quarto ele dirigiu-se a Emília:

— Telefone ao Calmon e avise que vamos voltar ao Brasil no primeiro avião. E avise-o para preparar a Casa Amarela. Quero ser sepultado em São Paulo e não tenho planos de me transformar em um defunto ambulante. Se é para terminar meus dias lá, vamos de uma vez fixar residência definitivamente em São Paulo.

O artigo do dia 27 de dezembro de 1961 já trazia no alto: "Casa Amarela, São Paulo". Mal se instalara de novo no Brasil, entretanto, ele logo percebeu que o começo de incêndio dos Associados denunciado por Calmon dois anos antes havia se transformado em labaredas que lavravam por todos os lados. Mas, como sempre, era abissal a distância entre as aparências e a essência. Para quem via de fora, o império exibia saúde invejável: desde que fora vitimado pela trombose, tinham sido colocadas no ar nada menos que doze novas estações de televisão: a TV Brasília, no novo Distrito Federal, a TV Tupi-Difusora, em São José do Rio Preto, no interior de São Paulo, a TV Mariano Procópio, em Juiz de Fora, Minas Gerais, a TV Rádio Clube de Recife, a TV Cultura de São Paulo, a TV Itapoã, em

Salvador, a TV Ceará, em Fortaleza, a TV Paraná, em Curitiba (o Paraná seria aquinhoado com mais um canal, a TV Coroados, em Londrina), a TV Marajoara, em Belém, a TV Rádio Clube de Goiânia, em Goiás, e a TV Vitória, na capital capixaba. "Onde houver um receptor de TV, há sempre presente a imagem de um canal Associado" era o slogan repetido em todas as programações. A Editora O Cruzeiro pusera nas bancas a revista *Pererê*, criada por Ziraldo, anunciada como "a primeira revista de histórias em quadrinhos colorida inteiramente feita no Brasil". Num esforço para recuperar o espaço (e os leitores perdidos), *O Cruzeiro* anunciava que ia enviar para a cobertura da Copa do Mundo, no Chile, "a mais competente e numerosa equipe de jornalistas da imprensa brasileira": Jorge Audi, Henri Ballot, Ronaldo Moraes, George Torok, Luís Carlos Barreto e Mário de Moraes.

Mas, se de um lado a revista tentava demonstrar que estava viva, do outro os leitores percebiam que *O Cruzeiro* murchava. Uma cerimônia social absolutamente desimportante do ponto de vista jornalístico, como o casamento de Sérgio Lacerda, filho de Carlos Lacerda, com Maria Clara Mariani, filha do banqueiro Clemente Mariani, chegou a merecer a reportagem de capa de um de seus números. O indiscreto Ademar de Barros, candidato ao governo do estado de São Paulo, deixara vazar, em uma entrevista a *O Globo*, que pagara à revista 1,5 milhão de cruzeiros (4 mil dólares de então, 41 mil dólares em 2011) pela publicação de uma laudatória reportagem a seu respeito em uma das edições anteriores. Até a fatalidade parecia contribuir para o incêndio: nos primeiros dias de 1962, suicida-se o humorista e cartunista Péricles de Andrade Maranhão, criador de "O Amigo da Onça", uma das seções de maior sucesso da revista. Poucos dias depois as vacas magras pareciam chegar aos diários. No final de fevereiro, Chateaubriand era obrigado, pela primeira vez em toda a história dos Associados, a mandar fechar um jornal: premido por dívidas monumentais, saía de circulação o *Diário da Noite* do Rio, um jornal que em várias ocasiões batera recordes de vendagem e que tinha ao morrer, entre outros, colaboradores como Nelson Rodrigues, Antônio Maria e Sérgio Porto, o "Stanislaw Ponte Preta".

Não eram menores os problemas familiares de Chateaubriand, que acabariam batendo às portas do Condomínio Associado. Depois de quase dez anos de quizílias, ele fizera as pazes com a filha Teresa. O azedume da relação entre ela e o pai era tal que, quando seu namorado Leonardo — filho de José Maria Alkmin, um dos grandes amigos de Chateaubriand — procurou o futuro sogro para pedir a mão da moça em casamento, o jornalista reagiu com uma resposta desconcertante:

— Não sei por que o senhor vem me procurar para tratar desse assunto. Não sei quem é essa moça, não a conheço, não posso dar palpite sobre o casamento de alguém cuja existência ignoro. Só posso entender sua vinda aqui se o senhor estiver querendo casar-se comigo.

Mesmo sem a autorização, os dois se casaram. O nascimento do primeiro neto, um garoto, amoleceu o coração de Chateaubriand, já doente, e aos poucos a relação entre pai e filha se recompôs definitivamente. Com Fernando não fora muito diferente. As sucessivas demissões dele de cargos importantes nos Associados, sempre determinadas pelo pai, somadas à decisão de não fazer parte do Condomínio Associado, pareciam ter envenenado para sempre o relacionamento entre os dois. De novo seria um casamento (o segundo de Fernando, com Betty Mennily, ex-mulher do locutor Luís Jatobá) e o nascimento do filho deles, Fernando Henrique, que acabariam se transformando na chave para o reatamento. Restava o severo e inflexível Gilberto. Depois de um período de bonança, o acúmulo de pequenas desavenças fez com que o pai rompesse novamente com ele — e desta vez parecia ser para sempre.

Mas a pacificação com dois dos três filhos não se refletiria no Condomínio. Fernando e Gilberto se engalfinharam em brigas públicas respectivamente com João Calmon e Leão Gondim de Oliveira. Por intermédio de anúncios pagos em jornais do Rio e de São Paulo (jornais não ligados aos Associados, claro), Fernando atribuía a Calmon o desbaratamento do legado do pai (Freddy Chateaubriand, que concordava com ele, dizia que João Calmon estava "destelhando a casa") por meio de uma administração incompetente. Gilberto, por sua vez, acusava Leão Gondim de tentar vender, em benefício próprio, um dos mais valiosos bens dos Associados, a Schering, que nem sequer fora incluída no patrimônio do Condomínio. Como retaliação, Chateaubriand destituiu Gilberto sumariamente da presidência do *Correio Braziliense* e nomeou para substituí-lo o genro, Leonardo Alkmin. De tão escandalosa, a briga dos dois irmãos contra os prepostos do pai acabaria aparecendo em página inteira na revista *Time*, em uma reportagem intitulada "Império dividido":

[...] A batalha é decorrente do profundo abismo que Chatô, ao longo de sua frenética vida particular, cavou entre si próprio e seus filhos, [...] O pai providenciou para que os filhos recebessem educação esmerada e para que nada lhes faltasse, porém dedicou-lhes muito pouco do seu tempo. Após uma de suas frequentes discussões com o pai, Gilberto fraturou uma perna esquiando. Quando Chatô enviou-lhe um cheque de quinhentos dólares com votos de pronto restabelecimento, Gilberto devolveu-o acompanhado de um amargo telegrama: "Não quero dinheiro, quero um pai".

A enfermidade de Chatô pôs fim à harmonia. Seu filho Fernando entrou com uma ação na Justiça contra o Condomínio, alegando que este, por abranger mais da metade da fortuna da família, era ilegal segundo a lei brasileira de proteção de heranças. Gilberto fez suas próprias reclamações. Em uma tentativa de impedir a concretização dos planos dos executivos, recusou-se a assinar um documento que atestava a sanidade mental do pai.

Quanto a Chatô, todas as manhãs é conduzido à piscina de sua casa em São Paulo para exercitar as pernas a fim de evitar a atrofia muscular. A seguir é levado de volta a seu quarto e escorado na cama, onde seu braço é atado a um sistema de roldanas. O restante do dia labuta em uma máquina de escrever elétrica, redigindo vagarosa e penosamente o artigo assinado, ainda publicado diariamente em seus jornais em todo o país. Esse é o último vestígio de seu poder sobre seu império fragmentado.

Além de fragmentado, o império cambaleava. Ao mesmo tempo que fechava o *Diário da Noite*, inaugurava a Rádio Gurupi, em São Luís do Maranhão, atingindo, com ela, a assombrosa cifra de 85 veículos, entre jornais, rádios e estações de televisão. A muito custo conseguia atrair para as páginas de *O Cruzeiro* o talento de Otto Lara Resende, mas perdia um de seus mais antigos e constantes colaboradores, o excepcional humorista Millôr Fernandes. Guardadas as diferenças, Millôr, como Manzon, deixaria a revista após um episódio inexplicável. Anos antes, ele apresentara na TV Tupi, ilustrada com seus próprios desenhos, a "Verdadeira história do Paraíso", uma bem-humorada e herética versão da criação do mundo. Um dia, Ziraldo encontrou os originais na gaveta de Millôr e sugeriu que o material fosse publicado em *O Cruzeiro*. Mesmo já tendo sido transmitida pela televisão, Millôr não acreditava que a história passasse pelo crivo da revista. Como Ziraldo insistisse, ele pediu que a solicitação fosse feita por escrito. Como em um processo surrealista, quatro diretores assinaram o pedido para que Millôr, empregado da casa, publicasse "A verdadeira história do Paraíso" em *O Cruzeiro*.

O material — dez páginas de revista — adormeceu durante alguns meses na gaveta de alguém. Um dia, Millôr participava de uma festa em Portugal quando foi interpelado pelo cantor Juca Chaves:

— Você viu o que *O Cruzeiro* desta semana publicou a seu respeito? Estão te esculhambando.

Na ausência do autor, alguém na redação decidira mandar imprimir, em cores, as dez sacrílegas páginas que jaziam havia tanto tempo no fundo de alguma gaveta. Como se fosse possível a alguém contrabandear e fazer publicar, à socapa, dez páginas em qualquer revista, a direção de *O Cruzeiro*, pressionada pela Igreja e pela ala mais conservadora da própria empresa (liderada por sua presidente, a mesma Lily Gondim que censurara a nudez de Chateaubriand), publicou na semana seguinte, em metade da primeira página, um editorial intitulado "Explicação" e assinado por "A direção" (segundo Millôr, a peça teria sido redigida pelo ultraconservador Adirson de Barros). Ali se tentava transmitir ao leitor que teria havido, da parte do autor, uma desonesta quebra de confiança:

> Confiamos na honestidade intelectual de quem há mais de uma década [na verdade Millôr trabalhava em *O Cruzeiro* fazia um quarto de século] assumiu conosco e com os leitores de *O Cruzeiro* o compromisso de criar um humor inteligente e sadio. Confiamos e erramos. [...] Não cabe aqui, propriamente, um pedido de desculpas. Isso seria fácil, mas de nada adiantaria. Estaremos mais vigilantes, principalmente sobre a seção que provocou os justos protestos de nossos leitores: "O Pif-Paf".

A vigilância seria desnecessária. De posse da prudente carta que solicitava a publicação da história, Millôr deixou a revista e ainda conseguiu receber, na Justiça, uma indenização equivalente a cinquenta salários — dinheiro que só veio parar no seu bolso quatro anos depois, reduzido pela inflação a menos de 10% daquilo a que efetivamente tinha direito.

Para tornar ainda mais penosa sua situação financeira, o organismo bifronte formado pelos Diários Associados/ Condomínio Associado (nunca se sabia exatamente onde começava um e onde terminava o outro) tinha agora de se defrontar com uma agravante à qual estava pouquíssimo habituado, desde a fundação de *O Jornal*, quatro décadas antes: transformados em uma trincheira de combate ao governo de João Goulart (que sucedera Jânio, após a renúncia deste), os veículos de Chateaubriand viram secar, da noite para o dia, as sempre generosas tetas e os favores do Banco do Brasil, do Ministério da Fazenda e dos institutos de previdência.

Em janeiro de 1963, Chateaubriand foi levado a Santa Teresa, no Espírito Santo, para assistir a um encontro de diretores e gerentes dos Associados de Minas, do Rio e de São Paulo. A pretexto de encerrar a convenção, o governador de Minas, José de Magalhães Pinto, apareceu lá de surpresa, mas seu objetivo era outro: atrair o dono da maior rede de comunicação do país para o embrião de conspiração que começava a se organizar contra o governo Goulart. Os olhos de Chateaubriand brilharam, e ele pediu a Emília Araúna que traduzisse para Magalhães Pinto sua opinião a respeito da conjura:

— Nossos rapazes estão dispostos a aceitar seu quinhão de responsabilidades no entrevero que se aproxima. O que vamos ter em breve é o que os espanhóis chamam de *lucha callejera*. Pode estar certo de que mobilizo a artilharia Associada para enfrentar o presidente e sua guarda escarlate.

Ainda muito discretamente, o golpe estava em marcha. Semanas depois, Chateaubriand receberia na Casa Amarela a visita dos generais Olímpio Mourão Filho (o mesmo com quem ele posara nu para a fotografia às margens do rio Xingu), em vias de assumir o comando da 4ª Região Militar, em Minas Gerais, e Nelson de Melo, que acabara de deixar o Ministério da Guerra após o plebiscito que fizera o país retornar ao regime presidencialista, devolvendo plenos poderes ao presidente Goulart. O objetivo dos dois militares era um só: pedir o apoio dos Associados "para conter os desatinos da turba comunista que cerca o presidente", segundo Melo, e particularmente, pedia Mourão, "para combater frontalmente o presidente e seu cunhado esquerdista, o deputado Leonel Brizola".

Imediatamente Chateaubriand deu ordens para que João Calmon se preparasse para ajudar na organização e, no momento oportuno, colocar todas as rádios Associadas à disposição da "Cadeia da Democracia" que estava sendo planejada pelo Instituto Brasileiro de Ação Democrática (IBAD), organização que investira cerca de 5 milhões de dólares no financiamento de campanhas de deputados anticomunistas nas eleições de 1962. O IBAD (que seria fechado por decreto do governo antes mesmo do golpe militar de 1964) tinha planos de montar uma cadeia de pelo menos cem estações de rádio até o final do ano para propagar ideias contra o governo Goulart e enfrentar com as mesmas armas a pregação política irradiada em vários estados do Brasil pelo deputado Brizola em defesa das chamadas "reformas de base". Na outra ponta da conspiração, Chateaubriand destacou Edmundo Monteiro para representar os Diários Associados junto ao Instituto de Pesquisas e Estudos Sociais (IPES). Criado por empresários do Rio e de São Paulo no ano anterior, o IPES tinha como objetivos defender a iniciativa privada e as liberdades democráticas "ameaçadas pelo plano de socialização do Brasil do governo Goulart". Além das afinidades ideológicas, uma razão a mais levaria os Associados a se tornar parceiros do IPES: embora o instituto fosse voltado para ações exclusivamente políticas, Chateaubriand conseguiria arrancar algum dinheiro dele para financiar projetos culturais da sua quase ociosa Fundação D. Pedro II, instalada no Chateau D'Eu, na França.

Uma boa conspiração parecia ser o que o jornalista precisava para exercitar sua artilharia verbal. No decorrer do ano de 1963, poucos foram os homens da equipe do presidente João Goulart que escaparam de suas flechas envenenadas. Celso Furtado, superintendente da SUDENE, era um "teórico perdido em abstrações marxistas e imposturas nacionalistas, fruto de suas ligações com o bolchevismo internacional". Além de criticá-lo, Chateaubriand açoitava também "a burguesia nordestina, com os ossos quebrados e as carnes chupadas", por aceitar sem reação "essa contradança com o diabo coxo da SUDENE". Quando um alto funcionário do governo, tentando fazer com ele política de boa vizinhança, sugeriu seu nome para receber a Ordem do Cruzeiro do Sul (a mais alta condecoração brasileira), o dono dos Associados recusou a gentileza, perguntando em um artigo: "Diante da nossa Ordem do Jagunço, tão ciosa de seu prestígio, o que vale a Ordem do Cruzeiro do Sul, distribuída pelo sr. Jânio Quadros aos bandoleiros e assassinos de Fidel Castro?". [O jornalista se referia ao fato de que o ex-presidente da República havia condecorado o comandante guerrilheiro Ernesto *Che* Guevara com a mesma medalha que agora lhe era oferecida.]

Nos artigos de Chateaubriand, o governador Miguel Arraes, de Pernambuco, era o "canastrão, ignorante, presumido, fátuo — um comuno-peleguista que com seu bodum castrista está praticando em Pernambuco a desmoralização das Forças Armadas". Na sua cabeça, o lugar-tenente de Arraes era "o sicário Gregório Bezerra, que a pretexto de implantar uma reforma agrária se transformou num dos chefes da alvorada de sangue, com as dragonas de um general da Sierra Maestra que querem criar no Brasil". Reforma agrária? Os comunistas que visitassem as fazendas Associadas Rio Corrente e Queluz, no estado de São Paulo, para ali aprenderem o beabá da produtividade no campo. A Almino Afonso, ministro do Trabalho de Goulart, Chateaubriand dedicava solene desprezo: "Numa terra mediocremente politizada ele não seria mais que subdelegado de polícia de Capão Bonito". Quando o deputado federal paulista e democrata-cristão Paulo de Tarso Santos (que tinha sido o autor do pedido de instalação de uma CPI para investigar as atividades do IPES) deixou o Ministério da Educação, o jornalista, então no Rio Grande do Sul, festejou impiedosamente a demissão, com um artigo intitulado por uma única palavra, "Cão":

> Chegou ao Rio Grande a auspiciosa notícia. Mas não se sabe quem enxotou o ministro da Educação [...], um indivíduo que no fundo não é comunista, trabalhista, carreirista, nem nada. O sr. Tarso não passa de um canalha, de um cafajeste, de um à toa da sarjeta ou do chiqueiro dos porcos. Aqui no Sul existe uma lagoa dos Patos. Fora preciso descobrir outra, a dos porcos, para nela enterrar o focinho do mais vil dos brasileiros que surgiu nos derradeiros tempos para ajudar a ruína de sua pátria. Se eu tivesse saúde teria juntado um piquete de mulheres para jogar fora do ministério esse saltimbanco execrável [...] alugado a Fidel Castro.

Se Chateaubriand atirava a esmo no primeiro janguista que aparecesse na alça de mira de sua IBM adaptada, David Nasser, que agora, além de principal redator de *O Cruzeiro*, era diretor da revista (e tinha sido indicado pelo patrão para ingressar no Condomínio, na vaga aberta pelo falecimento do jornalista paraense Frederico Barata), tinha pontaria mais seletiva: o alvo em que ele mais insistentemente batia era o deputado Leonel Brizola. Desde o começo do ano David vinha dedicando a página dupla com que abria a revista a fustigar o ex--governador gaúcho — agora eleito pelo estado da Guanabara o deputado mais votado de toda a história do país, com 269 mil votos. Cansado de bater no esquerdismo brizolista (o que, na verdade, era o que fazia a maioria da grande imprensa), Nasser passou a atirar contra Brizola uma acusação que até então nem mesmo seus piores inimigos jamais lhe tinham feito: a de corrupção. Mesmo sem apresentar provas muito consistentes, David Nasser acusava Brizola de ter comprado pelo dobro do preço, quando era governador do Rio Grande Sul, uma usina hidrelétrica polonesa (curiosamente, Nasser se indignava mais pela compra ter sido feita na Cortina de Ferro do que pelo preço alto); de ter construído a preço superfaturado a chamada "estrada das Missões", no interior do estado; e, por fim, de ter feito desaparecer misteriosamente nada menos que trezentos automóveis oficiais que serviam a repartições públicas estaduais. Além dos artigos semanais publicados em *O Cruzeiro*, David Nasser moía Brizola diariamente nos cinco minutos do programa "Diário de um repórter", que era transmitido por doze estações de televisão e todas as emissoras de rádio Associadas.

Aquilo não podia terminar de outro jeito: nos últimos dias do ano, ao se encontrar casualmente com David Nasser no balcão da Varig, no aeroporto do Galeão, Brizola acabou por submeter o jornalista a uma vigorosa sessão de sopapos. Os jornais Associados noticiaram a briga como sendo um atentado em que Brizola, "protegido por doze capangas, agrediu Nasser à traição, pelas costas, quando o grande e intimorato lutador da imprensa, inteiramente descuidado, assinava sua passagem num guichê". Além de fartíssima cobertura pelos jornais, rádios e tevês Associados, e das incontáveis manifestações de solidariedade de todos os que estavam envolvidos na conspiração anti-Goulart, do patrão ele receberia o seguinte telegrama: "Viva, oh machão Associado. Seu negócio é roxo mesmo. Abraços, Chateaubriand". Como Brizola era conhecido entre seus correligionários como o "Centauro dos Pampas", o artigo de Nasser em *O Cruzeiro* da semana seguinte era intitulado "O coice do pangaré", e terminava prevendo profeticamente o que aconteceria no Brasil meses depois:

> Não sou um homem de bravatas, nem herói de picadeiro. Sou apenas um profissional de imprensa que não recua. Um pouco distraído, talvez, como um toureiro destreinado que desse as costas, inadvertidamente, a um animal perigoso. Isto não vai acontecer mais.
>
> Volto a repetir: vocês [dirigia-se às forças de esquerda] estão em pânico. A hora final se aproxima para os profetas da revolução. Não tarda o momento em que um furacão de civismo varra este país. Até então, suportemos estoicamente as agressões pelas costas e esperemos, com paciência franciscana, que o veneno democrático dê cabo dos ratos. Dê cabo de você.
>
> Para que isso aconteça, eu darei minha própria vida. Se Kennedy, que era Kennedy, não pôde evitar a bala de um louco de Dallas — como poderia eu escapar ao coice de um pangaré de Carazinho? São acidentes do trabalho.

Quanto a Chateaubriand, até em seu férreo anticomunismo o jornalista conseguia ser original. Dois meses antes, o presidente João Goulart convidara para vir ao Brasil, em viagem oficial, o presidente da Iugoslávia, Josip Broz Tito. A notícia alvoroçou os membros da conspiração que se armava contra o governo brasileiro. Carlos Lacerda, governador da Guanabara, comunicou ao Itamaraty que, se Tito fosse ao Rio, ele não tomaria conhecimento oficial da viagem do presidente iugoslavo. D. Fernando Lombardi, núncio apostólico do Brasil, anunciou que tiraria férias durante a presença do visitante no Brasil. Ademar de Barros, governador de São Paulo, se recusaria a recebê-lo em seu estado como hóspede oficial. D. Jaime Câmara, arcebispo do Rio de Janeiro, declarou à imprensa que era "inconcebível a presença no Brasil de um representante do totalitarismo e do comunismo". A Liga das Senhoras Católicas de São Paulo organizou uma manifestação à porta do consulado da Iugoslávia, agitando bandeirolas negras como sinal de luto pela anunciada presença do visitante na capital paulista. Praticamente sem exceção, os jornais da grande imprensa faziam coro às manifestações de hostilidade a Tito. Como Jango anunciasse que iria condecorar o visitante com a Ordem do Cruzeiro do Sul, o *Diário de S. Paulo* publicou um indignado editorial de protesto:

> Queremos fixar nossa posição face ao ditador da Iugoslávia, que logo mais estará desembarcando no Brasil. É lamentável, profundamente lamentável, que o governo brasileiro se disponha a oferecer a essa alta expressão do totalitarismo a suprema condecoração da Ordem do Cruzeiro do Sul. Por quê? Que fez ele, em qualquer plano, para merecer essa honraria? Albert Sabin a recebeu recentemente. Alguém

poderá comparar os serviços inestimáveis do cientista à humanidade com a ferocidade desse ditador?

Na época funcionava em São Paulo o tabloide diário *A Nação*, de propriedade do empresário Wallace Simonsen e dirigido por Nabor Cayres de Brito, ex-editor dos Diários Associados e irmão de Nelson Cayres de Brito, um dos médicos que atendiam Chateaubriand. Entre os editores de *A Nação* estavam os irmãos Cláudio e Fúlvio Abramo, e, na reportagem, trabalhava o jovem jornalista Paulo Canabrava. *A Nação*, que vinha defendendo solitariamente o convite de Goulart a Tito, resolveu buscar um aliado para remar contra a maré. Canabrava se espantou quando Nabor o destacou para tentar arrancar algumas declarações pró-Tito não de um líder esquerdista, mas do pétreo anticomunista Assis Chateaubriand.

Cumprindo ordens, mas sem nenhuma esperança de ter êxito na empreitada, Canabrava foi até a Casa Amarela e pediu à guarda de ferro que protegia Chateaubriand que transmitisse ao dono dos Associados o pedido de entrevista. Um assessor subiu ao quarto do jornalista, no segundo andar, e — aparentemente sem ter se dirigido ao patrão — voltou com a resposta: negativo, ele não dava entrevistas. Canabrava insistiu e pediu ao funcionário que pelo menos levasse um bilhete seu a Chateaubriand, onde dizia que ele era o único brasileiro com independência para assumir uma posição como aquela — e que, como formador de tantas gerações de jornalistas, não podia deixar um repórter voltar à redação de mãos abanando. A entrevista estava garantida, e foi um sucesso: com o auxílio de Emília, ele desancou a imprensa que protestava contra a visita como "gente que ainda não saiu das selvas":

— Tito vai chegar ao Brasil como chegou Pedro Álvares Cabral: vai encontrar Júlio de Mesquita Filho e Ademar de Barros trepados em árvores, como dois selvagens...

Para quem queria apenas uma declaração de apoio à viagem do chefe iugoslavo, Canabrava encontrara uma mina de ouro. Mais do que simplesmente declarar-se solidário com o presidente Goulart e com o visitante, Chateaubriand se dispunha a fazer o papel de anfitrião que Ademar recusava:

— Se o governador não quiser receber o marechal Tito no Palácio do Governo, eu abro as portas da Casa Amarela e o recebo oficialmente, com todas as honras de chefe de Estado.

Além da esperada reportagem, a manchete de *A Nação* do dia seguinte estava garantida. Entusiasmado com a polêmica, Chateaubriand passou a escrever todos os dias sobre aquele que já tinha se transformado no "caso Tito":

[...] A incrível boçalidade desse movimento anti-Tito mostra mais uma vez que somos uma pátria de marrueiros, de indivíduos chucros, de cascas-grossas irrecuperáveis. O marechal Tito é um comunista peculiar, um evolucionista, um bolchevista ocidentalizado, cismático, autor do gesto mais atrevido que um líder do campo socialista poderia ter contra o bloco do comunismo. Na Iugoslávia a luta religiosa é uma página do passado. Os padres fazem o culto, os seminários funcionam, os mosteiros de frades e freiras dispõem de dez a quinze hectares de terra própria.

[...] Os jornalistas brasileiros, sem exceção, não enxergam no governante iugoslavo mais do que uma carniça a devorar. Digo todos porque nem os Diários Associados se afastaram dessa direção. O editorial que Tito inspirou ao *Estado de Minas*, oh, um almocreve faria coisa mais politicamente policiada. A força de Tito, ao contrário do dilema shakespeariano *to be or not to be*, consiste em ser e não ser de Moscou. Sua força está em ser não só tolerado, mas mimado pelo coração da União Soviética, coração que ama e, ao mesmo tempo, engana e apunhala. Minhas amigas da Liga das Senhoras Católicas e o governador Ademar de Barros pareciam da família antropofágica, entendiam comê-lo vivo. Os leitores haverão de se perguntar por que, numa emergência dessas, instituiu-se que o presidente Tito recebesse a nossa hospedagem aqui na rua Polônia. Pois foi principalmente porque o convite representava um desafio ao risco.

Tito veio ao Brasil, acabou nem passando por São Paulo — onde a única recepção "oficial" que o esperava seria oferecida por Chateaubriand na Casa Amarela. Como agradecimento pela gentileza que não chegou a desfrutar, o chefe de Estado iugoslavo deu de presente ao jornalista uma caixa de charutos de prata, com uma cordial dedicatória gravada na tampa. Antes que Tito partisse o jornalista ainda escreveu outro artigo sobre a polêmica, intitulado "Dois marginais":

Nossos governantes entendem tanto de política externa como entendiam os tapuias e tupinambás. Ademar de Barros e Júlio de Mesquita Filho são límpidos marginais em relação ao drama internacional. Vemo-los em 1500, de tanga, trepados nas árvores, à espera de que frei Henrique de Coimbra reze a primeira missa. Ignoram que a Iugoslávia é um país altamente ocidentalizado. Querem provas? Mais de 80% do volume de seu comércio exterior independem inteiramente da Rússia. Só os Estados Unidos emprestaram ao governo do marechal Tito 2,5 bilhões. E o presidente Kennedy se prepara para recebê-lo.

Prefiro que nossas colaboradoras católicas não adotem a linha bugre e tímida do governador Ademar de Barros, que fugiu espavorido para a selva, levando de cambulhada Júlio de Mesquita Filho. Ignoram, um e outro, o evangelho da paz universal que prega e sustenta o apóstolo branco do Adriático.

Apesar do vigor com que se metia em polêmicas como o "caso Tito", por duas vezes a morte andara rondando as portas da Casa Amarela. A primeira delas aconteceu um ano e meio antes, em uma madrugada de julho de 1962. Emília foi despertada no quarto em que dormia, contíguo ao de Chateaubriand, pelo apavorado Décio, enfermeiro-assistente:

— Acorda, Emília! Acorda, que eu acho que o doutor Assis morreu! Pus o estetoscópio nele e não escutei nada. Tirei a pressão e nada também!

A enfermeira saltou da cama de camisola, sob um frio intenso, enrolou-se em um penhoar e correu até o quarto do patrão. Colocou o estetoscópio sobre o coração dele e não conseguiu ouvir nada. Enrolou o aparelho de medir a pressão em seu braço, bombeou ar rapidamente e ficou impressionada com o que viu no manômetro: o ponteiro parecia solto, ia de zero a zero, sem parar em ponto algum.

Rápida, mas sem se apavorar, mandou Décio chamar em suas casas os doutores Cássio Ravaglia e Antônio de Barros Ulhoa Cintra — dois dos médicos que o assistiam em São Paulo — e começou ela própria a tomar providências urgentes: preparou uma injeção de dez gramas de coramina e injetou-a na veia do braço do jornalista. Nada. Assustada com o risco de que ele estivesse mesmo agonizante, pegou uma garrafa de álcool, entornou-a sobre o peito do doente, sentou-se sobre a barriga dele e, enquanto fazia as massagens com álcool, pressionava seus pulmões com o peso do corpo. Nada. Fez respiração boca a boca, voltou às massagens e pressões e só então ouviu um som rouco saindo de dentro de seus pulmões, como se ele estivesse saindo de um processo de sufocação. Nesse momento, Ulhoa Cintra entrou no quarto. Ela tentou tranquilizar o médico:

— Graças a Deus ele não morreu, doutor. Continua vivo, mas está muito mal.

O clínico assustou-se com o suor abundante do paciente quase sem pulso e sem pressão. Tirou da mala uma injeção recém-lançada de adrenalina, e à medida que a aplicava, vagarosamente, Chateaubriand foi se reanimando. Abriu os olhos, ainda zonzo, e gaguejou, sempre por intermédio de Emília:

— Já estou melhor. Quem é o senhor?

— Sou o Ulhoa Cintra, seu médico.

— Já sei: neto do barão de Jaguara. Obrigado por salvar minha vida, barão.

A queda de pressão era fruto de uma gripe que logo evoluíra para uma broncopneumonia — que em um paciente com aquele quadro de saúde poderia ser fatal. Foram necessárias duas semanas para que ele se recuperasse por completo. Mas crise semelhante o levaria meses depois, em abril de 1963, ao Stoke Mandeville Hospital, em Aylesbury, perto de Londres. Assim como a Clínica Rusk, de Nova York, o Stoke Mandeville também fora criado para tratamento de hemiplégicos — sobretudo pilotos da RAF — feridos na Segunda Guerra Mundial. E, como acontecera na Clínica Rusk, no caso de Chateaubriand os resultados foram nulos. Menos de dois meses depois ele estaria de volta a São Paulo, tão entrevado como quando partira.

Transformada em residência permanente de Chateaubriand, a Casa Amarela precisou ser adaptada. Um elevador foi instalado para levar o dono em cadeira de rodas para o segundo andar, e na antiga sala de estar foi construída uma piscina interna, aquecida, para a fisioterapia diária — tratamento que, como todos tentados até então, não trouxe qualquer progresso para a recuperação do jornalista. Na beira da piscina, uma empilhadeira industrial foi adaptada e transformada em uma grua como a existente na Clínica Rusk, em cuja ponta havia a mesma cadeirinha na qual o jornalista era sentado diariamente para ser colocado dentro da água. Ao final das ginásticas, o guincho descia até a cadeira dentro da piscina e ele era içado para fora. Chateaubriand conseguira contratar e trazer dos Estados Unidos, para viver na casa da rua Polônia, a jovem e vistosa fisioterapeuta norte-americana Edith Engelen, funcionária da Clínica Rusk, que passara a ser a supervisora de suas ginásticas e massagens. Toda a infraestrutura da casa — médicos, enfermeiros, massagistas, mordomos, cozinheiras, copeiras, guardas, motoristas e tudo o que essa equipe custava em alimentos e lavanderia — significava um gasto médio mensal de 500 mil cruzeiros, uma fortuna então (embora sua conversão em dólares da época, devido à inflação já em disparada, só representasse algo como novecentos dólares, ou 10 mil dólares de 2011, o que em absoluto espelha o significado de manter uma casa de alto luxo como a de Chateaubriand). As retiradas de dinheiro eram feitas pelo motorista Paulo Bruno Figueiredo todas as semanas no caixa dos Diários Associados, contra a apresentação de um vale assinado pela governanta Guilhermina Amato.

Sob a supervisão do naturalista capixaba Alfredo Ruschi, de quem Chateaubriand ficara amigo ainda nos anos 1950, o jardim da Casa Amarela foi cercado por uma gigantesca gaiola, que tomava toda a fachada do imóvel, do chão ao telhado, feita de fina tela de arame, onde passaram a ser criadas centenas de beija-flores. "Esse viveiro é o passaporte da delicadeza", dizia Chateaubriand, "que ameniza a passagem dos paulistas civilizados que chegam da rua para visitar um rude jagunço nordestino." E, com a conspiração para o golpe militar que se avizinhava, era cada dia maior o número de paulistas e brasileiros em geral — mais ou menos civilizados — que cruzavam os jardins do casarão da rua Polônia. Aos poucos, a Casa Amarela se transformava num ponto obrigatório de encontro de civis e militares ostensivamente empenhados na derrubada do presidente João Goulart. A qualquer pretexto, o jornalista oferecia almoços e jantares — para os quais eram invariavelmente convidadas altas patentes militares envolvidas no golpe — nos quais o assunto principal era sempre a estaca que se cravava cada vez mais fundo no coração do regime e que, entre 31 de março e 1º de abril de 1964, iria exorcizar a todos do lobisomem que aterrorizava aqueles convivas: o fantasma dos "comuno-pelego-petebistas", como a grande imprensa costumava tratar os apoiadores de Goulart. Também infalível era a sobremesa desses ágapes: discursos escritos por Chateaubriand vergastando João Goulart "e a camarilha vermelha que o cerca", cada dia lidos por um personagem diferente. Ser escolhido para ler nessas cerimônias um discurso de Chateaubriand era uma honraria que às vezes cabia a seu principal executivo, João Calmon (agora eleito deputado federal), às vezes à enfermeira Emília Araúna, a um dos próprios convidados ou, ainda, a um nome escolhido dentre os mais destacados *speakers* ou atores do *cast* Associado: um dia era Paulo Cabral de Araújo, ex-locutor da Rádio Clube do Ceará e agora diretor de *O Jornal*, outro dia era o teleator Lima Duarte — um dos preferidos de Chateaubriand.

Desde que começara a conspirar contra Jango, nos primeiros meses de 1963, até a eclosão do golpe, em abril de 1964, foram raros os artigos escritos por

Chateaubriand que não tratassem de política nacional. Quando não estava açoitando a reforma agrária, a UNE, o Comando Geral dos Trabalhadores (CGT) ou o poder dos sindicatos, o jornalista costumava dedicar-se a cândidas reminiscências da infância, da adolescência ou do período em que vivera na Europa, na virada dos anos 1910. Às vezes exagerava, ao afirmar que aos dezoito anos já usava guarda-costas ("Por uma questão de hábito, sempre andei com capangas. Uso escolta desde 1910"), outras dedicava-se a contar sua convivência de meio século ("um verdadeiro caso de amor") com um octogenário que ele chamava de "mobiliário sentimental da Casa Amarela": seu eterno mordomo Henri Gallon. Da família, quase nunca falava. E quando o fazia era para revelar, sem qualquer cerimônia, a cruel relação que mesmo depois de doente continuava a manter com os filhos — chegando, inclusive, a renegar publicamente a indiscutível paternidade de Gilberto (que, ironia do destino, cada dia se parecia mais fisicamente com o pai):

> João Calmon só me desobedeceu duas vezes — a primeira e a segunda foram quando mandei demitir meu único filho varão da direção do *Diário de Pernambuco*, que ele ali colocara. A terceira ordem de demissão do diretor rebelde ele não ousaria deixar de executá-la: estava em jogo a disciplina. [...] Para mostrar a secura da minha alma, basta dizer que torci o pescoço da minha filha e do filho varão que possuo. O outro, adotei-o; não tem uma gota do meu sangue.

Não era a família, entretanto, o que o preocupava. O Chateaubriand dos primeiros meses de 1964 estava empenhado em uma verdadeira cruzada para "salvar a ordem capitalista ameaçada pela corja vermelha que ocupa o Palácio do Planalto". Com seu único dedo funcional, passava o dia na IBM disparando petardos para todos os lados. Nem os amigos a quem ele devia tantos favores, como Juscelino Kubitschek, agora senador pelo estado de Goiás, escapavam. Quando a convenção nacional do PSD o escolheu candidato à sucessão de Goulart, nas eleições marcadas para o ano seguinte, o jornalista fuzilou-o como "um agente de Marx e Lênin, urrando como um boi vadio para o curral reformista". Para Darcy Ribeiro, chefe da Casa Civil de Goulart, Chateaubriand também reservava adjetivos pesados: "Não é um fanático; menos um neurótico; jamais um histérico: ele é simplesmente um velhaco que resolveu ganhar a vida fazendo canais de exploração através deste fraco presidente para operar as esquerdas e trazer as massas aos seus planos infernais". Preocupado com a atuação de Arraes, "o Mefistófeles do Nordeste", perguntava indignado: "E onde anda o IV Exército, que nada faz?". Quando o governo decretou o regime de cinco horas de trabalho diário para os jornalistas, Chateaubriand esperneou contra "a determinação obscena", afirmando que "o verdadeiro homem de imprensa, que palpita dentro de seu ofício, como os repórteres Tico-Tico, Carlos Spera e Nelson Gatto, não pode se sujeitar ao relógio, porque a notícia não acontece com hora marcada". Aproveitou para protestar contra a inflação, revelando que a folha de pagamento dos Associados de São Paulo saltara de 80 milhões de cruzeiros em dezembro de 1963 para 200 milhões em janeiro de 1964 (de 138 mil para 346 mil dólares de então).

No dia de 13 de março, quando o presidente João Goulart realizava o célebre "comício das reformas" no Rio de Janeiro, Chateaubriand oferecia na Casa Amarela um grande almoço ao banqueiro Amador Aguiar, dono do Bradesco — na verdade, apenas mais um pretexto para juntar os conspiradores. Como aperitivo, o jornalista pediu a Lima Duarte, "o único locutor da Tupi com voz de barítono verdiano", que lesse seu discurso do dia — uma verdadeira conclamação ao levante popular —, que, como todos os anteriores, seria publicado no dia seguinte como artigo nos jornais Associados:

> Tuxaua Amador Aguiar, pés-rapados Laudo Natel e Edmundo Monteiro:
> [...] Só temos uma mensagem para mandar aos inimigos da paz pública. Será irmos para as ruas, como já fizeram os homens e as mulheres de Minas Gerais, chuçar as hordas marxistas que o governo arregimenta e comanda, de acordo com os planos do comuno-nacionalismo. A montagem levantada contra a livre empresa e que pede cobertura para a marcha contra a Constituição tenta levar o Exército e as massas a ocuparem São Paulo e o Brasil, em nome de doutrinas e métodos que são o oposto de tudo o que se edificou nesta terra. Somos nós que vamos assumir a ofensiva. Nós é que vamos defender a nação espoliada por carreiristas e aventureiros, candidatos a uma ditadura das esquerdas.

Dias depois do comício, o governador Magalhães Pinto apareceu na Casa Amarela levando nas mãos a cópia de um manifesto à nação que pretendia que fosse assinado por todos os governadores contra o governo — articulação que, naturalmente, não chegou a progredir. Em uma reunião solene — da qual participava, entre outros, a pudica Lily Whitaker Gondim, presidente de *O Cruzeiro* —, Magalhães contou que fizera contatos com os governadores Nei Braga, do Paraná, Petrônio Portela, do Piauí, Seixas Dória, de Sergipe, e até com Miguel Arraes, de Pernambuco. Antes de avançar em seu plano, o governador mineiro queria ouvir a opinião de Chateaubriand sobre os termos do documento. Alguém leu o manifesto e Magalhães quis saber o que Chateaubriand achava dele. Com a voz quase inaudível de sempre, o jornalista desculpou-se, dizendo que estava meio afônico, com pouco fôlego, e pediu a um enfermeiro que fizesse pressão sobre seu esôfago para que a voz saísse melhor. Com um sorriso maroto nos lábios, em vez de qualquer palavra ele soltou um sonoro peido, e, diante do olhar atônito de todos, declarou, risonho:

— Essa é a única resposta que posso dar a um manifesto que tem a assinatura de Seixas Dória e de Miguel Arraes.

36

Chateaubriand nunca revelou a ninguém se foi o medo da morte ou a articulação para o golpe militar de 1964 que o levou, aos poucos, a reatar relações com alguns de seus mais encarniçados desafetos. Fosse por não querer morrer rompido com eles, fosse pela necessidade de ampliar as alianças dos Associados para derrubar o governo Goulart, a realidade é que com o tempo ele foi refazendo amizades que ao longo da vida tomara a iniciativa de destroçar com incontrolável e sempre pública ferocidade. Primeiro foi em 1963, com Dario de Almeida Magalhães. Quando ficou pronto o prédio novo dos Associados em Belo Horizonte, o jornalista mandou emissários ao Rio para saber se Dario permitia que o edifício que ia ser inaugurado fosse batizado com seu nome. Os laços que durante tantos anos ligaram o jornalista carioca a ele pareciam ser mais fortes que o rancor provocado pelas molecagens que Chateaubriand lhe fizera: Dario não apenas aceitou a homenagem, como foi pessoalmente a Minas participar das cerimônias ao lado do antigo patrão e amigo.

As reconciliações eram sempre uma iniciativa de Chateaubriand. Depois de Dario de Almeida Magalhães foi a vez de José Ermírio de Moraes: o jornalista pediu a Edmundo Monteiro e a Horácio Lafer que propusessem um armistício ao dono da Votorantim. Para tudo ele arranjava um pretexto festivo: dessa vez, Chateaubriand montou um batismo conjunto de um monumento a Antônio Raposo Tavares que seria doado à cidade de Beja, em Portugal. Ao rever depois de tantos anos o inimigo que insultara publicamente, o jornalista emocionou os presentes ao beijar-lhe a mão, num pedido de desculpas:

— Nós dois somos descendentes de cangaceiros nordestinos, doutor Ermírio, não podemos morrer brigados...

Às vésperas do golpe militar de 1964, ele resolveu fazer as pazes com Júlio de Mesquita Filho. Por intermédio de Luís Carlos, filho mais novo de Mesquita, e do então jovem deputado Roberto de Abreu Sodré, muito ligado ao dono do *Estado*, Chateaubriand levantou a bandeira branca que poria fim à beligerância que os separava desde a Revolução de 1932. Mais que uma mera reconciliação, ele queria homenagear Mesquita com a maior manifestação de respeito que, no seu entender, alguém podia merecer: a Ordem do Jagunço. O severo dono do *Estado* aceitava o reatamento, mas declinava do convite para receber a condecoração (era mesmo difícil imaginar o taciturno, hierático Mesquita protagonizando a cômica cerimônia, na qual teria de envergar um gibão de couro e um chapéu de cangaceiro para receber aquilo que era chamado de "a mais importante honraria dos jagunços de Catolé do Rocha").

Aceitas de parte a parte as condições, marcou-se a data para a pacificação, um dia especial: 19 de março de 1964, horas depois da Marcha da Família com Deus pela Liberdade. O ato serviria também para festejar o sucesso da gigantesca manifestação pública organizada pela Igreja e por entidades de mulheres paulistas contra "a comunização do governo João Goulart". Júlio de Mesquita Filho apareceu na Casa Amarela acompanhado dos filhos Luís Carlos e Ruy — o mais velho deles, Júlio Neto, recusou-se a participar da festa: ainda estavam vivas em sua memória as campanhas feitas contra o pai por Chateaubriand, que na sua opinião "havia ultrapassado todos os limites da decência". Carlos Lacerda viajou do Rio especialmente para assistir ao ato que punha fim a tantos anos de hostilidades, e levou consigo o vice-governador Rafael de Almeida Magalhães (filho de Dario) e seu próprio filho, Sérgio. Diante da pequena multidão que lotava a casa, onde se podiam ver, entre outros, os deputados Armando Falcão, Herbert Levy, Roberto Sodré, Camilo Aschcar e o banqueiro Gastão Vidigal, Chateaubriand saiu do elevador em cadeira de rodas vestido a caráter, de calça e gibão de couro cru e chapéu de cangaceiro. Pediu a Paulo Cabral que lesse o discurso que acabara de escrever, no qual historiou os vários momentos em que sua vida se cruzara com a da família Lacerda. Desmanchou-se em elogios a Júlio Mesquita, que tanto o ajudara a se instalar no Sul, e ao filho ali presente — e ao final afirmou, ele próprio (sempre com o socorro de Emília, que também usava um chapéu nordestino), que a homenagem originalmente destinada a Mesquita seria prestada a Carlos Lacerda. O governador da Guanabara não viu outra alternativa senão vestir também a roupa e o chapéu de couro cru e receber no ombro, dados por Carlos Rizzini, os três golpes de peixeira que o ungiam como cavaleiro da Ordem do Jagunço.

No dia 30 de março de 1964, véspera do golpe, o governador Ademar de Barros fez uma visita reservada a Chateaubriand, testemunhada por uns poucos assessores e pela intérprete Emília. Com seu jeito desabrido de falar, Ademar estava ali para prevenir o jornalista dos riscos que todos corriam:

— Doutor Assis, nos próximos dias vai chover merda. A revolução já está nas ruas, e nada garante que nós vamos sair vencedores. Se não triunfarmos, seremos fritados como pastel de chinês. Vim aqui para propor que o senhor, preventivamente, deixe o país ou pelo menos passe os próximos dias escondido em um lugar mais seguro. Se tudo der certo, dentro de uma semana o senhor retorna.

O jornalista pareceu indignado com a proposta de fuga, e encerrou a conversa com uma frase dramática:

— Ademar, nós vamos vencer. Mas, se perdermos, quem é que vai querer prender um morto-vivo como eu? Vou esperar o desfecho sentado na minha cadeira de rodas, aqui na trincheira da Casa Amarela.

Eles venceram. O golpe, que em pouco tempo iria mergulhar o país em uma ditadura militar, transformou a cara do Brasil, mas não mudou Chateaubriand. Os primeiros meses após a implantação do regime militar foram de aberta lua de mel entre os Diários Associados e a nova ordem. Em seus artigos, Chateaubriand garantia que agora o Brasil tinha "um De Gaulle sentado no Palácio do Planalto", referindo-se ao marechal Castelo Branco, primeiro presidente da República após a derrubada de Goulart. Em copiosas declarações de amor aos militares, surpreendeu até os diretores de suas empresas ao apoiar a cassação do mandato e a suspensão dos direitos políticos de seu velho amigo Juscelino Kubitschek. Como se chutasse o caixão de um defunto, o jornalista escreveu que o ex-presidente havia se atirado "desabotinadamente nos braços do castrismo", e que, "depois de chegar ao paroxismo de adulação às correntes extremadas do esquerdismo, Juscelino hoje deveria enfrentar era um pelotão de fuzilamento, em vez desse macio decreto de cassação".

Além de apoiar os atos autoritários do regime, os Associados montaram uma campanha nacional, intitulada "Dê ouro para o bem do Brasil", destinada a angariar doações da população para "recompor o lastro do Tesouro Nacional, devorado pela matilha vermelha". Urnas foram colocadas nas sedes dos jornais, rádios e televisões Associados de todo o país, e quem desse uma peça de ouro — uma joia, um relógio ou mesmo uma obturação dentária em desuso — recebia em troca uma aliança de alumínio que tornava o doador um membro da "Legião Democrática". Nos cartazes colados ao lado das urnas podiam-se ler os deveres dos legionários da democracia: "Lutar pela consolidação da Revolução Democrática; combater intransigentemente o comunismo; respeitar as leis e as autoridades constituídas; preservar a honra e a moral da família, da pátria, e as tradições religiosas do Brasil". Embora os adversários de Chateaubriand (agora, na sua maioria, os derrotados pelo golpe militar) insinuassem que parte do ouro recolhido poderia estar sendo desviado, a verdade é que os Associados entregaram efetivamente ao governo o equivalente a 3,8 bilhões de cruzeiros arrecadados em todo o país — aproximadamente 3 milhões de dólares de 1964 ou 32,5 milhões de dólares em 2011.

O romance entre Chateaubriand e os militares, entretanto, não chegou a durar nem quatro meses. Quem conhecesse o caráter do jornalista não deveria se surpreender com seu comportamento: aquela não era a primeira nem a segunda vez que ele se empenhava pessoalmente em levar um grupo ao poder para em seguida passar à oposição. A primeira e discreta manifestação de seu desacordo com o novo governo veio a público em um artigo publicado em agosto de 1964. Curiosamente, nele Chateaubriand acusava de implantar no país uma política estatizante um dos mais férreos defensores do privatismo e da economia de mercado, o então ministro do Planejamento, Roberto Campos: "Ninguém contesta que o sr. Campos faça concessões ao estatismo, mas nós as achamos perigosas. Desgraçadamente, uma respeitável ala das Forças Armadas ainda participa do horrendo jacobinismo mexicano e peronista que anda por aí". Quando circulou a notícia de que o governo pretendia construir uma fábrica estatal de papel de imprensa no Paraná, Chateaubriand afirmou que só um bêbado seria capaz de tal desatino, e bateu duro diretamente no marechal-presidente com uma provocação: "Será o presidente Castelo Branco um bêbado?".

Embora não rompesse formalmente com o governo, o jornalista, aparentemente seguro de que os militares não teriam coragem de pôr na cadeia um homem que não falava nem conseguia se mexer, se tornava cada dia mais desafiador. Em mais uma de suas inexplicáveis atitudes, havia alguns meses que ele vinha cortejando os diplomatas da embaixada da União Soviética no Brasil. Em janeiro daquele ano, no auge do furor anticomunista dos conspiradores — que ele fazia ecoar em seus artigos —, Chateaubriand oferecera um grande banquete ao embaixador soviético no Brasil, Andrei Fomin, ocasião em que convidou o ex-ministro da Fazenda San Thiago Dantas para condecorar o diplomata, em seu nome, com a Ordem do Jagunço. No dia do jantar, mandou hastear ao lado da bandeira brasileira, na porta da Casa Amarela — que ficava a poucos quarteirões de distância da residência do general comandante do II Exército —, a bandeira vermelha da URSS, com a foice e o martelo bordados em amarelo. Quando Fomin chegou, a banda da Guarda Civil de São Paulo, requisitada pelo anfitrião, executou os acordes da Internacional, o hino dos comunistas. O anticomunismo dos novos donos do poder não parecia assustar o jornalista: mesmo depois do golpe, ele continuou recebendo festivamente em sua casa representantes da missão soviética (quando não era Fomin, em seu lugar vinha o secretário da embaixada, Serguei Kasimiroff, tratado com igual deferência). Cada almoço ou jantar era seguido de um discurso em defesa das relações Brasil-URSS, invariavelmente publicado nos Associados como artigo no dia seguinte.

A única e pertinaz limitação à sua febril atividade política era, naturalmente, o eterno problema da saúde. Desde que sofrera a trombose, em fevereiro de 1960, seu estado geral não tinha experimentado qualquer avanço. Ao contrário: a broncopneumonia contraída no inverno de 1962 viera cumulá-lo de novas dificuldades respiratórias, que se traduziam em uma incapacidade cada vez maior de se comunicar com o mundo exterior. Em junho de 1964, Chateaubriand fez outra tentativa de recuperação recorrendo às areias monazíticas da cidade capixaba de Guarapari. Como nada de novo acontecesse em seu organismo, uma semana depois, impaciente, ele estava de volta a São Paulo. No mês seguinte, foi aconselhado pelos médicos a se socorrer das águas sulfurosas de Araxá, em Minas Gerais. Ali ele passou dois meses instalado com seu séquito em vários apartamentos do Grande Hotel, onde recebeu duas vezes a visita cordial de Andrei Fomin (que abastecia sua despensa com latas e mais latas de finíssimo caviar russo). E antes de partir determinou, para curiosidade de muitos dos diretores dos Associados, que fosse incluída na "delegação" que o acompanharia a Minas

Gerais uma das empregadas domésticas que trabalhava fazia pouco tempo na Casa Amarela, a arrumadeira Maria Helena.

Ainda em São Paulo, as insistentes solicitações de Chateaubriand para que Maria Helena o visitasse no quarto deixaram na governanta Guilhermina e nos demais empregados a suspeita de que a moça estivesse fazendo algo mais que simplesmente arrumar os aposentos do patrão. À fiel Emília ele acabou confessando que os dois andavam mesmo "furunfando", neologismo que criou, nas conversas com a enfermeira, para superar a timidez e referir-se à prática do ato sexual — ou que sinônimo tivesse o que ele conseguia fazer com uma mulher no estado em que se encontrava, segredo jamais revelado a quem quer que fosse. Emília suspeitava que suas relações sexuais se resumissem ao sexo oral recíproco. A obsessão com o sexo, que o perseguiria até os últimos dias de vida, às vezes trazia desconforto para todos os que conviviam com o jornalista. Um dia, a terapeuta norte-americana Edith Engelen procurou Emília e pediu que fosse emitida imediatamente uma passagem de volta para os Estados Unidos: ela estava se demitindo. Assustada, Emília quis saber o que acontecera e só depois de muita insistência a moça contou: Chateaubriand a tinha convidado para "furunfar" com ele. Delicadamente, Edith explicou que não queria e não podia, que não era aquele o papel dela naquela casa, que não era para aquilo que tinha sido contratada. Indignado com a recusa, o patrão, por vingança, mandou um dos empregados soltar dentro da piscina térmica (na qual Edith nadava diariamente, antes de iniciar os exercícios com o jornalista) meia dúzia de patos criados no quintal da casa. Quando chegou naquela manhã para fazer seu aquecimento, a estrangeira encontrou a piscina cheia de patos — e a água imunda, coberta de fezes das aves. Não houve apelo que a convencesse a permanecer no Brasil. Edith Engelen exigiu os pagamentos a que tinha direito e retornou dias depois para Nova York.

Em Araxá, Emília começou a desconfiar de que Chateaubriand estivesse se apaixonando por Maria Helena. Passou a chamá-la de "minha noiva" e insistia em "furunfar" todos os dias. Quando a moça deixava o quarto e Emília ia tirar a pressão do patrão, via que o barômetro estava nas alturas. Um dia, o jornalista comentou com a enfermeira que estava mesmo "namorando" Maria Helena. Emília advertiu-o de que ela era noiva, o que o deixou indignado:

— Você está com ciúme. Se fosse noiva ela já teria me contado e eu a teria mandado romper com o noivo.

A intimidade com o patrão — que na cabeça dela estava mesmo se transformando em namoro — fez com que Maria Helena, uma moça simples, sem qualquer instrução, começasse a se sentir com autoridade sobre todos os outros empregados, inclusive Emília. Foi aí que o "romance" terminou. Emília não teve dúvidas em abrir uma das cartas que chegavam para ela, vindas da Bahia, e exibi-la para Chateaubriand:

— Olha aqui: ela está fazendo o senhor de bobo. Olha a carta do noivo dela, que acaba de chegar da Bahia. O senhor quer conhecer seu rival? Pois ele mandou uma foto, aqui está.

Ao ler a carta e ver a fotografia do jovem recruta do Exército que Emília lhe mostrava, o jornalista foi tomado de ódio:

— Demita essa filha da puta hoje mesmo! Ela me mentiu, disse que era solteira e desimpedida. Ela me mentiu esse tempo todo só para me tomar dinheiro. Pague uma passagem de ônibus para ela ir para São Paulo imediatamente. Não quero mais ver a cara dessa filha da puta!

Com ou sem Maria Helena, a temporada em Araxá trouxe o mesmo resultado para o restabelecimento do jornalista que as viagens a Nova York, Londres e Guarapari: nada, absolutamente nada. Pela primeira vez, desde que fora abatido pela doença, Chateaubriand revelava sinais da desânimo: nesse período, ele, um grande festeiro, só aceitou participar de uma cerimônia mais importante: o lançamento, pela fábrica gaúcha de bebidas Dreher, de um novo tipo de vinho tinto, intitulado, em sua homenagem, Velho Capitão. No mais, preferia ficar em casa ciscando o teclado da máquina para escrever seus artigos. Ele podia estar desanimado, mas não desesperançado: dois meses depois de retornar da estação de águas em Minas, embarcou de novo para a Inglaterra — sempre acompanhado de enorme *entourage* —, a fim de se internar outra vez no Stoke Mandeville Hospital, em Aylesbury, onde acabavam de ser instalados equipamentos mais modernos para testes e exercícios não apenas fisioterapêuticos, mas neurológicos. Ali ele passaria os três meses seguintes. Em um bilhete para a filha Teresa, que se encontrava em férias na Espanha com Leonardo e os dois filhos (além do primeiro, Jorge Leonardo, o casal tivera mais um menino, Sérgio Leonardo), Chateaubriand se queixava do regime de exercícios que lhe era imposto:

[...] O programa de recuperação aqui é muito apertado. Começa às nove da manhã e só acaba às cinco e meia da tarde. O trabalho no hospital é muito bem dividido. Todo o tratamento é o da neurologia convencional, mas há muita novidade no sistema inglês, comparado com o americano.

Fizemos uma festa muito bonita para celebrar, no dia 1º, o quadragésimo aniversário de nossa entrada em *O Jornal*.

Emília manda beijos e vocês recebam abraços do pai que não os esquece e aos meninos.

Assis Chateaubriand

O tempo livre ele aproveitava para ler os jornais que recebia do Brasil e deliciar-se com uma novidade: a agência de notícias britânica Reuters mandou instalar em seu quarto de hospital, como cortesia a um grande cliente, um terminal de teletipo para o qual era enviada uma cópia de todo o serviço noticioso despachado para Londres de sua sucursal brasileira. Além de ler jornais e telegramas e continuar a escrever seus artigos diários, Chateaubriand matava o tempo conversando com seu vizinho de quarto Roberto Árias, político panamenho casado com a bailarina Margot Fonteyn, que era neta de uma brasileira nascida no Maranhão (o Fonteyn de seu sobrenome nada mais era que a corruptela britânica do brasileiro Fontes). Árias sofrera um atentado a tiros durante uma campanha política no Panamá e, com uma bala encravada na coluna vertebral, também havia ficado tetraplégico. Como o jornalista brasileiro, estava em Aylesbury em busca de alguma possibilidade de recuperação motora.

Ao ler em um jornal local que em poucos dias seria aberto o Royal Show da Associação Britânica de Criadores de Gado Hereford, Chateaubriand pediu permissão ao médico alemão Heinz Guttmann, diretor clínico do hospital, para ir até Warwickshire, perto de Londres, onde se realizaria a exposição. A muito custo, o médico autorizou a viagem, mas exigiu estar presente, ao lado de Chateaubriand, para evitar alguma extravagância do irrequieto paciente. O jornalista telegrafou ao Brasil e pediu que João Calmon embarcasse para a Inglaterra levando dinheiro, que ele tinha planos de arrematar em leilão os primeiros exemplares de reprodutores Hereford a pôr as patas no Brasil.

Nas vésperas da curta viagem ao interior, Chateaubriand se arrependeu por não ter trazido do Brasil sua roupa de vaqueiro, com a qual preferia participar da feira pecuária. Entrou como um dos muitos compradores comuns e saiu como notícia no *The Birmingham Post*: por 32 mil libras, o jornalista, sempre assessorado por Calmon, arrematou seis reprodutores premiados — três touros e três novilhos — para desenvolver em sua fazenda Chambá, no Rio Grande do Sul, uma técnica praticamente desconhecida no Brasil, a inseminação artificial (o primeiro bezerro nascido das matrizes importadas, meses depois, receberia de Chateaubriand o nome de Kruelino — uma singular homenagem ao general Amaury Kruel, ex-ministro da Guerra de João Goulart e então comandante do II Exército). Para festejar a compra, decidiu organizar um legítimo churrasco gaúcho em Londres. Desejoso de que estivessem todos vestidos a caráter, pediu que Ibanor Tartarotti, diretor dos Associados no Rio Grande do Sul (que também se encontrava na Inglaterra), enviasse roupas típicas para todos: bombachas, ponchos, chapéus, facas de ponta — e espetos para os churrascos. Temendo que se estivesse preparando um baile a fantasia, a direção do Hotel Savoy, onde a equipe Associada estava hospedada, não permitiu que o churrasco fosse organizado em seu salão de banquetes. A alternativa foi fazê-lo na própria embaixada brasileira. Chateaubriand apareceu de bombachas, botas sanfonadas, chapéu pampeiro e poncho. No meio da festa, o neurologista Guttmann comentou que o jornalista estava tão imponente em sua roupa de gaúcho que merecia uma foto especial: ele acabou posando "de pé" para a câmera, ladeado por Guttmann e Calmon (este também envergando um poncho gaúcho). No artigo que escreveria aquele dia, Chateaubriand comentou o episódio, revelando que o milagre que fizera um tetraplégico ficar de pé era a enfermeira Emília, que, agachada às suas costas, mantinha-o equilibrado:

> Movia-me a pura vaidade. Sentia-me soberbo dentro daquela pala, com aquele lenço vermelho no pescoço, botas, esporas, chapéu de abas largas, barbicacho pas-

sado, cuia e faca de ponta. Na hora da fotografia, Emília Araúna colocou-se por detrás de mim e pôs a mão no meu *back*. Ergui o tronco, teso, para fazer a única fotografia de pé que tenho desde que perdi a *balance*, em janeiro de 1960.

A estada na Inglaterra acabou só rendendo a compra dos seis reprodutores. Nem mesmo os sofisticados tratamentos a que fora submetido no Stoke Mandeville trouxeram qualquer consequência positiva. No dia 26 de novembro, Chateaubriand estava a bordo de um avião da Panair com destino ao Brasil, onde permaneceria pouquíssimos dias. Obstinado com a ideia de que em algum lugar haveria alguém que o fizesse voltar a andar e a falar novamente, na primeira semana de dezembro ele retornava ao Medical Center of Rehabilitation de Nova York, onde se começava a utilizar uma nova técnica, com base na oxigenoterapia, para tratamento de doentes como ele. Nada feito. Conformado com a ideia de que a doença o transformara num cigano erradio, ele estava disposto a ir aonde fosse preciso em busca da cura, mas esta ainda não nascera da tal oxigenoterapia nova-iorquina: em fevereiro de 1965, após sessenta dias de árduos exercícios nos Estados Unidos, Chateaubriand voava de novo de volta para São Paulo — tão silente e inválido como cinco anos antes, quando fora atingido pela dupla trombose cerebral.

Menos de um mês depois de instalado na Casa Amarela, ele voltaria a dar demonstrações de que não estava disposto a dar apoio incondicional aos militares que ajudara a colocar no poder. Em março houve eleições para escolher o prefeito da capital paulista e delas saiu vencedor o brigadeiro Faria Lima, com o apoio explícito de Jânio Quadros, que tivera seus direitos políticos suspensos pelo regime militar. Chateaubriand entendeu que a vitória de Faria Lima (especialmente devido ao apoio de Jânio) significava uma advertência de São Paulo ao governo federal e "às pragas que o infestam: o burocrata, o tecnocrata e o amadorismo administrativo". Apesar de andar às turras com o marechal Castelo Branco, Chateaubriand aceitou o convite de Magalhães Pinto para assistir ao lado do presidente o desfile que seria organizado em Belo Horizonte para festejar o primeiro aniversário do governo militar (que oficialmente era comemorado no dia 31 de março). Durante a cerimônia, Magalhães Pinto baixou um decreto concedendo a Chateaubriand o título de coronel honorário da Polícia Militar de Minas. O que mais agradou ao jornalista não foi tanto a honraria da patente militar que recebia, mas o quepe e o uniforme de coronel — de brim cáqui, como o de toda a corporação — que ele passaria a usar como roupa de gala em todos os atos solenes a que compareceria a partir de então.

No meio do ano surgiria uma nova esperança de cura. O agora amigo íntimo Andrei Fomin, embaixador soviético, depois de enviar a Moscou uma cópia de todo o histórico médico de Chateaubriand, sugeriu que ele fizesse uma viagem à União Soviética para mais uma tentativa de recuperação no Instituto de Pesquisas Neurológicas de Moscou. Quando soube que o amigo estava planejando viajar à meca dos comunistas, o prudentíssimo José Maria Alkmin (agora vice-

-presidente da República do governo militar) aconselhou-o a desistir da ideia, que poderia soar como uma provocação aos setores mais radicais das Forças Armadas. Indiferente aos temores de Alkmin, Chateaubriand decidiu que a concessão máxima que poderia fazer era dar à viagem um "caráter cultural", transformando-a em uma turnê da Fundação D. Pedro II. No dia 21 de julho, ele se preparava para embarcar em um voo da KLM com destino a Amsterdã, de onde partiria para a capital soviética. Desta vez a delegação era composta por Aimée de Heeren (vice-presidente da fundação), pelo médico Nelson Cayres de Brito, pelo jornalista Odorico Tavares, por Emília (que levava como seu assistente o enfermeiro Honorato Cândido de Oliveira) e por seu motorista em São Paulo, Paulo Bruno Figueiredo (cuja única tarefa na viagem seria empurrar a cadeira de rodas do patrão). O voo sairia à noite, e por volta das dez horas da manhã chegou uma trágica notícia de Belo Horizonte: Geraldo Teixeira da Costa, o "Gegê", diretor-geral dos Associados em Minas, de 53 anos, acabava de ser morto na porta de sua mansão, no bairro da Serra, com seis tiros de cartucheira, dados pelo pai da adolescente Maria da Silva, de quinze anos, uma favelada que havia sido seduzida pelo jornalista quando trabalhava na sua casa como doméstica. Entre os membros da delegação havia uma unanimidade: Chateaubriand deveria adiar a viagem para comparecer ao enterro do amigo. Afinal de contas, Teixeira da Costa não era um empregado comum, e a maior prova disso é que tinha sido incluído entre os 22 donatários do Condomínio Associado e fora eleito membro da Comissão Plenária. De Minas já haviam avisado que iam estar presentes ao funeral o governador Magalhães Pinto, o general Carlos Luís Guedes (comandante militar de Minas Gerais), o prefeito de Belo Horizonte e todas as demais autoridades do estado. O jornalista nem quis cogitar da ideia de permanecer no Brasil, dizendo apenas para Emília:

— Morreu, morreu. Minha presença lá não vai ressuscitá-lo, então vamos embora hoje mesmo.

O máximo que podia fazer, naquelas condições, era redigir às pressas (a máquina especial tinha sido embarcada para o Rio a fim de ser levada na viagem à URSS) o artigo intitulado "Um magistrado", certamente o mais curto que escreveu em toda a sua vida:

Rio, Vila Normanda, 21 de julho
   O baque do corpo de Geraldo Teixeira da Costa foi como se tivesse caído no chão Pedro Lessa, Rafael Magalhães, Edmundo Lins, Tito Fulgêncio ou Mendes Pimentel. Era, como eles, um magistrado. Os Diários Associados foram seu fórum. Como a sua nobre figura engrandecia a nossa oficina! Minas Gerais perdeu um dos maiores juízes que tem tido em todos os tempos.

A estada na União Soviética durou três semanas. Ao chegar a Moscou e ser instalado na suíte presidencial do Hotel Mockba, Chateaubriand comentou com Emília:

— Com esta pobreza, em Goiânia este seria considerado um hotel de segunda classe.

O jornalista deu entrevistas ao jornal *Pravda*, assistiu a apresentações do Balé Bolshoi, esteve no Museu Hermitage e na Academia de Ciências da URSS, foi ao túmulo de Lênin, conheceu de perto as obras de arte da expedição do barão Langsdorff ao Brasil. Cada visita rendia um, dois, três artigos diários, que eram transmitidos a seus jornais no Brasil. Quanto à verdadeira razão de tão longa viagem — a tentativa de recuperação da tetraplegia —, os médicos soviéticos fizeram o que puderam. Todas as manhãs, Chateaubriand era levado ao Instituto de Pesquisas Neurológicas. Eletrodos ligados a seus braços, pernas, mãos e cabeça terminavam em monitores de vídeo, onde sinais gráficos surgiam a cada movimento que um médico fazia em um de seus membros. Quinze dias depois de ter sido submetido a todas as baterias de exames disponíveis, os cientistas chamaram o jornalista e o médico Nelson Cayres de Brito e desfizeram qualquer esperança: a viagem tinha sido inútil. Não havia em toda a União Soviética qualquer tratamento que acrescentasse um milímetro ao que fora tentado nos EUA e na Inglaterra — ou mesmo ao que vinha sendo prescrito ao paciente por seus médicos brasileiros. No dia 16 de agosto, ele estava novamente assinando artigos na Casa Amarela.

Desde que, ao partir para a URSS, Chateaubriand recebera a notícia da morte de "Gegê" em Belo Horizonte, sua incurável índole de fauno estava mordida por uma inconfessável curiosidade: que mistérios íntimos poderia ocultar a tal Maria da Silva para levar um pai de família como Geraldo Teixeira da Costa a correr o risco de morrer com seis cartuchos no peito? Só havia uma maneira de descobrir: conhecendo a moça. Discretamente, ele chamou o jornalista Aderbal Figueiredo, um dos editores do *Diário da Noite*, e deu ordens:

— Tome um avião, vá a Belo Horizonte e dê um jeito de trazer essa Maria da Silva para passar uns dias aqui na Casa Amarela.

Mulata, pouco mais que uma menina, a mais velha de uma família de treze irmãos, filha do pedreiro e lavador de carros João Honorato da Silva — que, para segurança de Chateaubriand, já tinha sido preso pela polícia mineira —, Maria não deve ter entendido direito o que acontecia quando foi retirada de seu casebre na favela do Vai-quem-quer, num subúrbio de Belo Horizonte, e levada de avião para passar férias na luxuosa Casa Amarela, em São Paulo. Chateaubriand, aparentemente, não descobriu que segredos tinham levado Geraldo Teixeira da Costa a terminar seus dias estirado no banco de seu automóvel Mercedes-Benz com seis tiros de carabina Boito: depois de passar algumas semanas sujeitando a menina a sessões de "furunfagem" (que ela própria revelava aos empregados da casa), mandou, decepcionado, que Maria fosse transportada de volta para Belo Horizonte:

— Não posso entender o que o Gegê viu nessa moça que justificasse tanto risco...

Depois da infrutífera tentativa soviética, Chateaubriand teria poucos meses de sossego. No final de setembro fez uma curta viagem de recreio a Washington para o batismo do retrato do almirante Nelson, pintado por Graham Sutherland. A apresentação foi feita em um banquete promovido pelo governador de Nova York, Nelson Rockefeller, e no meio da multidão de políticos e grã-finos vestidos de *black-tie* Chateaubriand se destacava, orgulhoso, usando o quepe e trajando a sua insólita farda cáqui de coronel da PM mineira. Dez dias depois de voltar ao Brasil, a saúde do jornalista sofreria o mais forte abalo desde a trombose: levado com urgência para o centro de tratamento intensivo do hospital da Beneficência Portuguesa no meio de um ataque de asfixia que ameaçava matá-lo, descobriu-se que ele tinha sido vitimado por um gravíssimo distúrbio coronariano. Além de paralítico e afásico, agora se tornara também um cardíaco.

Chateaubriand emergiu da cardiopatia (que o mantivera internado por duas semanas na Beneficência Portuguesa) em meio a um tiroteio que se transformaria em um dos mais rumorosos episódios da história da televisão brasileira: o "caso Time-Life". Tudo começara casualmente em junho daquele ano de 1965, quando a polícia política do governador Carlos Lacerda prendeu no Rio de Janeiro um cubano que se supunha estivesse secretamente no Brasil a serviço do governo de Fidel Castro. Interrogado pelo DOPS carioca, o cubano revelou que Lacerda tinha posto a mão em uma presa muito mais importante que um mero subversivo, como se imaginava a princípio: tratava-se de Alberto Hernandez Catá, filho de um ex-embaixador cubano no Brasil, que, longe de ser um agente castrista, estava no Rio a serviço do poderoso Time-Life Incorporation para executar um contrato com a recém-fundada TV Globo, de propriedade do jornalista Roberto Marinho — conforme Lacerda fez constar do relatório que enviou ao ministro da Justiça, Mem de Sá:

> [...] Em depoimento tomado por autoridade policial qualificada, e sem que, em nenhum momento, permanecesse recolhido a xadrez, tendo permanecido em cartório durante três horas apenas, o sr. Alberto Hernandez Catá esclareceu não ter qualquer ligação com o Partido Comunista de Cuba, de onde saiu há tempo, sem maior sofrimento ou privação. Entretanto, para nosso estarrecimento, revelou a existência de "contrato" entre a TV Globo, do grupo Roberto Marinho, e a firma americana Time-Life Broadcasting Inc., com sede em Nova York. Tal convênio, declarou o depoente, abrange assistência técnica para "instalações eletrônicas, técnica financeira e comercial". Disse, ainda, ser sua especialidade, na TV, a parte de "coordenação, administração, organização de programas e promoções comerciais", para tanto não tendo vínculo trabalhista com a TV Globo, mas sim como empregado do Time-Life. Esclareceu que recebe mais de 20 mil dólares anuais do Time-Life Inc., em Nova York, e aqui recebe, também da empresa americana, a sua ajuda de custo.

Então presidente do Sindicato dos Proprietários de Empresas de Radiodifusão do Estado da Guanabara (e também deputado federal), João Calmon, que se notabilizara no combate a Leonel Brizola antes do golpe de 1964, percebeu que um cavalo selado tinha parado à porta de sua casa, e não hesitou em montar rapidamente nele. Primeiro tentou obter de Roberto Marinho uma cópia do contrato com o grupo Time-Life, temendo que o documento ferisse o artigo 160 da Constituição, que vedava a estrangeiros a propriedade — ou a participação acionária — de empresas jornalísticas e de radiodifusão. Não conseguindo, resolveu transformar a questão num caso de violação da soberania brasileira. Tal foi o alarde feito por Calmon em cima do tema, ocupando várias vezes a cadeia de televisões Associadas, que o deputado Eurico de Oliveira, do PTB da Guanabara, decidiu requerer ao Congresso a constituição de uma Comissão Parlamentar de Inquérito para apurar as denúncias. Em pouco tempo ficou-se sabendo que de fato a TV Globo mantinha não um, mas dois contratos com o grupo Time-Life, em um dos quais os norte-americanos tinham participação de 49%. Nos meses seguintes, a imprensa brasileira não falaria de outra coisa.

Quando decidiu desembarcar naquela briga, Chateaubriand avisou que vinha de peixeira na mão, "para um combate de vida ou morte". Em nenhum outro momento de sua prolífica carreira de articulista ele dedicou tantos artigos a um único tema: ao todo foram cinquenta textos exclusivamente sobre o "caso Time--Life" — sem contar outros tantos, nos quais, tratando de outro assunto, ele abria um parágrafo ou um parêntese para atacar Roberto Marinho. A ação de Calmon obteve imediatamente a adesão dos paulistas. Em um "Manifesto à nação", os donos dos treze jornais de São Paulo conclamavam o Conselho de Segurança Nacional e o Conselho Nacional de Telecomunicações a agirem para coibir os contratos. Na Câmara dos Deputados, a CPI fora instalada, e à medida que avançava, um número passou a ser adotado oficialmente pela imprensa como sendo a cifra total que o grupo Time-Life tinha repassado a Roberto Marinho, em parcelas, nos três anos anteriores: 5 milhões de dólares — o equivalente, em 2011, a cerca de 52 milhões de dólares.

Para provar que não era uma raposa lamentando que as uvas estivessem verdes, Chateaubriand revelou, em um artigo, que poucos anos antes os Associados haviam recusado proposta semelhante: por 1 milhão de dólares, que chegariam ao Brasil sob a forma de publicidade, uma rede de televisão americana que ele não identificou se dispôs a contribuir para que os Associados iniciassem "uma ofensiva contra os competidores internos". O interlocutor, dizia o artigo, "era um conhecedor dos métodos da TV, em seu país, para pôr o pé em Estados subdesenvolvidos". Segundo o jornalista, a oferta foi recusada por razões éticas: os Associados não podiam aceitar dinheiro estrangeiro para demolir a concorrência se dois dirigentes de sua cadeia (ele se referia a João Calmon e Edmundo Monteiro) eram também diretores de associações patronais de rádio e televisão no Rio de Janeiro e em São Paulo — o que, conforme sua versão, tornava a negociação impossível.

A história não parece ter acontecido exatamente assim. Embora todos os registros indiquem que efetivamente foram os Associados os líderes da campanha contra o acordo TV Globo/Time-Life, há mais de uma versão para o episódio relatado por Chateaubriand. Em surpreendente revelação, Edmundo Monteiro assegura que, pouquíssimo tempo antes da investida de Calmon contra a TV Globo, ele próprio pedira autorização a Chateaubriand para tentar nos Estados Unidos uma parceria semelhante à que mais tarde os Associados viriam a condenar no caso da Globo:

> Eu defendi a tese, com a aprovação de Chateaubriand, de nos ligarmos a uma organização americana, que seria a ABC, a American Broadcasting Corporation. Tanto que fui aos Estados Unidos tratar disso. Porque eu sabia que o segredo do sucesso da Globo era técnica e dinheiro. Como nós não tínhamos dinheiro nenhum, não poderíamos ter a técnica, que era uma decorrência do primeiro. Foi o que fez o Roberto Marinho. O Chateaubriand aceitou a tese e me disse:
>
> — Edmundo, isso fica entre nós. Você vai aos Estados Unidos fazer contatos com a ABC.
>
> [...] O Chatô tinha me pedido reserva. Claro, você não vai confessar o crime. Se nós íamos burlar a Constituição, não era para bater caixa sobre isso. Então eu fui, mas, quando eu chego de volta ao Brasil, sou obrigado a quebrar um pau desgraçado, porque o "seu" João Calmon já tinha ido à televisão fazer uma agressão ao Roberto Marinho. [...] Cheguei e disse ao Chatô:
>
> — Assim não pode! Isso é velhacaria! Amanhã vão dizer que eu estou querendo burlar as leis do país e que o "seu" Calmon é contra. Isso está sendo feito dentro da sua casa, assim não dá, né, Chatô?
>
> Ele tentou contemporizar, dizendo que quis impedir, mas que o Calmon era muito vaidoso. Eu insisti:
>
> — Acontece que o senhor é o dono. Então ao senhor compete decidir. Se o senhor quiser, basta chamar o Calmon e fechar a língua dele dentro da boca.
>
> Aí sai *O Cruzeiro* daquela semana e o David Nasser manda mais um pau. Fui ao Chatô e disse:
>
> — Não vamos brincar mais. A ABC que fique com o dinheiro dela, o Roberto Marinho que fique com o do Time-Life. Mas saiba que essa gente vai acabar com os Diários Associados.
>
> [...] Minha tese era um pouco pragmática, um tanto ou quanto velhaca, mas não tinha saída, nós tínhamos que tomar dinheiro estrangeiro. [...] Mas eu não podia querer me associar ao capital estrangeiro e ao mesmo tempo agredir o capital estrangeiro. Enquanto eu estava lá, tentando amarrar alguma associação, o Calmon estava indo para a tribuna e para a televisão soltar os cachorros — contra, naturalmente, o meu ponto de vista.

Igualmente polêmica é a versão dada por Gilberto Chateaubriand. Ela não colide com a de Edmundo Monteiro, mas assegura que, antes de avançar contra Roberto Marinho, denunciando sua ligação com o grupo Time-Life, o próprio João Calmon tinha estado nos Estados Unidos "para tentar exatamente o mesmo" com a NBC ou com a CBS:

Isso ocorreu em 1960 e eu sei porque estava junto com ele. O padrinho da operação seria o Nelson Rockefeller. Marcamos um encontro com ele no Rainbow Restaurant e na hora do encontro quem apareceu foi o Berendt Friele, seu secretário, dando uma desculpa qualquer para a ausência do Nelson. O Calmon ficou indignado com aquilo e abandonou o almoço. Mas a tentativa foi feita. Se o Edmundo tentou o mesmo em 1964 ou 1965, ele estava apenas insistindo em algo que já havia sido tentado quatro anos antes pelo Calmon. Os Associados tinham contratado uma empresa de auditoria chamada Klein and Saks, que havia insinuado como uma saída para a crise a associação com alguma empresa estrangeira. Estive com o Calmon junto com o Mead Brunnet, dirigente da RCA Victor, e depois disso é que fomos para o tal almoço frustrado com o Rockefeller.

Ressalte-se que se tratava dos dois homens — Calmon e Monteiro — que enfeixavam nas mãos o maior volume de poder da cadeia Associada, autoridade que tinha sido decuplicada com a invalidez de Chateaubriand. De qualquer forma, estivessem ou não cuspindo no prato em que haviam tentado comer, na guerra santa que moveram contra Marinho, João Calmon e Chateaubriand optaram por caminhos diferentes. O primeiro concentrou-se no tema da desnacionalização dos meios de comunicação e na violação das leis do Brasil. Privatista declarado, Calmon chegou ao extremo de afirmar, na tribuna da Câmara dos Deputados, que preferia ver a televisão brasileira estatizada a tê-la submetida a Henry Luce, o *boss* do grupo Time-Life.

Em seus artigos, Chateaubriand também insistiu na tese de que o Time-Life pretendia implantar no Brasil um "neocolonialismo cultural" por meio do controle dos meios de comunicação, mas o alvo central de seus disparos era outro. Segundo ele, o que "a quadrilha formada por Luce, Marinho e pelo governo federal" pretendia era promover uma "chuva de dólares" sobre o dono da Globo a fim de destruir a concorrência na área da televisão. Em vez de atirar a esmo, mirou com pontaria certeira em alguns nomes. O ministro do Planejamento, Roberto Campos (que o jornalista assegurava tratar-se de "uma autoridade que há quatro anos, desde que era embaixador do Brasil em Washington, advogava a entrega dos veículos de comunicação brasileiros ao sindicato Luce"), passou a ser "o fundador do neocolonialismo brasileiro, o Tartufo do Pantanal [Campos nasceu no estado de Mato Grosso] que está por trás desse bote traiçoeiro". Chateaubriand suspeitava que, por trás da "advocacia" que Campos fazia para Marinho, estava o jogo político da sucessão presidencial e, mais do que isso, o sonho do ministro do Planejamento de ocupar a Presidência depois de Castelo Branco:

Ele soltou estrangeiros às dúzias para fazer concorrência ao produtor nacional. O criador dessa máquina de opressão exclama agora:
— Estão vendo? Não podem mesmo resistir à concorrência estrangeira.
Porco! Não se acredita que uma nação, triturada por um energúmeno desses, ainda tolere que o vendilhão do rádio e da televisão venha deitar regras na casa que

incendiou e ajudou a saquear. O corretor de todas essas manobras é mesmo o sr. Roberto Campos, que está feito com o Pentágono e com Wall Street. O Pentágono se recusa a admitir Costa e Silva [ministro da Guerra que era candidato e acabaria sendo o sucessor de Castelo Branco na Presidência] por sua linha nacionalista. Prefere manter Castelo Branco. A linguagem do sr. Roberto Campos ao Pentágono e a Wall Street é:

— Não podendo ser o marechal Castelo Branco, ele me indicará.

A campanha presidencial brasileira escapou das mãos dos nossos compatriotas para ficar com os agentes do protetorado de Wall Street e do Pentágono.

Quando seu velho amigo Eugênio Gudin escreveu um artigo defendendo Campos, Chateaubriand deixou de lado os laços que os uniam por tantas décadas:

Eugênio Gudin já completou oitenta anos, entretanto achou ontem um meio de sacrificar o grande nome que conseguiu entre os seus contemporâneos. Elogia o sr. Roberto Campos [...] membro de um governo de masturbadores, como se esse canalha merecesse de seus concidadãos outra atitude que não um valente esforço para sentá-lo no banco de sórdido vendilhão do governo. O ministro despudorado foi interrogado por um locutor sobre a natureza dos suprimentos [ele se referia aos tais 5 milhões de dólares da associação Time-Life/ TV Globo] para a extinção da TV e do rádio competitivos no Brasil. O mais cínico dos políticos brasileiros disse ao microfone:

— São iguais aos das outras estações brasileiras.

Cafajeste! Os contratos do Time-Life são para extirpar toda telecomunicação nacional em nossa terra. [...] O patife Roberto Campos é um casca de ferida. Vive de aluguéis de luxo.

Ao depor na CPI, Roberto Marinho revelou aos deputados que nada havia de secreto em sua associação com o grupo norte-americano, e para comprovar sua afirmação contou que, tão logo se iniciaram as negociações, ele comunicou o fato, por carta, ao presidente da República e a quatro de seus ministros. Isso bastou para que Chateaubriand incluísse Castelo Branco no rol dos "cúmplices do crime de esquartejamento" da televisão brasileira. Ao afrontar pessoalmente o presidente da República, o jornalista ainda devia ter na mente a mesma convicção que manifestara a Ademar de Barros poucos dias antes do golpe ("Quem vai prender um morto-vivo como eu?"). Como a maioria dos brasileiros, Chateaubriand sabia que, feitas por qualquer outra pessoa, ofensas muito mais leves ao todo-poderoso Castelo Branco dariam cadeia na certa.

Mas a dose mais letal de seu veneno estava guardada para o homem que tinha se transformado no centro da estrepitosa campanha: o dono da TV Globo, Roberto Marinho. A este foram dedicados pelo menos dez artigos, quase todos eivados de ofensas pessoais. Como já fizera anteriormente em polêmicas com outros adversários, o passional Chateaubriand descambava para o racismo ao referir-se invariavelmente a Roberto Marinho — um homem de pele morena — como "cafuzo", "crioulo" e "mameluco":

> Os fatos se resumem, em poucas palavras, a um crioulo alugado e regiamente pago para destruir o rádio e a televisão como instituição nacional, a fim de, em seu lugar, entronizar-se o similar estrangeiro.
>
> [...] Em seus processos mafiosos, o chefe do grupo Time-Life encontra-se, aqui, acusado de empreitar cafuzos indígenas para uma cruzada de morte contra duas formas de fazer opinião no Brasil, o rádio e a TV.
>
> [...] O presidente Castelo Branco deixou apodrecer essa imundície de *O Globo* a ponto de ela contaminar-lhe de pus a pessoa e de lama o governo. Ele está no dever de cancelar o canal de *O Globo*, bem como fazer um sumário processo criminal do sr. Roberto Marinho, despachando-o para Fernando de Noronha, com a cabeça raspada. Assim se faz, em Caiena, com os criminosos de crimes comuns.
>
> [...] Marinho é o capanga de um calabrês, alugado que foi para arruinar o rádio e a televisão no Brasil, em proveito de um grupo financeiro de fora. O capital do sr. Luce agiu aqui comprando, às escâncaras, um africano de trezentos anos de senzala.
>
> [...] O diretor de *O Globo* é um débil mental sem remédio. Custa a crer que, a um quase irresponsável, o sr. Luce haja entregue as parcelas exageradas de dólares que os boletins do Banco Central registram. É fora de dúvida que um homem de negócios da dureza do sr. Luce nunca iria pegar 6 milhões de dólares dele para entregar, quase tudo adiantado, a um homem de cor da América do Sul. O sr. Luce é republicano, e sabemos do preconceito da sociedade onde ele vive contra o *coloured people*.

Temendo ser tachado de xenófobo — a pior acusação que se lhe podia fazer —, Chateaubriand esclarecia que "jamais sairia de casa para defender o porco nacionalismo que nos arrasa faz meio século", e explicava que sua única preocupação era ver "uma nação independente há um século e meio acordar toda semana sob a ameaça de ser conquistada, quando até Zanzibar, a pátria de origem do nosso colega dr. Roberto Marinho, já se tornou independente". A certa altura dos ataques, Roberto Campos passou a ser o "Roberto Americano", e Roberto Marinho, o "Roberto Africano":

> Se estivéssemos em um país nosso, e não em um protetorado do Time-Life do sr. Roberto Campos, bastaria o apito que levei à boca, há seis meses, para que a polícia entrasse em ação, levando para as colônias penitenciárias, de cabeça raspada e blusão azul-marinho, os dois Robertos: o Roberto Africano e o Roberto Americano, do submundo de Chicago.

Alguém que tivesse tido o hábito de ler, ao longo das últimas décadas, os milhares de artigos de Chateaubriand certamente se perguntaria: por que tanta fúria partia exatamente do mais antigo e notório defensor do mercado, da livre concorrência e da internacionalização da economia brasileira? A ponta da resposta talvez estivesse em mais um de seus artigos, este escrito no começo de 1966, quando a Editora Abril lançou a revista mensal *Realidade*, cujos primeiros números indicavam que ela vinha para ocupar o espaço deixado por *O Cruzeiro*. Ao ler duas reportagens publicadas na revista (uma sobre a hostil receptividade da população da República Dominicana às tropas brasileiras que faziam parte da força de paz da ONU enviada àquele país do Caribe, outra sobre o exílio de João Goulart e de Brizola no Uruguai, ambas de autoria do jornalista Luís Fernando Mercadante), Chateaubriand dedicou a elas um artigo em que afirmava que, meses antes, os Associados haviam sondado as autoridades militares sobre a conveniência de se fazer, em *O Cruzeiro*, exatamente as duas reportagens publicadas por *Realidade*. "Que não se metesse *O Cruzeiro* em tal aventura, fomos advertidos", escreveu o jornalista, para deduzir: "Combater a colaboração militar do Brasil ao continente e reviver Jango e Brizola em nosso país é um privilégio de Civita", resumiu Chateaubriand, referindo-se ao proprietário da Editora Abril, Victor Civita. Para o dono dos Associados, ao publicar duas reportagens que teriam "tremenda repercussão entre as esquerdas brasileiras", a revista estava dissimulando suas origens e verdadeiras intenções. Que conclusão tirar de tudo isso? Ele próprio respondia: "Civita é um apátrida, está no Brasil para ganhar dinheiro, e não passa de outro tentáculo de Time-Life".

O mesmo leitor atento identificaria no comportamento de Chateaubriand o reaparecimento de outra velha ideia fixa: o acordo da TV Globo com o Time-Life não era apenas uma tentativa de desnacionalizar as comunicações no Brasil, mas parte integrante de uma monumental conspiração. Uma conjura que já havia sido tentada em vão por vários governos com um só objetivo: a destruição dos Diários Associados. Dessa vez se juntavam à TV Globo o governo militar (senão por que estariam protegendo Roberto Marinho, e por que teriam proibido em *O Cruzeiro* reportagens que saíam sem censura em *Realidade*?), um grande conglomerado norte-americano de comunicações, o poderoso ministro Roberto Campos e até os grandes anunciantes internacionais. Ou Chateaubriand delirava ou, de fato, o mundo se juntara para reduzir a pó a cadeia que ele levara quase meio século para edificar — segundo se podia deduzir de seus próprios artigos:

> Não se surpreendam se eu lhes disser que uma das figuras sinistras do grupo atacante é a Esso, a Standard Oil. Ela age como a flor da linha inimiga, como guarda-costas do imperialismo do sr. Luce. Aqui dentro, outro aliado da pandilha internacional é o sr. Samuel Wainer. A maior das vergonhas da Revolução foi ter deixado abertas as portas a esse almocreve, para que o bufarinheiro continue a negociar com as duas pátrias.
>
> Ele estará sozinho na ajuda oferecida ao sr. Luce e a Calabar? Não, há um terceiro apátrida na resistência ao inquérito que o governo deve encetar. É o sr.

Bloch. O Brasil fez uma revolução para se libertar da opressão das esquerdas. Onde estava o sr. Bloch? Com todos os governos que vendiam o Brasil a Fidel Castro.

Se passava pela cabeça de alguém que ele estava paranoico, ao juntar no mesmo saco o governo militar, Samuel Wainer, Adolfo Bloch, Henry Luce e Roberto Marinho, Chateaubriand dava números para provar que, além deles, um novo e poderoso satã se associara ao grupo para destruí-lo — a Esso:

> Dispondo do poder discricionário do maior sistema de revistas ilustradas do mundo, facílimo é ao sindicato Time-Life pressionar, de Nova York, as agências de anúncios. Para quê? A fim de que, no Brasil, uma programação sistemática seja atribuída àqueles veículos que seu grupo edita.
>
> [...] No período anterrevolucionário, *O Cruzeiro* tinha uma surpreendente circulação paga. Pois bem. Antes de estalar o 31 de março, 70% de sua publicidade norte-americana, de firmas daqui, fora arrebatada pelos jornais ilustrados do grupo Time-Life.
>
> [...] Este é o papel abominável da Esso Standard. Ela era nossa cliente de TV aqui [em São Paulo] e de rádio em Porto Alegre. As suas ordens [de publicidade] em São Paulo se renovavam há quinze anos. A Tupi ganhou a preferência numa competição de preços, aberta na praça pela Esso Standard. Contra a tradição comercial, a Esso Standard, em 24 horas, tirou as ordens que tinha conosco. Só a colossal influência do sr. Luce poderia induzir a Esso brasileira a alterar o jogo de publicidade que tinha conosco.

Chateaubriand se referia, no caso da TV Tupi, à mudança do mais tradicional noticioso brasileiro, o "Repórter Esso", da estação Associada para a Globo (em seu lugar, na Tupi, tentou-se em vão manter o prestígio do telejornal com o lançamento do "Repórter Ultragás"). Alguém queria mais provas de que o alvo da conspiração eram os Associados? Bastava ver os artistas que a Globo, "molhada pela chuva de dólares", tirava da TV Tupi, seduzindo-os com salários astronômicos:

> Para que a pirataria dos gângsteres de Henry Luce quer entrar no Brasil para estraçalhar-lhe o rádio e a televisão? Que vão oferecer em vez dos números brasileiros do *cast* local? Trazem a Filarmônica de Boston? Ou de Viena? Têm o gênio artístico de sir Kenneth Clark para inspirar-lhe as conferências suntuosas, que são o orgulho da BBC? Não. Nada disso faz parte do programa de Time-Life. O seu carnê só compreende Chacrinha a 80 milhões e Dercy Gonçalves a 40 milhões por mês.

E, se a algum leitor ocorresse que ele estava naquela tourada em defesa de interesses mesquinhos, Chateaubriand lembrava que, com a criação do Condomínio Associado, ele dera uma prova cabal de que jamais considerara seus rádios, jornais e televisões como bens pessoais ou de família (em 1962, ele fizera um testamento legando aos 22 condôminos os 51% restantes do controle acionário — assim, depois de sua morte, o Condomínio seria proprietário da totalidade dos Diários Associados). "Meu filho Fernando não é membro do Condomínio Associado", ele reiterava, "e minha filha Teresa também não faz parte desse consórcio."

No começo de 1967, quando faltavam quinze dias para transferir o governo para o marechal Costa e Silva, o ainda presidente Castelo Branco baixou o decreto-lei nº 236, que parecia redigido de encomenda para confirmar as suspeitas de Chateaubriand de que de fato tudo não passara de uma conjura para destruí-lo. No artigo 12 do decreto, Castelo limitou a cinco o número de estações de televisão que poderiam pertencer a um mesmo grupo privado (três estações regionais e duas nacionais). Naquela data começava a desmoronar a rede Associada de televisão, cujo prestígio e poder seriam ocupados, anos depois, exatamente pela Rede Globo de Televisão. Assis Chateaubriand perdia a sua primeira grande batalha. Que talvez fosse a última de sua vida.

37

O império começou a morrer antes de Assis Chateaubriand. Desde o final do governo Juscelino, passados sete anos, portanto, não entrava um ceitil de dinheiro público, seja nos Diários Associados, seja na trapizonga de dezenas de empresas, fazendas e organizações que compunham o conglomerado. Ainda no tempo de João Goulart, David Nasser, então diretor de *O Cruzeiro*, escreveu uma carta ao chefe dizendo que preferia "não fazer concessões à dignidade" e optar "pelo direito de lutar contra os que querem sovietizar o Brasil". Além das dificuldades políticas, a concorrência crescia vertiginosamente, tanto na área da imprensa escrita quanto na de rádio e televisão, tornando cada vez mais rarefeito o bolo de publicidade antes disputado por um número restrito de veículos. Quando estava ativo, Chateaubriand amedrontava os credores oficiais com sua agressiva presença, ou acabava sempre inventando espertezas e arranjando meios de empurrar as dívidas com a barriga. Mesmo inválido, ele ainda fazia tentativas de impor seu estilo. No fragor da briga com Roberto Marinho, e já meio rompido com o governo Castelo Branco, ressentindo-se da queda da publicidade das grandes multinacionais em seus veículos, ele pediu aos dirigentes das filiais de empresas de publicidade norte-americanas no Brasil que convidassem seus principais clientes para um almoço na sede dos Associados de São Paulo. À sobremesa, sentado em sua cadeira de rodas na cabeceira da mesa, ele murmura algumas palavras que Emília traduz para os quase cem convidados:

— Estou precisando de dinheiro. Chamei vocês aqui para que autorizem hoje uma programação extra de anúncios nos nossos veículos.

O mal-estar é generalizado. Um dos empresários ensaia uma desculpa:

— Doutor Assis, nós vamos reunir nossos especialistas em mídia para ver o que é possível fazer.

Ele se enfurece na cadeira e rezinga em voz alta uma frase que a enfermeira retransmite aos convidados:

— Não chamei ninguém aqui para pedir nenhum favor, mas para exigir que vocês sejam equânimes com nossas empresas. Hoje à tarde um diretor nosso vai ligar para cada um dos senhores para saber de quanto foi a programação. O almoço está encerrado.

O almoço não surtiu resultados significativos. Aquele não era mais o Chateaubriand que infligia pânico aos poderosos — e isso valia também para a fila de credores oficiais que se acumulava fazia décadas. As execuções de dívidas com instituições públicas (sobretudo a eterna Previdência Social) começaram a pipocar. Só a revista *O Cruzeiro* acumulava a cada ano um prejuízo de 340 milhões de cruzeiros (200 mil dólares da época, cerca de 2,1 milhões de dólares em 2011). Não foi necessária nenhuma ginástica contábil para se chegar à conclusão de que a saída era começar a torrar parte do próprio patrimônio para tapar o rombo. A investida óbvia recaiu sobre a poderosa Schering, que João Calmon foi encarregado de vender à sua congênere norte-americana por 2 milhões de dólares, pouco mais de 20 milhões de dólares de 2011 (Calmon alega que não havia alternativa: o contrato de fornecimento de tecnologia pela Schering americana estava se esgotando e esta se recusava a renová-lo. Segundo ele, era vender ou ficar com uma sucata nas mãos). Mas os prudentes compradores dos Estados Unidos queriam a concordância de pelo menos um dos três filhos para que o negócio se realizasse. A recusa de Gilberto a assinar o atestado de sanidade do pai a que se referira a reportagem da revista *Time*, anos antes, tinha acontecido na ocasião em que tentara impedir a venda da Schering. "Não sou médico, não estou qualificado a atestar sobre a saúde de ninguém" foi a resposta dele aos diretores dos Associados. Agora, no entanto, Chateaubriand estava reconciliado com Teresa, e a exigência da Schering americana pôde ser atendida. Quando Joaquim Pinto Nazário, diretor do *Diário da Noite* de São Paulo, quis saber as razões que o teriam levado a vender uma empresa tão rentável, Chateaubriand respondeu:

— Eu não vendi a Schering, eu a queimei na divina fogueira Associada.

"Queimar" era certamente o verbo mais apropriado para aquela operação. Canalizados para socorrer *O Cruzeiro* (cuja edição internacional fechara as portas por falta de anúncios), em menos de noventa dias os vultosos recursos obtidos na venda na indústria farmacêutica foram pulverizados pelas dívidas. Como os problemas financeiros persistissem, em 1966 Chateaubriand foi aconselhado por alguns de seus diretores a pensar na possibilidade da venda de outra propriedade importante, mesmo considerando "a natureza afetiva dela". Não era preciso explicar mais: falava-se da Vila Normanda, na avenida Atlântica.

Percebendo que aos poucos fugiam das mãos dos legítimos herdeiros não só as empresas que constituíam o Condomínio, mas também fatia expressiva do patrimônio que compunha a chamada "legítima" (a parte dos bens reservados por lei aos herdeiros, da qual o proprietário não pode dispor livremente), o incansável Gilberto conseguiu convencer a Justiça do Rio de que se tratava de uma vingança paterna contra dois dos filhos (ele e Fernando) e obteve a suspensão do alvará que autorizava Chateaubriand a vender o casarão. O pai respondeu à sua moda, publicando em todos os jornais Associados um artigo assinado de apenas dez linhas, sob o título "Um negócio de capadócios":

Não será possível que a Justiça, no caso trivial da transferência de um imóvel, fique à mercê de manobras de um embusteiro descarado. O juiz D'Almo Silva, da 2ª Vara da Família, na Guanabara, não se pode deixar intimidar por intervenções inconfessáveis, num caso que só comporta fazer o que se lhe pede — que é a aplicação da lei. Gilberto Allard Gabizon não é parte legítima na hipótese. Não possui uma gota do sangue que alega, em virtude de um ato de generosidade que o meliante não soube compreender. [...]

Gilberto ainda tentou buscar o apoio do meio-irmão para obstruir o negócio, mas Fernando na época estava mais preocupado em pesquisar minerais atômicos no Centro-Oeste brasileiro e não se meteu na demanda. A medida legal foi derrubada e o único resultado concreto da ação foi atrasar por um ano a alienação da casa — que acabou sendo vendida em 1967 para o grupo Veplan-Sisal por 1,9 bilhão de cruzeiros novos (a moeda brasileira mudara de nome mais uma vez), cerca de 700 mil dólares de então, ou 7,8 milhões de dólares em 2011. Demolida, a Vila Normanda daria lugar a um prédio de apartamentos — que da elegante mansão só herdou o nome na fachada do edifício. O dominó, no entanto, não terminava aí: transferido para Fernando, o Laboratório Licor de Cacau Xavier também foi vendido, destino igual ao que seria dado à TV Cultura, canal 2, de São Paulo. Neste caso houve uma particularidade. O comprador era o governo estadual (que a transformou em estação cultural e educativa), e os diretores dos Associados conseguiram enfiar no contrato de venda uma cláusula marota: para evitar que um novo concorrente viesse a disputar o minguado mercado publicitário, exigiram que, nas mãos do estado, o canal 2 jamais exibisse anúncios. Salva do incêndio, também em 1967 a Casa Amarela seria doada por Chateaubriand a Teresa, que só viria a se desfazer do imóvel quatro anos após a morte do pai.

O dono dos Associados podia ter perdido o vigor para enfrentar credores, mas não para exercer com ímpeto cada vez maior a tirania que insistia em impor ao filho Gilberto. Anos antes — quando os dois ainda viviam em paz —, Chateaubriand lhe dera de presente uma tela de Portinari, o *Cavalo empinado*, que decorava a antessala de seu gabinete na redação de *O Jornal*, no prédio da rua Sacadura Cabral. Certo de que o quadro lhe pertencia, o filho não se apressou em levá-lo para casa. Mas, quando as relações entre os dois pareciam ter azedado para sempre, chegou a Gilberto um recado urgente: se não quisesse perder a tela, que tratasse de retirá-la imediatamente do prédio dos Associados, pois Chateaubriand, arrependido ou esquecido, decidira dá-la de presente à filha Teresa — que recebera ordens para levar o quadro no dia seguinte. Tomado de cólera ao saber que o filho tinha tirado o *Cavalo* da parede de seu escritório, Chateaubriand soltou o primeiro "Macaco Elétrico". Aparentemente, era só uma advertência, na esperança de que a obra fosse devolvida, porque não fazia qualquer alusão ao nome de Gilberto. O anúncio dizia apenas que a tela tinha sido roubada da casa "do sr. Chateaubriand" e pedia sua devolução. Aquilo se repetiu em todos os jornais Associados por algumas semanas, e, como não surtisse nenhum efeito (Gilberto decididamente não estava disposto a devolver o quadro que era seu), Chateaubriand disparou a segunda versão, intitulada "Ladrão de cavalo" — desta vez citando nominalmente "o ladrão argelino Gilbert Allard Gabizon". Nem assim o Portinari voltou.

Diante do insucesso das intimidações impressas, o pai apelou para o rádio e a televisão: deu ordens para que todas as emissoras Associadas incluíssem em seus informativos uma terceira versão. Agora, em vez de dar qualquer nome, Chateaubriand mandou divulgar que se descobrira que o ladrão da tela era "um diplomata brasileiro". Além de não ter o *Cavalo empinado* de volta, o dono dos Associados acabava de comprar uma enorme encrenca com o governo — que ainda era o mesmo governo do marechal Castelo Branco que ele tanto atacara. Ferida em seus brios, a corporação do Itamaraty entrou em cena: afinal, se não dava o nome do "diplomata ladrão", Chateaubriand estava submetendo à suspeita todos os milhares de funcionários do Ministério das Relações Exteriores. O secretário-geral do Itamaraty, Pio Correia, mandou uma luzidia delegação de diplomatas, chefiada pelo embaixador Antônio Azeredo da Silveira, visitar oficialmente o jornalista em sua casa, em São Paulo, para dele obter o nome do larápio que se escondia anonimamente no ministério. Temendo que o jornalista, irresponsavelmente, não tivesse qualquer cerimônia em declinar o nome do filho (o que permitiria a Gilberto interditar o pai judicialmente), o advogado Nehemias Gueiros correu a São Paulo e conseguiu impedir que a delegação se avistasse com Chateaubriand, a pretexto de que seu estado de saúde não permitia visitas.

O Itamaraty não recuou. Na impossibilidade de obter a informação, requereu ao Ministério da Justiça que determinasse ao comandante Euclides Quandt de Oliveira, presidente do CONTEL — Conselho Nacional de Telecomunicações —, a abertura de um processo contra as rádios e tevês Associadas. O governo concluiu por um duríssimo e desproporcional castigo: mandou retirar do ar por 24 horas tanto as duas TVs Tupi quanto as demais estações Associadas que haviam retransmitido a notícia. Indignado com o que considerou uma arbitrariedade, o deputado João Calmon — que se encontrava no auge do prestígio adquirido na guerra contra os acordos da TV Globo com o grupo Time-Life — telefonou ao ministro da Justiça, Carlos Medeiros Silva, exigindo a reconsideração da medida. Diante da negativa do ministro, Calmon teria invocado sua condição de "revolucionário de primeira hora" para tentar reverter a suspensão. Mas o diretor dos Associados não estava falando com um ministro qualquer, e sim com um representante da linha dura do regime, o homem que redigira pessoalmente o Ato Institucional nº 1, instrumento que "legalizava" todas as perseguições, punições, cassações de mandatos e de direitos políticos que se seguiram ao golpe de 1964. Para piorar a situação, Medeiros tinha sido, até assumir o ministério (e voltaria a sê-lo depois), advogado de ninguém menos que Gilberto Chateaubriand. O ministro foi duro na resposta a Calmon:

— O senhor é revolucionário de primeira hora? Pois eu também sou, com a diferença de que posso cassar o seu mandato.

Nem a punição foi revista, nem o *Cavalo empinado* voltou. Tampouco Chateaubriand se deu por vencido na guerra contra o filho. Em março de 1967, assumiu o governo o marechal Arthur da Costa e Silva, abertamente apoiado pelos Associados, e por quem o jornalista fizera campanha ostensiva, contra o grupo liderado por Castelo Branco. Para o cargo de ministro das Relações Exteriores — portanto o superior máximo de Gilberto na hierarquia diplomática — foi nomeado o amigo de Chateaubriand e ex-governador de Minas, Magalhães Pinto. Pelo menos duas vezes, em brigas anteriores, o jornalista tentara obstruir a carreira do filho. Quando Gilberto servia na embaixada brasileira em Paris, no governo Kubitschek, o pai pressionou o chanceler Macedo Soares a fim de que este o transferisse para a remota Taipé, capital de Formosa, ou pelo menos o removesse de volta ao Rio — ou seja, Chateaubriand queria de qualquer maneira tirar o filho "do circuito", como se diz no jargão diplomático. Como se tratava de um funcionário de carreira, Gilberto permaneceu onde estava. Passaram-se alguns anos e, quando Francisco Negrão de Lima assumiu o Ministério, o jornalista voltou à carga com mais crueldade: tentou obter a transferência do filho para Caracas, na Venezuela, considerada então uma das cidades de custo de vida mais caro no mundo — lugar ideal para "falir" ou "quebrar" um diplomata.

Frustrado nas duas tentativas, em 1967 Chateaubriand viu renascerem suas esperanças de vingança: além de ter um amigo na Chancelaria, o país vivia sob um regime ditatorial, no qual um ministro podia, a seu próprio arbítrio, fazer e desfazer da carreira de um funcionário como Gilberto. Este sentia de perto a coerção do pai sobre o Itamaraty para que seu nome entrasse em uma das dezenas de listas de cassações e aposentadorias compulsórias que aterrorizavam os ministérios, e chegou a ter nas mãos a cópia de um inacreditável telex que Chateaubriand enviou a Magalhães Pinto. Não trouxesse embutida a inexplicável crueldade de um pai contra o próprio filho, o texto do telegrama — ditado pessoalmente pelo jornalista para Emília e Irani — só poderia ser lido como uma peça humorística:

Telex para Magalhães Pinto
  Ouvi dizer Gilberto Bandeira Melo vg meu filho adotivo vg deseja trabalhar seu gabinete pt Trata-se de um perfeito *scroc* pt Rouba minha casa há sete anos pt Nunca foi meu filho de sangue pt Mandei-o reconhecer por piedade sua mãe vg nada mais pt
  Tentou em Nova York extorquir de mim venda da Schering para lhe dar 200 mil contos pt Ordenei fosse expulso do hospital pt Agora roubou no meu gabinete do jornal um Portinari que eu havia dado ao Museu de Porto Alegre pt
  Peço evitar este miserável que é um cínico ignóbil pt Roubou toda minha roupa de sair no Rio e em Londres: duas casacas vg três smokings e doze ternos

dados a mim por Spitzman Jordan e Antonio Galdeano pt Igualmente furtou meus dois relógios Patek Philip dados por Oswaldo Costa e minha mãe pt

Há uma diferença entre Fernando e Gilberto e ela é esta: Fernando é um porco espinho vg Gilberto é um porco somente pt Faço questão este telex seja entregue no banco ou ao Magalhães Pinto pt Guardar cópia pt

Assis Chateaubriand

A vingança tantas vezes pedida por Chateaubriand nunca chegou a se consumar. (O filho, na verdade, nunca pretendera "trabalhar no gabinete" do chanceler, como o telex indicava. E tanto as casacas quanto os smokings "roubados" apareceriam intactos, anos depois, no rol do espólio do jornalista, leiloado após sua morte.) Mas, vendo as garras do arbítrio se aproximarem cada vez mais do posto funcional que ocupava, Gilberto acabou, tempos depois, optando por se antecipar e pedir demissão do Itamaraty, abandonando espontaneamente a vida diplomática.

Se a doença de fato minava sua resistência a olhos vistos, Chateaubriand, como se podia ver pelo comportamento com Gilberto, não perdera a impulsividade para as "teratologias familiares" a que se referira o psiquiatra americano. Nem o ânimo para as duas únicas atividades que continuavam consumindo suas energias como se ele estivesse são: o museu e a política. Aliás, não era mais "o", mas os museus. Uma de suas últimas iniciativas tinha sido a criação de museus regionais, espécie de filhotes do MASP espalhados por todo o país e dedicados exclusivamente à arte brasileira. Já haviam sido fundados os de Olinda, em Pernambuco, Campina Grande, na Paraíba, Feira de Santana, na Bahia, Araxá e Belo Horizonte, em Minas, e Porto Alegre, no Rio Grande do Sul. Mais dois estavam em via de ser criados, em Natal, no Rio Grande do Norte, e em São Luís, no Maranhão. Quanto ao MASP, Chateaubriand não diminuiu o ritmo de investimentos nem mesmo na era pós-Juscelino, quando as execuções diárias de dívidas faziam os diretores Associados arrancar os cabelos. Entre um dos lotes adquiridos para o museu estava uma obra, comprada à mesma Galeria Wildenstein, que se tornaria o centro de uma polêmica entre Gilberto e Bardi que duraria até após a morte do criador do MASP.

Tratava-se da tela *José e a mulher de Putifar*, de Gauguin, cuja compra Gilberto ajudara a intermediar ainda em 1961, época em que suas relações com o pai andavam em alta. Trazida da Áustria, onde se encontrava exposta em uma galeria, Chateaubriand exigiu para a entronização da obra a pompa destinada às grandes aquisições: convidou para madrinha a bela princesa Ira de Furstemberg, recém-casada com "Baby" Pignatari. À cerimônia de incorporação do Gauguin ao acervo do MASP, fartamente coberta em reportagem publicada na edição de 11 de março de 1961 de *O Cruzeiro*, estiveram presentes, além da madrinha, Horácio Lafer, Menotti del Picchia, o industrial Cândido Fontoura e o senador Auro de Moura Andrade.

Passados alguns anos da morte de Chateaubriand, Gilberto vê em Nova York, na revista *Look*, uma reportagem intitulada "As cem obras-primas de Georges Wildenstein". Folheia a revista e depara, assombrado, com uma fotografia de Daniel Wildenstein, filho do *marchand*, sentado em uma poltrona e encimado por algumas da tal centena de obras-primas da família — entre as quais se encontrava a razão de seu espanto: exatamente o *José e a mulher de Putifar*. Estava criado um dos mais controvertidos casos da história do MASP, para o qual existem três versões diferentes: Gilberto assegura que Bardi "vendeu de novo o quadro a Wildenstein por 600 mil dólares". Tanto Pietro Maria Bardi como Edmundo Monteiro (este era formalmente o presidente do museu) sustentam que, por não ter sido pago, o Gauguin foi simplesmente devolvido à coleção de Wildenstein. O *marchand* que teria vendido a obra, por sua vez, oferece uma terceira versão, informando que o quadro "veio ao Brasil apenas para ser submetido ao '*approval*' de Chateaubriand, que já estava doente, e foi levado de volta a Nova York". De toda a polêmica, que se transformou em um bate-boca público, a única verdade é que o quadro foi de fato "apresentado à sociedade" como sendo propriedade do MASP. E que hoje faz parte da coleção da família Wildenstein. Um processo aberto pelo Serviço do Patrimônio Histórico Nacional — SPHAN —, anos depois, ressalta, de forma conclusiva: "Nenhuma peça mais do MASP, hoje patrimônio cultural nacional, apesar do caráter privado da instituição, poderá ter sua exportação autorizada pelo Conselho Federal de Cultura".

Assim como gastou suas últimas energias com o museu, só a morte tiraria de Chateaubriand o entusiasmo pela movimentação dos cordéis do poder político. No período em que Castelo Branco era o presidente da República, seus artigos diários eram um espelho das divergências que cada dia mais o separavam do chefe do governo militar. Sem nunca ter sido punido ou sequer importunado pelo que escrevia (a única exceção tinha sido a suspensão imposta à TV Tupi), Chateaubriand tratava com insolência um presidente que enfeixava em suas mãos poderes suficientes para prejudicar enormemente os Associados e seu chefe. No calor da disputa militar pela sucessão presidencial, o jornalista apimentou o destempero nas críticas que fazia ao presidente, a quem os áulicos saudavam como "um intelectual" entre seus colegas de farda:

> Já se constatou o que ocorreu no caso da escolha de Castelo Branco para presidente, em abril de 1964. Ele não era o homem de inteligência que se supunha. Houve um trágico erro de cabeça. A sua estava longe de ter miolos de um intelectual, do homem de doutrina que se imaginava.
>
> Era apenas um erudito, isto é, o que devora livros, armazena conhecimentos, acumula estoques de fatos, entesoura cabedais literários e científicos, vive com os olhos em cima dos livros, lendo sem cessar. Mas para digerir coisa nenhuma. Engole erudição até ficar empanzinado, o ventre timpânico, a morrer indigesto.

Um dia, o presidente mandou chamar Edmundo Monteiro a Brasília para uma audiência sobre "o problema Chateaubriand". Monteiro comunicou a convocação ao chefe, que reagiu com bom humor:

— Pode ir. O Castelo vai pedir penico.

Não pediu. O presidente queria, ao contrário, advertir o dono dos Associados de que ele, na questão sucessória, estava se imiscuindo em um assunto estritamente militar. Por intermédio de Monteiro, mandou uma mensagem a Chateaubriand:

— Transmita a Chateaubriand o meu pensamento. Ele está colocando os Diários Associados a serviço da campanha do general Costa e Silva. Vocês não podem ser mais amigos do Costa e Silva do que eu. Sou colega dele há longos anos e tenho por ele muita estima. Mas ele é um despreparado, não pode ser presidente da República. Eleito, ele será uma desgraça para o Brasil, será o fim da revolução.

Chateaubriand não fez caso da advertência e continuou escrevendo a favor da candidatura do ministro da Guerra. Passam-se algumas semanas e ele recebe, dessa vez por intermédio de um general amigo comum dele e de Castelo, um novo e mais explícito recado do presidente: ele podia ser quem fosse, mas não deveria continuar publicando desaforos contra um governo que tinha imenso poder. Em resumo, Castelo queria lembrar a Chateaubriand que mesmo para um revolucionário, ainda que inválido, a paciência dos militares tinha limites. A resposta do jornalista foi curta:

— Diga ao presidente para não vir com conversa. Para dar ordens dentro dos Associados tem que assumir nossa folha de pagamento.

Sua insistência em influir na luta sucessória acabaria transformando-o em pivô de uma crise militar de bom tamanho. O general Justino Alves Bastos, comandante do III Exército (sediado em Porto Alegre), tinha ambições de se candidatar, pelo voto indireto da Assembleia Legislativa estadual, ao governo do estado do Rio Grande do Sul. Mas para isso teria de derrubar um obstáculo legal criado pelos próprios militares: a Lei de Inelegibilidades exigia candidatos com domicílio eleitoral no estado em que fossem disputar eleições — e o título eleitoral de Justino estava registrado em Pernambuco, onde ele servira antes como comandante do IV Exército. Situação semelhante viviam seus colegas generais Amaury Kruel, que pretendia disputar o governo de São Paulo (onde chefiava o II Exército), e Antônio Carlos Murici, sucessor de Justino no comando do IV Exército, interessado em participar das eleições pernambucanas. Castelo Branco fazia firme objeção não só à candidatura de Justino, mas também às dos outros dois generais de exército.

Quando iam acesas as divergências intestinas de Justino com o presidente da República, Chateaubriand resolveu organizar um grande churrasco na sua fazenda Chambá, no Rio Grande, a pretexto de "batizar" Kruelino, o terneiro Hereford nascido das matrizes importadas da Inglaterra. Perito em conspirações, o dono dos Associados fez com que o centro das atenções de todos os jornalistas presentes fosse não o bezerro, mas seus dois convidados de honra: o general Justino Alves Bastos e seu colega de luta contra a exigência do domicílio eleitoral, general Amaury Kruel. Batizado Kruelino (em cuja cabeça o general Kruel, padrinho, derramou uma garrafa de champanhe), ao final do churrasco Chateaubriand pediu que fosse dada a palavra ao general Justino. Seu discurso foi uma bomba. Pela primeira vez, desde 1º de abril de 1964, um oficial da sua patente e ocupando um posto da importância do comando do III Exército se referia claramente ao governo militar como uma ditadura. Depois de classificar como "uma monstruosidade essa história de domicílio eleitoral", o general encerrou suas palavras com dureza:

> O pobre nunca foi tão pobre depois que inventaram esse plano de recuperação econômica, feito pelo talentoso mato-grossense Roberto Campos, mas que só tem feito todo mundo reclamar das dificuldades.
>
> Concluo com um apelo especial à imprensa no sentido de que lute para que a trajetória do Brasil não seja interrompida e não seja principalmente uma trajetória no sentido contrário, que, depois de nos afastar do perigo da esquerda, incline-se para os perigos da direita, para a ditadura, para o domínio de uma pessoa sobre as demais, para o domínio das piores ideias sobre as melhores. Entendam-me como quiserem, mas esta é a linguagem franca que nunca saberei deixar de usar. Antes perderei a fala, antes me transformarei em um surdo-mudo, mas não sei falar o que não seja a verdade.

Ibanor Tartarotti, diretor dos Associados no Rio Grande do Sul, pegou a fita onde mandara gravar a fala do general e, consciente do teor explosivo do projétil que tinha nas mãos, encarregou um repórter de levar a gravação até a Rádio Farroupilha, em Porto Alegre, para ser distribuída entre os demais veículos Associados. Logo após a partida do carro de reportagem, decolou da fazenda Chambá um helicóptero que tinha transportado para o churrasco alguns oficiais da Aeronáutica. Minutos depois, o aparelho pousava no meio da estrada que levava a Porto Alegre, interrompendo a passagem do veículo Associado. De dentro da aeronave desceu um oficial, que se identificou como "coronel Assis, do Centro de Informações da Aeronáutica", prendeu o jornalista e confiscou a fita, que antes de o dia terminar já estava nas mãos do presidente Castelo Branco, em Brasília. Conforme previra em seu discurso, Justino perdeu a fala. A fala e o emprego: no dia seguinte ele estava demitido do comando e para seu lugar Castelo nomeava o general Orlando Geisel.

Chateaubriand continuou batendo em Castelo Branco. No dia 15 de março de 1967, quando este transferia a faixa presidencial para Costa e Silva, o jornalista escreveu um curto artigo, intitulado "Administrador de cemitérios":

> O epitáfio do marechal Castelo Branco deve ser curto. Aliás, sendo o defunto grosso e feio, o tamanho deveria mesmo ser pequeno. [...] O novo governo recebe

o país da mão do outro, que exauriu o mercado interno e pôs em fuga o externo, um governo que infligiu à sua gente os piores vexames sem contudo defender a moeda, cada vez mais aviltada. O saldo que se apresenta é este: ele é um soldado bisonho, que parte com sua turma de coveiros. O alto sexagenário poderá ficar resumido num singelo título, mais ou menos assim: administrador de cemitérios.

Josué Montello registra em um de seus livros de memórias que a primeira aparição pública de Castelo depois de deixar a Presidência foi em uma reunião na casa do acadêmico Silva Mello, o velho amigo de Chateaubriand. Em meio ao jantar, o anfitrião começa a "falar de corda em casa de enforcado", anotou Montello, ao discorrer com calorosos elogios sobre os artigos do dono dos Associados. Castelo ouvia, esfarelando migalhas de pão entre os dedos, e, quando Silva Melo fez uma pausa, o ex-presidente comentou:

— Eu o leio sempre. Principalmente quando me agride e injuria. Prefiro lê-lo à noite, antes de dormir. É uma boa hora para ler as descomposturas. Leio-as, recorto-as e durmo. Durmo até de manhã.

Se Castelo tratava o jornalista com indiferença, o sentimento não era recíproco. No dia 18 de julho de 1967, quando o avião *Jagunço* pousou no aeroporto de Congonhas, em São Paulo, trazendo da cidade de Mococa Chateaubriand e o ex-ministro da Agricultura de João Goulart, Renato Costa Lima, o dono dos Associados chamou Emília a um canto, como se segredasse alguma coisa: ele queria que a enfermeira convidasse os amigos para uma festa que decidira realizar naquela mesma noite na Casa Amarela, para comemorar uma notícia ouvida no rádio do avião. Ao chegar à rua Polônia, no começo da noite, um dos convidados (o médico Cássio Ravaglia) imaginou que o jornalista estava celebrando algum progresso na recuperação de sua saúde. A casa estava cheia, e a cada visita que chegava Chateaubriand mandava abrir mais uma garrafa do caríssimo champanhe Moët & Chandon Magnum (que ele guardava apenas para ocasiões muito especiais) e propunha um novo brinde. Ravaglia quis saber de seu paciente o que exatamente se festejava, e ouviu, incrédulo, o jornalista contar qual a boa notícia que o rádio do avião divulgara:

— Estamos comemorando a morte do marechal Castelo Branco, cujo avião se espatifou hoje nos céus do Nordeste.

Desde que sua saúde sofrera os dois abalos mais graves depois da trombose, a broncopneumonia e a cardiopatia, Chateaubriand recebeu rigorosa orientação dos médicos para reduzir ao mínimo suas saídas da Casa Amarela. Uma dessas viagens foi para participar das festas que marcaram a sanção, pelo governador do Paraná, Paulo Pimentel, do projeto de lei que dava a uma cidade do interior do estado o nome de Assis Chateaubriand. Fora essas ausências cada vez mais raras, sua vida se resumia a uma cansativa rotina: acordar de manhã, ler os jornais, fazer fisioterapia na piscina aquecida, escrever o artigo diário, almoçar as papinhas que os enfermeiros lhe preparavam e punham em sua boca, garfada por garfada, se sujeitar a algumas sessões de ginástica nas barras colocadas sobre a cama hospitalar e nada mais. Ao ver se esvaírem por completo as esperanças de que algum dia pudesse voltar a andar e falar normalmente, ele foi também perdendo aos poucos a energia, o viço e a inquietação que milagrosamente tinham sobrevivido até mesmo à trombose. Com o passar do tempo começou a dividir com seus milhares de anônimos leitores o estado de desânimo que o abatia. Quando o fôlego ou a paciência eram insuficientes para escrever um artigo até o fim, ele ciscava as teclas da máquina por um ou dois parágrafos e parava por ali mesmo. Encerrava abruptamente o texto com uma observação entre parênteses, que exigia que fosse composta e publicada nos jornais: "continua no próximo dia". Como se tivesse perdido o acanhamento de reconhecer que estava entrevado, passou a incluir nos artigos pequenas considerações sobre o esforço que representava para ele escrever todos os dias: "Nas precárias condições com que luto com meus membros superiores, o problema de escrever é mais complicado do que acreditará o leitor. A necessidade de alargar a extensão da máquina depende mais das imposições do mal do que da vontade obstinada do rabiscador". Quando era objeto de alguma homenagem a que, por recomendação médica, não podia comparecer, ele não tinha mais constrangimento em abrir seu discurso-artigo com a confissão da sua incapacidade: "Estas são as palavras que eu diria, se pudesse...". Um dia, Evaldo Inojosa, presidente do Instituto do Açúcar e do Álcool, organizou um banquete em sua homenagem no Jockey Club de São Paulo. Impedido de comparecer, escreveu no discurso de agradecimento (que seria lido pelo ator Lima Duarte e publicado como artigo no dia seguinte) um parágrafo que dava a medida da prostração em que a doença o deixara:

> A maior surpresa que tenho nestes últimos sete anos e meio é quando recebo uma lembrança, um chamado ao convívio de meus semelhantes. Sou um morto-vivo desde os derradeiros dias de janeiro de 1960 [embora a trombose o tivesse abatido no final de fevereiro, por alguma inexplicável razão ele sempre se referia a ela como se tivesse ocorrido no mês de janeiro]. Praticamente removido do concerto dos contemporâneos, vivo pela graça providencial dos doutores amigos que me assistem em duas cidades.
>
> O aparecimento em um ato destes, com a saída violenta de casa, é como se fosse o milagre de uma aparição, de tal modo me encontro engolfado num mundo de silêncio e distância das outras criaturas da nossa espécie...

A pelo menos duas pessoas da sua intimidade — Edmundo Monteiro e Elisabeth Banas, mulher do jornalista Geraldo Banas — ele falou claramente em suicídio, usando sempre a mesma expressão:

— O que torna o meu sofrimento mais trágico é não ter forças sequer para me suicidar. É não ter mãos suficientes para jogar veneno na boca ou estourar os miolos com um tiro. E os meus melhores amigos insistem em que eu viva, fazem todo o esforço para que eu viva. Neste estado, mas vivo.

Mas a constatação de que Chateaubriand perdera para sempre a esperança na medicina e na ciência convencionais aconteceu quando de repente, em 1967, ele decidiu começar a recorrer a bruxos, curandeiros, pais de santo e charlatães baratos. Apesar de ser sabidamente incréu, um ateu sem a mais ínfima convicção religiosa, trocou as assinaturas de revistas científicas que vinham da Europa e dos Estados Unidos com notícias sobre as últimas conquistas da neurologia pelo primeiro vigarista que alguém recomendasse. Apesar das instruções dos médicos de que só deveria se locomover da Casa Amarela em casos excepcionais, o jornalista viajou ao Rio para se consultar num pobre subúrbio carioca com uma mãe de santo conhecida como "d. Cacilda, 'cavalo' do seu Sete, o rei da Lira" ("cavalo", na linguagem da umbanda, é a pessoa que incorpora o espírito do "guia", em geral a alma de alguém falecido). As sessões de d. Cacilda não passavam de reuniões em que Chateaubriand, de cadeira de rodas, permanecia no centro de um círculo em que as pessoas bebiam cachaça no gargalo de uma mesma garrafa e fumavam charutos como se estivessem em transe. Vigilantes, Emília e o motorista Paulo Figueiredo cuidavam para que a garrafa e os charutos nem passassem perto do jornalista. Ao final de duas ou três sessões, Chateaubriand desistiu do terreiro.

Durante sua permanência no Rio, ele soube de milagres que estavam sendo operados na Inglaterra por um certo "dr. Khalin", especializado na cura de paralíticos, a quem até alguns membros da Família Real teriam recorrido. Apesar das objeções de Ackerman e de sua equipe, Chateaubriand mandou João Calmon a Londres para averiguar de perto a eficiência do novo curandeiro. O diretor geral dos Associados viajou à Inglaterra e de lá enviou, por malote, para o chefe um dossiê com reportagens publicadas em jornais britânicos sobre Khalin. Junto com o material, Calmon escreveu uma carta a Chateaubriand advertindo-o de que todas as pessoas sérias consultadas em Londres sobre o homem tinham sido unânimes: tratava-se apenas de mais um charlatão que jamais curaria quem quer que fosse, e ainda menos uma pessoa afetada por uma dupla trombose cerebral. Surpreso, dias depois da remessa Calmon recebeu um curto telegrama do patrão: "Embarque Khalin". Com a passagem de avião e a hospedagem no Copacabana Palace pagas pelos Diários Associados, Khalin passou duas semanas no Rio. Seu "segredo" era uma beberagem feita à base de um pó extraído do fígado de feto de carneiro — que, apesar de não resultar em nenhuma alteração no estado de saúde de Chateaubriand, custou aos combalidos cofres Associados mais 5 mil dólares (cerca de 52 mil dólares em 2011), que era o preço de suas consultas em domicílio.

Apesar da ineficácia da modesta d. Cacilda ou do sofisticado "dr. Khalin" (que só se comunicava com Chateaubriand em alemão), o jornalista parecia ainda ter esperanças de que as forças do além o fariam recuperar-se de alguma forma. Ainda no Rio, Chateaubriand acabou batendo na porta de "Nero de Cavalcanti"

— seu nome vinha do imperador romano, cujo espírito dizia receber, e o sobrenome só indicava o modesto bairro da periferia do Rio onde vivia. "Nero" era apenas o ex-policial Lourival de Freitas — um homem esquálido, de faces encovadas e olhos fundos —, que alardeava ter poderes para receber não apenas o espírito do homem que incendiou Roma, mas também o do imperador Petrônio, de Átila, de Messalina ou de entidades nacionais, como o "caboclo Tocantins" ou o "caboclo Serra Negra". Misturando pólvora, éter e sangue de galinha, "Nero" aparecera na imprensa posando em fotografias ao lado de ilustres pacientes que teria curado, como o juiz de direito Anselmo de Sá Ribeiro e o almirante Rubens Cerejo, comandante do Corpo de Fuzileiros Navais.

O tratamento com "Nero" foi mais demorado que os anteriores. Durante as sessões, ele se vestia com uma capa negra de forro vermelho, dava passes, fazia misturas, mas não escapava dos olhares precavidos de Emília, Paulo e Irani toda vez que se aproximava de Chateaubriand com giletes ou agulhas de tricô nas mãos. Como o jornalista tivesse de retornar a São Paulo, exigiu que "Nero" se transferisse para a Casa Amarela com toda a sua trupe por mais algumas semanas. Naturalmente que também nada daquilo deu qualquer resultado, mas Chateaubriand poderia ter sido poupado da palhaçada se tivesse se lembrado de duas reportagens publicadas em maio de 1958 em *O Cruzeiro*. Nelas, o repórter Ubiratan de Lemos e os fotógrafos Jorge Audi e Walter Luiz desmentiam a imprensa sensacionalista do Rio, comprovando que Lourival de Freitas era apenas mais um malandro que vivia da exploração da boa-fé alheia.

Na noite de 4 de outubro de 1967, Chateaubriand consentiu, pela segunda vez em sua vida, que se festejasse seu aniversário — a primeira fora em 1913, aos 21 anos, quando a data coincidiu com sua posse no cargo de redator-chefe do *Estado de Pernambuco*. Agora, ao completar 75 anos, ele talvez estivesse pressentindo que viveria seus últimos momentos felizes. Organizada de surpresa pelos empregados da Casa Amarela, só estes e mais os enfermeiros de plantão participaram da comemoração. A única exceção era Paulo Cabral, a quem Chateaubriand pediu que lesse um discurso de agradecimento que ele escrevera pouco antes — e que, como todos os outros, também seria publicado nos jornais como artigo no dia seguinte. Apesar dos brindes de champanhe e do bolo com velinhas, a atmosfera indicava que todos pareciam prever que aquele seria o último aniversário do patrão.

Era verdade. Nos últimos meses de 1967 as condições de saúde dele foram se deteriorando a olhos vistos. As dificuldades respiratórias se acentuavam, os surtos de hipertensão surgiam com mais frequência. Uma grave crise de insuficiência respiratória fez com que os médicos o internassem às pressas no Hospital Santa Catarina, na avenida Paulista. Quando todos imaginavam que se tratava do fim, Chateaubriand despertou, pediu que levassem sua máquina de escrever ao hospital e redigiu um longo artigo intitulado "Velho São Paulo cansado de guerra", uma homenagem ao amigo Manoelito Ornellas, que naquele dia lançava o livro *Um bandeirante de Toscana*, dedicado ao industrial Pedro Morganti. Dois dias depois, ele estava de novo na Casa Amarela — combalido pela recaída, mas sentado à frente da IBM e produzindo o infalível artigo diário.

Nos primeiros dias de 1968, Chateaubriand mandou chamar em Belo Horizonte o clínico José de Souza Fortes, chefe do Departamento Médico dos Associados de Minas e ex-secretário municipal da Saúde da capital mineira. Espírita, Fortes era o revisor que nos anos 1930 havia literalmente psicografado metade de um artigo do patrão — perdendo por isso e logo em seguida recuperando o emprego no *Diário da Tarde*. A presença de Fortes (que parecia acreditar mais no espiritismo que na medicina), devidamente instalado em um dos quartos da Casa Amarela, deu a todos — equipe médica e enfermeiros — a certeza de que o jornalista estava jogando todas as suas esperanças de cura nas forças do desconhecido, do além. Todas as noites, antes de dormir, Fortes fazia Chateaubriand repetir com ele, durante meia hora, "a milenar invocação do arcanjo Miguel", uma longa oração que misturava inglês e português para "atrair as legiões da luz":

I am, I am, Iam
  Eu sou, eu sou, eu sou a Divina Presença que vibra em mim eternamente.
    Miguel Arcanjo e legiões de luz, em nome de Deus todo-poderoso, em nome da Virgem mãe de Jesus e em nome de Jesus, invoco vossa falange em nome de milhares de anjos e de arcanjos de armaduras de ouro e espadas chamejantes de chama azul curadora e protetora e peço que se manifeste, por meu intermédio, com a rapidez do relâmpago [...]

Além das rezas, Fortes "interpretava" os sonhos do jornalista e transmitia a ele mensagens vindas do outro mundo com notícias sobre sua saúde. Não se sabe se influenciado ou não pelo médico mineiro, um dia Chateaubriand anunciou que viajaria ao interior de Minas para se consultar com o médium "Zé Arigó", residente na cidade histórica de Congonhas do Campo. Por maiores que fossem as objeções colocadas pela equipe médica, ele estava decidido a tentar a sorte com o homem que realizava cirurgias com facas de cozinha depois de receber "o espírito" de um falecido médico alemão conhecido como "dr. Fritz". Era a segunda vez que recorria ao célebre médium. Três anos antes, Chateaubriand obrigara Edmundo Monteiro a montar uma operação clandestina para transportar Arigó de Minas até São Paulo escondido dos médicos que o assistiam. Fretou-se um pequeno avião da empresa Líder e o encarregado de ir a Minas Gerais buscar o paranormal foi o repórter Saulo Gomes, que já o havia entrevistado para a TV Tupi, quando o médium fora preso por exercer ilegalmente a medicina. A viagem se assemelharia a uma ação guerrilheira. O aviãozinho chegou de madrugada ao aeroporto de Congonhas, Zé Arigó foi hospedado às escondidas na casa do milionário industrial Camilo Ansarah, na avenida Brasil, no Jardim América. Durante o dia, Chateaubriand era levado para lá, sem que os médicos soubessem, para se consultar. Embora não tivesse tentado qualquer intervenção cirúrgica no jornalista, ao fim de três dias de conversa Arigó receitou, em um pedaço de papel qualquer, os remédios que, assegurava, iriam curar o paciente. Temeroso do que aquilo pudesse significar para a saúde do patrão, Edmundo Monteiro se sentiu na obrigação de tomar cuidados especiais, e conversou com o jornalista sobre o assunto:

— Chatô, enquanto eram rezas do doutor Fritz em alemão eu entendi que não tinha importância. Mas tomar esses remédios dele, não. O senhor não pode trocar os melhores médicos do mundo por um curandeiro ignorante.

Ele ficou louco:

— Eu não estou pedindo para comprar os remédios, estou mandando! Eu quero sair desta cama, você não percebe? Se precisar comer merda para sair desta cama, pode trazer que eu como!

— Mas como é que vou fazer com seus médicos?

— Mande os meus médicos à puta que os pariu!

Antes de mandar aviar a receita, Monteiro tomou a precaução de submetê-la ao médico Cássio Ravaglia. Eram medicamentos clássicos, convencionais e superados, a maioria deles recomendada para arteriosclerose. Ravaglia quebrou o segredo e falou com Chateaubriand com bom humor:

— Doutor Assis, se o Arigó estivesse utilizando métodos sobrenaturais para curá-lo eu teria que aceitar caladinho, porque não entendo disso. Mas por esta receita eu vejo que ele está entrando na nossa área, e entrando mal. Os remédios que ele receitou para o senhor são superados, acho que o senhor não devia pôr muita fé nisso. Tomar esses remédios não lhe fará nenhum mal, mas asseguro que também não vai lhe trazer qualquer progresso.

Os remédios foram comprados, mas por ordem de Edmundo Monteiro foram mantidos apenas os frascos novos: as pílulas que vieram dentro deles foram trocadas pela medicação que o jornalista vinha tomando normalmente.

No dia 12 de janeiro de 1968, Chateaubriand transferiu-se com seu *entourage* para Congonhas do Campo. Além dele, foram para Minas a enfermeira Emília, o motorista Paulo Bruno, Irani, duas amigas — Hilda Decoster e Helena Lundgren, a herdeira da rede de lojas Casas Pernambucanas — e, naturalmente, o médico espírita José de Souza Fortes. A máquina de escrever foi na mudança, e foi de lá que ele assinou os artigos nos dias seguintes. O grupo passou uma semana acompanhando-o nas consultas diárias com Arigó, e, ao contrário do que ocorrera com os outros curandeiros, as consequências não poderiam ter sido mais graves. Diante do impassível dr. Fortes — e para desespero de Emília, que a certa altura ameaçou chamar o neurologista Ackerman para pôr um fim àquilo —, Chateaubriand foi retirado de sua rigorosa dieta médica e passou a se alimentar de comida comum. Recebeu aplicações de injeções (que depois se soube serem de singela vitamina B 12), e ainda teve de ingerir, com enorme risco para seus pulmões, garrafadas de beberagens preparadas pelo médium, sempre tomado pelo "espírito do dr. Fritz". Temendo que Emília pudesse interromper o "tratamento", Arigó passou a proibir a presença dela durante as consultas. Mas foi mesmo a enfermeira quem encerrou o tratamento, no dia em que o patrão voltou de uma das sessões com o rosto completamente esfolado. Sob a inspiração do "dr. Fritz", Arigó tinha mandado dois homens colocarem Chateaubriand de pé, segurando-o por debaixo dos braços. Enquanto o jornalista se equilibrava sobre a sola dos sapatos, trêmulo, o médium gritou com forte sotaque alemão:

— Doutor Assis, hoje o senhor vai andar! Larga!

Ele se esborrachou de cara no chão.

No dia 21 de janeiro, Chateaubriand voltou para São Paulo estropiado. Dois dias depois era novamente internado no Hospital Santa Catarina. Lá ele foi instalado no apartamento número 212, uma suíte com um quarto anexo e uma sala para os médicos. O quarto dava para uma pequena sacada sobre a avenida Paulista, e da cama onde estava deitado ele só podia ver, quando abria os olhos, o perfil da imagem de Santa Catarina que ornamentava a entrada do hospital, recoberta pelo mesmo pedrisco que revestia a fachada do prédio. O grave problema pulmonar que o acometera fora sanado com uma punção — de seu único pulmão bom foram retirados primeiro um litro, depois mais dois litros e meio de água enquistada na pleura. Na manhã seguinte, ele pediu que lhe trouxessem a máquina para escrever o artigo — que, como todos os anteriores, era submetido à jornalista Margarida Izar para a revisão dos incontáveis erros de datilografia. Revisto, o artigo foi lido para Chateaubriand, que o liberou para publicação. O esforço para sentar-se à frente da IBM era tanto que no dia seguinte ele abandonou a máquina — quando quisesse escrever, teria de voltar a ditar os artigos, como no começo da doença. Alquebrado, Chateaubriand passou provavelmente um dos mais largos espaços de tempo sem escrever desde que se tornara jornalista — dezoito dias. Quando sentiu que recobrara alguma energia, ditou um artigo elogiando a ação do ministro do Interior, Albuquerque Lima, na Amazônia, mas abriu-o falando da doença:

Lendo jornais de São Paulo e do Rio, no quarto de hospital em que estou desde o dia 23 de janeiro, sinto que me seria mais fácil bater à máquina, em minha casa da rua Polônia, do que ditar, como faço agora, o meu entusiasmo por um empreendimento que demonstra a dimensão do pensamento de Costa e Silva e dos ministros do Interior, das Comunicações e de Minas e Energia [...]

Os artigos vão ficando cada vez menos frequentes, não é todo dia que ele tem disposição ou pulmões suficientes para balbuciar centenas de palavras. Em meados de fevereiro, a morte voltou a rondar seu quarto: uma inesperada asfixia, provocada por novo acúmulo de líquido na pleura, obriga os médicos a recorrer a uma traqueostomia. Mas havia um problema: se fosse submetido a anestesia, os pulmões não teriam força suficiente para manter o organismo funcionando, e um ataque de insuficiência respiratória poderia ser fatal. A incisão na traqueia precisaria ser feita a seco, sem anestesia, e imediatamente.

Quando o bisturi do cirurgião começou a entrar na fina camada de carne que revestia a traqueia, o hospital inteiro ouviu o urro de dor que ele emitiu. Feita a incisão, quando os médicos começaram a introduzir a canaleta metálica — o *bird* — que permitiria a passagem de ar para o pulmão, Emília viu que lágrimas de dor escorriam dos olhos de Chateaubriand, molhando as beiradas do travesseiro. Mas ainda não seria daquela vez que ele ia morrer. Quando voltou a abrir os olhos, viu à sua frente a figura de d. Hélder Câmara, arcebispo de Olinda e Recife, de quem era amigo mas de cujas posições políticas, consideradas "esquerdizantes", sempre discordara publicamente. À saída do hospital, d. Hélder falou aos jornalistas em um tom que soava a extrema-unção:

— De Chateaubriand se pode dizer o melhor e o pior. Haverá quem diga horrores pensando nele, mas como não recordar as campanhas memoráveis que ele empreendeu? Dentro do maquiavélico, do chantagista, do cínico, o Pai saberá encontrar a criança, o poeta. Deus saberá julgá-lo.

Como se estivesse se vingando das palavras do religioso, que nem chegara a ouvir, Chateaubriand publicaria no dia seguinte um artigo curto e duro sobre ele, intitulado "A inquietação do padre":

> Vejo o arcebispo de Olinda e Recife como a ovelha da madre Igreja que mais e mais se afasta de seu redil. Não está cumprindo a missão de servo de Deus, ungido pelos princípios da eternidade espiritual de sua fé. Açoitado pelas paixões humanas, precipita-se em fúria, sem pouso, sem paz, num apostolado que seria o da Nova Igreja do Nordeste. D. Hélder se faz, sem ter a mesma envergadura de pensamento, um Carlos Lacerda de saias.

O movimento de visitas na antessala do quarto 211, para onde fora transferido a fim de não ser perturbado pelo excessivo ruído da avenida Paulista, é incessante. São governadores de quase todos os estados, ministros, embaixadores, mulheres, amigos, empregados, condôminos que passam uma, duas, três vezes ao dia para receber notícias do homenzinho que do outro lado da parede se esforça para não morrer. No dia 20 de março, Chateaubriand pede a IBM de volta. Quase sem forças, senta-se e escreve um pequeno artigo registrando sua alegria por saber que, dali a três meses, seria inaugurado o Museu Regional de Natal, no Rio Grande do Norte. Avisa a Margarida Izar e a Emília que a máquina podia ser levada definitivamente para a rua Polônia, pois aquele era seu último artigo:

— Não vou escrever nem ditar mais nada. Acabou.

Amigos e parentes começam a chegar de todos os pontos. Os três filhos são avisados pelos médicos de que o pai pode estar vivendo seus últimos momentos. Mas ele ainda resiste. Isa Chateaubriand Sessler, sua sobrinha que reside nos Estados Unidos, chega com o pneumologista Edward Bergowisky, da Clínica Rusk, de Nova York, mas não há mais nada a fazer. Aimée de Heeren vem de Paris sem saber se ainda o encontrará com vida. Na noite de 3 de abril, Chateaubriand pede que o médico José de Souza Fortes vá ao Rio no dia seguinte como portador de seu voto para a eleição do membro da cadeira número 2 da Academia Brasileira de Letras, vaga com a morte de Guimarães Rosa. Disputam a indicação Mário Palmério, Celso Cunha e Antônio Olinto, e seu voto vai para o mineiro Palmério, que se elege com 23 votos, no terceiro escrutínio. Chateaubriand passa todo o dia 4 de olhos semicerrados, alimentado por soro em uma veia e recebendo transfusão permanente de sangue na do outro braço. Às 21h30 deste 4 de abril de 1968 ele morre de colapso cardíaco.

Ao receber a notícia, o governador de São Paulo, Abreu Sodré, decreta luto oficial de três dias em todo o estado e determina que no dia seguinte não haverá aulas nas escolas e as repartições públicas não funcionarão. O prefeito Faria Lima baixa outro decreto, dando o nome de Assis Chateaubriand ao MASP. Embalsamado, o corpo vai ser velado até o dia 6 no saguão do prédio dos Diários Associados, na rua Sete de Abril. Do Rio chega o fardão da Academia Brasileira de Letras com que ele será sepultado, mas logo se percebe que aquela roupa, feita para um Chateaubriand de dez anos antes, não cabia mais no corpo do morto. Caminhando pelas imediações do necrotério do hospital, o experiente repórter policial Orlando Criscuolo quer ajudar a resolver o problema:

— Isso é assim mesmo. Acontece muito com os mortos que chegam ao Instituto Médico Legal. A solução é uma só: rasgar a costura das costas do paletó.

Alguém achou de péssimo gosto sugerir que ele fosse sepultado com um paletó rasgado — e mais ainda comparar os restos mortais de Chateaubriand aos cadáveres de indigentes e bandidos com que Criscuolo estava habituado a lidar diariamente. Mas o repórter insiste — e acabaria sendo dele a solução:

— É sempre assim. Em geral, os familiares do morto também reclamam, mas acabam aceitando quando se lembram de que ninguém vai perceber: em geral, o morto não se levanta mais do caixão.

Poucas horas depois de ser transportado para a rua Sete de Abril, o corpo começa a ser visitado por uma fila que parecia interminável. Durante três dias, a guarda de honra de cadetes da Polícia Militar paulista dá passagem a gente que vem de todos os cantos: de anônimos populares, movidos apenas pela curiosidade mórbida de ver o rosto do morto que engarrafara o trânsito do centro da cidade, até o vice-presidente da República, Pedro Aleixo (que representava o presidente Costa e Silva). Desfilam pelo saguão e se amontoam em rodinhas, para conversas sussurradas, ministros, ex-presidentes, embaixadores, jornalistas, artistas, e mulheres e mais mulheres. O sempre comedido *The New York Times* publica, no dia 6, um necrológio de meia página, intitulado "Morre Chateaubriand, o brasileiro que construiu um império".

Na manhã seguinte à morte, apesar de uma multidão lotar o salão do Edifício Guilherme Guinle, um silêncio respeitoso toma o ambiente. Até mesmo os sempre ruidosos repórteres (dos Associados e de todos os demais jornais concorrentes) procuram falar baixo ao buscar com as autoridades presentes uma frase sobre o morto ilustre. O único ruído que se ouve é um surdo murmúrio de vozes. De repente, o silêncio é quebrado pelo estridente barulho de uma martelada. Em seguida outra, e mais outra e mais outra. Todos os olhares convergem para a parede de pé-direito de dois andares onde a cabeceira do caixão tinha sido encostada. Em uma enorme escada de pedreiro está trepado o diretor do MASP, Pietro Maria Bardi, que continua batendo pregos na parede — se cair dali ele desabará em cima do morto. Indiferente ao escândalo que provoca, Bardi desce degrau por degrau e chama alguns operários para pendurar, acima do caixão, três monumentais telas do museu. No centro da parede, bem em cima da cabeça do morto, vai a *Banhista com o cão grifo*, de Renoir, um nu de pouco menos de dois metros de altura: expondo generosos seios descobertos, a banhista cobre levemente o sexo com a mão esquerda, tendo na direita o manto que se espalha sobre o chão, onde o cão está deitado. À esquerda e um pouco mais abaixo da *Banhista*, Bardi manda os operários pendurarem um quadro de Ticiano, *Retrato do cardeal Cristóforo Madruzzo* — o organizador do Concílio de Trento —, e do outro lado, na mesma altura deste, também com quase dois metros de altura, outro purpurado: é o esplendoroso retrato de corpo inteiro de d. Juan Antônio Llorente, secretário da Inquisição espanhola, pintado por Goya. Ninguém mais presta atenção ao morto, senão à movimentação de Bardi, dando ordens para mover este quadro um pouco para cá, aquele um pouco para lá. O contraste dos retratos de dois cardeais cercando uma exuberante mulher nua, sobre a cabeça de um morto, é chocante. É o adeus de Pietro Maria Bardi ao amigo de duas décadas e meia de "aventuras e pirataria". Indignado, um dos diretores dos Diários Associados — um dos "minimaiorais", como Bardi se referia a eles — se aproxima do diretor do museu, e lhe tenta passar uma descompostura:

— Com efeito, professor Bardi! Isto aqui é a câmara-ardente de Assis Chateaubriand, estamos diante das maiores autoridades deste país, e o senhor me coloca dois religiosos ladeando uma mulher despida? Durante um velório? Isto é um escândalo, vamos tirar esses quadros daí já!

Bardi abre os braços e responde, também na frente de todos, com franqueza desconcertante:

— Mas *dottore*, esta é a minha última homenagem a Assis Chateaubriand, *vero*? Nesta parede estão as três coisas que ele mais amou na vida: o poder, a arte e mulher pelada.

Epílogo

- Maria Henriqueta Barrozo do Amaral, Fernando Chateaubriand, Jeanne Allard e Cora Acuña já faleceram.
- Teresa Chateaubriand Alkmin vive no Rio de Janeiro, casada com Leonardo Alkmin.
- Gilberto Chateaubriand, um dos maiores colecionadores de arte do Brasil, vive no Rio de Janeiro e em Porto Ferreira, no interior do estado de São Paulo, onde administra a Fazenda Rio Corrente.
- Só em seus próprios jornais, Assis Chateaubriand publicou, entre 1924 e 1968, 11 870 artigos assinados.
- O Condomínio Acionário das Emissoras e Diários Associados é, em seu conjunto, o sexto maior grupo de comunicações do Brasil. É formado atualmente por catorze jornais, doze emissoras de rádio e oito de televisão, distribuídos por catorze cidades de onze estados brasileiros. Quatro de seus diários (o *Estado de Minas*, de Belo Horizonte, o *Diário de Natal*, de Natal, o *Diário da Borborema*, de Campina Grande, e o *Correio Braziliense*, de Brasília) são líderes em suas respectivas praças. Além de jornais, rádios e tevês, o Condomínio é proprietário de uma agência de notícias, uma produtora de vídeo, uma empresa de informática e uma fazenda no interior de Minas Gerais. Ao todo, emprega cerca de 6 mil pessoas. O Condomínio continua funcionando, como planejou seu criador, como uma "federação empresarial" descentralizada. Em 2011, seu presidente era o jornalista Álvaro Teixeira da Costa.

Agradecimentos

Agradeço muito especialmente a Teresa Chateaubriand Alkmin e a Gilberto Chateaubriand pela paciência, confiança e pela sinceridade que dedicaram a meu trabalho.

Agradeço aos jornalistas e pesquisadores Afonso Borges, Andréa Licht de Moraes, Antero Meirelles, Antônio Sérgio Ribeiro, Bebel Prates, Duda Hamilton, Cássia Fragata, Denise Mendes, Lúcia Hadad, Marcos Cirano, Marina Moraes, Mário Magalhães, Maya Santana, Moacir Pereira, Oduvaldo Batista, Paula Schmitt, Sérgio Crês, Sérgio Henrique Sá Leitão e Sissi Dikstejn, sem cuja ajuda nas pesquisas e nas entrevistas este livro não teria sido possível.

Agradeço a Pinky Wainer, a John W. F. Dulles e a Regina Echeverría e Hamilton de Almeida Filho (em memória), pela generosa cessão de trechos essenciais e inéditos de livros que estavam produzindo — respectivamente as memórias de Samuel Wainer, a biografia de Carlos Lacerda e a história da família Ermírio de Moraes.

Agradeço aos entrevistados cujos nomes estão relacionados a seguir — particularmente aos amigos e familiares de Assis Chateaubriand pela generosa cessão de parte do material iconográfico que ilustra este livro.

Agradeço às equipes do CPDOC da Fundação Getúlio Vargas, Acervo Fotográfico do Jornal *Estado de Minas*, do Acervo Histórico do Jornal *O Estado de S. Paulo*, do Arquivo do *Jornal do Commercio*, do jornal *O Imparcial*, de São Luís, Maranhão, do Arquivo Público do Estado de São Paulo, do Arquivo Edgard Leuenroth da Unicamp, do Mitsui O. S. K. Lines Ltd. Central Archives, da Biblioteca do Senado Federal, da Biblioteca Pública Municipal de São Paulo Mário de Andrade, da Cinemateca Brasileira, do Projeto Portinari, do Museu da Imagem e do Som (SP), da Biblioteca e Arquivo do Museu de Arte de São Paulo Assis Chateaubriand — MASP, do Arquivo Nacional, da Fundação Casa de José Américo, do British Foreign Office Public Records e a Abel Cardoso Júnior, Adylla Rocha Rabelo, Ady Siqueira de Noronha, Almerinda Freitas de Carvalho, Álvaro Moya, Ana Lúcia Correa da Silva, Ana Maria de Castro, Ana Paula Quadros, Antonio Candido de Mello e Souza, Antonio Pedro Tota, Benedito Buzar,

Beth Loeb, Bia Albuquerque, Carlos Augusto Calil, Carlos Freitas, Carlos Eduardo Correa da Fonseca, Carlos Nascimento, Carlos Rangel, Carlos Roberto Viana, Célia Valente, Celso Lafer, Claudio Marcondes, Cosette Alves, D'Allembert Jaccoud, Danilo Gomes, Devanir Barbosa Paes, Eduardo Magalhães, Eduardo Matarazzo Suplicy, Elio Gaspari, Elisa Braga, Elisabeth Medugno, Erasmo de Freitas Nuzzi, Eric Nepomuceno, Eugênia Gorini Esmeraldo, Eurico Andrade, Fábio Magalhães, Fernando Sabino, Fernando Soares de Camargo, Flávio Flores da Cunha Bierrenbach, Francesc Petit, Francisco Mattos, Francisco Vidal Luna, Frei Betto, Gilberto Mansur, Gioconda Jaccoud, Gláucia Regina Altieri, Glauco Carneiro, Hélio de Almeida, Hélio Bacha, Hélio Dias de Moura, Humberto Mesquita, Ivani di Grazia Costa, Ivoncy Ioschpe, Ivonete da Silva, J. Toledo, Jamile Piazenski, Jean-Pierre Manzon, João Baptista Lino Neto, Jorge Yunes, José Antonio Botezelli Pelão, José Maria Rabelo, José Nêumanne Pinto, José Paulo da Silva Telles, Josélio Gondim, Josimar Melo, Josué Montello, Leonor Amarante, Luís Fernando Mercadante, Luís Forte, Luís Gallon, Luís Milanese, Manuel Alceu Afonso Ferreira, Marcella de Souza Bockel, Márcia Siqueira Costa, Marcos Jorge, Maria Zélia Galvão de Almeida, Marina Maluf, Mário César de Carvalho, Marisilda Valente, Mestre Roland, Michel Cecílio, Nilson Moulin, Norton Rapesta, Odin Andrade, Pedro Jack Kapeller, Rafael Messias, Raimundo Buzar, Regastein Rocha, Reinaldo Morais, Ricardo Maranhão, Ricardo Ohtake, Romeu Tuma, Salomão Schwartzman, Silvana Chapchap Costa, Silvana Ribeiro dos Santos, Sérgio Telarolli, Severo Gomes (em memória), Suetomi Igawa, Teresa Quintella, Tuta Magalhães, Susana Camargo, Valandro Keating, Vera Mesquita Ulbricht, Vladimir Sacchetta e Wagner Homem.

Agradeço a Moacir Werneck de Castro e a Ricardo A. Setti pela rigorosa leitura dos originais e pelas incontáveis contribuições que deram para melhorá-los.

Por último, mas não menos importante, agradeço aos reitores Carlos Vogt e José Martins Filho, da Unicamp, à Sharp do Brasil, e a Luiz Schwarcz, da Companhia das Letras.

Este livro só foi possível graças a bolsas concedidas ao autor pelo Programa do Artista Residente, da Universidade de Campinas (Unicamp), e pelas Organizações Mappin. As pesquisas e entrevistas foram armazenadas e o texto processado em um microcomputador da Itautec Informática.

Personagens entrevistados

- Aderbal Figueiredo
- Aimée de Heeren
- Alberto André
- Alfredo Machado
- Álvaro Vieira
- Alzira Vargas do Amaral Peixoto
- Amaral Neto
- Amauri Ribeiro
- Andrea Ippolito
- Angelo Regato
- Antonio Callado
- Antonio Carlos Vieira Christo
- Antônio de Barros Ulhoa Cintra
- Antonio Sanchez Galdeano
- Armando de Oliveira
- Armando Figueiredo
- Augusto Rodrigues
- Áurea Rizzini
- Aurélio Chateaubriand
- Aurélio Ferreira Guimarães
- Austregésilo de Athayde
- Barbosa Lima Sobrinho
- Barboza Ezequiel Bichara
- Benedito Ribeiro
- Betty Chateaubriand
- Bibi Ferreira
- Calazans Fernandes
- Camilo Teixeira da Costa
- Carlos Alves de Souza
- Carlos Castelo Branco
- Carlos Escobar Filho
- Carlos de Freitas
- Carlos Gaspar
- Cassiano Gabus Mendes
- Cássio Ravaglia
- Celso Testa
- César Martorano
- Cilda Chateaubriand
- Cláudio Candiota
- Cláudio Vilas Boas
- Correia de Araújo
- Dario de Almeida Magalhães
- Dermival Costa Lima
- Dias Menezes
- Drault Ernanny
- Edmar Morel
- Edmundo Blundi
- Edmundo Monteiro
- Elisabeth Banas
- Emanuel Lobo
- Emília Araúna
- Enio Rochenbach
- Entalhador Batista
- Epitácio Soares
- Ernani do Amaral Peixoto
- Eugênio Silva
- Ewaldo Dantas Ferreira
- Fernando de Barros
- Fernando Severino
- Franklin de Oliveira
- Freddy Chateaubriand
- Frederico Renato Mottola
- Freitas Nobre
- Genival Tourinho
- Gilberto Chateaubriand
- Goffredo Silva Telles
- Guilherme Figueiredo
- Guilhermina Amato
- Hans Gert Oscar Flues
- Hélder Martins de Moraes
- Helena Lundgren
- Hélio Fernandes
- Henrique de Morais Natividade
- Hilda Carvalho
- Hindenburgo Pereira Diniz
- Honorato Cândido de Oliveira
- Hugo Gouthier
- Humberto Gargiulo
- Ibanor Tartarotti
- Ibrahim Sued
- Israel Klabin
- Jânio Quadros
- Jean Manzon
- João Calmon
- João de Scatimburgo
- João Gondim
- João Proni
- Joaquim de Matos Gurgel
- Joaquim Mendonça
- Joaquim Monteiro de Carvalho
- Joaquim Pinto Nazário
- Joel Silveira
- Jorge Ferreira
- José Alberto Gueiros
- José Ayres Monteiro
- José Chamilete
- José de Souza Fortes
- José Ermírio de Moraes Filho

- José Guilherme Mendes
- José Maia
- José Maria Homem de Montes
- José Medeiros
- José Moreira da Fonte
- José Pires Saboia
- José Sarney
- Júlio de Mesquita Neto
- Juraci Magro
- Juraci Montenegro Magalhães
- Liliana Dubois
- Lina Bo Bardi
- Leonardo Alkmin
- Lucídio Castelo Branco
- Lúcio Meira
- Luís Carlos Barreto
- Luís Carlos Lisboa
- Luís Carlos Prestes
- Luís Gallon
- Luís Hossaka
- Luís Telles
- Manuel Gomes Maranhão
- Lily Whitaker Gondim de Oliveira
- Maria da Penha Müller Carioba
- Maria Portinari
- Mário de Moraes
- Mário Leão Ramos
- Marizia Portinari
- Martinho de Luna Alencar
- Maurício Loureiro Gama
- Mauro Salles
- Millôr Fernandes
- Milton Senna
- Mino Carta
- Moacir Werneck de Castro
- Moziul Moreira Lima
- Murilo Antunes Alves
- Napoleão de Carvalho
- Nabor Cayres de Brito
- Neiva Moreira
- Nelbe Chateaubriand
- Nelson Werneck Sodré
- Nertan Macedo
- Nilo Neme
- Odete da Silva Costa
- Olavo Drummond
- Orlando Marques da Silva
- Orlando Vilas Boas
- Otávio Frias de Oliveira
- Otto Lara Resende
- Paulo Albuquerque
- Paulo Bruno Figueiredo
- Paulo Cabral de Araújo
- Paulo Canabrava Filho
- Paulo Niemeyer
- Paulo Nonato
- Paulo Sampaio
- Pedro Aguinaldo Fulgêncio
- Pietro Maria Bardi
- Rafael de Almeida Magalhães
- Raimundo Bogéa
- Rachel de Queiroz
- Reginaldo Telles
- Régis Cardoso
- Reimy Honda
- Renato Castelo Branco
- Roberto de Abreu Sodré
- Roberto Marinho
- Rodolfo Lima Martensen
- Rodrigo de Andrade Médicis
- Rubem Braga
- Rubens Furtado
- Salviano Nogueira
- Saulo Gomes
- Say Marques
- Sebastião Garcia de Aguiar
- Segundo Brasileiro dos Reis
- Silvia Bandeira de Melo
- Teresa Chateaubriand Alkmin
- Vera Faria
- Vicente Nicolela
- Walter Clark
- Walter Durst
- Walter Forster
- Walther Moreira Salles
- Wilson Frade

Bibliografia

ALMEIDA, José Américo de. *Eu e eles*. Rio de Janeiro, Edições Nosso Tempo, 1978.
BARATA, Mário. *Presença de Assis Chateaubriand na vida brasileira*. São Paulo, Martins Editor, 1970.
BARROS, João Alberto Lins de. *Memórias de um revolucionário*. Rio de Janeiro, Editora Civilização Brasileira, 1953.
BELOCH, Israel, e ABREU, Alzira Alves. *Dicionário histórico-biográfico brasileiro 1930-1983*. Rio de Janeiro, Forense Universitária/Finep, 1984.
BERNANOS, Georges. *Lettres retrouvées — Correspondance inédite 1904-1948*. Paris, Librairie Plon, 1983.
CABRAL, Sérgio. *No tempo de Ari Barros*. Rio de Janeiro, Lumiar Editora, 1994.
CALMON, João. *Duas invasões*. Rio de Janeiro, Edições O Cruzeiro, 1966.
_____. *O livro negro da invasão branca*. Rio de Janeiro, Edições O Cruzeiro, 1966.
CAÓ, Epitácio. *Carlos Lacerda, carreirista da traição*. Rio de Janeiro, Editora Panfleto, s. d.
CASALECHI, José Ênio. *O Partido Republicano Paulista (1889-1926)*. São Paulo, Editora Brasiliense, 1987.
CHATEAUBRIAND, Assis. *A Alemanha (dias idos e vividos)*. Rio de Janeiro, Almanak Laemmert, 1926.
_____. *As nuvens que vêm — Discursos parlamentares*. Rio de Janeiro, Edições O Cruzeiro, 1963.
_____. *Terra desumana (A vocação revolucionária do presidente Arthur Bernardes)*. Rio de Janeiro, Officinas de O Jornal, 1926.
CORÇÃO, Gustavo. *Dez anos*. Rio de Janeiro, Livraria Agir Editora, 1957.
COSTA, Alcir Henrique da; SIMÕES, Inimá Ferreira; KEHL, Maria Rita. *Um país no ar — História da TV brasileira em 3 canais*. São Paulo, Editora Brasiliense/Funarte, 1986.
COUTINHO, Lourival. *O general Góes depõe...*. Rio de Janeiro, Livraria Editora Coelho Branco, 1956.
DONATO, Hernâni. *A Revolução de 32*. São Paulo, Círculo do Livro, 1982.
DUARTE, Paulo. *Memórias*. São Paulo, Hucitec, 1975.
_____. *Palmares pelo avesso*. São Paulo, Instituto Progresso Editorial, 1947.
_____. *Prisão, exílio, luta...*. Rio de Janeiro, Livraria Editora Zélio Valverde, 1946.
DULLES, John W. F. *Carlos Lacerda — A vida de um lutador*. Vol. 1: *1914-1960*. Rio de Janeiro, Editora Nova Fronteira, 1992.
_____. *Getúlio Vargas — Biografia política*. Rio de Janeiro, Editora Renes, 1967.
ERNANNY, Drault. *Meninos eu vi... e agora posso contar*. Rio de Janeiro, Editora Record, 1988.
FERNANDES, Aníbal. *Estudos pernambucanos*. Recife, Editora Massangana/ Fundação Joaquim Nabuco, 1982.
FERRAZ, Geraldo. *Depois de tudo*. Rio de Janeiro, Editora Paz e Terra, 1983.

FREIRE, Victorino. *A laje da raposa —Memórias*. Rio de Janeiro, Guavira Editores Ltda., 1978.
GOUTHIER, Hugo. *Presença*. Rio de Janeiro, Editora Record, 1982.
GUILLEMIN, Henri. *Regards sur Bernanos*. Paris, Gallimard, 1976.
HILTON, Stanley. *O ditador & o embaixador*. Rio de Janeiro, Editora Record, 1987.
HORA, Mário. *48 anos de jornalismo (Memórias de um dromedário)*. Rio de Janeiro, Empresa Gráfica Ouvidor S. A. Editores, 1959.
KUBITSCHEK, Juscelino. *Meu caminho para Brasília*. Rio de Janeiro, Edições Bloch, 1974.
LACERDA, Carlos. *Depoimento*. Rio de Janeiro, Editora Nova Fronteira, 1977.
_____. *Discursos parlamentares*. Rio de Janeiro, Editora Nova Fronteira, 1982.
_____. e outros. *Reportagens que abalaram o Brasil*. Rio de Janeiro, Edições Bloch, 1973.
LIMA, Alceu Amoroso. *Memórias improvisadas*. Petrópolis, Editora Vozes, 1973.
LINS, Álvaro. *Missão em Portugal*. Rio de Janeiro, Editora Civilização Brasileira, 1960.
MACHADO, Luís Toledo. *Antônio de Alcântara Machado e o Modernismo*. Rio de Janeiro, Livraria José Olympio Editora, 1970.
MAGALHÃES, Bruno de Almeida. *Arthur Bernardes — Estadista da República*. Rio de Janeiro, Livraria José Olympio Editora, 1973.
MARTINS, José Júlio Silveira. *Nação aggredida*. Rio de Janeiro, Typographia Baptista de Souza, 1926.
MARTINS, Wilson. *História da inteligência brasileira*. São Paulo, Editora Cultrix/ Editora da Universidade de São Paulo.
MAURÍCIO, Milene Antonieta Coutinho. *Emboscada de bugres — Tiburtina e a Revolução de 30*. Belo Horizonte, Imprensa Oficial de Minas Gerais, 1986.
MELO, A. Bandeira de. *A morte da polidez (A propósito das Zéverissimações ineptas do sr. Sylvio Romero)*. Rio de Janeiro, Edição de alguns amigos, 1910.
MENDONÇA, Carlos A. de. *Assis Chateaubriand — Uma vida vertiginosa*. Belém, Coleção Cultura Paraense, 1972.
MESQUITA, Humberto. *Tupi: a greve da fome*. São Paulo, Cortez Editora, 1982.
MONTELLO, Josué. *Diário da Tarde*. Rio de Janeiro, Editora Nova Fronteira, 1987.
MORAIS, J. B. Mascarenhas de. *Memórias*. Rio de Janeiro, Biblioteca do Exército Editora, 1984.
MOREIRA, Neiva. *O pilão da madrugada — Um depoimento a José Louzeiro*. Rio de Janeiro, Editora Terceiro Mundo, 1989.
NASCIMENTO, Luiz do. *História da imprensa de Pernambuco*. Recife, Universidade Federal de Pernambuco/Imprensa Universitária, 1967.
NASSER, David. *Parceiro da glória — Meio século na MPB*. Rio de Janeiro, Livraria José Olympio Editora/Pró-Memória/Instituto Nacional do Livro, 1983.
NASSER, David, e MANZON, Jean. *Mergulho na aventura*. Rio de Janeiro, Empresa Gráfica O Cruzeiro S. A., 1945
ORTIZ, Renato; BORELLI, Silvia Helena Simões; RAMOS, José Mário Ortiz. *Telenovela — História e produção*. São Paulo, Editora Brasiliense, 1989.
PEIXOTO, Alzira Vargas do Amaral. *Getúlio Vargas, meu pai*. Porto Alegre, Editora Globo, 1960.
PEREIRA, Aldo. *Breve história da aviação comercial brasileira*. Rio de Janeiro, Editora Europa, 1987.
PEREIRA, Osny Duarte. *Ferro e independência*. Rio de Janeiro, Editora Civilização Brasileira, 1967.
PIO, Fernando. *Meu Recife de outrora*. Recife, Mozart Editor, 1935.
PORTO, Costa. *Os tempos da República Velha*. Recife, Governo de Pernambuco, 1986.
_____. *Os tempos de Rosa e Silva*. Recife, Universidade Federal de Pernambuco, 1970.
RABELO, Genival. *O capital estrangeiro na imprensa brasileira*. Rio de Janeiro, Editora Civilização Brasileira, 1966.
REBATEL, Henry. *Le regard du Jaguar*. Paris, 1991.
RODRIGUES, Nelson. *A menina sem estrela — Memórias*. São Paulo, Companhia das Letras, 1993.
ROMERO, Abelardo. *Chatô, a verdade como anedota*. Rio de Janeiro, Editora Image, 1969.

ROMERO, Sylvio. *Zéverissimações ineptas da crítica (Repulsas e desabafos)*. Porto, Officinas do Commercio do Porto, 1909.

SILVA, Hélio. *1932, a Guerra Paulista*. Rio de Janeiro, Editora Civilização Brasileira, 1967.

_____. *1937 — Todos os golpes se parecem*. Rio de Janeiro, Editora Civilização Brasileira, 1964.

SILVEIRA, Joel. *O Generalíssimo e outros incidentes*. Rio de Janeiro, Espaço & Tempo, 1987.

SOBRINHO, Barbosa Lima. *A verdade sobre a Revolução de Outubro — 1930*. São Paulo, Editora Alfa-Ômega, 1975.

SODRÉ, Nelson Werneck. *A história da imprensa no Brasil*. Rio de Janeiro, Editora Civilização Brasileira, 1966.

_____. *Memórias de um soldado*. Rio de Janeiro, Editora Civilização Brasileira, 1967.

SOUZA, Carlos Alves de. *Um embaixador em tempos de crise*. Rio de Janeiro, Livraria Francisco Alves Editora, 1979.

VAMPRÉ, Octávio Augusto. *Raízes e evolução do rádio e da televisão*. Porto Alegre, Feplan/RBS, 1979.

VERÍSSIMO, José. *Que é literatura?* Rio de Janeiro, H. Garnier, Livreiro-Editor, 1907.

WAINER, Samuel. *Minha razão de viver — Memórias de um repórter*. Rio de Janeiro, Editora Record, 1987.

Crédito das imagens

p. 1 (acima): EM / D.A. Press
p. 1 (ao centro): Coleção particular
p. 1 (abaixo): *Jornal do Commercio*
p. 2 (acima): Coleção particular
p. 2 (abaixo): *O Cruzeiro* / D.A. Press
p. 3: Coleção particular
p. 4 (acima): Agência Nacional
p. 4 (abaixo): EM / D.A. Press
p. 5 (acima): *O Cruzeiro* / EM / D.A. Press
p. 5 (ao centro): DR / Augusto Rodrigues / *Jornal do Commercio*
p. 5 (abaixo): Arquivo Público do Estado de São Paulo
p. 6 (acima): EM / D.A. Press
p. 6 (ao centro): Coleção particular
p. 6 (abaixo): Arquivo Público do Estado de São Paulo
p. 7 (acima e abaixo): Coleção particular
p. 7 (ao centro): EM / D.A. Press
p. 8 (acima à esquerda): Coleção particular
p. 8 (acima à direita e abaixo): EM / D.A. Press

Todos os esforços foram feitos para determinar a origem das imagens deste livro. Nem sempre isso foi possível. Teremos prazer em creditar as fontes, caso se manifestem.

Índice onomástico

Abdon, Amaro, 242
ABR, 431
Abramo, Cláudio, 536
Abramo, Fúlvio, 536
Abreu, Capistrano de, 57, 75, 92, 94, 110, 122
Abreu, Florêncio de, 262
Abussanam, Felipe, 452
Academia Brasileira de Letras (ABL), 20-2, 93-4, 114, 470-1, 578
Academia de Ciências da URSS, 551
Academia Nacional de Medicina, 24
Accioly Neto, jornalista, 266
Ackerman, Abrahão, 10-1, 20--1, 517-9, 524-5, 572, 575
Ackerman, Carl, 393
Acuña, Cora, dita Corita, 278--9, 282-3, 323-4, 328-33, 336-8, 343-6, 348-50, 353, 432, 434, 512, 580
Acunha, Teresa, *ver* Alkmin, Teresa
Ada, agência de propaganda, 362
Adams, Claude, 368
"Administrador de cemitérios", artigo da AC, 569
Adoração dos Reis Magos, de Maestro del Bambino Vispo, 408
Aducci, Fúlvio, 201, 207
Aero Clube de São Paulo, 377

Afonso, Almino, 533
Afonso Celso, conde [papal] de, 74, 77, 86
Afonso XIII, 98
Aguiar, Amador, 413, 541
Aguiar de Andrada, Eduardo, 91
Alberto, rei da Bélgica, 116
Albuquerque, Artur, 61
Albuquerque, Paulo, 458, 523
Albuquerque Lima, Afonso Augusto de, 576
Alcântara Machado, Antônio de, 110-1, 166
Alcântara Machado, José de, 277
Alcaraz, Alexandre, 174
Alcides, guarda-costas, 347
Alderighi, Mário, 423-5, 428
Aleixo, Pedro, 173-4, 578
Alemanha, livro de AC, 105
Alencar, Alexandrino de, 77
Alencar, José de, 93
Alencar, Mário, 93
Aliança Liberal, 169, 172-84, 186-7, 189, 191, 193, 195, 201, 207, 213, 218, 221-2, 233, 319
Aliança Nacional Libertadora (ANL), 304-8, 319-20, 361
Alkmin, Jorge Leonardo, 547
Alkmin, José Maria, 174, 434, 493-5, 529, 549, 550
Alkmin, Leonardo, 434, 494, 530, 547, 580
Alkmin, Sérgio Leonardo, 547

Alkmin, Teresa, dita Teresoca, 9, 283, 323, 326, 328-33, 336-7, 344-6, 348-9, 400, 434, 512-3, 517, 529, 547, 560, 562-3, 580-1
Allard, Hyppolyte Auguste, 116, 325, 327
Allard, Jeanne Paulette Marguerite, 116, 140, 156, 323-7, 343, 580
Allard Gabizon, Gilberto, *ver* Chateaubriand Bandeira de Melo, Gilberto Francisco Renato Allard
Allied Circle Club (Londres), 509
Almanak Laemmert, 106
Almeida, Araci de, 313
Almeida, Guilherme de, 428
Almeida, José Américo de, 231, 318-20, 386, 388-9, 442
Almeida Magalhães, Dario de, 174, 188, 222, 258-9, 263, 271, 278, 281, 283, 290, 301-3, 315-6, 318, 323, 327, 340, 342, 350-3, 393--5, 542
Almeida Magalhães, Elsa, 352
Almeida Prado, Vicente de, 120
Alstan Ltda., 426
Alto Madeira, 354, 396
Aluno, Nicolo, 408
Alvarenga, Murilo, 313
Álvares Cabral, Pedro, 536

593

Álvares Penteado, Sílvio, 84, 120, 425
Alvarus, *ver* Cotrim, Álvaro
Alves, Aluísio, 462
Alves, Francisco, 452-3
Alves, Iraci, 453
Alves, João, 180
Alves, Tiburtina, 180-1
Alves Bastos, Justino, 568-9
Alves de Lima, Joaquim Bento, 429
Alves de Lima, Otaviano, 278, 379
Alves de Souza, Carlos, 244
Alves Filho, Alberto, 417
Alvim e Freitas Laboratórios, 160
Amádio, José, 449
Amado, Gilberto, 48, 59, 88
Amado, Jorge, 317, 361
Amaral, Luís, 131-2, 145-6
Amaral, Rubens do, 133-4, 148, 158, 165
Amaral, Tarsila do, 128, 166, 416
Amaral Neto, Fidélis dos Santos, 494-5
Amaral Peixoto, Ernâni do, 308, 420, 439, 447, 488
Amato, Guilhermina, 539
América Fabril, estamparia, 154, 163, 218, 231
American Broadcasting Corporation (ABC), 399, 554
Americana, agência, 227
Americana, boate, 469
Américo de Figueiredo e Mello, Pedro, 258
"Amigo da Onça, O", personagem de Péricles de Andrade Maranhão, 362, 529
Amorim, Olívio, 202-3
Amoroso Lima, Alceu, 118, 121-2, 302-3, 306, 397-8, 471
Anchieta, padre José de, 46
Andrade, Plauto, 478
Andrade, Gilberto de, 404
Andrade, José Maria de, 73, 82

Andrade, Mário de, 317
Andrade, Oswald de, 128, 166
Andrade Maranhão, Péricles de, 362, 529
Andrade Queiroz, Alberto de, 347
André, guia de AC, 205-7
Aníbal Teófilo, poeta, 87
"Anistia, A", artigo de AC, 268
Annales, Les, 43
Anne, rainha da Inglaterra, 141
Ansarah, Camilo, 574
Antarctica, cervejaria, 120, 163, 375, 427
Antônio Carlos [Ribeiro de Andrada], 152, 156, 169, 172, 174-7, 179, 185-6, 188, 200, 216, 224, 232, 244, 271-2, 324, 340, 395
Antônio Maria [Araújo de Morais], 529
Apolinário, dono de pensão, 209-10
Aporelly, *ver* Torelly, Aparício
Aragão, Maria, 478
Aranha, José Pereira de Graça, 54, 57, 110-1, 301
Aranha, Osvaldo, 149-50, 172-4, 176-7, 185-6, 191-3, 199, 211-3, 224, 236, 280-1, 284, 320, 387-8, 470
Arantes, Altino, 257
Araújo, Severino, 446
Arbenz, Jacobo, 445
Archer, Renato, 474
Arias, Roberto, 547-8
Arigó, Zé, médium, 574
Arraes, Miguel, 533, 540-1
"Arranjos políticos", artigo de Adalgisa Néri, 476
Arruda, João, 472
Arruda, Maneco, 205
Arruda Pereira, Armando de, 287
Artez, marido de Zulema Montenegro, 283, 330-1
Artur, motorista de AC, 230, 323-4, 493
Arutsavi, índio caiapó, 482
Aschcar, Camilo, 543

Assis, são Francisco de, 25, 29
Assis Barbosa, Francisco de, 361
Assis Brasil, Joaquim Francisco de, 212
Assis de Souza, 294
Associação Brasileira de Imprensa (ABI), 189, 257, 396
Associação Britânica de Criadores de Gado Hereford, 548
Associação Comercial de Santos, 412
Associação Comercial de São Paulo, 120
Associação Comercial do Rio, 335, 385, 426
Associação Cristã de Moços (ACM), 52, 64, 418
Associação dos Carregadores de Malas do Aeroporto de Congonhas, 19
Associação Museu de Arte de São Paulo, 495
Associação Paulista de Combate ao Câncer, 336
Associação Paulista de Imprensa, 336
Associated Press, agência de notícias, 227
Ataliba, censor, 387
Ataliba Leonel, 257
Ataturk, Kemal, 321
Athayde, Belarmino Austregésilo de, 21-2, 88, 121, 124, 136, 138, 143-4, 188, 193-4, 216, 223, 226, 231, 238, 241, 243, 257-9, 263, 290, 302, 340, 352, 394, 420, 513
Atlee, Clement, 511
Audi, Jorge, 469, 529, 573
Auriol, Vincent, 487
Auslands Organisation, 294
Automóvel Clube de Belo Horizonte, 228
Autorretrato com barba nascente, de Rembrandt, 411
Avelino, Pedro, 46
"Aviação nacional", coluna de

Herbert Moses e Neto dos Reis, em *O Jornal*, 128
Azambuja, Herófilo, 462-3
Azeredo da Silveira, Antônio Francisco, 564
Azevedo Amaral, jornalista, 124, 131

Bahia, Alcides, 32
Bailarinas, As, escultura de Degas, 417
Baima, Antônio, 474-7
Baker, Josephine, 312
Balbino de Carvalho Filho, Antônio, 418
Baldassini, engenheiro, 205
Ballot, Henri, 529
Balmaceda, José Manuel, 273, 470
Balzac, Honoré de, 217
Bambino Vispo, Maestro del, 408
Bananére, Juó, *ver* Marcondes Machado, Alexandre Ribeiro
Banas, Elisabeth, 571
Banas, Geraldo, 571
Banco Bradesco, 541
Banco Brasileiro de Descontos, 441
Banco Central, 557
Banco da Lavoura de Minas Gerais, 370-1, 394
Banco da Província, 154
Banco de Crédito Real de Minas Gerais, 156
Banco do Brasil, 154, 159, 237, 365, 370, 412, 447, 462-7, 495, 497, 515, 532
Banco do Comércio (Rio de Janeiro), 149, 313
Banco do Distrito Federal, 411
Banco do Estado de São Paulo, 379, 426
Banco Lar Brasileiro, 371, 396, 429
Banco Nacional de Desenvolvimento Econômico (BNDE), 496-7
Banco Real, 370

"Bandeira de Melo, A.", assinatura de AC, 50, 55, 102
Bandeira de Melo, Amarildo, 229
Bandeira de Melo, Herculano, 26, 44, 56, 58-9
Bandeira de Melo, Iaiá, 36
Bandeira de Melo, João Capistrano, 26
Bandeira de Melo, José, 26
Bandeira de Melo, Lily, 47
Bandeira de Melo, Tancredo, 82
Bandeira, Esmeraldino, 77
Bandeira, Manuel, 71, 140, 301
Bandeirante de Toscana, Um, de Manoelito Ornellas, 574
Bangu, tecelagem, 411
Banhista, de Renoir, 412, 579
Barão de Itararé, *ver* Torelly, Aparício
Barata, Frederico, 534
Barbosa, Aroldo, 404
Barbosa, Gessy, 313
Barbosa, Rui, 45, 49-50, 70-1, 75-6, 82-3, 88-90, 115
Barbosa de Lucena, Sólon, 105
Barbosa Lima Sobrinho, Alexandre José, 189, 376-7
Barcelos, Manuel, 432
Bardi, Lina Bo, 407, 411
Bardi, Pietro Maria, 407-11, 414, 416, 418, 441, 486-8, 566-7, 579
Barón, César, 145
Barrault, Jean-Louis, 447
Barreto, Luís Carlos, 403, 487, 529
Barreto, Paulo, dito João do Rio, 76, 95
Barreto, Plínio, 122, 133-4, 144, 148, 235, 257
Barreto, Tobias, 53, 55
Barreto Pinto, deputado federal, 403-4
Barros, Ademar de, 411, 417, 435, 472, 481, 520, 529, 535-7, 543, 556
Barros, Adirson de, 531
Barros, Eugênio de, 474-5

Barros, Jaime de, 260-1, 281
Barros, Leonor de, 411
Barros Guimarães, Joaquim de, 72
Barros Guimarães, Maria da Penha Lins de, 71-2, 79--81, 116, 140
Barros Ulhoa Cintra, Antônio de, 538
Barroso, Ari, 354
Barroso, Gustavo, 301
Barrozo do Amaral, Maria Henriqueta, 140-2, 158, 193, 230, 258-9, 326, 345, 348
Barrozo do Amaral, Zózimo, 140, 281-2
Basílio, Antônio, 357
Bastide, Arbusse, 447
Batalha, A, 274
Batista da Costa, pintor, 132
Baudelaire, Charles, 440
Baumgarten, Alexandre von, 482
Bayer, empresa, 370, 436-7
Bazin, Germain, 446
Beaverbrook, lorde, 394
Bechara, Ezequiel, 430
Bechior Araúna, Emília, 525
Beck, Paulo, 106
Beiriz, Anaíde, 188
Belchior Araúna, Emília, 517--25, 527-8, 532, 536-9, 543, 546-50, 561, 565, 570, 572-3, 575, 577
Belchior Araúna, Idalina, 517
Belian, Walter, 375
Bell, Joanita, 148
Bella, Dajos, 312
Belo, Newton, 474
Benario, Olga, 309, 349
Benedito, guarda-costas e motorista de AC, 157, 183, 193
Beneficência Portuguesa, hospital, 552
Bennaton, Jocelyn, 123
Bentivegna, Vilma, 428
Berg, Ernesto, 140
Berger, Harry [codinome do alemão Arthur Ewert], 320
Bergowisky, Edward, 577

595

Berliner Börsen Zeitung, 294
Berliner Tageblatt, 104
Bernanos, Georges, 354
Bernardes, Artur da Silva, 104, 107-9, 113-4, 116-8, 120-1, 125, 135-6, 142-6, 186, 200, 216, 233-4, 243, 247, 395, 411
Bernardes, Clélia, 244, 246
Bernardes, Gabriel, 137-8, 200, 214, 249-50, 254, 259, 263, 281-2, 302
Bernardes, Otávio, 245, 248
Bernardes Filho, Artur, 411
Bernardo, Gastón, 355
"Besame", música de José Guadalupe Mojica, 424
Bezerra Cavalcanti, José, 76, 99
Bezerra de Melo, Othon Linch, 335
Bezerra, Gregório, 533
Bianchi, Alberto, 312
Bilac, Olavo, 82, 93
Bilac Pinto, Olavo, 463
Billings, Asa White Kenney, 115, 136
Birmingham Post, The, 548
Bismarck, Otto von, 216
Bittencourt, Edmundo, 95, 99, 104, 131
Bittencourt, Paulo, 433
Bizarria Mamede, Jurandir de, 481
Bloch, Adolfo, 516, 559
Bloch, Pedro, 519
Blue sitting room, quadro de Winston Churchill, 417--8, 460
Bluntschli, 51
Boavista, Alberto, 121, 218
Bocage, Manuel Maria Barbosa du, 36
Bocaiuva Cunha, Luís Fernando "Baby", 467
Bockel, Clito Barbosa, 328--31, 333, 336, 338-9, 342, 344, 346, 349, 353, 434, 503, 512, 580
Bockel, Paulo, 341-2, 344

Bogéa, Raimundo, 475
Bolsa de Valores de Nova York, 225
Bonadei, Aldo, 302, 408
Bonaparte, Napoleão, 150
Borba, José César, 363
Borba, Manuel, 73, 78
Borba, Osório, 361, 396
Borborema, rádio, 441
Borges de Medeiros, Antônio Augusto, 125, 150, 152, 186, 200, 223-4, 235-6
Borghese, Giovanna, 526
Botelho, Antônio Ferreira, 114
Botticelli, Sandro di Mariano Felipe dito, 410, 412
Botticini, Francesco, 408
Boyer, Lucienne, 312
Braer, Hilário, 202, 207, 210
Braga, Badaró, 469
Braga, Nei, 541
Braga, Rubem, 243, 276, 279, 289-90, 302-4, 306, 361
Brandão, delegado, 249
Brandão, Otávio, 306, 320
Brando, Pedro, 411
Braque, Georges, 416
Brás, Venceslau, 73, 77-9, 91, 508
Brasília, TV, 528
Brazilian Traction, Light and Power Company, 15
British Broadcasting Corporation (BBC), 506, 559
Brito, Fabriciano de, 247
Brito, Gratuliano de, 280
Brito, Manuel de, 82
Brito, Mário de, 155
Brizola, Leonel, 514, 532-5, 552, 558
Broca Branca, companheiro de cela de AC, 265
Brotherhood, Ernesto, 33
Brunnet, Mead, 422, 555
Buarque de Holanda, Aurélio, 343
Buarque de Holanda, Sérgio, 118, 164
Buckle, Henry Thomas, 55
Bueno Miragaia, Cláudio, 237

Bulhão Pato, Mário, 339
Buzaid, Adibe, 461
Buzaid, Alfredo, 461

Cabanas, João, 150-1, 201
Cabral, d. Antônio dos Santos, 290
Cabral, Sacadura, 563
Cabral de Araújo, Paulo, 539, 543, 573, 580
Caçador de esmeraldas, O, filme, 278
"Caçadores de camurças", conto de João Guimarães Rosa, 167
Cacilda, d., mãe de santo, 572
Café Filho, João, 473-4
Caixa Beneficente dos Operários, 264
Caixa Econômica Federal, 264, 266, 299, 377, 495
Calabar, Domingos Fernandes, 558
Calhau, João do, 244, 247
Callado, Antonio, 356, 358, 481
Calmon, João, 20-1, 353-4, 431, 489, 491-2, 512-5, 528, 530, 532, 539-40, 548, 552-4, 562, 564, 572
Calógeras, João Pandiá, 90-1, 110, 112-3, 117, 122
Câmara, d. Hélder, 577
Câmara, d. Jaime, 535
Câmara da Cunha, Ayres, 482
Câmara de Comércio Brasil--Alemanha, 285, 294
Camargo, Hebe, 428
Camargo, Laudo de, 235
Camargo de Andrade, Américo, 237
Camerose, lorde, 394
Campanha Civilista, 50, 90
Campanha Nacional da Criança, 406, 412, 441
Campanha Nacional de Aviação Civil, 376-7, 391, 400, 461
Campista, Davi, 44
Campofiorito, Quirino, 407
Campos, Américo de, 138

Campos, Ernesto de Souza, 395
Campos, Francisco, 178, 241, 321, 418
Campos, Humberto de, 111, 122, 191, 220, 223
Campos, Milton, 128, 173-4
Campos, Roberto, 544, 555-8, 569
Campos, Sílvio de, 180
Campos Sales, Manuel Ferraz, 49, 58
Canabrava, Paulo, 536
Canal 3, *ver* Tupi, TV
Canaletto II, 408
"Canção da TV", de Guilherme de Almeida, 428
Canedo, Gregoriano, 353, 386
Cantù, Cesare, 51
Capanema, Gustavo, 247-8, 256, 280, 470
Caparica, Américo, 453
Carapebus, conde, 96
Cardeal Cristóforo Madruzzo, quadro de Ticiano, 411, 579
Cardoso, Adauto Lúcio, 345, 500
Cardoso, Dulcídio do Espírito Santo, 248-50, 255, 258, 265, 270
Cardoso, Elizeth, 446
Cardoso, Lúcio, 356, 362
Cardoso, Maurício, 213, 215, 236-7
Cardoso de Almeida, José, 192-3
Cardoso de Menezes, Carolina, 313
Carioba, Maria da Penha Müller, 12, 520, 527
Carlos X, 114
Carmona, Oscar, 162
Carneiro, Levi, 115
Carneiro, Luciano, 449, 459
Carneiro da Cunha, Ascendino, 37
Carneiro de Mendonça, Ana Amélia, 216, 411
Carneiro de Mendonça, Marcos, 411

Carneiro de Mendonça, oficial do Exército, 368
Carneiro Ribeiro, Ernesto, 49
Carpeaux, Otto Maria, 354, 398
Carrilho, Altamiro, 518
Carrion, Francisco, 392
Carta, Clara, 380
Carta, Giannino, 379-80
Carta, Luís, 380
Carta, Mino, 380, 385
Cartier, Raymond, 510
Carvalho, Álvaro de, 77, 120
Carvalho, Flávio de, 158
Carvalho, Menelick de, 248
Carvalho de Brito, Manuel, 181, 247
Casa Amarela, 429, 528, 532, 536-41, 543-6, 549, 551, 563, 570, 572-4
"Casa Amarela, São Paulo", artigo de AC, 528
Casa da Moeda, 544
Casa de Correção, 242, 248-9, 255
Casa do Jornalista, 336
Casa Pacheco, 132
Casas Isnard, 163
Casas Pernambucanas, 575
Cascardo, Hercolino, 306, 320
Cassino Atlântico, 401
Castaldi, João, 123
Castello Branco, Antônio Borges Leal, 13, 503-4, 507, 509
Castello Branco, Carlos, 12, 302, 351, 378, 386-7, 396-8, 420, 462-3
Castelo Branco, Camilo, 50-1
Castelo Branco, Humberto de Alencar, 509, 544-5, 549, 556-7, 560-1, 564-5, 567-70
Castilhos, Júlio de, 125
Castro e Silva, capitão, 113
Castro, Fidel, 521-2, 533-4, 552, 559
Castro Maya, Paulo, 122
Catá, Alberto Hernandez, 552
Cavalcanti, Alberto, 355

Cavalcanti, Kerginaldo, 445
Cavalcanti, Nero de, pai de santo, 572-3
Cavalleiro, Henrique, 167, 256
Cavalo empinado, tela de Portinari, 563-4
Caxias, Luís Alves de Lima, duque de, 335
Caymmi, Dorival, 313
Cayres de Brito, Nabor, 536
Cayres de Brito, Nelson, 536, 550-1
CBS, 554
Ceará, TV, 529
Cearense, Catulo da Paixão, 84, 226
Centro de Informações da Aeronáutica, 569
Centro Dom Vital, 302-3, 471
Centro Europa Livre, 19
Cerejo, Rubens, 573
Cernigoj, Augusto, 416
Cernigoj, Carlo, 416
"Céu é o limite, O", programa da TV Tupi, 496, 498
Cézanne, Paul, 411-3, 416, 488
Chagall, Marc, 416
Chagas, Lídia, 280
Chambelland, Carlos, 167, 180
Chase Manhattan Bank, 371
Chateaubriand, Betty, 530
Chateaubriand, Frederico, dito Freddy, 302, 327, 356, 357-8, 362-3, 391-2, 403, 420, 515, 530
Chateaubriand, Oswaldo, 27, 39, 56, 73, 105, 131, 134, 147-8, 155, 180, 255-6, 258, 263, 286-8, 294-5, 302, 421, 513
Chateaubriand Bandeira de Melo, Fernando Antônio, 148, 157, 183, 193, 230-1, 259, 273, 328, 356, 433, 512-3, 530, 562-3
Chateaubriand Bandeira de Melo, Francisco José, 25-9, 33-6, 38-9, 44-5, 57-8
Chateaubriand Bandeira de Melo, Gilberto Francisco

Renato Allard, dito Gigil, 156-7, 183, 230-1, 323-6, 328, 330, 343, 345, 356, 433-4, 454-7, 460, 512-3, 530, 562-4, 567
Chateaubriand Sessler, Isa, 577
Chateau D'Eu, 491, 533
"Chatô, o rei da chantagem", reportagem da *Maquis*, 503
"Chatô, rumo a Londres", reportagem da *Time*, 503
Chaves, Elói, 163
Chaves, Jurandir, dito Juca, 531
Chichita, Tatsuko, 254
"Chico Ciência", *ver* Campos, Francisco
Christie's, galeria, 417
Churchill, Winston, 387, 417--9, 425, 442, 460, 464
Cidadão Kane, filme de Orson Welles, 393, 513
"Cidadão Kane sem grandeza, Um", artigo de Moacir Werneck de Castro, 400
Cidade, A, 47, 52
Cigarra, A, 275
Citibank, 469
Civilista, Campanha, 50
Clark, Kenneth, 559
Claude Renoir, quadro de Renoir, 411
Clínica Dr. Eiras, 517-8
Clínica Rusk, 525-7, 538-9, 577
Clínica Santa Inês, 351
Clube dos 21, 441
Clube Três de Outubro, 234, 236, 238, 261, 308, 323
Coca-Cola, empresa, 458, 469
Coelho de Castro, José Machado, 239
Coelho de Souza, José Pereira, 388-9
Coelho Lisboa Larragoiti, Rosalina, 301, 396, 427
Coelho Neto, Henrique Maximiliano, 220
"Coice do pangaré, O", artigo de Nasser, 535

Coimbra, Estácio, 59-60, 62-3, 65, 69-1, 79, 139, 199, 219
Coimbra, frei Henrique de, 334, 537
Coisas nossas, filme, 278
Colbert, Claudette, 447
Colégio Aldridge, 343
Colégio Caetano de Campos, 411
Colégio François René Chateaubriand, 26
Colégio Pedro II, 466
Colégio Santa Marcelina, 434
Colégio Sion, 171
Colling, d. Cláudio, 485-6
Collor, Lindolfo, 125, 150, 179, 218, 225, 228, 237-8, 265, 269
Colônia de Férias para Crianças Pobres de Santos, 336
"Coluna do Centro", coluna de *O Jornal*, 302-3
Coluna Prestes, 117, 130, 145--6, 150, 155, 158, 176, 180, 185, 271, 400, 503
"Comandante Nobre de Gusmão", *ver* Passos, Sezefredo dos
Comando Geral dos Trabalhadores (CGT), 540
Comintern, 472
Comissão de Doutrina e Divulgação do Departamento Nacional de Propaganda, 322
Comissão Plenária de Minas, 550
Comissão Técnica de Rádio do Ministério da Viação e Obras Públicas, 481
"Como se domam as feras", artigo em *O Cruzeiro*, 162
Companhia de Caridade Reverendo Padre Venâncio, 336
Companhia de Saneamento City, 157
Companhia Docas de Santos, 120, 134
Companhia Siderúrgica Nacional (CSN), 364

"Compromisso de sangue", artigo de AC, 521
"Com que roupa?", música de Noel Rosa, 226
Comte, Auguste, 55
Concentração Conservadora, 180
Concílio de Trento, 579
Conde-duque de Olivares, O, quadro de Velásquez, 486
Condomínio Associado, 11, 16, 513-4, 529-30, 532, 550, 559-60
Confederação Nacional da Indústria, 411, 455, 463
Conferência de Cachoeira, 235
Conferência de Paz, Paris, 88
Conselho de Segurança Nacional, 553
Conselho Nacional de Telecomunicações, 553, 564
Conselho Ultramarino, 92
Contratador de diamantes, O, peça de Afonso Arinos, 91
Convento de São Francisco, 39, 227
Cooke, embaixador da Argentina no Brasil, 450-1
Coolidge, Calvin, 108
Corbeville, baile no castelo de, 445-8, 471
Corção, Gustavo, 471
Cordeiro de Farias, Osvaldo, 186, 368-9
Corita, *ver* Acuña, Cora
Corot, Jean-Baptiste Camille, 416, 446
Correa, Otávio, 113
Correa de Oliveira, Rafael, 130-1, 158, 186, 396-8, 448
Correia, Trifino, 201, 306
Correia, Viriato, 301
Correia de Araújo, João Firmino, 344
Correia de Araújo, Joaquim, 58
Correia de Oliveira, família, 26
Correia e Castro, Pedro Luís, 154, 371, 396, 412-3, 429
Correia Lima, escultor, 132

Correio Braziliense, 16, 514, 530, 580
"Correio da frente", seção do jornal *Diário da Noite*, 257
Correio da Manhã, 56, 83, 89, 91, 94-7, 99-100, 103, 124, 131, 219, 386, 433, 445, 481
Correio do Ceará, 315, 353
Correio do Povo, 174
Corriere della Sera, 414
Cosimo, Piero di, 416
Costa, Batista da, 132, 258
Costa, Fernando, 385-6
Costa, Irani, secretário de AC, 12, 427, 430, 441-2, 520, 523-5, 573, 575
Costa, Miguel, 131, 145-6, 186, 212, 214
Costa, Nepomuceno, 151, 201--2, 207, 211-2
Costa, Oswaldo, 566
Costa, Ulisses, 52, 61
Costa Azevedo, 82
Costa e Silva, Arthur da, 556, 560, 565, 568-9, 576, 578
Costa Filho, Odilo, 475-6, 487
Costa Lima, Dermival, 422--5, 428
Costa Lima, Renato, 570
Costa Pereira Bockel Ltda., 329, 338
Costa Rego, Pedro da, 103
Cotrim, Álvaro, dito Alvarus, 238
Couto, Miguel, 93, 122, 224
Couto, Rui Ribeiro, 303
Couto Arruda, Dinarte, 206
Couzens, Herbert, 115, 136
CPI da *Última Hora*, 467
CPI das atividades do IPES, 533
CPI do Time-Life, 553, 556
CPI dos Atos Delituosos da Ditadura, 404
Cranach, Lucas, 411, 416
Crédit Foncier, banco, 155
Crespi, Rodolfo, 411
Criscuolo, Orlando, 578
Croce, Benedetto, 262

Cruz, Elmano, 331
Cruz, Osvaldo, 70
Cruzeiro do Sul, 133
Cruzeiro do Sul, rádio, 354
Cruzeiro, O, 12, 14, 20, 133, 179, 181, 189, 191, 216, 223, 225-7, 238, 243, 246, 250, 255-6, 266, 284, 297, 298, 300, 301--3, 316-7, 319, 322-3, 337, 353, 354-6, 358, 360-3, 382-3, 389, 391, 393-4, 396, 400, 402-4, 430, 434-5, 440, 446, 448-53, 456, 459-60, 467-9, 475, 477, 479-80, 482-3, 487, 491, 515-6, 518-9, 525, 529, 531, 534, 541, 554, 558-9, 561-2, 566, 573
Cultura, TV, 514, 528, 563
Cunha, Celso, 578

Daber, Alfred, 412
Daily Worker, 98-9
Dalí, Salvador, 509
D'Almo Silva, 563
D'Angrogne, Malan, 113
D'Annunzio, Gabriel, 65
Dama com a rosa, de Picasso, 446
D'Arc, Joana, 181
Dantas, João, 188
Dantas, Orlando, 164-6
Dantas, Rodolfo, 94
Dantas Barreto, Emídio, 23, 58-64, 67, 69-70, 72-4, 76, 78, 82, 139, 175, 199, 227, 517
Daudt de Oliveira, Filipe, 169, 193, 199, 244, 275-6
Daudt de Oliveira, João, 169, 217
"Dê Asas à Juventude", campanha de AC, 333, 340, 372
De Gaulle, Charles, 544
"Dê ouro para o bem do Brasil", campanha dos Associados, 544

Debrot, Alphonse, 34, 36, 39, 43
Décio, enfermeiro-assistente, 537
"Declaração de princípios", manifesto de Lacerda, 361
Decoster, Hilda, 575
Degas, Hilaire Germain Edgar, 416-7
Delannee, Gabriel, 47
Delegacia de Segurança Pessoal, 292, 295
Delgado, Humberto, 511
Deneau, Lucien, 66-8, 74
Denys, Odílio, 22, 112
Departamento Administrativo do Serviço Público (DASP), 468
Departamento de Imprensa e Propaganda (DIP), 322, 356, 361, 386-7, 389
Departamento de Ordem Política e Social (DOPS), 274, 552
Departamento de Saúde Pública do Estado do Rio, 315
Departamento Médico dos Associados de Minas, 574
Departamento Nacional de Telecomunicações (Dentel), 481
Dernburg, Bernard, 96
Detetive, 316, 363
Deutsche Zeitung, 94, 103
Devisate, Antônio, 499
Di Cavalcanti, Emiliano, 148, 158, 302
Diacuí, índia calapalo, 482
"Diálogos de mr. Slang, Os", coluna de Monteiro Lobato em *O Jornal*, 128
Diário, O, 57-8, 61, 64, 165, 227, 275-6, 289
Diário Carioca, 191, 236-8, 319, 323, 386
Diário da Justiça, 332
Diário da Noite, 9, 133-5, 138, 144-8, 151, 156, 158-60,

163, 165, 170-1, 173, 180--1, 187-8, 193, 200, 216, 218, 220, 226, 234, 239, 240, 255-8, 262, 275, 281, 286, 290, 302, 314-5, 317, 322, 328, 330, 338-9, 352, 354, 363, 372, 378-80, 385, 387, 395, 400, 405--6, 425-6, 461, 463, 469, 477, 486, 515, 529, 531, 551, 562

Diário da Tarde, 222, 224, 230, 240, 256, 258, 290, 574

Diário de Notícias, 149-50, 153, 165, 173, 188, 192, 213, 234, 240, 256, 258, 266, 396, 398, 440, 469, 476, 494-5, 498

Diário de Pernambuco, 33, 43, 48, 52, 56-61, 70, 227, 256, 258, 275, 388, 441, 512, 514, 540

Diário de S. Paulo, 164-6, 168, 170, 175, 225, 240, 255-6, 258, 265, 268, 286, 295--6, 425, 461, 535

"Diário de um repórter", programa de TV e rádio, 534

Diário Nacional, 155-6, 162, 168, 175, 298

Diário Oficial, 137, 347-8, 364, 394, 486, 500

Diários Associados, 11, 16-20, 223, 225-7, 232-3, 236, 238, 240, 242, 246, 248, 250, 255-6, 258-9, 261-7, 269-75, 278-82, 284-5, 287-90, 293-304, 307, 310-3, 315-9, 322-3, 328--31, 333-5, 337, 340, 342--3, 348, 350-4, 356-7, 360-3, 366-7, 369, 372-4, 376-81, 383-6, 388-98, 400, 402-8, 411, 413-6, 418-25, 427, 430-2, 435--8, 440-1, 446-8, 455, 461, 463-5, 467, 469-71, 473--84, 487-8, 491-2, 494-5, 497-9, 503, 509, 512-6, 518-22, 525-6, 528-30, 532-4, 536, 539, 541-2, 544-5, 548, 550, 553-5, 558-70, 572, 578-80

Dias de Moura, Hélio, 513
Dias Filho, Renato, 513
Dias Lopes, Isidoro, 116
Dias, Miguel, 496
Didier, Pedro, 123
Difusora de São Paulo, rádio, 354, 422-3
Diretrizes, 360-1, 382, 419
"Dois marginais", artigo de AC, 537
Dollar, Archie, 481
Domingos, Anselmo, 432
Doutrina contra doutrina, de Sílvio Romero, 53
Drault Ernanny, 241-2, 279, 290, 329, 342, 411, 413, 425, 438-9, 441-2, 444
Dreher, Carlos, 547
Drummond de Andrade, Carlos, 128
Duarte, Paulo, 155-6, 258, 298, 385
Dubonnet, André, 416
Duganne, Phyllis, 162
Dunlop, Raoul, 105, 114, 120, 138
Duque Estrada, Arindal, 315
Duque Estrada, Osório, 56
Durkheim, Émile, 166
Dutra, Djalma, 178, 185, 186
Dutra, Eurico Gaspar, 320, 367, 369-70, 387, 389-90, 393, 394-6, 402-3, 410-1, 414, 424, 426, 429, 486
Dutra de Menezes, Amílcar, 387, 391
Dwyfor, conde, 98

Ecce homo, de Tintoretto, 411
Economist, The, 505
Editora Abril, 558
Editora O Cruzeiro, 353, 529
Edo, Jorge, 423, 428, 479
Eduardo José, d., 334
Educadora do Brasil, rádio, 238, 313, 354
Eggert, Martha, 312

Einstein, Albert, 96
Eiras, Carlos, 218, 318
Eisenhower, Dwight, 15-7, 19, 23, 517
El Greco, 412, 416
Eleições de 1930, 150, 180-1, 183-4
Elizabeth II, 18, 21, 454-5, 457-60
Ellis, Alfredo, 108
"Elsa's Comment", coluna de Elsa Maxwell, em *New York Jornal*, 455
"Em defesa do sr. Oliveira Lima", artigo de AC, 50
Em resposta a Terra desumana, livro de José Júlio Silveira Martins, 145
"Embaixador ausente, O", artigo de *The Economist*, 505
"Emília, o anjo da noite", artigo de David Nasser, 525
"Emoção estética na arte moderna, A", conferência paulista, 111
Empresa Gráfica Cruzeiro S.A., 153
"Enfrentando os chavantes", reportagem de Jean Mazon e David Nasser, 358
Engelen, Edith, 539, 546
Engels, Friedrich, 96
Enterro, O, de Portinari, 231
"Epílogo de um drama político", artigo AC, 189
Época, A, 73, 75, 77, 79, 82
Epstein, Jacques, 340, 342
Érica, empresa, 462
Ernesto do Rego Batista, Pedro, 308-9
Ernst, Max, 408
Escola de Sociologia e Política do Estado de São Paulo, 277
Escola Superior de Propaganda e Marketing (ESPM), 491
Espírito Santo, Vítor do, 302, 303, 330, 440
Esso Standard Oil, empresa, 148, 559

Estadinho, 83
Estado da Bahia, 315
Estado de Minas, 173-4, 222, 225, 228, 230, 240, 243, 246-7, 256, 258, 281, 290, 332, 351, 386-7, 473, 537, 580-1
Estado de Pernambuco, 69-70, 573
Estado de S. Paulo, O, 14, 75, 83, 114, 144, 148, 156, 166, 219, 288, 379, 385, 398-9, 448, 476, 486, 581
Estado-Maior das Forças Armadas, 369, 435, 454
"Estado Matarazzo, O", artigo de AC, 296
Estado Novo, 318, 321-3, 346, 349, 350, 352, 360-1, 367--8, 377, 379, 385, 391, 398, 404, 419-20
Etchegoyen, Alcides, 212
Eu, conde d', 97
Europeo, L', 414-5
Eva, enfermeira, 525, 528
Evans, Arthur, 504
Evening Standard, 509
"Exortação cívica", música de Villa-Lobos, 225

Faculdade de Direito do Recife, 227
Falcão, Armando, 463-4, 466, 478, 543
Falta alguém em Nuremberg, livro de David Nasser, 349
"Falta alguém em Nuremberg", reportagem de David Nasser e Jean Manzon, 404
Faria, Clemente, 225, 370-1, 413
Faria, Luís de, 50-1
Faria, Vera, 429-30
Faria Filho, Alberto, 282
Faria Lima, José Vicente de, 549, 578
Farquhar, Percival, 70, 86, 106--9, 114-6, 118, 131, 136, 231-3, 277, 296
Farroupilha, rádio, 311, 354, 470, 569
"Far-west de quintal", artigo de AC, 293
Fastos da ditadura, de Eduardo Prado, 46
Fath, Jacques, 446-7
Fausto, de Goethe, 39, 101
Fawcett, Percy, caso, 124, 334, 359-60, 449, 481-4
Federação das Indústrias do Estado de São Paulo (FIESP), 285, 497, 499
Federação do Comércio, 497
Feinberger, Mortimer, 434
Ferdinando, arquiduque, 476
Fernandes, Hélio, 363, 403
Fernandes, Raul, 115
Fernando Henrique, neto de AC, 530
Fernando VII, de Goya, 411
Ferramenta, piloto português, 66
Ferraz, Geraldo, 156, 158-9, 166
Ferreira, Bibi, ver Izquierdo Ferreira, Abigail
Ferreira, Jorge, 403, 449, 451, 482
Ferreira, Procópio, 171
Ferreira, Virgulino, dito Lampião, 131, 148, 317, 361, 447
"Fidalgo do sebo, O", artigo de AC, 378
Figueira Ramos, Olívia, 384
Figueiredo, Aderbal, 551
Figueiredo, Argemiro de, 472
Figueiredo, Burle de, 284-5
Figueiredo, Euclides, 323, 367, 371
Figueiredo, Fidelino de, 122
Figueiredo, Guilherme, 367
Figueiredo, Jackson de, 302
Figueiredo, João, 367
Figueiredo, Nadir, 499
Figueiredo, Paulo Bruno, 539, 550, 572, 575
Figueiredo, Ricardo, 114
Filly, ver Matarazzo, Filomena
"Fim dos partidos, O", artigo de AC, 321
Fischer, Geoffrey Francis, 458
Flan, 463
"Flauta de Ariel, A", artigo de AC, 79
Fleming, Harold, 455
Flores da Cunha, José Antônio, 199, 213, 215, 235, 237, 256, 311, 318
Flues, Oscar, 261-2, 284-8, 289-95, 298, 317, 336-8, 400, 503
Folha da Manhã, 180, 278, 379-80, 382, 463
Folha da Manhã (Recife), 376
Folha da Noite, 379-80
Folha de Goiás, 514
Folha de S.Paulo, 379-80, 385
Folha do Povo, 304, 361
Fomin, Andrei, 545, 549
Fonseca, Ademilde, 446
Fonseca, Euclides Hermes da, 112
Fonseca, Hermes da, 50, 52, 58-9, 61, 90, 112, 169
Fonseca, Paulo Felisberto da, 395
Fonseca Nunes de Oliveira, José, 210
Fontes, Lourival, 355, 451, 468, 476
Fonteyn, Margot, 511, 547-8
Fontoura, Cândido, 514, 566
Força Áerea Brasileira (FAB), 357
Força Expedicionária Brasileira (FEB), 367, 370, 454
Força Pública de Minas, 176, 179, 192, 199
Forças Armadas, 223, 304, 307, 369, 435, 454, 468, 481, 527, 533, 545, 550
Ford, empresa, 228
Foreign Office britânico, 13, 18, 116, 417, 500, 502, 504, 506, 581
Forster, Walter, 422, 427-8

Forte de Copacabana, 112, 131, 253-4
Fortes, José de Souza, 229, 574-5, 577
Fortunato, Gregório, 392, 468
Fragoso, Augusto Tasso, 214
Fragoso, Bolitreau, 455
France, madame, 231
Franchini Neto, doutor, 384
Francia, Francesco Raibolini, dito Il, 410
"Francisco Bandeira", pseudônimo de AC, 244-6
Franco, Araújo, 138
Franco, Francisco, 401
Frankfurter Zeitung, 294
Freddy, *ver* Chateaubriand, Frederico
Frederico Schmidt, Augusto, 18
Freire, Vitorino, 474, 476-7, 487
Freire Alvim, Sá, 22
Freitas, Geraldo de, 363
Freitas, Lourival de, 573
Frente Única Paulista (FUP), 235, 237
Freyre, Gilberto, 71, 362, 449, 477
Frias, Carlos, 480
Friele, Berendt, 368-9, 555
"*Front-page fireball*" ("Turbilhão na primeira página"), reportagem de Eileen Mackenzie, 400
Fulgêncio, Pedro Aguinaldo, 19
Fundação D. Pedro II, 491, 533, 550
Fundação Getúlio Vargas, 432
Fundação Nacional do Índio (FUNAI), 484
Fundão, O, 49
Fundição Mineira do Rio, 245
Furstemberg, Ira de, 566
Furtado, Celso, 533

Gabinete de Investigações (GI), 295
Gabison, Angeline Marie, 116, 325

Gabus Mendes, Cassiano, 387, 422-4, 428-9
Gabus Mendes, Otávio, 424
Galdeano, Antonio Sanchez, 23, 255, 566
Galhardo, Carlos, 313
Gallieni, Escobar, 36
Gallon, Henri, 70, 116, 183-4, 193, 239, 249, 268, 409, 429, 540
Gallon, Thérèse, 116, 409, 429
Galvão, Patrícia, 340
Gama, Maurício Loureiro, 384
Gamelin, Maurice, 91
Ganga bruta, filme de Humberto Mauro, 424
Ganot, Urbano, irmão de AC, 27, 39, 56, 64, 211, 240, 259, 263, 516
Garcez, Lucas Nogueira, 436, 442
Garcez, Martinho, 71
Garibaldi, Anita, 181
Gasparri, Enrico, 290
Gatto, Nelson, 540
Gaúcha, rádio, 469
Gauguin, Paul, 566-7
Gazeta, A, 76, 111, 180, 220, 278
Gazeta de Notícias, 73, 75
Gazeta do Norte, 42-3, 45
Gazeta dos Tribunais, 262-3, 265
Gegê, Geraldo Teixeira da Costa, dito, 550-1
Geisel, Orlando, 569
General Electric do Brasil (GE), 160, 162, 226, 266, 300, 310-1
"General Z.", *ver* Passos, Nestor Sezefredo
Genésio, pai de Aimée de Heeren, 457
Genoíno, capanga do avô materno de AC, 30
George, Lloyd, 98
Gerson, Brasil, 158
Ghidetti, Mario, 416
Giampetrino, pintor, 408
Gibbon, Fitz, 123-4, 127, 161, 165

Gibson, Tomé, 43, 55, 65, 74
Gioconda, peça de Gabrielle D'Annunzio, 65
"Gisele, a espiã nua que abalou Paris", folhetim de David Nasser, 363
Glauco, diplomata, 450
Gleizer, Genny, 349
Globo, O, 133, 146, 148, 219, 257, 301, 334, 357, 362, 386, 402-3, 465, 478, 529, 557
Globo, rádio, 463
Globo, TV, 552-4, 556, 558, 564
Glória, amante de AC, 431
Godard, Paulette, 447
Godói e Vasconcelos, José de, 42, 45
Godinho, Lafaiete, 292
Goering, Hermann, 364
Goethe, Johan Wolfgang von, 39-40, 42, 55, 93
Gohn, Herrmann, 481
Góis Monteiro, Pedro Aurélio, 212, 214, 224, 248, 257, 390-1, 435, 470
Golpe de 64, 303, 367, 413, 532, 539-41, 543-4, 549, 552, 567, 569
Gomes, Bráulio, 424
Gomes, Carlos, 28-9, 171
Gomes, Eduardo, 75, 112-3, 368, 388-90
Gomes, José, 478
Gomes, Luís, 75
Gomes, Saulo, 574
Gonçalves, Dercy, 559
Gonçalves, Segismundo Antônio, 43, 58, 71
Gonçalves Ferreira, Antônio, 58
Gondim, Barnabé, 36
Gondim, Belarmino, 219
Gondim, João, 323, 329
Gondim, Maria Carmem, 26-7, 29, 34, 73, 79, 219
Gondim, Urbano, 26, 30, 32
Gondim de Oliveira, Leão, 20-1, 284, 323, 328-32, 393, 397, 513, 515, 530

Gondim de Oliveira, Lily Whitaker, 393, 483, 531, 541
Gonzaga, Luís, 480
Gonzaga, Tomás Antônio, 471
Gonzaga, Zé, cantor, 446
Gothein, Georg, 96
Goulart, João, 18, 21, 481, 485, 532-6, 539-4, 548, 558, 561, 570
Gouthier, Hugo, 483-4, 506, 507
Gouveia, Delmiro, 57, 65, 81-2
Goya, Francisco, 411-3, 416, 579
Graça Aranha, Heloísa, 57
Graça Aranha, José Pereira, 54, 111
Gracindo, Paulo, 354, 404
"Grã-finos em São Paulo", reportagem de Joel Silveira, 382
Grande eleitor da Saxônia, O, de Cranach, 411
Graphika, empresa alemã, 286
Greenwood, Iman, 266, 311
Groschke, Alberto, 71
Guadalupe Mojica, José, 424
Guanabara, Alcindo, 45, 50
"Guarani, O", música de Carlos Gomes, 28
Guarani, rádio, 19, 354
Guaranty Trust Company of New York, banco, 489--90, 492, 514
"Guarda-chuva, bengala e bengalinha", artigo de AC, 306
Guarda Civil de São Paulo, 545
Guardia, Clara della, solista, 65
Guardia, Fiorello la, 374
Gudin, Eugênio, 15, 84, 116, 136, 138, 242, 473, 556
Gudin, Maurício, 110, 242
Guedes, Carlos Luís, 550
Guedes Gondim, Antônio Feliciano, 33, 37
Guedes Gondim, família, 25--6, 31

Guedes Penteado, Olívia, 130
Gueiros, Nehemias, 418, 564
Guerra, major, 242
Guerra, Perpétua, 452
Guerra do Chaco, 265
Guevara, Ernesto Che, 533
Guimarães, Alencastro, 329
Guimarães, Antônio Ferreira, 455
Guimarães, família, 72
Guimarães, Genaro, 72
Guimarães, Manuel Ferreira, 335
Guimarães Rosa, João, 167, 578
Guinle, Carlos, 110
Guinle, família, 311
Guinle, Guilherme, 120, 134, 160, 266, 277, 307, 311, 340, 364, 413, 424, 578
Guinle, Otávio, 115
Guinle de Paula Machado, Celina, 110, 148
Guri, O, 316, 353, 363
Gurupi, rádio, 531
Guttmann, Heinz, 548

Haber, Fritz, 96
Hals, Frans, 413
Hankey, H., 501
Harden, Maximilian, 96
Harewood, lorde, 509
Harrison, Geoffrey, 500, 503-5
Harris, Valentim, 123
Hasseler, Karl von, 102
Havas, agência de notícias, 227
Hawaii Maru, caso, 249, 400
Hearst, William Randolph, 393, 400, 513
Heeren, Aimée de, 432-3, 446, 457, 459-60, 550, 577
Heine, Henrich, 40
Helena de Troia, filme, 162
Henri, Georges, 428
Herald Tribune, 375, 528
Hermínia, esposa de Lindolfo Collor, 270
Hermitage, museu, 551
"Heroísmo e poltroneria", artigo de AC, 188

Hindemburgo, marechal, 96, 104
Hino Nacional, 56, 190, 482
Hippolito, Andrea, 372-3, 376, 410
Hippolito, Costábile, 373
História de Santos, A, 337
"História mal contada, Uma", artigo de AC, 420
Hitler, Adolf, 100, 294, 321-2, 327, 366-7, 389, 470, 516, 521-2
Hoe Company, 315, 393-4
Hoffmann, August Wilhelm, 96
Hora, Mário, 117, 127
"Hora que passa, A", artigo de AC, 79
Hospital Alemão, 292
Hospital Santa Catarina, 573-6
Hotel Glória, 119, 174-5, 192, 218
Hull, Cordell, 275, 374
Hungria Hoffbauer, Nelson, 332-3, 336-7, 345, 380
Hunt, Henry L., 108
Hussein, Haj Amim Effendi Al, 321

IBM, 527, 534, 540, 574, 576-7
Ilusão americana, livro de Eduardo Prado, 46
Imparcial, O, 122, 478
"Império dividido", reportagem da *Time*, 530
Imprensa, A, 50
"Imprensa em julgamento", artigo da *Time*, 462
Indústria Química e Farmacêutica Schering, 11, 20, 370-1, 436, 475-6, 492, 530, 562, 565
Indústrias Reunidas F. Matarazzo (IRFM), 372, 379-1
Inojosa, Evaldo, 571
"Inquietação do padre, A", artigo de AC, 577
Instituto Adolfo Lutz, 406
Instituto Agronômico de Campinas, 321

Instituto Brasileiro de Ação Democrática (IBAD), 532
Instituto de Pesquisas e Estudos Sociais (IPES), 533
Instituto de Pesquisas Neurológicas de Moscou, 549
Instituto do Açúcar e do Álcool, 376, 571
Instituto Dom Bosco, 336
Instituto Rio Branco, 433
Institutos de Aposentadoria e Pensões, 491
Intentona Comunista, 308-10
Inter-American, The, 400
"Interdicto *uti possidetis*, O", tese de AC, 72
Internacional Comunista, *ver* Comintern
"Irreparável, O", artigo de AC, 233
"Irresponsabilidade do presidente, Uma", artigo de AC, 388
Isabel, princesa, 96, 491
Itabira Iron Ore, 106, 108-9, 114, 145, 231
Itacolomi, TV, 481
Itamaraty, 13, 21-2, 85, 290, 450, 508, 512, 535, 564-6
Itapoã, TV, 528
Izarari, cacique, 360
Izar, Margarida, 576-7
Izquierdo Ferreira, Abigail, 171

Jafet, Basílio, 120
Jafet, família, 410
Jafet, Nagib, 441
Jafet, Ricardo, 463
Jaguara, barão de, 538
Jamelão, José Bispo Clementino dos Santos, dito, 446
Jansen, Ana, 47
Jansen de Almeida Castro, Amélia, 47-8, 116
Jesuína, avó de AC, 30, 32
João Alfredo [Correia de Oliveira], 26, 35, 130, 396
João do Rio, *ver* Paulo Barreto
Jobim, José, 165

Joca Arara, 33-4
Jockey Club, 66, 316, 318, 359, 425, 427, 429, 571
Joffily, José, 439
Joffre, marechal Joseph, 91
Johnson, Herschell, 433
Jones, sir Guy Salisbury, 506
Jordan, Spitzman, 329, 566
Jorge, 56, 452
Jorge, irmão de AC, 25, 27, 39, 57, 259
Jorge II, rei da Grécia, 103
Jorge VI, rei da Inglaterra, 454
Jornal de Alagoas, 315
Jornal de Debates, 439
Jornal do Brasil, 73, 75, 86, 88-91, 94, 96-7, 104-7, 113, 189, 220, 351, 475, 486-7
Jornal do Commercio, 76, 83, 86, 113-5, 117-18, 184, 219, 265, 338-9, 514, 581
Jornal do Recife, 33, 50-1
Jornal, O, 64, 117-8, 120-4, 127-8, 130-3, 135-8, 142, 144, 146-7, 150-1, 156, 160, 163-4, 170-1, 183, 192-3, 200, 209, 214-5, 220, 223, 226, 234, 238, 241, 256, 260, 262-3, 265, 270, 282, 284, 286, 302, 310, 323, 327, 340, 347, 354-5, 378, 385, 388, 392, 395, 398, 400, 404, 421, 455, 462, 469-70, 475, 503, 515, 522
Jornal Pequeno, 41, 43, 52, 54-5, 57-8, 64-7, 71, 74, 79
José Bonifácio [Ribeiro de Andrada], 84, 152
José e a mulher de Putifar, de Gauguin, 566
Journal, Le, 111
Jowitt, lorde, 511
Juan Antônio Llorente, d., quadro de Goya, 579
Judite, irmã adotiva de AC, 29, 36
"Júlio Prestes e João Pessoa", artigo de AC, 190

Juqueri, sanatório, 180
"Juriti de Mayfair, A", artigo de AC, 17

Kaiser Wilhelm Institut, 96, 103, 105
Kardec, Allan, 47
Kasimiroff, Serguei, 545
Kaufmann, Henri, 355
Kautsky, Karl, 96, 99-100
Kaye, Danny, 447
Keffel Filho, 469
Kemal, Mustafá, 321
Kennedy, John, 535, 537
Kennedy, Joseph Patrick, 526
Kent, duquesa de, 509
Khalin, dr., médico inglês, 572
Khoury, Charles, 43
Killian, Gustavo, 103
King, Katie, 47
Kipling, Rudyard, 122
Klabin, família, 366
Klabin, Wolf, 329, 365, 429, 455
Klabin & Irmãos, 365
Klein & Saks, empresa de auditoria, 555
Klinger, Bertoldo, 176-7
Knoedler, Leary, 411-2
Knoekoschka, Oskar, 418
Konder Bornhausen, família, 200
Kondo, Itiro, 254
"Kronos kai Anágke", conto de João Guimarães Rosa, 167
Kruel, Amaury, 548, 568-9
Kubitschek, Juscelino, 13-6, 18, 23, 371, 386, 432, 455, 461, 473, 475, 477, 480-1, 484-5, 493, 500, 506, 509, 512, 540, 544, 565
Kubitschek, Márcia, 509
Kubitschek, Sarah, 15, 18

La Bohème, ópera de Puccini, 375
Laboratório Gaby, 314
Laboratório Licor de Cacau Xavier, 312, 314, 476, 563
Laboratório Lomba, 314, 503

Laboratórios Ipiranga, 314
Laboriau, Ferdinando, 122
Lacerda, Carlos, 304, 361, 363, 380, 385, 388-9, 403, 440, 447, 462, 464, 466-7, 495, 499, 520, 529, 535, 543, 552, 577, 581
Lacerda, Maurício, 320
Lacerda, Sérgio, 529, 543
Lacta, indústria de chocolate, 163, 314, 378, 411
"Ladrão de cavalo", artigo de AC, 564
Laet, Carlos de, 43, 45, 50, 86, 122
Lafer, Horácio, 13, 18, 280, 365, 429, 455, 472, 542, 566
Lage, João, 381, 385
Laminação Nacional de Metais, 427
Lampião, *ver* Ferreira, Virgulino
Langsdorff, Georg Heinrich, barão de, 551
Lara, Agustín, 312
Lara Resende, Otto, 398, 445, 467, 531
Larragoiti, Antônio Sánchez, 301, 396
Latécoère, companhia francesa, 161
Leal, Aurelino, 115
Leal, conde Modesto, 84, 119, 156, 177, 264, 277, 307, 311, 411, 429
Leal da Costa, Antônio, 132
Leão, Danuza, 447
Leão, Múcio, 82, 86
Leary Knoedler, galeria, 411-2
Léger, Fernand, 416
Legião Latino-Americana, 368, 370
Lei de Crimes contra a Economia Popular, 380
Lei de Imprensa, 147
Lei de Inelegibilidades, 568
Lei Malaia, 390
Lei Teresoca, 348-50, 400, 434, 439

Leite, Nicolau, 449
Leite Filho, Barreto, 366
Leite Ribeiro, livraria, 92
Lelis, João, 442, 444
Leme, d. Sebastião, 124,-5, 214, 224, 302-3, 334
Lemos, Ubiratan de, 449, 573
Lênin, Vladimir Ilitch Ulianov, 100, 102, 106, 108, 178, 540, 551
Leone, Zezé, 132
Le Roy, enfermeiro, 525, 528
Lessa, Pedro, 74, 77, 84, 89, 93, 550
Lettelier, madame, 111
Levy, Herbert, 543
Líbero, Cásper, 227, 257, 277
Libertador, O, órgão oficial da Coluna Prestes, 146
Life, 491
"Life is worth living", programa de TV americana, 465
Liga Comercial do Rio, 138
Liga das Associações Alemãs, 294
Liga das Nações, 163
Liga das Senhoras Católicas, 535, 537
Light & Power, 70, 85, 92, 116, 160-2, 231, 375
Lima, Hermes, 361
Lima, Valdomiro de, 268-72, 288
Lima Cavalcanti, Carlos de, 219, 223, 256
Lima Duarte, ator, 539, 541, 571
Lima Martensen, Rodolfo, 491
Lincoln, Abraham, 90
Lins, Álvaro, 511-2
Lins, Edmundo, 550
Lins, Etelvino, 461-2
Lins de Barros, João Alberto, 221, 223, 235, 238, 241-2, 248-9, 252-4, 256-7, 260--2, 264, 265, 269, 270-2, 282, 284-90, 294-5, 344, 390-1, 419
Lins do Rego, José, 71, 316, 326, 362, 397

Lisboa, Arrojado, 117, 136, 138
Lispector, Clarice, 356
Littré, Émile, 55
Lloyd, Selwyn, 18
Lloyd George, David, 98, 122
Lobo, Marinho, 203
Lodi, Euvaldo, 411, 455, 463
Lomba, Ernani, 314
Lombardi, d. Fernando, 535
Look, 567
L'Opera Nazionale Balila, 372
Lopes, Lucas, 496, 497
Lopes, Luís Simões, 432
Lopes, Renato Toledo, 117, 118, 121-2, 125, 135-7, 305
Lorenzo, Tina de, 65
Lott, Henrique Teixeira, 481, 499, 520
Louisville Times, The, 393
Lowenstein, Lili, 520
"Luar do sertão", música de Catulo da Paixão Cearense, 226
Luce, Henry, 555, 557, 558, 559
Ludendorff, Erich, 96, 100-2
Luís, Washington, 92, 109, 138-9, 145, 147-52, 169-71, 177-9, 184-5, 188, 192, 197,-8, 200-1, 205, 207, 214-6, 233, 236-8
Luís Carlos, filho de Júlio de Mesquita Filho, 542
Luís XV, rei da França, 92
Luna de Alencar, Martinho, 266, 290, 413, 431
Lunardelli, Geremia, 365, 410-1, 413, 425, 429, 490
Lundgren, Ana Louise, 64, 79
Lundgren, Arthur, 64
Lundgren, família, 41, 80-1, 85
Lundgren, Frederico, 82
Lundgren, Helena, 575
Lutz, Berta, 337
Luzardo, Batista, 223, 234, 236-7, 450-1, 470
Lythographica Ypiranga, 301

"Macaco Elétrico", pseudôni-

mo de AC, 277, 328, 379-
-80, 477, 487, 563
Macedo, Nertan, 441-2, 473
Macedo Soares, José Carlos de, 120, 191, 238, 484, 565
Macedo Soares, José Eduardo de, 200, 236, 238, 319
Machado, Aníbal, 77
Machado, Brasílio, 76
Machado, Celso, 246, 248
Machado, Cristiano, 419
Machado Coelho, deputado, 238-9, 411
Machado de Assis, Joaquim Maria, 50, 53-4, 93, 470-2
Machado de Carvalho, Paulo, 515
Maciel, Olegário, 216, 238, 240, 248, 280
Maciel Filho, José Soares, 262--5, 282, 284-5, 287, 293
Mackenzie, Alexander, 57, 85--7, 92, 106, 114-5, 127, 136, 161, 231, 296, 375, 491
Mackenzie, Eileen, 400
MacMillan, Harold, 501
Madame Butterfly, ópera, 65
Magalhães, Agamenon, 322, 346-7, 376, 388, 390
Magalhães, Carlos Leôncio, "Nhonhô", 133, 137
Magalhães, Cirilino, 40
Magalhães, Juraci, 15-6, 228, 234, 388, 470
Magalhães, Rafael de Almeida, 543, 550
Magalhães Pinto, José de, 12, 532, 541, 549-50, 565-6
"Magistrado, Um", artigo de AC, 550
Magnasco, Alessandro, 410, 415
Mahaseb, vizir, 142
Maia, Gonçalves, 66-7, 74
Maillol, Aristides, 416
"Mais covarde dos mendazes, O", artigo de AC, 219
Malfatti, Anita, 302

Malheiros Dias, Carlos, 153-4
Malho, O, 313
Mallarmé, Stéphane, 440
Malta, Otávio, 361
Manchete, 516
Maneco, filho de Getúlio Vargas, 392
Manet, Edouard, 416, 446
Mangabeira, João, 306, 320
Mangabeira, Otávio, 306, 397
Manha, A, 180, 306, 471
Manzon, Jean, 355-9, 363, 382, 391-2, 401-4, 515-6, 531, 582
Mappin & Webb, 162, 278, 297, 374, 417, 425, 455-6, 582
Maquiavel, 216
Maquis, 494-5, 503
Marajoara, TV, 529
Marcondes de Souza, Dráusio, 237
Marcondes Filho, Alexandre, 327, 513
Marcondes Machado, Alexandre Ribeiro, 128
Marconi, Guglielmo, 96, 226--7, 311, 440
Maria Branquinha, *ver* Barrozo do Amaral, Maria Henriqueta
Maria Helena, arrumadeira, 546-7
Maria Moors Cabot, prêmio, 393
Mariani, Clemente, 395, 414, 529
Mariani, Maria Clara, 529
Mariano Procópio, TV, 528
Maria Zélia, fábrica, 160
Marinetti, Filippo Tommaso, 128-9
Marinho Falcão, família, 26
Marinho, Irineu, 75, 113, 118, 131-3
Marinho, Roberto, 363, 402, 411, 463, 465, 552-9, 561
Maristany, Cristina, 313
Marlene, enfermeira, 523
Marques Júnior, 167

Marrey Júnior, Adriano, 155, 175
Marroquim, Murilo, 366, 435
Marshall, George, 368
Marshall, John, 75
Martinelli, família, 311
Martinelli, José, 266, 275
Martins, Bárbara, 432
Martins, João, 449, 469
Martins, Laio, 275
Martins, Wilson, 145
Martins de Almeida, Mário, 237
Martins dos Santos, Francisco, 336
Martorano, César, 209-11
Mascarenhas de Morais, João Batista, 454-7
Matarazzo, conde Francisco, 105, 130, 160, 171, 266, 296-9, 311, 372-3, 379--81, 400
Matarazzo, Ermelino, 105
Matarazzo, família, 297-300, 317, 365, 372-3, 376, 378, 381-3, 503
Matarazzo, Filomena, 381-2, 384-5
Matarazzo Júnior, conde Francisco, 160, 297-9, 371, 373, 379-80, 383, 463
Matisse, Henri, 416
Matos, Euricles de, 133
Matos, Jango, 205, 207
"Matrona tarada, Uma", artigo de AC, 477
Mattos, Darke de, 137-8
Mattos Pimenta, 155
Mauro, guarda-costas de Getúlio Vargas, 346
Mauro, Humberto, 424
Maximiliano, Carlos, 73, 76
Maxwell, Elsa, 455
Mayrink Veiga, rádio, 313
McConnell, Edith, 519, 522
McCrimmon, Kenneth, 360
Medeiros, José, 449, 469
Medeiros, Manoel, 58
Medeiros, Saboia de, 117, 138
Medeiros Lima, jornalista, 462

Medeiros Queiroga, Clóvis, 379
Medeiros Silva, Carlos, 564
Medical Center of Rehabilitation da Universidade de Nova York, 525, 549
Médici, Emílio Garrastazu, 496
Meditação, escultura de Rodin, 411
Meiras, Frikas, 19
Melato, Maria, 65, 110
Melchior, garoto, 315
Mello, Arnon de, 243, 257, 352
Melniker, William, 161
Melo, Nelson de, 368, 532
Melo, Públio de, 478
Melo Franco, Afonso Arinos de, 259, 280-1
Melo Franco, Afrânio de, 77, 83, 88, 91, 104-5, 152, 163, 177, 184-5, 200, 213-4, 232
Melo Franco, família, 138, 281
Melo Franco, Virgílio de, 74, 128, 138, 141, 176, 215, 256, 259, 280, 282, 361
Melo Franco de Andrade, Rodrigo, 122, 135, 144
Melo Viana, Fernando, 138, 180
"Memorável batalha eleitoral de hoje, A", manchete de o *Diário da Noite*, 181
"Memórias de Chico Alves, As", série de Nasser em *O Cruzeiro*, 452
Memórias de guerra, livro de Lloyd Georges, 98
Mendes, Cândido, 94
Mendes, Ciro, 486
Mendes, José Guilherme, 398, 446
Mendes Campos, Maneco, 97, 99
Mendes Pimentel, 550
Mendonça, Renato, 471
Meneghetti, Amleto Gino, 225
Meneghetti, Ildo, 485
Meneghetti, Mário, 485
Menezes, coronel, 479
Menotti del Picchia, Paulo, 275, 442, 512-3, 566
Mercadante, Luís Fernando, 558
Meridional, Agência, 227, 260, 263, 281, 293, 319, 361-2, 378, 380, 478
Mesbla, 324, 333, 335, 377
Mesquita, família, 448, 486
Mesquita, Francisco, 258
Mesquita, Júlio, 75-6, 83, 89-90, 93, 114, 117-20, 122, 133, 148, 235, 335, 399-400, 543
Mesquita, Luís Carlos, 399, 543
Mesquita Filho, Júlio de, 385, 398-400, 536-7, 542-3
Mesquita Neto, Júlio de, 584
Mesquita, Ruy, 543
Messias Leite, 478
Metro Goldwyn Mayer (MGM), 161-2
Metropolitan Museum of Art (Nova York), 488
Mignone, Francisco, 91
Millet, Clodomir, 475
Millet, Henrique Augusto, 46
Millôr Fernandes, 302, 357, 362-3, 403, 531-2
Minas Gerais, 173, 247-8
Mineira, rádio, 19, 353-4
"Minha impressão de um voo de aeroplano, A", artigo de AC, 67
Ministério da Aeronáutica, 335, 366, 406
Ministério da Educação, 394, 407, 466, 533
Ministério do Trabalho, 218, 308, 466
Ministério Público, 337
Miranda, Aurora, 313
Miranda, Carmen, 312-3, 354
Miriam, esposa de Ernanny Drault, 280
"Mistério de Highmore Hall, O", conto de João Guimarães Rosa, 167
MMDC (Miragaia, Martins, Dráusio e Camargo), 237
Modigliani, Amedeo, 411, 416
Moinho Inglês, 455
Moinho Santista, 427
"Moinhos de vento", artigo de AC, 275
"Moleque 5", companheiro de cela de AC, 265
"Moleque 30", companheiro de cela de AC, 265
Molière, Jean Baptiste Poquelin, dito, 93
Monitor Campista, 514
Moniz de Aragão, José Joaquim, 418
"Monstro, Um", artigo de AC, 216, 235
Monteiro, Antônio, 430
Monteiro, Dóris, 431-2
Monteiro, Edmundo, 20-2, 134, 270, 353, 426, 491-2, 513, 533, 541-2, 553-4, 567-8, 571, 574-5
Monteiro, Mozart, 164
Monteiro Aranha, grupo, 366
Monteiro de Carvalho, Alberto, 48
Monteiro Lobato, José Bento, 88, 122, 128, 133, 135, 148, 361
Montello, Josué, 478, 494, 570
Montenegro, Augusto, 32
Montenegro, Cláudia, 278
Montenegro, Maria, 278, 330
Montenegro, Zulema, 278-9, 283
"Montesquieu responde a Chateaubriand", artigo de Carlos Lacerda, 448
Montgomery, Robert, 418
Monti, Giovanni, 524, 526
Moore, Henry, 418
Moraes, José Ermírio de, 496-500, 502-5, 542, 581
Moraes, Manuel Batista de, 499
Moraes, Mário de, 469, 529

Moraes, Ronaldo, 529
Moraes, Vinicius de, 398
Morais, Antônio Henrique de, 455
Morais, Clóvis, 344
Morandi, Giorgio, 416
Morel, Edmar, 302, 334, 351, 359-60, 367, 391-2, 396--98
Moreira, Delfim, 88
Moreira Lima, Lourenço, 131, 145
Moreira Salles, Walther, 15, 18, 411, 413, 463, 490, 510-1
Moreyra, Álvaro, 361
Morganti, Fúlvio, 455
Morganti, Pedro, 574
Moríñigo, Higino, 355
"Morre Chateaubriand, o brasileiro que construiu um império", artigo do *The New York Times*, 578
"Morte da polidez, A", artigo e livro de AC, 55
Moscoso, Tobias, 86
Moses, Herbert, 128, 132, 138, 257
Mostardeiro, Antônio, 154, 161, 335
Moura, Hastínfilo de, 214
Moura, Pedro, 192
Moura Andrade, Antônio, 411
Moura Andrade, Auro de, 566
Mourão Filho, Olímpio, 481--3, 532
Mulher, filme de Otávio Gabus Mendes, 424
Müller, August, 100
Müller, Filinto, 271, 274, 277, 309-10, 319, 349-50, 404
Müller, Max, 55
Municipal, Teatro, 91, 120, 231, 297, 299
Murici, Antônio Carlos, 568
Murillo, Bartolomé Esteban, 410
Musée de l'Orangerie, 487
Museu de Arte de São Paulo Assis Chateaubriand (MASP), 407, 410, 415, 422, 424, 487, 491, 495, 496-8, 566-7, 578-9, 581
Museu de Arte Moderna de Nova York, 424
Museu de História Natural de Nova York, 110
Museu de Porto Alegre, 565
Museu do Louvre, 446, 487
Museu Regional de Natal, 577
Mussolini, Benito, 129-30, 159, 299, 304-5, 321-2, 366, 373, 410
Mutt & Jeff, cartoon, 162

Nabuco, Joaquim, 54
Nabuco, Maurício, 57, 254, 433
Nação, A, 265, 282, 285-7, 293, 536
Nación, La, 96, 126, 130, 308, 355
Nacional, Agência, 322
Nacional, rádio, 313, 404
Naline, Edgar, 430
Nascimento, Asdrúbal do, 120
Nasser, David, 14, 301-2, 349, 357-8, 362-4, 382, 385, 449, 452, 464, 466, 479, 525, 534, 554, 561
Nassif, Wady, 317
Natel, Laudo, 541
NBC, TV, 316, 375, 424-25, 554
"Negócio de capadócios, Um", artigo de AC, 562
Negrão de Lima, Francisco, 321, 565
Negro Scipião, de Cézanne, 411
Neiva Moreira, jornalista, 391, 404, 475-8
Néri, Adalgisa, 476-8
Néri, Ismael, 476
Nery, Lincoln, 303
Neto dos Reis, 128
Neves, Tancredo de Almeida, 174, 473-5, 485
Neves da Fontoura, João, 169, 173-5, 213, 215, 237, 244, 451
New York American Syndicate, 124, 130

New York Daily News, 375
New York Journal, 455
New York Times, 134, 316, 374--5, 393, 421, 526, 578
Niarcho, Stavros, 511
Nicolaef, Alexandre, 19
Niemeyer, Paulo, 517
Nietzsche, Friedrich, 40, 51, 54-5, 170, 440
Nineteen Century, 317
Nitroquímica, 366
Nobre, Ibrahim, 258
Nogueira, Manuel, 54
Nogueira Filho, Paulo, 155, 215
Noite, A, 64, 75, 113, 118, 131--3, 334
Nonato, Antonieta, 434
Nonato, Orozimbo, 340, 349, 434
Nonato, Paulo, 340
Norberto, Natalício, 462-3, 468
Norte, O, 441
"Nota carioca", coluna de Vítor Espírito Santo no *Diário de Notícias*, 440
Nothman, Gastão, 394, 457
Notícias, O, 32
"Nova revolução, A", artigo de AC, 217
Nunes, agente da polícia paulista, 294-5
Nunes Freire, deputado, 475

Obermüller, Walther, 425-9
"Observador militar, Um", *ver* Figueiredo, Euclides; *ver* Passos, Nestor Sezefredo dos
Ochs, Alfred, 134
Oisi, Hiroshi, 251-2
Olímpio Guilherme, 340, 342-4
Olins, Peter, 19
Olinto, Antônio, 578
Oliveira, Arquimedes de, 58
Oliveira, Eurico de, 553
Oliveira, Franklin de, 362-3, 403, 440, 475-7
Oliveira, Honorato Cândido de, 550

Oliveira, Mário de, 239, 265
Oliveira, Minervino de, 182, 306
Oliveira, Raimundo de, 38
Oliveira, Vitorino de, 118
Oliveira Lima, Manuel de, 50-2
Onde a terra acaba, filme de Otávio Gabus Mendes, 424
Oposições Coligadas (no Maranhão), 475
Ordem, A, 155, 162, 200
Ordem do Cruzeiro do Sul, 533, 535
Ordem do Jagunço, 418-9, 447, 460, 464, 533, 543, 545
Ordem dos Advogados do Brasil (OAB), 220
Orfei, Arnaldo, 416
Organização dos Estados Americanos (OEA), 521
Organizações das Nações Unidas (ONU), 526, 558
Orlandi, Adeodato, 408
Orleans e Bragança, d. João de, 340
Ornellas, Manoelito, 574
"Orosco", pseudônimo de AC no *Diário de Pernambuco*, 57
Orquestra Tabajara, 446
Osaka S. K. Lines, empresa, 249
Oscar Flues & Cia., 174, 261, 287, 295

Pacheco, Félix, 76, 79, 93, 114-5, 117
Pack, Georges, 450
Pacotilha, 478
Padre Cícero [Romão Batista], 69
Paes de Almeida, Sebastião, 18, 515
Paes Leme, Luís Betim, 196--9, 212
Pagu, *ver* Galvão, Patrícia
País, O, 76, 122, 125, 150, 222

"Palavra de um conservador, A", artigo de AC, 192
Palavras cínicas, de Albino Forjaz Sampaio, 36
Palma, Antônio, 202, 210
Palma, Chico, 206
Palma, família, 207
Palma, Inácio, 210
Palma, João, 206
Palmério, Mário, 578
"Paraíba, sim senhor", artigo de Franklin de Oliveira, 477
Paraná, TV, 529
Paranhos do Rio Branco, Julieta, 520
Paranhos, Pedro, 46, 48, 52, 82
Parc Royal, loja de departamentos, 314
Paris-Match, 355-7
Paris Soir, 355
Parsifal, de Wagner, 9
Partido Comunista Brasileiro (PCB), 17, 112, 158, 178, 182, 223, 274, 309-10, 367, 397-8, 404, 475, 478, 552
Partido Constitucionalista, 318
Partido Democrático (PD), 155, 168, 175, 215, 235-6, 298, 606
Partido Fascista, 322, 372
Partido Integralista, 305
Partido Liberal (PL), 235
Partido Nazista Alemão, 294
Partido Republicano Paulista (PRP), 76, 129, 138, 166, 172, 182, 320
Partido Republicano (PR), 27, 58-60, 150, 395
Partido Social Democrático (PSD), 389, 404, 419, 435, 439-40, 473-6, 479, 540
Partido Social Progressista (PSP), 445, 472, 475
Partido Trabalhista Brasileiro (PTB), 389, 403, 553
Passarinho, Jarbas, 496

Pastor Benítez, Justo, 355
Pato Branco, sanfoneiro, 446
Paula Machado, Lineu de, 515
"Pecado de amor", radionovela, 354
Peçanha, Nilo, 85, 90, 104, 115
Pederneiras, Raul, 132, 227
Pedro I, d., 293
Pedro II, d., 96, 135
Pedro Salvador, dono de venda, 31
Pedrosa, Mário, 130, 158, 486-7
Pedroso Horta, Oscar, 158
Peixoto, Afrânio, 128, 191
Peixoto, Floriano, 52, 94, 115
Peixoto de Castro, 360
Peixoto Nunes, Floriano, 265
Pellegrino, Hélio, 398
Pena, Alceu, 301
Pena Júnior, Afonso, 106-7, 131
Penteado, família, 311
Penteado, Heitor, 212
Penteado, Iolanda, 92, 110, 116, 340, 410-1, 520
Penteado, Sílvio, 226, 277
Penteado da Silva Prado, Eglantina, 91
Pequeno, padre Abel, 79
Pereira, Astrojildo, 112, 306, 309-10, 362
Pereira, José, fazendeiro, 181, 184-5, 188
Pereira Carneiro, Ernesto, 86, 89, 92, 94, 97-9, 104, 113, 313, 486-7
Pereira Carneiro, Maurina Dunshee de Abranches, 475, 487
Pereira de Silva, Severino, 39-40
Pereira de Medeiros, Boanerges, 210
Pereira Diniz, Antônio, 439
Pereira dos Santos, Nelson, 408
Pereira Inácio, 497, 499

609

Pererê, 529
Pernambuco, Antônio, 60
Pernambuco, O, 46-7, 50
Perón, Eva, 449-2
Perón, Juan Domingo, 449-51
Pessoa, Epitácio, 25, 77-82, 88, 90, 97, 107, 112, 116, 122, 132, 138, 169, 172, 184, 186, 232
Pessoa, João, 172, 175, 177-9, 181, 185, 188-91, 201, 318, 441, 444-5, 480, 497
Pessoa de Queiroz, José, 38-9, 40-1, 45-6, 48, 58, 220
Pessoa de Queiroz, Tereza, 46, 48
Pestana, Rangel, 138
Pétain, Phillipe, 326
Petinatti, Francisco, 123
Petrarca Maranhão, 471
Piacentini, Marcello, 299
Picasso, Pablo, 416, 446
Pierson, Arno, 92, 115, 136, 231
"Pif-Paf, O", seção humorística de Millôr Fernandes em *O Cruzeiro*, 362, 531
Pignatari, Francisco "Baby", 353, 375, 410, 413, 429, 490, 508, 566
Pilla, Raul, 235-7
Pillon, Jacques, 300, 411
Pimenta, Joaquim, 72-3, 78, 82, 175
Pimentel, Paulo, 570
Pinheiro, Israel, 16
Pinheiro Machado, José Gomes, 75, 77, 83
Pinto, Alberto Gavião Pereira, 49
Pinto, Álvaro, 106
Pinto, Carlos, 62
Pinto, general, 62, 346
Pinto da Fonseca, Manuel, 43
Pinto Nazário, Joaquim, 562
Pio Correia, secretário-geral do Itamaraty, 564
Pio XI, 318
Piragibe, Vicente, 75, 77

Piratini, TV, 12, 514
Pires, Augusto, 210
Pires, Nico, 210
Pires do Rio, José, 86, 91, 117, 297
Plancher, Pierre, 114
Plano Marshall, 409
Podrecca, Elena, 416
Poincaré, Raymond, 122
Poli, *ver* Barros Gumarães, Maria da Penha Lins de
Pomílio, indústria, 365
"Por detrás da cortina", coluna de Samuel Wainer em *O Jornal*, 420
Por que me ufano do meu país, de Afonso Celso, 74
Porta, Umberto, 142, 274, 310
Portela, Alice, 242
Portela, Altivo Dolabela, 242
Portela, Petrônio, 541
Portela, Sofrônio, 72-3, 79
Portinari, Cândido, 231, 263, 302, 326, 354, 408, 416, 563-5, 581
Portinho, Filipe, 214
Porto, Sérgio, 529
"Poste escrito", desenho de Emanuel Vão Gogo, 362
Poti, rádio, 311
Prado, Eduardo, 46
Prado, Fábio, 297-9
Prado Júnior, Antônio, 149, 340
Prado Júnior, Caio, 306
Pravda, 551
"Presidencialista de verdade, Um", artigo de AC, 79
Prestes, Júlio, 110, 151-2, 166, 170-2, 175, 177-84, 189-90, 216
Prestes, Leocádia, 146
Prestes, Luís Carlos, 117, 131, 145-6, 148, 185, 187, 200, 304, 306, 308-9, 349, 366, 396, 398
Prestes Maia, Francisco, 297
Primeira Guerra Mundial, 83, 91, 95, 99-100, 102, 364, 416, 476
I Congresso de Escritores, 386

Primo de Rivera y Orbajena, Miguel, 130, 159
Programa de Reconstrução Nacional, 221
Proni, João, 517, 521, 524
Província de São Paulo, 138
Prudente, Antônio, 336
Puccini, Giacomo, 65, 375
Puetz, Heinz, 195-9
Pujol, Alfredo, 74, 76, 83, 92-3, 105, 113, 116, 118-9, 121-2, 135, 138, 153
"Punga imposta ao país", artigo de AC, 182

Quadros, Jânio, 482, 520, 525-6, 533, 535, 539, 549, 558
Quandt de Oliveira, Euclides, 564
"Queda de Vargas, A", artigo de Freddy e Jean Manzon, 392
Que é literatura?, de José Veríssimo, 54
Queiroz, Rachel de, 362, 403
Queiroz Lima, 347

Rabelo, Manuel, 235, 237
Rádio Clube de Goiânia, 529
Rádio Clube de Pernambuco, 528
Rádio Clube do Ceará, 539
Rafael, 396
Ramos, Aristiliano, 211
Ramos, Belisário, 211
Ramos, Graciliano, 362
Ramos, João Batista, 379
Ramos, José Nabantino, 379-81
Ramos, Luís, 379
Ramos, Marcelino, 213
Ramos, Nadir, 384
Ramos, Nereu, 200
Ranchinho, Diésis dos Anjos Gais, dito, 313
Rao, Vicente, 155, 513
"Raposo Tavares, A.", pseudônimo de AC, 328, 338-9, 379-80, 477

Raquel, enfermeira, 523
Rathenau, Walther, 96
Ravaglia, Cássio, 538, 570, 575
Raw, Christopher, 36
Rayito de Sol, rumbeira cubana, 428
Razão, A, 392
RCA Victor, 422-3, 425, 555
Reação, A, 35, 133
Realidade, 558
"Reclamo do Brasil", artigo de Gilberto Freyre, 449
Record, TV, 515
Rego Barros, Sebastião do, 220
Reisser, Jan, 19
Rembrandt, 411-2
Remorino, ministro, 450
Renal, Beatriz, 408
Renan, Ernest, 51, 55, 93
Renoir, Pierre Auguste, 411-2, 416, 446, 579
"Repórter Esso", telejornal, 559
"Repórter Ultragás", telejornal, 559
República, A, 133
República de Princesa, 181, 185, 188
"Resposta a Canudos, Uma", artigo de Ac, 81-2
Retrato de Henri, de Toulouse-Latrec, 412
Retrato de Zborowski, de Modigliani, 411
Retrato do conde-duque de Olivares, de Velásquez, 411
Revista da Semana, 132, 312
Revista de Antropofagia - segunda dentição, 165
Revista do Brasil, 135, 144
Revista do Rádio, 431
Revolta do Forte de Copacabana, 147, 253
Revolução Constitucionalista, 255, 275-6
Revolução Cubana, 16
"Revolução da água no México e na índia, A", artigo de AC, 17

Revolução de 1817, 35
Revolução de 1893, 207
Revolução de 1924, 151, 176
Revolução de 1930, 234, 271, 304, 318, 400, 436
Revolução de 1932, 237, 243, 251, 293, 400, 542
Revolução proletária e o renegado Kautsky, A, livro de Lênin, 100
Revolução Russa, 83, 92
Revue dês Deux Mondes, 43
Ribeiro, Abrahão, 311
Ribeiro, Darcy, 540
Ribeiro, Ismael, 193, 195
Ribeiro, Júlio, 50
Ribeiro, Samuel, 266, 275, 277, 299, 311, 335, 377
Ribeiro Branco, família, 314
Ribeiro Dantas, Orlando, 210
Ribeiro Meireles, Alcides, 379
Ricardo, Cassiano, 257
Rio Jornal, 76
Rizzini, Carlos, 331, 421, 543
Rizzo, Osvaldo, 343-4
Rocha, Geraldo, 133
Rocha Martins, jornalista, 162
Rockefeller, David, 371
Rockefeller, Nelson, 19, 21, 368, 375, 424, 526, 552, 555
Rodin, Auguste, 411
Rodo, Carmona, 145
Rodrigues, Augusto, 435
Rodrigues, José Carlos, 86
Rodrigues, Lolita, 428
Rodrigues, Nelson, 362, 529
Rodrigues Alves, Francisco de Paula, 88
Rodrigues Campos, Álvaro, 33
Rodrigues de Oliveira, Francisco, 371
Rodrigues Lima, Bibiano, 206-7, 209, 210
Rogers, Ginger, 447
Rolim Loureiro, d. Paulo, 427
Rolla, Joaquim, 312
Romero, Sílvio, 53-6
Rondon, Cândido, 110, 124, 213, 359

Roosevelt, Franklin Delano, 367, 368, 387
Roosevelt, Theodore, 110
Rosa, Noel, 226
Rosa e Silva, Francisco de Assis, 57-64, 70, 71, 72
Rosalina, ama de AC, 33
Rossi, Edmundo, 426
Rotary Club de São Paulo, 285, 287-9
Rothermere, lorde inglês, 394
Rouault, Georges, 416
Roussea, Jean-Jacques, 472
Rubinstein, Helena, 411, 498
Rudge, Antônio, 469
Rufino da Fonseca, João, 38
Rupp Júnior, Henrique, 201-2, 204-6, 208
Ruschi, Alfredo, 539
Rusk, Howard, 525, 577
Ruskin, John, 54

Sabin, Albert, 535
Said Ali, Manuel Ida, 57
Sainte-Beuve, Charles Augustin, 54
Salamonde, Eduardo, 45
Salazar, Antônio de Oliveira, 321, 511
Saldanha, Aristides, 478
Sales, Francisco, 138
Sales Oliveira, Armando de, 318-9, 321
Salgado Filho, Joaquim Pedro, 335, 340-2, 368, 421
Salgado, Plínio, 148, 304, 481
"Salva pelo amor", conto de Phylíis Dugannede, 162
Sá, Mem de, 552
Samico, Eugênio, 28, 29
Sampaio, Albino Forjaz, 36
Sampaio, Paulo, 461
Sanfelice, Gino, 66
Santa Isabel, teatro, 65
Santa Rosa, Tomás, 303
San Thiago Dantas, Francisco Clementino de, 454
San Thiago Dantas, Raul de, 454
Santos, Amâncio dos, 183,

193-4, 239, 249, 259, 290--3, 295, 323-4, 330-1, 340, 354, 482, 494
Santos, Hemérito José dos, 50
Santos, Paulo de Tarso, 533
Santos Dumont, Alberto, 66, 92, 111, 165, 331
Sanzi, Nina, 148
São Pedro, teatro, 309
Sardinha, bispo Pero Fernandes, 9, 23, 482, 516
Sá Ribeiro, Anselmo de, 573
Sarney, José, 475, 479
Sarnoff, David, 375, 422-3, 425-6
"Satânia", conto de Nelson Werneck Sodré, 167
Schacht, Hjalmar, 515
"Schadenfreud", artigo de AC, 499
Scherer, 609
Schiaparelli, Elza, 447
Schiller, Friedrich von, 40, 42, 93
Schmidt, Augusto Frederico, 18, 148, 317
Schulz, Roberto, 203
Scorzelli, Múcio, 16
Scotland Yard, 457
Seabra, Adriano, 329
Seabra, Geraldo, 360
Seabra, Ricardo, 329
Secolo Decimononno, Il, 379
Seel, Luiz, 162
Segall, Lasar, 159, 416
Segunda Guerra Mundial, 109, 326, 409, 456, 466, 525, 538
Seixas Dória, 541
Sellaio, Jacopo del, 408, 416
Semana de Arte Moderna, 110
Semanário, 397
Sena Freitas, padre, 50
Serra de Menezes, Armando, 476, 478
"Sertão da Cinelândia, O", editorial de AC, 178
Serviço de Proteção ao Índio (SPI), 482
"Sete dias", coluna de Franklin de Oliveira em *O Cruzeiro*, 403, 440, 475
"Sete Zorras", companheiro de cela de AC na detenção, 265
Sette Câmara, José, 17, 23
Severo, Augusto, 340-1
VI Festa Nacional do Trigo no Rio Grande do Sul, 484
Sezefredo dos Passos, Nestor, 130, 151, 176, 179
Sheen, bispo Fulton, 465
Silva, Arlindo, 468-9
Silva, Eugênio, 449
Silva, Homero, 387
Silva, Irênio, 48
Silva, João Honorato da, 551
Silva, Julinha, 432
Silva, Maria da, 550-1
Silva Brito, Mário da, 407
Silva e Souza, padre Geraldo da, 340, 342
Silva Mello, Antônio da, 23, 141, 570
Silva Telles, Gofredo da, 91
Silva Telles, Jaime da, 110
Silveira, Joaquim Guilherme da, 411, 413, 446-7
Silveira, Joel, 317, 361, 367, 382-4, 476
Silveira Martins, José Júlio, 145
Silvino, Antônio, 499
Simonsen, Roberto, 121, 226, 277
Simonsen, Wallace, 536
Sindicato da Indústria Têxtil, 425
Sindicato dos Jornalistas de São Paulo, 380
Sindicato dos Proprietários de Empresas de Radiodifusão do Estado da Guanabara, 552
Sinfrônio, Benedito, 31
Sinhá Junqueira, 490
Siqueira Campos, Antônio, 112-3, 131, 148, 179, 185--6, 206
Sirta, empresa, 353
Sissón, Roberto, 320
Sivuca, Severino Dias de Oliveira, dito, 446
Skowronski, Tadeus, 19
Soares, delegado, 246
Soares, Vital, 179
Sobral Pinto, Heráclito Fontoura, 500
Sociedade da Bahia, rádio, 354
Sociedade de Antropologia de Londres, 484
Sociedade Rural Brasileira, 133, 166
Sodré, Feliciano, 115
Sodré, Roberto Costa de Abreu, 542-3, 578
Sotto Mayor, Aimé Sá, *ver* Heeren, Aimée de
Sotto Mayor, Cândido, 92, 118-9, 135
Souto Maior, João, 35
Souza, Alberto de, 294
Souza Aranha, Hortênsia, 48
Souza Aranha, Olavo Egidio de, 48, 110
Souza Costa, Artur de, 309
Souza Cruz, companhia de cigarros, 162
Souza Dantas, Luís Martins, 96
Souza e Melo, Márcio de, 340
Souza Fortes, José de, 574-5, 577
Souza Leão Gracie, Samuel de, 484, 502
Souza Pinto, 258
Spanaus, *herr*, 294
Spellman, cardeal Francis Joseph, 526
Spera, Carlos, 540
Squeff, Egídio, 356
St. John Del Rey Mining Co., 455
Stálin, Josef, 130
Standard, 509
Stanislaw Ponte Preta, *ver* Sérgio Porto
Stepple Júnior, Henrique, 265
Stoke Mandeville Hospital, 538, 547, 549
Street, Jorge, 84, 108, 120, 160

Studio d'Arte Palma, 407
Suerdieck, fábrica de charutos, 317
Sul-América de Seguros, 127, 154, 156, 162-4, 301, 396, 427
Sulzberger, Arthur Hayes, 375
Sun, 375
Superintendência do Desenvolvimento do Nordeste (Sudene), 533
Sutherland, Graham, 552
Swift, frigorífico, 232

Taine, Hyppolyte, 55
Tamandaré, rádio, 514
Tamoio, rádio, 311, 389
"Tangará", companheiro de cela de AC, 265
Tapajós, Paulo, 404
Tarde, A, 133
Tartarotti, Ibanor, 548, 569
Taunay, Alfredo Maria Adriano d'Escragnolle, visconde de, 122
Tavares, Odorico, 550
Távora, Juarez, 112, 147, 177, 185, 199, 481
Távora Cavalcanti, Manoel, 33
Tedeschi, José, 384
Teixeira, Osvaldo, 167
Teixeira Soares, João, 86
Telégrafo Nacional, 226
Telles, Luís, 479
Teófilo Nunes, Luís, 393
Terra desumana: A vocação revolucionária do presidente Arthur Bernardes, livro de AC, 142-5
Times, The, 394
Thibes, Gerôncio, 202, 204, 207-8
Thiollier, René, 91
Ticiano, 411, 415, 579
Tico-Tico, O, 540
Tiepolo, Giovanni Battista, 408
Time-Life, caso 503-4, 552-4, 559
Times Weekly, 321

Tintoretto, Jacopo Robusti, dito, 410, 411-2, 416
Tirpitz, Alfred von, 96, 102-3
Tito, Josip Broz, 535-6
Tofut, índio caiapó, 482
Toledo, Pedro de, 237
Torelly, Aparício, 180, 306
Torok, George, 529
Torres, Athanásio, *ver* Pedroso Horta, Oscar
Toulouse-Lautrec, Henri, 412
Tratado de Versalhes, 88, 95, 102
Tribuna, A, 87, 447
Tribuna da Imprensa, 440, 447, 449, 462-3, 465, 471, 495
Tribunal de Contas da União, 439
Tribunal de Justiça, 219
Tribunal de Segurança Nacional, 379-80
Tribunal Especial, 220
Tribunal Regional Eleitoral (TRE), 478
Tribunal Superior Eleitoral (TSE), 439, 478
Tribuna Popular, 400
Tristão de Ataíde, *ver* Amoroso Lima, Alceu
Troppmair, Rodolfo, 103
Trótsky, Leon, 130
Truda, Leonardo, 173
Tupi, rádio, 311-3, 322, 354, 378, 387, 389, 404, 423, 541, 559
Tupi, TV, 425, 427, 429, 433, 465, 497-8, 515, 564

Última Hora, 15, 133, 381, 437, 462-7, 476
"Última hora", seção de *O Jornal*, 148
"Última página", coluna de Rachel de Queiroz em *O Cruzeiro*, 403
Unamuno, Miguel de, 148
União, A, 188
União Democrática Brasileira, 319
União Democrática Nacional (UDN), 389, 395, 472-3, 475
União dos Trabalhadores em Livros e Jornais (UTLJ), 265
União Nacional dos Estudantes (UNE), 16, 479, 494, 540
União Nacional, partido português, 322
United Press, agência de notícias, 122
Universal, El, 393
Universidade de Columbia, 393, 400-1
Universidade de São Paulo (USP), 461
Universidade do Brasil, 411, 433
Uriburu, José Félix, 355
Usina Santa Terezinha de Açúcar, 317
Utrillo, Maurice, 416

Vacherot, 55
Valadares, Benedito, 280-1, 307, 319, 389, 470
Van Dyck, 123, 413
Vão Gogo, Emanuel, *ver* Millôr Fernandes
"Vara de porcos-do-mato, Uma", artigo de AC, 478
Vargas, Benjamin, 390, 420
Vargas, Darcy, 179, 447, 468
Vargas, Getúlio Dorneles, 109, 149-54, 156, 161, 169--70, 172-73, 175, 178-9, 192, 211, 214, 216-7, 219, 222, 225, 233, 244, 256, 258, 267, 272, 275, 282, 317, 322, 334, 336, 346, 348-50, 367, 372, 381, 390, 392, 398, 400, 420--1, 432, 435, 438, 447-8, 450-1, 454, 461, 464-5, 469-70, 581
Vargas, Pedro, 312
Vargas do Amaral Peixoto, Alzira, 150, 217, 307-8, 347, 350, 439, 447
Vargas Filho, Getúlio, 366

Vasconcelos, Genserico de, 42, 91
Vaz, Leo, 88, 134
Vaz, Rubens Florentino, 468
Vaz de Oliveira, Justino, 82
Veja, 464
Velásquez, 411-2, 486
"Velho São Paulo cansado de guerra", artigo de AC, 573
Veplan-Sisal, grupo, 563
"Verdadeira história do Paraíso", desenhos de Millôr Fernandes, 531
Vergara, Luís, 347
Verger, Pierre, 449
Verissimo, Erico, 317
Veríssimo, José, 53-6, 74, 78, 430
Vestido de noiva, peça de Nelson Rodrigues, 362
Viana, Arísio, 468
Vianna, Miguelote, 315
Viany, Alex, 302, 362
Vidal, Irmãs, 313
Vidigal, Gastão, 543
Vidigal, Keila, 480
Vieira, Álvaro, 274
Vieira Christo, Antônio Carlos, 340, 395
Vieira de Carvalho, Marina, 91
Vigianni, Amedeo, 123
Vilaboim, Manuel, 77, 85, 110, 147, 257
Vila Normanda, 148, 155, 177, 183, 230, 242-3, 249, 258--9, 263, 283, 319, 326, 328-30, 408, 430-1, 436, 515, 519-24, 550, 562-3

Vilas Boas, Orlando, 482
Villa-Lobos, Heitor, 225, 311
Villalva, Durval, 295
"Visconde de Castellomelho", pseudônimo de AC, 267-8, 275-6
Visconti, Eliseu, 258
"Vitória digna", artigo de AC, 62
Vitória, rainha, 449
Vitória, TV, 529
Vizeu, Afonso, 84, 136, 138
Volkswagen, 366
Voltaire, 114
Vomag-Betriebs, empresa, 294
Von der Goltz, 96, 100-1
Von Gallwitz, 96
Von Henndorp, 150
Von Tirpitz, 102
Votorantim, grupo, 496-9, 503, 542
"Voz da lavoura, Uma", discurso de Oswald de Andrade, 166

Wainer, Artur, 466
Wainer, José, 466
Wainer, Samuel, 15, 360-1, 381, 403, 419-21, 435, 437, 462-7, 478, 558-9, 581
Waitsman, Maurício, 477
Wallace, Tom, 393
Wallinger, Geoffrey, 18
Wall Street Journal, The, 375
Walter Luiz, 573
Walters, Vernon, 17, 23
Wanderley, Indalécio, 449, 469
Wanderley, Vergniaud, 439

Wanger, Gerda, 292
Washington Post, 375
Wassermann, August von, 96
Wasth Rodrigues, José, 91
Welles, Orson, 393, 447, 513
Werneck de Castro, Moacir, 398, 400-1, 582
Werneck Sodré, Nelson, 121, 167
Westminster, abadia de, 457-8
Whitaker, José Maria, 128, 138, 233, 393-4, 464
Wide World Photo, agência, 301
Wigle, George, 455
Wildenstein, Daniel, 417, 567
Wildenstein, galeria, 454, 495, 566
Wildenstein, Georges, 416-7, 490, 567
Wilson Sons, empresa, 250, 251
Wolff, agência de notícias, 227
Wolff, Theodor, 104
Wundt, Wilhelm Max, 55

Yamada, Masaichi, 250
Yamashita, Yosakichi, 251
Yanesse d'Alessandrowska, Luba, 324
Yázigi, César, 525
Young, Loretta, 409

Zamora, Alcalá, 226
Zenatti, Célia, 452
Ziraldo [Alves Pinto], 518-9, 529, 531
Zukunft, 96

FERNANDO MORAIS (Mariana, Minas Gerais, 1946) é jornalista e trabalhou no *Jornal da Tarde*, na revista *Veja* e em várias outras publicações da imprensa brasileira. Recebeu três vezes o prêmio Esso e quatro vezes o prêmio Abril de Jornalismo. Foi deputado e secretário da Cultura e da Educação do Estado de São Paulo. É autor de *Olga, Corações sujos, A Ilha* e *Cem quilos de ouro*, todos publicados pela Companhia das Letras, e *Toca dos Leões, Montenegro* e *O Mago*, pela Planeta.

1ª edição [1994] 1 reimpressão
2ª edição [1994] 6 reimpressões
3ª edição [1997] 16 reimpressões
4ª edição [2011] 7 reimpressões

tipologia JANSON TEXT
diagramação VERBA EDITORIAL
papel PÓLEN BOLD, SUZANO S.A.
impressão LIS GRÁFICA

FSC
www.fsc.org
MISTO
Papel | Apoiando
o manejo florestal
responsável
FSC® C112738

A marca FSC® é a garantia de que a madeira utilizada na fabricação do papel deste livro provém de florestas que foram gerenciadas de maneira ambientalmente correta, socialmente justa e economicamente viável, além de outras fontes de origem controlada.